U0875872

第二十八届
北京市企业管理创新成果汇编

2013卷 上

北京市企业管理现代化创新成果评审委员会
北京市企业管理现代化创新成果评审办公室 编

团结出版社

图书在版编目（C I P）数据

第二十八届北京市企业管理创新成果汇编. 2013卷，北京市企业管理创新成果评定 / 北京市企业管理现代化创新成果评审委员会编. -- 北京 : 团结出版社，2013.11

ISBN 978-7-5126-2252-4

Ⅰ. ①第… Ⅱ. ①北… Ⅲ. ①企业管理－创新管理－成果－汇编－北京市－2013 Ⅳ. ①F279.271

中国版本图书馆CIP数据核字(2013)第285743号

出　版：团结出版社

（北京市东城区东皇城根南街84号　邮编：100006）

电　话：（010）65228880　65244790

网　址：http://www.tjpress.com

E-mail：65244790@163.com

经　销：全国新华书店

印　装：北京泽宇印刷有限公司

开　本：210×285毫米　1/16

印　张：56.25

字　数：1772千字

版　次：2014年1月　第1版

印　次：2014年1月　第1次印刷

书　号：978-7-5126-2252-4/F·150

定　价：120.00元

第二十八届北京市企业管理现代化创新成果评审委员会委员

编辑委员会

北京市企业管理现代化创新成果评审委员会 文件

京审委［2013］1号

关于发布第二十八届北京市企业管理现代化创新成果获奖项目的通知

各集团（控股）公司，各区县国资委、企业联合会，各管理创新成果申报单位：

北京市人民政府国有资产监督管理委员会《关于做好第二十八届北京市企业管理现代化创新成果评审工作的通知》（京国资发［2013］4号）印发以来，中央在京国有企业、市属国有企业、区属国有企业和其他类型的企业申报管理创新成果的积极性高涨，39个推荐单位共申报管理创新成果318项，比2012年增加了54项。

经过组织有关专家初审、复审和终审，共有247项管理创新成果获得“第二十八届北京市企业管理现代化创新成果奖”，其中一等奖82项、二等奖142项，三等奖23项，现予公布（管理创新成果获奖名单详见附件）。

第二十八届北京市企业管理现代化创新成果涉及了当前企业管理的各个领域，反映了北京企业认真学习党的十八大精神，加快转变经济发展方式，在管理创新理论和实践方面取得的最新成就，体现了当前我市企业管理现代化水平和趋势。

本届管理创新成果创造了显著的经济效益、社会效益和生态效益，提升了管理创新成果创造企业的整体管理水平和市场竞争能力，为其他企业深化改革、改进管理提供了成功经验，为开展企业管理科学研究与教学提供了案例。

近期，北京企业联合会拟将本届获奖管理创新成果统稿汇编，提供给广大企业学习借鉴。现就本届获奖管理创新成果的奖励和宣传推广工作，提出以下意见：

一、按照国务院国有资产监督管理委员会《关于进一步组织做好全国企业管理现代化创新成果有关工作的通知》（国资改革函［2003］62号）、国家发展和改革委员会《关于组织中小企业参加全国企业管理现代化创新成果推荐申报工作的通知》要求，参照《国家科学技术奖励条例》（国务院［2003］第396号令）和《国家科学技术奖励条例实施细则》（科学技术部［1999］第1号令），获奖管理创新成果企业可对获奖管理创新成果的创造者和参与者给予奖励。

二、对获奖管理创新成果单位、创造人和管理创新成果评审优秀组织单位进行表彰和经验交流的方式、时间、地点另行通知。

三、北京市企业管理现代化创新成果评审委员会办公室将组织有关管理创新成果推荐单位和管理创新成果获奖企业，围绕当前企业改革与管理面临的突出问题，开展专题性或区域性的交流推广活动，充分发挥管理创新成果的示范作用。

四、各集团（控股）公司，各区县国资委、企业联合会要结合贯彻党的十八大精神，以科学发展为主题，以加快转变经济发展方式为主线，交流推广管理创新成果经验，引导企业强化内部管理，不断提高企业管理现代化水平。

五、各管理创新成果创造企业要加快推进管理创新成果的应用工作，并在实践中进一步完善与提高，为增强企业核心竞争力和可持续发展能力发挥更大作用。

附件1　第二十八届北京市企业管理现代化创新成果获奖名单

附件2　第二十八届北京市企业管理现代化创新成果优秀组织单位名单

北京市企业管理现代化创新成果评审委员会

二〇一二年十月十一日

主题词：评审　管理　成果　通知

抄报：市国资委、市发改委、市经信委、市商务委、市建委

北京市企业管理现代化创新成果评审委员会 2012年10月11日印发

第二十八届北京市企业管理现代化创新成果获奖名单

一等奖82项

序号	管理创新成果名称	企业名称	管理创新成果创造人
1	打造特色食品生产和销售体系　助推大餐饮商业模式的建立	中国全聚德（集团）股份有限公司	邢　颖　刘小虹　武志刚　严大建　焦　宁　李中门
2	拓宽酒店经营的“老城南”餐饮品牌创建策略	北京宣武门商务酒店有限公司	夏敏辉　彦　平　马　荣　祁　岩　张军民　马振江　甄小琳　王凌娜
3	以科技地产为核心的集团战略的构建与实施	北京科技园建设（集团）股份有限公司	郭莹辉　王　槑　况兆杰　张玉强
4	“四位一体”企业风险管理体系的构建与实施	北京科技园建设（集团）股份有限公司	郭莹辉　李　晶　丁海军　李广生　白晓燕
5	满足顾客完美需求的五步循环法在质量管理绩效中的应用	中国石油化工股份有限公司北京燕山分公司质量监督检验中心	李雪梅　徐俊楼　时安敏　刘松华　李淑芝　孔祥华　伽金涛
6	引领国有企业转型升级的品牌集团化发展战略实践	北京汽车集团有限公司	徐和谊　郑　刚　张　健　陈　江　刘琦明　胡恩平　胡凯膑　姜建辉　周英姿
7	多元经济企业的“和达”文化建设	北京海纳川汽车部件股份有限公司	郭新民　石幼文　李学军　刘毅男　张国富　杨采霞
8	现代畜牧装备制造业交钥匙工程经营方式的创建与实践	北京京鹏环宇畜牧科技股份有限公司	王浚峰　高继伟　冯　英　薛志友　曹连胜　顾本家　王　雷　刘大军　肖任夫
9	以廉洁文化为基础的风险防控平台建设	北京光华纺织集团有限公司	丁　悦　杨纳荣　邵慧娟　杜以杰　李　娟　陈美艳　刘　铮
10	食品质量追溯体系的构建与实施	北京首都农业集团有限公司	周　炜　谢　磊　佘　锋　张恒涛　高　扬　王　凯　王红卫　王冠兴　徐　祥　王洪波　赵保京　初晓宁

序号	管理创新成果名称	企业名称	管理创新成果创造人
11	现代农场发展规划体系的构建	北京市北郊农场	高　扬　王世威　李瑞清　李艳荣　石卫锋
12	京北都市型现代周年观光果园经营模式的构建	北京市南口农场	陈信友　陈宗玲　许树坡　孙　军　刘素果　史　良　孙国学　王鹏飞　屈士友　王学志　刘春生
13	派出监事会制度创新与实践	北京住总集团有限责任公司	张贵林　荣自立　王宝申　胡美行　凌　红
14	以人才成长为核心的人力资源战略管理体系的构建与实施	北京首都开发控股（集团）有限公司	潘利群　李晓莉　王　明　杨文侃　赵龙节　翟羽佳　崔景松　梁　宏　王　伟　吴卫东　胡君宏　江　峰
15	国有大型物业企业品牌战略引领项目管理转型的实践	北京首开鸿城实业有限公司	倪　平　张英斌　崔屹欣　孙　刚　任　伟　闪静梅　冯　玲　郭桂勇　王巧红　王维洪　王彦闳　丁世兴
16	火电前期项目精细化管理的创新与实践	大唐国际发电股份有限公司	尤海君　赵大斌　曹景山　秦建明　刘小平　李国瑾　董志锋　方世杰　董姝琳　张毅东
17	“以人为中心”的管理思想在人力资源管理信息系统建设中的探索与应用	大唐国际发电股份有限公司	管振全　赵宪君　吕　玫　杨　芳　郑常平　石　勇　吴建新　刘根乐　才　雷　赵洪运　李峻浩　范睿锋　陈　宇　李海峰
18	企业补充医疗保险管理体系的构建与实施	大唐国际发电股份有限公司北京高井热电厂	叶　红　王红秀　于会珍　于春生　张　健　钮爱京　吕　琦
19	新建大型煤化工企业人力资源多维配置模式的创新与实践	辽宁大唐国际阜新煤制天然气有限责任公司	王海杰　付宝贵　邹建波　刘永健　陈允捷　于　龙　宋宝燕　阙　莲
20	大型开放式园区运行服务“标准化管理体系”的构建与实施	北京新奥集团有限公司	李子洪　王晓伟　齐银格　方　凯　褚翰峰　李金华　田　昆
21	构建首都综合交通体系下的高速公路信息化平台	北京市首都公路发展集团有限公司	张恒利　刘绍民　孔祥杰　毕　爽　张明月　邹立华　董　丽　王　琦　程　锋　赵　阳　崔来军　佟　乐

序号	管理创新成果名称	企业名称	管理创新成果创造人
22	首都高速公路服务品牌的构建与实施	北京市首都公路发展集团有限公司	田振勇　周淑芝　薛　森　王玉红　杨彤彤　赵旭东　刘　生　林雪莲　李鸿伟　方秋子　任　玺　冯　杰
23	适应首都高速公路持续发展的员工培训体系构建与实施	北京市首都公路发展集团有限公司	张恒利　谷　卫　王京竹　解建伟　吕　欧
24	开创国内联网新模式实现电子收费跨省市应用	北京速通科技有限公司	任冬至　王　梅　胡　宾　李　剑　赵　阳　颜　鹏　管　伟　陈　霖　龚皓莹　侯年颖　张　翔　高文宝
25	首都煤矿企业特色安全文化的建设与管理	北京昊华能源股份有限公司木城涧煤矿	相啸宇　周彦军　孙春岐　张新发　白建国　王庆斌　马成甫　史振雨　王文同　乔　甫　苏　伟
26	轨道交通车辆段上盖综合利用——基础设施用地再利用模式的创新与实践	北京市基础设施投资有限公司	田振清　白云生　关继发　裘　桦　史庆今　纪　诚　金　山　檀鹏晶　次凤敏　庞光明
27	地产企业重组转型创新实践	北京通州房地产开发有限责任公司	胡克诚　周海鹏　刘旭东　张冬梅　李瑞红
28	建筑企业基于信息化的全过程项目风险管理体系建设	北京市建筑工程研究院有限责任公司	张　然　仝为民　李　鹏　仲志伟　彭　建　李志伟　安静文　张海青　李　琳
29	中小微企业绿色担保业务体系的构建与实施	北京首创融资担保有限公司	马　力　龚西娅　朱　彤　王　旋　张利君　姜文新　王方毅　甘　岷　郑　权　刘　昕　满丽珍　王鹏宇　白　瑶
30	跨地域集团管控型水务营销管理系统的构建与实施	北京首创股份有限公司	俞昌建　常维柯　郭　鹏　贺文宝　任　力　许　凡　刘晔晖　花文胜　李振华　曲晓川　屈新风
31	大企业合并重组后的战略变革与管控体系建设	北京能源投资（集团）有限公司	陆海军　郭明星　孟文涛　唐鑫炳　葛青峰　张　玫　王永志　王新宇
32	“三点一线”式外包项目管理	山西漳山发电有限责任公司	谷中和　段培栋　李建海　张　奇　尚云峰　刘文平　杨　勇　汪伟林　景　杰　费红英　卢　喜　刘　琦

序号	管理创新成果名称	企业名称	管理创新成果创造人
33	大型企业集团财务公司可持续性风险管理创新与实践	京能集团财务有限公司	张　伟　张　艳　王　申　周丽玉 侯莉娟　陈晓敏　熊　涛　刘　洁
34	大型发电集团煤炭集运体系建设与运营管理	包头市盛华煤炭销售有限公司	胡　岩　崔海军　贾国章　袁新建
35	高债务风险下的燃气发电企业融资体系的构建与实施	深圳钰湖电力有限公司	张燕东　祁　俊　谢常清　高婕羚 李　敏　彭　琴
36	火电厂水资源全过程、精细化管理	宁夏京能宁东发电有限责任公司	袁海臻　苏永健　伍小林　于沛东 赵永安　汤自强　王　刚　程俊杰
37	区域供热厂全成本管控模式的构建与实施	北京科利源热电有限公司	徐长玖　于耳东　白仁宇　高瑞明 浦泊红　孙　阳　李德英　葛　弘 寇　杰　冯　伟　朱　勇
38	大型发电企业本质安全管理体系构建和实施	内蒙古岱海发电有限责任公司	张　平　任治民　韩晓冬　贾玉宝 马文国　白德龙　王振华　李西军 苏　周　刘　彬
39	大型能源集团招标代理平台项目管理服务体系的构建与实施	北京国际电气工程有限责任公司	昝荣师　綦惟恒　李天军　项　昆 贾秩镔　单　付　金　鑫　亓晓萌
40	西餐肉食企业以高端市场为目标的食品安全管理	北京富润福德进出口有限责任公司	集体
41	军民融合式发展战略的构建与实施	北京卫星制造厂	孙　京　马前进　刘国华　马　永 杨海涛　马向莉　袁常华　宗文波 张毅之　张　明　孟　萱　李　枫 刘文通　徐淑霞
42	首都绿色示范矿山的建设与实践	北京水泥厂有限责任公司	赵　雍　郭　凡　房国丰　蔡金山 熊运贵　王化民　冯德利　李铁冰 马尚俊　李庆友　张定文　张万民
43	水泥产业管理信息集成化系统的建立与应用	北京金隅水泥经贸有限公司	姜长禄　张增寿　黄　英　马建军 杨贺良　刘　来　刘海英　董晓丽 杨　平　缠思源　赵俊刚　戴　昆

序号	管理创新成果名称	企业名称	管理创新成果创造人
44	住宅项目的产品精细化设计与营销实践	金融街（奕兴）置业有限公司	卢东亮 鲍晓菁 王 征 曾鸣宇 沙 磊 马 寅 陈明伟 陈志勇 李 成
45	房地产企业内部控制体系的搭建与实施	金融街控股股份有限公司	杨 轩 马海峰 张海涛 杨 静 刁雅卓 戴志武 张 诺 康 洁
46	客户关系管理系统在房地产企业中的构建与实施	金融街控股股份有限公司	黑京梅 耿 辛 李朗凯 王志刚 魏 斌
47	战略重组指引下的产业聚焦和规模化发展实践	北京机电院高技术股份有限公司	刘 莉 李 莹 赵金艳
48	构建集成产品开发平台推进企业持续创新发展	北京机电院高技术股份有限公司	于淑芬 芦金旗 孙 鹏 赵国满
49	提升安全水平和服务质量的运营积分管控体系建设	北京市地铁运营有限公司	徐小林 徐会杰 张通利 陈 文 桂 平 吕 楠 韩庆龙 胡清梅
50	北京地铁15号线电动客车驾驶标准化管理创新	北京地铁运营四分公司15号线乘务中心	王晓军 魏宏峰 管永刚 孙 忠 王东亮 陈小建 徐小北 李 旭 张 琨 郑 梅
51	创新客户信息安全管理模式 实现安全管理和运营效率双提升	中国移动通信集团北京有限公司	董 昕 范 冰 刘殿锋 苗 桥 丁 健 杨海威 姜宏岩 张 阳 侯 芳 孙 晶 徐 猛
52	创新互联网内容管理模式 提升互联网内容管理能力	中国移动通信集团北京有限公司	李长空 张志敏 王子兵 杨 淇 姜 欣 张 静 李大伟 乔 琳 李欣然 崔 昆
53	高端装备制造企业以客户为导向的组织架构模式构建与实施	北京北方微电子基地设备工艺研究中心有限责任公司	赵晋荣 陶海虹 文 东 李东三 丁培军 张田甜 牛 昊
54	系统集成服务企业内控管理信息平台的构建与实施	北京益泰电子集团有限责任公司	马 辉 衣建华 陈显飘 王庆栋 李 彪 侯鹏飞 宋亚楠 时永亮 王 禹 宋协丰 李良玉
55	老牌电子集团技术创新体系的构建与实施	北京牡丹电子集团有限责任公司	王家彬 李德友 邹大新 李 刚 许少峰 杨建成 傅东翔 郑国庆 白 旭

序号	管理创新成果名称	企业名称	管理创新成果创造人
56	以信息化管理为核心管理手段的施工企业管理精细化创新实践	北京城建建设工程有限公司	罗金财 崔绍银 刘 燕 苗林庆 杨军霞 李 君 董德超
57	国家援建工程项目施工管理创新	北京城建九建设工程有限公司	赵 宇 陈昌盛 胡二瑛 朱 兵 薛 鹏 何 巍 冯 昀 单加勤 施亚兵 丁春校 王荆华 孙 俊
58	房地产企业内控体系的构建与实施	北京城建投资发展股份有限公司	储昭武 李 文 李学富 肖红卫 刘 锋 崔金昱 李 义 毛 磊 王 蕾
59	首都供水“金牌服务”管理体系建设与实施	北京市自来水集团有限责任公司	崔君乐 刘锁祥 张 怡 徐锦华 梁 丽 赵 菁 倪燕明 李嘉铭 陈 林 李 然
60	燕京啤酒NC财务管理信息系统的构建	北京燕京啤酒集团公司	赵春香 谢广军 曾启明 王艳丽 严 峻 赵彩霞 王 缶 赵秋红 张明栋 刘 瑞
61	燃气集团以综合考核为基础的绩效管理平台创建	北京市燃气集团有限责任公司企管计划部	冯 军 张玉庄 张春华 沈海映 李永强 李鸿耆
62	呼叫中心高绩效管理体系的建立	北京市燃气集团有限责任公司运营调度中心	王 红 王树强 王祎祎 许梦玉
63	运用“4×3安全达标管理法”提升班组管理水平	北京市燃气集团有限责任公司高压管网分公司	赖海江 马宗友 孙宝跃 田晓江 薛 峰 桐卫红 仇恒东 刘 畅 张莹莹 张宏文
64	“3+6+X”绩效管理体系的构建与实施	北京市燃气集团有限责任公司工程建设管理分公司	薛建宁 魏艳松 李 红 贠丽君 伍 珂 柴红星 朱 旭
65	省市级电网公司调控一体化的安全管理	国网北京市电力公司	郑广君 苑画舫 杨 静 胡学英 李 杰 薛建杰 赵 瑞 董 宁 王雪松 樊 萱 韩帅斌 黄正炫
66	职工创新工作室建设的探索与实践	国网北京市电力公司	史宝钢 唐娅静 张海生 陈 莹 李 建 高春雷 于 磊 张 蕾
67	综合绩效考核积分法的实践应用	国网北京市电力公司 信通分公司	付军美 官 丽 李 飞 赵广怀 罗建生 郝佳恺 李金友 闫 磊 蒙建新 吕文亮 朱 颖 张 军 赵 平

序号	管理创新成果名称	企业名称	管理创新成果创造人
68	生产班组日运行规范	国网北京市电力公司 大兴供电公司	李殿军 王宝华 程晓春 龙国标 李 瑛 张海生 张传东 席长安 姚京生 杜 鑫 李宏伟 高 骞
69	应对恶劣天气应急工作探索与实践	国网北京市电力公司 延庆供电公司	谢连富 赵红星 刘清华 付 涛 路迎春 史文娟 池建峰 王 瑞 张建光 赵立新 康久权
70	城市轨道交通工程建设安全质量隐患排查治理标准化体系	北京市轨道交通建设管理有限公司	丁树奎 罗 平 韩少光 程 炜 寇鼎涛 童 松 雷安定 李 波 李建军 张 瑜
71	大型钢铁企业全流程生产管控体系的构建与实施	首钢京唐钢铁联合有限责任公司	曾 立 李 越 林绍峰 刘武华 刘文广 刘木刚 李俊杰 宋海洋 朱防修
72	基于发展战略的首钢集团资产动态化管理	首钢总公司计财部	方建一 王保民 邹立宾 王鹏南 童 兵 付建中 董瑞林 刘泳梅 何 俊 杨晋梅
73	首钢工业遗产品牌建设与实践	首钢总公司发展研究院	姜兴宏 吕云生 初德和 徐建华 张文哲 甘小青 郑 杨 于 杨 刁 勇
74	大型国有矿山企业干部问责制度的设计与实施	首钢矿业公司	郝树华 吴 林 董 伟 姚 峰 李 昕 袁存厚 赵艳春 张大为 韩绍春
75	大型钢铁企业备件全寿命周期管理体系的构建与实践	首钢京唐钢铁联合有限责任公司	高志平 张 扬 董维利 刘敬辉 王瑞祥 李 嘉 黄艳伟 高晓峰
76	建筑企业管理标准化体系的构建与实施	北京金港机场建设有限责任公司	谭子恒 刘建东 李 钦 刘瑞明 宗书智 赵 峰 阎智慧 王晓君
77	供电公司内部专家考核机制的构建	国网冀北电力有限公司廊坊供电公司	杨秀岐 周维丽 薛文祥 郭翠玲 贾 楠 赵 新 艾 冰 杜建伟 马 雷 吴 琨 冉 娜 吴 迪
78	输电企业的精益化管理	国网冀北电力有限公司	杜维柱 刘亚新 杨 静 赵 盟 张吉飞 龚延兴
79	电网调控运行标准化管理模式的构建与运行	国网冀北电力有限公司	梁 吉 张 岩 舒 力 王东升 王玉林 崔慧军 刘晓敏 刘 蔚 张 昊 徐 忱

序号	管理创新成果名称	企业名称	管理创新成果创造人
80	国有大型企业制度体系的构建与优化	国网冀北电力有限公司	陈　锦　闫承山　曹　伟　王瑞萍　李惠涛　李新民　杨珊珊　门小文
81	以追求综合价值最大化为引领的品牌建设实践	国网冀北电力有限公司	纪会争　闫承山　檀跃亭　周玉超　高会杰　黄一鸣　刘　石　卢海军　陈　乐　韩　冰
82	五个管理体系的协同与运行	华北电力科学研究院有限责任公司	朱晓岭　邓　春　田云峰　宋雨虹　段德文　张淑清　龚丽华　莫　逆　周小明　于　辰　周仕红　魏德增

注：同等级排名不分先后

第二十八届北京市企业管理现代化创新成果获奖名单

二等奖 142 项

序号	成果名称	企业名称	成果创造人
1	开拓高星级酒店海外市场的智能化网络营销管理体系的创建	北京市建国饭店公司	邓元明　李　忠　李　昂
2	东来顺品牌商业模式创新	北京东来顺集团有限责任公司	周延龙　周岩峰　徐　佳　陈立新　贺继英
3	高星级酒店现代网络管理的创建与实施	北京亮马河大厦有限公司	陈国尧　李宗望　姜晓明　张翰芳　丁　超　宗　艳
4	以集团管控为导向的信息化建设	北京科技园建设（集团）股份有限公司	郭莹辉　王　槑　陆慧凤　曹　楠　常洪伟　孟庆瑞　张钊
5	全方位提升动态战略管理能力	首都信息发展股份有限公司	徐　哲　汪　旭　高佳卿　余东辉　吴　波　郑志广　龚承亮　宋　丹
6	优化原油评价程序 构建与实施新原油评价管理体系	中国石油化工股份有限公司北京燕山分公司质量监督检验中心	于铁柱　何启军　金文英　聂敏英　孔祥华　伽金涛

序号	成果名称	企业名称	成果创造人
7	化工连续化生产装置实施柔性生产　提升企业综合实力	中国石油化工股份有限公司北京燕山分公司化工二厂	程敬博　马文华　任永文　么大志　刘创涛　曹桂玲　孙治丽　冯　伟　张　晨　王宇超　李卫华　成卫成
8	推进业务流程再造　提升铁路运输效率	中国石油化工股份有限公司北京燕山分公司铁路运输部	童建斌　高京林　马文华　韩国平　林　刚　蒲　伟　王　璐　朱正男
9	加强国有企业机关基础管理工作的“星级”创优管理	中共北京燕山石油化工有限公司机关委员会	柴艳娟　许　光　刘长伟　李立新　王　新　郝静云　邓　平　马文华
10	大型企业集团内部审计体制创新与实践	北京汽车集团有限公司	尹维劼　冯　丹　高　东
11	基于全面经济运行的大型企业信息化战略管理	北京汽车集团有限公司	张　健　周　榕　李晓龙　李凌日　蒋金芳　陈禹龙　张慧鑫　王建贞
12	国有大型企业档案实施策略	北京汽车集团有限公司	周　榕　郑　刚　李晓龙　刘　义　韩明洁　王春玉　张慧鑫　陈　敬　郭海龙
13	自主品牌乘用车企业整车开发管理体系的优化与创新	北京汽车股份有限公司	高卫民　顾　镭　梁国锋　李维平　孙振杰　刘华龙　李培建　张译文　王丽梅　黄　洋　张　磊　王利鹏
14	青年人才培养机制建立与实践	北京汽车股份有限公司	郭庆培　刘　峰　高月红　宋晓晶　刘　鹏
15	后发自主品牌乘用车企业能力建设中的实践与创新	北京汽车股份有限公司	孙振杰　刘华龙　李培建　李敬陶　董作彬　华　山　张　飞　乔　羽　巩　志　张　磊
16	“三维矩阵式”研发质量管理体系的构建及实践	北京汽车股份有限公司	桂景峰　刘克勤　刘定全　刘华龙　刘军利　陆　兵　康　明　齐玉山　侯春健
17	基于全价值链的组织绩效管理	北京汽车股份有限公司	吕元美　齐东杰　宗文超　孟二军　尹栾君　商　超
18	全生命周期式专利管理的创新与实践	北京汽车股份有限公司	顾　镭　丁　祎　刘　利　赵　宁　胡斯博　王诗尧　乔军平　陈舒阳　邱海辉

序号	成果名称	企业名称	成果创造人
19	“八步法”培养模式，快速提升科长领导力	北京汽车股份有限公司北京分公司	赵连杰 刘　煦 刘晓亮 王　宏
20	创建自主特色质量文化体系提升自主品牌车企核心竞争力	北京汽车股份有限公司株洲分公司	陈宏良 黄文炳 王小鹏 刘国力 鲁富海 李　进 章文兴
21	大型自主品牌车企特色班组建设的构建与实施	北京汽车股份有限公司株洲分公司	陈宏良 谢小华 高建军 李　鸣 田为公 朱爱华 王　鹏 李建忠
22	威格尔项目搬迁实施中的风险管理创新与实践	北京汽车动力总成有限公司	马童立 李红强 马元京 姜　强 全绍贤 吴　杰 李　贺 贾晓玲 宫煜朋
23	消化吸收赛博技术，打造北汽动力总成生产基地	北京汽车动力总成有限公司	马童立 李红强 周启顺 马元京 贺燕铭 黄道青 曲晨光 于　英 曹　军
24	新能源汽车质量控制体系的探索与实践	北京汽车新能源汽车有限公司	张青平 杨世熙 刘伟光 袁启辰 刘京魁 郑立东 李胜英 李　宇
25	“红旗生产线”生产管理平台的创建与实践	北京北齿有限公司	程继增 杨玺颖 张华荫 潘宏伟 何　丹 刘宝杰 刘明海 孙学新 何晓军 王　通
26	现代设施农业重点示范工程管控体系的构建与运行	北京京鹏环球科技股份有限公司	吕　科 朱永文 张　栋 周增产 丁　英 李迎忠 陈立振 徐桂琴 张拥军
27	百货店客户关系管理的重要创新——北京当代商城首创“会员社区”	北京当代商城有限责任公司	金玉华 匡振兴 徐　源 满柯明 严旭华 刘建民 孙实琴 李　蕾 沈　冰 李大承 牛花枝 彭云松
28	华都笼养鸡舍的标准化建设	河北滦平华都食品有限公司	褚金海 张新宙 黄忠亮 王春生 潘宝音
29	以物业企业品牌理念引领核心人才队伍培训建设	北京首开鸿城实业有限公司	张英斌 崔屹欣 王汉杰 王世良 周小敏 胡政伟 刘　俐 王艳彦 胡秀萍
30	前期项目信息化管理的创新与实践	大唐国际发电股份有限公司	尤海君 赵大斌 李国瑾 方世杰 张毅东 董姝琳 王　凯 贾小波 王海生 常德生 王立春 许　轶

序号	成果名称	企业名称	成果创造人
31	员工群体心理测量体系的构建与实施	大唐国际发电股份有限公司	叶　红　徐合营　王　猛　王　琳　王光辉
32	合同风险控制及管理一体化的实施	大唐国际发电股份有限公司北京高井热电厂	沈　刚　马　超　杜　凯　郭鸿峰　薛海滨　王　攀　郭有钢
33	业绩考核的正向激励与有效实施	大唐国际发电股份有限公司北京高井热电厂	沈　刚　李玉文　于春生　刘　宇　王选华　陈　颖　张云芳
34	用种子培训模式拓展人才成长渠道	大唐国际发电股份有限公司北京高井热电厂	沈　刚　戴义勇　李彦涛　于海山　杨亚辉　闫　慧　卢志伟　孙伟峰　华　涛　张国华　张甜田　张洪雨
35	企业档案信息化管理	大唐国际发电股份有限公司北京高井热电厂	沈　刚　郭鸿峰　薛海滨　孙红芳　楚效萍　李春林　高　珊　罗秋亮　王京芬　赫　轰　翟雪艳　韩宝霞　张松君
36	构建特色安全关怀体系提升员工幸福指数	大唐国际发电股份有限公司北京高井热电厂	沈　刚　何智勇　刘季秋　王光辉　王少宾　刘智华　李　铮　王　蓉　常生乐　赵　朋　王月河
37	基建企业档案一体化管理成果报告	辽宁大唐国际阜新煤制天然气有限责任公司	刘永健　陈北秦　贺福梅　关　磊　田雯雯　黎艳明
38	科技支撑下的“小业主做精、大监理做实”创新管理体系在大型煤制天然气项目场平工程中的探索与实践	辽宁大唐国际阜新煤制天然气有限责任公司	吕和蔼　李安学　姜成旭　徐有清　刘永健　张维宁　谷荣标　田广霁　陈允捷　邸　迪　方占正　王立斌　李国忠
39	基于“五全一化”安全管理模式在大型土地一级开发建设项目中的应用	北京新奥集团有限公司	史喜亭　吴余海　周　梅　董瑞玲　刘宝珠　来金节　陈飞虎
40	以中水为水源的大型景观水体的管理创新	北京新奥春园绿化有限公司	党胤锴　齐银格　褚翰峰　戴久粟　武学军　赵　劲　邓秀云　田宗宝　李子洪　于　博
41	高速公路防范性稽查风险控制体系的构建与实施	北京市首都公路发展集团有限公司	王　鑫　高现娟　邓　洋　来景连　马占学　丁　宁　张语芯　聂　岩

序号	成果名称	企业名称	成果创造人
42	“安全管理文化”在高速公路运营单位的构建与创新	北京市首都公路发展集团有限公司	田振勇 周淑芝 刘自轩 刘建生 王 戈 吴 威
43	基于车型判别分类的高速公路收费管理	北京市首都公路发展集团有限公司	刘永德 隗公卫 张文涛 吕文静 张爱春 魏美珠
44	首都高速公路标准服务用语的构建与实施	北京市首都公路发展集团有限公司	赵淑元 袁玉学 柳 辉 王 鑫 贾志辉 王长波 王古苑 张晓静 姚国鹏 贡桂霞
45	高速公路联网机电系统信息安全管理体系的构建与实施	北京市首都公路发展集团有限公司	刘绍民 张明月 佟 乐 张 新 高 祥 范文江 刘星宇 苑丽娜 陈东玲
46	高速公路联网监控系统标准化管理之路	北京市首都公路发展集团有限公司	刘绍民 张明月 徐志斌 王启明 毕 爽 佟 乐 刘星宇 李少丁
47	构建高速公路智能监控管理系统，提升出行服务水平	北京市首都公路发展集团有限公司	张恒利 刘绍民 张明月 徐志斌 佟 乐 刘星宇 黄开业 王启明
48	构建道路联网条件下管理和服务的省际联动机制	北京市首都公路发展集团有限公司	张学华 杨 勇 罗 艺
49	构建一体化研发平台提升研发项目精细化管理水平	北京云星宇交通工程有限公司	徐志斌 刘 刚 李 理 王启明 赵永忠 吕增辉 贾诺诺 郁丽萍 胡天宇 傅宏杰
50	创新“手指口述”培训模式 规范员工安全行为	北京昊华能源股份有限公司大安山煤矿	穆贵清 刘 军 谢卫东 王一男 陈 宫 孙 帅 范宝双
51	租赁公寓在民用煤经营网点转型中的实施与创新发展	北京金泰集团有限公司东城分公司	曹茂枝 付永利 齐丽娟 高 磊 蔡 韧
52	机械式停车设备标准化系统建立与实践	北京鑫华源机械制造有限责任公司	翟凯鸿 马 罡 魏 伟 刘 幸 付正林 苏茹茹 刘忠全

序号	成果名称	企业名称	成果创造人
53	以信息化技术为支撑的煤炭行业电子招标采购管控	北京昊华能源股份有限公司物资分公司	岳建勇 王海涛 刘清华 申元元 万晓梅 周 倩 李佳雯
54	加强管理 勇于创新 打造企业后勤管理的软实力	北京环境卫生工程集团有限公司四清分公司	朱加才 王武锁 范 睿 王世平 赵华忠 孙 鹏
55	实施“六个控制” 打造绿色健康食品	北京顺鑫农业股份有限公司创新食品分公司	冯晓光 魏传芬 宋彦斌 刘会良 李洪艳 张金鹏 郭金鹏 吴克新 杨保彦 宋 波
56	国有企业改革过程中人员安置途径的探索与实践	北京东方石油化工有限公司	李 贤 窦继兵
57	“七位一体”降本模式的构建与实施	北京东方石油化工有限公司	陶 烈 赵 娜
58	推进社区供热社会化管理的创新与实践	北京东方石油化工有限公司	刘卫东 刘 昉 李 靖 高 刚 陈伏兰
59	公司合同管理信息化的创新和实践	北京东方石油化工有限公司	李 靖 陶 烈 王 英
60	“整控合”物流管理模式的构建与实施	北京东方石油化工有限公司销售中心	张 琦 张全强
61	以市场细分理论引导的销售模式的创新与实践	北京东方石油化工有限公司销售中心	张 琦 方国胜 贾宝忠 范春立 于 兵 沈 勇
62	以信息化建设为支撑的销售内部控制模式的建立与实施	北京东方石油化工有限公司物资装备中心	王 瑞 王 敏
63	运用安全系统工程学原理 对乙烯管线进行危险识别的安全管理创新	北京东方石油化工有限公司化工二厂	张玉秋 孙锡和 乐 进 尹 桦 王新梅 李文阁 李建武 潘慧平 杨福国 张宪坤 赵庆光 刘 泳

序号	成果名称	企业名称	成果创造人
64	区域本土化人才队伍建设	北京建工集团有限责任公司总承包部	陈翌军　刘　恋　翟培勇　丁　祎　卢次明　匡丽璇
65	建筑企业项目部员工职业生涯规划的构建与实施	北京建工四建工程建设有限公司	李　化　程　光　张明昊　张　媛
66	业务多元化集团企业全面内部控制体系的构建与实施	北京首创股份有限公司	俞昌建　叶　劲　洪　欣　许　凡　薄祥军　吴沛毅　董　洁
67	以信息化建设为支撑的销售内部控制模式的建立与实施	山西漳山发电有限责任公司	谷中和　段培栋　李建海　张　奇　尚云峰　刘文平　杨　勇　张振华　侯卫城　肖瑞岗
68	火电企业人才队伍建设的“四环节管理”	山西漳山发电有限责任公司	谷中和　段培栋　李建海　张　奇　尚云峰　刘文平　杨　勇　李　飞　刘　琦　刘义杰　赵丹丹　郭志宇
69	大型集团财务公司客户服务管理体系的构建与实施	京能集团财务有限公司	张　伟　倪　婷　周　园　于　波　李天龙　韩　羽
70	企业集团财务公司多维结算体系的构建与实施	京能集团财务有限公司	张　伟　祖连成　杨　建　周丽玉　周　园　侯莉娟
71	收购后电厂的重组整合实践	深圳钰湖电力有限公司	张燕东　王玉山　杨　军　何　剑　谢常清　周世亮　鲁振国　阳志亮　刘志强
72	供热能源企业收费管理模式的变革与创新——北京热力打造智能化收费管理系统	北京市热力集团有限责任公司	张　群　陈志平　张立申　严　波　程伟佳　孔玉斌　尹鑫鹏　娄可然　周　颖　晏　鹏　翟　颖　姜明浩
73	发挥资源综合利用优势发展循环经济创建环境友好型企业	京能集团内蒙古京泰发电有限责任公司	李世雄　练纯青　马　征　李治强　曾宪江　王建峰
74	火力发电企业设备管理由“修”到“管”的实践	内蒙古岱海发电有限责任公司	张　平　任治民　贾玉宝　智　关　白德龙　王振华　苏　周　姜永宽　张富宏

序号	成果名称	企业名称	成果创造人
75	流程优化与共赢领导力管理	内蒙古京隆发电有限责任公司	安宏文 林兆明 戴 新 杨志斌 付喜亮 张云明 薄 辉 郭晓敏
76	基于经济性的大容量机组检修管理模式优化	内蒙古京隆发电有限责任公司	安宏文 王六虎 戴 新 付喜亮 常 屹 薄 辉 郭晓敏 王彦刚
77	企业并购中文化融合与机制创新战略的实施	四川大川电力有限公司 四川众能电力有限公司	贾法彬 解建忠 杨 勤
78	大型能源集团电力检修平台专业化管理体系构建与实施	北京国际电气工程有限责任公司	昝荣师 綦惟恒 刘春晓 蒙海清 闫静涛 高 翔 贺卫国 李秀峰 林 樱 原 勇
79	站点式信息系统在跨地域后勤管理中的应用和创新	京能集团京能电力后勤服务有限公司	贾权胜 白文君 赵瑞峰 冯献勇 沈 兰 杨海啸
80	建筑施工企业劳务班组化管理模式创新研究与实践	中国新兴建设开发总公司	李占云 杨洪双 张俊峰 韩 健 张春林 崔增坡
81	基于产品标准化的房地产开发管理	北京金隅嘉业房地产开发有限公司	李 新 刘 斌 梁 军 王 妍 诸葛继兰 王亮发 孟婷婷 陈淑娜 郝 楠
82	创新体制机制 打造国内一流的金隅中央研究院	北京建筑材料科学研究总院有限公司	王肇嘉 王子强 代德伟 刘京丽 王 钰
83	工程材料第三方检测的应用推广	金融街控股股份有限公司	刘 洋 付延军 戴 青 陈怀振 金 星 丁冀生
84	商务智能自动推送系统促进保险公司 实现主动式的信息化服务与管理	长城人寿保险股份有限公司	梁 锋 张济天 成 蕾
85	打造以客户为中心的服务管理模式	长城人寿保险股份有限公司	邓遵红 韩秀丽 高 立 李 博 于占忠

序号	成果名称	企业名称	成果创造人
86	全面风险预警指标体系的建立与实施	长城人寿保险股份有限公司	田淑荣　梅凤玲　刘红刚
87	人寿保险公司财务集中管理体制改革与实践	长城人寿保险股份有限公司	任庆和　周红光　魏　星　权　利　朱世艳　朱南佳　陈吉祥　高映雪
88	转变发展方式　倡导精细管理——低碳办公管理措施的集成化应用	长城人寿保险股份有限公司	田淑荣　范小天　王　霞　高丽丽　郭双全
89	内部审计在保障房建设中的应用	北京华融金晖置业有限公司	赵　越　徐湘龙　孙　栋
90	保障房产品标准体系的编制及应用	北京华融金晖置业有限公司	高红梅　刘　捷　曹　旭　李　塬　戴　昆
91	集团管控模式下的房地产开发项目后评价管理体系的建立与应用	北京金融街投资（集团）有限公司	吕　洪　刘　欣　侯志宁　齐占军　郑周刚　常书科　姜　欣　于　健
92	国有投资集团特色鲜明的风险管理实践	北京金融街投资（集团）有限公司	齐占军　冯云辉　刘安鹏　刘晓菲　谢志浩
93	全方位合作型的改扩建项目设计管理	金融街（北京）置业有限公司	胡健平　栗　谦　祝艳辉　张御鲲　袁俊杰　刘　钢　苏凤航　曾明宇　刘　洋（男）
94	国有投资集团的企业债设计与发行实践	北京金融街投资管理有限公司	高　靓　许　军
95	开展有偿增值服务的物业管理实践	北京金融街住宅物业管理有限责任公司	郑　伟　张红丽　卢　伟　邱华彬
96	EPC 工程企业采购质量管理体系再造	北京机电院高技术股份有限公司	姜　硕　徐　非　王亚超
97	信息化成本管理在生产型国有企业的运用	浙江京城再生资源有限公司	于广涛　王亚超　杨如心　许　亮
98	生产用刀具及备品备件集中管理体系的构建与实施	北京巴布科克·威尔科克斯有限公司	马雪军　陶立强　耿永昌　刘　涛　赵　辉　王艳超

序号	成果名称	企业名称	成果创造人
99	论装备制造业战略转型中的信息化服务精细管理	北京巴布科克·威尔科克斯有限公司	夏宏哲　史　轩　冯亚峰　于金波　吴　震　孙志广
100	华德液压品牌培育管理体系的构建与实施	北京京城华德液压工业有限责任公司	廖显胜　付　华　李跃军　申爱新
101	能源管理体系构建与实施	北京市地铁运营有限公司	王秀娟　蒋　瑛　齐占峰
102	“五项全能”培训创新实践	北京市地铁运营有限公司供电分公司	代　伟　周　俊　顾群益　王秋莲　吴　泽　王玉英　张俊兰　苏　岩
103	管理人员绩效考核体系构建与实施	北京地铁资源管理与经营事业总部	谢华昌　高　飞　张庆平　李新华　杨小羽
104	地铁车辆试验和验收体系的开发与应用	北京地铁监理公司	郭建国　周行运　李　莉
105	以人文为核心，创建地铁北京西站“三位一体”的运营管理模式	北京地铁运营有限公司运营二分公司	赫　楠　赵艳琴　刘　辉　张　彤　吴　桐
106	基于看板管理的地铁车辆维修精细化管理实践	北京地铁运营三分公司	王华东　姜　峰　李国华　高国栋　李　晶　李　悦　王晓晨　张壸一
107	可视化管理应用与创新实践	北京地铁 15 号线检修中心	王晓军　李　威　张勇慧　管用刚　佟关林　郝敬荣　罗　捷　许鹏程　宋兆军　郭　巍
108	构建战略协同发展的精益预算管控体系	中国移动通信集团北京有限公司	史学军　彭艳琳　佟瑜芳　常晓丹　王　颖　胡晓霞　庄丽琦　李　军　李　芳　薛　宁
109	家庭宽带服务营销新模式的探讨与实践	中国移动通信集团北京有限公司	徐晓宇　王　嵬　刘晓楠　朱燕燕　罗　娜　赵忠英
110	厅台人员量化管理提升公司人力资源配置效益	中国移动通信集团北京有限公司	陈　伟　王征宇　李朝辉　李　硕　刘　乐　罗贤栋
111	搭建分公司人员定编模型　提升人力资源配置效率	中国移动通信集团北京有限公司	马　征

序号	成果名称	企业名称	成果创造人
112	面向客户的投诉集中化管理体系的建立与实施	中国移动通信集团北京有限公司	李　媛　张曙丽　李　嵩　及昭霞　孟　旬　肖溶溶　徐　健　王　靖　蔡屹松　李　鹏
113	世华龙樾项目工程质量“关键节点”管控的创新与实践	北京城建兴华地产有限公司	梁伟明　张万国　王文胜　顾汉富　张尚生　董忠心　查晓明　刘凌隐　唐　潮　刘晶晶　王　莹　文思明　杨振鹏
114	“双创双百”标准化管理体系	北京市自来水集团良泉水业有限公司	林凤军　艾培杰　闫　娜　马建聪　石艳群　杨桂娟　谢卫中　贾会媛
115	敬业科技应收账款法务化管理与实践	北京京仪敬业电工科技有限公司	杨　杰　闫立新　李慧兰　管来军　亓立刚　魏彬彬
116	敬业科技公司精细化管理的实践	北京京仪敬业电工科技有限公司	刘执中　杨中华　徐文胜　亓立刚　郑建平
117	风险管理实践	北京远东仪表有限公司	李　蕊
118	员工绩效考核体系构建	北京市燃气集团有限责任公司人力资源部	李新焕　鄂筑京　章　洁
119	预案信息网络平台创建	北京市燃气集团有限责任公司第二分公司	张　涛　魏权星　贾文禄　陈　哲　孙　磊
120	应用“六率”指标提升燃气巡检工作质量	北京市燃气集团有限责任公司第四分公司	马　英　姚　彬　李思麒　李俊山　冯春辉　郭连营　刘　丹
121	强化计量仪表管理　提升燃气企业经济效益	北京市燃气集团有限责任公司第五分公司	宗　锋　高　健　郑雪飞　李　穆　温京立　何纳新　王红艳　蔡　斌　张亚林　罗　荣　耿　新　谷晓鹏
122	转变工作与考核方式提高燃气客户服务工作水平	北京市燃气集团有限责任公司第五分公司	宗　锋　高　健　李创新　李　维　徐得甲　黄　曼　张　禹　杨瑞荣　王月明　邹雪磊　李荟琴　唐亚川
123	以成本目标管理为核心的项目成本管理体系的构建	北京市煤气工程有限公司	蒋有敦　曹云龙　李丽丽　张园媛　李　钦　丁　磊

序号	成果名称	企业名称	成果创造人
124	供电公司社会责任管理的探索实践	国网北京市电力公司　大兴供电公司	王宝华　李殿军　辛　江　邹　晴　吕　猛　高成友　张恩领　卢　瑾　高志伟　于　斌
125	大型电网企业电网环保宣传管理	国网北京市电力公司	刘文亮　孔　玮　王　鹏　黄仁乐　李　飞　沈　琪　赵宇彤　石　磊　张玉佳　徐绍军
126	专业计量班组建设创新与实践——从“5S”到“6化”的班组基础管理	国网北京市电力公司　电力科学研究院计量中心	李之彧　范美辉　张宏宾　王　馨　朱　雷　张　缘　李　松　秦　伟
127	全过程控制策略绩效管理	国网北京市电力公司　朝阳供电公司	孙兴泉　关瑞利　杨　娜　张卫华
128	“一年一阶梯”式培养青年员工实践	国网北京市电力公司　通州供电公司	刘德坤　郝印涛　杨　娜　韩　铁　李树静　李　雪　赵　辛　路　萍　孙笑一　张　运
129	基于企业战略目标的职工绩效考核体系构建与实施	河北省首钢迁安钢铁有限责任公司	王建伟　王相禹　耿云虹　刘卫华　王　蕾　种祥浩　张璇艳　孙晓双
130	工程技术公司项目管理体系变革	北京首钢国际工程技术有限公司	何　巍　兰新辉　袁文兵　汪　醒　曾维高　张凤桐　胡国新　原敬东
131	“过程监控和风险预警审计”的实践探索与研究	北京首钢建设集团有限公司	金　册　赵桂艳　李银凤　侯立艳　郭赞赏　李晓清　周　蕊　刘　伟
132	转型发展城市矿产业的实践	首钢总公司能源环保产业事业部	白　新　姜　林　王向安　宛　贞　彭文涛
133	坚持工程管理创新打造首钢顺义冷轧优质工程	首钢建设工程管理部	王青海　张功焰　陆文达　李国庆　向洪生　李　斌　徐道春　李金梅
134	坚持“四个深化”　加强集团管控探索首钢内部监事会工作的转型与延伸	首钢总公司监事会工作办公室	王青海　许建国　范大义　王守义　刘章英　韩春林

序号	成果名称	企业名称	成果创造人
135	创建新型营销模式　打造三个服务平台　创建首钢服务品牌	首钢总公司销售公司	顾章飞　刘建辉　王中华　赵　炬　唐振玲　常越冬
136	物流管理的探索与实践	首钢总公司生产部	张炳成　魏国友　王宇平　蔡　奇　赵东风　刘建强　徐林尧
137	实施效能监察推进物资管控体系建设创新实践	首钢总公司纪委（监察部）	许建国　石淳光　张延风　张桂云　吴　林　袁存厚　李　岩
138	汽车板一贯制质量管理	首钢技术研究院	李本海　朱国森　郗　钊　姚　舜　林志峰
139	大型钢铁企业建立三档三线挂钩考核分配机制的实践	首钢总公司劳动工资部	强　伟　闫永志　邹立宾　刘洪祥　石艳霞　仇旭东
140	生活后勤管理模式的再造与实践	北京首钢实业有限公司	刘　刚　王立新　孟建华　翟　睿
141	以设备性能可视化分析为基础预防性维护体系的构建与管理	北京首钢自动化信息技术有限公司	顾里云　关绍博　张宗先　刘　涛　刘应凤　周德谋　柳万鹏　王会全
142	以金融创新为中心的新媒体版权基金资本运作管理	北京厚德雍和新媒体版权投资有限公司	陈登伟　赵春花

注：同等级排名不分先后

第二十八届北京市企业管理现代化创新成果获奖名单

三等奖 23 项

序号	成果名称	企业名称	成果创造人
1	基于风险最小化目标的高速公路信息安全管理	北京市首都公路发展集团有限公司	鲁绍军　朱婷婷　罗　巍
2	以实现高效低耗为目标的流程化“四标”整合体系管理	北京市首都公路发展集团有限公司	张学华　杨　哲　王佳蕊　宗春耕

序号	成果名称	企业名称	成果创造人
3	“红黄白”三牌巡检制度的创新与实践	北京东方石油化工有限公司化工四厂	李庆华 袁文武 任永春 冀英利 李 元 刘红梅 李君丽
4	以文化理念为引导的企业安全文化建设与实施	北京东方石油化工有限公司东方化工厂	房金明 曹 峰 朱德文 宋寅飞
5	建筑施工企业品牌化管理的构建与实施	北京建工四建工程建设有限公司	曹常海 崔瑞清 王 君
6	多业务班组物资消耗定额控制体系的建立与实践	北京京西发电有限责任公司	赵剑波 李荣毓 徼志成 梁 远 刘瑞红 佟 青 姜佳伶 江长安 刘 军
7	发电企业锅炉防磨防爆管理创新与实践	北京京能热电股份有限公司	孟文涛 杨 松 梅东升 李染生 王 斌 李 刚 袁洪义 倪润忠 王 冲 康继军 张云清
8	火电企业改制重组后员工队伍稳定工作的实践	内蒙古京科发电有限公司	武东文
9	工作流程手册在现代电力企业中的应用	内蒙古京科发电有限公司	王 军
10	多渠道的项目融资实施	金融街控股股份有限公司	叶 景 张梅华 杨福云
11	NC 财务报表合并管理系统的开发与应用	金融街控股股份有限公司	左云鹏 张梅华 杨福云 杨博斐
12	高端楼盘精细化全程营销实践	金融街（天津）置业有限公司	李 亮 胥佳媛 李 娟 刘 娜
13	住宅产品设计管理标准化的建设与实施	金融街（天津）置业有限公司	吕洪斌 刘 鹏 钱海民 张 蕤 刘 娜
14	基于“校企合作”方式的人才招聘基地建设	北京金融街物业管理有限责任公司	张 海 江 欣 张 雪

序号	成果名称	企业名称	成果创造人
15	北京地铁15号线新国展展会运营服务保障体系建设	北京地铁运营四分公司营销部	王晓军　程光耀　张　晶　邱　晶　马　琦　姜　帆　贾永刚　崔　颖　李　松　施隆玺
16	北京地铁15号线马泉营站区岗位作业工作口诀管理实践	北京地铁运营四分公司马泉营站区	王晓军　杨旭霞　赵之龙　邓　蕊　王海如
17	北京地铁15号线顺义站区服务创新实践	北京地铁运营四分公司顺义站区	王晓军　赵雁飞　明德祥　张　晶　王　玥　薛志佳　赵晶玉　孙佳佳　郑　梅
18	建纵向闭环、横向联动管理体系　提升法律纠纷案件全过程管理能力	中国移动通信集团北京有限公司	张桂荫　朱　岩　骆守忠　王海燕　鄂岩松　张　栋
19	中型建筑企业信息化系统的构建与实施	北京城建九建设工程有限公司	赵东芬　吕慧芹　冯　昀　陈海华　王荆华
20	研究院内部独立核算机制与绩效考核管理	北京城建设计研究总院有限责任公司	王汉军　李国庆　廖国才　刘　立　王文江　齐　彬　李延川
21	变电站不停电检修和运维工作协同管理方法创新	国网北京市电力公司　检修分公司	陈守军　闫春江　赵永强　及洪泉　王光旭　徐甘雨　纪利军　闫　山
22	供电企业标准化实践	国网北京市电力公司　朝阳供电公司	孙兴泉　关瑞利　张卫华　杨　娜　刘　畅　李　瀚　蔡伯华　魏光涛
23	“零闪动”供电保障管理提升	国网北京市电力公司　城区供电公司	孙　兵　邓佳翔　李　加　关　涛　苑　捷　吴大伟　李　彬　张会隽

注：同等级排名不分先后

第二十八届北京市企业管理现代化创新成果优秀组织单位名单

北京汽车集团有限公司
北京京煤集团有限责任公司
首钢总公司
北京能源投资（集团）有限公司
中国石油化工股份有限公司北京燕山分公司
北京首都旅游集团
北京首都农业集团有限公司
国网北京市电力公司
国网冀北电力有限公司
北京城建集团有限责任公司
北京地铁运营有限公司
北京市首都公路发展集团有限公司
中国移动通信集团北京有限公司
北京控股集团有限公司

注：排名不分先后

目　录

打造特色食品生产和销售体系助推大餐饮商业模式的建立

中国全聚德（集团）股份有限公司
荣获第二十八届北京市企业管理现代化创新成果一等奖

中华著名老字号——“全聚德”，创建于1864年（清朝同治三年），历经几代全聚德人的创业拼搏取得了长足发展。中国全聚德（集团）股份有限公司（以下简称全聚德集团）是北京首都旅游集团有限责任公司（以下简称首旅集团）下属从事餐饮服务及食品加工销售等主营业务的大型餐饮企业。1993年，中国北京全聚德集团成立；1994年，由全聚德集团等6家企业发起设立了北京全聚德烤鸭股份有限公司；2004年，首都旅游集团、全聚德集团、新燕莎集团实施战略重组，之后仿膳饭庄、丰泽园饭店、四川饭店相继并入全聚德集团；2005年，北京全聚德烤鸭股份有限公司更名为中国全聚德（集团）股份有限公司；2007年，在深交所成功上市（股票代码为002186）。自全聚德集团成立以来，发挥老字号品牌优势，强化精品意识，实施连锁经营战略，现已成为汇聚全聚德、仿膳、丰泽园、四川饭店等众多京城老字号品牌，拥有90余家连锁企业，资产规模12.92亿元，员工5800余人，年销售烤鸭600余万只，接待宾客750万人次，品牌价值118.72亿元的大型餐饮企业集团。

基于食品工业快速发展和企业自身发展需要，全聚德集团做出重大战略决策，先后组建北京全聚德三元金星食品有限公司（以下简称全聚德三元金星公司）和北京全聚德仿膳食品有限责任公司（以下简称全聚德仿膳公司），形成了“前方连锁化，后方产业化”的体制格局，标志着全聚德集团食品产业发展开始步入快车道。近八年来，在全聚德集团总体战略布局和引领下，通过持续的体制创新、管理创新、产品创新和渠道创新等，全聚德集团食品工业取得了快速发展，市场占有率不断提高，食品销售收入已占到整个全聚德集团的半壁江山。截止到2012年年底，全聚德集团特色食品已实现了包括生鲜、熟肉制品、面食品、糕点、休闲食品、调味品、礼品、饮品8大类的363个品种。销售网络已形成了包括配送、商超、团购、网购、代理、专卖的六大销售网络体系。2012年，全聚德集团特色食品生产实现销售收入8.87亿元，同比增长11.48%，占全聚德集团总收入的45.5%，近四年来年均增速为16%。2012年，“打造特色食品生产和销售体系　助推大餐饮商业模式的建立”得到了首旅集团的首肯和好评，并通过管理创新成果申报验收，获管理创新成果奖。

一、打造特色食品生产和销售体系，助推大餐饮商业模式的建立背景

（一）居民对食品消费需求的快速增长。随着人口增长、国民收入水平和城镇化深入推进，尤其是旅游业的快速发展，“十二五”期间，城乡居民对食品消费需求将继续保持较快增长趋势。

（二）食品工业的快速发展。食品工业是国民经济的支柱产业和保障民生的基础性产业。近年来，我国食品工业呈现出生产强劲增长。数据表明，“十一五”期间，全国食品工业保持较快增长，2010年实现工业产值6.1万亿元，同比2005年增长201.5%，年均增长24.7%。进入“十二五”时期，食品工业继续呈现较快发展，2011年全国规模以上的食品企业有31735家，实现现价食品工业总产值78078.32亿元，同比增长31.6%，高出全国工业总产值增速3.7个百分点，占全国工业总产值比重9.1%。2011年12月31日，国家发改委和工信部共同制定的《食品工业：“十二五”发展规划》明确提出：到2015年，实现食品工业总产值12.3万亿元、年均增速15%的发展目标。旨在加快食品工业发展，促进产业结构调整和升级，建立中国特色现代食品工业体系。

（三）餐饮业多元化经营的发展趋势。当前，餐饮市场竞争激烈，并进入“微利”时代，餐饮业开始纷纷借助食品产业和新餐饮业态驱动，转向混合业态发展，以求占领更多的市场份额，从而导致餐饮行业多元化、多业态、多品牌、跨区域的集团化经营发展。

（四）首旅集团“十二五”发展规划的要求。首旅集团“十二五”发展规划明确提出餐饮服务板块要建立以食品加工和配送为支撑的、规范化、市场化的连锁发展网络，不断充实品牌内涵、拓展其外延，实现产业规模。

二、打造特色食品生产和销售体系，助推大餐饮商业模式的内涵

当前，随着国内旅游市场快速发展和城乡居民对食品消费需求的较快增长，休闲食品、特色食品等食品工业呈快速发展。同时，餐饮业市场竞争激烈，尤其中央改进作风遏制公款消费和反对铺张浪费的深入推进，以及房租、原材料、劳动力和能耗等费用持续上涨的压力，餐饮业在经历二十多年的高速发展后进入减速期，开始步入“微利”时代。为此，诸多餐饮企业开始调整经营策略，转型升级，纷纷借助食品产业和新餐饮业态驱动，转向混合业态发展，以实现多元化、多业态、多品牌的集团化经营发展。面对当前餐饮新形势，全聚德集团调整转型，提出了要加快推进特色食品生产和销售体系建设，做大做强食品产业，以全面实现“新型综合餐饮产业集团”的发展目标。

“打造特色食品产生和销售体系　助推大餐饮商业模式的建立”是以多元化发展战略理论为依据，紧紧围绕全聚德集团构建“新型综合餐饮产业集团”的发展定位，围绕“前方连锁化、后方产业化”的发展方式，坚持规划带动、体制先行、创新驱动，充分利用老字号品牌集聚的优势，紧紧围绕市场需求，围绕品牌文化与产品的高度融合，针对特色化的市场需求，研究开发满足市场需求的特色食品。同时不断增加销售网点，扩大销售渠道辐射面，优化渠道资源，为全面推动市场销售，逐步提高全聚德集团多品牌特色食品市场占有率提供渠道保障。

“特色食品生产”是针对特色化的市场需求，确定食品研发的主攻方向、面向不同市场的主打产品以及市场认可的定制产品。主要包括：面向配送市场的冰鲜类产品，即鸭坯、荷叶饼、烤鸭酱、专用酒水、鸭内脏、分割鸭以及企业所需的大综成品、半成品等加工食品；面向旅游市场的包装类产品，即真空入味烤鸭系列、休闲食品系列、全聚德礼盒系列、仿膳宫廷糕点系列品；面向大众餐桌市场的家常类产品，即全聚德家常饼系列（鸭油葱花饼、鸭油椒盐饼、芝麻酱饼、全麦酥饼等）、入味烤鸭（分割）制品系列、酱卤熟肉制品系列、仿膳干果系列、仿膳家常糕点和寿桃系列、丰泽园面食品系列（定制）、四川饭店调料及半成品系列；面向节日市场的应季类产品，即月饼系列、汤圆系列、粽子系列、节日大礼包系列。

“销售体系”是在配送、商超、团购、网购、代理、专卖等主要渠道销售基础上，进一步优化和拓宽了现有销售网络，开发了全聚德集团品牌食品专柜，健全了全聚德集团门店的“前柜后店”的销售系统；同时，完善销售体制，将特色食品生产、销售与配送分开，成立专门的食品销售公司，开设“全聚德·仿膳”食品连锁店，以市场化方式开展特色食品销售。

三、打造特色食品生产和销售体系，助推大餐饮商业模式的主要做法

（一）坚持“规划”带动

战略规划是企业发展的思想灵魂，是企业发展的行动纲领，是企业发展的战术依据，是企业发展的理论指导。“运筹于帷幄之中　决胜于千里之外”，多年来，“打造特色食品生产和销售体系”始终按照全聚德集团发展规划要求有序推进。为做大做强食品工业，全聚德集团“十二五”发展规划中明确提出：形成以特色食品研发为基础，工业化生产、物流化配送、网络化销售相结合的食品产业链，开发打造2—3个有市场知名度的食品品牌，使食品销售利润占到集团公司利润总额的二分之一以上。以此为纲，全聚德仿膳公司和全聚德三元金星公司分别制定了本企业的五年发展规划，明确了指导思想、目标任务和保障措施。

（二）坚持“体制”先行

随着连锁化经营的快速发展，全聚德集团对鸭坯等主要原材料的需求越来越大，确保鸭坯供应、质量保障以及食品安全已成为摆在全聚德集团面前亟待解决的首要问题。为此，2005年，全聚德集团做出战略决策，与北京金星鸭业中心合资成立北京全聚德三元金星食品有限责任公司。全聚德三元金星公司

拥有符合出口标准北京鸭生产加工车间和鸭系列熟制品生产车间，具备年屠宰活鸭450万只，鸭坯加工300万只，熟食制品200万只的生产能力，是全国最大的北京鸭生产加工基地。同时，全聚德集团还组建全聚德仿膳食品生产基地，加上原有的全聚德配送中心，初步形成了"前方连锁化，后方产业化"的产业格局。为进一步打破体制壁垒，增强企业活力，全聚德集团再次实施体制改革，创新管理机制，将全聚德仿膳食品生产基地、全聚德配送中心进行重新整合，成立北京全聚德仿膳食品有限责任公司。全聚德仿膳公司拥有A、B两个厂区，占地总面积4万平方米，在北京及全国有近500个销售网点，是集食品加工、产品销售、物流配送于一体的经济实体。此外，全聚德集团完整总部职能管控，成立产业配送部，加强对食品工业发展的规划指导和协调沟通，确保特色食品的产品研发、试制、包装设计、销售的有效推进。体制的建立健全为全聚德集团食品产业的快速发展奠定了强有力基础，为构建"后方产业化"的产业格局提供了制度保障。

（三） 坚持"创新"驱动

创新是企业的不竭动力，市场和消费者的需求变化是创新的根本动力，创新最重要的是对市场需求的应对举措。"打造特色食品生产和销售体系"关键在于创新。全聚德集团依托两家食品公司，以市场为导向，以创新为驱动，以管理制度为保障，建立了一支专业化的产品研发团队，形成了从市场调研、产品立项、产品设计研发、产品试制及验证、产品确认、产品销售、顾客反馈的特色产品生产运行管理机制，持续向市场推出特色食品。创新成果主要有：

1. 研发特色系列包装食品

（1） 强化研发，发力熟食品市场

全聚德集团在主打"挂炉烤鸭"这一核心优势产品的同时，大力发展"全聚德"品牌鸭类熟食制品，在认真开展市场调研的基础上，找准新品研发的两大市场定位，即加深、丰富烤鸭产品的开发，加大、加快鸭分割制品的研发，真正使全聚德鸭产品走上百姓餐桌。

——研发入味、风味烤鸭等系列包装食品，实现品质全面升级。据调研显示，大约有79.4%的消费者喜爱烤鸭产品，而其中，有68.2%的消费者更青睐于风味烤鸭。为满足消费者对风味烤鸭需求，在全聚德原味真空包装烤鸭拥有较高市场份额的基础上，全聚德三元金星公司下大力气，研发出了一系列入味烤鸭，并在口味、工艺上不断优化，一经上市就获得消费好评。2012年，在现有开发的诸如五香烤鸭、咸香烤鸭等入味烤鸭的基础上，全聚德三元金星公司经过潜心研究和反复试验，进一步研发出香辣可口、美味醇香的全聚德香辣烤鸭。全聚德香辣烤鸭精选适龄优质的白条鸭，以天然优质香辛料为辅料，通过注入和滚揉等工艺使辅料得以充分吸收，肉质细嫩香滑，同时采用空气自然解冻，最大程度保证鸭肉内的营养物质不会被损坏。全聚德香辣烤鸭先行在全聚德集团各直营店进行试销，然后正式在各销售网点铺开，受到消费者的青睐，销售量逐步上升。与此同时，全聚德三元金星公司研发出椒盐、美味和香辣三种风味的鸭胸肉。三种产品选用的鸭胸肉均精选适龄优质的白条鸭上等胸脯肉，辅以天然配料，通过注入和滚揉工艺，使鸭肉均匀充分吸收天然辅料，并以传统挂糖与油炸工艺相结合，使鸭胸肉呈现出色泽亮丽的枣红色。同时，采用空气自然解冻，最大限度地保证鸭肉营养物质的损失。风味鸭胸肉包装采用现代化伸缩膜连续包装设备，95℃下经过30分钟的杀菌，确保了产品风味的稳定。目前，全聚德椒盐、美味和香辣三种风味的鸭胸肉已在市场进行试销，并根据市场销量情况，进行产量调整。

全聚德仿膳公司为以上产品设计精美的包装和符合国家标准的文字说明，并进行了有效的市场推广，截至2012年底，已销售香辣烤鸭6.7万只。此外，还与上海大瀛公司合作，研发了32克香辣鸭翅、138克香辣鸭翅、120克微辣鸭翅、香辣鸭掌、重辣鸭颈、微辣鸭心6种休闲旅游食品。6种休闲旅游食品便携，食用方便，受到了广大旅游消费者的喜好。

——研发"鸭分割产品"，推出全鸭礼盒产品，瞄准大众餐桌。针对消费者对鸭分割制品需求较大的趋势，全聚德三元金星公司研发小组经过一年多的研究实验，研发出包括卤水鸭头、卤香鸭舌、卤香鸭脖、惹味鸭心、美味鸭胸、椒盐鸭胸、红卤鸭肝、麻辣鸭肠、麻辣鸭翅、香辣鸭肫、醪香鸭腿、惹味鸭掌、泡椒鸭掌、骨泥肠、咸鸭蛋、鸭汤宝在内的16种产品，抢占了市场先机。同时，为进一步提升鸭系列产品价值，满足消费者对"全鸭"系列产品的需求，还研发推出全鸭礼盒产品，从包装设计、操作标准、官方检验等方面准备就绪，将择机向市场投放该礼盒产品。

（2） 研发应季产品，推出多品种、多规格月饼

全聚德集团面向中秋节日市场，推出了仿膳、全聚德、丰泽园、四川饭店等品牌月饼，并自2009年起承担首旅集团各大宾馆、饭店中秋月饼OEM加工任务。2012年，中秋月饼生产销售收入名列北京市第二名。多年来，全聚德集团创新管理，完善机制，在月饼研发、生产、物流配送、销售方面形成了一套行之有效的管理机制。

——未雨绸缪，精心备战。一是改造维护硬件设施。随着产能扩大，2012年，全聚德仿膳公司投资400万元新购置了全自动化月饼生产线，并对月饼车间布局进行了相应改造，大大提高了月饼生产效率。二是加大仓储运力整合。根据2012年中秋月饼集采工作任务量大、出车频繁的特点，中秋期间，全聚德仿膳公司共租用金杯车78辆，往返配送2000余趟次，其中集采38家酒店租用货车331趟次，金杯车辅助配送500余趟次。三是积极拓宽招聘模式，储备人力。根据2012年招工难、人工成本不断提高特点，提前制订人员需求计划，在沿用报纸、网络等招聘模式的基础上，进一步拓宽渠道，与多家劳务输出公司合作。四是制订专项营销方案。制定了落实《2012年中秋月饼营销方案》，顺利完成19款常规产品和8款融入了全聚德、仿膳品牌文化的特供产品的包装设计工作，以及9版中秋礼券的设计工作。

——强化管理，确保产品质量。一是公开招标，审核严谨。2012年，全聚德集团相关部门从3月初开始对重点投标企业的现场考察，最终确定了具有明显优势的10家食品企业和10家包装企业，作为今年月饼生产包装及馅料的供应商，生产全聚德、仿膳两个品牌常规月饼，确保了全聚德集团品牌月饼的品质。二是科学管控，保证质量。全聚德仿膳食品公司加强对生产、出库各环节的质量安全监控，增加了包装过程记录环节，解决了部分包装不完全符合《限制商品过度包装要求》的问题。三是加强培训，销售服务精准到位。加大了对销售终端的培训力度，坚持五个统一原则，做到了统一经营模式、统一服务、统一语言、统一价格、统一形象，力争让每一位销售人员都做到业务熟练，销售服务精准到位。

——延续精品路线，突出产品特色。2012年，"全聚德"、"仿膳"两个品牌共推出19款月饼礼盒，产品包装依然走精品路线，既保留了以往最具品牌特色且又被市场认可的经典款式，又重点对高端礼盒的品质进行了提升。"全聚德"品牌推出了"七星伴月"礼盒，配置独具特色的精品伍仁和蛋黄月饼，受到广大消费者喜爱。"仿膳"品牌推出了"盛世中秋"礼盒，一改往常普遍使用的方盒、圆盒，采用八角形外观，内部为双层设计，突出新意，再配以最具代表的松仁豆沙等特色产品，在中秋月饼高端市场具有较强的竞争力。

——各渠道全力以赴，销售实现新突破。圆满完成首旅集团集采任务。2012年是首旅集团100%集采的第一年，全聚德仿膳公司与38家酒店签订月饼供货协议，其中酒店OEM23家，购买全聚德、仿膳品牌月饼的酒店15家，最终实现集采品种200余个品种，集采销售1787万元，同比增长33.63%，月饼发货量33.9万盒，同比增长30.12%。内部配送销售保持良好。2012年全聚德集团内部企业月饼销售额同比略有提高，销售数量同比增长34%。商超整体运作能力得到提升。共有341家卖场参加了月饼展卖活动，同比增长10%以上。团购渠道开辟了销售新方向。团购渠道月饼销售额同比增长30.23%。加大对代理渠道管控，规范市场。在管控原有代理市场和开发新市场并重的要求下，经过努力，代理商月饼销售数量提升。专柜专卖店再创新高。专柜经营提前准备，通过细化销售任务、与商场沟通调整月饼陈列位置、坚持每日晨会每周例会、业务人员坚守一线协助销售等有力措施，实现中秋月饼销售额同比增长58.9%。专卖店通过明确销售指标、加大人员培训力度、提前联系团购客户、后期加大调货力度、坚持贯彻"五统一"原则等有效营销手段，中秋月饼销售额实现翻番。尤其是机场专卖店，一改原有代销模式，针对机场周边人群消费特点，推出主打产品和制定销售政策，最终实现销售额同比增长175.1%。网络销售增长迅猛。网销渠道中秋月饼销售额同比增长260%。

据统计，2012年共生产月饼100万盒，实现月饼发货额9000万元，月饼销售再次取得了可喜的成绩。

与此同时，全聚德集团品牌月饼也获得了中国焙烤食品糖制品工业协会颁发的“2012年中国月饼文化节‘金牌月饼’、‘中国名饼’”、北京焙烤协会颁发的“月饼质量安全信得过企业”；全聚德集团松仁豆沙月饼和葱香鸭肉月饼产品优质奖；蓝莓冰沙月饼和鸭肉五仁月饼产品特色奖；盛世中秋月饼礼盒和七星伴月月饼礼盒包装包装优秀奖；御龙锦月月饼礼盒和1864礼盒包装包装创新奖。

2. 拓展销售渠道，构建特色食品销售体系

拓展销售渠道，构建物流化、配送、网络化特色食品销售体系，是全聚德集团五年发展规划中提出的具体发展目标，是实现食品产业化发展的必要条件。为此，全聚德仿膳公司在五年发展规划中指出：继续深入整合销售资源，统一销售理念，形成配送、商超、团购、代理、专卖、网销六大主干渠道。在继续完成好配送任务，把控北京商超市场的基础上，未来五年将集中投入人力和财力，开发专卖店销售平台、网络销售平台，强化团购、代理渠道，把销售市场向全国推进。

2012年，在保持传统的配送渠道、商超渠道销售优势的前提下，全聚德仿膳食品公司进一步加大了对专卖渠道、团购渠道、代理商渠道、网络渠道的销售布局，进一步加强了对各渠道及终端网点的内部管控力度，提升了整体运营水平。

——建立专卖店销售网络。总结已开专卖店的经验，分别开设以面向旅游市场和面向社区居民的专卖店，逐步形成可复制、可加盟的专卖店销售网络。在专卖店（柜）方面，继续立足于大型的商业中心、公交枢纽开发店面，新开“京点食品”专卖店（柜）8家网点，其中专卖店3家，分别是和平西街店、东华门店、动物园店；食品专柜5家，分别在地安门百货、华联阜成门、华联酒仙桥、华联五道口、朝阳医院，使专卖店数达到11家（直营9家），专卖柜总数达到54家（含丰泽园专柜）。据统计，2012年专卖店实现销售收入4420万元，其中机场销售渠道为3292万元；专卖柜实现销售收入3297万元；27家丰泽园产品专柜实现销售收入1922万元，整体销售良好，业绩稳步提升，已形成一定的市场规模，并对周边起到了良好的品牌宣传作用。同时，针对专卖渠道，初步制定了一系列的管控体系文件，从店铺选址到工程营建、从产品研发到市场推广、从物资采购到商品销售、从单店运营到总部管控、从直营开办到加盟招募，全方位、多角度地将专卖体系运营的各个环节进行了细化和规范。管控体系的建立，为专卖渠道以连锁经营的形式迅速拓展，成为全聚德集团多元化食品的展示和销售平台奠定了基础。

——建立网络销售平台。利用各类网络平台建立起全聚德多品牌网销门户，与常规销售模式形成互补。2012年，全聚德集团加强网络销售渠道建设，加大了对自有淘宝网店、季节性商品的活动策划和推广力度，同时努力拓展网络销售商，对其进行分级管理和差异化销售，取得显著效果。2012年，新增3家网络代理商，分别是天猫商城：北京心诚意信商贸有限公司、北京曹县博雅商贸有限公司；淘宝商城：大庆市蓬松经贸有限公司。实现网络销售收入1450万元，同比增长100%；在知名购物网站销售中秋月饼发货额579万元，同比增长260%。

——建立区域代理商制度。逐步建立外埠销售分区，以华北、华东、华南三个分区为主线，进而扩展出东北、华中、西北共六个销售分区。加大对代理商分区域销售的管控力度，进一步规范代理销售市场，确保了北京区域代理销售业绩增长。同时，积极开拓具有一定社会影响力代理商，如“北京礼物”专营店和高速公路服务区便利店等。2012年，新开发代理商8个，其中本市代理商5个，外埠代理商3个，实现代理销售收入8661万元，同比增长10%。

——积极扩大集采品种和规模。加大集采力度，是全面落实首旅集团集采要求，实现全集团内部资源优化配置，采购规模经济的具体要求通过频繁的走访沟通，组织召开规模性推介会，以及抽调管理人员专职负责首旅各酒店的协调工作等措施，有效地保证了集采服务质量。2012年，通过集采渠道实现销售收入24320.8万元，同期增长7.9%。

四、打造特色食品生产和销售体系，助推大餐饮商业模式的效果

在食品产业的统筹规划下，依靠强有力的资源投入、强大的研发力量、高效的渠道保障，全聚德集团持续向市场推出特色食品，不断完善和丰富特色食品体系。同时，加快销售网络拓展步伐，构建全方

位销售体系。经过多年发展，全聚德集团食品工业取得了良好的经济效益和社会效益。

（一） 食品收入保持快速增长

经过多年的发展，全聚德食品工业保持较快发展，食品企业收入、利润实现双增，食品收入近四年收入年均增速为16%，几乎占全聚德集团总收入的半壁江山，成为全聚德集团支柱型产业。

全聚德集团食品工业收入和增速　单位：亿元

年份	2009	2010	2011	2012
收入	5.49	7.06	7.95	8.87
增速（%）	2	28	13	12

（二） 建立了有效的特色食品研发运营机制

经过多年的发展，全聚德集团积极探索、勇于创新、不断完善，建立了一套规范的、行之有效的“特色食品生产和销售体系”的运营管理机制，基本形成以特色食品研发为基础，工业化生产、物流化配送、网络化销售相结合的食品产业链。

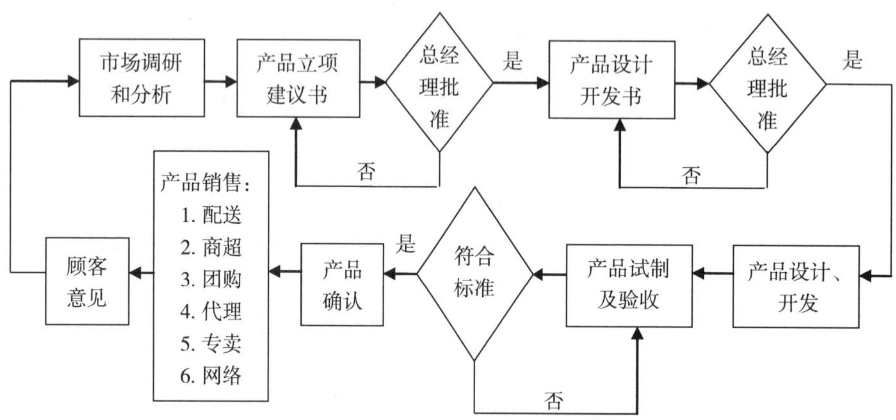

特色食品生产和销售运营管理机制

（三） 品牌影响力不断提升

经过多年的发展，全聚德集团已形成了全聚德品牌、仿膳品牌、丰泽园品牌三大食品品牌。目前，全聚德的真空包装烤鸭、仿膳月饼、汤圆以及丰泽园家常食品，在北京的熟食品市场具有较强的品牌影响力与号召力，三大品牌的产品几乎覆盖北京所有大中型的商场、超市、机场、火车站等。全聚德真空烤鸭占据了北京90%以上的高端烤鸭市场，月饼销售额在北京市场排行榜中连续名列前茅。

（四） 特色食品品种更加丰富

全聚德系列熟食产品品种的不够丰富，品种相对单一，以及较低的市场占有率，在无法满足消费者日益增加的新需求和多样化需求的同时，也不符合食品工业发展的要求。为此，全聚德集团统筹规划，加大对全聚德仿膳食品公司和全聚德三元金星食品公司的人、财、物等资源投入，强化食品研发力度，健全管理制度，持续不断地向市场推出特色食品，极大地丰富了产品品类和品种系列。经过多年发展，全聚德集团食品产业从品类、品种相对单一发展到今天拥有包括生鲜、熟肉制品、面食品、糕点、休闲食品、调味品、礼品、饮品8大类的363个品种，形成了全聚德品牌、仿膳品牌、丰泽园品牌三大食品品牌。

（五） 构建了全方位销售体系

经过多年的发展，全聚德集团销售体系从单一的内部配送，发展到集配送、商超、团购、代理、专卖、网络六大主干销售渠道。截止到2012年，全聚德集团内部配送企业已达88余家，预计到2015年内部配送企业达到130家；商超近500家，已基本覆盖北京市的大中型超市，预计到2015年本市商超占有率达到97%以上；团购商家上百家，预计到2015年长期稳定客户群体达到300家以上；代理商35家，预计到2015年10万元以上的约30家的区域代理商；专卖店（柜）66家，预计到2015年设立专卖店30家、商超专柜60家；网络代理商11家，预计到2015年开展与众家知名网站合作，打造网上专卖店。

（六）吸纳更多员工就业

经过多年的发展，全聚德集团特色产品生产规模不断扩大，销售渠道网点不断扩增，一大批员工来到全聚德集团食品企业工作，成为全聚德集团大家庭中的一员。在食品产业取得快速发展的同时，全聚德集团为员工们提供了广阔的发展平台，给予员工更好的薪酬保障，让员工更多地分享了发展成果，对促进社会稳定、构建和谐承担着应有的社会责任。数据显示，2007年全聚德集团食品工业从业人员约为761人，到2012年食品企业员工达1224人，同比增长60.8%，年均吸纳就业人员增速为12.2%。

“特色食品生产和销售体系”是全聚德集团在食品产业发展领域所取得的阶段性成果，是做大做强食品产业，推进“新型综合餐饮产业集团”进程的重要一步。全聚德集团将继续以市场需求为导向，以创新为动力，持续向市场推出特色食品，不断完善和丰富特色食品体系。同时，加快销售网络拓展步伐，构建和完善全方位销售体系，做大做强食品业和零售市场，全力助推大餐饮商业模式的建立和发展。

成果创造人：邢　颖　刘小虹　武志刚　严大建　焦　宁　李中门

拓宽酒店经营的"老城南"餐饮品牌创建策略

北京宣武门商务酒店有限公司
荣获第二十八届北京市企业管理现代化创新成果一等奖

北京宣武门商务酒店有限公司（以下简称宣武门商务酒店）隶属于首旅股份，前身是为接待参观毛主席纪念堂人员而修建的向阳第二招待所，始建于1977年7月，曾先后更名为宣武门饭店和越秀大饭店。2005年成为全国第一家省级国有独资综合型旅游企业、全国500强企业首旅集团旗下一家集客房、餐饮、会议于一体的三星级商务酒店。

三十余年的经营，使酒店积累了深厚的文化底蕴和内涵。目前，酒店拥有不同类型的客房359间，并设有各类会议室、多功能厅，拥有主营淮扬菜、新派官府菜等精品菜肴的餐厅——紫园食府。经过多年的摸索和实践，宣武门商务酒店逐渐形成了"以商散客人为主，会议团队适当补充"的市场客源结构。截止到2012年12月，酒店在岗职工336人，拥有资产总值8260.90万元，实现营业收入8482.23万元，其中客房收入4154.94万元，占全店收入的48.98%；餐饮收入3080.86万元，占全店收入的36.32%，利润总额866.86万元。

近年来，酒店先后获得北京市"青年文明号"先进集体、北京市"和谐劳动关系先进单位"、"全国十大最受欢迎城市商务酒店"等荣誉，并在2012年度全国星级饭店统计公报中排名全国三星级饭店第七名。

一、拓宽酒店经营的"老城南"餐饮品牌创建策略的背景

（一）打造品牌是酒店餐饮发展的必然趋势

虽然自1999年起酒店餐饮就已开始了户外餐饮之路，在市场上获得了一定的认可，但由于缺乏系统规划，尚未形成品牌，限制了户外餐饮提升发展的空间。

而在新经济时代，只有成功地塑造品牌，才能实现科学可持续发展，可以说餐饮业已经进入了品牌竞争时代。品牌不仅是区别于不同企业产品和服务的标识或符号，更重要的是，它是企业的质量、技术、商业模式和企业文化等无形资产的承载体，是能提高产品和服务附加值的一项最重要的无形资产。可以说，是品牌把企业的质量、技术、商业模式和企业文化等无形资产的优势以显性"名片"的形式传递给消费者，获取消费者手中的货币"选票"，从而给企业带来超额利润的。

因此，酒店通过对内外部环境的分析，于2012年5月制定了"老城南"品牌发展战略。提出以"开拓经营谋发展、传承文化树品牌、打造新的经济增长点"为创新宗旨，充分发挥三星级酒店"价格贴近百姓、服务更胜一筹"的优势，瞄准户外餐饮市场的巨大商机，通过进行资源整合，完善产品品种和供应链，进行经营范围的深度拓展和"老城南"品牌的构建。现阶段酒店打造"老城南"品牌的战略目标是在确保中短期利益的基础上放眼未来，争取在三年内，将宣武门商务酒店的"老城南"系列产品打造成南城的特色品牌和文化符号。在确立了战略目标后，酒店于2012年6月正式启动打造"老城南"餐饮品牌创新项目，并且及时进行了"老城南"品牌的注册，并于2012年8月27日获得了国家工商行政管理总局商标局的注册申请受理书。

（二）解决酒店餐饮发展瓶颈的有效办法

餐饮和客房是酒店经营的两条主线，餐饮收入的高低直接影响酒店全年的经营。餐饮业是一个完全竞争市场，随着近年来社会餐饮的快速发展，酒店现有的硬件条件使酒店餐饮的竞争优势日趋下降。在店内餐饮发展空间受限的不利因素下，酒店餐饮要突破发展瓶颈，就必须开拓思路，拓宽经营空间，结

合自身特点，走多元化发展之路。因此，为了提升酒店餐饮的市场竞争力，酒店将突破口锁定在户外餐饮发展上，通过对餐饮的结构调整打开酒店成长空间。

（三）文化传承与创新是酒店餐饮的历史使命

酒店以“老城南”进行餐饮品牌命名，使其能拨动人们心中存留已久的念想，让品牌充满着深厚的文化背景和鲜明的区域特色。北京历史上的城南，是以前门为轴心，辐射东西的城南，宣武门、和平门、前门、崇文门一带，曾经是明清以来老北京城商业文化娱乐的中心，有着特殊的历史地位与文化意义。

“城南”显示出在北京的特殊身份，它既是现代化都市中最为古老的板块，又是现代化过程中连接和整合老北京传统与文化记忆的符号，成为体现北京民俗风习和庶民文化最鲜明、最浓郁之所在。北京市委、市政府为了推动城南地区建设于2010年制定了《城南行动计划》也足以显示“城南”的重要地位。

酒店沿袭“城南”历史底蕴，在“古为今用”上下力气，深度挖掘老城南文化，结合时代发展趋势和居民生活需求，将品牌赋予新的文化附加值和生命力。通过“老城南”品牌的打造，在向外拓展的同时带动内部餐饮的发展，一内一外，相辅相成，协调互促，形成内外兼容并进的餐饮经营模式。

（四）倡导健康饮食是酒店餐饮不可推卸的责任

“老城南”餐饮品牌定位于百姓阶层，因此，通过在食品中增添蛋白质、微量元素和膳食纤维等方式，着眼于为顾客提供科学营养、健康方便的美食，致力于逐步改善忠诚顾客的饮食结构，减少可能威胁市民健康的慢性病的发生是酒店理应承担的社会责任。在关注酒店经营业绩的同时，提升酒店的社会责任感和使命感，积极鼓励人们接受健康的饮食结构，引导公众消费理念，有效地提高公众健康水平也是酒店餐饮向品牌化发展的不竭动力。

二、拓宽酒店经营的“老城南”餐饮品牌创建策略的内涵

2012年，宣武门商务酒店在首旅集团“创新变革年”工作思想的指导下，全面开展创新工作，力求实现提升硬实力、强化软实力的工作目标。酒店创新工作紧紧围绕四项关键业务——销售“老城南”外卖、经营“老城南”啤酒坊、推广“老城南”酱货、开拓社区居民就餐市场展开，全面推广、包装“老城南”餐饮品牌。

老城南啤酒坊

老城南外卖商亭

老城南便民美食坊

家宴进社区

品牌创新的关键在于选择适合品牌发展的商业模式。商业模式是指以商业盈利为目的，针对特定项目或企业，围绕需求、市场、现有资源和条件、可提供的产品和服务、营销能力及渠道、资本的保障和持续供给等要素设计的可控制、可盈利、可持续、可复制的模型。因此，酒店引进了商业模式画布理论，对画布中的九大框架进行了细致的研究，以其为指导，制定了打造"老城南"餐饮品牌项目"三步走"战略：

第一步：通过"老城南"品牌塑造的几项关键业务，规划商业模式雏形，提升品牌知名度；

第二步：丰富产品链和服务链，探讨研究商业模式内涵，挖掘品牌文化，打造城南第一品牌；

第三步：寻找规模生产加工厂、打造产业链，形成完整的商业模式体系，实现品牌的延伸。

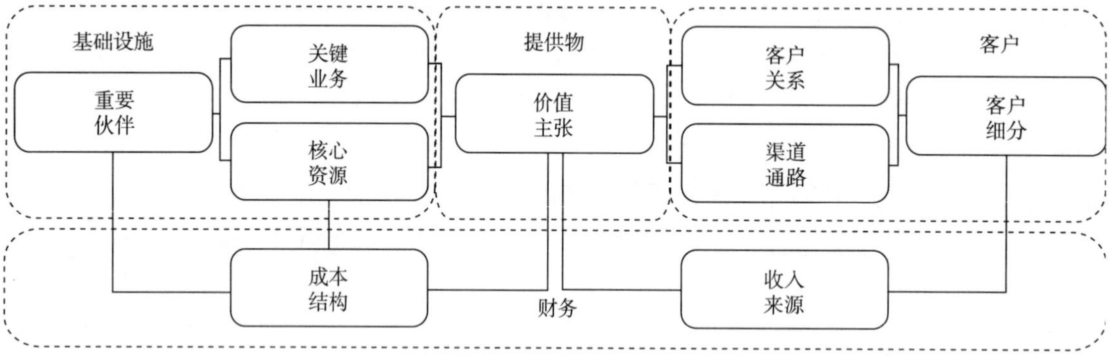

商业模式画布

酒店以品牌创新为契机，以商业模式画布为蓝本对餐饮产品和市场进行分析、整合，突破餐饮经营瓶颈，传承城南文化历史，引导顾客消费理念，提高企业的核心竞争力和员工的凝聚力，实现酒店的可持续发展。

三、拓宽酒店经营的"老城南"餐饮品牌创建策略的主要做法

（一） 分析产品市场环境，规划商业模式雏形

1. 客户细分——市场环境分析

客户细分是构成商业模式画布的要素之一，是指企业通过市场划分后瞄准的目标消费群体。酒店由餐饮部经理、市场营销部经理组建了市场消费分析小组，对目标消费者和忠诚客户群进行了细致的梳理，对市场趋势、顾客需求和顾客反馈进行反复分析，了解市场动态、掌握客户需求，以及时调整销售策略、挖掘市场潜力、拓展盈利空间，使酒店的经营模式更加完善。

酒店"老城南"餐饮品牌的目标客户群体为：

1）商务客人

主要为住店的会议客人，此类客户群体对就餐环境、菜品品质、服务质量要求较高，具有较强消费能力。

2）白领上班族

此类客户群体注重高质下的方便与快捷，对早餐、午餐的需求较大。

3）社区居民

此类客户消费频率不高，但持续性强，最易成为酒店的忠诚客户，助力酒店在区域范围内打造品牌美誉度。

4）休闲旅游者

此类客户群体比较注重消费体验，追求新鲜感和奇特的事物，是助力酒店扩大品牌知名度的主力人群。

2. 核心资源——产品独特竞争优势

1）宣武门商务酒店毗邻西单、庄胜崇光两大商业区，周围遍布成熟社区。宣武门作为京城重要的交通枢纽，多条交通干线汇集于酒店门前。绝佳的地理位置是酒店发展户外餐饮的外部基础。

2）酒店拥有一支专业的餐饮团队，美味、方便、高质、卫生的食品已得到周边居民和公司职员的认可和好评。外卖窗口的成功经验是做好户外餐饮经营的内在动力。

3）酒店的进货渠道依托首旅集团采购平台，从源头上保证了采购速度和食品安全，是拓展酒店餐饮经营的有力保障。

（二） 着力塑造特色品牌，传递产品价值主张

品牌塑造是企业持续发展的强大生命力，是指给品牌以某种定位、并为此付诸行动的过程或活动，它所带来的不仅是产品的销售效益和市场占有率，更是树立企业形象、提高企业知名度的有效途径，品牌的知名度、美誉度和忠诚度是品牌塑造的核心内容。商业模式画布中的价值主张是指通过产品和服务向消费者提供的服务。为了进一步将“老城南”品牌打造成为南城新的文化符号，酒店从以下四方面进行品牌的构建，传递价值主张。

1. 品牌定位

以星级酒店的高品质，打造贴近适合消费者的地道老北京口味的餐饮品牌。品牌独特的卖点和优势：地域优势、地道的北京口味优势、高质量产品和不可复制的文化背景优势。

2. 品牌名称的由来

在北京，“城南”的概念一直是打开老北京人回忆的一扇窗。这里聚居着形形色色的市井百姓、梨园名角、文人墨客，是北京最具皇城根特色的一块福地。为了唤起人们对旧时光的追忆，凸显酒店所在的南城枢纽的特殊地理位置，结合酱货采用的老北京传统制作工艺，酒店特别为自主户外餐饮品牌命名为“老城南”。这个名字不仅吸引了北京市民的注意，更可以成为向外地和外国游客介绍北京历史文化的一张名片。

3. 用“故事”韵味渲染品牌

酱肉历来是北京人餐桌上必不可少的一道风景。老人们都记得，曾经在夜深人静的时候，总能闻到从胡同深处飘出的一阵阵诱人的酱肉浓香。

酒店做酱货的主厨张师傅曾在北京五棵松附近的海味餐厅师从一位姓徐的老厨子，潜心学艺近十年。徐师傅是个老旗人，相传祖上曾是皇宫御用厨师，做了一手京味好菜，酱货更是远近闻名。张师傅对徐师傅的手艺用心领会，1997年来到酒店后，他对徐师傅的酱货制作流程进行改良，借鉴了粤菜讲究保健的用料，通过反复研究和实验，形成了自己的一套酱货操作工艺和独特配方，即保有北京酱货讲究的酱香，又融合了南方酱货突出料味的特点，不但使酱货味道更加鲜美，还起到食疗保健作用。

酱货也因此成为酒店外卖的一张王牌，得到了顾客的认可。不少人十几年来一直是这儿的常客，更有人专门从中关村、大兴赶过来，为的就是吃上这地道的老北京口味，在网络上酒店的酱货也是好评如潮。下一步酒店将为“老城南”酱货的调制配方申请专利，保护知识产权，提升品牌的竞争力。

4. 创意设计

为进一步提升品牌的附加值，使产品更具魅力，酒店加大了创意设计投入力度。从细节入手，对“老城南”啤酒坊就餐环境进行了精心布置：制作主题背板、配置夏威夷服装、采买西式烛灯、张贴马口铁壁画、点缀蓝白彩灯、制作英文潮流音乐专辑，使其与欧洲杯和奥运会相吻合，细节上令人赏心悦目的精心设计和布置，吸引了众多消费者的关注，提升啤酒坊就餐氛围的同时，也丰富了品牌的文化内涵。

目前，酒店正在根据市场调研和宾客反馈进行新一轮的创意设计，制作“老城南”啤酒坊就餐卡、设计特色外卖包装袋、礼品袋，进行“老城南”外卖窗口更新改造，力求通过视觉效果，吸引眼球，为品牌注入新的魅力和活力。下一步，酒店还将继续设计“老城南”酱货、“老城南”啤酒坊等统一视觉识别系统，为今后发展连锁经营和特许经营做好铺垫。

（三） 打通产品渠道通路，拓展市场营销空间

渠道通路是企业与经过细分的客户传递价值主张的途径。酒店经过三十五年的发展已经积累了一定

的客源群体，尤其是综合会议型客源，已成为酒店的忠实客户。销售人员运用客户拜访、电话销售等传统手段，从酒店自有客源出发，进行“老城南”品牌产品的销售推广，取得了较好的成绩。

为了进一步开拓社区居民就餐市场，酒店采取了“实地推广”的传统销售方式，即安排销售人员前往周边社区进行酒店“老城南”品牌产品的实地推广，向街道负责人及社区居民分发“老城南”品牌产品宣传单页，对产品的价格、特点等进行详细的介绍，增强居民对品牌的认知，刺激购买欲望。此外，与酒店周边报刊亭进行合作，在北京日报、新京报等畅销报纸内夹入酒店“老城南”品牌宣传单页，以最快的速度、最少的投入进行最有效、最广泛的品牌宣传。

在网络飞速发展的信息时代，为了充分利用网络资源、挖掘网络营销潜能、维护客户关系，酒店建立了微时代工作小组，全面开展酒店的微公关、微营销、微客服和微互动，为新型商业模式保驾护航。工作小组通过酒店自有网站和官方微博发布经营信息、促销计划，发起各类营销活动，力求通过与客人第一时间的沟通互动，进行品牌宣传、稳定客源群体、培养忠诚客户。此外，微时代工作小组广泛拓展媒体渠道，加大宣传攻势、塑造企业形象。

2012年6月北京商报、北京晨报为酒店进行了“老城南”啤酒坊的推广报道。2012年正值酒店开业的第35个年头，以酒店三十五周年店庆为主题，《商业文化》杂志对“老城南”系列产品进行了深层次的报道，推广品牌形象，提升品牌文化。年底，北京电视台财经频道、青年频道也对“老城南”外卖商亭进行了特别报道，向老百姓推荐星级酒店的“放心年货”。

（四）有效维护客户关系，植入“中国服务”理念

在商业模式画布中，价值主张和渠道通路决定了客户关系。酒店餐饮业建立和维护客户关系最基础的要素是“服务”。首旅作为中国旅游产业领军企业，于2010年首先提出打造“中国服务”理念，并将创造“中国服务”品牌作为首旅集团的战略和使命，其思想内涵为“国际水平、本土特色和物超所值”。酒店以首旅集团践行“中国服务”理念为指导，为“老城南”品牌规划了服务蓝图。从客人到达、咨询、购买、结账、离开，每一个环节都有详细的服务流程和标准，以此规范和指导每一位员工的行为，以有形的产品与无形的服务诠释“中国服务”的思想内涵，为顾客打造独特的购买体验，培养潜在忠诚客和回头客。

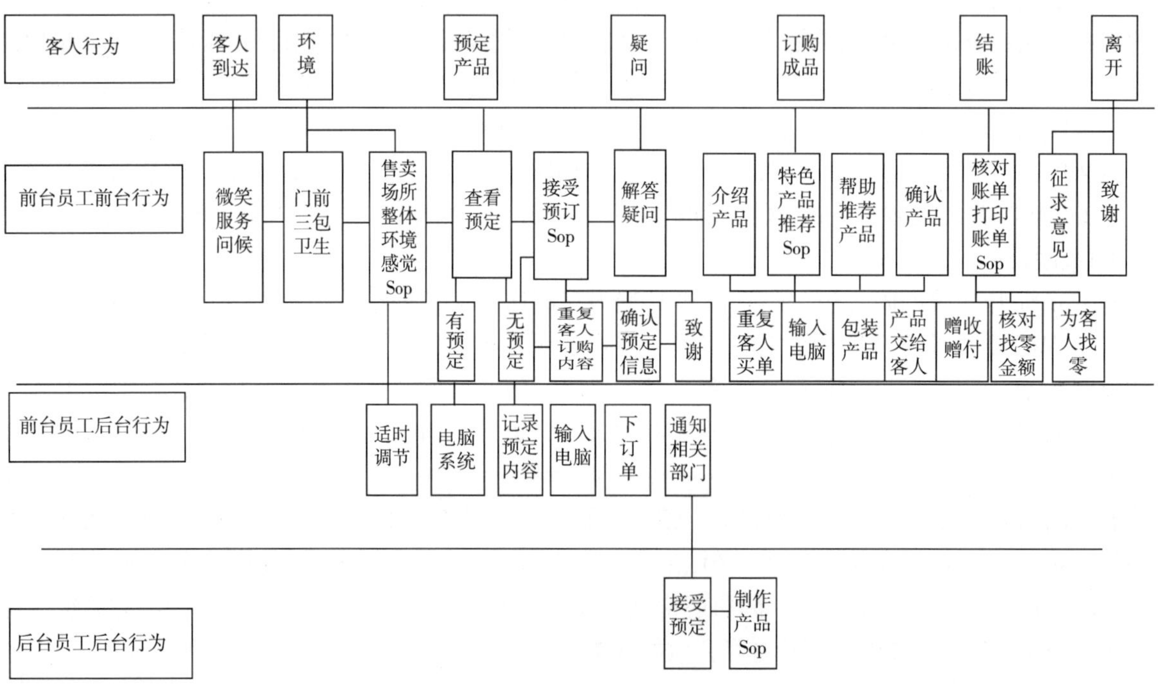

“中国服务”蓝图

四、拓宽酒店经营的“老城南”餐饮品牌创建策略的实施效果

（一） 有效推广酒店户外餐饮品牌，盈利能力明显增强

将商业模式的“关键业务”、“成本结构”和“收入来源”三个框架进行整合，便能够直观地显现出创新项目的经营成果。

1. 销售“老城南”外卖

2012年5月，酒店深化调整、开拓思路，在东门开设了便民套餐盒饭售卖服务，很好地实现了早餐豆浆牛奶、午餐荤素搭配，健康高质的外卖吸引了大量的白领上班族和周边百姓，在赢得新客源的同时，提高了经济效益。5月至12月，“老城南”外卖销售收入41.14万元，日均销售额2077元。

2. 经营“老城南”啤酒坊

为了紧抓消夏商机，酒店对停车场进行了规划，安装挂满各国国旗的欧式白色篷房、在绿色草坪上摆放原木休闲桌椅，以“宣武门”作为地域特色，将原啤酒花园赋予了新的名称：“老城南”啤酒坊，并以“观经典赛事、享夏日激情”为主题，借势欧洲杯和奥运会。啤酒坊开业后成为白领一族和住店商务人士的休闲后花园，每晚七点便已座无虚席，醇香的中外啤酒和清晰的巨型屏幕更是吸引了众多海外游客的光顾。2012年，自“老城南”啤酒坊5月28日开业至9月25日，共计收入170.74万元，日均约1.5万元，比2011年同期112万元增加了58.74万元，增幅为52%。

3. 推广“老城南”酱货

酒店对原有酱货的包装进行了设计，注入了“老城南”品牌识别系统，通过视觉效果，为“老城南”酱货增添了新的活力。品种也由最初的五六种增加到二十余种，很好地满足了不同层次、不同口味客人的需求。“老城南”酱货2012年创收156.77万元，日均销售4295元。比2011年同期115.37万元增长了41.40万元，增幅为36%。

4. 开拓社区居民就餐市场

酒店地处宣武门中心，隶属椿树街道，东邻大栅栏街道、北靠西长安街区、金融大街，南接广安门内街道，周围遍布椿树园、香炉营、长椿里等成熟社区，居民总数31万人，内攘15个少数民族，年人均可支配收入达4万元，具有巨大的消费潜力。社区居民是酒店发展新型商业模式的重要目标客户，为了进一步挖掘社区居民消费潜力，酒店开展了多种形式的社区居民就餐市场推广活动。销售人员走入周边社区进行酒店婚庆宴请、家庭宴请的推广和宣传，倡导“让普通百姓享受星级酒店家宴服务”的消费主张，将社区居民“请进来”，让酒店品牌“走出去”，拓宽了经营空间，在迎合消费者需求的同时抢占家宴市场的商机，以有形的销售创造无形的品牌。2012年共接待家宴、婚宴1537席，创收351.21万元，平均每席消费金额为2285元，比2011年同期254.83万元增加了96.38万元，增幅38%。

2012 年与 2011 年“老城南”主营业务收入对比（单位：万元）

关键业务	2012 年	2011 年	增减额	增长率（%）
老城南外卖	41.14	0.00	41.14	100
老城南啤酒坊	170.74	112.00	58.74	52
老城南酱货	156.77	115.37	41.40	36
社区就餐市场	351.21	254.83	96.38	38
收入合计	719.89	482.20	237.66	49

2012年全年，酒店实现了“老城南”品牌系列产品719.86万元营业收入的目标，占当年餐饮总收入的25%，比2011年同期的482.20万元增加了237.66万元，增长率为49%。餐饮收入呈现了内外双增，相辅相成、和谐发展的新的经营模式。其中，各项业务收入增长情况如下：

经过一年的品牌塑造，“老城南”品牌的四项关键业务已在市场上获得了一定的认知度，并形成了

系统的、立体的营销模式，更为贴近大众消费者，并受到不同消费群体的青睐。“老城南”外卖深受酒店周边居民及白领上班族的喜爱；“老城南”啤酒坊开辟了酒店为住店客人提供户外餐饮休闲的新型模式；“老城南”酱货及外卖采用标准化生产，所有原材料、调料均实行量化配比，操作性较强，满足了宾客对星级酒店销售大众化产品的食品安全和健康饮食的诉求；酒店餐饮社会化，婚宴、家宴进社区，符合百姓消费需求，有利于扩大酒店的市场影响力。餐饮的经营空间不仅仅局限在酒店内部，而是向外扩展到了更为宽广的开放性市场中，真正做到了“走出饭店见饭店”。

“老城南” 户外餐饮品牌表现出了独特的文化内涵，为酒店带来不菲的经济收益的同时，还成为经济增长的新支撑点，提升了酒店的形象，为酒店收获了良好的口碑。

（二） 大力进行产品研发，实现产品结构升级

品牌的打造离不开产品的支持。酒店选派多名经验丰富的厨师组建了产品研发小组，根据市场需求的变化和消费者的信息反馈，进行产品调整、完善产品结构，通过一系列规划和改进，逐步实现规模化的生产结构，并尝试通过外部加工制作的途径降低成本、增加收益，打造科学的产业链。

1. 提高产品科技含量

2012年“老城南”啤酒坊采用的刷卡收费系统，为产品研发团队进行菜品满意度分析提供了科学的数据支持。通过这种方式，客人的每一笔消费明细都自动记录在电脑终端，每一种菜品的点击率、收入都一目了然，产品研发小组可以根据刷卡收费系统中反映出来的点击率数据进行分析，以便研究不同消费群体的消费结构，根据顾客的反馈来做好菜品的筛选和调整。另一方面，刷卡收费方式避免了服务员直接接触现金，在方便客人购买的同时，进一步确保了食品卫生，也体现了服务的规范性和一定的科技含量。

2. 引导顾客消费理念

为了给客人打造膳食平衡、科学营养的饮食结构，产品研发团队特别根据每种食材的营养价值，组成特制的营养均衡的菜品，同时融入地道老北京做法，让食客吃得舒心、吃得健康。如深受百姓欢迎的肉包，特别讲究肉馅的质感，“老城南”出品的肉包肉馅纤维大，越嚼越香。素包子由白菜、粉丝、胡萝卜、鸡蛋、木耳、香菇、虾皮等素什锦做馅，粉丝要油炸过后再拌馅，不仅口感一流，还富含人体所需的各种维生素、钙质及胡萝卜素。通过小小的包子，体现出酒店致力于引导顾客消费理念、倡导健康饮食结构、弘扬传统美食文化的研发理念。

今后，产品研发团队将继续从关注营养的角度出发，发挥酒店技术优势，利用新型原材料不断研制色香味俱全的菜品，并逐步创建酒店自有菜品体系。

（三）增强企业凝聚力，提升企业核心竞争力

在“老城南”餐饮品牌的创新工作中，收获到的不止是眼前营业收入的提高，更重要的是增强了企业的凝聚力，明确了酒店今后的发展方向和目标，成为酒店率先在严峻的市场竞争环境下突破发展瓶颈、立足行业领先地位的破冰船。

在“老城南”品牌的建设过程中，企业与员工共享品牌理念，激发员工对品牌塑造的积极性和热情。通过在酒店内部层层进行品牌文化的宣传，服务标准的逐一规范，使全店上下集中思想理念、统一思维方式，明确了酒店的发展目标，员工和领导层的想法达到了共鸣，员工们认识到品牌塑造是酒店发展的必经之路，感受到打造品牌与切身利益的密切关系，提高了员工的使命感和责任感，从而产生了巨大的向心力和凝聚力，增强了员工的主人翁意识，自有品牌的打造过程将企业凝聚成为一个具有战斗力的整体，为提升企业市场竞争力和品牌的深度扩展奠定了坚实的基础，为酒店今后的发展留下了丰厚的人文积淀和历史底蕴。

成果创造人： 夏敏辉　彦　平　马　荣　祁　岩　张军民　马振江　甄小琳　王凌娜

以科技地产为核心的集团战略的构建与实施

北京科技园建设（集团）股份有限公司
荣获第二十八届北京市企业管理现代化创新成果一等奖

北京科技园建设（集团）股份有限公司（以下简称“北科建集团”）是中关村科技园区的开发者，中国科技地产领军企业，北京国资公司在城市开发领域的重要平台。集团成立十多年来，始终坚持“服务区域经济、助推产业升级、加速科技转化、提升社会贡献”的企业使命，成功开发了中关村核心商务区、中关村软件园、中关村生命科学园等知名园区与领秀系列高品质住宅，在理念、品牌、资源、团队方面形成了核心优势，成为我国科技园区开发领域的典范。

面对国家自主创新战略和战略性新兴产业发展要求，顺应新型城镇化建设的诉求，北科建集团传承创新、超越自我，开创了科技地产新城开发模式，以房地产为手段，产业聚集为目标，通过地产资本、金融资本、产业资本的跨界资源整合，打造产业为主导、产城融合、职住娱一体化的科技新城，助推区域发展方式转变和经济结构升级。集团按照科技地产模式全力打造嘉兴长三角创新园、无锡中关村软件园太湖分园、青岛蓝色生物医药产业园、长春北湖科技园等品牌园区，并通过建设全方位的产业创新服务体系，完善企业发展的硬环境和软环境，受到了政府、行业、产业、金融等社会各界的高度肯定，成为新型城镇化建设的生力军和先行者，引领房地产转型创新方向。

集团累计开发产业园区800多万平方米，住宅270多万平方米，形成了以科技地产为特色、住宅地产和商业地产协同发展的主业格局，连续五年被评为中国房地产百强企业，近年来被授予中关村科技园区建设二十年突出贡献奖、中国自主创新杰出贡献奖、中国最具影响力企业、中国产业新区最具影响力品牌企业和中国科技地产领军企业等荣誉称号。

一、以科技地产为核心的集团战略的构建与实施背景

2009年，随着中关村开发建设任务的基本完成，经历两次重组的北科建集团，已经没有在建或运营的科技园区项目，未来如何发展成为摆在北科建集团面前的首要问题。根据董事会的要求，北科建集团必须进行市场化转型，在激烈的房地产行业竞争中站稳脚跟，取得较快发展。为此，北科建集团必须审慎把握内外部环境变化，充分发挥自身资源禀赋，抢抓机遇，传承创新，自我超越，走出一条独特的发展道路，推动集团实现科学发展、快速发展。

北科建集团通过冷静分析宏观环境、行业环境和自身优势，充分认识到国家自主创新战略和新兴产业发展战略的大力实施，目的是通过科技创新要素的聚集和创新平台打造，提升国家创新能力，为国家经济结构调整和经济发展方式转变提供支撑。同时国家以产业发展为主导，大力推进新型城镇化建设，使产业园区开发成为实现新型城镇化战略的重要途径。

从行业环境来看，房地产行业近年来房价急剧上涨，受到了政府持续的严厉的调控。在房地产调控背景下，形成了强者愈强、弱者淘汰的基本格局。北科建要在激烈的房地产行业中取得较大发展，必须充分发挥自身科技园区开发优势，在科技园区开发这一房地产行业细分领域取得领先位置，才能有效避开激烈的住宅地产和商业地产市场竞争环境，走出一条独特的发展道路。

从自身资源禀赋来看，北科建集团作为我国最早从事科技园区开发的大型国有企业，在中关村科技园区的开发建设中积累了丰富的开发经验，成为了国内园区开发的领先企业，积累形成了自己的核心竞争力。一是形成了强大的品牌影响力，北科建开发了中关村，中关村也成就了北科建；社会对中关村的高度认可也延伸到了对北科建的高度认同。二是形成了持续的创新精神和先进的开发理念，北科建集团在中关村开发中借鉴世界先进园区做法，不断探索创新，在园区的生态环境建设、土地集约利用、能源

管理、产业服务等方面都积累了丰富的经验。三是形成了强大的资源整合能力，北科建集团在开发中关村过程中与政府、科技企业、金融机构等建立了相互信任、相互支持的良好的合作关系，为科技园区的开发提供了丰富的资源支撑。四是形成了全产业链的开发能力，既包含了土地一级开发、也包括了项目的二级开发，同时还有供冷、供热、物业管理服务以及企业孵化、产业服务等内容，使北科建集团积累了一支全产业链条开发队伍，打造了全产业链条开发能力。五是控股股东北京国资公司在资金、人才、项目等各方面给予了大力支持。

基于对宏观环境、行业环境和自身优势科学判断，北科建集团创造性地提出了科技地产开发理念，按照科技地产理念制定了集团“十二五”发展战略，并在京外四个科技地产项目上进行了实践。

二、以科技地产为核心的集团战略的构建与实施的内涵

科技地产理念是强调城市与产业协同发展，基于科技园区开发升级的一种房地产全新开发模式。具体来说，科技地产以房地产开发为手段，以产业聚集为目标，以战略性新兴产业为主导产业，以科技载体和产业服务构建为任务，整合企业发展的要素和资源，通过开发、运营、服务助推产业创新和价值提升的一种市场化科技园区开发模式。科技地产开发已经超出了传统房地产开发的范畴，是服务技术创新、推动国家自主创新战略和战略性新兴发展的重要平台，是国家自主创新体系的重要组成部分。实质上，科技地产是以地产为平台、产业为主体、服务为支撑，实现土地利用、产业聚集、金融服务和城市功能的高效融合，助推科技成果转化，驱动区域经济转型发展的一种创新商业模式。

构建以科技地产为核心的集团战略的指导思想是：以贯彻落实国家自主创新战略和战略性新兴产业发展为前提，肩负起服务区域经济发展和产业结构升级的使命，推动新型城镇化建设；以科技地产事业理论体系为指导，创新科技地产商业模式，构建以科技地产为特色、住宅地产和商业地产协同发展的主业格局；以产城融合模式为特色，以专业化产业服务为抓手，打造职、住、娱一体化的科技新城，提升科技地产产品创新能力和竞争力；以产融结合为支撑，构建科技地产产融结合模式，提升科技地产开发的资本支持和资本运作，丰富盈利来源。

构建以科技地产为核心的集团战略经营理念是：社会效益为首，经济效益为本。社会效益为首，要求集团的经营行为首先要符合巩固党的执政地位和国家创新发展战略的要求，有利于促进区域经济发展和产业结构升级，把扮演好国有企业的社会角色，履行好国有企业的义务、承担好国有企业的社会责任作为经营管理工作的出发点和落脚点。经济效益为本，是从国有企业的微观经营活动出发，获取合理的利润，谋求社会效益与经济效益和有机统一，实现国有资产保值增值和企业的健康、可持续发展，回报股东、员工和合作伙伴。

构建以科技地产为核心的集团战略使命是：服务区域经济，助推产业升级，加速科技转化，提升社会贡献。服务区域经济，要求集团根据当地政府区域经济社会发展的诉求，围绕当地经济特色，促进当地经济结构调整、发展方式转变和产业升级，提升城市竞争力，推动区域经济发展。助推产业升级，要求集团引入一大批高科技型企业和创新创业型企业，帮助政府实现用高新技术产业、行业来升级和优化传统产业，实现当地产业结构升级调整。加速科技转化，求通过孵化器等全方位服务支撑平台的建设，致力于营造有利于创新创业型企业成长硬件环境和软件环境，推动科技成果尽快实现产业化。提升社会贡献，要求集团为推动区域产业聚集、科技转化和建设宜居宜业的城市功能区奠定基础，推动区域就业、税收和社会和谐，同时实现好企业健康可持续发展，更好履行社会责任，更好地回报股东利益诉求，并随着企业发展，为员工提供更广阔的发展平台和更有激励的物质利益。

构建以科技地产为核心的产品和服务体系是：科技地产产品包含科技新城和专业科技园区两大类产品与产业增值服务组合；住宅地产包含商品住宅和保障房两类产品；商业地产包括城市功能区开发和商业物业经营两大类产品；配套业务包括房地产金融、供冷、供热和物业管理服务。

其中，科技新城、城市功能区是综合类产品，科技新城是科技园区、住宅区和商务商业区的组合；城市功能区是实现相关社会资源空间聚集、有效发挥某种特定城市功能的地域空间，根据主导产业的不同，包括商务区、商业区、旅游区等细分功能区。

产业服务体系核心要素是资本、技术、人才、市场。科技地产产业增资服务主要是开发商积极整合政府以及社会商业合作伙伴资源，按照全方位、专业化、高附加值的标准，围绕产业发展的资本、技术、人才、市场四个要素，共同致力于产业发展要素的整合，提供一系列技术关联性强、附加值高、智力密集度高的创新增值服务，打造完善的产业服务体系，主要包括：资本、技术、人才、市场、政策、中介等方面。

构建以科技地产为核心的业务的运营法则是：产业为本、商住协同、长短互补、风险对冲。产业为本，就是要始终坚持以产业促进为主线进行综合开发，坚持以产业为主导，通过多业态产品的综合开发，实现“业”与“城”的有机融合，促进产业功能与城市功能的融合。商住协同，就是要有适当规模住宅地产和商业地产等策略性业务相配合，构建房地产领域同业多元化业务体系，形成主营业务之间的协同效应和互动发展。长短互补，就是科技地产的长周期业务能够得到住宅和商业地产等短周期性业务的必要支持，以保证科技地产项目长周期运作的资金需求，保证科技地产项目品质。风险对冲，就是要通过科技地产、住宅地产、商业地产三大主营业务的协同发展，形成同领域多元化业务格局和竞争策略，规避单一业务带来的经营风险。

科技地产的运营法则集中体现了集团以科技地产为龙头、住宅地产和商业地产协同发展的商业模式，是规避科技地产周期长、投资大等经营风险的必然要求。

构建以科技地产为核心的盈利模式是：北科建集团主营业务的收入与盈利来源主要有三大方面：开发型物业的销售收入和利润、持有型物业及配套服务经营收入和利润以及投资增值收益，具体来说，就是通过土地增值、物业经营、产业服务、资产增值等多个环节来丰富盈利模式。

构建以科技地产为核心的产融结合模式是：科技地产的实质是地产、产业、金融资源的跨界整合，投资大、周期长，单纯依靠企业自身资金支持不可能实现，必须要充分利用金融资源来支撑和服务产业发展。北科建集团的科技地产金融业务主要包括五个方面：资本市场IPO、子公司私募、资产证券化、针对入驻企业的PE/VC孵化服务和科技地产基金业务。通过产融结合，满足开发商和入住企业发展的资金需求。

三、以科技地产为核心的集团战略的构建与实施的主要做法

在集团战略的指导下，集团以战略创新为龙头，带动了产品创新、金融创新、技术创新等一系列创新，为北科建集团迅速拓展项目、提升产品品质提供了行动指南。

（一）完善科技地产事业理念体系，为集团战略实施提供强有力的支撑

集团经过2009年、2010年两年的总结和探索，形成了完善的科技地产事业理念体系，编印了学习的册子，供全体员工学习，进一步统一思想，形成共识。并以据科技地产理念，集中全体员工的智慧，编制了集团“十二五”发展规划。概述为“一二三六五”。

一个战略定位：以科技地产为特色的综合性房地产开发企业集团。

二个发展阶段：战略调整期和战略发展期。

三大核心任务：优化业务结构，完善集团管控，增强资本实力。

六大保障措施：提升项目开发能力、开发人力资源价值、强化融资支持、建设信息化平台、加强品牌与文化建设、加强党的建设。

五大战略目标：力争实现集团发展的规模、效益、市场、组织和社会贡献相协调。

集团“十二五”规划的总体目标为：到2015年年末，使北科建集团综合实力达到北京市同行业前列水平、综合绩效达到A股市场同行业中上水平、成为国内科技地产第一品牌，力争成为总资产400亿元、净利润10亿元的综合性房地产开发企业集团。争取再用五年时间，到2020年，实现总资产规模再翻一番，进入国内一流的房地产开发企业行列。北科建集团“十二五”战略规划是科技地产理念落地的纲领性文件，确保了科技地产理念的落地。

（二）完善集团管控体系，理顺了集团高效运行的体制机制

集团管控体系的构建，既是集团战略“十二五”战略的重要内容，也是集团战略目标落地的重要保障。集团的管控体系明确了集团和二级公司的定位和管控模式，集团定位为职能管理中心、业务管控中心、总部支持中心，二级公司定位为利润中心和专业化运营中心。在战略调整期集团实行操作性管控。集团管控体系包括三大领域、十四大体系。其中项目开发管控领域包括六个体系，职能管控领域包括四个体系，总部支持领域包括四个体系。根据集团管控体系，对组织机构进行了优化，确保了集团战略的落实实施。

北科建集团管控体系的确立，为集团以科技地产为核心的集团战略的实施理顺了体制和机制，更加有利于集团化作战资源优势的发挥，提高了决策效率和工作效率。

（三）强化干部队伍的能力与素质建设，为战略实施提供人才支持

科技地产投资大、周期长、业态复杂，对人才素质要求极高，为此，集团一是明确了干部队伍素质和能力标准，提出了“三大素质、六大意识和九大能力”的要求，也成为了集团干部选拔、考核的基本标准，使之成为了集团各级领导的自觉要求和行为。二是完善人才管理机制，提升队伍的规模和质量。集团编制完成《招聘管理手册》、《绩效管理手册》、《薪酬管理手册》、《北科建集团员工薪酬分类管理实施办法（试行）》、《集团战略人才梯队建设培养方案》等一系列制度，通过机制留人、机制评人、机制用人，为人才成长提供良好的通道。三是强化干部培训，建设集团人才梯队。集团制订了领导干部的职业化培训方案，持续举办高级职业经理人培训班，全面提升干部队伍的素质和能力。

（四）构建企业文化和党建双翼保障机制，为战略实施提供了强大的动力支持

在企业文化建设方面，集团在加强物质文化、制度文化建设的同时，高度重视精神文化建设，通过职能管理、业务操作、团队建设和党群活动大力培育和弘扬集团的核心价值观和企业文化，营造了推动集团健康快速发展的强大精神动力。集团党委始终围绕中心、服务大局，通过专题教育活动、主题党日活动、运动会、歌咏比赛等丰富的文体活动，凝聚人心、汇聚力量，为集团经营工作健康持续发展提供支持。

（五）不断创新丰富产品类型，使科技地产更加顺应国家战略诉求

科技地产需要持续的创新精神，不断创新产品类型，既是集团战略实施、保持行业竞争力的需要，也是集团践行国企责任的必然要求。在新型城镇化热潮下，北科建集团在科技新城的基础上，再次谋划产品升级，正在大力构建第三代科技地产产品——产业新城，实现由“科技新城”到“产业新城”的全面升级。

产业新城作为第三代产品，其核心理念是多元产业聚集融合、城市资源均衡配置和社会管理智能高效。这就意味着，在产业新城中，将实现多元产业大规模、区域化聚集，成为城市未来发展的经济动力；通过在交通、教育、医疗等基础设施和公用事业的投入，为城市功能完善提供配套支撑；通过信息化手段实现交通控制、污染治理、人口的动态管理，实现社会管理的智能化。因此，从新型城镇化的内涵来说，科技地产的第三代产品就是一个新型城市的微缩模型。

（六）全力推进四大科技地产项目实践，得到社会的高度认同

北科建集团目前按照科技地产开发模式和“立足北京，兼顾外埠”战略布局，全力布局和打造嘉兴长三角创新园、无锡中关村软件园太湖分园、青岛蓝色生物医药产业园、长春北湖科技园四个科技地产项目。

嘉兴长三角创新园项目位于嘉兴市秀洲新区东部，项目整体占地1100多亩，总建筑面积150万平方米，总投资100亿元。项目完成后，将引进国内外知名大型企业5—10家，国内领先的中型企业10—20家，高成长性高新技术企业50多家，年均实现产值250亿元，为5万多人提供就业机会。

无锡中关村软件园太湖分园坐落在无锡市南端与苏州交界的望虞河畔，项目占地面积1040亩，规

划建设面积77万平方米，项目投资45亿元，是江苏省重点项目，无锡太科园总体开发建设的重要组成部分。园区建成后将吸引10多家国际一流龙头企业、5家大型企业总部和500多家创新型企业，年均实现产值超过200亿元，上缴税收18亿元，吸引4万多名创新型人才创业就业。

青岛蓝色生物科技产业园位于青岛第三代新城的核心区、青岛国家高新技术产业开发区内中心部位，主园区占地约153公顷，孵化器建筑面积12万平方米，北科建集团计划总投资约43亿元。园区建成后，技工贸总收入将达到200亿元，吸纳就业2万人，居住1.5万人。

长春北湖科技园位于长春国家高新区长东北科技创新中心核心区，靠近中国科学院长春光机所、应化所、地理所及长春工业大学等知名科研单位和高校，周边奥体中心、医院、商业等规划配套设施齐全。园区总占地面积66公顷，规划总建筑面积101万平方米，预计总投资50亿元，正式投入运营后，将吸引孵化、创新和加速企业500家，年产值达150亿元、税收15亿元，直接创造2万个以上中高端人才就业机会。

四大科技地产项目目前经过建设，都已经初具规模和形象。嘉兴智富城孵化器开始投入使用，出租率已经高达80%，国家纳米中心、中国电子集团公司第三十六研究所、北京国电通网络技术有限公司、嘉兴光伏产业基地入驻；保利影院、洲际酒店集团华邑品牌等纷纷入驻项目的商业功能区。嘉兴智富城作为浙江（嘉兴）科技孵化城的核心，已经带动该区域成为了省级国家高新区，目前正在争取国家级高新区。无锡中关村软件园太湖分院已经与多家物联网和IT企业达成合作意向，成为无锡高新区40多个各类园区中最具特色的专业化园区；青岛蓝色生物医药产业园孵化器成为青岛市重点打造的生物医药产业孵化平台，成为青岛高新区对外推介和吸引人才的重要平台，极大地带动了青岛蓝色经济的发展。长春北湖科技园作为长春长东北高新区的核心，虽然项目刚刚开建一年，国家动力电池工程实验室落户北湖科技园，在工程建设和产业招商方面取得了显著成绩，正在成为带动长东北高新区跨越发展的示范园区。

四、以科技地产为核心的集团战略的构建与实施的效果

北科建集团以科技地产为核心的战略构建和实施以来，取得了巨大的经济效益和社会效益，得到了政府、科技企业、金融机构的高度认同，已经成为一种房地产转型创新的模式在业内推广。

（一）社会效益

1. 科技地产正在成为打造战略性新兴产业发展的综合服务平台

科技地产是以战略性新兴产业为主导产业的产业园区市场化开发的创新模式。我国省级及以上各类产业园区目前有1300多个，其产业定位中80%以上都包含了中央大力提倡的战略性新兴产业。与政府管委会主导的园区开发不同，科技地产作为市场化产业园区开发模式，资源配置更加市场化。开发商为了自身招商运营需求，也更加注重园区的质量和服务，更加有利于战略性新兴产业的集群发展，真正做到了“服务区域经济、助推产业升级、加速科技转化，提升社会贡献”。北科建集团的四个科技地产项目都是以新能源、新材料、现代信息技术、生物医药等为主导产业，四个科技地产项目总投资约250亿元，总建筑面积达到410万平方米，其中孵化器、加速器面积多达150万平方米，这在国内科技园区开发企业中是罕见的，已经成为助推战略性新兴产业发展的新引擎。

2. 科技地产正在成为推动区域经济结构转型升级的重要力量

北科建集团之所以提出科技地产，而且在全国布局，其主要功能有两个：一是实现产业结构升级和城市功能提升，就是通过科技地产开发，吸引高新技术企业入驻，帮助地方政府调整产业结构，转变经济发展方式。如北科建集团开发的中关村核心商务区、中关村软件园和生命科学园，2012年创造产值3500多亿元，上缴税收220多亿元，不仅实现了项目总体规划和功能布局的高品质，提升了土地价值和城市形象，而且成为带动北京市经济社会发展的强大引擎。二是进行产业转移和技术转移，就是帮助大城市的产业和技术向二三线城市转移。如2011年，中关村流向北京之外地区的技术合同成交额约1900亿元，同比增长约35%；北科建集团作为根植于中关村园区的大型责任国企，就是要帮助外地二三线城市来承接中关村的技术转移、产业转移，把中关村创新文化的精髓、创新的体制机制以及先行先试所形成的

政策优势复制到当地，在当地形成创新的文化氛围和良好的创新体制机制，成为当地实现区域经济结构调整和发展方式转变的重要推动力。

3. 科技地产正在成为房地产行业转型的方向和借鉴。

科技地产是产业地产的一个细分市场，能够克服住宅地产开发中产业、人口与城市脱节现象；能够充分发挥房地产整合资源的平台功能、服务运营功能和金融支持功能，提升房地产全产业链条的价值，回归房地产本质；将成为经济社会持续健康发展的重要推动力量，也是房地产行业持续 健康发展的重要转型创新方向。小到几十万平方米的科学园，大到几十平方千米的高新区，其开发模式和盈利模式已经超出了传统房地产开发的范畴。在科技地产领域，开发商通过产业资源、服务资源、金融资源、政策资源的整合，以物业销售、物业运营、产业经营、股权投资等多元收益替代简单的土地加工收益。同时，为政府创造了持续税收、就业，实现了政府、入驻企业、开发商、金融资本等各种资源和力量的利益均衡和价值提升。在住宅地产持续严厉调控的背景下，众多的房地产企业拜访北科建集团，进行科技地产开发的探讨，希望能够转型为科技地产或产业地产开发。

4. 科技地产成为了新型城镇化的重要推动力量。

新型城镇化的本质是人的城镇化，就是要实现生态效益与经济效益的统一、城乡统筹协调发展的统一、工业化与城镇化的统一、精神文明与物质文明的统一。而经过近30年发展的各类开发区和高新区，是城市经济与城市扩容综合发展的推动力，能够带来产业，带来土地的集约利用，带来生态环境良好的城市形象，更有效实现了产业聚集与人口聚集，加速了中国经济的高速发展。从世界范围内的产业园区发展来看，成功的产业园区基本都做到了坚持以市场为导向，通过政府、开发商密切配合，科学开发园区土地，积极构建配套功能服务，将土地利用、产业要素、商业资源、政策环境有效跨界整合，实现要素与资源的优化配置。科技地产是市场化开发产业园区的全新方式，提倡走产城融合、产融结合的路子，更加注重产业园区的产业聚集与城市功能的融合，在园区的开发运营中更加注重与金融的结合，创新金融手段和方法，充分发挥了社会资本的力量，必然会在未来成为推动新型城镇化的重要力量。

（二）创新价值

科技地产作为现代科技园区开发模式，其创新价值在于：

第一，科技地产将园区的产业发展与基本建设和配套功能按社会分工进行专业化的投资、开发、运营、管理，使土地利用更加集约、园区功能科学合理，社会效益与经济效益有效兼顾。

第二，是通过园区开发商的整合作用，使分散化的投资、政策和客户资源，能够有序的导入目标园区，保障园区的建设和运营品质。

第三，是将单一功能的科技园区提升为科技新城，实现产业和人口快速聚集、城市经济结构转型和城市形象及竞争力提升，为我国新型城镇化建设也提供了重要借鉴。

（三）经济效益

北科建集团在科技地产理念基础上编制了“十二五”战略规划纲要，经过2011年和2012年战略调整期的实践，由“十一五”期间年均营业收入20亿元，年均净利润1.45亿元，提升至2011年和2012年的年均营业收入56亿元，年均净利润5.51亿元，经济效益实现了跨越式发展，科技地产成绩斐然。

本部分采用复合因素分离法（CSP）计算战略创新成果经济效益。

$Ec=(P1-P0)-(N\pm\sum Ta\pm\sum Rb\pm\sum Fc)-(\sum Cd+I)$

P1：2011年和2012年利润总额之和1562851761元；

P0：2010年利润总额404050436元；

N：2008年、2009年和2010年三年的平均利润总额 368443439；

$\sum$Rb：一是2011年和2012年企业营业外收入减营业外支出6183625元；二是企业投资收益148000000元；

$\sum$Cd：创新成果投入的成本1800000元；

Ec=（P1－P0）－（N-∑Rb）－（∑Cd）=942741511元

自2011年初成果实行至2012年底两年内综合管理成果效益为9.43亿元，年均4.72亿元。

成果创造人：郭莹辉　王　槑　况兆杰　张玉强

“四位一体”企业风险管理体系的构建与实施

北京科技园建设（集团）股份有限公司
荣获第二十八届北京市企业管理现代化创新成果一等奖

北京科技园建设股份有限公司（集团）（以下简称“北科建集团”）是中关村科技园区的开发者，中国科技地产领军企业，北京国资公司在城市开发领域的重要平台。集团成立十多年来，始终坚持“服务区域经济、助推产业升级、加速科技转化、提升社会贡献”的企业使命，成功开发了中关村核心商务区、中关村软件园、中关村生命科学园等知名园区与领秀系列高品质住宅，在理念、品牌、资源、团队方面形成了核心优势，成为我国科技园区开发领域的典范。

面对国家自主创新战略和战略性新兴产业发展要求，顺应新型城镇化建设的诉求，北科建集团传承创新、超越自我，开创了科技地产新城开发模式，以房地产为手段，产业聚集为目标，通过地产资本、金融资本、产业资本的跨界资源整合，打造产业为主导、产城融合、职住娱一体化的科技新城，助推区域发展方式转变和经济结构升级。集团按照科技地产模式全力打造嘉兴长三角创新园、无锡中关村软件园太湖分园、青岛蓝色生物医药产业园、长春北湖科技园等品牌园区，并通过建设全方位的产业创新服务体系，完善企业发展的硬环境和软环境，受到了政府、行业、产业、金融等社会各界的高度肯定，成为新型城镇化建设的生力军和先行者，引领房地产转型创新方向。

集团累计开发产业园区800多万平方米，住宅270多万平方米，形成了以科技地产为特色、住宅地产和商业地产协同发展的主业格局，连续五年被评为中国房地产百强企业，近年来被授予中关村科技园区建设二十年突出贡献奖、中国自主创新杰出贡献奖、中国最具影响力企业、中国产业新区最具影响力品牌企业和中国科技地产领军企业等荣誉称号。

一、“四位一体”企业风险管理体系的构建与实施的背景

随着中关村科技园区阶段性开发任务的基本完成，经历两次重大重组的北科建集团，恰逢2011年制定 “十二五”发展战略规划，在新的历史起点，冷静分析宏观与行业环境、科技地产发展环境、住商地产发展环境，研究区域市场及标杆企业，正确审视评估企业自身的内外资源禀赋，将企业战略定位确立为：以科技地产为特色的综合性房地产开发企业集团，明确了经营模式，提出了规模、效益、市场、组织和社会贡献五大战略目标。面对新的战略规划任务，面对国家宏观调控和日益激烈的市场竞争局面，北科建集团如何确保各项业务在公司管理制度搭建的管理框架内，依制度规则正常运转，各类风险如何得到有效辨识、评估、预警并防范，成为北科建集团研究的重点问题。

依据《中央企业全面风险管理指引》的规定，“企业风险”是指未来的不确定性对企业实现其经营目标的影响。《中央企业全面风险管理指引》将企业风险划分为战略风险、财务风险、市场风险、运营风险、法律风险。北科建集团作为大型综合性科技地产企业，充分认识到上述五类风险之间并非相互独立，任何一类风险能否得到有效防范均会对他类风险的发生与否产生重大影响，全面防范各类企业风险需要与每一类风险防范相关的多个业务职能部门相互配合、密切协作。为了确保“十二五”战略规划落地，实现国有资产保值增值和企业持续、健康、稳定发展，更好地提升应对房地产行业高风险的能力，北科建集团在战略规划中明确提出了用风险管理保障战略目标的实现，制定了风险管理目标。为落实战略要求，北科建集团经董事会审议通过了《北科建集团风险管理办法》，制定《北科建集团风险管理手册》在集团内施行，逐步建立起全面风险管理体系。

二、"四位一体"企业风险管理体系的构建与实施的内涵

构建"四位一体"风险管理体系的指导思想是：根据国有企业和上市公司风险管理的制度要求，围绕北科建集团战略规划和经营目标，结合科技地产的经营特点，明确战略调整期和战略发展期两个阶段的风险管理目标和工作任务，增强实时有效监控，提高风险应对能力，保障战略规划的落地实施。

"四位一体"风险管理体系的内涵是：以明确全方位的风险管理范围为前提，以全员的风险管理文化建设为思想基础，以规范全程的风险控制过程为依据，建立全面的风险管理方法，构建审计、法务、督办、纪检监察四位一体的风险管理体系，确保各项业务在集团管理制度搭建的管理框架内，依制度规则正常运转，使各类风险得到有效辨识、评估、预警并防范，最终保障集团战略目标、经营目标、合规目标的实现。

"四位一体"风险管理体系可简要概括为"四维模块、三项机制、两类对象、一个体系"：北科建集团以完善的制度搭建一套科学、高效、符合战略需求的管理框架，确保将所有经营活动置于框架之内依其规则良性运转，依据框架规则，审计、法务、纪检、监察四个模块充分发挥其各自职能并协同运作，通过风险发现、风险纠错、责任追究三项工作机制，对风险管理的两类对象即经营管理行为和行为人实施管理，形成一个与企业经营管理高度融合的管理体系，实现战略调整期风险管理目标。具体而言，围绕风险管理对象，北科建集团需按照战略要求持续优化完善制度体系，法务模块以经营行为的载体——合同为主线，通过实施重大决策法律论证与审核、行使合同管理职能、开展法律培训，预防经营行为各类风险；通过法律争议与案件的处理，排除法律风险，维护集团利益。监察模块以管理效率提升为目标，以集团内对经营活动有重大影响的、员工普遍关心的、长期悬而不决的工作问题作为效能监察工作重点，通过实施效能监察，并对工作计划和各项决策实施任务督办，保障经营目标实现。审计模块通过开展各类专项审计活动，持续检验、测试经营行为是否按制度框架运行，并就发现的重大问题反馈整个体系，启动新一轮制度完善、效能监督、工作督办、法律风险处理、责任追究等相关程序，全面解决风险问题。纪检模块通过对经营行为实施者持续开展廉政教育，避免经营行为实施者的主观履职行为偏离基本目标；并通过对违纪行为人的责任处理，落实责任追究，堵塞管理漏洞，规范经营行为，构建反腐倡廉文化氛围。法务、审计、监察与纪检四大模块之间工作既相对独立，又互相联系，通过交叉任职、定期信息沟通、联合查办等工作形式，实现风险管理工作有机衔接、相互协调、互为补充，发挥了"四位一体"风险管理组织的合力，形成了北科建集团独具特色的风险管理体系联动机制。

三、"四位一体"企业风险管理体系的构建与实施的做法

北科建集团按照"十二五"战略规划要求，于2011年成立风险管理部，健全了风险管理的组织职能体系。在制度与流程建设方面，提请董事会审议通过了《北科建集团风险管理办法》并认真执行；2012年，集团制定了《北科建集团风险管理手册》，明确了企业经营过程中执行风险管理的基本流程，提出了风险管理策略，完善了风险管理信息系统和内部控制系统。近两年来，"四位一体"风险管理体系高效运作，在集团制度体系、权责分配体系和业务流程体系框架下，建立了卓有成效的工作机制，四个模块应与企业经营管理高度融合，实现了风险管理信息化、系统化、规范化。

（一）"四位一体"风险管理体系的工作思路

北科建集团在制定"十二五"发展战略规划时，已充分认识到风险管理对战略落地至关重要。为此，《"十二五"战略规划纲要》中专就风险管理设立了独立章节（第七章），从企业实际出发，提出逐步建立健全企业全面风险管理体系，主要目标是构建全方位的风险管理范围、全员的风险管理文化、全程的风险控制过程、全面的风险管理方法，最终保障战略目标、经营目标、合规目标的实现。

按照《"十二五"战略规划纲要》第七章要求，在战略调整期，北科建集团以构建审计、法务、督办、纪检监察四位一体的风险管理体系为重点。在组织结构上，董事会下设审计委员会，组建总部风险管理部，集中审计、法务和内控体系建设方面职能。为此，北科建集团风险管理部于2011年11月正式组建成立，风险管理工作作为独立业务模块，正式纳入公司经营管理轨道。

（二）建立风险预防与发现机制，开展风险辨识与预警

1. 经济合同风险预防机制

（1）合同重点管控机制。一是为防范各单位合同文本不一、合同条款存在法律风险等问题，北科建集团总部建立了统一的合同文本库，在两级公司统一使用，目前已形成招商营销类、项目并购类、融资类等合同范本39份，通过规范合同文本有效防范了合同风险。二是以 ERP系统为审批手段，规范了审批流程，确保审批程序的合规性。围绕项目精细化管理和ERP系统的实施，北科建集团重新梳理合同管理体系，通过了集团总部合同审批流程、分子公司上报总部审批的重大合同流程，集团合同统一实施ERP审批，凡未履行审批程序的合同一律不得签字盖章，杜绝违规签订合同。三是区分合同类别明确子公司重大合同的标准，凡符合标准的重大合同一律上报集团总部审批，对子公司重大合同实施重点管控，实现了风险管理关口前移。

（2）签约主体资质复查机制。依据《北科建集团合同管理办法》的规定，由法务、监察模块主导实施，对重大交易行为或者重大招投标工作主责部门拟签约的合同对方当事人资质、信用、履约能力、过往业绩等进行复查，确保签约主体具备完善的合同履行能力，避免主体不适当风险。

（3）重大合同谈判小组工作机制。依据《北科建集团合同管理办法》的规定，由法务模块与相关部门实施，对集团重大合同谈判经总经理批准成立谈判小组，由一名副总经理担任组长，业务主责部门、财务、法务等人员均作为谈判小组成员，共同拟订交易方案，法务模块提供法律意见，起草合同文本，防范交易法律风险，杜绝违规经济行为。

2. 重大合同风险发现机制

（1）重大工程合同全过程监督机制。总部对集团所有项目的重要工程合同统一实施履行管理，逐一建档、专人负责跟进监督合同履行情况。必要时，由法务、审计、纪检、监察模块共同组成专项工作组，对重大工程进行重点监督跟进，协同处置合同履行过程中的各种问题，以推动集团重要工程的如期、保质完成。

（2）合同抽查机制。从2011年起，集团派出法务、监察模块岗位人员成立工作小组，按季度对各公司重大合同履行、管理制度、流程设置、签订程序、合同保管、合同执行等情况进行了全面摸底和现场检查，就存在的问题与各公司进行了沟通与反馈，提出了整改意见，同时在合同风险管理培训中予以通报，并定期进行整改情况的回访验收。通过开展合同抽查工作，进一步规范了日常管理行为，有效地防范了经营风险。

3. 项目开发业务风险发现机制

依据《企业内部控制指引》和《集团内部审计管理办法》，由审计模块主导，实施项目管理类专项审计机制和投资效益审计机制。前者结合集团内各项目建设进度与管理需求，对工程招投标管理实施招投标审计，对变更洽商管理、目标成本控制、工程合同执行实施过程管理审计，对工程结算管理实施结算审计等，及时发现操作风险，保障项目管理过程中各项行为的合法合规性；后者对集团投资项目所耗与所得进行评价、监督，重点审查项目立项决策的正确性、项目概算准确性、建设资金使用的合规性与有效性、建设工期与达到设计能力的合理性等。

4. 职能管理业务风险发现机制

（1）依据集团《内部审计管理办法》、《年度绩效考核管理办法》，审计模块主导，实施财务类审计机制和薪酬绩效审计机制。前者对集团会计报表反映的会计信息包括资产、负债、损益的真实、合法、效益进行审查监督，作出客观、公正的评价，审查企业财务收支中是否存在违法违规问题，维护集团权益；后者对各子公司高级管理人员薪酬系统进行全面审查，维护与完善集团薪酬系统，杜绝违规发放薪酬或福利行为。

（2）依据集团《关于成立集团督办工作办公室的通知》、《企业效能监察工作暂行办法》，监察模块主导，实施年度工作任务和重大事项督办机制和重点工作效能监察机制。前者对集团年度工作任务、各项重大决策、重要工作部署、会议议定事项、领导文件签批意见等，按照时间节点督促业务单位或经

办人员贯彻落实，提高行政效率；后者对影响集团效能的重点业务事项或管理活动，监督检查经营管理者及有业务处置权的人员履行职责行为的正确性，及时发现管理缺陷并纠正行为偏差。

5. 渎职风险发现机制

依据集团相关办法、制度的规定，纪检、监察模块主导，实施信访调查处理机制和干部任期考核机制。前者对于群众来信来访中反映的领导干部廉政、渎职问题，有相关线索的，按照集团制度规定成立调查工作组开展调查工作，审查是否存在违法违纪、以权谋私、违反廉政规定等行为；后者对各分子公司主要负责人的工作情况、廉政情况、履职能力、团队建设等情况，集团总部每半年实施一次任期内考核，向集团党委、经营班子进行汇报，发现严重问题的可移送纪检监察部门调查处理并提出免职建议。

（三）通过风险纠错机制，实施风险评估，提出有效解决方案，监督风险解决方案落实

1. 风险沟通与汇报机制

各模块通过各自及共同履行职责，发现集团经营管理活动中的潜在或已知风险后，应确保信息有效沟通、及时上报、协作处理，为实施有效风险防控奠定良好的基础。

风险信息沟通与汇报应实施联动机制和统筹汇报机制。前者是指各模块在职责范围内一旦发现潜在或已知风险，应与其他模块形成联动，参与风险调查。涉及法律风险的，应与法务模块沟通提供法律意见；涉及程序违规的，应与审计模块沟通核实意见；涉及行政效率的问题应转监察模块及时实施督办，必要时列入效能监察范围；涉及领导干部违法违纪的应及时交纪检、监察模块进行立案调查处理。后者是指各模块就发现的风险联动调查、研究、形成一致意见后，应分别向主管领导汇报后，共同形成汇报文件，呈报集团总经理，总经理可视具体情况召开总办会研究，涉及领导干部任用、违规违纪问题的应与集团党委书记先行沟通，并召开党政联席会研究决定。

2. 提出与实施风险解决方案

就风险管理各模块实施风险发现机制中发现的潜在或已知风险，上报至集团总经理后，由总经理指定一名经营班子成员，负责风险解决方案的拟订、提交研究与落实工作。法务模块应负责解决方案所涉法律问题的研究，参与制订方案，提供法律意见；审计模块应负责解决方案所涉内部程序研究，审核程序合规性；方案涉及内部人员渎职行为的，纪检、监察部门应参与研究，并负责对人员处理提出意见。

3. 方案督办与后续审计机制

风险解决方案经总办会决定后，监察模块负责督促主责领导及部门落实方案，按照时间节点督办方案完成情况，并向集团领导汇报。

根据风险解决方案和被审计单位整改情况，审计模块将按照方案规定的时限编制后续审计工作计划，确定后续审计范围，对方案落实情况实施审查并形成后续审计报告，确保各类风险得到有效防控。

（四）推行责任追究机制，堵塞管理漏洞，营造良好的风险管理文化氛围

1. 资产损失责任追究机制

依据集团《资产损失责任追究办法》，审计、法务、纪检、监察模块协同实施，对集团经营管理人员和其他有关人员违反国家有关规定以及企业相关制度，未履行或者未正确履行职责，造成集团总部及下属公司实际发生的各项资产实质性且不可恢复的丧失，或导致集团总部及下属公司经济利益的无对价流出，开展责任追究。

2. 违规行为责任追究机制

依据《中国共产党纪律处分条例》和集团规章制度，纪检、监察模块主导实施，对集团经营管理人员和其他人员在从事本职工作过程中，违反国家法律法规的强制性规定、或者企业规章制度，未履行职责或者未正确履行职责，情节轻微的将给予批评教育，情节严重的集团将依据各项管理制度的规定开展责任追究。

3. 事故责任追究机制

依据集团《安全管理制度汇编》、《安全应急预案汇编》，安全工作小组与纪检、监察模块协同实

施，集团成立由总经理作为安全工作第一责任人的安全工作领导小组，对公司消防、治安、建设工程安全生产、交通及食品卫生等安全工作实施统一领导、监督、检查；集团相关人员违反安全管理规定，导致发生质量、安全事故，将追究直接责任者和所在部门负责人责任，触犯法律的，报司法机关处理。

四、“四位一体”企业风险管理体系的构建与实施的效果

北科建集团 “四位一体”风险管理体系建立后，在集团各级领导的支持下，由集团风险管理部牵头，纪检监察部、行政管理部等部门配合，各模块岗位人员相互协同，使得“四位一体”管理机制全面应用于集团经营和管理领域。通过风险识别、分析、评价、处理，规避了各类经营和管理风险，各模块职能发挥程度和协同配合效果得了有效的检验，集团整体风险管理水平得到显著提高。

（一）以合同管理为主线，强化合同签订前和履行过程中的监督，实现了风险管理关口前移

通过合同文本库的建设，基本覆盖了集团日常对外经济活动。文本库的使用，一方面规范了两级公司合同文本，避免合同法律风险，另一方面两级公司日常合同无需再经外聘律师实施法律审核，节约了大量律师费用，收到了良好效果。

通过ERP审批系统的实施，规范了合同审批流程，提升了合同审批效率；子公司重大合同通过ERP上报审批，加强了集团管控。几年来，集团未出现一例违规签订合同的现象。

通过实施重大工程合同履行管理，北科建集团总部能够及时发现各项目重大工程合同履行过程中出现的各类风险。必要时，由各模块及业务部门共同组成专项工作组，对重大工程进行重点监督跟进，协同处置合同履行过程中的各种问题，确保项目建设计划按时完成。

通过实施合同季度抽查和年度汇总以来，每季度由法务、监察岗位人员成立工作小组，对全集团范围内所有合同按季度实施抽查工作，已形成抽查报告10份；法务模块按年度汇总合同履行情况，已上报两份年度合同履行情况报告，规范了日常管理行为，有效地防范了经营风险。

（二）充分发挥群众督导作用，推进效能监察，提升了企业的经营效益

北科建集团高度重视发挥群众监督作用，实行依法治企，认真处理群众来信来访，2013年初，针对群众来信反映的一家子公司高管问题，由纪检模块牵头，监察、审计、法务模块参与开展专项调查，经调查发现来信所反映的经济问题不实。但是，调查组发现公司在团队作风建设方面存在一些问题，调查组认真提出整改意见，并于近期检查了整改结果，公司作风建设得到了增强，工作任务完成情况有较大改善。

北科建集团始终坚持效能监察与加强和改进集团管理、降低成本、提高效益，推动集团健康发展的工作原则，监察模块作用得到了较好的发挥。2011年，集团将“崇文区政府（现东城区）2000万元预付款的收回”、“置地公司领秀新硅谷C区市政管线工程实行总承包管理”、“瑞坤公司朱辛庄二期征地成本控制”、“城科物业公司加强合同台账管理”四项效能监察立项，对过程进行监控，截止到年底相关事项均已完成。2012年，集团纪委将效能监察的主要方向确定为“成本费用管理”和“工程建设领域专项治理”两个方面，共完成7个效能监察立项，项目确定后，集团加强了日常的督办跟进，年底相关事项均已办结，所涉项目金额3.6亿元。通过开展效能监察工作，管理水平得到了普遍提高，实现了经营增效的预期目标。

（三）加大审计工作力度，规范工程招投标与过程管理，有效防范了财务与资金管理风险

2012年度，集团派出由审计模块岗位人员为主导，其他模块岗位人员配合的专项审计工作组，共完成1家公司（云南长丰）经营绩效审计、4家公司5位领导的离任审计、两家公司（无锡、青岛）工程招投标审计、嘉兴公司工程变更洽商、成本控制及合同执行情况审计、长丰公司工程结算审计；与此同时，对集团所属11家分、子公司2011年度绩效考核结果执行情况进行了审计。通过开展专项审计，及时识别出各分、子公司在经营管理中的各类风险，共提出61项审计整改建议，核减工程合同结算金额2100余万

元，进一步规范了经营管理行为。

2013年初，集团派出由审计、法务、监察模块岗位人员的专项审计工作组，对集团下属经营分公司的租赁合同执行情况进行了专项审计。本次审计涉及合同520份，租金达2亿余元。通过审计，及时揭示出经营分公司存在1800万元欠租、3100万元待清退保证金及停车场租金等管理风险，并提出整改意见。经营分公司领导班子非常重视本次审计发现的问题，积极进行整该，并成立清欠工作组。目前保证金已清退完毕，收回欠租近1000万元，对其他欠租问题提出了明确解决方案，预计将于近期全部收回。

（四）强化诉讼案件管理，提升了法律风险防范能力

2011年度，全集团处理企业法律纠纷案件19件，涉案总金额13845.4万元，集团法务人员会同外部法律顾问，认真准备，积极协调并出庭应诉，案件处理结果总体满意。全年，共审结或达成调解案件17件，依据胜诉金额和败诉案件中免予支付的标的额计算，全集团通过诉讼途径共避免和挽回经济损失13276.9万元，占涉案总金额的95.9%。

2012年度，全集团共处理企业法律纠纷案件13件，涉案总金额为13291.93万元。其中已结11件，未结2件。已结案件处理结果为：集团胜诉9件，败诉1件，和解1件，胜诉金额13241.53万元，占涉案总金额的99%，有效地保障了企业权益。

（五）注重风险管理文化建设，积极实施各类风险管理培训，员工的风险管控意识得到普遍提高

2011年度，北科建集团先后组织了两级公司合同管理办法专项培训及两级公司知识产权专项培训工作，对各公司商标权著作权保护及防范侵权索赔提出了工作要求，协调常年法律顾问对慧谷项目部全体营销人员、销售代理公司现场人员进行商品房销售合同培训，统一合同文本理解，规范合同解释口径，对常见的合同纠纷进行分析，预防合同订立阶段的各类风险，对总部各部门负责人、各公司主要领导及相关业务人员开展了合同风险培训，讲解了集团内部的典型案例，提示了相关风险点，明确了合同风险管理四个方面25条具体要求。

2012年度，审计、法务、纪检、监察四个模块加大风险管理教育与培训力度，先后组织了党风廉政教育、全员廉洁从业教育、风险管理业务等培训，内容涉及党员干部廉洁自律、房地产私募基金、工程招投标法律法规、重大典型案例、法律顾问实务等内容，通过培训，提高了党员群众的业务素质，增强了全员的风险管控意识。

通过建立"四位一体"风险管理体系，北科建集团运营风险、财务风险、法律风险等应对能力显著增强，吸引了大批企业如IBM公司、中广核公司、中投公司、曙光集团等国内外知名企业，与北科建集团在资产重组、项目运作等领域建立起长期战略合作伙伴关系，北科建集团专业化的项目建设与运作水平赢得合作伙伴的尊重和赞赏。2013年，北科建集团将紧紧围绕"十二五"战略目标和中后期四大发展途径，创新管理机制，深化项目精细化管理改革。同时，注重建立顺应市场环境发展需要的"四位一体"风险管理机制，重视过程中的每个管理环节，在全面风险防控的体系化、制度化、程序化管理方面苦下工夫。我们将齐心协力、共同奋斗，加快推进北科建集团"十二五"战略规划任务的落实，确保集团健康快速发展。

成果创造人：郭莹辉　李　晶　丁海军　李广生　白晓燕

满足顾客完美需求的五步循环法在质量管理绩效中的应用

中国石油化工股份有限公司北京燕山分公司质量监督检验中心

荣获第二十八届北京市企业管理现代化创新成果一等奖

中石化北京燕山分公司质量监督检验中心（以下简称质检中心）成立于2009年2月25日，是随着燕山分公司的专业化重组由原隶属于各生产厂的分析检验机构整合而成。质检中心主要负责燕山分公司炼油产品、合成树脂、合成橡胶、有机化工产品的出厂及进厂原辅材料、中间控制、公用工程控制、环境监测的质量监督检验工作。2010年11月23日质检中心通过了国家实验室认可检查，获得国家认可实验室资格。质检中心内设四个职能部室，下属六个分析站，其中为化工二厂三套聚丙烯装置和化工三厂两套苯酚丙酮装置服务，承担分析任务的人员113人，拥有多台进口注塑机、拉力机、熔融指数仪、红外光谱仪、气相色谱仪等大型分析检测仪器，全年分析数据约达40万项次，全部采用实验室管理系统（LIMS）进行数据管理。

原来实行的传统的管理方法比较粗放，对于中控质量控制不够精细，用户满意度不高，从2011年9月开始质检中心在丙酮质量绩效管理中逐步推行满足用户完美需求的五步循环管理方法。

一、满足顾客完美需求的五步循环法在质量管理绩效中的用应背景

近年来，全球石化产品的生产发展较快，其中，丙酮产品世界需求量也越来越大，在丙酮的消费结构中，用于双酚A生产、医药等高端用途的丙酮虽然需求量逐年增长，供给却相对很少的，特别是国内供应情况不能满足用户需求。燕山石化的情况也是如此。这主要表现在：

第一，产品合格但不好用。1998年修订的丙酮国家标准是以生产者为主的管理方法和管理模式已经落后于大规模、现代化石油化工企业的需要，不能根据客户需求提升产品的性能指标，当时制定的标准对于现在的一般用途的丙酮产品生产，具有指导性，但对于制药、双酚A装置聚合等高端用途指导性较差，性能指标也不能完全适用。

第二，管理方法不精细。方法对于过程的管理和控制，没有形成一套成熟的、统一的质量控制方法，造成产品质量波动大，控制的不均衡，有的产品质量过剩，有的产品质量不能满足质量要求，有的产品批次间质量也存在较大差异。

第三，全员参与管理的模式没有形成。职工对质量管理不了解、参与较少等现象，人的主观能动性不能充分发挥，公司提出的“精心工作，止于至善”的工作目标也就无法实现。

在这种情况下，推陈出新，先进的管理方法就应运而生，四站创新地将满足顾客完美需求的五步循环管理方法用于产品分析过程中，提升产品质量。

二、满足顾客完美需求的五步循环法在质量管理绩效中的用应内涵

满足顾客完美需求的五步循环管理法旨在通过应用统计技术和方法来及时发现和消除过程异常波动，从而达到稳定质量、降低成本以增强顾客满意的最行之有效的提高企业业绩与竞争力的管理模式和现代质量管理方法。五步循环管理法是一种结构化的解决问题的工具，第一步定义问题，第二步测量现状，第三步分析原因，第四步寻求对策，第五步评估和维持成果，从而改进产品质量，完美地达到顾客要求。

将满足顾客完美需求的五步循环管理法运用于石化产品中控分析中，注重质量的管理和控制，其特点主要体现在：

一是把以生产者为主转变为以顾客为中心，真正站在顾客的角度，从满足顾客需求出发，进行产品

的生产和标准的制定；

其二是注重过程的控制和改进，即在向顾客传递产品价值的同时，强调对关键业务流程的改进，重视影响流程所产生结果的关键因素；

其三是以数据说话，将严谨的统计技术和方法应用于管理当中，提倡量化管理；

其四是强调团队的整体合作，动员组织各层、各部门人员共同参与，有着广泛的群众基础，使管理方法能够持续有效地进行；

其五是强调产品的优质高效，通过不断优化中间控制流程，降低其波动性，使产品质量更具稳定性，成本更低，以达到更高的质量目标；其六是强调持续改进，使质量水平不断提高，从而达成顾客的完美需求。

三、满足顾客完美需求的五步循环法在质量管理绩效中的用应主要做法

（一）在丙酮产品中控分析中推行

2011年9月开始，对丙酮产品中控分析实施五步循环管理法，围绕以顾客为主体，针对顾客需求来确定产品质量目标、评估质量控制关键点、对需要改进的控制点辨别优先次序，进行专项重点突破，并通过质量追溯，数据统计分析等一系列方法，形成良性发展的闭环系统，不断提高品质管理水平，以保证每一生产环节都能实现有效控制，减少生产各个单元中间物料缺陷率，使丙酮产品质量得到不断提高，达到了聚合级丙酮的质量要求，并使产品质量不断提高，达到聚合级丙酮产品的质量要求，满足了双酚A生产要求，并以此为例对六西格玛管理方法在实际质量控制过程中的应用加以说明。满足顾客完美需求的五步循环改进法，即DMAIC模式如下：

1. 定义顾客需求

定义阶段是DMAIC 第一个阶段，在这个阶段，需确定哪种因素导致丙酮质量不能满足用户要求，进而导致企业效益的损失。丙酮产品从原料采购、生产工艺控制直至成品检验包装出厂，需要历经原料入库检验、中控分析检验、成品检验、包装、贮存、运输等十几道工序和上千个质量控制点。而产品最终目的是进入市场成为商品， 赢得顾客的满意和青睐。因此，定义顾客需求是满足顾客完美需求的五步循环管理方法的第一步。其关注影响顾客满意的所有方面，代表了对顾客要求的极高的符合性和极低的缺陷率，它把顾客的期望作为目标，并且不断超越这种期望，缺乏对顾客需求的清晰了解，是无法成功实施满足顾客完美需求的。为了更好地了解顾客需求，质检中心成立了产品服务部，建立顾客反馈系统，设置了800服务电话，听取顾客的反映，对用户的投诉和反映问题，积极采用市场调查、用户走访、数据库分析、顾客审计等新的顾客反馈方法及时了解和掌握顾客需求的发展变化趋势；对于已经收集到的顾客需求信息，进行深入的总结和分析，及时反映给主管领导，制定是否开发新产品或提供产品项目指标以满足用户需要；对顾客各种不同的需求进行分析和排序，确认哪些是顾客的基本需求，哪些是顾客的潜在需求。

经调研双酚A用户对丙酮性能及指标要求与满足一般用户要求的国标有较大不同，具体见表1：

表 1　国标项目指标与双酚 A 用户要求的项目指标比较表

国标				双酚 A 用户要求	
项　目	指标			项　目	指标
	优等品	一等品	合格品		
色度，Hazen 单位（铂—钴）号　≤	5	5	10		
密度（20℃），g/cm^3	0.789 ～ 0.791	0.789 ～ 0.792	0.789 ～ 0.793	密度，g/cm^3	0.791—0.793

续表

国标				双酚A用户要求	
项　目	指标			项　目	指标
	优等品	一等品	合格品		
沸程（0℃，101.3 kPa）（包括56.1℃），℃ ≤	0.7	1.0	2.0	沸程（包括56.1℃）	55.5—57.0
蒸发残渣，%(m/m) ≤	0.002	0.003	0.005	蒸发残渣，mg/kg(m/m) ≤	5
酸度（以乙酸计），%（m/m）≤	0.002	0.003	0.005	酸度（以乙酸计），%（m/m）≤	0.0015
高锰酸钾时间试验（25℃），min ≥	120	80	35	高锰酸钾时间试验（25℃），min ≥	120
水混溶性	合格				
水分，%（m/m） ≤	0.30	0.40	0.60	水分，%（m/m） ≤	0.3
纯度，%（m/m） ≥	99.5	99.0	98.5	纯度，%（m/m） ≥	99.7
				碱度（以NH_3计）%（m/m） ≤	0.0001
				氯化合物	无
				铁，mg/kg ≤	0.1
				灰分，mg/kg ≤	0.5
			杂质	甲醇，mg/kg ≤	300
				乙酰丙酮醇，mg/kg ≤	50
				异丙醇，mg/kg ≤	10
				其他醇类，mg/kg ≤	20
				苯，mg/kg ≤	5
				异亚丙基丙酮，mg/kg ≤	10
				乙醛，mg/kg ≤	20
				丙醛，mg/kg ≤	20

从表1中可见，双酚A用户要求的项目比国标要求的增加了碱度、氯化合物、铁含量、灰分及杂质5项，原有的纯度、酸度、蒸发残渣等指标也相应地有所提高。说明了对于一般用户来说，丙酮符合国标要求是基本需求，其增加的项目和指标只是其潜在需求，而对于双酚A用户来说，丙酮不仅要达到国标要求，也要达到双酚A生产需要项目和指标要求，即达到聚合级丙酮的水平才能满足用户的基本需求，而对于用于制药用途的丙酮，制药用户对丙酮的要求是丙酮中苯含量小于2mg/kg，这也是制药用户的基本需求，如果达不到，就会影响双酚A的生产，影响制药企业的生产，用户将会产生不满，可能导致失去用户。

综上所述，按照GB/T 6026—1998《工业丙酮》设立的项目指标符合其项目指标的要求，产品质量就达到了一般顾客的基本需求，而双酚A生产需要的丙酮却比国标要求的项目多、指标严，普通的丙酮产品不能满足双酚A 用户的需求，这对于一般用户来说是潜在需求，对双酚A用户来说却是基本需求。

2. 针对客户需求评估当前绩效行为

根据双酚A用户的需求，丙酮中增加的5项分析项目中杂质含量的测定是关键的指标，其中甲醇含量是影响双酚A 聚合反映的最具代表性的分析项目。2011年9月以前，甲醇分析数据含量大部分高于300mg/kg的指标，2011年9月以后，丙酮中甲醇含量出现小于300 mg/kg的情况，以2011年9—10月两个月丙酮中甲醇测定数据，可以代表实施满足顾客完美需求的五步循环改进管理法的过渡阶段的分析数据水平，利用Mintab，绘制了95%置信区间数据分布图：

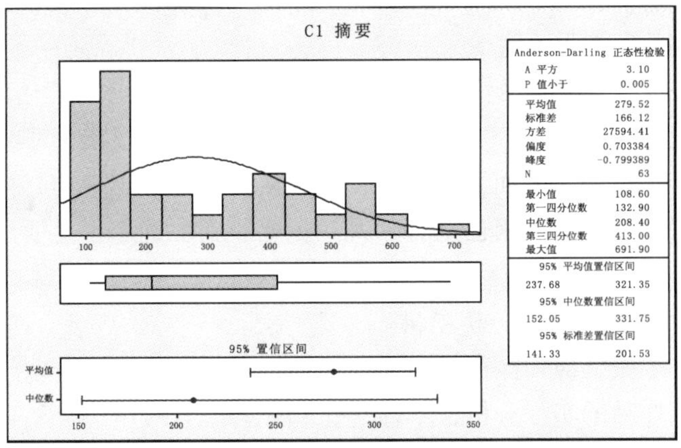

图1　2011年9—10月丙酮中甲醇测定数据分布图

以质量控制图X-R图来表述，超过300数据mg/kg点的状况：

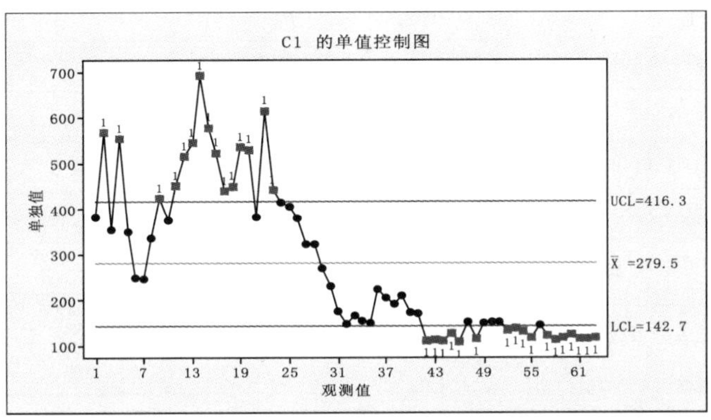

图2　2011年9—10月丙酮中甲醇测定数据控制图

通过2011年9—10月两个月丙酮中甲醇含量数据分析可见，丙酮中甲醇含量分布在108.6—691.9mg/kg之间，大部分数据超过300mg/kg的指标要求，测定数据存在跳跃性，说明分析本身也存在着分析数据误差大等原因，另外，工艺流程也存在一些缺陷，在确认中控分析的关键步骤的同时，建议车间优化工艺参数。

3. 原因分析

对当前的丙酮产品质量的现状进行了评估，分析不能满足的原因主要有以下几方面：

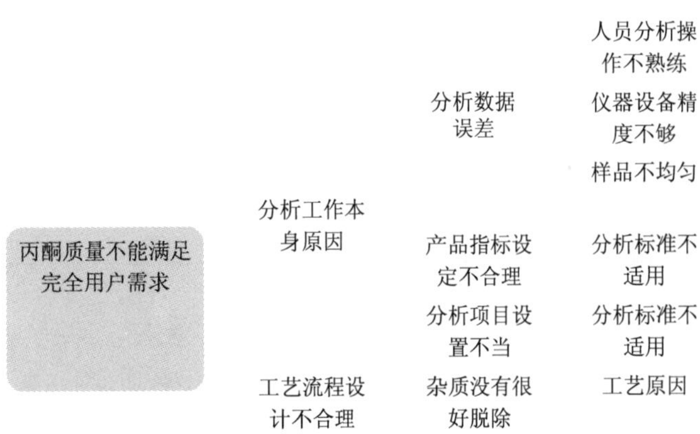

图3　丙酮质量状况评估及原因分析图

从图3可见，丙酮质量不能完全满足用户要求的主要原因是分析人员操作不熟练、仪器设备精度不够、样品均匀性差、分析标准不适用和工艺本身的原因几方面。

4. 辨别优先次序，实施流程改进

确定了引起丙酮质量不能完全满足双酚A用户的原因之后。首先，对评估结果，辨识关键影响因素，有针对性地采取措施实施，加以改进。对于分析本身来说，分析人员操作不熟练、仪器设备精度不够、样品均匀性差、分析标准不适用几方面，通过验证，确认分析标准不适用是丙酮产品质量不能满足用户需求的主要原因，其次工艺本身的原因也是引起另一主要原因。确定了主要原因，就要根据原因分析实施流程改进。

（1）完善企业标准，设定合理的分析项目

根据用户需求，建立了聚合级丙酮产品的企业标准，设定了合理的分析项目和指标，通过实验室间的数据比对和聚合级丙酮样品的实际分析，不断优化和完善聚合级丙酮分析项目的测定方法，其中对丙酮灰分测定方法中放置时间进行了延长、杂质测定方法对色谱条件进行了优化，分离效果更好、铁含量测定方法增加了样品量，减少了相对误差。

表2　重新设定的项目及项目指标

项　目	指　标	方　法
外观	透明液体	GB/T 6026
密度，g/cm^3	0.791—0.793	GB/T 4472
沸程（包括56.1℃）	55.5—57.0	GB/T 7534
蒸发残渣，mg/kg（m/m）　≤	5	GB/T 6324.2
酸度（以乙酸计），%（m/m）　≤	0.0015	GB/T 6026
高锰酸钾时间试验（25℃），min ≥	120	GB/T 6026
水分，%（m/m）　≤	0.3	GB/T 6026
纯度，%（m/m）　≥	99.7	Q/SH3155.ZH3.002
碱度（以 NH_3 计）%（m/m）　≤	0.0001	Q/SH3155.ZH3.002
氯化合物	无	ASTM D5808
铁，mg/kg ≤	0.1	Q/SH3155.ZH3.002
灰分，mg/kg ≤	0.5	Q/SH3155.ZH3.002
杂质：		Q/SH3155.ZH3.002
甲醇，mg/kg ≤	300	Q/SH3155.ZH3.002
双丙酮醇，mg/kg　≤	50	Q/SH3155.ZH3.002
异丙醇，mg/kg ≤	10	Q/SH3155.ZH3.002
其他醇类，mg/kg　≤	20	Q/SH3155.ZH3.002
苯，mg/kg ≤	5	Q/SH3155.ZH3.002
异亚丙基丙酮，mg/kg　≤	10	Q/SH3155.ZH3.002
乙醛，mg/kg ≤	20	Q/SH3155.ZH3.002
丙醛，mg/kg ≤	20	Q/SH3155.ZH3.002

从表2可见新标准Q/SH3155.ZH3.002测定项目由原来的外观、密度、沸程、蒸发残渣、酸度、高锰酸钾时间、水分和纯度8项增加了碱度、氯化合物、铁含量、灰分、杂质5项，共13项；指标也有所改变，蒸发残渣由原来的小于20mg/kg，修订为小于5mg/kg，酸度由原来的小于20mg/kg，修订为小于15mg/kg，新增项目指标符合聚合级产品要求。

（2）与工艺配合调整工艺流程，改进工艺参数

丙酮产品的生产主要有烃化、氧化、分解、精馏四个生产单元，91个生产流程控制点，通过对其中的308E塔、303-侧线、301-F塔等主要控制点物料进行分析测试，确定了丙酮中轻组分含量较高，建议车间增加脱除轻组分的精馏塔312E，对丙酮产品进行精制，工艺改造后，丙酮中组分含量明显减少。

2011年11—12月丙酮中甲醇含量分析数据可以代表工艺流程改造后的分析数据水平，以2011年11—12月2个月的丙酮中甲醇分析数据绘制95%置信区间分布图：

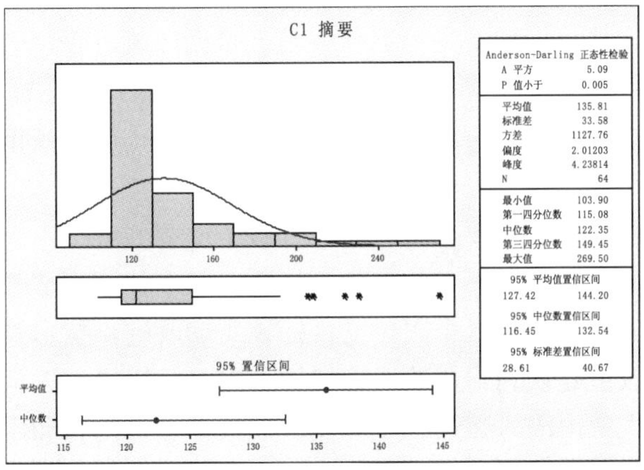

图4 2011年11—12月丙酮中甲醇测定数据分布图

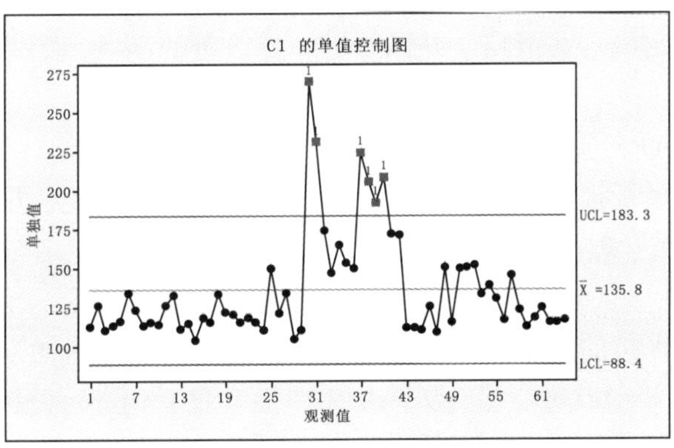

图5 2011年11—12月丙酮中甲醇测定数据控制图

由图4、图5可知，丙酮中甲醇含量均低于300 mg/kg的指标，工艺改造初见成效，但由于数据波动大，数据分析误差较大，是需要分析产生误差的其他原因。

（3）更新仪器设备，提高测定结果的精密度和准确度

丙酮中有机杂质含量测定仪器原来采用安捷伦6890色谱仪，由于标准指标中苯含量小于5mg/kg，样品实际样品含量经常在1 mg/kg左右，仪器精度达不到要求，造成数据精密度较差，标准偏差有时超过50%，其他有机杂质也是如此。采用安捷伦7890A气相色谱仪后，仪器检测限低，精度高，特别适用于微量杂质测定，标准偏差小于15%，微量杂质测定结果的精密度得到保证；采用精密度高的设备也可以提高丙酮样品测定结果的准确度，灰分含量的测定原来使用0.1mg天平，对于灰分含量指标小于0.5mg/kg的聚合级丙酮，当天平的称量结果为0.1mg时，为0.6mg/kg，超标，只有当天平的称量结果为0mg时，才符合标准要求，精度显然不够。采用能够准确称量0.01mg的电子天平，使能够准确测定结果低于0.5mg/kg灰分，结果的准确度显著提高，其他项目也是如此。通过采取更新仪器设备，丙酮产品测定结果的精密度和准确度均得到较大提高。

（4）组织人员业务培训和管理方法培训

第一，组织业务培训，提高职工分析技能。

在根据用户需求，建立了产品标准，设定项目指标和分析方法，更新了仪器设备之后，进行人员业务培训成为了关键，首先是仪器操作培训，熟练操作、抠标准，考核对标准的熟悉程度，并进行理论和实操考核，对考核成绩不过关的，重新进行培训。通过培训，使分析人员的分析技术水平得到提高，保证分析数据的可靠性。

第二，满足顾客完美需求的五步循环改进管理方法培训。

传统管理方式下，人们经常感到不知所措，不知道自己的目标，工作处于一种被动状态。通过实施五步循环改进管理方法，每个人知道自己应该做成什么样，应该怎么做，十分重视质量以及顾客的要求，并力求做到最好。管理方法培训主要是培训什么是五步循环改进管理方法及其实施步骤，采用的统计方法，达到的效果等各方面进行。使职工对照自己工作，了解并掌握标准化、规范化的问题解决方法，使分析质量得到明显提高，能够专心致力于工作，减少并消除工作中消防救火式的活动。

（5）全员参与，完善管理体系

五步循环改进管理方法的实施，需要全员参与，打破了原有的各个不同班组，为确保五步循环改进管理方法在实施过程中，各个业务关键环节的高效、畅通，每个关键环节都指定业务负责人，并明确其管理责任。五步循环改进管理方法强调每个人树立目标，主动改进。技术管理人员主要负责推行六西格管理，调研用户需求，提出改进建议，形成改进方案等工作；分析操作人员主要针对自己的分析工作，发现质量问题，向业务负责人提出改进建议；业务负责人根据建议内容和用户需求，按照管理方法，将改进方案落实成文，形成管理制度体系，进行实施，在实施过程中每个人都对实施的过程进行记录，确认关键问题，加以改进。五步循环管理方法能够使每名职工学到解决问题的方法和思维、拓展思路，学会从不同的角度看待问题、解决问题。对已经取得成效的关键控制点，不断改进需要进一步改进之处，对可能出现的问题，提前制定应对的策略，并做好进一步改进的准备，如此不断改进需要改进的方面，达到持续改进的目的。

（6）实施闭环管理，不断向质量管理的更高绩效水平推进

五步循环改进法是一个反复提高的过程，在实践过程中也需要反复使用，形成一个不断循环上升的闭环管理体系，不断提高品质管理水平，减少缺陷率。

5. 控制

控制阶段是对项目成果保持的一个重要环节，在控制阶段对改进后的聚合级丙酮产品质量进行了监控，利用Minitab 软件再次分析对改进后聚合级丙酮中甲醇含量变化进行分析。改进后聚合级丙酮中甲醇含量波动显著减小，杂质含量显著减小。同时也确定了聚合级丙酮生产的工艺参数及分析方法、分析项目及项目指标，更新了仪器设备，并对生产过程进行控制。2012年，五步循环改进法管理成果在聚合级丙酮生产上和质量控制上的成效显著，双酚A用户生产负荷加大，大量全部使用化工三厂生产的聚合级丙酮，下面是2012年1—12月丙酮中甲醇测定数据。

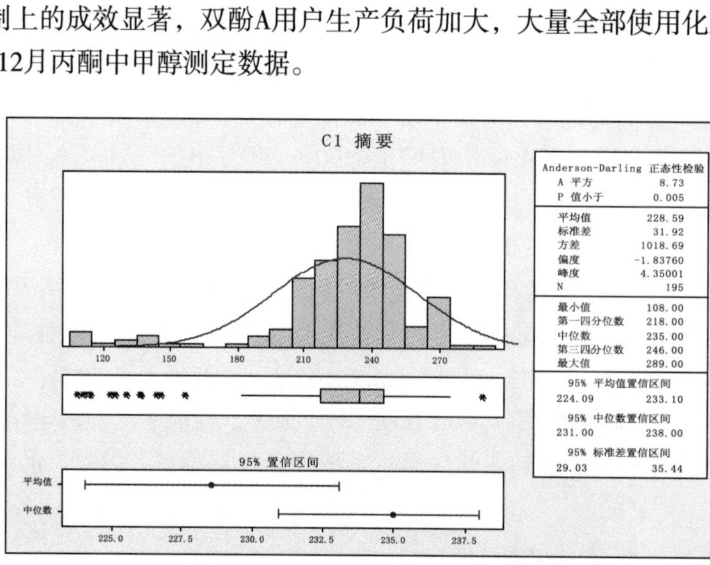

图6 2012年1—12月丙酮中甲醇测定数据控制图

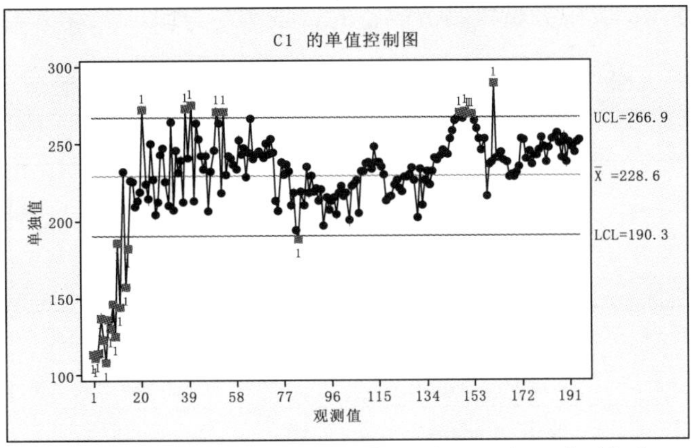

图7 2012年1—12月丙酮中甲醇测定数据控制图

由图6、图7可知，丙酮中甲醇含量均低于300 mg/kg的指标，大部分数据在200—300mg/kg范围内，满足用户需求。

（二）扩展、整合五步循环改进法管理系统实施范围

2012年，质检中心在丙酮中控分析中实施五步循环改进管理方法，生产出满足用户需求的聚合级丙酮之后，继续将成果推广到苯酚和聚丙烯中控分析中，有针对性地借鉴聚合级丙酮实施五步循环改进管理方法的实施过程，首先进行用户苯酚和聚丙烯用户需求调研，了解用户一般需求和潜在需求，寻找影响质量的关键因素，加以改进，制定了聚合级苯酚产品标准，增加了杂质含量、甲酚类杂质含量、灰分、铁含量等多项分析项目和指标，更新了用于测定杂质含量的气相色谱仪，配合车间优化了工艺条件，进行人员业务培训和管理方法培训等，生产出符合用户需求的聚合级苯酚。

在聚丙烯产品中控分析过程中，同样按照用户需求进行质量控制，提高聚丙烯产品质量，首先在聚丙烯三元产品中控中实施五步循环改进管理方法，增加了中控黄指、膜料鱼眼、一釜等规、粉料休止角等项目，增添了在线鱼眼测定仪等措施。使聚丙烯三元产品质量得到大幅度提升，鱼眼由原来的0.4mm直径的40多个，减少为10个以下，0.8mm直径的鱼眼小于1个，满足了用户需求。

四、满足顾客完美需求的五步循环法在质量管理绩效中的应用效果

（一）经济效果

五步循环改进管理方法经过1年多在丙酮中控分析上的实施，完善了企业标准，调整了工艺参数，提高了仪器设备的精度，生产出聚合级丙酮，解决了丙酮质量不能满足用户需求的问题。将其推广到苯酚中控分析和聚丙烯中控分析，提高了苯酚质量达到了聚合级水平，聚丙烯的产品质量也得到了相应的提高。

采用单项因素直接测定法（MTP）进行经济效益的计算，由于工艺增加了脱甲醇塔，增加了2台色谱仪，增一台0.01mg天平，1台在线鱼眼测定仪，存在成果实施费，成果计算公式为：

Em =（Q1 – Q0）–C

Em：按“MTP”方法计算出的单项成果经济效益。

Q1：成果效益计算年度的实际完成数。

Q0：成果效益计算年度上一年度（未实施本成果）实际数。

Q1 – Q0：成果效益计算年度与上一年度（未实施本成果）量的差额。

C：成果实施费。

效益计算情况：

1.由于生产了满足用户需求的聚合级丙酮和聚合级苯酚，在产品价格上获得了可观的经济效益，聚合级苯酚，年产约21万吨，聚合级丙酮，年产约8万吨，除去满足公司内部双酚A装置消耗聚合级丙酮7万吨、聚合级苯酚14万吨的需求量外，其余聚合级产品外卖，效益增加约8500万元。同样，对于聚丙烯产品，由于生产出了符合用户需求的聚丙烯新产品，年产三元聚丙烯约5万吨，效益也相应地增加了约5000

万元。共产生效益13500万元，其中分析检测占效益的贡献率约为1%，产生效益约为135万元。

表 3 聚丙烯、苯酚、丙酮 2012 年平均报价表

产品名称	牌号	燕化价格（元）	中石化均价（元）
苯酚	一般	10000	10000
	聚合级	11000	—
丙酮	一般	8000	7500
	聚合级	9000	—
聚丙烯	三元膜料产品	12000	—
	一般二元膜料	—	11000

年增价格效益=（聚合级苯酚效益+聚合级丙酮效益+聚丙烯三元产品效益）×0.01=［（1000×7）+（1500×1）+（1000×5）］×0.01=135万元。

2. 由于提升了产品中控分析的各关键控制点的控制能力，减少了用户退货、换货及降价处理的产品的成本，相应的也增加了经济效益。2012年聚丙烯退货1批，K7708（20吨），降价处理，损失1.5万元，换货1批，损失运输费用6118元，因质量问题，补偿用户损失5.3万元。2012年共损失74118元，比2011年减少退货、换货、赔偿损失的及降价处理所需的费用约为20万元。

3. 由于工艺增加了脱甲醇塔约为200万元，增加了2台色谱仪约为70，增一台0.01mg天平约为10万元，增加了在线鱼眼测定仪约200万元，成果实施费共计480万元。按设备使用寿命，每年的折旧计算效益如下表：

表 4 年增加的设备费用

部门	增加的设备	价格（万元）	寿命	年折旧（万元）
苯酚丙酮车间	脱甲醇塔	200	10	20
分析四站	色谱仪	70	20	3.5
	天平	10	20	0.5
	在线鱼眼测定仪	200	20	10
总计		480		34

计算公式：年增效益=年增价格效益+减少退货−成果实施费=135+20−34=121（万元）。

（二）社会效果

满足用户完美需求的五步循环改进管理方法在丙酮产品的质量控制，特别是中控分析中实施后，取得了显著的效果，不仅生产出了满足用户要求的聚合级丙酮产品，改变了人的行为模式，而且将其管理方法推广应用到苯酚产品的质量控制中和聚丙烯产品的质量控制上。五步循环管理方法用数据驱动企业运营管理，有效地提升了企业的管理能力；以顾客需求出发，增加了顾客满意度，生产符合客户要求的产品，实现了优质优价；关注过程控制，减少了由于质量问题退货、换货等带来的企业运营成本；关注人的管理，企业变被动救火式管理为主动预防性管理，提高工作效率，形成了积极向上的企业文化，促进了企业的发展和质量管理工作的提升。

满足用户完美需求的五步循环改进管理方法在聚合级丙酮生产过程中的成功运用，对于在同行业类似的化工产品的生产装置上推广应用起到了良好的示范作用，提升了企业效益和管理水平。

成果创造人：李雪梅　徐俊楼　时安敏　刘松华　李淑芝　孔祥华　伽金涛

引领国有企业转型升级的品牌集团化发展战略实践

北京汽车集团有限公司

荣获第二十八届北京市企业管理现代化创新成果一等奖

北京汽车集团有限公司（简称北汽集团）是中国五大汽车集团之一，拥有50多年的发展历史，是北京汽车工业的战略规划与资本运营中心、财务与风险控制中心、运营管控与资源共享中心。目前已发展成为以整车制造为核心，融汽车研发、零部件制造、汽车服务贸易、教育和投融资业务多元化发展的综合性、现代化企业集团。

北汽集团旗下拥有北汽股份、北汽福田、北汽有限、北京奔驰、北京现代、北汽（广州）、北汽银翔、福田戴姆勒8家整车企业，产品门类齐全，涵盖微客、高、中、低档轿车、SUV、MPV等全系列乘用车及重、中、轻、微全系列客货商用车，是产品门类最为齐全的中国汽车集团之一。同时，还具有新能源汽车三大核心部件开发能力，并完全实现自主生产，已为市场提供新能源汽车产品30余款，产品种类与数量均处于国内领先地位。

北汽集团产业链遍布北京、河北、山东、湖南、广东、重庆、江苏、新疆、辽宁等十余个省市，并在伊朗、巴基斯坦、俄罗斯、印度等十余个国家建设了海外工厂。2012年，北汽集团实现整车销售170.5万辆，营业收入2105亿元，利润171.5亿元，整车销量排名中国汽车行业第五、收入及利润排名行业第四，已形成健康的产业结构布局和良好的发展态势。2012年，北汽集团品牌价值达636.56亿元，位居行业第三。

“十二五”期间，北汽集团按照“自主创新，规模发展，建设实力北汽、规模北汽、世界北汽，和谐北汽”的发展战略，力争到2015年，整车产能达到400万辆、销量达到360万辆以上，营业总收入要实现4500亿元，利润总额要超过300亿元。并通过全面提升自主创新能力和体系竞争力，把北汽建设成为具有北汽特色、具有国际竞争力的创新型企业。

一、品牌集团化发展战略实践的背景

（一）振兴民族汽车工业应对全球化挑战的要求

中国加入WTO以来，中国的汽车工业获得了高速发展。近年来，中国汽车市场持续蝉联世界汽车产销量第一的位置，汽车工业已经成为我国国民经济的重要支柱。但在品牌方面，国外品牌则成为主导者。在全球经济一体化的今天，品牌已经是跨国巨头攻破国际市场的一大利器。中国自主汽车品牌艰难前行。面对强大的国际品牌，中国自主品牌如何发展？成为当今中国自主品牌企业共同面临的难点问题。

2013年中国汽车T10峰会上，工信部部长苗圩明确指出，目前中国是汽车大国，但不是汽车强国。今后中国汽车产业发展规划要上升到国家战略的高度，在实现汽车强国的同时需要具备三个要素：第一，要掌握世界先进的关键核心技术；第二，要有一批具备国际竞争力的企业与知名品牌；第三，学会利用国际国内两种资源、两个市场。因此加快中国自主汽车企业品牌建设，走国际化道路，是促进经济结构调整、转变发展方式，振兴民族汽车工业应对全球化挑战的必然要求。

（二）走出去的必然选择

目前北汽集团在商用车领域拥有较强品牌竞争力的“北汽福田”品牌，但乘用车业务领域，主要是合资品牌。换句话说，一提起北汽，人们首先想到的是“奔驰”和“现代”。在市场开放的条件下，继续依赖合资模式，只能导致企业丧失独立生存的能力。作为北汽集团来讲，要赢得与跨国公司的竞争，在全球化竞争中占据主动，必然要抢占品牌这个制高点。因此，北汽要以打造自主乘用车品牌为突破口，在不断提升自主产品品质的同时，整合资源建立自主品牌创新体系，全面提升核心竞争力，打造适应全球化竞争的企业品牌，才有可能取得走出去战略的成功。

（三）“转型升级”的重要支撑

从2007年起，北汽集团实施集团化战略以来，北汽解决了产业格局、企业结构、资源分配、产业链整合等方面的问题，为北汽集团开辟了一条集约化、规模化、国际化、现代化的发展之路。

企业是否具有可持续发展能力关键在于是否具有较强的“软”实力，其中很重要的一点是看这家企业是否形成了健康的、科学的、系统的、具有前瞻性的企业品牌体系。在此之前，北汽集团品牌整体上没有形成组织化的管理体系，缺乏集团层面的品牌发展战略，各品牌间的层级关系混乱，各企业的品牌资源没有形成合力。尤其是北汽自主乘用车品牌处于发展初期，品牌基础较弱，很难参与激烈的市场竞争，无法满足北汽集团产业结构转型升级和可持续发展的战略目标。

二、品牌集团化发展战略实践的内涵

以引领国有大型企业转型升级，实现品牌全球化为战略目标，通过全面实施“品牌集团化”战略，引领企业经营模式改变，通过实施集团品牌的战略管理、整合管理、价值管理、品质管理、创新管理、文化管理六大系统工程，对北汽集团品牌管理体系、流程、制度与信息化手段进行了全面的规范与完善。

品牌集团化战略实施3年多，北汽集团品牌资产从无序管理到系统管控，实现了品牌资产领先实物资产；品牌运行体系初步构建，建立了集团品牌管理科学化、集团化的框架和基础；品牌架构逐渐厘清，向市场及消费者传递了清晰的品牌价值与理念，创出了中国自主品牌企业中建设开放型品牌管理系统，使之成为企业核心竞争力重要组成部分的成功实践。

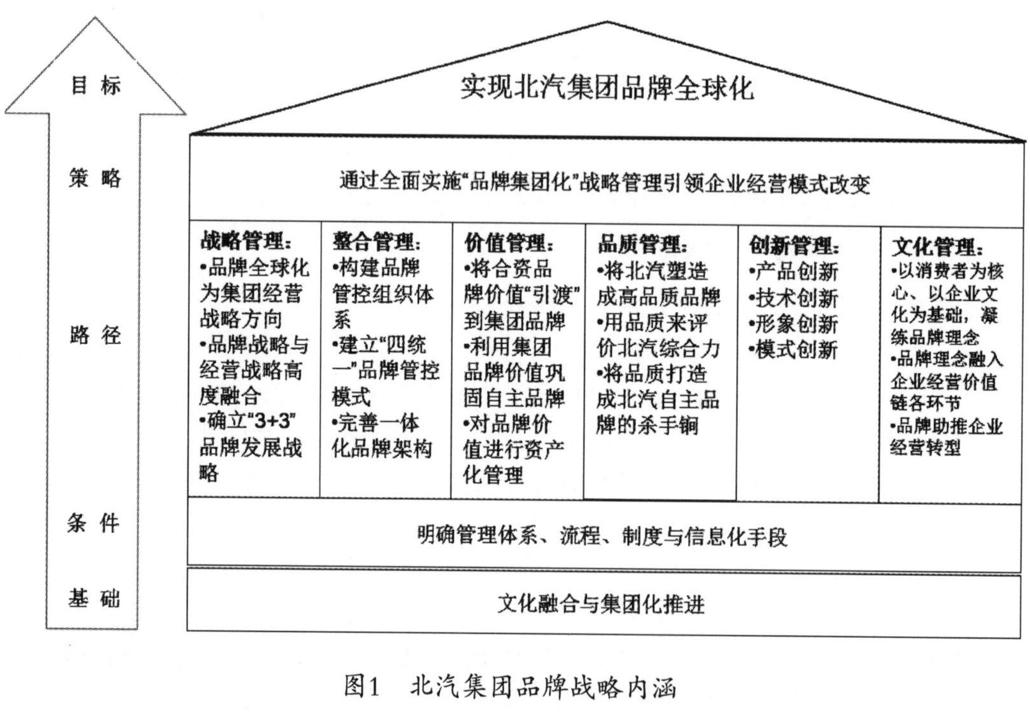

图1　北汽集团品牌战略内涵

品牌集团化发展战略的创新主要体现在以下三点：

1. 以企业转型升级为终极目标

品牌战略是企业发展的重要支撑，实现北汽集团品牌全球化战略目标既是公司集团化、跨越式发展的必然要求，同时也成为集团转型升级的终极目标。

2. 以引领生产经营模式转变为目的

北汽集团树立大品牌、大战略的思维，将品牌战略与生产经营高度融合，引领企业生产经营模式转变，实现国有大型企业转型升级。

3. 以科学化的品牌运营与管理为手段

战略的落地执行是检验战略制定成功与否的试金石。为保障品牌战略的成功实施，北汽集团创造性运用现代化、科学化的管理方法进行品牌科学运营。借助集团化优势，针对北汽产业、产品及品牌现状，运用科学的管理手段，在集团层面进行资源整合，推动价值共享，实现价值最大化。

三、品牌集团化发展战略实践的主要做法

（一）强化品牌战略管理：以品牌战略引领集团经营战略

品牌是企业战略的基点，承载着企业的使命及愿景，体现了企业的核心价值观，是企业与目标市场的连接点。同时，品牌是企业发展战略集合的总体指导原则，品牌驱动经营战略，品牌战略必须与经营战略高度耦合。

1. 品牌全球化为集团经营战略指明方向

按照“十二五”规划，北汽集团确立了新的企业愿景和使命。要求坚持走产品高端化、市场国际化、品牌全球化道路，到2015年建设成为国内一流、有国际影响力的大型汽车企业集团。而在自主产品品牌方面要求产销量占到集团总销量的65%以上。为保障企业集团化、跨越式发展总战略的实施，需要从集团管控、人力资源、企业文化、信息化平台、形象塑造、风险管理、战略联盟等方面采取有力措施。因此，大力发展自主产品品牌，进一步完善企业品牌集团化建设，实现北汽集团品牌全球化，成为北汽集团企业战略的发展方向。

2. 品牌战略引领集团经营战略

通过制定品牌战略，确保引领北汽集团经营战略的实现。为了实现2020年经营目标，在品牌战略引领方面：通过品牌焕新工程与品牌经营，到2020年北汽集团要建设成为国际化的知名品牌形象，品牌资产较2010年翻一番。为了实现2025年经营目标，在品牌战略引领方面：到2025年北汽集团将建设成为国际一流，具有全球化的知名品牌形象，品牌资产超实物资产，在总资产占比不低于70%，在总体规模和品牌核心竞争力方面成为世界品牌100强，世界汽车前十强企业集团品牌。

3. 确立“3+3”品牌发展战略

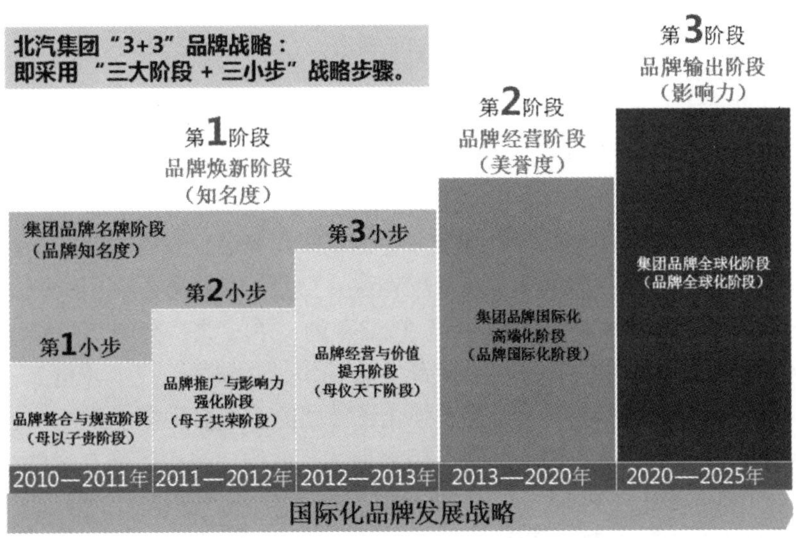

图2 北汽集团“3+3”品牌战略

结合集团“十二五”战略与2025年中长期战略愿景，北汽集团设定了品牌长期战略总目标，即到

2025年形成全球化汽车领导品牌、创新科技与人文环保高度融合的综合国际汽车品牌。为实现从中国本土品牌到全球品牌的转变，北汽集团制定了全球化品牌发展战略，战略采取“3+3”品牌战略部署，即采用“三大阶段＋三小步”战略步骤。

北汽集团将分三个阶段推动北汽集团国际化品牌发展战略落地：

一是品牌焕新阶段，即从2010年到2012年，以消费者为中心，塑造创新活力的品牌形象。这一阶段又分为三个小步：

- 第1小步：到2010年底品牌整合与规范阶段；
- 第2小步：到2011年底品牌推广与影响力强化阶段；
- 第3小步：到2012年底品牌经营与价值提升阶段。

二是品牌经营阶段，即从2013年到2020年，以更高的产品价值、体验价值和客户价值为核心，全面提升品牌价值创造能力。

三是品牌输出阶段，即在2020年以后，以品牌全球化和产品、市场全球化为核心创造全球化品牌。

贯穿品牌发展战略的三个阶段，我们将通过研发创新体系、采购生产制造体系和营销服务体系的全球化，实现北汽集团品牌全球化战略布局。

（二）强化品牌整合管理：创建一体化品牌管理体系

2009年，北汽集团首次突破产销100万辆，全年共完成生产汽车127.14万辆，成功实现“千亿元销售收入”，位列我国汽车集团第五位。但据罗兰贝格调查显示，北汽品牌影响力排名却大致在第十位，品牌地位严重滞后于市场地位。同时，由于成员单位的标志过多，也造成了北汽集团品牌管理与整体管控的混乱。由于北汽集团没有专业管理机构和组织，面对集团5大产业，17个二级单位，12个独立品牌，品牌管理上表现出被动与混乱。

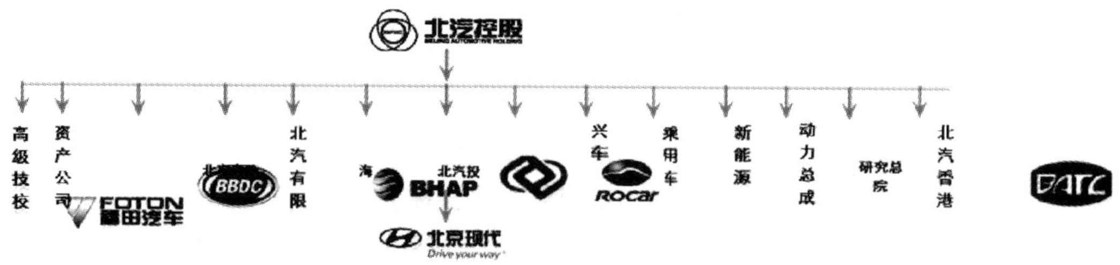

图3　2009年北汽集团与下属企业LOGO缺乏统一

通过一年的调研开发设计，于2010年10月全面启用全新的集团企业品牌与自主乘用车品牌LOGO等VI系统，通过整合规范各下属企业品牌VI系统，逐步建立起来统一的北汽品牌形象。

1. 构建品牌管控组织体系

2010年，北汽集团全面启动集团化品牌管理业务，完成集团更名，发布集团新品牌，实现品牌运行市场化；同时完善管理组织体系，在我国汽车企业中率先建立独立的品牌管理部门——集团品牌与公关部，主要负责品牌规划建设、媒体沟通和危机公关。经过近3年的发展，北汽集团初步构建了以品牌与公关部为牵头部门，涵盖经济运行部、党委宣传部、企改部、法务部、财务部、技术质量部、成员单位等在内的品牌运行体系，并及时调整充实了相关组织机构，强化了集团的企业管理职能，建立了集团品牌管理科学化、集团化的框架和基础。这为北汽集团一体化品牌管理体系的构建提供了强有力的组织保证。

2. 建立“四统一”的品牌管控模式

长期以来，北汽集团致力于由投资型公司向投资经营型公司转变，品牌的管理目标也由过去粗放型管理向科学化集团化管理转型。经过近几年的发展，到2012年，北汽集团品牌管理初步构建了“四统一”（即统一战略规划、统一形象管理、统一人力资源、统一资源协同）的管控模式，从而形成了具有中国汽车行业特色的“四位一体”的集团品牌科学化标准。以此为基础，还制定了集团品牌管理制度、新闻发言人制度、品牌资产评估管理办法、商标管理办法、品牌传播管理办法、VI 管理办法、品牌手册等品牌管理规范性文件，强有力的集团品牌制度化建设，有效推动北汽集团品牌健康快速发展。

3. 完善一体化品牌架构

作为拥有大量二级企业的集团，品牌管理的第一步，就是梳理清楚集团与二级企业之间的品牌关系、企业品牌与产品品牌的关系，将集团内企业聚集到一个品牌系统上。北汽集团的品牌架构布局建设以消费者为核心、以可持续发展为原则、以一体化管理为目标，形成了集团品牌、产业品牌、产品品牌、产品副品牌和产品销售识别构成的品牌管理体系。

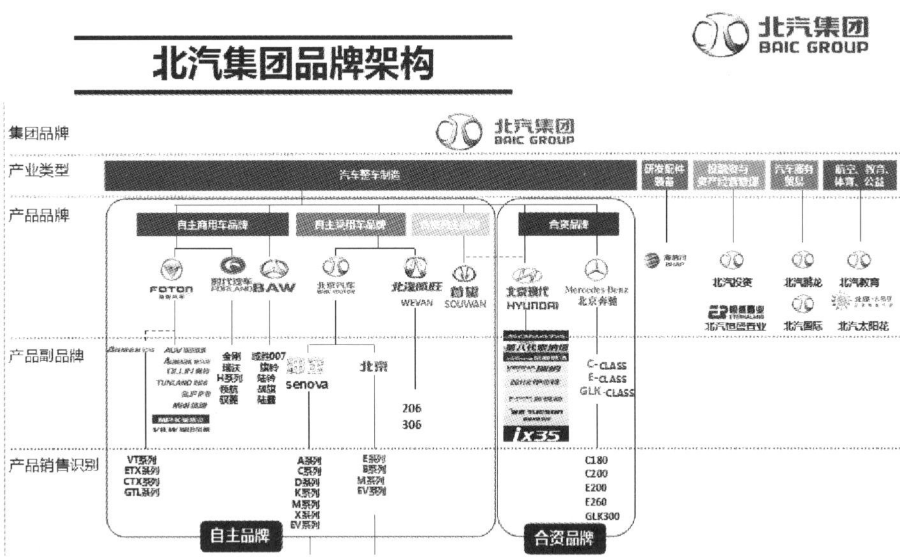

图4 北汽集团品牌架构

（三）强化品牌价值管理：通过“价值引渡”提升品牌共享价值

企业品牌特别是著名品牌的形成，往往需要长时期的培育和投入。为快速提升品牌价值，企业可采取在合作中通过“价值引渡”的方式提升自身的品牌价值，借助在市场中形成的强势品牌的影响力，促进企业品牌价值的快速提升。同时将企业品牌的良好价值引渡到自主产品品牌，为自主产品品牌发展提供强有力的支持。北汽集团品牌“价值引渡”主要路径分为三个阶段：

第一阶段：将合资品牌价值“引渡”到集团品牌

通过法律引渡、广告引渡、产品即渠道引渡等手段将合资品牌北京奔驰、北京现代以及商用车品牌福田汽车的品牌价值引渡到集团品牌。

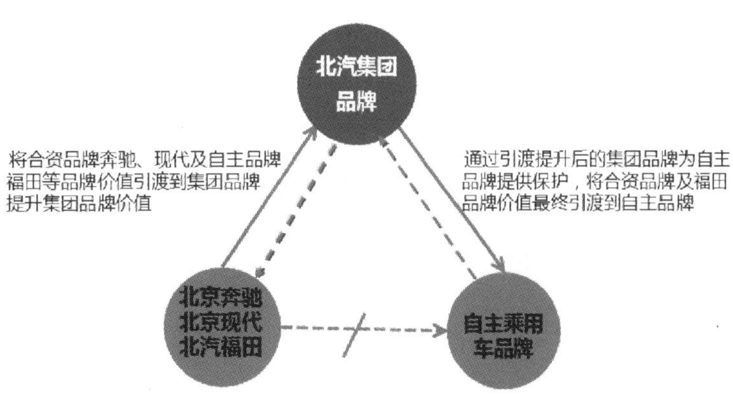

图5 北汽集团“品牌价值支持体系”

北汽集团旗下的北京现代和北京奔驰两个合资品牌，已经具备很好的品牌积淀和品牌价值。为借助合资品牌形象和价值打造自己的品牌，北汽集团创造性地采用集团品牌和主副品牌的体系设计，在合资品牌传播过程中，通过对集团母品牌进行背书，快速提升、充实集团母品牌价值，建立强大的北汽集团品牌形象。

第二阶段：利用集团品牌价值提升自主产品品牌

通过坚持“整体组织、母子结合、相互提升、集团引领”的四项原则。在引渡合资品牌价值的同时，北汽集团利用技术、人才、平台和历史等资源进一步充实集团母品牌形象，进而利用北汽集团品牌价值巩固提升北汽集团自主产品品牌。北汽自主乘用车品牌的发展需要借助强势集团母品牌做支撑，借集团品牌资产，以较低投入快速发展自主产品品牌。

第三阶段：对品牌价值进行资产化管理

为明确北汽集团品牌价值量化评估方式，评估北汽集团现有品牌价值及各品牌对集团品牌价值的贡献度，北汽集团将品牌价值量化评估作为品牌管理的一项重要内容，制定《北汽集团品牌资产量化管理办法》，通过建立品牌价值评估系统，最终形成品牌资产量化评估管理体系。

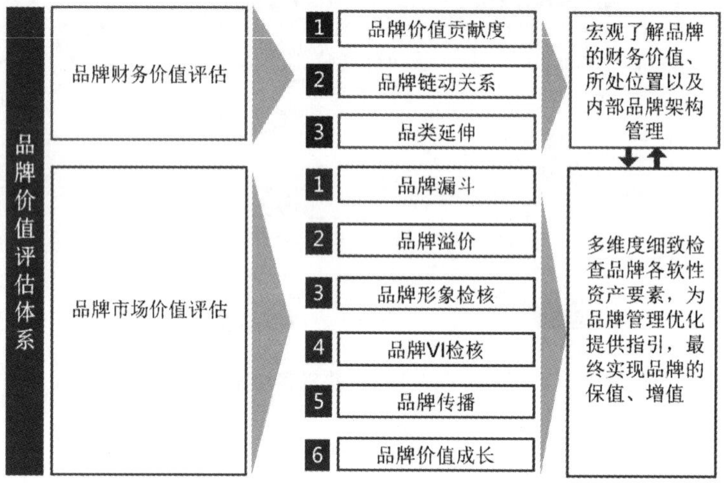

图6 北汽集团品牌价值评估体系

（四）强化品牌品质管理：品质是塑造北汽自主品牌的灵魂

离开了品质，什么品牌理念、精神附加值，有社会责任、有爱心的品牌，对于消费者都是空谈，他们可能会永远抛弃这个品牌，甚至用偏激的口碑传播去破坏它的形象。因此，品牌是自主创新的结晶，是质量和信誉的载体。

1. 通过质量管理将北汽成功塑造成一个高品质的品牌

（1）集团及各级企业最高领导高度重视“品质”；

（2）在集团及各级企业设置专门的品质管制技术人员；

（3）进行全员的品质管制普及教育，提高全员品质意识；

（4）逐步健全的品管组织；

（5）逐步健全的质量管理体系。

2. 用“品质”评价北汽集团的综合力

做出良好的品质仅仅依靠制造能力是绝对不可能的。北汽集团把品质作为衡量一家公司综合能力的标准。北汽意识到在未来的企业竞争中，更大程度的达成客户满意是每一家企业或组织存在的意义，所以品质不仅仅是产品是否符合规格，更包括了客户是否满意这个大的方向，而客户满意又更广义的包括了交货期、服务、价格等多方面。如果科学技术是第一生产力，那么品质就是一家公司最直接的实力体现。所以集团领导提出了“紧烧火、慢揭锅”品质管理理念，要求包括人事在内的所有公司员工都要向着良好的品质目标迈进，这就是北汽的综合能力。

3. 将“品质”打造成北汽集团自主品牌的“杀手锏”

“精致造车、感动用户”北汽以客户需求为导向，确定了质量方针、目标和职责，并通过质量体系中的质量策划、质量控制、质量保证和质量改进来实现高品质的管理目标。将问题控制在设计源头，在保障产品质量的前提下，持续降低质量成本，提高良品率。到2012年底已经初步建立起全面质量管理体系，计划到2015年通过TS16949标准。建立了以质量经营理念为导向的北汽BQMS质量系统并有效运营，北京汽车E系列与绅宝系列、威旺等实物质量达到国内领先，成功塑造了北汽高品质的品牌美誉度。到2012年未发生一例召回事件，以过硬的产品质量，树立了北汽品牌影响力。并逐步将品质打造成北汽自主品牌的“杀手锏”。

（五）强化品牌创新管理：品牌创新是企业永续经营之根本

北汽集团已经从单纯的“技术创新”阶段进入“品牌创新”的新阶段。企业要做大、做强、做久，必须要打造品牌，提升品牌溢价能力和经营效益。因此，实施品牌战略以来，北汽确定了自主品牌建设的方向和目标，就是要通过品牌创新，提升自己的品牌体系创新能力，通过产品品质与服务品质的不断提高来提升品牌形象和品牌溢价。

1. 将“产品创新”作为品牌创新的基础

品牌是以产品为载体的，离开了高质量的产品，品牌也就成了无本之木，无源之水。在实施品牌战略之初，北汽集团就提出：品牌创新的最重要基础是依靠产品创新，通过产品创新带来引导消费潮流，提升市场占有率。北汽集团通过加大合资品牌新产品引进，加紧自主品牌新产品研发，三年来，北京奔驰、北京现代、北汽福田等品牌每年不断推出数款高端新产品迅速提高了品牌的活力感、高科技感、价值感，成为依靠产品创新重塑品牌活力与价值感的典范。

2. 将“技术创新”作为品牌创新的支撑

新技术决定了新产品。如果品牌的技术创新跟不上市场要求，品牌就不可能继续获得消费者的认同、就不可能发展壮大。北汽集团高度重视技术创新，将技术创新作为品牌的支柱和后盾，成立了以集团公司技术质量部、北汽研究总院、福田汽车工程院、北京现代技术中心、北京奔驰技术中心为核心的技术创新团队。根据集团2020年战略制定了知识产权中长期发展规划，并逐步完善集团的技术创新体系与知识产权管理体系，制定了《知识产权管理办法》、《专利管理办法》、《著作权管理办法》。经过三年的发展已取得相当的进步，有了一定数量的知识产权积累：自主乘用车累计申请专利接近2000件，其中发明专利接近百分之十，以上统计不包括北汽福田、北京现代、北京奔驰。

3. 将“形象创新”作为品牌创新的手段

企业经营所面临的外部环境每时每刻都发生着急剧的变化，品牌形象必须对外部环境的变化做出积极的回应。如果说品牌形象设计的精要是追求超越时代的恒久设计，这一精要的内涵就是：适应潮流，不断创新。2010年10月北汽集团启动了品牌焕新工程，在推出全新的品牌LOGO与品牌理念体系的同时，产品形象与员工形象、品牌文化与品牌内涵不断创新，全面塑造了一个全新的国际化的北汽形象

4. 将“模式创新”作为品牌创新的保证

品牌创新是一项包括产品、技术、形象等多种创新在内的复杂的系统工程。而模式创新则被包容在这些活动之中，成为品牌创新的绩效基础。北汽集团积极开展品牌模式创新：

实行品牌经理制。北汽福田率先实施品牌经理制，建设品牌管理团队，取得丰富的成果与经验。品牌经理团队全面负责品牌的构思、产品设计、技术研发、生产制造、宣传保护等品牌资产的经营，从而在组织上保证全面、有效地实施品牌发展战略，实现了品牌运营的协调一致，在市场竞争中形成了巨大的优势。

建设共同品牌愿景。品牌建设源于品牌成长的愿景。北汽“成为高品质美好出行生活的引领者”的品牌愿景为集团提供了品牌建设的目标和理念，孕育着无限的创造力，产生了强大的驱动力。品牌换新工程使北汽品牌文化变得生机盎然。

加强品牌保护、诚信信誉管理。北汽为了保护自己的品牌声誉和形象，积极主动地提高品牌的防范能力。综合运用各种手段和方法，如法律、经济、行政等，建立起了品牌的自我保护机制。

集团成立了“创新方法TRIZ理论”推广培训工作领导小组，将创新作为品牌成功的关键，推动集团创新工作。在产品创新、技术创新、形象创新、模式创新这一复杂过程中“创新方法TRIZ理论”成为不可缺少的重要组成部分，为北汽的品牌创新提供了可能。

（六）强化品牌文化管理：品牌理念引领企业经营转变

品牌是文化的载体，文化是凝结在品牌上的企业精华，也是渗透在品牌经营全过程中的理念、意志、行为规范和团队风格的体现。北汽集团在品牌创建过程中坚持品牌建设与企业文化建设相融合，将品牌理念融入企业经营的价值链全过程，有力助推企业转型升级。

1. 以消费者为核心、以企业文化为基础，凝练品牌理念

北汽集团以消费者为核心、以企业文化为基础，建设了完善的品牌理念体系。以员工作为企业品牌最好的代言人，通过北汽人的先进精神和事迹进一步凝练品牌理念，树立北汽品牌的良好形象。

表1　北汽集团品牌理念体系

品牌名称	BAIC——北汽集团
品牌愿景	成为高品质美好出行生活的引领者
品牌使命	以最具人文的科技创新精神，推动人、车、自然的和谐发展
品牌定位	为追求幸福出行与高效运输的人们提供科技、安全、品质、环保的全面解决方案
品牌核心价值	行有道，达天下
品牌内涵	责任、智慧、激情
品牌个性	进取、诚实、睿智、创新、活力
品牌形象	国际化、科技、安全、人文、值得信赖

2. 品牌理念融入企业经营价值链各环节

北汽集团品牌理念的核心价值观为：行有道，达天下！

“行有道”集中体现了北汽人在传承进取中所遵循的为人、做事、创产品的价值观：为人之道，就是要诚实守信，追求善行、善德；成事之道，就是依法合规，尊重商业伦理和道德；出品之道，就是追求完美，苛求品质，不断提升客户价值。北汽人倡导“诚信、善行、和谐、完美”的核心价值观，这在北汽被称为“行有道”。

“达天下”彰显了北汽集团成就天下的使命。北汽人全面履行企业公民责任，尊重人、车、自然和谐发展的客观规律，始终视“人们美好出行、合作伙伴共赢成长、员工自我实现、社会文明进步”为北汽人的至高梦想。

北汽集团的品牌定位要求企业经营各环节做出改变，将企业品牌的战略定位与企业经营环节高度融合。

图7　北汽集团品牌价值融入企业价值链应用示意

3. 品牌助推企业经营转型

北汽集团的战略转型要求由追求企业规模、产量转变为做强做精市场，北汽集团新的企业战略思路是“一体两翼”的发展战略。“一体”是以发展自主品牌为契机，努力提高企业品牌竞争力；“两翼”是坚持国内高质化、国际全球化的发展方略。因此，要“发展自主品牌”就必然要求，在品牌建设中将品牌理念体系转化成品牌DNA融入企业经营与产品研发、生产、销售服务中，打造世界一流的“北京汽车”品牌。北汽的品牌建设通过以下两个方面促进企业经营转型升级。一是在企业品牌方面，将品牌理念渗透到企业价值链的各环节，渗透到每一位员工的言行中。依据集团品牌理念，企业在生产经营中处处以消费者为中心，以“诚信、善行、和谐、完美”的核心价值观检视自己的各项工作，涌现出一大批优秀的员工事迹与品牌故事，有力地推动了企业员工价值观的转变。二是在产品品牌方面，将“行有道”作为产品开发理念，追寻“达天下”作为产品制造的宗旨。始终以创造自主知识产权的核心技术为根本，将人车自然和谐发展的品牌理念融入打造自主品牌基因DNA。一方面，勇于开拓，坚持走自主开发创新与引进消化吸收相结合的道路。2009年底收购了萨博技术，而不是收购萨博品牌，通过消化吸收奔驰、现代、萨博技术结合自主创新，开发出具有自主知识产权的M-TRIX高端乘用车技术平台、新能源汽车平台以及高端自主品牌DNA“CONCEPT900”，为打造北汽高端自主品牌乘用车打下了坚实基础。另一方面，传承经典，通过深挖北汽50年制造越野车的技术积淀，提炼出北汽越野车品牌NDA，开发出B40、CONCEPT500等系列越野车。这些核心技术已经成为孕育北汽自主品牌的核心竞争力之一，有力地推动了北汽生产研发制造等营销思路的转型。

四、 品牌集团化发展战略实践的效果

自2010年启动品牌集团化工程，到2013年三年多时间，北汽集团品牌体系基本建立。2013年6月世界品牌实验室发布了“2013年（第十届）中国 500 最具价值品牌排行榜”，北汽集团以825.36亿元的品牌价值跻身中国品牌 500强前20位，中国汽车前三强。2013年7月9日在美国《财富》杂志公布的“2013年全球500强企业”名单中，北汽集团以销售收入33374.5百万美元、利润1074.4百万美元排名第336位。中国汽车行业排名第4位。“北汽”的金字招牌已经成为企业发展的可靠基石。

（一）创造商业价值

品牌战略的实施，有力地支持了北汽集团的跨越式发展。自品牌建设创新实践开展以来的近三年，北汽集团整车销量由2009年的124万辆增加到2012年的170万辆，年均复合增长11%；营业收入由1166亿元增加到2105亿元，年均复合增长22%；利润总额由61.3亿元增加到171.5亿元，年均复合增长41%，实现企业主要经济指标成功跻身中国汽车行业第一梯队。

表 2 北汽集团品牌价值

年份	排名	品牌名称	公司名称	品牌价值
2011	21	北汽集团	北京汽车集团有限公司	551.86
2012	20	北汽集团	北京汽车集团有限公司	636.56
2013	20	北汽集团	北京汽车集团有限公司	825.36

北汽集团品牌战略的实施，为自主品牌前期发展提供了有力的品牌溢价支撑，使得自主品牌新产品免于价格战，并以出色的销量傲视对手。 2012年3月北汽自主品牌E系列轿车成功上市， 至年底，仅用短短9个月时间，实现E系列月批发突破3500台，月终端零售突破3000台，稳居A0级两厢轿车月销量前五位。全年，威旺306微车和E系列两款自主品牌产品以高于自主品牌同级别产品10%的售价，累计实现销量6.70万辆，实现销售收入23.6亿元。

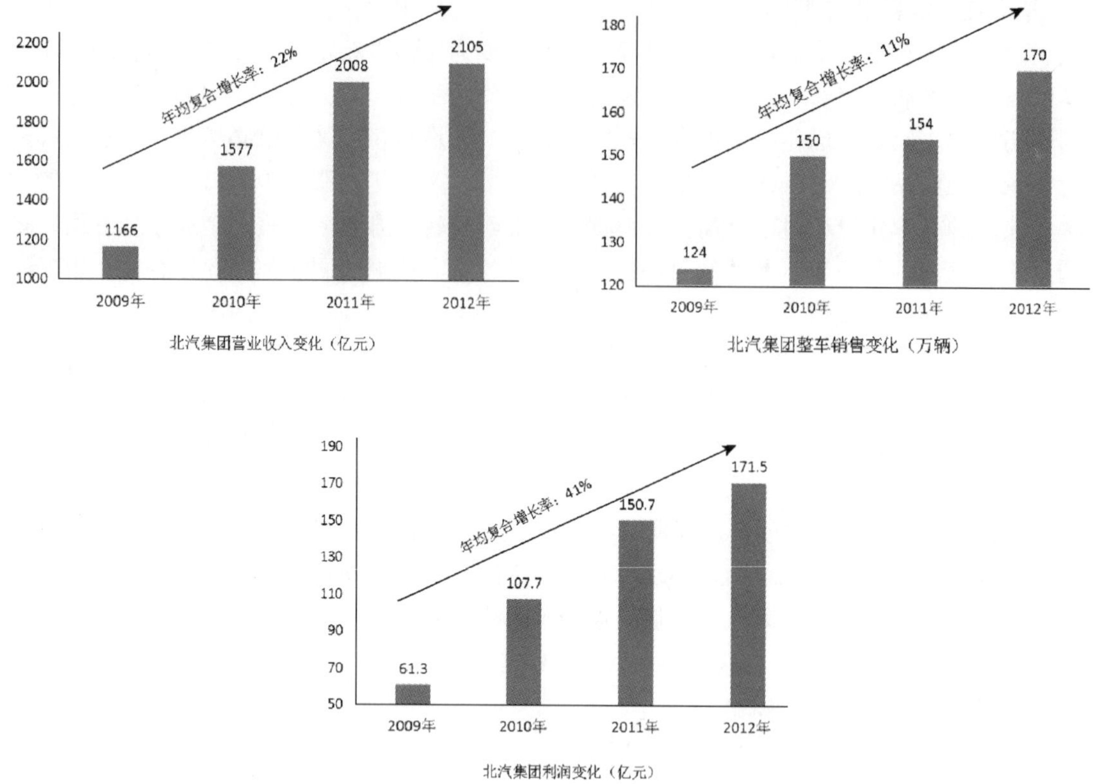

图8　北汽集团近年来主要经济指标

高端品牌价值和溢价能力的提升，使得北汽在投资、并购、融资等方面都带来了实实在在的巨大收益。作为企业无形资产的品牌，其最高阶段是品牌按实力在商业资本运作中被转化成硬资产。通过品牌折价北汽在北汽福田戴姆勒、广东宝龙、重庆银翔的兼并中都将品牌价值实实在在转化成为了硬资产。其中，在北汽福田戴姆勒项目中，“欧曼”品牌作价2亿元人民币入资到合资公司；在北汽银翔项目中，北汽集团以品牌出资，获得了注册资金为1亿元的该公司控股权。为进一步理顺北京奔驰中德双方的关联交易问题，落实双方股东签订的框架协议，2012年，通过谈判，双方对“北京牌”商标使用费与德方达成一致意见，北汽集团将收取北京奔驰的商标使用费，实现北京牌商标的自身价值。

品牌为北汽带来了巨大的商誉价值，从而赢得了投资者和金融界的青睐。品牌建设启动三年来，集团获得的贷款授信大大超过了 5 年前。在银行融资方面，截至目前，北汽集团整体获得金融机构的授信额度为800多亿元。在银团融资方面，北汽集团在香港组建了由摩根大通银行和中银香港联合牵头的期限为三年的2.35亿美元银团，获得了众多国际银行的认可并获得超额认购，这是北汽集团第一次利用自身品牌信用在境外资本市场融资的尝试，打开了北汽集团迈向境外资本市场的窗口。在资本市场融资方面，北汽集团分别在2012年7月发行16亿元的企业债券，在2012年9月底在银行间市场注册了33亿元的中期票据，并已进行了第一期的发行，在信用评级方面继续保持AAA级较好的市场信誉，有效地降低了北汽集团的融资成本，解决自主品牌建设的资金问题。

（二）提升了文化价值

三年来，北汽集团通过系列品牌文化活动提升企业文化价值。通过每年举办北汽集团品牌文化节，增加企业对雇员的吸引力，增强员工对企业的凝聚力和向心力，激发员工的积极性。

从2010年起北汽集团每年赞助1200万支持北京排球并冠名成立北京汽车排球队，2012—2013年赛季北京男排和女排获得联赛冠军与第四名好成绩。从2011年起每年投入三千余万冠名赞助《环北京公路自行车赛》，发起“爱北京　爱骑行”活动鼓励市民绿色出行。冠名赞助《鸟巢吸引》大型演出季活动丰富北京市民文化生活。

每年北汽集团还组织“走进北汽”系列活动：组织媒体、用户、社会公众等开展公益性“北汽自主品牌基地纪行”，以及“新能源与节能减排北汽体验日”等工业文化旅游活动。

（三）实现了社会价值

为持续推动公益事业发展，北汽集团推出以“太阳花”命名的公益品牌，通过整合集团及下属企业的公益资源，举集团之力推动公益和慈善事业长期、可持续发展。三年来，北汽集团率旗下10家成员企业出资1200万元和北京市慈善协会共同发起成立“儿童大病爱心专项基金”；向青海玉树地震灾区人民奉献爱心捐款1000万元；向贵州省1000名贫困高考生捐资100万元，圆莘莘学子大学之梦；北汽集团投入约500万元资金，与知名歌手韩红一起发起“韩红爱心 北汽·太阳花 西藏家乡公益行”活动，为藏区献爱心、送健康。展现了危机时刻北汽集团的高度社会责任感。

截止到2012年底北汽集团在册员工85103名，在2011年度“中国年度最佳雇主”评选中，荣膺“年度最具社会责任雇主”单项奖及“北京年度最佳雇主”奖；在2012年度“中国年度最佳雇主”评选中，荣获“年度最佳雇主100强”及“年度最具社会责任雇主”奖项，良好的雇主品牌为北汽的人才战略创造了极佳的条件，使北汽可以在全球范围吸引最优秀的人才。2011年5月，北汽启动首次大规模海外招聘，成为中国第一个前往德国进行海外人才招聘的汽车集团，39名国际精英人才加盟北汽。2012年6月，北汽集团组织所属企业赴美进行海外高层次人员招聘会，又吸引了61名高尖端人才。

成果创造人：徐和谊 郑 刚 张 健 陈 江 刘琦明 胡恩平 胡凯膑 姜建辉 周英姿

多元经济企业的“和达”文化建设

北京海纳川汽车部件股份有限公司
荣获第二十八届北京市企业管理现代化创新成果一等奖

图1　海纳川公司参展中国国际汽车零部件博览会

北京海纳川汽车部件股份有限公司（简称海纳川公司）是由北京汽车集团有限责任公司（简称北汽集团）与北京工业发展投资管理有限责任公司共同组建的汽车零部件发展平台。海纳川公司成立之初，整合了12家北汽集团优质零部件企业资产，目前，拥有多元经济企业36家，产品有汽车座椅、内外饰、热交换、汽车电子、汽车底盘五大系列，市场覆盖国内国际各大知名整车品牌，产业园区面积达2000000平方米。2011年，海纳川公司成功收购荷兰英纳法集团100%股权，正式开展跨国业务。2012年营业收入192亿元。经过五年的发展，海纳川公司已经成为北京汽车产业链不可或缺的组成环节，并向着国内领先、国际知名的汽车零部件企业迈进。

一、多元经济企业“和达”文化建设的背景

（一）做大做强北京汽车零部件产业的需要

“十一五”期间的中国汽车工业正迎来新一轮发展高峰，世界汽车产业的重心开始转移到中国，为中国零部件企业的发展迎来了千载难逢的机遇。从当时零部件企业的竞争态势看，行业内的企业之间呈现出“竞合”态势，多数企业通过资本和资源运作实现了能力快速提升，分得了微利时代下的市场份额。

为了抓住北京汽车千载难逢的发展机遇，改变北汽集团零部件产业发展滞后状况，海纳川公司在分析零部件产业竞争态势的基础上，提出了“聚合产业资源快速做大企业”的思路。这一思路的提出，与

之配套，必须建设具有包容、领先、共赢特质的企业文化。

（二）统领多元经济成分企业融合发展的需要

海纳川公司是一个由多元经济企业组建而成的集团化企业，发展五年来，所属企业由12家发展到36家。在这些企业中，有与民营合资的，也有与国际500强零部件包括欧美、日韩合资的，还有集体所有制和国有独资企业。此外，在所持股权上，海纳川公司对有些企业实行非控股，对有些企业实行控股。欧美企业的大生产文化、日韩的岛国文化、国内民营企业短、平、快的利益文化以及国有企业的文化都在海纳川公司交会碰撞。海纳川公司作为北京汽车零部件的发展平台，如何凝聚不同所有制、不同发展阶段、不同文化积淀、不同管理模式的企业，并对其实施有效管理。因此，以文化的柔性管理来助推发展目标的实现，就成为了“和达”文化建设现实的动力。

二、多元经济企业“和达”文化建设的内涵

基于对行业发展环境、所属企业情况以及海纳川公司作为零部件平台特点的分析，海纳川党委明确了“一个核心”、“两个维度”、“三个适应”的企业文化建设定位：“一个核心”是，以引领和推动北京汽车零部件平台经济发展和管理创新为核心；“两个维度”是，基于零部件平台集团管控为核心的融合文化建设，基于产业链整合发展的链合文化建设；“三个适应”是，与北京汽车零部件发展战略、发展规模、发展步骤、发展目标相适应，站在振兴北京汽车零部件发展高度打造海纳川文化引领力；与海纳川公司发展平台的资本结构、组织结构、不同文化结构特点相适应，形成能够统领和凝聚多元经济、多种合资文化共谋发展的文化管控力；与零部件平台在北汽集团和行业产业链中的定位相适应，重点体现汽车产业链中零部件文化的上下游渗透，形成可持续发展的链合文化力。

图2　和达之和诠释

和达之“和”，是指为实现共同目标，团结一致、和衷共济、和睦相处、共赢共生的经营之道。和达之“达”，是指为企业基业永续，领行业发展、促社会进步、聚团队协同、助个人成长的经营智慧。海纳川公司以“和”为企业经营管理的方法和手段，为实现“达”提供保障；以“达”为企业坚守的工作目标，为践行“和”指引方向，两者相辅相成，互为支持。

“和达”文化以“和而求强、达而致远”为核心价值观，以“铸精品部件、伴车行天下”为企业使命，以“纳百川精华、聚产业合力 成就最具竞争力的汽车零部件企业”为企业愿景，以“崇和、尚实、精诚、专注”为企业精神，以“客户、创业、创新、学习、执行、共赢”为基本意识，系统阐释了与股东、员工、客户、子公司、环境发展的同欲同心，共生共赢；阐释了作为集团化平台企业文化的包容性、共赢性、领先性和发展性。

海纳川公司“和达”文化建设，经历了逐步系统化的发展历程。2008年到2010年是海纳川公司全力落实“十一五”战略规划的三年，期间海纳川公司“和达”文化基因得到培育和发展。2008年海纳川公司提出了“纳百川精华、聚产业合力、成就最具竞争力的汽车零部件企业”的发展愿景，引领和促进企业实现了年度平均增幅40%以上快速发展。同时，策划设计了海纳川公司VI识别系统，形成了独特的对外形象识别。2009—2010年，在总结发展经验、研究北汽集团文化、分析所属企业特点的基础上，进一步明确将文化建设定位于“和达”文化上。在此基础上，又梳理提炼了企业使命、核心价值观、企业精神、基本意识，形成了“和达”文化核心价值体系。在此期间，围绕企业做大做强和多元经济协同发

展，实施了企业文化执行标准化，积累了有益的经验。2011—2012年，海纳川公司企业文化执行标准化取得初步成果，形成了“四层次”、“七环节”文化落地模式。和达文化紧密融入企业运营管理和集团管控，充分发挥出文化对企业管理和发展的促进作用。

三、多元经济企业“和达”文化建设的主要做法

（一）建立健全“和达”文化建设四大保障体系

1. 建立文化管理组织机构，为文化建设提供组织保障

为推动公司“和达”文化建设在两级企业的落地，海纳川公司成立了企业文化建设领导决策委员会、企业文化建设工作推进办公室；所属企业同步建立企业文化推进组织架构，公司领导班子全体成员、各管理部室负责人、各所属企业高管领导全部纳入文化建设机构成员，承担相应的责任和义务，为文化管理的有效推进提供了组织保障。

2. 制定完善管理制度体系，为文化建设提供制度保障

为切实将“和达”文化理念要求贯彻到公司的经营管理当中，海纳川公司相继制定并完善了“企业理念管理制度”、“企业员工行为规范管理制度”、“企业VI系统应用管理办法”、“企业文化培训管理制度”。同时，结合公司的经营管理，制定完善了90多个经营管理制度，启动了“管理流程优化项目”。在此基础上，海纳川公司还建立起制度的年度审查机制，由企业文化建设工作办公室每年组织对公司的各项管理制度进行“文化”审核，对于那些随着公司文化创新越来越不能适应企业管理的制度提出意见，确保制度与文化的匹配。管理制度体系建设为“和达”文化的贯彻落实提供了制度保障。

3. 实施计划管理和考核管理，为文化建设提供机制保障

在企业文化建设促管理的过程中，海纳川公司实施了文化建设的计划管理和考核管理。在计划管理上，将文化落地项目纳入公司各部门、各企业的年度工作计划，由企业文化建设工作办公室对各部门、企业的文化落地工作计划落实情况定期进行督办和记录，定期与各单位进行沟通反馈，进行指导。在考核管理上，将文化落地执行情况进行严格的绩效考核，并与负责人的收入相挂钩，年终由企业文化建设评审委员会对各部室、各企业文化建设情况进行评价打分，执行好的予以物质奖励并授予“企业文化建设先进单位”荣誉，否则将结合其负责人的年度绩效予以惩罚。这种计划和考核的做法，将文化建设列入到企业的重点工作，促进了贯彻落实。

4. 创新多样化文化传播体系，为文化建设提供了载体保障

为了将“和达”文化理念深入落实到全体员工心中，有效促进文化管理，海纳川公司在文化传播上进行了探索。第一，运用多种形式帮助员工理解文化。通过编制“和达”文化手册、印发“和达”文化宣传海报、刻录“和达”文化培训光盘、开展“和达”文化专家授课、组织 “和达”文化全员考试和文

图3　海纳川公司第一届文化节合影

化大讨论等形式全面促进了员工对“和达”文化的认识和理解；第二，创新文化宣传，弘扬主旋律。通过创办《今日海纳川》内刊、编写《激情海纳川》系列丛书，记录、传播“和达”文化发展历程、管理经验、先进人物、优秀文化作品，弘扬了发展的主旋律；第三，多样化文化主题活动，形成文化特色。包括组织创办海纳川公司文化节、海纳川公司周年庆典、海纳川榜样评选、“双最佳”评选、年度文化主题大讨论等形式将文化融入企业的管理和品牌建设，形成了文化建设的重要活动品牌，也提升了海纳川文化的内外影响力。

（二）推进实施“四层次文化管理模型”和“七环节文化落地工作链”

海纳川公司在企业文化建设和推进过程中，通过五年的探索和实践，探索形成了独具特色的“四层次文化管理模型”暨“七环节文化落地工作链”的文化落地模式，这种做法一方面成为海纳川“和达”文化建设的重要理论和实践成果，同时它作为文化落地的有效工具，将文化真正融入经营管理中。

1. “四层次文化管理模型”的内容

第一层，“核心理念层”，即将公司发展使命、核心价值观、发展愿景、企业精神作为一切经营决策和管理实践的出发点和基础，企业的一切活动都体现核心价值理念要求；

第二层，“基本意识”层，将公司的核心价值理念进一步具体化为六个基本意识，使理念要求更加清晰化；

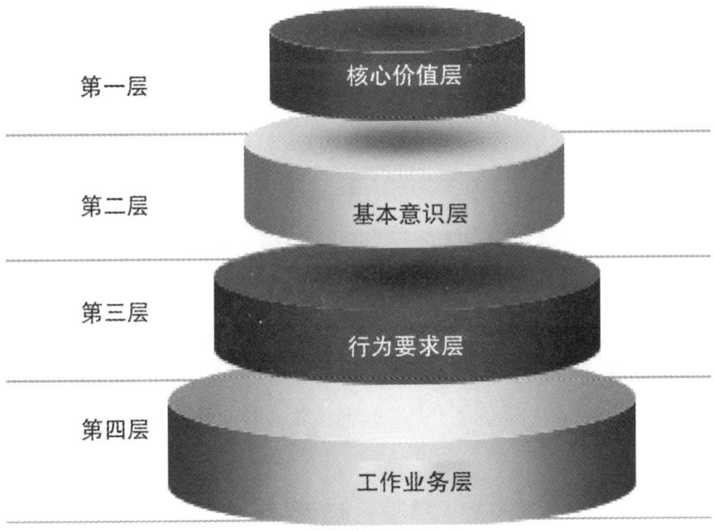

图4 四层次文化管理模型

第三层，“行为规范层”，即进一步将基本意识结合企业经营发展分解为文化管理的业务行为模块，融入经营管理明确理念的行为导向；

第四层，“工作业务层”，根据公司理念的行为导向，结合公司年度发展目标和职责分工，确定各部门、各企业具体承担的“文化落地业务”，“工作业务层”内容根据每年的发展实际进行持续的策划和创新。

2. “七环节文化落地工作链”的内容

在文化落地管理过程中，海纳川公司要求各部门、各企业在文化落实上必须完成七个环节的工作，包括组织保证即完善文化落地组织机构建设；目标计划即结合经营管理每年提出企业落地工作具体计划；培训研讨即针对年度文化落地计划必须组织员工展开广泛的研讨；重点立项即根据年度文化落地计划确定1—2项重点项目提报海纳川；标杆选树即发现发掘企业文化建设标杆人物和单位树立典型；主题活动即探索开展主题文化活动促进文化落实；改进提升即进行文化落地的年度工作总结并提出改进方案。

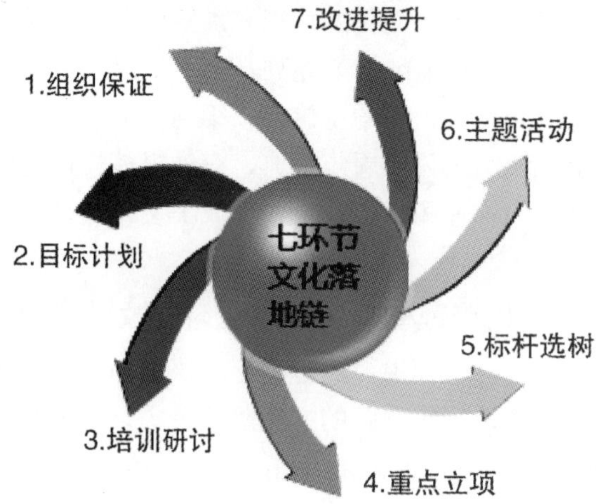

图5　七环节文化落地工作链

（三）将“和达”文化融入企业运营管理全过程

1. 文化指引战略制定和推进，驱动大平台发展目标落实

在企业发展中，海纳川公司将“和达”文化作为企业战略制定的根本前提，创新了以愿景落实为目标的战略管理模式，将战略管理创新作为企业管理创新的核心环节。

组建成立之初，立足于零部件平台初建的实际，立足于对北汽集团化战略的研究和行业形势分析，海纳川公司提出了“纳百川精华聚产业合力，成就中国最具竞争力的汽车零部件企业”的发展愿景，将企业文化的阶段特征定位于“聚合”文化，即兼容并包、兼收并蓄。在发展模式上采用多渠道聚合产业资源的发展方式。进而制定了“一、二、三、四、五”发展战略。一即，一个方针：打造零部件发展平台、走集团化发展道路；二即，两条路径：在经营内容上，产品经营和资本经营相结合，横向做大；在竞争能力上，技术领先和成本领先相结合，纵向做强；三即，三项业务：培育战略型业务、拓展规模型业务、提升渠道型业务；四即，四大优势是管控模式的优势、资源配置的优势、企业规模的优势、人才支撑的优势；五即，五项目标（行业排名目标、经营目标、产品目标、企业培育目标和人才目标）进入全国前列。“十一五”战略源于发展并引领发展，得到了圆满落实，海纳川公司营业收入突破百亿元大关。

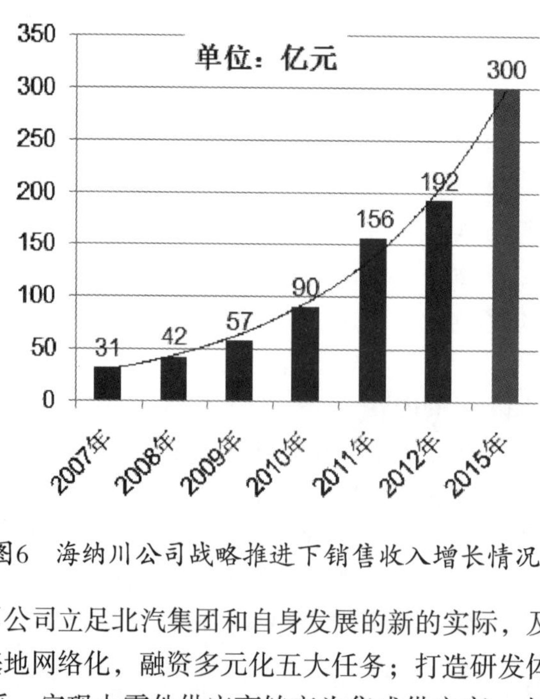

图6　海纳川公司战略推进下销售收入增长情况

“十二五”期间，海纳川公司立足北汽集团和自身发展的新的实际，及时提出了完成产品模块化、资源国际化，企业规模化，基地网络化，融资多元化五大任务；打造研发体系、采购体系、制造体系、市场体系、人才体系五大体系；实现由零件供应商转变为集成供应商、由投资型经营转变为主业型经

营、由一般型公司转变为公众型公司、由规模型企业转变为效益型企业、由外延型增长转变为内涵型增长五大转变的，实现销售收入300亿元、成就国内领先、国际知名的汽车零部件企业的发展目标，并将“自主研发、上市融资、国际并购”作为实现目标的工作着力点，2012年海纳川公司再创销售收入192亿元的发展事实证明了这一战略的科学性。

2. 文化管理推进企业分类管控，上下协同，凝聚发展合力

凝聚不同经济成分的所有制企业统一到共同为北京汽车零部件产业发展做贡献上来，是海纳川公司的一项发展使命，也是管理使命。在运营管理实践中，海纳川公司将对所属企业运营管控与文化建设紧密融合，将管控文化定位于“共赢”文化，强调海纳川公司与所属企业共同发展、与合作方互利共赢。

针对所属企业经济成分各异、发展阶段不同、文化特性不同、经营权限不同的特点，海纳川公司分别采取了文化占领、文化创新、文化分立、文化渗透的分类管理模式。体现在运营管控上，根据不同企业的特点分别采取运营型管控、战略型管控、财务型管控相结合的分类管控模式。对全资并掌握经营权的企业实施运营管控，对股比50%以上不掌握经营权企业实施战略管控，对小股比企业不掌握经营权的实施财务性管控，不同的管控模式划定了海纳川公司与各所属企业之间明确的责权利关系。

此外，从平台作用发挥上，海纳川公司突出管理本部的服务职能，包括加强对所属企业的运营分析管理和服务、市场开发管理与服务，人才引进的支持与服务，工程项目建设的管理、指导与服务，搭建管理交流平台实现企业资源、经验共享等。在此基础上，建立起了经营形势分析例会制度、两级市场开发例会制度、基层走访调研制度、海纳川公司人力资源交流平台等，这些指导与服务促进了所属企业的发展，得到了合作方的广泛认可。

海纳川公司“共赢”管控文化定位和“以服务促管控”的思路调动了两个层面的积极性，也促进了北京汽车零部件发展平台运营合力的形成，管控模式的创新是和达文化驱动运营管理创新的根本体现。

3. 文化引领产业链资源整合，平台呈现裂变式发展

海纳川公司快速发展的关键在于对产业链资源的有机整合，五年的发展中，海纳川“和达”文化在产业链资源整合中得以全面的运用和发展，充分体现了“和达”文化链和文化力要求。具体体现在：

（1）输出“共赢”文化，企业和产品整合成效显著

图7 北汽集团党委书记、董事长徐和谊向英纳法管理团队授旗

海纳川公司发展中，将合资合作和国际并购列入规模扩张的重要方式，并在企业整合上重点输出“共赢”文化。2011年，海纳川成功收购了全球汽车天窗第二品牌荷兰英纳法集团，该收购一度被称为“蛇吞象”的行业传奇，并对收购后的运营管理表示担忧。为此，海纳川公司在英纳法管理中输入共赢文化，秉承“和而不同”、“求同存异”、文化分立的管理原则，充分尊重英纳法公司原有文化，保留英纳法高层管理团队，尊重英纳法的管理制度、流程和行为习惯，并进行了有针对性的对接管理，实现

了中欧文化的有效融合，保障了收购后英纳法运营的平稳过渡，英纳法并购成为国内汽车零部件企业实施国际并购的成功范例，2012年英纳法为海纳川公司带来销售收入近50亿元。此外，在其他零部件企业资源的整合上，海纳川公司共整合、重组、组建了企业18家，引进了47类新产品。

（2）输出“服务”文化，大幅提升市场份额

图8　海纳川公司年度整零战略沟通会

在市场拓展上，海纳川公司主张在输出产品的同时也要输出文化，提出“客户为重　服务到心”的客户服务理念，并列入海纳川公司全体员工的基本意识贯彻执行，着力为客户提供个性化的系统解决方案。

在北汽集团市场上，海纳川公司以大北汽文化为背景，推进了“内部市场集团化”模式，突出海纳川公司作为北汽零部件发展平台对集团整车的支撑作用，与北京整车企业建立起“共同确认合作产品、共同确认合作对象、共同确认市场份额、共同研究产品开发”的战略联盟合作关系，使北汽集团市场份额大幅提升，也为整车企业的降成本做出了重要贡献。在国内其他市场上，海纳川公司推进了“外部市场联盟化”的合作模式，以为整车企业提供“全系列产品解决方案”为依托，几年来，先后与保定长城、北奔重汽、江淮汽车建立了战略联盟合作关系，所属企业陆续进入这些企业的供应体系。在市场管理上，围绕“服务”客户的宗旨，海纳川公司建立完善了市场开发体系、市场需求评估体系、客户沟通体系、供货评价体系等。当前，立足于全方位了解客户需求为目标的“整零合作战略研讨会”已经成为海纳川公司市场战略的重要活动品牌。

（3）坚持“协同”文化，推进全国零部件产业布局

图9　苟仲文副市长出席海纳川北京大兴产业基地奠基仪式

在产业园区资源整合方面，海纳川公司牢牢把握作为北汽零部件发展平台的企业定位，紧跟北汽集团整车全国布局，同步推进了零部件产业园开发建设，为整车企业提供近距离的配套服务。海纳川公司相继在北京大兴、北京顺义、湖南株洲、广州增城、重庆黄骅等地累计开发产业园区3000余亩。一个个产业园区的建设，使海纳川与整车“协同”发展的同时，也赢得了整车对“和达”文化的认同，与海纳川同步建设产业园区已经成为北汽整车企业一种普遍诉求。与此同时，作为统领36家企业的集团化零部件管理平台，海纳川公司通过产业园整合，为所属企业配套整车提供了极大地便利，并在园区物业管理、物流管理、厂房建设租赁各方面为企业提供了便捷周到的服务，通过产业园精细的服务和管理实现了海纳川与所属企业的协同效应，所属企业的配套得到了整车客户的一致认可，13家所属企业已经成为整车的战略供应商。

4. 文化凝聚培养人才，培育出行业领先的人才队伍

（1）文化培养人才，建设学习型组织。在人才培养上：采取“顶天立地”培养模式。即：人才培养使用最顶尖的师资资源，最先进的培养技术，同时又要立足于企业发展的实际，解决实际问题。与此同时，采取导师制、定向培养、挂职锻炼、干部交流等方式，营造了人才成长的文化氛围。海纳川公司针对多元经济企业企业家团队共同成长而创立的“企业家论坛”活动已经成为海纳川公司人才培养的重要平台。

（2）在人才引进上，严把文化量才关。人才引进上：通过建立人才引进素质模型，规范人才引进标准，对于符合海纳川文化要求的予以录用，经过磨合仍不能实现文化认同的及时解聘。对新老员工定期推进能力素质测评，帮助员工查找能力和素质存在的不足，有针对性地开展培训教育，用海纳川文化哺育海纳川人。

（3）文化凝聚人才，外派人员作用有效发挥。外派人员管理上：海纳川组建之初，各所属企业高管存在隶属关系不同，任职途径不同，薪酬水平不同，平台管理效应发挥的作用阻力较大。为此海纳川公司结合“和达”文化的创新要求，采取不拘一格的用人策略，将所属企业党群干部与外派人员统筹考虑，使外派人员得以多种身份发挥作用，这种方式有效地凝聚了外派人员，很快实现了“外派人员统一界定、劳动合同统一签订、绩效考核统一运作、薪酬统一管理发放”的目标，使海纳川公司对所属企业的管理通过外派人员得到真正实现。

四、多元经济企业“和达”文化建设的效果

海纳川公司在“和达”文化总体引领、多元文化百家争鸣方针，树立了一切以企业发展为目标的思

考模式，经过近五年的“和达”文化建设实践，形成了强大的发展合力。

（一）引进了一批竞争力强的产品，丰富了海纳川的产品线

海纳川公司成立以来，通过产业“链合”文化推进，先后引进了29类46种新产品，海纳川的产品从成立之初的15类30种产品，发展到44类76种产品。海纳川公司同全球知名企业合作，引进了天窗、座椅、空调、排气系统、塑料油箱、电子产品、安全带、汽车胶、内饰件等汽车零部件的关键产品，在海纳川公司的产品体系中，这些产品起到了主导作用，这些产品的引进，打造了一个能够支持北京汽车发展的、满足整车客户发展需求的、布局合理、效益明显的产品体系，提升了海纳川公司的战略地位和市场竞争力。在海纳川公司的产品中，英纳法公司的天窗系统，美国江森、李尔的座椅，美国伟世通公司的空调，美国博格华纳公司的分动箱，美国天纳克公司的减震器和排气系统，法国英瑞杰公司的塑料油箱。这些都是在全球排名前三名的零部件品牌，这些产品的引进，大大提升了海纳川公司零部件产品的品牌力度，为海纳川公司参与市场竞争，创造了极为有利的条件。

（二）掌握了世界领先的管理技术，大幅提升了企业管理水平

在“和达”文化指引下，海纳川公司通过和全球优秀的企业合作，学习和掌握他们先进的管理技术，提升了自身的管理能力。和海纳川公司合资合作的这些企业，大多具有十分成熟的管理经验，有些企业在管理上还具有十分鲜明的管理特色。江森公司的财务管理，英纳法公司的精益化管理，伟世通空调的清洁管理，天纳克公司的成本控制管理，博格华纳公司的价值管理，都在企业的发展竞争中发挥了重要的作用。多数外资企业通过了多项国际认证，不少企业通过客户授予的各种荣誉称号，伟世通空调连续多年荣获现代公司五星级供应商的称号。海纳川公司抓住自身独有的这些宝贵资源，在企业内部有针对性地开展向这些企业学习的活动，部分企业在交流共享中逐步改进管理，带动了海纳川公司所属企业整体管理水平的有效提升。

（三）融合了企业家团队，为企业发展提供了人才支撑

融合了世界500强企业家团队，统一到海纳川文化，实现良好合作，形成归属感。伟世通、江森、天纳克、韩一等企业的企业家团队与海纳川公司建立了很好的关系，这些企业家积极参加海纳川公司的工作会议，在运营管理中尊重和积极落实海纳川公司对企业发展的意见；积极支持海纳川公司党、工、团各类主题活动的开展；这些公司的合作方企业家队伍在工作中佩戴海纳川徽章，积极参加到海纳川公司组织的文化节节目汇演，并对海纳川授予的“最佳合作伙伴”奖项倍加珍惜作为回国述职的重要汇报内容。

融合了内资合资企业的企业家团队，海纳川文化对其实现了重大影响，呈现出强势管理效能。主要体现在模塑、亚太、兴华、长鹏等合作方派驻到合资企业的企业家团队，对海纳川文化表现出积极追随和认同，并对企业标识、管理制度根据海纳川的要求进行了重新的设计。特别是在北汽集团大力发展自主品牌之际，这些企业积极加入到自主品牌配套中来，在自主品牌开发的起步阶段，配套企业利润极其微薄而付出巨大，这些企业都以不计成本、不计代价的理念，全力配合海纳川公司的统一安排，不遗余力地支撑自主品牌的发展，确保了北汽“绅宝”轿车的成功上市。

激活了国有企业管理团队的工作活力，团队能力素质大幅提升。和达文化推进中，这支老国企的管理团队摒弃了原有的国企体制思维模式，形成了强烈的市场意识、危机意识和创新意识。特别是在与国内、国际合资企业家团队共同工作的过程中，个人素质得到了大幅提升，有些管理者从不懂外语到外语成为工作语言，与合作方团队合作愉快，获得了合作方的高度认可，成为不可或缺的管理伙伴，也成为海纳川公司发展的中坚力量。

（四）培育了一批绩效优良企业，规模和效益实现大幅度增长

在“和达”文化建设过程中，特别是在文化全面落地的实践中，海纳川各企业管理不断创新和改进，形成了一批产品精，管理好，实力强，效益高的企业。

从企业经营规模来看，海纳川公司成立之初，外资企业销售收入最高的只有11亿元，多数企业在1亿—3亿元之间，企业规模小是个突出的矛盾。到2012年，具有国际化背景的企业中，销售额超过40亿的有1家，超过20个亿的有两家，超过10个亿的有1家，超过5个亿的有3家，超过1个亿的有6家。

从企业成长的过程来看，不少外资企业经过和海纳川的合作，得到了快速的发展；以2008年到2012年，北京江森的销售收入从79352万元增长到281016万元，增长了254%。伟世通空调从111859万元增长到278704万元，增长149%。天纳克减震器销售收入从21423万元增长到59937万元，增长了180 %。北京因派克不但销售收入有大幅度增长，还实现了扭亏为盈。民营合资企业的延锋伟世通、北汽模塑都发展成为北汽集团整车的战略供应商，北京亚太发展成为汽车底盘模块集成供应商。

（五）企业品牌效益、经济效益和社会效益显著

在和达文化的引领和驱动下，2012年，海纳川公司销售收入由2008年初的31亿元增长到2012年底的192亿元，增长了6倍。利润总额由2008年的40000万元增长到124443万元，增长了2111 %。在市场拓展上，一批外资企业通过和海纳川公司的合作，在北京整车市场拿到了相应的订单。江森的内饰系统进入了北京奔驰，英纳法、天纳克减震器、天纳克排气系统、英瑞杰塑料油箱、李尔电子进入了北京现代和北京自主品牌。到目前为止，海纳川所属的外资企业已经在北京现代、北京奔驰、北汽自主品牌的车型中，签约了196亿元订单。和达文化引领企业快速发展的同时，也获得了政府、社会、集团的广泛关注和好评，先后获得多项荣誉。包括连续11个季度蝉联北汽集团“经营突出贡献奖”，连续荣获“全国百家优秀汽车零部件供应商”称号，海纳川公司主要领导先后获得“中国汽车工业杰出人物”、中国汽车产业十大管理英才等荣誉，海纳川公司党委先后连续荣获北京市和北汽集团“先进基层党组织”称号，连续两年获得“首都文明单位”称号，2011年，海纳川公司被中国企业文化研究会授予“中外企业文化融合荣誉单位”。

成果创造人：郭新民　石幼文　李学军　刘毅男　张国富　杨采霞

现代畜牧装备制造业交钥匙工程经营方式的创建与实践

北京京鹏环宇畜牧科技股份有限公司
荣获第二十八届北京市企业管理现代化创新成果一等奖

北京京鹏环宇畜牧科技股份有限公司（以下简“京鹏环宇畜牧公司”）是北京市农业机械研究所（1959年北京市人民政府批准设立，全国农业科技开发十强、京郊经济发展十佳）企业化转制后依托首都科研院所专业学科优势设立的高新技术企业，2006年7月注册，2012年3月改制为股份有限公司，2013年8月新三板挂牌上市。京鹏环宇畜牧公司主营业务为两大类，畜牧工程：规模化牛场、工厂化猪场、挤奶厅、粪污处理交钥匙工程；畜牧装备：养牛设备、养猪设备、挤奶设备、环境控制设备、粪污处理设备。目前，规模化养殖场交钥匙工程和配套设备遍及国内30个省市自治区，并出口到14个国家和地区。公司现有职工150余人，其中博士、硕士占7%、大学本科占73%，高、中级职称占20%，公司总部位于北京市海淀区中关村高新技术园区新材料创业大厦。

“十二五”期间是我国加快畜牧业现代化发展的攻坚时期，《全国农业和农村经济发展第十二个五年规划》明确了畜牧业发展的主攻方向。如何适应新的发展形势，为我国畜牧业现代化提供先进的规模化养殖场和装备支撑，是国内畜牧装备企业面临转变发展战略的重大课题。京鹏环宇畜牧公司从企业战略布局入手，大胆试尝内部经营模式转型，创建了现代畜牧装备企业交钥匙工程经营方式，形成了具有自身特色的畜牧装备企业经营模式，促进了企业技术创新能力提升，推动了企业经济发展方式升级，增强了企业市场竞争优势，取得了良好的经济、社会效益，成为国内畜牧装备企业唯一一家新三板上市企业，企业综合实力跨入国内行业第一阵营前列。

一、畜牧交钥匙工程经营方式的背景

（一）加快我国畜牧业现代化发展的需要

我国耕地资源十分有限，人均耕地面积不及世界人均水平的一半，在有限承载力的土地上，要养活占世界人口20%的13亿中国人口，并不断提高人民物质生活水平，必须强化农业科技支撑，加快调整农业结构，提高畜牧业产业化在农业产业化的比例，提高肉、蛋、奶等在农产品中所占比重。目前，我国畜牧业与发达国家水平还有较大差距，且面临传统分散饲养方式制约规模化发展、畜禽排放物环境污染制约生态畜牧业发展两大主要问题。

“十二五”时期是我国加快畜牧业现代发展的攻坚时期，《全国农业和农村经济发展第十二个五年规划》明确了畜牧业发展的主攻方向：加快畜禽标准化规模养殖场（小区）建设，推进畜禽粪便等农业废弃物无害化处理和资源化利用。到2015年奶牛规模化养殖比重达38%，年平均增长10%；生猪规模化养殖比重达50%，年平均增长15%。国家对标准化规模养殖场和小区建设每年投资25亿元，扶持资金10亿元，包括畜牧装备的国家农机补贴资金，每年约150多亿元。到2015年，全国规模化畜禽养殖场和养殖小区，处理畜禽粪便和污水工程比例达到50%以上。加快我国畜牧业现代化发展的新形势，成为国内畜牧装备制造企业面临如何适应需要的重大课题。

（二）改变国内畜牧装备行业存在问题的需要

目前，全国畜牧装备制造企业有300余家，其中牛业装备制造企业120余家、猪业装备制造企业180余家。畜牧装备企业存在的主要问题：

1. 国内畜牧装备企业大多不具备系统研发能力，装备基础技术研发薄弱、高端装备关键技术不足、装备系列化成套化程度低、产品质量参差不齐；

2. 国内畜牧装备企业尚不具备承建工程的能力，绝大多数畜牧装备制造企业仅限于生产和销售设备，尚不具备承建规模化养殖场工程的能力。已建的规模化养殖场多为建筑企业承建，所建工程与养殖工艺脱节，配套设备不符合规模化养殖场工艺标准；

3. 国内畜牧装备企业尚不掌握粪污处理工艺技术，畜牧装备制造企业尚不掌握粪污处理工艺技术，无法承建畜禽粪污处理工程，难以实现国家要求处理畜禽粪便和污水工程比例达到50%以上的目标。

当前，国内畜牧装备企业经营模式，普遍不能适应我国畜牧业发展需求。

（三）京鹏环宇畜牧公司自身持续发展的需要

京鹏环宇畜牧公司自组建初始就处于全面竞争的市场环境中，依托北京市农业机械研究所科技资源优势，公司建立了研发与产业互动的科技创新体系，有效地促进了企业研发能力、成果转化机制，带动了养牛设备、养猪设备、挤奶设备等主营业务。几年中，京鹏畜牧公司同国内知名企业建立了项目合作关系，同德国、丹麦、以色列、意大利等国际著名企业建立了技术合作关系，产品推广到国内30个省市自治区，在国内畜牧装备和技术领域形成了自身优势。公司已经按现代企业制度建立了规范的法人治理结构，初步形成了人才结构合理、技术日趋成熟、装备品种配套、企业运营稳定、市场竞争有力的发展格局，企业处于快速成长期，整合发展的空间很大，具备了经营方式的战略转型的有利条件，必须抢抓机遇，勇于创新，加快发展战略转型，转变发展方式，适应我国畜牧业发展的主攻方向，实现企业的可持续发展。

二、畜牧交钥匙工程经营方式的内涵及主要作法

“现代畜牧装备制造企业交钥匙工程经营方式”的内涵是：以市场需求为先导，以企业组织创新、管理创新为前提，以强化行业要素配置、提升企业内部产业链价值为核心，通过推进工艺、工程与装备一体化整合，构建工艺模式与装备技术相互对接的畜牧工程模式，促进畜牧工程产业转型升级。

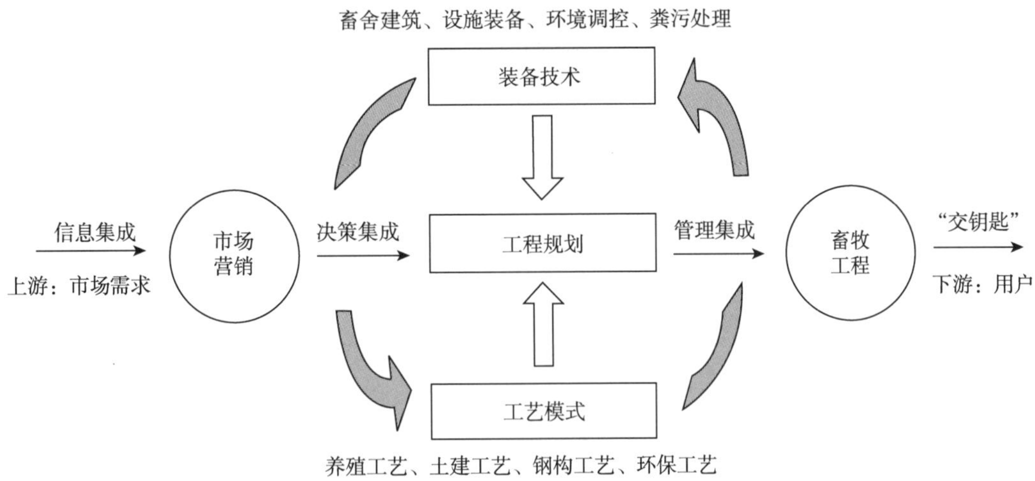

图1 “牧畜装备制造业交钥匙工程经营方式”示意图

牧畜装备制造业交钥匙工程经营方式的基本内容是：瞄准国内畜牧业发展方向，结合行业需求和企业自身发展实际情况，重新勾画企业战略布局、重新制定产业业务发展路线，发挥工艺引领作用，立足工艺与装备结合的营销与工程模式，搭建和完善企业内部运行体系，通过企业组织创新、管理创新，构建畜牧工程产业及业务新的发展模式与新的业务布局。

畜牧交钥匙工程经营方式的主要做法如下：

从企业战略布局入手，通过制定空间规划，搭建运行体系，完善管理流程，实施风险控制，构建工艺引领、工艺与装备结合的营销与工程模式。

图2 课题实施流程

（一）重启战略布局

根据“十二五”我国畜牧业现代化发展形势、国内畜牧装备行业现状，结合京鹏环宇畜牧公司企业自身的实际情况，公司董事会和经理办公会从“顶层设计”入手，重新研讨企业发展路线，提出了京鹏环宇畜牧公司整合和强化企业自身关键资源和能力，创建“现代畜牧装备制造企业交钥匙工程经营方式”的产业及业务发展模式和布局。

管理项目是否能够获得成功，需要分析具体的前提条件，基本方向确定后，京鹏环宇畜牧公司董事会和经理办公会全面、认真分析了方案实施的前提条件。

1. 充分条件

（1）我国畜牧业规模化养殖、养殖机械化和自动化、无害化处理快速发展的市场需求。

（2）京鹏环宇畜牧公司具备畜牧交钥匙工程的工艺技术、工程规划、施工设计、工程施工、装备制造、科技研发、国际技术合作等资源的支撑。

2. 必要条件

（1）畜牧养殖工艺、工程、装备、环控、环保与提高动物福利、畜产品安全、生产效率、生态文明运行高度关联。

（2）是国内畜牧装备行业“一条龙”配套服务的缺失。上述充分条件与必要条件，为本管理课题项目的实施提供了前提条件保证。

（二）制定空间规划

从企业战略布局出发，平衡企业内部要素“功能”和“利用”的空间关系，通过创新企业经营模式（工艺—工程—设备配套的经营模式）、搭建内部组织体系（市场—工程—科研互动的组织体系），达到战略布局总的目标。

1. 工艺—工程—设备配套的经营模式

瞄准国内规模化养殖业发展的市场需求，京鹏环宇畜牧公司大胆转变经济发展方式，全力推进企业经营模式的战略转型：从“单一设备销售”的经营模式，转型为“工艺引领工程”，“工程带动设备”的经营模式（简称：“工艺—工程—设备”的经营模式）。

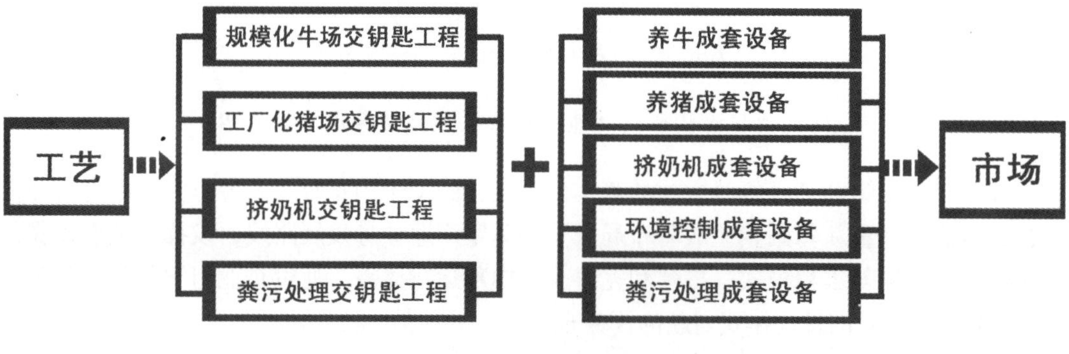

图3 工艺—工程—设备配套的经营模式

“工艺—工程—设备”的经营模式，即承接规模化养殖场、挤奶工程、粪污处理工程等整体工程，以工艺引领工程，工程带动配套设备，最终向客户交付整体交钥匙工程项目。

京鹏环宇畜牧公司根据客户需求，提供规模化牛场工程、工厂化猪场工程、挤奶机工程、粪污处理工程等项目整体工艺设计，按照工艺设计提供项目整体工程规划设计、提供与工艺对接的配套养殖、挤奶设备、环境控制设备、粪污处理设备，根据工程规划实施工程施工设计，按照施工设计实施规模化牛场和工厂化猪场建造和配套设备安装，从而为规模化牛场和工厂化猪场提供动物福利、动物防疫、养殖产品安全、养殖产品品质、养殖效率、规模化养殖场环保、规模化养殖场生态文明运行的“一站式”配套服务。

2. 市场—工程—科研互动的组织体系

知识和技术贯穿于工艺—工程—设备的全过程，因而，“工艺—工程—设备”配套经营模式的核心是多学科的技术组合。提高核心技术竞争力必须依靠科技研发，依靠相关学科的有机结合及协同作战。为推进“基于产业链提升的营销与工程模式”管理课题，京鹏环宇畜牧公司了组建以养殖工艺、土建工艺、工程、设备、环保等高中级专业技术人员及专家团队为主力的研发中心，以市场为导向，构建了“市场—工程—科研”互动的组织体系。

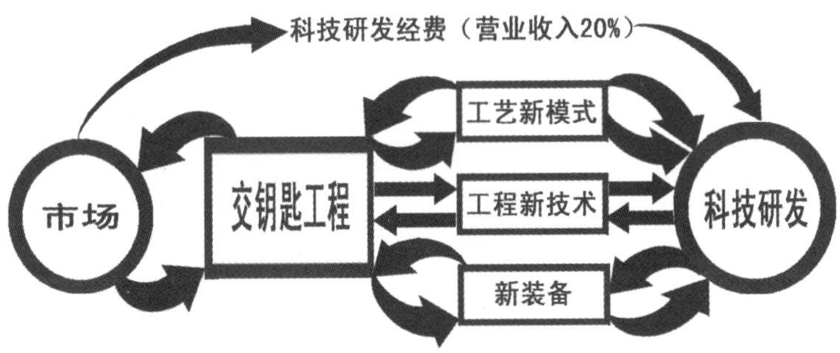

图4 市场—工程—科研互动的组织体系

“市场—工程—科研”互动的组织体系，即京鹏环宇畜牧公司承接规模化牛场和工厂化猪场交工程项目后，研发中心根据客户需求确认该项目新工艺、工程新技术和新装备，并确定课题立项，组织相关新工艺、工程新技术和新装备的研发和攻关，通过新技术、新工艺、新产品，有效提升市场竞争力和品牌声誉，从而形成了“市场—工程—科研”互动的良性组织体系。通过“市场—工程—科研”互动的组织体系，京鹏环宇畜牧公司基本形成了贴近市场及用户需求的“研发落地”模式，形成了“专家设计、配套技术、专业服务”的畜牧工程技术专业化的业务特色。

（三）搭建运行体系

京鹏环宇畜牧公司积极探索工艺—工程—设备配套的经营方式的管理，以“单位工程”、“项目部”为管控中心，以“重点流程”为关键环节，构建了涵盖“设计—施工—验收—交工—成本控制”的畜牧交钥匙工程的管理、组织、服务体系和机制，有效保障了工艺—工程—设备配套的经营方式的健康运行，提升了承建畜牧交钥匙工程能力。

1. 组建管理机构

为推进工艺—工程—设备配套的经营模式的战略转型，京鹏环宇畜牧公司设立了交钥匙工程项目管理机构：

（1）组建项目管理部。项目管理部直属总经理领导，负责对交钥匙工程项目执行的项目合同评审、项目合同签订、项目实施计划、项目图纸设计、项目生产采购、产品检验、项目发货、项目补货、项目备货、项目施工安全、项目物资管理、项目资料管理、项目施工安装、项目竣工验收、项目售后、项目回款等24个环节跟踪监督、协调、反馈，负有监督权和统一协调权。

（2）组建项目成本核算组。成本核算组直属总经理领导，负责交钥匙工程项目成本总核算，负有进行项目风险评估、制定风险应对措施的责权。相关部门向成本核算组提供交钥匙工程项目的现场勘查技术资料、合同文本、合同附件、工程和设备技术参数、工程图纸、设备数量和材质、加工件成本、国内采购价格、进口产品价格、进口产品清关各项杂费、设备包装费用、运输费用、施工安装人工费用等资料数据，财务部负责对项目成本进行结算。

（3）分解项目管理职责。将相关职责及权限分解到主管高层，项目管理部、质量管理部、财务部、牛业事业部、猪业事业部、国际贸易部、牛业技术部、猪业技术部、挤奶机技术部、环保技术部、生产采购部、物流部、工程服务部13个部门和成本核算组。

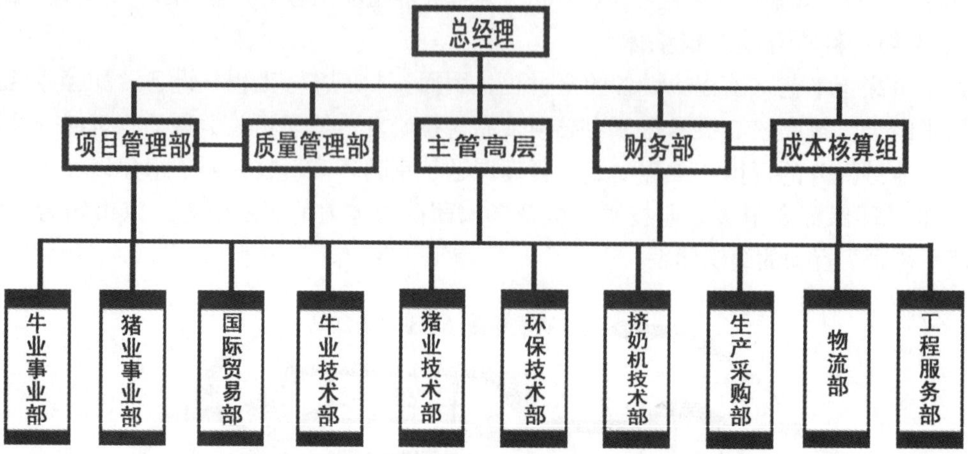

图5　交钥匙工程项目管理机构

2. 优化职能架构

为适应工艺—工程—设备配套的经营模式，京鹏畜牧公司调整和优化职能架构，细化专业分工、调整职能配置、组建专业团队、强化队位支撑，搭建了承接规模化养殖场交钥匙工程的内部职能架构。

（1）细化专业分工。根据牛场工程、猪场工程等不同工艺及专业技术要求，将原有技术部拆分，并充实相关学科专业技术力量，新组建牛业技术部、猪业技术部、环保技术部、挤奶机技术部4个专业技术部，各技术部内部设置工艺设计组、工程设计组、设备组。

（2）调整职能配置。按职能将工程服务部内部分为工程施工组、设备安装组；按职能将加工采购部调整为生产采购部、物流部两个部门；按照"市场—工程—研发"互动体系，设立科技研发中心。

（3）组建技术、施工团队。组建了以高级工程师、博士、硕士为主力的专业结构合理的技术团队和施工技术团队。

（4）强化专业团队支撑。根据专业结构需求，招聘和引进土建设计、钢结构设计、机电一体化设计、给排水设计、暖通设计、机械设计、材料会计、施工项目经理等专业技术人才。

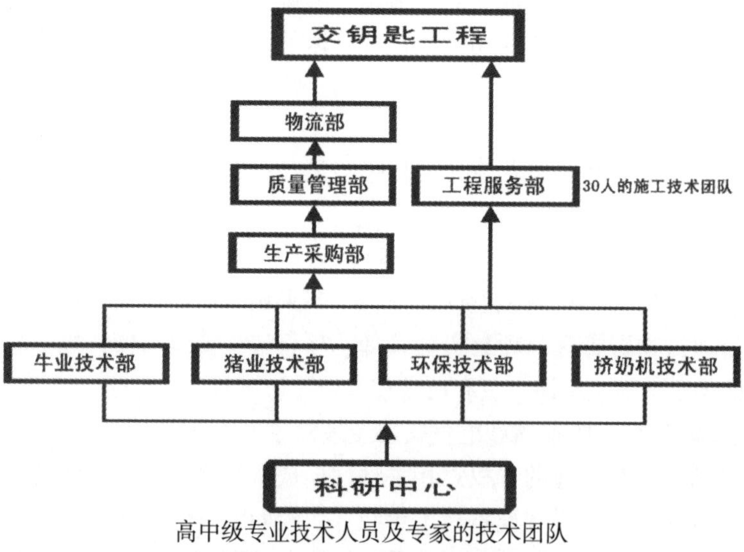

图6　优化职能架构图

3. 构建服务体系

规模化养殖场整体工程建设是一项系统工程，涉及牛场、猪场工程现场勘测和选址、项目建议书、可行性研究报告、养殖工艺设计、工程规划设计、施工图设计、养殖场施工建造、养殖设备配套、养殖配套设备安装、后期养殖管理培训等一系列流程。京鹏畜牧公司以各专业部为主体，按主要职能划分，构建了“提供畜禽场选址—项目建议书—可行性研究报告—养殖工艺—规划设计—施工图设计—畜禽场建造—养殖设备配套—设备安装—后期养殖管理培训”的交钥匙工程一体化服务体系。

牛业技术部、猪业技术部、环保技术部、挤奶机技术部4个技术部门根据牛业事业部、猪业事业部、国际贸易部提供客户的信息资料，负责牛场交钥匙工程和猪场交钥匙工程现场勘测和选址，撰写项目建议书、可行性研究报告，公司专业人员和客户参加的评审。客户确认项目建议书和可行性研究报告后，技术部组织工程设计，提供养殖工艺设计图纸、提供工程规划图纸和施工图纸，提供客户评审。客户对工艺图、规划图纸和施工图纸确认后，施工技术人员组织土建、钢结构施工，安装配套设备，对客户进行养殖管理培训。通过构建交钥匙工程一体化服务体系，有效地保障了标准化规模化养殖场的建造要求。

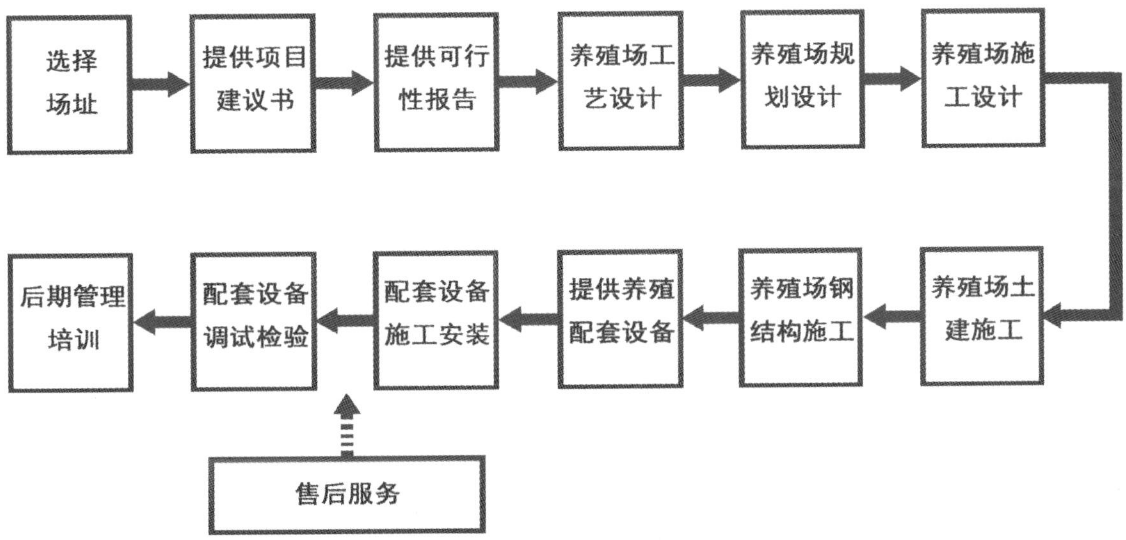

图7　交钥匙工程一体化服务体系图

（四）完善管理流程

为有效实施新的产业业务发展路线，推进“工艺引领工程，工程带动设备”经营模式战略转型，京鹏环宇畜牧公司结合公司新建运行体系和职能架构，重新制定了工作流程。

（1）新的管理流程包括项目方案设计、投标和合同前期成本核算、投标评审、合同评审、编制项目实施计划、设计评审、设计输出、图纸技术交底、国内加工采购、国外进口、产品检验、发货运输、土建施工、钢结构施工、设备安装、设备整改、设备调试、工程竣工验收、售后服务、信息反馈等24个环节，将各项工作形成有序、高效运行。

（2）加强相关部门分工协作，有效保障工程有序，顺畅执行。项目管理部重点负责合同管理、项目协调、监督项目进度和项目回款。成本核算小组负责项目成本核算，财务部负责监督项目成本控制和项目成本总决算。通过建立和完善交钥匙工程管理流程，有效地保证了工程项目各级目标的顺利实施。

交钥匙工程项目管理流程图

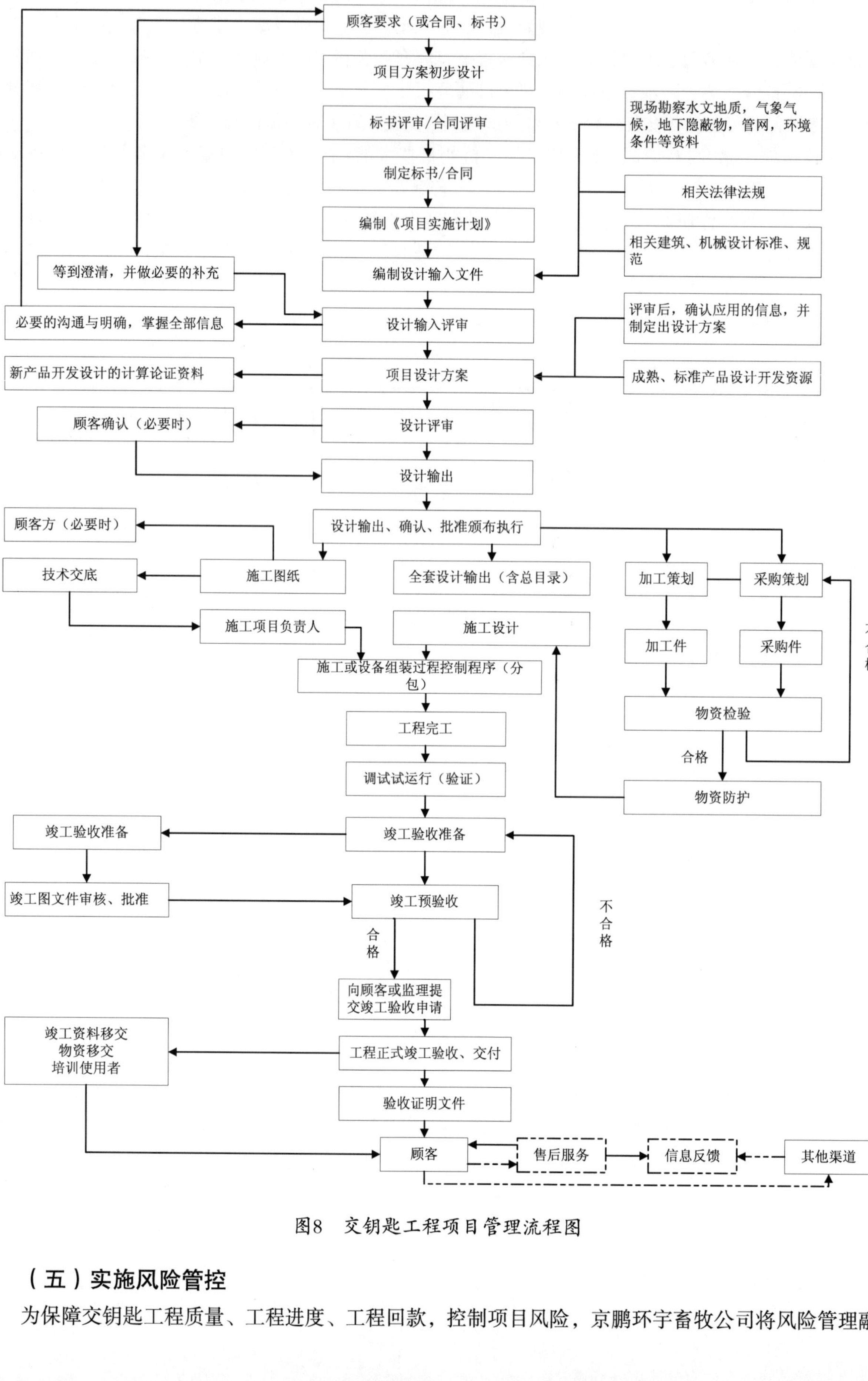

图8　交钥匙工程项目管理流程图

（五）实施风险管控

为保障交钥匙工程质量、工程进度、工程回款，控制项目风险，京鹏环宇畜牧公司将风险管理融入的工程项目运行系统，构建符合“工艺—工程—设备”经营模式特点的风险管控机制：

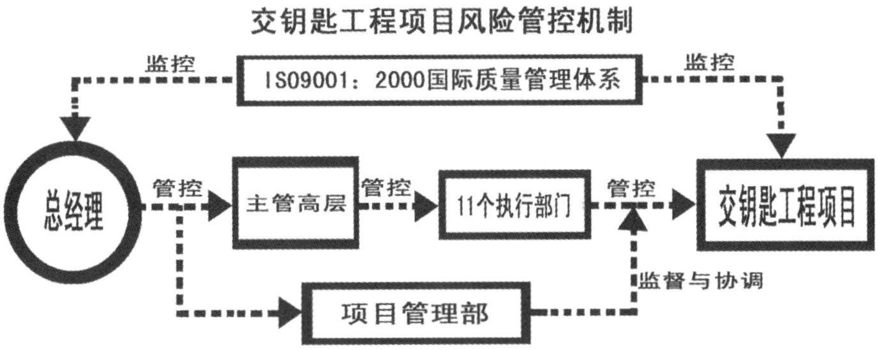

图9　交钥匙工程项目风险管控机制图

1. **项目风险控制制度**：制定《项目风险控制制度》共订立了项目风险控制职责及权限、定型产品定价职责及权限、项目成本控制职责及权限、合同付款比例控制及审批权限、合同付款方式控制及审批权限、经营合同管理制度、合同重要条款规定、执行项目各项控制指标、项目进度控制、项目质量控制、项目执行控制、项目备货控制、施工现场管理项目执行问题处理、项目风险控制问责等146项条款。

2. **实行逐级管控机制**：由总经理负总责、主管高层对总经理负责、执行部门对主管高层负责，项目管理部、质量管理部、财务部、牛业事业部、猪业事业部、国际贸易部、牛业技术部、猪业技术部、挤奶机技术部、环保技术部、生产采购部、物流部、工程服务部13个部门和成本核算组层层管控，项目管理部负责跟踪监督和统一协调。执行部门，第一时间反馈问题，及时沟通上游、协调下游、相互补位、鼎力配合，把项目风险控制在最低限度。同时，实行项目风险控制问责制，追究项目风险控制中出现事故的责任。

三、畜牧交钥匙工程经营方式的实施效果

通过创建现代畜牧装备企业交钥匙工程经营方式的实践，京鹏环宇畜牧公司取得了显著的成效，提升了企业市场竞争优势，激发了企业技术创新活力，扩大了产品市场占有率，2013年京鹏环宇畜牧公司实现了新三板挂牌上市，综合实力跨入国内行业第一阵营前列。

（一）提升了企业市场竞争优势

管理创新推动了企业经济发展方式升级，京鹏畜牧公司形成了具有自身特色的现代畜牧装备企业交钥匙工程经营方式，全面提升了企业市场竞争优势。

——猪场交钥匙工程工艺技术填补国内空白，公司获国家钢结构资质和安全生产资质，成为目前国内唯一能够承建工厂化猪场交钥匙工程的企业。

——依托适合中国国情、低中高端配套的成套挤奶设备及配备工艺优势，挤奶机交钥匙工程占据国内市场半壁江山。

——粪污处理工艺技术填补国内空白，被评定为畜牧行业唯一一家“国家鼓励发展的重大环保技术装备依托单位”，在国内畜牧业环保市场独占鳌头。

——“工艺—工程—设备”的经营模式促进了装备水平提升，公司规模化养殖场设备机械化和自动化程度处于国内领先地位，形成了强劲的市场竞争力。

（二）激发了企业技术创新能力

“市场—工程—科研互动”的组织体系，激发了企业技术创新活力。京鹏环宇畜牧公司产品由2009年前的3个系列98种产品，增加到2012年的养牛设备、养猪设备、挤奶设备、环境控制设备、粪污处理、钢结构设施6大系列184种产品，其中机械化和自动化的高端产品33种，56种产品的技术指标高于国外同类产品，37种产品获国家专利，32种产品列入国家农机购置补贴目录。京鹏环宇畜牧的科技研发水平、

成果转化能力显著提升，核心技术竞争力行业领先。

典型新产品：全自动化转盘式挤奶机日挤奶量达85吨以上，是超大型奶牛场的关键设备，填补了国内空白；摆头式风机及喷淋降温设备用于畜舍通风、降温、消毒，其技术指标高于国外同类产品；智能化母猪饲养管理设备可实现对每头母猪智能化精细管理，有效提高动物福利和母猪生产效率。

典型新技术：畜舍环境控制工艺技术，可自动调节温度，湿度、有害气体含量，提供畜禽良好的健康养殖环境；粪污处理工艺技术，可自动分离粪便固体和液体，是规模化牛场和工厂化猪场无害化处理的关键技术，填补国内空白；畜舍全热回收新风换气工艺技术，具有良好的供暖、热回收、通风换气的新工艺技术，广泛用于养殖和种植设施

（三）扩大了京鹏畜牧品牌市场占有率

京鹏环宇畜牧公司同伊利、中粮、雨润、金锣、龙大、正邦等国内知名集团建立了长期项目合作意向，产品销售到国内30个省市自治区，其中，工厂化猪场重点项目市场占有率居国内行业第一位（金锣集团山东工厂化猪场、雨润集团江苏工厂化猪场、中粮集团江苏工厂化猪场等）；粪污处理工程重点项目市场占有率居国内行业第一位（伊利集团湖北武穴粪污处理工程、蒙牛集团四川眉山牧场粪污处理工程、天津静海粪污处理工程、西安草滩粪污处理工程等）；规模化牛场重点项目市场占有率据行业第三位（伊利集团第七牧场、北京归原生态奶牛场、山西大同生态奶牛场等）；挤奶机工程重点项目市场占有率据行业第三位（北京房山并列式挤奶机工程、甘肃雪莲并列式挤奶机工程、辽宁丹东鱼骨式挤奶机工程、甘肃燎原转盘式挤奶机工程等）；公司成功打开了国际市场，承建了俄罗斯远东地区工厂化猪场、乌兹别克斯坦鱼骨式挤奶机工程、朝鲜工厂化猪场等。

（四）提升了京鹏环宇畜牧公司行业地位

交钥匙工程经营方式运行取得了显著成效，截至2012年，京鹏环宇畜牧公司在国内承建的规模化牛场养牛规模达7.8万头，工厂化猪场养猪规模达840万头，带动饲料和饲草种植业5.1万亩；承建的粪污处理工程，处理养殖场粪污达到9400多万吨，粪污无害化利用7000多万吨，带动就业9700多人。据业内专家综合评估，其社会效益达21亿—24亿元人民币。京鹏畜牧公司被政府及行业主管部门评定为国家鼓励发展的重大环保技术装备依托单位、畜牧机械行业十强企业、北京市科技研发机构，并当选中国畜牧业协会养猪业分会长单位、中国养殖工程与机械专业委员会副主任委员单位、中国农业机械学会机械化养猪协会理事单位、中国畜产品绿色产业联盟常务理事单位，中国奶业协会养殖工程与机械专业委员会委员单位，中国畜牧业协会主席团副主席单位，中国农业机械专业委员会副主任委员单位。2013年8月，京鹏环宇畜牧公司取得新三板挂牌（股票简称“环宇畜牧”，证券代码430287），成为国内畜牧装备企业唯一一家新三板上市企业。

成果创造人：王浚峰　高继伟　冯　英　薛志友　曹连胜　顾本家　王　雷　刘大军　肖任夫

以廉洁文化为基础的风险防控平台建设

北京光华纺织集团有限公司
荣获第二十八届北京市企业管理现代化创新成果一等奖

北京光华纺织集团有限公司（以下简称“光华纺织集团”）是集科、工、贸、现代服务业为一体的大型企业集团公司，注册资本6.1亿元，主营业务收入超过18亿元，总部位于北京中央商务区。集团投资企业遍及北京市和河北、山东两省，以家用、产业用纺织品、绿色环保产品、服装面料及纺织助剂和都市服务业等为核心业务。主导产品有：“绿典”牌天然彩棉系列产品、“中纺海天”牌绿色环保纺织助剂产品、“京冠”牌家居系列产品、“万达”牌仿瓷制品、“佳泰”牌产业用纺织品（帐篷及篷盖、充气材料类制品）、“燕阳”牌特殊用途产业用纺织品（高压消防水带、军用输油及储油系列制品）。

光华纺织集团前身北京光华染织厂是新中国成立后北京第一家国营染织企业，始建于1951年10月，抗美援朝初期从丹东迁至北京，北京的光华路也正是因它而得名的。2002年以北京光华染织厂为核心企业，与原北京第二印染厂等八家企业共同组建了北京光华纺织集团，2005年与北京五洲染织集团公司又共同组建成立了北京光华五洲纺织集团公司。按照北京纺织控股公司国有企业改革改制总体规划及现代企业制度的要求，2009年5月，再由原北京光华染织厂按《公司法》改制成为有限责任公司，改制后实行集团化管理模式。目前所属子公司达16家，拥有文化创意、绿色环保、城市应急避险等七大特色主题园区，在职职工2396人，离退休职工近1.2万人。

光华纺织集团始终以科学发展观为指导，在绿色环保纺织品和产业用纺织品等领域不断开拓创新，继续引领市场，在满足客户需求的同时，努力实现经济效益和职工利益最大化，实现集团可持续发展。

一、以廉洁文化为基础的风险防控平台建设的背景

（一）贯彻落实国资委系统加强风险管理的需要

为进一步加强和完善国有资产监管工作，深化国有企业改革，加强风险管理，促进企业持续、稳定、健康发展，根据《企业国有资产监督管理暂行条例》（国务院令第378号）关于“国有及国有控股企业应当加强内部监督和风险控制”的要求，国务院国有资产监督管理委员会2006年出台了《中央企业全面风险管理指引》，对企业开展全面风险管理工作的总体原则、基本流程、组织体系、风险评估、风险管理策略、风险管理解决方案、监督与改进、风险管理文化、风险管理信息系统等方面进行了详细阐述。北京市国资委结合“做强做优、培育具有国际竞争力的世界一流企业” 的目标要求，要求所属企业加强对未来中长期所面临风险的全局性、趋势性研判，准确定位风险管理工作的方向和重点，切实为企业实现经营目标提供支撑和保障。要及时把握并深入分析国内外形势的变化，提高企业对经营环境变化的敏锐性和对发展趋势的预判能力，及时调整当期经营策略和应对措施，确保企业抓住机遇，合理控制风险，为企业创造更大价值。

（二）构建适合首都经济特点的纺织发展格局的需要

构建适合首都经济特点的纺织发展格局是控股公司第二次党代会和“十二五”规划确定的发展目标。经过多年的改革调整，北京纺织的产业结构、产品结构、企业结构、资产结构、人员结构都发生了深刻变化。党的十八大关于加快转变经济发展方式的要求，北京市建设中国特色世界城市的目标，新的发展形势，新的发展目标，要求北京纺织企业必须要以创新的思维、开放的胸怀、实干的精神来不断拓展发展格局的内涵，实现的途径，推进的措施。

纺织行业是一个社会平均利润率较低的行业。按照国务院国资委2011年的统计，在16个工业行业

中，纺织行业以1.5%的净资产收益率位列末位，加上北京在土地使用、能源环保、人员成本等方面明显没有比较优势。正是在这种外部环境下，纺织控股公司提出了构建适合首都经济特点纺织发展格局的思路：一方面，减少和转移了传统的两纱两布的生产能力，大力发展服装、产业用纺织品，增加产品中的科技含量，发挥首都的市场、信息优势，扬长避短，努力提高纺织产品的利润率；另一方面，将一部分资金转移到都市服务业，提高控股公司总体收益，使北京纺织行业的发展得以进一步提升。新的发展定位已经超越了传统的纺织概念，从高耗能、高污染、低附加值的劳动密集型转化为高科技、高辐射、多元化的创新型企业集群，对企业管控、风险管理提出了更高要求。

（三）解决企业面临主要问题、推动集团稳定健康发展的需要

集团历经十余年兼并破产、搬迁调整的资产重组过程，导致形成地域分散、企业规模小、市场竞争力差、历史包袱沉重等不利于企业发展的因素，在提升发展的进程中，一些制约企业发展的深层矛盾问题也在逐步显现。这些问题主要表现为：

一是企业战略与风险管理不匹配。企业在发展的过程中承担了过多自身不可承受的风险，加之缺乏与之匹配的风险管理策略和措施，导致企业应对市场变化能力不强，产品的生命周期大大缩短、企业发展后劲不足、在重大风险事件发生之时无从应对，造成重大损失。

二是所属企业发展不平衡，企业核心竞争力尚显不足，骨干企业的支撑力有待提高。旧有的管理模式很难适应集团新的发展形势，缺少专门化的风险管理制度和流程，往往按职能被切分到财务、运营、市场、法律等多个层面，缺乏全局性的整合框架和主线。

三是尚未形成企业的风险信息标准和传送渠道，风险管理缺乏充分的信息支持。企业内部缺乏对于风险信息的统一认识，风险信息的传递尚未有效的协调和统一，对于具体风险，缺乏量化和信息化的数据支持，影响决策的效率和效果。

这些问题既是发展中的问题，也是亟待解决的问题。针对管理领域宽、层级多、业务结构和内外部环境日趋复杂，产业提升转型发展面临诸多风险的实际，“十二五”期间集团以廉洁文化建设为基础，建立形成了制度、信息、监督三位一体的风险防控模型，推动了企业由内部控制向风险管理的战略转型，为实现集团持续健康发展奠定了坚实基础。

二、以廉洁文化为基础的风险防控平台的内涵

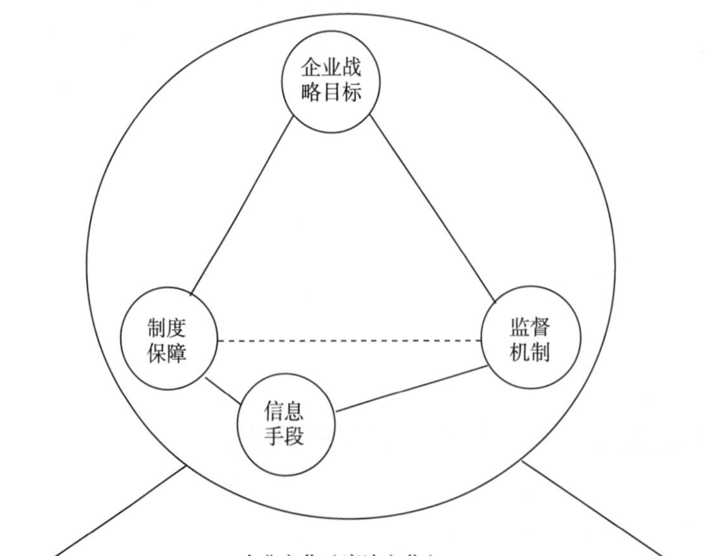

图1　金字塔形立体风险防控模型

光华纺织集团作为北京国有纺织系统的骨干企业之一，2009年按照《公司法》改制后，全面梳理并

进一步提升了企业文化内涵，在“成为具有国际竞争实力的特色现代制造业和都市服务业、可持续发展的和谐企业集团”战略目标的引领下，集团创新载体，丰富内容，编制了廉洁文化手册，积极营造“日月风清 正气光华”的氛围，将廉洁文化建设和廉洁风险防控融入经营管理各领域、各环节之中，为风险管理奠定了坚实的文化基础；发挥信息化建设对提升管理效率的重要作用，积极促进信息技术对经营管理、流程优化、风险决策的深度整合，为风险管理搭建了科技平台；在制度建设中，创造性地借鉴应用了戴明环原理的PDCA循环模式，形成了制度制定、执行、考核、反馈的闭环管理，为风险管理提供了不断更新循环的制度保障。通过监督机制和防控措施的建立，强化了对财务资产、物资采购与重大项目建设等各业务职能的风险管理，确保权力在制度框架内、在阳光下的安全运行，也为风险管理的有效实施提供了有力支撑。以廉洁文化为基础的风险防控平台建设具有以下四个特点：

文化是基础：注重建立具有风险意识的廉洁文化，大力培育和塑造良好的风险防控意识。树立正确的风险防控理念，将风险防控意识转化为全体员工的共同认识和自觉行动，从廉洁文化的编制出台到宣贯执行，集团始终把风险管理意识体现在文化中，落实到行动上。

制度是保障：为了加强集团在提升发展中的风险管理能力，集团一直致力于探索加强制度建设工作，使集团的制度在工作中得到不断的更新与完善，从而更好地指导开展风险防控工作。科学的规章制度有效地保障了企业经营管理的有序化和规范化，对提高管理效能，降低企业经营运作成本也同样起到了积极的促进作用。

信息是手段：把信息化手段融入制度设计和执行环节，以实现对权力运行全过程的痕迹管理，是推进信息化防控的一个重要举措。通过风险信息的收集、评估、分析、监控、厂务公开等内容，既实现了信息在各职能部门、所属企业园区之间的集成与共享，也能通过定期自查、重点抽查，对发现的苗头性和倾向性问题及时做好风险预警。

监督是机制：通过强化对权力运行的监督，提高了领导干部、重点岗位、关键人员的风险防范意识，实现了“横到边、纵到底”的全面监督机制，对关键“风险点”做到了事前预控、事中控制、事后补救，从源头上控制了各类风险的发生，最大限度地降低了风险带来的损失，为实现集团持续健康发展保驾护航。

三、以廉洁文化为基础的风险防控平台建设的主要做法

（一）从提升风险防控意识入手，培育文化基础

1. 深化廉洁文化教育内涵，增强廉洁教育的影响力

光华纺织集团不断加大企业文化的提升力度，逐步形成适应科学发展要求的、统一的、具有光华特色的廉洁文化体系。2009年编制了企业文化手册，以此作为集团全体员工的行动指南。2012年总结并提炼了具有光华文化特点的廉洁文化理念，并以创新的思维将其系统化，且编制印发《日月清风　正气光华——廉洁文化手册》，深入浅出地讲解了廉洁文化建设对集团发展的重要性，制定并规范了集团各级人员的廉洁行为准则，展示了近年来集团在开展廉洁文化建设所取得的成果。《廉洁文化手册》已成为光华人加强品行修养，增强反腐倡廉意识的思想指南。

光华纺织集团每年结合当前中心工作和企业发展实际，积极开展廉洁文化主题教育活动。2009年积极开展了“勤、廉大家谈”学习教育活动，督促党员干部熟读静思，认真撰写心得体会；2010年结合廉洁风险防范管理工作，组织开展了“诚信经营、守法经营、廉洁经营”活动；2011年开展了“廉洁文化进基层、进岗位”活动，通过开展习廉、宣廉、思廉、讲廉、承廉、督廉等系列活动，使廉洁文化理念深入人心。特别是2012年开展的“倡廉风、我行动”主题教育活动，更是让广大党员干部自觉参与到倡廉行动中去。

2. 创新廉洁文化教育载体，增强廉洁文化的渗透力

光华纺织集团以廉洁文化作品征集为活动载体，充分利用漫画、书画、征文、演讲等多种形式，使广大职工群众、党员干部热情参与到廉洁文化建设的主题教育活动中来，形成了一批体现企业精神和广

大员工价值追求，又具有提示、警示、启示作用的廉洁文化理念，从不同角度阐释了廉洁文化的内涵，进一步增强了对廉洁文化的理解。纪委还以展板、电脑桌面、新光华报专栏等形式推广宣传廉洁文化，进一步扩大了廉洁文化的覆盖面。

光华纺织集团以自编自创廉洁文化节目为形象载体，积极探索将平面式教育引申为立体式的活动展示，以廉洁文化为内容，在全体员工中广泛征集文艺节目，并在廉洁文化教育总结大会上进行了展演，其中有相声、诗朗诵、短剧、脱口秀、天津快书等多种群众喜闻乐见的文艺形式，生动、直观、集中反映了集团近年来党风建设和反腐倡廉工作的成果。以身边的事教育身边的人，让职工在寓教于乐中真正参与到了倡廉、宣廉、行廉的活动中去，进一步增强了廉洁文化的渗透力。

3. 丰富廉洁文化教育内容，增强廉洁文化的辐射力

光华纺织集团在开展廉洁教育中注重分类施教，根据不同的教育对象、出现的不同问题和不同阶段的重点，进行有针对性的反腐倡廉教育，真正做到了入情入理、入脑入心。集团还把反腐倡廉教育贯穿于干部的培养、选拔、管理和使用等各个方面，抓好任前教育、任中教育和离任教育。同时针对重点部门、重点环节、重点岗位，特别是注重加强了对包括管理人、财、物、基建工程等重要部门和重点部位工作人员的教育。强化预防职务犯罪教育，坚持开展法律法规、财经纪律等内容的培训学习，使广大员工树立遵纪守法观念，增强拒腐防变意识，有效地预防了各种违纪违法案件的发生。

光华纺织集团充分发挥先进典型的示范作用和反面典型的警示作用，充分挖掘勤政廉洁方面的先进典型，利用党员电教播放站组织观看《党员干部必须清正廉洁》、《小金库引发的大案》、《崩溃》等电教片，并认真剖析严重违法违纪案件所造成的多方面的严重危害，提高了广大党员的廉洁自律和廉洁从业意识，增强了法制观念和纪律意识；组织开展以案说纪活动，深刻剖析党员干部违纪违法典型案例，认真分析其产生的原因和发展的过程，使广大党员干部对党内政策法规知识有了更多的了解，进而提高了企业领导人员、重要岗位负责人和职工群众遵纪守法的自觉性。

（二）从提升风险防控能力入手，注重制度建设

光华纺织集团始终致力于探索完善制度建设，为企业风险防控提供制度保障。科学的规章制度不仅可以保障企业经营管理的有序化、规范化，降低企业经营运作成本，还可以在日常工作中对劳动者起到引导和教育作用。而建设完善的制度创新体系，又是孕育科学的规章制度的孵化器。

1. 结合集团实际，建立具有光华特色的制度创新体系——“大环套小环”

“大环套小环”的制度创新体系是光华纺织集团经过长期制度建设实践而形成的一套理论工具，是在结合集团实际情况的前提下，采用“戴明环”的PDCA循环模式，形成制度制定、执行、考核、反馈的闭环管理，使制度建设更全面、更实用、更有操作性。

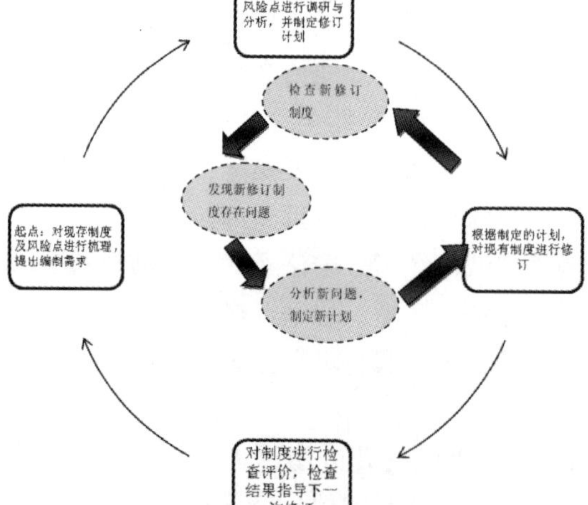

图2 “大环套小环”的制度创新体系

"大环套小环"的制度创新体系的核心思想是，企业是发展变化的，那就要求制度随着企业的发展、管理的提升而不断的改进提高，以保障企业的发展。制度创新体系中"大环"的起点第一是对现存制度及风险点进行梳理；第二是对现存制度的不足及风险点进行部室调研与工作组研讨分析，并制定初步修订计划；第三是在现有制度的基础上进行修订。在修订过程中，工作组不断检查新修订制度，发掘新修订制度中存在的问题及未覆盖的风险点，并由工作组结合部室分析讨论，拟订新计划重新修订，这也就是"大环"中的"小环"；第四是制度修订完成后，对新制度进行宣传贯彻、检查评价，再以检查评价结果指导下一次修订。

2. 按照制度创新体系实施制度编制

光华纺织集团于2012年10月编制完成《重要管理制度汇编》（2012年版）。《重要管理制度汇编》（2012年版）共分为六篇40项制度。

（1）梳理阶段

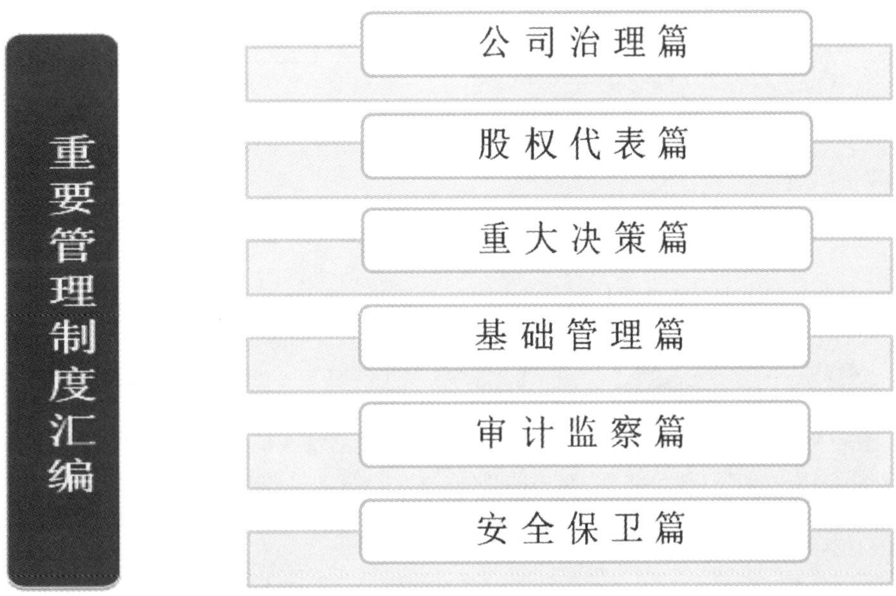

图3　重要管理制度汇编梳理框架

（2）计划阶段

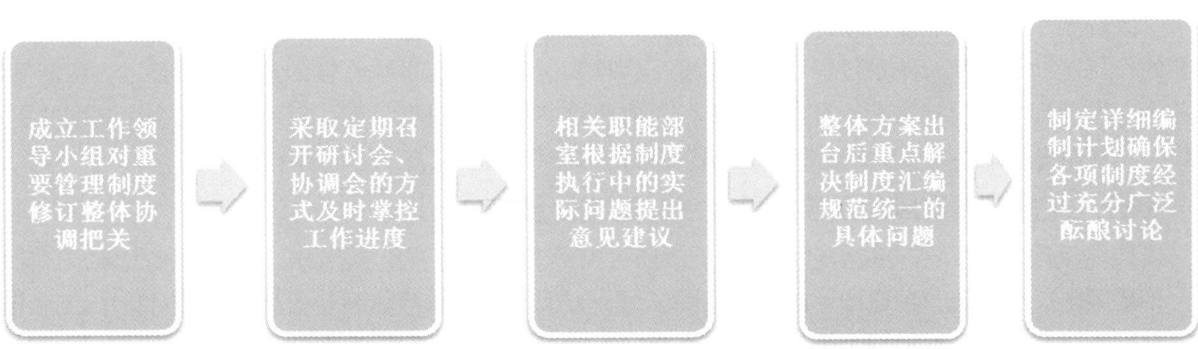

图4　重要管理制度汇编计划阶段工作流程图

（3）编制阶段

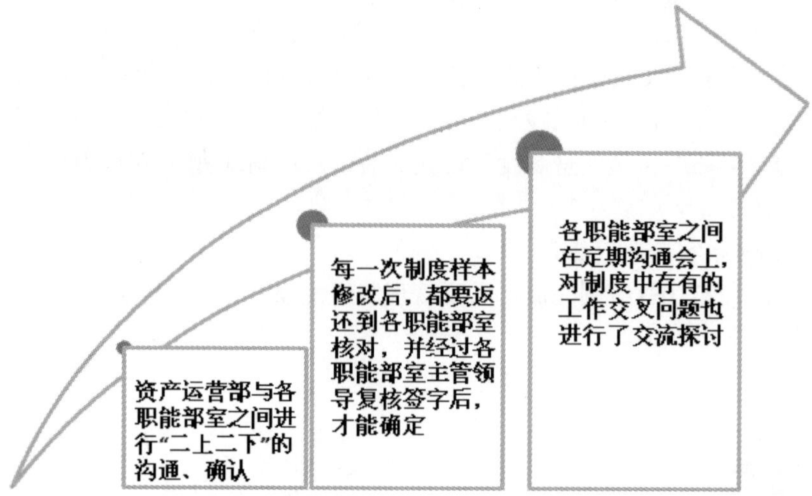

图5　重要管理制度汇编编制阶段工作流程图

（4）检查评价阶段

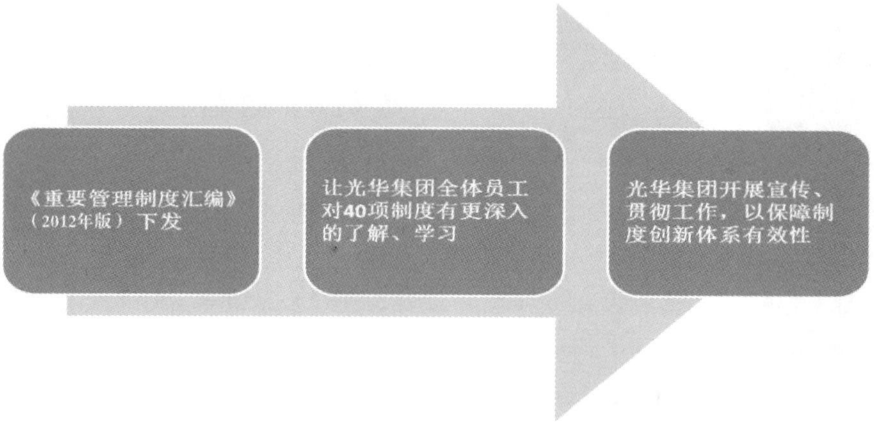

图6　重要管理制度汇编检查评价工作流程图

“大环套小环”的制度创新体系，对制度建设的流程以及制度建设中的各部室沟通合作起到了非常重要的作用。通过在执行体系过程中发现制度不合理和制度不具有可执行性的地方，或是过去的制度与当前企业发展现状和管理需求不符合的地方，及时将这些风险点进行反馈，以不断推动企业制度的更新与提升，从而更好地实现制度在企业发展过程永恒的保障作用。

（三）从提升廉政风险防控手段入手，搭建信息平台

以廉洁风险防范为导向的信息化平台是集团可持续发展的重要组成部分，一方面加大廉洁风险教育，传播廉洁文化思想，营造浓厚的廉洁氛围。另一方面在廉洁风险体系与信息技术的对接中，提出制度机制网上固化，工作流程网上规范，经营管理网上监督，权力运行网上制约的思路，覆盖集团物资管理、财务管理、人事管理、招标采购等多个业务领域和关键环节，对高风险部位进行流程分解，以此为基础监控核心业务的执行情况。

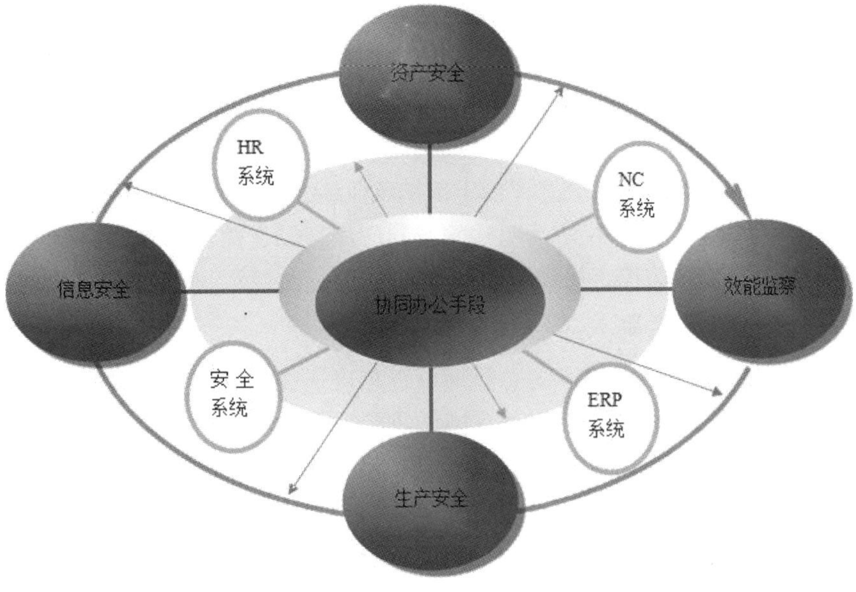

图7 以协同办公系统为核心的信息化风险防控平台

1. 建立反腐倡廉网上教育平台，传播廉洁文化，增强党员干部廉洁从业意识，加大党风廉政建设工作的宣传教育力度

通过OA廉政门户及时传达党中央、国务院、中央纪委在反腐倡廉建设方面的新部署、新动态；报道本企业近期的纪检监察重要工作和重要活动；宣传各企业单位在党风廉政建设中的好经验、好做法，包括宣传优秀效能监察项目经验、特色廉政教育活动；宣传集团廉洁文化建设成果，包括廉政书画、摄影等廉洁文化作品、廉洁文化理念、廉政征文、廉洁文化手册，强化舆论导向；发布警示教育材料，使党员干部随时接受警示教育等；宣传廉洁风险防范管理工作，上传“诚信经营、守法经营、廉洁经营”学习教育内容，供大家学习。通过形式多样、内容丰富的网络宣传教育，增强了宣传教育的吸引力和感染力，进一步增强了领导干部廉洁从业意识，筑牢了思想道德防线。

将廉洁风险体系融入协同OA办公平台，将廉洁风险知识汇集成库，并紧密贴合集团反腐倡廉及廉洁风险体系建设规划，从战略层面一改过去的分散式管理模式，进一步提升了反腐倡廉建设科学化水平，开创了集团廉洁风险管理的新格局。

2. 建立财务管理信息模块，通过权限分割、流程固化防范财务管理中的廉洁风险

系统按照强化内控、防控风险要求，对财务主要业务流程进行再造，实行分级审批授权、不相容职能岗位分离。有效地分解了和控制了资金收支、预算管理、投资资金使用等关键业务的风险，规范了财务管理，保证了资金安全。例如，在货款支付环节中，采购物品到达后，须有采购部门提供合同、发票，并输入管理系统；各部门的每一笔资金使用都要经过部门预算审批，并由财务部门、主管领导等多级审核。缺少一个步骤，信息系统也难以进入下一个环节。通过权限分割、程序固化、协作运行，保证了集团财务管理完全处于受控状态，实现了资金运作在线监管，资金使用痕迹化、透明化、规范化。

3. 建立采购管理信息模块，实现“阳光采购”，防范采购环节的廉洁风险

采购领域占据了集团主要资金流出，是廉洁风险防控的重点领域。通过系统运行，将供应商编辑成库、采购合同网上审批、库存管理动态预警，巨大款项采购公开招标，通过流程控制完成采购工作。强化了预算执行，严格了流程审批，规范了供应商准入，控制了采购成本和质量。如在供应商报价中，过去主要依靠采购员与多家供应商谈判进行，价格信息主要由个别人掌握，存在人为操作的空间，容易滋生腐败。实行网络公开管理后，供应商的信息、商品报价全部公开透明，全面接受监督，提高了业务的透明度，也减少了腐败行为产生的根源。

4. 建立人力资源管理信息系统，通过管理的规范化、透明化，防控人事管理中的廉洁风险

人事管理是权力集中的部位，也是廉洁风险的多发环节。集团将现代信息技术运用于人力资源管理之中，提高了人事管理的透明度，防控了人事工作的风险。一是通过e-HR系统，实现了员工招聘、人员调动、干部招聘信息发布、合同管理、工资发放、社保制度信息等业务上网。提高了人事管理的规范化、透明化。二是结合干部考评制度，公开评价干部作风业绩，保证选人用人公平公正。

光华纺织集团注重现代信息技术在防治腐败领域的应用，经过梳理整合，加强了检查手段与主营业务的融合，实现了廉洁风险实时监控，提高廉洁风险防控的科技含量，使高风险部位得到有效控制。

（四）从提升风险防控质量入手，强化权利监督

光华纺织集团始终坚持董事会领导下的总经理负责与班子成员科学分工的制度，形成了领导班子结构配置中权力分解、有效制约的机制。围绕存在廉洁风险的重点环节和重要事项，加强对权力运行的监督，不断完善决策、执行、监督相协调的机制，保证权力沿着制度化、法制化的轨道运行。

1. 健全权力运行内部监督机制

一是加强各级领导干部的管理和监督。光华纺织集团领导班子成员按照上级要求坚持民主生活会制度，督促分管部门抓好党风廉政建设工作。加强对领导干部重大事项的监督，主要是加强对领导干部重大事项报告、出国（境）审查审批；领导干部执行配偶、子女从业规定等的监督；规范领导干部在经营性实体兼职的管理，或集团领导班子成员在经济实体中兼职，没有违反规定在下属单位违规领取奖金、津贴。光华纺织集团坚持每年对领导班子成员进行民主测评，并在干部中公开测评结果。

二是加强干部人事管理和监督。光华纺织集团认真执行《光华集团干部选拔任用管理条例》，选拔干部按照先见习、试聘的原则，分别由党委工作部、人力资源部提出人选，经理办公会讨论，组织考察、公示的要求，充分发扬民主，严格按程序讨论干部任用事项，切实强化对干部人事管理和监督。

2. 建立权力运行专项监督机

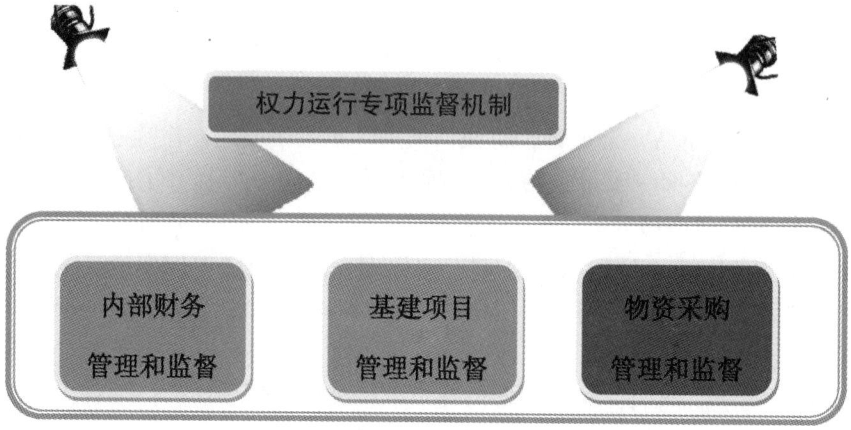

图8　集团权力运行专项监督机制

一是加强内部财务管理和监督。集团对下属子公司执行财务管理规章制度的情况及财务状况的真实性进行审计；适时组织开展“小金库”专项治理工作。

二是加强基建项目管理和监督。集团成立项目建设指挥组，对基建工作中重大问题进行研究。成立项目督促检查组，对项目招投标、工程建设、进度、质量进行监督。

三是加强物资采购管理和监督。由经济运行部发布采购信息进行招标报名，通过招标确定供货单位。采购结果在集团OA自动化办公平台公示栏上公布，做到公开透明，实施阳光采购。

2009年至2012年通过权力运行专项监督，集团共避免经济损失243.01万元，挽回经济损失18.22万元，增加经济效益3725.82万元，发现案件线索3个，处理违规违纪人员7名。提出改进管理建议299条，采纳68条，建立和完善规章制度113项。

3. 完善权力运行公开监督机制

光华纺织集团深入开展党务公开、政务公开、厂务公开，推进权力透明运行，广泛接受群众监督。通过拓展员工参与监督的途径，健全民主监督机制，切实发挥群众监督对预防腐败的作用。一是畅通信访渠道。对群众举报的问题，及时调查，及时处理，加强督办，限期反馈查办情况。二是充分发挥职代会参与民主管理和监督的主渠道作用。凡集团制定的重大事项必须经职代会充分讨论，凡涉及员工切身利益的规定必须提交职工代表大会审议。坚持总经理向职代会报告年度工作并接受监督的制度。通过扩大员工的知情权和监督权，拓宽监督渠道。

四、以廉洁文化为基础的风险防控平台建设的实施效果

风险管理是一项长期的持续改进的管理内容，光华纺织集团以廉洁文化为策动力，以信息手段为技术支撑，积极探索建立具有光华特色的制度创新体系。科学有效的监督机制，确保了权力在阳光下运行，逐步形成可持续发展的风险防控管理机制，并取得明显效果。

（一）经济效益和社会效益显著

以全面风险管理为核心的战略转型使光华纺织集团整体经济效益不断提高，2012年，全面完成控股公司下达的主要经济指标和任务，主营业务收入迈上18亿元新台阶，2013年有望提前实现超20亿元的“十二五”规划目标。

2009—2012 年光华纺织集团主要经济指标完成情况 单位：万元

时间		主营业务收入	主营业务利润	利润总额	新产品收入
2009 年	集团完成	95216	14725	184	8369
	纺控指标	84500	16000	1300	9300
	完成考核	113%	92%	14%	90%
2010 年	集团完成	127060	17945	1285	16206
	纺控指标	102000	15000	1000	12250
	完成考核	125%	120%	128.5%	132.2%
	同比增长	33%	21%	598%	93%
	定基比（2009 年）	33%	21%	598%	93%
2011 年	集团完成	152267	17516	1617	22000
	纺控指标	125000	16500	1200	16800
	完成考核	122%	106%	135%	131%
	同比增长	19%	-2%	25%	35%
	定基比（2009 年）	60%	19%	778%	162%
2012 年	集团完成	181991	21628	1000	24403
	纺控指标	158000	15500	1000	19955
	完成考核	115%	139%	100%	122%
	同比增长	19%	23%	-38%	10%
	定基比（2009 年）	91%	46%	443%	191%

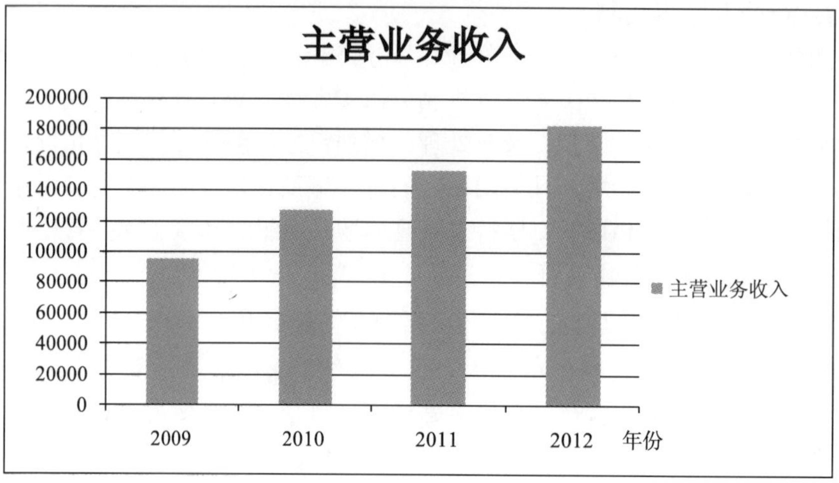

几年来，光华纺织集团先后获得“全国五一劳动奖状”、“中国纺织品牌文化创新奖”、“全国纺织和谐企业建设先进单位”、“全国纺织精神文明建设示范基地”、北京市“思想政治工作优秀单位”、“北京市模范集体”、北京企业联合会系统先进管理企业、“首都文明单位标兵”、北京市创建学习型企业“先进单位”、北京市共青团“五四红旗团委”等多项荣誉。

（二）企业管理水平和综合实力提升

企业廉洁文化的建设和注入必然为企业的长远发展带来无尽的力量和稳固的支撑。集团始终注重用企业文化建设树立企业形象，以廉洁文化凝聚员工思想，规范员工行为。制度的刚性与人本理念的柔性刚柔相济，文化思想与行为规范的统一相得益彰，减少降低了管理中人为因素引起的偏差。

通过强化风险管理实现企业流程再造，企业综合实力不断提升。基于廉洁文化为基础的风险防控平台的搭建不但为集团科学发展提供了保障，更以文化的力量向下渗透延伸，在骨干企业技术研发、知识产权保护、产品营销推广等方面发挥了积极作用，优化了产业结构，促进了企业转型升级的步伐。集团所属燕阳公司专业生产聚氨酯系列军用及产业用纺织品，综合能力达到国际上发达国家同类产品先进水平，通过有效认证规范企业的生产经营行为，持续提高产品质量总体水平，先后荣获国家科技进步二等奖、中国纺织工业协会科学技术进步一等奖、军队科技进步一等奖；佳泰公司新型涂层产业用布、各种规格的帐篷和异形成品被列为国家级新产品，填补了国内空白，在四川汶川、青海玉树、四川雅安等抢险救灾中发挥重要作用，获得“全国五一劳动奖章”、“北京市科技进步奖”；天彩公司旗下“绿典”品牌是北京名牌产品，以绿色环保时尚引领市场，成功取得2008年北京奥运会及南京2014年青奥会特许生产商、零售商授权，获得中华总工会“工人先锋号”、中国纺织工业协会“中国纺织品牌文化创新奖”；光华时代公司提升自主设计研发能力，由加工制造业向生产服务业和时尚创意产业转变，建立快速反应机制，产品出口欧美、中东等60多个国家和地区，年出口创汇近5000万美元；中纺海天公司自主研发的绿色环保纺织助剂产品广泛应用于各种纤维及纺织印染行业，与复旦大学材料装备研究所签订产品研发协议，建立产学研合作平台，获得中国纺织工业协会“科学技术进步”三等奖；京冠公司整合优质资源，全方位跟踪，打造时尚生活示范空间，形成了品牌引路，零售和团购主导的销售模式。

经过十年精心培育，到2012年，光华纺织集团已经形成了产业园、工业园、创业园、科技园、文化园、软质装备生产园、城区物业园七个园区。

成果创造人：丁　悦　杨纳荣　邵慧娟　杜以杰　李　娟　陈美艳　刘　铮

食品质量追溯体系的构建与实施

北京首都农业集团有限公司

荣获第二十八届北京市企业管理现代化创新成果一等奖

2009年，经北京市国有资产监督管理委员会批准，北京三元集团有限公司、北京华都集团有限责任公司、北京市大发畜产公司重组为北京首都农业集团有限公司。首农集团先后收购石家庄三鹿集团、湖南太子奶集团，并管理位于黑龙江省的双河农场。截止到2012年底，首都农业集团资产总额304亿，集团员工5万人，京内外土地面积220万亩，其中耕地面积70万亩。国有全资及控股企业64家，中外合资合作企业32家，境外公司两家。其中北京三元食品股份有限公司为上市公司。

首农集团始终将农产品、食品生产经营作为主营业务。2011年，首农集团农牧渔业总产值85.65亿元，年末奶牛存栏4.34万头、生猪5.31万头、禽存栏576.39万只，粮食产量4145吨，蔬菜产量2045吨，糕点15643吨，禽肉制品产量21万吨，乳制品239343吨。经过长期的努力，首农集团在畜禽良种繁育、养殖、食品加工等方面取得长足发展，具有行业明显优势，初步形成从田间到餐桌的完整产业链条，拥有5家国家级农业产业化重点龙头企业和“三元”、“华都”、“双大”三个“中国名牌”及一批著名商标，并与多家国际知名企业建立良好合作关系，具有较强的市场竞争力和影响力。

近年来，首农集团作为重要的国有食品企业，紧紧围绕首都经济发展内涵，大力发展现代农牧业、食品加工业和现代物产物流业。在提高综合生产能力和经济效益的同时，强化服务“三农”意识和社会责任，努力成为提供绿色健康食品、在国内同行业具有龙头地位、首都标志性的都市型现代农业产业集团。

一、食品质量追溯体系建设的背景

经过长期的积累和发展，首农集团在农产品领域涵盖了蔬菜、水果、畜肉、禽肉、奶等主要农产品，在食品领域涉及了糕点、乳制品、罐头、调味品、饮料酒等多个行业，同时一部分企业从事食用农产品、食品流通业务，食品质量安全管理行业跨度大、种类多、经营分散，质量管理难度日益加大。在长期的生产过程中，首农集团充分发挥组织优势、人才优势，充分履行国有企业社会责任，在食品质量安全管理方面加大投入，大力推进体系认证、质量认证，形成了较为健全的食品质量安全保障体系，经受住了三聚氰胺、速成鸡等一系列食品安全事件的考验，为保障首都食品安全、维护首都社会稳定做出了突出贡献。

然而，随着市场化的发展，从农场到餐桌产业链条越来越漫长，从业者越来越多，保障食品、农产品质量安全难度也越来越大，任何一个环节的疏忽都会导致食品安全隐患。在这种情况下，建立食品质量追溯体系成为必要的措施。建立起运行良好的质量追溯体系，第一，政府丰富了监管手段，提高了监管效率，有利于对农产品质量安全实行动态监管，一旦出现质量问题，迅速界定责任，维护消费者利益。第二，消费者能够通过包装标识，查找出从田间到市场任何环节的时空变化及责任主体，有利于消费者感受到来自生产者的责任与承诺，满足消费者对质量安全的心理期盼，提升了消费者的消费信心。第三，企业将信息流与实物流紧密地联系起来，将质量安全落实到每个量化批次或者每个个体，提高了企业信息化管理水平，降低了问题产品召回风险。

面对现实情况，面对集团庞大的食品产业，首农集团感到单纯依靠传统方式来确保食品安全，困难较大，需要创新理念，积极借鉴国内外先进经验，积极运用信息化手段，建立食品安全追溯体系，加强食品安全风险管控。在进一步加强体系认证、加强质量认证等传统质量管理措施的基础上，要充分运行信息技术发展成果，建立北京首都农业集团有限公司食品质量追溯体系实行全程质量监控，以此进一步提高首农食品安全保障能力，为首都经济社会发展做出更大的贡献。

二、食品质量追溯体系建设的内涵

食品质量追溯体系，是指应用物联网的相关技术，对农产品（食品）种植养殖基地、生产加工、仓储物流及食品终端销售等整个食品产业链条的上下游，进行全流程的标记管理。食品安全监管强调从农田到餐桌的整个过程的有效控制，并且在全程监管的基础上实行食品溯源制度。按照生产记录可存储、流向可跟踪、伪劣食品可召回、储运信息可查询的总体要求，大力运用信息技术、物联网技术，开发建设集食品生产、流通、消费于一体的全程食品追溯信息平台，强化质量安全责任落实，强化食品质量动态监管，满足消费者知情权、监督权，进一步提升首农集团食品安全保障能力，为保障首都食品安全做出新的贡献。

以下是质量追溯体系建设总体结构见图1：

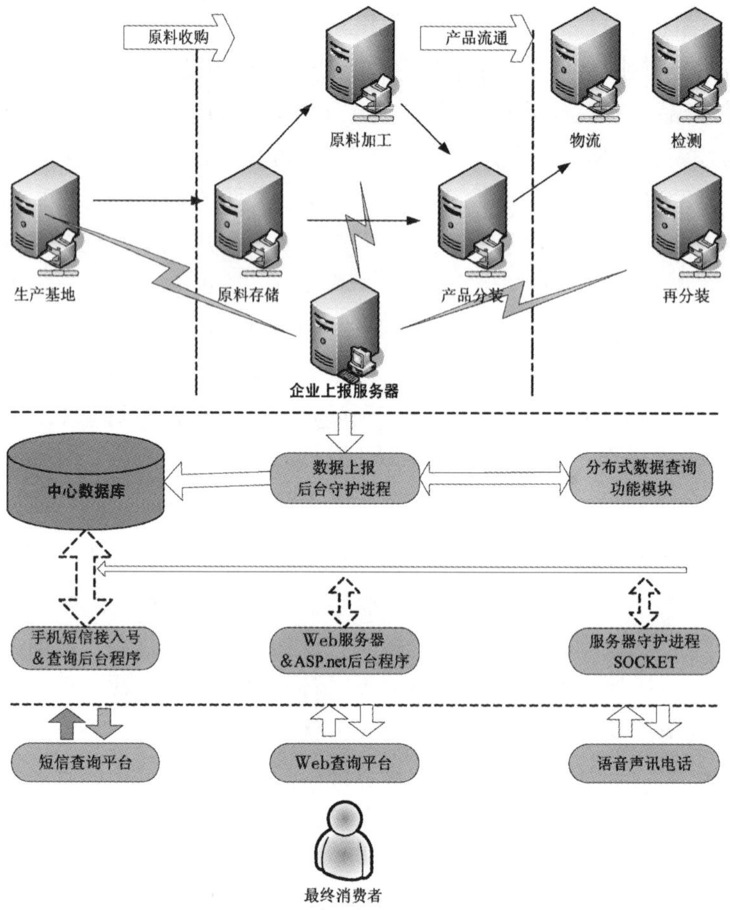

图1　食品质量追溯体系建设总体结构图

在追溯系统建设上，产品质量追溯包括种植管理、饲养管理、饲料、农药兽药、生产加工、仓储配送等各环节，首农集团针对各类产品销售管理和质量监管，指导集团下属企业建立了质量追溯网络系统。追溯系统硬件建设包括三方面内容：一是计算机配置，包括服务器、计算机等；二是网络建设，根据企业生产布局，在生产一线建立局域网络，并实现宽带上网；三是专用设备购置，包括工业级标签打印机、REID读写设备、喷码设备、贴标机等。网络服务器放在各个公司总部，种植养殖基地、生产加工车间、配送中心依据需要在关键环节配置电脑，采集数据。所有的信息以批次为单位、以环节交替为时间点向公司服务器传输，由公司服务器统一向农业部质量追溯平台传输，负责终端数据的提供。终端消费者可以通过短信、语音、网络查询平台了解到首农旗下鸡肉、猪肉、鸭肉等产品的质量安全信息，真正做到买的放心，吃的安全。以下是企业追溯体系运行流程图：

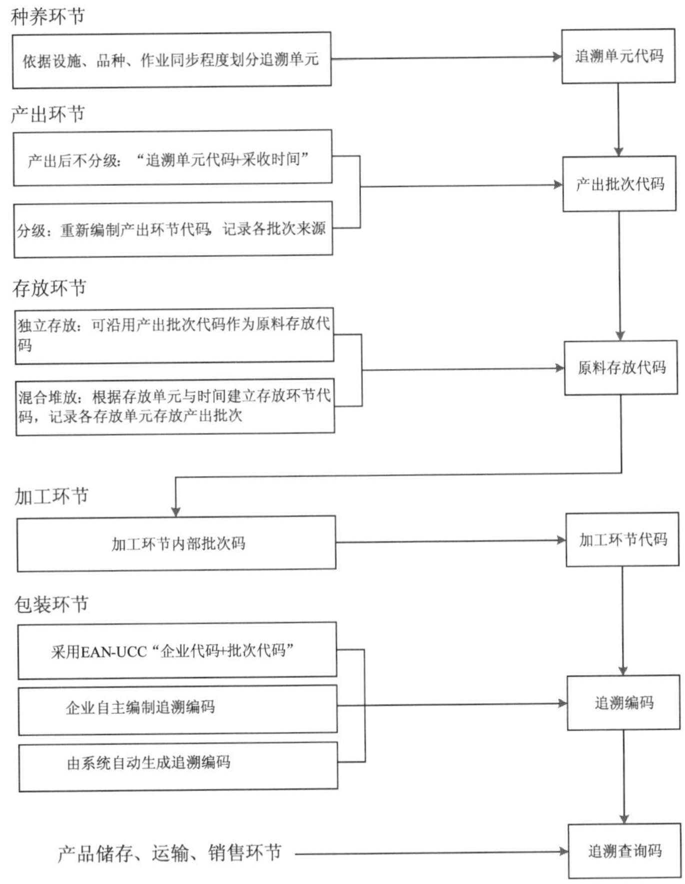

三、食品质量追溯体系建设的主要做法

（一）首农集团建设食品质量追溯体系的可行性

1. 首农集团具备了建立食品追溯体系的工作基础

首农集团作为北京市生产规模位居前列的大型国有食品企业，始终高度重视食品安全，始终把保障食品安全作为集团安身立业的基础，采取有效措施，常抓不懈。从机构设置看，集团本部安排专门机构负责整个集团食品质量安全管理，并与有关部门建立了长期合作关系，集团所属农产品、食品企业，安排指定人员负责质量安全管理，形成了从集团本部到生产一线的质量管理工作体系，个别规模较大的企业如三元食品、滦平华都等建立了实验室，具备较强的产品自检能力；从生产情况看，集团下属企业生产档案规范，信息记录齐全，具备了建立追溯系统的基础；从产业情况看，首农集团所属企业在各自产业链中都居于重要位置，对产业链上下游都具有较强的控制能力，具备了建立追溯系统的产业基础。领导重视、组织健全、管理规范，为追溯制度建设打下坚实基础。

2. 首农集团具备了建立食品追溯体系的人才基础

首农集团充分利用位居首都北京的地域优势，广辟途径引进人才，不断提高人员总体素质，形成企业管理、生产管理、质量管理、技术开发多层次、多梯队人才队伍。大部分企业生产管理任务由具有专业背景或大专以上学历的人员担任，人员队伍比较稳定，熟悉企业生产管理特点。从信息化角度看，首农集团信息化氛围比较浓厚，大部分企业启用了财务管理、生产管理及各类专业性软件和信息系统，企业信息化基础设施较为完善，大部分企业基层管理者、一线生产人员具备了信息化基本操作技能，这些有利条件将为建立质量追溯体系提供有力的人才支撑。

3. 首农集团积累了建立食品追溯体系的基本经验

自2008年以来，首农集团金星鸭业中心等企业作为项目建设单位参加了农业部农垦局组织的《农垦农产品质量追溯系统建设项目》，了解并掌握了农业部等有关部门对农产品、食用农产品质量追溯制度建设的内容及要求。在此基础上首农集团通过组织专题交流、实地考察等活动，组织有关人员开展食品追溯体系基础培训，大部分企业管理层初步掌握了追溯理念、可追溯管理要求。与此同时，集团企业通过开展质量认证、体系认证、产品认证、示范基地创建等工作，从不同的角度接受了有关食品追溯的熏陶，初步掌握了建立追溯制度的基本规律和一般性要求。眼界开阔、知识吸取、经验积累必将为首农集团全面开展食品追溯体系建设提供有力支撑。

（二）首农集团建设食品质量追溯体系的具体方法

食品质量追溯体系建设是国家相关部门为保障食品安全推出的具有创新性的系统工作，首农集团整个追溯体系建设从零开始，从无到有。为保证质量追溯体系建设的顺利开展，首农集团由食品安全办公室具体负责组织集团食品质量追溯体系建设工作。通过指导集团旗下企业建立质量追溯体系工作制度，协调农业部农垦局专家赴企业进行系统建立调试，组织集团旗下企业质量追溯工作人员进行专业培训，帮助企业建立食品质量追溯体系，为保障企业食品安全提供有力支持。

在制度建设上，首农集团通过督促指导质量追溯体系建设单位不断完善管理制度、管理标准、工作标准、技术标准等，促进企业管理水平不断提高。同时结合质量追溯项目建设的特点和需要，补充相应的管理制度，使各公司管理制度体系得到补充和完善。制度建设是一个不断运行、完善和提高的过程，经过近四年的项目建设和运行，指导督促企业建立健全了质量追溯各项制度，例如，《产品质量追溯工作规范》、《产品质量追溯项目各基地及部门职责》、《产品质量追溯系统设备及网络管理制度》、《产品质量追溯信息采集点管理要求》、《产品质量追溯应急预案》、《产品质量追溯标识管理制度》等，为企业追溯体系顺利运行提供制度依据。

在人员培训方面，首农集团按照项目要求，结合首农集团追溯体系运营需求，积极联系相关领域专家专家，对下属追溯体系建设单位开展培训。通过培训，加强企业管理人员的食品安全意识，强化生产人员的细节管理意识，要求信息采集员及网络管理维护人员确保信息记录的完整性、连续性、及时性。

在质量追溯建设成果宣传上，首农集团通过食品展会（农业展览会）、电视台（中央电视台、北京电视台）、报纸（北京日报、农民日报）、门户网站等渠道，积极宣传首农集团在质量追溯方面取得的成效。首农集团下属企业华都肉鸡、巨山农场、金星鸭业、北郊黑六、南口农场等企业产品基本形成了“生产有记录、流向可追踪、信息可查询、质量可追溯”的农产品质量监管新模式，实现了产品质量可追溯，为食品安全提供了强有力的保障。“安心之选　首农集团”的品牌形象深入人心，企业影响力大大提升。

（三）首农集团食品质量追溯体系成果实施典型案例

通过质量追溯项目的实施，建成涵盖首农集团数据中心、北京金星鸭业有限公司、北京巨山农场、河北滦平华都食品有限公司、北京华都肉鸡公司、北京南口农场、北京大发正大有限公司、承德三元金星鸭业有限责任公司、北京绿荷牛业有限责任公司、北京世新华盛牧业科技有限公司10家企业的首农食品追溯信息平台。同时，健全食品质量追溯制度框架，完善首农食品质量追溯系统运行机制，在农产品、食品生产领域实现可追溯管理全覆盖，全面提升食品质量全程监管和保障能力。以下是首农集团食品质量追溯体系建设的典型：

1. 北京世新华盛牧业科技有限公司

北京世新华盛牧业科技有限公司隶属于首农集团北郊农场。2009年成为北京黑猪产品质量追溯系统建设项目承担单位。在项目建设和运行过程中，公司严格执行《农垦农产品质量追溯系统建设项目管理办法》，结合北京黑猪产品质量追溯系统建设项目实施方案，认真履行农垦农产品质量追溯系统建设项目合同，积极做好项目要求的各项工作。在公司三年质量追溯体系建设期间，累计追溯规模20932头，追溯深度为养殖基地、饲养栋、饲养员、出生仔猪、饲料、兽药、饲养过程、防疫、屠宰、配送、销售全程，追溯精度达到每一头猪。

“黑六”北京黑猪冷却排酸肉主要通过专卖店、超市专柜、团购、网络营销销往北京及部分周边地区，通过追溯项目的运行实施，消费者对北京黑猪产品更加信赖，许多消费者都成了“黑六”的忠实顾客，舍近求远专程采购北京黑猪产品，产品质量获得了消费者的一致认可， 2012年预计完成营业收入2500万元，实现利润300万元。消费者通过短信、电话、网站查询，增强了对企业的信任，同时也了解了企业的生产、经营和发展，对北京黑猪产品更加信任。2011年元旦、春节北京黑猪产品出现了供不应求的场面，2011年7月有客户一次性预订“中秋十一” “黑六”礼箱3800盒。几年来北京黑猪产品质量没有出现任何质量问题，获得了消费者的一致好评和青睐。

您查询的是北京世新华盛牧业科技有限公司生产的“黑六”牌 北京黑猪冷却排酸肉
养殖基地： 北京黑猪繁殖基地
生猪品种： 北京黑猪
出生日期：
出栏日期：
免疫标识：
耳缺编号： 12065209
养殖阶段责任人：
加工企业： 北京市第五肉联厂屠宰生产线
屠宰流水号： 590
加工日期：
加工阶段责任人： 孙广兴
检疫合格证号：
运输车辆消毒证号：
生猪检疫机构：
检验单编号： 1123228001
产品检验机构： 北京昌平区北七家镇动
吃北京黑猪肉，找回香的感觉！

几年来，随着北京黑猪产品质量追溯系统建设项目的实施，更多的消费者了解了北京黑猪产品的安全性，认可“黑六”品牌，彰显了产品的可追溯性和安全性。

2. 北京华都肉鸡公司

北京华都肉鸡公司隶属于首农集团旗下北京华都集团有限责任公司，2011年被确定为农垦农产品质量追溯系统项目建设单位。项目建设期三年，项目建设目标主要是鲜、冻鸡肉产品。2011年追溯规模800吨，追溯精度到达栋（舍），追溯深度到达初级零售商或部分商场、超市；2012年追溯产量增加到1000吨，实际超量完成至1051吨，追溯精度和追溯深度继续保持；2013年追溯产量增加到1500吨，追溯精度和追溯深度保持不变。

您查询的是北京华都肉鸡公司生产的华都食品
产品名称： 冻鸡头
养殖基地：北京华都公司 王占合王婵5栋（HD）
养殖批次： 53872
包装日期： 2013-08-02
养殖责任人： 王婵
产品加工厂：北京华都肉鸡公司
加工责任人： 陈翠云
产品检验合格。感谢购买华都食品！

通过项目的建设，公司在冰鲜、冷冻的生食产品开展了追溯工作，并且达到了预期的效果，使公司的冰鲜、冷冻的生食产品的库存大大降低，社会效益和经济效益均取得提高。

华都食品依托30多年建立起的销售网络，采取“分批次、分数量和分区域”的立体化手段逐步推广可追溯产品，有步骤地建立起可追溯产品的销售网络；同时凭借可追溯产品的品牌优势，加之良好的消费者口碑，逐渐渗入以前没有开拓的市场。

3. 北京金星鸭业有限公司

北京金星鸭业有限公司2008年成为农垦农产品质量追溯系统项目建设单位，建设期为5年，项目建设目标是北京鸭系列产品。在质量追溯组全体成员的努力下，经过5年不懈的努力，北京鸭质量追溯工作稳步向前推进，追溯系统运行良好。

在追溯项目建设过程中，金星鸭业坚持溯源管理与质量管理、生产管理相结合，不断拓展追溯系统功能，进一步提高企业管理效益。2011年，金星鸭业与中国农垦经济发展中心开展合作，在追溯平台的基础上开发了集追溯管理、生产管理于一体的多功能信息平台，对从孵化到屠宰各个环节的产蛋量、受精率、用料情况、投入品库存情况等软件化、网络化管理，自动形成各种统计分析报表，全面提高了生产管理效率。

您所查询的产品为北京填鸭
由北京金星鸭业有限公司 养殖管理公司饲养
北京全聚德三元金星食品有限公司加工
宰前检验、宰后检疫均符合国家食品卫生标准
本产品检疫票号为： 1100229731
请您放心食用。
了解企业详细信息，请登录单位网站www.duck.com.cn

质量追溯体系运行以来，品牌影响力大大提升，产品附加值显著增加，经过测算每只鸭增加利润约0.3元，按照年600万只屠宰量计算，每年经济效益增加180万元。在北京2008年奥运会、残奥会、2010年上海世博会、全国两会等大型活动中，金星鸭业产品被作为北京烤鸭的指定原料产品供应商，先后有中央电视台一频道、七频道、《农民日报》、《首都建设报》、《首都农业报》、北京电视台生活频道等多家媒体对北京鸭质量可追溯进行报到，进一步提升北京鸭可追溯产品及三元金星品牌的知名度。

四、质量追溯体系建设的效果

（一）经济效益

通过追溯项目的运行实施，消费者对首农集团质量可追溯产品更加信赖，产品质量获得了消费者的一致认可。2012年，首农集团旗下肉鸡公司、金星鸭业、北郊黑六等公司增加利润600多万元，在品牌知名度提升的同时，企业利润也得到提升，实现了企业品牌和利润的双丰收。

（二）社会效益

通过建立质量追溯体系，首农集团实现向政府、向社会、向消费者提供的质量承诺，提高了企业自律责任，为集团带来丰厚经济效益的同时，也为集团发展带来多方面的社会效益。

1. 有利于推进标准化生产。通过追溯系统的建立，对生产标准化的实施过程进行监督，对产品质量安全问题进行追踪，约束和规范企业生产经营者行为，实现产品全程质量控制，提升产品质量安全水平和国际竞争力。

2. 有利于首农集团的公信力。通过追溯系统的建立，首农集团可通过网络系统能够实时掌握食品农产品生产、投入品使用、产品质量检测、市场流通及各环节相关责任者的情况，使政府监管方式从事后检测前移到事前分析、事中控制。同时，通过对追溯产品的数据分析，能够及时掌握各种产品生产情况、产销对接情况、市场供求情况，有助于集团提高决策水平，提高服务能力。如果追溯产品存在质量安全隐患，集团还可以通过追溯网络，迅速确定产品的市场流向、产品规模，有利于质量问题的诱因分析和责任界定，在短时间内撤回不合格产品，将损失尽可能地降低到最小程度。这样不仅推动了食品农产品质量安全监管模式的转变和监管效率的提高，更有利于提高集团危机处理能力。

3. 有利于保障消费者的食品安全。通过追溯系统的建立，有效地满足了消费者知情权、监督权，解决消费者与食品、农产品生产企业之间信息不对称问题。在我国食品、农产品质量安全问题还没有得到彻底解决、质量安全事件时有发生的情况下，一件能够清晰标明生产过程和相关责任者的可追溯产品，能够增强消费信心，促进食品、农产品市场健康有序地发展，保障消费者的切身利益。

4. 有利于全力打造优势品牌。通过追溯系统的建立，一方面可以培育优质安全食品农产品的品牌，提升产品附加值，扩大市场竞争力，促进资源优势转化为市场优势，推进企业优势产业区的形成；另一方面，通过对集团主要优势产品可追溯管理，运用信息技术手段，对每个包装产品建立唯一的识别代码，有利于加强产品品牌建设和保护，提高产品的社会认知度，形成一批“质量硬、牌子响、销售旺”的可追溯产品，全面提升首农集团品牌形象。

成果创造人： 周　炜　谢　磊　佘　锋　张恒涛　高　扬　王　凯　王红卫　王冠兴　徐　祥　王洪波　赵保京　初晓宁

现代农场发展规划体系的构建

北京市北郊农场
荣获第二十八届北京市企业管理现代化创新成果一等奖

北京市北郊农场始建于1956年10月，是北京首都农业集团有限公司的下属企业。农场现有总资产9.5亿元，土地面积2650亩，下属8家全资、控股、参股企业，位于回龙观、东小口、北七家、沙河四个镇域范围内。

20世纪，北郊的农林牧副渔蓬勃发展，一度是首都农副产品的重要后勤保障基地。但进入新世纪以来，追随首都城镇化建设的脚步，北郊的主导产业实现全面转型，已成为现代企业管理模式下的、兼有都市农业特色的新型农场。目前，北郊涉猎行业分布于第一、第二、三产业，涉及房地产开发、物业管理、房屋租赁、北京黑猪养殖加工、机床垫铁生产加工等业务，并拥有“黑六”、“原鸽”、“龙冠”三大品牌。其中，北郊下属北京黑六牧业科技有限公司，作为国家级农业标准化基地，生产加工的“黑六”系列肉制品，依托北京黑猪质量追溯体系实现了从基地到餐桌的全产业链经营。作为“首农”母品牌下拳头子品牌，“黑六”凭借品质安全、味道独特，受到广大消费者的青睐，已在首都肉食品的高端市场占据了一席之地。农场下属北京市长城机床附件有限责任公司主营业务涉及“原鸽”牌机床垫铁、地铁用隔振器、钢结构加工等，产品具有较高的科技含量和较强的市场竞争力，公司现已成为全国同行业中的领军企业。北郊的主业是三产——房地产开发和商业、办公地产的经营管理，创建了“龙冠”品牌，并组建了开发、招商和物业管理一条龙服务的团队。北郊旗下拥有的龙冠置业大厦、龙冠大厦、源泉商务楼、龙冠和谐大厦等均成为昌平区回龙观地区的标志性建筑。截至目前，农场拥有经营性资产17万平方米。

近年来，北郊在专业领域屡获殊荣：北郊开发建设的商业写字楼先后获2008年度和2010年度北京市建筑结构长城杯银质奖。北京黑六牧业科技有限责任公司自2002年创建以来荣获国家及北京市相关荣誉和质量认证证书16项，其中2008年被中国国家标准化管理委员会认定为全国农业标准化示范区，2010年获中国畜牧业协会颁发的养猪行业百强优秀企业提名奖，2012年“黑六”系列产品获第十届中国国际农产品交易会金奖。

一、现代农场发展规划体系的构建背景

（一）改变生存发展困境的需要

一度以农业为主导产业，拥有15万亩土地、超过200家旗下企业，在全国农垦系统赫赫有名的北郊，在“十五”期间却遭遇了重大变革，生存陷入困境。在经历了场乡体制改革和集团公司专业化重组之后，北郊奶牛公司等规模较大的一产企业被划出去，很多工业和建筑企业也因周边经济的发展和国家相关产业政策调整而被注销，大量的土地资源因被征用而减少。经过一系列的变革，北郊旗下企业缩水到20余家，可利用土地减少到2000亩。而且，留存企业又多不适应市场经济发展需求，北郊面临着产业优势不再，经济规模缩小，经济指标逐年下滑，甚至营业利润为负数的困境。在此情况下，北郊被集团公司定位为留守企业，主要职责是看护土地和维持职工生计。作为有半个世纪历史的老企业，如果维持现状，不转型，不寻找新的发展路径就没有生机。

（二）适应城市化进程迅猛发展的需要

北郊所辖土地均处于回龙观地区。进入21世纪以来，作为全国最大的文化居住区，回龙观的居住人口迅速膨胀，在2006年已拥有30万人口，且其中60%是25—40岁的白领创业人群。这样人员结构特殊的居

住区具有可观的潜在消费能力和就业需求。但是在社区建设初期，回龙观地区的商业以餐饮为主缺乏高端和多样化经营，写字楼市场还处于真空状态。就此，农场曾对回龙观地区做了详细调研：调研区域面积6.3平方公里，现有综合建筑总建筑面积550万—600万平方米，商业约64万平方米，占12%；写字楼63900平方米，占1%；酒店60000平方米，占1%；住宅约460万平方米，占86%。从发挥有限的土地资源的最大效益和实现企业可持续发展的角度考虑，建设持有型商业、办公地产是北郊产业转型的最佳选择。

（三）适应新市场环境的需要

在食品安全问题严峻，消费者对食品品质的要求越来越高的大背景下，优质特色的产品具有很大的发展前景。北郊是北京市地方培育品种——北京黑猪种质资源的唯一所有者，该品种具备繁殖力高，抗病力强，耐粗饲，抗应激，肉质鲜嫩、味美等优势，北郊与北京市部分畜牧专家共同耗费了三十余年的时间来培育和保护这一品种，并创建了“黑六”品牌。因而北郊具备了发展特色、安全的猪肉产品的资源和市场条件。在二产行业，北郊旗下的长城机床附件公司无论从规模还是技术、产品质量，在机床减振垫铁行业都已经具有较强的影响力，具备了企业发展的市场潜力。

综合上述背景，北郊管理者意识到，在现阶段，在传统的农业产业优势不再的情况下，只有整合现有优质资源，立足于最强优势和最有利的市场环境，及时转变产业发展方向，对北郊的未来重新进行规划定位，才有可能带企业走出低谷，进而实现可持续发展。于是，在全面进行产业转型的总的指导思想下，北郊构建了新的发展规划体系，并重新进行了产业布局，力图完成从传统农场向现代企业的华丽转身。

二、现代农场发展规划体系的构建内涵

北郊构建的现代农场发展规划体系，是在对自身已经形成和潜在的比较优势进行充分发掘与认识，对涉猎行业的市场环境、竞争对手进行分析比较的基础上完成的。通过对北郊发展要素进行客观的SWOT分析评价，提出了决定农场未来发展的长期指导方针、中长期目标和新的产业布局，并以此为依据，结合当前的业务构成和亟须改善的短板，构建出近年来最为完整、系统、全面的规划体系。

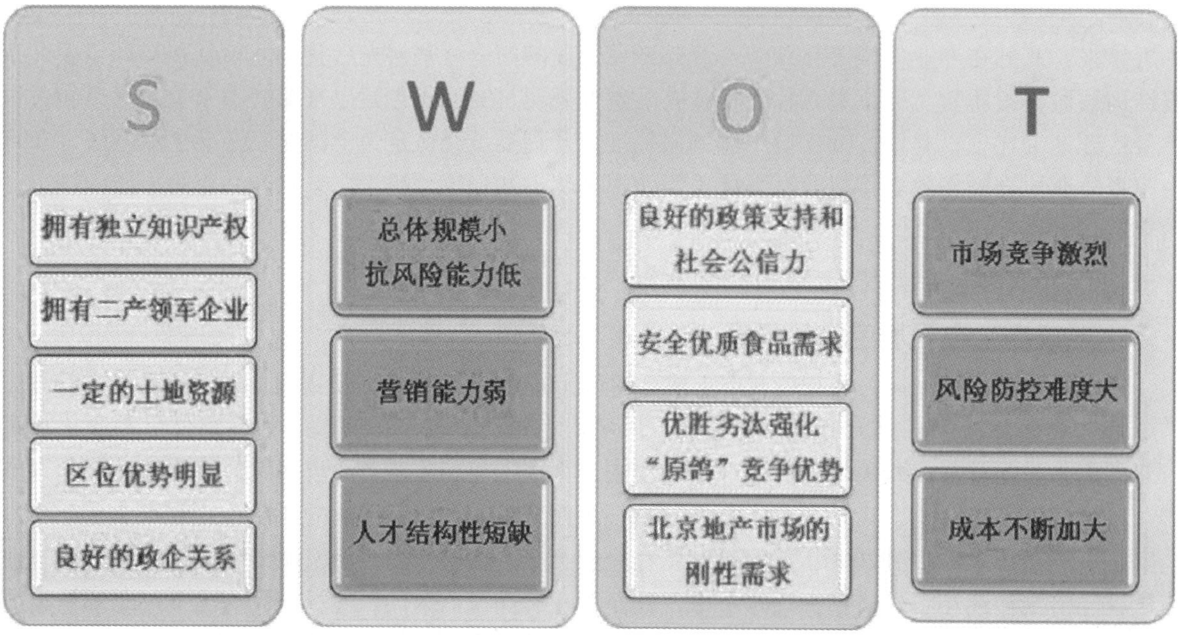

图1　SWOT矩阵分析图

本发展规划体系的指导方针是“以经济建设为中心，以土地开发为龙头，以增加经济总量为目标，以规范化管理为手段”。

中期目标是，到“十二五”末，即2015年，分别实现营业收入3亿元、利润总额6000万元、资产总额

12亿元、资产负债率在70%以下，年人均收入6万元。长期目标是成为首农集团第三主业板块——物产物流业的核心力量，集开发、招商和物业管理为一体的“龙冠”能够进入昌平区相关业务第一梯队，延伸“黑六”产业链终端，将“黑六”打造成全国高端肉食品市场的知名品牌，始终保持“原鸽”在本行业的领军位置。

规划体系在充分挖掘农场现有资源和产业优势的基础上，进一步明确了一、二、三产兼顾，有特色突出的产业布局，搭建起三大产业格局：商业、办公地产的经营管理；自有土地的自主开发；做大做优特色企业。在此基础上，规划体系从农场整体规模实力不大、抗风险能力不强的实际情况出发，将农场的产业格局从“十一五”时期三大产业各行其道的适度多元化过渡到相关多元化，加强农场企业间的血肉联系，增强整体凝聚力和向心力。在搭建产业格局的同时，提出了品牌扶植战略，分别在一、二、三产培植和做大 “黑六”、“原鸽”、“龙冠”三大品牌。

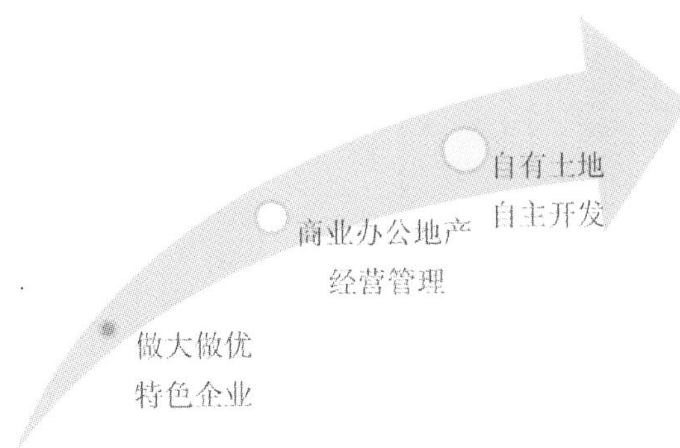

图2　三大产业齐头并进，并在支撑全场经济的职能发挥上各有侧重

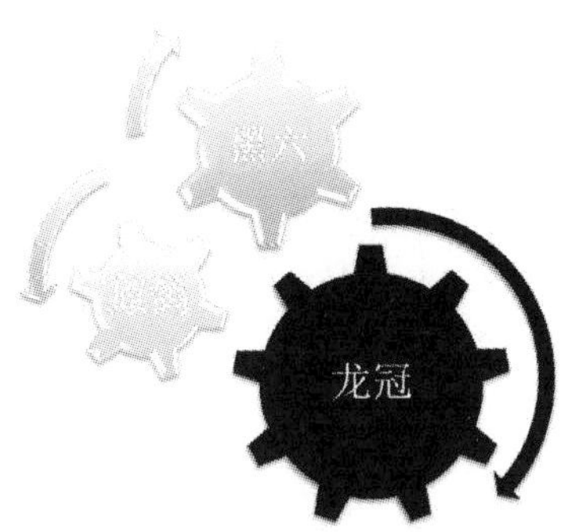

图3　三大品牌融合发展

在上述发展思路的统领下，北郊构建了具有鲜明特色和详尽实施路径的规划体系。该规划体系由一个总规划、五个职能规划和五个业务规划组成。一是按照上级单位首农集团对农场的功能定位和进行全面转型升级的新要求，结合农场发展实际，制定了全面指导各项工作，具有引领作用的总规划；二是按照总规划的原则和目标，针对转型过程中农场需要迫切提升和转变的薄弱环节，制定了人力资源、品牌打造、企业文化、管理创新、经济技术创新五个职能规划；三是结合农场的产业格局和发展方向，围绕不同业务领域制定了项目开发建设规划、招商系统规划、物业业务整合管理规划、北京黑猪发展规划、机床附件发展规划。总规划与职能规划、业务规划之间责权明确、优势互补。

该规划体系是在国家大规模推进城镇化建设、市场优胜劣汰的竞争态势日趋白炽化的情况下，针对面临发展困境的老国有农场提出的。在全国农场系统的改革尚未大规模开始之时，北郊农场就针对新的发展形势，率先明确改革思路和科学的规划体系，成为农场系统产业转型发展的排头兵。北郊的发展规划体系的构建和实施，对北京市乃至全国农场系统的产业转型都具有借鉴意义。

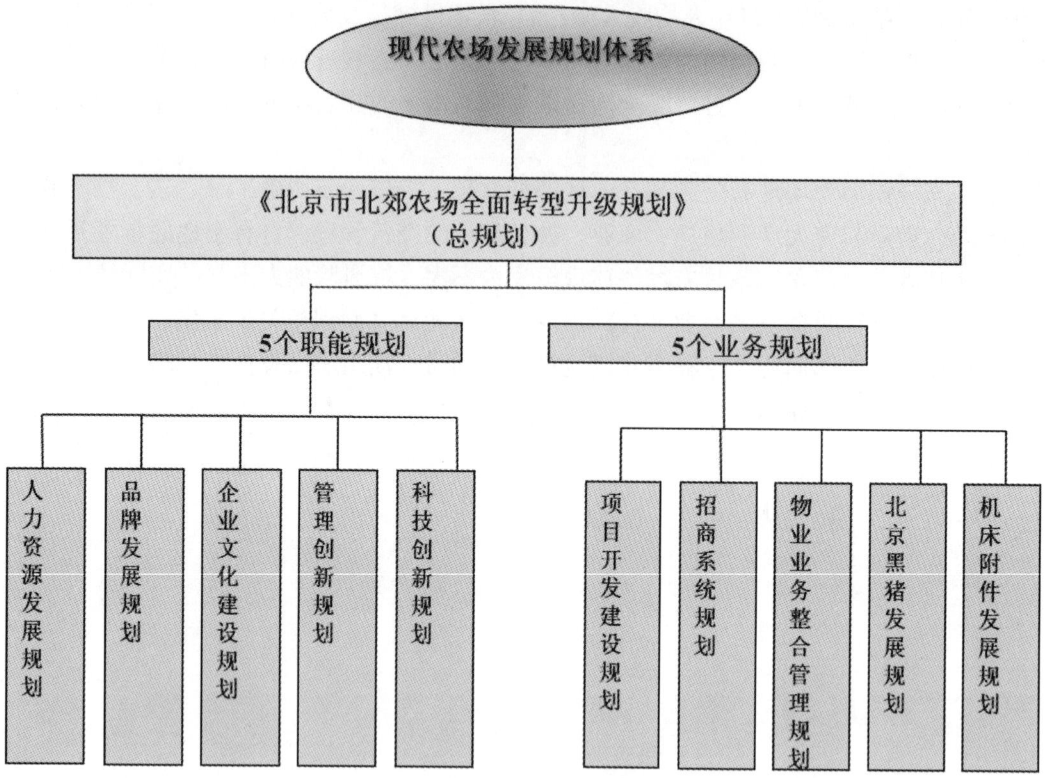

图4　规划体系结构图

三、现代农场发展规划体系的构建的主要做法

（一）规划体系制定

北郊在北京的农场系统较早地开始产业转型探索，由于处在首都北京这一特殊的区域，也在全国范围内较早地面临了城镇化进程中带来的挑战。因此，没有现成的转型模式和符合现代化进程的农场发展规划体系可借鉴。为此，在规划体系制定过程中做了大量的情况搜集工作：组织召开了由农场中层以上管理人员参加的“北郊向何处去”研讨会，初步明确了产业转型方向；在全场范围内围绕农场未来发展组织了解放思想大讨论，搜集到上百条以农场存在的问题和未来发展建议为主要内容的建议；聘请了知名地产顾问——高力国际公司对农场所处区域的房地产业发展前景作了深入调研和分析。在归类整理上述意见的基础上，由农场场长牵头，业务副场长配合，抽调专门的写作人员组成规划体系编制组，经过周密的SWOT分析，制定了具有指导意义的总体发展规划，并在此基础上，对总体发展目标结合产业布局进行分解，形成具体的业务和职能发展规划。

（二）规划体系落实

1. 目标分解，责任落实

一是注重规划总体目标与年度经营计划相衔接。通过将定量指标逐年分解到各年度计划中，将定性要求与各年度关注指标总体安排相对接，确保规划体系的实施进度和实施效果；二是对各项发展目标和具体措施进行细化，明确牵头人、牵头部门、参与部门、工作时限等，在责任到人的同时也推动了规划体系的落地；三是将规划目标和要求与各部门、各企业的考评相结合，使规划体系的发展目标与各年度经营管理的实际工作有效衔接，从而将概念化的规划体系转变为路径明确的规划体系，可操作性强且易于评估。

2. 有进有退，产业联动

根据规划体系提出的核心任务——完成产业转型、构建起新的产业格局，北郊首先采取“有进有退”的战略，一是加快完成劣势企业的关、停、并、转，对现有企业的人、财、物进行资源整合重组；

二是适应宏观经济发展形势，退出收益较大但与生态经济发展相悖离的化工企业，扶植具有资源优势的企业走上生态经济和循环经济的路子。虽然企业从规划体系实施之初的20余家减少到8家，但是有限的资源被集中到今后规划发展的三大方向，成为规划体系如期实现的强有力保障。同时，北郊的所有经济工作都以三大产业格局的构建为目标来开展：

一是自有土地的自主开发，这是北郊实现现有土地资源收益最大化、增加自持物业规模和达到规划体系提出的“提升经济总量”目标的根本途径。北郊紧紧抓住国家鼓励国有企业建设保障性住房的政策机遇，积极扶植旗下企业——北京龙冠房地产开发有限责任公司利用现有土地资源开发建设七里渠保障房项目、定泗路北项目，将该规划付诸实施。

二是商业、办公地产物业的经营管理，这是北郊转型后的主导产业，也是北郊目前利润的主要来源和今后发展的基石。目前，北郊自持的优质商业、办公地产经营面积达到17万多平方米，住宅及商业物业管理面积达到74万平方米。为了保证持有资产的保值增值，打造“龙冠”品牌形象，北郊在加大对招商团队的培养力度同时，对物业团队进行了资源整合和重组，确保了优质资源的合理配置，并为北郊今后良性国有资产的保值增值奠定了坚实的物业服务基础。

三是做大做有特色企业。北郊具有行业优势的特色企业只留下两家。一产是以北京黑猪种植资源的保护、开发和利用为唯一业务，主打“黑六”品牌的北京黑六牧业科技有限公司；二产是以生产机床减振系列产品为主营业务，主打“原鸽”品牌的北京长城机床附件有限责任公司。为了扶植这两家特色企业，北郊按照规划体系的安排，先后对两家企业进行了自然人股权收购，实现了北京黑猪的全产业链经营，完成了“黑六”公司的增资扩股、研发基地建设、班子人员调整等工作，正在进行以动物福利、环保、低碳为核心理念的新养殖基地规划建设。完成了机床附件公司的产品结构优化，依托技术优势，将地铁减振业务领域发展为企业经济增长的重要来源，在保持原有产品优势的基础上，逐步将发展方向引导到与国家倡导的循环经济相关的业务领域。同时，正在进行增资扩股、合资合作、新厂房选址规划建设等项工作。

其次实施了“产业联动”的战略。经过几年对规划体系的落实，北郊新的产业格局已经初具规模，并在一、二、三产均扶植起具有一定市场优势的骨干企业。同时，在北郊的整体协调和支持下，为适应市场对企业规模化的要求，各企业不断拓展相关业务领域，扩大产品销售渠道，使三大产业实现从各自为政、独立发展向相关多元、融合发展的转变：三产商业物业为一产“黑六”提供位置较好的产品销售场所；三产龙冠开发公司与二产机床附件公司合作完成钢结构加工项目，不仅增加了开发项目的亮点，也扩展了二产业务领域。产业的相关多元化，推动各特色企业立足自身优势，不断扩展业务领域，延伸产业链条，有效应对宏观经济形势和市场波动带来的风险。

3. 专项支撑，战略协同

针对在转型升级的新形势下，人才结构、管理效率、信息化水平等保障环节不相匹配的情况，配合规划体系提出的规范化管理总目标，北郊通过发挥品牌、管理创新、经济技术创新、人才和企业文化五大职能规划的协同作用，进一步推动规划体系的落地。

（1）职能定位

在经历场乡体制改革之前，北郊具有政府和企业的双重职能。在改革后，虽然体制上变为企业，但在机构设置方面，与现代企业有着不小差距，进而影响了管理职能的发挥。为了确保规划体系的有效实施，北郊先从改变场部机关的职能定位入手：组建专业化的招商管理团队，将主导产业——商业办公地产的招商经营权力收归场部，使场部成为全场的利润中心，从而全面实现了农场场部实体化；将企业管理部变更为资产管理部，将劳资科和政工部合并为人力资源管理部，进而强化了对国有资产的管控能力，规范了人力资源管理。

（2）流程式管理

为进一步完善各项管理规章制度和业务流程体系，规范各业务领域，特别是商业、办公地产的经营管理，提升运作效率，北郊以“阳光管理”为着力点，在管理方式上倡导和推行流程式管理。

其中，经联合智业认证公司的评审，北郊场部机关取得了ISO9001质量管理体系的认证，通过体系的建立，达到“明确各部室、各岗位职能，明晰和规范各项工作流程，完善各项规章制度，使场部各项工作有章可循，有据可查，有条不紊，可追溯性强”的要求和标准。场部机关建立质量管理体系，在管理型机构中尚属少数，在首农集团的二级企业更是首家。到目前为止，除下属房地产开发公司外，北郊的主要业务单位也都完成了ISO9001质量管理体系的认证工作。

以推动办公自动化、提高工作效率为目标，北郊努力改变过去粗放式、手工式的招商运营管理手段，量身定做了招商管理软件。北郊也成为首农集团系统内首家使用软件进行招商管理的二级单位。

（3）科技、人才和企业文化的支撑作用

规划体系出台后，北郊围绕科技创新、人才和企业文化三大职能规划，加大人、财、力的投入，不断提升企业的软实力和核心竞争力，并达到进一步统一员工思想、凝聚全场共识的目的。

北郊每两年召开一次经济技术创新表彰大会，设立“科技创新成果、岗位技能标兵、增收节支和优秀合理化建议”四个奖项，重奖在科学技术进步和技术创新活动中做出突出贡献的部门和员工，针对获得集团以上创新工作成果的集体或个人，还实行了配套奖励。北郊高度重视科技管理工作和产学研平台的搭建。“黑六”公司先后与中国农业大学、北京农学院、天津农学院、中国农科院畜牧研究所建立了良好的合作，成为他们的教学科研基地；机床附件公司与北京城南橡塑技术研究所、世纪静业公司、机床总公司等单位建立了合作关系，成为公司的技术咨询单位。北郊还鼓励科技人员积极申报专利，规划体系实施期间，农场共获得了国内25项专利授权，其中发明2项、实用新型20项、外观设计3项；1项国家标准，1项地方标准，1项行业，是北京市知识产权保护协会会员单位。下属企业长城机床附件公司被认定为中关村高新技术企业。

针对在产业转型和经济快速发展过程中存在的经营管理人才和高级技术人才短缺、年龄老化、干部梯队建设和人才管理制度不完善等问题，北郊全面做好引、用、育、留四个环节。配合人才发展规划的实施，北郊推行了薪酬双轨制、超额奖励制度，变革干部选拔的制度和标准，在人才管理方面加快与市场接轨，引进、培养和留住更多优秀的管理和专业技术人才，加快推动中层管理人员的年轻化、知识化。

针对转型的实际，场长亲自撰写文章、接受场报访问，依托《北郊农场报》和北郊农场网两个平台，宣传转型升级的意义、使命和发展战略规划的目标、实施步骤等内容，宣扬以“感恩、干事、包容、创新、和谐”等为内涵的北郊新文化，统一思想，提高全场干部职工对全面转型升级核心理念的认识，为发展规划体系的顺利实施提供保障。

（4）品牌建设

围绕品牌建设职能规划，依托上级单位——首农集团的品牌影响力，加大了“黑六”、“原鸽”两个品牌建设的力度和“龙冠”品牌的培育力度。通过资源整合、完成公司的更名工作、实行项目负责人制等举措，加快品牌的统一化、标准化建设。针对黑六品牌影响力日益扩大的实际，强化了对品牌的舆论监控和危机管理。

4. 跟踪分析、规范考评

为了推进规划体系的实施，北郊以业务规划的目标为依据，以场部各部室和各基层企业为考核对象，以事前设定、事中监督、事后评价为过程，实施动态监督管理，建立了全面的业绩评价和薪酬激励机制。为了加快规划体系的实施速度，在激励机制制定过程中，北郊彻底打破了原有的平均主义，设立了超额奖励机制和场长奖励基金，实行“多劳多得、多利多得、多节多得”的奖励政策。每年度还与基层企业签订考核责任书，实施目标分解，逐级落实经营责任，依托绩效管理确保规划体系和年度经营目标的落实和实现。

四、现代农场发展规划体系的构建效果

科学的规划体系的构建与实施，让一度迷失发展方向、经济连年下滑的北郊农场，用不到7年的时间终结了营业利润为负、靠出卖土地吃饭的历史，并随着产业发展方向的明晰、管理水平的显著提高和生

产效率的大幅提升，从没有特色与优势的传统农场转变为与首都城镇化步调一致的、富有强大生命力的现代农场。

（一）经济效益

2012年，农场实现成果效益3715.75万元，7年累计效益16841.26万元。从2009年至今，在国内外经济低迷，猪肉市场价格波动很大，出口经济不景气的情况下，农场的两大品牌企业“黑六”和“原鸽”却能够逆势而上，其中“黑六”的年利润平均增长率超过了35%以上，“原鸽”产品的出口订单金额年增长率超过了20%。在第三产业，农场的自有资源已逐步转化成优质资产，目前已持有商业、办公物业近17万平方米。上述产业实际内涵的变化和营业利润的扭亏为盈，标志着农场在真正意义上已经实现了产业转型，成为都市型的现代农场。同时，农场预计在2014年实现营业收入3亿元，利润总额6000万元，将提早一年完成农场的“十二五”规划。到“十二五”末，即2015年，农场预计实现营业收入4亿元，利润总额1亿元。

表 1　规划体系实施以来的经济效益　　单位：万元

年　度	2006	2007	2008	2009	2010	2011	2012
资产总额	48254	60277	63940	63854	70672.2	82695.78	88418.3
利润总额	1528	2260	2500	2330	2937.61	3157.44	3715.75

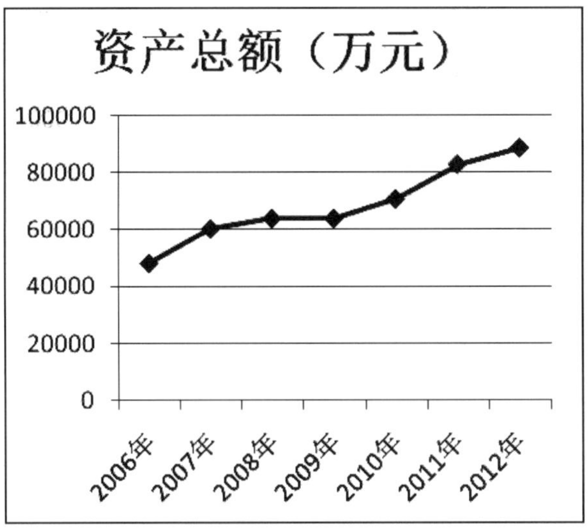

附图：红色标记建筑为农场目前主要持有的商业、办公物业，总计17万平方米，且均分布于回龙观中心街道——回龙观大街两侧，交通便利、商业环境成熟。

随着三大产业格局的全面构建，北郊的品牌“黑六”、“原鸽”在行业内的影响力日益凸显。北京黑猪种猪销往河北、天津、河南等20多个省、市、自治区，并出口日本等国。“黑六”产品不仅被首都广大消费者认可，成为首农旗下的知名品牌，在首都肉制品高端市场占据了一席之地，而且还圆满完成了党的十八大和北京市第十一次党代会的特供任务。黑六的品牌发展潜力受到北京市委办局的高度认可，国家农业部、市国资委、农业局等先后给黑六投入项目资金上亿元，其中仅“黑六”养殖基地建设项目就获得了市国资委5000万元的支持。“原鸽”品牌已经成为机床减振垫铁行业领军者，随着顺利进入城铁地铁业务领域和在钢结构加工领域顺利完成国内独一无二的“魔方”、“钻石”造型，特别是在减振领域实现了多项技术的国产化，有效地降低了国内机床领域的成本，凭借技术和价格优势成为国内唯一能与德国隔而固公司相抗衡的企业。“龙冠”品牌集开发建设、招商租赁、物业管理为一体，其管理项目——龙冠置业大厦在2012年拿到北京市商业物业管理五星级示范项目，由于是昌平区首家获此殊荣的写字楼，“龙冠”在昌平区的影响力也得到显著提升。

（二）管理效果

1. 管理水平的全面提升

随着ISO 9001质量管理体系在场部和农场几家骨干企业的推行，随着招商管理系统的上马，农场建立起成熟的内控制度、完善的业务流程，打造了一支高效的管理团队，成为农场全面转型升级规划顺利实施的基本保障。

2. 经济技术创新对企业发展的助推器作用日益显现

机床附件公司研发的数控精密机器减振器，应用于数控精密机器，填补国内空白，其减振效果和产品稳定性与德国、美国同类产品相当，批量出口美国，应用前景广阔。年新增总产值400万元，年增利税130万元。黑六公司编制的《北京黑猪饲养管理技术规范》地方标准，填补了国内项目空白，为北京黑猪优良地方培育品种的科学保护、新品系选育、种猪推广、生产加工、市场营销提供了科学依据。

3. 人才结构日趋科学化合理化

规划实施前，农场的干部员工整体呈现学历低、专业技能以农业及相关产业为主的特点，经过规划实施，目前，农场的专业技术人才涵盖了房地产开发、招商、物业管理、市场营销、法律、财会管理、自动化等多个与新的产业发展相关的专业，全农场拥有大专以上学历的员工占在岗员工总数的35.5%，其中获得各类专业技术职称的员工有78人，占在岗员工总数的14.5%。中层以上管理人员的年轻化、知识化程度有显著提升，目前，北郊下属骨干企业的总经理平均年龄不超过40岁。

（三）社会效果

1. 北郊农场及旗下品牌受到媒体和社会的广泛关注

依靠战略规划的正确引领和农场上下坚定不移地实施，农场在集团系统较早实现了产业的转型升级，农场的转型事迹和对北京黑猪的品种保护事迹收到了中央、北京和各专业媒体的广泛关注：《中国农垦》、《首都建设报》等媒体围绕农场的转型升级做了以《十年砥砺磨一剑》等为题的详细报道。中央电视台、《农民日报》、《北京日报》、中新社等30余家传统媒体和网络媒体均报道了北京黑猪品种保护、开发和利用的相关事迹。

2. 北郊积极承担起国有企业的社会责任

作为国有企业，北郊秉承上级单位首农集团“感恩 责任 诚信”的核心价值观，随着转型升级工作的全面实现，随着经济实力的日益增强，在解决民生普遍关注的就业问题、住房问题和社会慈善捐助中发挥了更加积极的作用。北郊积极吸纳农民工和应届大学生就业，直接及间接解决上述人员超过千人的就业问题。北郊所属的商业、办公地产分布于回龙观地区中心街区两侧，吸引了300余家企业入驻回龙观地区，其中包括北新建材、华三公司等央企和中外合资企业，有效地扭转了回龙观的“睡城”形象，成为打造回龙观商圈和昌平区科技商务城的重要力量。在项目建设过程中，北郊努力承担社会责任，大力推进保障房项目建设，目前在建的七里渠保障性住房项目，可解决近2300人的住房问题。定泗路南北的保障性住房项目目前也在积极筹划中，保障房建设面积超过了20万平方米。

成果创造人：高 扬 王世威 李瑞清 李艳荣 石卫锋

京北都市型现代周年观光果园经营模式的构建

北京市南口农场
荣获第二十八届北京市企业管理现代化创新成果一等奖

北京市南口农场（简称南口农场，农场）始建于1958年，是北京首都农业集团有限公司旗下的全资企业，位于昌平区西北部，毗邻中关村国家自主创新示范区，是农业部首批认定的国家级绿色食品生产示范基地，拥有土地1.6万亩，空气清新，环境优美，交通便利，是目前京郊土地规模最大的国有农场之一。企业注册了“燕光”牌水果商标，水果栽培多次获得国家、农业部、北京市科技进步奖。

南口农场观光采摘果园现有土地3500亩，是京郊观光采摘果园面积最大的果园之一，2004年被列为北京市定点观光采摘果园。由于昼夜温差大、沙质土壤、深水水源等综合因素，使这里的水果不仅色泽鲜艳，而且口味极佳，是机关、企事业单位团购和家庭采摘的首选。

南口农场位于北京西北部，为加快建设都市型现代农业产业，南口农场特提出建设京北都市型现代周年观光果园。在这里，都市型现代果园是指将现代科学技术成果应用到果园中，在整个生产经营过程中，普遍采用现代育种、栽培、土壤改良、植物保护等农业技术，基本实现了农业生产全过程的机械化，现代化温室、喷灌、滴灌等设施和技术得到了普遍应用，并吸引城市居民参观和游览。周年观光果园是指，一年365天，果园内天天有可供观光和鲜食采摘的水果，并在数量和质量上满足市民的需要，做到了淡季不淡，旺季不烂的全年生产、均衡供应的果园经营。

一、京北都市型现代周年观光果园经营模式的构建背景

19世纪30年代欧洲已开始观光农业旅游。到20世纪中后期，观光农业逐渐发展起来，为了满足人们的旅游需求，在原有的农田景观的基础上，相继开发了出具有观光职能的观光果园，观光农业旅游逐渐成为人们休闲生活之一。20世纪80年代以来，人们旅游度假需求日益增大，观光农业旅游由单纯观光的性质向度假操作等功能扩展。目前一些国家出现了观光农业旅游经营的高级形式，即农场主将农园分片租给个人、家庭或小团体，假日里让他们享用。

与欧美发达国家相比，我国的观光果园起步较晚，是在20世纪80年代后期兴起的，经过20多年的发展已达到一定规模。目前一些大中城市如北京、上海、广州、深圳、武汉、珠海、苏州等地已相继开展了观光采摘旅游活动，并取得了一定效益，展示了观光采摘旅游的强大生命力。

近年来，北京的农业走向都市型现代农业发展阶段。不少京郊的农民和农业企业将果园对外开放，让游客进园观光采摘。同时，一些对农业感兴趣的企业或个人也摸索着建设观光采摘园。因此，南口农场面临着比较严峻的市场竞争压力，进一步调整产业结构，创新经营管理模式，走出具有周年特色的都市型现代观光果园是农场的必由之路。

同时，随着北京工业化、城市化的高速发展，第一，城市对农产品的数量要求越来越大，品种要求越来越多，质量要求越来越高，农业承担的食品供给、健康营养和安全保障等任务越来越重；第二，城市休闲产业正在向农业转移，农业观光、农村度假已经成为旅游业的重要组成部分，所占比重正在逐步提高；第三，城乡一体化发展需要农业现代化的支持，发展都市型现代农业既能满足农民增收、农村繁荣，又能满足城市消费者的各种需求，沟通了城乡，促进了和谐。因此，建设都市型现代周年观光果园，打造具有周年特色、实现鲜果天天供应的都市型现代果业发展模式，是服务首都经济社会快速发展的必需选择。

作为京郊土地规模最大的国有农场之一，多年来南口农场的水果栽培技术始终处于北京市领先地位，是农业部最早命名的绿色食品生产基地和北京市最早的观光采摘定点果园之一，自1958年成立以

来，农场水果栽培获国家、农业部、北京市科技进步奖等三十余项，农场已经成为带动周边地区乃至北京地区果业发展的龙头企业。经营管理都市型现代周年观光果园，打造北京市以周年为特色的都市型现代农业示范基地，南口农场有能力实现这一创新探索。

二、京北都市型现代周年观光果园经营模式的构建的内涵

面对北京果园走向都市型现代观光果园的趋势，南口农场提出“京北都市型现代周年观光果园”的经营模式。一方面，调整产业结构，走出具有周年特色的都市型现代观光果园，提高企业市场竞争力；另一方面，充分发挥国有企业的土地、种质及技术资源优势，引领和带动南口地区甚至昌平区、北京西北部地区都市型现代观光果园的发展。

通过不断探索和创新，南口农场完成京北都市型现代周年观光果园经营模式五个方面的构建：一是采用一次规划、分步实施的方式建设周年观光果园。南口农场经过自我调研、专家论证后，采取了科学规划、分步实施的都市型现代周年观光果园建设方式。二是突出鲜果周年可采摘特色，通过发展设施果树、开展南果北种技术等手段，打破果树的地域、季节、熟期限制，实现设施与露地共发展，南果与北果同栽培是，使果树产业结构明显优化，开创京郊多树种、多品种南北精品鲜果周年供应的果树产业经营新模式。三是落实安全生产，为旅游者提供“绿色”产品。农场定期进行环境、水质、果品检测；对果树生产执行绿色食品生产规程，对农药、肥料等投入品的使用加强了管理；并申请了苹果、草莓的绿色食品认证和质量追溯系统建设。四是加强业务培训，提升都市型观光果园的服务水平。农场采取“田间学校”、“专家地头讲”、“师带徒”、“内部人员讲”、“走出去”学习、“请进来”培训、内部培训师制度、开展读书活动、以赛促培等方式培养和锻炼果树技术人员。在旅游法规、环境保护、职业道德、礼仪、接待服务技能等方面培训销售人员和服务人员。五是建立创新工作室，依托项目实施，促进观光果园持续发展。南口农场通过宣传观光采摘旅游的发展现状及创业优势，吸引市财政、集团投资、外资、社会资金投入观光采摘果园的发展中，形成多渠道的开发建设融资体系，确保发展资金的投入。六是做好品牌宣传，网络软文助力营销。南口农场采取了与旅行社、大型企业集团、网络、电视、报纸、宣传牌、橱窗、节日活动、团购礼品卡、采摘券等方式加强品牌宣传。

该项成果实施后，南口农场经营的都市型现代周年观光采摘果园具有自身的周年采摘特色，使得企业在北京地区众多观光采摘果园中独树一帜、特色鲜明，具有了一定的市场竞争力，提升了企业发展水平。

南口农场充分利用各种渠道的资金、物资、科技优势，加强周年观光采摘果园的建设，吸引了北京市民前来观光、采摘、休闲、旅游、消费、度假，使游客在工作之余观光休闲舒展身心，大大推动了果品生产与旅游业的共同发展，获得显著的经济、社会、生态效益。

三、京北都市型现代周年观光果园经营模式的构建主要做法

（一）一次规划、分步实施建设周年观光果园

2010年，南口农场在经营现状、发展定位、立地条件、种植现状、发展规划、存在问题等自我调研后，组织了相关果树专家对农场的自然条件、树种结构、品种选择、栽培模式、经营方式等进行了全面的研究和充分论证，科学规划出了依托苹果主导产业，调整和细化原有产业结构，充分利用露地和设施栽培两种方式，实现鲜果周年上市，建成北京首家适度规模的可周年观光采摘的果园。农场实施一次规划，在“十二五”发展规划和“十三五”发展规划中进一步分步实施的策略，为“美丽京北”做出企业积极的贡献。

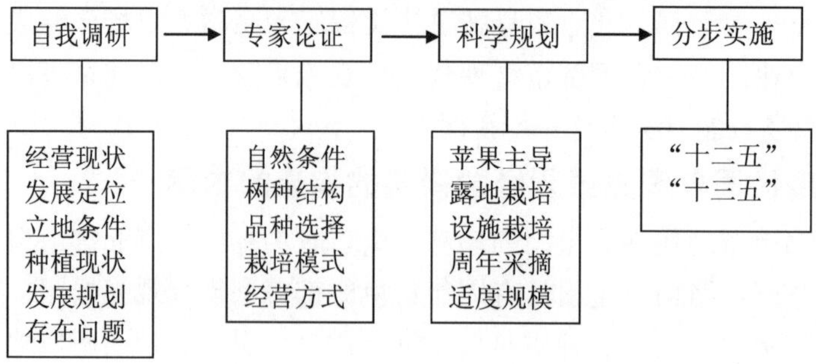

图1　科学规划京北都市型现代周年观光果园建设

1958—1996年，农场果树是以苹果、桃、葡萄等树种为主。1997年起，南口农场开展设施果树业务，发展设施早、中熟油桃、早、中熟葡萄、早熟杏、设施草莓等树种品种。2004年起开展南果北种业务，先后引进了热带水果杨桃、番石榴、台湾青枣、柚子、枇杷、木瓜、火龙果、莲雾等名、特优新品种，使得果园在冬季开始有水果产出。2009年建设现代化农业园区，继续引进优新品种，调整产业结构，建成可周年观光的都市型现代果园。2010年以来，南口农场将“京北都市型现代观光果园经营模式的构建”成果进行实践并深入探索。

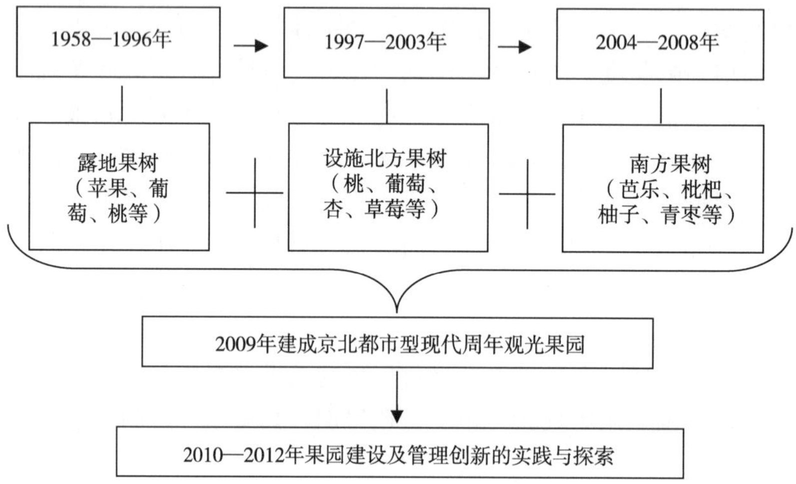

图2　京北都市型现代周年观光果园建设路线

（二）突出鲜果周年可采摘特色

特色是事物的吸引力所在，没有特色就没有吸引力，最终也将失去竞争力乃至生命力。农场在首都农业集团的现代都市农业功能定位和南口农场的整体发展规划下，以科学发展为主题，发挥核心竞争优势，培育发展苹果主业，突出周年供应特色，满足首都市民观光采摘与鲜果礼品箱的消费需求。

目前，南口农场拥有南农百果园、南果种植区、温室种植区、樱桃种植区、李子种植区、桃种植区以及苹果种植园区等适度规模种植，延长了观光采摘果园的开放时间，取得更高的经济效益和社会效益。农场果树业打破地域、季节、树种、品种、熟期限制，设施与露地共发展，南果与北果同栽培，果树产业结构明显优化，开创了京郊多树种、多品种南北精品鲜果周年供应的果树产业经营新模式，在北京地区众多观光采摘园中独树一帜，特色鲜明。

南口农场全年1—12月可供采摘的新鲜水果种类月历图如下：

表 1　南口农场周年采摘水果月历

树种	1月	2月	3月	4月	5月	6月	7月	8月	9月	10月	11月	12月
苹果								●	●	●	●	
桃						●	●	●	●			
樱桃					●	●						
李						●	●	●	●			
杏					●	●						
葡萄								●	●	●		
梨								●	●	●		
枣									●	●		
杂果								●	●	●		
设施草莓	●	●	●	●	●							
设施葡萄				●	●	●	●					
设施桃				●	●	●						
设施杏				●	●							
设施梨						●	●					
设施番石榴	●	●	●									●
设施枇杷			●	●	●						●	●
设施柚子	●	●										
设施青枣	●	●	●									
设施莲雾										●	●	●
设施金橘	●	●	●	●	●							

1. 调整产业结构，大力发展设施果树

北京市南口农场于1958年由北京市委市政府批准成立，经创业者艰苦创业，把砂石遍地、荆棘丛生的荒滩改造成硕果累累、十里飘香的万亩果园。因昼夜温差大、沙质土壤、水质优良、有机化栽培、标准化管理等综合因素，形成了南农水果独有口味，尤其“燕光牌”苹果以汁多、肉脆、酸甜适度、耐贮存的特点，备受消费者青睐，在北京乃至全国享有较高声誉。到20世纪90年代中后期，作为农场起家的果树业因树龄老化、品种落后、市场竞争加剧、成本急剧上升等诸多因素而面临严峻考验。

重新审视果树在地区发展中的生产、生活和生态功能，农场着手进行果树结构的战略调整，增加设施北方果树温室栽培模式，积极探索名特优新品种和树种的引进和试种。

温室栽培是以设施为条件、以果树栽培技术为基础和局部空间调控生态环境为手段的高科技密集型产业。其特点是高投入、高科技、高效益。每亩日光温室设施投资达10多万元。科技上要掌握温室内各种环境的调控，要了解不同果树树种的休眠需冷量，提前打破或延长果树休眠期，还要掌握各物候期对环境的要求等。伴随着高投入、高科技，也会获得高效益，少则亩产万元左右，多则数万元。农场温室栽培目前主要用于提前成熟，如设施葡萄、桃、杏可提前到4月中下旬成熟采收。

2. 打破地域限制，实施南果北种技术

“南果北种”是指将我国南方热带、亚热带地区的果树，通过一定的设施在北方进行栽培，使之能够正常生长发育并形成产量的果树栽培管理综合配套技术。北京市南口农场于2004年整合长期积累的北方果树栽培管理技术和十余年设施栽培管理经验双重优势，农场开始运作“南果北种”项目，先后引种栽培台湾青枣、杨桃、番石榴、木瓜、柚子、枇杷、莲雾、柠檬、金橘、沙糖橘、香蕉等南方水果。

温室种植南方水果具有景观效果好、采摘期限长、经济效益高等优势，具体表现在：一是品质好于南方。由于土壤沙质，光照充足，昼夜温差大，适宜果实发育的时期长，水质优良，有机化栽培等，果品积累干物质多，再加上成熟度好，上市供应及时，因此多年的品质比较试验及客户的反馈意见表明，南口农场温室种植的南方水果，风味好，口感佳，维C含量等果实品质指标显著好于市场销售的同类水果，品质好于南方产地。二是观赏价值独特。因为南方果树的花芽分化过程不需要或只需很少的低温，所以大部分南果能够连续开花结果，花期与采收期重合，采果期很长，适宜发展成为观赏、采摘树种，使游人可以同时观花、采果。南口农场种植的柚子、番石榴、枇杷、台湾青枣等南方果树，每年吸引大批市民参观、拍照，其景观效果得到市民的普遍认可。三是适合休闲采摘。多种南方水果具有保健功效且在北方温室的采摘期限长，北方市民在家门口就亲眼看、亲手采、亲口尝新鲜美味的南方树熟鲜果，尤其是像番石榴、枇杷等营养价值高但不耐贮运的品种，以前在北方市场上还很少见到。如番石榴的采摘期可达到100天左右，远远大于目前观光采摘的大部分北方果树以及蔬菜的采摘期，对提高采摘率、降低人工成本、提高经济效益具有重要作用。

南口农场是在北京市农业技术推广站的技术支持下最早建立的南果北种示范基地。农场种植的番石榴、柚子、台湾青枣、枇杷、莲雾等已经成功坐果，而且努力调控成熟时机，使果实在元旦至春节和初春至初夏销售旺季成熟上市。

（三）落实安全生产，为旅游者提供“绿色”产品

生产绿色安全的产品，营造良好的绿色环境是推进观光采摘旅游建设与发展的基础，也是重中之重，并以可持续发展策略为发展宗旨。观光采摘旅游作为新型的以倡导健康为主的旅游产业，农场确保并发展这一优势，给广大市民提供真正的绿色旅游。每年进行环境、水质、果品检测。取得了“燕光”牌果蔬商标。申请苹果、草莓绿色食品认证。建设苹果和草莓质量追溯系统。加强肥料、农药等投入品使用管理等。

（四）加强业务培训，提升都市型观光果园的服务水平

为了提高果园服务质量，农场加强了对果园生产人员和销售人员的教育与培训。

为培养和锻炼企业专业技术人才，南口农场特别注重技术培训与交流。通过“田间学校”、“专家地头讲”、“师带徒”、“内部人员讲”、“走出去”学习、“请进来”培训、内部培训师制度、开展读书活动、以赛促培等形式对工作室成员和一线员工进行技术培训。如组织开展疏花、疏果、套袋、修剪等技能大赛，邀请高校、科研院所专家进行专业指导和培训，参加市级单位开展的果树栽培技术培训交流会等。

为提升观光采摘果园的服务水平，首先从旅游法规和环境保护方面进行强化培训，其次对于职业道德、礼仪、旅游接待服务技术技能等行业知识进行培训，以提高服务人员的综合素质，使观光采摘旅游适应市场的需求，更好地为旅游服务，以良好的口碑扩大影响，吸引更多的游客前来消费，从而形成良性循环。

（五）建立创新工作室，依托项目实施，促进观光果园持续发展

观光采摘旅游的发展需要较大的资金投入，南口农场通过宣传观光采摘旅游的发展现状及创业优势，向各级政府争取政策支持，以此来带动市财政、集团投资、外资投入等到观光采摘果园的发展中，形成多渠道的开发建设融资体系，确保发展资金的投入。

南口农场于2010年1月成立了职工创新工作室。工作室重点研究南、北方果树在京郊种植的优良新品种引进与推广，研究南、北方果树的优质高产高效栽培管理技术，研究果树的观光采摘效果，提升果实品质，提高果品产量，增加果业效益；同时，培养和锻炼一批果树专业技术队伍。

近年来，创新工作室每年积极申报承担了国家外专局引智项目“苹果矮砧宽行密植栽培模式的示范与推广”、国家农业部农垦局“走出去”项目“日本苹果资源考察与高新技术应用”、国家农业部农垦局北京市南口农场苹果质量追溯建设项目、北京市科委研发课题“南果北种优质高产栽培技术研究与

示范”、北京市农委“设施建设项目”、昌平区南口镇示范项目“温室草莓高架基质栽培技术研究与示范”、首农集团“鲜果周年供应示范基地建设项目”等国家级、市级、区县级、集团级项目。

同时，创新工作室每年研究和实施很多企业自立研发项目。如莲雾产期调节及品质提升技术研究、青枣优质丰产栽培改进技术研究、金铃圆枣促果关键技术研究、国光幼树早期丰产关键技术集成研究、盆栽果蔬技术研究、葡萄一年两熟技术、日光温室集约高效利用技术等。

（六）做好品牌宣传，网络软文助力营销

做得好，更要宣传得好。宣传是产品销售计划中的重要部分，是一种信息的交流，更是吸引游客的重要渠道。因此，宣传的好坏关系到整个观光采摘旅游发展的成败。采取的主要做法有:

1. 邀请旅行社来观光、体验，并与其达成协议，要求其在做旅游路线宣传时，对当地的观光采摘旅游进行宣传，如与大潮国旅旅行社的合作。

2. 通过电视、广播、报纸等媒介刊登广告进行宣传。在中央7台农业频道农广天地节目对农场的《北方温室枇杷栽培技术》、《北方温室台湾青枣栽培技术》等技术成果进行了专题报道；北京电视台生活频道《四海漫游》、旅游卫视等对农场的南果采摘及优良品质进行了大力宣传；北京日报、首都建设报、劳动午报等对农场南果北种的良好经济效益进行了宣传报道。

3. 制作图文并茂的宣传品、旅游指南、导游图、景点介绍等小册子。农场积极制作了宣传册、宣传页、橱窗等，对企业和产品进行宣传。

4. 利用当地的时令季节或传统节日在园内举办各种节日庆典。农场开展了清明植树体验、春季赏花节、三八采摘节、苹果采摘周、南果观赏活动等。

5. 在网络信息时代，通过网络宣传，进行网络营销。农场建立了农场网站、果品销售网站，并通过百度推广、人民网、微博、团购等网络形式进行产品推广。

6. 根据顾客需求的变化，不断推出新颖的主题活动。农场制作出礼品卡、采摘券等供团购使用。

四、京北都市型现代周年观光果园经营模式的构建实施效果

与以往的传统纯生产果园相比，都市型现代观光采摘果园具有近都市、科技含量高、景观效果好、三大效益明显、市场信息灵敏、投资来源比较多、企业化程度比较高等特点。南口农场经营都市型现代周年观光采摘果园还具有自身的周年采摘特色，使得企业在北京地区众多观光采摘果园中独树一帜、特色鲜明，具有一定的市场竞争力，提升了企业发展水平。

南口农场充分利用各种渠道的资金、物资、科技优势，加强周年观光采摘果园的建设，以吸引北京市民前来观光、采摘、休闲、旅游、消费、度假，即使游客在工作之余观光休闲舒展身心，又学到了许多有关果品生产的科学技术，大大推动了果品生产与旅游业的共同发展，获得巨大的经济效益、社会效益、生态效益。

1. 经济效益提升

通过多种露地果树、设施北方果树、设施南方果树的生产经营，实现了天天有鲜果采摘的目的。全年观光采摘果园的建设实现了农业周年经营，游客随时来到农场均可以观光、旅游、采摘鲜果，扩大了农业增收新渠道。例如南果北种技术番石榴亩纯效益达到14万多元，柚子亩纯收入达到11万多元，是昌平区一般果树苹果亩效益的5—7倍。

2. 社会效益显著

该成果依托南口农场的优势资源，通过优化土地利用构成、合理资源配置、调整和优化农业产业结构，带动了周边的旅游农业的发展，推动了当地经济向着多元化方向发展，对昌平地区替代产业构筑、区域经济健康发展将产生重要的积极影响，具有示范、引领带动作用。

由于城市人口密度的增加，环境污染日益严重，城市的人们向往大自然，回归大自然的心态日趋旺盛，喜欢投入大自然的怀抱，沐浴大自然的风光，以解除城市的喧闹和烦扰。观光采摘旅游不仅使人们尽情欣赏享受如诗如画的田园生活丰富人们的文化精神生活，同时也使人们暂时消解紧张和疲劳、调节

心理心态、平衡情绪、开阔视野、增长科学知识、提高生活质量。不仅有利于人们的身心健康，而且满足人们回归自然的愿望，使人们更加得以陶冶情操，更好地投入生活。农场与昌平未来科技城管委会、首航集团、首钢集团、首都建设报等大型国有集团及单位建立了长期合作关系，为他们提供观光休闲场所，为北京白领、机关事业单位等消解工作疲劳，放松心情，整理精神状态，为他们更有饱满的热情投入工作提供了压力释放的地方。

南口农场都市型现代周年观光采摘果园的建设与管理带动了昌平“一花三果”产业的发展，尤其是其中的苹果和草莓产业，周围农户参观学习，带动了产业技术提升。同时，增加了更多就业机会。

这一成果也提升了果树发展水平，提高了相关技术员、果农的技术素质与经营水平，一定程度上对维持和保证农村社会的稳定起到积极的作用。

3. 持续的生态效益

观光采摘旅游之所以有生命力，之所以能够得到旅游者的青睐，还在于它的生态性特点。昌平南口地区是北京的西北风沙口，果园的建设有利于北京大环境的生态改善。同时，果园实施林下经济，采用生草制，有利于资源综合利用。

同时，果树本身是一个天然的废气吸纳器、废水净化器、噪声消音器，使污染的空气得到净化。发展观光采摘旅游，必然大力植树、种草、种花以此来绿化美化环境，增加氧气、保持水土、减轻自然灾害、增添文化科技与自然生态气息。

成果创造人：陈信友　陈宗玲　许树坡　孙　军　刘素果　史　良　孙国学　王鹏飞　屈士友　王学志　刘春生

派出监事会制度创新与实践

北京住总集团有限责任公司
荣获第二十八届北京市企业管理现代化创新成果一等奖

北京住总集团有限责任公司（简称住总集团）是北京市属国有大型企业集团，成立于1983年，以科技研发为先导，房地产开发为龙头，建安、市政施工为基础产业的跨地区、跨行业、跨国经营的大型企业集团。集团公司拥有全资、控股的子公司20余家，直属事业部6个，总资产280多亿元，总营业额超过200亿元，年施工规模近1000万平方米，竣工能力超过300万平方米。

住总集团以改革发展为主题，总结多年实践经验，建立了以有效监督为目标的住总集团派出监事会体制，并将其总结提炼为具有实际指导意义的《住总集团派出监事会监督工作实务手册》（以下简称《实务手册》），推动了住总集团国有资产有效监督目标的实现和制度上的创新，受到了北京市国资委、北京市国有企业监事会以及同行业企业的好评。

一、派出监事会制度创新的实施背景

国有企业的监事会制度的理论和实践是随着改革开放逐步建立和发展的，从欧美二元制治理结构的引进，到公司法下监事会的建立，到国资委外派监事会，到国有企业三十年高速发展下对集团管控的需求，很多经济学专家都有国有企业监事会"虚化、花瓶"的讨论，可归纳为体制和机制上不清晰、人员和制度上不到位、及监管缺乏标准、规范等多类原因，住总集团监事会也面临同样问题，给了住总集团派出监事会制度创新的机遇，也是要求住总集团建立以有效监督为目标的派出监事会制度的内在动力，在实践中摸索、在探索中推进，寻找适合住总集团的方法论。

（一）派出监事会制度创新是国有资产监管体系发展的必然结果

改革开放三十多年来，中国的国有资产监管逐步深化。1993年《公司法》明确提出"股份公司、有限责任公司设监事会"，但对国有独资公司监事会的设立未做具体规定。随着国有企业改革逐步深化，为保证国有资产保值增值、防止国有资产流失、保障国有资产所有权的实现，国务院1994年颁布了《国有企业财产监督管理条例》，《条例》创设了国有企业外派监事会制度，标志着国有企业外派监事会制度的初步建立。2000年3月国务院出台了《国有企业监事会暂行条例》，规定：国有重点大型企业监事会由国务院派出，对国务院负责，代表国家对国有重点大型企业的资产质量和国有资产保值增值状况实施监督，外派监事会对国有重点大型企业的监督检查工作全面展开。2003年，国务院国有资产监督管理委员会（简称国资委）成立，参照国务院做法，各省市外派监事会归地方国资委管理，代表国家对国有重点大型企业的资产质量和国有资产保值增值状况实施监督。

之后，一些国有企业为对口国务院和地方国资委管理在集团设立了内部监事会这一机构。住总集团于2007年建立了内部监事会体制，七年来，从虚到实、从无形到具体，在改革中的探索、发展，以有效监督为目标的住总集团派出监事会体制应运而生并日趋完善、有效。

（二）派出监事会制度创新是落实公司治理结构的客观需要

公司治理的分权制衡机制源于政治上的分权制衡理论，核心在"制衡"二字。1999年，住总集团建立了现代企业制度，设立了董事会、监事会、经理层组成的法人治理结构。集团下属的子公司也相继建立了现代企业制度，形成了股东会、董事会、监事会、经理层组成的法人治理结构。其中，各公司监事会主席主要由该企业的党委副书记、纪委书记或工会主席等人兼任，职工监事多为该企业工会干事、等人担任，股东推荐监事基本由集团公司部门负责人兼任，对董事会、经理层的监督基本上形同虚设。而集团独立经营的事业部，其规模不亚于二级公司，但仅有经理层，缺乏监督。

2007年，住总集团建立了住总集团的内部监事会制度，下设三个办事处，分别管理17家重点子公司。但是由于与二级企业监事会并存，定位不清、双重机构、监督方式不具体、监督方法不标准等问题始终存在并困扰着我们。如何实现对子公司的有效监督，成为制约内部监事会工作开展的瓶颈。为了解决这些深层次问题，实现有效监督，急需对内部监事会体制进行完善。

（三）派出监事会制度创新是实现国有资产保值增值的重要举措

现代企业要求明确公司董事会、监事会和经营者的权责，健全完善责权统一、运转协调、有效制衡的公司治理结构。就是中国的公司所有者与经营者的委托代理关系中，不够重视监督和内部制衡机制，其监督行为的有效性或获得支持的可能性相对较差。“上级监督太远，同级监督太软，下级监督太难，外部监督太短，司法监督太晚。”一方面决策往往是“内部人控制”，缺乏科学性和透明性，甚至造成债权人利益受损，国有资产流失等不正常情况；另一方面防范经营道德风险主要依赖于决策者和经营者的自我控制。

住总集团就是由市政府授权经营的国有大型企业集团，住总集团2012年的总资产已达280多亿元，资产既有实物资产，也有金融资产；既有境内资产，也有境外资产；既有优质资产，也有不良资产。如何管理好、经营好这些庞大的资产，不仅是重大的经济责任，而且也是重大的政治责任和社会责任。这种形势下，建立有效制衡和有效监管的住总集团派出监事会体系，是住总集团国有资产保值增值的内在需求。

（四）派出监事会制度创新是增强集团市场竞争能力的需要

多年来，建筑业作为国民经济的基础产业，在加快城市化进程、拉动相关产业发展、带动农村劳动力就业等方面发挥着重要的作用。但是，作为一个充分竞争的行业，建筑业已经进入到了微利时代。根据北京统计年鉴显示，2011年北京市建筑企业营业收入为76538883万元，利润总额为2196475万元，利润率仅为2.8%，远低于全国平均水平。住总集团另一主业房地产业则面临国家日益严格的宏观调控政策形势，受到了资金与市场的双重制约，行业整合与竞争均极为激烈。在这种形势下，企业间的竞争正在由国内的、区域的、业务能力的竞争，转向国际化的、全方位的竞争；由单纯追求产值、规模，转向以市场需求为导向、增强影响力，提高经济效益、社会效益、环境效益等综合性导向，更加注重规模优势和一体化经营，低成本竞争、差异化发展、商业模式不断创新的特征将日益凸显。

为了在有效监督、规范管理上起到实质性作用，实施精细化管理，提高集团的管控能力，建立完善规范的监督体系已经成为住总集团提升企业核心竞争力的必然需要。

二、派出监事会制度创新的内涵及主要内容

住总集团派出监事会制度的内涵是：以实现对国有资产有效监督为目标，以选派有丰富管理经验并符合任职条件的专职监事会主席、专职和兼职监事为前提，以常设的监事会办事处与子公司选举产生的职工监事共同组成的子公司监事会为平台，以独立开展监督检查为手段，以《实务手册》为操作指南，与全资、控股子公司董事会、总经理共同组成新型的法人治理结构，对集团公司董事会负责，对企业国有资产的监督检查规范化、标准化的制度设计与实践。

派出监事会制度创新的主要内容包括三个层次，六个方面：

第一层次：调整组织人员结构、明确监督工作定位。

第二层次：制度化的监督规范，规范化的监督标准。

第三层次：标准化的监督程序，表单化的工作模板。

2012年，北京住总集团开展了“创新管理年”活动，集团派出监事会进一步确立了以有效监督为目标的派出监事会制度体系，从无形的监督到有形的监督，从散乱的监督变成规范的监督，把随意的监督变成程序化的监督。在总结归纳的基础上，形成了《住总集团派出监事会监督工作实务手册》，将派出监事会监督重点规范为70个，在对国资监管中实现了实质性的进展。

三、派出监事会制度创新的主要做法

（一）调整组织人员结构

2012年，住总集团公司董事会审议通过了《关于调整集团部分单位监事会成员暨派出稽查组成员的通知》，以理顺法人治理结构为目标，集团公司向22家企事业单位派出了监事会（公司）或稽查组（事业、未改制单位、独立经营事业部），实现了国资监管全覆盖，结束了监事会双轨制模式。

派出监事会的具体组织模式为：集团公司设立派出监事会领导小组，董事长为领导小组组长，并由一名董事担任常务副组长，下设派出监事会办公室和派出监事会办事处；派出监事会各办事处专职监事代表集团履行国有企业集团对全资、控股、参股公司国有资产的监督管理职能，并按照对下级单位监管分工，作为集团股东向下级单位推荐监事，参与下级单位监事会工作，派出监事会各办事处专职监事人员与下级公司选举产生的职工监事共同组成子公司监事会（监事会稽查组），并要求规范完成工商登记等法定手续。

派出监事会工作领导小组代表集团公司履行出资人职责，依法向所出资企业派出监事，对企业的国有资产保值增值状况实施监督。领导小组是派出监事会工作的领导机构，负责指导派出监事会工作和派出监事会的日常管理。

派出监事会办公室主要处理派出监事会日常事务，传达派出监事会工作领导小组指令，收集执行情况并向派出监事会工作领导小组汇报，服务各办事处并协调各办事处之间及各办事处与其他部门间的关系。办公室由集团审计部兼任，监事会需要审计配合时可无缝配合，审计发现二级单位问题时监事会配合督促整改。

派出监事会根据下属企业情况分成三个办事处，是监管工作的实操部门，由派出监事会办事处主席、副主席、专职监事组成。一个派出监事会办事处，可同时派驻多家企业。派出监事会办事处对派出监事会领导小组负责。主席从担任过二级单位董事长的人员中选聘，副主席一般从担任过二级单位总会计师、总经济师、经营副总等人员中选聘，专职监事需要有管理相关专业的学历职称。从选人上保证了派出监事会有效监管的工作水平。

二级单位职工监事任职条件要求是董事会秘书、办公室、法务部、审计部、合约部等中层人员，具有一定的管理经验和学历职称。二级单位设联络员，负责通知会议报送资料等事务性工作。

完备的组织体系保障了监督工作组织到位、职责到人、落实到底。

（二）明确监督工作定位

住总集团派出监事会代表集团履行国有企业集团对全资、控股、参股公司国有资产的监督管理职能，以财务监督为核心，根据有关法律、行政法规和财政部的有关规定，对企业的财务活动及企业负责人的经营管理行为进行监督，确保国有资产及其权益不受侵犯。监事会在二级企业治理结构中起到制衡作用，监事会不参与、不干预企业的经营决策和经营管理活动。监事会依法行使监督、质询、检查企业财务、调查、告诫、罢免建议及公司章程规定的职权。监事会履职应当依法合规，尽职尽责；缜密分析，情况明晰；严格程序，行权有据；沟通合作，注重效果。

制度设计落到实处才真正生效，住总集团派出监事会制度，以有效监督为目标，与集团管控要求紧密结合。以2013年为例，派出监事会工作重点为：要按照《派出监事会监督工作实务手册》的规范要求，围绕集团中心工作开展监督检查工作，围绕以下几个方面开展监督检查：

1. 围绕集团公司党委、董事会下发的《关于贯彻落实“三重一大”决策制度的实施办法》，加大对“三重一大”制度落实情况的监督检查；

2. 围绕集团确立的“改革发展年”目标实施监督检查；

3. 围绕“三集中一提高”和“一体化经营”相关制度的落实实施监督检查；

4. 围绕各单位所签订的年度经营目标责任书实施监督检查，确保全年集团生产经营目标的完成；

5. 围绕职工利益和农民工权益监督检查，包括农民工工资支付、自有职工的工资发放、五险一金等进行监督检查。

6. 围绕去年国资委监事会、集团派出监事会要求的监督内容和整改落实情况实施监督检查。

（三）制度化的监督规范

没有规矩，无以成方圆。大到一个国家，需要制定法律法规来规范国民的行为；小至一个部门，需要制定规章制度来约束成员的举止。住总集团派出监事会制度设计适应国有资产监管体制改革发展需要，在不断探索中改进，在不断深化中发展，在不断加强中提升，已经成为出资人监督的重要形式。在国资监管工作中，派出监事会充分发挥自身优势，促进了监督机制的有效衔接，推动了国有资产监管体系的不断改进和完善。

住总集团在认真总结央企和市国资委派出监事会工作经验基础上，从2007年到2012年底，集团党委、董事会，先后下发了关于《集团派出监事会（监事）管理办法》、《集团内部监事会通报重大事项、报送相关资料的管理办法》、《集团监事会办事处工作管理制度》、《集团内部监事会主席会议制度》、《集团内部监事会年度监督检查报告编报办法》、《集团内部监事会编制年度（专项）监督检查方案的暂行办法》、《集团内部监事会监督检查工作底稿编制暂行办法》、《集团派出监事会行使职权暂行规定》等，形成了一套比较完善的派出监事会制度。

2012年在总结派出监事会工作经验，规范派出监事会工作内容、程序，梳理派出监事会工作范围、方式的基础上，为进一步提升派出监事会监管工作水平，推动国资监管向制度化、规范化、科学化发展，组织编印了《住总集团派出监事会监督工作实务手册》，手册在2013年发布，使制度体系更加完备、规范。

如《实用手册》中规定派出监事会与派驻公司是监督与被监督的关系，派出监事会不参与、不干预派驻公司的经营决策和生产经营管理活动。派出监事会一般每年对企业定期检查至少1次，并可以根据实际需要不定期地对企业进行专项检查。

派出监事会（监事）日常工作方式及程序

1. 列席派驻公司董事会、经理办公会、党委（总支、支部）会及派出监事会认为重要的其他会议，并可对会议决议事项提出质询，但不能直接发表肯定或否定意见；

2. 听取公司负责人有关财务、资产状况和经营管理情况的汇报，在公司召开与监督检查事项有关的会议；

3. 查阅公司财务会议报告、会计凭证、会计财簿等财务会计资料以及与经营管理有关的其他资料；

4. 核查公司的财务、资产状况，向职工了解情况、听取意见，必在时要求公司负责人做出说明；

5. 向集团公司职能部门调查了解有关子公司的财务状况和经营管理情况，集团公司职能部门应予支持、配合派出监事会的工作，并向其提供有关情况和资料；

6. 派出监事会（监事）发现公司经营情况异常，可以进行调查，并根据对子公司实施监督检查的需要，建议集团公司审计监察部依法受托对子公司进行审计。必要时，经派出监事会工作办公室报集团公司同意，也可以聘请会计师事务所进行审计。

（四）规范化的监督标准

住总集团派出监事会监督职权范围明确了监督工作的主要内容，依据监督职权范围的规定， 结合集团的实际情况，体现规范化监督及标准化监督的要求，明确了监督工作六大方面具体监督标准。

1. “三重一大”决策制度监督

2. 企业领导班子建设及高级管理人员履职情况监督

3. 经营者目标考核监督

4. 工程项目管理监督

5. 会议监督

6. 即时事项监督

规范了对被监督企业的重大决策、重要人事任免、重大项目安排和大额资金运作的监督约束；对被监督企业领导班子及高级管理人员履职情况做出综合评价，为集团公司董事会提供参考；规范了企业经营业绩中财务数据和经营成果数据的监督模式；规范了工程项目监督的重点；规范了会议监督的主要范围；特别是对集团关注的重点事项实施即时监督。六大方面都分别明确了监督的要点、监督的内容和监督的方式，以及具体的具有实操要求的监督要点说明，用以指导和规范派出监事会的工作。六大方面共70个监督要点。

例如：企业领导班子建设及高级管理人员履职情况监督。

“企业领导班子及高级管理人员对企业经营管理的结果起着决定性作用，因此对企业领导班子建设及高级管理人员履职情况的监督十分重要。监督的主要内容包括：思想政治素质、整体领导能力、识别与用人能力、沟通协调能力、组织能力、战略规划和决策能力、纠正偏差能力、职工信任度等方面。集团派出监事会通过监督，促进班子建设和高级管理人员提高履职能力，为企业可持续发展起到推进作用，并通过监督检查向集团党委和董事会提供用人参考意见。”

（一）企业领导班子建设及高级管理人员履职情况监督主要内容

1. 企业领导班子建设监督

2. 企业高级管理人员履职情况监督

（二）企业领导班子建设及高级管理人员履职情况监督要点

企业领导班子建设监督评价共三项：

（1）法人治理结构运行情况监督评价；

（2）履职情况监督评价；

（3）经营管理能力考核监督评价。

（三）企业领导班子建设及高级管理人员履职情况监督要点说明

1. 企业领导班子建设监督评价共项：

法人治理结构运行情况监督评价是指对企业股东会、董事会、监事会、经理办公会运行情况的监督评价。

①法人治理结构运行情况监督评价重点：

法人治理结构建立情况，是否建立了股东会、董事会、监事会、经理办公会；

股东会、董事会、监事会、经理办公会议事规则是否健全；

股东会、董事会、监事会、经理办公会议事程序执行情况；

股东会、董事会、监事会、经理办公会议事决策情况；

公司董事会、监事会人员组成情况及履行相应法定程序情况；

公司董事会、监事会成员尽职尽责情况。

②法人治理结构运行情况监督方式：

派出监事会参加股东会、董事会、经理办公会会议；

股东会、董事会、监事会、经理办公会组建情况及议事规则文件的报备。

（四）标准化的监督程序

1. 年度监督程序化

集团派出监事会已形成年度监督程序化，派出监事会每年根据所监管单位全年经营情况撰写年度监督报告，要求“成绩说够、问题说透”，监督报告通过董事会讨论后，分别撰写二级公司年度监督反馈报告，并进行反馈研讨发展问题，二级公司收到年度监督反馈报告后，根据报告内容撰写整改方案并报送派出监事会，同时二级公司根据上报整改方案结合整改进展，撰写整改进展情况报告，派出监事会根据二级公司上报资料进行整改完成情况复核。

《实务手册》发布后，派出监事会三个办事处根据所分管的单位开展调研、摸底和沟通工作，比较深入地了解和掌握了被监督单位的基本情况。并定期安排监督计划，召开例会，分析监督工作中发现的问题。根据监管单位不同的经营方式和特点，进行针对性的监督检查。认真贯彻集团工作会精神，按照“六检一搜集”的监督工作职责，围绕国资委八办、集团董事会监督要求，对被监管单位进行日常跟踪监督检查。重点的监督工作，一是国资委监事会关注问题的整改落实；二是专项问题的整改落实；三是重大项目、重大法律诉讼案件解决；四是班子建设、人才队伍建设、廉政建设监督；五是深入基层调研。形成2012年度监督检查报告，并上报集团公司董事会讨论通过，并分别对被监督单位进行反馈。

2. 日常监督程序化

根据集团派出监事会工作特点，结合监事的日常工作，可把派出监事会日常监督工作的流程体现为“五字工作法”，即“听、看、查、访、询”。通过“五字工作法”及时发现问题、揭示问题、督促问题的纠正和整改，满足监督的时效性。

住总集团派出监事会通过会议监督模式依法开展当期监督工作，参会范围一般应包括企业董事会、党委会、党政联席会、经理办公会、工作会暨职工代表大会、专题会等。依据《企业配合监事会依法开展监督检查工作规则（试行）》通知的规定，集团派出监事会可以列席的企业会议包括：董事会及其专门委员会会议，党委会议，总经理办公会议，领导班子民主生活会；年度（年中）工作会议；财务工作会议，财务预决算会议，生产经营（经济形势）分析会议以及纪检监察、审计方面的有关会议；涉及重大经营决策、重要干部任免、重大项目投资、大额资金使用以及其他与经营管理活动有关的重要会议；监事会主席认为需要列席的其他重要会议。

2012年住总集团派出监事会定期安排监督计划，召开例会，分析监督工作中发现的问题。根据监管单位不同的经营方式和特点，进行针对性的监督检查。2012年派出监事会列席22家被监督单位的“五会”（董事会、党委会、经理办公会、党政联席会、年度工作会）共计942次。其中新一办组建后列席董事会74次，党委会124次，经理办公会146次，党政联席会305次，工作会42次，专题会251次。

例如，列席某二级单位党政联席会时，听到多次讨论某项目经理年薪兑现及奖惩问题时提出质询，并建议此议题上会至党委会讨论决议。

通过参会对某些问题提出质询，避免了个人利益上的暗箱操作，有私心的操作，没有私心决策失误的操作。派出监事会的作用就是让决策透明、公开公平，促使企业文化健康发展。

3. 即时监督程序化

（1）“三集中一提高”制度监督

按照大宗原材料集中招标采购管理办法、集团劳务与专业分包集中招标管理试行办法、集团资金集中管理办法等集团相关制度，依据集团董事会对派出监事会监督检查重点工作的要求，加大对各企业“三集中一提高”制度执行落实情况监督检查力度，重点对检查中发现的问题整改进展情况进行督察，同时充分利用、采纳集团职能部室的工作成果。

（2）二级公司审计（离任、专项等）整改情况监督检查

派出监事会在内部审计机构向被审计单位宣读审计结果报告及下发整改通知后，督促被审计单位对审计结果报告中所提示的问题进行整改，督促被审计单位按要求及时上报整改方案，落实整改方案中的各项措施；在宣读审计结果报告半年后，督促被审计单位按要求上报审计整改进展情况报告，派出监事会和内部审计机构适时安排对整改落实情况的专项检查。内部审计机构及派出监事会定期编制整改检查情况汇总报告，上报集团董事会。

（3）上级单位对集团所提出问题的整改情况监督

根据上级单位对集团所提出的问题督促相关单位进行整改，根据整改方案及整改进展完成情况报告，检查企业整改落实情况及相关证明。

（4）重大诉讼案件办理情况监督

通过会议监督、即时监督，必要时安排会议或进行专项检查，检查内容：被监督单位法律事务机构建立情况；监督防范法律风险的制度是否建立健全；千万元以上的诉讼案件数量；重大诉讼案件处理情

况。并将案件处理结果报备。

（5）工程项目经营管理双月检查问题整改监督

①重点检查项目经营管理“三重一大”制度执行情况；

②督促被检查单位对发现问题按集团要求进行整改；

派出监事会参与双月检查监督，各单位应按反馈会议精神分析问题原因，制定整改措施，及时进行整改，并向派出监事会备案，派出监事会督促整改落实，适时抽查。

（6）集团董事会要求督促检查事项监督

根据集团董事会部署，针对派出监事会提出的工作要求，进行有针对性、时效性的监督检查。根据需要，制定检查重点，进行监督，针对整改落实情况进行跟踪检查。

（五）表单化的工作模板

1. 规范了实际操作的各类要求，主要文件形成参考模板

在实务方面，主要体现了住总集团监督的内容实操要求，阐述了监事会组织机构、会议程序、工作方法、行文要求，用以指导派出监事会工作的开展。具体涵盖了派出监事会工作规范、派出监事会日常监督、年度监督报告、年度反馈报告、专项监督报告、主席函、整改方案、整改进展情况报告、整改完成情况复核、各二级企业监事会会议制度及报告制度、职工监事、联络工作等十二个方面的内容。

例如，年度反馈报告文件要求、反馈会议要求及行为模板为：

年度反馈报告是集团董事会批准派出监事会监督报告之后，向被监督企业提出的意见和建议，并由派出监事会向被监督企业反馈的一种监督形式。

（一）年度反馈报告的主要内容

1. 年度基本情况；

2. 主要经营管理工作及总体评价；

3. 监督检查中存在的主要问题；

4. 遗留问题整改情况及效果；

5. 重点关注事项；

6. 管理建议及整改要求；

7. 企业领导人员履职评价（可单独装订）；

8. 附件。

（二）反馈形式

监督检查反馈工作会议分为两个阶段：

第一阶段参会人员包括集团公司领导、派出监事会办事处主席及专职监事、被监督企业班子主要成员、中层管理以上人员及项目经理。第一阶段会议由被监督企业董事长（总经理）主持，派出监事会办事处专职监事宣读反馈报告、由被监督企业总经理表态；

第二阶段参会人员包括集团公司领导、派出监事会办事处主席及专职监事、被监督企业班子主要成员。会议由监事会办公室主任主持，派出监事会办事处主席宣读董事会纪要、解读要求，被监督企业领导班子汇报下年度工作计划，共同研讨落实报告中所提出的问题及改进下年度工作，提升管理水平。

被监督企业接到反馈报告后，要制订整改方案，上报集团派出监事会备案。派出监事会对被监督企业提出的整改措施，要督促、检查、落实整改情况，以巩固监督成果。

（三）年度反馈报告的撰写要求（见附件）

（四）年度反馈报告范文

2. 制定了规范的监督检查表及监督备案表

（1）监督检查表

派出监事会根据所监督内容制定相应的监督检查表，并标明监督事项是否需要下级公司报备。

（2）监督备案表

对应监督检查表派出监事会制定了监督备案表，对所监督内容进行列示并由被监督单位确认盖章报备。

四、派出监事会制度创新监督的实施效果

（一）对子公司国有资产的有效监督制度上得到保障

信任不能代替监督。从住总传统的监事会模式看，本企业内部的监事会，不能有效地发挥监督作用，存在着同级监督太软，甚至不敢监督的现象，虽然集团也派了不少监事，但由于体制的关系基本上形同虚设，派出监事会制度建立后，监督工作得到加强。

一是提高了全集团的公司治理结构的认识，公司治理机制现在基本清晰；二是二级公司认可了监事会的作用，有了一席之地，各被监督单位对派出监事会认可程度有明显提高。

为了全面了解、及时掌握被监督企业的工作进展情况，派出监事会除及时参加企业的相关会议、收集相关信息外，被监督企业有关决议事项、规章制度、文件规定都要及时报送派出监事会备案。各相关企业不得隐瞒重大事项研究、决议、进展等情况，避免信息不对称，使派出监事会能够全面及时掌握被监督单位的信息。

2011—2012年住总集团派出监事会针对以前年度需整改和关注的问题，共发现问题905个问题，目前已完成885个问题的整改，未完成整改的问题20个。

2012年度反馈报告22个，每个反馈报告由四个分报告组成，共88个报告，召开反馈会议44次。反馈报告和反馈会议都是按照《实务手册》的标准规范完成的，同时在2012年度的反馈会议上，反馈主报告由职工监事宣读，从操作安排上更加体现二级企业监事会是企业治理结构一部分的内涵。

《实务手册》既作为集团派出监事会的工作手册，同时也作为派出监事会人员的业务培训教材。解决了“做什么、怎么做”的问题。

（二）对子公司国有资产的有效监督体制上得到理顺

派出监事会明确了专职监事制度，由集团公司按照《公司法》的要求，向子公司派出监事，履行工商登记备案手续，是子公司公司治理结构的重要组成部分，同时派出监事会又克服了原有模式的弊端，真正起到了监督制约的作用，派出监事会向集团负责，向集团报告，代表国有企业出资人的权益，维护国有资产安全。

住总集团特色的派出监事会在对企业的监督过程中发挥了应有作用，在组织设计、制度安排、人员安排的创新形成了新型体制、结束了双轨制。

在听取会议的过程中避免了领导班子不科学的决策，从班子建设、三重一大、组织谈话、达到过程监控、源头防控、保护干部、作风建设等问题，不参加表决但是发表意见，真正起到全面监督的作用。

目前各二级单位对“三重一大”等事项已经形成了规范上会、集体决策的工作模式；派出监事会也在日常监督中对项目部班子组建财务人员应及时到位、印章管理必须规范；重大工程承发包、大额采购完备招投标程序；重大生产经营项目应进行综合策划、定期召开生产经营分析会等行使监督、检查、质询、告诫等职权，避免类似宁城、银川的事件再次发生。

（三）对子公司国有资产的有效监督机制上得到落实

派出监事会对企业的经营活动和国有资产进行监管，由于监事会成员按照法定程序参加企业的重要会议，听取有关部门的工作报告，使国资监管真正监督到位，同时派出监事会并不干预企业的经营活动，但又保证企业经营者，对经营工作负全责，这就在机制上形成了监督与被监督的关系。

以有效监督为目标的住总集团派出监事会制度实践证明，既满足了公司治理结构的要求，又真正起到了国资监管的作用。通过《实务手册》的发布，宣贯了权利要在规则下运行的“交通规则”；通过深入二级企业参加所有重要活动、参加以办公会为代表的公司各类决策会议，并要求报备会议资料等监督

程序，形成了对决策监督、领导班子建设等具体监督的“红绿灯效应”；通过有针对性的督促各类问题的整改，起到了“战场督战队”的作用；通过不断沟通提高认识、真心帮助二级企业解决问题、有为有位，在二级企业从冷眼旁观到形成“旁站监理”式的自觉自愿监督。住总集团派出监事会在对国资监管中有了实质性的发展，为此我们必须坚定不移地推进派出监事会制度的建设，不断从制度、体制、机制上加以完善和工作上的创新。市国资委领导对住总集团制度创新监督体系给予了高度评价。

附件

年度反馈报告的撰写要求：

1. 年度反馈报告采取“一企业一报告”形式。

2. 年度反馈报告应当简要说明本年度检查范围、监督检查形式、受条件限制未检查资产情况等内容。

3. 企业概况：

企业概况包括企业主营业务、组织架构（包括职能部门设置、子企业层级和数量，以图表形式在附件中说明）、资产规模、从业人数等内容。

4. 主要经营管理工作及评价内容：

（1）年度绩效考核指标完成情况与上一年度同类指标比较情况、行业对标情况（有行业可比数据时）、重大市场变化等客观因素；

（2）主要经营管理工作，包括本年度企业开展的主要经营管理活动及采取的措施、实施效果，重点反映企业经营管理特点、取得的成绩；

（3）重大投资情况，包括年度对外投资与重大项目或工程投资情况、投资进展情况、投资收益情况及投资评价；

（4）重要子企业有关情况，包括子企业的经营发展趋势和重要事项；

（5）总体评价，包括企业年度经营业绩评价、企业经营管理和持续发展能力评价。

5. 存在的主要问题：

应当包括影响企业发展和经营管理的关键问题；以前年度揭示问题整改情况，侧重报告整改未完成项目进展情况，整改完成项目列表附后。

6. 遗留问题整改情况及效果：

应当包括以前年度监督报告里所提问题的整改落实情况及整改之后的管理效果。

7. 管理建议及整改要求：

应当观点明确，内容具体，具有较强的指导性及可操作性；针对被监督企业情况提出整改要求。

8. 企业领导人员履职评价：

应当包括对企业领导班子的总体评价和对企业高级管理人员的履职评价。

①企业领导班子评价主要包括：贯彻上级领导部门决策部署及工作要求情况；坚持民主集中制，班子整体作用发挥情况；科学制定战略发展规划，驾驭企业发展情况；企业经营管理水平；坚持以人为本，维护职工合法权益情况；遵守党纪国法，加强廉政建设等情况。从结合企业重大决策机制和经营管理行为评价班子的整体能力和水平，分析班子年龄、知识等结构的合理性，工作机制的科学性和有效性，班子整体的经营管理业绩和存在的问题等方面进行阐述。

②高级管理人员履职评价应当体现个人特点和岗位职责，围绕德、能、勤、绩、廉五个方面，评价应当客观、准确。着重分析评价企业高级管理人员的经营管理能力和水平，对企业取得的经营业绩和管理成绩所发挥的作用，对存在的问题应负的责任。对高级管理人员的评价应与企业领导班子评价相照应。

③对企业领导人员履职评价应当单独形成文字材料，由派出监事会主席签署后，报送派出监事会领导小组。

9. 附件：

①企业组织结构图；

②年度财务报表；

③重大投资汇总表；

④整改问题汇总表；

⑤企业领导人员履职评价。

10. 年度反馈报告应当与企业主要领导交换意见。企业高级管理人员履职评价部分、涉及领导人员个人违规违纪问题不与企业交换意见。

派出监事会与企业交换意见，不影响派出监事会在年度报告中依法独立发表意见。

11. 年度反馈报告由派出监事会办事处集体讨论通过后，报集团派出监事会领导小组审阅，由派出监事会办事处主席签发。

12. 派出监事会首次派驻企业，应当对企业近三年的经营管理情况进行监督检查，并在年度报告中披露企业近三年的经营管理情况。

13. 派出监事会办公室应对年度反馈报告建档保存。

成果创造人：张贵林　荣自立　王宝申　胡美行　凌　红

以人才成长为核心的人力资源战略管理体系的构建与实施

北京首都开发控股（集团）有限公司

荣获第二十八届北京市企业管理现代化创新成果一等奖

北京首都开发控股（集团）有限公司（以下简称“首开集团”）是2005年10月在北京市国资委主导下，由原“北京城市开发集团有限公司”和“北京天鸿集团公司”合并重组成立的国有全资房地产企业集团，注册资本10亿元。首开集团前身——城开集团和天鸿集团成立于20世纪80年代初，在近三十年服务首都经济发展的过程中，承担并圆满完成了亚运村、大运村、奥运村“三村”的建设任务，并先后开发了北京市最大的经济适用房小区回龙观文化居住区、通惠家园等多个保障性住房项目，开发了国风、熙悦等商品房系列项目。

首开集团合并重组以来，秉承“践行责任，构筑美好”的企业使命，逐步实现了跨越式发展。近年来，公司产品结构日益丰富，形成了包括商品房开发、保障房开发、物业经营、物业管理等在内的相关业务领域，产品及服务质量稳步提升，在广大消费者和投资者心目中树立了良好的品牌形象。至2012年底，集团资产总额881亿元，净资产149亿元，包括上市公司“首开股份”在内的企业构成174家。员工总数7239人，其中在岗职工4346人，其他从业人员297人，不在岗人员260人，离退休人员2336人。2012年实现营业收入159亿元，开复工面积达到880万平方米，业务区域已从北京向全国十几个省市辐射，并在美国、澳大利亚、荷兰、中国香港、中国澳门五个境外地区开展业务。

在市委、市政府、市国资委的领导下，在各级员工的共同努力下，首开集团正在逐步发展成为战略定位明确、发展思路清晰的具有较强国内竞争力和品牌影响力的房地产企业集团。尤其是近几年来，构建并实施了战略性、市场化的人力资源管理体系。通过打破人才体制弊端、提供人才成长条件、营造人才发展环境等方式有效激活了人才队伍，为公司实现新的战略目标提供了有力的人才保证和智力支撑。

一、以人才成长为核心的人力资源战略管理体系的构建与实施的背景

2008年，首开集团整合资源实现了主营业务整体上市，成立了上市公司北京首都开发股份有限公司。集团公司在市场招标拿地、成本控制、人事聘任、薪酬激励、考核评价等方面赋予了上市公司充分的独立性和自主性，以保证上市公司的发展。同时以股份公司为试验基地，探索市场化的管理模式和人才成长模式，提升集团的管理水平。

（一）促进人才成长是企业赢得市场竞争优势的必由之路

企业能否真正实现跨越式发展，取决于是否有一支有竞争力的人才队伍，因为在市场经济体制下，企业之间的竞争归根结底就是人才的竞争。人才资源是第一资源，是科技进步、经济发展和社会革新重要的资源和主要推动力，是企业生存发展的依托。正因为如此，当今世界的一些大型跨国公司，如惠普、IBM、西南航空、三星等，都已经在内部形成了一套完善的人才培育体系；通过多种途径提升了员工的知识水平和实际技能，有力地巩固了员工忠诚度，为企业持续发展提供了强有力的人才支撑。

房地产行业作为市场化程度较高的一个行业，竞争激烈，谁能为客户创造更高的价值，谁就能够获得生存空间并且发展壮大，而人才资源是对企业核心能力和竞争优势的最大支撑。当前国内的一些房地产公司，如万科、恒大地产、龙湖地产，之所以能成为行业内的标杆，不仅是因为其拥有雄厚的资本实力，更因为他们拥有一支强有力的人才队伍，以及完备的人才成长体系。另一方面，随着行业经营模式的重大改变，依靠土地红利获得利润的时代基本终结，而项目开发成本较以往大幅上涨，使得整个行业的发展形势变得日益严峻。在这种情况下，只有通过管理创新不断促进人才成长，打造一支高素质的人

才队伍，才能提高项目的运作水平和企业管理水平，才能使企业具有更敏锐的市场意识和更强的竞争能力。否则，企业将有可能面临被市场淘汰的危险境地。

（二）促进人才成长是解决公司结构性人才短缺的直接方式

随着公司的成长发展，逐步建立了一支专业化的开发及管理人才队伍。但在一定程度上仍然存在着结构性人才短缺的现象，人才队伍活力相对欠缺。图1显示，工程研发类及项目管理类人员占到了40%以上。但是，作为以房地产开发为主营业务的上市公司，高端的设计人员、市场营销人员、证券投资类人员相对比较缺乏。人才结构不合理的另一个表现是骨干人才年龄偏大。据统计，目前公司项目经理人的平均年龄为42岁，人才队伍活力相对欠缺。而标杆公司万科项目经理人年龄仅为30岁左右，龙湖项目经理人的平均年龄甚至不超过30岁。人才结构的不合理，在一定程度上制约了公司业务的拓展，也给将来的经营管理带来了一些隐患。因此，促进人才成长，特别是将一批年轻员工逐渐培养成长为高端专业人才和经营管理人员，同时适量补充紧缺人才，是解决人才结构性问题的直接而有效的方式。

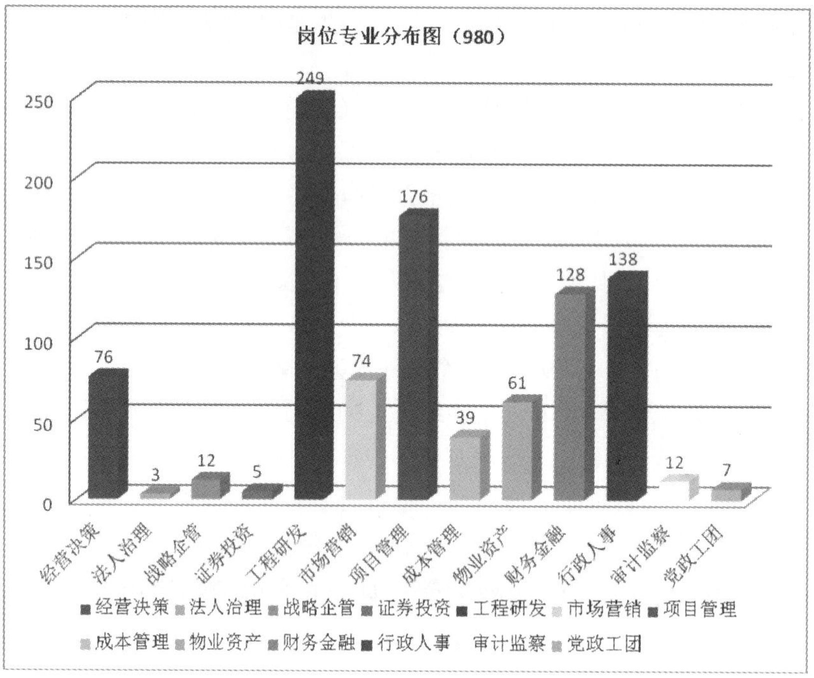

图1　首开股份人才结构分布

（三）促进人才成长是提升人力资源战略管理能力的内在要求

人才队伍的成长，员工素质的高低，决定着人力资源战略管理的成败，也影响着企业的发展。因此，人才成长是构建战略性人力资源管理体系的重要目标，也是确保人力资源战略落地的人员保障。

战略性人力资源管理体系在人力资源管理理念、人力资源规划设计、人力资源管理的核心职能和人力资源管理平台等几个子系统的构建方面都围绕着一个目的，即促进人才成长，通过投资人力资本形成企业的核心竞争力。然而，战略性人力资源管理体系的实施需要一支高素质的人才队伍。管理学大师彼得·德鲁克曾说：再高明的制度，如果没有具有职业道德的员工和管理者的遵守，制度很快就会瓦解；再高效的组织，如果没有有效率的员工和管理者的支撑，组织效率也不可能得到实现。由此可见，人员队伍建设跟不上节奏，人力资源战略的实施也就失去了保障。

目前，首开整体的人力资源战略管理水平与行业领先公司相比仍然存在一定的差距。所以，提高人才队伍的整体水平，打造一支职业素养好、市场意识强，富有团队精神和创新精神的人才队伍，对促进公司战略目标的实现和人力资源战略管理能力的提升有着重要意义。

二、以人才成长为核心的人力资源战略管理体系的构建与实施的内涵和框架

（一）内涵

企业人才成长，从概念上说，通常指通过教育学习或岗位锻炼来帮助员工提高知识技能，并改变他们的思维方式和行为，使个人和企业都得到提升的一个过程。企业中的人才成长包括三个关键要素：一是员工是否具有意愿去成长，进而完成对自我的超越，上升到一个新的阶段（想不想）；二是员工的个人成长潜力如何，通过培养能够达到一个什么样的水平（能不能）；三是企业能否为员工的成长发展提供充分的条件，帮助他们实现自我成长目标（让不让）。因此，企业要想促进人才成长，在人力资源管理的理念和制度上就必须能够点燃员工成长动机、挖掘员工成长潜能、创造员工成长条件，从而实现各层级人才的自我超越。

然而，传统的人力资源管理系统往往难以实现对人才成长三个关键要素的有效激活。因为传统的人力资源管理往往以职能为中心，强调对“事”的单一方面的静态的控制和管理，使人与事达到良好的匹配，最终完成组织任务。这就容易忽略对人才的关注和培养。因此，要想真正推动人才成长，企业必须改变传统的人力资源管理方式，转而实施战略性人力资源管理体系。因为战略性人力资源管理体系本质要求在于以战略为先导，提升以个体能力素质为基础的团队自我超越能力，并为激活员工个体、实现团队超越创造一切有利的环境条件，促进员工个体和企业整体人才队伍的同步成长。也就是说，要基于公司的战略目标来配置所需的人力资源，并根据经营形势的变化和人的特点进行人才资源的开发、评价和激励，帮助员工提升自我。

结合上述两个方面，首开股份提出了坚持以人为本，牢固树立“人才资源是第一资源的”理念，以促进企业和人才的全面协调发展为根本，始终把人才成长作为推动公司前进的重要战略。通过建立和完善战略性人才资源管理体系及运行机制，积极营造良好环境，发现、培养、提升现有人才，吸引和挖掘稀缺人才。为员工充分发挥聪明才智和成长进步创造了有利条件，推动员工不断增强成长意愿，提升自身素质及综合管理能力，以确保人才队伍健康良性发展，为培养和造就一支高素质、高效能的员工队伍奠定了坚实基础。

（二）框架

为了促进人才队伍成长，给“十二五”战略目标的实现提供必备的人才资源支持，公司提出了以“一个理念”、“两项规划”、“四项职能”为主体的战略性人力资源管理框架。基于此，我们建立了本研究的研究模型（见图2）。

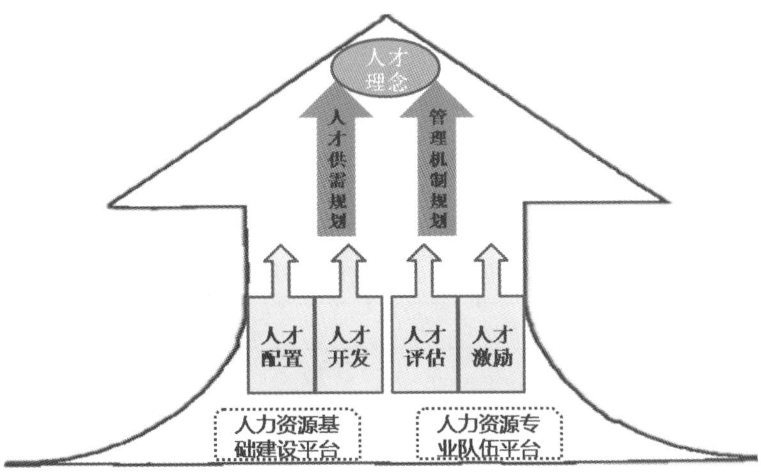

图2　以人才成长为核心的战略性人力资源管理框架

其中：“一个理念”是整个人才成长体系的灵魂，它贯穿于整个人才成长体系，指的是牢固树立“人才资源是第一资源”的管理理念。

"两项规划"是人才成长体系的航标，依据公司战略对企业人才供需状况进行动态预测，并依据企业面临的挑战对与未来发展相匹配的管理机制进行规划。人才战略规划（人员供需规划、管理机制规划）是首开人才成长体系的总指导方针，引领人才成长体系的核心职能及基础平台建设。

"四项职能"是手段，指通过发挥人才配置、人才开发、人才评价和人才激励四项核心职能，有效实现人才成长。围绕四大核心职能，公司构建和实施了多项促进人才成长的具体制度。在人才配置方面，一是以签订管理人员岗位聘任协议为突破口，打破传统国企干部身份枷锁，按上市公司规则进行市场化运作，突破自我发展瓶颈；二是疏通人才引进和退出通道，通过补充新生力量引起"鲶鱼效应"，优化人才队伍结构，为人才成长增强了动力；三是以向京外派驻人员为重点，创造人才活力机制，促进内部人才纵向与横向间的流动、锻炼和成长，挖掘人才内在潜能。在人才开发方面，一是通过优化岗位体系，搭建职业成长阶梯，为员工提供有计划、有步骤的自我提升规划；二是通过系统性、有层次的培训和教育体系，不断提升员工的知识水平和实战能力，为人才创造自我超越和自我实现的条件。在人才评价方面，通过阶段性员工绩效评价和能力素质评价，及时跟踪人才成长轨迹，发现成长过程中的进步和不足，积极督促员工的成长与发展。在人才激励方面，通过推出市场化的薪酬福利制度、中长期激励制度和特殊激励制度，为员工成长创造良好的文化氛围及福利待遇，充分吸引和保留优秀人才，有效激励人才成长。

与此同时，公司努力建造人才成长体系的平台，为员工成长搭建了人力资源基础管理平台和人力资源专业队伍平台，积极配合四项核心职能的实施，为人才成长提供环境保证和专业能力。

三、以人才成长为核心的人力资源战略管理体系的构建与实施的主要做法

（一）促进人才成长的战略规划

首开作为国有大型上市公司，与其他民营企业、外企相比，不仅要承担经济责任，还要承担社会责任，甚至政治责任。国有企业和上市公司的双重特点使得公司的人才不仅能够胜任岗位要求，满足市场竞争需要，还追求自我价值的实现并期望得到社会的认可。因此，在人才培养和开发过程中，不仅要重视员工专业技能和综合素质的提升，还要重视对员工思维意识和社会责任感的培养，帮助员工在工作中实现个人价值、企业价值和社会价值的统一。

本着这样的人才价值观，结合"十二五"战略规划对人力资源及其管理工作提出的要求，我们对公司人力资源现状及人力资源管理体系进行了盘点和梳理。内容包括：静态人力资源总量分析、人力资源结构分析以及动态人力资源分析。在全面掌握现有人力资源数据的基础上，依据公司战略发展要求，利用现状规划、专家讨论等方法进行了人力资源预测。最后，根据预测数据和公司的人才理念，确定了首开"两项规划"的具体战略目标。

1. 人才供需的战略规划目标： 到"十二五"中期，人才规模总量基本维持当前标准，满足企业经营发展的需要；人才队伍结构进一步优化，青年人才由目前的20%提升至30%，增加10%左右的核心技术人才，管理人才小幅提升；人才队伍质量进一步提高，通过内部培养和适量引进增加200名左右与新增业务单元及未来核心业务快速发展密切相关的高层次、高技能人才及复合型应用人才（见表1）。

表1　首开核心人才数量中期规划目标

关键人才类别	人数
高级经营管理	30
高级资本运营	10
商业地产运营	10
高级市场营销	50
高级产品研发	20
行业发展研究	10

续表

关键人才类别	人数
高级工程技术	50
高级职能支持	20

2. 人才管理机制规划目标：建立以培养复合能力和创新意识为核心的开发机制，以提升人才队伍活力为先导的动态竞争淘汰机制，以绩效、能力与价值观为主体的立体评价机制，以满足员工多元个性需求为目标的市场化激励机制。不断激活人才成长的环境体系，培养和造就数量充足、结构合理、素质优良的人才队伍，提高人才队伍竞争力和人才制度竞争力，促进人才与企业共同发展。

以这两方面的总体规划为指导，公司逐步实施了各项促进人才成长的制度，并且取得了较好效果。

（二）促进人才成长的主要做法

1. 打破终身聘任枷锁，突破自我发展瓶颈

为了改革体制弊端，激活核心人才队伍，公司通过一系列的宣传和制度建设，改变了国有企业传统的领导干部管理方式，消除了领导干部只能上不能下的现象。以签订管理人员岗位聘任协议为突破口，打破国有企业领导干部终身聘任体制及论资排辈的晋升体制，使之从签订前的领导干部身份转变为签订后的上市公司聘任制管理人员。并按照上市公司规则，建立符合上市公司要求的管理人员管理机制，包括公正、透明的选拔、聘任、评价、奖惩、退出机制等，以此实现企业和人才共同发展，为管理人员自我价值的实现提供了更广阔的舞台。协议签订后再聘任的管理人员也要严格按市场化机制执行。

在对管理人员的管理上，公司具体采取了以下几个方面措施：

（1）公开择优，实行竞聘上岗。依照规定的程序，本着以德为先，注重绩效的原则，实行逐级提名和公开竞聘两种方式相结合，积极推行公开竞聘、择优聘用。打破年龄界限，只设上限，不设下限，确保真正实现竞争出人才，竞争出动力，竞争出活力。目前，公司管理人员的竞聘上岗率从原来的15%已上升至约100%，市场化管理水平显著提高。

（2）业绩先导，严格业绩素质标准。通过签订“岗位聘任协议”，明确岗位职责、绩效目标及综合素质标准，并据此进行年度评价和聘任期满评价，通过建立科学的评价体系，规范评价内容，严格评价制度，督促管理人员不断提高自身管理能力。对于绩效考核不合格或综合素质测评不合格的管理人员，可解除聘任协议，予以免职。

（3）奖优罚劣，执行市场化薪酬。管理人员的薪酬与公司经营业绩和个人绩效相联系，转变过去奖惩机制不明确、奖罚差距过小等问题。对年度或任期内评价成绩优秀的管理人员，公司按照市场化的原则支付薪酬。反之，将按市场化的原则进行薪酬的扣罚。

（4）重视人才，加强职业化培养。以重视人才、保留人才为原则，视人才为第一资源，转变过去重使用、轻培养的现象，充分挖掘人才、培养人才、提升人才。以能力素质模型为基础，适时提供有针对性的管理技能、专业知识等职业化提升方面的培训机会，为管理人员施展才华提供宽广的舞台，实现公司与人才共同发展。

（5）疏通出口，强化退出机制。改变过去干部能上不能下的老观念、旧模式，建立管理人员市场化的退出机制。根据关于免职、降职的相关规定，公司将给予聘任期内不符合条件的管理人员降职或免职的处理，解除聘任协议。

2. 搭建职业成长阶梯，规划自我提升通道

随着市场化程度的深入和组织结构的调整变化，与员工成长密切相关的岗位体系方面的问题逐渐凸显。例如，由于岗位意识不强等因素，导致任职者职责与岗位职责存在一定的偏差；此外，专业员工岗位晋级条件不太明确，上升空间受阻。为了改变不利于员工成长的岗位体制弊端，公司建立了以强调角色和能力差异为特色的4序列14级的岗位体系（见图3），为员工成长开辟了通道。

首先，岗位层级划分体现能力导向，为员工的逐级成长搭建了“职业阶梯”。每个序列依据专业知识、解决问题、沟通及影响、资源管理等因素的要求不同，都细分为若干层级。例如，专业序列的P1（助理）层级一般为刚从事专业工作的工作者，拥有相应学历但基本无或很少的相关工作经验，处于对本专业基础工作的学习过程中的员工。处在P1级的员工经过一段时间的锻炼和成长，自身能力不断加强；当达到P2（专员）层级的能力要求时，即可根据条件晋升到P2级。

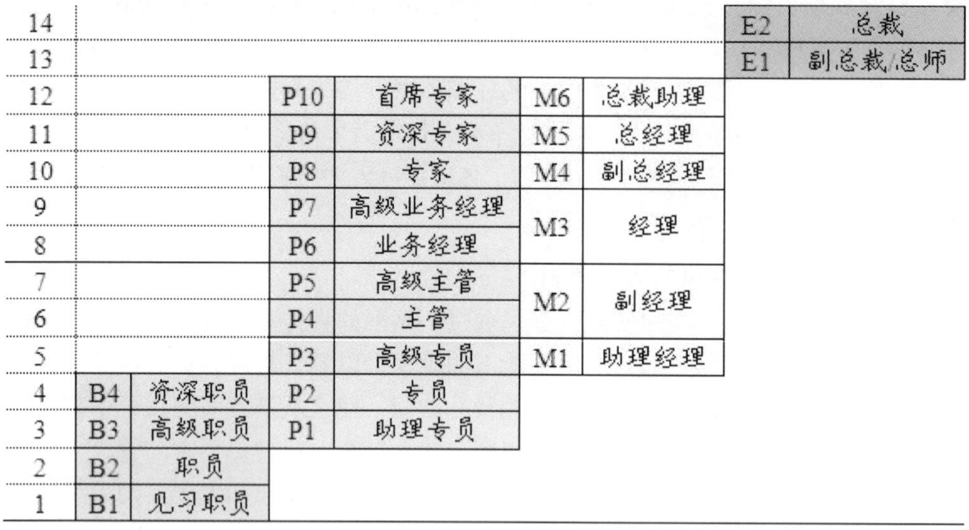

图3　首开双通道职业阶梯体系

其次，专业序列和管理序列之间建立了明确的对应关系，进而通过管理和专业“双通道”为员工提升开辟了通道。在新的体系中，专业序列和管理序列是平行发展的，且每一技术等级都有对应的管理等级，二者在责任权限、薪酬水平及影响方面都具有可比性。这就打破了传统的职位管理体系中的“官本位”做法，有效地解决了人才发展路径太短、晋升渠道不畅的难题。专业序列的员工可以在本专业领域持续发展，通过努力获得更多的资源以及更多的自主权和独立权进行专业上的钻研；也可实现从技术人员向管理阶梯的转变。管理序列的员工具备一定的管理经验后，也可以转而钻研专业问题。总体而言，通过建立透明化、固定化的职位体系，员工可根据其职业兴趣和技能，选择一条最适合自己发展的道路。

3. 疏通人才进出通道，激发人才“鲶鱼效应”

为了给日益迅猛的业务发展及时供应所需的高素质人才，同时也为了优化人才结构，增强人才队伍深度，公司启动了连续三年的“百人招聘计划”人才引进工程。即在三年内招聘至少100名行业内顶尖人才、公司紧缺型人才和应届高校毕业生；招聘方式包括社会招聘和校园招聘。与之配套的，公司建立了加快人员退出的机制，积极疏通人才出口，为年轻人员提供机会。

在社会招聘方面，重点引进一些高端、紧缺的专业型人才。在招聘过程中打破专业及行业限制，以“综合素质潜质”为选拔的标准，考察思维能力、经营管理潜质、学习能力和职业品质，从而满足了一些岗位对高端专业人才和紧缺型人才的需求。也在一定程度上提升了人才管理的市场化程度，增强了内部人才的市场竞争意识，激发了人才队伍的“鲶鱼效应”，增强了内部员工不断成长的动力。

在校园招聘方面，以股份公司为主体面向相关知名高等院校，统一宣传、统一选拔、统一录用，严把入口关，确保引进的年轻人才综合素质符合要求，为公司未来发展积蓄充足的后备力量。另一方面，各所属单位根据各自业务开展情况和人才现状，提出招聘需求，从而使公司整体的招聘更加丰富化、更具针对性。通过统一的校园招聘，既能对企业形象起到扩大宣传作用，又充实了后备人才队伍深度。

在人员退出方面，制定了退休人员及内退人员管理办法，确立了退休人员及内退人员的管理模式。对于退休人员，通过明确各单位的管理职责、完善其退休后的保障体系，逐步加快了退休人员的社会化管理工作。对于距法定退休年龄5年（含）以内员工，由于身体原因、岗位调整等原因愿意提前内退的，公司通过提供内退福利待遇，鼓励他们提前退养。通过这些措施，积极引导人员退出，为公司人才结构优化和人才队伍活力的提升打下了基础。

4. 创造人才活力机制，挖掘人才内在潜能

信息经济时代，只有形成活力四射、不断更新的机制，才不至于使一家企业处于封闭固守的状态。首开在创造活力机制方面做了两方面重点工作：一是建立了内部人才市场配置机制；二是以向京外公司派驻人员为重点，积极推进人才流动工作的实施，合理配置资源。

在内部人才市场配置机制构建方面，公司确定了“集中协调、优先对内、自主决策、确保质量”的调配管理制度。要求内部人才管理机构要履行以下几项职责：一是集中收集内部人员供给和需求信息。二是将内部人才供给和需求单位进行有机衔接，形成流动配置平台，实现主辅业板块间的人员流动。三是建立内部人才市场和外部市场的对接，将对内和对外的招聘工作有效组织起来，实现有机协调招聘需求，将招聘信息统一集中到内部人才市场发布。

在人才流动工作的具体推进方面，随着公司战略重点不断向京外拓展，京外公司如雨后春笋般陆续建立和成长，对人才的需求也迅速扩大。公司以此为契机，通过建立外派人员管理办法，明确为外派人员提供特殊发展机会和特殊福利待遇等方式，向京外派驻了大批优秀人才。在外派流动中，不同层级的人员侧重点有所不同。对于经营团队，更加注重成员搭配，通过搭配不同性格、不同经历、不同地域的团队成员，形成管理上的有效协调。对于核心专业岗位，一般从总部或京内公司选拔具有一定经验的专业人员，通过岗位轮换或者工作丰富化，使之形成“独当一面”的能力。对于部分新入职员工，通过外派使他们到基层锻炼，有效地提升了实践操作能力，强化了对理论的学习。外派期限一般为3年左右，外派期满后，公司及时进行人员轮换，切实做到“出得去，回得来”。

通过上述一系列的机制建设和工作推进，内部人才实现了不同地域、不同模块之间的合理流动。从而较好地满足了京外业务拓展对人才的需求，也提高了公司的内部人才流动率，加速了内部人才成长。

5. 实施分级培训体系，创造自我超越条件

在人才教育和培训方面，公司根据不同层级的能力素质模型、人员特点以及知识需求建立了对应的培养方案。

一是为高管提供了“菜单式”培训模式。公司培训部门每年会考察市场培训机构课程，收集培训信息。结合公司战略和发展要求选择一批适合公司高管的课程，并将详细的课程简介和培训机构介绍到高管个人的内部邮箱。课程体系包括房地产企业战略与可持续发展、领导力变革与组织优化、房地产新政研究等。主要培训机构包括中欧商学院、长江商学院、清华大学经管学院等。高管个人可根据自身情况选择课程和学习方式，并将新的管理理念、商业模式及标杆企业成功精髓等带到公司，为公司发展提供便捷的信息渠道和智力支持。

二是为管理序列人员重点提供“引擎工程”系列培训。“引擎工程”是针对房地产项目经理的培训项目，近三年已进行了40余门课程培训，形成论文成果63篇。基于房地产项目经理的能力素质要求，制定独特的培训课程体系，分别以“专业化与执行力”、“职业化与领导力”和“市场化与标杆考察”为主题，采取内外部专家授课、互动研讨、专题研究、情境体验、标杆考察等形式分三期进行特训，对参训学员进行评价并颁发股份公司项目经理资格认证证书。2012年，公司提出了通过“引擎工程”实现“三年培养百名项目经理”的目标。通过一系列的学习和考察，大批项目经理人系统化学习了专业理论知识和实际管理经验，并在交流学习中开阔了自己的视野，为提升项目管理水平做了充分的准备。

三是为专业序列员工建立了专业化培训体系。为提升各业务板块从业人员的职业能力，股份公司定期选拔一批学员参加集团统一举办的“资本运营管理人才”、“国际化人才”等专业化培训项目。此外，公司总部各职能部门和各级单位，根据企业发展和管理中遇到的各种问题，都会定期或不定期组织各种更加有针对性的专业培训，培训内容涉及形势分析、项目管理、成本控制、营销管理、绿色建筑、人力资源管理、财务管理、知识管理等各个专业领域。通过对专业员工的培训，很好地帮助了相应岗位的工作人员提升自己的实际操作能力。

6. 构建人才评价系统，紧密跟踪成长轨迹

首开股份的战略性人才评价系统包括两个方面：一是员工绩效评价系统，主要目的在于保证公司的战略目标与员工个人绩效有效结合；二是能力素质评价系统，主要目的在于了解员工素质水平，为员工的培养和发展提供可靠的决策依据。

在员工绩效评价方面，通过战略解码将公司战略目标逐层分解落实到个人，确保绩效考核目标的战略性和有效性，同时也将公司的经营业绩压力传递给个人，激发员工努力成长。在绩效评价指标上，不仅设置了工作业绩指标，也设置了工作能力方面的指标，如计划和执行能力、市场化意识和学习成长方面的指标，促使员工在完成本职工作的同时关注市场、培养自身的实际能力。另外，在评价后的绩效沟通环节，员工及其主管领导会针对员工的绩效表现进行分析和讨论。通过沟通讨论发现工作中可以继续保持和发挥的优点，同时也分析员工个人知识、能力或技能等方面的不足，为下一个绩效评价周期提供成长方向。

在能力素质评价方面，针对不同层级、不同类别员工的主要素质要求，开发了相应的评价问卷。例如，针对一线管理人员，从追求领先、系统建设、环境营造、团队管理、基础素质5大要素着手，设计素质评价问卷。能力素质评价的主体方面，既有自我测评，也有他人测评，从而保证了测评角度的全面性。通过对评价数据的整理统计，从多角度分析人才队伍的整体状况，及时跟踪整体人才成长动态，并据此提出有针对性的人才开发计划，帮助人才队伍更好成长。

通过上述两方面的评价，及时掌握员工成长的动态信息，能够更有效地开展相关工作，帮助人才成长。

7. 推出有效激励组合，增强内在成长动机

为了充分吸引和保留人才，公司推出了包括基本薪酬福利、中长期激励、项目激励和特殊激励在内的全方位、市场化人才激励体系。

在基本薪酬福利方面，公司积极吸收和借鉴市场标杆公司的薪酬管理经验，推出了“固定薪酬+绩效奖金”的薪酬结构。固定薪酬以岗位为基础，根据不同员工的岗位价值及员工个人能力确定薪酬标准，鼓励员工能力的提升。绩效奖金以绩效为导向，通过“高风险、高绩效、高收益”的绩效薪酬理念，引导各级员工积极投入，努力达到更高的绩效水平，取得更大的回报，为员工成长提供了内在的动力。

在中长期激励方面，一是根据市场形势，适时推出了以促进公司经营战略目标实现为主的激励基金计划。激励基金计划从战略发展的各个角度出发，通过设置具有挑战性的中长期发展指标和市场化的激励基金标准，激发各级员工充分发挥自身的潜能，在为公司创造价值的基础上实现自己的价值。作为北京市国资委推行中长期激励的首家上市公司，公司的中长期激励方案在市场上引起了较好的反响。同时，为激发项目团队积极性，提升项目管理水平，公司制定了项目激励办法，设立专项项目奖罚机制，用于奖励对公司项目经营管理做出贡献或惩罚造成损失的项目团队成员。通过中长期激励机制，全面促进了公司核心人才成长发展。

在特殊激励方面，通过一年一度的奖励机制，评选出年度内工作绩效突出、道德品行卓越的优秀个人。并通过颁发奖金、荣誉证书以及公司发文或公告等多种途径进行宣传，在公司内形成一种“爱惜人才，尊重人才”的氛围。通过这种方式使优秀员工获得一种被尊重的感觉，形成了一种有效的激励；同时也在公司内树立了一批标杆，激发其他广大员工不断成长，努力达到“优秀员工”水平。

8. 构筑基础管理平台，巩固人才成长基石

公司努力建造人才成长体系的平台，优化了人力资源信息化管理平台（e-HR）信息系统，同时打造了一直专业的人力资源管理队伍，为首开人才成长体系构筑了坚实的基础。

在e-HR平台建设方面，为持续支撑人力资源战略的落地，通过体系的梳理和流程再造，建立了首开人力资源信息化管理平台（e-HR），实现了人力资源基础工作的标准化、流程化和精细化管理，达到了跨地域和实时在线的协同管控，让员工能够在良好的企业环境和制度环境中施展才华。e-HR平台为人才成长提供了以下支持：

一是“解放”了人力资源管理人员。首开e-HR平台是一个强有力的工作助手，原先需要手工处理的工作，现在可以通过系统瞬间完成。同时，e-HR平台促使专业人员系统的思维，规范的工作，极大地提高了工作效能，使他们有更加充沛的时间和精力去开展更加富有创造性的工作，从而激活了人才资源。

二是实行了“全生命周期”的人才管理。利用e-HR平台实现了人才在企业中“全生命周期”的管理，即“人员调入”、“内部升迁及调动”、“内退办理”、“退休办理”、“人员离职”六大人事异动，全部实现标准化的流程管理，自动记录人才成长轨迹。

三是搭建了内部人才市场平台。e-HR平台搭建了覆盖全公司的内部网络竞聘平台，并能够实时对集团人才结构进行穿透式多维度的分析。例如，人才基本属性分析、人才素质结构分析、职位体系分析、人才数量分析等。从而更有针对性的调整促进人才成长的策略，鼓励人才向企业稀缺岗位发展，优化人才结构。

四是提供了“立体式”人力资源信息服务。e-HR平台能够有效提供立体式的人力资源信息服务。即e-HR平台可以面向各级管理人员及广大员工提供全方位的人力资源信息服务，包括人才结构、人才队伍、人才信息、人才薪酬等，各级管理者可在各自的管辖范围内查看所需信息，它集中体现了平台的信息服务价值。

在人力资源专业队伍平台建设方面，首先是对人力资源管理部门进行了合理的定位，明确界定了各级人力资源部门的职责和职权，从而使人力资源部能够有效成为公司战略落实的助推器。其次是公司按照市场化、职业化的标准，对人力资源专业人员的能力和素质提出了严格的要求；同时对各公司、总部各部门直线经理人员参与和配合人力资源管理也作出了明确的要求。通过人力资源专业队伍平台的搭建，从各个方面保证了人力资源专业队伍的能力素质和执行力，使其成为了构建人才成长体系的人力基础。

四、以人才成长为核心的人力资源战略管理体系的构建与实施的效果

（一）经济效益

1. 经营绩效指标

人才的成长使企业整体增长能力提升，公司近几年的经营水平连续提高，各项指标显著提升（见表2）。

表 2　2010—2012 年首开股份主要经营指标完成情况（单位：万元 / 平方米）

指标 / 年份	2009	2010	2011	2012	复合增长率(%)
总资产	3310259	4130641	6179243	7086410	28.88
净资产	970084	1053283	1203178	1305889	10.42
净利润	93170	135872	187684	161706	20.18
营业收入	519003	814249	904248	1267555	34.67
开复工面积	2747911	5066026	7089835	8199888	43.97

2. 项目运作水平

人员素质和活力的提升也使公司的项目运作水平明显提高。在产品定位、设计团队选择、方案审批、图纸审查等环节上追求严谨和精细化的科学管理，产品设计理念和设计手法不断优化和创新，并在工程质量上严格监管。成本控制成果十分显著，使公司产品线的品质不断提高，项目单方成本逐年降低。项目管理方面也取得明显成效，周转速度明显提高，为项目运作效率的提升打下了坚实的基础。

（二）社会效益

1. 人才队伍效益

随着促进人才成长的各项制度的实施，公司人员效率、组织效能都得以提升，逐步达到或超过市场中位水平（见表3）。

表3 2012年首开主要人员效率及组织效能指标

比较项目 / 市场	市场25分位	市场50分位	市场75分位	首开
人均年营业收入（单位：千元）	4962.2	8419.0	11235.9	8419.0
人均年税前利润（单位：千元）	1192.7	2193.8	2810.4	2222.5
人均年开发面积（单位：平方米）	2301.2	2980.3	4216.7	6359.4

此外，公司核心人员数量基本达到规划目标；人才成长周期缩短，人才发展速度更快；人员队伍素质大幅提升，公司每年都有近百名员工获得各类资格证书和国家级、省市级荣誉奖励；人才结构得到较大优化，年轻员工人才逐步增加，增强了人才队伍活力。总体而言，通过系统的实施促进人才成长的措施，较好地满足了公司战略发展对于人员数量及其能力的要求。

2. 责任地产品牌

人才的成长也使得公司倡导的“责任地产”理念在实践中真正落到实处，全力满足并持续引领客户不断增长的居住文化需求，为城市居民构筑和谐宜居的美好生活，树立了良好品牌形象，赢得了社会的广泛赞誉。2012年公司获评沪深房地产上市公司“综合实力TOP10”第七名；取得2012年度投资者保护指数主板第四名，位列房地产开发经营类第一，成为入选前五名的唯一一家房地产公司。公司的行业地位越来越高，影响力不断增强。

成果创造人：潘利群　李晓莉　王　明　杨文侃　赵龙节　翟羽佳　崔景松　梁　宏　王　伟　吴卫东　胡君宏　江　峰

国有大型物业企业品牌战略引领项目管理转型的实践

北京首开鸿城实业有限公司

荣获第二十八届北京市企业管理现代化创新成果一等奖

2005年底，北京城市开发集团和北京首开天鸿集团合并重组成立了北京首都开发控股（集团）有限公司。2007年底，首开集团主营业务成功上市；2008年4月1日，首开集团出资设立北京首开鸿城实业有限公司（以下简称“首开实业公司”）。首开实业公司作为首开集团的全资子公司，是一家旗下拥有6家全国物业管理一级资质的总部型物业企业，管理规模达到近3000万平方米，服务项目200余个，涵盖了住宅、公寓、别墅、办公、商业、学校、医院、艺术展览馆、体育场馆等多种类型，服务项目覆盖北京市8个城近郊区，及江苏、浙江、广东、深圳、福建、山东、四川、贵州、河北、辽宁、天津等外埠地区。

作为具有30年发展历程的国有企业，秉承首开集团尚责文化，以“责任地产·首开物业，成就高品质生活”为企业使命，坚持“您的信任，我的责任”品牌主张，以“首开物业”人坚挺的脊梁，执著地守护着800多万平方米的政策房和房改房项目，忠实地履行着国有企业重大的政治责任和社会责任。

“十二五”开局以来，首开实业公司以推进物业管理项目部制改革为载体，提质增效、创新机制、激发活力，为构建“首开物业”品牌战略体系，进行了有益实践，企业的行业影响力和品牌知名度得到提升：2011年、2012年先后荣获“中国物业服务综合实力百强企业第三名”、“中国物业服务优秀品牌企业”称号，2012年“首开物业”品牌价值达到6.43亿元；10个项目被评为北京市物业管理星级示范项目，其中2个项目被评为北京市物业管理五星级示范项目。

一、国有大型物业企业品牌战略引领项目管理转型的实践背景

物业管理市场竞争的焦点已经由管理、服务和价格等要素，逐步转向企业综合实力的竞争，集中反映为品牌的竞争。当前房地产市场面临深度调整，品牌就是信心。面对政府，品牌是承担社会责任、提升城市价值的信心；面对业主，品牌是提供优质产品、履行服务承诺的信心。企业要在激烈的市场竞争环境中生存发展，必须构建企业的品牌战略体系，并以此为引领创新管理实践。

（一）打造物业品牌是国有企业忠实履行社会责任的客观需要

自2009年以来，“物业管理”不仅屡次被《政府工作报告》提到国家工作层面，还被赋予了扩大居民消费、增加就业岗位、维护社会稳定等多项重任。物业管理面对的服务对象是业主，业主是社区的主体，而社区又是构成社会的基本单元。从这个意义上讲，物业管理是和谐社会的重要组成部分。目前由于各项成本刚性上涨，而物业费标准多年未上调带来的企业盈利空间狭窄等问题，使得整个物业行业陷入生存困境。一些企业采用降低服务标准来维持管理成本，一些企业选择了退出。首开实业公司虽然规模大，但中低端物业比例高，政策房和房改房项目占到近1/3，其中20世纪90年代以前建成的老旧小区就有240万平方米，物业费收缴率偏低，加之公共设备设施陈旧，地域分散，使得物业管理难度大，管理成本相对较高，但是我们并没有退出。因为作为首都北京的国有物业企业，除了追求经济效益，必须要有对社会责任的担当。

（二）打造物业品牌是与房地产主业良性互动的现实需要

首开实业公司合并重组这一成立背景，决定了企业品牌分散，6家物业公司虽然已经形成了各自的品牌，但只在区域市场具有一定的认知度。“首开物业”品牌刚刚打响，尚未真正形成品牌合力，企业缺乏整体的品牌影响力，目前尚不能像“万科”、“绿城”、“长城”等物业企业的品牌那样深入人心，与集团房地产开发主业品牌形成良性互动；系统内缺乏高美誉度的物业项目，企业的市场竞争优势不明显。

（三）打造物业品牌是企业转机制强管理提素质的发展需要

老国企有它在规模和成长方面的优势，但必须承认还存在着制约自身发展的体制、机制障碍：企业绩效收入浮动调整的机制不灵活，员工异动机制不健全，自我学习、自我提高、自我成长的动力不足；员工的整体素质偏低，大专以下学历的员工占到48%，中级以上职称的员工仅占9%，充分反映了企业劳动密集型的行业特征；由于历史的原因，管理人员多，一线操作岗少，加重了企业的成本负担，使企业在市场竞争中处于劣势。

（四）打造物业品牌是企业向市场化转型的形势需要

劳动密集型的特征，决定了企业的基础服务利润有限，整体经营绩效不容乐观。目前企业依靠小区供暖，停车、出租房经营等非物业收入，占到总收入的近一半，形成了收入的“蓄水池”，造成了盈利模式单一，缺乏市场竞争能力，不能适应行业的发展要求；也带来了职工安于现状、小富即安的惯性和惰性，对企业发展面临的严峻形势认识不足，企业市场化转型的动力不足，能力有限。

综上所述，负载着国有企业的惯性惰性与市场竞争的双面夹击，我们只有打破惯性，不断创新，构建企业的品牌战略体系，并以此为引领管理转型实践，才能在激烈的市场竞争中实现持续发展。

二、国有大型物业企业品牌战略引领项目管理转型的实践内涵

（一）引入企业环境激励管理理论的概念

企业管理学中，战略管理理论与环境激励理论紧密联系、相辅相成。本文通过对首开实业公司战略管理转型的介绍，引入品牌战略管理与环境激励管理机制模型，实现以“三个一”工程（加强一项精细化管理，创新一项个性化服务，突出一项品牌化特色）为载体的项目部绩效提升，逐步提炼出了品牌战略传导下的环境激励管理模型，是一系列科学管理的机制、制度、流程和方法的总和，并形成了“品牌战略—环境激励—项目绩效”的传导管理机制，使企业实现战略目标的能力获得全面提升。

本文中的环境是指物业企业能提供给项目部个体或员工的一切资源，在此称为企业环境，这是项目部或员工赖以生存以及发展的土壤。本文中对环境的定义除了传统意义上的工作条件、人际关系、组织氛围等，还包括企业的品牌战略规划以及目标管理和各种制度，如组织机构、人事制度、考核制度、分配制度、财务管理、项目绩效管理制度等，还有员工可以获得的各种机会，如参与竞争的机会、培训的机会、获得奖励的机会等，所有的这一切构成了企业管理环境。

（二）首开物业品牌战略引领项目管理转型实践的内涵

“品牌战略—环境激励—项目绩效”的传导管理机制模型是：以适应首开集团战略业务定位和促进物业企业可持续发展为根本宗旨，以创新管理机制，激发员工活力为有效手段，以管理精细化、服务个性化、项目特色化的“三个一”工程为突破载体，以提升物业服务品质、创建“首开物业”品牌为愿景目标，以打造市场标志性精品物管项目、积淀市场竞争实力为最终目的，推行品牌战略传导下的物业项目部制管理模式，拓展了物业服务规模，强化了“首开物业”品牌建设，忠实履行了首开物业服务业主、服务社会的国企责任，努力实现“首开物业”对首开地产的业务支撑和品牌溢价。

（三）品牌战略引领项目管理创新实践的框架内容

1. 首开物业品牌战略体系构成

“以人为本，创造价值，美化城市，奉献社会”的品牌使命，“责任至上”的品牌理念，“您的信任、我的责任”的品牌主张，“打造最值得信赖的中国物业管理品牌”的品牌愿景，共筑了“首开物业”品牌战略目标。2011年正式发布《首开物业服务标准》，诠释了首开物业服务特色，成为规范物业服务行为的纲领性文件，奠定了“首开物业”品牌战略基础。以网站宣传、平面媒体报道、参评创星等形式，多维度扩大品牌知名度，提高品牌美誉度，树立了“首开物业”品牌形象。注重人性化物业服务功能开发，多元化经营与服务，丰富首开物业服务功能体系，成为“首开物业”品牌战略的有力支撑。

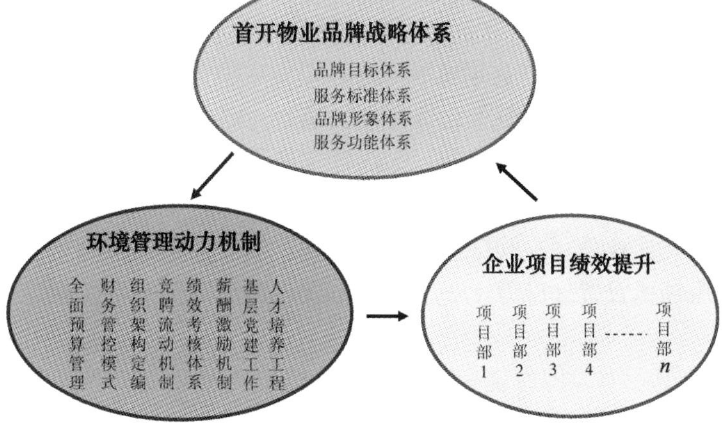

图1 《品牌战略—环境激励—项目绩效》的传导关系

2. 环境管理动力机制的构成

品牌战略激发管理动力。在全面预算管理基础上确定项目部收支核算原则；推行《物业通》管理软件，明确“物业公司一级统一、项目部二级核算、操作员三级管理”的项目部财务管控模式；按照精干高效原则调整项目部组织架构和岗位定编；以签订岗位协议为标志，在项目部中推行竞聘上岗的动态用人机制；以提升服务品质为考核重点，兼顾经营业绩和管理指标，建立项目部多维度三级考核体系；建立“总额控制，绩效优先”的项目部分配激励机制，鼓励项目部员工用主动优质的服务换取收入提升的空间；建立起与项目部经营管理体制相适应、与改革发展相配套的统一规范的党群工作体制和机制，为项目部和谐稳定发展提供强大的组织保证和思想保证；重视人才培养，特别是核心人才队伍开展特色建设，以企业文化注魂企业的生存与发展。

3. 项目绩效提升

管理动力激活绩效提升。项目部以“三个一”工程为载体，加强一项管理，创新一项服务，突出一项特色。管理细节中精耕细作，需求服务中彰显品质，最大程度激发项目部员工的工作效能，提升员工对“首开物业”品牌的责任意识，提高《首开物业服务标准》的执行力度，实现员工收入水平与项目部整体效益联动双赢。

三、国有大型物业企业品牌战略引领项目管理转型的实践做法

（一）“首开物业”品牌战略体系的顶层设计

1983年首开集团第一家物业公司成立，30年风雨历程，伴随着中国城市化快速发展，另5家物业公司应运而生，由单一化住宅管理，向规模化、多元化、高端化迈进。2008年首开实业公司成立，6家物业公司纳入旗下，为“首开物业”品牌战略的诞生奠定了坚实基础。品牌是企业独特的不可复制的核心竞争力，“十二五”开局之年，首开实业公司全面启动了“首开物业”品牌战略建设工作。

1. 编制《首开物业品牌管理手册》

公司秉承首开集团“责任·地产”理念，与中介机构配合，在各层级职工中组织问卷调查，搜集建议，提炼聚焦，形成共识。多次召开座谈会、论证会，于2012年中完成《首开物业品牌管理手册》的编撰工作。《手册》提出了“首开物业”品牌战略目标，明确了品牌管理责任，规范了品牌管理流程，健全了VI、BI识别系统，成为打造“首开物业”品牌形象的行动指南。

品牌使命——以人为本，创造价值，美化城市，奉献社会

品牌理念——责任至上

品牌主张——您的信任、我的责任

品牌定位——责任物业管理专家

品牌愿景——打造最值得信赖的中国物业管理品牌

2. 颁布《首开物业服务标准》

随着物业管理市场逐步走向成熟，物业管理企业的服务也需要规范。“首开物业”人源于强烈的危机感，认识到要想在市场竞争中求得生存发展，就必须提高服务质量和品质保证。为此2011年首开实业公司组织业务骨干，结合北京市物业服务地方标准，通过对各级标准代表性项目的实地调研和现场讨论，到标杆企业观摩交流汲取优秀的管理经验，多次征询所属各物业公司领导和项目管理人员的意见，历时5个月，形成了具有首开特色的《首开物业服务标准》，并于同年10月颁布实施。

《标准》充分结合首开实业公司在管项目的所有类型，细分为住宅项目（初级、中级、高级）、大厦项目两类标准。由客服场所设置标准等十一个部分组成，特别突出品质控制管理，对品控的全部环节进行原则性的规范。

《标准》实现“一个统一”，即：统一对外的服务形象，提升品牌影响力；追求“两个满意”，即：建立品控体系，提升服务品质，实现业主满意、开发商满意；搭建“三个平台”，即：搭建业主意见征询平台、短信息沟通平台、设施设备开放平台，与业主坦诚交流；信守“四项承诺”，即：承诺应急预案一键启动、公共秩序两级防范、业主投诉3个工作日内答复、水电急修20分钟内到达现场、保障业主无忧入住；坚持“五项公示”，即：公示物业服务账目情况、物业服务履约情况、业主意见征询整改情况、物业服务标准与收费项目、重要物业服务事项，主动接受业主对服务全过程的监督。首开物业服务特色，将在为广大业主服务的实践过程中，不断丰富，不断凝练，不断升华。

2013年，公司启动了《标准》的优化工作。组织修订完善《大厦服务标准》模块，增加《学校类物业的服务标准》。结合《标准》近一年半的执行情况，梳理所涉及的各项记录，制定基本表样模板，推荐项目部规范使用。同时，依据《标准》，修改ISO质量体系文件，使《标准》在质量体系中有效运行。

3. 多维度全力打造“首开物业”品牌形象

自2011年下半年开始，整合6家物业公司资源，筹划创建“首开物业”外对网站。经过系统设计、信息搜集、筛选和整理工作，网站已于2012年3月正式上线运行，成为又一个推广“首开物业”品牌、展示“首开物业”形象的宣传窗口。制定了《首开物业网站信息管理暂行办法》，加强管理，确保企业信息安全。

2012年公司党委号召开展了“服务树品牌·创新谋发展”主题教育活动，出台了《物业服务质量年宣传方案》。邀请《北京晚报》、《北京青年报》、《京华时报》等十余家主流媒体对物业公司“晒账”、老旧小区物业服务、设备设施开放日活动进行深入系列报道，赢得小区业主、业主委员会、社区居委会和政府相关部门的理解、支持和认可。先后在《首都建设报》、《中国物业管理》进行了“首开物业”品牌的专版宣传。

积极参加中国物业服务综合实力百强企业、北京市物业管理星级示范项目评比活动，树立标杆项目，扩大企业知名度，唱响“首开物业”。2011年适逢中国物业管理改革发展30周年，首开实业公司荣获由中国物业管理协会组织的“全国物业服务综合实力百强企业”第三名殊荣，也是长江以北地区唯一进入十强的物业企业。2011年、2012年连续两年以总部型物业企业，凭借服务规模、经营绩效、服务质量、发展潜力等综合实力，在中国房地产TOP10研究组发布的“年度中国房地产品牌价值研究报告”中荣获“中国物业服务优秀品牌企业”称号，企业品牌价值达到6.43亿元。

4. 探索形成首开物业服务功能体系

2012年，国务院下发的《服务业发展“十二五”规划》要求“进一步明确物业管理行业的责任边界”，《政府工作报告》则再次提出“要大力发展社会化养老、家政、物业、医疗保健等服务业”，北京市将推出绿色物业管理标准。保持在管项目，维护社区稳定的同时，扩大管理规模，创造就业机会，挖掘和调动业主各类服务性消费支出，扩大内需，探索形成“首开物业”服务功能体系，是首开实业公司自身转型发展、增加经济效益的必然选择，更是为政府分忧、获得社会认知度和业主满意度的国企责任。

（二）环境激励机制的建立与推动

为实现“首开物业”品牌战略目标，公司在“十二五”起步之年，以“提升”作为战略重点，修炼内功、蓄积能量、夯实基础。以推进物业管理项目部制为载体，创新管理机制，激发员工活力，执行《首开物业服务标准》，提升服务品质，加快人才队伍建设，加快市场化转型升级。

1. “制度先行”，为实现品牌战略目标创新环境激励机制

2011年3月，公司组织专门力量，成立项目部课题小组。坚持“机制研发与战略目标相符一致，机关部门与物业企业联动配合，外部标杆与内部实际借鉴融通”的指导思想，在调研深圳长城物业、中航物业、金隅物业等市场标杆企业的基础上，设计调查问卷，组织物业企业座谈，搜集基础数据和资料。历时3个月，以人力资源管理为基础，设计完成了《项目部岗位说明书及工作手册》、《项目部员工选拔与人员流动指导意见》、《项目部薪酬体系及分配指导意见（试行）》、《项目部绩效考核管理办法（试行）》等配套文件。

2012年持续对管理机制初期模型进行深化和补充。针对物业行业人工成本持续上涨、项目盈利能力减弱的现状，对物业企业全部岗位进行了梳理和调整，结合市场化标杆企业的优秀经验，以再优化项目部岗位体系、合理配置岗位用工为目标，对项目部人均行业指标的定额标准进行了评估和测算，编制了《项目部职位设置及人员定编指导意见》。同时，借助推行《物业通》管理软件，不断完善模块功能设计，研究制定了《项目部财务管理规定》和《项目部财务管理模式及核算办法》。

首开实业公司以总部推出上述各类《指导意见》，统一规范了各物业企业以分公司为单位设立项目部的管理模式，统一明确了两部一室一中心的项目部组织架构，统一设置了项目部各层级岗位体系，统一提出了竞聘上岗的项目部用人机制要求，统一指明了未来以效益和质量并重的项目部考核定级原则，统一执行全面预算管理下的项目部资金、成本、预算、统计等财务管控。

2. “氛围营造”，为实现品牌战略目标开展强大宣传教育

制度是保障，标准是指南，领导干部和广大员工的思想观念转变则是推动企业改革的内在动力。2011年完成项目部制初期模型后，首开实业公司和所属三家物业企业上下联动，分别成立了两级推进项目部制工作机构。

为了打破固有管理惯性和局部利益格局，公司主要领导多次亲赴企业，利用各种形式，与物业公司经营班子、机关部门、项目部管理团队、基层员工座谈沟通，分析形势，反复宣传，充分倾听，深入探讨，共商预案，并开展了由浅入深、逐级渗透的思想教育工作，公司党委专门印发了《推进项目部制工作宣传教育提纲》、《关于加强和改进物业管理项目部党群工作指导意见》，要求全体干部职工的思想和行动，从企业发展的战略高度统一到项目部制试点推进的各项工作中来。三家物业公司积极营造理解改革、支持改革的舆论氛围，动员会、大讨论、经验交流会等多种形式，党建思想政治工作，为项目部和谐发展提供了坚强的政治保证、思想保证和组织保证。

3. “点面激活”，为实现品牌战略目标传导管理动力机制

首开实业公司按照“整体谋划，试点先行，逐步推进”的工作方针，要求23家物业分子公司对全部在管项目进行经营现状梳理，项目管理运营产生的合理收入、成本与产权房经营收入、退休人员支出等不利因素，严格按照“应剥需返”的原则界定清晰，以成本核算为抓手，确定项目盈亏水平，合理配置岗位人员，真实体现了项目部物业经营成果，对冗余人员提出安置途径。

4个试点项目部根据《指导意见》的总体设计，按照“收支核算清晰，人员配置合理，管理机制到位，改进措施有效”的四项基本原则，结合项目自身实际，制定了《试点方案》。2011年11月底，相继启动了试点工作，年底前全部完成了机构调整和人员竞聘上岗工作。2012年，公司密切关注试点项目部的运营状况和职工思想动态，在阶段性总结经验的基础上，再推6家分子公司实施项目部制改革工作，同时新接管4个项目全部按照项目部制组建运作。至2012年底共有14家分子公司由点到面，实施了项目部制改革。

各项目部均根据自身的实际情况，制定了灵活且可操作的管理机制，激发员工的主动性和工作活力。根据承担的管理户数，对物业管理员分级定岗，以岗定薪；项目经理被授权，减人不减额，可自主分配绩效工资；制定与员工岗位说明书工作指标及考核量化指标全面对接的日常绩效考核实施细则，实现岗位竞聘机制；对冗余人员提出优惠的安置政策和途径。

2013年，三家物业企业要按照“已推深推、未推全推”的原则，对在管全部物业项目全面实施项目部制改革，突出精细化管理，强调个性化服务，使项目部制工作真正成为企业克服短板、激发活力、提高效益、打造品牌、彰显特色的有效载体。

4. “品控强化”，为实现品牌战略目标奠定坚实的行为基础

2011年和2012年，首开实业公司分别以“物业服务品质提升年”、“物业服务品质深化年”为主题，全面开展了“学标准，树标杆，持续提升服务品质”的系列活动。

《首开物业服务标准》颁布后，公司与深圳房地产和物业管理进修学院合作，精心策划编写了《首开物业服务标准贯标手册》，使《标准》原条款更加通俗易懂，易于员工从文字理解转化成行为指南。2011年10月，启动了跨年度总历时5个月、共十个公共模块、五个专业单元、120课时的《标准》全员宣贯培训，分公共课和专业课两大部分。公司所辖6家物业企业的项目专业主管、项目负责人、项目经理及公司机关有关部门管理人员2106人次参加了培训和笔试考核。

公司同时选取亿方通惠家园“壹线国际”、望京“华鼎世家”和方庄“人民检察院第二分院”作为标杆项目，邀请深圳专家开展现场内业、服务、环境、设备的专项考察、诊断，找差距，找不足。项目部根据专家的改良建议，制定《改良方案》并实施。

策划组织了“贯彻首开物业服务标准”阶段性成果汇报活动。一方面，协助深圳物业管理学院的行业专家对属物业标杆项目进行现场督导与点评，对项目的改良效果进行验收。另一方面，组织标杆项目的经验交流汇报暨《标准》知识竞赛，成为服务质量年活动中的亮点。《标准》全员培训，是公司内部一次参训规模大、岗位层级多、时间跨度长、课程内容广、专业针对性强的系统性培训，为员工理解《标准》、掌握《标准》、执行《标准》、宣传《标准》提供了支持和保障。

《标准》颁布的同时，公司制定了配套《考核办法》和《实施细则》，精选全系统内北京市物业管理行业专家、各岗位负责人和业务骨干组建了首开实业公司品控团队，建立了公司、所属企业、项目部三级品控考核体系和机制，确保逐级品质监管的落实。品控团队对项目部贯彻《标准》的考核每年两次联检，重点围绕《标准》的各项条款开展，对项目进行现场检查、安全检查、制度检查、状态检查。《考核办法》在奖惩激励机制上给予充分体现。

5. “人才保障”，为实现品牌战略目标提供有效的智力支持

核心人才的结构性短缺是首开实业公司在市场规模拓展、产品结构调整、品质管理提升过程中的关键瓶颈问题之一。公司按照“积极推进物业专家、物业项目经理、专业技术人员和企业内部培训师四支人才队伍建设”的总体思路，配合贯彻《首开物业服务标准》暨物业服务质量年活动，以落实《标准》到岗位、加快核心人才队伍建设、提高员工岗位专业技能为工作的重中之重，创新培训模式，探索培训机制。

与深圳房地产和物业管理进修学院结成“培训战略合作伙伴联盟”，成功启动了两期物业项目经理培训班，通过理论学习、项目踏勘、沙盘推演、结业考核与学习考察，打造核心人才队伍。与北京市电子信息职业技术学校，以校企合作的形式，开展智能楼宇、设备设施管理、空调制冷等专业技术实操型人才培养。组织进行企业内训师的选拔试讲考评工作，为企业内训储备了人才，搭建了平台。鼓励员工积极参加全国注册物业管理师、北京市项目负责人的培训考试。积极推进“首开物业”网络培训学院的开发与建设。

（三）项目绩效管理与提升

“首开物业”品牌战略，激发了企业环境激励管理动力机制的形成，不断优化企业的绩效考核指标体系，从过去注重考核企业经营绩效，转变为从贯标率、业主满意度、人力资源整体能力提升程度、员工成长等要素多维度地考核所属企业的运营能力，进一步突出绩效考核指标的导向作用和激励作用，带动了项目部注重经济效益与运行质量的双面提升，企业市场化生存发展能力不断增强。

项目部在“精细化管理年”中，积极开展“三个一”工程，即：加强一项管理，突出项目部内部运营管理的精细化，优化管理流程，改进管理方法，总结经验，固化模式，为完善首开物业服务标准体系精耕细作；创新一项服务，突出针对业主的个性化服务，从创新服务产品和服务方式着手，使业主感受便捷、高效、温馨的服务，提高客户满意度，提高运营效益，为形成首开物业服务功能体系奠定基础；突出一项特色，突出项目管理中的服务特色。做好服务特色定位，能够成为未来工作的指导方向，最终成为“首开物业”品牌的宣传榜样和示范窗口，为丰富首开物业服务品牌体系增光添彩。

项目部员工集思广益，在收支核算及过程控制管理、关键岗位工作流程梳理、服务品质考核管理、信息化提高效率管理、人员优化及人工成本控制管理、人才培养梯队建设、员工绩效考核及聘任管理、工程设备节能降耗管理、外包服务监督管理、党建宣传品牌维护等方面，积极提出合理化建议，有的已开始实施改造。

项目部结合区域内资源，分析业主需求，提出了“创新一项服务”的立项预期目标、组织保障、制度保障和实施措施。包括：

- 为北京市保障房建投中心提供《公共租赁住房物业服务标准》的顾问咨询，针对北京市最大规模的整建制公租房可供对外公众参观的项目特点，建立物业服务体验馆；
- 区域集中的大型组团社区建立信息呼叫中心，统一客服接待及处理回访机制；
- 自觉缴费率低于30%的物业项目率先引入银行POS机，采取上门移动式缴费服务，提高费用收缴率；
- 积极参与社会管理，借助政府职能平台，建立居家养老一刻钟社区服务圈；
- 与中国文化管理学会社区文化工作委员会合作，开展国学社区文化建设；
- 与中介机构合作，开展房屋租售中介服务；
- 对空巢、独居老人和残疾家庭开展管家式一对一服务；
- 免费提供多种便民、助民公益服务；
- 对高端公建项目，已经开展会议服务、洗衣服务、洗车服务。

围绕房地产产业链功能和业主需求，延展物业多元化经营，不断演化出新兴服务业态，促进形成新经济增长点，提高产业素质和百姓生活质量，建设“幸福·和谐社区”，是国家“十二五”规划中大力倡导的，是国企的社会责任，也是企业可持续发展的必然选择。

四、国有大型物业企业品牌战略引领项目管理转型的实践效果

两年来，首开实业公司通过不断创新管理机制，激发员工工作积极性、主动性和创造性，员工思想观念和责任意识逐步转变，变外部施压为内心求变，变被动应对为主动推进。

在自我消化成本持续上涨的基础上，项目的经营收入实现了稳步增长。《首开物业服务标准》和“首开物业”品控团队的建立，实现了物业服务品质的稳步提升。2012年度与2011年度相比，业主满意度提升了2.5%；经营收入达到10.8亿元，同期增长了3.9%；企业人工成本占总成本比重由原来的47%下降到39%；员工人均年收入增长了11.2%。

打造了“首开物业”的品牌，拓展了物业服务规模。连续两年获得“物业百强企业”第三名，在拓展集团外部市场上取得了突破性的成果：成功中标目前北京市最大的整建制公租房京原路7号项目、用友软件园项目、北京市“政府采购物业服务项目”平台，为调整产业结构创造了条件。2012年新增的18个项目中就有14个项目为集团外部项目。

培养了物业专业人才队伍，员工不断向技术型、学习型人才转型，增强了企业的核心竞争力。首开实业公司现有全国项目经理74人，北京市物业行业专家27人，北京市项目负责人243人，涌现出全国劳动模范1名、北京市劳动模范7名，1人荣获“首都五一劳动奖章”，1人被授予全国物业管理改革发展30周年“行业标兵”。亿方物业通惠家园项目部荣获“2012年全国青年文明号”荣誉称号，方庄物业市人民

检察院第二分院项目部荣获“北京市工人先锋号”荣誉称号，方庄物业璞瑅项目部荣获“2012年北京市青年文明号”荣誉称号。

通过两年多来的管理转型实践，“首开物业”人坚信在日趋激烈的市场竞争中，把握机遇，突破瓶颈，提升发展动力，以品牌战略引领项目管理的转型，依然能够构筑国有企业新的发展优势，成为中国物业管理行业中手持彩练的当空起舞者!

成果创造人：倪　平　张英斌　崔屹欣　孙　刚　任　伟　闪静梅　冯　玲　郭桂勇　王巧红　王维洪　王彦阁　丁世兴

火电前期项目精细化管理的创新与实践

大唐国际发电股份有限公司
荣获第二十八届北京市企业管理现代化创新成果一等奖

大唐国际发电股份有限公司（以下简称：大唐国际）是我国大型独立发电公司之一，是中国大唐集团公司控股的中外合资企业。大唐国际成立于1994年12月，其公司股票于1997年3月分别在中国香港和伦敦上市，成为第一家在伦敦上市的中国企业、第一家在香港上市的中国电力企业；公司A股股票于2006年12月20日在上海证券交易所挂牌上市，成为第一家在中国香港、伦敦、上海三地上市的中国企业。

大唐国际在1994年成立之初，仅拥有河北、北京四家直属火力发电企业，发电装机容量285万千瓦。通过“星月计划”、“以电为主、多元协同”等发展战略，历经18年的开发建设，其已成为拥有发电（火电、水电、风电、核电、太阳能）、煤炭、煤化工、冶金、交通（铁路、航运、港口）五大领域的全国性综合能源公司，业务遍布全国22个省（市、自治区）。至2012年末，大唐国际发电装机容量达到3914.7万千瓦，是成立之初的13.7倍。目前，占发电装机容量83.7%的火电机组装机容量总计3278万千瓦，是成立之初的11.5倍，已成为公司发展的中坚力量。

2012年大唐国际连续第6次入选普氏能源资讯“全球能源公司250强”，综合排名由上年的第162位上升至第145位，全球独立发电公司排名由上年的第9位上升至第8位。首次入选“中国上市公司资本品牌价值百强”，排名第46位。在“金紫荆奖”评选活动中，再次入选“最具投资价值上市公司”，同时被评为“最佳投资者关系管理上市公司”。获得《财资》杂志“投资者关系金奖”。被企业社会责任国际论坛授予“金蜜蜂·生态文明奖”。

一、开展火电前期项目精细化管理工作的背景

（一）火力发电是国民经济高速增长的能源保障基础

电力是国民经济的基础产业，在国民经济中起着先导性作用。改革开放以来我国经济得到了快速发展，1978年，我国国内生产总值（GDP）3645亿元，到2012年，我国国内生产总值（GDP）达到51.93万亿元。“经济要发展，电力须先行”，作为经济发展的先锋，电力工业在改革开放以来得到了迅猛发展。1978年，全国发电装机容量仅5700万千瓦，年发电量2566亿千瓦时，到2012年底，全国发电装机容量达到11.44亿千瓦，年发电量4.96万亿千瓦时，其中火力发电装机容量占全国总发电装机容量的66.2%以上。预计2020年我国将实现国内生产总值比2000年翻两番的目标，未来很长一段时间我国经济将持续高速增长，电力需求也将会以较快速度增长。根据我国的资源禀赋及国家发展战略规划，火力发电量绝对数将继续提高，火力发电仍是新增电源的主要组成部分，是国民经济高速增长的能源保障基础。

（二）火电前期项目开发是企业自身发展的需要

2002年，电力工业改革，发电侧引入竞争机制，为了满足社会日益增长的电力需要，以及谋求自身发展，发电企业均在积极开发新的电源项目，形成了电力前期项目遍地开花的局面，好的前期项目逐渐被各发电企业视为一种新的稀缺资源。大唐国际是一个以火电为核心业务的能源公司，企业的高速发展得益于在近几年的电力项目建设高峰期建设了一批大型火电项目，有力地支撑了企业的发展需要，实现了市场份额没有被稀释的目标。为了形成梯级开发的态势，该企业还开发了大量的火电前期项目，为“十二五”乃至将来的发展提供项目资源保障。

（三）火电行业缺少项目前期工作业务标准

火电项目类型不同，其前期工作各具特色，使得火电项目建设前期工作内容细琐、体系繁杂。火电

项目前期工作的开展是项目未来能否盈利的基础，是企业实现电源布局战略的保证，是推动地方经济发展的有力支撑，是满足国家节能减排政策的可靠保障，关系到电力项目建设的成败。在我国能源消费高速增长，国内能源相对短缺，环保治理整顿力度不断增强，节能减排势在必行，行业竞争层次不断深化的严峻形势下，建立一套完整的火电行业前期管理工作业务标准尤为重要。经初步了解，发电行业还没有一套完整、清晰的火电项目前期工作业务标准体系。

（四）火电前期项目精细化管理是企业提升管理能力的需要

随着全国经济的迅猛发展和能源结构调整的不断深入，2008年，大唐国际提出了“以电为主，多元协同”的发展战略，为落实这一战略目标，通过持续不断的努力，大唐国际已经在全国22个省（市、自治区）储备了90余个火电前期项目，前期工作从业人员600余人，从业人员业务素质参差不齐，对政策法规的理解程度深浅不一。同时，由于缺少必要的管理手段，日常管理工作均通过电子邮件以Excel表格或Word文档进行沟通，除了带来大量的人工审核及繁重的文档处理工作外，项目管理缺少固定的管理流程，也带来信息沟通不畅、管理标准不够规范等诸多问题。为了提升企业管理能力，不断完善企业规范化管理，有效提高火电项目前期工作管理水平，培养优秀的前期项目管理人员，继续推动企业火电产业的持续健康发展，加强火电项目前期工作的规范化、精细化及信息化的创新管理势在必行。

二、火电前期项目精细化管理的内涵

由于国有企业加上市公司的双重身份，大唐国际非常注重企业的规范化管理，强调对各项工作的管控效果。经过多年的探索与实践，该公司确立了“工作计划”、“合同计划”、“费用计划”三项计划一体化的管理模式，明确了主要节点、主要审查环节，逐步形成了具有鲜明企业管理特色的管控模式，并建立了相应的制度体系，明确管理要求、固化了管理流程。

在总结管理经验及内外部工作要求的基础之上，大唐国际认真梳理了火电前期项目各项具体工作，研究了每一项工作的依据、目的、流程及成果要求，吸收了工程项目管理精髓，设计了火电前期项目管理流程图，并围绕项目管理流程图细分每项工作节点，设置主要控制环节，明确指导具体工作，详细要求专题报告，专篇指导特殊项目等，开创性地编制了《火电项目前期工作指导手册》（以下简称《指导手册》）。同时，该公司梳理了95项共36万余字国家级法律法规文件，汇编了《火电项目前期工作指导手册相关法律法规汇编》。较强的实用性、指导性，使《指导手册》成为每一位前期项目管理人员的必备工具，使管理人员能够将更多的精力投入到业务拓展当中去，实现了“通过提升改造员工素质，加强企业内部控制，强化链接协作管理，从而从整体上提升企业整体效益”的精细化管理目标，也为管理人员提供了法律依据的同时，真正做到了“有法可依，提质增效”的工作目标。

火电前期项目大部分远离中心城区，为了落实项目建设条件，从业人员需要协调各方关系，居无定所，长期处于“跑动中办公”的状态。为了进一步拓宽信息沟通渠道，提高管理效率，实现精细化管理目标，大唐国际E化了管理制度、《指导手册》，研究开发了“大唐国际前期项目管理系统”（以下简称前期系统），通过信息化的手段打通了管理环节，强化了管理流程的刚性要求。首先，大唐国际在系统中为每一位前期管理人员设置个人工作账号，按照工作职责配置了相应管理的权限，可以围绕前期系统开展所有前期工作。其次，通过E化工作流程图，结合流程图与主要控制节点的双流程设计，利用网络的便捷性，管理人员可以随时远程办公，也为管理人员营造了各规范化，

便捷化的家园平台。最后，系统中开发了项目管理、费用管理、合同管理、会议管理、工作请示、工作计划、业绩考核、统计分析、公共资料共9大模块，实现了大唐国际管理流程规范化，业绩考核全员化，信息交流便捷化，以及三项计划一体化的管理理念。

三、火电前期项目精细化管理的做法

2009年，大唐国际组织系统内部分企业的骨干和行业管理专家，用了近半年的时间，全面分析国家产业政策和管理规范，广泛开展调研和讨论，总结前期工作管理经验，编写了《指导手册》，并于2009年12月17日在该公司系统各单位正式发布。同时，为了适应三级管理体制，强化火电前期项目的规范化管理，大唐国际先后对《前期项目工作管理办法》、《前期项目费用管理办法》进行了修订，重新编制了《前期项目合同管理办法》、《前期项目评审工作管理办法》、《前期工作文件和资料管理办法》。2010年，为了解决信息沟通不畅、管理流程不规范以及管理低效问题，E化了管理制度及《指导手册》内容，研究开发了前期项目管理系统。

（一）细化工作节点，科学设计流程图

大唐国际火电前期项目规划化、精细化、信息化管理创新中非常重要的一项内容就是科学设计了火电项目前期管理工作流程图，此流程图在设计过程当中凝练了大唐国际多年积累的前期工作经验，蕴含着丰富的大唐特色企业管理文化，吸收了项目管理流程的精髓，在保证交流通畅的前提下，着重设计了主要控制节点、明确了主要审查环节等重要事项。

1. 划分管理阶段，设计流程图

火电项目前期工作包括从取得项目开发权到立项核准整个范围，工作内容细琐、体系繁杂。为了实现对火电项目前期进度的有效控制，提高前期工作质量，大唐国际根据国家政策、长期工作实践和本企业管理特点，结合火电项目前期工作阶段性特点，将前期工作划分为四个典型管理阶段：项目立项阶段、项目初步可行性研究阶段、项目可行性研究阶段和项目核准阶段。针对每个阶段的特点，明确、细化了各阶段的具体工作内容及要求，形成一个工作流程图，此图已经成为火电前期工作的司令图，火电前期工作的开展均围绕此流程图进行。

（1）项目建议立项阶段。指在符合国家和地方有关法律、法规、产业政策和地区规划的前提条件下，投资企业先对某一火电项目提出投资开发的建议，再通过项目单位对拟开发项目考察研究撰写的开发方案建议书决定是否准予立项。大唐国际又将此阶段细分为项目调研启动、公司内部审查、公司内部立项、公司签署协议四个不同阶段。公司内部立项是本阶段的主要控制点。

（2）项目初步可行性研究阶段。指项目筹建单位委托具备相关资质的设计单位，根据国家电力发展规划，结合火电项目建设特点，开展项目前期基础性研究工作，编制初步可行性研究报告，完成项目初步规划方案，初步落实建厂的外部条件（包括煤、灰、水、电、路、市场等），并取得相应的支持性文件。必要时对可能造成的厂址颠覆性因素进行论证，并委托有资质的单位对该项专题进行可行性研究。该阶段的工作目标是取得省级发展和改革委员会同意开展项目前期工作的批复，即“小路条”。

大唐国际将此阶段分为初可研报告、专题的编制、文件的取得和初可审查两个阶段。其中，初可研报告、专题的编制、文件的取得是三个并行的子流程。初可研报告、专题的编制流程中分别明确了编制单位的选择、编制事项的委托、编制合同的签订等相关内容，界定了各级单位的管理权限；在文件取得流程中，明确了本阶段需要取得哪一级政府部门的哪些支持性文件，同时明确了需要提供的部分落实外部建厂条件的协议文件等。初可审查阶段则明确要求在审查单位召开审查会议之前必须完成分子公司（项目筹建单位）和大唐国际的内部审查，并将取得省级发展和改革委员会同意开展项目前期工作的批复，作为本阶段了节点目标。初可研委托是本阶段的主要控制点，初可研审查则成为本阶段的主要控制环节。

（3）项目的可行性研究阶段，指项目筹建单位委托具备相关资质的设计单位编制项目的可行性研究报告，通过对资料、数据的收集、分析以及实地调研等工作，完成对项目的技术、经济、工程、市

场、环境等的最终论证和分析预测；适时开展相关专题的研究和委托编制工作，并取得相应的支持性文件。从而提出该项目是否具有投资价值以及如何进行建设的意见，为项目核准提供全面的参考依据。

根据经验，大唐国际将此阶段也分为可研报告、专题的编制、文件的取得和可研审查两个阶段。其中，可研报告、专题的编制、文件的取得是三个并行的子流程。可研报告、专题的编制流程中同样分别明确了编制单位的选择、编制事项的委托、编制合同的签订等相关内容，同样界定了各级单位的管理权限；在文件取得流程中，明确了可研阶段需要取得省级、国家级哪个支持性文件，明确了建设资金来源的相关承诺文件的具体要求。可研报告编制委托是本阶段的主要控制点，可研报告审查则是本阶段的主要控制环节。

（4）项目核准阶段，指火电建设项目应按国家有关要求编制项目申请报告，上报国家发展和改革委员会要求提供的相关支持性文件及该项目的可行性研究报告。由大唐国际报送项目核准机关（国家发展和改革委员会）对火电项目进行核准。项目核准机关依程序进行核准，并向项目申报单位出具项目核准文件。本阶段的工作目标是取得国家发展和改革委员会同意项目开工的项目核准文件。

将上述流程进行整合并调整后形成了火电项目前期工作流程总图：

2. 设计主要控制点

2009年，大唐国际开始推行三级管理责任主体，本部作为决策中心对所有前期项目的投资行为进行决策。为了有效保证工作质量，合理控制投资节奏，避免资金浪费，在火电项目前期管理流程中设计主要控制点，可以在不影响工作效率、保证交流通畅的前提下实现上述目标。为此，大唐国际认真研究了前期项目各项工作，分析了各节点的主要工作内容、工作性质等，在诸多节点中遴选了内部立项、初可研启动、可研启动3个主要控制节点必须由大唐国际完成，这3个主要控制点均具有鲜明的阶段性特点，在整

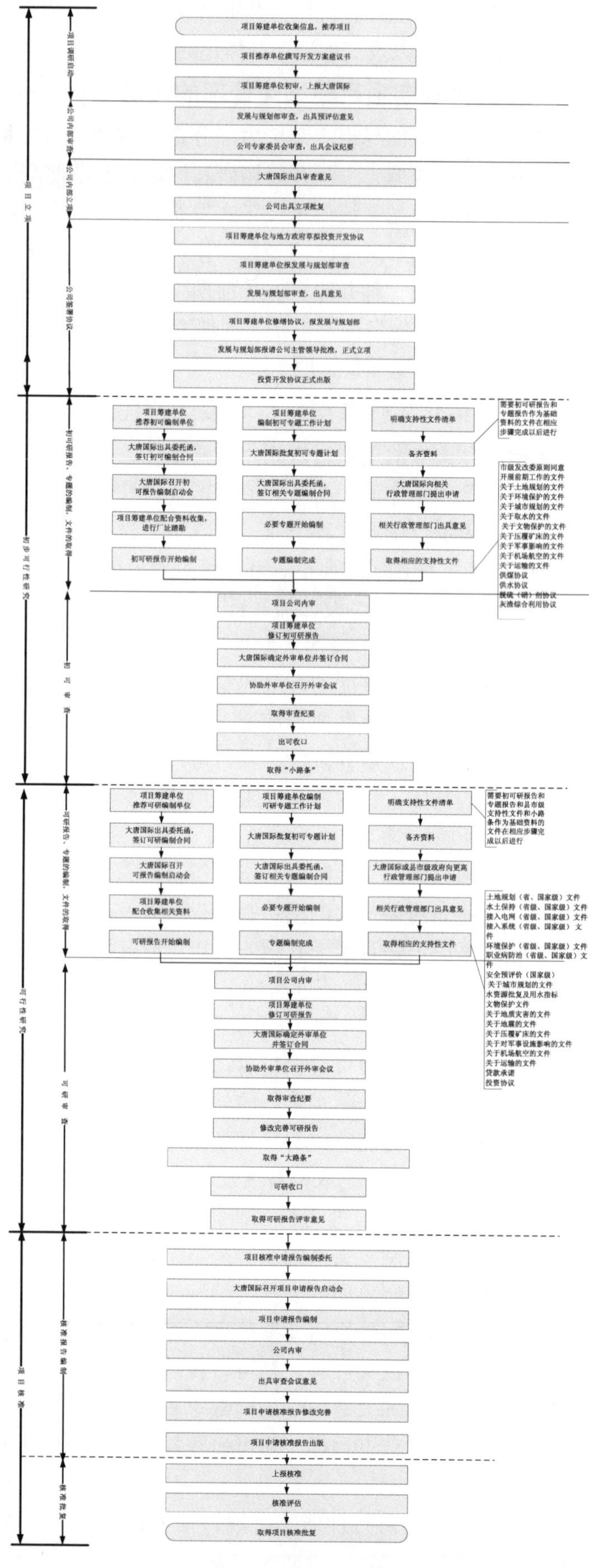

图1　工作流程总图

个流程当中是不可缺失的重要环节，更重要的是这3个主要控制点起到了火电项目前期管理工作指挥棒的作用，有效地控制着相关各项工作的节奏、进程，可以有效地控制投资风险、资金风险。

3. 明确主要审查环节

在火电项目前期管理全过程中，还有许多需要大唐国际、各级政府审批的内容，这些审批内容当中，有相当一部分审批内容会影响到项目的可行性，决定着项目建设的成败。为了把工作做实、做细，确保专题报告的内容符合实际、满足相应的深度要求，大唐国际结合本企业的管理特点，在初可研审查、可研审查等环节之前还设置了初可研、可研内部审查环节，内部审查一般邀请公司安环、生产、燃料、工程、计划等各专业部门参加，专业部门所提的意见都非常有针对性，有利于完善初可研、可研报告内容。同时，这些审查环节的设置一方面是为了满足项目开发取得支持性文件的需要，另一方面这些审查对项目的选择提供了较强的决策支持，避免了项目建设失败的风险，增强了企业预期的盈利能力。

4. 梳理支持性文件

火电项目属于重大投资项目，需要各级政府逐级审批，最终由国家主管部门审批核准。这些支持性文件涉及规划、环保、水利、军事、航空、运输、文物、市场等各个相关部门、单位，涵盖范围广、管理层级多、内容形式多样，造成许多前期管理人员难以形成系统的认识。

为了能够给前期管理人员明确此类工作的标准及其工作内容，大唐国际详细分析了国家政策要求，并结合大唐国际管控火电前期项目的要求，将火电前期项目核准所需的支持性文件进行了认真的梳理，按照初可研阶段、可研阶段进行了分级归类。在初可研阶段，支持性文件应取得县、市（盟）级或省级行政主管部门出具的批复文件，以及落实外部市场的供销协议，其中县级以下行政主管部门出具的批复文件只作为支持性文件形成的基础。在可研阶段，支持性文件应取得省（自治区、直辖市）或国家行政主管部门出具的批复文件，以及业主企业的投资协议（出资承诺）、银行贷款承诺等。

（二）创新编制工作手册，指导火电项目前期工作

项目前期管理工作不仅需要有理论基础、专业知识还需要有较强的协调能力，各级政府之间的管理差异也造成前期工作要求各不相同，也增加了项目前期管理有许多的不确定性，为了能够给大家提供一个可以普遍适用的管理标准，在工作流程总图形成之后，大唐国际对每一项工作的具体工作内容、目的（意义）、工作流程又进行了详细的解释说明，而且收集了大量的历史文本资料，做成扫描文件，统一收集在大唐国际编手的《指导手册》中，方便前期管理人员查阅。

1. 具体工作明确指导

为了让部分新从事前期管理的工作人员能够较快地掌握工作内容、工作标准，熟悉工作流程，将工作流程总图中的每一个具体工作环节分别从工作依据、目的（意义）、工作流程等不同的角度做了详细地解释说明。

（1）明确工作依据。编审组查阅了大量的法律法规，对前期工作的开展依据、各类文件的审批依据、各类报告的编制依据进行了法律依据描述，有针对性地引用了适用的法律法规。关于机场航空文件的审批依据列示为：《中华人民共和国民用航空法》、《民用机场管理条例》。

（2）明确工作目的。明确了各项工作的目的（意义），让管理人员对此项工作的重要程度有了充分的认识。如《贷款承诺》文件的意义："取得银行对项目建设的资金支持，为项目建设的资金来源提供保障，银行的贷款是项目核准的重要支持性文件 。"

（3）明确工作流程。在工作流程总图的基础之上，各项具体工作中涉及多部门协作的内容时，设计了子流程图，展示主管部门审批支持性文件的内部流程、大唐国际的内控流程以及不同部门之间的协作流程，双流程的设计也通过技术手段应用到了前期系统当中。子流程图更有针对性、分级更为详细。举例如图2所示：

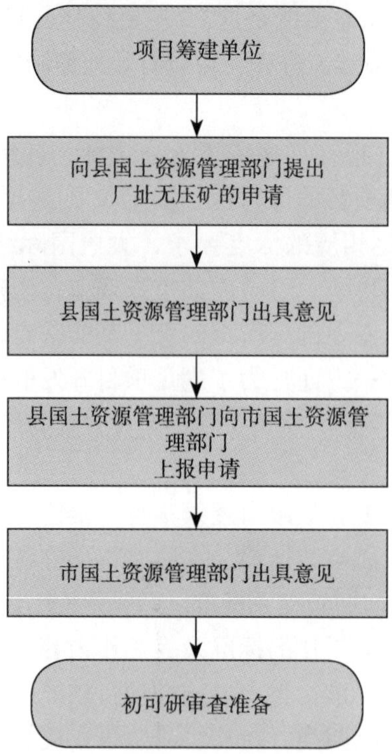

图2　取得市国土资源管理部门厂址无压矿文件流程

（4）明确批文时效。项目前期阶段取得的许多支持性文件都是有时效性的，由于项目前期工作时间长，实际工作当中经常会出现支持性文件失效的情况。为了减少此类情况发生，提醒工作人员及时更换失效文件，每一项具体工作说明中设置了批文时效。例如，国家环境保护部出具的《关于对项目环境影响报告的批复》有效时限为五年，自取得之日起计算。

2. 专题报告详细要求

各类型的专题报告贯穿整个火电项目前期过程当中，而且由于项目类型不同、所处地域不同项目之间也存在着差别，但是主要专题报告的内容要求是一致的，《指导手册》对各类报告的编制依据、编制目的以及编制内容、专题评审、成果体现等均做了明确的说明要求。这部分内容与上一节相似，不再详细描述。

3. 特殊项目专篇说明

由于项目的自身特点及所处的外部环境不尽相同，加之国家的产业政策导向不同，不同的火电项目核准标准也有所不同，为了能够具体指导火电项目前期工作，大唐国际在《指导手册》中对几类特殊火电项目的前期工作做了专篇指导。特殊火电项目主要包括了煤矸石火电项目、热电联产项目、“上大压小”火电项目、沿海火电项目等。《指导手册》分别对特殊火电项目前期工作的不同要求做了阐述说明，对于非常规的专题报告编制依据、内容、成果体现等也做了详细的要求，同时列示出了特殊支持性文件清单，对特殊火电前期项目管理内容进行了补充。

4. 文件扫描样本展示

为了让项目前期管理人员对各类文本有一个直观认识，《指导手册》中选择了各个不同工作环节的典型历史文件作为样本附件，补充到各项具体工作内容之中，形成了一个从工作内容、工作标准、工作依据、工作意义、工作流程到工作成果的完整的工作节点展示，既有理论依据，又有实物样本，具有非常强的指导性、实用性。

（三）汇编法律法规提供火电项目前期工作依据

大唐国际是一家三地上市的国有企业，国有加上市的身份，使大唐国际非常重视各项工作的合法、合规性。大唐国际搜集了国家、地方的百余项法律法规文件，对每各项法律法规进行了认真的筛选，选择了针对性强、适用性强的国家级法律法规文件95项共36万余字，汇编了《火电项目前期工作指导手册相关法律法规汇编》，并根据土地规划、城市规划、环境保护、文物保护、水土保持、职业病防治、铁路等27个相关专业内容进行分类。将相关法律的主要条款作为火电项目前期开发过程中开展各项具体工作的依据，纳入《指导手册》中。

（四）创新开发前期系统，提升管理水平

1. 建立项目信息栏目，方便信息交流

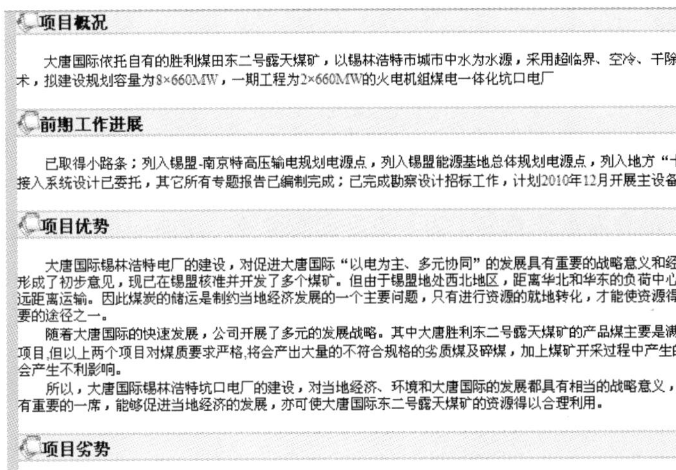

当需要了解项目基本信息时，为了免于查找资料的麻烦，在项目管理模块中设计了项目信息栏目，集中收录了项目概况、前期工作进展、项目优势、项目劣势等主要文字描述信息，同时还收录了装机方案、技术参数、经济指标等机组特性指标信息。项目信息栏完善项目信息、归集方案，实现项目资料精而全，使各级管理人员能够在较短的时间内详细的了解项目的总体情况。

2. E化管理制度，实现三项计划一体化管理模式

在修边管理制度同时，大唐国际确立了以工作计划为基础，合同计划、费用计划为手段的三项计划一体化管理模式，并根据此模式在前期系统中分别设计了“工作计划”、“合同管理”、“费用管理”模块，E化了管理制度，利用现代化的机器语言，使三个模块之间按照管理顺序建立钩稽关系，实现了三项计划一体化管理。

大唐国际在每年年初根据项目的进展情况、区域发展特点、外部竞争环境等条件确定项目的年度工作目标，对年度工作目标按照项目流程图中细化的主要节点制订分解计划，并以此计划初步确定全年的主要合同计划、费用计划。然后，根据“先有合同计划、后有合同费用”的管理理念，在前期费用计划中申请合同费用时，设置前置条件，即：没有取得批复计划的合同不可以申请费用计划。通过此项条件设计，可以有效地降低资金闲置率，提高资金使用效率。

另外，大唐国际对前期费用实行“年预算、季计划”管理，年初根据工作计划确定项目全年的费用计划，然后根据各季度前期工作进度，再进行季度计划的审批，季度计划作为费用计划的执行计划，这样可以实现工作计划与费用计划的完全匹配，适应前期工作的不确定性，在为推动前期工作配置相应的费用计划的同时，也起到了用费用计划控制前期工作节奏的作用。

3. 固化管理流程，规范管理行为

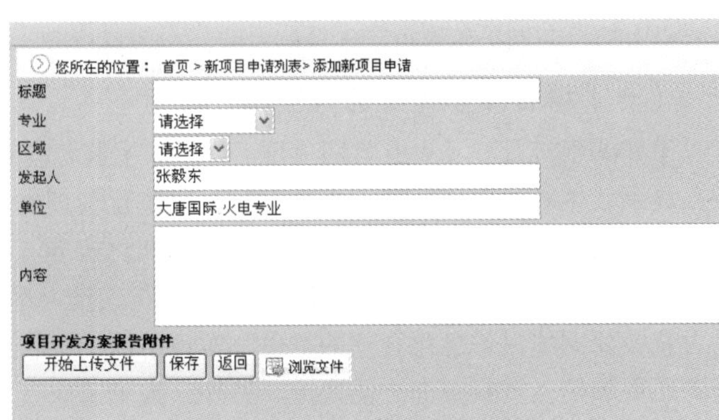

前期项目的开发关键在于项目信息的收集，大唐国际在前期系统中设计了“新项目机会”模块，通过此模块将有价值的新项目信息以项目开发方案的形式“由下而上”逐级进行报送，参与审核的各级管理人员对项目开发提出意见，此意见将作为项目企业内部立项时的参考依据。同时通过对新项目开发信息的收集，依据项目开发方案报告判断项目开发价值，最终确定是否同意内部立项。

另外，为了提高管理效率，规范管理程序，大唐国际在前期系统中建立了“工作请示”模块，此模块以“由下向上”的方式进行流转，各级管理人员提出明确的处理意见，为上级领导提供决策支持。

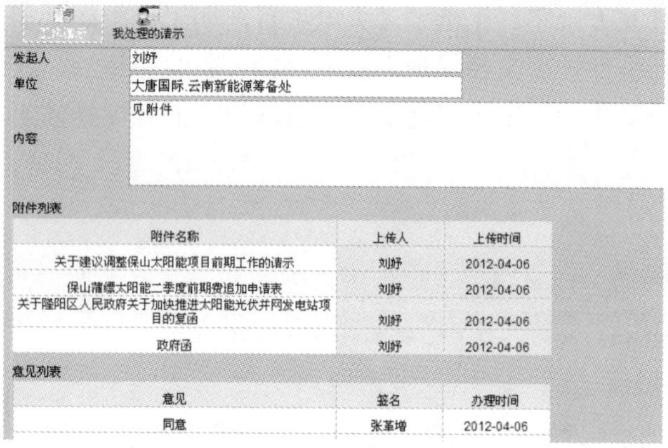

"工作请示"模块，发挥了大唐国际三级管理体系中各级的管理作用，各级管理人员共同参与决策过程，让决策内容更科学，管理程序更规范，同时也实现了"管理有痕迹"的规范化管理目标，避免了后续管理过程中出现的推诿扯皮现象，大幅度地提高了管理效率。

4. 搭建信息共享平台，及时了解国家政策动态

由于国家产业政策变化直接影响着项目的成败，所以及时了解国家政策、行业动态对于每位前期工作人员有着重要意义。为了更好提质增效，在前期系统建立了"行业动态"及"公共资料"两个模块，所有前期工作人员都可以将相关资料上传到两个模块中，帮助所有人收集相关信息，实现资料信息的共享。

（五）量化前期工作，实现前期项目绩效管理

为了响应公司全员业绩考核工作要求，在前期系统中设计了业绩考核模块，对前期工作进行了分解量化，使每项具体工作都赋予了具体分值，而且在此基础之上设计了相关指标，使业绩考核系统更加完善。同时，通过设定识别条件，业绩考核模块还实现了考核数据的自动采集。工作中，通过项目流程图中添加相应的文件或者完成主要任务节点审核，确认此项工作的完成状态，按照已经赋予的分值完成得分统计，并将得分值自动采集纳入"业绩考核"模块当中。

四、火电前期项目精细化管理实施效果

大唐国际实施火电前期项目精细化管理创新实践后，不仅填补了多项行业空白，而且使公司系统前期项目管理人员业务素质得到大幅提高，对项目的管控能力逐步加强，企业的项目前期工作管理水平不断提升，火电项目前期工作取得了优异的成绩，在项目核准、项目开发、项目推进方面都取得了较大突破。

（一）填补多项行业管理空白

于2009年12月，《火电前期项目工作指导手册》发布后，成为了公司系统600余名前期管理人员的必备工具书，填补了电力行业火电前期项目规范化管理的空白，被国家能源局电力司、中电联、中国大唐集团等相关部门借鉴使用。为了研究项目标准化核准流程，《指导手册》也被国家能源局借鉴编制"火电项目核准工作指导手册"。于2011年1月，正式投入运行的"大唐国际前期项目管理系统"，也弥补了电力企业前期项目信息化管理的空白，实现了前期项目管理的电子化，办公效率显著提高，前期管理人员沟通更顺畅，资料查询方便快捷。另外，为了适应三级管理体系，大唐国际先后对前期工作、费用、合同、项目评审以及文件资料五项管理制度进行了修订及编制工作，这五个管理制度不仅强化了火电前期项目规范化管理，也填补了大唐国际企业管理中的一项空白。

（二）加快前期工作进程

大唐国际通过细化管理流程，提高了前期工作效率，确保了前期业务规范管理，优化了推进项目进程，实现了企业健康发展，使前期项目管理进程明显加快管理秩序更加顺畅。

2010年以来，大唐国际共计取得1031万千瓦火电项目核准批复，分别为：广东潮州电厂二期2台100万千瓦火电机组，福建宁德电厂二期2台66万千瓦火电机组、重庆石柱电厂2台35万千瓦火电机组、江西抚州电厂2台100万千瓦火电机组；浙江绍兴2套45.2万千瓦燃气热电机组、浙江江山2套11.5万千瓦燃气热电机组、北京高井3套46万千瓦燃气热电机组、广东高要2套42.3万千瓦燃气热电机组、深圳宝昌2套46.7万千瓦燃气热电机组。其中，潮州二期2台100万千瓦火电机组实现了大唐国际火电项目100万千瓦机组零的突破，浙江绍兴燃气热电项目作为大唐国际第一个自主建设的燃气热电项目，弥补了专业管理的空白，为公司调整产业结构做出了贡献。

截至目前，该公司还取得了1012万千瓦火电项目“大路条”，包括广东雷州、浙江乌沙山电厂二期4台100万千瓦机组，内蒙古托克托五期、河北蔚县电厂4台60万千瓦级机组，辽宁沈东热电、葫芦岛热电项目4台35万千瓦热电机组，广东、天津、江苏3个燃气热电项目，以及河北下花园生物质热电4台5万千瓦机组。另外，该公司已向国家能源局上报了内蒙古、河北、江苏、福建、广东、山西、青海、宁夏等区域19个项目合计2630万千瓦火电前期项目“大路条”申请。

（三）提高工作效率，提升管理水平

《指导手册》的发布，火电前期项目管理人员对管理要求、管理流程及相关法律法规有了较全面的认识，业务素质得到了大幅提升；前期系统的投入使用，各级管理人员通过共有的平台实现了费用计划、合同计划、工作请示等事项的上报、审核、汇总处理，节省了大量的时间，缩短了审核周期，提高了审核质量，降低了工作强度，工作效率得到大幅提升；前期系统中设计了业绩考核模块，将不易量化的前期工作进行了量化处理，与大唐国际的业绩考核理念吻合，实现了业绩考核数据的在线管理、自动采集。

（四）建立工作家园，信息沟通更顺畅

前期系统的开发，为火电前期项目管理人员搭建了统一的工作平台，将系统内600余名前期管理人员通过现代化的网络手段有机地联系在一起，让所有前期工作人员有一种归属感，找到了“前期工作大家庭”的感觉，形成了前期工作的家园平台。前期系统解决了管理人员在途办公不便、信息沟通不畅的特有难题，通过这个平台，前期管理人员可以开展本职工作、学习业务知识、查找历史资料、了解相关信息等。前期系统也将大唐国际、二级公司、项目单位有机地联系在一起，固化工作流程、界定管理职责、强化信息沟通，通过前期系统中设置的“工作请示”模块，为各级单位之间搭建了一个信息沟通平台，使各级单位前期工作管理人员间信息沟通更加顺畅，有效地减少了各层级单位间信息沟通不对称情况的发生，缩短了决策周期，使相关信息沟通更顺畅。

（五）减少资金占有量，提高资金使用效率

由于火电项目前期阶段的专题费用约800万—2000万元，如果项目不核准这些资金就不能产生应有的效益。为此，大唐国际修订了《前期工作管理办法》、《前期费用管理办法》和编制了《前期合同管理办法》，实现了前期项目的“工作计划、合同计划、费用计划”的一体化管理。上述制度实施后，控制了部分专题的委托进程，合理控制投资节奏，减少合同纠纷几率，提高资金使用效率，火电项目年度前期费用逐年减少，在保证工作进展的情况下，节约了大量资金，减少了企业风险。

成果创造人：尤海君　赵大斌　曹景山　秦建明　刘小平　李国瑾　董志锋　方世杰　董姝琳　张毅东

“以人为中心”的管理思想在人力资源管理信息系统建设中的探索与应用

大唐国际发电股份有限公司

荣获第二十八届北京市企业管理现代化创新成果一等奖

大唐国际发电股份有限公司（以下简称大唐国际或该公司）是我国大型独立发电公司之一，是中国大唐集团公司控股的中外合资企业。该公司成立于1994年12月13日，1997年3月，该公司股票分别在香港和伦敦上市，成为第一家在伦敦上市的中国企业、第一家在香港上市的中国电力企业。2006年12月20日，该公司A股股票在上海证券交易所挂牌上市，成为第一家在中国香港、伦敦、上海三地上市的中国企业。2012年，该公司连续第6次入选普氏能源咨询“全球能源公司250强”，综合排名由上年的第162位上升至第145位，全球独立发电公司排名第8名。

大唐国际始终践行“人为本、和为贵、效为先”的核心价值观，“人为本、和为贵、效为先”是该公司遵循的基本的价值取向，是指导员工行动的最核心的原则，“以人为本”是大唐国际对人的基本态度。把“以人为本”的理念真正地贯彻到人力资源管理当中去， 以人为中心，尊重员工、发展员工，想方设法为员工创造更大的价值提供条件，是人力资源管理未来发展的必然趋势。大唐国际人力资源管理信息系统建设即是一次将“以人为中心”管理思想透过信息化手段，在项目中应用的探索与实践。

一、“以人为中心”的管理思想在人力资源管理信息系统建设中的探索与应用的背景

（一）公司快速发展和管理持续提升迫切需要建设适应公司管控特色的人力资源管理化精品平台

多年来，大唐国际紧扣科学发展主题，以经济效益为中心，以结构调整为主线，加快实施以电为主、多元协同战略，始终致力于企业经济、社会、环境综合效益最大化，经营产业涉足发电（火电、水电、风电、核电、太阳能）、煤炭、煤化工、交通（铁路、航运、港口）、循环经济等领域，公司发展十分迅速。截至2012年底，该公司资产总额达2712亿元，是上市之初的20.4倍；发电装机规模达到3814.7万千瓦，是上市之初的12.4倍；该公司已经从成立之初仅在河北、北京就拥有四家火力发电厂的单一发电公司快速成长为目前拥有3家专业公司和8家区域公司，控股、参股企业100余家，项目遍及全国16个省（市、自治区），员工总数达2.2万人的全国性综合能源公司。

随着大唐国际多元化发展战略的实施，大唐国际人力资源管理建立了“大唐国际、区域公司、项目公司”三级管理界面，并逐步规范了工作流程、完善了规章制度，在集团化管控方面形成了良好的格局。

但是，随着管理层级和所辖产业、单位的增多，导致现有人力资源信息管理手段还有进一步提升的空间：

一是人力资源管理所需要的信息标准和格式需要统一。随着社会的进步、公司的壮大发展，涉足的行业领域日益增多，部分原有定义、标准已失效；随着公司的多元化，原有的电力行业机构、岗位、专业等信息呈现出局限性，已不能满足现阶段管理的需求。虽然该公司针对多元化发展的状况，在管理层面上制定了较为完备的管控制度，但是在操作层面上还未形成统一完备的标准，导致部分业务人员对业务细节的理解上产生偏差，使工作出现反复解释、多次返工的现象，降低了整体工作效率。

二是上下级间、各业务间信息资源的共享需要加强。在此之前，大唐国际系统所属企业人力资源

数据以多种格式存在于各种系统中，由于数据格式与信息平台的各不相同，致使上下级间、各企业间的人力资源数据成为信息孤岛，无法实现充分共享。虽然各企业投入了大量人力、物力编制或购买信息平台，各级业务人员花费了大量精力管理和维护数据，但大唐国际人力资源管理却因所属企业数据与平台各异，无法实现实时获取、及时分析，形成反复报送的不良循环，且因数据格式不兼容，不得不采用导出Excel表，需要手工进行统计、分析，增加了管理成本和出错几率。

三是现代化手段有待进一步充分利用、发挥效应。随着大唐国际多元化的发展，该公司人力资源管理精细化程度得到了进一步提高，形成了清晰明确的三级管理界面和规范完整的规章制度。界面和制度是人力资源业务的两大重要组成组成部分，三级管理界面和完备的制度体系已经为实施人力资源E化管理夯实了基础。

基于上述原因，搭建统一的人力资源管理信息平台、实现数据的实时共享、实现业务的自动批量处理，是提高工作效率、减轻工作强度、产生管理效益的重要手段；是快速应对变化、降低管理成本、提升规模效益的有效手段和必然选择。

（二）企业实施人力资源管理信息化的潜在风险对项目实施提出了更高要求

今天，随着计算机的普及，信息技术已被广泛应用于管理工作中，管理信息化已成为现代化企业管理不可缺少的重要内容。管理信息系统逐步成为企业管理和决策的重要工具。将信息技术运用于企业人力资源开发与管理——人力资源管理信息化是人力资源开发与管理的必然趋势，而如何有效开发与应用人力资源管理信息系统正成为理论界和企业实践领域的热点问题。

人力资源管理信息化是企业ERP的重要组成部分。但"不上ERP是等死，上ERP是找死"，成为中国企业实施ERP的魔咒。据统计，从1991年起至今，在所有的ERP系统实施项目中，一般只有10%—20%能按期成功实施，实现系统集成；约有30%—40%没有实现系统集成或只实现部分系统集成；约50%的实施项目遭到失败。项目实施的风险主要体现为"软件风险"、"实施风险"和"转变风险"。一方面国内软件主要面向中小型企业，很难提供大型企业集团解决方案；另一方面国外软件虽然在一些发达国家已经经历了一个较长的开发和使用阶段，其满足企业需要、系统的集成性、软件的成熟性和稳定性表现较为理想，但在适应中国企业需要、适应中国用户使用习惯、适应中国企业管理等方面存在明显不足。

随着企业的发展、管理的提升，大唐国际已逐步从以物为中心的管理转向以人为中心的管理，强调"以人为本"的管理理念已经形成共识。在这种人本管理模式下，面对实施人力资源管理信息化的挑战，唯有创新管理，将"以人为中心"的管理思想融入项目实施和应用全过程中。

二、"以人为中心"的管理思想在人力资源管理信息系统建设中的探索与应用的内涵

（一）系统建设的主要历程

大唐国际人力资源管理信息系统（以下简称人资系统或系统）建设自2011年3月启动，经历了项目准备、业务蓝图、开发测试、系统上线、完善提升5个阶段，历时16个月。

1. 2011年3月，为项目准备阶段。主要工作包括确定目标、成立机构、明确分工和制定项目计划。

2. 2011年3—5月，为业务蓝图阶段。主要工作包括需求调研分析、流程改进规范、形成业务蓝图和编制数据词典。

3. 2011年6—8月，为开发测试阶段。主要工作包括按照业务蓝图进行系统功能开发、配置和测试工作。

4. 2011年9—10月，为系统上线阶段。主要工作包括数据采集、系统切换和业务人员培训。此阶段以2011年"930"系统上线试运行为主要标志。

5. 2011年11月—2012年7月，为系统完善提升阶段。主要工作包括做好数据维护、保证系统数据准确规范；构建三大平台、展现系统亮点和实用功能；不断完善系统，使系统既能用又好用；做好系统推广，让项目成果转变为用户的知识和技能。

（二）系统建设中的主要创新特点

"以人为中心"管理思想在人力资源管理信息系统建设中应用的核心在于系统在建设过程中、系统的功能设计、系统的操作以及系统的应用都应该紧紧围绕"人"这个中心。具体到人力资源管理信息系统中的"人"而言，主要指系统的使用者即用户、企业的基层员工和系统中存储的企业所有人力资源信息。大唐国际在系统建设中与应用中，全过程贯彻了"以人为中心"的管理思想，主要体现在：

1. 项目实施以用户为中心，用户全程主导建设

系统建设用户主导。大唐国际人力资源管理信息系统建设按照项目化运作，该公司成立了以分管副总经理为总设计师、人力资源部主任为总指挥、抽调系统内几十名优秀人力资源管理者组成了项目团队，全程主导项目建设。

广泛了解用户需求。在系统建设初期，系统建设项目组采取问卷调查、用户访谈、研讨会等多种形式，广泛了解各级用户对信息系统的使用需要。在此基础上，绘制了业务流程、设计了系统结构、编写了业务蓝图，并经过多次反复讨论后形成了系统功能说明书。

全程突出用户参与。不仅仅是系统建设初期用户需求的分析和了解，在系统开发测试阶段，项目组组织多批用户对系统进行全面测试，认真听取用户意见和建议，在开发过程中不断完善系统；在系统上线阶段，项目组连续组织了2次6期用户培训班，将大唐国际系统所有使用人员进行了每人至少2次的系统使用培训。

2. 系统架构以用户为中心，功能面向不同用户

大唐国际人力资源管理信息系统总体构架可以概括为"三横九纵"（见图1）。

"三横"是指分别面向各级管理者、人资业务人员和全体员工等不同用户，分别搭建的管理分析平台、人资工作平台和员工自助平台三大交互平台，满足不同用户的使用需求。

"九纵"是指以人资专业管理为出发点，建设的组织管理、干部管理、员工管理、薪酬管理、绩效管理、教育培训、人才评价、员工发展、统计分析九大业务功能模块。

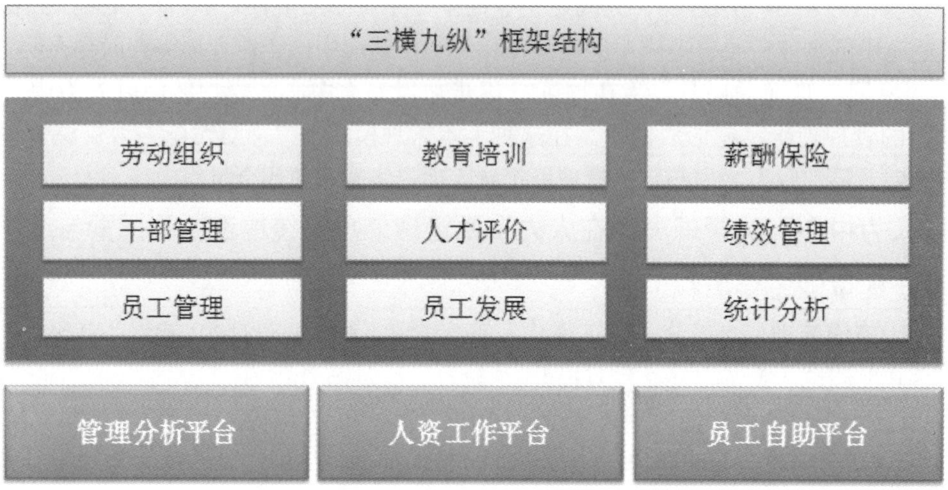

图1 系统总体架构示意图

3. 系统操作以用户为中心，使用突出用户体验

操作界面简洁明了。大唐国际信息系统一改同类软件系统界面繁杂的特点，以流行的"九宫格"为基础，为用户设计了简洁明了的操作界面，在部分细节中，还参照了目前用户常用的智能手机中的操作界面（见图2），让用户在使用中倍感亲切。

系统使用智能快捷。大唐国际信息系统为广大用户专门开发了大量智能工具。如各级用户使用较为频繁的在系统中搜寻人员的功能，系统中专门开发了"智能搜索"功能：采用了类似于"百度形式"的搜索引擎（见图3），实现通过姓名、职称、岗位等条件或者组合条件对员工的进行模糊查询。例如，我

们在搜索框中输入"张 工程师"则会查询到管理权限下所有张姓工程师人员名单。

图2 简洁明了的系统界面

图3 类似百度一样的智能搜索

系统工具为用户提高工作效率和质量。在系统建设中，紧紧围绕以用户为中心，为用户特制开发了大量系统使用工具。如为用户开发了针对批量数据进行导入的各种数据导入工具，最大程度上减轻了用户录入数据的工作量（见图4）；为用户设计了对数据进行完整性、逻辑性等进行校验的校验程序，确保了数据质量（见图5）。

图4 人员事件批量导入工具

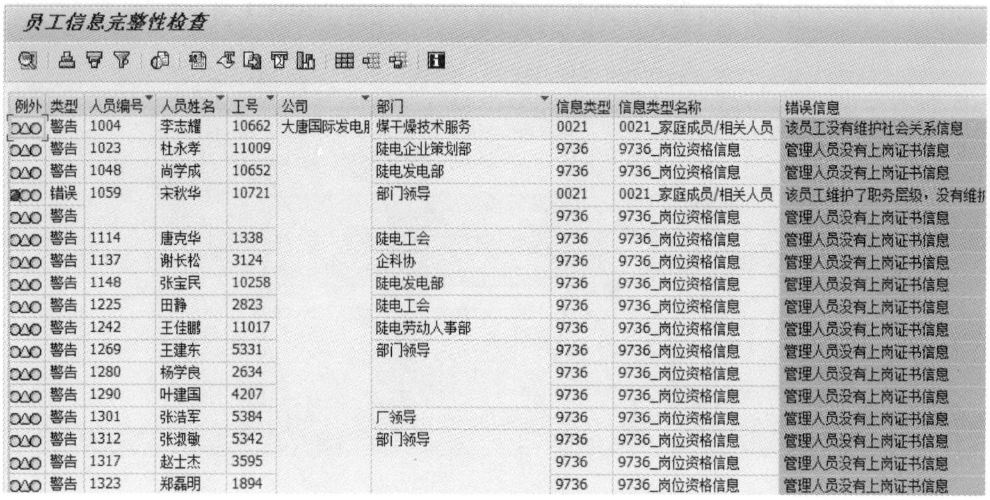

员工信息完整性检查

例外	类型	人员编号	人员姓名	工号	公司	部门	信息类型	信息类型名称	错误信息
	警告	1004	李志耀	10662	大唐国际发电肌	煤干燥技术服务	0021	0021_家庭成员/相关人员	该员工没有维护社会关系信息
	警告	1023	杜永孝	11009		陡电企业策划部	9736	9736_岗位资格信息	管理人员没有上岗证书信息
	警告	1048	尚学成	10652		陡电发电部	9736	9736_岗位资格信息	管理人员没有上岗证书信息
	错误	1059	宋秋华	10721		部门领导	0021	0021_家庭成员/相关人员	该员工维护了职务层级，没有维护
	警告						9736	9736_岗位资格信息	管理人员没有上岗证书信息
	警告	1114	唐克华	1338		陡电工会	9736	9736_岗位资格信息	管理人员没有上岗证书信息
	警告	1137	谢长松	3124		企科协	9736	9736_岗位资格信息	管理人员没有上岗证书信息
	警告	1148	张宝民	10258		陡电发电部	9736	9736_岗位资格信息	管理人员没有上岗证书信息
	警告	1225	田静	2823		陡电工会	9736	9736_岗位资格信息	管理人员没有上岗证书信息
	警告	1242	王佳鹏	11017		陡电劳动人事部	9736	9736_岗位资格信息	管理人员没有上岗证书信息
	警告	1269	王建东	5331		部门领导	9736	9736_岗位资格信息	管理人员没有上岗证书信息
	警告	1280	杨学良	2634			9736	9736_岗位资格信息	管理人员没有上岗证书信息
	警告	1290	叶建国	4207			9736	9736_岗位资格信息	管理人员没有上岗证书信息
	警告	1301	张浩军	5384		厂领导	9736	9736_岗位资格信息	管理人员没有上岗证书信息
	警告	1312	张淑敏	5342		部门领导	9736	9736_岗位资格信息	管理人员没有上岗证书信息
	警告	1317	赵士杰	3595			9736	9736_岗位资格信息	管理人员没有上岗证书信息
	警告	1323	郑磊明	1894			9736	9736_岗位资格信息	管理人员没有上岗证书信息

图5 员工信息完整性检查工具

4. 系统互动以员工为中心，信息满足全员共享

随着工作量的增加和网络时代的工作方式的变更，员工们不再有充足的时间来书面填写各种表单或者等待来自企业人力资源部门等部门的答复等。员工也希望有更加省时便捷的管道来管理个人信息，完成各类申请以及了解企业的各项规章制度等。员工自助平台面向企业内部所有员工，建立一个基于人力资源管理事务范围内的沟通交流互动平台，将原来神秘的人力资源信息共享给员工本人，实现员工自己对相关事宜的处理以及管理层对本授权范围内的员工各类信息查询申请审核及部门招聘培训等管理。员工自助平台允许员工在线查看岗位职责、个人信息、个人当月薪资及薪资历史情况、个人福利累计情况、进行内部招聘报名，更改个人数据等（见图6）。企业通过员工自助平台的搭建，实现员工之间以及员工与企业间的信息互动，实现全员人力资源管理，提高员工满意度与归属感。

图6 员工自助平台

5. 数据挖掘以人员为中心，分析支持管理决策

人力资源是企业最宝贵的资源，人力资源管理信息系统是存储和分析各种人力资源数据的重要平台。一般的人力资源管理信息系统，更多的是注重人力资源数据的存储，然后跟进一步的是依靠系统形成各种人力资源报表。但在大数据时代，应当利用现代先进的计算机技术，从庞大的人力资源数据中去挖掘数据、分析数据，为企业各级管理者提供决策支持服务。基于此，我们在大唐国际人力资源管理信息系统中搭建了面向各级管理者的管理分析平台。

管理分析平台是基于以系统中大量存储的人员数据为中心，采取图形化图表的方式陈述业务指标，如反应企业的人员流动情况、资金分配情况。就像汽车的油料表，各级管理者根据仪表的指针，了解企业的实时状态，从而进行决策，以保证其处于安全区域。为了能够向各级管理提供及时、准确、透明的管理信息，加强对企业人力资源决策支持、综合平衡、协调服务、监督控制的能力，依据信息系统需求实现方案分析，充分考虑“管理分析平台”宏观分析特点，按照管理所涉及的各方面指标可实现企业总览、组织结构、干部队伍、人员结构、人员搜索、人员变动、专家人才、薪酬情况和报表查询9个方面几十项指标的查询、分析和展示（见图7—图10）。根据分析角度不同，进行人力资源配置的全方位剖析对比，从而形成了企业各维度的可视化逻辑视图，在具体分析中还可以为管理者进行数据下载，让数据从宏观分析直接进行到微观具体数据（见图10）。

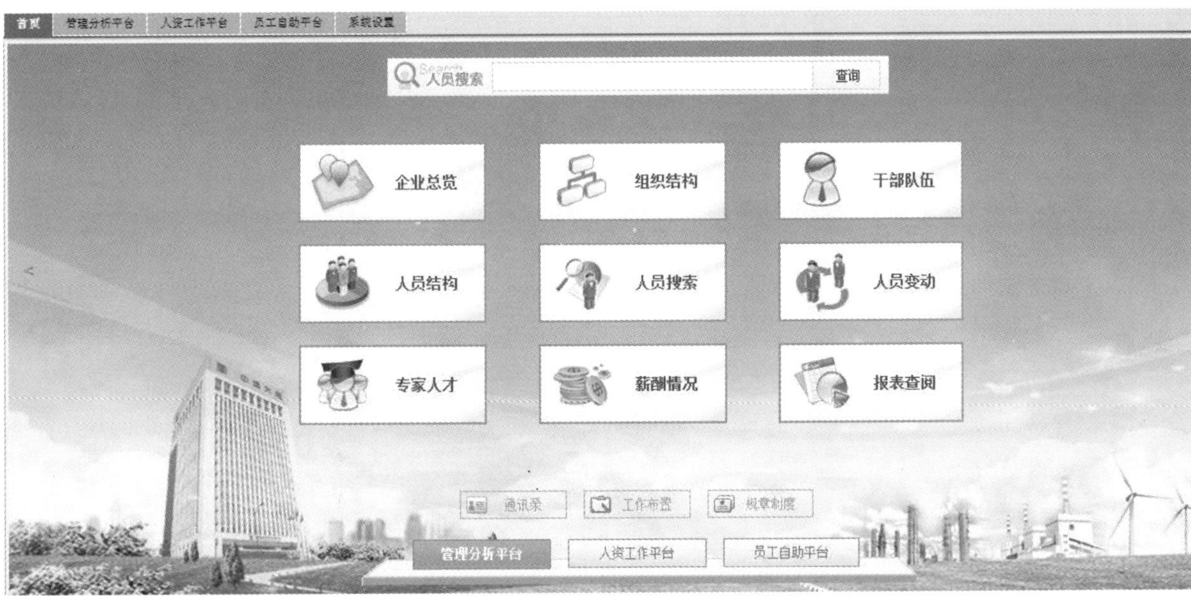

图7 管理分析平台首页

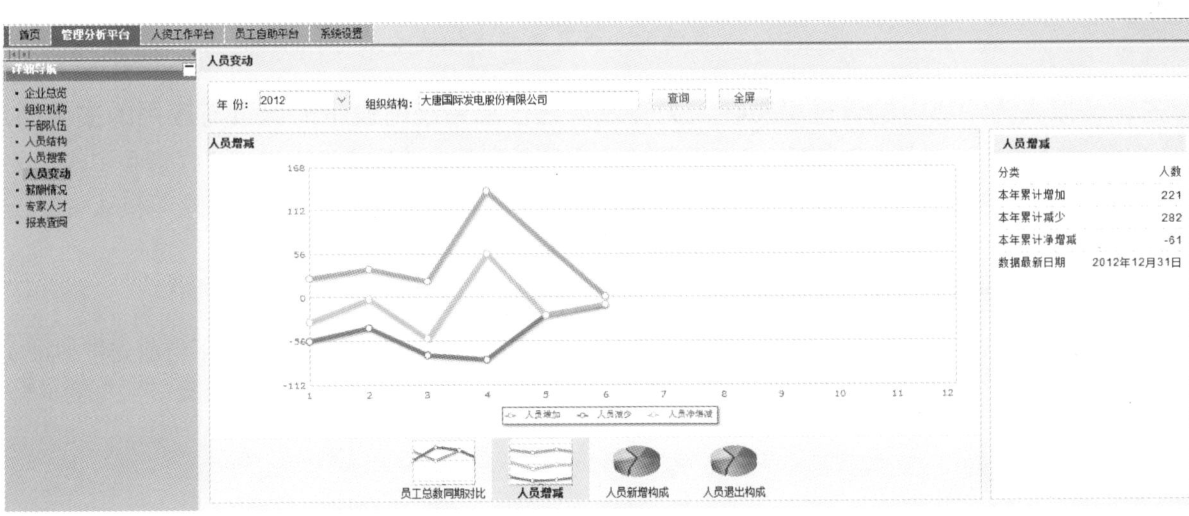

图8 人员变动分析

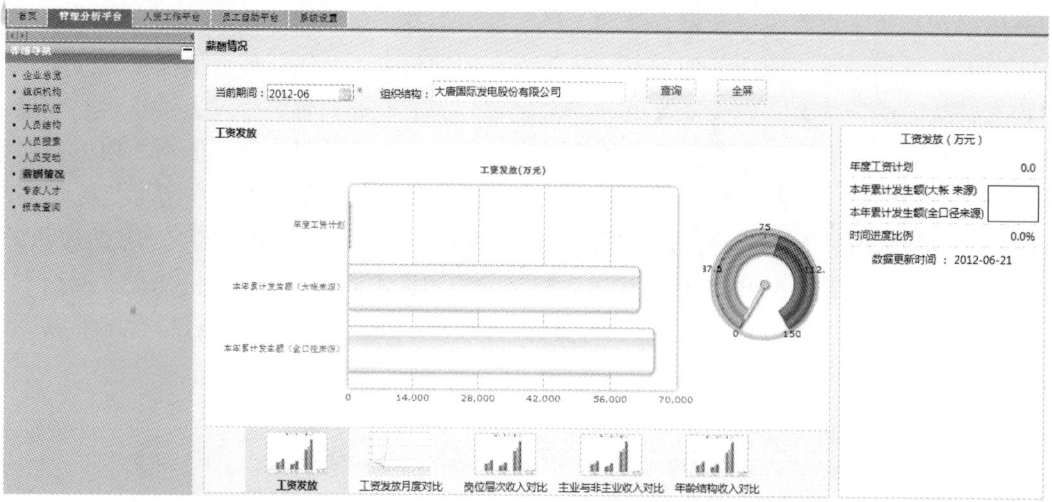

图9　工作计划执行分析

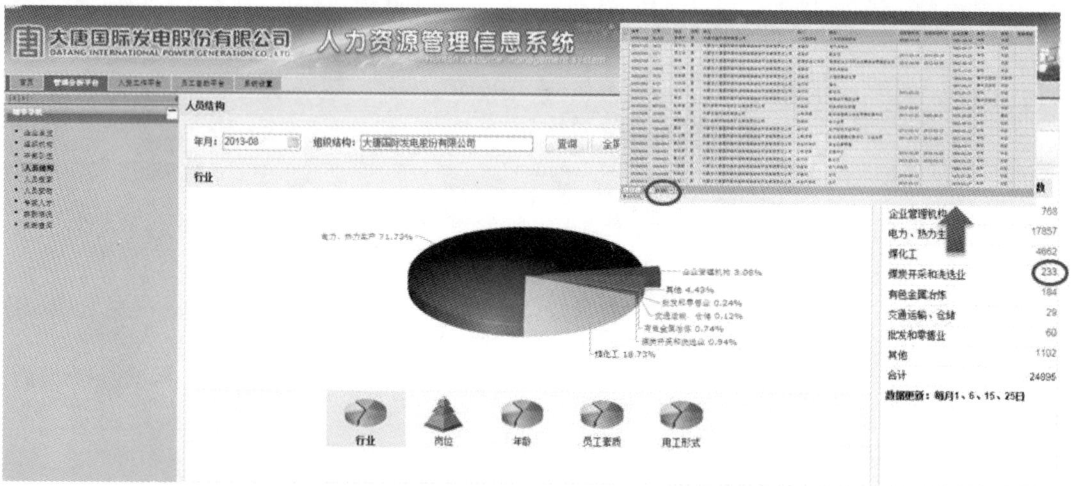

图10　人员结构分析及数据下钻展示

三、“以人为中心”的管理思想在人力资源管理信息系统建设中的探索与应用的主要做法

“以人为中心”管理思想全过程在大唐国际人力资源管理信息系统建设中进行了探索和实践，最终出色完成了大唐国际人力资源管理信息系统建设和应用，最终建成了企业、用户和其余单位认可度较高的以“三横九纵”为总体架构的人力资源管理E化精品平台。

（一）“三横”实现的主要功能

依托强大而丰富的人力资源数据库，信息系统以SAP 门户技术为基础，综合采用了当前先进的Java、NET、润乾、Google、NTKO等多种软件技术，搭建了管理分析平台、人力资工作平台和员工自助平台三大交互平台。

1. 管理分析平台

企业总览：模块展示管理权限范围内的单位在中国地图上分布情况，实现按组织机构、行业分类、单位状态实现查询的功能。实现快速导航功能，方便查看干部、人员、专家、薪酬等情况。

组织结构：该模块根据登录人权限实时、动态、逐层展示权限下组织架构、岗位和人员信息。

干部队伍：可以实现对各层级干部包括学历、职称、任职情况等多维度进行可视化分析和展示。

人员结构：可以实现对所有人员包括学历、职称等多维度进行可视化分析和展示。

人员搜索：采用了类似于百度形式的搜索引擎，实现通过姓名、职称、岗位等条件或者组合条件对员工的进行模糊查询。

人员变动：实现了对企业员工总数、人员增减变化进行分析，并采取数据下钻功能直接展示增减员工的具体情况。

专家人才：实现了对112人才、安全生产专家、行业及以上专家进行各种指标和维度的分析和展示。

薪酬情况：实现了对所属企业工资发放进度的监控，并按照岗位层级等维度进行工资收入分析。

报表查询：可对已报送并审批通过的报表进行查询、下载。设定年月，组织机构，报表类型可以限制报表范围。

2. 人资工作平台

人资工作平台是为专门为大唐国际人资工作人员量身打造的工作集中运行处理平台，倡导全新的人力资源服务集中化理念。包括：公告通知、企业排名、毕业生管理、日常办公、待办业务、员工流动、信息发布、常用资料、业务交流9大模块。人资工作人员通过此平台获取最新的业务资讯以及工作任务，完成各种报审流程，并得到反馈结果的定期提醒。通过在统一平台上的业务互动，不仅提高人资工作的主动性，实现信息共享、资源共享，更促进了大唐国际管控水平的全面提升。

3. 员工自助平台

此平台前面已详细叙述，不再赘述。

（二）"九纵"实现的主要功能

在人力资源管理信息化专业解决方案框架下，大唐国际结合公司实际，实现了组织管理、干部管理、员工管理、薪酬管理、绩效管理、教育培训、人才评价、员工发展、统计分析9项人力资源专业管理功能。"九纵"基本覆盖了人资管理的所有专业业务，并已逐渐形成了一个丰富而庞大的人力资源数据库，为"三大平台"提供了强有力的数据支撑。

图11 "九纵"功能访问首页截图

主要功能包括：

1. 组织管理

大唐国际人力资源管理信息系统中组织管理子模块能够实现对企业整体架构的准确描述，实现对各级组织信息的及时维护和有效管理，各级组织机构的新建、拆分、合并、撤销，岗位的设立、变更和撤销等现实业务在信息系统中图形化呈现，便于业务人员即时掌握组织架构的变化情况。实现了大唐国际及其下属各级单位对机构、岗位、人员编制管理的需求，达到了科学定岗、定编、定责的目标；根据所选取的查看期间，业务人员能够及时了解企业过去、现在和未来的岗位和人员设置情况，为相关管理决策提供依据。

2. 员工管理

大唐国际人力资源管理信息系统能够实现对员工个人基础信息的有效管理。员工纷繁芜杂的各种个人信息，如自然情况、组织分配信息、家庭成员情况、通信信息、证件信息等被分门别类、有条理地存储在不同的信息类型中，便于查看和调取。

构建独有的“人事事件”机制，满足了业务人员对员工入职、调（定）岗、晋升降职、调动、离岗、离职等人事异动情况的有效管理，每一类人事异动都有一整套独立的信息维护逻辑，能够有效地规范通用操作，避免信息维护的遗漏，实现了一套机制在整个企业的规范化应用。

3. 薪酬保险管理

大唐国际人力资源管理信息系统的薪酬保险子模块能够实现员工薪酬数据的明细化维护和薪酬、社会保险金额的自动核算以及相应人工成本的归集。

薪酬保险模块能够实现的功能主要包括薪酬总额管理、薪酬支付和社会保险管理以及查询统计等。实现了大唐国际对员工薪酬从预算、计划到实际支付的全过程管理，以及事前、事中和事后的监控统计。

薪酬总额管理能够实现大唐国际的工资总额、相关费用和外包费用的预算、总量计划和单位计划下达等管理内容。薪酬支付和保险管理功能使业务人员能够及时准确地按月进行工资、奖金和社会保险金额的核算，实现员工薪酬的支付和社会保险费用的缴纳，系统能够自动将工资、奖金划转到对应的人工成本列支渠道；此外，可以根据业务需求实现薪酬数据的灵活查询和数据统计分析，并出具各类薪酬报表、表单。

4. 教育培训管理

大唐国际人力资源管理信息系统能够实现对教育培训管理业务功能的全流程支持，包括教育培训信息的记录、修改功能，实现年度培训计划的报送、审核、修改和月度分解以及计划外培训项目的报送、审核；实现对培训计划对应的各类培训课程、班次执行情况的有效管理，以及对培训效果、资源利用情况的评估。

5. 报表查询

大唐国际人力资源管理信息系统根据该公司人力资源管理需要，制定开发了制度报表、查询报表、表单及工具100余个，基本覆盖了全部现有业务需要。

系统同时能够实现自由查询功能，业务人员能够根据实际需要，自由组合相关字段，灵活实现临时报表的查询、保存。

四、“以人为中心”的管理思想在人力资源管理信息系统建设中的探索与应用的效果

人力资源管理信息系统开发建设，是该公司成立以来首次集成全部人资业务、整合公司多元发展、满足三级管控需要，打造的一个全方位人力资源管理信息平台。承载着该公司各级领导、人资战线全体同仁的期望与梦想。在2011年3月项目启动之初，项目领导团队为项目确定了“构建体现大唐国际管控特色、集成共享、实用高效的人力资源管理E化精品平台”，并明确“通过建设公司人力资源管理信息系统，实现‘夯实管理基础、规范管理流程、构建管控体系、实现系统集成、提升管理绩效、推动管理创新’”的项目总体目标。

通过 “以人为中心”的管理思想在人力资源管理信息系统建设中的探索与应用，该公司人力资源管理信息系统成功实现了项目总体目标，得到了该公司内外部的认可。信息系统运行一年多以来，各级用户使用量逐步增加，目前已经成为该公司日常工作不可或缺的系统；中石油、华能、中国电建、国家电网等单位也相继到该公司参观、了解和交流该信息系统建设和运行情况，得到了参观者的众多赞誉。

回顾系统建设历程和系统建成后实施的情况，基于“以人为中心”的管理思想在人力资源管理信息系统建设中的探索与应用，取得了以下主要成效：

1. 人力资源管理基础得以进一步夯实。借助项目实施，首次编制完成《大唐国际人力资源数据字典》，为规范该公司系统人力资源数据奠定了良好基础；组织基层企业完成系统内所有单位、部门、岗位和员工各项人资数据的整理和录入，使原来分散的各类数据集中形成了目前系统中覆盖全面、内容丰富、较为准确的集中数据库。

2. 人力资源管理流程得以E化。在全面梳理业务流程的基础上，该公式原有的主要人力资源管理业务流程，如人员进入、人员调动、毕业生招聘、工资核算流程等E化进入计算机系统，做到流程固定化、业务规范化。

3. 三级人资管控体系得以体现。在系统中建立了适应三级管控体系的审批流程，设计了大量用于管控监控的报表和分析图形，充分体现和融入了该公司三级管控思想。

4. 不同系统间互联互通得以实现。构建了三大系统接口，实现了数据共享，确保了基层企业只使用一套人资系统，既减轻了人资人员工作量，又确保了数据的一致性。

5. 人力资源管理决策分析功能得以强化。通过管理分析平台，为各级管理者提供了较为丰富的人力资源数据和指标，为公司系统人才的选、育、用、留提供了数据统计和分析支持。

6. 员工自助平台得以首次搭建。通过员工自助平台，员工可查询、修改员工关心的人资信息，必将密切人资部门与员工的联系、提高员工对人资工作的满意度，同时也将一定程度减轻人资部门日常工作量。

7. 人力资源管理队伍建设得以提高。该公司系统所有人资业务人员都参与了项目建设和多次系统培训，特别是该公司人力资源部全体人员、基层企业抽调人员具体、深入参与了系统建设工作，在项目建设过程中进一步熟悉了人资业务、积累和掌握了信息系统建设的方法和经验，经历了项目管理的锻炼，培养了一批懂人资业务、熟悉项目建设方法和管理的专门人才。

成果创造人：管振全 赵宪君 吕 玫 杨 芳 郑常平 石 勇 吴建新 刘根乐 才 雷 赵洪运 李峻浩 范睿锋 陈 宇 李海峰

企业补充医疗保险管理体系的构建与实施

大唐国际发电股份有限公司北京高井热电厂

荣获第二十八届北京市企业管理现代化创新成果一等奖

北京高井热电厂始建于1959年，是一座以电为主、热电联产的燃煤电厂，1961年第一台机组投产，1974年6台机组全部竣工投产，是全国最早按照扩大单元集中控制的火力发电厂，总装机容量600MW，是北京西部重要的电源支撑点和热源点，也是中国大唐集团公司、大唐国际发电股份有限公司（简称大唐国际）在京的唯一发电企业。高井热电厂能取得如此发展，离不开全厂所有职工的不懈努力与付出。目前全厂共有员工2673人，其中：在职1312人，退休1361人，退休人员占员工总人数51%。

根据《北京市基本医疗保险管理办法》、《北京市企业补充医疗保险暂行办法》，以及大唐国际［2012］18号文件《关于印发大唐国际发电股份有限公司企业补充医疗保险实施办法（暂行）的通知》的精神，高井热电厂在中国大唐集团公司、大唐国际发电股份有限公司上级单位精心指导下，结合企业经济效益情况，为保障高井热电厂职工合理的医疗消费水平，确保职工抵御疾病风险的能力，特制定企业补充医疗保险实施办法。在中国大唐集团公司、大唐国际发电股份有限公司大力倡导“管理提升年”的情况下，劳动人事部在抓好日常管理工作的基础上，以标准化管理作为部门的基础工作、常态化来抓，几年来通过对企业补充医疗保险管理体系的构建与实施，员工利益得到进一步保障，工作积极性进一步加强，管理人员工作效率明显提升，取得经济效益和社会效益双丰收，形成“企业管理上层次，员工利益得保障”良好工作局面，为构建和谐企业环境贡献出了重要力量。

一、企业补充医疗保险管理体系的构建与实施的背景

随着《北京市基本医疗保险管理办法》的全面推进与实施，电力体制改革的不断深化，电力员工也步入了基本医疗保险的社会统筹时代。作为高井热电厂员工，在享受北京全面实施轻松就医、刷卡实时结算的情况下，如何能轻松享受到企业的补充医疗保险二次报销，借企业的力量，增强自己抵御疾病风险的能力，就显得极为突出。实施刷卡就医，实时结算后，医疗机构就不再提供底方，目前北京市基本医疗保险定点医疗机构共有971家，除非就医人员有特殊需求，可以自己到收费处申请打印底方，医疗机构已经实现了实时结算，就不再主动提供就医底方，这就与我们企业以往的补充医疗保险报销要求职工

交上就医收据与底方就形成了矛盾，给广大职工带来诸多不便。与此同时，就医机构审查也是一项难度很大的工作，但是这项工作却又是最复杂的，难度也是最大的。如何适应北京市基本医疗保险的管理，进一步改善企业补充医疗保险的企业报销流程，既方便广大职工报销，又提高企业管理人员的工作效率就显得至关重要。

（一）构建企业补充医疗保险管理体系是社会对企业责任的要求

首都作为全国政治文化中心，构建和谐社会的标准更高、任务更重，与和谐社会建设息息相关的看病就医费用负担问题就显得更为突出，职工对此敏感度也是极高的。当前，北京市人力资源与社会保障部在大力倡导要尽全力提升广大人民的就医水平，其中重中之重就是降低人民的就医负担，让每位病患都能看得起病，提倡有条件的企业要建立企业补充医疗保险，并使之与企业经济效益和承受能力相适应，减少职工的看病负担，增强职工队伍的稳定，提升企业的凝聚力。以建设和谐社会为基本出发点，不断增强职工的归属感，尤其是离退休职工的归属感，大力提升企业的社会责任，构建与职工切身利益息息相关的企业补充医疗保险管理体系，使每位职工都享受到企业的发展成果，提升企业的管理水平，高标准、高效率为每位职工提供坚强有力的医疗保障。为和谐社会的构筑尽到一家企业应尽的责任，并以此促进社会与企业的发展与共赢。

（二）推行企业补充医疗保险管理体系是企业发展的自身需求

作为一家1959年就建厂的企业，其基础管理工作，经过五十多年的探索、实践与总结，早已形成了自己独特的管理模式，并且这些旧有的管理模式经过诸多的实践，一定是最适应本企业的，并且是最行之有效的。我们不是要否认过去的工作，而是要与现在作实时的比较，认识到我们管理上的滞后。当前，我们的补充医疗保险管理工作就存在了不同程度的问题与不足之处，如与北京市基本医疗保险后台结算系统没有数据接口，职工看病就医后还要为企业的二次报销去申请打印底方；职工因各种原因就医单据丢失，而医疗机构补打打据手续复杂，职工因此放弃企业的二次报销，有些员工有章不循，自行到没有北京市医疗资质的私人医疗机构看病，之后也将结算单一并上交，不仅给工作人员带来审查不到位的弊端，也损害了其他职工的利益，职工或企业报销受人力、时间的限制有时出现报销不及时或不够准确；日常的单据整理与存放需要很大的人力与空间等诸多急需解决的问题。近年来，北京市为了缓解广大市民的就医难，不断地增加医疗机构的进入，而随着进入医疗保险定点医疗机构的医院数量不断增加，我们的工作人员在审核职工就医机构时，就显得力不从心，再加之现在就诊类别的不断加，报销分段的日渐细化，特殊病目录的不断增加，为保证职工的切身利益，将企业的保障水平切实做到公平、公正、准确就难上加难。总之，通过上述反思，我们的企业补充医疗保险管理工作还存在一定差距，尤其是要实现标准化管理、效益化管理还存在诸多需要创新和完善的地方。

一是企业指导职工合法、规范就医的需要。按北京市基本医疗管理办法合法、规范就医是每位参加基本医疗保险人员的责任，也是享受北京市基本医疗保险待遇与企业补充医疗保险待遇的前提，随着《社会保险法》的颁布与实施，守法是每位公民应尽的义务，特别是遵守关系民生的《社会保险法》对于每一位参加保险的公民就更为重要。目前我们职工不能规范就医的原因有：对自己选择的定点医疗机构不明确（因为现在医疗保险手册已停止发放），造成误到非定点医疗机构就医;对于急诊的就诊条件不清楚，延误就医;受医疗机构错误引导等，上述情况下发生的医疗费用不仅北京市医疗保险不予报销，企业的补充医疗保险也不予报销，在职工看来自身利益就受到了损失。尤其是一些职工，在就医当月

因为种种原因不能及时上交单据，工作人员就不能及时发现，就造成职工多次重复性的不规范就医。

二是企业保证职工合理利益应尽的责任。企业是制定补充医疗保险实施办法的主体，当然也是主要实施人，在管理办法的实施过程中，要统一就医费用的认可标准，统一就医费用报销标准，不能出现人为因素造成标准不统一，而且政策的实施具有长期性、一贯性、连续性，这就对具体工作人员提出了很高的要求，目前北京市在网上公布的定点医疗机构共有971 家，这是要求工作人员对于不熟悉的医疗机构就要逐家到网上查询，不能有一点马虎，这是确保补充医疗保险管理体系有序实施的基本前提，也是企业维护正确、规范就医职工利益的最基本要求，更是企业保证职工合理利益应尽的责任，这关系到全厂每一位职工的切身利益。也是作为中国大唐和大唐国际在京的唯一发电企业，维护职工队伍稳定要扎实做好的一项最基础的管理工作，也是最基本的企业责任。

（三）标准规范的企业补充医疗保险管理是企业人力资源管理内在需求

1. 落实上级文件要求。2001年2月20日北京市人民政府68号令《北京市基本医疗保险规定》的发布，《中华人民共和国社会保险法》的出台，北京市人力资源和社会保障局、北京市财政局联合下发的《北京市企业补充医疗保险暂行办法》，大唐国际［2012］18号文件《关于印发大唐国际发电股份有限公司企业补充医疗保险实施办法（暂行）的通知》对企业的补充医疗保险管理工作都提出了明确的要求。

2. 企业补充医疗保险工作标准化是人力资源管理工作的重要组成部分，是保证人力资源管理工作稳步推进的重要手段有效，是实现标准化管理的一个窗口，是管理水平的重要体现。随着我国社会全面发展，国民素质不断提高，职工对于疾病的认识已经不再是以前的模糊认识，已由以前的迫不得已才去就诊，转变到积极预防、主动就医，在管理人员不增加的情况下，这就要求企业的管理人员工作能力要有提升，管理水平也要与时俱进，不断提升，以适应在不断改革进步的北京市基本医疗管理工作。以此来促进人力资源管理工作的有效进行，稳妥开展。由此，构建企业补充医疗保险管理系统就显得尤为紧迫。

二、企业补充医疗保险管理体系的构建与实施的内涵及主要内容

作为一个拥有1368名退休职工的老厂，高井热电厂一贯高度重视职工的医疗保障问题，尽可能地降低职工看病就医的负担，在始终牢记“职工利益无小事”的前提下，用科学发展观指导工作的开展，努力提高职工的待遇水平，加强组织领导，完善管理工作流程设施，不断提高管理工作水平。立足于提高企业凝聚力、促进企业长远健康发展，如何在历年的补充医疗保险管理工作实践中，构建起有效的企业补充医疗保险管理规范和工作机制，提升企业补充医疗保险管理水平和信息化水平，是我们研究的主要内容。

1. 提升企业补充医疗保险管理水平和信息化水平

企业补充医疗保险工作涉及全厂职工切身利益，对高井热电厂的长远健康发展具有重要意义。要通过构建和实施企业补充医疗保险管理体系，不仅要“做外功”，理顺我厂与北京市社保局、支付银行之间的外在关系，还要进一步“练内功”，明确厂领导班子、业务主管部门、财务部门、职工的职责权限，理顺数据信息流转模式。企业补充医疗保险管理过程中，尽可能使所有人工操作流程信息化，尤其是数据核算过程与分类汇总过程实现自动化，最大限度消除人为因素造成的错误，杜绝因人工审查、核算不到位造成的失误，同时提高办公效率，改善工作氛围，促进企业领导、管理人员、普通职工之间良性互动，大力提升企业补充医疗保险管理水平和信息化水平。

2. 建立让员工满意的企业补充医疗保险管理规范和工作机制

企业补充医疗保险管理体系需要与北京市基本医疗保险系统相统一，统一就医费用的认可标准，统一就医费用报销标准。制定具体企业补充医疗保险管理细则，明确补充医疗保险服务群体、服务内容、支付比例，规范职工补充医疗保险报销过程。同时，理顺职工补充医疗保险信息在北京市社保局、高井热电厂劳动人事部、财务处间的数据流转关系，搭建企业补充医疗保险信息管理平台，对职工医保信息、社保数据、报表台账、费用支付等业务信息进行有效管理，自动数据导入、分类汇总、实时结算、

上报数据，并能够适应北京市补充医疗保险管理不断变化，及时调整报销范围、支付比例等相关参数。另外，简化职工报销流程，避免人为操作的“丢、漏、错、迟”现象，职工可以无时间限制的查询核对，轻松对账，补充医疗保险管理工作简单化、人性化、可控化，形成让职工满意的长效工作机制。

三、企业补充医疗保险管理体系的构建与实施的做法

（一）确立构建企业补充医疗保险体系指导原则

高井热电厂针对企业补充医疗保险管理先后专门成立领导小组、工作小组，由厂领导、劳动人事部、财务处等有关部门领导和人员组成。领导小组反复研究企业补充医疗保险工作现状，经过多次讨论确定四条基本原则：一是企业补充医疗保险体系要与国家、北京市、大唐国际等基本医疗保险政策相衔接，严格按照文件规定合法组织实施；二是企业补充医疗保险应与企业经济效益和承受能力相适应，兼顾企业社会效益与经济效益，在合理承受范围内组织实施；三是企业补充医疗保险体制的构建要有针对性，对补充医疗保险保障人员范围和实施细则进行充分调研论证，确保顺利实施；四是构建企业补充医疗保险信息系统，实现高井热电厂职工医疗保险信息与北京市社保局数据无缝接轨，大力提升信息化管理水平。

（二）企业补充医疗保险管理工作方案研究

企业补充医疗保险管理领导小组和工作小组针对我厂的人员组成情况、经营情况以及上级主管部门提出的明确要求，经反复研究决定，我厂的补充医疗保险报销应兼顾到不同年龄的职工和退休人员，要向退休人员和患病住院职工倾斜，首先要解决退休人员住院费用中需个人负担部分，门诊大额互助资金基本医疗保险报销后个人自付部分的医疗费用，以及职工住院费用中需个人自付的医疗费用，同时还要体现在不同医院就诊发生的门诊、住院、特殊病门诊、统筹基金起付标准等相关问题，制定补充医疗保险支付比例，最终形成《高井热电厂补充医疗保险实施办法（试行）》（讨论稿），报送领导小组讨论和修改。根据反馈的意见形成草稿，经厂办公会、职工代表大会审议，认为该方案符合国家政策、结合了高井热电厂的实际、费用在公司支付能力范围内、内容具体、可操作性强，同意组织实施。

（三）企业补充医疗保险工作实施办法

1. 门急诊支付标准

（1）员工在一个日历年度内，门急诊及在定点药店购药的医疗费用累计在1800元（不含）以上的，在北京市医疗保险统筹基金支付完毕后需个人支付的医疗费用，由员工个人负担10%，其余部分从企业补充医疗保险资金支付。

（2）退休、退职人员在一个日历年度内，门急诊及在定点药店购药的医疗费用累计在1300元（不含）以上的，在北京市医疗保险统筹基金支付完毕后需个人支付的医疗费用，由退休、退职人员个人负担5%，其余部分从企业补充医疗保险资金支付。

表 1　门诊医疗费支付比例

<table>
<tr><td colspan="6">门诊医疗保险范围内费用</td></tr>
<tr><td rowspan="3">人员类别</td><td rowspan="3">起付线以内</td><td colspan="4">起付线以上</td></tr>
<tr><td>门诊大额支付</td><td rowspan="2">退休统一补充保险支付</td><td colspan="2">门诊大额、退休统一补充支付后余额</td></tr>
<tr><td>2万以内</td><td>企补支付</td><td>个人负担</td></tr>
<tr><td>在职人员</td><td rowspan="3">个人负担</td><td>70%—90%</td><td>—</td><td>90%</td><td>10%</td></tr>
<tr><td>退休人员 70 以下</td><td>70%—80%</td><td>10%—15%</td><td>95%</td><td>5%</td></tr>
<tr><td>退休人员 70 以上</td><td>80%</td><td>10%</td><td>95%</td><td>5%</td></tr>
</table>

2. 特殊诊疗项目

对于特殊诊疗项目，符合基本医疗保险诊疗项目规定安装在体内的人工器官的费用，按照北京市医

疗保险统筹基金支付完毕后需个人支付的费用，个人负担50%，企业补充医疗保险资金支付50%。

3. 住院治疗支付标准

（1）员工和退休、退职人员住院，医疗费用在北京市基本医疗保险统筹基金最高支付限额以内（含）的部分，在北京市基本医疗保险统筹基金支付完毕后需个人支付的医疗费（含住院起付标准在内），员工个人负担30%，企业补充医疗保险资金支付70%。

（2）员工和退休、退职人员住院，医疗费用超过参保所在地基本医疗保险统筹基金最高支付限额以上的部分，按以下标准执行：

①医疗费用在北京市大额医疗保险统筹基金最高支付限额以内（含）的部分，按照北京市医疗保险统筹的相关规定需个人支付的医疗费用，企业补充医疗保险资金支付70%，个人负担30%。

②医疗费用超过北京市大额医疗统筹基金最高支付限额的，按照北京市医疗保险统筹的相关规定需个人支付的医疗费用，企业补充医疗保险资金支付92%，个人负担8%。

表 2　基本住院医疗费补充医疗保险支付比例

<table>
<tr><th colspan="11">住院医疗保险范围内费用</th></tr>
<tr><th rowspan="4">人员类别</th><th colspan="6">基本医疗住院</th><th colspan="4">大额互助住院</th></tr>
<tr><th colspan="2" rowspan="2">起付线以内</th><th colspan="4">起付线以上</th><th rowspan="2">住院大额支付</th><th rowspan="3">退休统一补充保险支付</th><th colspan="2" rowspan="2">住院大额、退休统一补充支付后余额</th></tr>
<tr><th>统筹支付</th><th rowspan="2">统筹支付后的余额退休统一补充保险支付</th><th colspan="2">统筹、退休统一补充保险支付后余额</th></tr>
<tr><th>企补支付</th><th>个人负担</th><th>10 万以内</th><th>企补支付</th><th>个人负担</th><th>20 万以内</th><th>企补支付</th><th>个人负担</th></tr>
<tr><td>在职人员</td><td>70%</td><td>30%</td><td>85%—97%</td><td>—</td><td>70%</td><td>30%</td><td>85%</td><td>—</td><td>70%</td><td>30%</td></tr>
<tr><td>退休人员 70 以下</td><td>70%</td><td>30%</td><td>91%—98.2%</td><td>50%</td><td>70%</td><td>30%</td><td>80%</td><td>10%</td><td>70%</td><td>30%</td></tr>
<tr><td>退休人员 70 以上</td><td>70%</td><td>30%</td><td>91%—98.2%</td><td>50%</td><td>70%</td><td>30%</td><td>80%</td><td>10%</td><td>70%</td><td>30%</td></tr>
</table>

表 3　大额住院医疗费补充医疗保险支付比例

<table>
<tr><th rowspan="4">人员类别</th><th colspan="6">大额互助住院</th><th colspan="2" rowspan="3">超大额住院</th></tr>
<tr><th colspan="2">起付线以内</th><th rowspan="2">住院大额支付</th><th rowspan="3">退休统一补充保险支付</th><th colspan="2" rowspan="2">住院大额、退休统一补充支付后余额</th></tr>
<tr><th rowspan="2">企补支付</th><th rowspan="2">个人负担</th></tr>
<tr><th>20 万以内</th><th>企补支付</th><th>个人负担</th><th>企补支付</th><th>个人负担</th></tr>
<tr><td>在职人员</td><td>70%</td><td>30%</td><td>85%</td><td>—</td><td>70%</td><td>30%</td><td>92%</td><td>8%</td></tr>
<tr><td>退休人员 70 以下</td><td>70%</td><td>30%</td><td>80%</td><td>10%</td><td>70%</td><td>30%</td><td>92%</td><td>8%</td></tr>
<tr><td>退休人员 70 以上</td><td>70%</td><td>30%</td><td>80%</td><td>10%</td><td>70%</td><td>30%</td><td>92%</td><td>8%</td></tr>
</table>

4. 老工人

凡符合劳人险［1983］3号文件规定的“新中国成立前参加工作享受原标准工资100%退休费的老工人”，符合基本医疗保险支付规定的医疗费用，按上述规定结算后，应由个人负担的医疗费用，企业补充医疗保险资金再支付30%。

5. 特殊病

患恶性肿瘤放射治疗和化学治疗、肾透析、肾移植后服抗排异药三种特殊病及精神病长期住院治疗患者，在个人选定的一家特殊病种指定医院就医及精神病住院治疗期间，治疗本款规定病种所发生的、符合北京市医疗保险支付规定的医疗费用，在北京市医疗保险统筹基金支付和按上述规定结算后，应由个人负担的医疗费用，企业补充医疗保险资金再支付70%。

（四）创建企业补充医疗保险信息管理系统

对现有企业补充医疗保险管理具体业务实施流程进行深入研究，研发企业补充医疗保险信息管理系统，通过硬件平台和软件系统，将补充医疗保险中的职工信息、社保数据、报表台账、费用支付等业务信息进行有效管理，创建企业补充医疗保险信息管理体系，实现企业补充医疗保险管理的自动化和信息化，提升部门管理水平和服务质量。

1. 研发信息管理系统技术原则

（1）先进性。在研发补充医疗保险信息管理系统时，要充分采用先进技术。在体系结构、平台技术、开发技术上都要充分考虑技术路线的先进性，满足系统的各方面要求。

（2）成熟性。补充医疗保险信息管理系统的运行，涉及不同人群的利益，所以要求系统具有相当的稳定性，这样就要求我们在选择先进技术的同时，必须选择成熟的技术。

（3）安全性。补充医疗保险信息管理系统中存储职工信息、社保数据、支付费用等大量的敏感数据，系统运行涉及职工的切身利益，也关系到企业医疗保险资金的正常运转，对系统安全性提出很高的要求。

（4）可扩展性。系统运行受到国家政策、企业财务状况的影响较大，系统的后续扩展是必然结果，在考虑扩展的基础上，考虑系统的最大化复用是系统的根本。

2. 信息管理系统业务架构

企业补充医疗保险信息管理系统业务架构由核心业务模块、用户业务模块、业务系统接口三部分组成，如图1所示。

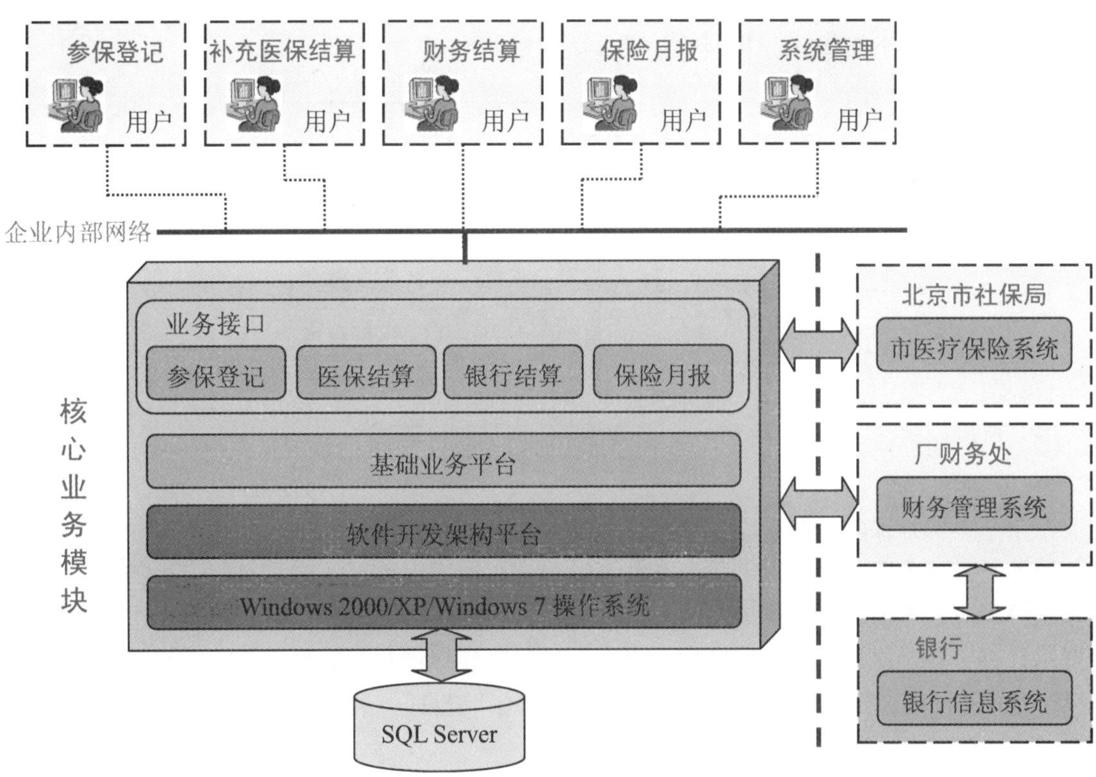

图1 总体业务架构

核心业务模块为信息管理系统基础模块，由后台数据库（SQL Server）、操作系统（支持Windows 2000/XP、Windows 7）、软件开发架构平台、基础业务平台、业务接口层五层组成，为上层用户业务模块提供业务应用支撑，并为北京市社保局、厂财务处提供业务系统数据接口。

用户业务模块为医保管理人员或工作人员提供用户操作界面，主要业务应用包括参保登记、补充医疗保险结算、财务结算、保险月报、系统管理。

业务系统接口主要与信息管理系统外的机构、单位（如北京市社保局、厂财务处）交互职工医保结算数据信息，导入职工医保结算数据，并将本厂补充医疗保险结算数据导出到厂财务处，最终完成与银行的财务结算。

3. 信息管理系统主要功能

信息管理系统主要有五个功能模块：数据管理、报表管理、保险月报、参保信息管理、系统管理。信息管理系统功能结构图如图2所示。

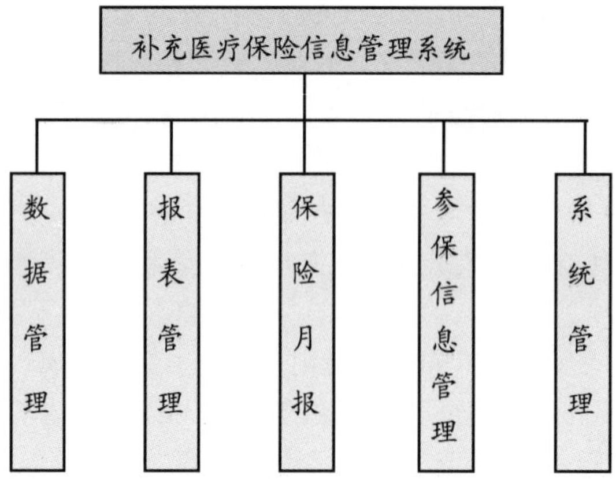

图2　系统功能结构图

（1）数据管理

数据管理模块由六个部分组成（见图3），主要实现功能：

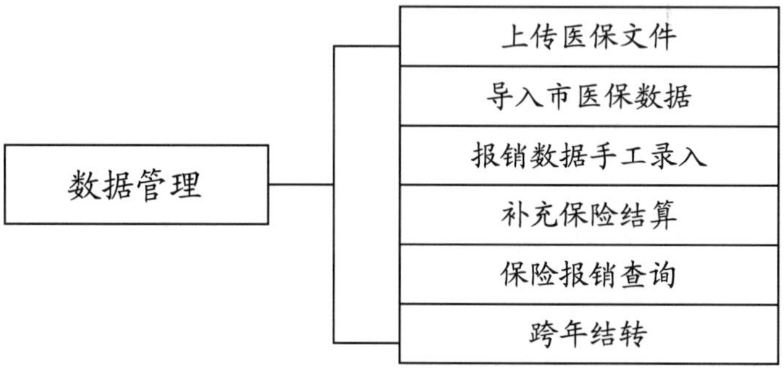

图3　数据管理模块结构图

与北京市基本医疗保险结算中心数据实现无缝导入，按批次读入系统后再进行审核、结算。对于特殊情况如急诊、异地就医、因医保卡丢失及补办过程中不能实现就医实时结算而产生的由职工先行垫付的就医单据等情况，本模块加入了手工录入报销单据，数据进入系统完成后，就可以进行补充医疗保险支付的费用计算，在确保计算结果准确的前提下，可以实现报销数据随时查询。年终最后一次报销完成后就可以通过跨年结转，将上一年度数据进行冻结，只用于查询。

（2）报表管理模块

报表管理模块由七个部分组成（见图4），主要实现功能：

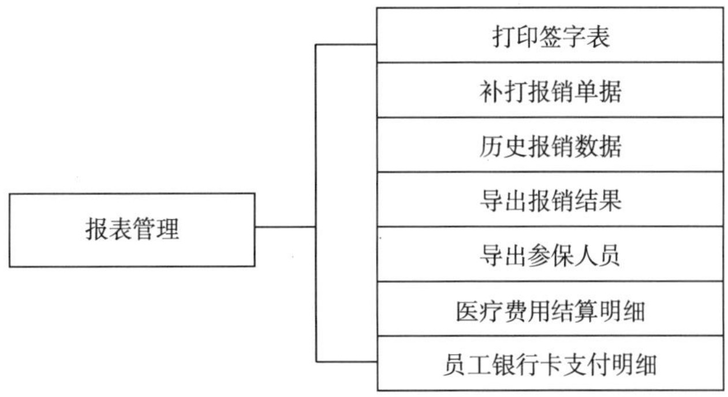

图4　报表管理模块结构图

为适应企业的人力资源管理数据信息化平台，本模块实现了与平台相接的数据导出，包括报销结果明细及汇总，参保人员信息，及职工的每一笔就医费用明细，同时只要进入本系统核算过的历史数据均可以实现轻松查阅，最终将当次报销结果直接生成银行付款上报数据，实现与财务付款环节的无缝结接。

（3）保险月报模块

保险月报模块由四个部分组成（见图5），主要实现功能：

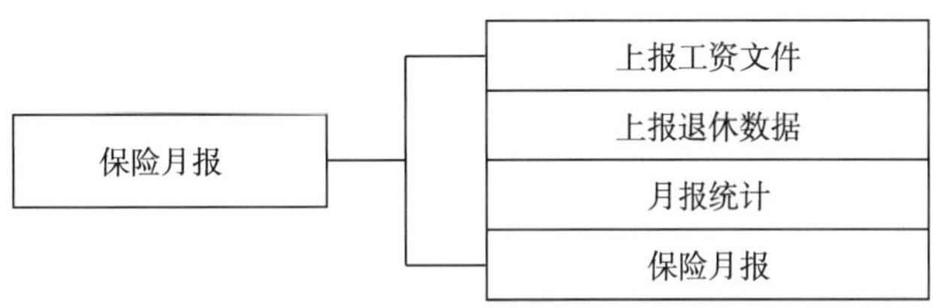

图5　保险月报模块结构图

本模块主要是为了提升补充医疗保险报销结果数据的后期管理水平，主要体现表现在数据的分类汇总，分析及上报工作上，做到了及时报销，及时分析，及进上报，减少了手工汇总上报数据的环节，提升了管理效率及管理水平。在确保人员信息正确的情况下，按日常报表要求实现了数据的无差错上报，实现了系统自动记账功能。

（4）参保人员信息管理

参保人员信息模块由四个部分组成（见图6），主要实现功能：

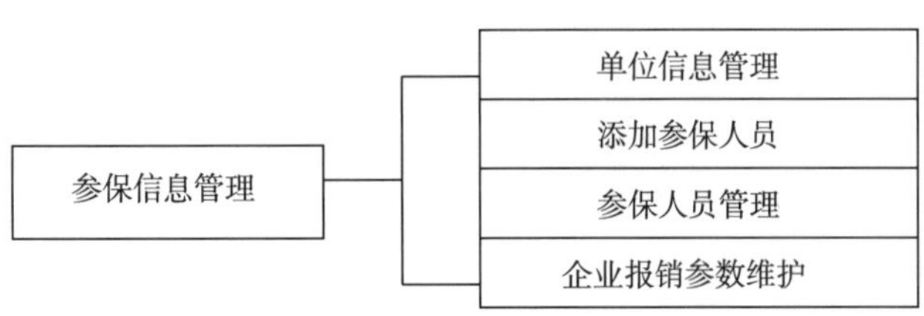

图6　参保人员信息模块结构图

本模块的主要功能在于单位新参保职工的进入及调离，实现本单位基本信息的设置，报销比例等相关参数的设置，如异地就医、特殊疾病等参保环节、过程及具体业务信息和药品目录、医疗项目明细进行管理外，还对高井热电厂特有的特殊人群参加补充医疗保险进行管理。大大提高了系统的可操作性，以适应北京市基本医疗的不断变化及企业关于补充医疗保险管理办法的修订。

（5）系统管理

系统管理模块由两部分组成（见图7），主要实现功能：

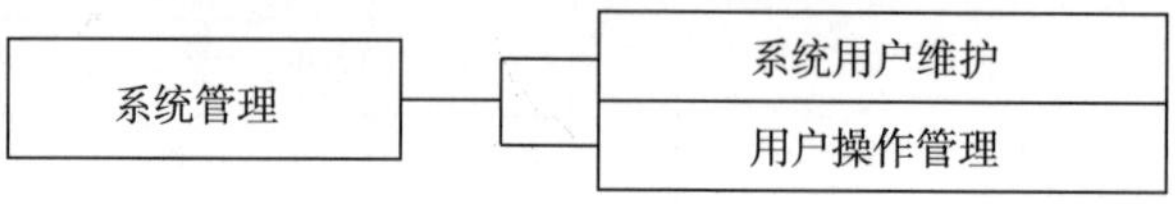

图7　系统管理模块结构图

本模块对不同用户授予不同权限，如有的用户只做数据计算，有的用户只具有查询权限等，并可以对用户操作行为进行管理，有效监督用户使用。

四、企业补充医疗保险管理体系的构建与实施的效果

企业补充医疗保险管理体系实施运行两年来，取得显著成果，员工利益得到有效保障，管理人员管理水平和工作效率大幅提升，企业取得经济效益和社会效益双丰收。

（一）实现企业对员工的社会责任

高井热电厂通过构建企业补充医疗保险管理体系，使职工在基本医疗保险和大额医疗互助基金的基础上，大幅提升二次报销诊疗医疗费用，职工的医疗安全得到最大的保障，职工反过来会更加珍惜自己的工作岗位和努力劳动，进一步积极为公司的生产经营作贡献。通过构建和实施企业补充医疗保险管理体系，使职工医疗安全与工作积极性关联起来，使职工利益与企业利益关联起来，从而实现员工利益、企业责任、社会保障的和谐统一。

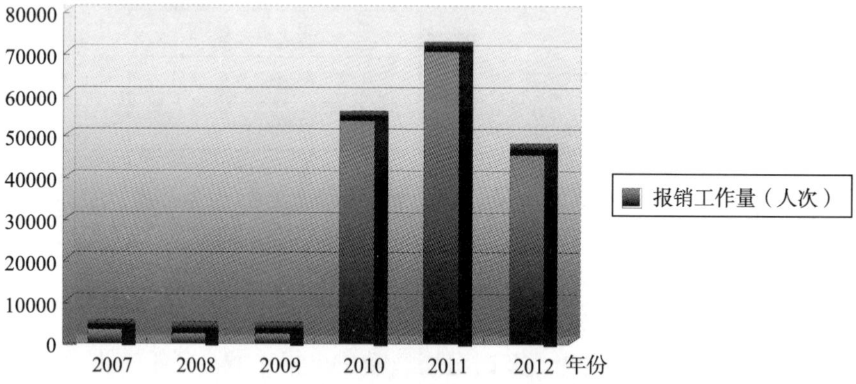

图8　体系构建前后报销工作量对比图

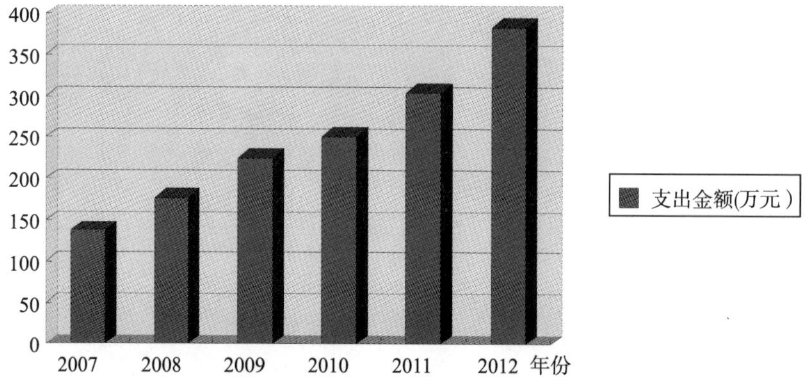

图9　体系构建前后报销费用对比图

（二）提升业务管理的标准化、信息化水平

高井热电厂严格按照国家、北京市、大唐国际补充医疗保险有关文件规定要求构建与实施。一是企业结合实际成立补充医疗保险领导小组和工作小组，并制定《高井热电厂补充医疗保险实施办法》，

统一就医费用的认可标准，统一就医费用报销标准，企业补充医疗保险管理工作标准化。二是规范职工补充医疗保险报销过程。通过构建企业补充医疗保险体系，与北京市基本医疗保险后台结算系统的数据对接，北京市不断增加的医疗保险定点医院目录及时更新，就诊类别不断增加，报销明细、目录不断透明，规范职工看病就医行为，另外，职工看病就医后，无需额外申请打印就医明细表，就可以实现企业的二次报销。三是通过研发企业补充医疗保险信息管理系统，理顺职工医疗保险信息在北京市社保局、高井热电厂劳动人事部的数据流转，理顺高井热电厂职工医疗保险支付、财务处、银行间的数据流转，的自动接收北京市社保局本厂职工补充医疗保险数据，自动信息，大力提升了信息化管理水平。

（三）提高补充医疗保险管理工作效率

通过对企业补充医疗保险管理工作流程认真梳理和规范总结，创建企业补充医疗保险信息管理系统，自动接收北京市社保局本厂职工补充医疗保险数据，自动将职工补充医疗保险数据从基本医疗保险数据中提取出来，自动根据《高井热电厂补充医疗保险实施办法》文件规定计算出职工补充医疗保险报销费用，自动生成补充医疗保险支付明细到财务处。通过企业补充医疗保险信息管理系统，使工作人员能够轻松地将企业补充医疗保险报销在确保正确的前提下及时将报销金额支付到职工手中，将工作人员从繁重的审查与核算工作中解脱出来，规避了工作人员因审查疏漏造成的职工损失与重复工作，大力提高了人力资源管理工作的工作效率。

（四）有效维护职工利益，降低职工疾病风险

疾病风险是难以回避的，每个人都可能生病。对于每个人、每个家庭来说，疾病风险发生频率之高，是其他任何风险无法比拟的。一方面有效指导职工就医医院。北京市基本医疗保险市级统筹有971家定点医疗机构，可自主选择医院就医。另一方面有效降低职工看病就医费用支出。通过基本医疗保险、大额医疗互助基金和高井热电厂补充医疗保险，当遭遇疾病风险时，保证他们不至于因病使基本生活陷入经济困境，显著地保障了每个人的生活和生存质量。

（五）促社会公平，构建和谐企业

高井热电厂补充医疗保险是当参保人员生病后对其医疗费提供帮助，使之尽快恢复健康，补充医疗保险的支付标准仅根据患者的病情，补充支付的多少，与享受者缴费无关，也不受其社会地位、工资待遇的限制，患者有均等的医疗费保障机会，体现社会公平原则。补充医疗保险对医疗费的支付，本质上是对社会收入通过一种特殊方式的再分配，可以有效地缩小贫富差距，缓和社会矛盾，促进社会稳定。

五、企业补充医疗将给管理体系的构建与实施的创新特色

（一）将企业社会责任与员工自身利益有机统一起来

高井热电厂专门成立补充医疗保险领导小组和工作小组，通过厂领导、部门领导及工作人员的不断努力，构建起企业补充医疗保险管理体系，使职工在基本医疗保险和大额医疗互助基金的基础上，二次报销诊疗医疗费用，减轻职工看病就医负担，为每位职工提供坚强有力的医疗保障，实现了企业的社会责任。另一方面，企业补充医疗保险管理体系的构建，将职工工作积极性有效调动起来，职工的归属感更加强烈，企业凝聚力大幅提升，更有力地促进企业的长远发展。

（二）有力推动企业补充医疗保险管理工作规范化、标准化

高井热电厂通过构建企业补充医疗保险管理体系，与北京市基本医疗保险系统相统一，统一就医费用的认可标准，统一就医费用报销标准，规范了职工补充医疗保险报销过程，理顺职工补充医疗保险信息在北京市社保局、高井热电厂劳动人事部、财务处间的数据流转关系，有力地推动了企业补充医疗保险管理工作规范化、标准化。

（三）信息管理系统权限控制完善，可按照不同分工分配权限

补充医疗保险管理系统可以通过用户权限控制，实现多用户共用本系统，运用服务器实现多用户查询功能；根据权限控制，相关授权人员通过相应的软件参数设定，实现报销比例调整。将报销办法与文

件同步，增强了系统的可扩展性，例如，管理基金的人员只能录入基金数据，管理医疗报销的人员只能录入报销数据，领导能查看所有数据。

（四）单据手工录入变为数据自动识别，减轻工作人员负担，大幅提高工作效率

构建补充医疗保险管理操作系统，基本功能就是要实现在基础数据维护正确后，将所有人工操作尽可能流程化，尤其是数据核算过程与分类汇总过程实现自动化。目的就是最大限度的消除人为因素造成的错误，杜绝因人工审查、核算不到位造成的失误，同时提高办公效率，改善工作环境，工作人员负担大大减轻，而工作效率大幅提高。

（五）实现与北京市医疗保险结算中心及本单位财务部门数据无缝对接

高井热电厂企业补充医疗保险管理体系，由于实现了与北京市基本医疗保险结算中心数据的无缝对接，实现了数据报销口径与医保口径完全一致，确保数据准确率。一方面保证了数据的导入、计算及结转的及时性、准确率；另一方面将工作人员从繁重的手工录入单据工作中解脱出来，职工也不用再个人交结算单据，只要规范就医，就可以直接享受企业的补充医疗保险待遇，有效地避免了人工操作的“丢、漏、错、迟”等错误。另外，通过数据的导出，将报销结算结果直接生成财务部门要求的银行付款上报数据。

（六）实现一分钟对账，方便职工查询历年历史数据

方便职工查询历年历史数据，可以随时打任意时段对账单，职工再也不用去北京市医疗保险管理中心查询了。真正实现与职工个人所有报销数据的一分钟对账，只要进入本系统核算过的历史数据均可以实现轻松查阅。由于职工本人不上交单据，所以清晰的对账就是必要的，本模块对于每一笔报销都可以随时打印明细单，让职工一目了然，减少了对账环节的诸多查找工作。同时，也可以及时反馈职工的不规范就医问题，最大限度的规避了职工的就医风险，减少了职工的损失，大大提高人力资源管理水平，从而提升企业的管理能力。

总之，高井热电厂作为首都企业，我们深知自己肩上的责任与使命，补充医疗保险管理系统的构建与实施大幅缓解职工的就医负担，增强企业承担社会责任的能力，提高补充医疗保险管理工作效率，最大程度降低工作人员的差错率，促进“和谐平安企业”的建设，规范企业补充医疗保险日常管理，切实增强人力资源管理工作的实效性，大力提升我厂管理工作的标准化、制度化、信息化水平。

成果创造人：叶　红　王红秀　于会珍　于春生　张　健　钮爱京　吕　琦

新建大型煤化工企业人力资源多维配置模式的创新与实践

辽宁大唐国际阜新煤制天然气有限责任公司
荣获第二十八届北京市企业管理现代化创新成果一等奖

辽宁大唐国际阜新煤制天然气有限责任公司（简称阜新煤制气）隶属于中国大唐集团公司（简称大唐集团），直属大唐能源化工有限责任公司（简称能源化工公司），于2007年6月开始筹建，2010年3月5日获得国家发改委核准，2010年3月29日举行开工仪式，2010年11月28日公司举行成立大会暨揭牌仪式。2011年7月开始全面基建。

辽宁大唐国际阜新煤制天然气项目总投资为245.7亿元，由中国大唐集团投资建设。项目装置总规模年产40亿方天然气（日产1200万标方），分三系列（期）滚动建设，其中第一系列工程计划2012年底建成投产，年生产天然气13亿立方米（日产400万标方），第二系列、第三系列规模分别为年生产天然气13亿立方米（日产400万标方）。该项目是我国第三个经国家发改委核准的煤制天然气项目，是全国煤化工示范项目、阜新煤化工产业基地的首个项目，同时也是辽宁省近年来单项投资额最大的项目和阜新老工业基地经济转型的标志性工程。

阜新煤制天然气项目以大唐集团蒙东地区丰富的褐煤资源为依托，通过煤、电、化一体化的建设模式，采用固定床加压气化技术、低温甲醇洗净化技术、甲烷化技术等成熟可靠的生产工艺，建设大型天然气生产装置，并同步建设至沈阳、阜新、铁岭等辽中城市群344公里的天然气输送管道，最终实现清洁能源生产的新途径。

一、人力资源配置模式创新的背景

中国大唐集团公司是2002年12月29日在原国家电力公司部分企事业单位基础上组建而成的特大型发电企业集团，大唐集团以火力发电为基础，通过成功的资本运作和项目开发，在电力生产领域得到了长足的发展。在此基础上，大唐集团制定了围绕能源主线，兼顾相关产业延展的战略规划。辽宁大唐国际阜新煤制天然气有限公司正是大唐集团多元化发展战略的重要组成部分。

人力资源是社会各项资源中最关键的资源，是对企业产生重大影响的资源，人力资源的科学配置，是人才开发与利用和提高单位经济效益，组织效率的关键环节，从阜新煤制气公司筹备之初，公司一直强调对于化工人才的引进与保留，主要原因包括：

1. 煤化工投资热导致的行业专业人才短缺

我国油气资源短缺，煤炭资源相对丰富，发展煤化工符合我国的基本国情，同时国家政策总体上持支持态度。目前国内三大石油公司（中石油、中石化、中海油）、五大电力公司（华能、国电、中电投、大唐、华电）、全国和地方大型煤炭公司（神化、鲁能、河南煤化、兖矿等）均以大举投入煤化工行业，中石油、中石化、神华等老牌能源化工企业，凭借传统的文化氛围、丰厚的薪酬福利、良好的用人环境、成熟的经营模式，培养和吸纳了很大一批优秀的管理人才和技术人才；与跨入煤化工的其他同类企业相比，资源企业占有资源、资金优势；而一些国际行业巨头则拥有技术优势、设备资源、资金优势及管理优势。这些都是阜新煤制气公司所面临的严峻挑战，特别是煤化工产业发展需要大量的专业人才，此类人员市场稀缺，来源渠道狭窄，供给严重不足，各大公司势必形成人才竞争态势。

2. 煤化工过程的复杂性导致专业人才培养周期长

随着信息化、网络化技术的不断发展，化工装置的大型化、自动化、信息化程度不断提高，PCS（生产操作控制系统）和MES（生产运行管理系统）系统的广泛运用，有效地实现了化工企业的分散控制、集中操作、集中管理，打破了生产部门的边界，实现了一体化的生产操作模式，信息化程度的不断提高促进了化工企业的组织扁平化趋势，促进了人员、岗位的逐步合并，全厂集中控制型的生产管理组织形式成为优秀化工企业的主流形式，人员的产出效率快速提高，同时对于专业人才的素质要求也提出了更高的要求，另外，化工企业尤其是煤化工企业，其复杂的工艺过程及产品特点决定了大部分装置是在高温、高压、易燃、易爆、剧毒、强腐蚀的环境下进行生产，对于专业人员的技能要求远远高于其他行业，从石油化工行业人才的培养特征来看，一位合格的化工专业操作人才的培养周期需要大概5—8年的时间，而煤化工过程的复杂性又远远高于石油化工，上述行业特点对煤化工企业人才结构提出了巨大的挑战，决定了大型煤化工企业专业人才难以采用快速聘用、培训、上岗的短周期的人才配置模式。

3. 以发电为主业的企业背景导致化工人才储备不足

大唐集团以发电为主业，在电力行业的人才储备方面具有丰富的优势实践经验和较多数量的人员储备，然而电力企业的运营方式和化工企业的运营方式存在较大的差异，电力企业人员集中控制强调工作的横向扩展，化工企业人员集中控制强调工作的纵向扩展，作为大唐集团未来业务扩展重点的能源化工领域，大唐集团现有的电力专业人员储备与化工领域的人员素质要求不相匹配，传统的以内部为主的人力资源配置原则难以适应公司业务发展需要。

4. 公司业务发展目标对人员配置的效率提出挑战

阜新煤制气项目具有投资规模大、生产规模大、装置设备自动化水平高的特点，项目分三系列（期）滚动建设，2011年7月开始全面基建，第一系列工程计划2012年底建成投产，对于一期专业技术与技能人员的配置到位具有极为紧迫的需求，同时第二、第三系列工程也紧随一期工程开始建设，对于专业技术的人员储备与培养也提出了较高的要求。

综合考虑上述各方面因素，传统的生产运营企业中单一主体的人力资源配置模式难以适应阜新煤制气公司的发展现状，必须对人力资源配置的模式进行创新以满足公司发展需要。

二、人力资源多维配置模式创新与实践的内涵

辽宁大唐国际阜新煤制天然气有限责任公司人力资源多维配置模式的创新，是在人力资源管理工作坚持“紧抓主要矛盾、紧跟发展步伐、紧办基础工作”的“三紧”原则的基础上，从自身实际出发，围绕阜新公司工程建设“六个同步”中的“队伍建设与工程建设同步”理念，开展人力资源配置的多维创新管理模式设计：首先以时间为维度，针对人力资源需求及阶段目标中考虑化工行业特有的生产运营期、基建与生产并行期及工程建设期等各个阶段进行规划需求分析，并再次基础上以任务为维度分解人力资源配置目标；其次在具体实施中以岗位为维度，考虑化工行业各层次、各类型员工的特点进行实施设计，并以人力资源管理各模块为维度，建立全面配套的人力资源管理体系，有效支持公司人力资源配置目标的实现。主要创新点有以下几个方面：

1. 创建以时间、岗位为核心的人力资源多维配置模式。
2. 完善针对各类型岗位的培训管理体系。
3. 完善福利体系，促进文化认同。
4. 搭建针对不同层次人才的全面培养体系。

同时，针对化工行业紧俏，化工人才“难觅、难招、难留”的实际情况，我们博众取长，深入分析，创新人才管理模式，创建了阜新公司人力资源各板块管理的多项原则和思路的同时，并有效开展实施，开创了阜新公司的“六以”人才管理模式。

一是以美好前景引才。

在成熟工种方面。通过多种途径广泛宣传阜新公司人才和环境优势，同时做好顶层设计，创办了“先高端人才、后熟练工种、内部推荐、联合竞聘”的人才引进原则，具体招聘思路是：优先构建生产及生产管理岗位的员工队伍架构，招聘重点岗位的高端技术人才或熟练工种，先充实到中层或高级主管岗位，再由招来的这些高端人才带来部分可靠的中级熟练工种，并在公司内构建实用的管理模式，同时开展工程设计、建设及内训工作，培养毕业生员工，从而实现专业团队的建设。

在毕业生招生方面。在时间非常紧迫的情况下，通过有的放矢，有效宣传，抓住考研结束等一切有利条件，对全国所有化工专业院校，特别是东三省院校进行分类研究，在重点院校、重点区域由专人进行宣传造势，截止到2013年接收并报到的毕业生800余人。

二是以优惠政策留才。

用一句话来概括阜新公司留住人才的策略，就是通过各种办法，解决引进员工的各类“疑难杂症”。通过夫妻同调或其他合理途径解决两地分居问题，通过积极协调地方教育系统，创办了引进人才的子女入学择校机制，解决员工子女入学问题。此外还建立了公安局户政科的现场办公机制，顺利解决了员工的重点学区落户工作。在薪酬保险方面更是以政府会议纪要文件的方式使阜新公司员工获得了在阜新参加“五险”及住房公积金享受与沈阳地区同等的社会保险参保条件及退休待遇条件。

三是以同心文化聚才。

针对阜新公司员工来自五湖四海的特点，通过一以贯之地宣贯大唐同心文化理念，坚决摒弃行业和地域偏见，热情接待办事员工。同时，阜新公司人力资源部邀请了集团公司杨柳，宣讲了“大唐同心文化”专题培训，同时联合政工部门制作专题录像发给新入职员工，并分批次组织人员集中观看，目的是利用新人进入公司的时机，凝聚人心。

四是以经济责任制鉴才。

坚持全员业绩考核，不断完善与企业效益和个人业绩挂钩的收入分配激励机制，通过考核，发现人才，努力构建人才梯队。阜新公司人力资源部在日常工作中形成了两个创新，一是创造了阜新公司“两全”指标的月度、季度分析机制，创建了指标分析月报、季报。使公司领导和全体员工能充分掌握公司及部门各项指标的运作和“健康”情况，对工作引导起到了重要作用。二是创新并试行了阜新公司人力资源部工作看板管理机制，通过每月看板管理加强内控，既加强了部门工作的过程管理，也实现了部门员工工作的优劣评比，同时与个人薪酬挂钩。目前已试运行了9个月时间，效果良好。

五是以尽责有为用才。

为了实现人尽其才、才尽其用、事尽其功，避免在大力引进人才过程中可能出现的“先来后到、论资排辈”的不公现象。阜新公司确立了“先相马、后赛马、再驯马”的用人思路，即：“对通过招聘相中的人员，根据其自身条件（职称、技能、经历）协商待遇不定岗位，报到后安排临时性工作，让其熟悉工作的同时也在考察该人；基础设计结束后与他人同台竞赛，统一开展竞聘上岗，薪酬随岗位变化”。

六是以多种途径育才。

在培训员工方面，阜新公司除了积极完成上级公司的各项培训任务外，建立了“把管理人才培养为领导干部，把技术人才培养为专业技术领军人物，把操作人才培养成技能专家”的思路，多途径的开展各项培训工作。

对于操作技能人才，一是加强了岗位技能基础培训，组织大学毕业生分赴中国石油大庆石化、中煤龙化等六个知名化工企业跟班实习培训，通过师带徒学习操作技能；二是在零投资的前提下与阜新教育局合作建立了化工行业级的职业技能培训中心，已经进行化工行业级的中级技能鉴定近500人，今后还将进行高级技师、技师、高级工等层次的技能鉴定。

对于技术领军人物，已完成并建立了辽宁省博士后科研基地和辽宁省煤制天然气工程技术中心，今年将利用这两个平台，通过与大专院校合作及联合攻关，进行培养我公司的技术领军人物，目前2名博士后即将进站（已经开始工作），公司培养的流程模拟人才正在五环工程公司进行培训与建模工作。

对于管理人才，针对企业对既懂技术又懂管理人才的紧迫需求，开展了多项专题讲座。如神华北京工程分公司贾燕中经理的样板工程管理及化工工程管理讲座、总经理管理专题讲座等。同时针对部分中层干部管理知识欠缺的特点，利用5天假期在阜新当地高校辽工大开展了45名中层干部的封闭式管理知识培训，提高管理技能。同时通过阜新市人社局评定了公司初、中级职称人员合计66人。

三、人力资源多维配置模式创新与实践的主要做法

如下图所示：

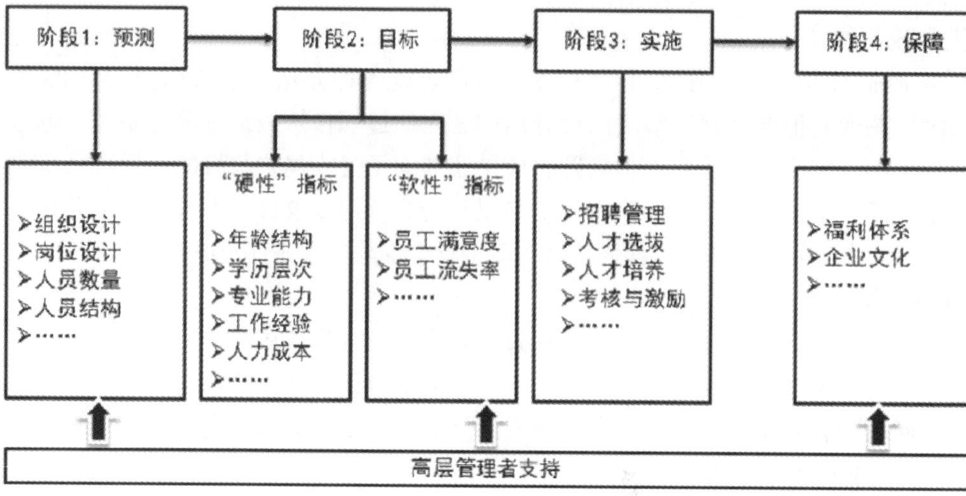

图1　人力资源配置的多维创新管理模式的基本框架

1. 以时间为维度进行人力资源需求规划

人力资源需求的目标决定人力资源供给的方式选择，阜新煤制气项目作为分期滚动建设的大型新建煤化工项目，从2007年开始筹建到2013年投产，必然经历工程建设、基建与生产并行以及生产运营等多个阶段，企业各个阶段的主要工作任务、发展目标以及主要矛盾均有所不同，因此公司的组织结构与岗位设置必须在满足公司战略发展以及运营管理流程的前提下，充分参考国内外优秀企业实践提前进行规划，并且随着企业的不同发展阶段进行动态调整，2007年筹建期，必须考虑人员的需求与供给，随着2010年项目经过国家核准，公司正式成立，公司调整了工作任务及发展目标，2011年公司开始了全面基建，公司开始着手调整组织结构及岗位设置，同咨询公司多次接洽后制定了符合公司现阶段发展的组织机构及岗位设置，2013年公司转入基建同生产并行，给人力资源工作提出了更大的挑战，这就必须进行合理预测人员配置，同时依据事先规划的组织结构调整的路径，充分考虑化工行业人才培养周期长的特征，合理预测各阶段人员配置的实际需求。

2. 以任务为维度分解工程建设期人力资源配置目标

在明确工程建设、基建与生产并行以及生产运营三个时期人力资源需求目标的基础之上，对工程建设期的工作任务和流程进行分解，将其划分为可研阶段、基础设计阶段、详细设计阶段，制定分阶段的供给计划，明确引进的目标、渠道与方式，有计划的引进人才，做到有的放矢。

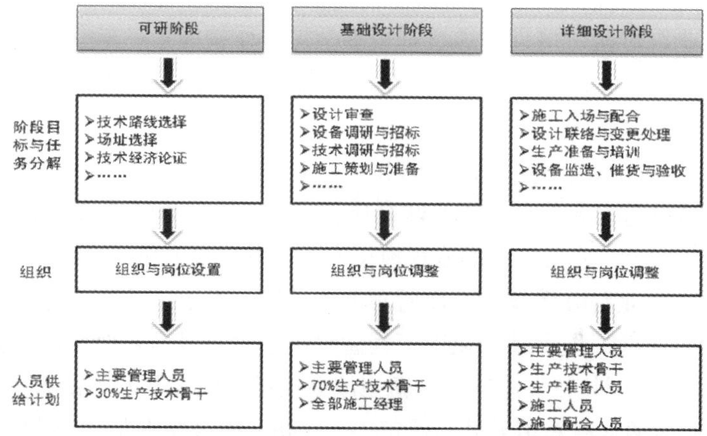

图2　工程建设期工作任务和流程分解

可行性研究阶段：生产技术骨干（中层干部）陆续到位30%，进行技术路线、场址选择、技术经济论证等研究工作。该阶段由熟悉技术与基本建设和设计的高级管理人员负责，将设计、工程建设、生产运行整体考虑，最大限度的整合有限资源，系统考虑问题。

基础设计阶段：生产技术骨干（中层干部）陆续到位至70%，施工项目经理陆续到位，生产技术人员隶属于设计部和生产准备部门，进行设计审查、设备调研、技术调研，全程参加设备招标和技术招标；全程参与设计过程，及时与设计院探讨（论证与调研）解决发现的问题；全程参与基础设计审查，解决初步设计审查过程中专家提出的问题。施工管理人员进入工程建设部门，进入施工策划和准备。

详细设计阶段：施工人员进入施工现场；调整组织结构，设计部与生产准备部分拆为科技信息部、生产技术部、机动设备部、生产分厂四部分：科技信息部继续负责设计工作；生产技术部和机动设备部，负责公司生产准备和设备管理等业务，其余人员进入主要分厂，所有人都在不同层面进行生产准备、培训和施工配合工作：设计人员主要负责催图、设计联络，以及部分设计变更的处理；生产准备人员主要负责编写规程、带队实习，部分人员参与设备验收、监造、催货等工作；配合施工人员主要由设备、仪表、电气专业人员构成，参与设备验收工作。

3. 以岗位为维度，制定配置策略

（1）以岗位类型为维度，构建灵活、高效的招聘策略组合

招聘策略是为实现招聘计划而采取的具体策略，招聘策略的选择必须充分考虑企业所处的发展阶段、所需要人才类型以及行业人才的竞争环境。阜新煤制气公司目前仍处于工程建设期，即企业的起步阶段，同时由于目前化工行业尤其煤化工行业人才争夺日趋激烈，因此阜新煤制气公司在招聘实施的过程中明确了以下基本原则：

①生产及生产管理岗的高端人才优先原则

阜新煤制气项目现阶段的工作重点在于工艺技术、设备的选择与审查，对于高端人才的需求极为紧迫，因此在人才引进的过程中遵循高端技术人才配置优先的原则，优先构建生产及生产管理岗位的员工队伍架构，招聘重点岗位的高端技术人才或熟练工种，充实到中层或高级主管岗位，同时借助于高端专业人才较强的团队号召力，可以吸引部分可靠的中级熟练工种，首先建立了公司的中高级人才梯队，在中高级专业人才的带领下，不断完善人才培训管理机制，大力培养毕业生员工，从而实现专业团队的全梯队建设。

②专业人才的内部推荐优先原则

化工行业具有专业人才市场稀缺，来源渠道狭窄的特点，在专业人才录用时坚持内部人员推荐优先的原则，可以有效降低招聘的成本与风险。

③全方位、多渠道并行建设原则

由于大唐集团涉足化工领域的时间较短，在化工行业的影响力与人才吸引力与中石油、中石化等行业领先者相比仍处于劣势的地位，因此在人才引进的过程中，需坚持多方位宣传，多渠道并行建设的原则，抢占先机，有效提高招聘的效率：在成熟工种引进方面，通过多种途径广泛宣传阜新公司人才和环境优势;在毕业生招生方面，在时间非常紧迫的情况下，通过有的放矢，有效宣传，抓住考研结束等一切有利条件，对全国所有化工专业院校，特别是东三省院校进行分类研究，在重点院校、重点区域由专人进行宣传造势。

（2）建立以岗位为维度的竞争、选拔机制

阜新煤制气作为新建的大型煤化工企业，人力资源需求量巨大，“赛马不相马”的人才管理理念与巨大的人员需求之间存在较大的矛盾。因此，公司在人才的竞争及选拔工作中以人才的不同层次为维度，确立具有针对性的竞争、选拔机制，同时为了实现人尽其才、才尽其用、事尽其功，避免在大力引进人才过程中可能出现的“先来后到、论资排辈”的不公平现象，阜新公司确立了“先相马、后赛马、再驯马”的人才选拔原则（即对于合适的应聘人员，根据其自身条件协商待遇，不定岗位，入职后安排临时性工作，同时实现聘用人员的工作融入和公司的人员考察；基础设计结束后，统一开展竞聘上岗，

以岗定薪），并以此提高人岗匹配度，满足公司业务发展需求。

①岗位的内部竞聘机制

公司属于新建企业，从而人才引进定会有先后，伴随着公司的发展及组织结构的调整，公司必须进行整体岗位调整，为凸显公平公开公正的人才选拔机制，避免“先来后到、论资排辈”的不公平现象，针对岗位空缺，建立完整、高效的竞聘上岗机制，通过竞争激励机制的实施，充分调动公司员工的积极性和创造性，并在此基础上完成现有全员的竞聘上岗。

2013年3月1日起公司竞聘上岗工作全面推行。4月18日，阜新公司基本完成各生产分厂的竞聘工作。期间人力资源部共组织9个分厂的管理岗位、生产岗位面试19场，笔试22场，全员测评工作19场，除中层干部及2012届未转正毕业生外共计684人完成竞聘上岗工作。

在生产分厂竞聘工作进行的同时，公司人力资源部于4月11日召开管理部门竞聘上岗动员大会，传达相应竞聘要求及相关原则。为不影响管理部门正常工作，人力资源部配足人力到部门员工岗位上进行测评，并于4月23日晚19点安排所有管理部门参加竞聘上岗的134名员工统一考试。

②后备干部成长跟踪机制

为了能够做到后备干部“选拔有依据，发展有痕迹，成长有跟踪”，阜新公司创新和建立更具有针对性的后备干部及后备中层干部成长档案，详细记录后备干部参与学习培训的情况及季度考评情况，对后备干部的工作能力与业绩进行实时跟踪，领导干部从优秀的后备干部中推荐，对于连续两次考核处于后10%的后备干部或后备中层干部取消后备资格，对连续两次中层干部年度考核处于后10%的中层干部实行降职使用，提高后备干部及后辈中层干部的危机意识与竞争意识，促使其不断改进工作方式，提升工作业绩。

（3）建立以人才类型为维度的多维培训管理体系

在员工培训管理方面，阜新公司针对管理类、技术类、操作类员工的不同维度，建立了“把管理人才培养为领导干部，把技术人才培养为专业技术领军人物，把操作人才培养成技能专家”的思路，多途径的开展各项培训工作，切实提高各层级员工技能，为业务的顺利发展提供支持。

①针对管理类人才拓宽专业知识

阜新公司针对企业对既懂技术又懂管理人才的紧迫需求，开展样板工程管理及化工工程管理讲座、总经理管理专题讲座等专题讲座，同时针对部分中层干部管理知识欠缺的特点，充分借助外部培训资源开展中层干部的封闭式管理知识培训，提高管理技能。

②针对技术类人才打造领军人物

完成并建立了辽宁省博士后科研基地和辽宁省煤制天然气工程技术中心，今年将利用这两个平台，通过与大专院校合作及联合攻关，进行培养公司的技术领军人物。

目前，国内外煤制天然气项目蓬勃发展，我国近期在建拟建的煤制天然气项目有20多个，总规模超过400亿nm^3/年。尽管煤制天然气技术国外发展较早，但国内的工艺技术水平及设备制造水平与国外先进技术存在着较大的差距。在催化剂研发、流程模拟及优化、节能减排技术研发、废水处理技术、反应器设计和制造等领域仍需要不断提升，同时，由于国内尚无正在运行的煤制天然气工厂，非常缺少具有煤制天然气项目管理、科研及专业技术人才。

基于此背景，通过建立辽宁省博士后科研基地和辽宁省工程技术研究中心，煤制天然气工程研究中心，并利用这两个平台，通过与大专院校合作及联合攻关，进行培养我公司的技术领军人物。

③针对操作类人才加强技能培养

针对操作类人才的自身特点，公司一是加强了岗位技能基础培训，组织大学毕业生分赴中国石油大庆石化、中煤龙化等六个知名化工企业跟班实习培训，通过师带徒学习操作技能；二是在零投资的前提下与阜新教育局合作建立了化工行业级的职业技能培训中心，组织开展技能鉴定工作，确保中级工的持证上岗率100%。

④针对年轻员工创办“双导师”制活动

阜新公司工作未满3年的毕业生员工比例较高，培训难度较大，通过传统的培训方式难以满足快速培养合格的年轻员工的要求，阜新公司创办了毕业生“双导师”制活动。毕业生“双导师”制活动是指针对新入职毕业生员工的特点和在化工行业的职业发展规律，为每一位新入职的毕业生员工配备一名业务导师和一名职业生涯规划导师，从传统业务及职业生涯方面共同促进年轻员工的成长，引导员工结合自身特点和公司发展需要，找准员工职业兴趣与企业发展的结合点，畅通员工职业发展通道。

（4）健全绩效考核体系支持人力资源配置目标的实现

基于公司战略发展需要以及全面责任管理、全员业绩考核工作要求，结合公司项目与业务发展现状，建立健全目标责任体系、业绩考核评价体系和激励、监督机制，利用信息系统实现绩效的E化管理，同时借鉴TPS与JIT管理模式，建立工作看板管理机制，实现绩效考核实施的全过程管理。

①全面责任管理、全员绩效考核

公司“两全管理”体系以关键业绩指标（Key Performance Indicators，KPI）体系为核心，通过提炼KPI确定企业、部门、员工的考量因素；通过确认KPI的基准值、目标值、创新值，制作EPS（Enterprise Positioning System，EPS）定位图，完成企业、部门及员工的精准定位，实现对员工的科学评价，为科学的进行人员配置提供依据。

②绩效考核指标的月度、季度分析

在两全管理的基础之上，阜新公司建立全员绩效考核指标的月度、季度分析机制，创建KPI指标分析月报、季报，使公司领导和全体员工能充分掌握公司及部门各项指标的运作和“健康”情况，明确不足，促进工作的不断改进。

③工作看板管理

借鉴TPS与JIT管理模式，阜新公司还创新并试行了人力资源部工作看板管理机制，通过每月看板管理加强内控，加强部门工作的过程管理，实现部门员工工作的优劣评比，提升员工内部竞争氛围。

④完善福利体系，促进文化认同

针对阜新公司员工来自五湖四海的特点，实施文化建设与工程建设同步，强调以同心文化聚才，通过一以贯之地宣贯大唐同心文化理念，坚决摒弃行业和地域偏见。

同时不断完善员工福利体系，通过各种办法，解决引进员工的落户、住房、子女教育、社保等各类“疑难杂症”，有效保留公司高端技术人才。

四、人力资源多维配置模式创新与实践的效果

辽宁大唐国际阜新煤制气有限公司人力资源配置模式的创新经过一年的实践，有效地提高了公司人才的数量和质量，人才培养与梯队建设初见效果，为公司2013年一期工程的顺利试车与投产奠定了良好的人才基础。

1. 人才数量和质量明显提高

在阜新公司人才招聘思路下，阜新公司用一年左右的时间共开展了7场专场招聘会，通过大力招聘引进人才，使阜新公司具有化工生产经验的人员数量由招聘初期的17人提高到现有的近400人。其中，400余名专业技术人才中，来自中石油系统78人，来自中石化集团92人，来自神华集团11人，来自中煤集团43人，来自其他地方的大型化工企业共170余人。在毕业生招生方面，接收并报到的毕业生700人，涉及院校20余所，其中录取了全国大学生技能大赛二等奖的学生1人、三等奖的学生3人，录取了“211”院校或“985”院校的毕业生21人，人才的引进极大地缓解了阜新公司的人力需求。

经过努力，阜新公司现有人力规模发生巨大变化，现有各类用工由去年的200余人增长到现在的1150人，其中，具有成熟工作经验的人员458人，工作未满3年的大学毕业生692人，具有工作经验的人员与工作未满3年的毕业生比例达到1：1.5。

在人员文化与技术等级结构上，阜新公司也出现了巨大变化，实现了大学专科及以上的人员达到了97%，在新招聘具有工作经验的人员中，具有中级职称或中级工及以上技能资格的员工比例达到100%，公司人员素质水平较高。

2. 高级岗位人员配置成果显著

内部公开竞聘工作创出较好水平，坚持“先相马、后赛马、再驯马”的人才选拔原则，通过实践考核，人员考察及公示，严格履行干部公开竞聘程序，已选拔任用中层干部56名，部门助理14名。

3. 人才培养体系搭建初见成效

在操作人才方面阜新公司与阜新教育局合作建立的化工行业级职业技能培训中心，2011年、2012年两年已经进行化工行业级的中级技能鉴定近700人，今后还将进行高级技师、技师、高级工等层次的技能鉴定。在技术人才方面，目前阜新公司有2名博士后即将进站，公司培养的流程模拟人才正在五环工程公司进行培训与建模工作。

在技术领军人物培养平台的搭建方面，阜新公司于2011年3月15日获得辽宁省人力资源和社会保障厅及辽宁省科技厅等五个部门联合批准，组建了全国第一家煤制天然气工程博士后科研基地，2011年8月11，辽宁省科学技术厅和辽宁省财务厅正式批准全国第一家“煤制天然气工程技术中心”在阜新公司组建。2011年11月10日，经辽宁省发展和改革委员会批准组建全国首家煤制天然气工程研究中心。形成了阜新公司“一个基地，两个中心”的组织机构，同时，通过与中国石油大学（北京）等科研院校及天华化工机械及自动化研究设计院等科研机构合作，全方位、深层次的打造了阜新公司以“一个基地，两个中心”为基础的领军人才培养及技术创新的平台。并利用此平台以公司现有的专业技术人员和专职研发人员为基础，通过自身人才培养，结合国内外招聘的等方式，培养和组建国内一流并在国际具有较强竞争力的煤制天然气技术研究与开发团队同时将在煤制天然气为重点的领域形成具有持续创新能力的人才队伍。

4. 有效促进了公司工程建设与技术创新工作

在强有力的人才支撑的基础之上，公司的工程建设与技术创新工作取得了突破性的进展：项目主要化工界区与配套施工顺利进行，项目质量管理达到系统内先进水平，一期工程有望于2013年竣工并实现顺利投产；原料准备、生产运行准备、经营管理准备等生产准备工作稳步进行，为未来稳定生产运行奠定了基础；2011年度专业技术人员科研立项16项，发表科技论文4篇，获得国家实用新型专利授权1项，完成设计优化67项，为建立资源节约型和创新创效型企业夯实了基础；项目投资始终处于可控范围，通过技术革新共节省投资3.2亿元。

成果创造人：王海杰　付宝贵　邹建波　刘永健　陈允捷　于　龙　宋宝燕　阙　莲

大型开放式园区运行服务"标准化管理体系"的构建与实施

北京新奥集团有限公司

荣获第二十八届北京市企业管理现代化创新成果一等奖

北京新奥集团有限公司（以下简称新奥集团），其前身是北京奥运场馆土地一级开发指挥部，是北京市人民政府为完成第29届北京奥运会，于2004年底成立的临时性机构，主要任务是受市政府委托，从事奥运场馆中心区土地一级开发和整体市政基础设施建设，负责赛前项目建设和赛时运营管理服务保障工作。

2005年2月新奥集团改制重组，更名为北京新奥集团有限公司。"十一五"时期，新奥集团按照市政府的要求，高质、高效地完成了奥林匹克公园中心区（以下简称"中心区"）土地一级开发市政基础设施建设、南区征地拆迁和各项奥运配套设施的建设工作；完成了地下空间等奥运会配套设施工程，龙形水系、中轴铺装、景观绿化等景观工程，奥体中路等市政道路工程的建设任务，共计35个大项、67个小项。圆满完成了奥运会、残奥会整体运行保障服务任务。

在奥运会期间，新奥集团对已建成并投入使用的各项设施进行全天24小时运行保驾、维护管理，向使用者提供全方位的物业管理服务，圆满完成了市委、市政府、北京奥组委交给的赛时运行保障各项任务，得到了党中央、国务院及市委市政府的表彰和社会各界的好评。

奥运会后，新奥集团逐步发展成为"以土地一级开发为特色的房地产开发、以奥运中心区经营为核心的区域运营、以公共项目运营为内容的服务平台"三大业务板块为主的集团企业。

中心区位于北京城市中轴线北端，南起北四环路，北至科荟路与奥林匹克森林公园比邻，西起北辰西路及林萃路，东至北辰东路，总规划面积315万平方米。规划建筑面积约360万平方米，是第29届奥运会的主场馆区。中心区也是《北京城市总体规划（2004—2020年）》确定的北京市"六大高端产业功能区"之一。

新奥集团现有员工1200余人。集团本部设11个职能部室，具有中高级职称占80%。员工队伍中的绝大多数人经过奥运会、残奥会的洗礼，是一支具有丰富经验的、专业的园区建设、运行管理的团队。新奥集团全体员工在管理实践中首创的大型开放式园区运行服务"标准化管理体系"获得国家住建部物业处、北京市市住建委物业指导中心、北京市小区办等单位专家的肯定和支持，通过标准体系的管理为奥运遗产保值增值，发扬光大，为首都建设世界城市做出了贡献。

一、大型开放式园区运行服务"标准化管理体系"的构建与实施背景

2008年8月8日第29届夏季奥林匹克运动会，在中华人民共和国首都北京开幕，这届无与伦比的奥运会向世界展现了中国、北京的魅力。作为开闭幕式举办地的中心区不仅圆满完成奥运服务任务，也为中国和世界留下宝贵的奥运遗产。

中心区是独具特色的城市公共区域，占地面积大（超过3平方公里）、设施设备种类和数量多（超过30万件）且科技含量高，公共区域项目种类多（包括龙形水系、绿化、中轴树阵及广场、各种景观设

施、下沉广场及配套设施等），中心区累计接待游客超过了1.6亿人次，最近两年每年接待游客约超过5000万人次，日平均接待游客20万人次，最高接待游客30万人次/天。中心区的运行服务工作已大大突破了传统的物业管理模式。

奥运会后，中心区进入常态化管理，在管理客体、服务对象、外部环境等方面发生重大变化，继续采用奥运时期的临时性管理模式已经无法适应新的形势。大到从北京战略发展需要，小到社会大众的旅游休闲诉求，同时结合企业自身发展的需要，需要对中心区的管理进行系统化，标准化，体系化的管理创新，中心区急需一套运行服务标准用于指导规范日常管理工作。

（一）探索大型开放式园区的规范化管理样板的需要

后奥运时期的大型开放式园区的奥运遗产管理没有国外成功经验可借鉴，国内也没有这一类公益项目的管理标准。地方政府与行业对类似大型开放式园区的管理没有专门的针对性规范文件加以规定。各地大型开放式体育文化园区的管理和服务规范都在实践中摸索。同时，本企业在北京其他类似区域型项目（通州新城核心区、奥体商务文化园区）运行管理方面急需标准化管理文件。因此，这个项目具有“填补空白，示范先行”的重要意义。

中心区的标准化管理面临解决以下突出问题：一是传统的物业管理无法完全适应开放式的园区管理模式；二是服务对象复杂，服务方式不固定；三是设施设备不间断运行，维护保养工作量大；四是公共安全问题凸显，出现问题影响性大，后果严重；五是奥运拆迁产生的农转工安置使用问题需要企业内部消化解决。

（二）适应北京市提出的“建设世界城市”、“打造国际商贸中心城市”战略的需要

奥运会后，在经过重重努力、应对金融危机取得初步成功并迎来发展新机遇时，站在新的历史阶段的北京将发展定位瞄准了建设国际城市的高端形态—世界城市。中心区是首都“十一五”规划建设的六大高端产业功能区之一，是集体育、文化、会展、休闲于一体的城市功能新区，也是对社会群众免费开放的国家5A级旅游景区。在该区域即将建设的中国国学中心、中国国家美术馆、中国工艺美术馆、中国非物质文化遗产展示馆等公共设施，与已经建成的中国科技馆新馆共同形成兼具文化和历史特色的博物馆群，此外已经存在的国家体育场馆，国家游泳中心、国家会议中心等公共设施，共同构成全国体育文化中心。为适应北京市提出的“建设世界城市”、“打造国际商贸中心城市”战略的需要。中心区需要一套完整的标准化管理体系来提高运行服务品质，提升其体育文化中心的地位。

（三）满足公众、业主、政府需求，提升中心区管理品质的需要

随着经济、社会的不断发展，公众对人文、环境的要求越来越高。中心区作为5A景区，在接待世界各地游客的同时，也是市民休闲娱乐的场所。公众不仅要求中心区达到国家5A景区的要求，更能满足日常市民的休闲娱乐需要。

中心区的运行管理不仅有传统物业中的保洁、绿化、保安等服务，还要针对业主的需求提供特殊服务，如交通疏导、人员疏散、灯光配合、临水临电的接入等。

政府部门将中心区作为北京市重点发展区域，主要从宏观的角度对中心区提出需求，如公众安全、社会稳定、首都形象、节假日气氛的渲染等。

为满足国内外游客、驻地业主单位的需要，以及市委市政府、公园管委会的要求，保证中心区运营“安全、正常、高效”，提供一流的服务，中心区需要一套完整的标准化管理体系为管理基础，从不同需求角度作出合理安排。

（四）监测园区运营服务的需要

政府监督考核新奥集团的工作及落实运营费用需要标准化的依据；同时新奥集团监督、检查、衡量运营服务单位服务成果需要一个标准化的尺度。

（五）树立企业形象，打造企业品牌的需要

企业以中心区管理为基础，通过大幅度的提升中心区管理品质，打造专业化的园区式管理品牌，从而

树立良好的企业形象，为企业的生存发展提供动力。而提升管理品质需要通过标准化的管理模式来实现。

新奥集团秉承“绿色、科技、人文”三大理念，在奥运期间，以高质量的管理和优质的服务，出色完成的奥运保障工作。奥运会后，新奥集团继续发扬为首都服务，为社会服务的宗旨，为管理好奥运遗产，使其保值增值，发扬奥运精神，传承奥运文化，对管理模式做出调整，及时从赛时管理调整到常态化管理。2009年开始，新奥集团根据中心区实际情况着手中心区标准化体系建设。新奥集团组织人力物力结合管理经验制定《奥林匹克公园中心区公共物业服务方案》（以下简称《方案》），2010年新奥集团“十二五”发展规划中提出以奥运中心区运营管理为核心的区域运营模式。 2011年初在《方案》的基础上组织编制《北京奥林匹克公园中心区公共区运行服务质量标准》（以下简称《标准》），作为中心区管理的纲领性文件，统筹中心区各项管理体系，使中心区各项管理在在标准化管理体系下运行。2011年底《标准》编制完成，中心区的各项管理体系与《标准》完成对接，同时在《标准》编写过程中，结合实际情况对中心区各项管理体系进行完善，基本建立健全中心区标准化管理体系。

二、大型开放式园区运行服务“标准化管理体系”的构建与实施的内涵和架构

（一）标准化管理体系的内涵

中心区标准化管理体系以传承和发扬奥运精神、服务大众为宗旨；以风险控制确保安全、提高服务消费价值、节约企业资源为长效管理目标；树立科学的管理理念、利用先进的科学技术、夯实科学完善的管理基础，不断提高中心区的运行服务水平，满足国内外来访者“奥运北京·绿色北京”的愉悦感。将中心区的各项管理环节与管理行为有机结合在一起，形成一个完善的可操作的标准化管理运行系统。

中心区标准化管理体系，将《标准》作为中心区公共区运行服务保障的纲领性文件，指导、规范中心区各项工作。在《标准》的统领下，中心区所有管理体系严格按照《标准》的要求对具体事项作出规定。

（二）标准化管理体系的架构

1. 运行服务质量体系的架构

在《标准》的统领下，以《标准》为基础建立了运行服务质量体系构建支持平台，使得目标管理体系、培训体系、作业规程体系、风险评估规避体系、监督审核奖励体系、效能量化评估体系、规章制度系统结合起来。

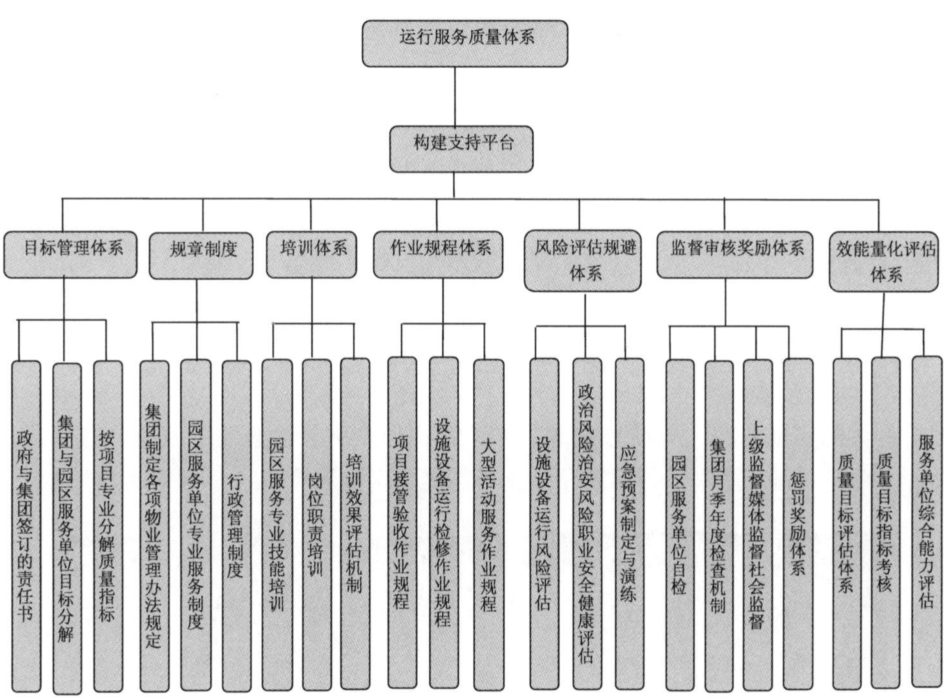

图1　运行服务质量体系的架构

2. 《标准》构架

《标准》由11个部分组成，包括：总则部分；地面景观、龙形水系、下沉花园、地下交通联系通道、地下车库项目运行服务部分；绿化养护、清洁服务、秩序维护专业服务部分；客户服务和大型活动服务部分 。

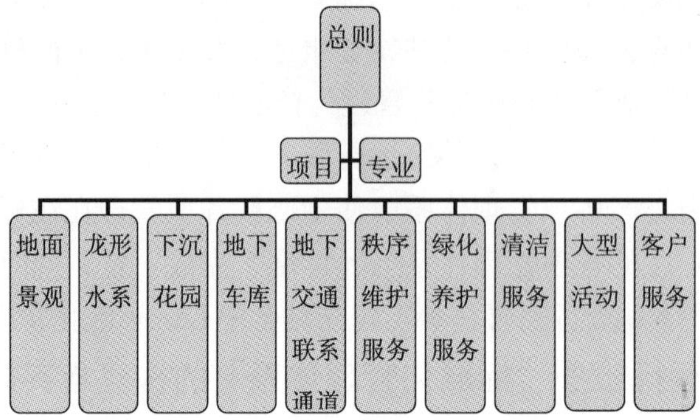

图2　《标准》架构

3. 总则规定

明确服务范围、中心区特有的设施设备和专业术语解释说明、服务单位要求、人员要求、档案管理、费用管理、运行服务响应及服务指标、节能与环保安全、生产与突发事件应急处置、服务质量检测与持续改进。

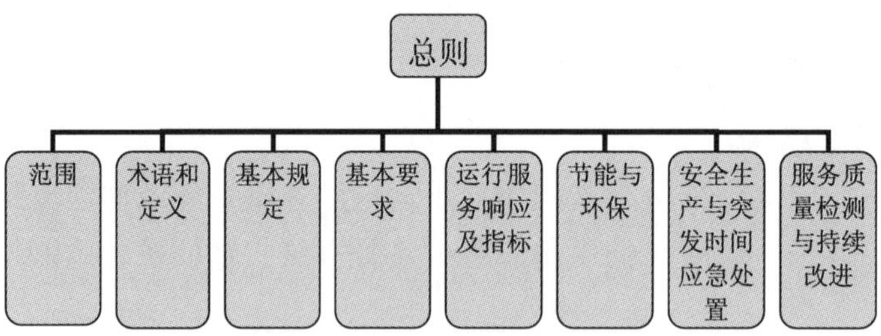

图3　服务范围架构

4. 分则内容

《标准》由地面景观、龙形水系、下沉花园、地下车库、地下交通联系通道五个项目和秩序维护、绿化、清洁、秩序维护、大型活动、客户服务五个专业组成。

（1）项目内容

主要对设施设备的维护保养，项目安全，项目节能作出效果要求。

（2）专业内容

主要对服务要求、操作要求、专业特殊要求做出规定。

5. 《标准》下的体系构成

各体系中有具体的实施方案，各项目方案对体系管理作出纲领性规定，其下有各项制度作出具体要求和安排。最后有管理细则、操作手册和指导作业书落实到岗位和个人。

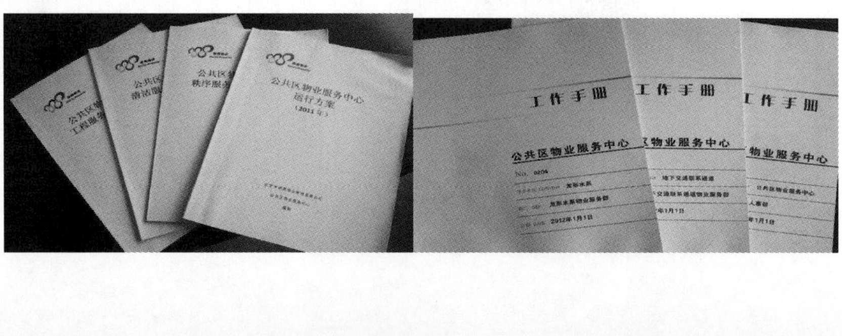

三、大型开放式园区运行服务“标准化管理体系”的构建与实施的主要做法

新奥集团在标准化管理体系的实施过程中，牢记传承和弘扬奥运精神、服务大众的宗旨和进一步提高中心区的运行服务水平，建立全国园区标准化管理示范的目标；自始至终贯穿风险控制、提高服务对象消费价值、节约企业成本的指导思想。坚持实事求是、服务大局、依靠科技、社会效益优先的原则。

（一）全员参与完成标准化管理体系建设

为做好标准化管理体系的搜集编写工作，集团领导十分重视，集团上下全体动员，成立专门的《标准》体系编写小组和编写办公室，集团主要领导分别担任组长和办公室主任。从集团各部门抽取骨干人员专门负责标准化管理体系的编写整理工作。

为了确保管理体系的全面科学，编写办公室制订详细计划、建立各项制度、举办各种培训。通过组织现场的实际调研、到北京市类似项目和国内类似项目的考察学习的形式，提高编写人员能力。基层管理人员参与起草、一线工作人员参与编写，结合住建部、北京市住建委、北京物业行业专家意见加以完善，创新性的将各种管理标准和规范总结筛选结合中心区的实际情况加以科学的提炼和完善，形成一套中心区特有的管理文件，运用到中心区的管理工作当中。

（二）全面保证标准化管理体系的实施

1. 各级领导亲自抓标准化管理体系的实施

领导参与、分工明确，责任到人，明确了以集团综合开发部为主责部室，其余部室按职能分工积极配合，园区各服务单位为实施主体，主要领导深入园区各服务单位调查研究实施计划，使计划更加接地气、合实际，在实施前召开园区各服务单位班组长以上人员近200余人参加的“奥林匹克公园运行服务标准”动员大会，领导亲自讲标准实施的重要意义，明确贯彻实施标准的步骤方法等路线图，园区各服务单位也分别成立相应的贯标机构，制订“条块”计划，做到层层落实，级级有保障，形成贯标的网络，为贯彻标准做到真实有效奠定了坚实的组织和领导保障。

2. 做好贯标的培训工作

针对标准化管理体系本身的特点和园区运行服务工作的实际，组织相关人员进行分层与集中培训。对于标准涉及的共性部分进行集中培训，各专业如秩序维护、保洁、绿化等专业分块组织培训，园区各服务单位的高级管理人员和班组长、操作层人员分层次组织培训，每次培训都要经过严格的考试，考试不合格的重新培训直至合格后才能上岗。

3. 坚持贯标效果评估

自2009年逐步实施标准以来，新奥集团坚持每年对园区各单位落实标准工作进行有效地评估，一是标准本身经过一年的实践与园区项目专业的适应性如何，是否真实反映了设施设备的实际，人的操作能力能否达到等进行评估。二是对园区服务单位取得的实际效果进行评估，是否严格按标准执行，是否达到了标准要求，服务单位的服务能力是否满足园区的服务要求等进行评估，以达到园区服务质量优，顾客满意度符合要求。

4. 加强指导和检查

标准化管理体系的制定虽然经过了“上上下下”的反复修改和完善，难免有认识上的差距，贯标小组成员到园区的项目与一级操作人员交流等，查找问题并举一反三，总结经验、查找问题的根源，保证贯标工作扎实落实，持续改进。

5. 建立监督检查考核机制

“标准”的每一条块都与园区运行服务工作紧密结合，为达到标准实施效果，新奥集团配套建立了《园区管理标准考核办法》，实行班组检查，项目周检查与集团月检查、季度检查和年度考核相结合。检查不合格项给予责任人、责任单位扣分并与收入分配挂钩；服务质量好并受到媒体、群众上报表扬的，集团给予适当的奖励。通过实施做到奖罚分明，将贯标同日常运行服务工作紧密结合，有力地促进了园区服务水平的快速提高。

（三）强化以风险管理为中心的公众安全工作

奥运会后，新一轮的金融风暴席卷全球，外部的经济困难给我国的经济带来严峻挑战，同时我国各项改革进入攻坚期，各项社会矛盾开始出现，由此近年来群体事件和损害公众安全的事件频发。此外由于环境问题使得气候异常，自然灾害也时常出现，危害公众安全。

在这样的背景下，全天候开放的中心区所面临的风险问题和安全问题尤为重要。作为中国首届奥运会开闭幕式的举办地，既是世人了解北京的窗口，又是国人首选的旅游场所。中心区至今已累计接待游客超过了1.6亿人次，最近两年每年接待游客约超过5000万人次，日平均接待游客20万人次，最高接待游客30万人次/天。

此外作为大型开放式的园区，园区经常承接一些大型活动，容易形成人员在小范围内（如鸟巢、水立方）大量聚集，最多时超过10万人。因此由于其举世瞩目的特殊地位和人员高度密集的情况容易成为不满人群制造事端、敌对势力和不法分子利用制造影响的目标。所以中心区标准化管理体系的实施以公众安全为中心，各项工作围绕公众安全开展。

如此大的开放区域，如此敏感的地区，在安全管理上存在很多困难。一是区域在空间和时间上是开放的，对进入中心区的人员无法控制。二是人员配备和技术力量有限。奥运期间，中心区秩序安保有武警、军队、警察、保安等各个安全系统全方位配合保证中心区的安全保卫工作。但是奥运会后，常态化管理中只有保安人员负责安全保卫工作。三是在三平方公里的开阔区域内，有水系、有树阵，有30万件各式设备设施，容易受到自然灾害的侵扰。

作为仅次于天安门广场的大型开放性园区，安全是中心区管理的根本和基础。标准化管理体系针对中心区的特点将中心区的安全管理分为三个层次：运营安全、环境安全、社会安全。通过三个层次的安全管理使得公众在中心区安全感的基础上体会到舒适的感觉从而达到满意的效果。中心区安全的管理评价也分为三个层次，安全感、舒适度、满意度。

1. 运营安全

运营安全包括三个方面：安全设施设备齐备、安全制度完善、人员管理科学。通过设备设施、制度管理、人员操作全面的管理达到最基础的安全保障。

（1）安全设施设备的健全是安全工作的现实基础，完善的消防系统、疏散系统、急救系统、报警系统、防洪系统、防爆系统等安全系统的正常运转是保障安全工作所必需的。

完善的安全制度是设备正常运行，人员合理高效调动安排的必要条件。结合中心区自身特点建立健全安全生产责任制、安全目标管理制度、安全奖惩制度、安全隐患排查制度；各项制度相互侧重互相补充，始终将公众安全放在第一位。

为保证公众安全，《标准》针对各种可能出现的情况，制订详细应急预案，对突发事件进行处理。

（2）科学的人员管理是关键。人是任何工作中的能动部分，任何工作的好坏都由负责执行的人员来决定。所以中心区管理中将人员的科学化管理作为重中之重。在安全管理方面，除了设备操作培训、制度遵守培训之外最重要的是理念的学习。在科学制度的指导下，充分调动个人的主观能动性遵守制度和规范却不拘泥于规范。

2. 环境安全

在运营安全的基础之上做到环境的安全、环境的舒适。通过利用新技术和科学化的管理，使中心区交通安全、噪音降低、空气清新，达到环境的舒适安全。

中心区采用生物方法治理龙形水系，使中心区安全舒适健康绿色又灵动飘逸。科学搭配绿化，给中心区一个强大的空气过滤肺。采取认养等措施，建立公众对中心区的主人翁地位，引导公众自觉参与中心区的环境保护。

3. 社会安全

中心区社会安全是针对社会事件的安全措施、对策。社会事件主要包括恐怖袭击事件、民族宗教事件、经济安全事件、涉外突发事件和群体性事件等。中心区人员流动性大，容易聚集，特别是节假日和有比赛和活动的时候，中心区人数达到几万甚至十几万人。活动开始前在场馆入口、活动结束后的场馆出口和地铁入口，人员高度密集，容易出现拥挤、踩踏等群体事件。社会安全是中心区安全管理追求的目标，在运营安全和环境安全的基础上加入秩序维护、治安协助等预案和措施。针对中心区特点，标准化管理体系制定各项关于公共安全的应急预案。包括公共卫生安全、社会安全事件。

（四）加速农转工的"素质"转化成为科学管理主力军

2002年7月奥运场馆拆迁涉及824名农转工。依据市政府《关于奥林匹克公园建设区征用土地农转非安置补助办法的批复》（京政字56号）文件规定农转工人员主要从事奥运公园绿化养护、保洁、社区服务等工作。由于农转工文化及素质的现实问题，标准化管理体系的实施以解决好农转工科学化管理为难点和重点，只有解决好农专工的管理问题，管理体系才能顺利实施。

为了解决好农转工的管理问题同时做好中心区管理工作和社会稳定工作，新奥集团在没有经验借鉴的情况下，多方摸索出一套适合引导农转工人员平稳融入社会，参与中心区服务工作的管理体系。

1. 寻找途经，多方安排

奥运会后农转工继续在中心区服务，新奥集团指导下属物业公司制定五个"出口"政策，有效地缓解了安置工作的压力，在常态化管理工作阶段积极探寻科学的管理方式，正确引导农转工参与中心区服务工作，确保社会稳定。事实证明经过培训教育，农转工在奥运工程建设、赛时运营保障、赛后管理服务等方面都起到了积极作用。

2. 取长补短，人尽其用

根据农转工人员的特长就地安排工作，对于有技术并取得相关资格证书的农转工人员（电工、水管工、维修工）安排到技术岗位。根据妇女的性格特点安排到保洁、绿化养护工作强度不大，但是需要耐心细致的工作。年轻农转工人员根据个人兴趣选择技术岗位，由经验丰富的技术人员带领参加工作，在工作中学习技术。

3. 加强培训 提高素质

每周开展各种类型培训，包括物业管理、法律培训、安全操作、公共安全、工作和生活规划等，不仅从工作和技术方面进行培训，更注重从综合素质方面的提高，使得农转工人员在提升工作能力的同时能提高综合素质，确保中心区有一支技术超高，素质过硬的服务队伍。

在帮助年轻员工掌握一技之长的同时，鼓励年轻员工学习文化知识，提高自身文化水平。

4. 明确规定 严格要求

《标准》规定十分细致，从着装、语言行为、操作规范等多方面进行严格要求，各项目根据《标准》的规定进一步制订出项目管理方案和操作手册。工作人员根据手册的要求操作，从而避免由于能力和综合素质的不同带来工作结果的差别。

5. 自我管理 科学引导

考虑到农转工人员原有的生产生活特点，注重曾经农村的管理模式，将农转工人员分散管理，及时发现农转工在工作和生活中出现的问题，及时给予解决，并将原来村里从事村民服务管理工作的村干部，安排到管理岗位。通过现代管理方式对农转工干部进行管理，通过农转工干部对农转工人员科学引导。

（五）做好园区重大活动和重大任务接待服务

由于奥林匹克公园中心区的地理位置、自然条件，既是重要的旅游胜地，更是各种大型活动的举办地。此外由于其仅次于天安门广场的重要地位，经常在此举办党和国家的重要活动。标准化管理体系的一项重要管理职能就是保证各项活动和接待任务的安全、圆满地完成。

大型活动项目的要求各不相同，但都需要集团多个部门甚至政府部门联合协作，因此极易出现相互交叉和错位的现象。加之在这些活动中收费标准无从借鉴，导致协作单位之间难以融合。

为了保证大型活动及接待任务的顺利完成，新奥集团在中心区管理标准中明确对重大的活动和任务分为三类管理。一是园区举办的大型活动，包括体育赛事，商业演出，文化展览、公益活动等；二是节假日特殊管理，主要是节假日游客量激增，为管理和服务工作带来困难；三是重要的接待参观任务，每年的两会，党的会议，政府活动、外交来访等重要活动、重要的人物的接待或相关辅助工作。

1. 大型活动管理

根据活动参加的人数和活动举办的地点将活动定为不同的等级。

表1 大型活动定级

活动规模（人）	级别
1000 ≤公共区单场次参与人数 <3000	一级
3000 ≤公共区参单场次与人数 <5000	二级
场馆内举办的活动、5000 ≤公共区参与人数	三级

注：由于场馆内的活动人员密集，所以场馆内活动一律定为三级。

根据活动不同的级别，持续时间长短，安排相应的服务。明确各项目和专业的联系与配合。明确大型活动的服务内容包括客户服务、场地服务、能源及市政保障、保洁服务、绿化服务、水景服务、地下交通联系通道交通、秩序维护八项内容、服务标准和服务费用。

2. 节假日特殊管理

每逢节假日，接待压力空前巨大，游客数量以万计。为确保公共安全，建立节假日管理制度。节假日管理的目标是确保公众安全。法定节假日的特殊化管理模式逐渐演变为标准化的管理制度，临近节假日按照制度要求启动节假日管理模式。做好节前各项安全管理和重点设施设备检查和人员材料的准备工作，建立假期信息联通制度，确保第一时间各部门和负责人得到消息立即处理。

3. 重要的接待参观任务

接待任务分为负责接待和协助接待。建立接待任务服务细则，确定服务的路线、程序、各部门之间的协同配合、秩序安全、设备开启等。

（六）把“节能与环保”作为生态文明建设主线

奥林匹克公园中心区的管理一直以社会效益为前提，严格贯彻“绿色、科技、人文”的奥运精神。在标准化体系实施的过程中，为确保设备设施长期稳定运行，鼓励员工大胆创新；积极采用先进的雨洪利用系统，智能控制系统、光伏发电等新技术延续“绿色”奥运理念，在保证做好服务的前提下，对节约能源工作做出细致规定，对重点耗能设备应安装专项计量设施；制定节约措施和指标并进行严格考核。充分运用国家在节能方面的政策，积极寻求支持，对中心区的各项技术进行节能改造和创新。如对原设计高耗能的景观大道银杏叶灯柱照明设施改造为高效节能光源。“标准”中将环境保护作为项目的考核指标，建立环境保护各项制度，中心区全面实施垃圾分类处理，各类物资采购审批程序中应增加环境审查环节，严格实施有害废弃物合理处理等生态文明建设的一系列措施。

（七）建立服务质量监测与持续改进的保障措施

为保证标准化管理体系的顺利实施，新奥集团建立多级多方面的监督检查制度，建立监测评分制，业主监测服务考评和物业内部检查考评都须与管理单位绩效挂钩；建立整改督办制，所有整改任务都应与责任人的绩效挂钩；建立例会制度。建立整改复核机制。按照规定时限整改，并对工作改进效果进行检查和评估。建立持续改进的机制，确保持续改进质量管理体系的有效性，不断增强顾客满意度。

四、大型开放式园区运行服务"标准化管理体系"的构建与实施的效果

标准化体系的制定、推广、应用，为科学化管理大型开放式园区提供了宝贵的经验和依据，丰富和提高了物业管理的内容和服务水平；为开发利用奥运文化遗产打造世界城市，树立"科技驱动发展，创新服务社会"的理念；实现科技、人文、绿色北京战略目标奠定了坚实的基础。

（一）社会效益、

1. 加强了百姓对政府的信任和对家园的热爱

中心区是奥林匹克公园的心脏，奥运会后的六年中，新奥集团全体员工严格贯彻执行大型开放园区的运行服务标准，使中心区常年呈现出清洁、和平、宁静、祥和的氛围，这里真正成为广大民众的公共空间，特色鲜明、充满活力，每年数千万来自五湖四海的宾朋来此观光游览，感受着政府在改善"民生"方面的大作为，体会着百姓的幸福生活，凡到此观光的游人无不盛赞中心区的管理，羡慕着周围的居民有这样好的居住环境。中心区的运行服务功能切实提升了百姓对政府的信任和对家园的热爱。

2. 中心区向世界展示了中国人的能力和风貌

通过《标准》的严格实施，大大提升了中心区的品质，使奥林匹克公园中心区继北京故宫、颐和园等成为北京第八个国家5A级景区，这里景美，水美，呈现出一片欣欣向荣的景象，构成一幅美丽的自然生态景观，提升了城市的环境生态水平和环保意识，具有极高的社会效益和环保效益。中心区游客量稳步增长。美好的环境，为周边居民提供了上乘的休闲娱乐场所，提升了周边居民的幸福指数。

表2 奥林匹克公园游客流量统计表 单位：万人次

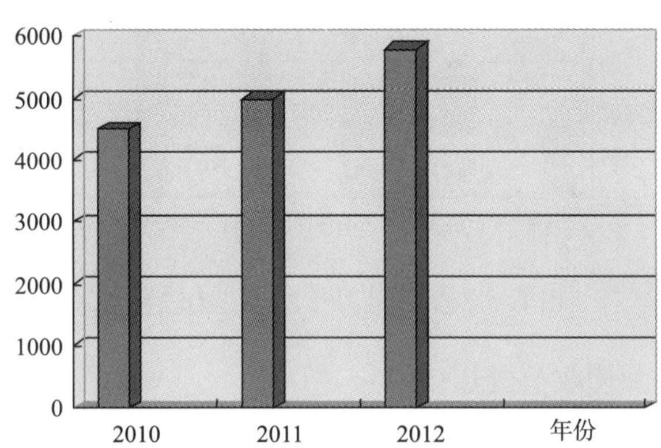

3. 奥运文化遗产得到开发利用

科学化的管理模式，对奥运文化遗产的开发利用提供可靠保障，为世界奥运城市探索了一条新路，目前还没有奥运城市把奥运场馆作为旅游景区来创建的。由于中心区的管理科学，服务到位，使得鸟巢、水立方的赛事和各种活动不断，如每年鸟巢举办的意大利超级杯，水立方最近的星跳水立方等。此外，由于中心区的体育地位，每年中心区有参与举办固定的国际大赛，如北京马拉松赛、自行车比赛等。通过各种活动充分开发利用奥运文化遗产，将奥运文化遗产发扬光大。

4. 企业的外部形象和美誉度得到提升

中心区成功的管理方式，是宣传新奥集团最有效的名片。通过标准化体系的管理，中心区位置不断得到强化，反映出新奥集团先进管理理念、高超管理水平、雄厚的综合实力。新奥集团将以中心区成功的管理为基础，为企业在市场竞争中争得先机。

（二）经济效益

1. 利用奥运遗产创建购物中心，方便了游客也为集团创造效益

新奥购物中心是新奥集团将奥运资产成功转型为商业地产的典范，新奥集团成立北京新奥和元商业管理有限公司将后奥运的赛时管理用房改造成花园式购物中心，将24万平方米的奥运运行保障用房，改造成商业旗舰，公园里娱乐天堂。新奥集团利用标准化的管理体系为购物中心服务，保证服务中心能提供更好更高质量的服务，一方面满足广大游客和附近业主的需求，另一方面也为新奥集团带来巨大的经济效益。

2. 通过各项先进技术的采用，节约了能源，治理了环境

2011年应用水生态恢复技术成功治理了龙形水系水环境污染问题并创造出了一套属于自己特有的管理模式。这种修复技术不需要设备、能耗及任何化学试剂等，完全依靠生物链关系，形成生态系统良性循环，完全依靠生态系统自身产生的效益来维持一定的运行。相比以前每年需要至少更换4次水而言，仅水费和产生的能源费每年就为公司节约100余万元的费用，因此可大大减少园区用于改善水质的相关费用和运行成本且水景保持长期稳定。

中心区再生水系统、雨水再利用及绿化灌溉系统、雨洪利用系统、雨水排放系统、污水系统、广场管道直饮水系统、水景喷泉系统、奥运水系循环系统九大系统全部采用新技术、绿色环保、节能节水。加之光伏发电，导光桶技术等高效运行， 中心区是一个名副其实的节能新技术展示区、先进的绿色环保区。

3. 采用标准化维护保养和维修，节省了费用

通过标准化的设备养护，维护费用逐年降低，提高设备利用率，延长设备使用寿命，确保奥运遗产保值增值。

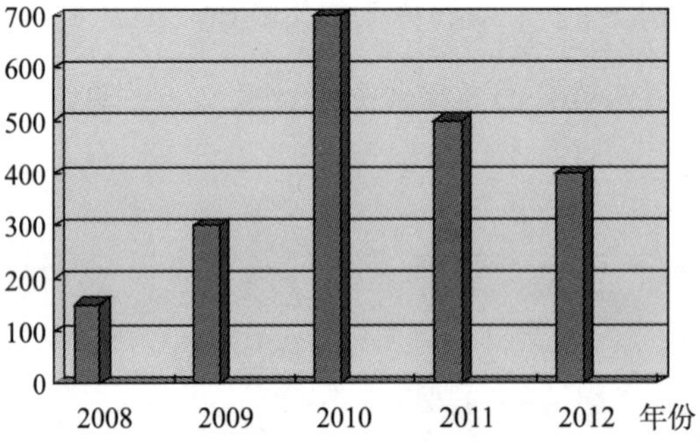

图4　维修费用图（2008–2012年）

4. 大型活动逐年增加，集团收益提升

可靠的硬件保障、高品质的服务、透明规范的大型活动标准，为中心区带来源源不断的活动申请。根据《标准》的规定，筛选适合的项目在中心区举办。每年广场上的活动约五十场，其中有固定举行的北京电影节，京交会等，不仅极大地宣传了集团，提升了集团的影响力，还为集团带来了巨大收益。

成果创造人： 李子洪　王晓伟　齐银格　方　凯　褚翰峰　李金华　田　昆

构建首都综合交通体系下的高速公路信息化平台

北京市首都公路发展集团有限公司
荣获第二十八届北京市企业管理现代化创新成果一等奖

北京市首都公路发展集团有限公司成立于1999年9月，隶属于北京国有资产委员会，负责北京高速公路建设、运营、融资和相关产业开发。截止到2012年底，集团总资产达到910.8亿元，员工队伍1.2万人。

集团公司成立以来，在北京市委、市政府领导下，始终秉承“替政府融资，为人民修路、以路为依托、谋企业发展”的基本宗旨。目前，集团公司负责管理的高速公路网总里程777公里，建成由五环路、六环路及其连接的放射线路组成的路网架构，按照“快速、安全、舒适、畅通”的目标，服务管理水平不断提高。

集团公司以科学发展观为指导，围绕“人文北京、科技北京、绿色北京”的战略任务和建设中国特色世界城市的目标要求，大力推进企业信息化建设。以激发企业内在需求为动力，构建符合北京市综合交通运输体系下的高速公路信息化平台，是精细化管理、精准化服务的重要抓手；是提高交通基础设施承载能力、提升交通运输效率和服务水平的重要支撑；是企业实现可持续发展的必由之路。

一、高速公路信息化平台的建设背景

近年来，随着城市发展日新月异，北京市机动车数量迅猛增长，带来了日益严重的交通拥堵和空气污染等问题；首都交通系统承载能力和城市运行面临巨大挑战；交通行业内缺乏综合有效沟通联动机制，致使城市交通指挥在极端天气、重大活动等情况下面临严重考验。

如何有效破解这一系列现实难题，北京市交通信息化工作以“安全运营”、“节能减排”、“绿色出行”为发展主线，利用物联网、新一代移动通信等技术，逐步建立和完善适应“世界城市”发展要求的综合交通体系，为市民提供更安全、更便捷、更舒适的综合运输服务。高速公路作为交通行业重要组成，其信息化平台建设不但是企业自身发展需要，也是满足政府和公众对信息服务的需求。

1. 实现“数字北京”向“智慧北京”全面跃升的需要

建设高速公路信息化平台，通过技术手段对高速公路路网实现全面的管理和监控，并将高速公路的系统信息纳入城市综合交通体系中，符合北京市“十二五”规划中“促进城市管理的精细化、智能化，建设智慧城市”的发展要求，为政府掌控城市交通运行能力提供有力支持和保障。

2. 响应政府和公众对高速公路信息服务的需要

随着社会公众自我权利意识的不断觉醒. 公众越来越多地要求政府和企业提供有效的信息服务。集团公司不断加大对信息化投入，努力建设“人文高速、科技高速、绿色高速”，充分考虑人们的出行需求、人文需求、便捷需求，打造人性化、精细化、智能化的服务品牌，提高顾客满意度。

3. 实现企业“集团化”发展战略的需要

高速公路行业进入“建、管、养”并重发展阶段，其日常运营需要收费、路产、养护等多个单位共同配合，存在信息闭塞、协调不畅等问题，需要构建一个有权威性的指挥中心及可靠的信息化平台，来整合、共享各单位信息资源，达到有效协调和监管，保证高速公路安全、高效、经济、有序的管理与运营，提高企业竞争力，实现可持续发展。

4. 提高路网通行能力，加强应急保障的重要举措

随着高速公路规模的不断扩大，交通流量和路网规模越来越大，各条高速公路线路之间的关系也越来越密切，任何路段的严重拥堵或重大事故，都将对整个高速公路网的安全运行产生影响。首都高速与城市道路紧密相连，构建首都综合交通体系下的高速公路信息化平台尤为必要。

二、高速公路信息化平台创新成果的内涵与特点

构建首都综合交通体系下的高速公路信息化平台目的在于实现高速公路一体化信息管理，同时为首都综合交通管理提供有力支撑。高速公路一体化信息管理是指实现高速公路“信息集中、监控协调、应急处置、信息共享”环环相扣的信息处理流程，以提高企业各部门的管理、协调与服务能力。高速公路信息管理一体化流程如图1所示：

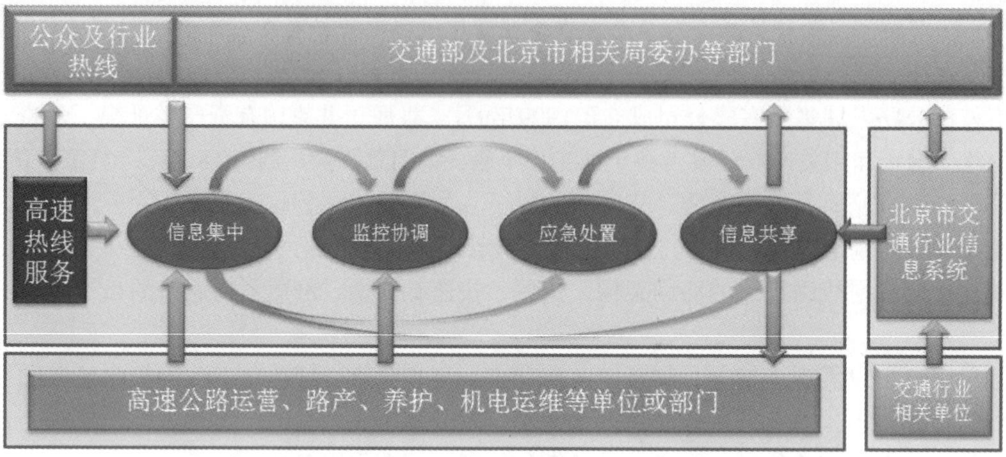

图1　高速公路信息管理一体化流程

回顾以往的工作，集团公司信息化建设虽然起步较早，但总体上仍处于初步发展阶段，信息化工作在管理方面存在着统筹协调力度不足、资源开发利用不多、专业人才不充足等问题。而在技术方面也存在集成共享力度不够、网络互联互通性不强、安全标准等级不一致、信息资源分散不统一。

为逐步解决信息化建设过程中遇到的问题，一方面要加强企业系统资源整合，提高企业竞争力，实现可持续发展，为公众提供更好服务；另一方面要纳入首都综合交通体系，在为政府及行业管理部门提供信息服务的同时，获得全面的交通领域信息资源，提高自身信息化水平。在政府相关部门倡导及支持下，集团公司积极挖掘企业自身潜力，以构建高速公路信息化平台为核心加大信息化建设力度，努力融入首都综合交通体系。

主要特点体现在：

（一）整合企业信息资源，深度融合一体化管理

1. 规范建设标准，提高企业核心竞争力

集团公司编制高速公路联网收费、联网监控、信息安全及机电设备运维管理标准，按照标准将收费监控系统、养护指挥系统、路产指挥系统整合建设在高速公路信息化平台中，解决了高速公路系统技术标准、信息资源的统一性与一致性问题。信息化平台建设与高速公路管理相融合形成信息管理一体化，提高企业核心竞争力。

2. 引进高新技术，形成创新驱动新格局

高速公路信息化平台应用较为成熟的交通行业前沿技术，如电子不停车收费（简称ETC）、GPS、3G、物联网等。依托企业内部研发中心，提高企业研发创新能力，开创高速公路智能化建设新局面。

3. 构建企业信息库，实现智能决策分析

高速公路信息化平台建设构建了以道路通行、道路养护、客户行为分析等数据为核心的企业级信息库，研发综合智能数据分析系统，解决企业数据孤岛现象，为决策管理提供有力支持。

（二）融入北京市综合交通体系，助力智能交通建设

1. 依托高速公路指挥中心，搭建市综合交通体系信息平台

2011年北京市交通运行监测调度中心成立，标志着在高速公路信息化平台的基础上搭建了市综合交

通管理体系的信息平台。交通行业主管部门在高速公路指挥中心集中了全市交通管理信息资源，为综合交通运行协调提供有力支撑，实现交通行业综合管理，在全国尚属首例。

2. 共享信息资源，推动政府与企业信息化建设“双赢”

通过高速公路信息化平台的对外服务接口，为行业主管部门信息化平台提供全路网视频图像、交通监测、道路事件等信息资源。高速公路信息化平台实时获取交通行业信息资源，提升高速公路运营管理的处置效率和服务水平。

3. 明确管理职责，实现“平、战”结合的规范化运行模式

与交通主管部门共同编制平台运行规则，明确管理职责与沟通机制，制定应急保障预案。“平”时由企业负责指挥中心日常监控与设备运维；重大活动或应急情况下由行业主管部门启动“战”时工作模式。

三、高速公路信息化平台建设主要做法

高速公路信息化平台建设规模日益扩大，不断将各高速公路路段中心及路产养护中心的基层业务系统在高速公路指挥中心进行集中构建与应用，同时将指挥中心信息化平台的资源反馈到基层业务系统中。在指挥中心建设的高速公路信息化平台由基础平台层、数据层、业务支撑层、应用系统层以及用户层构成一套庞杂的体系架构，如图2所示。

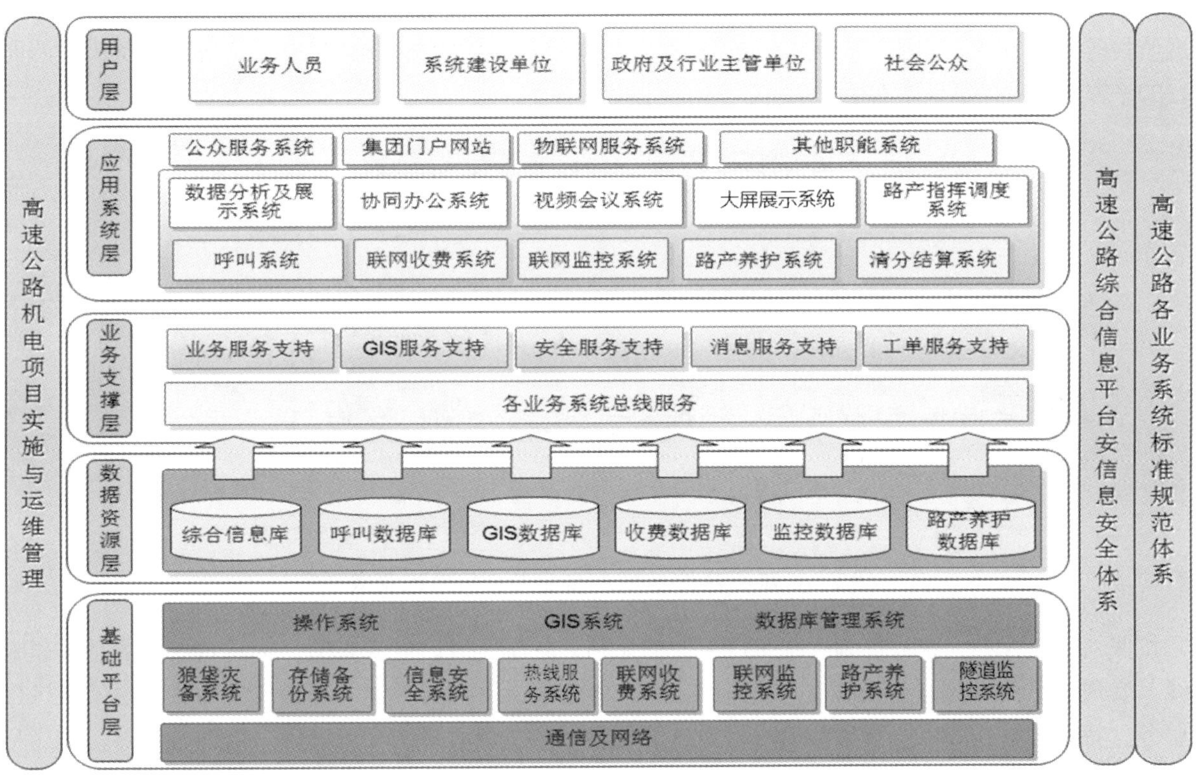

图2　高速公路总中心信息化平台总体架构图

在高速公路信息化基础平台层既包括总中心级的联网收费、联网监控、路产养护、隧道监控等系统平台，也包括在指挥中心直接构建的热线服务、信息安全、数据备份、数据灾备等系统平台。而数据库层是除各基础平台所需的数据库外，还包括企业级信息库和GIS库。为了保障各基础业务系统的互联互动性和安全性，集团公司统筹协调安排各业务系统的集成开发商，开放各自业务系统的信息服务接口，以便实现企业级服务总线，形成统一的业务支撑，完成对外统一服务。在应用系统层除了实现基础业务层所涵盖各种应用及外，拓展出用于大屏展示、领导桌面以及信息报送的智能数据分析系统；此外，还包括视频会议、大屏幕显示、门禁等配套系统，以及在互联网应用的集团网站、协同办公网、交通部阻断信息网等。

高速公路信息化平台由诸多繁杂的信息化系统和基础设施构成，其建设必须严格遵守信息安全、系统运维管理以及各系统建设的体系标准和管理规范。此外，平台中的联网收费、联网监控、路产养护等系统自身规模庞大，都具有各自独立的垂直二级或三级体系，其基础设施遍布整个高速路网，普遍存在设备年限差距大、系统软件层次不齐等诸多问题。为了让高速公路信息化平台达到先进性、开放性、兼容性、可扩展性、可维护的设计要求，集团公司对各业务系统进行了必要的升级改造和资源整合，构建了企业级信息库和服务总线，最终实现信息共享与信息联动。

具体做法是：

（一）整合高速公路业务系统，推进平台重点项目建设

集团公司根据实际运营和发展过程中发现的问题与不足，优化网络结构和信息安全体系，采取“改、退、并、转”等方式整合资源，以指挥中心建设为抓手，加快电子不停车收费系统建设，推进全程监控系统改造，完善路产与养护系统，改进对外服务手段，提升决策管理水平。在升级改造过程中实现系统对接，确保各系统的互联互通性、时效性和可用性，落实高速公路信息化平台建设。

1. 以指挥中心建设为核心构建信息化平台

高速公路指挥中心是北京市高速公路的信息中心、应急指挥调度中心、呼叫中心，完成了高速公路信息化平台集中构建与应用，集成了联网收费、联网监控、呼叫服务、智能信息管理、智能数据分析、隧道监控等业务系统，如图3所示。建成后的高速公路指挥大厅的面积840平方米，各类设备机房的面积约1300平方米，设控制坐席72个。

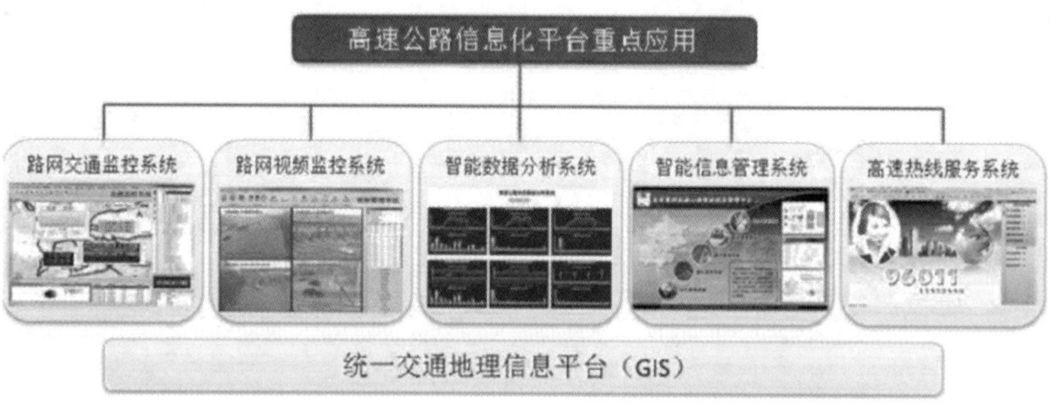

图3　高速公路信息化平台重点应用系统构成图

按照“统一标准、统一规划、统一框架”的原则，共享资源，分步实施，构建企业级信息库和服务总线，实现信息共享与信息联动，完成高速公路一体化信息管理。高速公路指挥中心在高速公路执行特勤服务、特殊运输任务以及重大活动时，通过信息化平台实现对路网交通的统一指挥、控制，建立与收费、路产、养护等单位联动机制，有效处理道路突发事件， 提高运营管理效率和决策支持力度。在交通异常情况下，指挥中心能够及时发现问题并采取应对措施，实现对异常事件的实时监控管理与指挥调度，发挥高速公路管理网络化、系统化的优点，降低异常事件对路网整体交通运行的影响。在防汛及除雪铲冰等工作中，通过800兆电台、道路监控、视频电话会议等手段实现应急抢险指挥调度。

随着信息化平台建设不断推进、平台功能不断完善，指挥中心极大提高了路网交通的统一协调控制与管理能力，保障了高速公路网运行的安全、畅通和舒适。

2. 以科技创新为先导推动电子收费发展

高速公路联网收费系统产生大量过车交易信息，日数据量超过200万，尤其是电子收费交易含有精确的车辆出行时间、出入地点、车牌车型、通行费、交通量等信息，是高速公路信息化平台中交通特征分析、客户行为分析的重要数据来源，是公司财务收入统计与预测的重要基础，为领导决策管理提供重要参考依据。

北京高速公路路网具有流量大、里程短、站点密集、勤务多等城市高速的特点，为了进一步提高通行效率，不断优化收费管理手段和保障措施。2009年北京市高速公路正式启动电子不停车收费系统，北京目前ETC车道覆盖全部收费站，用户总量已突破100万户，电子收费通行比例超过29%，在全国处于领先水平。2011年12月实现京津冀电子不停车区域联网，2013年有望实现与山东、山西等省市的联网，届时跨省通行效率将大大提高，为区域经济发展提供快速、绿色保障。

为了保证电子支付系统的安全性与可靠性，在联网收费系统改造中采取优化ETC交易流程、建立ETC产品准入制度和质量体系、建设ETC核心监测设备系统等创新手段积极推进电子收费发展与应用，体现了高速公路信息化平台的先进性。

3. 以全程监控为手段推动信息网络全覆盖

联网监控系统是高速公路信息化平台重要基础，集团公司路网内安装2000余台摄像机；174处车辆检测器；200余处可变信息标志板；9台多功能公路气象监测站。随着城市交通管理服务需求的提高，旧的交通监控管理系统仍存在覆盖率低、反应速度慢等问题，监控管理现状亟待改善。2011年通过全面启动高速路网全程监控改造工程，加大外场设施资源的投入和新技术的应用以及智能监控系统软件研发投入，逐步实现高速道路监控全覆盖及信息传递智能化。

在全程监控改造中克服各路段新旧系统联网兼容性、大面积应用视频模模拟化向数字化转换以及网络通讯宽带限制等困难。通过建立覆盖全路网的万兆骨干IP通讯网络；搭建H.264数字编解码视频监控综合管理平台，将道路视频快速、实时收敛至指挥中心信息化平台；统一各种设备通讯及控制接口标准，实现了新旧系统的无缝衔接。此外，根据各路段特点实现了标准功能与定制功能的合理组合，着重解决各路段管理中存在的差异性问题。

4. 以社会需求为宗旨整合公共应用服务

为了丰富信息服务内容，提高客户服务水平，集团公司构建公共集成服务体系，充分协调并利用高速公路信息化平台的相关设施和资源，通过可变情报板、互联网站、交通广播、热线服务等多种形式，为公众出行提供优质服务。尤其是2005年集团公司呼叫中心启动24小时热线服务，2011年开通“96011”短号码，以自动语音、人工接入、短信平台、邮件、传真、留言等多种方式，为客户提供高速公路道路出行信息、收费业务咨询、电子不停车收费业务咨询、投诉受理等个性化、专业化、全方位的服务。

为了进一步提高热线服务处置效率，满足用户个性化需求，热线服务系统融入高速公路信息化平台，实现了信息的同步与共享。在热线服务系统中集成了其他业务系统的费率查询、路径导航、路况监测等功能，最大限度发挥高速公路信息化平台的资源优势。同时，呼叫中心在高速公路道路抢险、应急指挥、信息共享等方面发挥了重要作用，是信息上传下达的重要通道。

5. 以联勤联动为目标推动智能化运营管理

随着高速公路路网规模的日益扩大，极端天气等突发事件的日益增多，高速公路路产与养护任务日益繁重，公路应急抢通和保通任务更为艰巨，集团公司为实现路产、养护作业的信息联动机制，实现高速公路路产养护系统的智能化建设。该系统与高速公路信息化平台的GIS资源实现一体化管理与应用，实现了高速公路基础管理信息与养护信息的高度集成。

在历年的防汛及除雪铲冰等应急突发事件中，高速公路信息化平台充分发挥指挥调度作用，完善收费、路产、养护与指挥大厅的信息联动机制，以信息化手段支撑科学管理。整合到信息化平台的路产34套车载及单兵音视频传输系统，弥补了道路视频盲区的监控不足等缺点，实现了现场监控与指挥调度的统一管理。融入高速公路信息化平台的养护系统，提供了静态的道路桥隧数据和实时养护作业信息，提高了应急抢险能力和处置效率。

6. 以智能数据分析为导向提升科学决策水平

在大数据时代，智能数据分析系统是高速公路信息化平台的必要组成，目的是为了能够更好的分析、利用高速路网各应用系统积累的海量数据资源，为各种统计分析、节假日数据上报、各级领导现场指挥以及运营决策提供更为丰富、全面的智能分析，同时考虑今后为公众提供更多的服务形式、更优质的服务内容。

高速公路信息系统整合前，集团内部各运营单位之间缺少数据信息交互，影响了工作效率。在数据统计分析上，从高速公路收费系统的简单报表发展到全面数据统计分析与预测。在决策管理上，从依靠各业务系统的孤立数据统计发展到一体化智能图表分析与展示。智能数据分析系统采用了商务智能技术实现面向主题的数据统计分析，做好各系统的基础参数管理与维护；在保障数据安全及不影响业务系统运行效率的前提下，做好数据抽取与统计，实现多角度数据展示，切实符合用户的使用需求。智能数据分析系统建设需要很长时间不断积累与消化，须根据发展规划分阶段实施与完善。

智能数据分析系统在重要节假日保障小客车免费通行期间发挥了科学预测、决策分析等重要作用。利用小客车免费通行特点，建立数据分析模型，实时报告交通流量与同期对比趋势，重点监查重要站点或路段的通行情况，为运营管理合理调配物资及人员提供科学依据。

（二）支撑综合交通体系建设，融入首都综合交通管理

首都道路交通分属不同单位管理，而公路、铁路、民航、轨道交通则有着很大的互补作用，无论在日常还是应急情况下，都对信息传递和资源共享需求有着很大的依赖性。基于以上原因，行业主管部门对交通智能化发展规划进行了深入研究，构建综合交通管理体系。北京市交通运行监测调度中心作为综合交通体系运行的职能部门，集合了北京市交通行业各种应用系统和数据资源，可及时掌握交通动态和各类数据统计分析。

在指挥大厅整合了交通行业近6000项静动态数据，6万多路视频和26个应用系统，覆盖城市道路、公路、地面公交、轨道交通、出租、省际、交管、民航、铁路、气象等相关行业，利用各智能化分析系统和视频图像等信息化手段对路面、客流、车辆运行情况进行实时监测，实现了道路运行实时监测、公共交通运行监测、交通系统规律分析和发展预测，基本具备对综合交通运行监测的条件和能力，较好解决了极端天气、重大活动等情况下的应急指挥与协调联动等相关问题。

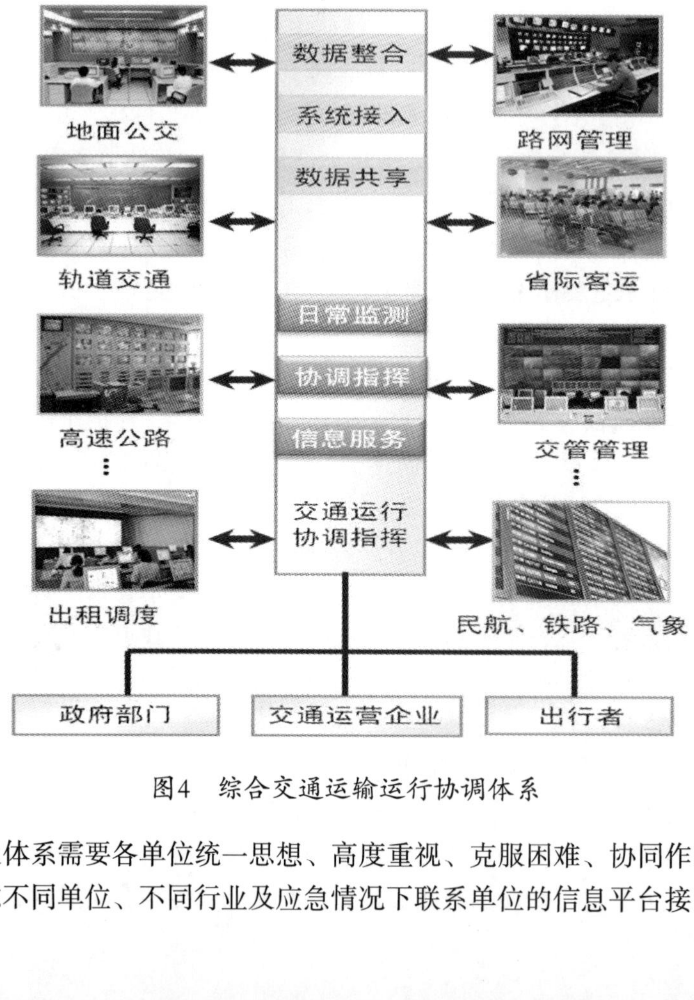

图4 综合交通运输运行协调体系

融入首都综合交通体系需要各单位统一思想、高度重视、克服困难、协同作战、群策群力。在建设实施过程中，充分考虑不同单位、不同行业及应急情况下联系单位的信息平台接口问题，避免信息系统

无法对接或重复建设等低效率情况出现。实现高速公路信息化平台融入北京市综合交通体系目标，既响应政府及行业主管部门要求，也符合企业自身发展要求。大城市高速路网与城市道路紧密相连，在高速公路企业掌握的信息资源有限情况下，就需要利用好行业相关信息资源，构筑完整的高速公路信息化平台，才能增强交通安全保障、应急处置和防灾减灾能力。

为了顺利实施高速公路信息化平台与首都综合交通体系信息化平台对接，集团公司积极参与北京市《高速公路交通运行监测和信息服务总体技术要求》编制，结合企业自身现状和发展要求，规范高速公路运行监测建设标准，实现高速公路视频监控、断面交通流检测全面接入首都综合交通体系平台。高速公路各业务系统建设与改造过程中遵从统一体系架构和技术标准，在保证系统安全性、延续性前提下形成统一对外信息服务接口，提高平台的稳定性、健壮性及可扩展性。

目前，高速公路信息化平台为交通委、交管局、市应急办和市公安局提供全路网视频图像资源。在特殊天气等应急情况下，相关政府单位启动应急模式，实现对所有高速公路视频图像的切换与控制。依据交通部公路联网管理体系，指挥中心采用同类模式为交通部路网中心提供多路图像。通过与首都综合交通体系信息平台的数据交互，获取全方位气象信息及城市道路路况信息，将路况信息以多种形式在高速公路领域进行发布，提醒公众与高速公路相连的城市道路路况，为北京市交通出行提供有力支持。

（三）加大科技高速建设投入，提升企业自主创新能力

首都综合交通体系建设促进交通发展模式“从各行业独立运行向综合协调”转变，实现全市综合交通运输的协调和联动，同时促进高速公路信息化平台建设步入新台阶。

1. 依据政府统筹规划，落实企业信息化建设组织管理

高速公路信息化平台建设投资量大、公益性强，政府在交通行业信息化平台建设过程中统筹规划，并在政策、技术、资金等方面给予了企业大力支持。

集团公司高度重视信息化组织建设，成立信息化领导小组，完善信息化决策咨询机制与风险评估机制，统筹开展信息化顶层设计。面向未来，超前谋划，科学制定高速公路智能交通体系框架设计，使首都高速公路事业发展与城市功能相匹配，与首都城市运行的需求相适应。集团公司加大资金投入力度，积极争取集团外或行业主管部门的科研资金支持，加强科技队伍建设，着力培养复合型人才，为高速公路信息化平台建设提供资金保障与人才储备。

2. 重视自主研发与管理创新，推动行业信息化标准建设

集团加大信息化建设投入力度，积极组织科研课题研究与创新。通过智能交通技术研发中心的建设，整合科技资源，承接北京市和交通运输部重大科技专题研究，解决高速公路建设、运营和养护中的技术难题，提升高速公路信息化平台的技术含量。通过跟踪国内外最新技术，研究应用于高速公路建管养等各个环节，取得科研成果，着力提升集团公司自主创新能力。

以标准化、制度化建设为抓手，推动信息化建设。2012年完成北京市地方标准《电子不停车收费系统电子标签应用技术规范》，为ETC的工程应用和大规模推广提供强大技术支撑。近年也完成《北京市高速公路联网收费系统技术标准》、《北京市高速公路联网监控技术标准》、《首发集团联网机电系统维护维修企业定额标准》、《北京市高速公路机电设备运维管理标准》、《北京市高速公路信息安全管理体系》等一系列企业标准制定，确定了集团公司信息化平台相关系统建设标准和管理规范，为集团信息化持续健康发展，为首都智能交通建设做出了贡献。

四、高速路信息化平台建设的效果

高速公路信息化平台构建过程中各个环节之间形成有机的联系，在车辆、高速公路、高速公路使用者和高速公路相关的管理者之间建立起良好的互动关系，保证高速公路的安全、通畅、高效和经济运转，产生重要社会及经济效益。

（一）社会效益

高速公路信息化平台为公众出行提供有力保障和高水平服务，树立了首都智能交通新形象，充分展

示了智能交通建设成果，为节能减排做出重要贡献，为实现安全、快捷和方便的高速公路通行服务和高水平的运营管理提供先进的技术手段，为企业可持续发展提供有力支撑。

1. 树立智能交通新形象

北京市交通委充分利用指挥中心建设特点，加大交通拥堵指数和综合交通运输体系宣传力度，为缓解交通拥堵、出台治理措施、交通协调联动、节能减排等方面发挥重要作用，为北京智能交通提供有力支持。各级领导、上级单位、社会各界对信息化平台的建设、运行情况予以高度重视。截至目前指挥大厅接待各级领导、国内外交通行业来访参观交流600余次，充分展示了北京交通信息化建设的优秀成果；积极配合市旅游委每两月接待旅游开放日公众参观，增进社会公众对北京交通工作了解，为政府工作宣传和树立首发品牌形象做出重要贡献。

图5　高速公路指挥中心

2. 推动绿色交通大发展

2012年指挥中心在公共出行的节能减排成效上得到交通运输部肯定，获得665万元专项资金支持。ETC是高速公路信息化平台的重要组成，不但有助于为广大司乘提供更好的服务、减少现金交易和车辆在收费站的排队时间，而且有效地提高车辆在收费站的运行速度，减少了燃料的消耗和二氧化碳的排放量。人工收费平均每辆车通过时间为12秒，而电子收费车道平均仅为3秒，通行效率是前者的4倍；每一万次ETC交易，可节约314升燃油消耗，减少55.96千克的CH化合物、CO化合物、NO化合物等各类污染物的排放，为治理大气污染做出贡献。

3. 实现人文高速真突破

集团公司以高度的责任感，确保国家重大活动交通保障工作的安全畅通。“十一五”期间，圆满完成中非合作论坛，奥运会、残奥会、新中国成立60周年庆典等一系列国家重大活动的高速公路通行服务保障任务。高速公路信息化平台在抗震救灾物资运输、“绿色通道”运输、重要节假日保障、小客车免费通行等服务保障中，加强集团内部协调处置力度，为集团高标准、高水平完成各项任务发挥重要作用。自高速公路信息化平台建设以来集团公司通过热线服务、情报板、网站等方式向公众提供信息服务百万余次。

（二）经济效益

北京高速路网交通流量显著增长，2012年流量是2005年的2.45倍，部分路段高峰车流量已经远远超过设计流量，通过信息化平台的建设与应用，有效提高了运营管理水平，保障了道路通行顺畅。相比于高速路交通流量的显著增长，集团公司所辖三大收费分公司以及路产、养护等单位人员数量保持稳定，在大幅提高公众服务水平同时，降低了运营管理成本。

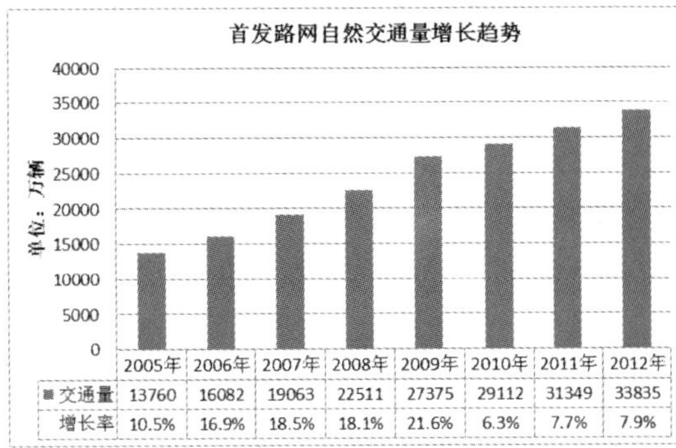

图6　高速路网自然流量汇总统计

1. 整合资源避免重复建设

北京市交通运行监测调度中心与高速公路指挥中心共用指挥大厅，实行统一的机电设备运维管理，因此节约了建设成本，降低了日常运维成本。

利用高速公路信息平台，实现了企业内部的资源共享和信息联动，避免各单位重复建设成本，降低运营管理成本，提高巡视及养护效率与效益。

2. 科技投入降低管理成本

信息化平台建设在加大投入成本的同时，更要考虑预期经济效益和企业可持续发展。以ETC为例，北京市高速公路ETC用户量将达到100万户，随着ETC用户的不断增多，利用部署更多的ETC车道，适当减少ETC密度较大收费站的在岗收费人员，降低企业劳动成本和员工劳动强度。

通过高速公路信息化平台建设，为交通行业的综合交通系统建设做到有力支撑，为政府应急指挥做好坚实保障。在企业内部，为了进一步提高运营等单位工作效率及服务水平，提高各单位协调与应急反应能力，根据企业发展需要，信息化平台建设还将持续建设与完善，才能更好打造“首发服务”品牌，提高精细化管理水平，推进“人文高速、科技高速、绿色高速”建设。

成果创造人：张恒利　刘绍民　孔祥杰　毕　爽　张明月　邹立华　董　丽　王　琦　程　锋　赵　阳　崔来军　佟　乐

首都高速公路服务品牌的构建与实施

北京市首都公路发展集团有限公司

荣获第二十八届北京市企业管理现代化创新成果一等奖

北京市首都公路发展集团有限公司（简称“首发集团”）于1999年9月成立，是北京市国有大型企业，负责北京高速公路建设、筹融资、运营管理和相关产业经营。集团注册资本305.78亿元，截至2012年底，集团总资产达到910.8亿元，员工队伍12130人。

首发集团成立以来，在北京市委、市政府领导下，始终秉承“替政府融资、为人民修路、尽社会责任 、谋企业发展”的基本宗旨，坚持“畅通主导、安全至上、服务为本、创新引领”方针，截止到2012年底，共投资建成高速公路626.7公里，初步实现了首都高速公路放射线加环线的网络化格局。目前，首发集团负责管理的高速公路约757公里，包括京港澳高速、京藏高速、京哈高速、通燕高速、京开高速、京承高速、机场北线、京平高速、京津高速、京新高速、机场第二高速、五环路和六环路。产业经营围绕高速公路主业，初步形成了交通工程、智能科技、物流枢纽、绿化等多元式集团化经营，经济效益逐年提高，部分业务已产生良好的经济效益，逐步进入主业与辅业相互促进、共同发展的良性循环。

近年来首发集团提出了“三大发展战略”——集团化战略、资本战略、人才战略，“六高目标”——高质量工程、高水平服务、高效率管理、高效益经营、高素质队伍、高科技应用，其中“高水平服务”是打造具有首发特色服务品牌的总体要求，在此要求下首发集团提出了“微笑服务、畅行高速”的服务概念，在此指引下养护行业、路产行业、运营行业衍生出各类品牌，“秋子服务”就是高速运营行业的品牌。2010年首发集团在秉承以往工作经验的基础上，探索并提出“秋子服务”品牌的构想，设立了“劳模岗亭”，整合特色岗亭，统一建立了“秋子服务示范岗”，以点带面深化高水平服务，努力打造具有独具特色的“首都高速公路服务品牌”，推进“人文高速、科技高速、绿色高速”的建设。

京沈高速公路分公司是首发集团下属三家收费运营分公司之一，是专业化的运营管理公司，成立于1999年9月21日。目前管辖8条高速公路、11个收费管理所，87个收费班组，2500余名运营人员。

一、首都高速公路服务品牌构建的背景

随着国民经济的快速发展，高速公路的建设也随之迅速铺开，截至2012年底中国高速公路通车总里程达9万公里，高居世界第二，人们对高速公路行业也提出了新的要求。近年来，各省市高速行业中涌现出大批具有区域特色的服务品牌，满足了车户的新需求。

北京的高速公路不但承担着省际运输的重要作用，同时也是城市交通必不可少的组成部分。近年来，城市交通发展日新月异，百姓出行需求不断变化，与以货运为主的省际高速不同，2012年全年，北京市高速公路网小型客车流量约占总车流量的85%。高速公路正面临着前所未有的多重压力，车户对高速公路延伸服务的需求也越来越高。在《北京市“十二五”规划纲要》中多次强调社会服务的重要性，提出了“北京服务”。高速公路行业作为一个具有社会责任的行业，建设“服务型”高速公路势在必行。

首发集团作为首都高速公路行业的代表，始终致力于不断提高运营服务质量与水平。分析以往的服务模式，是在不完全了解车户需求，不了解车户对于服务接受能力的情况下，凭主观意识制定的服务模式，是一种模式化的服务。车户需求的多样性与以往服务模式的单调性，二者的不协调关系引发了我们对高速公路行业的思考。以往的模式化服务弊端逐渐暴露，在机场南线收费站建站初期，由于收费员工英语口语水平仅局限于日常用语，无法为外国车户提供出明确的指路服务。同时对于收费业务之外的环机场周边路线及航班查询等服务无法满足车户多元需求。首发集团遵循ISO 9001质量管理体系“以顾客为

关注焦点”的法则，转变服务理念，不断丰富和提高服务的内涵和品质，以适应和满足首都城市运行与车户出行的需求。首发集团以京沈路分公司为品牌建设的试点单位，进行模式化服务到个性化服务的转型，2010年8月以北京市劳模方秋子命名的“秋子服务”品牌应运而生，经过国庆保障、中非论坛、达沃斯论坛等重点保障时期的实践，“秋子服务”品牌管理体系逐步确立。“秋子服务”品牌的创建与实施同时满足了车户多元化服务的需求、企业发展的需求以及交通行业发展的需求。

二、首都高速公路服务品牌的内涵

（一）“秋子服务”品牌定位：方秋子是北京市万余名收费员队伍中业务优服务好的代表，作为首都收费员队伍中唯一一名市级劳动模范，她具有美丽大方的形象、精湛熟练的业务技能和认真负责的工作态度，以方秋子命名的“秋子服务”作为品牌名称，既体现了北京首都以宽广的胸怀和开放的心态迎接八方来客，又与以女性为主体的高速公路收费队伍形象相契合。可以说“秋子服务”品牌在全国众多服务品牌中，该名称朗朗上口，且易于记忆。针对首都高速公路“政治意义重大、社会关注度高”的特点，首发集团将“秋子服务”品牌定位为“树立首都高速形象，服务五湖四海来宾”，把“微笑是最好的礼仪，快速是最好的服务”转化为“为车户提供全方位、多元化、高效率的通行服务”的服务理念。

（二）“秋子服务”品牌内涵：是在“北京服务”的引领下，发展的一种高效率的服务模式。是一种服务理念、一种价值取向，规范着企业、员工和社会、车户之间的关系，从消费需求的角度深化对服务的认识，其服务本质是通过为社会提供“畅、洁、舒、美、安”的高速公路通行服务，打造人性化、精细化、智能化的服务品牌，提高顾客的满意度。

（三）“秋子服务”品牌特色：以笑迎人，以情暖人，以甜动人，以技服人。用真诚的笑脸、热情的话语、甜美的声音、周到的服务、精湛的业务为过往的车户提供快速、真诚、优质的通行服务。

三、首都高速公路服务品牌构建的主要做法

首发集团创建“秋子服务”品牌的工作思路是：为大力弘扬劳模精神，全面提升服务水平，提高服务能力，力争实现首都高速服务大品牌化战略目标。第一步，2010年，首发集团设立了“劳模岗亭”，发挥以点带面的作用，作为“秋子服务”品牌的实践基地，将“劳模岗亭”作为“秋子服务”品牌创建的源头；第二步：2011年，首发集团制定并完善相关管理制度，组织星级收费员开展交流学习和岗位实践，成立了特色服务岗亭，为“秋子服务”品牌的创建提供人才培养平台；第三步：2012年，首发集团将特色服务岗亭整合统一为“秋子服务示范岗”，组建了“秋子团队”，推出了“秋子服务”标准化教材，大力推广“秋子服务”品牌，力争成为首都高速行业的领军旗帜，在国内同行业中具有一定的核心竞争力，成为全国高速公路行业的典范。

图1 “秋子服务”品牌建设实施纲要

“秋子服务”品牌创建的主要做法体现在：发挥组织优势，规划品牌发展方向。首发集团经过对其他省市品牌建设的考察和调研，进行深入研讨，提出了“打造首都高速公路服务品牌，凸显首都高速公路大窗口作用，从单一的收费管理向品牌经营转变，从被动服务向主动服务转变”的品牌化战略思想。同时结合品牌构建所需要的内部条件及外部环境，制定出理论清晰、规划详尽的《“秋子服务”品牌建设实施纲要》，《实施纲要》为“秋子服务”品牌的创建提供了一个较为完善的管理体系框架，并明确了队伍管理系统化、内外结合科学化、服务体系多元化、服务品牌战略化的发展方向。

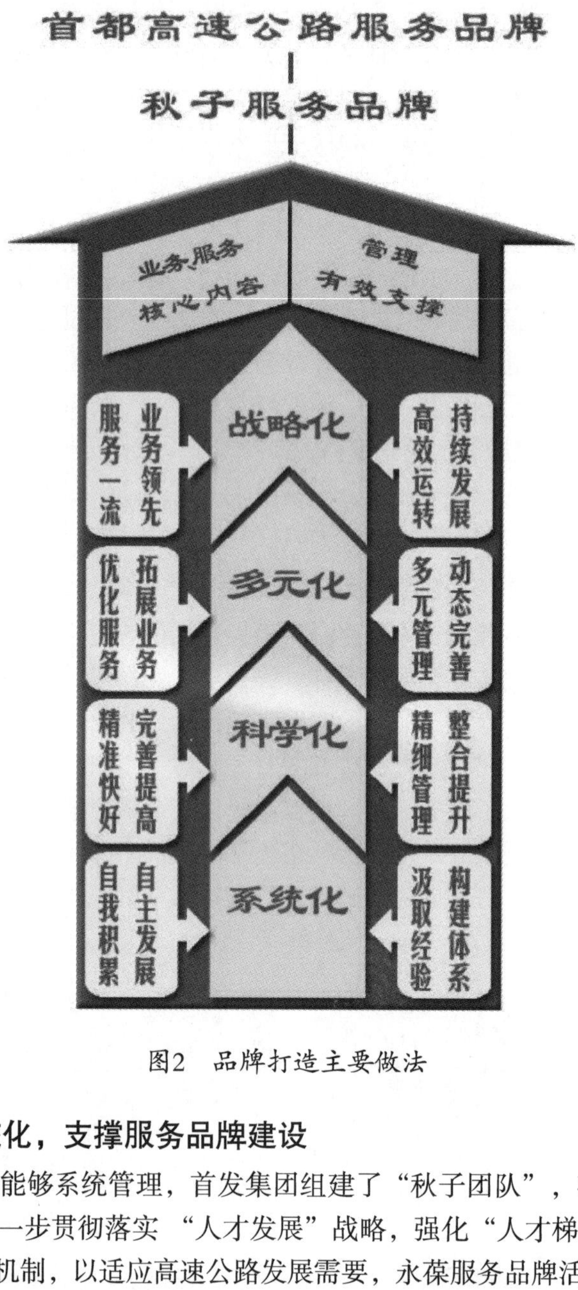

图2　品牌打造主要做法

（一）队伍管理系统化，支撑服务品牌建设

为使“秋子服务”品牌能够系统管理，首发集团组建了“秋子团队”，确保实施过程中可以有效运转，同时公开选拔人才，进一步贯彻落实“人才发展”战略，强化“人才梯队”建设，建立健全收费技能人员培养机制，引入淘汰机制，以适应高速公路发展需要，永葆服务品牌活力。

1. 组建“秋子团队”

为使“秋子服务”品牌具有一定的影响力、较强的竞争力，在品牌建设的关键期提升了“劳模岗亭”的管理模式，在“劳模岗亭”交流实践的基础上，组建了“秋子团队”，其中包括由首发集团领导组成的策划层；由相关部门制定具体管理措施的管理层；由广大一线员工队伍中选拔落实品牌标准的执行层。执行层是工作在最前沿的实践者，在执行“秋子服务”标准的同时，收集和反馈车户信息，使“秋子服务”品牌体系正常高效运转，是品牌打造的中流砥柱，也是“秋子团队”中最为关键的组成部分，针对执行层，首发集团进行了严格的人员审核和选拔，专项组建了“秋子服务示范班”。

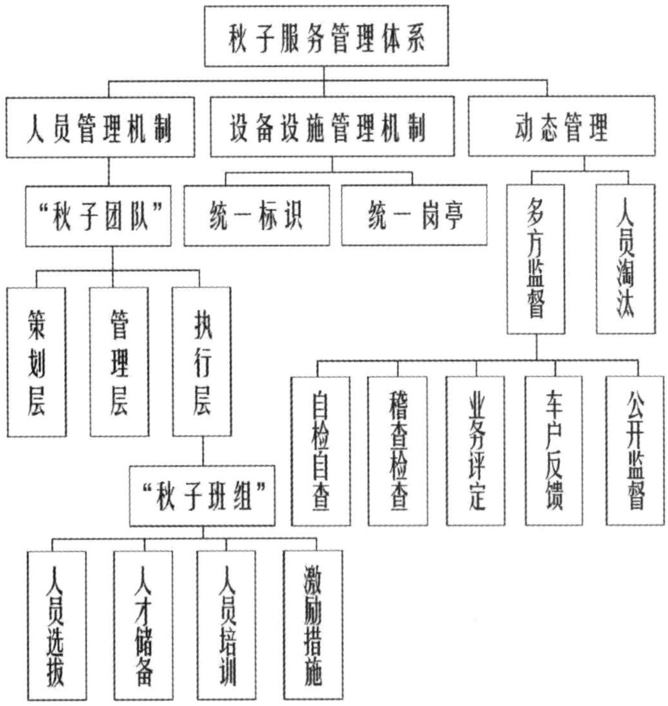

图3 “秋子服务”管理体系

2. 人员选备

首发集团在人员选拔方面，根据“秋子服务”品牌创建工作规划，“秋子服务示范班”人员选拔条件严格，层层把关。第一，明确推荐人员资格，推荐资格限定于各收费所中业务水平和服务能力均过硬的四星、五星级收费员，收费员星级来源于收费员每季度的综合考核，四星、五星级收费员在全体员工中比例不超过20%。第二，组织笔试考试，考试内容包含北京市高速公路车辆通行费征收政策、首都高速公路路网现状和发展趋势、免征通行费的车辆范围及相关政策法规、首都高速公路的发展历程、收费员上岗操作流程、首都交通地理、英语水平等，内容丰富，涵盖了收费运营工作的方方面面。笔试成绩排名前220名有资格进入复选环节。第三，业务技能测试，重点考察收费员岗上常用技能，诸如点钞速度、车型判别、更换发票、处理突发事件等，合格人员进入面试环节。第四，组织开展面试，“秋子服务示范班”人员的形象不仅代表着企业形象，更代表着品牌形象以及首都高速的形象，面试环节需选拔出形象好、气质佳，谈吐大方、思维灵活的人员，成为“秋子服务示范班”的最终入选人员。

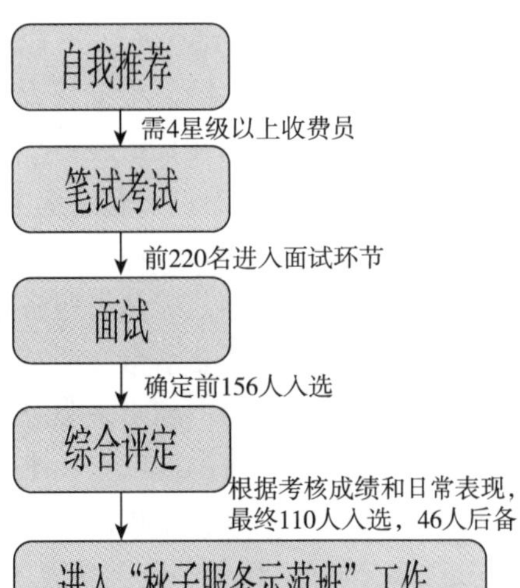

图4 “秋子班组”人员选拔机制

在人才储备方面，首发集团为使“秋子服务”品牌能够具有充足的人员后备力量，扩充了一批人员作为“秋子服务示范岗”储备人才，为“秋子服务示范班”进行替岗补员，一方面可补充“秋子服务示范班”人员因请假或离职导致的人员空缺，另一方面为后续的人员动态管理预留了空间，有利于保持“秋子服务”品牌活力。

3. 动态管理机制

为使具体操作实施、相关管理机制等与“秋子服务”品牌战略构想相匹配，首发集团编制了一套6册的“秋子服务”标准化教材，细致地诠释了服务理念、服务技巧、服务标准等一系列服务指标，覆盖岗上操作的每个环节，同时，首发集团制定了《“秋子服务示范班”人员选拔管理办法》、《“秋子服务示范岗”管理办法》、《“秋子服务示范班”津贴管理办法》等规章制度，为“秋子服务”品牌的创建提供了有效的制度机制。

有效管理“秋子服务示范班”是打造“秋子服务”品牌的重点，首发集团针对“秋子服务示范班”在运行过程中采取动态管理，制定完善的考核机制，人员有淘汰有补充，保持其每一名班组成员工作积极、态度端正、业务过硬、服务优良，进而确保“秋子服务示范班”的持续先进性。为此，首发集团制定了完善的检查机制。

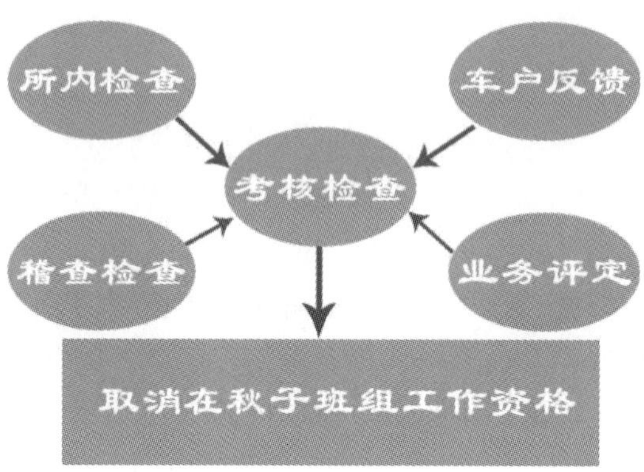

图5 “秋子班组”检查机制

第一，多方检查，覆盖面大。为保证“秋子服务”品牌质量，首发集团对“秋子服务示范班”工作状况的检查采取从严标准，检查来自各个层面，其中包括收费所的自检自查、稽查检查、车户反馈、业务评定及公开监督。除进行正常的检查外，还着重检查其收费速度、服务过程四部曲的运用、处理突发事件的能力等，同时，加强外部联动，将路风监督员的反馈和车户问卷调查作为“秋子服务示范班”的辅助检查方式，确保“秋子服务示范班”高效运转。

第二，增强激励，激发热情。为激励“秋子服务示范班”员工的工作热情，首发集团特制定了相关奖励标准，激发其他员工践行“秋子服务”的工作热情。根据首发集团一线员工收入标准，参照各路段工作量的实际情况，结合相关《考核管理办法》，首发集团最终确定了“秋子示范岗”人员的津贴标准，津贴标准的出台显著提升了“秋子服务示范岗”人员的待遇，增强了“秋子服务示范岗”的吸引力，在首发集团范围内掀起了一股践行“秋子服务”标准、争做“秋子服务示范班”成员的热潮。

第三，能上能下，末位淘汰。从人员管理方面入手，“秋子服务示范班”所属收费管理所每月对成员表现进行评估，确保“秋子服务示范班”严格执行《北京市文明行业标准》和集团公司通行费征收规范化文明服务要求，严格遵守首发集团的各项劳动纪律、高水平服务标准以及“服务过程四部曲”的相关要求，落实《秋子服务》手册相关标准。对不能严格执行以上标准者，公司实行末位淘汰制，取消其在“秋子服务示范班”的工作资格和相关福利待遇，以思想积极、表现优异的其他员工取而代之，从而保持“秋子服务示范班”人员的整体先进性，确保“秋子服务”品牌名副其实。

4. 北京市高速公路收费员技能竞赛

2012年首发集团承办了北京市高速公路收费员技能竞赛。比赛内容涵盖了理论知识考试、收费技能实操、点钞技能实操、设备维护与使用实操等项目。技能竞赛的顺利开展，是检验员工业务能力和服务能力的一次练兵。“秋子服务示范岗”的多名人员在大赛中取得了优异的成绩，并获得了北京市认可的技能等级证书，充分证明了“秋子服务”品牌的高标准和高质量。

（二）内外结合科学化，凸显服务品牌特色

为使服务品牌能够保持长久活力，首发集团制定了高标准、实操性强的教材，设计了具有标志性的臂徽和醒目的岗亭亭身图案，体现了品牌的科学化水平。

1.《秋子服务》标准化教材

为提升在高速公路行业中的核心竞争力，配合“秋子服务”品牌的创建工作，首发集团合自身以往服务标准，汇集了服务过程四部曲、高水平服务标准、适需服务体系的理论精髓，并融入一线员工多年来总结的服务技巧和实操经验，在此基础上，参考了全国高速公路行业各项服务和业务指标中的最高标准，进行了整合提升，编制了《秋子服务》标准化教材。

编写过程中，为完全契合岗上实际操作情况，有针对性地对目前存在的服务难点进行指导，首发集团特成立了《秋子服务》编辑小组，深入一线开展广泛调研，根据员工的反馈掌握第一手材料，了解各站特殊的操作规程，如环机场周边高速的验票制度，市界收费站的代发卡和代收费制度，开放式收费站和封闭式收费站的通行差异等。通过外部考察和内部讨论，拟定出教材的总体目标、框架体系和主要内容。编辑小组梳理了现有制度，制订了编制计划，按照收费业务、特殊情况处理、员工生活等进行分类，收录了以往有关内容，与相关业务管理人员进行专题讨论，对编辑内容进行修改和完善，最终定稿。《秋子服务》标准化教材成为了首发集团针对收费员工作准则的一套规范，并积极主推到集团公司乃至交通行业，力争成为北京市高速公路服务的一套行业规范。

《秋子服务》标准化教材分别为：《理论篇》、《服务技巧篇》、《服务过程四部曲篇》、《收费业务篇》、《车型判别篇》和《特殊情况处理篇》6本书，以清晰、简洁、直观、有效的方式讲述了系列服务标准。教材下发到各收费所，一线员工人手一套，通过组织学习和实操演练，最终将“秋子服务”系列标准落实到工作中。

《理论篇》中阐述了“秋子服务”标准的定义、内涵及特点，回顾了“秋子服务”品牌的发展历程。用方秋子在工作中的所想、所做、所得，诠释了“以笑迎人”、“以情暖人”、“以甜动人”、“以技服人”的服务经验，并对“秋子服务”的发展做出了展望，即“秋子服务”品牌最终将达到三个全覆盖，人员全覆盖、地点全覆盖、形势全覆盖，让“秋子服务”品牌效应处处体现、全面落实。

《服务过程四部曲篇》，以下简称《四部曲》，讲述了收费员岗上工作的行为规范，其内容包括：一个微笑、两声问候、三种目光、四步动作。此外，还涉及了微笑服务标准、人员站姿、坐姿、着装、发型发饰等人员形象标准。从微笑幅度，到问候语用法，再到接卡、递票姿势，手臂动作等都做出了细致明确的说明。四部曲规范已在员工头脑中生根发芽，四部曲标准已悄然细化到员工的服务过程中，成为了“秋子服务”品牌中工作标准化的有力支撑。

《服务技巧篇》中融入了多年来一线收费员积累的工作经验，如对收费员在岗上6小时工作期间始终坚持微笑服务做了诠释，充分体现出“以笑迎人”的服务规范。同时对各条路段周边的交通地理进行了讲述，并配有地图，加强了收费员延伸服务的能力，拓展了延伸服务的途径，成为了“秋子服务”品牌中服务人性化的有力支撑。

《特殊情况处理篇》设计内容汇集了从拖欠、拒付、溢收、假币识别、车队处理、重大事故等22种收费岗中会遇到的特殊情况，书中详细阐述了每一种特殊情况的处理办法，诸如收费员如何引导车辆、如何与司机沟通、上报监控的内容、与交警等其他单位联动等，有效地减少了路方与车户的摩擦，构筑了和谐的通行关系，成为了“秋子服务”品牌中业务高效化的有力支撑。

《车型判别篇》中，除对各类客货车的车型进行了系统划分外，重点对临界车型的判断做出了详细讲解，且每一种临界车型配有多张照片，使临界车型判别这一困扰高速收费员多年的问题迎刃而解，使

员工判断车型的速度大幅提高，降低了车辆的等候时间，增强了站区的通行效率，成为了“秋子服务”品牌中业务精细化的有力支撑。

《收费业务篇》讲述的是收费员在工作期间的一系列执行规范，细致地阐述了各种服务技巧和业务指标，并对收费员岗上实操进行有效指导。对每一步工作标准都进行了细致入微的要求，如大面额钞票投保险柜、免费车通行程序、微机操作程序等，确保收费员上岗操作有章可循，成为了“秋子服务”品牌中工作技能化的有力支撑。

为将《秋子服务》标准化教材全面推广，以更直观、更易接受的方式让员工理解“秋子服务”的内涵，首发集团成立了“秋子服务”宣讲团，赴各收费管理所进行宣讲，宣讲团结合工作实际、列举案例，就教材中提到的理论、业务标准、服务技巧等内容做了深刻的剖析，并利用多媒体设备声情并茂的讲解。宣讲活动在员工队伍中深化了“秋子服务”理念，贯彻了“秋子服务”标准，营造了良好的学习氛围，使得“秋子服务”品牌建设工作在广大员工队伍中得到理解和认同。

此外，根据教材中提及的业务标准，首发集团持续开展多种形式的技术比武和岗位练兵活动，营造出学技能、钻业务、强服务的浓厚氛围，业务竞赛内容覆盖了《秋子服务》标准化教材中的每个工作环节，包括收费政策掌握程度、收费程序、特殊事件的处理、点钞速度和服务规范等内容。通过多种形式的竞赛，不断提高收费人员技能水平和综合素质，为服务品牌的创建奠定了坚实的基础。

图6　《秋子服务》标准化教材

2. 视觉识别体系

视觉识别系统包括统一佩戴的“秋子服务”臂标，统一设计的“秋子服务示范岗亭”，统一履行的“秋子服务”品牌标准，以及优美的通行环境。

统一的品牌标识是打造“秋子服务”品牌的关键，首发集团设计了“秋子服务示范班”成员臂章，佩戴于服装的左臂。臂章以企业理念为构思，最上方的五颗红星象征着五星级收费员的服务水平，其下配以“秋子服务示范岗”字样；臂章中心是以企业标志抽象演变而来的卡通笑脸，象征着收费员真诚甜美的笑容；最下方配以一条绿色畅通的高速公路图案。整体设计有力凸显了首都高速公路安全、畅通、文明、绿色的主要特点。

首发集团在推广“秋子服务”品牌过程中，在其下辖的11个重点收费管理所统一设置了22个“秋子服务示范岗”。“秋子服务示范岗”岗亭的主色调与集团司徽颜色相吻合，进行重新设计包装，使得岗亭在外观上显著区分于普通收费岗亭，给车户耳目一新的感觉。岗亭重新设计以来，受到了过往车户的广泛好评，许多车户主动行驶“秋子服务示范岗”车道，亲身体会“秋子服务”带来的高水平服务。在具体实施过程中，首发集团做到了“四统一”，统一人员标准、统一人员标识、统一岗亭设计、统一上岗时间。

图7　“秋子服务示范岗”袖标

3. 行为识别系统

行为识别系统，包括统一微笑服务，通过化淡妆上岗、建设塑形工作室等措施，推广8颗牙式微笑服务；通过制定《秋子服务》标准化教材，统一了服务语言，要求收费员做到来有迎声、问有答声、去有送声、常有谢声、文明用语热心、操作过程细心、排忧解难诚心、宣传解释耐心；统一了收费动作，通过持续加强业务学习和礼仪培训，严格落实《北京市高速公路收费窗口规范化服务操作标准》，统一了服务动作，并对发卡、收费时间进行了规定。行为识别系统的统一为“秋子服务”品牌的打造提供了有力的硬件支撑，也为车户对于“秋子服务”品牌的接受和认同奠定了基础。

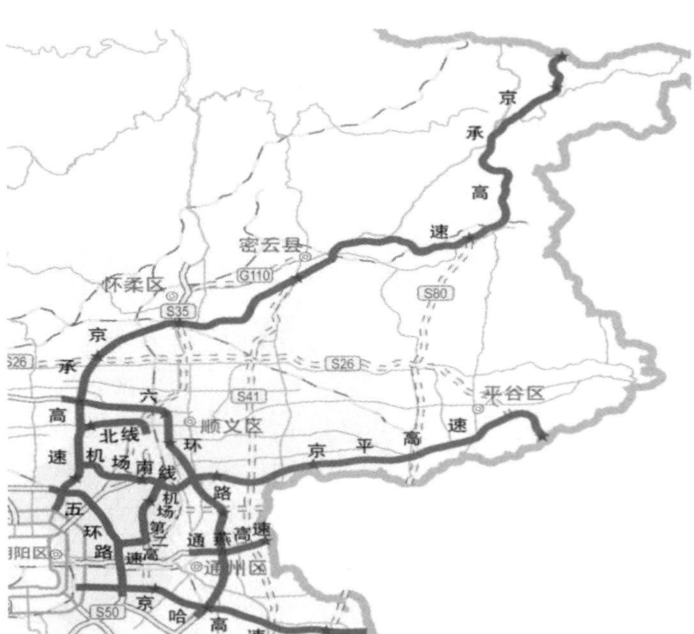

图8　“秋子服务示范岗”的分布

（三）服务体系多元化，构建和谐同行关系

多元化服务是“秋子服务”品牌创建的重要组成部分，也是获得车户深度认可、展示对外良好形象的重要举措。在重点保障时期，首发集团在各主站区摆设服务台，为过往车户提供饮水、问路、发放小交通等延伸服务，在节假日高速公路小型客车免费通行期间，在各收费所保留备岗制度，施行复试发卡保证站区通行能力。首发集团在运营工作中提前做好应急预案，以应对突发事件，显示出首发集团尽社会责任的宗旨，展现了首都高速风采。首发集团将多元化务常态化，在品牌建设过程中牢固树立多元化服务的意识，最大程度的满足车户的服务需求，成为了首都高速公路行业的鲜明特色。

1. 摸索扩展，延伸服务不断增加

每逢节日保障，伴随着车流量的增加，首发集团部分站点摆设党团员服务台，为车户提供交通指南、饮水、修车工具等服务。随着“秋子服务”品牌的不断深入推广，2012年首发集团开始在其下辖的所有主要站点，布设统一的“秋子服务”—党团员服务台，与以前的服务台相比，“秋子服务”党团员服务台常态化开放，除发挥以往服务台职能外，还接有网线并设有Wi-Fi，可查询交通违章、尾号限行、天气预报等服务。在临近机场的路段还提供航班查询服务，最大限度的满足过往车辆的需求，有效提升了社会形象，获得了广大车户的广泛认可。

2012年中秋、十一两节日保障期间，交通运输部部长杨传堂在北京市副市长苟仲文等领导陪同下到京哈路白鹿收费站视察保障工作。期间详细询问了“秋子服务”品牌创建的相关情况，并提出了建设性意见。杨部长来到“秋子服务”党团员服务台前，对服务台的设置和运行情况进行了了解，并给予了充分的肯定。

2. “免费不免责、免费不降低服务标准”，做好节日通行保障

2012年起，国家开始实行高速公路重大节假日小型客车免费通行政策，首发集团面对新形势，迅速反应，率先提出了“免费不免责、免费不降低服务标准”的工作思路，使“秋子服务”品牌在免费政策下持续发挥作用。

首发集团秉承“秋子服务”理念，针对免费通行的车辆不停车通过的特点，推出了“三个一”服务模式，即“一个手势、一个微笑、一个点头”。虽然小客车专用通道为免费车道，车辆通过时不停车、不领卡、不交费，而且车辆通过速度较快，但是免费车道的收费员依然目视每一辆车驶入，并在经过收费窗口时对司机微笑和点头致意，以手势示意司机减速慢行，给车户留下了良好的印象。

对于非免费车，首发集团提前预估了交通量压力，各路段均在收费车道安排了复式收费员备岗，以避免其等候时间延长，确保站区通行能力提升。

3. 多方联动，做好各时期重点工作

在“秋子服务”品牌的主体思路下，为保障高速公路的安全畅通，充分发挥社会职能，切实提高车户的满意率，首发集团与相关部门充分联动，密切配合，确保履行好高速公路的社会义务。

当遇到大雾或降雪等恶劣天气导致封路时，首发集团秉承“秋子服务”理念，与外省市交界站点保持联动，及时发布路况信息，或提供绕行措施；同时，与交通队保持互动，对封路解封信息第一时间做出反应；此外，首发集团开展人性化服务，为等候在路上的司机提供饮用水、方便面、卫生纸等食品和日用品。当路上行驶有运载危重病人的救护车和执行紧急任务的军车、警车、消防车等车辆时，首发集团与相关部门保持密切协调，在收费站区预留出绿色通道，使车辆得以顺畅、快速地通过收费站。在“7.21”暴雨期间首发集团第一时间派专人赶赴受灾点，协助相关单位进行救援和排水工作，为排除险情提供了及时支援。通过多元化的服务，首发集团充分履行了高速公路行业的社会责任。

（四）服务品牌战略化，打造高速行业旗帜

实施“秋子服务”品牌以来，首发集团专注提升服务质量、提高全员整体素质，得到了社会及媒体的肯定，现已在集团公司内逐步推广，逐渐形成了“秋子服务”大品牌定位和“秋子服务”品牌大网络格局。

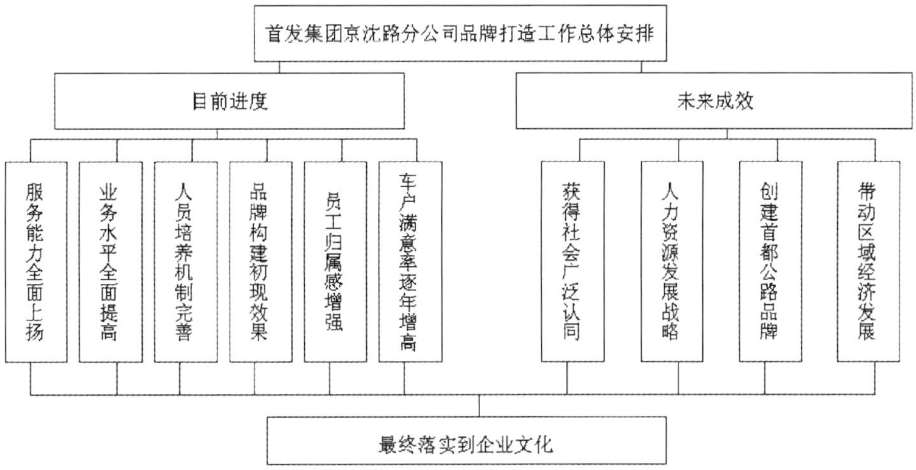

图9　品牌战略的总体安排

1. **依托首都丰富的教育资源**。与各对口交通职业学校、旅游学校建立联合办学体系，针对首都高速服务需要实施订单式培训，为“秋子服务”品牌打造专业人才，保证品牌活力。扩展“秋子团队”，养护、路产行业，渗透并覆盖到高速公路行业的各个服务岗位。

2. **兼收并蓄，拓宽视野**。吸收整合国内同行业服务品牌优点，形成一套包含高速运营、高速养护、服务区服务、智能化高速等方面的大品牌体系，使“秋子服务”品牌成为首都高速行业的代表性品牌，最终成为全国高速行业特色品牌之一，最终成为全国高速行业中的一面旗帜。例如，与云星宇合作，在集团公司管辖路段设立Wi-Fi热点、在首都国际机场附近的收费站设立电子查询台，以方便车户对信息的获取。推出以“秋子服务”为主题的联名ETC卡，促进“秋子服务”品牌影响力的进一步扩大。

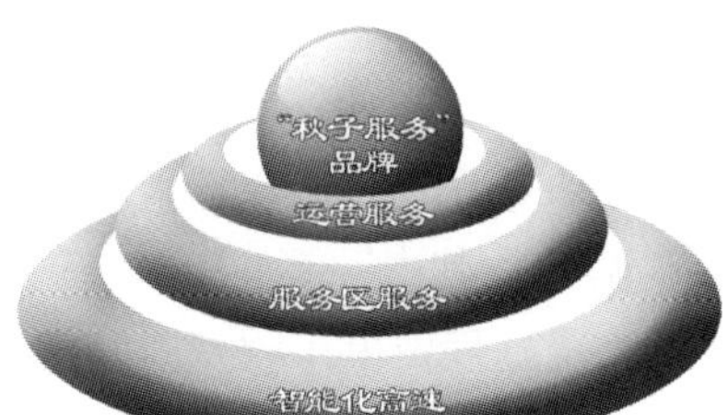

图10　“秋子服务”大品牌定位

图11　“秋子服务”大网络格局

四、品牌构建的实施效果

首发集团创建“秋子服务”品牌创建以来赢得了社会各界和广大车户的广泛赞誉，也在行业内部得到了充分肯定，引起了媒体的关注，提高了企业经济效益，为日后“秋子服务”品牌的深化和扩展提供了不竭动力。

（一）车流量逐年攀升

首发集团自实施“秋子服务”品牌以来，下辖的各条路段车流量和收费额逐年攀升。“秋子服务”让更多的车户愿意选择高速通行，享受高速公路带来的快捷和收费站温馨的服务。单以京沈路分公司为例，2008年京沈高速公路分公司各路段车流通行总量为152655240辆，2009年达到160653150辆，2010年共为167642170辆提供了通行服务，2011增长到177662340辆，2012年全年交通量年达到183159960辆。交通量的稳步上升体现了车户对高速公路的满意度在逐年提升。

表 1　2008—2012 年交通总量示意图

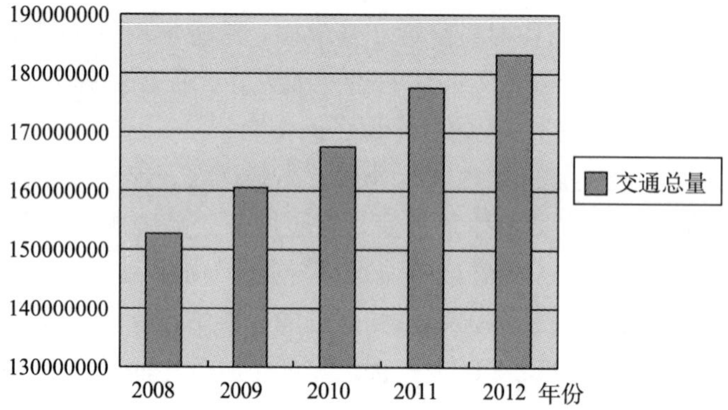

（二）人员业务水平稳步提升

实施“秋子服务”品牌创建以来，带动了收费人员业务素质的不断提升，在2012年北京市高速行业技能大赛中，集团公司共57人获得各类奖项，其中一等1人、二等奖3人、三等奖6人，获奖人数创历年之最。员工收费速度不断加快，封闭式收费过程中单车收费时间由过去的8秒提高到6秒，开放式收费站区，单车收费时间由4秒提高到3秒，收费速度提高了25%，增强了收费站区的通行能力。同时，员工的车型判别能力显著提高，以往需要验证行驶本的临界车型，已可以凭借业务知识和经验在短时间内做出判断，大大缩减了判别时间，避免了车辆在车道里等候的状况，提升了站区通行速度。

另一方面，收费员处理特殊情况的能力明显增强，提高了收费员与司机的沟通技巧，并能将收费政策和车户的需求有机结合，有效化解了车户的误解，铸就和谐通行关系。

（三）获得良好的社会反响

1. 车户满意率逐年递增

自创建“秋子服务”品牌以来，首发集团车户满意率逐年提高， 2008年车户满意率为99.03 %，2009年大幅提高到了99.72%，2010年为99.79%，2011年提高到99.81%，2012年车户满意率继续稳步提升至99.82%。

同时，发生在高速公路上的好人好事层出不穷，以京沈路分公司为例，2012年全年在集团公司下辖各收费站区共捡到钱包14个、贵重物品8件、救助步行迷途者3人、帮助国际友人6次、协助警方破案1次，这些事迹有些已被电视台等媒体专题报道、广泛播放，体现了“秋子服务”品牌在社会上已经有了一定的影响力和认知度。

2. 塑造更和谐的通行关系

随着“秋子服务”品牌的深入推广，员工的服务能力和服务质量随之大幅度攀升，与车户的摩擦稳步下降，投诉事件数量逐年减少，构建起了路方与车户较为和谐的通行关系。以京沈路分公司为例，2008年京沈路分公司共发生投诉事件379起，2009年为344起，2010年321起，2011年发生284起，2012年全年发生投诉255起。自2012年以来京沈路分公司共接到感谢电话129个，收到锦旗27面，与2011年相比分别增加了19%和12%。

表 2　2008—2012 年投诉事件数量

年份	2008	2009	2010	2011	2012
投诉数量	379	344	321	284	255

表 3　2008—2012 年投诉事件数量示意图

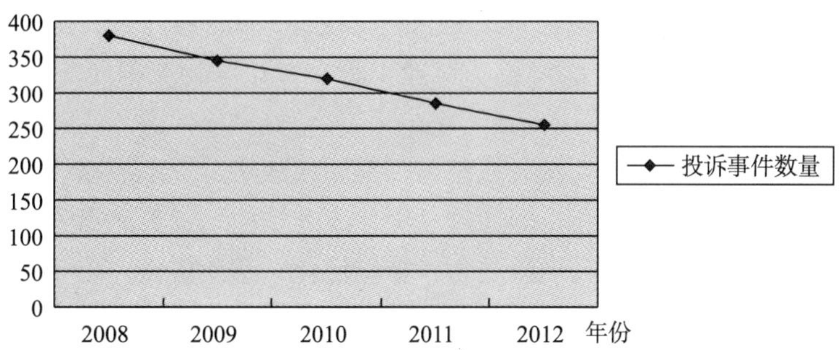

“秋子服务”品牌创建以来，北京电视台、北京交通广播以及北京青年报等多家电视、广播、报刊媒体进行专题报道多次，有力地证明了“秋子服务”品牌推广所带来的社会成效。今后集团公司将继续精益求精，沿着智能化、人性化的管理思路不断前行，不断提升服务水平，增加社会的认可程度，力争成为全国高速公路领域的龙头企业，扩展首发集团的国内和国际影响力。

成果创造人：田振勇　周淑芝　薛　森　王玉红　杨彤彤　赵旭东　刘　生　林雪莲　李鸿伟　方秋子　任　玺　冯　杰

适应首都高速公路持续发展的员工培训体系构建与实施

北京市首都公路发展集团有限公司
荣获第二十八届北京市企业管理现代化创新成果一等奖

北京市首都公路发展集团有限公司（简称“首发集团”）于1999年9月成立，是北京市国有大型企业，负责北京高速公路建设、筹融资、运营管理和相关产业经营。集团注册资本305.78亿元，截至2012年底，集团总资产达到910.8亿元，员工队伍12130人。首发集团始终秉承“替政府融资，为人民修路，尽社会责任，促企业发展”的基本宗旨，负责管理北京市近800公里的高速公路，初步实现了首都高速公路放射线加环线的网络化格局，并形成了智能科技、交通工程、绿化、物流枢纽等多元式集团化经营，社会效益、经济效益逐年提升。

根据首发集团中长期发展规划和三大发展战略——集团化战略、资本战略、人才战略，特别是集团实施人才战略，打造高素质人才队伍的目标：即通过“优化人才结构、提升队伍素质、健全使用机制、完善薪酬体系、创造成长环境”，培养和造就规模适宜、结构优化、素质优良、勇于创新的人才队伍，保障集团持续、健康、稳定发展。为使员工队伍在业务能力、综合素质、知识层次和结构等方面，适应首都高速公路飞速发展，集团经过多年不懈努力，建立起符合企业实际，且行之有效的员工培训体系，得到员工普遍认可和各级领导充分肯定。在员工培训工作取得一系列成绩的同时，员工队伍整体素质逐步提升，企业社会满意率逐步提升，为奥运会、残奥会及国庆六十周年等重要活动提供了高水平服务保障。

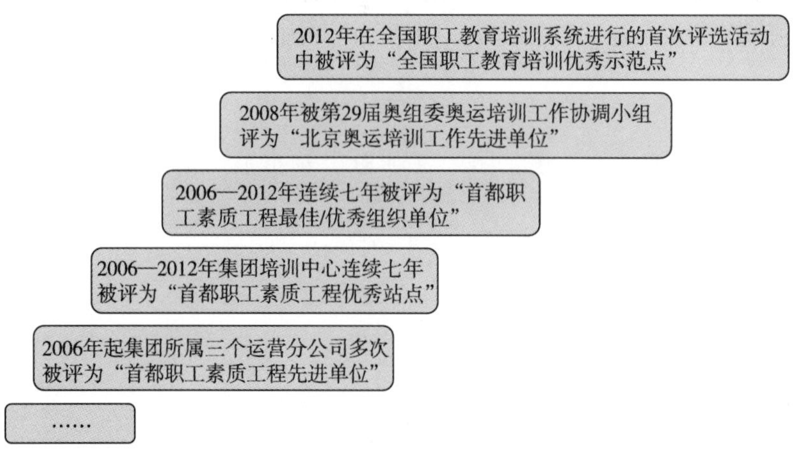

一、构建首都高速公路员工培训体系的背景

（一）确保实现国家高速公路网规划任务和推动经济社会发展的需要

高速公路不仅是交通运输现代化的重要标志，同时也是一个国家经济社会发展程度的重要标志。经过近20年的努力，中国高速公路从无到有，迅猛发展。目前全国高速公路通车里程达到9.56万公里，高速公路网骨架基本形成，这对促进国民经济发展、改善交通出行环境、提升人民生活水平都起到了积极作用。首都高速公路建设是全国高速公路网规划“7918网”的重要组成部分，是打造以北京为核心的环渤海都市圈的重要支撑。面对高速公路行业巨大的发展空间，需要有强有力的高速公路行业高素质人才队伍予以保障。

（二）确保实现首都高速公路持续发展的需要

随着社会和经济的不断发展，高速公路作为关系百姓民生的行业，人们对于其加大建设和提升管理的需求越发强烈。在首善之区的首都北京，在科学发展打造中国特色世界城市的建设过程中，首都高速公路事业更是进入了高速发展时期，日益发挥出其在社会经济生活中的重要作用。新形势的发展和新目标的确立，无疑对于高速公路行业从业人员的培养提出了更高的要求。作为高速公路建设和运营企业，其培训工作要坚持以需求为导向，以提高能力为目标，加快高素质人才队伍建设，为确保首都高速公路可持续健康发展提供强有力的行业人才保证。

（三）确保首发集团各项工作任务完成的需要

首发集团业务板块主要涉及建设筹融资、运营管理、产业经营及科技研发四个方面，其中人员比重较大的运营服务板块实行区域化布局，规模化管理，下设4个分公司负责收费运营和路产管理工作。在产业经营上，下设10家子公司围绕高速公路主业，负责高速公路养护、绿化、服务区、智能科技、交通工程、物流枢纽等业务经营管理工作。各业务板块涉及的岗位类别多、人员分布广，不同业务板块发展对各自工作的要求也在不断变化，而传统培训模式带来的工学矛盾，致使培训成本、培训效果以及员工参加培训的积极性都受到了制约。这促使首发集团培训工作必须要关注各项工作任务的特点，从内容、形式等多方面进行创新与实践，以全面适应完成各项业务工作的实际需求。

（四）确保提升首发集团管理和服务水平的需要

面对社会各界对高速公路行业的日益关注，对高速公路通行服务要求日益提高，首发集团在迎来广阔发展机遇的同时，也面临着巨大的挑战，这促使首发集团必须通过科学化和精细化的管理方式，进一步完善企业内部的运行机制，夯实各项工作基础，将先进的管理理念和手段，以及科学的服务理念和方法，引入企业各类员工队伍之中，实现首发集团管理和服务水平的不断提升，从而加快转变发展方式，深化集团化战略、资本战略、人才战略，全面提升企业核心竞争力。

（五）确保建设高素质员工队伍和满足员工职业生涯发展的需要

2007年底，首发集团人员队伍状况主要情况：

1. 经营管理人员学历状况：研究生占3.63%；本科占35.11%；大专占35.05%；中专及以下占26.21%。

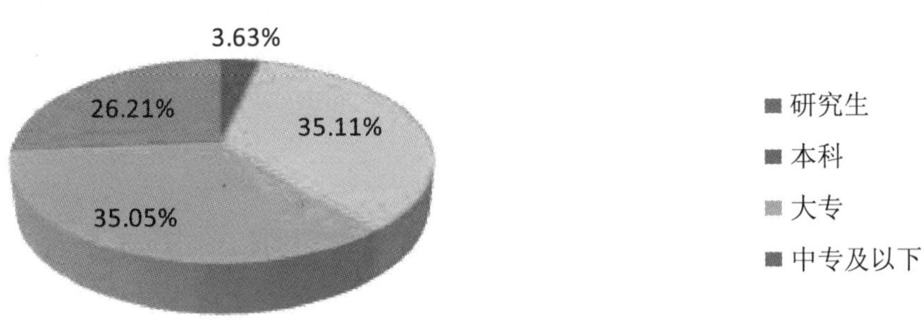

图1 经营管理人员学历状况

2. 专业技术人员职称状况：高级职称占6.19%；中级职称占12.76%；初级职称占61.22%；无职称占19.83%。

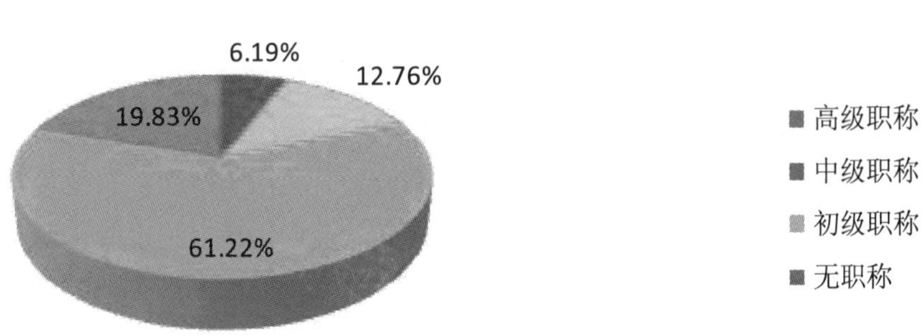

图2 专业技术人员职称状况

3. 技能人员学历状况：本科及以上占3.08%；大专占8.76%；中专及以下占88.16%。职业资格状况：技师占0.13%；高级工占4.08%；中级工占6.79%；初级工占5.52%；无职业资格占83.48%（无高级技师）。

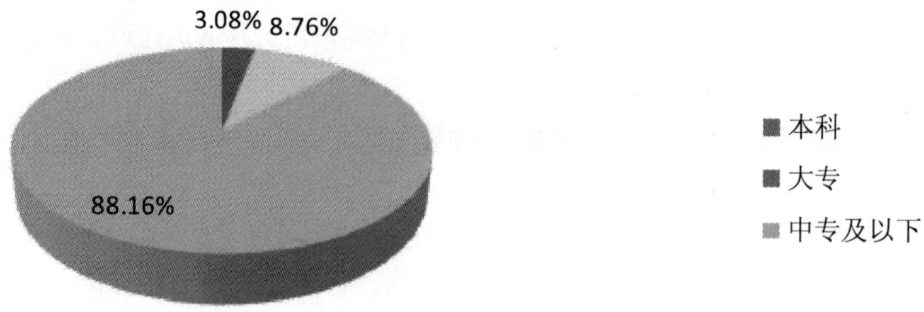

图3　技能人员人员学历状况

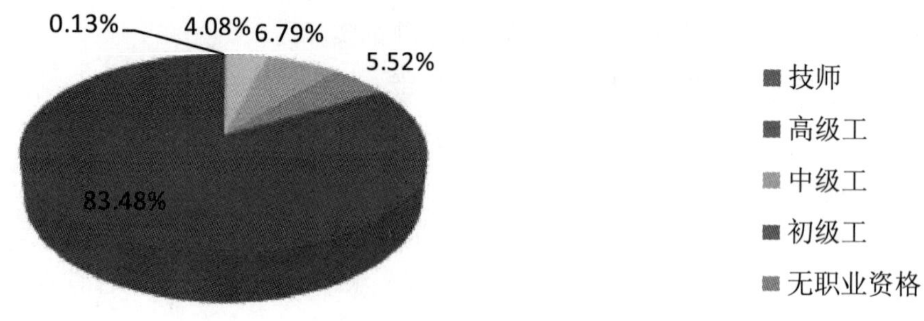

图4　职业资格状况

与首发集团确保持续发展的要求相比，与各板块业务工作对各类人才的素质要求相比，首发集团人才队伍与集团承担的任务和长远发展还不相适应，各业务板块各类高精尖人才缺乏；管理、专业技术、技能人才队伍的学历层次、专业结构、专业技术职称和职业资格水平与工作岗位的要求还存在着一定程度的差距。面对这些差距，促使首发集团的培训工作必须在广度和深度上同时下工夫，要着力打造一支高素质的人才队伍，满足企业不同时期发展对人才的需要。同时，通过培训促进员工能力和素质的提升，为员工个人的职业生涯发展提供更广阔的通路。

二、首都高速公路员工培训体系的内涵

首发集团在员工培训工作上，经过多年的探索和实践，始终围绕“一个目标”、遵循“八个原则”、坚持“五个服务”，即围绕“实际、实用、实效”的工作目标；遵循“培训体系健全化、培训资源整合化、培训计划规范化、培训过程程序化、培训形式多样化、培训内容综合化、培训结果实效化、培训管理专业化”的原则；坚持“各项培训工作都要服务于首发集团战略目标的贯彻落实，服务于各项工作任务的完成，服务于管理水平的提升，服务于首发集团形象的展示，服务于员工队伍素质的提高”的理念。以员工能力建设为核心，以建设高素质人才队伍为重点，以大力开展全员培训为手段，抓好复合型人才的培养，为提升集团管理和服务水平，为实现集团持续健康发展做出重要贡献。

三、首都高速公路员工培训体系构建与实施的主要内容

（一）结合首发集团运行实际，实现员工培训工作的有序组织和有力实施

在员工培训工作组织运行方面，首发集团通过集团和分子公司两个层面，兼顾了共性与特性的培训需求，并依托内部人力资源系统形成了顺畅有效的培训体系。在员工培训工作的实施方面，首发集团从培训需求的征集分析，到培训计划的制订落实，再到培训效果的评估反馈，均严格遵循科学严谨的规范流程。在此基础上，首发集团建立健全了各项员工教育培训管理制度，明确职责分工、管理流程及培训经费使用等要求，使各项培训工作有章可循。同时，逐步整合了内外部资源和软硬件资源，从师资、场

地和后勤保障等各方面规范完善，为方便员工学习、降低培训成本奠定了基础。

（二）特色鲜明的培训模式，实现培训与业务、培训与发展的双向促进

为了适应社会、企业和员工三方面和谐发展的需要，首发集团的员工培训工作针对不断变化的形势和出现的问题，不断寻求突破和创新，逐步化解了培训工作推进过程中的难点，取得了良好的效果。

表1 员工培训表

创新培训模式和项目	解决的问题与矛盾	简要说明
创新培训组织形式 ——集中与分散培训相结合	各类培训均采取集中某一地点组织面授的传统形式加剧了工学矛盾	以培训中心为集中点，三家分公司为主要培训分点，送教上门制作光盘分散自学
创新管理知识培训形式 ——“自助点餐”式培训	全面普及管理知识；员工仅靠服从安排参加培训既缺乏主动性又降低了课程的适用性	参训者按自身需求自主选择参加的培训课程
创新学历培训形式 ——“双管齐下”专业岗位知识与学历教育结合培训	管理和专业技术人员的专业结构不合理；忽视项目间的内在联系造成资源浪费；员工学历深造经济和时间成本高	在大范围岗位培训基础上，为骨干员工创造提升素质和完善学历的机会
创新岗位培训形式 ——“定位精准”的实用性小班培训	关键岗位的针对性需求；单纯追求规模和普及面的培训项目实际效果欠佳	面向关键岗位，以解决实际工作中遇到的具体问题为目的，开办小规模培训
创新素质教育工程培训形式 ——“综合提升”的入职素质教育工程培训	全面提升一线员工综合素质；以在岗员工为主广泛开展轮训与一线运营工作安排的冲突显现	将素质教育工程培训由岗中转向岗前，提高效率，节约成本，缓解工学矛盾

四、首都高速公路员工培训体系构建与实施的主要做法

（一）首发集团员工教育培训的组织管理工作

在各级领导的高度重视和大力支持下，首发集团紧紧围绕企业发展实际，研究制定了相应的人力资源发展规划，以此进一步明确了集团培训工作的目标。同时，借助健全的管理体制，完善的管理制度，有效的计划执行，有力地确保了集团各项培训工作的顺利开展并达到预期效果。

1. 各级领导高度重视培训工作

从首发集团党委、董事会和主要领导，到所属各单位负责人，都对员工教育培训工作给予了高度重视，这为做好各项培训工作提供了重要前提和保障。在确定人才发展战略和高素质队伍目标的基础上，集团领导无论在培训经费的划拨，还是年度培训计划的制订，乃至重要培训项目的实施方面，都给予具体指导与大力支持。所属各单位也将员工培训作为人力资源工作及组织全面管理的重要组成部分，使得首发集团自上而下，形成了浓厚向上的学习氛围，为培养适应岗位要求与集团发展的高素质员工队伍，实现首发集团持续健康发展奠定了坚实基础。

2. 培训工作的管理体制建设

首发集团培训工作建立了较为健全的组织体系。在集团的统一领导下，按照统一规划、统一标准、分级管理、分级负责的原则，采取上下结合、培训部门和职能部室结合的方式，即：集团层面重点抓带有共性的企业管理知识和专业培训，各分子公司层面结合自身业务重点，在集团相关职能部室指导下，开展相应的专业培训和技能培训。除首发集团培训中心有专门负责培训的管理人员之外，各分子公司人力资源管理部门也有专人负责培训工作，从而形成了自上而下，融会贯通的培训体系，保障了开展培训活动的过程中，各环节工作的及时性和有效性。

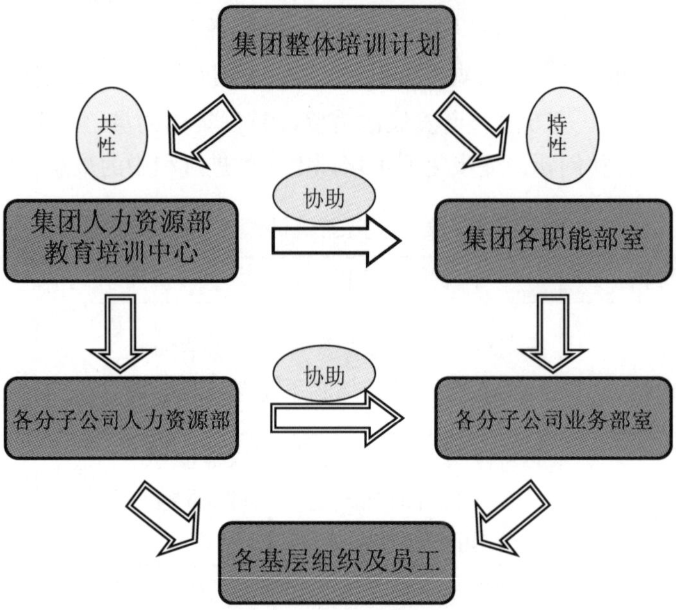

图5　培训工作折管理体制建设

3. 培训工作各项制度的建立

为了切实完成好集团各项培训工作，保证集团整体培训工作规范化、制度化运行，首发集团专门制定了《员工教育培训管理办法》，对教育培训组织与管理、教育培训主要类型、教育培训经费、教育培训资源建设与管理、教育培训效果评估等方面做出了明确规定。同时，还针对不同培训项目制定了更为详细的管理规范，如《新招收费员培训班管理规定》、《路产巡视员培训班管理规定》、《首发集团接收毕业生培训班管理规定》、《首发集团学分银行大专班教学管理制度汇编》、《通用培训班管理规定》、《培训管理程序》等，为各项培训工作的顺利实施提供了有力的制度保障。

4. 培训流程的执行与控制

首发集团每年的培训工作都要在年初征求各单位和各职能部室培训需求基础上，结合岗位必备、人才储备和职业发展的多重需要，整合制订全面、详细、富有针对性的年度培训计划。在逐步推进覆盖全年的各项培训时，采取脱产培训与业余培训相结合的方式，缓解工学矛盾、确保培训质量。从课程设计、内外师资选择、与授课教师沟通，到培训保障、后勤管理等工作都由培训主管部门具体落实。外训根据组织单位统一安排开展，内训则以培训中心和硬件条件较好的三家运营分公司为主组织实施。

此外，首发集团还高度注重培训结果的实效性，关注培训对整个员工队伍的激励，以及对人力资源开发的影响，始终坚持把对培训效果的评估作为一项重要工作来抓，根据培训课程内容、目标的不同，建立了多层次、多方法的培训效果评估体系。培训评估主要在每次培训后，以考试、问卷调查、访谈等形式进行，并通过日常与各单位负责培训组织实施的工作人员进行及时沟通，对培训工作对做出全方位的、客观的有效性评价，以便进行持续改进。

5. 培训资源的开发与整合

首发集团的培训资源经过逐步开发与整合，除培训中心具备上课、住宿条件外，各分子公司也都具备培训场地，配备了电脑、投影等培训设备，为方便员工学习、降低培训成本奠定了基础。同时，在作为培训资源中最重要的教师资源管理方面，对于专业实践性较强的培训，如收费、路产管理等内容，首发集团主要从内部选聘专业理论扎实、实践经验丰富的员工，通过教学技能训练后兼任培训师；对于通用管理知识或专业理论性强的培训，则主要依托外部师资，与专门的培训机构、大学建立合作关系，充分利用外部优质、机动的师资资源，随时满足集团培训需求。目前，除具有内部兼职培训教师56名外，首发集团还建立了外部师资库（现有特聘培训教师70名），并与39家培训机构、院校建立了合作关系，这为各类培训的开展提供了全面、有力的师资保障。

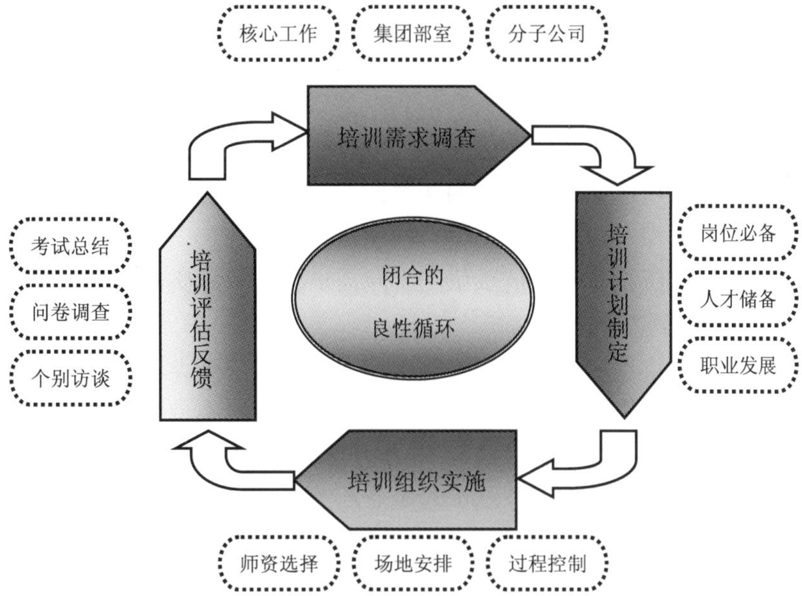

图6 培训资源的开发与整合

（二）首发集团特色鲜明、效果显著的培训模式与培训项目

面对不断出现的新需求和新问题，首发集团的员工培训工作始终努力寻求突破和创新，以满足企业与员工“双赢”发展的需求为目标，通过不断的探索和实践，针对不同的培训内容和培训对象，采取了“五个结合”的有效途径，即：集中培训与分散培训相结合、管理能力提升与员工队伍情况相结合、岗位培训与学历教育相结合、岗位需求与提升能力相结合、规范标准与严格管理相结合，逐步形成了符合企业发展需要和运营实际的多种培训模式和多个培训项目，均取得了良好的培训效果。

1. 集中培训与分散培训相结合，灵活培训组织形式

针对各项培训的具体需要和开展方式不同，首发集团灵活采取多种组织形式，在保障培训实际效果的前提下，充分考虑培训资源的最大化利用，以及最大限度地为员工参与提供便利。

集中培训，以集团培训中心为基地，除设有不同规格的教室、会议室，具备相应的硬件条件，可满足不同规模的培训班集中授课需要外，还具备住宿条件和后勤保障能力，可用于开展周期较长的集中培训项目，有利于营造较好的学习环境和氛围。

送教上门，以硬件条件较好、人员相对集中，且分布于西北部、东部、南部三个方位的三家收费运营分公司为主，作为相对固定的培训场地，对于参训人数多、覆盖范围广的大规模面授培训，采取送教上门的方式，在三家分公司循环授课，各单位员工就近参加培训，有效地节约了员工参训的交通和时间成本。

分散自学，对于一些不便于通过广泛面授开展的培训项目，或者一些反响良好的经典培训课程，为了使其内容能够在最大范围得以传播，则通过下发光盘的形式，可由各单位、各收费所、各班组或员工个人灵活安排学习时间，以此最大限度地减少工学矛盾，扩大受益范围。

2. 管理能力提升与员工队伍情况相结合，抓好企业管理知识培训

结合企业不同发展时期的需要，首发集团针对各层次管理人员陆续开展了多项内容丰富、形式多样、具有实效的培训工作。

（1）自助点餐，开展现代企业管理知识系列培训。

首发集团利用2007—2008年两年时间，对管理人员进行了“现代企业管理知识”系列培训，精选国内优秀师资，每门课程都通过送教上门，在三家收费运营分公司循环授课。员工可以结合各自工作安排及岗位需求情况，按照自助点餐的模式自主选择培训课程。两年陆续培训了《目标管理与绩效考核》、《高效沟通技巧》、《演讲与口才》、《创新思维与管理》、《时间管理与工作效率》、《团队文化建设与管理》、《企业合同管理与法律风险防范》等共11门课程。这些课程的设置，基本包括了企业管理的大部分公共课程和集团管理人员需求的管理能力提升的课程。

（2）满足集团发展需要，推行“全员精细化管理”培训

为在“十二五”这一新的发展阶段配合集团推进精细化管理的步伐，首发集团的培训工作提出了“以精细化管理为主线，与各项培训相衔接”的新主题，结合集团对精细化管理工作的部署、要求及日常推进过程中的需要，广泛、深入地展开了“全员精细化管理培训”。针对“三支队伍”，即：经营管理人员队伍、专业技术人员队伍、技能人员队伍的实际需求设定各有侧重课程内容，并分级分层进行组织实施。

面向集团中层管理人员，重点培训企业战略、领导力和全面管理类课程；面向带队伍的一般管理人员，主要引入精细化管理的相关技能、方法和团队管理课程；面向不带队伍的一般管理人员，主要引入与本职工作密切相关的精细化管理意识和方法的课程。同时，以精细化管理为主线，兼顾各类专业技术人员的提升培训、一线窗口技能人员的服务意识和职业心态培训，以及新招员工“第一次把事情做对”专题培训。从而更有针对性地将精细化管理的理念和具体方法全面引入集团各类员工队伍之中，有效提升集团整体管理水平。

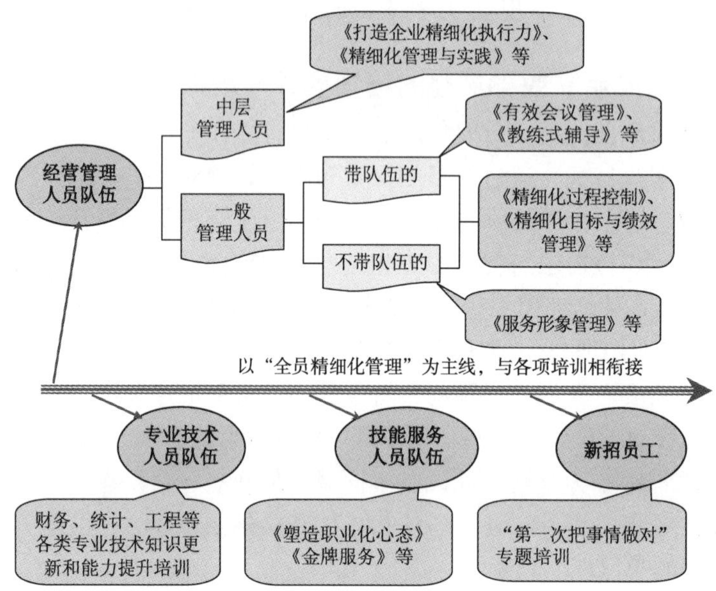

图7　全员精细化管理培训

3. 岗位培训与学历教育相结合，“双管齐下”抓好“高速公路管理”专业培训

作为首都高速公路建设和管理单位，首发集团管理人员队伍所学专业主要为工程、机电、财务、管理类等，“高速公路管理”专业毕业的人员稀缺，且有相当一部分运营一线的管理人员行业专业知识欠缺，主要靠实践经验的积累和对工作的热情与责任心来开展本职工作，已经不能满足行业发展和客户需求。针对这一问题，在集团运营管理里程增长迅速的情况下，为同时满足集团对“高速公路管理”专业人才的需求和现有管理人员队伍充实“高速公路管理”专业知识的需要，首发集团创造性地把专业培训、岗位培训、短期培训与学历教育有机结合，采用“双管齐下”的方式为集团培养“高速公路管理”专业人才。

（1）在岗位培训上：首发集团面向全体管理人员开办了“高速公路管理”专业岗位培训班，设《高速公路概论》、《高速公路通行费管理》、《交通法律法规概论》等系列课程。本着缓解工学矛盾，方便员工学习的原则，采用“引入师资，内部培训”的形式，聘请行业内知名专家或交通类高校教授，每门课程分四讲，以送教上门的方式循环授课，使更多培训对象可以就近参与学习，逐步充实和更新高速公路管理相关专业知识。

（2）在学历教育上：首发集团一方面与北京交通大学现代远程教育学院交通分院合作，组织部分骨干管理人员参加“高速公路管理”专业本、专科学历学习。另一方面与北京市素质工程领导小组所属的“学分银行计划”课题组合作，开设了“高速公路管理”专业大专班，组织符合条件的一线技能骨干人员参加。学历班学员的专业课程，均可通过在集团内部参加岗位培训完成，仅需以不同形式学习基础课程即可完成教学计划，这在很大程度上减轻了员工学业压力。

4. 岗位需求与提升能力相结合，抓好“实用类小班”培训

为了满足各关键岗位日益提高的工作要求，提升岗位从业人员解决实际工作问题的能力，首发集团开办了以“重质量、促业务、见实效”为突出特点，更具针对性和操作性，更见实效的“实用类小班”培训。

（1）坚持结合实际工作需要，加强专业技术人员岗位专业知识培训，加快其新理论、新技术、新知识更新的步伐。把“走出去”学变为“请进来”学，特别是把取得行业资质证书、提高专业技术水平与专业培训有机结合起来，分别与人力资源与社会保障局、统计局、财政局等委办局合作，对集团内财务人员、统计人员、人力资源管理人员等进行了不同程度的系列专业培训。

（2）挑选相同或相似的工作岗位，开展包括知识讲授、经验交流、问题研讨等多种形式的系列培训。如针对集团主业开办的“收费所常见纠纷处理及相关法律应用”业务能力研讨班，通过专家指导、案例解析和参会者之间积极、充分地讨论，使大家进一步拓宽了解决收费管理过程中常见问题的思路，为今后更加有效地处理工作中的纠纷与问题奠定了基础。

5. 规范标准与严格管理相结合，抓好新员工入职素质教育培训

新员工岗前培训是首发集团整体培训工作中一项常规而重要的内容，其内容和形式经过逐步调整，形成了规范、集约、有效的培训模式。

（1）军训、业务课程与素质工程课程并举，抓好新员工岗前培训

首发集团的新员工岗前培训采用封闭式管理，对培训班实行24小时监管。在坚持科学管理、严格规范的同时，对培训内容不断探索和完善。一是通过军训强化纪律观念，锻炼意志。二是以理论解释和实际案例相结合方式向新员工进行知识和技能传授。三是加入首都职工素质教育工程有关课程，使新员工在学习企业及岗位相关知识的同时，增强对新环境的适应能力和岗位所需的综合素质。

其中，首都职工素质教育工程课程在岗前培训中的常态纳入，更是经过与时俱进的创新后确定的，在节约成本和增强效果两方面均有大幅度提升。这是首发集团在新员工岗前培训上成功创新的一种培训模式。

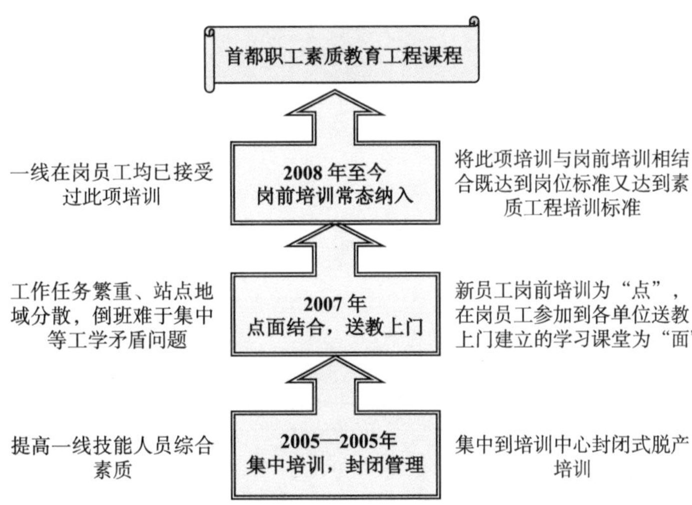

图8 新员工入职素质教育培训

（2）整合资源，统一教材，进一步实现岗前培训“四统一”

首发集团为进一步规范各单位、各岗位的岗前培训工作，由集团相关部室和单位组成编写委员会，

共同按照集团总体要求和实际情况，借鉴以往成功的培训经验，以召开专题研讨会的形式，经过反复推敲调整，精心编写整合，陆续形成了收费、路产、养护、服务区一线员工岗前培训教材。对相关岗位新员工应知应会的各类知识和规范进行了详细的阐述，并以理论解释和实际案例相结合的方式，对实际工作中可能遇到的各类问题进行有针对性的分析，进一步实现了岗前培训工作“四统一”，即统一教材、统一课时、统一培训、统一考试。

在规范培训流程和严格培训管理的基础上，各一线窗口岗位岗前培训教材的统一，将进一步促进教学标准的统一，教学内容的充实，教学水平的增强，服务行为的规范，服务技能的拓展，综合素质的提升， 为广大一线新员工正式进入工作岗位后，迅速融入企业氛围、适应工作要求提供有力保障；同时，进一步提高培训质量，降低培训成本。

五、首都高速公路员工培训体系的实施效果

（一）进一步提升了首发集团员工队伍整体素质水平

首发集团通过自2007年以来坚持不懈地完善和创新员工教育培训工作，显著改善了三支人才队伍的学历层次、专业结构和职称、职业资格状况，有效地提升了员工队伍的整体素质水平。截至2012年底，集团拥有12130人的员工队伍，占员工总数9%的经营管理人才队伍中，具有本科及以上学历的达到74.91%，比2007年底增长了36.17%；在专业技术人才队伍中（含经营管理人才队伍中具有专业技术职称的人员），具有中级（含）以上专业技术职称的达到30.51%，比2007年底增长了11.56%；占员工总数83%的技能人才队伍中，具有大专（含）以上学历、中级（含）以上技能水平的分别达到28.66%和39.57%，比2007年底分别增长了16.82%和28.57%，员工队伍整体素质不断提高。员工队伍变化情况见图 9：

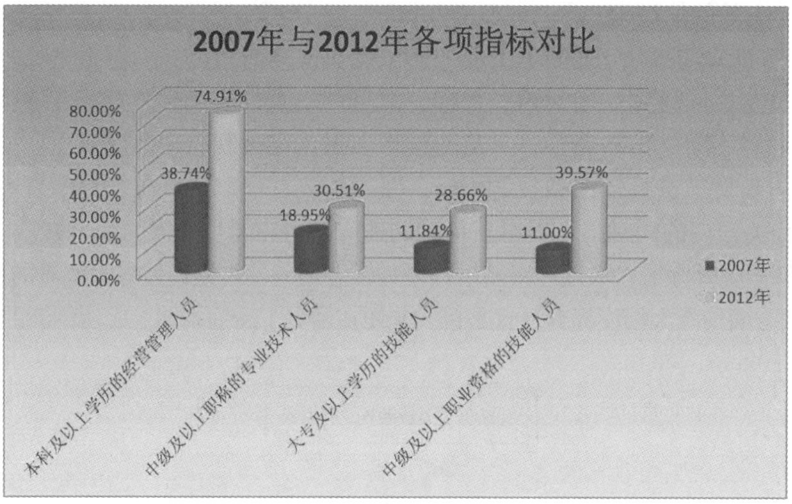

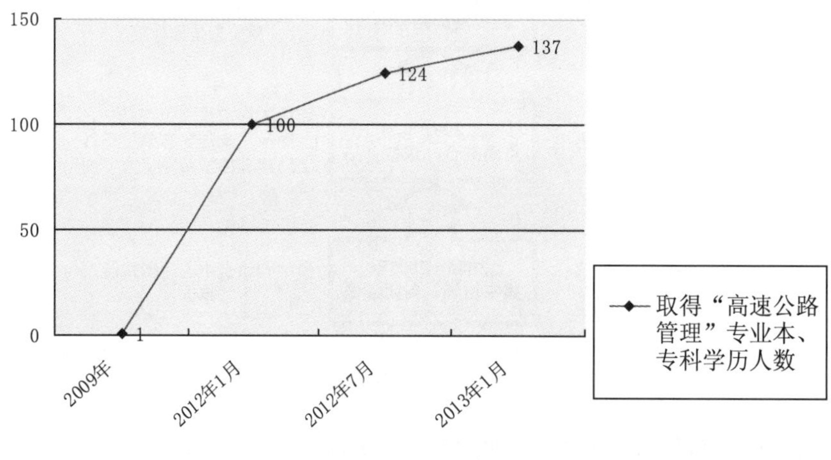

图9　“高速公路管理”专业人才储备情况

（二）进一步提升了首发集团管理水平

通过首发集团近几年来在员工队伍中有规划、有步骤地开展普及管理知识培训和强化管理能力培训，使集团在应对内外部环境的不断变化和实现各阶段不同发展目标的过程中，始终保持了整体管理水平稳步提升的态势。

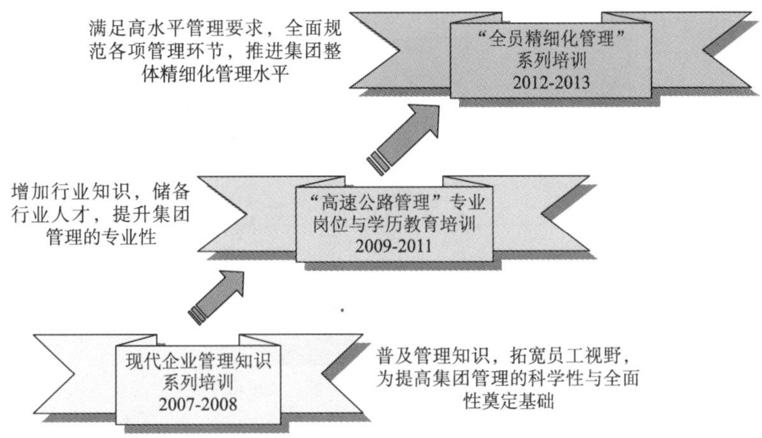

图10　规划培训

（三）进一步促进了首发集团各项工作任务的完成

对于各类员工持续而有效的培训和培养，使得首发集团各支员工队伍的工作能力得到了全方位的提升，从而保证了以更高的水平和更高的质量，顺利完成好各项工作任务。

1. 工程建设方面：面向包含工程技术人员在内的各类专业技术人员坚持开展的新理论、新知识、新技术更新和应用类培训，促进了其将理论知识与实践经验相结合，增强了其提高效率、突破难点的实际工作能力。如集团在“十一五”期间新建高速公路总里程约319公里，工程项目质量合格率100%，单位工程优良品率达到95%。在2011年京新高速（北京至新疆）上地铁路分离式立交桥施工中，工程技术人员努力攻关，采用目前世界首创的大吨位（2.5万吨）、长顶程、曲梁曲线、单点顶推的施工工艺，精准完成箱梁顶推，安全跨越京包铁路、地铁13号线及待建的京张城际高速铁路，成为北京桥梁之最。

2. 运营管理方面：在通行保障上，面向一线收费人员坚持开展的服务理念和服务礼仪类培训，为其树立了积极的服务心态，提升了其服务技能和服务形象，确保了为客户提供快速且人性化的通行服务。如为社会各界提供优质的高速公路通行服务，特别是为首都组织举办的各项国际性经济文化活动；为北京奥运会与残奥会、国庆六十周年庆典；为抗震救灾物资运输、“绿色通道”运输、“黄金周”运输等重要物资和重点时段提供了安全、顺畅的通行保障。近年来社会公众对首都高速公路的满意率逐年提升，服务投诉率逐年下降。在养护维护上，面向养护作业人员开展专项培训，并通过参与全国性岗位技能竞赛，不断强化其业务能力，突出岗位练兵的实际效果，使集团所辖高速公路的养护维护工作在日常养护、预防性养护及应对各种突发紧急事件和恶劣天气的通行服务保障能力等方面均有显著提高，养护综合值指标始终保持优良水平，确保了高速公路“畅通、安全、舒适、美观”的通行环境。集团在2011年全国干线公路养护与管理大检查中取得全国第三、直辖市第一的优异成绩。

（四）进一步实现了在确保培训质量的前提下有效降低培训成本

健全、畅通的培训体系能够确保信息传递的及时性、资源配置的合理性、落实执行的实效性，因此培训本身即可在很大程度上节约时间成本和资源占用，成为企业培训工作高效运行的有力保障。同时，首发集团灵活、创新的各种培训模式充分考虑了集团组织、员工参与和成本控制三方面的实际需要，在确保培训质量的前提下，有效降低了培训成本。

1. 创新“首都职工素质教育工程课程培训”的开展形式，降低人均费用

首发集团在开展“首都职工素质教育工程课程培训”形式上，由2008年以前“集中培训，封闭管理”，逐步调整为“点面结合，送教上门”，再到现在常态纳入新招收费员岗前培训之中，在参训人数逐年递增的情况下，成功将每名员工参与素质工程的培训费用由原来的763元/人降至145元/人，每名员工培训费用节约618元/人。从2008年至2012年，参加过素质工程培训的新招工共计8870人，新培训模式较之原集中培训模式节约费用约为5481660元。

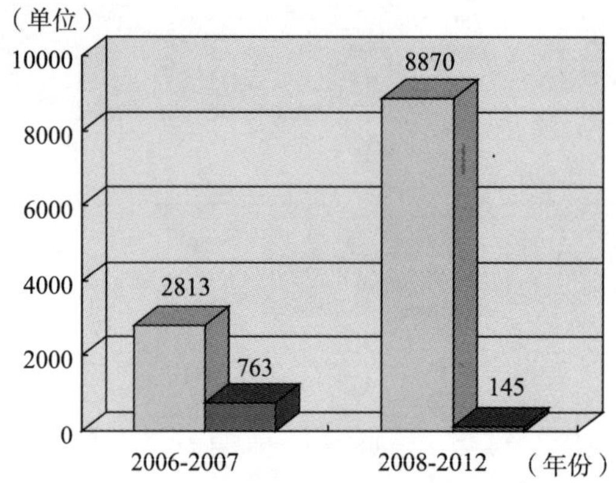

图11　人均节约培训费用图

2. 采取“以点带面”的方式节约师资成本

首发集团员工队伍人数多且工作地点分散，集团在培训项目的设计和开展过程中，根据内容的适宜程度，采取“先骨干、后普及，以点带面”的形式，既可以先期培养骨干员工，使其回到工作岗位后带动周围员工学习提高，如在迎奥运期间，“奥运英语小教员”的培养即是典型的范例；又可以小范围组织面授，随后将授课光盘下发至各单位、收费所（路产队等）和班组，组织员工开展广泛学习，如面向全体一线收费员工开办的“塑造职业化心态”课程即采取此种方式。以上两种“以点带面”的培训方式均在扩大培训范围的同时，大幅度降低了师资成本。

3. “高速公路管理”专业岗位与学历教育培训，节约专业人才引进成本

首发集团针对所处行业开展的“高速公路管理”专业岗位与学历培训，本着“干什么学什么、缺什么补什么”的原则，把专业培训、岗位培训、短期培训与学历教育进行了创新结合，实现了：一是改善了管理人员知识结构和学历结构，既提升了员工队伍学历水平，也规范和引导了在职学历教育培训，有效降低了员工在职学历深造需付出的大量时间和精力。二是为集团节约了“高速公路管理”专业人才的引进和培养成本，包括大量从外部引进专业人才而产生的直接人工成本，以及外部人员在一至两年的培养周期中，适应企业文化氛围、熟悉企业业务状况所产生的间接成本。三是培养了符合岗位要求，热爱岗位，适应集团发展的管理人才。“高速公路管理”专业学历培训与工作岗位要求紧密结合，促进了管理人员岗位知识与工作水平不断提升，在集团内部培养了一批既具备管理和专业知识，又全面了解高速公路行业各业务模块基本知识，能够以更加全面的视角发现和解决问题，出色完成本岗位各项工作的管理骨干，能够为推动集团整体管理和服务水平提升，实现集团持续发展做出贡献。

成果创造人：张恒利　谷　卫　王京竹　解建伟　吕　欧

开创国内联网新模式　实现电子收费跨省市应用

北京速通科技有限公司

荣获第二十八届北京市企业管理现代化创新成果一等奖

北京速通科技有限公司（以下简称速通公司）是高速公路电子收费业务的专业运营公司。公司成立于2007年6月15日，原名北京快通高速路电子收费系统有限公司，注册资本3000万元，由北京市首都公路发展集团有限公司出资1800万元、北京首都高速公路发展有限公司出资450万元、北京首创股份有限公司出资450万元、华北高速公路股份有限公司出资300万元联合组建。2011年7月28日经工商批准，更名为北京速通科技有限公司。公司主要经营电子收费及智能交通系统的设计、集成、安装、调试、管理、维护、清分结算、技术服务、设备和系统检验检测、销售；项目投资。

自京津冀区域实现电子收费跨省市应用后，速通公司受两市一省交通主管部门委托，承担起京津冀区域联网电子收费管理中心（以下简称区域中心）的管理职能，负责区域重大项目的协调管理以及清分结算、争议处理、投诉跟踪等业务的日常管理及区域联网系统的技术保障。

速通公司致力于首都人文、科技、绿色交通的发展，曾荣获中国公路学会科学技术奖特等奖、全国绿色交通运输企业、国家级高新技术企业、中关村高新技术企业等奖项，获得电子收费领域相关多项技术专利。

一、电子收费系统区域联网应用的背景

2007年5月，交通运输部正式颁布电子收费国家标准，北京市率先启动系统建设，至2010年，已实现市域内所有收费广场的全覆盖。随后天津、河北也陆续启动系统建设，两市一省各自推广本省市的系统，但客户无法使用电子收费系统实现跨省市通行。

随着电子收费技术在各省市内部的应用推广，系统产生的社会及经济效益逐步显现，但由于地域的局限，系统更大规模的应用受到一定阻碍，从内部和外部，均有迫切的区域化应用需求。

主要面临的问题有：

（一）市界收费站拥堵、尾气排放问题日趋迫切

通行市界收费站的主要为省际运输车辆、跨省通勤车辆，受长途货运车辆启动、制动时间较长的影响，经常会造成大面积拥堵，特别是在节假日期间，由于流量猛增，尽管许多收费站尽管采取了多种措施，仍然无法缓解拥堵状况。同时车辆在制动和拥堵怠速时所排放的尾气中含有大量的有害成分，高速公路运营单位为此承担着来自社会和政府的巨大压力。如何解决市界收费站区拥堵及尾气排放问题，大幅度提高通行效率，为社会公众提供高水平的服务，是北京市交通行业面临的难题。

交通运输部曾以京哈高速（原京沈高速）作为联网试点，在河北、天津段拆除市界收费站，实行现金联网收费，但由于项目自身的特殊性，该试点的成效很难在其他路段应用。主要问题有：

大额现金增加了通行费清点的工作量。由于实现现金联网后跨省市的车辆无需在市界站进行缴费，司机需一次性支付较长里程的通行费，特别是对于大型载货车辆，通行费通常达到数千元，无疑造成了出口收费员清点现金的工作量，反而大大增加了收费站的拥堵。

跨省市结算较为复杂。在现金收费的机制下，跨省联网在交易认证、结算等诸多方面存在技术问题，交易的清算和结算、划拨的周期较长，较难实施。

综上，以传统人工现金收费的模式，很难解决市界站拥堵的问题。

（二）国家对区域经济、区域交通发展的规划所趋

“十一五”末，国务院及交通运输部对于大力发展区域经济提出了新的思路，“区域经济圈”、

"物联网"等概念逐步提上规划日程，交通运输部对下一步的区域交通的发展作出了明确规划，坚持"以人为本、以车为本"，按照"三个服务"的要求，提高高速公路的通行能力和服务水平，方便群众出行，促进区域经济发展。坚持"统筹规划、分步实施"，结合路网建设和管理的长远发展，对区域联网不停车收费的建设规模、管理模式等进行统筹规划，并根据当前区域交通的实际状况，按轻重缓急，合理确定示范工程的实施规模。坚持"统一标准、互联互通"，采用符合我国国情的成熟技术和国家统一的技术标准，不同路段、省市之间实现系统互联、信息互通。坚持"整合资源、信息共享"，充分整合区域内高速公路联网收费、路网（段）应急调度和监控管理资源，提高交通信息采集、分析能力，提升公路综合管理水平。

（三）各省市均启动电子收费系统建设，已具备实施联网的先决条件

电子收费系统或称全自动收费系统作为智能交通系统（Intelligent Transportation System，ITS）的一个重要应用子系统，已经在发达国家广泛应用，取得了良好的应用效果，能有效的减少高速公路收费站拥堵。ETC系统通过一套读出或读出/写入微波通信线路，车道旁的发射器和运行车辆上的无线电波发射器（电子标签），来实现车辆在收费站区的不停车交费。

2007年5月，交通运输部发布了《关于开展京津冀和长三角区域高速公路联网不停车收费示范工程建设的通知》和《电子收费专用短程通信》国家标准。

北京市率先启动基于国家标准的电子收费系统建设，随后天津、河北陆续启动系统建设。京津冀两市一省各自建设省（市）内的电子收费系统，形成相对独立的发行、车道、清分系统，系统可支持客户在省（市）内部通行，并具备联网所需的基本的条件，形成初步规模，为联网实施奠定了先决条件。

（四）客户对区域联网有迫切需求

截至2009年底，速通公司累计发展客户近14万个，电子收费系统的实施，为客户提供了较为便利的支付手段，得到了社会各界的认可。北京市电子收费系统的客户中，较大部分为日常市域内的通勤车辆，但仍有相当部分以省际间运输、跨省市出行为需求的客户群体，该类客户有迫切的联网出行需求。

北京市域内的京藏高速（原八达岭高速）、京承高速、京平高速、京哈高速（原京沈高速）、京津二通道高速、京津塘高速、京开高速、京港澳高速（原京石高速）均为京津冀两市一省的重要联络线，承载着省市间的交通、经济协作功能。虽然公路路网实现了省际间的贯通，但仍然无法满足客户"一卡通行"的需求，客户使用速通卡不停车驶入高速公路后，必须在市界站进行停车缴费，完成北京市内的通行费结算后，还需领取邻省的纸质通行券，才可实现跨省通行。

客户已习惯电子收费系统所提供的便利，对京津冀区域实现联网有着迫切的需求。

二、电子收费系统区域联网应用的内涵和特色

（一）电子收费系统区域联网应用的内涵

自2007年5月电子收费国家标准颁布后，速通公司作为北京市电子收费专营公司，率先启动了基于国家标准的系统实施，系统的建设及推广获得了巨大成功，在技术和管理、服务及营销方面较其他省市有绝对优势，在京津冀交通主管部门的支持下，速通公司凭借前期的技术、管理储备，获得了两市一省的信任和肯定，并作为项目的实施单位开展和推进区域联网工作。

区域联网项目以国标电子收费系统应用为基础，通过对区域内技术规格、业务规范、优惠政策、服务标准的统一，实现京津冀区域的联网。项目解决了一系列的运营管理问题，在缓解拥堵、节能减排及便捷出行等诸多方面创造了社会和经济效益。

2010年9月28日，京津冀区域正式实现电子收费系统的联网，随后为保障系统的稳定，两市一省交通主管单位组建了京津冀管委会及区域中心，并由速通公司履行区域中心职能。速通公司抽调管理及技术人员，组建成立区域中心项目团队，负责跟进京津冀区域联网的日常管理工作，主要包括区域重大项目的管理、清分结算管理、区域中心系统及机房环境的维护管理等工作。通过不断的跟踪和改进，使区域联网电子收费的服务水平得以持续提升。

（二）电子收费系统区域联网应用的特色

1. 在全国范围率先应用“中心模式”，并快速推广应用

除京津冀区域外，目前国内还有其他省市实现了区域联网，京津冀区域实行的“中心模式”就其他联网区域实行的“对等模式”有一定突破和创新。

（1）“对等模式”

“对等模式”采用省市间两两结算的方式。实现联网的两个省（市）间需要独立签订结算协议，并建立基于两省（市）的独立结算系统。随后入网的省（市），需要与已联网的各个省（市）分别建立合作，并分别开发独立的结算系统。该种模式在初期涉及较少联网省市时，具有快速推进的优势，且省市间较为独立，互不影响。但随着联网省市的不断增加，后入网的省（市）将面临巨大的系统投入和协调接口，联网实施困难将明显增加。

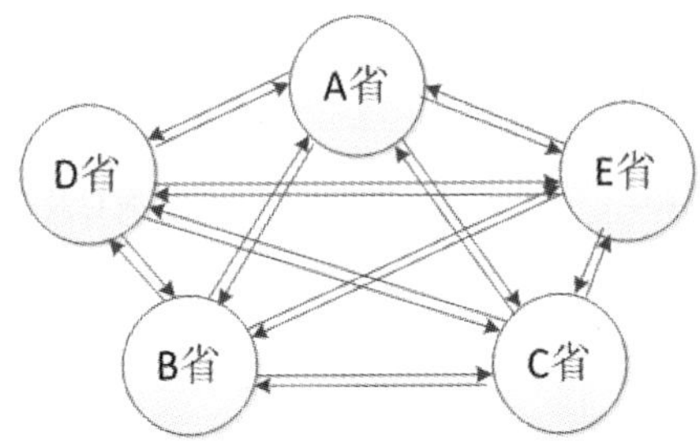

图1　对等模式结算管理示意图

（2）“中心模式”

“中心模式”是在两市一省原有的联网收费系统总体框架上增加区域中心（即京津冀区域联网结算中心），用于实现跨省（市）联网收费，利用各省（市）高速公路现有的联网收费系统资源，通过省（市）联网收费管理（结算）中心和区域中心共同完成京津冀跨区域高速公路联网收费的运营管理、通行费收入清算、资金划拨和监督稽查等工作。

利用现有的各省（市）联网收费管理（结算）中心完成省（市）内通行数据的汇总、验证、统计与清算等业务，各省（市）联网收费管理（结算）中心与区域中心之间完成跨省（市）不停车收费（含非现金支付）原始交易数据、结算数据、黑名单、核对结果、查询请求、查询结果的传输与交换，通过银行完成跨省（市）清算资金的划拨，通过客户服务与发行系统和银行完成资金的归集、账户的管理等，各省（市）内仍然维持现有的管理架构不变，如下图：

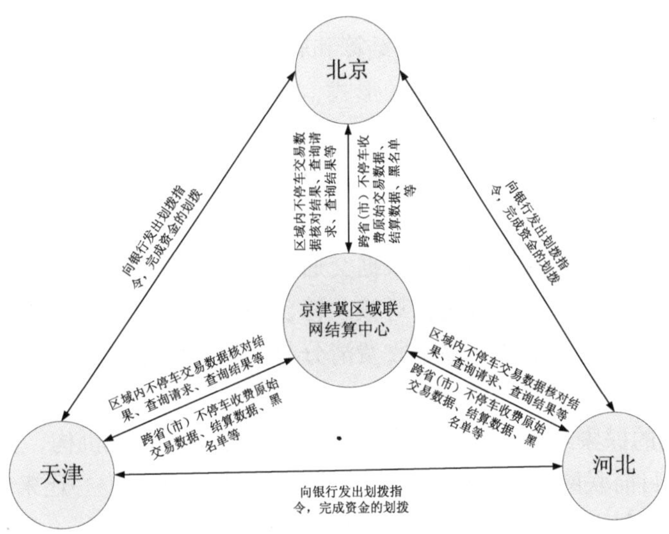

图2　京津冀区域高速公路联网电子收费管理体制

在各省（市）内部，电子收费系统的运营管理由联网收费管理中心、路段业主、客户服务网点、银行和用户共同组成。各组成部分的关系如下图：

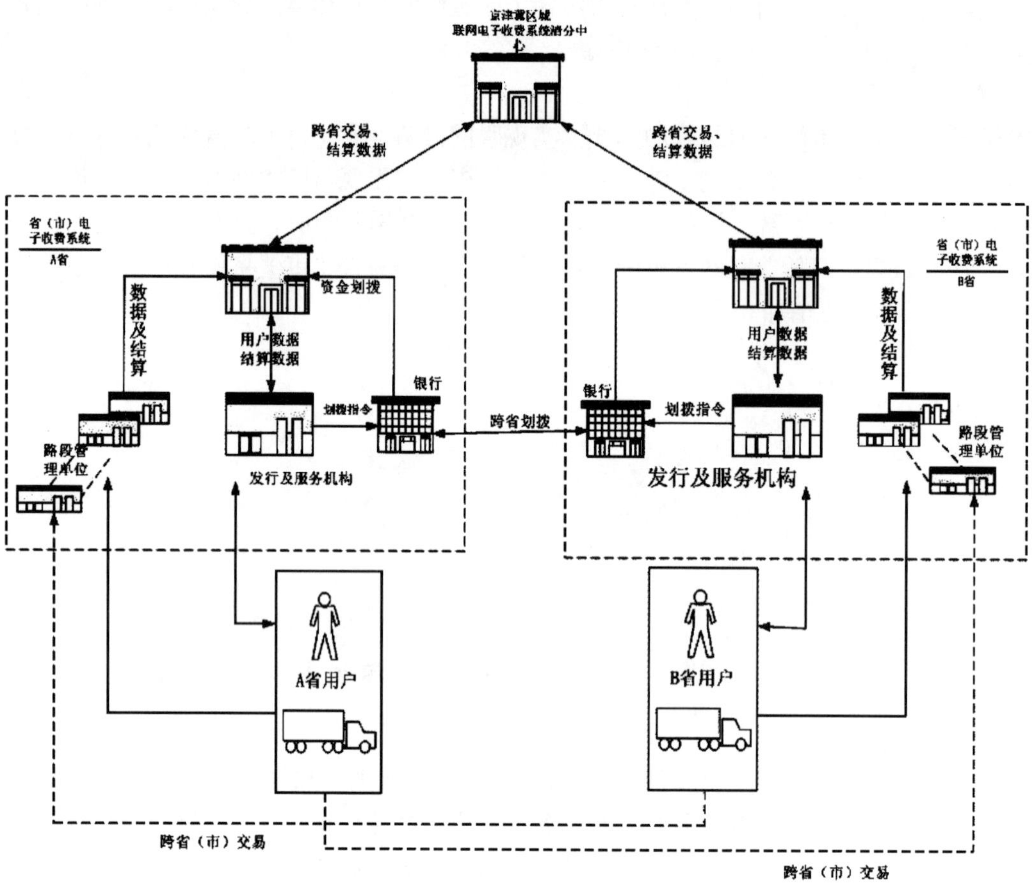

图3　高速公路联网电子收费运营管理架构

（3）创新点及优势

在联网省市的原有的运行架构上，创建新的结算服务机构，即京津冀区域联网电子收费管理中心（以下简称区域中心），由区域中心组织、协调开展区域内的日常结算管理业务。

该种模式的创新点及优势：

更便捷的扩展性。对于相继新增并入联网区域的省市，只需遵循统一的区域技术接口，与区域中心实现系统对接后，便可完成与所有已联网省市的结算和联网。

更明确的管理职责。各省市通过业务委托的形式，将日常跨区域交易的结算交由区域中心处理，区域中心负责验证、汇总跨省（市）部分的电子收费交易数据，协助各省市开展日常业务。

更简单的管理业务接口。联网省市全部业务接口只针对区域中心，无需进行其他的协调工作，管理接口简单、高效。

更适应片区联网、全国联网的政策导向。根据交通运输部对多片区及全国联网的远景规划，京津冀区域联网模式，能更好的与其他联网区域实行对接，符合国家政策的导向。“中心模式”已被交通运输部采纳，编入《全国高速公路联网电子不停车收费清分与结算总体方案》，作为全国联网的推行的组织架构。

清算服务费盈利模式的探索与创新。区域中心作为第三方结算管理机构，代各家参与方进行通行费的清算和资金划拨，由于目前联网范围相对较小，且处于推广期，区域中心还未向各参与方收取清算服务费，日常的管理费用由各参与方按照通行费比例分摊。其成功运行，探索了一种有效可行的盈利模式，该种盈利模式的创新为跨省市电子收费提供了快速、规模发展的保障，同时更便于企业实现自身价值。

2. 实现区域内技术规格、业务规范、优惠政策、服务标准统一的高水平服务

京津冀区域实现联网后，作为一个统一服务体系延展，应极力避免出现局部的短板。为给区域内的客户提供高水平的服务，速通公司组织两市一省的相关运营管理单位，针对技术规格、业务规范及服务标准开展了大量的工作，形成了《京津冀区域高速公路联网电子收费系统接口规范》、《京津冀区域高速公路联网电子收费系统清分结算运营规则》、《京津冀区域高速公路联网电子收费系统维护运营规则》等运营管理文件。

此外，在其他联网区域中普遍实行“只对本省市车辆优惠”的政策，因此造成大量省际通勤的车辆为享受优惠，办理了多套不同省市发行的电子收费设备，为客户带来不便的同时造成了社会资源的极大浪费。而在北京市率先实行通行费九五折的优惠措施后，为在区域内推行统一的优惠政策，速通公司积极协调两市一省的交通主管单位，最终将优惠政策延展到整个区域，这在全国尚属首例。

3. 充分发挥电子收费优势，以“三个交通”理念打造区域联网市界收费站

根据市政府《北京市人民政府关于印发北京市建设人文交通科技交通绿色交通行动计划（2009—2015年）的通知》（京政发［2009］22号）文件精神，明确提出以“人文交通、科技交通、绿色交通”为一体的“三个交通”理念，大力推进交通技术创新与产业化发展，进一步扩大高速公路不停车收费系统使用规模，在2015年内实现“本市到环渤海经济圈中心城市出行时间平均不超过2小时”。

京津冀区域联网项目通过改建（新建）不停车收费车道的方式，实现了传统现金收费模式下无法促成的区域联网，车辆无需停车领卡、缴费，即可完成跨省市的通行。由于未对市界收费站进行拆除，对于现金缴费的车辆，仍可沿用原有的方式进行跨省市通行。充分发挥不停车电子收费系统通行效率高、节能减排的特点，充分落实了“三个交通”的管理理念，有效缓解了市界收费站的拥堵现象，同时大幅降低收费站区的空气污染及车辆燃油的消耗，产生巨大的社会及经济效益。

4. 充分考虑区域扩展需求

通过充分借鉴其他省市联网的经验，京津冀区域联网过程中，对系统未来的发展留有足够的可扩展性。

区域中心系统可满足未来5年客户爆炸式增长的需求。在我国，电子收费系统正处于蓬勃发展的阶段，系统留有足够冗余，可满足区域内500万量级的客户增长量需求。

联网区域可满足周边省市并入的需求。京津冀区域的结算管理模式，具有高度的可扩展性，加之配套成熟的技术规范接口协议、运营管理标准规范，周边省市可非常便利的加入联网区域。

三、电子收费系统区域联网应用的内容和做法

由于北京市在全国范围内率先启动了基于国家标准的电子收费系统建设，系统建设相对完善，技术及管理优势较为明显。速通公司作为项目承担单位，主要技术及运营管理人员全程主导参与了区域联网规划建设及区域中心的筹备实施工作。

（一）统一技术规格

为充分考虑联网区域的兼容效果和扩展性，同时为下一步全国联网预留实现空间，京津冀区域联网预计采用维持原省市结算架构不变的情况下，增设区域中心的管理模式。作为国内首个应用该类两级结算模式的联网电子收费项目，没有先例可循，标准配套技术细则基本上处于空白状态，建设难度非常大。北京、天津及河北的省（市）级电子收费系统虽然均依照国标建设，但其车道及中心系统、核心应用设备均由不同的供应商提供，单就执行层面的技术规格而言，无法实现兼容。

针对这一状况，速通公司组织工程技术人员，联合ETC国标的研究编制单位、关键设备厂商单位，对ETC国标的工程化应用所需的各项技术细节进行了集中的研究与开发，逐个解决其中的工程应用技术难题。随后协调各省市管理单位、设计单位、施工单位进行封闭讨论，最终形成了一整套技术规范文件，为后续的系统开发、系统实施确立了规范，实现了从标准到工程应用的衔接。

主要开展的技术规格统一工作包括：

实现路侧设备及车载单元的互联互通。项目最大的技术挑战就是如何通过充分、合理的测试来确保区域内所有关键设备的互联互通。速通公司特别在六环路的一个管理区（马坊管理区）利用园区道路建设了一个ETC试验场。在试验场地，工程技术人员既可以做静态的设备参数和性能的测试，又能够模拟真实的车道环境，进行ETC车辆通行的测试。

试验场的测试，对于解决不同厂商设备的兼容问题、验证技术规范、验证子系统间的接口、验证系统功能等方面起了关键作用。通过对两市一省内所有路侧设备及车载单元开展地毯式组合测试，筛选出不满足联网需求的产品，重新调整设备DSRC关键参数，最终满足互联互通需求。

保障车道系统的兼容性。电子收费系统通过用户卡与电子标签的组合，完成用户信息的识别及电子钱包的扣费。区域内已发行的用户卡种类繁多，如银行联名卡、公务卡等，要做到一卡通行，必须在区域范围的所有车道系统，兼容各省市发行的用户卡。因此，速通公司组织各省市对车道交易流程进行统一，对不同发行单位、不同密钥版本的用户卡进行全面支持，同时充分考虑其他周边省市并入联网区域的技术预留。

制定不同计费方式的解决方案。两市一省针对货车的收费方式不尽相同，北京市采用依照车型的分类方式进行计费，天津市、河北省采用依照荷载量的方式进行计费，由于计重设备无法支持电子收费应用，因此不能完全沿用现有车道收费模式。项目组开始对该业务难题展开公关，速通公司技术人员提出了在车载电子标签中增加标识位的解决思路，通过对电子标签进行一定的改造，同时在车道软件增加对应的处理流程，实现对货车驶入不停车收费车道后进行拦截，并由现场管理人员引导车辆进行称重缴费。为避免出现车道通行秩序的混乱，还配以管理手段，向经常跨省市通行的司机发送提示信息，并在现场进行提前诱导，最终通过技术与管理相结合的方式，实现了不同收费制式的兼容。

在充分进行沟通后，提出以增设标识位的方式对货车进行拦截，由不停车收费模式转换为计重刷卡模式，较好地解决了货车通行的问题。

统一区域中心标准技术接口。标准化的技术接口是区域联网的先决条件，速通公司结合北京市清分结算系统设计经验，根据区域联网后业务的具体特点，提出了完整的标准技术接口方案，对消息组织形式、通信机制、关键信息编码规则等内容进行逐一界定，形成《京津冀区域高速公路联网电子收费系统接口规范》，逐一确定技术细项：

➢　传输规则

传输方式、基本结构、消息头、消息体、消息文件的命名规则、传输控制、名单数据的有效期、参与方ID、卡ID及卡类型。

➢　交易处理

应用范围、确认消息结构、原始交易消息、记帐处理消息、争议交易处理消息、异常交易退费消息、交易处理过程、清分消息、结算消息、交易数据逻辑检查。

➢　用户状态处理

用户状态名单消息、请求重发状态名单消息。

➢　基础信息维护

服务类型消息、请求重发服务类型消息、参与方信息消息、请求重发参与方信息消息、消息处理流程

➢　消息总结

消息列表、消息确认对应关系。

随后，两市一省的开发单位参照该技术接口方案进行各自省市的系统改造设计，最终证明该方案经得起工程实践推敲，且充分考虑区域发展需求，可作为日后其他省市并入联网区域的技术参照。

（二）统一业务规范

区域中心启动筹备后，着手组织两市一省对业务规范进行统一，因天津市、河北省的电子收费系统建设起步较晚，系统均处于工程收费阶段，因此对业务规范化建设方面还有所欠缺。为全力保障区域联网项目的推进，速通公司成立了运营管理协调小组跟进项目，多次赴天津、河北进行业务调研，并组织

对区域结算流程、争议交易处理流程、退款流程、投诉处理流程、状态名单管理、技术支持保障等内容进行研讨，在不影响各省市现有业务的情况下，协助天津、河北进行业务优化，从而建立起联网区域内统一的业务管理规范，最终形成《京津冀区域高速公路联网电子收费系统清分结算运营规则》、《京津冀区域高速公路联网电子收费系统维护运营规则》，作为区域内业务的指导性文件，为全国联网的实施奠定基础。

（三）统一优惠政策

2009年4月，北京市交通委员会、北京市财政局、北京市国资委联合下发《关于北京市各级党政机关、全额拨款事业单位公务车上安装使用电子收费车载装置支付车辆通行费的通知》（京交办发［2009］78号），明确所有安装电子收费车载装置的车辆在北京市域内行驶收费公路时享受九五折优惠。

在其他联网区域也有着类似的优惠政策，但该政策只针对本省市的车辆优惠，同时，联网各省市执行的优惠标准也不尽统一，如常见的九五折、九八折等。经过实地调研，发现在该联网区域，出现大量客户为享受各省市的优惠政策，在同一辆车上办理多套电子标签的情况，造成了大量的资源浪费，同时也违背了联网一卡通行的初衷，反而为客户带来极大的不变。

在了解了统一通行费优惠的必要性后，速通公司多次向北京市交通委员会汇报了统一区域优惠政策的建议，经与天津、河北行业主管部门协调，津冀两地于联网后也同步实施了优惠政策，区域内跨省市交易均可享受九五折优惠，目前也仅有京津冀区域实现了优惠政策的统一。

（四）统一服务标准

为客户提供良好的服务体验，是系统推广的立足之本，从客户的角度出发，驶出北京进入天津、河北的高速公路，应该能享受同样的服务待遇。为避免区域内产生因服务差异造成的质量事故，速通公司将及时解决、首问负责、积极配合的服务思路进行推广，协调天津、河北建立起呼叫中心及车道两端的业务接口，请相关管理人员来京进行业务座谈，并为联网项目专程开设了服务标准化培训课程，邀请相关业务人员进行探讨和交流。同时对涉及跨省市衔接的重点车道进行缜密的部署和测试，确保服务标准的统一。

相对于其他联网区域各省市相对松散的管理方式，京津冀联网区域内实行统一的服务标准，最大化的为客户提供高水平的服务，是京津冀区域独有的服务理念。

四、电子收费系统区域联网应用的实施效果

（一）区域联网效益显著

目前联网区域内共建成728条ETC车道、5460条MTC车道，2012年度，区域跨省市交通量达到941.55万辆次，累计交易量达到1580.7万辆次。今年一季度，京津冀区域跨省市交易量165.41万辆次，同比增长了13.65%，区域内跨省市交易量稳步增长，联网带来的效益日益显现。

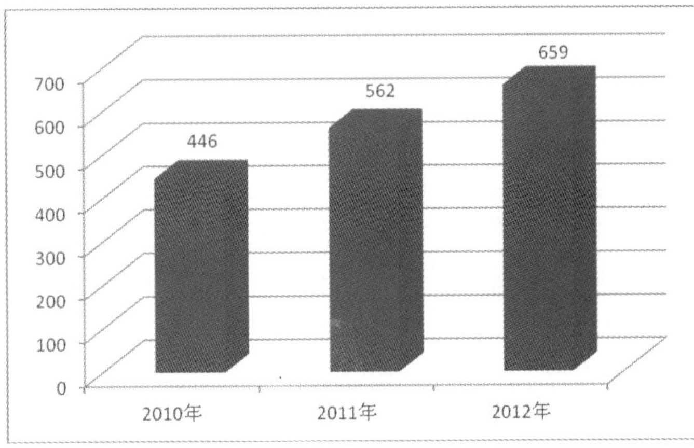

图4　区域内车道建设情况

随着联网收费技术的日益完善和运营管理水平的逐渐成熟，各省市开始加大ETC系统的推广力度，均实行了通行费九五折优惠的政策，并先后开始与多家银行展开合作，增加各种营业网点及自主充值终端等服务网点，客户量因此有了显著提升，截止到2013年4月底北京市客户量已接近100万台，天津市客户量达到4.5万台、河北省客户量达到10万台。跨省市交易量累计达到1664万笔，日均交易量约2.96万笔。

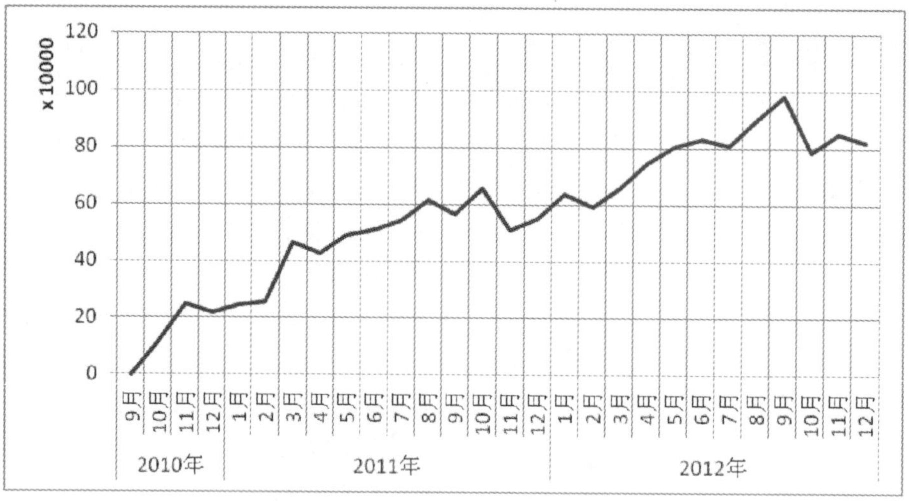

图5 区域内跨省交易量趋势图

区域电子收费用户量和通行量逐年提升，对改善高速公路服务水平有着重要的作用。同时区域联网收费能够有效节省ETC用户出行时间，从而得到广泛认可，客户满意度的逐步提高也进一步促进了各省市的业务推广。

（二）吸引周边省市并入联网区域

京津冀区域联网模式带来的巨大成功，吸引了周边省市并入联网区域。2012年4月19日，京津冀管委会在山东召开了扩大会议，研究山东、山西加入联网区域的相关事项。2012年4月14日，管委会正式委托交通运输部公路科学研究院进行京津冀鲁晋的联网技术实施设计，两市三省着手启动联网工程。

2013年4月12日，京津冀鲁晋交通主管单位在京召开联席会议暨京津冀鲁晋区域电子收费管理委员会第一次会议，会议决定在原京津冀管委会的基础上，组建京津冀鲁晋区域电子收费管理委员会（以下简称京津冀鲁晋管委会），负责推进五省市联网的实施，促进区域内电子收费应用的平稳、快速发展。两市三省交通主管单位领导代表联合签订了《京津冀鲁晋区域联网电子收费合作协议书》，建立了联网合作框架，京津冀鲁晋区域高速公路联网不停车电子收费系统正式启动建设，并定于2013年底前实现五省市的联网。

山东、山西省并入联网区域后，将进一步扩大联网电子收费的优势，对进一步利用信息技术提升高速公路通行效率和服务水平，促进节能减排，加快全国高速公路联网ETC系统的推广应用起到了重要作用。同时华北五省市联网电子收费系统的建设，可充分挖掘各省市ETC系统资源优势，创造区域效应，不断提高道路和运力资源利用效率，提升城市间的运转效率，为更大的区域乃至高速公路全面实现联网电子不停车收费奠定了坚实的基础。

2013年6月21日，交通运输部公路局组织专项会议研讨全国联网的可行性，专家组一致认为“京津冀”模式的片区联网值得在全国范围内进一步推广，并形成《全国高速公路联网电子不停车收费清分与结算总体方案》文件作为全国联网工作的指导意见。会议还确定了辽宁、河南、内蒙古等周边省市，并入现有联网区域的相关事宜。充分证明京津冀区域模式的可行性和前期工作打下的良好基础，为下一步更大规模的联网推广进行有益的探索。

（三）有效缓解市界站拥堵问题

京津冀区域实现联网后，市界站的拥堵问题得到了有效地缓解，以京港澳高速（原京石高速）琉璃河南收费站为例：

在联网实施前，收费广场日均流量约为1.7万辆次，实施联网后，收费广场日均交易量约为1.9万辆次，其中电子收费交易占比11.9%，收费站通行能力提高了9.3%。

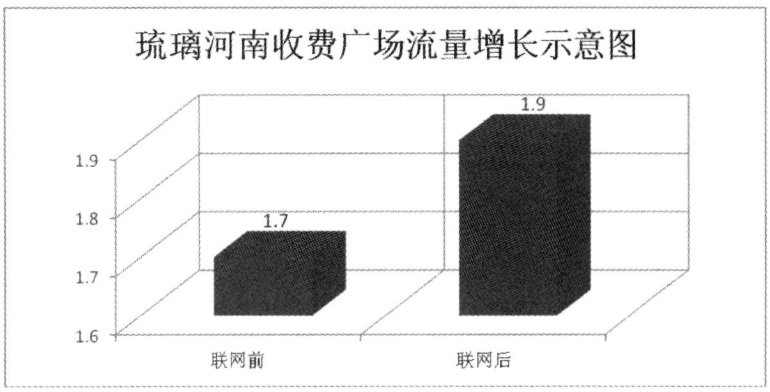

图 6　琉璃河南收费广场流量增长示意图

（四）电子收费系统在区域联网中应用产生的经济效益

为准确地核算高速公路不停车电子收费系统在应用项目中产生的经济、社会效益，速通公司联合北京工业大学交通工程北京市重点实验室，对系统进行了较为全面的后评价研究。

项目产生经济效益计算方法引用自北京工业大学交通工程北京市重点实验室研究成果［《北京市电子不停车收费系统综合效益评价》，公路交通科技，1002-0268（2012）07 -0132-07］，经济效益由出行者在途时间价值、能源节约效益、排放降低效益、节约人工运营效益4部分组成，以2012年度数据为例计算，全年共产生经济效益4933.96万元，具体计算方式见下：

出行者在途时间价值部分计算方式：

$$B_{rm}=\frac{G_m}{8\times365}\cdot\frac{\Delta t\cdot V_{Em}\cdot\overline{P_{Er}}}{3600}$$

B_{rm}——出行者选择ETC收费节约在途时间的价值（元/h）；

V_{Em}——年通过ETC车道的交通量（辆/年）；（2012年的交通量为1883.1万次）

G_m——年北京市人均GDP（元/年）；（2012年人均GDP为8.71万元）

$\overline{P}_{Er}$——ETC车道客车平均载客人数；（根据实际调查，取值为1.65）

Δt——车辆经过ETC车道的节约时间（s）。（根据计算取值为63.5秒）

将各参数值带入计算，2012年的实际交易量为1883.1万次，根据计算得到在途时间节约价值为1635.22万元。

能源节约效益部分计算方式：

$B_{om}=V_{Em}\cdot\Delta_{om}\cdot P_{om}$

=总交易量×单次交易省油量×油价

=1883.1万次×0.0314升/次×8元/升=473.04万元

根据计算得到能源节约价值为473.04万元。

排放降低效益部分计算方式：

$B_{gm}=V_{Em}\cdot\Delta_{gm}\cdot P_{gm}$

=总交易量×单次排放降低量×单位废气治理费用

=1883.1万次×5.60克/次×10.86元/千克=114.52万元

根据计算得到排放降低价值为114.52万元。

节约人工运营效益

=市界站车道数量×单车道节省人工运营费用

=22条×22.2万元=488.4万元

总直接经济效益=817.61+236.48+57.26+488.4=2711.18万元

根据计算得到节约人工运营价值为2711.18万元。

（五）市界站节能减排效益显现

根据对电子收费系统的节能减排效益后评价，以专业机构的计算评价值进行测算，2012年内跨省市交易量941.55万次，全年共减少了59.13万升燃油消耗和105.45吨碳氢化合物、氮氧化合物、二氧化硫等污染性气体的排放，系统所带来的综合节能减排效果显著。

区域联网的实施对于减少资源消耗，降低城市污染，构建绿色交通和建设可持续发展的新北京交通体系具有重要的意义。

成果创造人：任冬至　王　梅　胡　宾　李　剑　赵　阳　颜　鹏　管　伟　陈　霖　龚皓莹　侯年颖　张　翔　高文宝

首都煤矿企业特色安全文化的建设与管理

北京昊华能源股份有限公司木城涧煤矿
荣获第二十八届北京市企业管理现代化创新成果一等奖

木城涧煤矿于1952年建矿投产，在册员工7213人，隶属北京京煤集团昊华能源股份有限公司，坐落在北京市门头沟区西部山区，是公司京西最大的生产矿井，下辖木城涧、千军台和大台三个生产矿井，年核定生产能力250万吨，所产无烟煤具有特低硫、低磷、低氮等特点，是洁净、环保、优质的无烟煤，产品广泛应用于冶金、电力、化工、建材等工业行业，并出口国际市场，获得很高的国际信誉。

图1　木城涧煤矿矿区

在矿山的改革发展中，木城涧煤矿始终坚持“以人为本”的安全管理理念，树立全新的安全思维，打造“大安全”的工作格局，使矿井步入了以文化促安全、以安全谋发展的良性发展轨道，逐渐形成了具有矿山特色、支撑企业安全发展的安全文化建设管理体系，促进了企业安全状况的持续稳定发展，员工行为的逐步规范，安全工作绩效逐年提高。几年来，该矿的百万吨工亡率不断降低，轻重伤事故逐年减少，2011年、2012年连续两年实现了零工亡。2011年底，通过了中国安全生产科学研究院专家的现场评审，取得了安全文化建设管理体系认证证书。在2009年木城涧煤矿获得“全国企业文化建设先进单位”的基础上，2011年被授予“北京市安全文化建设示范企业”荣誉称号。2012年，被评为一级安全质量标准化煤矿，并荣获“国家级绿色矿山建设试点单位”荣誉称号。

一、首都煤矿企业特色安全文化的背景

安全文化是企业文化的重要组成部分。加强安全文化建设对提高员工的安全素质，提升员工安全意识和规范员工行为，强化企业安全管理能力，促进企业安全健康持续发展具有积极的推动作用。作为煤炭企业，木城涧煤矿突出加强安全文化建设与管理。

多年来，木城涧煤矿在京煤集团和昊华能源公司企业文化的主导和指引下，坚持走安全发展之路，不断深化安全文化内涵，形成了较为完善的安全文化建设管理体系，也取得了一定成效。随着企业向前发展，安全文化建设不断向纵深推进，木城涧煤矿将质量管理体系引入安全文化建设中，用科学的管理理念指导安全文化建设，用质量管理体系规范安全文化建设，在各项工作中充分发挥安全文化的软实力，进一步提高煤矿企业安全生产管理水平，提升管理效益。

（一）实施安全文化建设，是煤矿企业安全发展的需要

分析煤炭行业发生的事故，追根溯源，人的因素都起着主要作用。从近年来的事故资料分析显示，

90%以上事故是人的不良习惯、不规范行为、不正确的作业方式所造成的。控制人的不安全行为是防止伤亡事故的关键问题，也是安全管理的中心内容。安全文化是以全体员工为对象，运用科学的理念、方法等手段，对员工的思想和行为加以影响和规范，最大限度地提高员工安全素质，保证实现安全生产。管理机制执行不到位的关键也是在于人的因素，企业管理制度的建立必须本着以人为本的思想，建立人性化的管理机制，通过文化管理，培育员工认同制度、执行制度的意识，营造尊重制度、以制度作为行动最高准则的文化氛围，促进企业规章制度落实。

因此，开展和加强安全文化建设，把握安全生产规律，将人的行为可靠性提高到安全文化的高度上来认识，增强人的自我保护意识的能力，强化员工的安全意识，营造安全文化氛围，对实现安全生产的长效机制，持续稳定发展具有重要的现实意义。

（二）实施安全文化建设，是保证安全管理水平持续提升的需要

创建安全文化建设体系的过程，是检验安全文化实践效果的过程，也是发现问题、改进提升的过程。挂在墙上的安全文化理念如果得不到实践的检验，最终只会成为一种摆设；安全文化的实践如果没有一个规范的衡量标准和依据做参考，就不会发现安全生产管理中存在问题的根源和关键。木城涧煤矿实施安全文化建设，本着“以文育人、以文化人”的理念，通过以“文”为形式，以“教”为手段，以“验”为标准，达到“化”的目的，研究出一套科学的、规范的行为标准和依据，使该矿的安全文化建设得到有效管控，并能为安全文化建设的逐步完善和改进提供参考依据，给予支持和保障。

（三）实施安全文化建设，是适应首都煤矿企业发展的需要

面对社会发展的大环境，对于地处首都的煤矿企业，如何更好的为建设世界城市服务，更加符合社会发展的需求，成为了煤炭企业生存和发展亟待解决的问题。2011年，北京煤矿安全监察局贯彻落实国务院和北京市关于进一步加强企业安全生产工作的通知要求，在京西各煤矿企业中开展了“京西煤矿安全生产保障行动”，提出了“科技兴安、装备强安、文化创安”三大示范工程建设。木城涧煤矿大力实施“三大示范工程”建设，将安全文化建设作为落实“文化创安工程”的一项重要举措。

二、首都煤矿企业特色安全文化的内涵

煤矿企业安全文化是煤矿企业在安全生产活动中逐步形成的，为全体员工所接受并遵循、具有企业特色的安全思想、安全意识、安全作风、安全管理机制、安全行为规范、安全生产目标、安全价值、安全文化素质等各种企业安全物质财富和精神财富的总称。

木城涧煤矿安全文化贯穿于安全生产和管理的全过程，体现在“软件”和“硬件”建设有机结合，是建立在以人为本，安全发展的基础上，体现人—机—物—环—管理的系统安全，并为广大员工所接受的安全生产价值观、安全生产信念、安全生产行为准则及安全生产行为方式与安全生产物质表现。

在创建安全文化建设管理体系过程中，木城涧煤矿提出了“打造文化品牌、提升全员素质、实现本质安全”的安全使命，充分发挥企业安全文化的独特功能，推动企业加快推进标准化建设，打造品牌工程，提升安全管理水平，创建本质安全矿井。同时提出了“安全健康、绿色和谐”的安全愿景，进一步描绘出了全体员工对企业未来的愿景和蓝图，激励了全体员工为实现共同的心愿而共同奋斗的积极性和创造性。安全文化建设的特点是，体现了人本性、实践性、系统性、全面性、目标性等特征，木城涧煤矿实施安全文化建设就是通过建立一套自我完善、自我约束、持续改进的安全管理机制，促使全体员工在正确的安全理念和价值观的引导下，统一目标，提高认识，发挥安全生产的积极性和主动性。安全文化建设的功能，进一步发挥导向、凝聚、培育、激励、规范和辐射等功能，引导企业和员工按照既定的目标开展工作，培育员工安全意识， 提高员工的安全文化素质，规范和约束员工的不安全行为，实现自我控制，自主管理，提高企业安全生产的科学化、规范化。

三、首都煤矿企业特色安全文化建设的主要做法

（一）调研分析实施安全文化建设的可行性

1. 内部组织做调研，分析安全文化建设现状

为了进一步了解安全文化建设的现状，明确建设思路和方向，木城涧煤矿通过组织员工座谈、填写

调查问卷等形式，在全矿范围内开展了摸底、调研工作，通过调研发现，有91.96%的员工对安全文化建设比较了解；有82.68%的员工认为安全文化建设是一项长期的战略任务；有80.77%的员工认为该矿的安全文化建设很好；有98.88%的员工认为安全文化建设与本人有着很大的关系；有96.53%的员工认为所在的生产环境、作业岗位符合国家规定的职业健康标准。通过调研，该矿认为，实施安全文化建设已具备了良好的群众基础和环境支撑，应加大安全文化建设力度，助推企业安全发展。

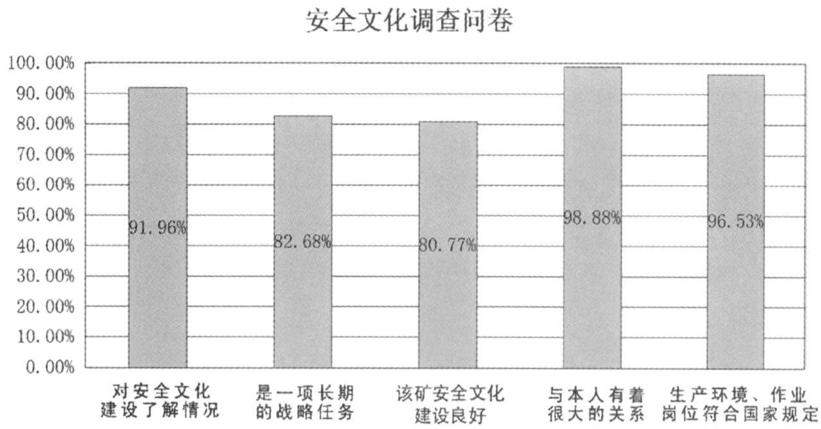

图2 木城涧煤矿安全文化建设调研情况

2. 外请专家做课题，推进安全文化建设深入开展

木城涧煤矿抓住与国家安全监管总局宣教中心文化研究所、清华大学、中国矿业大学（北京）等单位合作开展“煤矿企业安全文化创新研究实践——煤矿企业安全文化示范工程建设”的项目的机会，先后聘请了专家、教授对各级管理人员和全矿员工进行了企业安全文化建设的专题培训，为员工讲授企业文化在企业管理的核心作用，围绕企业实际，设课题，开展调研，寻找薄弱点，强化了员工对安全文化的理解和认识，促进了全员安全素质的提升，为安全文化引向深入提供了思想保障。

图3 国家安监总局宣教中心副主任贺定超，北京煤监局副局长贾太保，中国矿业大学的专家教授为全矿员工进行企业安全文化建设的专项培训

3. 成立机构做项目，保障安全文化建设有效运行

多年来，木城涧煤矿不断探寻适应本企业安全文化建设的新路子，在已有的安全文化取得良好效果的基础上，2011年，以京西保障行动“文化创安活动”为动力和契机，确保安全文化建设顺利开展，通过不断地总结提炼和现场调研，该矿凝练出了的木城涧煤矿安全愿景、安全使命、安全文化建设内涵、目标、内容和任务，并相应成立了八个安全文化建设小组，通过多次的座谈和分析，各组分别按照职责分工，制定出了八个模式的建设目标、具体内容、细化了实施方案，形成了安全文化建设网络。

（二）创建安全文化建设模式

木城涧煤矿安全文化建设既关注员工的内在素质，还重视外在因素和物态条件。在安全文化建设中，结合公司和矿山实情，不断探索和总结，创建了有自身特色的安全文化建设体系，它包含了八个建设模式（即安全观念文化、安全诚信文化、安全制度文化、安全教育文化、安全行为文化、安全警示文化、班组安全文化、安全反思文化）。涵盖了安全工作的方方面面，这也是木城涧煤矿独创的特色模式，为下一步的安全文化建设提供了坚实的理论依据和实践支持。

1. 创建安全观念文化，实施理念引领

木城涧煤矿对安全文化理念进行了梳理和更新，提出了八个安全观：

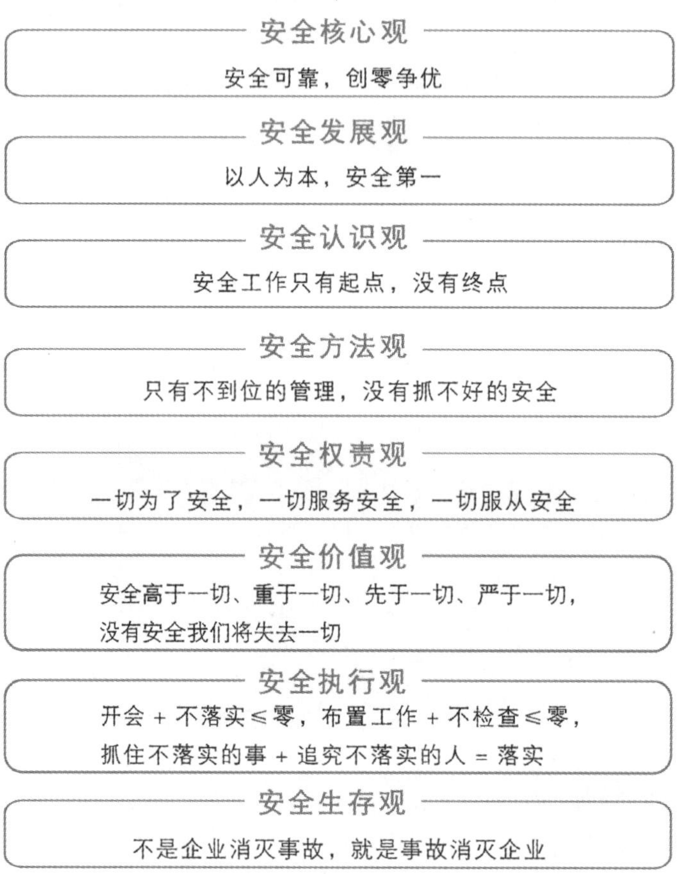

图4　木城涧煤矿安全观念文化具体内容

同时，利用新闻、报纸、广播、手机报等各种宣传媒介，宣传安全文化理念的意义，利用每周一的升旗仪式、每次召开会议前进行集体咏诵安全文化理念，定期组织安全文化专题培训，为全体员工讲解安全文化理念的内涵和意义，提升员工对安全理念的认识和理解。

图5 集体咏诵企业文化理念

2. 创建安全诚信文化，弘扬企业正气

木城涧煤矿组织层层签订安全生产承诺责任书，采用诚信承诺方式进行违章管理，在全体党员中开展党员身边“三无”活动，在党员、团员和各类先进中开展“不违章，不受伤，讲诚信，做榜样”活动，营造良好的诚信氛围。并通过对诚信承诺情况进行公示监督，开展安全诚信优秀个人评选，对员工集体合同签订与履约，建立员工举报和员工处罚复议平台等，充分调动员工参与企业管理的积极性和主动性，增强全员讲诚信、重责任的意识，培养令行禁止的工作作风，实现由“要我安全”到“我要安全”的思想转变，营造全员发挥自身作用，坚决履行承诺的良好氛围。

图6 全员安全生产承诺宣誓

3. 创建安全制度文化，制定行为准则

木城涧煤矿在安全文化建设的过程中，始终把文化管理体现在制度、措施的建立和执行上，用安全文化理念全面审视管理制度，严格遵守有关安全生产法律法规、规程、标准和相关文件，逐步建立起一套系统完善的、符合企业生产实际并富有企业特色的安全生产制度体系，其中包括较为健全的各岗位人员安全生产责任制和岗位作业流程、标准，较为完善的《木城涧煤矿安全管理制度》和系统的《生产技术管理规范》，并建立起日益完善的以安全为导向的经济分配政策体系。

通过多年来制度的贯彻、实施，逐渐为广大员工所接受、认同并自觉执行，形成了按制度办事、按规章操作、量化标准的目标管理体系，使目标更明确，指令更清晰，管理更到位，积极推进了安全文化建设向系统化、规范化、全面化、细致化发展，用强大的安全文化管理体系密织安全防护网。

图7 矿各种管理制度文件

4. 创建安全教育文化，打牢素质基础

通过一系列的创新实践，木城涧煤矿形成了集视听教育、课堂教育、实训教育、拓展教育等为一体的教育培训大格局。通过课堂灌输、模拟练习、现场实训、导师带徒等方式方法协调互促，构筑了多层次、多方位的员工培训体系。2011年以来，组织了班队长综合素质培训班33期，特殊工种综合素质培训班16期，管理人综合素质培训班11期。组织14名员工参加了国家级拓展师培训班，组织2名人员参加国家第二十三期高级企业文化师培训班，并在参培人员中开展了评选培训星级标兵活动，激发员工的荣誉意识。创新的《安全大讲堂》栏目、创建的《党员手机报》和创刊的《木矿党建》杂志，更加拓宽了宣传教育的途径，丰富了员工的视听文化。

图8 矿教育培训工作会

图9 现场观摩培训（综采实训基地）

5. 创建安全行为文化，提高自律意识

突出规范员工的安全行为，通过开展案例教育培训，分析各种案例的原因、总结教训、探索规律，采取切实有效的措施防止同类事故发生；通过开展技能培训和技能比武，各有侧重地进行重点学习和专项比赛，提高员工的安全意识和操作技能；通过开展准军事化管理，形成良好的团队作风；建立风险超前预控系统，制止员工的不安全行为；建立自主排查举报隐患机制，实现自保互保以及开展各种安全知识竞赛等活动，作为践行安全文化理念的有效途径和平台，让员工在践行的过程中，逐步提高自身的安全素质，规范员工安全行为。

图10　下井员工规范佩戴劳保用品

图11　员工井下规范行走

6. 创建安全警示文化，营造舆论氛围

木城涧煤矿在充分发挥电视、报纸、板报、横幅、广播、井下平安之声各种视听警示的基础上，在员工出入坑井必经之路分别建成了安全文化警示长廊，设立了员工休憩区，制作了员工“心语墙”，各类安全文化牌板、亲情寄语牌板，视听系统从井上延伸至井下，员工乘车经过路线设置安全标识；根据安全级别利用颜色和等级分区设置安全提示标牌，提示员工按章操作。并把亲情文化融入安全管理，亲情文化时刻提醒员工，让员工在途经的每一个角落，都能看到亲人的嘱托、家庭的期盼，用柔性管理感化员工思想，让员工时刻感受安全文化的感染和熏陶，实现从“被动执行”到“主动遵守”的行为转变。

图12　坑口安全文化警示长廊

图13　把亲情寄语延伸到井下

同时，木城涧煤矿通过开展员工文化艺术节、“小手拉大手”、全民健身系列活动等丰富多彩的安全文化活动，潜移默化地警示员工，提升员工的责任意识和安全意识，约束自身行为，实现安全生产。

图14　全民健身系列活动启动仪式

图15　开展“小手拉大手，安全伴我走”活动

7. 创建班组安全文化，强化自主管理

在班组安全文化建设中，木城涧煤矿突出抓好班组建设，成立了班组建设办公室，专项负责班组建设工作，各单位分别设立了班组活动室，供各班组开展活动和学习，先后创建了《班组工作手册》，《班组建设读本》、《班组工作条例》，提炼了班组建设工作“十一法”等内容，进一步指导班组工作深入开展。同时，在所有班组中开展争创“安全绩效优、生产任务优、质量管理优和文化建设优”的“四优班组”和“安全高效示范班组”评比活动，评选“白国周式班队长”、“星级班队长”和“十佳班队长”等各类先进。并把经济分配政策向一线单位和班组倾斜，向遵章守纪好、规范操作好的个人倾斜；以《班组工作手册》为指导、以争创先进为目标，以做实班组施收工会、班组隐患排查、班组现场培训为重点，以“当一天安全员”、“班组安全日”、“班组安全活动日”等活动为载体，创建富有特色的班组安全文化，有效地践行“安全生产在班组，人人都是安全员”的班组安全文化建设的核心理念。

图16　安全生产标准化及班组知识竞赛

图17　井下施收工会现场

图18　创建了《班组建设读本》、《班组工作条例》等

班组安全文化

- 安 全 目 标：人人都是安全员，天天都是安全日。
- 安 全 道 德：不伤害自己，不伤害他人，不被他人伤害。
- 责 任 理 念：有岗就有责，上岗必守则。
- 管 理 理 念：全员参与、全过程控制、全方位运行。
- 作 业 理 念：上规范岗，干标准活，做安全人。
- 标准化理念：事前明确标准，事中执行标准，事后符合标准。
- 自主管理理念：我要安全、我会安全、我能安全。
- 学习 理 念：工作学习化，学习工作化。

图19　提炼了木城涧煤矿特色的班组安全文化理念

8. 创建安全反思文化，实现自我完善

木城涧煤矿始终坚持“理性反思找短板，明确目标定责任，创新提升求改进”的工作原则，每年年初都要组织开展以安全为主题的安全大讨论，矿领导班子全体成员、中层以上管理人员、广大党员、员工等不同层面的人员，多次开展解放思想大讨论和谈心活动，回头看、从零干，回眸历史，总结经验，继承优良传统，各项工作从零开始，安全目标向零奋斗。分坑井、分专业、分部门开展了的“集中反思找短板”活动，分别查找了自身在安全生产管理等工作中的短板，绘制了“短板树”，进行了原因分析，制定了整改措施，实现持续提升。并通过开展优秀示范和短板工作面评比活动，查找不足，反思工作，整顿作风，遏制事故，促进了安全生产。

图20　检查单位基础工作

图21　井下机电设备检查

（三）建立安全文化建设管理体系

1. 按照国标，创建管理体系

木城涧煤矿根据新的形势，从构建长效机制入手，明确定位，从2009年开始按照《企业安全文化建设评价准则》、《企业安全文化建设导则》和《企业安全文化建设基本规范》的标准要求，明确了木城涧煤矿安全文化建设总体目标和思路，提出借鉴ISO 9001：2000质量认证体系管理思想和管理方法，并将其植入安全文化建设工作中，由于ISO 9000族标准应用于安全文化建设工作是一个新生事物，为使安全文化建设工作得到有效落实，专门抽调人员研讨并编制了《安全文化管理体系手册》。

图22　安全文化管理分手册

2. 完善流程，规范管理体系

为进一步加强安全文化管理和实施，编制了《安全文化建设实施手册》、《安全文化图册》和《安全文化管理体系分手册》，完善了安全文化建设流程，有力地指导了安全文化建设深入开展。2011年，安全文化建设管理体系通过了中国安全生产科学研究院认证机构的现场认证审核，并取得了认证证书。

图23　木城涧煤矿安全文化实施手册

图24　木城涧煤矿安全文化图册

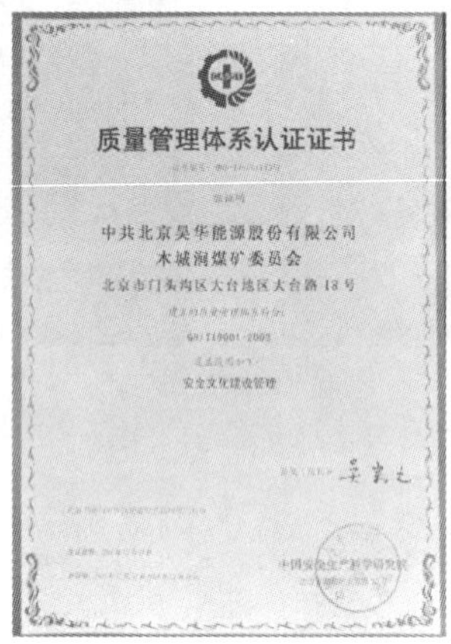

图25　木城涧煤矿安全文化建设管理体系通过国家认证

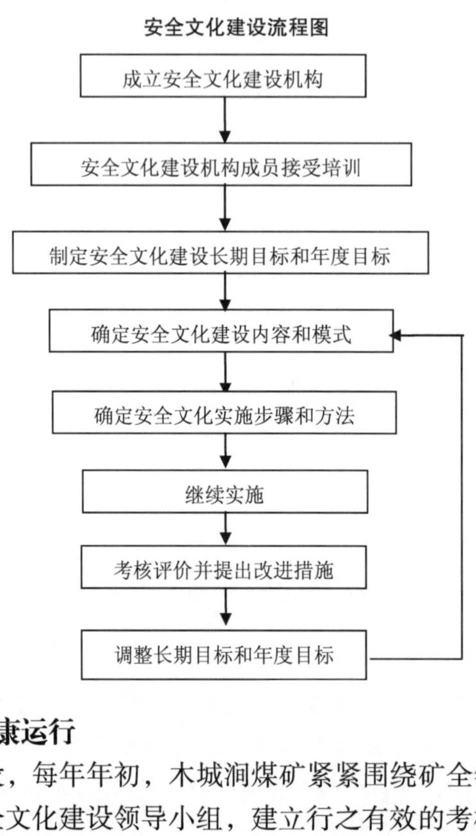

3. 健全机制，保障体系健康运行

为了更好推进安全文化建设，每年年初，木城涧煤矿紧紧围绕矿全年的工作主线和思路，制订矿安全文化建设实施方案，成立安全文化建设领导小组，建立行之有效的考核评价和激励机制，健全了全方位、立体式舆论宣传网络，加大了安全投入的力度，为创建安全文化建设提供了组织保障、制度保障、舆论保障、资金保障，使各项工作目标更明确，指令更清晰，管理更到位。

经过运用实践，不断完善和健全各项保障机制，2011年，结合工作实际，制作了集《木矿介绍》、《安全文化活动》、《目击现场》、《安全警示》、《手指口述》为一体的安全文化建设视频集锦；2012年年底，对《安全文化实施手册》进行了完善，提出了安全使命和安全愿景，编辑出版了《亲情寄语》、《最佳党日活动》、《教育培训》和《经典故事》安全文化系列丛书。

图26　木城涧煤矿安全文化系列丛书

4. 科学评价，提升安全文化建设管理水平

为进一步提升安全文化建设管理水平，木城涧煤矿根据全国安全文化建设示范企业考核评价细则，细化了该矿的安全文化考核细则，为安全文化的实施提供了标准和依据，每季度对安全文化建设管理体系进行一次内审，通过现场的审核、评价和指导，有效促进体系的正常运行，同时，为了更好地深入推进安全文化有效开展，在每次内审活动中进行走访调研，下发《安全文化建设调研问卷》，及时了解安全文化落实情况，征集安全文化改进建议。每年还接受一次第三方监督审核，实现体系运行的有效性和适宜性，达到体系运行的科学、规范。

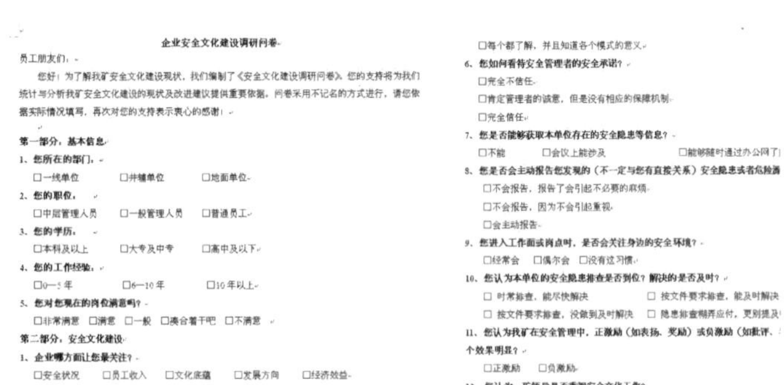

企业安全文化建设调研问卷

木城涧煤矿安全文化建设评价考核标准

图27　矿安全文化评价考核标准　　图28　安全文化调查问卷

四、首都煤矿企业特色安全文化建设的效果

木城涧煤矿实施安全文化建设在同行业中已处于领先水平，尤其是将质量管理体系引入安全文化建设工作这一举措，更是全国首屈一指。实践证明，安全文化建设的运行和实施，不仅创造了经济效益，更取得了良好的社会效益。

（一）员工的行为进一步规范

通过安全文化建设的有效推进，不断加大员工的安全教育培训，员工的自主管理意识越来越强，在操作过程中不但追求工作量的完成，更加重视操作过程的规范标准。在多姿多彩的文体活动中展现风貌，个人荣誉感和集体荣誉感得到了升华，人生观和价值观得到了改变。几年来，员工的违章率明显下降。

违章类别 年份	特类违章	一类违章	二类违章
2010	1起	15起	424起
2011	0起	6起	200起
2012	0起	4起	121起

图29　木城涧煤矿2010—2012年违章情况

2010—2012年共组织员工专题培训、全员拓展培训、“5243”综合素质培训等各类培训共计近80万人次。三年来持有高级工资格证的人员由人2010年的695人，增加到了2012年的2514人，工人技师由2009年前的73人，增加 到了2012年的118人。

图30　木城涧煤矿2010—2012年参培人数

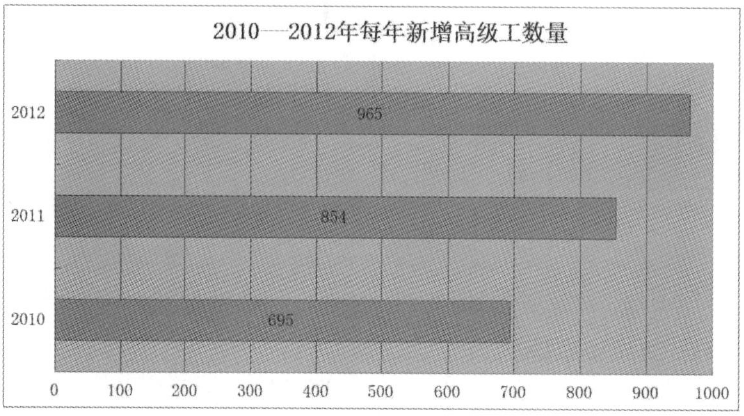

图31　木城涧煤矿2010—2012年每年新增高级工数量

（二）安全管理各项制度得到完善

木城涧煤矿在建立各项安全管理制度过程中，坚持以人为本，本着人性化管理的特点，健全了各岗位人员安全生产责任制和作业流程及标准，经济分配政策日益完善，《安全管理制度》、《生产技术管理规范》更加符合生产实际，安全生产制度体系更加系统完善并富有特色。

（三）安全生产、生活环境更加和谐

地面各种基础设施逐步完善，建成了花园式矿区，周边环境和矸石山得到绿化，实现矿井水循环再利用；井下环境干净整洁，物品码放整齐有序，巷道质量标准化水平提升，施收工会地点规范、温馨，采煤方法不断改善，完成了京西煤矿第一个综合机械化采煤工作面，先后推广了综掘、大倾角、薄煤层、高档普采等采煤方法的应用与实践。从本质上彻底改变了员工的工作、学习和生活环境。

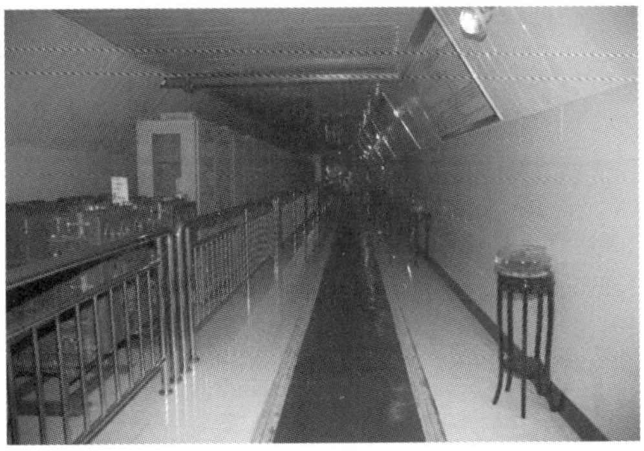

图32　木城涧煤矿井下环境干净整洁

图33　大倾角急倾斜综合机械化采煤工作面

（四）安全管理水平明显提升

实现了刚性管理与柔性管理结合，更人性化，构建了和谐的劳动关系、工作关系和人际关系，在企业和员工中间搭建起了直接对话的平台。

（五）与周边地区的关系更加融洽

与周边小学开展“矿工进校园”、“小手拉大手，安全伴我走”等安全互动活动，并积极进行共建合作，有效解决了矿工子女上学难的问题；通过与周边派出所与办事处之间的交流合作，解决了当地百姓生活难题，改善了道路交通问题，净化了矿区周边环境，营造出了良好的生产、生活氛围。

图34　木城涧煤矿与周边单位协作共赢

（六）创造了良好的安全、经济效益

木城涧煤矿通过实施安全文化建设，安全成效更加明显，工伤事故逐年下降，安全生产工作连续三年保持历史最好水平。从工伤事故对企业的经济影响来看，每少发生一起工亡事故，为企业减少近千万元的经济损失，同时，从员工素质的提升上分析，对家庭和社会带来更加无穷大的效益。

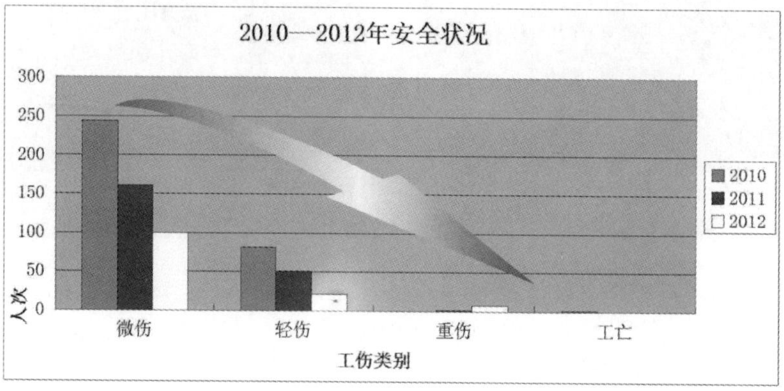

图35　木城涧煤矿2010—2012年安全状况

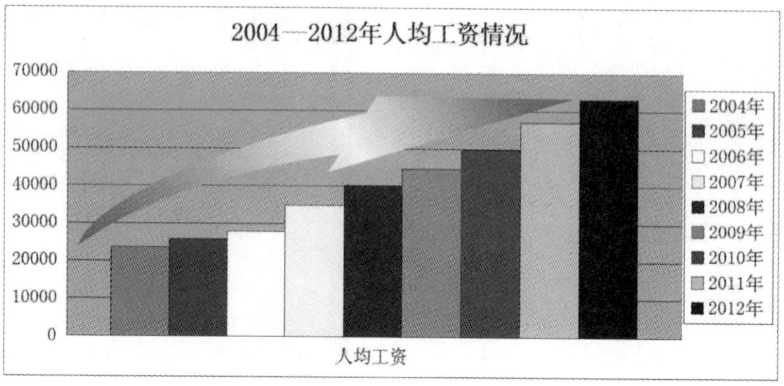

图36　木城涧煤矿2010—2012年人均年收入情况

（七）取得了良好的社会效益

安全文化建设提升了员工素质，改变了矿区面貌，为上市公司树立了良好的企业形象，让外界摘掉了看待煤矿企业“有色眼镜”。呈现在外界眼前的是一个充满人文情怀、安全气息浓厚、科技理念先进、生产生活氛围和谐的木城涧煤矿。先进的安全文化建设与管理，使该矿成为了可以供同行业学习、借鉴的领军企业，每年接待来矿参观交流的团体多达50余次。人们对煤矿企业有了重新的认识，煤矿企业的社会地位提高了，在人们心目中的形象提升了，也增强了员工的荣誉感和自豪感，使员工的生活更加“体面”。2012年，被国土资源部设立为“国家级绿色矿山”试点单位。

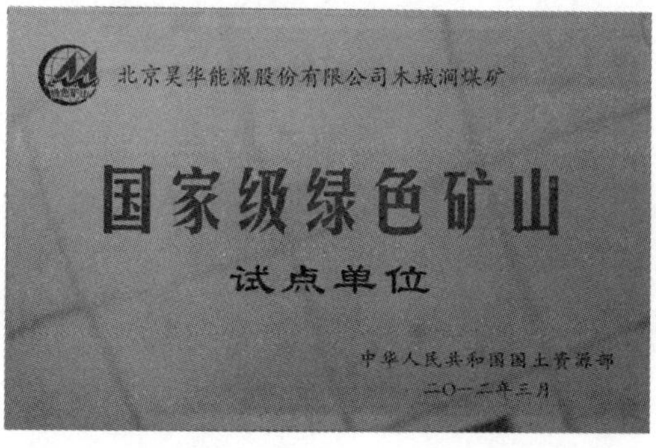

成果创造人： 相啸宇　周彦军　孙春岐　张新发　白建国　王庆斌　马成甫　史振雨　王文同　乔　甫　苏　伟

轨道交通车辆段上盖综合利用

——基础设施用地再利用模式的创新与实践

北京市基础设施投资有限公司

荣获第二十八届北京市企业管理现代化创新成果一等奖

北京市基础设施投资有限公司（以下简称“京投公司”）是由北京市国有资产监督管理委员会出资成立的国有独资公司，承担北京市轨道交通等基础设施项目的投融资、前期规划、资本运营及相关资源开发管理等职能。截至2012年底，公司注册资本628亿元，净资产972亿元，总资产2808亿元，累计实现净利润35.53亿元，公司累计落实轨道交通项目建设资金4796.07亿元，成为首都具有一定影响力的综合性投资公司。

从创立之日起，京投公司始终坚持将北京市轨道交通建设筹融资为己任，并不断探索通过开发轨道交通沿线资源弥补轨道交通建设资金不足的途径，开展了包括土地一级开发、站点上盖综合利用、地下空间利用等在内的资源开发业务。“十二五”战略规划期间，京投公司提出了全面构建“一体两翼”的发展战略，即以轨道交通为主的城市基础设施投融资任务为“一体”，以轨道交通沿线土地资源开发和轨道交通相关产业为重点的股权投资为“两翼”的战略格局，重点突出了发展以轨道交通为核心的资源开发业务，探求以资源开发反哺轨道交通建设的可行途径。

一、轨道交通车辆段上盖综合利用的背景

京投公司在轨道交通投融资方面不断探索“轨道+土地”的综合利用模式，开展了地铁4、5、9、10号线轨道交通沿线土地利用、地铁大兴线“轨道+土地”等以土地增值收益反哺轨道交通模式的探索。而在实际操作中，则以轨道交通车辆段用地的综合利用为切入点，迈出了具有开创性的关键一步。

（一）轨道交通投资存在的问题

轨道交通建设投资规模量大，资金筹措困难。

目前，北京市轨道交通建设资金的筹资方式主要为：由市财政提供全部投资额的30%作为资本金，京投公司通过银行贷款、发债等市场化融资方式筹集其余资金，后期由市财政每年安排资金还本付息。而随着北京市轨道交通的快速发展，建设投资需求和运营补贴费用不断增高。预计到2015年，市财政每年用于轨道交通建设及还本付息的投入将达到300亿—500亿元。京投公司作为北京市轨道交通建设的投融资单位，有必要、有使命未雨绸缪，拓宽融资渠道，探索轨道交通发展的盈利模式，降低轨道交通建设的资金压力，保证北京市轨道交通的快速建设和可持续发展。

轨道交通投资的外部性未能充分显化。

轨道交通作为一种投资巨大的城市公共产品，其强大的引导力对城市空间发展格局会产生重大影响，具有巨大的正外部性。“二战”后，国外即提出了公共交通为导向发展的TOD 城市发展模式。近年来，我国也在轨道交通快速发展后，努力探索TOD模式在中国的应用。轨道交通的引入无疑将推动城市格局、产业发展的变革，而京投公司作为投资主体，有使命将这一巨额城市公共投资的效应发挥到最好，使轨道交通的特性得以发挥。

（二）以往轨道交通车辆段建设存在的问题

按照轨道交通车辆段的作业功能，车辆段可分为车辆综合基地、车辆段和停车场3个等级，其用地一

般布局于轨道线路的两端，主要功能是地铁车辆的夜间停放及期间维修，占地巨大，通常一个地铁车辆段或停车场占地面积为20—30公顷。

根据轨道交通建设的相关规范，通常一条轨道交通线路可设一个车辆段，当线路长度超过20千米时，需设一个车辆段及一个停车场。随着北京市轨道交通的快速发展和运营里程数的迅猛增长，需要建设的车辆段和停车场的数量也必将越来越多。在城市建设用地日趋稀缺与匮乏的情况下， 车辆段用地如果单纯用作市政设施建设而不进行综合利用，必然造成城市土地资源的浪费。同时，由于车辆段自身工艺要求和体量的原因，巨大的厂房式建筑及铁路股道不但阻断了城市区域交通布局规划，而且产生的噪声及振动，还不同程度地破坏了紧邻车辆段周边区域的环境。

轨道交通车辆段用地具有占地面积大、功能单一、建筑密度和容积率低等特点，以往由于建设水平较低，存在占有资源量大而产出低的问题。因此，对车辆段用地进行综合利用，在车辆段上盖进行开发，提升城市土地的经济效益和利用效率，是构建资源节约型社会和促进城市可持续发展的必然选择。

（三）车辆段上盖综合利用的基础及课题研究准备

1. 具备创新车辆段上盖综合利用开发模式的基础

20世纪九十年代，北京市引入香港地铁的物业开发经验，曾在地铁复八线的四惠车辆段进行了车辆段上盖综合利用的尝试，引入的初衷即是以土地创造价值来弥补轨道交通运营亏损。但遗憾的是，受制于外部因素的干扰，车辆段开发模式屡遭变更，最终由于建设水平不够、建设节奏缓慢等原因，上盖开发最终成为经济适用房项目，不但未能实现弥补轨道交通亏损的目标，反以靠政府补贴平衡账目而告终。

但值得欣慰的是，车辆段上盖综合利用的建设方式仍然获得了成功，尽管在环境及交通组织方面尚存欠缺，但作为内地首个车辆段综合利用的先例，四惠车辆段上盖建设示范效应不容置疑，也为京投公司本轮车辆段上盖综合利用实践奠定了基础。

2. 本轮车辆段上盖综合利用开发的提出及课题研究

城市轨道交通空间作为城市空间的重要组成部分，蕴含着丰富的自然资源、社会资源和人文资源，并具有无可比拟的区位优势和便利的交通可达性。如果能对轨道交通空间资源进行整合利用，大力发展轨道交通物业，并将轨道交通物业的经济收益投入到轨道交通建设和运营上，那么就可以实现城市轨道交通投资、建设、运营、开发的良性循环。

为支持后奥运期经济的发展，2007年北京市政府提出了“保四争六”轨道交通建设方针，9号线、10号线二期、8号线二期等一批线路建设相继启动。京投公司着眼未来，率先在车辆段规划设计前期阶段提出车辆段的综合开发利用。由市规划委牵头、京投公司承办，开展了9号线郭公庄、10号线二期五路、8号线二期平西府3个车辆段的一体化国际方案征集工作。经过历时近一年的方案征集、方案深化工作后，三个项目的综合利用规划设计方案最终通过了北京市政府审定，为后续实施操作奠定了基础。

为使这一宏伟蓝图最终得以实现，2008年京投公司开展了“轨道交通沿线资源开发实施模式”的课题研究，详细从开发模式、实施路径、实施步骤、管理流程、难点突破等方面进行了深入剖析，针对车辆段上盖综合利用项目提出了“一级半”的开发模式，为后续实施工作在操作细节、投资控制等方面做好了充足准备。同时，就整个开发过程多次与各相关政府部门研讨，在立项审批、规划设计、土地成本分摊、工程时序、上市等环节寻求各部门的建议和支持，制定出与车辆段综合利用相适应的政策和操作程序，为以后的工作指明了道路。

另一方面，京投公司开展了可开发利用车辆段的资源筛查工作，梳理出到2015年，北京市轨道交通网络中车辆段及停车场用地总量预计将达到800公顷。如果能对这些车辆段的上盖进行综合开发利用，相当于在满足现有市政基础设施建设用地的基础上，又增加了数百公顷的城市建设用地。

二、轨道交通车辆段上盖综合利用的内涵

车辆段上盖综合利用创新模式的内涵是指在车辆段用地上部加建混凝土结构“再造”一块土地，在该块土地上建造综合体进行物业开发，实现车辆段用地在空间上的分层开发与利用。从而赋予车辆段用地

“二次生命”，以创造出全新的空间利用模式，并以此为依托重新构架政府轨道交通公益事业的投资体系及收益模式，即车辆段上盖综合利用的创新立足于两个着眼：创新开发利用模式与创新收益分配模式。

1. 北京市车辆段上盖综合利用创新成果目标的设定

京投公司通过研究轨道交通上盖综合利用的基础条件及政策配套情况，结合公司长远战略构架制定了上盖综合利用的目标：一是探索以资源开发收益反哺轨道交通建设投资的路径，并将该路径中政府管理方式与审批机制制度化、常态化；二是上盖的综合利用为区域城市空间发展带来活力，改善城市环境，提供无缝换乘衔接，方便乘客和周边市民，提升轨道交通建设品质；三是以上盖开发为契机，开拓公司新的利润增长点，创新盈利模式，实现规模化发展。

2. 北京市车辆段上盖综合利用实践面临的难题

地铁车辆段上盖综合利用毕竟是一项庞大的系统工程，是在既有已规划车辆段用地上再造的巨型城市综合体，不仅涉及与地铁建设工期、运营安全等方面的技术问题，还涉及公益与开发界面划分等诸多管理问题。例如，车辆段运用库为开发预留了基础，结构荷载加大后，原有基础及梁板柱的截面及配筋都大幅增加，作为投资管理以及政府部门在审批过程中，对于这样完全混合在一起的综合体建设，如何界定开发投资和公益投资，都是需要重新面对的课题。

车辆段综合利用不同于传统意义上的一级开发，既融合了政府投资与开发投资，又融合了基础设施的规划建设与房地产开发的规划建设。由于其下部的公共设施性质与上部开发的利益属性存在较大差异，从而引发出投资体制、出让方式以及后期管理等新课题，必然导致在政府管理渠道与建设体制上的冲突与矛盾。如在项目立项和审批过程中没有明确的依据，项目的操作程序没有成功案例可以借鉴等。为此，在综合开发利用过程中，必须依靠政府融合、各方支援和配合才有可能取得成功。

三、轨道交通车辆段上盖综合利用的主要做法

京投公司通过郭公庄、五路、平西府等车辆段及车站上盖项目的综合利用开发，实现统一规划、统一建设、统一投资、重构投资收益，实现了土地资源集约高效利用，带来的土地增值收益，节省了轨道交通建设资金，实现了轨道交通建设资金的良性循环。同时，实现了各种交通工具的无缝换乘，方便了市民出行，提高生活质量。在资源利用工作中，采取了以下创新性举措，取得了一定成果。

（一）开发模式创新

结合我国一二级房地产开发分离、二级开发权必须通过“招拍挂”拿地的政策及现行北京市土地一级开发管理办法，京投公司放开思路，积极与国土、发展改革、规划等部门探求，采用了全新的“一级半”开发模式。

传统的一级开发则只包含征地、拆迁的内容，而车辆段上盖综合利用实质是在大型轨道车辆停车场的上部通过建造混凝土盖“造地”的方式进行一级开发。在统一规划、统一实施、统一投资的运作思路指导下，京投公司负责整体的策划及上下部的统一规划设计，之后进行土地征用及地铁车辆段的土建结构施工，车辆段上盖的工程与地铁设施同步建设，确保为二级开发预留的设计条件能够落实。就具体实施操作细节而言，具有以下特点：

1）统一投资：通过市国土部门的授权，京投公司获得综合利用投资一级开发权后开展各项前期工作。包括征地、拆迁、规划设计、土建工程、市政设施等各项投入均由京投公司负责统一投资，在项目达到入市标准后，按照北京市土地出让相关政策办理土地入市交易工作。

2）界面清晰：考虑到车辆段综合利用工作的特殊性，开发设施预留工程与轨道工程建设必须同步设计、同步实施，但由于公益及开发部分的管理目标并不一致，因此必须做到开发与地铁界面清晰。项目实施之初就把设计及工程分为了A、B两部分，A部分为可经营性综合利用设施；B部分为轨道交通专属的各种设施。在方案稳定后，组织相关单位研究确定综合利用中设计及工程的界面划分原则，为后期的成本切分、权属界定及运营管理范围奠定基础。

3）成本可分：项目总成本包括分摊地铁的征地拆迁费用、土建工程费用、市政设施及环评措施、财

务费用、税费及管理费用等。由于车辆段的征地拆迁费用是由轨道交通建设资金一次性投入，车辆段综合利用则把征地拆迁费用按照一定的比例由地铁与开发共同分摊；土建工程费用参考未开发车辆段造价进行切分，多出部分由开发分摊；为开发服务的各项前期费用和市政费用由开发承担。上述相关投入由审计部门和发展改革部门审核认定后，按照发展改革部门确定的比例计取企业的利润。

4）土地性质明确：在上市规划条件中，第一次明确了上盖区的用地属性为经营性的F类混合用地，同时通过图纸明确了上盖区平面的出让范围，标注了不同区域的竖向绝对标高，使得出让的空间关系清晰明确，为二级开发的土地证的办理扫清了障碍。也使得后期轨道运营与开发建设管理的界面清晰。

“一级半”的开发模式打破了传统意义上土地一级开发仅为“征地拆迁+市政建设”的基本内容。在一级开发的前期阶段对项目的规划条件进行深入设计和研究，实施过程中从地下到空中甚至到地块外部的各种预留工程设施或条件都落实到位。“一级半”的开发模式是对现有土地一级开发管理的延伸和局部创新。

（二）规划设计理念创新

在TOD规划理念基础上创新了“TOD+复合空间发展”规划理念。

结合车辆段综合利用是对现有土地的立体再利用，京投公司在深入研究TOD规划理念的基础上，探索建设集轨道交通停车场、居住、办公商业、城市绿化广场及各种交通方式换乘功能为一体的综合枢纽场站，提出通过“TOD+复合空间发展”规划理念，实现轨道交通、地面公交、出租车、自行车、步行等多种交通方式的相互衔接，实现整体规划与城市周边环境融为一体。

车辆段上盖进行综合利用后，其功能已经发生了巨大转变，对外更多地呈现出综合商业、居住区的特征。京投公司在组织规划设计过程中并非仅局限于综合体本身，而是将规划研究范围扩大到区域站点1千米范围内，对区域土地进行整体布局、规划整合，突出引入轨道交通后的土地利用调整，与各区政府合力为地方后续发展提供引擎动力，以实现轨道交通投资带动区域发展的目标。

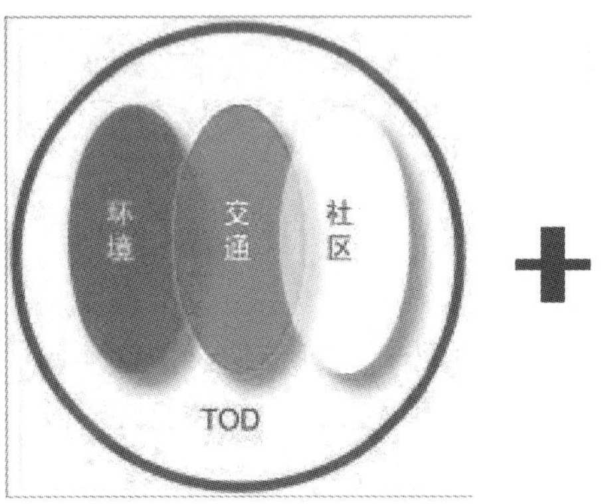

图1　TOD城市发展模式

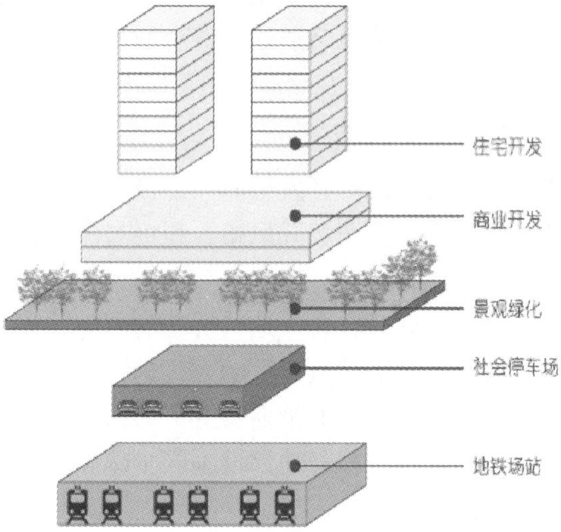

图2　复合空间发展策略

（三）技术创新

车辆段上盖综合利用工程具有特殊的复杂性，通常其最大的特点是融地铁、轨道交通综合体、物业（住宅、商业等）于一体，其工程特殊性决定了设计工作需采用独到的见解考虑问题，京投公司在设计工作中紧紧围绕空间立体化的规划理念开展了建筑景观“三立体”的创新设计手法。

1）创建交通核，交通立体化

为方便车辆段上盖开发区行人与地面的联络，设计了多个无障碍垂直交通核，交通核中设有电梯和步梯，保证了行人方便、快捷的上下平台。

2）市政管线立体化

车辆段上盖设置了两条为上盖开发专用的小市政管沟，小市政管沟位于小汽车库上，专为盖上物业开发专用，便于施工安装，又方便维修管理，同时增大了小汽车库的使用面积，更重要的是保证了对下面的运营库的安全运营。

3）环境立体化

在车辆段的开发中采用了一种新的自然光引进系统——管道式阳光采集器，比原来单纯的天窗式采光系统均匀度提高了50%，占用屋顶面积量仅为天窗式采光系统的三分之一，采用这样的系统后，一方面节约了电力能源，另一方面又使车辆段即使在为上盖开发进行了大面积实体覆盖后仍然能有效地获得自然采光，提高了在车辆段综合体内不同功能空间的品质。

同时在工程处理中应尽量对细节进行周到的考虑，如超限审查、减振降噪、消防设计、采光通风、屋顶园林、大屋面排水等。同时在实施过程中，在工程细节的管理上，也进行了综合考虑，例如在雨季到来前及时遮盖住了上盖建筑预留的孔洞，保护了下部地铁设施免遭雨水影响，保证地铁运营安全。在被覆盖的咽喉区设置“日光收集器”，既解决了咽喉区内的采光问题还节约了能源。

（四）管理创新

京投公司始终坚持以北京市的轨道交通建设筹融资为己任，努力拓展多种筹资渠道，包括开展了PPP、BT等多种融资建设方式，而地铁车辆段上盖综合利用的创新与实践正是京投公司紧紧围绕这一核心主题的一次创新，可为轨道交通建设消化大量建设成本，这也是京投公司开展资源开发业务之本。

1. 依托政府提前布局收益实现途径，创新收益模式

轨道交通车辆段开发项目是在原有基础设施用地上的 “再造”，技术上需要采用统一规划、统一设计、统一实施的建设理念，但同时又需要为政府性投资与开发投资间划定较为清晰的工作界面。为此，我们在各相关部门的指导与帮助下，为车辆段上盖开发这类特殊一级开发项目的成本核定创新了工作方法与机制，制定了成本切分的基本原则，重新构建了轨道交通的投资构成。

收益模式方面：鉴于车辆段“造地”的建筑安全成本有限，远低于一般项目（区域适中）的征地拆迁费用水平，车辆段上盖综合利用项目成本往往与市场水平之间有较多空间。为利用好这一空间，京投公司积极探索减少轨道交通投资的土地补偿机制，提出采用市场评估法确定车辆段土地成本再出售给二级开发商的土地交易方式。即在比照项目区域土地楼面成交价格后，按规模核算车辆段综合体用地的总价值，扣除“造地”成本（一般在10亿元左右），剩余的空间用于冲抵轨道交通原已经投入的征地拆迁费及建设费用。以五路车辆段为例，最终政府核定总价值为30亿元，扣除“造地”成本10亿元及其他必要的融资及管理费用，则可用于冲抵的轨道交通投入费用在15亿元左右。

工作机制方面： 由市发展改革委牵头，根据项目投资情况及所需要解决的问题制定各项目成本分摊的基本原则及大致比例， 并结合市场，按照市场评估法确定开发补偿费后先行入市交易，待成本回收后，再会同市国土局、市审计局、市财政局等部门结合项目审计结果最终确定各组成细项，完成一级开发成本核定及轨道交通投资分摊工作。

2. 采用“顺势而为”的管理策略

车辆段综合利用是从内涵上挖掘城市土地利用潜能的新型土地开发模式，是对既有开发模式从体系上的突破。在研究创立模式之初，就预想到可能会引起与现行体制及政策的不匹配， 我们将“顺势而为”的管理策略确定为实际操作的基本原则，主要体现在以下两方面：

一是在与现行审批机制的衔接上，在与政府部门沟通过程中，我们在设计车辆段综合利用的操作及审批流程中规避“政策突破”这样的高难度动作，而定位于审批机制的细化上。例如将“一级半”模式嫁接到现行土地一级开发管理办法上，使之仅通过现行管理流程的局部变化即能达成最终的目标。

二是在实施中，制定了让路于轨道交通建设与运营的基本策略，“轨道交通功能优先”是车辆段综合利用开发需要保证的前提。针对项目与轨道交通运营区域直接关联、建设运营安全压力大的现实要求，京投公司积极协调轨道交通建设管理及运营单位，综合考虑业态选择、开发范围、结构布局、流线

接驳和客流组织等因素，构建了管理互动模式，首先保证了轨道交通建设的需要，在此基础上利用先进的建筑布局及新型技术构造高品质的城市综合体。

通过“顺势而为”管理策略的制定，在模式开创之处以“中庸之道”为车辆段综合利用这种创新型复杂而庞杂的土地利用模式减少了阻力，使之避免因受到过多冲击和质疑而夭折。

3. 重理念，抓投资，放实施

北京市的轨道交通建设及运营体制目前采用“三分开”的形式，即按照市政府的分工，京投公司负责轨道交通投融资，北京市轨道交通建设管理公司负责建设实施。车辆段综合利用项目的实施亦遵循了此种既有模式，由京投公司出资委托轨道交通建设管理公司负责车辆段公益部分及开发部分的统一实施，京投公司负责整体理念的策划、规划设计方案的落实、整体建设投资的控制，轨道交通建设管理公司负责组织施工管理及建设质量，收取一定的建设管理费。通过这种分工合作，减少了实施过程中的协调难度，也为车辆段建设功能的统一性及轨道交通按时通车运营提供了保障条件。

京投公司的核心团队力量则得以抓住重点，抓住初始理念及投资控制，大胆创新，仔细设计后续投资回收及收益回归路径，赢得整体项目实施的成功。

四、轨道交通车辆段上盖综合利用的案例

（一）郭公庄车辆段

九号线郭公庄车辆段综合利用项目总用地面积23.32公顷。地上规划开发总建筑面积约54.9万平方米。其中住宅42.02万平方米；商业1.84万平方米；酒店办公6万平方米；设备兼停车2.25万平方米，其他配套用房1.79万平方米；地铁车辆段地上建筑面积8.25万平方米。

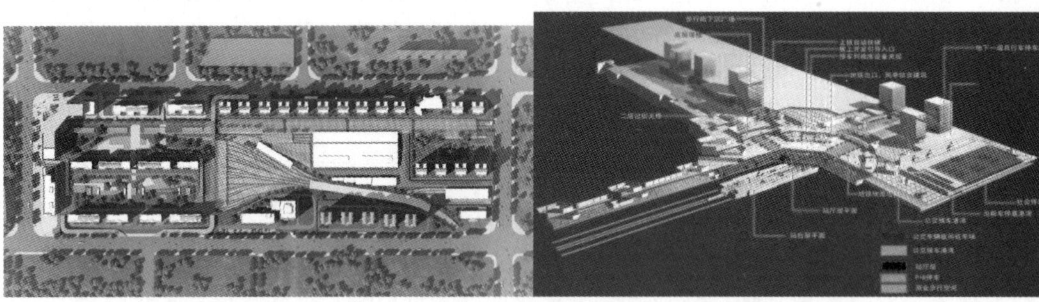

图3　郭公庄车辆段综合利用项目总平面图和剖视图

该项目完成于2011年9月，是北京市第一个通过土地公开市场交易的车辆段综合利用项目。该项目吸取和总结了地铁1号线四惠车辆段的上盖开发经验，在实施模式、出让方式、规划设计和工程技术等方面都有了较大的进步。

郭公庄车辆段综合利用项目的一级开发综合成本约为31.5亿元，该项目通过公开招标的方式完成了土地出让交易，最终成交价格为33.5亿元。

（二）五路停车场

项目总用地面积约22.36公顷，开发总建筑面积32.99万平方米，其中住宅约9.6万平方米，小汽车库5.38万平方米，商业办公17.8万平方米，其他配套0.21万平方米，建筑控高60米。规划为集轨道交通停车场、居住、商业为一体兼顾各种交通换乘方式的市政公用综合体。

五路车辆段在总体规划设计和投资模式方面进行了大胆创新，开发理念和设计水平又跃升了一级台阶，基本实现了车辆段、地铁车站与周边用地的一体化设计和无缝连接，同时也梳理出了在现行体制下车辆段上盖综合利用工作的完整、可操作的流程。五路车辆段于2012年底实现土地交易，总成交价为46.5亿元，安排保障性住房2万平方米。

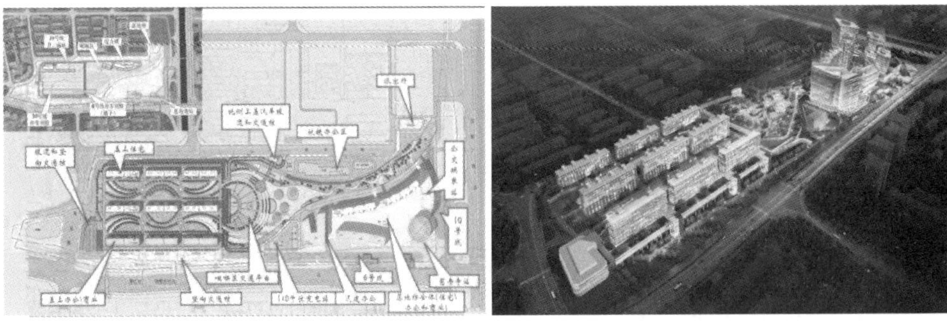

图4　五路项目综合利用规划总平面图和鸟瞰图

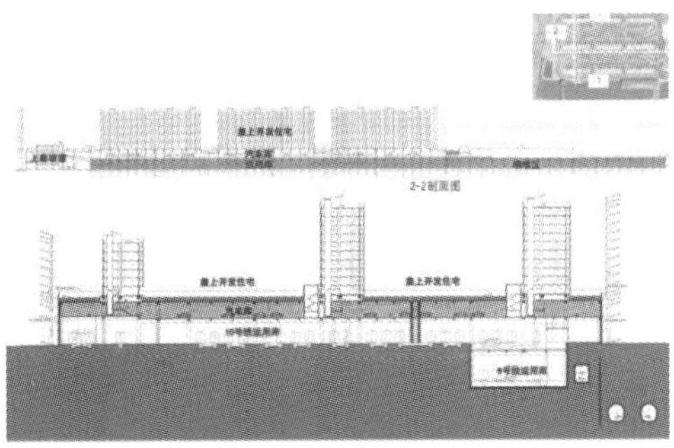

图5　五路项目综合利用剖面示意图

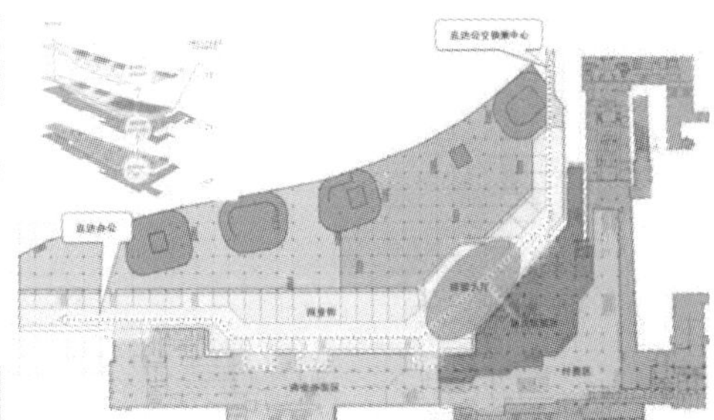

图6　开发建筑与车站的交通接驳示意图

（三）平西府车辆段

八号线平西府车辆段总用地面积约28.8公顷，开发总建筑面积51.71万平方米，其中住宅约46万平方米，办公商业4万平方米，其他配套1.71万平方米，建筑控高80米。规划内容包含轨道交通车辆段、居住、商业、教育配套、停车楼、公交站、地铁站综合体等多种复合功能。

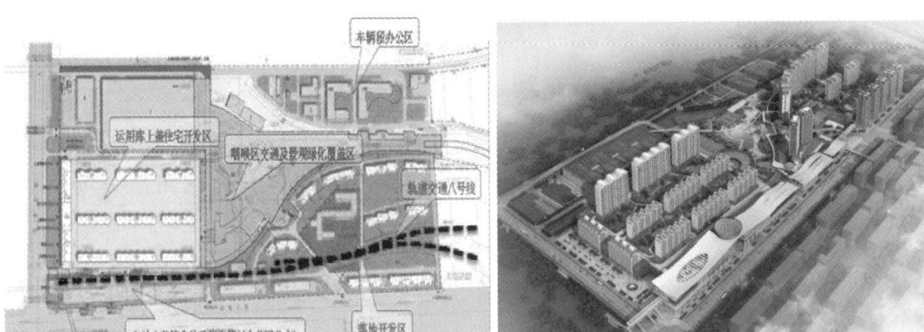

图7　平西府项目综合利用规划总平面图和鸟瞰图

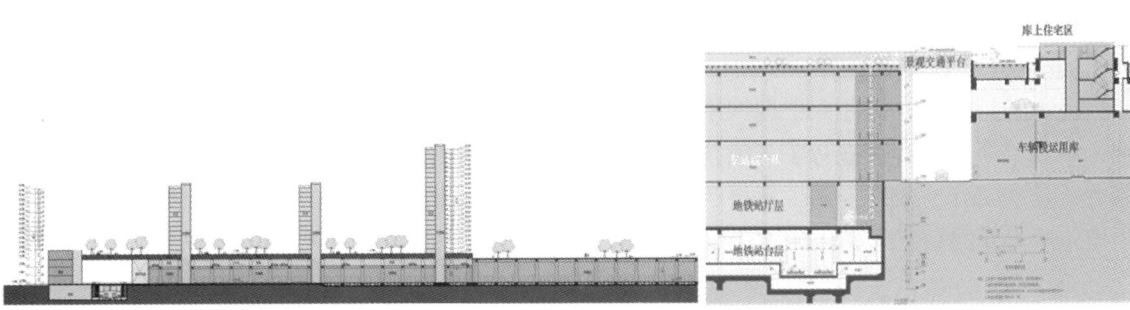

图8　平西府车辆段综合利用剖面图

平西府车辆段于2012年底实现土地交易，总成交价为47亿元，安排保障性住房7万平方米。

五、轨道交通车辆段上盖综合利用的效果

北京市现有的郭公庄、平西府和五路车辆段上盖综合开发利用项目，其开发符合国家集约节约利用土地资源的要求，一定程度上减少了北京市轨道交通建设资金的压力，增加了政府的土地出让收益和财政收入，产生了较好的社会效益和经济效益。

（一）社会效益广泛

1. 带动区域城市形态及经济变革

车辆段上盖集轨道交通、换乘枢纽、车辆维修、商业、居住、办公于一体， 无疑是城市中最复杂的大型综合体之一，其集聚效应是其他类型的建筑所无法比拟的。因此，它会对城市产生巨大的影响，甚至包括城市规划、区域经济形态、产业发展定位等更为宏观层面的影响。

2. 集约利用土地重塑城市功能格局，优化城市环境

车辆段是轨道交通建设中非常重要的组成部分，其建设投资及用地规模均十分巨大，若庞然大物般横梗于城市街区间，且与城市周边关系处理不当，极有可能成为城市的疮疤，造成城市肌理及文脉的割裂，对城市的可持续发展造成负面影响。

车辆段上盖开发通过一体化规划、一体化实施等工作集中对轨道沿线的土地进行了土地使用性质、土地开发强度、城市用地空间形态的调整，使土地资源得到了优化配置，提高了沿线土地资源利用效率。同时，通过车辆段上盖开发可以明显软化城市界面，使车辆段通过交通、环境、建筑形象的改变而有机自然地融于城市环境中，实现了各种交通工具的无缝换乘，方便了市民出行，提高生活质量。

图 9　未综合利用车辆段实景

图 10　综合利用后效果图

3. 创立更加便捷的城市轨道交通衔接体系，实现客流与衔接的双赢

车辆段一般位于线路末端，位于城乡结合部或是郊区，完全有条件以轨道交通为中心进行大范围高强度的开发，可为轨道运营创造更多的客流，提高轨道交通的使用效益。同时，上盖开发通过地铁车站出入口与周边各建筑物的无缝连接，地铁车站出入口多点化、立体化建构，对提高轨道交通疏导能力、提高地铁运营安全性、提升周边居民及旅客的乘车便利性提供支持，为建立更加便捷的城市轨道交通衔接体系奠定了基础。

4. 推进轨道交通技术创新

车辆段上盖综合利用是建立于地铁维修基地的上部开发，为减少车辆维修及运营所带来的振动、噪声影响，在项目实施过程中进行了多项技术创新及评价方法的创新。例如，减振沟的研发、类比降噪评价体系等，这些工作有效地推动了新材料、新技术的应用与发展。若运作得当，完全具备条件将有关减振降噪措施所需要的新型建筑材料及施工技术推广、发展成新型高科技产业。

（二）经济效益巨大

轨道交通车辆段原本完全是一项政府投入巨大的公益性设施，而京投公司发挥“坚实、质朴、开

拓、承载”的企业文化精神，前瞻性地探索以轨道交通资源反哺轨道交通建设，在轨道交通车辆段综合利用项目上通过“造地”再投入，从根本上改变了城市空间形象，创造出巨大的价值空间。

一是通过创造的价值空间冲抵轨道交通已投入的征地拆迁及建设成本约27亿元，减少了各线路的轨道交通实际投资，有效地缓解了基础设施投资压力。

二是提高城市土地集约利用率，增加城市土地供应量，创造了政府土地收益，三个车辆段项目共计实现政府土地出让收益约34.5亿元。这些收益将由政府财政部门统一安排用于区域基础设施的改善及民生工程的保障。

三是提供了约34万平方米的保障性住房面积。政府分别在郭公庄车辆段项目安排25万平方米、五路停车场项目安排2万平方米、平西府车辆段项目安排7万平方米的保障性住房，为北京市提供了大量保障性住房来源，而这些保障性住房按实际楼面平均1万元的价格，按回购价差计算，则间接向社会输出了20多亿元的收益。

表 1　北京市轨道交通车辆段上盖综合利用开发项目经济收益表

	名　称	区位	占地规模（公顷）	开发建筑规模（万平方米）	可上市面积（万平方米）	经济效益（亿元）
1	10号线五路停车场	海淀区五路居	22.36	32.99	25	分摊15亿元轨道资金、税收1.5亿元、土地出让16.5亿元、5万平方米回迁商业及2万平方米保障房
2	8号线平西府车辆段	昌平区平西府	39.3	51.71	48	分摊6亿元轨道资金、税收1.2亿元、土地出让18亿元、平衡6亿元东小口拆迁资金及7万平方米保障房
3	9号线郭公庄车辆段	丰台区郭公庄	23.32	54	29	分摊6亿元轨道资金及25万元保障房
合　计			84.98	140.7	102	

四是项目投入产出比率高，资金使用效率高。车辆段上盖综合利用不同于一般房地产开发项目，土地“再造”的投入远低于一般土地征地拆迁费，且不受制于拆迁进度影响，开发工程随轨道交通项目投资按建设工期实施完成后即可快速入市交易回收资金及收益，资金使用效率较一般项目大幅度提高。

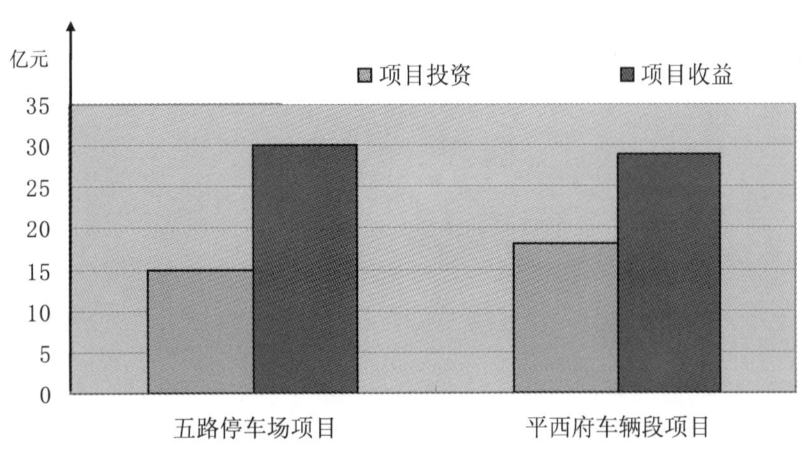

（三）开创轨道交通可持续发展的新模式

轨道沿线资源开发是京投公司战略发展的重要组成部分，而车辆段上盖综合利用——基础设施用地再利用模式的创新与实践，作为京投公司利润回收的重头戏，开创了以轨道交通资源反哺轨道交通建设的先河，形成了京投公司的核心竞争力。同时，通过已实践的几个车辆段上盖综合利用项目固化了操作实施流程及细节，固化了资金回收及收益模式，在新的轨道交通线路建设中具有可复制性及规模效应，对于北京市轨道交通可持续发展具有重要意义。

成果创造人：田振清　白云生　关继发　裘　桦　史庆今　纪　诚　金　山　檀鹏晶　次凤敏　庞光明

地产企业重组转型创新实践

北京通州房地产开发有限责任公司
荣获第二十八届北京市企业管理现代化创新成果一等奖

北京通州房地产开发有限责任公司（原名：北京市通州区房地产开发总公司，以下简称通州房开）成立于1984年，先后建设了中仓、帅府、玉桥、翠屏里、西上园等15个住宅小区、建筑组团，竣工面积110万平方米，投资额达10亿元，是首届中国房地产开发综合效益百强企业之一。自公司实施重组后，公司承接了一批地产一级开发项目、代建项目，稳定了开展地产二级开发项目，项目的数量和经营额每年实现成倍增长，资产总额由2010年的13.9亿元增长至2012年的34.5亿元，成为通州区最大的地产开发企业。

通州房开是2006年根据国资委《关于进一步规范国有企业改制工作的实施意见》，按照科学发展观的要求，为贯彻区国资委对通州区房地产开发总公司、北京市民望房地产开发有限责任公司、北京潞隆房地产开发公司三家国有地产开发企业的重组战略意图，经过对三家地产公司数据和现状分析，对存在：企业分散且资产规模较小，难以形成合力；资产负债普遍偏高；企业人际关系复杂，存在着“因人设岗”的现象；企业经营理念落后，缺乏企业化、市场化的经营机制等问题，以国有房地产企业重组改革为突破口， 通过重组实施战略转型，创新项目组织形式，开展了流程优化、企业文化整合等一系列管理创新实践活动，实现了企业管理升级。

一、地产企业重组转型创新实践的背景

通州房开的重组，赶上了通州作为北京城市副中心快速发展的好机遇，但重组后一些棘手的问题，需要探索出一套有效方法来加以系统解决，这些突出的问题表现在：

（一）在战略上需要明确发展方向，以实现转型升级

1. 受现有资源限制，未来发展路径不清

公司重组时正值“十一五”期间，按照原来的战略部署，是作为地产二级开发，但又受资金、政策、土地存量等的限制。做地产一级开发则难度更大。由于重组前的三家企业都是通州区二级地产企业，规模偏小，没有一级开发资质，搞地产一级开发需要取得政府的绝对支持和信任，未来如何走路径不清晰。

2. 企业做大做强实施产业链延伸的需要

公司重组后，提出做大做强以追求量、质的统一且要上一个台阶。公司运行几年后，提出发展出路是结合现有资源、环境，盯住地产一级开发，保住地产二级开发，尝试代建项目服务，以此锻炼一批人才，积累地产开发资金，整体上提升竞争实力。在“十一五”规划即将完成并确定“十二五”规划时，结合国家政策和发展方向，公司提出若实现新的经济增长点，需要延伸产业链，调整产业布局。

（二）公司层组织结构、项目部组织结构需进行优化设计

1. 公司原有适合“二级地产开发”的组织架构需要调整

公司重组前主要业务是地产二级开发，若开展地产一级开发、承接代建项目服务，必须需要对现有的组织架构进行重新设计，调整组织架构，使其为公司的战略发展服务。架构的设计需要更科学、合理，符合中国的国情和企业实际。

2. 现阶段需要确定符合公司需要的项目组织形式

公司重组后，随着战略意图逐步清晰化，同时开展的不同类型项目迅速在一年内由几个发展到十几个，乃至二十余个，分布于通州区的各个区域，项目极为分散，曾尝试项目组织形式均不适合公司需要。处在特定历史条件下管理的不同类型具有不同特点的项目，需要重点考虑项目分散、范围广、周期

长、项目建设复杂多变等因素，创新一种项目组织形式来实现项目的目标。

3. 公司各职能之间界面不清，接口衔接不够

公司多项目运作，刚开始时采用职能制项目组织形式，结果造成了各部门在不同类型的项目中定位不清晰，部门根据项目的各阶段工作安排开展业务衔接明显不足、业务的界面也不清晰，参与项目的人员业绩也不好评价。几个月后又尝试了矩阵式的项目组织形式，在灵活性与目标性方面较强，但项目开展过程中参与项目建设的人员与“母组织”之间又发生管理接口问题，由于事前没有进行功能构造和分析工作，接口关系一多管理复杂度就上升，结果导致项目组织管理趋向混乱。特别是有的项目成员需要多次被融入到不同的项目中去，人员处于“母组织”的某一层级因多项目的原因需要接受来自“母组织”不同部门的指令，常发生信息冲突。

（三）业务流程需要完善和优化，以促进管理提升

1. 管理体系不能满足企业现阶段发展战略需要

公司在战略上逐步实现转型升级，由地产二级开发向一级、二级开发和代建项目管理、物业管理、资本运作方面进行转变，现有的管理制度仅是地产二级开发的管理控制要求，不能满足公司“五位一体化”的需要。这就需要必须有一套科学、合理的方法来系统地梳理公司制度，且能随着内外部环境的变化动态调整，用制度、措施来保障战略有步骤地实施下去。

2. 原有的管理制度不系统，运行中“两层皮”现象严重

公司在发展的26年间，根据业务和管理的需要，建立了诸多管理制度，每项制度的出台都有着特殊的背景，随着现代化企业管理模式的形成，公司的战略调整，组织架构的重新设计，这些因素决定了需要对原有的管理制度进行系统梳理，使之更加系统化。虽然公司建立了质量管理体系并通过了认证，但仅是覆盖到质量管理方面，地产开发、施工监管、安全与环保、成本控制等内容没有完全被覆盖，文件执行力较差，“两层皮”现象较严重。

3. 优化业务管控手段、方法以应对现在的环境变化

公司战略调整后，组织架构进行了重新设计，加之业务的变化，这些因素对原有的业务流程提出了新的要求。原有的业务流程反映的是原来的管理思想、理念以及做法，经过时间的检验，需要引入新的思想、理念、管理工具，确保适应目前管理的需要。

4. 重组后暴露的问题需要从系统角度加以解决

重组后，各职能部门在开展业务活动时，均存在不同程度的管理问题，如流程设计不合理、过程中缺乏监管、业务活动接口不清楚等，需要在梳理的过程中查找问题，提出解决方法，再通过制度进行固化，否则易出现头痛医头，脚痛医脚，诸多问题不能系统解决。

（四）企业文化需要充分融合，以实现发挥整体合力

1. 重组后各自的企业文化需要弥合不同理念和文化的差异

三家地产公司在原有的“文化”基础上，都是“非零起点”，在长期的经营实践过程中形成了不同的文化价值观。重组后发现，特别是三个地产企业多年来形成的亚文化逐步在公司内部呈扩散之势，处理不当、控制不好极易代替新企业主文化，流言飞语等极易盛行。

2. 优秀的管理做法、经验得不到沉淀和传承

经公司人力资源部门通过对现有人力资源现状的分析发现，公司重组后，中层及高管层人员平均年龄在50岁以上，随着内退政策的出台，有的具有丰富的地产开发经验的管理人员、骨干人员面临退休，而处在基层人员年龄又平均在30岁以下，每年员工的新老交替使得原有的企业文化、管理经验得不到传承而流失。

3. 重组后员工无法完成角色转换，心理压力大

同是地产公司，为何要整合？整合后不还是做地产开发吗？甚至有的员工说是“瞎折腾”。一些员工对重组的意义不理解，闹情绪。公司重组刚开始时，组织架构还不够完善、不够科学合理，处理不好

既影响区国资委对企业重组后的信心，又让重组后不久的员工失望。需要完善“三定”（定岗、定员、定编），尽快使员工完成角色定位转换，减轻员工的心理压力，使其尽快适应新的环境。

（五）原有绩效管理体系需创新，以促进工作激励的水平

1. 原有的绩效考核体系设计不科学、不合理

公司原有的绩效考核体系是按照区国资委的要求，结合企业自身情况，这几年来也进行了一些尝试和探索，从德才兼备到德能勤绩廉，从民主评议到业绩指标考核，从单一维度考核到多维度评价等，由于欠缺对业务实际、各项目特点来设计，绩效考核合理性较差，考核标准不能被全体员工所认可，考核结果无法调动参与项目实施人员的积极性。

2. 以往的考核常走过场，考核形式化则影响了整体执行力

在绩效考核创新之前，公司曾采用过360度绩效考核法进行考核，方法虽合理但考核受人为因素干扰多，考核结果失真。也曾采取过对各部门强制分配和末尾淘汰制，结果部门负责人为照顾到本部门人员，实施轮流坐庄。在业务开展过程中，“干好干坏一个样”或领导凭感觉、靠印象评估员工，造成了员工心理不平衡，公司呈现履职能力差，工作效率下降的趋势，最终影响了项目的进度。

3. 绩效考核无法对项目成员业绩进行有效监测与评估。

由于公司项目类型不同，所处的开发阶段也不同，参与项目的人员在实际工作中业绩如何，没有一套科学、合理的绩效考核方法来进行评估，无法对员工的工作能力、业绩进行认可。

（六）人力资源无法满足公司快速发展的需要

1. 业务快速发展，人员使用捉襟见肘

公司在承接项目过程中，董事长、总经理及副总们每天全部的精力投入到各项目的经营管理工作中，各项目在实际运作中问题又不同，难于脱身考虑公司发展战略的问题。而中层管理者及基层员工在2010年初不足60人，这么少的人管理这么不同类型多个项目显得捉襟见肘。

2. 由于专业化分工，加之人员能力水平限制，不能一专多能

在对项目实施管理过程中，有的部门人员业务非常娴熟，工作异常繁忙；有的人员则能力不足工作特别闲，出现了工作负荷不均衡的情况。专业分工造成了跨职能业务接口多，每位岗位人员均承担着本专业的工作，受自身的专业限制也无法分担跨职能部门的工作，需要培养复合型人才解决这一问题。

二、地产企业重组转型创新实践的内涵

公司按照“产业重组、优化结构、流程创新、绩效保证”的总体原则，以建设一流的地产企业为目标，确立“顶层设计、分步实施、稳步推进”的方针，整合三家地产公司在地产开发方面的优势资源，实现产业重组，以地产二级开发为主向地产一级、代建项目服务方面转移，通过物业升级、资本运作，形成了具有自身特点的“五位一体化”联动发展模式。在优化结构方面，不仅调整了公司层组织架构，而且在国内没有成功的借鉴模式情况下，结合公司实际情况，探索出以跨部门模拟事业项目制为核心的管理模式，通过优化内部资源，强化协同效应，促进了企业整体经济效益和综合竞争实力提升。在流程创新方面，对原管理体系进行了解构，通过分析，结合公司发展需要进行建构，融入企业文化内容，通过一系列的流程创新手段提升管理效率，也解决了企业文化整合的难题。最后，为保证各项业务有效开展，创新绩效考核体系，针对跨部门模拟事业部，对双重身份的团队成员业绩进行评价，在考核时增加了管理方案、个人成长等相关项目，使员工业绩明确得到提高。

所谓跨部门模拟事业部制，我们的做法是：根据不同项目类型、所处地域、项目不同阶段的特点，除公司董事长、总经理外，其他高管层领导根据各自负责的项目分工需要，确定公司职能部门参与项目的主责、配合、辅助角色，从职能部门选拔人才组成一种基于项目共同目标的跨部门协作形式，模拟事业部组织形式的优点，选择合适的人员从“母组织”中脱离出来，组合为动态的、时间上有限的项目团队，各部门的每个人都以不同的身份参与到项目中去，既是项目的一分子，又是公司职能部门的一分子，他们的身份是多重的，每个人在不同的项目责任和分工也是明确的。在完成项目任务后，项目团队

解散，团队成员重新返回到原来的“母组织”。这种项目组织从专业、项目、时间三个维度（见图1）对项目组织结构进行系统思考和设计（见图4）。

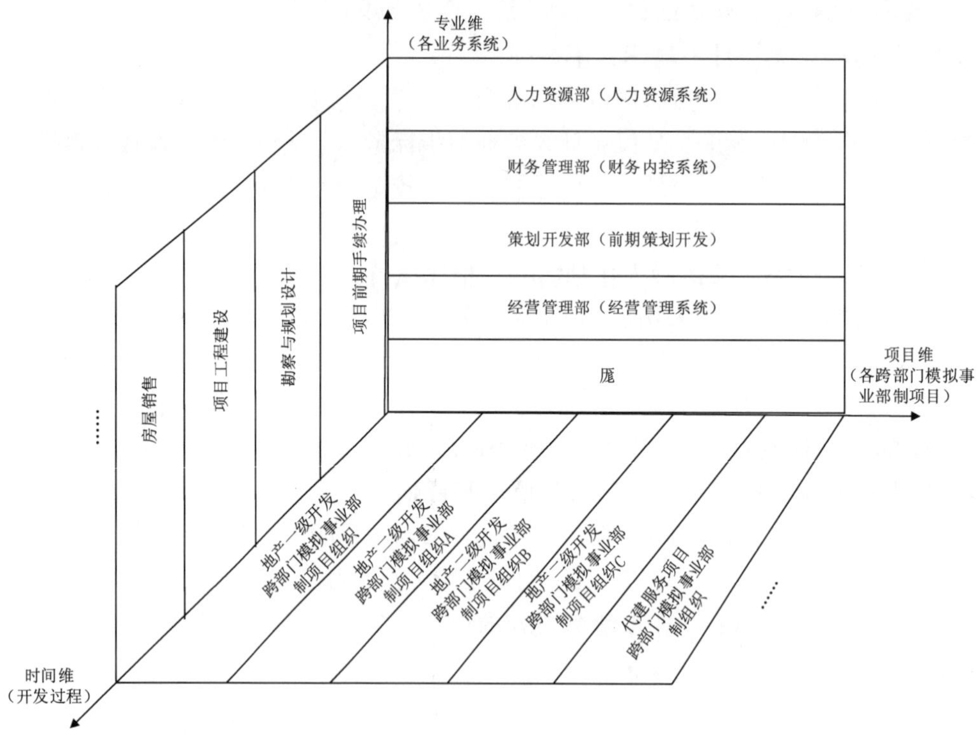

图1　跨部门模拟事业部制项目组织形式的三维图

三、地产企业重组转型创新实践的主要做法

以跨部门模拟事业部制运作项目促转型升级实施过程中，按照“顶层设计、分步实施、稳步推进”的方针，分三步走。第一步，基于顶层设计，从战略、架构和流程体系上进行系统设计；第二步，在流程体系的全面建设阶段实现企业文化的充分融合，查摆问题，以实现管理提升；第三步，通过绩效考核确保项目的实施效果。

以跨部门模拟事业部制运作项目由公司董事长、总经理亲自负责，公司各业务系统主管领导负责本系统顶层设计，参与流程梳理与优化工作，监督落实绩效考核工作，各部门负责人及基层员工共同参与项目全过程实施。

（一）定方向，发挥跨部门模拟事业部制项目组织的作用

1. 根据公司战略定位，确定总体发展思路

公司在战略方面以“认清形势，转变观念，有限资源，无限发挥”的指导思想，确定公司使命：以北京新城建设为契机占领地产开发市场，以规范化管理来夯实企业的基础平台，追求速度实现跨越式发展，精铸通开地产形象，实现企业腾飞。确定了公司愿景：成为房地产行业受客户信赖的企业。

公司系统梳理和重新界定公司在地产开发业务上的定位，根据企业现有的资源和未来房地产开发市场的走势分析，对正在实施的“十一五”规划进行调整，着手又制定了“十二五”发展规划，明确公司整体发展方向、目标和要求。

2.“五位一体化”发展格局形成

2010年，公司确定以土地一级开发为突破口进一步挖掘房地产开发潜力，以地产二级开发进一步树立公司住宅产品的品牌，以代建项目服务来展现公司的项目管理水平，转变发展思路，重塑商业模式，以三大业务板块共同促进提高公司的核心竞争能力，在战略上在保证地产二级开发业务的同时，向地产一级开发、代建服务方面转移，提升物业服务质量和资本运作水平，实现“五位一体化”联运发展，业

务转型速度明显加快。

（二）调架构，设计跨部门模拟事业部制项目组织形式

1. 公司层组织架构的设计

为使组织架构、流程体系为公司的发展战略服务，公司于2011年底对组织架构进行调整，遵循任务与目标原则、专业分工和协作的原则、有效管理幅度原则、集权与分权相结合的原则、稳定性和适应性相结合的原则，对原组织机构（见图2左图）进行了调整，结合公司不同类型项目和跨部门模拟事业部制项目组织的需要，形成的新的组织结构（见图2右图）。

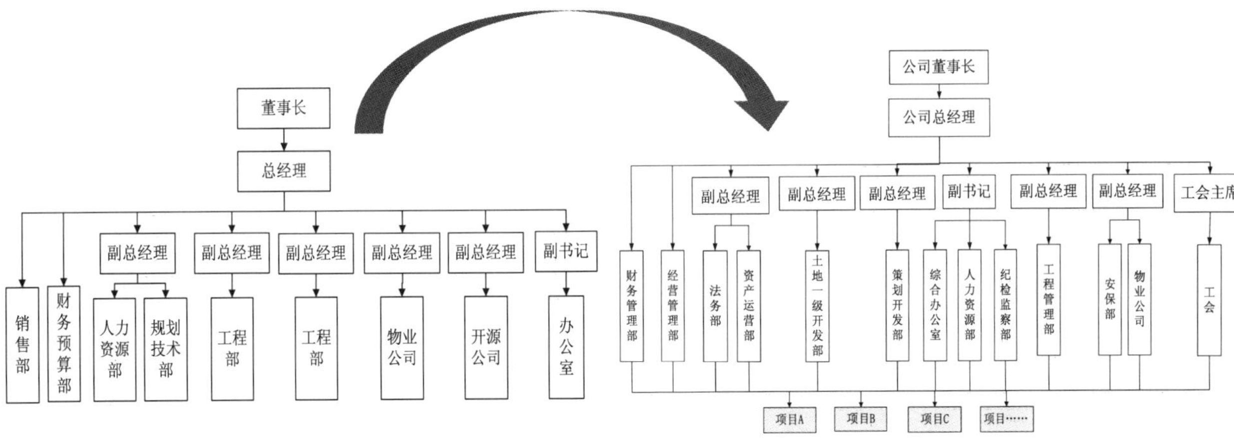

图2　公司重组前后组织架构对比图

2. 构建跨部门项目组织架构设计

对于房地产开发企业，核心是项目管理，公司对国内部门制项目管理、事业部制项目管理、公司制项目管理、专业管理公司制项目管理进行优缺点分析，结合本单位实际情况，介于传统和项目制之间，以“科学、协同、高效”为原则，借鉴了虚拟项目搭建知识共享平台的思想，考虑项目动态性、高度柔性等特点，提出具有特色的跨部门模拟事业部制项目管理形式，达到人人有责任、各岗有目标、过程双控制、绩效可监测，问题易追责的目的。该项目组织形式提升项目内部及项目间的协同能力，实现项目管理中的规范运作和信息沟通与交流，通过跨部门的协同，确保项目资源调配、人员协调，决策层、主责部门、配合部门、辅助部门以业务联动的方式结合在一起，形成项目的协同联动管理。

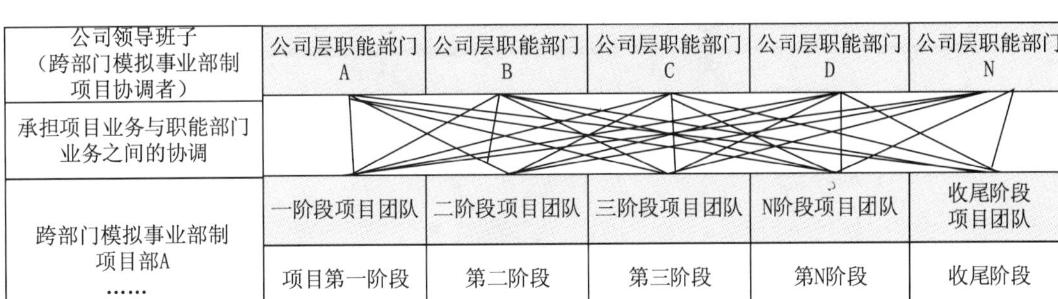

图3　跨部门模拟事业部制项目组织人员网络图

按照跨部门模拟事业部制项目组织形式的设计原则，所有项目采用如下组织架构（见图4），目前，公司除工会主席、书记外，其他6位副总承担了跨部门模拟事业部制项目经理，共负责管理的项目有22个，其中地产一级开发项目4个，地产二级开发项目3个，代建项目13个。

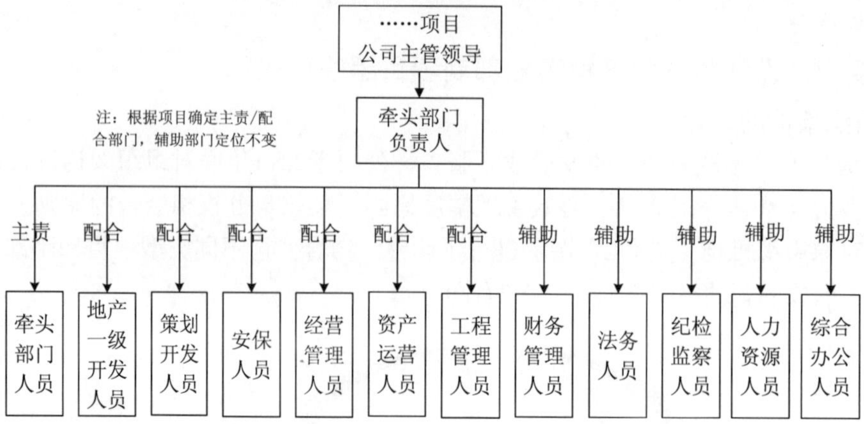

图4 跨部门模拟事业部制项目组织架构图

为确保该项目组织形式是适宜的，公司2012年3月先在地产二级开发项目（帅府二期工程项目）进行了试点，经过2个多月试用，兼顾到地产一级开发、代建项目的特点对职责、管理重点进行了调整，2012年5月，在公司全面推广此项目组织形式。

3. 确定项目团队人员双重职责

（1）公司层职能的定位与分解。公司2011年底组织架构调整，职能部门进行了重新定位，形成12个部门职责说明书，确定了部门业务块的职责分工，明确部门间业务接口、部门与外部单位的关系。由部门负责人根据部门职责说明书进行了分解，形成初步的岗位职务说明书。

（2）跨部门模拟事业部制职能定位与分解。2012年3月，提出跨部门模拟事业部制项目后，项目负责人（公司副总）根据所负责的项目定位，确定主责部门、配合部门及辅助部门在项目开始至结束各阶段的职责，对各部门参与人员的角色进行分工，利用鱼骨图（见图5）对跨部门模拟事业部制职能进行分解。由各职能部门负责人根据所分解的职责，完善了63个岗位职务说明书，经员工签字确认后，交人力资源部门备案。至此，作为项目部成员的角色定位及任务基本确定。

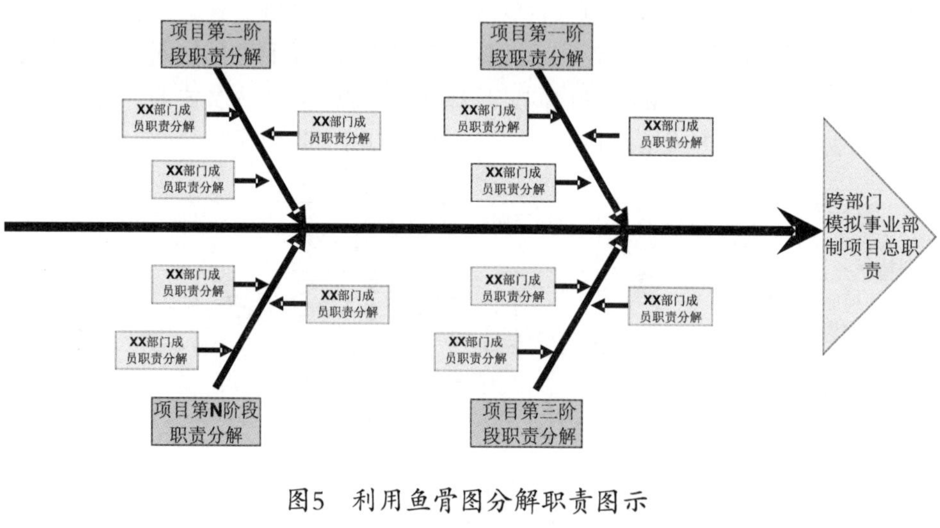

图5 利用鱼骨图分解职责图示

（3）员工双重身份的作用。以职能管理部门的角色，更能了解到项目对职能部门在业务支持或服务方面的需求。以项目运作人员的角色，更能了解到职能部门对项目的管控要求。

（三）建体系，实现重组后企业文化的充分融合

公司以“简约朴实、务求实效、稳步提升、凸显文化”为指导原则，基于顶层设计搭建流程管理体系，系统地梳理业务流程，在业务梳理中查找问题并提出解决问题的方法，用流程管理思路融合企业文化，确保实现管理提升和重组后企业文化充分融合的目的。

1. 对原体系的整体认识与分析

公司业务是一个大的系统，是由诸多子系统（见图6）组成，各子系统又包括诸多工作流程。原管理体系存在的主要问题是没有从顶层上设计好覆盖公司所有业务的一个庞大的体系，也没有解决好各业务系统之间的关系，从框架上原体系搭建是不合理的，2011年初，公司对业务系统进行了分析，将整个体系划分为地产一级开发、代建项目管理、财务内控管理、人力资源管理等12个业务系统。

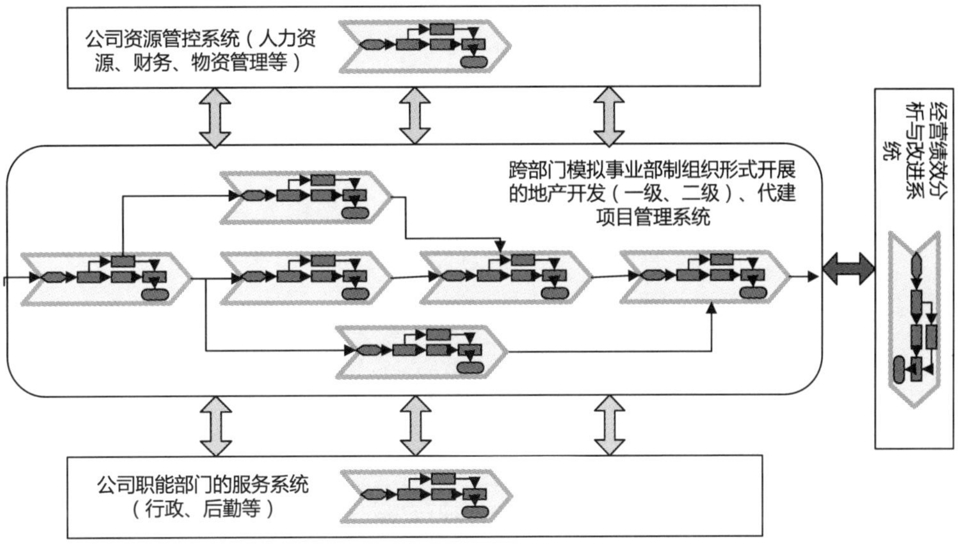

图6　管理体系子系统结构分析图

2. 对原体系进行解构，逐一认识各业务流程

顶层设计流程体系框架建立后，2011年上半年公司系统地认识并分析公司原有的业务流程，确保流程建设符合实际需要，避免“两层皮”的出现。在公司层业务模块（一级流程）确定的基础上，对各业务模块进行深入解构（见图7），形成各职能部门的流程（二级流程）和跨部门模拟事业部制的业务流程（二级流程），通过对二级流程的某个复杂环节进行分解，形成跨部门模拟事业部制、各职能部门岗位的具体操作流程或规程，至此，完成了体系的解构工作，形成了近百个业务管控流程。

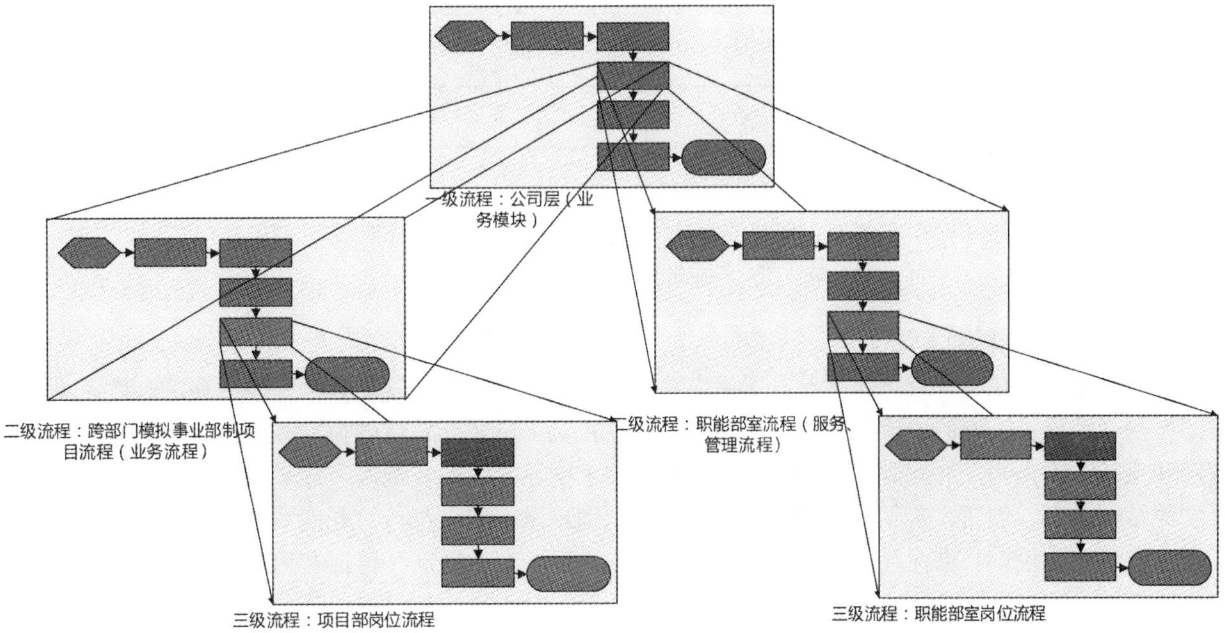

图7　业务流程/模块分解图

3. 新的管理体系顶层设计

（1）顶层设计，确定管理脉络。公司领导班子根据企业愿景、使命、价值观制定企业发展战略，通过战略的指引明确各业务系统的管理思路，为各项工作的展开指明了方向，同时确定了各系统的管理目标。

确定组织架构后，基于价值链分析，对流程体系框架进行了设计，确定了流程体系的核心要素，包括战略管理、地产一级开发管理、地产二级开发管理、代建服务管理、人力资源管理、财务管理、物业管理、工程管理、资本运作管理等。将各流程模块进行展开引出相关的子流程，明确流程之间的关系和作用。

（2）理顺活动间的接口关系。公司主管领导组织对所负责的业务系统所对应的流程进行分析，明确流程与流程间的作用与相互联系，确定业务活动“接口”、“界面”。公司的体系整体设计（见图8）体现以战略为指引，通过目标管理系统落实战略规划，再利用“三大系统”来加以保障，“三大系统”即流程管理体系、企业文化管理体系、组织管控模式系统（组织架构与职能分配），确保公司战略目标的实现。

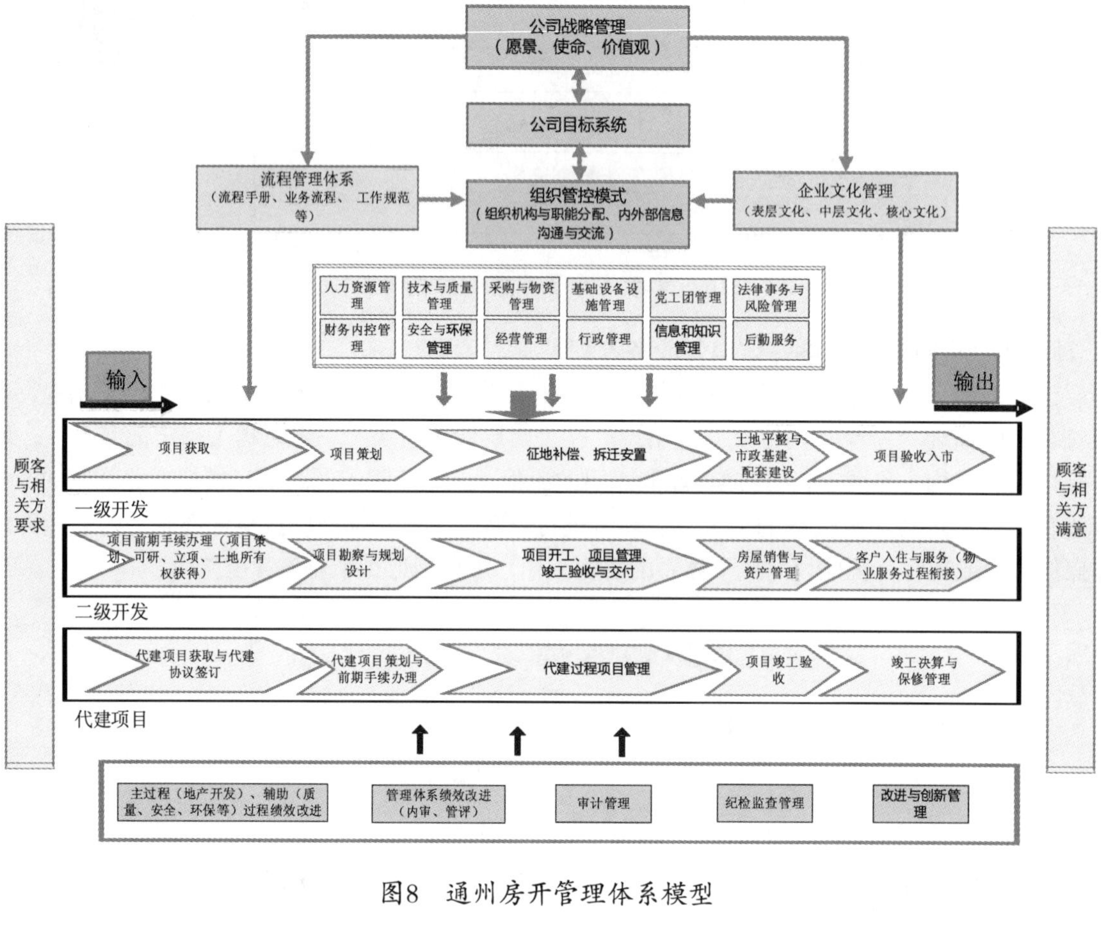

图8　通州房开管理体系模型

4. 系统设计流程融入新文化

针对重组后文化整合难点，领导班子达成共识后，从大处着眼、立足长远，以战略的高度、系统思考的方法来消除员工们的顾虑，统一思想和认识，保持员工思想和总体的稳定，争取员工对重组工作的理解和支持，对未来发展充满信心。公司领导提出“求同存异、稳妥推进，逐步融合”的指导思想，秉承“团结、求真、创新、实干”的企业精神，通过制度建设、加大宣传、开展系列活动，增进相互之间了解，促进文化统一。求同存异是求大同而存小异，通过扬弃、创新、再造和重塑，最终形成符合公司变化和发展的新文化的过程。

为解决重组后的企业文化融合问题，通过流程管理创新，将通州房开的企业文化灌输到每个流程中去，利用“同轴作用”（见图9）达到“润物细无声”的效果，推进公司的转型升级。

图9　流程中蕴含企业文化“同轴”示意

公司周总倡导的“没有完美的个人，只有完善的团队”、“接力棒”作用等企业文化的内容在流程文件编写时均进行了全面融入，每年流程有团队目标，每个流程中各环节涉及团队成员的接力棒作用等。在文件编写前，为确保原有的优秀文化得到继承和发展，人力资源部门约谈了原潞隆、民望的10余名员工，了解他们平时在开展工作中的好做法、好传统、好习惯，还结合领导提出的企业核心文化进行了4次交流研讨，这种沟通方式既让员工感受到他们的重要性，也通过双方沟通，增进相互了解。多种团队文化活动，打造了一支能征善战的优秀团队，点燃了员工的激情，激励了员工斗志，增强了企业的凝聚力。

5. 流程体系全面建构

（1）培训动员营造流程建设的环境。

自2011年3月开始至2011年10月，流程管理创新活动各阶段均进行了培训，激发了全员参与流程建设的热情，使员工能充分认识到建立流程管理体系的作用、意义，认识到在实际管理中自觉运用文件，也强化了文件发布后的执行力。

（2）全员参与流程管理创新工作，增强了员工主人翁责任感。以往建立各种管理制度、规则都是由管理人员具体负责的，员工基本作为被管理对象，没有机会发表个人主张、意见。公司此次流程管理创新活动中由各职能部门所有员工亲自参与，在制定流程制度时发挥全员的主人翁责任感，使员工真正理解到为何要对流程进行管理，以及如何管理与控制才能实现流程的目标，既知其然也知其所以然。

（3）流程文件的设计反映部门负责人的管理思想。公司所有流程由12个部门负责人亲自策划、编写流程文件并组织本部门进行研讨，必要时由相关职能部门参与评审，保证了跨职能、跨部门流程文件的可操作性。此次流程管理创新工作，针对公司所有业务既要绘制流程图，又要编制流程管理说明书，如二级土地获取管理流程图、流程说明文件（见附件3），做到“凡事有章可循、凡事有据可查、凡事有人负责、凡事有人监督”。

（4）结合公司主文化，开展企业文化建设与宣传。一是，将公司的愿景、使命、核心价值观及企业宗旨等通过图文设计，以展板的形式在公司公共区域进行张贴宣传。二是，发起围绕公司核心价值观、企业精神征集各职能部门的工作理念、个人座右铭活动（见图10），经公司书记、工会主席共同对部门理念、个人座右铭进行会议评审并确定，由公司统一委托外部单位设计制作成漂亮的展板、台卡在部门、岗位进行展示，在公司营造一种和谐的文化气氛，实现公司精神文明建设的良性循环，创造一个和谐温馨的工作环境。

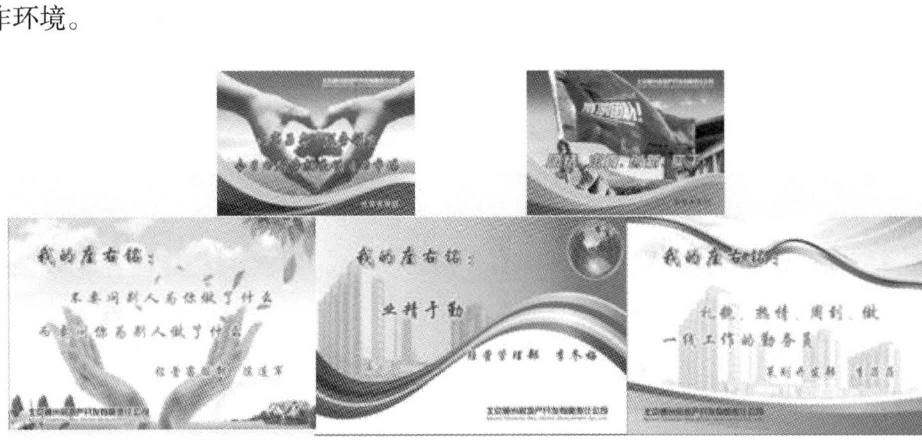

图10　部分部门工作理念和岗位座右铭图

（5）流程固化与信息化相结合。

在流程建设的同时，公司在2011年5月启动了对原办公系统功能的优化工作，通过信息化建设逐步将公司的业务固化下来，通过信息化使文件的审批效率通过网签节省了时间，领导可通过网络平台及时了解各管理流程运行效果。

（6）流程评审与发布阶段。

流程文件在2011年底发布前，公司召开了流程评审会，对综合管理体系手册、70余项流程文件进行了逐一评审，评审把握的4个原则是：（1）科学性原则，即有利于规范地产开发、代建项目实施活动，流程设计上与实际业务流程一致，科学合理。（2）普遍性原则，即同类工作具有普遍的约束效力，避免文件间的重复描述、交叉描述和相互矛盾的情况。（3）动态性原则，即流程文件在一定时间内，应结合实际工作动态进行调整、优化。（4）协调性原则，即应考虑到管理的平衡，明确流程与流程的相互影响和相互作用。通过对各部门流程的评审，确保了文件的适宜性、充分性。

6. 流程体系应用中持续完善

（1）学习、培训活动。2011年底发布体系文件进行试运行，在此期间：一是，由各部门负责人组织学习，由骨干人员轮流当讲师，对流程的要求进行解读。二是，对于普遍适用的流程，由职能部门组织开展培训，特别是人力资源部门对企业文化方面的内容进行了培训教育。三是，人力资源部门组织了演讲、撰写心得体会等多种形式。四是，为巩固培训效果，人力资源部门在各部门负责人的参与下形成了应知应会题库，采用闭卷考试方式来验收学习效果。公司领导及各部门负责人、员工均参加了考试（见图11），此次活动得到了全体人员的重视，也促进了员工学习的热情，成绩公布后，公司领导对学习优秀的人员进行了表彰。五是，个别部门结合本部门的实际情况，创新学习方式方法，有的在项目现场进行实际操作，使学习与实践相结合，学以致用。

图11　全员企业文化知识测试现场

图12　流程运行中的督查

（2）分享经验。公司自2012年初要求各岗位人员填报工作日志，既起到追溯作用，又使员工在执行流程过程中，有好的建议和意见及时记录下来，以便持续改进。公司还与员工分享管理小故事，从各个角度结合流程制度的实施诠释倡导企业文化，与员工分享压力、责任、信任、工作细节等主题的职业故事，得到了广大员工的共鸣，也强化了流程执行力。

（3）督查。公司由专门的部门负责流程体系的运行监督（见图12），定期检查、督导，站在公司的角度评估各业务系统运行的质量，对于流程执行过程中存在的问题及时预警、及时通报，对于流程运行暴露出来的问题及时修订完善再重新发布文件。

（4）自检。各业务部门对流程运行不定期进行自我诊断，由部门负责人召开部门会议，对本部门诸多管理流程的运行结果进行总结。员工通过定期写感想、总结，开展“我为流程做诊断，我为公司做贡献”活动，使业务流程更加完善。

（5）宣传。通过各种宣传活动，使公司的优秀文化在流程中扎根，在全员中入眼、入耳、入脑、入心，全员在和谐的文化氛围中快乐地工作，不断学习进步同企业共成长。

（四）强激励，科学评估项目业绩

为结合跨部门模拟事业部制项目组织形式，公司以“绩效结果保战略落地、强化执行力实现和谐共赢”为目的，结合多项目管理的特点，在现有人力资源条件下，以跨部门模拟事业部制考核为核心，建立评价科学、监督有力、激励有效的绩效管理体系。

1. 以跨部门模拟事业部制为核心设计绩效考核体系

为增强各职能部门、各项目部成员的履职能力，公司以跨部门模拟事业部制项目绩效考核为核心，对整个工作进行了系统设计，具体见绩效考核管理流程图及说明文件（见附件4）。

为了更好地将项目组织绩效管理和公司总体经营目标结合起来，增强绩效管理的全局观和公平性，公司还成立了绩效管理委员会，以确保考核的公平公正性。

2. 确定绩效考核对象和考核项

（1）公司绩效考核分为中层管理人员（部门正职和副职）考核和一般员工考核。

（2）考核频次分为月度绩效考核和年度岗位考核。月度考核内容分为：①岗位职能部门月度目标完成情况（比重占25%）和跨部门模拟事业部制项目任务完成情况（比重占35%）；②管理提升方案参与情况（比重占20%）；③个人成长（比重占10%）共三个部分。年度岗位考核采用百分制，其中：月度考核占总考核的70%比重，年底述职仍采用以前的360度评价方法，述职匿名评分占总考核的30%比重。

（3）作为公司各业务系统的负责人，兼任着跨部门模拟事业部制项目的负责人，既对业务系统管理的情况进行述职，也对跨部门模拟事业部制项目的管理进行汇报，由公司总经理、董事长参加评价，2012年底，区国资委主管人事领导还参加了公司的领导述职会。

3. 绩效考核分级

（1）绩效考核指标采用等级评定法进行评价，根据指标的特点分为定性评价和定量评价，具体分为A、B、C、D、E五级，即：优秀、良好、合格、待提高、不称职，具体内容见《绩效考核管理流程说明书》。

（2）公司绩效考核仍采用原来的“强制比例分布”，具体见《绩效考核管理流程说明书》。

4. 项目团队双重考核目标制定

（1）公司绩效考核管理会以会议方式，将项目进行划分，确定项目团队主管领导，由项目主管领导在会上提出项目的主责部门。由于有的项目以前没有采取跨部门模拟事业部制项目组织形式，公司采取了原项目原班人马通过此会议与新接管的项目负责人及主责部门进行工作交接。

（2）由跨部门模拟事业部制项目负责人（以下简称项目负责人）根据项目具体情况确定项目职责和总体目标，由主责部门负责人制定项目工作计划，经项目负责人审核后，报总经理，以组织绩效考核委员会的方式进行会审。

（3）在项目负责人的领导下，由主责部门将工作进度、工作内容分解，确定主责、配合、辅助部门的职责，下发到各相关部门组建项目团队，由各部门负责人在原有的部门职责说明文件中增加此项目的职责，提交项目负责人审核并确定项目团队名单。

（4）由项目负责人、主责部门负责人制定《项目工作计划和工作任务表》（以2012年10月某项目工作计划和工作任务表为例，见附件5），报总经理，组织以绩效考核委员会的方式进行会审，审核通过后，项目负责人在5日内组织召开项目工作会，确定工作目标和重点，将任务进一步进行分解，有的进行调整。

（5）每年在公司年度工作总结会召开后5日内，由综合办公室将本年度工作任务分解到各部门，由各职能部门将任务分解到各职能岗位，制修订《部门目标分解表》（以策划开发部年度分部管理目标为例，见附件6），再根据每月工作重点将目标分解到相应的岗位上（以策划开发部月度目标分解表为例，见附件7）。

（6）各岗位员工根据所在的项目分解的工作任务和每月分配的职能目标，填写《项目工作计划和工作任务表》，按照绩效考核管理流程制度的要求逐级签字确认，最终报人力资源部进行备案。

5. 月度绩效考核实践

（1）项目目标的落实。每月5日前，在项目部承担职责的项目成员结合项目工作任务，确定完成工作的措施，遇工作实现有难度时，提前向项目负责人汇报，次月5日前，经岗位员工自评，填写《岗位月度目标完成情况评价表》（以策划开发部某岗为例，见附件8），由项目负责人对该岗位完成的工作质量进行评价。

（2）部门目标的落实。每月5日前，在公司职能部门承担职能管理职责的人员结合月度工作目标，确定完成目标的措施，遇工作实施过程中有难度时，提前向部门负责人汇报，次月5日前，经岗位员工自评后，由部门负责人对该岗位履职情况进行评价。

（3）管理方案的实施。各部门至少每2个月对工作中所遇到制约公司发展的管理问题、待改进的工作，采用管理方案对问题进行重点突破，对工作进行重点改进，具体见《管理提升方案计划》（见附件9），仅2012年下半年的6个月时间内，管理提升方案达42份，主要反映在对流程的优化上，如项目人员去工地解决车辆配备问题、工程洽商的审核问题、监理单位监管难等问题。在规定的时间内，由部门负责人组织对管理提升效果进行评估，具体见《管理提升方案实施效果评估表》（见附件10）。为了激发员工参与管理提升工作的热情，方案实施后由参与方案实施的员工填写《管理提升方案员工参与度评价表》（见附件11）。

（4）个人成长绩效的落实。公司鼓励员工个人能力的进步。每月底由被考核人制定下月个人成长目标，围绕网上课程、参加的各项资格考试、经验研讨等情况提出成长计划，每月底由人力资源部门根据所掌握的个人学历、经验及当月学习的证据进行综合评价。公司与时代光华合办了E-Learning网络课堂，经统计2012年度每人学时平均达到60学时以上。虽然个人成长占总考核比重不大，却能以学致用，人员理论和实操能力提高较快，促进了公司学习型组织的建设。

6. 年度绩效考核实践

（1）公司2012年底由人力资源部根据各岗位人员月底考核结果进行汇总并加权平均，提交绩效考核管理委员会审核。

（2）元月15日前，项目部负责人组织对项目成员提交的工作总结进行评价；职能部门负责人组织岗位述职工作会，对部门人员工作完成情况进行评价会；项目部和职能部门的评价结果均报绩效考核管理委员会，经审核后将评价的结果进行平均。

（3）由绩效考核管理委员会在2013年1月22日将考核结果进行了汇总，在公司一层橱窗进行公示。其中，优秀人员占总人数的6.9%被表彰，不称职占1.88%到期视情况不续签劳动合同。

（4）跨部门模拟事业部制项目负责人（公司业务系统主管领导）每年底对所负责的业务系统和兼任的项目实施情况、业绩情况进行述职，按照360度考核法由公司部门负责人、公司领导参加了匿名评价，区国资委领导见证了述职全过程。

7. 绩效考核信息双向反馈

绩效管理委员会（公司高管层）根据考核结果，采取正面激励与负面辅导相结合的方式，无论考核结果如何，均与员工分别进行沟通面谈。除表扬工作成绩外，同时也会对被考核人提出工作改进建议和要求，帮助被考核者提高绩效，2012年度待提高、不称职人员占11.25%，要求制定个人绩效改进计划，并部门负责人签字确认后，提交绩效考核管理委员会。从2013年第1季度从部门负责人反映的结果和人力资源部备案的月度考核结果来看，被考核人员水平有显著提高，除春节期间有影响外，月度考核结果比上一季度提高近3.5%。

8. 绩效考核结果应用

人力资源部门根据考核结果，对考核业绩突出的员工，组织了3场经验交流会，由项目管理人员将自己在工作中的优秀经验和做法进行了说明，促进了优秀经验在公司范围内的传承和分享挥。

月度和年度绩效结果主要应用在员工薪酬调整、职位调整、培训、职业发展及劳动关系等方面。通过考核，2012年公司对3位部门经理职位晋升了公司副总，有21名一般员工晋升到公司中层岗位。

四、地产企业重组转型创新实践的效果

（一）社会效益

1. 战略转型升级，加速通州新城建设进度，为社会做贡献

公司由地产二级开发顺利地转向了一级开发、代建项目服务，且在建数量超过了二级开发的项目数，除其他因素外，通过采用跨部门模拟事业部制项目组织形式后，结合绩效考核管理体系的创新，使公司的地产开发进度与2010年以前相比，开发的进度上平均提前了3~5个月不等，有的代建项目提前取得代建费，项目的提前完成，使公司更有精力、有资源承接更多的地产开发项目为通州发展做贡献。

几年来，公司先后获得“纳税千万元以上企业”、“优秀房地产开发企业”、“营造和谐人居贡献企业”等荣誉称号；中仓、玉桥、西上园小区先后被评为市优秀管理小区、首都文明居住区、市花园式小区、北京房地产开发综合社区成功经营模式等荣誉，公司以优质的品牌产品和品牌形象赢得了市场，促进地方经济建设获得了政府的认可，取得了百姓的信任。

2. 流程体系创新与优化实践，减少重组引发的问题，保区域社会稳定

在流程建设过程中，公司全员参与，各级管理人员将自己的隐性知识通过流程显现出来，丰富企业文化的内容，稳步解决流程运行中暴露出的问题，将员工的诉求、客户的需求理解充分，原因分析透彻，避免了上访等事件，维护了区域社会的稳定。

流程运行后，由于企业文化在业务活动中得以体现，公司由“人管人”向“制度管人”转变，由“要我执行”向“我要执行、我会执行、我能执行”转变，员工自动维护公司利益，主动解决发现的突出问题，为企业营造了和谐的发展环境。

3. 新型项目组织形式实践，为社会节约劳动力，培养大批复合型人才

通过对跨部门模拟事业部制项目团队人员的绩效考核，调动了项目团队的责任心、使命感、积极性，在学习意识、工作激情、团队精神方面得到了前所未有的锻炼。

公司人人都是多面手，全体员工在学中干、在干中学，在项目上表现为一专多能的优秀人员脱颖而出，人才队伍的梯次化、年轻化、知识化也逐步提高，培育了企业的中坚力量，仅2012年以双重身份参与项目实施的人员为67人，随着此项工作的深入开展，为社会培养复合型人才数量持续大幅提升。

公司全员在年龄结构、知识结构、技能结构等方面更趋于合理，整体素质显著提高。

4. 履社会责任，实现了国有资产的保值增值

国有企业首要的社会责任是保值增值。公司通过战略的成功转型，组织架构的创新实践，管理体系的顶层设计，业务流程的优化，绩效考核的创新机制，在国家调整地产市场大背景下，迅速成长并脱胎换骨，企业总资产逐年递增，2010年的13.9亿元，到2011年达到19.8亿元，2012年达到34.5亿元。2012年纳税额在无房屋销售的情况下近2000万元。

（二）经济效益

1. “五位一体”联动发展，扩大地产开发市场份额

2010年公司逐步实现战略调整后，助推了地产公司五位一体联动发展，2011年、2012年承接的项目逐年递增。其中：地产一级开发项目，从零起步发展到了4个，如：文化旅游区项目、商务园项目等。地产二级开发项目数量由1个发展到了3个且实现了稳定增长，所建设的安置房、回迁房让百姓早迁新居，提高了百隆生活质量，如西上园项目等。代建项目从零起步，从2011年的6个发展到2012年的近20个，代建项目服务和工程质量取得政府、建设单位的信任，对代建服务高度认可，如新华医院项目等。

2. 经营质量迅速提升，促进了公司快速发展

通房开发在经历重组后，通过一系列的管理创新活动，各项业务规范运作使公司业绩保持了快速发展的良好势头，2012年与2011年相比，利润总额增加了86.31%，净资产收益率增加了87.07%。通州房开已经成为通州区房地产开发的龙头企业，为通州区的发展和首都新城区建设做出了重要贡献。

3. 新型项目组织为公司节约了劳动力成本，为发展储备了人才

通过跨部门模拟事业部制的项目组织架构搭建及职责的确定，使公司员工以双重身份参加到项目建设工作中，无需为项目而增加额外的投入，可以更加集中运用公司的人力资源发展其地产开发业务，为公司节约了单独设立项目部的运营费用。与按项目制人员配备相对比，劳动力节约将近1/3，节约人员开支约260万元。项目的质量和进度等方面没受太大影响。由于参与项目实施的人员大多是复合型人才，能将项目的成功的做法、经验迅速复制，为承接新项目储备了人才。

4. 绩效考核体系优化，激发员工工作热情，提高了劳动生产率

通过系统科学的绩效考核体系设计，突破跨职能跨部门不易评价且绩效与项目目标无法衔接的问题，在公司扭转了“干好干坏一个样”，“国企绩效考核不易推行”的局面。公平合理的考评结果，得到了全员的认可和支持，实现了“责任下沉、适度放权，高效运作，绩效突出”的目标，实践证明了跨部门模拟事业部制项目组织形式更适应了公司现阶段的发展，克服了公司内部多条线垂直管理项目的矛盾，理顺了各职能部门间、各项目组织的职能，消除职能重复、交叉和扯皮的问题，提高了项目组织的运作效率，经统计，2012年与2011年相比，全员劳动生产率由127.89万元/人·年增至163.35万元/人·年，增长率达27.73%。

成果创造人：胡克诚　周海鹏　刘旭东　张冬梅　李瑞红

建筑企业基于信息化的全过程项目风险管理体系建设

北京市建筑工程研究院有限责任公司

荣获第二十八届北京市企业管理现代化创新成果一等奖

北京市建筑工程研究院有限责任公司（简称“建研院”），是全球225家最大国际工程承包商、中国500强企业——北京建工集团旗下科技强企，是一家多学科、综合性、技术研发型建筑领域高科技国有企业。

建研院成立于1956年，2000年由市属科研院所改制成为高新技术企业，2008年再获北京市科委高新技术企业认证，2010年被中关村国家自主创新区列为“十百千工程”中十亿级高科技企业培养单位及高科技企业股权激励试点单位。五十余年创业历程中，建研院以“科技创新、和谐发展”为宗旨，形成多项国内领先的技术与产品，成为在业内颇具影响力的建筑领域高科技企业。

2008年以来，建研院自主开发32项新专利，主持或参编新技术规程18项；17项技术成功应用于“鸟巢”、“水立方”国家体育馆等20个奥运场馆建设，其中国家体育馆双向张弦钢屋架和北京工业大学羽毛球馆弦支穹顶的跨度创世界之最。建研院将技术优势成功应用到国家大剧院、东方广场、北京电视中心、首都机场等重大项目中，获得了国家级、省部级“科学技术进步奖”、“詹天佑大奖”等多项嘉奖。

图1　国家体育馆双向张弦钢屋架效果图

图2　北京工业大学羽毛球馆弦支穹顶实景图

一、建设基于信息化的全过程风险管理体系的背景

（一）建筑市场竞争激烈，企业风险管理必不可少

1. 风险种类繁多

建筑行业市场环境竞争激烈，建设工程项目自身存在建设工期长、回款期长的特点，这使得我院在项目运营的全过程中面临种类繁多的风险。我院在过去的发展中深受困扰，如客户拖欠账款形成呆账、坏账，应收账款居高不下，催讨难度不断上升，最终造成企业利益遭受侵蚀。

为全方位防控风险，有必要对我院面临的风险进行归类，现可将我院面临的风险归总为八大类：客户风险、合同评审风险、资源筹备风险、工期进度风险、回款风险、坏账风险、时效风险与法律风险。根据风险类型有针对性地重点防控，是我院主动应对市场经济、激烈竞争的必要方式。

2. 风险覆盖项目各个环节

企业项目建设的全过程同样也是风险管理的全过程。基于对我院的风险源的分析与国内外企业信用风险管理经验，可以将我院项目建设的主线划分为不同的阶段与环节：项目签约阶段的客户资信调查环节、合同评审环节、资源筹备环节；项目履行阶段的施工环节、款项回收环节以及项目清欠阶段的清欠管理环节与法律诉讼环节。这些环节都是风险的多发环节、重点环节。

3. 风险给企业造成的损失难以估量

项目签约阶段是项目风险的最初阶段，不能对对方诚信级别、履约能力、项目盈利空间进行有效评价，盲目接手高风险项目，可能使我方置身合同陷阱，遭遇恶意拖欠或不支付工程款的情况。

项目履行阶段是风险重要产生阶段。建筑工程合同标的额巨大，如发生安全事故、或履约不达标，往往涉及高额违约金、侵权赔偿损失，因履约不达标或事故发生诉讼，给我院声誉造成不良影响。

项目清欠是积极防范欠款风险的重要阶段。建筑工程工期长，往往不能按时结算回款，不及时主张欠款造成会造成坏账损失，重者造成项目乃至企业资金运转不良，引发严重后果。

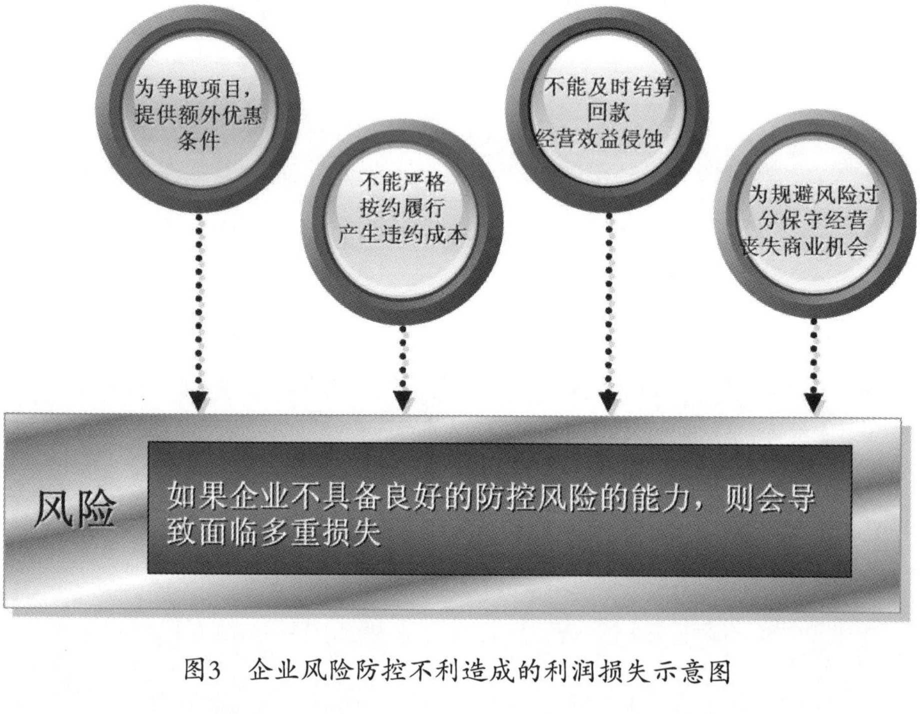

图3 企业风险防控不利造成的利润损失示意图

（二）我院原有风险管理体系已经不能满足现阶段管理的需要

我院自科研院所转制至今实现了跨越式发展，自主知识产权工程产品与技术服务打开广阔市场，良好的发展机遇与多年积累的研究成果带来了每年上千个项目，使原有管理手段不能满足新形势下的要求。

虽然我院早已建立起全面风险管理体系，但是原有体系主要依靠人工统计、开会汇报等传统手段来

运行，管理幅度与管理效率都不能满足我院现有的项目数量。因此，我院有必要适应新的业务规模，建立起面向全部项目、全过程、实时化、管理流程优化的信息化风险管理系统。

1. “重点项目重点管理”的风险管控模式不能实现对全项目管控

面对每年上千个的在施项目，我院原有的管理方式只能对重点项目进行重点管理，管理范围十分有限，管理中存在大量盲点，项目人员与院管理人员之间存在显著的信息不对称。

2. 我院原有“区块管理”模式不能实现对项目的全过程风险管理

针对于项目管理过程的不同阶段，我院原有的管理方式是由不同部门分别管理，如项目履行阶段主要由所级项目经理部负责、而资金管理主要由院财务统一管理。管理流程中的不同部门掌握的管理信息不交圈，不同部门之间不能够形成口径唯一的信息资源，使得对项目不同阶段的风险不能够统筹管理、全方位防控。

3. 以手工作业为主要手段的统计汇报不能实现对项目的实时监管

我院原有的管理方式主要靠人工统计、会议汇报、报表报送来完成监管工作，时效性较差。这一管理模式对于项目的进展情况的反馈往往有一定滞后性，不能够实现实时监管。

4. 在原有信息化应用水平和管理理念上建立起的业务流程有待完善

我院原有的管理流程较为传统，合同的审批需要以纸质审批表形式报送院所两级审批，审批环节所需时间较长，不同环节之间的意见与信息不能够高效汇总，不能够实时查询流程进行到哪一步。在新的形势下，这一管理流程亟待优化、完善，以适应高速增长的业务规模。

（三）引入信息化技术，构建项目全过程风险管理体系是我院以管理促发展的需要

1. 以信息化技术为手段是实现实时监控风险的必要条件

要实现对风险的实时监控，需要贯彻项目管理的标准流程，严格控制项目的时间、成本、质量，而要将这一过程进行严格的控制、将项目信息进行准确的传递，信息化技术必不可少。通过智能化的各项业务数据监控，才能为决策者识别和判断企业风险提供帮助，为企业避免和减少风险损失。

2. 以项目过程为主线是实现全过程风险管控的核心

企业的风险是多方面的，亟须使用信息化手段来及时反映和整体防控。只有以项目为主线，通过对业务系统接口模块与我院的合同、资源统筹、施工、财务、法律诉讼等各管理模块进行互联，达到整个企业信息互通，避免信息孤岛存在，才能够全面防范风险。

二、建设基于信息化的全过程风险管理体系的内涵

基于信息化的全过程项目风险管理体系的建设是我院将现代企业风险管理理论与信息化技术不断融合、相互提升、自主开发的过程。该系统将全部需要进行风险管理的事项视为项目作为系统的管理对象，以制度建设为保障，以信息化技术为手段，以项目过程管理为主线，以提高风险管理及时性、过程性和全面性为目的，按照各项工作的标准业务流程，将系统的管理覆盖到项目签约、履约和诉讼的全过程，从而达到实时对全部项目全过程的风险识别、分析、控制与处理。

整个管理体系包含信息系统和管理体系两个主要框架。二者互为基础、相互协同，以实现整个管理体系科学、流畅、高效的运转。

（一）信息系统架构

我院基于信息化的全过程项目风险管理体系的信息系统框架是以风险管理需求为基础，以UCML开发平台为工具，通过数据的采集、处理和分析环节，建立起各种风险管理模块和标准业务流程，从而搭建起贯穿项目签约、履约和诉讼三阶段的风险管理信息系统。这三个系统的主要功能是：

采集系统：面向项目业务人员和院、所两级风险管控人员，完成基础数据的采集、处理和储存功能。

处理系统：根据项目全过程风险管理需要，对数据库中的信息进行分类、计算、统计等处理，从而得出管理项目三阶段中各类风险的指标数据。

分析系统：利用分析模型对风险指标数据进行分析，得出各类风险预警和控制报表，为管理提供决

策依据。

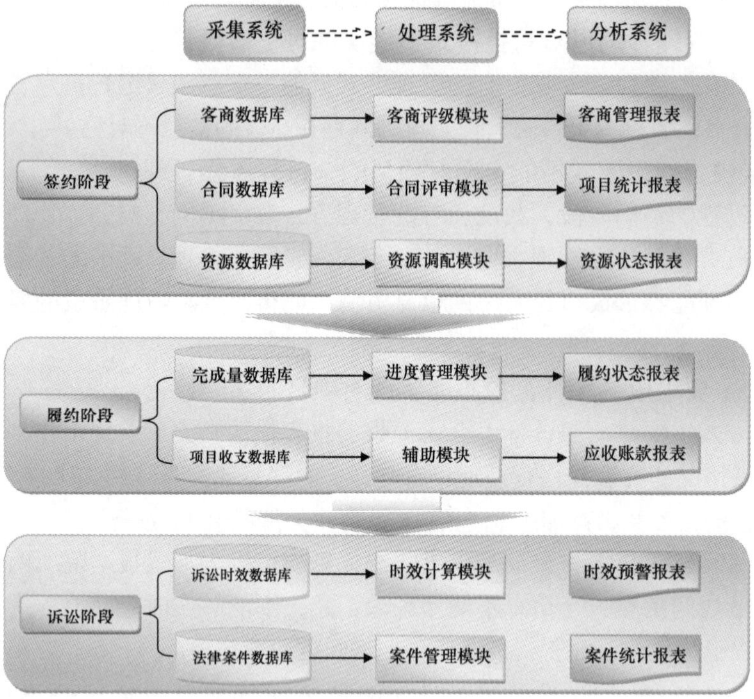

图4　建研院基于信息化的项目全过程风险管理体系信息系统框架图

（二）风险管理业务流程

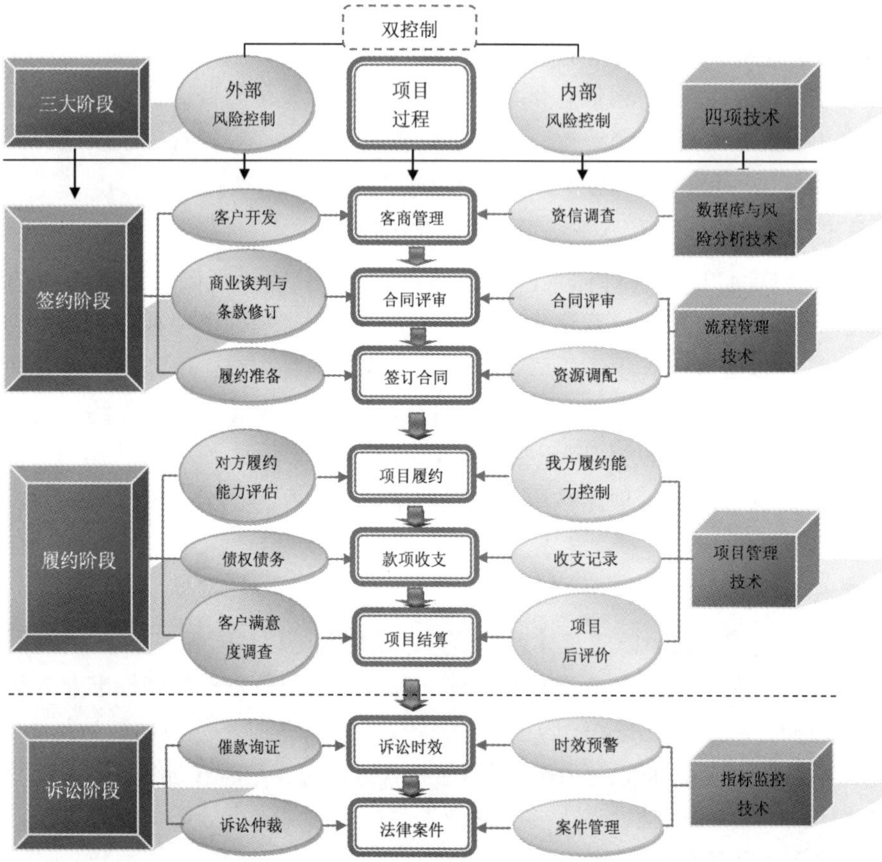

图5　建研院基于信息化的项目全过程风险管理体系框架图

我院基于信息化的全过程项目风险管理体系的管理框架体系是在信息化技术支持和制度保障的基础上，将所有项目按照签约、履约和诉讼三个阶段的特点，对整个项目过程中各环节的风险进行管理。其管理框架体系可概括为“一主线、双控制、三阶段、四技术”：

“一主线”是指以项目过程管理为主线；

“双控制”是指通过项目业务人和项目负责人外部控制与管理人员内部监管两条控制链条进行风险管控；

“三阶段”是指将项目过程划分为签约、履约和诉讼三大重点阶段，有的放矢地进行风险防范；

“四技术”是指利用数据库与风险分析技术、流程管理技术、项目管理技术与指标监控技术对管理体系框架进行支持，将信息化技术和组织、制度设计整合，提出全面的解决方案。

三、建设基于信息化的全过程风险管理体系的主要做法

（一）系统的搭建、推广期（2009—2010年）

1. 开展需求分析，组建自主开发队伍

针对我院目前“发展快、项目多、风险管理亟须升级”的情况，我院党政联席会以“自主开发，量身定制，随需而变”为原则，做出了组建我院风险管理信息化团队的决定，并将信息化风险管理系统的建设作为提升企业管理水平的战略，写入了我院的“十二五”发展规划。信息化工作组提出的《我院信息化风险管理系统的设计与构建》也在我院成功立项，获得了青年科研基金的资助。

在此时期，信息化工作组在走访各一线单位和部门进行用户调查，完成系统框架初步设计的基础上，面向全院用户针对项目全过程的风险管理召开了“三下三上”六次全员需求分析会，并聘请外部专家对分析会结果给予指导。最终确定，将项目分为签约、履约和诉讼三个阶段，针对其中我院主要面临的八大风险为防控点，搭建具有三个管理层级，七大功能模块的系统框架。

2. 梳理业务流程，编制配套管理规定

如果说清晰的框架是系统搭建的基础，那么顺畅的业务流程和切实可行的管理规定就是体系高效、准确运行的保障。为此，我院风险管控部门首先，对原有业务流程进行了梳理：对步骤多、业务处理环节繁琐的进行了流程精简，对多部门分管、信息流转不畅的进行了共享优化，对流程不完整、风险控制能力差的进行了补漏升级；其次，根据引入信息化技术为工作带来的变化，设计了包括“项目完成量与收支记录管理”等新业务的工作流程；最后，编制并颁布了配套的管理规定体系。此次，共在原有流程基础上优化、改造业务流程6条，因信息化技术的引入而设计新业务流程4条，修订、编制并颁布配套管理规定8项。

表1　建研院风险管理相关文件一览表

序号	最新颁布、修订时间	名称
1	2009 年 2 月	《关于印章使用与管理的规定》
2	2009 年 4 月	《全面风险管理条例》
3	2010 年 3 月	《全过程项目风险管理信息系统操作手册》
4	2011 年 4 月	《合同管理条例》
5	2011 年 10 月	《合同条款制定的风险防范措施》
6	2011 年 10 月	《债权债务管理办法》
7	2012 年 5 月	《法律案件管理规定》
8	2012 年 5 月	《项目结算管理办法》

3. 试行部分功能，开展系统运营培训

项目全过程风险管理体系的构建为我院带来了管理水平的提升和管理方式的革新。它的上线运行是

一个涉及全院各层级、各部门、各岗位的系统工程，不可能一蹴而就。因此，我院按照功能模块所涉及的业务范围及其开发程度，制订计划，分期分批将功能模块上线，并设定试运行期，以便根据实际使用情况对信息化技术应用、业务流程和管理规定等及时进行有针对性调整。

表 2　建研院基于信息化项目全过程风险管理体系试运行情况表

时间	上线功能	用户	培训内容	试运行后的效果
2009 年 10 月	·客商评级 ·合同审批 ·收支记录 ·履约状态	·院、所合同、财务管理员 ·项目工程师	·客商评价体系的使用方法 ·新合同评审流程 ·项目履约状态及收支记录填写、查询方法 ·各项业务责任人的确定及相关规定的颁布	·完善了客商评级体系进行 ·丰富了全院收支记录汇总表统计内容
2010 年 3 月	·诉讼时效预警 ·法律案件管理	·院、所合同管理员 ·院风险管控部门法律专员	·诉讼时效基本法律知识 ·诉讼时效预警模块的使用方法及风险处理步骤 ·法律案件管理办法的主要内容及模块使用方法 ·各项业务责任人的确定及相关规定的颁布	依照法律规定利用信息化手段实现了诉讼时效起点动态更新功能
2010 年 6 月	应收账款统计	·院、所合同、财务管理员 ·项目工程师	·应收账款的形成过程及其对企业发展的重要性 ·应收账款统计模块的功能及使用方法 ·各项业务责任人的确定及相关规定的颁布	根据项目管理和财务管理的不同需求，实现了按项目和按合作单位两种不同分析方法
2010 年 10 月	·资源调配 ·其他辅助模块	·院、所合同管理员 ·院所资产管理员 ·项目工程师	·物资调配模块的功能及使用方法 ·各项业务责任人的确定及相关规定的颁布	无

（二）系统全面上线运行期（2011—2012年）

1. 签约阶段：以合同订立为抓手，控制项目决策风险

（1）客商评级

有项目就会有合作，于是客户和供应商就成了项目起始阶段风险重要来源之一。“知己知彼，与能者为伍”是我院开展客商备案评级的主要目的。为此，我院首先，在原有客商基本信息备案的基础上，根据全过程风险管理的需要扩充了备案内容；其次，按照新的备案要求对全院现有所有项目的客商进行了信息采集备案，建立了新的客商数据库；最后，经过与一线商业谈判工作者的多次座谈，整理出了包括21项指标的客商评价体系，以便设立准入标准，实现客商的动态管理。

管理模块上线后，客商备案评级的基本业务流程是：

在客商备案方面，项目负责人要对合作方的信息进行调查、填写“客户与供应商信息备案表”，并将备案表和相关证明附件资料流转至院风险管控部门。风险管控部门在接到备案申请后会通过行政工商

管理局、企业信用信息网、行业资质查询系统等将对备案内容的真实性进行复核，同时还会考察合作方的企业声誉、行业影响力等；综合多来源多渠道的多种信息后通过信息平台，完成备案审核，合作商信息自动进入客商数据库。只有这些在库客商才能与我院订立项目合同，进而建立合作关系，否则需要进行新的客商备案工作。

在客商评级方面，包含资金、资质、产品和服务四大方面21项指标的客商评价体系，是我院此次基于信息化的全过程风险管理体系新设立的功能和风险管控环节。院风险管控部门会以年为单位，按照客商评价体系为在库客商打分。对不同分数等级的客商在下一年度院风险管控部门将给予不同的合作指导方向，以减少由于客商境况不佳而为我院带来的风险。

表 3 建研院客商评级合作指导方向表

分数	指导方向
30 分（含）以下	停止合作
30–50 分（含）	在施项目结束后不能再合作
50–60 分（含）	不建议合作
60–75 分（含）	谨慎合作
75–85 分（含）	正常合作
85–95 分（含）	可给予优惠的合作
95–100 分（含）	可确定为长期战略合作对象

（2）合同评审

合同内容表述不清、概念混淆或恶意设定显失公平的条款，都是我院合同评审过程中出现不可能被去除的问题，因此我院选择正视问题、加强管理，通过增加评审管理层级、规范评审业务流程来明确责任、降低风险。

在管理方面，我院采取了“两级管理三级审批”的风险管控模式。其中，“两级管理”即院所两级管理，是指各专业研究所对自己的合同要有管理和风险管控，院级风险管控部门对全院合同有综合的统筹管理。同时，审批层级由先前的“两级”上升到了“三级”，即所级领导主要从技术专业角度和市场行情出发，对项目的技术可行性和经济可行性进行评估；院级风险管控部从法律专业角度出发，对合同条款进行审核，对查找风险点并给出修改或防控措施；主管院领导以院整体发展为落脚点，对合同再次进行审核，对于重大项目、重点项目，要经过党政联席会商讨后，或是按规定上报集团公司，或是进行最终决策。

在这样的管控模式之下，我院利用信息化手段建立起了完全闭环式的合同评审流程。具体流程如下：首先，项目工程师将项目合同提交至所级合同管理部门；该部门对合同进行评审、给出风险点及其管控意见后无条件流转至院级风险管控部门；院级管控部门同样给出意见后无条件流转到所级领导；所领导认为项目可行性差、风险过高、合同条款需要修改，流程会再回到项目工程师处，如果认为条款合理、风险可控、无需修改，就流转回院级管控部门；并由该部门将各方意见及合同流转到主管院领导处；院领导提出意见后，如果无需修改，就可以盖章完成合同签订，如果需要修改，院风险管控部门就要汇总院领导意见再次将流程流转到所领导处。这种闭环式评审流程，可以有效保证所有的合同、所有人的意见都不遗漏，都处于流程的管控范围之内。

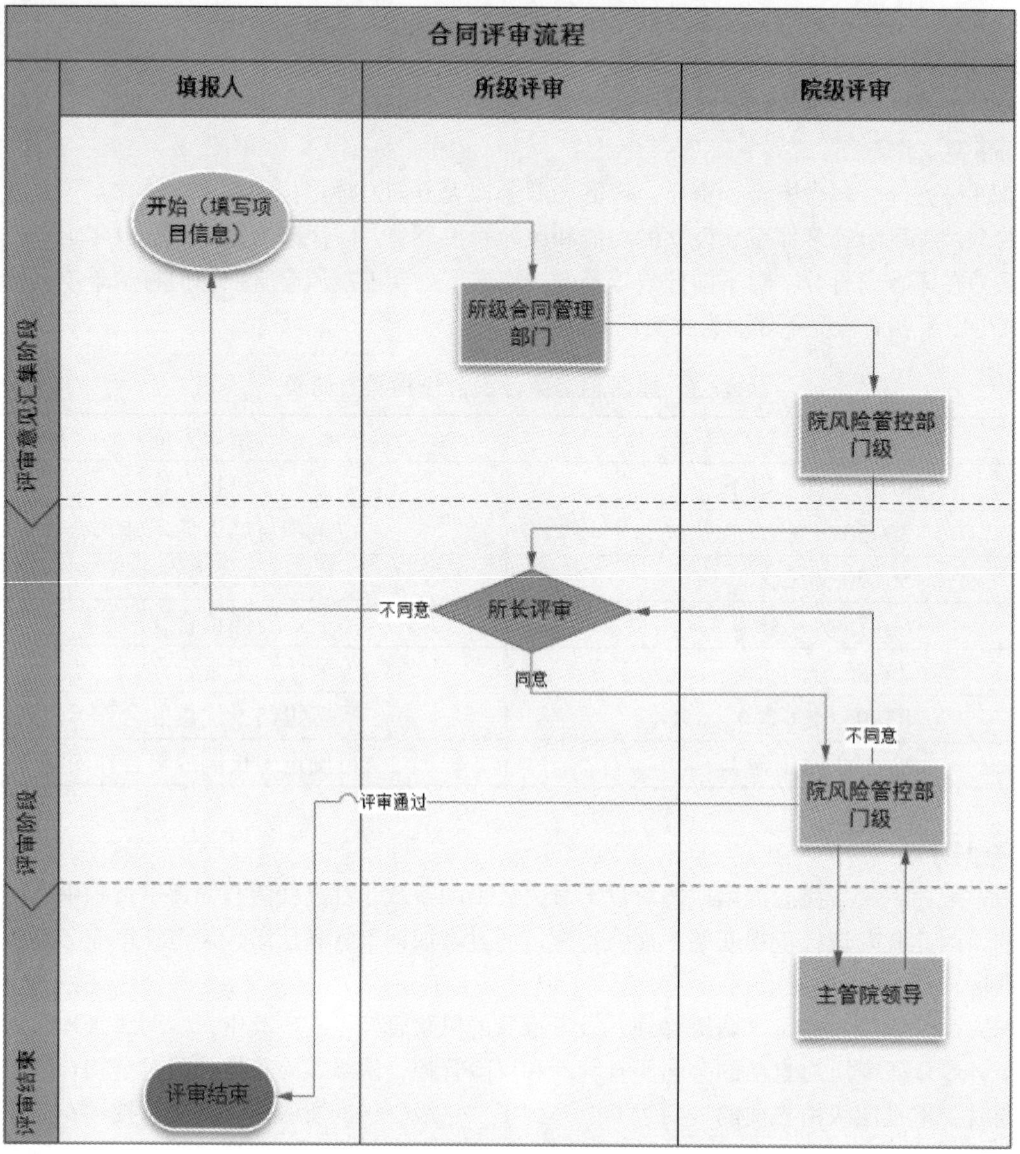

图6　建研院合同评审流程图

（3）资源调配

在项目签约阶段另一个重要环节就是了解项目所需资源的占用情况，判断我院是否有充沛的资源按约定履行合同义务，从而减少因资源调配不畅而产生的违约风险。此环节所称“资源”是对技术人员、技术设备、流动资金的总称。在风险管理体系中，这些资源都被视为一个元素，并拥有唯一识别编码，汇总在是技术人员、技术设备和预算流动资金三个数据库中。数据库的统计汇总功能可以给出这些资源所处状态。

例如，履约某项目合同技术人员方面需要具有预应力设计能力的（识别编码：YYL）高级工程师（识别编码：ZC3）2人；技术设备方面需要提升千斤顶（识别编码：1030183）1台和标准测力仪（识别编码：1020271）1台；流动资金方面预计需要差旅费1万元。明确了这些基本需求信息后，就可到对应数据库中进行多条件汇总查询，从而掌握所需资源的使用情况。只有这些资源同时有空闲可用的，才能证明我院有能力按合同履行义务，可以订立合同，否则将存在很高的违约风险。

除了判断自身履约能力外，这一模块还能帮助项目负责人判断资源情况是否能满足合作方提出的缩短工期、增加工程量等合同变更的要求；也可在项目数量大的情况下实现各类资源的使用期规划，以实现资源的最优配置。

2. 履约阶段：以进度管理为核心，监控项目履约风险

（1）完成量与收支情况监控

完成量与收支情况监控是进度管理的重要组成部分，虽然这部分功能主要是提供完成量与收支情况的更新、汇总和查询，但是在相关管理规定的制度保证之下，其对于履约阶段的风险管控却有着提高数据及时性、准确性、共享性的重要意义。信息化手段的应用，实现了信息的实时更新，与原有人工统计汇报相比，提高了数据的及时性和准确性；同时实现了信息在不同管理层级之间的共享，打通了信息流动的渠道。

此模块的具体工作方法和功能如下：

首先，在项目进度风险控制方面，以某收入项目进度风险管控为例，当我院签订合同后，系统会自动生成一条带有合同基本信息的收入记录。当我院按约提供了服务或产品后，业务人员会按规定填写一条包括日期、我方实际完成量、单位和单价的记录。系统则自动算出我方完成量金额，并自动实现以上信息的汇总；同时还会将我方完成量金额与合同金额进行比对，自动计算出我方完成进度（见图7）。支出性项目数据录入、计算、汇总方法同理。由此，各层级用户可以实时掌握项目的进度情况，将实际进度情况与合同条款进行比对，从而完成对于进度风险的识别、排查工作。

其次，在项目资金风险控制方面，同样是以收支记录为载体、业务人员按规定填写、系统自动计算，从而实时反映出项目发票开具及获取、资金收入及支付、预收付金额的产生及冲销等财务信息，以及时对项目的资金风险进行管控。

最后，在面向各层级多用户信息共享方面，业务人员实时更新项目进度和资金情况，可以记录自己的工作内容，并且由信息系统自动计算出其他多项风险监控数据；所级项目负责人及合同管理员，可通过系统实时掌握项目进度和资金运转情况，监控履约风险；院级风险管控员，可通过现有进度及收付款情况与合同条款的比对，及时获得违约风险信息，适时采取应对措施。

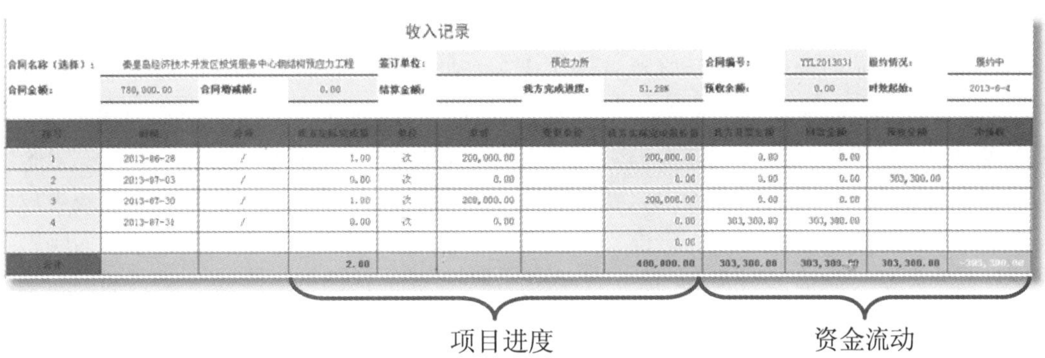

图7 建研院项目收入记录系统截图

（2）履约状态更新

针对建筑业项目履约周期长的特点，我院按照项目随时间推进而呈现出的特点及可能出现的风险类型将签订合同后的项目划分成了不同的履约状态，以便针对不同状态有的放矢地进行风险管控。履约状态更新是在前一状态成立的条件下进行的。

表4 履约状态及各状态工作办法一览表

履约状态	状态特征	状态更新条件	风险防控的重点及做法
未履约	合同已经签订，但还未开始履约	·合同审核通过之时 ·通过合同评审流程系统自动显示	是否已经具备履约能力、做好履约准备
履约中	已经开始履约	·合同约定的履约起点 ·通过在系统中填写的合同基本信息系统自动显示	·加强进度管理 ·实时评估双方保质保量按时履约能力

续表

履约状态	状态特征	状态更新条件	风险防控的重点及做法
已完成未结算	已经履行完成合同约定的全部义务，尚未办理结算手续	·我方或对方完成量价值等于合同额之时 ·通过收支记录系统自动计算	·不能办理结算的原因 ·办理结算的时间 ·结算金额
已完成已结算	已经履行完成合同约定的全部义务，并已办理结算	·双方盖章，签订结算单据之时 ·通过院章使用管理规定和结算备案管理制度进行约束	·是否存在未结款项 ·合同约定的款项收付期限 ·超期收付的时常及原因
双方履约完毕	双方均已完成履约，且无拖欠款项	·项目双方往来账目余额为零之时 ·通过财务月度对账管理规定进行约束	·项目盈利情况 ·项目创新及获奖情况 ·双方满意度调查
进入司法程序	只要产生司法纠纷，就确定为该状态	·法律案件管理规定应该进入司法程序之时 ·通过法律案件管理模块自动显示	按照我院法律案件管理规定进行管理

（3）应收账款统计

针对建筑企业项目周期长、资金占用量大的特点，我院在信息化技术的基础上设计了应收账款统计模块，在实现自动按项目或按客商统计应收账款余额的同时，还可进行账龄分析，以减少坏账对企业利润的吞噬。

全过程风险管理系统对应收账款的统计和账龄分析的工作方法如下：

首先，当我院开具发票时，业务人员按规定在收支记录中选择生成开票凭证后，持此凭证到院财务部开具发票，形成应收账款。此时，信息系统会以开票凭证所显示的日期为起点开始计算对方单位此项应收账款的账龄。当我院业务人员收到对方单位支付的款项时，业务人员按规定在收支记录中选择生成收款单后，持此单据到院财务部办理应收账款冲销手续。此时，信息系统会自动将原有余额与冲销金额的差值作为新的应收账款余额，并且根据会计核算的谨慎性原则先冲销账龄长的应收账款。

其次，管理系统会根据《企业会计准则》和我院财务管理办法自动实时进行应收账款分析。通过此分析，可以非常直观的获得各类型业务应收账款在部门、项目及对方单位的分布情况，还可以给出账龄组成。这些分析不仅可以为客商评级、进度管理、清欠回款提供支持；在季度末，还将为院财务管理数据的生成服务；在年度，院风险管控部门将针对所有应收账款进行询证，在核实账目的同时为我院债权的确定提供证据，以达到控制风险的目的。

图8　建研院应收账款及账龄统计系统截图

3. 诉讼阶段：以诉讼清欠为重点，规避项目纠纷风险

（1）诉讼时效预警

诉讼时效是指民事权利受到侵害的权利人在法定的时效期间内不行使权利，当时效期间届满时，人民法院对权利人的权利不再进行保护的制度。针对我院项目多、涉及专业广这一特点，为了使我院权利始终处于法律保护范围之内，我院在诉讼阶段创新性地开发了诉讼时效预警模块，即在合同诉讼时效到期前60天，模块自动预警，以提醒风险管控人员时效即将结束，应及时采取措施。这一管理环节可以达到防止时效过期、保护企业利益、及时消除隐患的目的。

对于预警的处理步骤：首先，时效过期倒计时60天及以内的项目都会自动显示在预警报表里，并非常直观地自动给出时效截止日期和距离到期的天数。预警之后项目负责人会与对方单位取得联系，要求对方给出履约计划，或发送请款函、询证函来主张自己的权利。对于取得证据的，院风险管控部门会根据法律规定延长诉讼时效。对于对方恶意拖欠的，我院将会在时效期内采取诉讼或仲裁的手段来主张权利、降低风险。

院诉讼时效预警报表

截止日期：2013-08-13

合同编号	合同名称	合同性质	合同类型	对方单位	工程地址	合同金额	结算金额	签订日期	截止日期	回款金额	欠款金额	时效截止	倒记天数
15201000286	销售中铁十局济南西站三工段履室料合同	收入	销售合同	中铁十局京沪高铁济南西客站施工指挥部三工	济南	96,450.00	0.00	2010-09-07	2010-12-31	20,000.00	76,450.00	2013-08-22	9
B2010152	苏家坨C02、C05地块经济适用房6#、7#楼及2#	收入	其它合同	北京市海淀区信远建筑工程公司	北京市	70,000.00	0.00	2010-12-07	2011-12-06	39,396.00	30,604.00	2013-08-24	11
B2010156-1	石景山刘娘府C地块定向安置用房项目D4、D6	收入	其它合同	湖南省第四工程有限公司	北京市石景山区	250,000.00	0.00	2010-12-30	2012-12-29	132,665.00	117,335.00	2013-09-15	33
B2011067	北京市育人学校校舍建设工程（教学楼、风雨	收入	其它合同	北京高校房地产开发总公司	北京市	77,400.00	0.00	2011-07-11	2012-07-10	57,900.00	19,500.00	2013-08-24	11
jt2011016	西北旺大牛坊农民安置点定向安置房A02地块	收入	施工合同	北京住总第四开发建设有限公司	西北旺大牛坊	100,000.00	0.00	2011-09-06	2012-09-10	0.00	100,000.00	2013-09-22	40
JT-TS036	瑞雪春堂	收入	施工合同	北京韩建集团有限公司直属六公司	京内	70,000.00	0.00	2010-12-31	2012-12-31	37,586.20	32,413.80	2013-09-14	32
MJ2011023	房屋建筑工程施工工法（二）-1模板+2顶板	收入	技术服务合同	中国建筑标准设计研究院	西城区	112,000.00	0.00	2011-08-15	2012-08-15	22,400.00	89,600.00	2013-09-28	46
11200800095	北京东方文化艺术中心办公楼	收入	施工合同	北京江河幕墙股份有限公司	北京市东城区	82,000.00	82,000.00	2008-03-24	2013-12-31	77,900.00	4,100.00	2013-09-27	45
11201000050	宣武区甘石桥改造工程	收入	施工合同	北京市万兴建筑集团有限公司十分公司十九处	北京市宣武区	301,537.00	301,537.00	2010-04-19	2015-12-31	230,000.00	71,537.00	2013-10-12	60
11201000089	太原煤炭交易中心预应力施工	收入	施工合同	山西第八建筑工程有限公司煤炭交易中心钢结	山西省太原市	1,950,000.00	1,897,250.00	2010-06-08	2011-12-31	1,802,387.00	94,863.00	2013-09-09	27
2T200800034	独上海中金广场膜管机采购及安装工程	收入	销售合同	上海美特幕墙有限公司	上海市	530,600.00	0.00	2008-05-19	2009-11-30	504,070.00	26,530.00	2013-10-12	60
TYL2011015	西安车站工程雨棚钢结构预应力钢拉杆张拉施	收入	施工合同	江苏沪宁钢机股份有限公司	陕西省西安市	200,000.00	0.00	2011-06-03	2016-12-31	190,000.00	10,000.00	2013-06-21	
TYL2011027	天津远洋国际中心售楼处工程	收入	施工合同	北京建工集团有限责任公司总承包二部	北京市海淀区	10,000.00	0.00	2011-04-18	2012-12-31	9,500.00	500.00	2013-10-13	61

图9　建研院诉讼时效预警系统截图

（2）法律案件管理

对于已经产生纠纷、进入司法程序的项目，其管理将按照我院《法律案件管理规定》进行。院风险管控部门负责全院的法律案件管理工作。

在具体操作办法方面，首先，项目负责人会将进入司法程序项目的收支记录中的履约状态选为“进入司法程序”。这时，该项目基本信息就会自动从进度管理和诉讼预警管理模块中被移除，而进入法律案件数据库，并自动统计到“法律案件报表”中，以供院风险管控部门通过系统随时掌握全院所有法律案件信息。随着案件的进展情况，院风险管控部门的法律专员会随时更新诉讼状态，以便在必要的时候采取措施，维护企业合法权益。

（三）系统优化升级期（2013年至今）

随着我院风险管理需求的不断提高，2013年我院决定对这套基于信息化的项目全过程风险管理体系进行优化升级。

在信息化技术方面，信息化工作组计划采用B/S架构提升信息系统界面的可视性和系统运行的流畅性，并利用互联网技术实现项目数据的异地录入、查询与汇总。

在管理体系方面，院风险管控部门计划将原有出入库管理模块改造升级后纳入现有风险管理体系，在实现与项目对接、与收支对应的基础上，加强对实物资产的风险管理，完善现有管理模块的功能。

在业务流程方面，除了对新模块相关业务流程进行优化和设计，还会对现有流程中存在的问题提出解决方案。例如：

四、建设基于信息化的全过程风险管理体系的效果

（一）风险管理能力得到了提升

1. 实现了风险实时监控

体系运行后，我院实现了对各类风险的实时监控，监控指标不再靠人工产生，而是系统自动生成；数据可以实时更新、全院共享；业务流程可以借助信息化实现自动推送。我院领导与管理部门通过监控，能够在上千个工程项目的运行之中及时发现风险、采取防范措施。

2. 覆盖了全部项目流程

我院全部工程项目都处于监管之中，全部工程项目的八大种类风险都以指标形式来监控，依据完成量、应收账款账龄、诉讼时效等关键指标，对存在高风险的项目进行特别关注。

举合同诉讼时效指标为例，自诉讼时效60天自动预警系统上线以来，我院对共计130项工程拖欠积极主张债权，通过发送催款函、律师函等方式避免了诉讼时效期满、胜诉权丧失的风险。我院还利用这一系统对其中20项有重大清欠风险的案件进行识别，主动采取法律手段，其中诉讼12件，仲裁8件，涉案金额共计478.37万元。仅2012年一年结案5件，避免和挽回经济损失共计18.48万元。

3. 提高了项目履约成效

通过风险管理系统的层层控制，我院能够在项目执行的初期、中期、后期有针对性地对风险进行预警、处理、化解，最终实现有效防控风险的效果。2012年，我院通过三级防控拒绝签订有风险的合同210项，项目合格履约率95%，客户满意度调查优秀率为95%

（二）经济效益得到了增长

1. 整体经济效益显著增长

企业自2009年初全过程项目风险管理体系正式运行以来，经历了快速稳定发展。从2009年到2012年，企业收入平均增长率达32.58%，企业新签合同总额从1亿元增长并稳定到4亿元水平，企业利润实现扭亏并稳定增长到破千万。

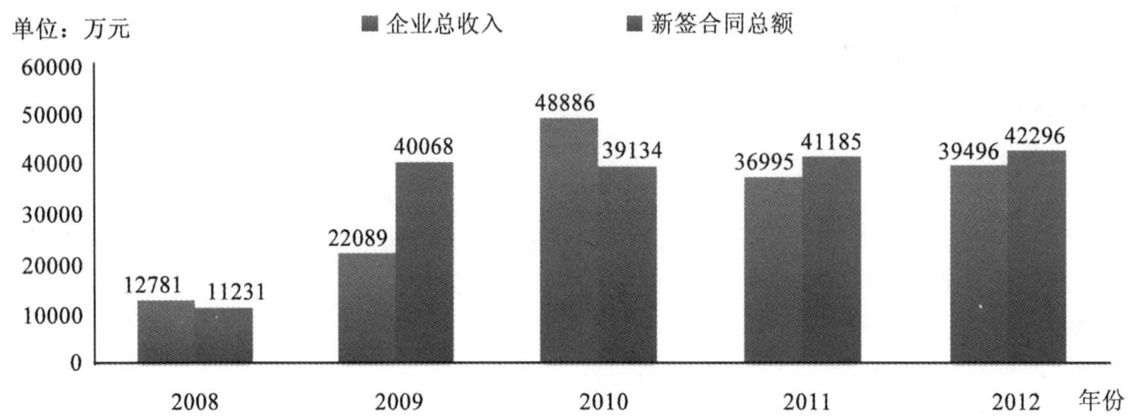

图10　2008—2012年建研院年度收入与新签合同总额数据图

2. 项目有效运营、回款效率提高

自该系统运营上线以来，我院会根据系统提示的已履行未及时竣工验收、已竣工验收未结算以及已竣工结算未支付款项时间达到相应天数的工程项目重点跟踪，督促各所项目经理进行及时沟通、积极回款。对已完成的项目，拖欠日期已进入诉讼时效的，我院会积极采取法律手段解决。

对于支出性项目，我院能够保证按约付款，避免了法律纠纷，从而避免了因纠纷而产生的赔偿与支出；对于收入性项目，我方能够按约定提供技术服务与产品；并紧密关注对方履约情况、适时清理债权。

通过这一管理措施的改进，我院能够对现有项目的回款情况实施及时的、良好的管控，系统平台上线运营一年以来，我院当年项目回款率达到85%，2012年新增工程欠款清欠额达8423万元；历史项目清欠率从项目实施前的50%提升到了70%，2012年当年历史清欠回款达到802.78万元。清欠回款率得到了有效提升。

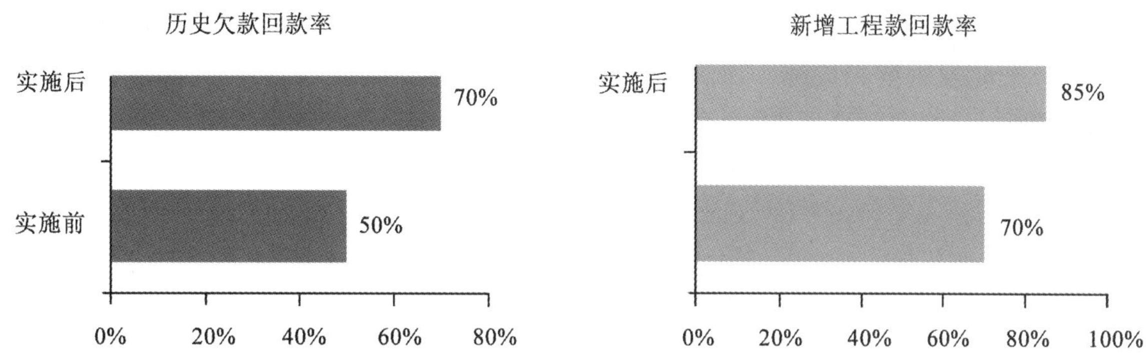

图11 建研院基于信息化的全过程风险管理系统实施前后清欠回款率对比图

（三）自主开发水平得到了提高

1. 节省引入成品管理软件的高额成本

除了产生风险管理效益与经济效益之外，我院自主创新、自行开发建设的全过程风险管理信息化系统相比于直接引入成品管理软件与外包开发节省了高额的科研开发成本。

我院建设信息化系统引入成品软件的成本十分高昂，如用友公司的成品软件成本高达上百万元；同时，为适应我院特有管理流程，还需要进行二次开发，费用同样较高。我院目前自主建立起适应自身需要的系统，相比于直接引入市面上的成品软件，节省了高额成本。

目前我院开发包括先期的课题调研阶段费用共计2万元，中期的系统需求分析、设计开发和调试测试费用共计8万元，后期的系统实施、维护以及硬件设备投入等费用10万元，项目总体费用控制在20万元以内，相比购买百万级的成品软件（用友软件）节约了高额的开发成本与二次开发费用上百万元，为企业间接创造了利润。

此外，由于我院的自主开发项目具备较强的自主创新性，我院风险管理系统信息化课题在北京建工集团科技基金课题获得立项，并获得项目资金25万元，为企业赢得了直接经济收入。

2. 建立了信息化管理专业人才队伍

我院开展实施风险管理信息化工作的6年中，积累了信息化开发与实施的宝贵经验，形成了专业人才队伍。由信息化小组成立初期的小型团队形成了目前院所两级管理人才梯队（由主责部门工作人员，与各专业研究所风险管理专员构成），实现了风险管理工作对我院各项业务的全覆盖。

目前企业信息化工作小组人员在工作中通过培训与自身学习，积累了风险管理的宝贵经验，进一步强化了风险管理与自主创新意识，提升加强了企业自身风险管理的自主创新能力。

（四）社会效益得到了体现

1. 获得集团立项，推广了项目方法与成功经验

2012年，本项目成果入选北京建工集团“科技计划项目重点攻关类课题”，获得立项资金支持。获得这一款项后，建研院承诺在开发建设本企业的风险管理体系之外，将形成企业风险管理系统的自主建设方法，推广本企业管理系统自主开发的经验与思路，努力为北京建工集团开发适用于同行业建筑企业的中小型管理体系。目前，这一承诺已取得初步成效，建研院为北京建工集团开发出中小型的专项管理体系，在建工集团领域内获得推广。

2. 承接社会项目，赢得了社会认可与经济效益

2012年末，建研院申请承接北京市档案局管理体系建设项目，将本企业在自主开发本企业风险管理体系方面的经验进行推广，并对北京市档案局档案安全体系建设课题进行攻关。这一项目的承接代表建研院基于信息化的风险管理体系建设成功经验应用范围不限于企业内部流程管理的效率提升，同时在社会范围内有实用价值和借鉴价值，这一项目将不仅将为企业获得经济效益，还将为企业赢得社会范围内的广泛认可。

（五）产业化发展前景广阔

在开发过程中，我院了解到建筑业同类型企业对于这一适应性强、推广性好的风险管理软件的有较大的需求。基于这一背景，我院信息化工作小组将信息化技术与以项目为对象的风险管理相结合，进行优化升级、打包上市，不断加强现有风险管理体系适应性强、推广性好的特点，把以项目为对象的信息化管理风险管理系统进行模块化、成品化，未来会将其作为成熟的产品向建筑业同类企业进行推广。

借助我院以项目为核心、覆盖全过程的先进风险管理经验，我院将以风险管理软件产业化为方向，开发适应建筑企业管理实践的信息化风险管理模块，为企业创造直接的经济回报，并赢得社会效益。

成果创造人：张　然　仝为民　李　鹏　仲志伟　彭　建　李志伟　安静文　张海青　李　琳

中小微企业绿色担保业务体系的构建与实施

北京首创融资担保有限公司
荣获第二十八届北京市企业管理现代化创新成果一等奖

北京首创融资担保有限公司（以下简称“首创担保”）成立于1997年底，由北京首都创业集团有限公司、北京市国有资产经营公司、中国投资担保有限公司等七家股东共同出资组建，是北京市成立最早暨北京市政府、区县政府及市财政局予以大力支持的专业担保公司，是北京市政府及相关委办局为扶持北京市中小微企业担保、解决融资问题的重要平台。

公司成立十五年来，累计为中小微企业提供超过千亿元担保服务、担保项目1.2万个，所支持的行业涵盖农业、制造行业、批发和零售贸易行业、信息技术行业、传播与文化等行业。其中500万元以下中小微企业项目数量占比超过80%，为北京中小微企业发展做出实质性贡献，是北京市中小企业融资担保的主渠道。

公司在担保市场具有较高的认可度。被北京信用担保业协会评为五星级担保企业，大公国际资信评估公司、上海新世纪资信评估投资服务有限公司先后给予公司资本市场主体评级AA级、AA＋级，北京市融资性担保行业协会会长级单位。公司近年在北京市中小企业担保市场占有率连续多年超过20%，是北京市规模最大、全国影响力广泛的政策性担保公司之一。

一、中小微企业绿色担保业务体系建立的背景

中小微企业在企业总数中占有绝对比例，对于地方GDP增长、税收增加、就业扩大均产生较大的促进作用，是确保地方经济和社会健康发展、民生稳定的重要力量。以北京为例，北京地区中小微企业25万家左右，个体工商户76万户，中小微企业营业收入、利润和税收分别占全市企业总量的56.6%、68.2%和62.3%。

（一）中小微企业融资面临的问题

长期以来，中小微企业存在较严重的融资困境，中小微企业融资需求增加速度远高于供给，供需缺口一直未能有效填补，融资难已经成为普遍现象。目前中小微企业融资面临的主要问题：

1. 银行渠道融资受限

银行贷款融资门槛高，中小微企业因实力弱、经营稳定性差、抗风险能力弱、信用记录缺失、抵押物不足等，无法满足银行较高的审贷要求。尽管近两年政府出台多项中小微企业支持政策、金融监管部门出台差异化监管政策，在一定程度上使银行业对中小微金融的重视程度得到提高，很多商业银行开始将中小微金融作为银行转型的重要方向，但信贷支持仍然不能覆盖多数中小微企业。

2. 其他中小微金融服务渠道在逐渐完善

国家为解决中小微企业融资难，不断出台扶持政策加快建设完善中小微金融体系，支持小额贷款公司发展，鼓励发展区域性中小微企业专营银行、村镇银行，为区域中小微企业融资缓解起到一定作用。但中小微金融服务体系起步晚仍需不断完善，在产品创新、成本降低、规范服务、提高自身资本实力等方面还需要加强，短期内对中小微企业的融资支持能力还未提到较高水平。

3. 中小微企业融资成本过高

民间借贷或向小额贷款机构借贷较银行借贷更易获得、更为及时，已成为中小微企业融资的主要方式之一。有关机构统计，2012年我国中小微企业仅通过民间借贷方式获得的资金占全部融资额比例高达25%。但这两种方式的融资成本却远高于银行借贷成本，借款利率高达20%甚至更高，加重中小微企业经

营压力。

（二）担保机构的常规业务系统有待改进

担保机构主要定位于为金融机构与中小微企业搭建信用桥梁，对企业进行增信，缓解中小微企业融资中的信息不对称及金融机构向中小微企业惜贷、不敢贷与风险分担问题。

担保机构面向中小微企业的常规担保业务系统通常建立在全面掌握企业信用信息、全面评估企业信用风险及全方位控制企业信用风险的原则基础上，力求对企业详尽、透彻、到位的了解和把握。

但市场实践表明，中小微企业融资需求具有“短、小、频、快”特点，及时性、便捷性、低成本、灵活高效是中小微企业对金融服务机构融资服务的核心要求。常规担保业务系统“力求全面性”的特征在服务中小微企业融资时凸显出“服务滞后”的现实问题。

1. 担保项目运作效率低

为全面掌握企业信息，要求被担保企业提供的信息内容多而庞杂、专业性较强。由于中小微企业多数财务管理不规范、缺少专业财务人员，在信息完整性及真实有效性方面难以保障。担保机构项目经理要花费较长时间辨识信息真伪、核实财务数据，使项目运作效率大为降低。

2. 担保项目审批效率低

为全面控制风险，担保项目决策权多集中于担保机构评审委员会，整体审批流程偏长，审批效率偏低。

3. 担保服务多样性不足

担保产品线相对单一，以资产抵押方式为主，担保客户多集中在具备一定规模、管理相对规范的中小企业层面，对微型企业及个体工商户支持不足。没有形成个性化、多样化担保产品线，对于小微企业融资需求不能较好满足。

4. “点对点”的担保营销模式效率低

传统担保营销方式多采用业务人员对企业的一对一营销，担保营销渠道的拓展与项目源的增加依靠传统“点对点”模式效率低，不利于大规模营销运作。

5. 担保风险判断过于依赖项目经理个人经验

脱离现代信息网络技术、标准化产品设计与评审理念支持，无法提高担保机构大批量、高质量的业务处理能力与效率，同时对项目经理个人评审经验的高度依赖易引发道德风险。

（三）中小微企业绿色担保业务体系的构建意义

为缓解中小微企业融资困境，满足企业多样化便捷融资需求，提升担保服务能力、提高担保运行质量与效率，以标准化、专业化、规范化的运营理念大规模开展中小微、尤其是贷款额度500万元以内的中小微贷款担保业务，有效平衡担保效率、质量与风险的关系，首创担保自2005年开始探索并搭建中小微企业绿色担保业务体系，在控制风险前提下逐步实现中小微担保业务的标准化、专业化、规范化、规模化运作，为中小微企业提供高效、便捷、良性运转的融资担保服务。

中小微企业绿色担保业务体系的建立是增强提升担保公司对中小微企业服务能力的示范性举措，也是首创担保实现扶持中小微企业发展的政策性定位和发展使命的必然要求，对于缓解中小微企业融资困境、改善中小微企业融资微环境具有重要意义。

二、中小微企业绿色担保业务体系的内涵及特征

（一）构建原则

中小微企业绿色担保业务体系构建主要基于以下原则：

1. 资源集优

资源集优是将首创担保最有利于、最适合于开展中小微企业担保的各项优质资源进行整合优化，包括担保人力资源、担保技术资源、渠道资源、公司享受的优惠扶持政策、区县合作机构及联盟机构优势资源等，最大化发挥各类资源在首创担保平台上的集合功能与效率，提高公司及外协机构对中小微企业

担保服务综合能力。

2. 技术集成

技术集成是围绕中小微企业担保业务主线，将首创担保多年经营所沉淀积累的风险评估与控制技术、渠道管理技术、审批决策技术及信息管理技术进行有效集成，形成中小微企业绿色担保业务体系的技术体系，共同服务于中小微企业高质量、高效率担保融资。

3. 管理集约

管理集约是对中小微企业绿色担保业务体系整体管理效能提升的要求，在系统构建和实施中处处体现"提高担保效率、提升服务能力"的理念，用现代化担保技术和信息技术增强体系处理能力，实现担保效果和管理效率双赢。

（二）体系构成及功能

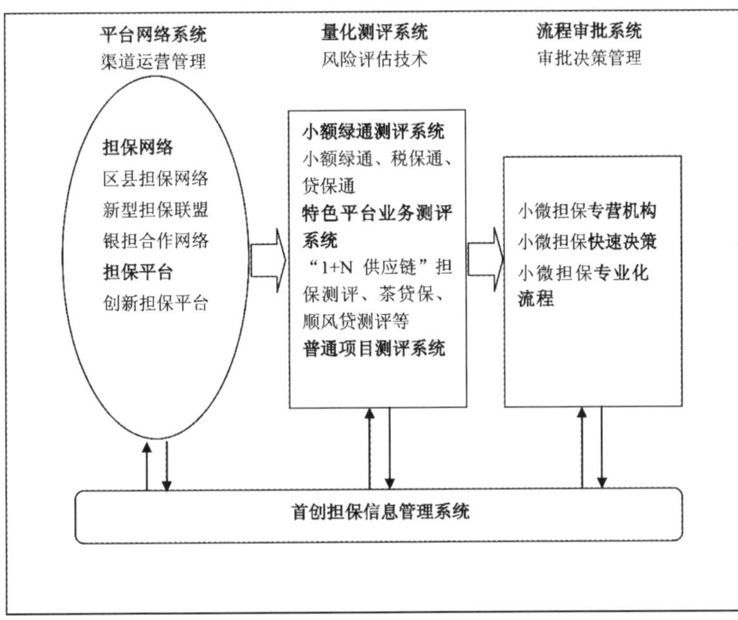

图1　中小微企业绿色担保业务体系结构图

中小微企业绿色担保业务体系由四个子系统构成：量化测评系统、平台网络支持系统、流程审批系统和信息管理系统，主要结构见图1。

1. 中小微企业量化测评系统

该子系统是首创担保自主创新研发的用于甄别中小微企业信用风险、辅助担保决策的量化测评系统，包括普通项目风险测评系统、小额绿通测评系统、特色平台业务测评系统三大类，其中普通项目风险测评系统多适用于500万元以上担保需求的普通中小企业风险测评，小额绿通和特色平台业务量化测评系统专门面向500万元以下担保需求的小微企业进行风险量化评价，量化测评系统是中小微绿色担保业务体系的核心技术系统。

首创担保在普通中小企业项目风险测评系统十余项分类评价指标基础上，针对小微企业特性大幅精简核心测评指标，合理设置指标参数与权重，设计出量化评测小微企业经营能力、反担保能力及还款能力的小额绿通测评模型。具有较强的科学性和实用性，可帮助评审人员甄别、量化担保客户风险、快速核定担保额度、推动项目快速评审决策，实现从个人经验判断到科学量化担保项目风险的转变，有利于风险控制水平的提高与历史数据的积累，在此基础上开发标准化细分产品，实现担保产品的标准化。目前基于该系统已经形成较丰富的担保产品线，包括小额绿通、税保通、贷保通、茶贷保、小微保等，覆盖小微企业500万元以内的融资需求，可用于北京市各类行业、特殊领域、产业集群、商圈等小微企业的担保风险评估与担保额度测算。

2. 担保平台网络支持系统

该子系统主要为中小微企业客户营销、集群业务开发、项目批量化操作提供渠道支持，同时大幅拓展首创担保外协担保业务运营平台，构建首创担保多层次、多渠道、覆盖全市的担保网络。可有效解决首创担保大规模、大批量、高效率开展中小微担保业务而现有人力资源、业务渠道、自身处理能力无法满足业务需求的问题。

首创担保的平台网络支持系统主要由区县担保网络、新型担保联盟网络、银担合作网络及创新担保平台构成。

（1）区县担保网络

首创担保自成立之初在国内率先建设了市区两级财力支撑的区县担保网络，目前已在北京市搭建起包括16个区县合作机构和分公司的区县担保网络，实现对全市各区县中小微企业客户群体的全面覆盖。

（2）新型担保联盟网络

新型担保联盟网络是首创担保与具备经营特色、资源优势的民营担保公司或国有担保公司通过推荐、联保、分保等多种有效方式开展合作，共同发展中小微企业融资担保业务的一种渠道经营模式。

首创担保在北京市最早创新提出并逐步建立担保同业间的担保联盟模式，该创新做法在市行业监管部门支持下正在全市推广。

（3）银担合作网络

首创担保与银行建立的银担合作网络，覆盖了北京市26家银行、数百家支行，双方建立了密切的合作关系，与银行建立了独具特色的“本金比例担保、三个月宽限期、保本不保息、不存保证金”的互利共赢、风险共担的合作机制。

这种与银行比例担保、修改银行制式保证合同的创新合作模式在北京市担保行业内及全国担保行业内也是很少见的，是担保公司争取行业正当权益、获得银行认可与重视的体现，获得担保同业的学习借鉴。

（4）创新担保平台

“观念创新、模式创新、管理创新、服务创新”是首创担保大力倡导并积极推动的管理理念。创新担保平台是首创担保创新理念在担保业务中的最佳实践。

创新担保平台是通过与中小微企业聚集的商圈、商业集聚区、产业集聚区、商会协会建立合作关系，或与产业供应链核心企业建立信用关系等方式，打破常规担保产品设计思路，为特殊中小微企业群体量身订制特色担保产品，形成平台化营销与批量化处理的集成模式。

担保平台网络支持系统的建设为中小微企业提供了覆盖全市的多层次、多渠道、多品种的担保受理、运作服务平台，可结合各平台、合作网络各自特点，为中小微企业提供具有一定个性化、差异化的产品组合服务。实现了从单一客户低效率营销向平台化、集群化批量营销转变，大幅度拓宽首创担保的客户来源、提高为客户提供差异化服务的能力、大幅提升首创担保与各类外协机构的资源聚合功能，多方聚集形成合力提高对中小微企业客户的营销及业务处理能力，实现优势互补、资源共享、担保乘数放大作用。

3. 快速审批支持系统

该子系统包括机构人员专业化设置与分工、项目流转管理、快速审批三个方面，是绿色担保业务体系的重要组成部分，对担保项目提高评审质量、加快项目流转、审批及放款速度，实现各职能部门或岗位分工协作，提高中小微担保业务运行效率发挥关键作用，与量化测评系统共同构成中小微企业绿色担保业务体系的核心。

首创担保按照审保偿分离和专业化分工原则，形成了小微项目、大项目、金融产品、合作机构四大特色业务主线，为小微企业担保线设立了小微企业专营机构，对中小微企业建立分级授权审批机制，实行担保业务前台、中台、后台职能部门与岗位的分工与协同管理，完善了担保项目的系统化、流程化、规范化管理。实现传统担保业务低效率运作向系统化、高效率运作转变，为深入实现专业化、精细化、科学化管理提供了保障。

4. 担保业务信息管理系统

该子系统是采用信息技术手段实现对中小微企业担保业务运作全过程的信息化，实现项目受理评审、流转决策、风险动态管理等的信息化管理，是中小微企业绿色担保业务体系各子系统的重要载体与支撑。

从2004年起首创担保开始担保业务信息管理系统建设，目前担保业务已全部在系统内操作，系统具备丰富的查询统计、日常管理报表、预警监测等多项功能。目前信息管理系统可实现担保项目的网上评审、流转审批、历史数据分析、动态风险总控管理等功能，为中小微企业大规模批量化运作提供了系统保障，同时促进了首创担保风险管理水平的提高。

（三）系统特征

中小微企业绿色担保业务体系具有以下特征：

1. 精准定位

中小微企业绿色担保业务体系定位于中小微企业，侧重支持担保额度500万元以下的小微企业及个体工商户，聚焦服务小微群体，客户群体选择具有明确的原则，系统内四个子系统的功能设计也都按照以上定位展开，具有很强的市场适用性。

2. 差异化设计

中小微企业绿色担保业务体系专门根据中小微企业的融资特点，从不同角度设计各个子系统的架构与功能，通过每个子系统不同视角体现对中小微企业担保服务的差异化与专业化。

在风险评估技术上，创新开发适合小微企业的“小额绿通测评系统”、符合平台商圈特色的“特色平台业务测评系统”，以科学的量化技术解决中小微企业风险评估难问题。并对500万元以下小微企业贷款进一步细分为100万元以下、100万—300万元、300万—500万元等多个子集，对各子集设置差异化的风险评估指标，确保风险评估的透彻和深入。

3. 批量化运作

中小微企业金融服务最难解决的问题之一就是如何实现既满足中小微企业对专业化、高效率的融资服务需求，又要保证担保机构资源利用效率最大化和担保风险有效控制下的规模化运作。中小微企业绿色担保业务体系通过以下创新较好解决了以上问题：评估技术创新。通过将公司多年担保实践经验总结融入科学量化的测评系统设计理念中，设定细分产品的客户准入与稳健的风险评估测评标准，实现了风险可控下的产品标准化，在此基础上进行特色产品研发推广；营销渠道创新。通过搭建“平台网络支持系统”，创新渠道开发技术，推出“区县合作网络营销”、“担保联盟营销”、“银行金融机构合作营销”等网络营销模式，使首创担保的有限资源通过平台网络渠道的放大功能服务更大群体的中小微企业；产品服务创新。针对中小微企业集聚发展特征，采用“批量营销”理念，设计出“1+N供应链担保”、“茶贷保”、“顺风贷”等可批量化操作的业务模式，扩大担保覆盖，实现专业高效服务与批量运作的有效结合。

三、中小微企业绿色担保业务体系的主要做法

（一）量化测评系统的实施

1. 技术构成及测评实施

量化测评系统由企业申报资料、评审报告模板及项目测评模型构成，其中项目测评模型是该子系统的核心技术内容，公司在总结大量中小微项目实战经验基础上自主研发了普通中小企业项目测评、小额绿通测评、特色平台业务三大类测评技术，其中小额绿通测评是面向融资需求500万元以内中小微企业的项目量化测评系统基础与核心，特色平台业务测评是在其基础上的开发延伸。

企业申报材料和评审报告模板是在项目评测模型基础上设计的格式化模板。企业申报材料主要包括财务报表、企业基础资料、其他相关经营及信用信息等。项目经理在完成现场考察、资料核实后录入项目测评的基础数据、企业相关信息、评述意见后生成评审报告初稿。

以小额绿通产品为例简要介绍小额绿通测评系统。

（1）产品定位

小额绿通产品定位于单笔不超过300万元，期限不超过12个月的小微融资担保项目，最高可给予企业100余万元的信用担保额度（即没有抵质押反担保措施覆盖的风险敞口额度）。

（2）对企业的基本要求

企业具有法人资格、合法经营；具有稳定的主营业务已形成并具备一定规模；具备两年以上有效经营历史；企业法人代表及主要经营者无不良信用记录，企业资信状况良好；企业注册资本原则不少于50万元；对于商贸流通类企业，原则上年销售收入超过300万元；对于生产制造类以及服务类企业，原则上年销售收入超过150万元；企业可提供一定的反担保措施，准入标准是控制风险的有效措施之一。

（3）主要反担保方式

个人无限连带责任；不动产、动产资产抵押；第三方信用反担保；库存商品融通仓质押监管等。

（4）评估审核必要程序

项目经理对企业进行必要的风险审核，包括企业经营现场考察，财务资料审查，重点是税务资料的核查；重要企业资料、项目资料、合同审查；了解上下游客户或同行企业；走访第三方信用反担保单位并核查相关资料；现场勘察反担保资产；与贷款行客户经理沟通；其他必要的风险审核工作。

（5）核心数据的评测

将企业经营指标与反担保指标进行量化后按权重计算基础担保额，即通过对企业经营能力、反担保能力的标准化公式化测算，测算出企业最高可获得担保增信的理论值，再经过一定的人工调整项综合测定担保可操作值。计算过程见表1。

表1　小额绿通测评表

评审指标	指标值	说明和评价
A 经营能力最高担保额	0	A=a × b−c
a 近 2 年月均现金收入		
b 倍数选择（0.6 ～ *）		
c 现有贷款余额		包括：短期借款、一年内到期的长期借款、一年内到期的个人经营性贷款
B 反担保能力最高担保额	0	B=min{e+A × 系数 +（f+g）× 系数，e+100}
e 可抵押资产	0	e=e1+e2+e3+e4+e5
e1 房产		净值的 * 折
e2 车辆		2 年之内的按 6 折，2 ～ 4 年之内的按 4 折，4 年以上的按 3 折计算。
e3 设备抵押		2 年之内的按 5 折，2 ～ 4 年之内的按 4 折，4 年以上的按 3 折计算。
e4 存单质押		按原值
e5 存货监管		按监管方案的折扣后价值 × 监管方案评级系数计算
f 个人连带		f=f1+f2
f1 家庭、单身		资产净值在万元以上，按万元计算；不足万元，按万元计算。
g 信用反担保	0	g=g1+g2+g3
g1 非关联公司		标准非关联公司 = 万元，如提供资产线索太少，下浮 5 万 −15 万元
g2 关联公司		标准关联公司 = 万元，如提供资产线索太少，下浮
g3 库存信息监管		视同为标准关联公司，按关联公司标准计算
C 初步评估值（≦ 300 万）	0	公式略

续表

评审指标	指标值	说明和评价
D1 项目经理最高可同意提供的担保金额（≦300 万）		D=C+i+h+j+X
i 信用记录调整值		根据在我司的已担保次数，第一次担保记录加 5 万元，第 2 次及以上每次加 10 万元。6 次及以上最高取值 50 万元。
h 项目经理调整值		
j 根据增值税税负调整额		当近两年增值税平均税负大于 *% 时，在 C 项初步评估值基础上给予 10% 的加分。当税负大于 *% 时，给予 20% 的加分，加分最高不超过 20 万。注：当企业近两年是小规模纳税人时，此项不加分
X 附加分		当 A ≦ 300 时 X = 0；300<A ≦ 400 时 X = 10；400<A ≦ 500 时 X = 20；A ≧ 500 时 X = 30
D2 项目经理初步同意为企业提供的担保金额（≦300 万）	0	D2 ≦ D1 ≦ 300
利率调整值		
D3 项目经理最终同意额	0	D3 ≦ D2 ≦ D1 ≦ 300

测评中考虑了企业月均收入、现有一年内将到期的银行债务余额、各项反担保措施量化值、信用记录、纳税情况、行业调整倍数等指标综合评判，系统自动计算担保额度，并给予项目经理一定限额的定性化评价调整权限。

项目经理完成现场评审工作、收集项目申报资料后可通过该测评系统将必要数据输入后立即生成测评结果与担保评估额度，同时形成简化版项目评审报告。项目通过风险管理部复审后，由首创担保授权审批人直接审批。审批通过即可向企业发放同意担保意向书，整个流程下来不超过5个工作日。

该绿通产品对首创担保指定的银行适用，为提高银行审批效率，首创担保特向银行提供100%本金担保，银行据此实现了同步“见保即贷”的快速审批。

2. 小额绿通测评系统的设计与实施要点

（1）以企业纳税报表数据作为担保评审依据

小额绿通测评系统设计初衷是铺就企业快速融资通道，实现简易化申报、标准化测评、规范化运作、快速化审批。以往各种金融产品或担保产品主要以核实后的企业财务报表作为评审依据，而中小微企业财务管理通常不规范，很难在全面准确核实财务数据与提高评审效率间取得平衡。

小额绿通测评系统以企业报税收入为核心考量指标，企业纳税报表数据清晰易核实，显著降低评审人员对企业财务数据审核难度、节省评审时间。同时企业往往出于避税考虑，通常会对税务部门有所保留其真实的经营业绩，纳税报表数据多数情况下所反映的企业资产状况和经营成果相对谨慎，以此做出的担保决策更为稳健安全，可有效降低银行和担保机构的项目运作风险，更好符合银行和担保机构风险控制要求。

（2）综合考量、标准化决策

对被担保主体的经营能力和反担保能力进行综合考量，执行标准化测评规则来确定担保方案。以往针对中小微企业的融资产品更多关注其抵质押物价值，经营状况良好而无抵押物的企业也很难获得担保贷款。小额绿通测评系统更关注企业经营能力与还款能力，采用经营能力与反担保能力综合考量确定担保额度，企业还款能力良好即使没有抵押物也可测评出最高100余万元的纯信用担保额度。

（3）缩短审批流程、加快运作速度

为提高绿通担保产品的运作速度，首创担保在保障担保项目运作质量和有效控制风险前提下，一是将传统普通项目评测指标数量大幅精简，采用标准化测评提高评审效率；二是缩短审批流程，建立审批绿色通道，所有小额绿通担保项目无需上会审议，仅需通过项目经理评审、风险复审、授权人审批等环节即可完成内部审批过程，一般5天内可完成全部评审流程；三是简化企业申报资料模板，采取标准化的审查程序与评审操作规范，将标准化测评系统自动测算担保额度与评审及复审人员经验判断调整有机结合，力求简便、快捷、实用，实现业务运作效率的提高，满足中小微企业融资时效性的要求。

（4）限额管理、有效控制风险

考虑到中小微企业融资额度通常较小，但融资频率较高、经营稳定性和持续性波动较大，首创担保将绿通类担保系列产品最高担保额度设定在300万元或500万元以下、一年期以内的流动资金贷款，对小微保、小额绿通、税保通产品设定差异化准入基本门槛，既能满足企业的基本资金需求，还在一定程度上有效控制担保风险，以更为持续的方式为中小微企业提供有效的资金融通服务。

（5）鼓励引导企业规范经营

引导企业规范财务核算管理、依法纳税。鼓励企业采用纳税报表快速获得担保融资，对纳税情况及信用记录良好的企业给予一定担保额度调增奖励。

3. 应用及技术升级

量化测评系统根据市场实际情况进行不断技术升级。在2005年即设计出小额绿通担保产品，并很快得到银行机构及中小微企业的认可，市场影响力迅速扩大，在此基础上又陆续推出了税保通、贷保通，以及“1+N供应链”、“茶贷保”、“顺风贷”等多项特色平台业务测评及相关产品，大大丰富了中小微担保服务链条。2013年推出“小微保”产品，对量化测评系统的适用范围进行扩展，评审依据从纳税报表数据拓宽到非报税财务数据，产品适用范围拓宽至个体工商户群体，最高可提供100万元信用担保贷款，反担保仅为个人家庭连带担保。该产品推出后获得多家合作银行争相推广，首创担保支持服务小微企业能力进一步提高。

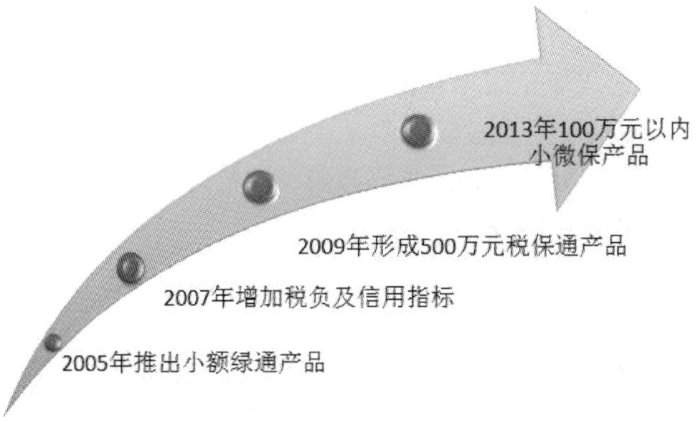

图2　首创担保小额绿通量化测评系统的技术升级

（二）担保网络平台支持系统的实施

1. 区县担保网络

首创担保区县担保网络按照“政策性资金、法人化管理、市场化运作”原则，开展区县中小微企业担保业务，并受到《北京市中小企业担保资金管理办法》（北京市财政局2003年颁布）的政策规范及支持，其中明确了市财政对首创担保及所属区县机构给予限率风险补偿及适时增资、区县政府建立相关配套机制等项政策，为首创担保拓宽区县中小微企业担保经营领域提供有力政策支持。

首创担保的区县网络及财政配套风险补偿政策在国内担保行业内独具特色，成为首创担保核心竞争力之一。通过区县网络将市区两级担保机构各自优势与政策资源进行有效集合，形成合力支持区县中小微企业融资发展。

首创担保区县担保网络的运营方式及特点：

图3 首创担保区县担保网络分布情况

（1）资金统一管理。集中各区县政府分散的担保资金由首创担保进行统一管理，发挥资金的归集放大功能，对外统一由首创担保出具保函，使区县担保资金放大倍数增至15倍。

（2）统一操作规范。统一区县各项担保业务操作规范、风险控制制度、明确各类业务操作标准，确保区县担保业务有序、规范开展。

（3）风险总控管理。对各区县分支机构实行风险动态监控与差异化授权管理相结合的风控模式，将小微业务操作权限授予部分区县合作机构，提高区县项目审批效率。

（4）发挥区县优势、创新担保产品。发挥区县政府、区级担保机构及其各乡镇分支对当地企业熟悉、掌握优质企业资源、信息获取充分的优势，推广应用首创担保中小微企业特色担保产品，借助区县对企业的经济及行政控制力有效控制项目风险。鼓励创新具有区县特色的反担保措施，部分区县合作机构创新推出了土地承租权质押方式，在实践中取得较好的市场效果，解决了当地中小微企业传统反担保措施不足限制融资的难题。

多年来区县网络为区县企业提供了就近、便捷、高效、灵活的担保服务，显著提升首创担保及区县担保机构的中小微企业服务能力。

2. 新型担保联盟网络

首创担保本着“资源共享、优势互补、风险共担、利益均沾、互惠共赢、合作发展”的原则，在北京市率先提出担保联盟的发展思路，将首创担保自身的品牌及技术优势和银行通道优势与合作担保公司的中小微业务渠道、客户资源、人力资源优势相结合，借助部分经营有特色的民营担保公司的操作能力及联合担保能力，进一步扩大首创担保中小微业务规模，实现首创担保与联盟担保机构的资源共享、优势互补、共赢发展。

专门设置合作机构管理部，配备专业人员负责区县担保网络及新型担保联盟的运营管理，制定担保联盟机构的筛选、准入、运营、风险管理、监督考核、培训等相关制度规范，规范联盟管理，循序渐进、稳健拓展联盟机构及合作业务。

目前首创担保联盟成员已达十余家，双方通过推荐、联保、分保等多种方式开展中小微业务合作，中小微企业营销宽度与业务拓展深度迅速提高，部分联盟机构在小微企业、商圈集群融资领域的资源优势被有效激发，对首创担保小微担保业务的迅速拓展形成积极有益补充。例如，首创担保与部分联盟担保公司合作推出专门面向300万元以下中小微企业的“小精灵”担保产品，年度担保业务量已达到近200个且正在逐年快速增加，部分联盟担保机构的商圈融资合作担保业务快速增长，担保联盟对首创担保中小微担保业务发展能力的促进作用正在显现。

3. 银行合作网络

首创担保与合作银行在品种创新、平台建设、共同营销等方面进行深度合作，覆盖北京市26家银行、数百家支行，与银行建立了独具特色的“本金比例担保、三个月宽限期、保本不保息、不存保证金”的互利共赢、风险共担的合作机制。与部分银行建立了见保即贷（银行见担保公司保函后三个工作日内完成审批）、见贷即保（首创担保将贷保通产品评审权授予指定银行，银行审批完成后首创担保复审通过即快速审批）、小额绿通等特色业务。银担双方合作通畅、密切，银行网络已成为首创担保项目来源的最主要渠道之一。

4. 创新担保平台

（1）平台合作模式

首创担保与中小微企业聚集的商圈、商业集聚区、产业集聚区、商会协会等平台组织建立合作关系，搭建担保机构、商协会或市场、银行金融机构多方参与的担保融资服务平台。

平台组织主体（一般为协会、商会或市场负责机构）负责接受企业担保申请，进行企业信用初步筛选与推荐。首创担保利用平台组织主体对所辖企业掌握的信息、渠道、人脉资源优势，规避部分信息不对称情况，实现平台化营销、批量受理、快速评审、批量审批的规模化担保目标。同时，首创担保还创新采用存货等动产质押监管、商铺经营权质押、联保、商协会推荐与协助监控等多种具有商圈融资特色的反担保措施，为不同经营模式的商圈企业设计应用该商圈的、差异化的担保产品审核测评标准，受到市场广泛欢迎。

按照平台化开发的思路，首创担保近年来陆续开发了眼镜城、马连道茶叶商圈、亚运村汽车交易市场、红桥市场、家居建材市场等商圈担保业务，获得较好的市场效果。

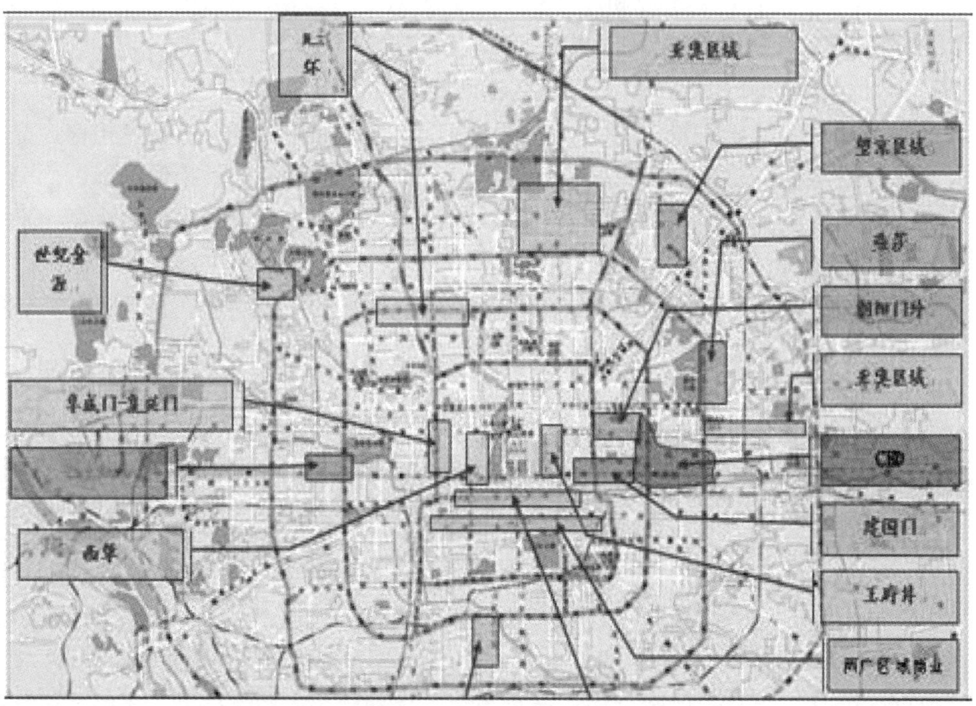

图4　北京市商圈集群示意图

（2）特色平台案例

2010年首创担保受理了某知名运动品牌北京总代理商的数千万元贷款申请，因客户无不动产抵押物，无法按照常规贷款方式获得支持。评审人员另辟蹊径，了解到其下属经销商也有强烈融资需求，创新提出将该品牌总代理及下属数十家加盟商集合为上下游产业链，设计“1+N供应链融资”模式，即为总代理及加盟商进行捆绑授信，由首创担保对该总代理及下属众多经销商提供贷款担保。总代理对经销商进行资信初审、提供内部结算财务数据并给经销商提供连带反担保，银行为双方提供流动资金贷款授信，资金封闭监管、循环使用，一并解决总代理与经销商的融资困难。

为在短期内筛选甄别大量经销商，评审人员设计出一套量化筛选客户、快速确定贷款额度的测评标准，将经销商与总代理的结算量、季度采购、库存、销售、门店、家庭资产等若干因素综合考虑，简化了申报资料与评审报告，并采取总代理组织集中受理、公司与银行同步派出评审团队集中评审、担保方案提前上会审议、会下分别落实、公证处上门服务、总代理负责动态监控、定期反馈经销商经营状况及还款进度等方法，短期内解决了三十余家经销商及总代理年底前向厂家预付6000余万元采购资金的融资需求，项目经理评审效率、处理能力成倍提升。

此种模式下，下游经销商获得了资金，其向总代的订货付款能力也得到了提高，间接解决了总代向经销商赊销产品导致的对总代的资金占压，同时将贷款风险进行了大幅度的分散，取得担保公司、银行、总代理及加盟经销商的四方共赢。

首创担保将此模式陆续在3个知名运动品牌中进行了推广，带动106个经销商获得银行贷款累计3.06亿元，无一笔欠息、逾期情况发生。首创担保将该产品模式在市场中推广应用，得到某合作银行高度认可与合作，相关支行为此获得其总部年度创新特别嘉奖。

（三）快速审批支持系统的实施

1. 设立小微企业担保专营机构

首创担保为进一步加强对中小微企业的研究及业务推进，对原有四个业务部门进行专业化分工调整，专门创设小微担保部，配备专业人员，对部门设置考核指标时明确了重个数不重规模的任务导向。鼓励小微担保部积极拓展小微项目，深入研究小微企业融资，专注做大做强小微企业担保业务，小微部门的设立对推动小微企业担保业务发展起到积极促进作用。

2. 实行高效的中小微企业项目审查及决策机制

首创担保普通项目的决策流程要经历5个环节：评审部门项目经理（A、B角）出具评审报告、评审部门负责人出具意见、风险管理部复审人员出具意见、风险管理部负责人出具意见、评审委员会投票决策。这种集体审议项目的决策流程在中小微担保业务量增大时很难保证审批效率。

为解决中小微企业项目审批效率问题，首创担保调整审批决策机制，缩短决策流程环节，授权风险管理部经理审批500万元以下相关担保项目。实践证明，经过调整后项目运作效率提高的同时，依然能够保证极低的担保代偿率，取得较好的市场效果。

3. 建立中小微企业专业化担保业务流程

首创担保传统担保业务采用项目经理全程负责制，从前期的项目评审一直到后续合同起草、合同公证、安排抵押、落实监管、收费放款、在保监控等全流程工作由项目经理完成。随着中小微项目量的大幅增长，这种冗长而低效的操作方式大大影响了公司担保能力地提升。

为此，首创担保采取了三项举措提高中小微项目操作效率：一是在风险管理部设置了流程管理与操作小组，专门负责300万元以下的项目后期抵押公证、收费、监督放款、合同催收、归档、后期管理等工作；二是设立抵押登记专岗，将抵押登记工作由专业服务机构外包提高了抵押登记效率、缩短放款时间；三是项目在保监控实行分级分类管理，采取自主开展与委托专门机构开展在保监控相结合的做法，项目代偿及追偿由专门部门、专门人员负责。

专业化分工在很大程度上解放了项目经理，使其将主要精力用于业务开拓、项目评审及风险甄别。

同时专门的流程管理人员、专业机构对项目的后期工作进行专业化操作也有利于提高业务效率与风险控制质量，在一定程度上防范了项目的操作风险与道德风险。

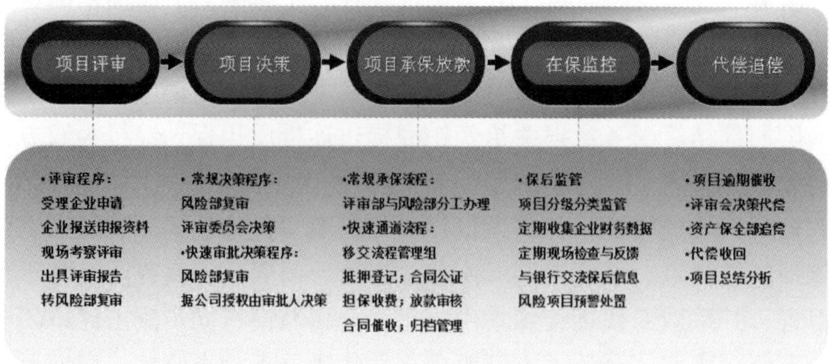

图5　首创担保项目运作流程图

（四）建设担保业务信息管理系统

1. 系统开发建设

系统一期建设于2004年、2005年正式投入使用，投入使用后项目纳入系统中进行管理；2008年实施了二期升级，升级后首创担保除诉讼保全和下岗失业人员小额贷款担保外的所有担保项目均纳入系统进行管理。2013年下半年计划配合区县联网工作进行底层平台的整体升级。

2012年，首创担保为加强对区县合作机构及分公司的业务管理，开始开发区县系统，2012年10月开始进行试点工作，目前开发工作已基本完成，正在开展区县合作机构及分公司联网工作。

2. 系统主要功能

担保业务信息管理系统功能结构见图6。

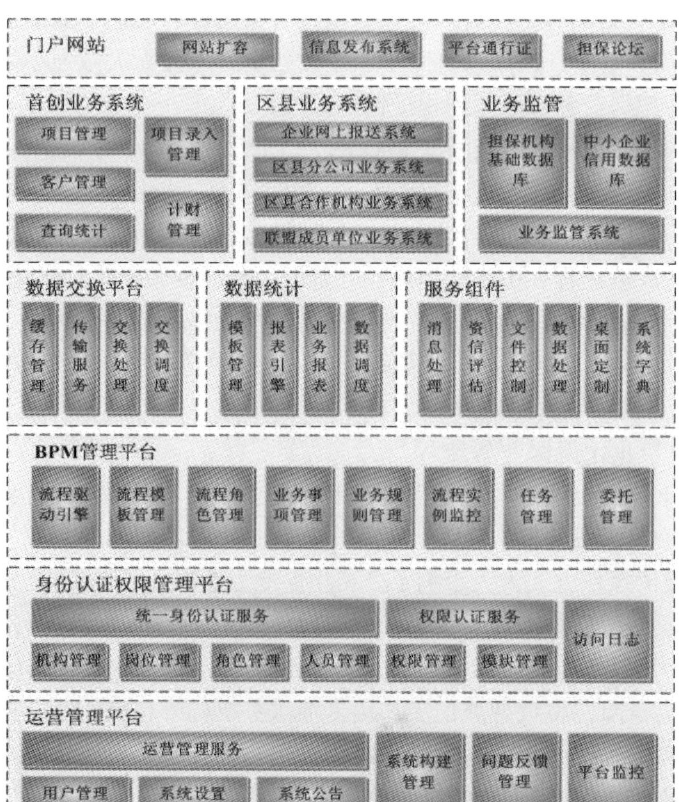

图6　首创担保信息管理系统功能结构

（1）实现了担保项目从申请、受理、评审、在保、解除和代偿追偿的担保项目全阶段、分类别的数据及流程管理。

对特色平台产品分别设置差异化的审批流程控制、数据分类录入、多口径统计分析等功能，加强系统对业务管理与风险管理的支持。

（2）实现了担保客户及项目基础信息、财务数据的完整录入。

（3）实现了项目审批流程的网上操作，为首创担保全面实施无纸化办公打下良好基础。

（4）实现了担保项目委托保证合同及反担保合同的系统统一管理和打印。

（5）实现了担保项目收费的系统化管理。

（6）实现各类担保业务统计报表、风险管理报表的系统生成和管理。针对中高层领导，系统也提供了各种即时的业务管理报表，实现担保项目远程审批，提高审批效率。

信息管理系统的实施增强了首创担保对担保业务运作全流程、业务数据的管控，提升了业务运作效率、规避操作风险，提升风险总控管理能力，为公司规模化开展中小微担保业务提供了支持与保障。

四、中小微企业绿色担保业务体系的实施效果

中小微企业绿色担保业务体系自2005年小额绿通产品推出后，经过几年不断调整完善，在运行中发挥了积极作用，产生了良好的社会效益及经济效益：

（一）获得显著的社会效益

截至2013年6月首创担保累计担保总额1200亿元，担保项目1.2万个，其中500万元以下中小微项目数量占比超过80%，累计扶持的中小微企业数量居北京市担保行业首位，中小微企业绿色担保业务体系在其中发挥了重要作用。

据对在保项目抽样调查统计，通过该体系受保的500万元以内中小微企业2012年新增销售收入39亿元，新增税收3.3亿元，实现就业8万余人，经营效益普遍良好，融资问题有所缓解，担保社会效益显著。首创担保较好地完成支持北京市中小微企业融资发展的政策性使命。

（二）获得较好的企业效益

1. 业务增长

首创担保年度担保个数和担保规模保持较快增长，年均复合增长率超过70%。自2005年以后，首创担保构建并实施中小微企业绿色担保业务体系以来，中小微企业担保项目的营销和处理能力大幅提高，中小微担保业务呈现快速持续增长。2012年实现各类担保规模175亿元，担保个数超过2000个，处于北京市担保同行业首位。

首创担保年度担保规模已连续五年超百亿元，在北京市融资担保市场份额超过20%，成为具有较强竞争力的北京市中小微企业融资主渠道。

2. 风险控制良好

2005–2012年累计通过中小微企业绿色担保业务体系担保的500万元以内中小微项目达到6958个，担保金额139亿元，其中小额绿通、税保通、贷保通产品累计批准项目2073个，担保金额34.5亿元，其累计代偿仅9笔883万元，远低于银行中小微企业不良贷款发生率，业务体系发挥了重要作用。首创担保多年来代偿率均低于1%，风险控制良好。

3. 效率提高、能力提升

一方面，通过中小微企业绿色担保业务体系的实施，较大幅度提升小微担保业务运作效率，项目审批时间由原来的10个工作日缩短到5个工作日以内，区县合作机构授权额以内项目及联盟合作机构小精灵项目2个工作日内即可完成审批。

另一方面，中小微担保项目处理能力显著提高，从常规担保系统下人均30–40个/年，提升到绿色担保业务体系下的人均50个/年以上，个人年均最高处理能力已超过100个项目，人均担保业务运作能力在担保及银行机构中均处于领先地位（多数银行中小企业贷款项目的人均处理能力仅达到20余个/年）。

4. 行业地位和竞争力不断提升

经过多年不懈努力，首创担保所支持的北京市中小微企业数量累计居北京市担保行业首位，为北京市中小微企业发展做出较大贡献。同时，首创担保在担保市场影响力和竞争力也不断提升，连续获得“北京市中小企业融资担保突出贡献奖”、“全国中小企业融资担保创新奖”、“中小企业融资担保创新服务奖”、“应对金融危机支持中小企业表现突出担保机构”，并被评为“最具核心竞争力中小企业投融资综合服务商”荣誉称号。

首创担保行业地位得到提升，已成为“中国担保500亿上榜机构”“万亿担保规模上榜机构”30强、“全国担保机构三十强”、2012年“全国最具公信力中小企业信用担保机构”。

成果创造人：马　力　龚西娅　朱　彤　王　旋　张利君　姜文新　王方毅　甘　岷　郑　权　刘　昕　满丽珍　王鹏宇　白　瑶

跨地域集团管控型水务营销管理系统的构建与实施

北京首创股份有限公司

荣获第二十八届北京市企业管理现代化创新成果一等奖

作为一家国有控股上市公司，北京首创股份有限公司自成立以来一直致力于推动公用基础设施产业市场化进程，主营业务为基础设施的投资及运营管理，发展方向定位于中国环境产业领域。公司发展战略是：以水务为主体，致力于成为国内领先的综合环境服务商。

公司凭借清晰的战略规划和灵活的经营理念，短短十多年时间，潜心培育出资本运作、投资、运营、人力等各方面竞争优势，具备了工程设计、总承包、咨询服务等完整的产业价值链，成为中国水务行业中知名的领军企业。

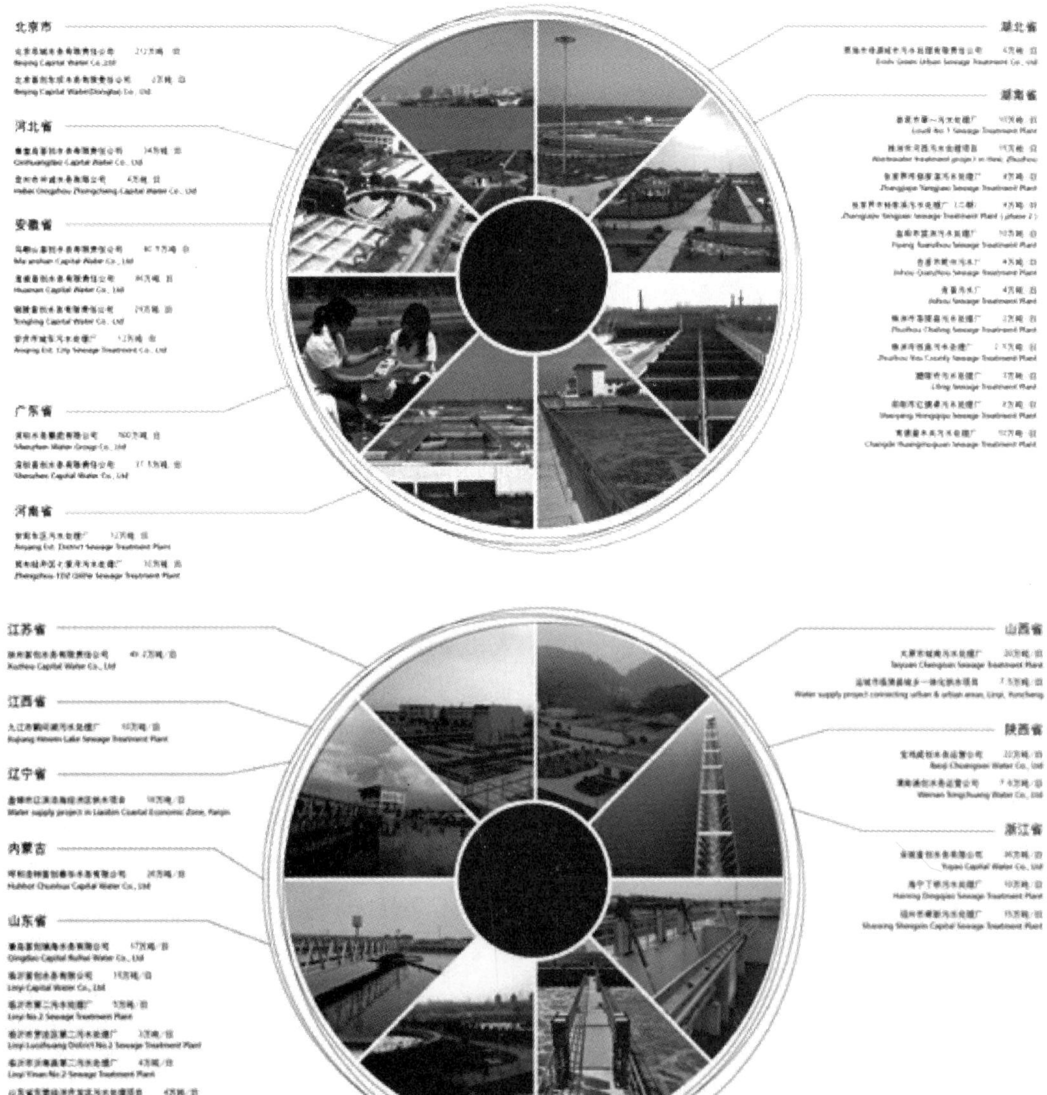

图1 首创股份重点水务项目分省展示图

目前，公司在北京、天津、湖南、山西、安徽等16个省、市、自治区的37个城市拥有参控股水务项目，水处理能力近1400万吨/日，服务人口总数约3000万。截至2012年12月31日，公司总股本22亿股，总资产219.55亿元，净资产89.13亿元。

公司推广的跨地域集团管控型水务营销管理系统在中国供水行业中率先实现了不同地域推行标准化营销管理的目标；率先利用统一的信息化技术，成功开展标准化营销系统的建设与应用；率先实现信息集中、集团整体管控的信息化整体解决方案。一系列开创性工作使得项目在国内的供水行业中起到示范带头作用。

一、跨地域集团管控型水务营销管理系统构建的背景

（一）水务行业营销管理发展需求

近年来，随着国家政策的转变，水务行业在市场化进程中迈出了关键的一步，大批供水企业纷纷被颇具实力的国内外企业并购、这些集团公司已迈开全国扩张的步伐。伴随着供水企业自身发展壮大的需要，供水企业服务意识和管理水平在不断提高，行业信息化虽然有了一定进步，但和现代化程度高的相关行业比，总体水平仍很落后。

早在20世纪90年代，行业内的某些知名企业已开始尝试信息化的建设，相继引入了很多专业信息系统，但由于不具备信息化经验，在没有进行信息化统一规划的情况下，建设的系统越多，信息孤岛、重复投资和相互排斥的现象就越严重。

随着供水企业对信息化认知度的提高，一些企业开始更系统地考虑信息化建设与信息的利用。由于信息化应用的逐步深入，与核心业务的结合日益紧密，企业对信息一体化的需求也越来越高。

（二）首创股份营销管理发展需求

在本项目实施前，首创股份所属供水公司的营销管理基本具备信息化形态，但总体水平比较落后，应用水平也是良莠不齐。由于水务行业的地域性特点，其传统管理模式带有浓重的地方特色，首创股份所属供水公司当时还未建立统一的管理模式，集团公司对其管理也主要以人工统计上报数据为主。不仅无法及时获得有效信息，增加管理难度，也容易造成营私舞弊等现象的滋生。

其主要问题表现在：

1. 管理不规范。因为没有统一的管理模式，使得相同的业务输入却有多种不同的结果输出。管理的不透明使得对各公司的考核与监督失去了公平性。

2. 技术种类繁多。各公司应用的系统在技术上也是千差万别，系统开发的语言有多种多样，既没有统一类型，也没有统一版本，异构的数据库，不一致的数据粒度都给统一的营销管理制造困难。

3. 系统管理范围差异大。系统提供的功能和范围也大相径庭，相同的功能实现方式和路径也完全不同。

4. 系统可用性不强。数据异构和信息分散导致信息的可用性很低，另外，系统在安全性、容错性、扩展性、开放性和操作性等方面水平都不高，易形成信息孤岛。

5. 应用水平差异大。有的操作人员对业务的了解基本局限于系统提供的功能上，对营销管理的流程和环节不清晰，而有的操作人员对系统的不足能提出非常有效的意见和建议。

6. 信息化服务水平亟待提高。供应商规模有大有小，售后服务能力也不尽相同。总体上看，行业内系统供应商的服务水平十分有限。

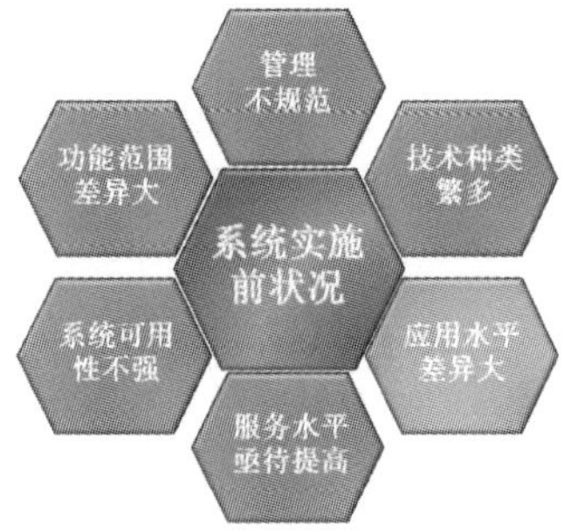

图2 项目实施前状况

（三）跨地域集团管控型水务营销管理系统的提出

“高管理水平、高服务水准、高供水安全”是首创股份所属供水公司孜孜以求的目标。在日渐严格的要求下，首创股份提出在供水营销管理领域要实现管理的科学化和现代化，实现服务的高效化和便捷化，实现供水质量的安全化和高质化。

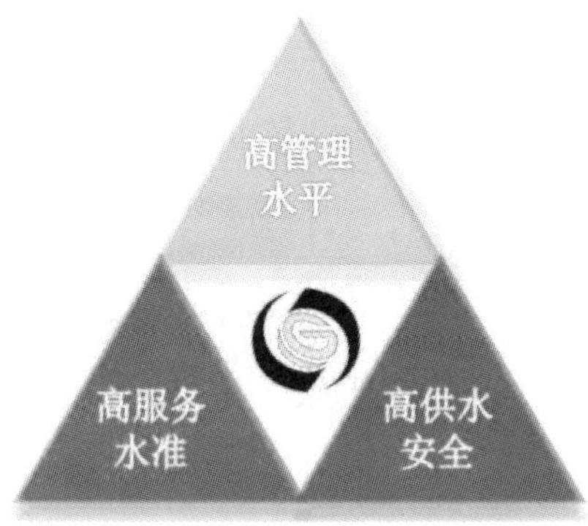

图3 首创股份供水企业发展目标

营销管理作为供水行业的核心管理体系之一，在对外服务和对内管理的过程中，都在发挥着举足轻重的作用。它既是供水企业收入的主要来源，又是企业对外服务的主要窗口；它既是企业与客户间联系的纽带，又是企业与政府间沟通的桥梁；它不但掌握着全部客户资源的准确信息，还控制着账款在营销管理体系内的精确流转；它既是众多业务驱动的源头，又是多数业务完成的出口。在国内供水公司中，营销管理的管理范围最为广泛，它不仅管理着供水公司主要的人财物，还控制着众多业务流程的流向，它的触角遍及供水公司的每一个角落。首创股份的发展和进步正推动供水营销管理朝着精确（结果）、清晰（流程）、透明（控制）、便捷（操作）和高效（组织）的方向发展。

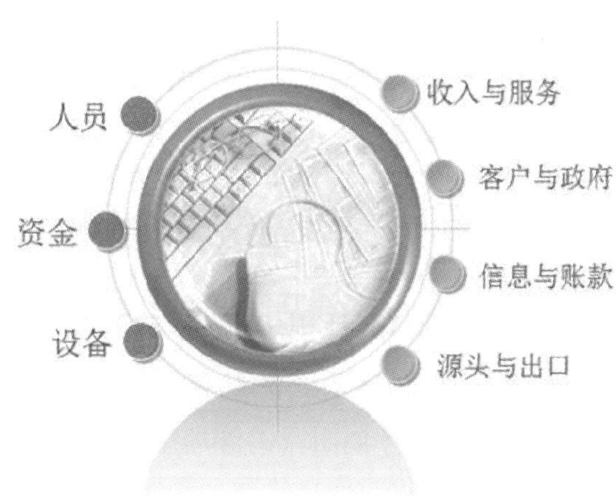

图4 营销管理系统的重要性

在项目实施前，大多数首创股份所属供水公司的营销管理仍延续着旧有的管理机制，与社会发展存在一定的脱节。随着集团化管控日渐兴起，首创股份营销管理的集团化需求也愈加强烈。集团化管理需求从原有的层层统计、步步上报的方式向自动获取、随时使用的方向发展。宏观管理要求不再依附于低效的、人为的多级上报模式，而是实现自动的、准确的数据同步模式。集团标准化管理的背后，是需要各所属公司有着高度统一的营销管理模式，即在同样的制度、同样的流程、同样的标准、同样的系统下进行规范化的统一管理。

基于各所属供水公司营销管理现状和系统应用的情况，一系列管理需求从孕育、提出到成熟，经历了实践→论证→调整→再实践的历程，最终管理成果的具化以信息化为载体得以落实。

二、跨地域集团管控型水务营销管理系统的内涵及特点

（一）跨地域集团管控型水务营销管理系统的内涵

首创股份跨地域集团管控型水务营销管理系统的构建，其指导思想是："以公司总体发展战略为指导，以国内外先进行业营销信息化发展情况为参考，以公司营销管理业务需求为驱动，以内部创新为主导，以提升公司效益和管理效率为目的，以行之有效的项目管理手段为依托，以期达成项目目标。"

在项目建设推广的过程中，"创新、统一、标准、集中、集成、全员、全程"14字方针自始至终贯穿于项目的生命周期。

图5　项目实施方针

创新：追求管理和技术的创新成果能切实地转化为生产力，可真正将其融入到业务工作中，并发挥应有的作用。

统一："统一规划、统筹管理"是项目的基本原则，在公司总部统筹安排和统一规划下开展各项任务，是项目完成的重要保障。

标准：是公司对营销管理架构、营销管理制度、营销管理流程的标准化要求，对业务进行全面梳理和细化，整合强关联性的管理流程，拆分或放弃效率低下的流程，是标准化管理的基石。

集中：改变原有数据分散无法集中的结构，支撑集团化集中管控模式的实现。

集成：将营业收费管理系统、客服热线管理系统、营销分析系统等信息系统在数据层面和应用层面进行集成，形成平台化的营销管理体系。

全员：在项目中凡是与营销管理有关的人，全员参与，建言献策，充分体现出系统来自于基层，服务于企业的精神。

全程：公司总部全程控制项目进展，保证项目原则得以完全贯彻。

（二）跨地域集团管控型水务营销管理系统的结构

首创股份早在2009年便开始寻求实现水务集团营销管理规范化和高效化的途径，经过艰苦细致的前期工作，终于在2010年拉开营销管理规范化与信息化联合开展的序幕。规范化与信息化双进程交织推进，在无经验可借鉴的情况下，公司采取稳扎稳打的策略，在制定《首创股份营销客服管理规范》（以

下简称《管理规范》）后，在一家典型供水公司试行，以信息系统加以固化，取得可行成果并得到充分验证后，再推广到其他水司。三年多的实践表明，这一模式为项目的成功实施发挥了重要的作用。

项目工作组采用业务分类和技术划分规划的方法，结合集团及各供水公司的实际情况拟定了有效的项目实施规划。规划主要从两个方面入手：

业务横向关联：根据营销管理规范内容和实际业务需要，项目组依照业务分类，对技术可行性进行分析，最终将跨地域集团管控型水务营销管理系统横向划分为三个子系统，分别是营业收费管理系统、营销分析管理系统和客服热线管理系统。它们之间的业务流程既要满足子系统内循环，又要满足平台内循环；系统既能支持标准化管理，又能支持地域化个性管理需求。因此对系统的规划要求为：子系统既可自成一体独立运行，又相互依存互相关联，在平台层面要连贯畅通、数据唯一，在系统层面要功能全面、信息真实。

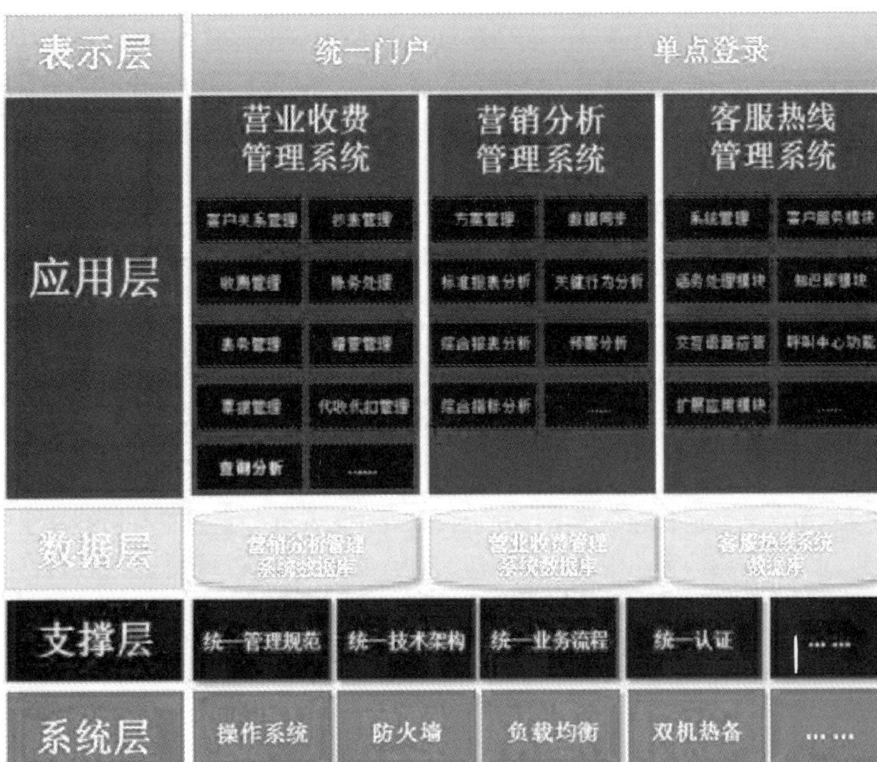

图6 营销管理系统架构示意图

过程纵向贯穿：根据水务行业的地域性特点，项目组根据调研成果展开多方讨论，就项目实施方式听取了多方意见。根据项目特点和需求特点，决定在试点公司完成后，对其余供水公司展开逐一实施的方式，而没有采取同时推广的方法。整个项目实施的过程要求连贯，版本要求统一，规范要求落实，技术要求一致。项目的实施过程采用纵向全程管控，贯穿整个项目生命周期的方法。事实证明，该方法是项目成功达成目标的保证。

（三）跨地域集团管控型水务营销管理系统的特点

1. 唯一性

截至2012年底，跨地域集团管控型水务营销管理系统通过信息化手段将标准化营销管理体系在水务企业中得以落实并全部正常运转，在国内水务行业中尚属首例。跨地域集团管控型水务营销管理系统将标准化管理内容与计算机技术很好地融合在一起，使其在行业内具有唯一性的特点。

2. 平台化

通过系统平台化的设计，使得标准化和规范化的管理理念得以充分落实。系统不仅统一各供水企业的业务术语及操作习惯，消除各供水企业之间的沟通障碍，还可以实现快速复制新的管理要求，也使集团对下属供水企业进行统一调度，协调运作的能力大幅提高，这一切都为公司实现标准化管理输出奠定了坚实的基础。

3. 精细化

系统的数据粒度得到了空前的细化，对业务流程和操作行为也都进行了合理调整，使得系统在支持业务管理的精细化上迈进了一大步。不仅如此，系统还在精确性上下足了工夫，在业务数据处理上，采用了记账引擎设计，所有的账务处理都在该引擎上进行计算运行。当有待处理数据需要处理时，引擎会逐一进行抄码校验、水量校验、金额校验、数据核对、平衡检查、并发检查，并对需要的数据进行零头结转、抄表数据重新处理、开账数据处理、历史数据处理、操作痕迹处理等，准确化的处理模式贯穿整个系统。

4. 安全化

考虑到安全性，系统采用数字认证的方式使得每个登录用户都必须使用UKey进行登录，其安全性比照银行网银的安全级别。对系统内敏感数据进行了加密处理，提高了系统的数据安全；利用双机热备、集群、异地备份等技术进行数据存储，保证每天都会进行数据归档处理，提高了系统的存储安全性。

5. 扩展化

系统基于SOA构架，其本质上是服务的集合。服务间彼此通信，这种通信可能是简单的数据传送，也可能是两个或更多的服务协调进行某些活动。各系统间的通信通过公共接口平台进行管理，实现高可扩展性的数据交互和共享。

6. 全面化

基于《管理规范》设计开发的跨地域集团管控型水务营销管理系统，包含了三个子系统，营业收费管理系统、营销分析管理系统、客服热线管理系统，其功能基本覆盖了营销管理的全部范围。

7. 高效化

跨地域集团管控型水务营销管理系统不仅注重技术处理的高效，更注重营销管理业务的高效。例如在数据处理上，推翻之前采用的定期手工分表以增加效率的方式，在每月账务结转时自动进行数据库表分表操作，以保证系统运转的高效性。由此带来诸如报表运算效率更高，综合查询更快等一系列好处。

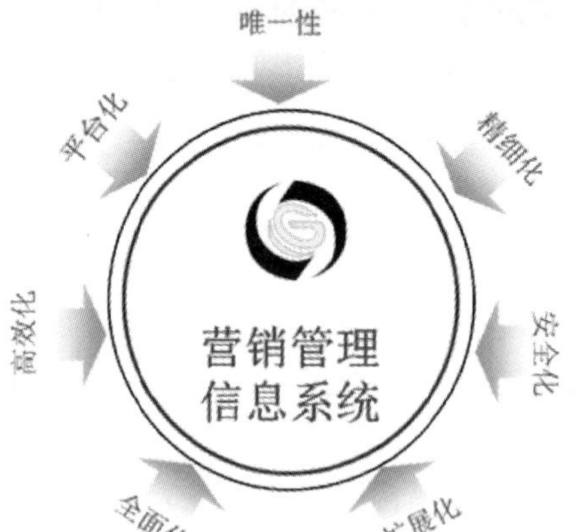

图7　营销管理系统特点

三、跨地域集团管控型水务营销管理系统的做法

（一）跨地域集团管控型水务营销管理系统的实施进程

2010年1月《管理规范》获得审核通过，并在铜陵首创开始试点施行。2010年4月1日铜陵首创与《管理规范》匹配的营销管理系统正式上线，经过3个月的试运行，系统达到了既定目标，并于同年11月完成项目验收。自2010年7月到2011年底，项目组先后在秦皇岛首创（2010年7月上线）、徐州首创（2010年

11月上线）、公司总部（2010年11月上线）、淮南首创（2011年4月上线）和马鞍山首创（2011年10月上线）五家公司进行推广应用，分别于运行当年达成目标并获得验收。

2012年3月，铜陵首创、徐州首创、秦皇岛首创在项目一期的基础上开展了项目二期工作，主要工作内容是响应政府加收垃圾处理费的要求对系统进行升级改造。项目二期在2012年8月完成预定目标并获得验收。

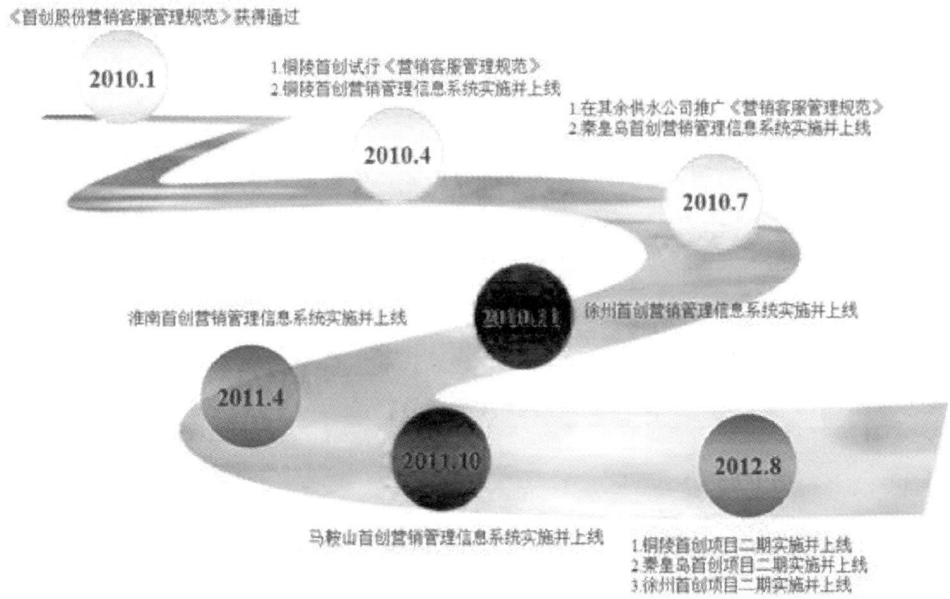

图8　项目实施阶段示意图

（二）跨地域集团管控型水务营销管理系统的实施内容

项目伊始，为确保项目能够顺利推进，公司总部不仅成立了以总经理为带头人的项目领导组，还成立了以运营管理部、信息管理部和各所属公司营销管理骨干组成的项目工作组。工作组不仅负责《管理规范》的制定，还负责项目规划、招投标和具体实施等工作。另外，对应不同的子项目，还在各所属公司成立了以所属公司领导和业务骨干为主体的子项目组，负责所属公司项目的具体实施，受工作组的领导。在2010年1月召开的项目启动会上，明确了项目章程、各项规章制度、项目组织和责任等一系列内容。

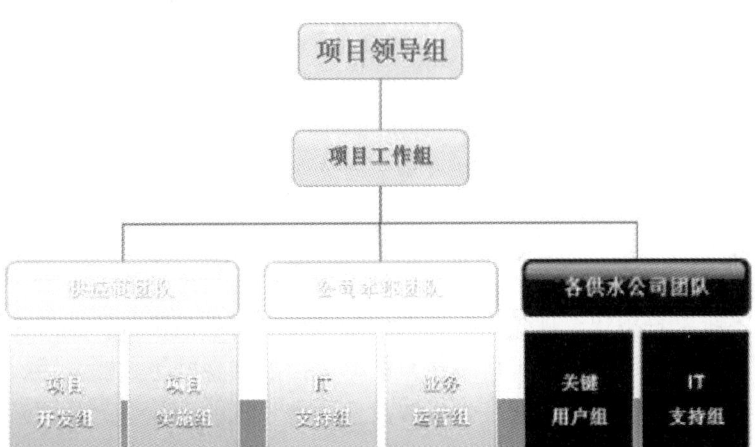

图9　项目组织架构图

在明确项目规划、制定《管理规范》、《管理规范》试行、项目招投标等一系列工作后，项目组不仅在试点公司顺利推动《管理规范》的试行，还明确了信息系统的供应商，为系统的建立奠定了坚实的基础。根据项目规划的内容，项目按照“试点公司施行，成功后再推广”的原则进行。

首创股份营销管理信息化规划将跨地域集团管控型水务营销管理系统分为营业收费管理系统、营销分析管理系统和客服热线管理系统三个子系统。

1. 营业收费管理系统的构建

营业收费管理系统几乎覆盖了直接面对用户的所有业务，包括立户、抄表、开账、收费等，它不但记录着最全面的客户基础信息，也是记录企业费用收入的最主要系统。根据营销管理信息化规划的内容，基于安全性、高效性和稳定性等方面的考虑，项目组决定采用分布式数据存储架构，系统在各供水公司所在地集中运行，公司总部建立数据仓库用于同步各系统信息。

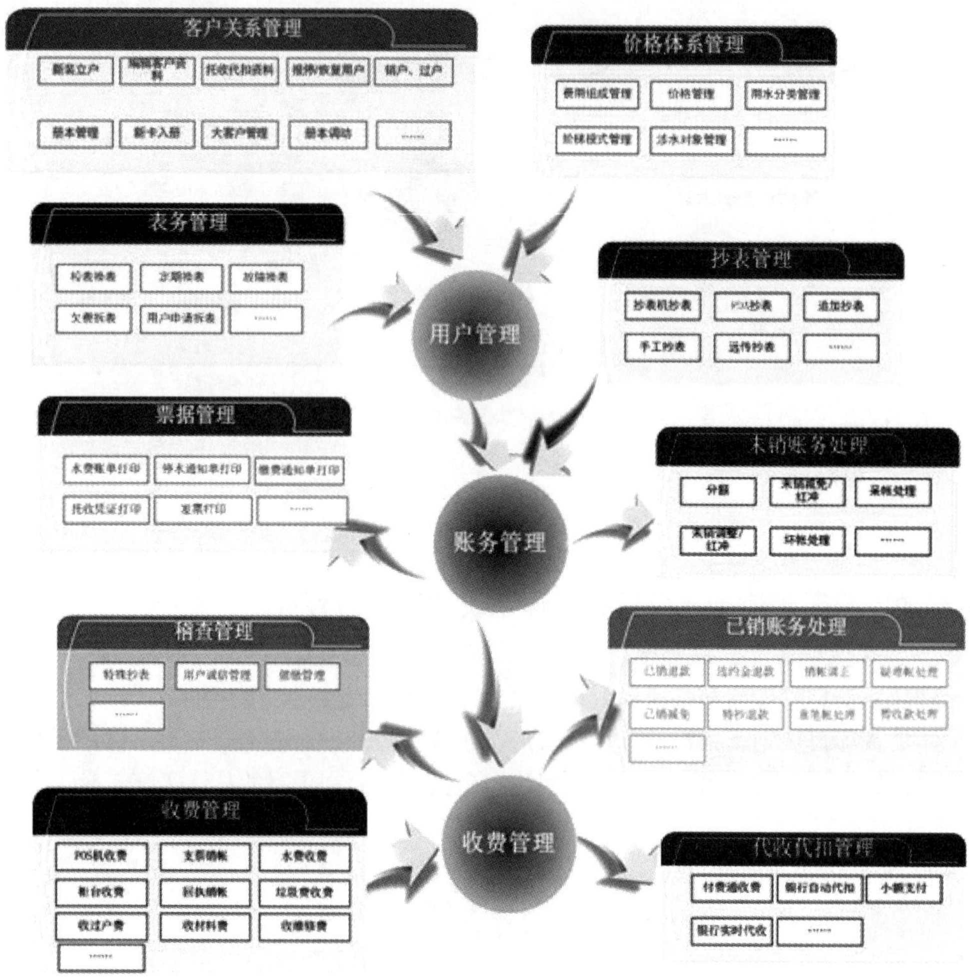

图10 营业收费管理系统体系结构

根据供水公司营销业务流程可以将整个营业收费管理系统分为10大模块：客户关系管理模块、抄表管理模块、收费管理模块、账务处理模块、表务管理模块、稽查管理模块、票据管理模块、代收代扣模块、查询分析模块、系统管理模块。项目组根据营销管理要求对各模块的功能组成和流程进行了重新梳理和详细设计，从解决现有问题、符合《管理规范》、预留发展空间等方面入手，确定模块的结构与组成。实践证明，现有模块的划分可最大限度地发挥营业收费系统的功效，为公司营销管理业务提供切实的保障。

2. 营销分析管理系统的构建

基于一系列的需求，项目组与公司领导、运营管理部和各所属供水公司进行了广泛的探讨，对营销分析管理系统进行了详细设计，将系统划分为6大模块：数据同步模块、标准报表分析、关键行为分析、综合报表分析、预警分析和综合指标分析。由于系统的研发基本上是从零开始，因此项目组在实施过程中对系统进行了不断的调试、变更和优化。目前系统已具备较好的成熟度，能够较为稳定地运行并发挥其应有的作用。

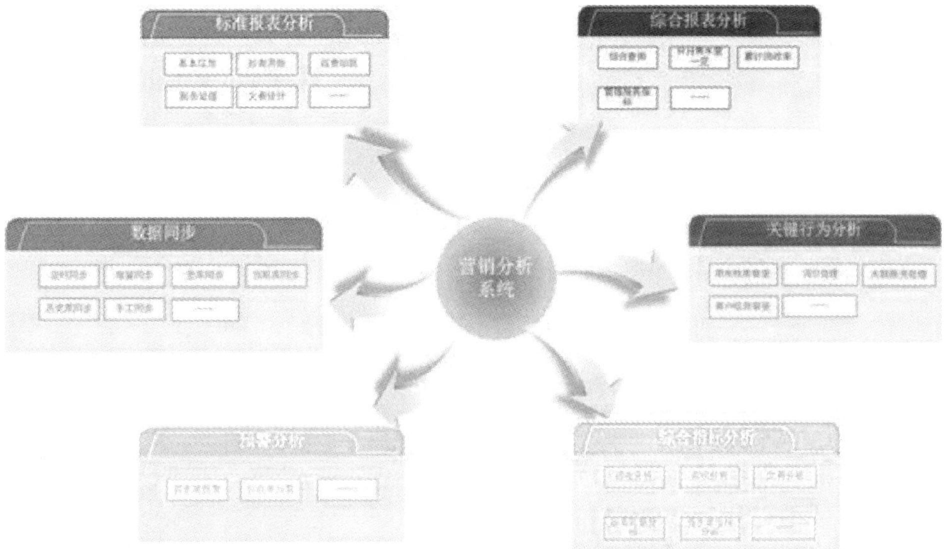

图11　营销分析管理系统体系结构

目前通过营销分析管理系统能够获取所属供水公司的第一手数据，实现企业级数据的定性及定量分析；通过系统提供的多种分析手段为企业制定新的策略提供丰富的数据分析依据；通过系统建立多级预警体制，在企业的各种计划指标框架下，为各级管理者提供指标数据的动态跟踪和预警；系统能够揭示企业已有数据间的关系和隐藏的规律性。

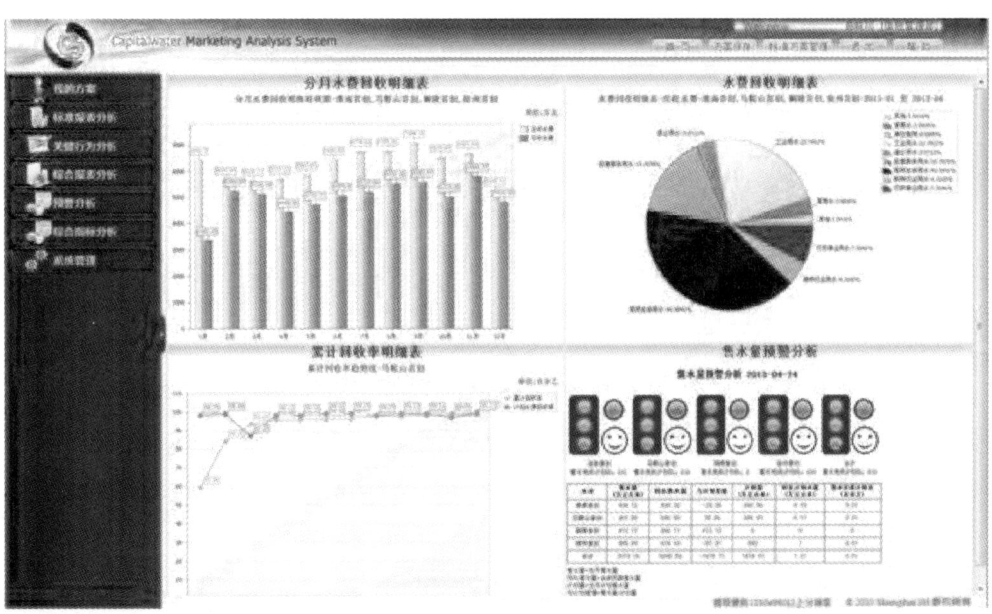

图12　营销分析管理系统截图

3. 客服热线管理系统的构建

随着计算机技术、通信技术、网络技术以及CTI技术的飞速发展，供水公司的发展也拥有了广阔的空间，各所属供水公司纷纷建立了客户服务中心，为用户提供了更丰富、全面以至更优质的服务，如“24小时值班”、水费查询及催缴、语音留言服务、供水公司调度抢修及停水信息的查询及通知等，这些服务项目，不仅使供水公司的窗口形象更佳，而且使供水公司的服务更上一个新台阶，是供水公司为民服务的新窗口。

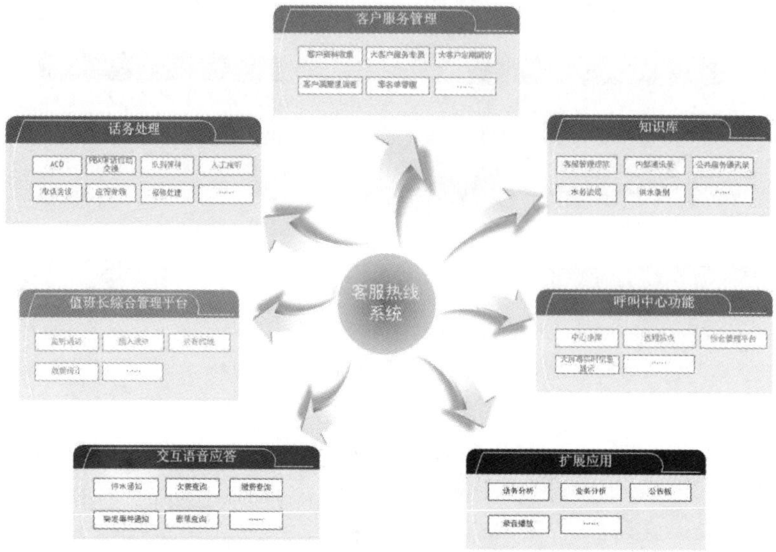

图13　客服热线管理系统体系结构

客服热线管理系统主要包含6大模块：客户服务模块、话务处理模块、知识库模块、交互语音应答模块、呼叫中心功能模块、扩展应用模块。

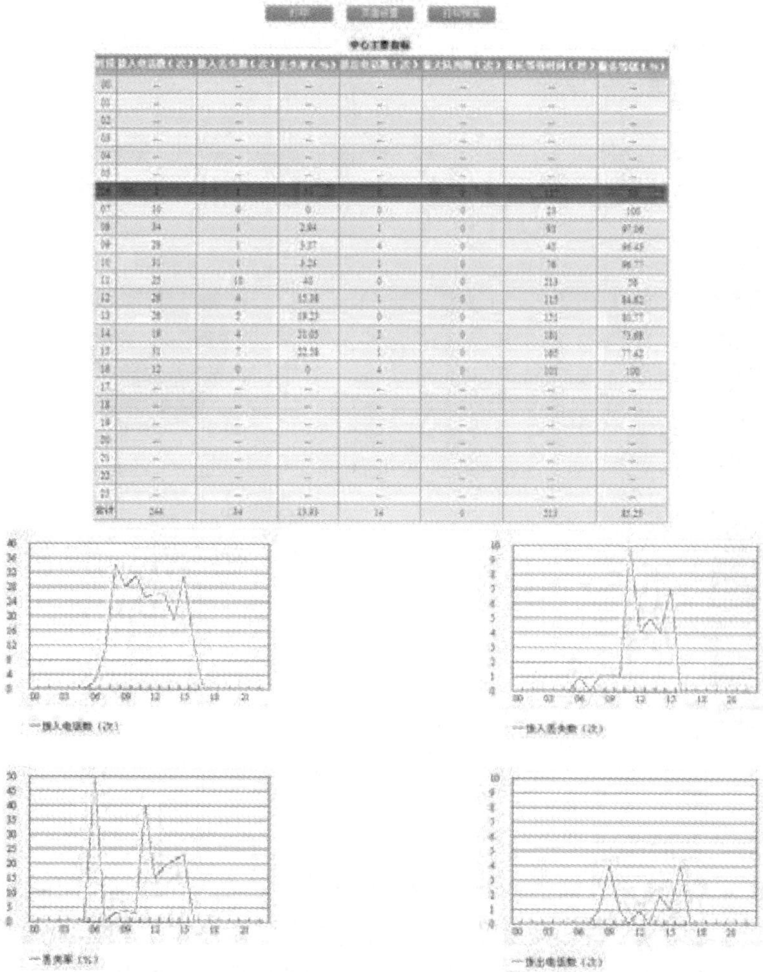

图14　客服热线管理系统截图

（三）实施过程中所遇问题与化解

1. 完成旧观念和新思想的统一

新系统上线后，在工作流程、管理制度、操作习惯、岗位设定和权限划分等方面有了较大地改变，这种改变受到了很多人的欢迎，但也给很多人造成了困扰：既然原有业务模式存在了这么久，为什么要改变？原来的系统已经习惯了，为什么还要重新适应新的系统？其实，项目推行的是一套新的管理理念和先进的管理思想，它只是用信息系统作为体现其精神的载体，因此很多人对系统的不习惯，实际上是原有观念与新思想之间冲突的表现。

针对这种情况，项目组借助公司总部各部门和各所属公司的力量，加大宣传力度，组织形式多样的培训和学习，广泛宣传公司推行新系统的目的，强调项目的推进对公司发展的重大意义。通过不断宣传和实践，基层管理人员逐步清楚了新项目的意义，加上系统在操作性上充分考虑与原有系统的操作习惯相结合，不仅消除了基层管理者和操作者的疑虑，还实现了从消极困惑向建言献策的转变。

2. 实现标准化和个性化的兼容

实现标准化是项目的主要目标，但由于地方政策在水务行业的业务管理中有着重大的影响，因此造成其地域化的个性特征明显。

为实现企业标准化与地方个性化的融合与平衡，项目组下了很大的工夫。项目伊始，项目组逐个分析标准化与个性化之间的差异，在认定为企业有自主权的地方，将标准化直接落实到位，被认定为无自主权的内容，与地方政府或相关机构协商，能争取向标准化靠拢的就争取，实在争取不了的，则采取系统灵活化的方式进行化解。在不断对系统进行升级改造的过程中，系统不仅更为灵活，而且稳定性和成熟度也得到了进一步的验证。

3. 达到内外步调的高度一致

因系统服务于社会，服务对象是各地数百万人民，因此为人民群众提供便捷的缴费途径和查询方式就成为系统要着重解决的问题。系统在建设之初，就考虑到与银行、电信、移动和邮政等网点众多的企业进行合作，将系统与代收机构的系统进行集成，通过代收机构网点进行代收代扣，这样既方便百姓缴费，又降低公司收费成本。为此，系统的建设不仅要做好内部工作，还要做好与代收机构的协调工作。在实际工作过程中，与代收机构的协作存在一定的难度，因银行等代收机构的系统程序集中在各省的省行信息中心进行维护，其系统维护的响应速度就会有很大程度的降低，各地要支持的银行又有所不同，大多数地方支持2–5种代收机构，最多的支持10种，多达几百个代收网点。

图15　代收机构示意图

随着代收机构的种类越多，对外协调的工作难度也越大。项目也曾因代收机构种类多而造成项目进度滞后。项目组总结经验后，改造了系统现有的接口模式，使其能适应大部分代收机构的系统接口，另一方面尽早与代收机构接洽，与其研发人员直接沟通，保证项目的顺利开展。

四、跨地域集团管控型水务营销管理系统的实施效果

（一）经济效益

跨地域集团管控型水务营销管理系统的成本主要由软件产品费及实施费、硬件产品及集成费、人员成本及差旅费等组成。平均一家公司软硬件及人员投入130万元，5家供水公司共计650万元；公司总部软硬件及人员投入100万元；全部项目合计750万元。

首创股份跨地域集团管控型水务营销管理系统正式启用后，对首创股份经济效益的提升起到了一定的作用，主要体现在以下几方面：

1. 降低产销差

在供水行业中，供水量和销售水量之间存在的差量与供水量之间的比值，被称为“产销差率”。产销差率的大小直接影响供水公司的经济效益，也反映出一家供水公司的技术水平和管理水平。

根据统计，2010年底首创股份所属供水公司的供水量为45900万吨，销售水量为29400万吨，产销差率为36%。2012年所属供水公司的供水量为57025万吨，销售水量为39165万吨，产销差为31.32 %，产销差累计降低了4.68个百分点。

供水产销差是供水量和销售水量的差值，产销差越小，企业盈利能力就越高，反之企业盈利能力就越低。跨地域集团管控型水务营销管理系统上线后，主要从以下几个方面影响产销差：

（1）增加稽查管理功能，对系统上线前并未记入的偷水、违章用水和无表用水等稽查水量记入系统中。据统计，稽查管理每年记入系统的水量约有700万吨，占2012年供水量的1.2%。

（2）为保证系统信息的真实和准确，系统上线前，各所属供水公司均对水表进行入户调查，对老旧水表进行统一更新，提高水表计量精度。对无表户和一户多表等情况进行了一户一表改造，使得水量计量更为精确。据统计，系统上线后经过一户一表改造及水表更新，每年新增水量约有70万吨，占2012年供水量的0.12%。

（3）系统上线后，提供了远传表监控的能力，对大用水户和高水价用户进行了远程监控，降低了人工抄表的误差，进一步提高售水量的精度。据统计，每年因此新增的水量约为130万吨，占2012年供水量的0.23%。

综上所述，跨地域集团管控型水务营销管理系统上线后，使得销售水量2012年较2010年增加了1800万吨，2012年系统的应用对产销差的降低贡献了1.55个百分点。按首创股份所属公司供水均价1.30元/吨计算，跨地域集团管控型水务营销管理系统在产销差降低上的贡献每年可为首创股份增加约1170万元的收入。预计系统上线后的五年内将可持续贡献近6000万元的收益。

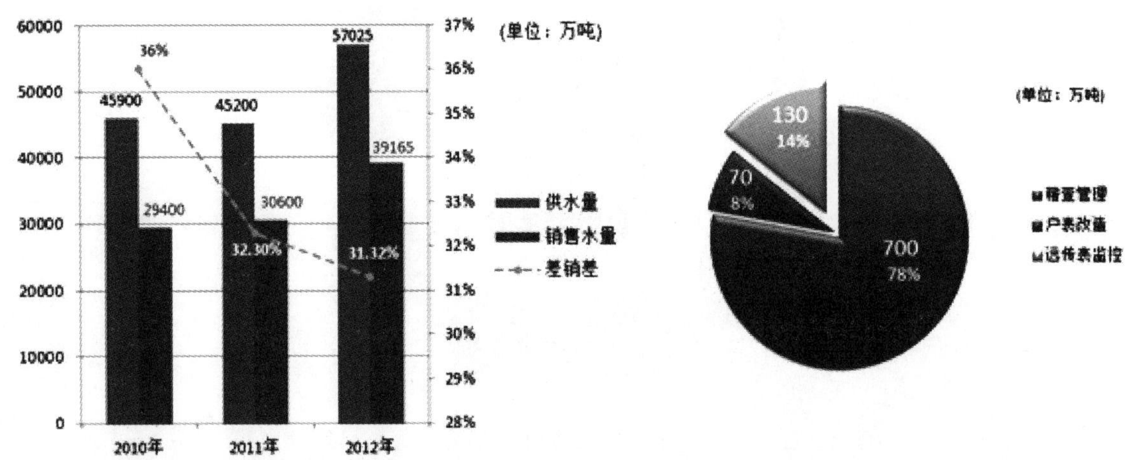

图16　项目实施前后效益对比图

2. 降低劳动成本

跨地域集团管控型水务营销管理系统启用后，使得原有繁琐、复杂的工作变得简单。以复核员岗位举例：在没有启用营销管理系统前，一个合格的复核员每月只能复核3名抄表员的抄表数据。营销管理系统启用后，通过系统的自动复核功能，一个合格的复核员可以复核15名抄表员的抄表数据。大幅提升了工作效率，节省了约5倍的人工成本。

手持抄表机和系统诸多自动化功能启用后，平均每家供水公司在抄表员、复核员、账务管理员等岗位可以减少20名员工，热线话务员、供水稽查员、大客户代表等岗位新增5名员工，平均每个公司可以节省15名员工成本。以每位员工年成本4万元计，5个供水公司每年降低劳动成本约300万元。

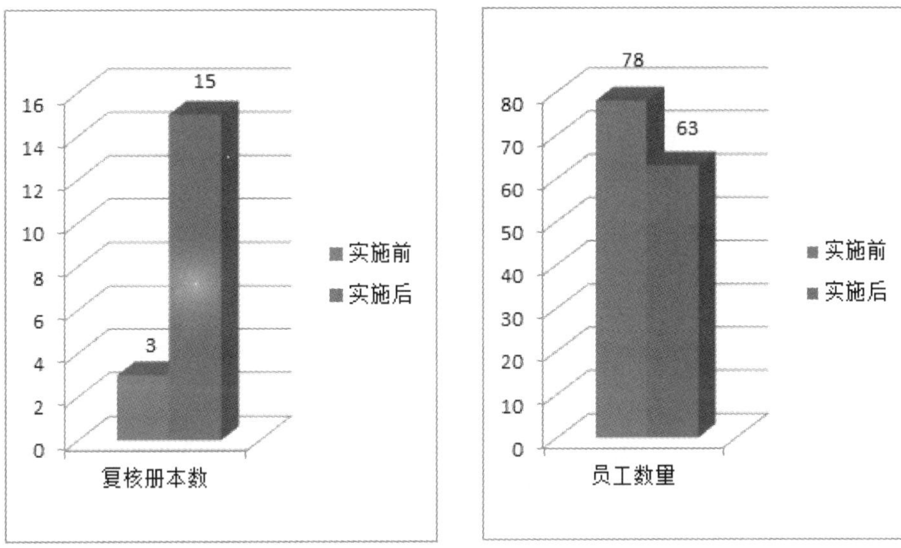

图17 项目实施前后效率与人员对比图

（二）社会效益

1. 提高政府及公众满意度

跨地域集团管控型水务营销管理系统启用后，首创股份所属供水公司统一了服务流程，加强了企业内部管理，缩短了业务办理时间。例如，延迟抄表流程由之前的7工作日降低至3工作日，户表改造流程由之前的25工作日缩短为15工作日，将收费周期由月底10天改为全月收费等，一系列举措取得了良好的社会反响，在便民利民等方面迈出了坚实的一步。另外，代收费、热线服务、网上查询等服务功能的增加也为供水公司对外服务提供了多渠道的便利条件。一系列举措不仅提升供水公司的企业形象，而且使供水公司的服务上了一个新的台阶，在用户满意度和政府满意度等方面都创得佳绩。

表 1 铜陵首创近 3 年营销客服管理服务指标统计一览表

指标 / 年度	2010	2011	2012
供水用户服务满意度	97%	98%	99%
管网抢修及时率	98%	98%	99%
水费回收率	98%	99%	99.02%
产销差率	30.5%	28.5%	27.58%
水质综合合格率	98%	99%	100%
城市水压达标率	98%	99%	99%
营销系统运行稳定性	上线试运行，不稳定	稳定运行	稳定运行

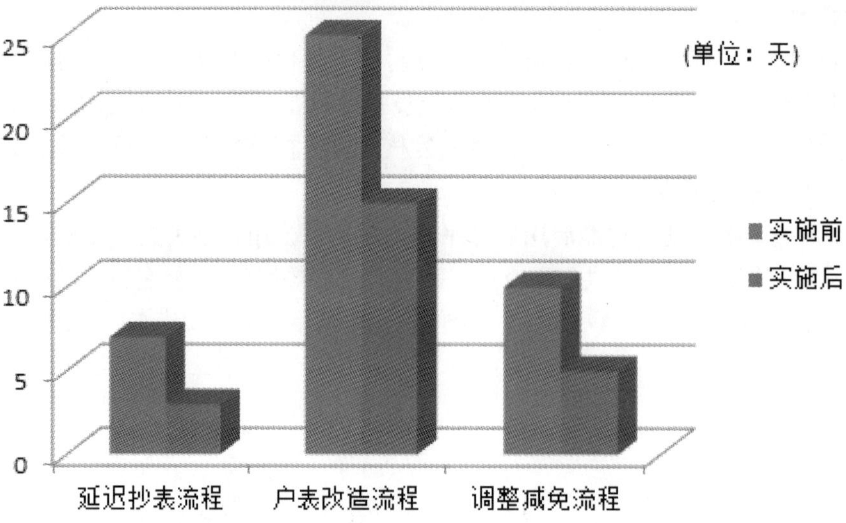

图18　项目实施前后业务用时对比图

2. 进一步扩大供水企业服务范围

据统计，首创股份所属供水公司的2010年底服务人口为500万人，2012年底服务人口达到550万人，年增长率为5%。服务人口的增长从侧面也反映了社会效益正逐步发挥着它的作用。

（三）管理效益

首创股份跨地域集团管控型水务营销管理系统的创新之处在于打破行业内旧有管理模式的壁垒，通过研究借鉴先进行业的经验，摸索总结出一套实践证明行之有效的新型营销管理模式。利用先进的技术手段和技术架构，贴合但不限于新型营销管理模式，使得系统既能满足新管理模式的需要，还具备足够的灵活性与扩展性以备管理需求的变化。系统自上线以来，为首创股份带来了以下几方面的提升：

1. 由分散式营销管理模式向集团化集中管理模式转变。项目的实施使得原有分散式营销管理完成向集团化管控的转变，管理模式的改变使得公司总部对所属公司营销管理情况有了更全面、更真实、更细致的掌握。

2. 标准化和规范化在所属公司落地生根。跨地域集团管控型水务营销管理系统的推行，使得标准化和规范化在所属公司落地生根。系统在近3年平稳运行中，不仅得到各供水公司的赞誉，还在业务管理中取得了良好的效果，成为对集团化管控的最核心支撑。

3. 营销管理业务得到了充分的完善与提高。通过项目的施行，营销管理业务不仅得到进一步完善，在其管理范围和管理深度上也有了大幅度地转变。收费管理不再仅限于“收水费”，而是将代收费、维修费、服务费、过户费等更多种类的水费加入到收费管理中。一系列新技术和新架构的应用，给营销管理在精细化和准确化上带来了大幅度地提升。系统的灵活性给动态管理带来了更大的空间，对宏观管理的支持也更为有力。

4. 带动水务行业营销管理变革。项目在公司的成功实施打破了地域限制，充分发挥跨地域集团管控型水务营销管理系统的作用，在国内水务行业具有较好的示范作用。

5. 引领供水行业营销管理信息化发展。项目实施前的种种弊端已经基本得到避免，项目不仅在全公司范围内是一次管理与技术良好结合的成功案例，其示范效应可为今后公司和行业内类似项目提供很好的可借鉴的经验。

成果创造人：俞昌建　常维柯　郭　鹏　贺文宝　任　力　许　凡　刘晔晖　花文胜　李振华　曲晓川　屈新风

大企业合并重组后的战略变革与管控体系建设

北京能源投资（集团）有限公司

荣获第二十八届北京市企业管理现代化创新成果一等奖

北京能源投资（集团）有限公司（以下简称京能集团、集团）重组于2004年12月8日，注册资本130亿元人民币。集团是以“能源投资、热力生产和供应、房地产开发经营”为主业的大型国有企业，是北京市国资委监管的大型骨干企业，是全国地方电力公司的龙头企业和会长单位。截至2012年底，集团拥有全资、控股、参股企业243家，其中全资、控股企业147家；拥有京能热电（600578.sh）、京能置业（600791.sh）、清洁能源（00579.hk）三家上市公司；参股农业银行、光大银行、北京银行、广发银行、成都商业银行、大唐国际、国电电力等知名企业。

京能集团重组以来，特别注重战略的先导作用，通过持续的战略变革和相应的管控体系建设，达到了战略聚焦、主业精干、运营专业、管控有力的目的，极大地促进了集团的发展。2012年与2004年相比，集团总资产由260亿元提高到1371亿元，增长4.3倍；净资产由103亿元提高到455亿元，增长3.4倍；控股发电装机容量由188万千瓦提高到1335万千瓦，增长6.1倍；利润总额由约10亿元提高到35亿元，增长2.5倍；营业收入由39亿元提高到311亿元，增长7.4倍。

一、集团战略变革与管控体系建设的背景

（一）集团内部整合发展的迫切要求

2004年12月，北京市人民政府从保障首都能源安全、调整国有企业战略布局的高度出发，决定将北京国际电力开发投资公司和北京市综合投资公司合并重组为京能集团，并赋予京能集团作为北京市电力能源投资建设平台的功能。当时集团虽然具有一定的规模，但业务发展源于两家投资公司，行业分散，且不成规模。据统计，2004年底，京能集团总资产约260亿元，包括4个业务板块，102家投资企业，涉及20余个行业。其中，电力能源板块包括火力发电、风力发电、电气等行业，涉及23家投资企业或项目，总资产175亿元，占集团总资产的67.3%；房地产及置业板块包括房地产开发、园区开发、酒店、会展、商场、道路交通、物业管理等行业，涉及23家投资企业或项目，总资产约46.3亿元，占集团总资产的17.8%；高科技及实业板块包括风险投资、通信电子、医药、学校、物流、软件、招投标、咨询、贸易、旅游等行业，涉及44家投资企业或项目，总资产约27.5亿元，占集团总资产的10.6%；金融证券板块包括银行、证券、保险、信托、期货等行业，涉及12家投资企业或项目，总资产约11.2亿元，占集团总资产的4.3%。新组建的京能集团面对如此分散的投资业务，如果不进行战略变革，集团仍然会维持原来“撒胡椒面”式的投资模式，集团就不可能达到集中优势资源实现跨越发展的目的。

（二）电力行业安全管理的特殊要求

电能是一种不能大规模存储的能源，电力的生产、输送和消费都是通过电力网路同时完成。在电力生产的过程中，既不存在半成品，也不存在库存品，必须严格保持发电、变电、输电、配电、供电和用电之间的动态平衡。电力行业一旦发生事故，不仅是自身的重大损失，还关系到千家万户的正常生活，甚至会威胁到设备安全和人的生命安全。因此，电力行业“安全第一”的战略方针，不是任意决定的一项政策、方针，而是由电力行业生产的客观规律所决定的。集团成立之初，电力领域投资以财务型参股为主，可控电力装机容量比重偏低。随着集团控股电厂数量的不断增多，行业主管部门对集团电力安全生产管理的要求不断提高，集团迫切需要加强电厂的生产和安全管理，尽快由投资型向投资经营企业型转变，确保所属电力企业安全稳定运行。

（三）适应市场竞争的客观要求

2002年国务院下发《电力体制改革方案》，提出政企分开、厂网分开、主辅分离、输配分开和竞价上网五大任务。随后，各大发电集团充分发挥自身优势，全力拓展业务，我国年均新增发电装机容量超过8000万千瓦，我国先后成为世界第一大水电、风电、发电量大国。同时，五大发电集团已占电力市场份额的半壁江山，加上国华电力、长江三峡、华润电力、国投电力、中广核等新势力强势崛起，地方电力企业除少数几家外，发展面临极大挑战。国家规划的6大水电基地、7大“千万千瓦级”风电基地均被央企瓜分，国家规划的16大煤电基地地方企业均较少涉足。除部分核电所在省区地方电力企业小比例参股外，其他地方电力企业参与核电开发几乎没有可能。京能集团直面10大豪门的竞争，只有不断提升战略能力，在战略方向的选择、战略时机的把握、战略措施的部署等方面领先一步，才能立于不败之地。

（四）适应国企改革的时代要求

2003年国务院国有资产监督管理委员会成立，全面推进国有企业改革和重组，积极推动国有经济结构和布局的战略性调整。随后，北京市人民政府国有资产监督管理委员会成立，大力实施了“调改剥退”，并积极推进国有资本向优势产业、优势企业、优势主业和优秀的管理团队集中。京能集团作为市国资委公用服务类重点培育企业，应按照市国资委“调改剥退”的总体要求，加快企业投资结构和布局的战略变革，不断提高集团化管控水平。

二、集团战略变革与管控体系建设的内涵

（一）课题内涵

以领先、制胜的发展战略为先导，以科学、优化的组织架构为支撑，通过收缩整合调整、主业打包上市、塑造专业平台、强化统一管理、建立标准与内控体系、实现在线实时监控等方式方法，推动集团合并重组后的战略变革和管控体系建设，达到战略聚焦、主业精干、运营专业、管控有力的目标，从而进一步推动集团业务大发展和管理大提升。

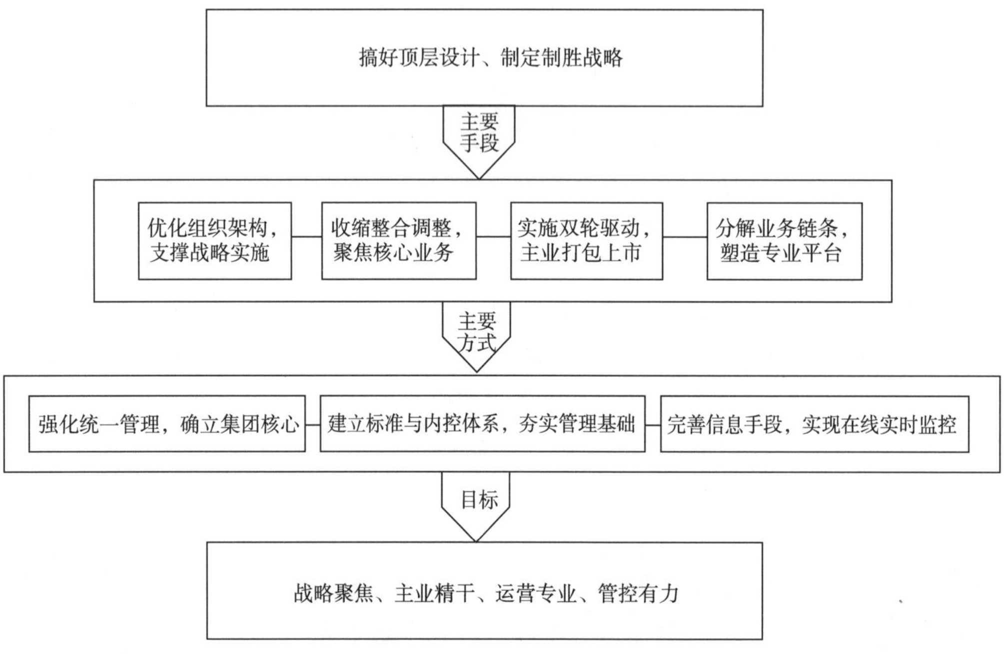

图1　京能集团战略变革与管控体系建设示意图

（二）主要创新点

1. 制定领先战略，引导科学发展

战略的核心问题是方向的确定和策略的选择。集团通过广泛征求意见和论证，确立了集团愿景、使

命、核心价值观、战略定位、战略目标、“五个坚定不移”的战略原则和管控模式，为集团实施战略变革和管控体系建设提供了科学依据。

2. 调整组织架构，支撑战略实施

保障战略的有效实施是战略制胜的关键。集团通过建立符合现代企业制度的治理结构，优化总部组织机构，建立“集团—平台公司—项目公司”三级组织架构和富有活力的人才竞争机制，为集团战略的有效实施提供了组织和制度保障。

3. 优化整合业务，推动主业发展

实现企业核心竞争力与行业关键成功要素的匹配是战略执行的着力点。集团根据“有所为，有所不为”的原则，积极开展低效、无效、无关企业的收缩退出及业务整合、结构调整、主业上市等工作，最终达到聚焦核心业务，提高集团竞争力的目的。

4. 强化科学管控，促进管理提升

强化管理是企业变革永恒的主题。集团通过分解业务链条，打造了四大专业化管理平台；通过实施“五统一”的管控模式，实现了集团化管控；通过建立全面标准化管理体系，提高了集团规范化管理水平；通过建立全面风险管理体系，实现了集团持续健康发展；通过建立智能化ERP信息系统，实现了在线实时监控的效果。

三、集团战略变革与管控体系建设的主要做法

（一）搞好顶层设计，制定制胜战略

京能集团重组之初，面临着业态分散、主业弱化、管理基础薄弱等状况，集团如何发展壮大是摆在全体领导和员工面前的一个重要课题。于是，集团成立了以董事长挂帅的战略变革领导机构，通过对现有行业竞争状况、发展潜力、集团优劣势的分析调研，通过对中层以上领导人员的问卷调查以及座谈、访谈，集团上下首先取得了三个方面的共识：一是必须明确集团的愿景、使命和价值观，否则集团走不远；二是必须明确集团的主业，并举全集团之力发展主业，否则集团做不大；三是必须实现集团由投资型向投资经营型的转变，强化对参控股企业的管理，否则集团做不强。在此基础上，集团上下进一步开展深入地讨论研究，最后提出了符合京能集团发展实际的战略。其要点包括：

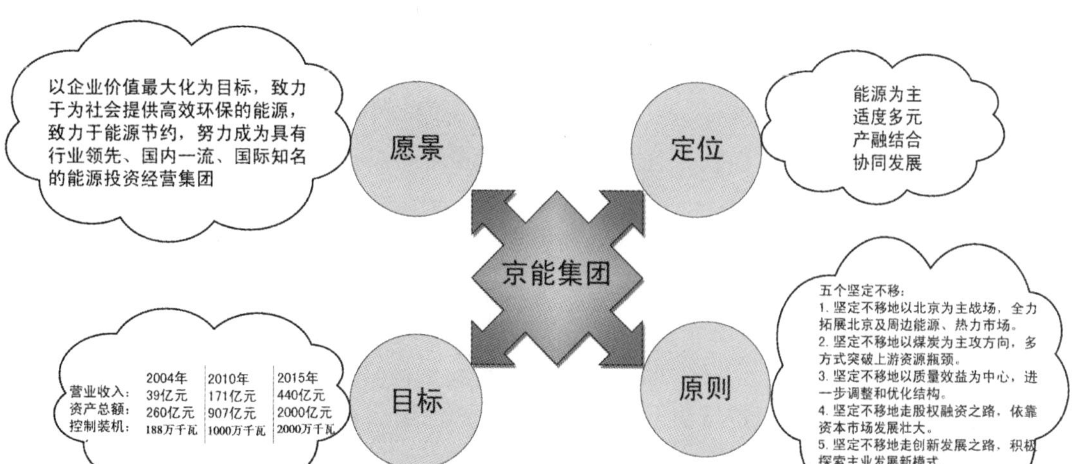

图2　京能集团愿景、定位、目标和原则图

1. 确立集团愿景、使命和核心价值观

通过对国内外知名企业的广泛调研，结合集团外部环境和自身特点，根据“有所为，有所不为”的原则，经过广泛征求意见，集团最终确立的愿景为：以企业价值最大化为目标，致力于为社会提供高效环保的能源，致力于能源节约，努力成为具有行业领先、国内一流、国际知名的能源投资经营集团；使

命是：追求能源开发、经济效益和环境保护的协调统一，为经济社会的可持续发展提供充足的动力；核心价值观是：以人为本、追求卓越。

2. 确立“能源为主、适度多元、产融结合、协同发展”的战略定位

集团从自身实际出发，结合未来能源行业的发展趋势，集团作为市属国企的区位优势以及长期以来作为投资公司所形成的业务体系，最后确立“能源为主、适度多元、产融结合、协同发展”的战略定位。

（1）能源为主：集团作为能源投资集团，必须以能源为主业，只有做强做大能源主业，才能做强做大集团。

（2）适度多元：业务单一的企业难以规避产业周期性波动风险，为分散风险集团需要多元化，但过度多元化将分散企业资源、超出管理能力，反而招致更大风险。集团必须在主业突出前提下适度多元化经营。

（3）产融结合：能源、热力、房地产业务都是资金密集型行业，要获得持续快速发展，光靠自身的积累远远不够，必须大力推进产业资本与金融资本的结合以保证投资经营过程中各种资金需要，必须大力推进生产经营与资本运营结合以优化资源配置、提升资产价值、扩大资本规模、获取资本溢价。

（4）协同发展：集团能源为主、适度多元的业务组合为内部业务之间、企业之间建立运营协同、财务协同和战略协同，互相促进，共同发展，在一个区域市场上形成多点竞争优势和综合竞争优势提供了前提。业务协同是集团面对电力央企和其他单一业务企业竞争时能够取胜的重要手段。

3. 确定了主营业务规模指标每隔五年翻一番的战略目标

集团根据行业发展规律及集团实际状况，确定了主营业务规模指标每隔五年翻一番的战略目标。“十一五”期间，集团超额完成规划目标，营业收入由2005年的61亿元增长至2010年的171亿元，增长1.8倍；资产总额由2005年的348亿元增长至2010年的907亿元，增长1.6倍；控股电力装机由2005年底的293万千瓦增长至2010年的1000万千瓦，增长2.4倍。根据“十一五”完成情况及行业发展趋势，集团提出到2015年末主营业务规模比2010年末再翻一番的目标，其中营业收入达到440亿元，资产总额达到2000亿元，控股装机容量达到2000万千瓦，建成结构比较合理、盈利能力比较突出、绿色环保、安全运营的全国性能源投资经营集团。

4. 确立“五个坚定不移”的战略原则

战略定位和目标清晰后，坚持什么样的原则开展投资经营工作才能确保目标顺利实现？集团按照做强做大主业的总体思路，确立了“五个坚定不移”的战略原则：

（1）坚定不移地以北京为主战场，全力拓展北京及周边能源、热力市场。集团是北京市属国企，北京是集团的立基之本。北京项目运作规范有序、盈利保障程度高。集团要充分发挥区位优势，争取北京电力能源市场的最大份额。

（2）坚定不移地以煤炭为主攻方向，多方式突破上游资源瓶颈。煤炭、天然气等上游资源的稀缺性及价格上涨刚性，决定了其对发电企业盈利影响的至关重要性。集团要做强做大电力能源主业，就必须千方百计地向煤炭、天然气等上游资源领域延伸，完善产业链，平滑上下游价格异动风险。

（3）坚定不移地以质量效益为中心，进一步调整和优化结构。集团要进行战略变革，必须转变发展方式，进一步调整和优化集团的投资结构、股权结构、资产结构、业务结构和组织结构，把集团的发展纳入质量效益型轨道。

（4）坚定不移地走股权融资之路，依靠资本市场发展壮大。资本市场是企业借助外力加快自身发展的最重要杠杆。集团控股的三家上市公司，要力争每隔二三年就实现一次再融资。此外，在节能环保领域、热力配套领域，集团还要支持和培育有条件参控股企业冲刺国内外资本市场，不断提高集团资产证券化水平。

（5）坚定不移地走创新发展之路，积极探索主业发展新模式。商业模式的创新是企业实现跨越式发展的最强大动力。集团要善于推进整体协同联动、电力能源上下游联动、房地产各业态联动、节能环保产业与能源主业联动，积极开拓节能产业、环保产业和资源循环利用产业，促进集团绿色经济产业链的形成和发展。

5. 确定投资经营的发展与管控模式

集团重组之初，投资领域较多、控股企业占比较低、管控力较弱。为了改变这种分散式投资现状，集团提出投资经营和管控要实现“三个转变”的目标，即投资经营发展方向要从财务型向战略型转变、经营管理要从粗放式向集约化转变、管控模式要从投资型向投资经营型转变。同时，在对控股公司管控方面，集团提出“三化”管理目标，即努力实现“专业化、精细化、集团化”管理。

（二）优化组织架构，支撑战略实施

战略决定命运，细节决定成败。战略的成功实施，需要建立与之相匹配的治理结构和组织架构。为此，集团建立了符合现代企业制度的治理结构，围绕主业优化了总部组织架构，建立了符合集团战略变革的三级组织架构和富有活力的人才竞争机制。

1. 建立符合现代企业制度的治理结构

集团按照建立现代企业制度要求，加强了以董事会为核心的法人治理结构建设，成立集团战略决策、提名与考绩薪酬、审计三个专门委员会及其办公会。为了实现集团化管控，提高经营班子执行力，集团董事会邀请经营班子成员列席董事会，了解决策过程，逐步建立和完善了高效畅通、坚强有力的执行机制。经理层一般每两周召开一次总经理办公会，研究落实董事会决议的措施和方案，组织实施董事会批准的年度经营计划、资本经营计划和投融资方案及其他事项。集团董事会和经营班子充分尊重监事会的监督权，主动接受全过程监督，针对监事会提出的问题，每年制订监督检查反映问题整改方案，明确责任人，定期总结分析整改工作进展和落实效果，确保集团重大决策和执行都置于监事会的有效监督之下。通过决策、执行和监督的相互分离，有效地支撑了集团战略的执行。

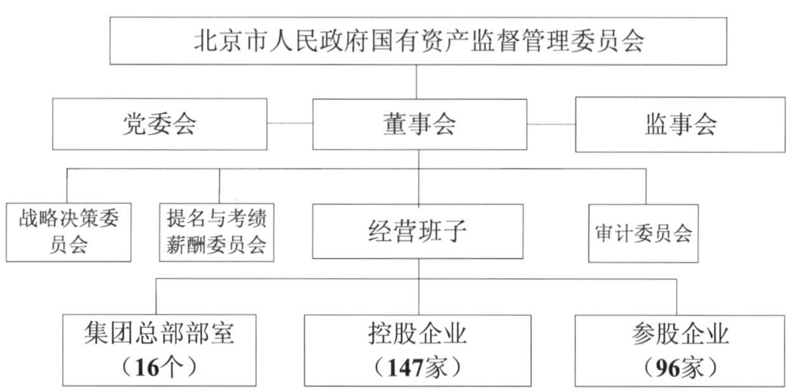

图3 京能集团治理结构图

2. 围绕主业不断优化总部组织机构

结合各业务板块的特点和定位，集团对总部组织机构进行了调整优化。集团成立之初，北京、内蒙古、山西有多个电力能源项目，且处于规划、前期、基建、运营不同阶段。为了做强电力能源主业，实现“专业化”管理，集团成立能源建设部，全面负责集团电力能源项目前期立项、方案设计、可研评审、开工报批、基建管理、达标验收等工作。随着集团可控电力装机的增加，燃料成本已占集团生产成本60%以上，为了实现“集团化”管理，降低主营业务成本，集团成立燃料管理部，负责集团燃料管理的全过程监督、检查、指导、协调和考核工作；为了加强控股电力企业的“精细化”管理水平，集团成立生产管理部，统一管理集团运营发电、热力企业的生产准备、运行、技改、检修、专业培训等工作；随着集团向上游资源领域延伸力度的不断加大，集团成立煤化事业部，负责集团煤炭、煤化工、油气资源等项目前期立项、方案设计、可研评审、开工报批、基建管理、达标验收、生产运行等工作。非电业务领域，集团整合产权管理部、科技实业投资部、置业投资部，成立实业管理部，负责集团置业、节能环保板块的管理以及非主业务退出等工作。

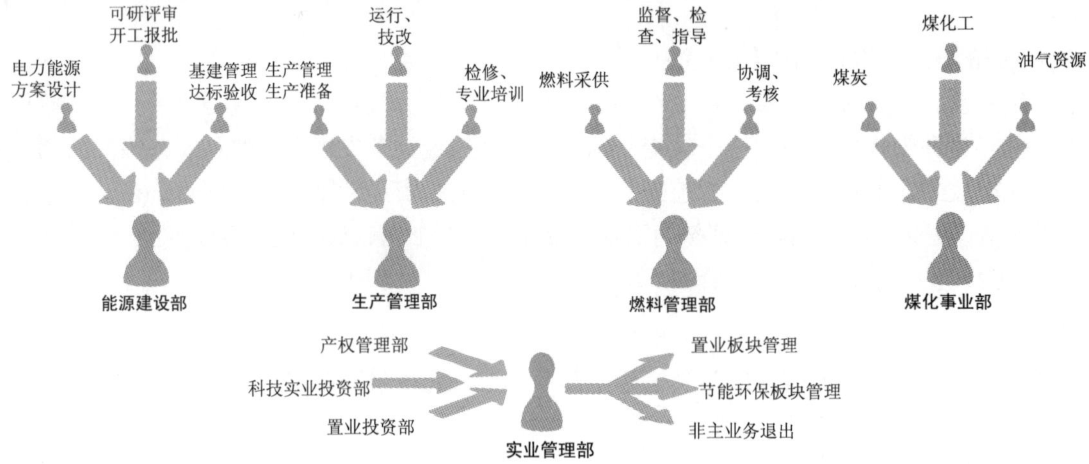

图4 京能集团总部机构优化图

3. 建立分工明确、管理有序的三级组织架构

完成集团治理结构和总部组织机构的优化后，集团按照“三化”管理要求建立了“集团—平台公司—项目公司”三级组织架构。集团主要从战略规划、投资决策、财务产权、人力资源、资本运作方面实施管控，重点解决管控中的普遍性问题，使集团的管控方式和手段充分满足电力、热力、房地产、节能环保和金融等不同业务领域、满足华北、华南、西南、西北等不同区域、满足上市公司和非上市公司等不同类型企业的管控需要。平台公司分为投融资平台和专业化平台，包括常规火电、清洁能源、房地产开发、热力、燃料采供、工程建设服务、后勤服务、财务归集八大平台，平台公司发挥各自特点为项目公司提供专业化服务。项目公司专心从事生产管理，努力为股东创造价值。通过建立分工明确、管理有序的三级组织架构，大大提高了集团的专业化管理水平和对控股企业的管控能力。

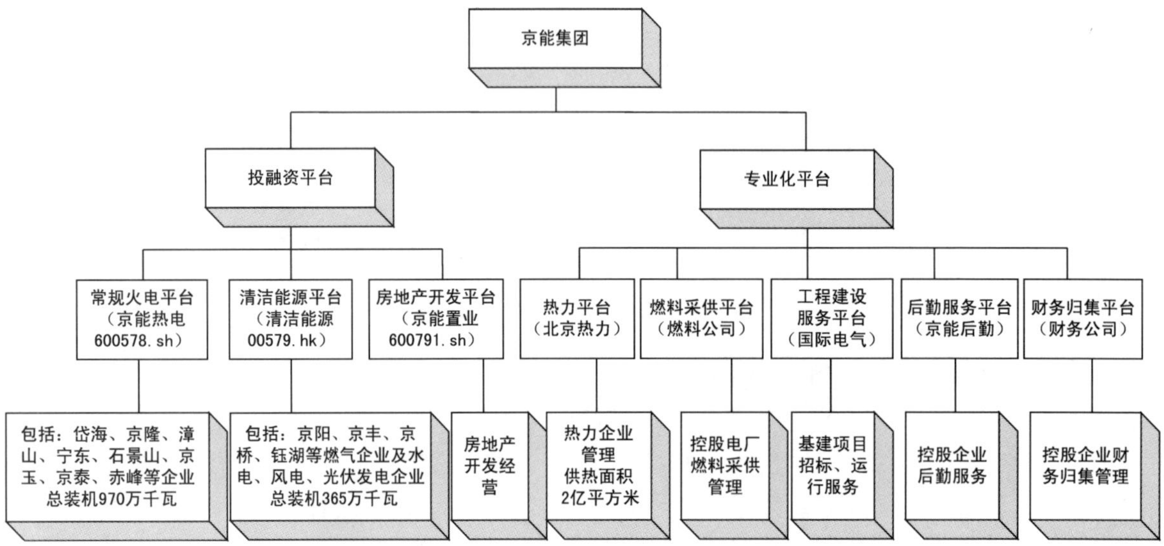

图5 “集团—平台公司—项目公司”三级组织架构图

4. 建立富有活力的人才竞争机制

科学合理的组织架构是实施战略变革的前提，如何发挥员工工作积极性是实施战略变革的关键。集团不断完善“带队伍要带心，员工工作要舒心，企业发展更要凝聚人心”的“三心”文化理念，通过中层管理人员竞聘上岗和一般管理人员双向选择，建立了管理人员能上能下、能进能出机制。集团建立并逐步完善了党管干部和市场化配置相结合的选人用人机制，通过公开招聘、组织选调等方式调整配置企业领导人员；加强了对企业劳动用工、定岗定编的管理；集团总部开展了公开招聘、中层竞聘和一般管理人员双向选择，并将选人范围扩大到了集团系统；各控股企业普遍采取市场化选聘和组织调配相结合的方式引进和配置人才，为各类人才提供了公平发展和公平竞争的机会。同时，集团加大体制机制和分配制度的创新，调动各方面积极性，真正让实干苦干、实绩突出的企业和员工得到物质奖励和精神鼓励，为确保集团战略变革顺利实施提供了人才保障。

（三）收缩整合调整，聚焦核心业务

集团从整体发展战略需要出发，坚持“聚焦核心、突出主业、进退有序、调整优化”的原则，开展了收缩退出、业务整合、调整优化等工作，聚焦主业，提高集团核心竞争力。

1. 积极开展低效、无效、无关企业的收缩退出工作。集团重组以来，坚持“退出也是发展”理念，按照“效益优先、统筹兼顾、优化结构、规范操作”的原则，下大气力调整存量、优化结构，坚决退出经营业绩长期得不到改善的劣势企业，加大对规模小、与主业关联度小的投资企业的清理、退出力度。经过艰苦的努力，集团累计退出26股权项目，回收资金总额10.6亿元；清理核销17个股权、债权项目，申报核销金额6700万元。

2. 平稳有序开展业务整合工作。集团重组之初，业务涉及20多个子行业。为了做强做大主业，打造核心竞争力，集团加快合并规模较小、业务交叉的控股企业。集团新建京能国际，整合了常规火电业务。重组京能清洁能源，整合了清洁能源业务。重组京能置业，整合了房地产开发业务。通过股权置换，整合了创业投资业务和节能环保业务。通过业务整合，有力地促进了集团核心业务又好又快发展。

3. 着力调整集团投资结构、股权结构和资产结构。一是优化集团投资结构，通过增量发展清洁能源、可再生能源和上游资源引领集团整体结构的转型升级。二是优化控股企业的股权结构，改变多级持股、交叉持股、个人持股的情况，简化、清晰股权关系，提高企业管理效率。三是调整集团资产结构，对亏损不断增加、扭亏无望的企业，果断采取关停、清算、转让等有效措施，努力止亏。通过持续的优化和调整，集团清洁能源装机占比不断增加，控股企业产权更加清晰，亏损企业持续减少，整体效益不断提升。

4. 聚焦核心业务，提高集团竞争力。集团与热力集团合并聚焦后，产业链上实现了热电联产，在首都能源供应市场地位和影响力进一步增强。集团直供北京地区的发电控制装机容量达到680万千瓦，占北京市平均用电负荷的75%；城市集中供热面积超过2亿平方米，占北京市总供热面积的30%。可以说，北京市本地市场上，京能集团热电供应量位居第1，有力地保障了首都经济社会发展的能源需求。通过持续的聚焦核心业务，集团控股的电力总装机容量达到1335万千瓦，位列全国电力能源投资企业第12位，地方电力投资企业第3名，稳居中国企业500强前400位。

（四）实施双轮驱动，主业打包上市

1. 大力发展集团主业，强化资产经营。在传统煤电得到稳健发展的同时，集团大力发展燃气发电、风电、水电、光伏、生物质发电，清洁能源比重逐年提高。2012年底集团清洁能源控制装机容量超过365万千瓦，占集团控制发电装机总容量的27.3%。在区域布局上，集团大力拓展宁夏、四川、广东等区域的电源项目，投资区域遍及全国18个省、市、自治区，具备了全国性公司的基础。集团在内蒙古岱海、宁夏水洞沟电厂等项目开发上，积极创新电力能源和房地产协同发展的模式，带动了项目周边的区域经济和社会事业的发展，不仅为集团创造了良好的经济效益，也扩大了集团的社会影响。

2. 积极推动产融结合。集团充分利用财务公司、融资租赁公司内源融资平台作用，累计融资44亿元。同时，集团通过运用各种外源融资工具，优化了集团资产结构，降低了资金使用成本，平均每年节约财务费用约4亿元。直接融资方面，集团累计股权类融资161亿元，其中引入战略投资者资金12.5亿元，IPO融资25亿元，再融资123亿元；累计债权类融资281亿元，其中发行企业债40亿元，公司债36亿元，短期融资券125亿元，私募债40亿元，中期票据40亿元。间接融资方面，集团通过资金集中管理，与各大银行建立良好的战略合作关系，2012年底集团银行贷款464亿元，其中短期贷款210亿元、长期贷款254亿元。

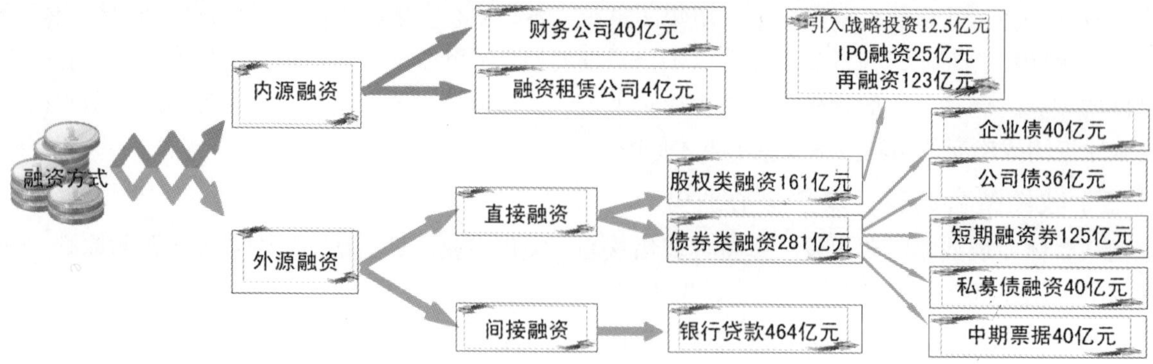

图6　京能集团成立以来融资结构图

3. 利用资本市场发展壮大。集团作为投资性能源企业，在抓好核心资产“三化”管理的同时，积极探索和利用产融结合的方式，加大资本市场的融资与再融资工作力度，累计融资148亿元，有效降低了资产负债率，提高了企业管理水平。截至2013年3月31日，集团证券化资产市值361亿元，集团资产证券化率达到73.16%。

（1）京能置业的整合。集团以天创置业为主体，采取吸收合并的方式，整合了天创房地产、国电房地产公司，同时完成股权分置改革，2007年非公开发行募集资金4.6亿元。目前，京能置业再融资方案已上报到证监会。

（2）京能清洁能源整合上市。京能清洁能源公司通过资产重组、股份制改造，成功引入北京国有资本经营管理中心等五家外部战略投资者，获得资金12.5亿元。在资本市场十分低迷的情况下，于2011年12月22日在香港交易所主板正式挂牌上市，募集资金21.12亿港元。清洁能源公司的成功上市，标志着集团成功地进入海外资本市场，为集团在资本市场的再融资奠定了坚实基础。2012年，清洁能源成功发行3年期24亿元公司债和5年期12亿元的公司债，每年节约财务费用1.98亿元。

（3）煤电资产整体上市。2012年，经过严密论证、精心安排，集团解决了影响煤电重组上市的土地证、房产证、债务和法律纠纷等障碍，顺利将集团优质电力资产注入京能热电，定向增发融资近25亿元。2013年，京能热电将适时发行40亿元公司债，实现集团煤电资产整体上市。

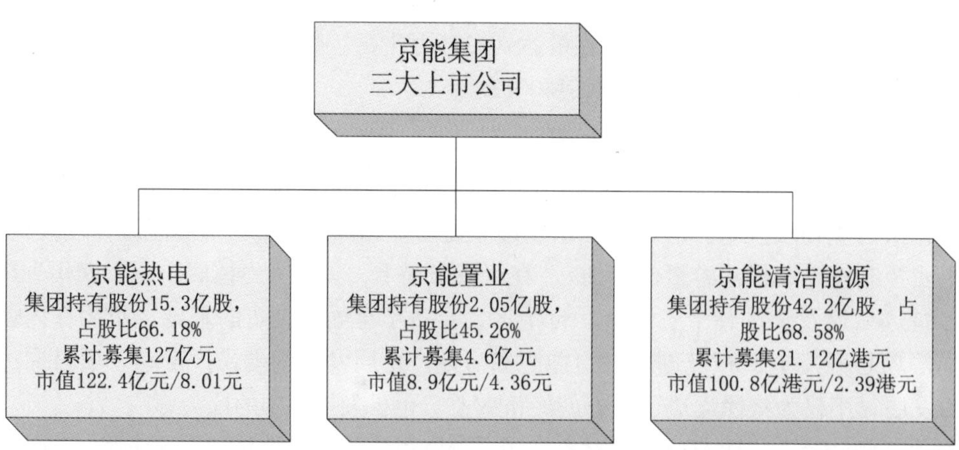

图7　京能集团上市公司图

（五）分解业务链条，塑造专业平台

随着集团规模的不断扩大，集团根据业务特点打造了燃料采供平台、财务归集平台、工程建设服务平台和后勤服务平台，经过多年持续的内部业务整合和市场培育，各专业平台定位更加清晰，发展方向更加明确，有力地支撑了集团战略变革和管控体系建设。

图8 京能集团四大专业化平台示意图

1. 燃料采供平台

燃料成本占集团发电总成本60%以上，在集团发电机组不断增加的同时，煤炭、天然气等资源价格的加速上涨，不断侵蚀着集团发电企业的利润，使得集团盈利能力受到极大制约。为了加强燃料管理，集团成立北京京能电力燃料有限公司，统一管理集团燃料采供工作。该公司按照“科学管理、协调服务、保证供应、降低成本”的宗旨，在调整燃料供应结构、铁路运力争取、蒙煤进京和标煤单价控制等方面开展了卓有成效的工作，已累计为集团节约燃料成本5亿元以上。

2. 财务归集平台

集团电力、热力、房地产三大主业均是资金密集型行业，项目普遍具有现金大进大出、闲置资金多、贷款规模大等特点。为了实现集团项目资金统一管理，集团收购东药集团所持东药财务100%股权，随后将东药财务更名为京能集团财务有限公司，负责集团资金归集管理工作。该公司按照“依托集团、服务集团”的宗旨，立足资金集中管理服务、融资服务、金融服务和财务调控，在资金集控、融通等方面发挥了重要作用。目前公司已完成开户和账户授权及资金归集共126家单位，全部资金归集率为75.72%，可归集资金归集率为94.41%。公司累计向集团系统内企业提供优惠贷款140亿元，为成员单位节约财务成本约7500万元。公司管理的集团“现金蓄水池”连续五年市值平均涨幅达54.11%，实现投资收益3.15亿元，回收资金5.4亿元。

3. 工程建设服务平台

集团重组后，开工、在建电力项目多、分布广、工程量大，加上原有运行项目，运行维护工作量不断增大。为了统一集团工程建设、运行服务管理，集团调整了北京国际电气工程有限责任公司定位，将其定位为集团招标代理、基建工程、发电厂机组检修维护、物资采供、外围运行业务平台。通过不断努力，该公司已拥有建设部颁发的工程招标代理机构甲级资格证书、中国设备管理协会颁发的电力设备检修资质、建设部颁发的电力工程施工总承包三级资质。公司依托集团内部市场，实现了工程管理（工程总承包）、电厂设备检修维护、物资采供、外围运行、招标代理等平台管理和服务功能。

4. 后勤服务平台

集团京外电力项目主要分布在内蒙古、山西、宁夏等地区，电厂离市区普遍较远，缺少优质的生活后勤保障。为了统一集团电厂后勤管理，集团调整了内蒙古岱海保护建设发展有限公司定位，将其定位为集团电力企业后勤服务专业化平台。2012年该公司更名为京能电力后勤服务有限公司。目前京能后勤公司为集团系统14家电力相关企业提供后勤保障服务工作，业务涵盖办公楼综合服务、生产区保卫、保洁、非生产区物业维护、粉煤灰综合治理、脱硫用石灰石粉供应及燃料服务等内容。

（六）强化统一管理，确立集团核心

集团参控企业数量多、层级多，加上行业相关性不大，如何避免“集而不团、一管就死、一放就乱”的局面，集团探索、总结、制定了“五统一”的管控模式。

1. 统一战略规划。集团战略规划部负责制定集团总体战略，各控股公司按照集团总体规划制定本公司的长远发展目标。集团统一管理、审核各控股公司发展规划，各公司根据规划制订企业年度工作计划，编制全面预算，并将年度目标分解、落实。集团人力资源部、经营计划部根据企业完成目标情况对控股企业领导班子进行年度考核和奖励。

2. 统一投资决策。集团要求所有对外投资和工程自身追加或变更投资及技术改造项目必须报集团批准。对外投资项目应当突出主业，重点关注拟投资（并购）项目的收益和风险，加强对投资方案的可行性研究，重点对投资目标、规模、方式、风险与收益等做出客观评价。集团控股公司对工程项目的追加投资、变更投资、技术改造等，均需编制可行性研究报告及相关文件，报集团审批。

3. 统一财务产权。集团对控股公司资金业务实行统一监控，要求控股公司加强各项资产管理，全面梳理资产管理流程，及时发现资产管理中的薄弱环节，切实采取有效措施加以改进，并关注资产减值迹象，合理确认资产减值损失，不断提高企业资产管理水平。控股公司的任何产权（股权）变更，必须报集团批准。集团还加强对品牌、商标、专利、专有技术、土地使用权等无形资产的管理，加强保护，明确权属，防范侵权，提升自主创新能力，切实维护和提升集团品牌的社会认可度。

4. 统一人力资源。集团控股公司的高级管理人员由集团统一推荐或任命，人员编制和工资总额由集团统一审批。控股公司招聘与录用员工应遵守“事前申请、事中申报、事后备案”的工作流程。控股公司实行工资总额预算制管理，企业年度经营管理目标考核结果与企业工资总额挂钩，根据企业年度经营管理目标考核指标完成情况，集团统一调控工资总额和平均工资水平。

5. 统一资本运作。集团要求控股公司的改组改制、增资扩股、再融资等活动，均须制订详细的方案，在集团统一领导下组织实施。控股公司的债券发行、资产处置、收购兼并、项目退出等活动，须编制可行性方案，报请集团同意后组织实施。控股公司严禁从事股票投资或金融衍生产品等高风险投资。

（七）建立标准与内控体系，夯实管理基础

集团“五统一”的管控模式建立起来以后，面临着新的问题：集团实际的四级产权、三个板块业务、项目生命周期的三个阶段（规划、建设、运营）对集团管理提出了不同要求，也有共性要求。于是，集团提出了标准化问题，在此基础上，又建立了全面风险管理体系。

1. 全面标准化管理体系

2010年集团开展了全面标准化体系建设。一是管理内容全覆盖。集团标准体系全面覆盖管物的技术标准、管事的管理标准、管人的工作标准；二是管理层级和对象全覆盖。集团全资、控股147家企业，管理层级分为三级，全部建立标准体系；三是管理业务全覆盖。集团的主要业务包括电力能源、热力、房地产、节能环保和金融证券，行业差别较大，但都建立适应各自行业特点的标准体系。

集团按照“一年打好基础、两年规范运作、三年巩固提高”的总体工作要求，系统性开展了标准化体系的建设。2010年，集团全面完成了集团本部管理标准、工作标准和技术标准等标准体系的建设。2011年，集团全面推进了控股企业的标准体系建立工作，完成26家企业申请标准注册的验收工作。2012年，完成第二批控股企业1749项管理标准、1369项工作标准和157项技术标准的审核验收工作，并对13家企业开展了标准化检查验收。通过持续的全面标准化管理体系的建设和实施，集团规范化管理水平得到了明显提升。

2. 全面风险管理体系

集团要进一步发展，将面临能源产业链发展、控股煤电资产营利性、生产环保压力、低成本管控能力、资本市场融资与再融资、房地产开发等风险问题，为了防范和降低决策、投资、生产经营等风险，集团专门成立审计与内控部，全面负责集团风险管理体系工作。2010年，集团按照国家规范要求进行了体系规划和架构设计，在集团本部建立了风险管理组织体系和相应的工作机制。2011年，集团率先在三家上市公司建立了全面风险管理体系，并进行了先行先试。2012年集团在其他全资、控股企业全面推广了内控体系建设。目前集团控股企业已全部建成风险管理体系，对集团持续健康发展、实现科学决策、

提高决策效率提供了有力的保障，

（八）完善信息手段，实现在线实时监控

集团建立标准化、内控体系后，集团又面临管理盲点、管理及时性以及管理效率等新问题。为此，集团按照“统一领导、统一规划、统一标准、统一实施”的原则，开始建立集团智能化ERP信息系统。

1. 主要内容：包括一体化平台、四大管理主线、十三大应用系统、四大支撑体系

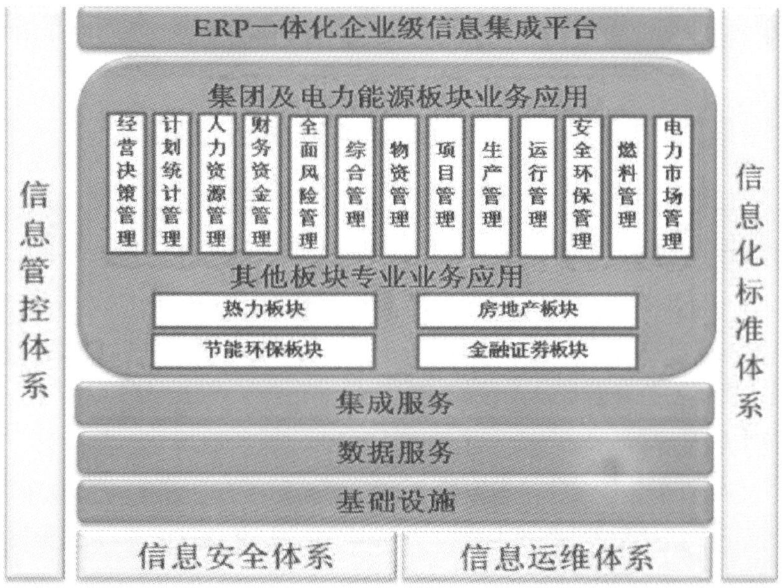

图9　京能集团智能化ERP信息系统图

一体化企业级信息集成平台是集应用、系统开发、运行、数据存储、集成、展现为一体的软件、硬件平台，可实现各企业数据的集中管理。四大管理主线是指实现全生命周期资产管理、人财物集约化管理、全面风险管理、辅助决策量化管理。十三大应用系统即经营决策管理、计划统计管理、人力资源管理、财务资金管理、物资管理、项目管理、生产管理、运行管理、安全环保管理、燃料管理、电力市场、全面风险管理、综合管理等管理应用系统。四大支撑体系是指信息化管控体系、信息化标准体系、信息安全体系和信息运维体系。

2. 实施过程：分为试点、推广、优化提升三个阶段

（1）试点阶段：主要包括ERP系统试点和配套基础设施、网络、安全、运维等支持系统的试点工作。2011年集团ERP项目顺利完成第一阶段工作任务，人力资源、财务、物资管理等模块上线试运行，集团总部、京能热电、岱海发电、宁东发电和国际电气等企业ERP系统初步上线运行，

（2）推广阶段：主要完成ERP、全面风险管理等系统在试点单位的深入应用和在全集团控股企业的推广，初步实现企业资源统一管控配置和决策科学化。2012年，集团实现了9家电力企业推广和106家控股企业人力资源和财务模块的上线运行，该项目已争取到北京市经信委和国资委的资金支持，获得了中电联2012年“电力行业信息化优秀成果奖”和中国信息化专业委员会“中国电力信息化推进示范奖”。

（3）优化提升阶段：巩固前期成果，进行ERP系统的深化应用，全面建成一体化、智能化的信息化体系，全面支撑集团公司战略目标实现。

四、实施战略变革与管控体系建设的效果

（一）业务定位更加清晰

通过持续的变革与调整，集团主业更加清晰。2012年底，集团电力能源板块资产847亿元，占集团总资产的62%，实现利润32亿元，利润贡献率达到91%。集团已发展成为以电力能源为主、适度多元、产融结合的特大型投资经营企业集团。

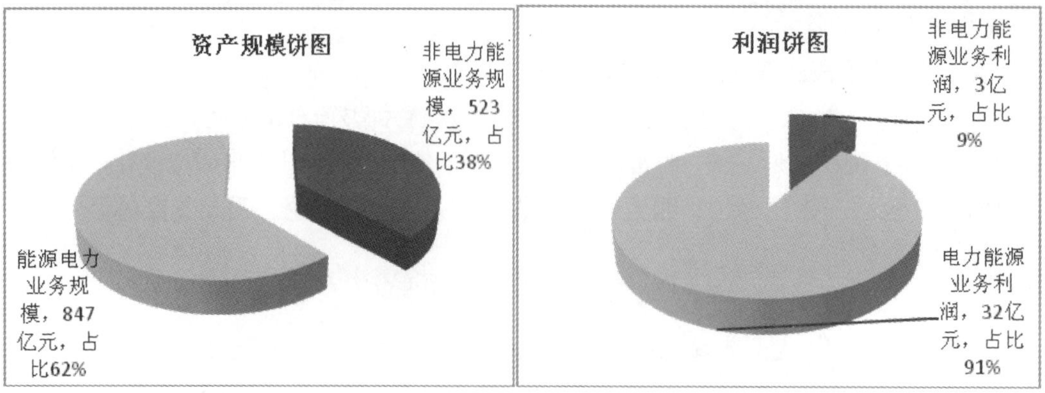

图10　京能集团资产规模、利润饼图

（二）企业实现成功转型

通过实施战略变革与管控体系建设，集团实现了由财务型向战略型、经营由粗放式向集约化、管理由投资型向投资经营型的较快转变。目前，集团投资区域已遍及全国18个省、市、自治区，控股企业147家，集团成功地实现了战略变革和管控体系建设。

（三）效益得到大幅提升

通过持续不懈的努力，集团整体盈利能力自重组以来逐年提升，即使在2008年全球金融危机、电力能源全行业亏损的情况下，集团仍盈利1.68亿元。2009年集团实现利润总额17.4亿元，2010年增加到20.07亿元，2011年增加到23.84亿元，2012年集团利润达到35亿元。

（四）管理水平不断提高

通过实施以战略规划、投资决策、财务产权、人力资源、资本运作为重点的“五统一”管理，集团公司对控股子公司的管控能力得到进一步提高。近年来集团系统累计获得国家、行业和北京市管理创新成果数十项，其中岱海模式和集团全面标准化建设获得两项国家级管理创新成果。

（五）企业影响力不断提高

2012年集团实现营业收入311亿元，稳居中国企业500强前400位。集团各项经济指标位列北京市国资委监管企业前5名。可以说，北京市本地市场上，京能集团热电供应量占绝对优势，有力地保障了首都经济社会发展的能源需求。

成果创造人：陆海军　郭明星　孟文涛　唐鑫炳　葛青峰　张　玫　王永志　王新宇

"三点一线"式外包项目管理

山西漳山发电有限责任公司

荣获第二十八届北京市企业管理现代化创新成果一等奖

山西漳山发电有限责任公司（以下简称漳山公司）位于山西省东南部长治市北郊，于2001年10月11日注册成立，由北京能源投资（集团）有限公司和格盟国际能源有限公司共同出资组建，出资比例为55∶45。

漳山公司一期项目装机容量600MW，安装两台300MW国产直接空冷机组，同步安装烟气脱硫装置，2004年10月全面投入商业运营。二期扩建工程装机容量1200MW，安装两台600MW国产直接空冷燃煤发电机组，同步实施直接空冷、湿法脱硫、袋式除尘、烟气脱硝、城市中水处理等多项环保、节能技术，二期工程于2008年5月全面投入商业运营。目前，漳山公司总装机容量1800MW，资产规模65.2亿元，是山西电网省调最大的发电企业之一，也是国家1000KV特高压外送电的主力电厂之一。

漳山公司现有发电部、生产技术部、安全环保部、燃料部、燃煤技术中心、物资部、经营部、财务部、党政事务部、综合督查室和工程部十一个部室。正式在册员工人数235人，其中大专及以上学历占总人数93.62%，人员学历普遍较高，平均年龄普遍较低，新进员工占比较大。

漳山公司是山西省第一家依托社会化分工进行外包模式建设和运营的发电企业，除生产集控运行及设备技术管理核心业务外，机组的辅助运行、日常维护、定检定修、物业保障和技改工程、大修工程、小型基建工程等全部实行外包管理（以下统称"外包项目"管理），现有京能后勤、漳泽电力、太原安正达、山西大庄等10个外委项目部承揽公司机组主机系统、输煤系统、煤场系统、灰场系统、化学系统、脱硫脱硝系统、非生产物业管理等日常运营维护工作，除此之外，公司年度进行的计划性检修工程、技改工程、零星土建工程、小型基建工程等都是依托社会外包方式完成，通过招议标确定外委单位。

建厂以来，公司秉承"团结 求实 敬业 争先"的文化精神，精细管理，创新发展，实现了经济效益、社会效益和环保效益的和谐统一，受到了社会各界的广泛赞誉。近年来，公司先后荣获全国安康杯竞赛优胜企业、全国企业文化优秀奖、国家优质工程奖、中国企业文化建设成功企业、全国企业文化十大优秀案例、全国物业管理示范工业区等荣誉。

一、"三点一线"式外包项目管理背景

（一）社会主义市场经济的深化极大地丰富和细化了社会分工

随着社会主义市场经济的建立和完善，社会分工日趋细化，社会分工的细化直接导致了经济活动的专业化发展趋势。专业化标志着社会大分工的成熟，为企业实施专业化管理提供了可能。当前，我国社会主义市场经济到了一个全新的发展阶段，社会为企业营造了一个良好的政策和法律环境，逐步培育出一个独立公正、规范运作的专业化市场，社会主义市场经济的健康、可持续发展要求企业投身到社会化大分工当中求发展。

（二）发电企业市场主体地位的确立迫切要求企业通过管理创新打造核心竞争力

"厂网分开、竞价上网"的实施，进一步确立了发电企业作为电力市场竞争的主体参与市场竞争。积极参与市场竞争，并在竞争中取得优势地位，是发电企业实现生存和发展的基本前提。参与市场竞争就要致力于打造企业的核心竞争力，就必须创新经营理念。电力市场在社会化大分工中也正逐步趋向专业化，发电企业将其非核心的业务外包出去，从而使其专注核心业务，充分利用社会资源与外包战略合作形成自身整体竞争优势，创造更大的经济效益，提升企业的核心竞争力、获利能力和可持续发展能力。

（三）外包项目战略合作关系形成必须做好交互式服务接口与经营风险防范工作

电力企业是技术密集型、资产密集性企业，其设备数量大、品种多、自动化程度高、对设备的完好率及连续运转可利用率要求高。相对于其他行业属于安全事故高发、高危行业，技术、工程安全、功能标准、环境保护要求严格，实施过程管理工作难度较大。

外包单位进入新建电力企业，首先面临的问题就是去适应新电厂的管理环境，熟悉新电厂的管理流程，这种适应过程不加以正确引导的话，就可能任由外包队伍原先的“习惯”或“经验”主导，产生理解或认识偏差。任何一个分歧，都可能影响到项目的安全、质量、工期和效益。

外包单位进入新建电力企业，不仅是人员输入、技术输入、商务交易输入，同时也是不安全因素输入、财务风险的输入以及法律债务风险的输入。由于外包单位的施工资质、技术力量、管理水平、人员素质等方面参差不齐，同时电力企业自身在安全、生产、经营、财务、后勤、法律等方面也有着非常强的专业分工。在缺乏统一标准的规范体系引导下，或因为信息的不对称，或因为管理方式的不对称，造成部门之间的工作衔接不到位，工作扯皮，监管失控，风险的防控能力降低，从而造成双方经济利益的损失以及外包战略合作关系的失败。

基于上述背景，漳山公司从“业务管理合拍”和“输入风险防控”方面进行机制创新，借鉴“一站式服务”、“链条式管理”思路，依托企业三项标准化平台，以服务、规范、融合、监管为理念，创建了“三点一线”式外包项目管理模式。

二、“三点一线”式外包项目管理的内涵与特征

外包项目管理中“三点一线”，“一线”是外包单位从入厂承揽项目到项目完工出厂离开的行事活动主线，主要包括项目投标、协议签订、队伍进厂、开工办理、项目实施、项目变更、项目竣工和项目结算、队伍退厂等主要环节；“三点”是外包单位行事活动主线上的三个关键节点风险防范，即安全生产风险防范、技术履约风险防范和商务结算风险防范。

基于标准化的“三点一线”式外包项目管理，是以电力企业的《招投标管理标准》、《工程管理标准》、《安全管理标准》、《财务收支管理标准》、《物业管理标准》等为依托，通过统一规范外包项目行事活动主线上各环节操作流程，指明业务方向，协调各口关系，提供信息支援，以标准简易化的“一站式”窗口服务帮助外包单位快速入关、顺利通关、麻利出关，同时在外包项目的“安全”、“技术”和“商务”三个关键节点风险防范上创新机制，规范要点，统一范本，将风险防范过程监督与管控精细化，过程化，奖惩结合，责任到人，保障外包质量，提升项目管理效益。

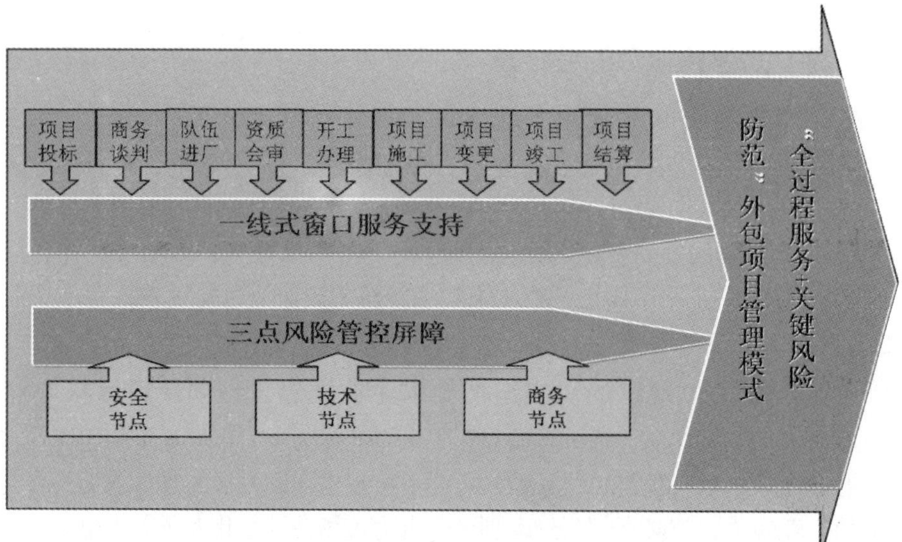

图1　“三点一线”外包项目管理示意图

三、"三点一线"式外包项目管理的主要做法

（一）成立外包项目服务与管理联络组织机构

为强化外包项目的组织和管理，公司专门成立"外包项目服务与管理联络小组"。

组长由经营分管领导担任，成员包括党政事务部、安环部、生技部、发电部、经营部、财务部、审计与内控部。具体负责公司外包项目的后勤支持、安全支持、技术支持、商务支持、资金支持以及法律事务支持，为外包队伍提供相应的"窗口服务"支持；负责外包项目队伍的考评、总结，推进外包项目管理工作的不断改进完善。

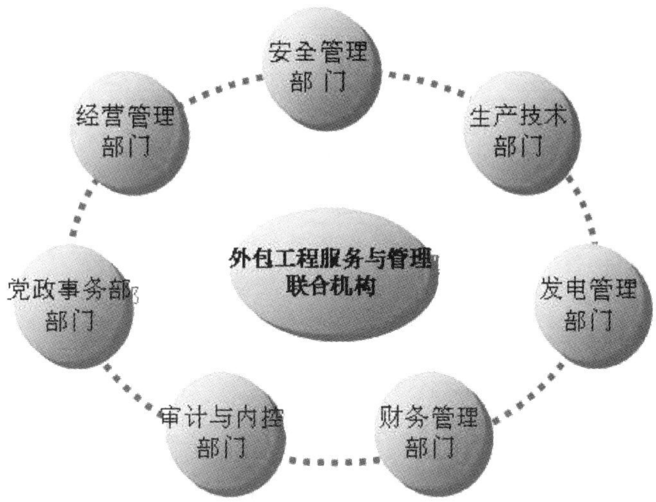

图2　外包项目服务与管理组织结构图

（二）"一线式"窗口服务主要做法

1. 建立服务信息支持模块

结合公司生产经营环境和相关管理标准，对公司外包项目管理中涉及的项目立项、项目投标、合同谈判、协议签订、队伍进厂、资质会审、开工办理、项目实施、质量控制、项目变更、项目竣工和项目结算、队伍退厂、后期维保等主要环节建立14个信息服务模块，每个模块对涉及的业务流程办理、关键操作程序进行说明，明确各个节点的受理部门、受理人、联系方式、业务办理要点和注意事项。

在业务办理要点说明方面，结合公司各部门职能特点与管理环境，提供相关的资讯支持。如投标业务模块，结合ERP上线，提供供应商注册操作说明；队伍进厂模块，提供入厂证办理、人员、车辆及物资出入管理、周边食宿环境、气象咨询等信息；项目变更模块，提供外包项目施工过程中出现的工程量变更或技术变更情况下应如何办理凭证、保存凭证并就变更单及时提出费用调整，维护自身利益；项目验收和项目结算模块，提供外包项目在施工结束后如何提交业主进行验收，出具标准格式的项目结算书以及商务票据开办标准格式、注意事项；队伍退厂模块，提供外包项目在撤离项目现场时应该注意的工器具及材料清扫整顿、人员安排、交通咨询以及各种预缴押金的退还手续办理等。

2. 畅通窗口服务互动渠道

（1）"看板"上墙方式

外包项目14个业务流程模块和相关受理部门、联系人等信息，通过"看板"上墙方式，在招标办公室对外公示，让每一个前来投标的单位第一时间就能熟悉漳山公司外包项目管理环境。

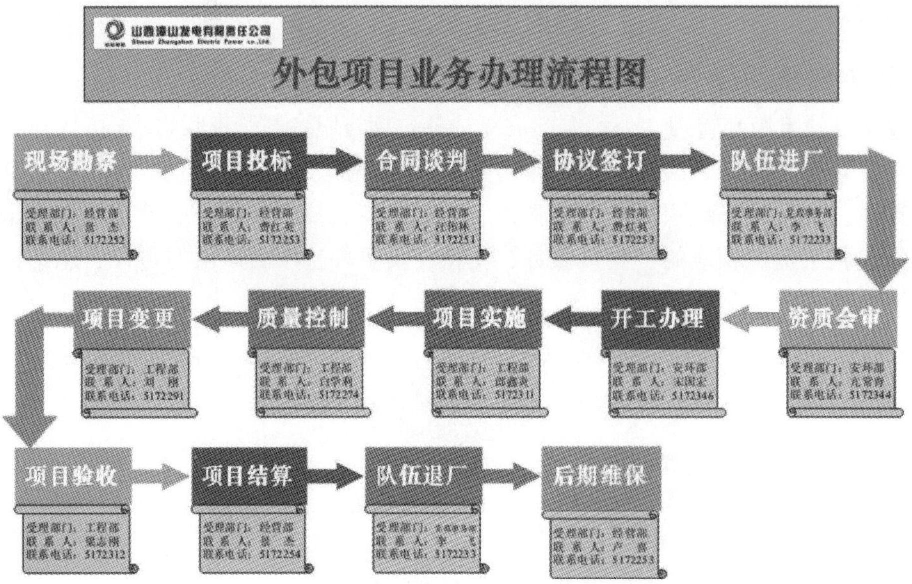

图3　外包项目服务看板示意图

（2）网络查询和触屏方式

14个业务流程模块的具体信息服务支持，通过“手册”发放、互联网络查询和办公现场触屏展示等方式，帮助外包队伍方便快捷的了解相关业务流程，取得相关服务支持，解决外包项目业务办理过程中遇到的困难，同时还可以留下相关建议或意见等。

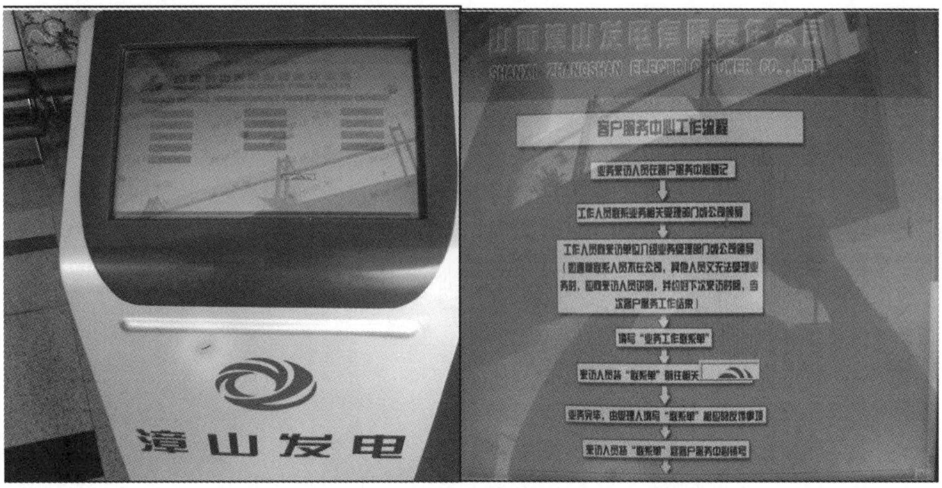

图4　外包项目服务现场触摸查屏示意图

（3）专业人员技术支持方式

外包项目服务与管理联络组织机构中涉及的每个部门指定一名专业负责人，负责对外包队伍业务办理过程中提供咨询支持，协调处理与其他部门之间的沟通互联，同时及时将外包队伍提出的建议或意见反馈至外包项目服务与管理联络小组组长，完善相关信息或操作规程。

“一线”式窗口服务，实际上是通过各个业务口部门的业务受理程序集成，成为外包项目队伍入厂后能够快速的熟悉电厂生产经营环境的行事指南，不仅方便了外包项目的快速受理推进，也有效地避免了因外包队伍环境不熟悉、程序不接口造成的部门之间推诿扯皮、管理效率低下等现象发生。

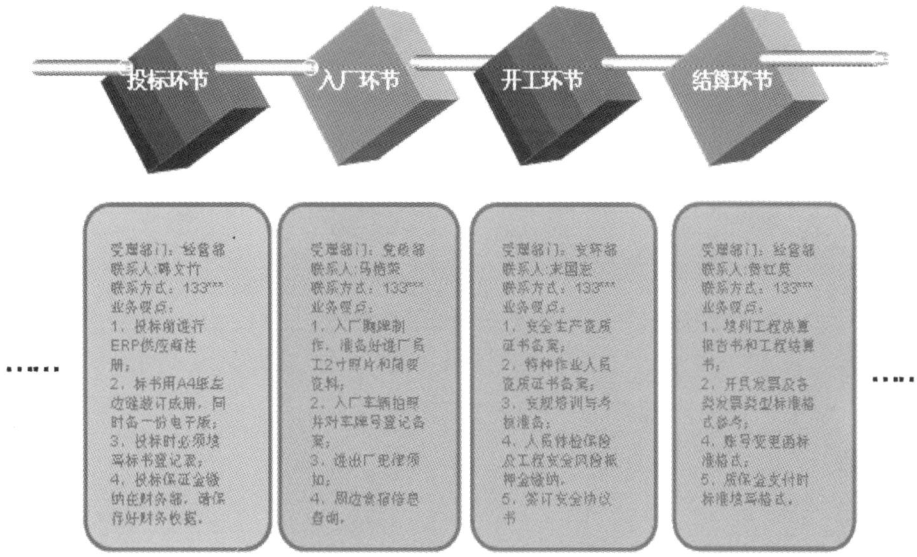

图5　一线式窗口服务示意图

（三）"三节点"风险防范主要做法

1. 项目管理风险分析评估

外包项目管理风险是指项目决策论证不充分、程序不合规、施工单位选择不合规、概预算编制不准确或执行不力、对项目监管不到位、验收不合规、会计处理和相关信息不合法、不真实、不完整等原因，可能导致工期延误、成本上升，技术指标无法达到预期目标而给公司项目投资收益带来的不确定性。

通过分析外包项目行事活动主线上各环节的风险因素，建立"安全"、"技术"、"商务"三道风险防范屏障，实现外包项目的风险可控在控。

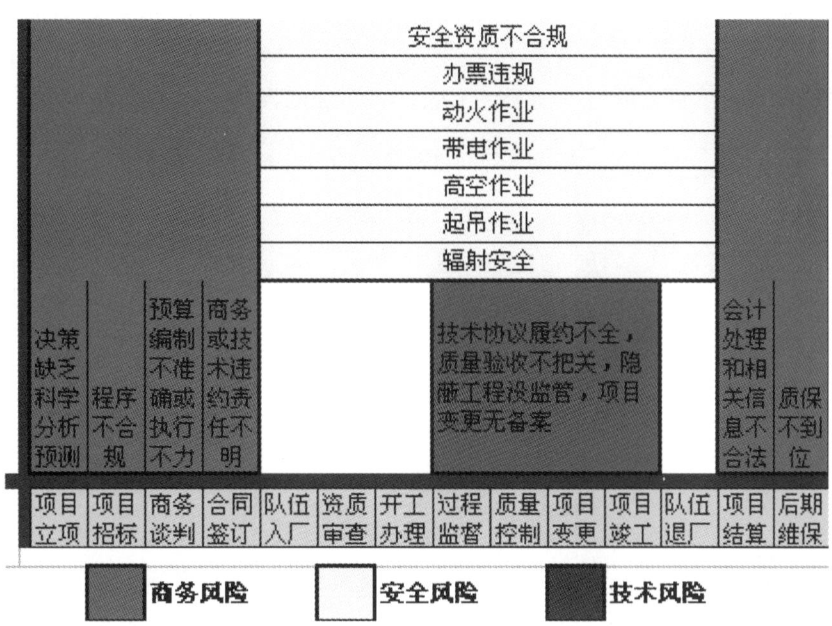

图6　外包项目风险分布图

2. "安全"节点风险防范

固化外包项目安全管理标准，制定下发《外包项目开工报告单、安全交底表、四不伤害书》、《承包单位安全管理协议书》、《承包单位安全管理档案》。

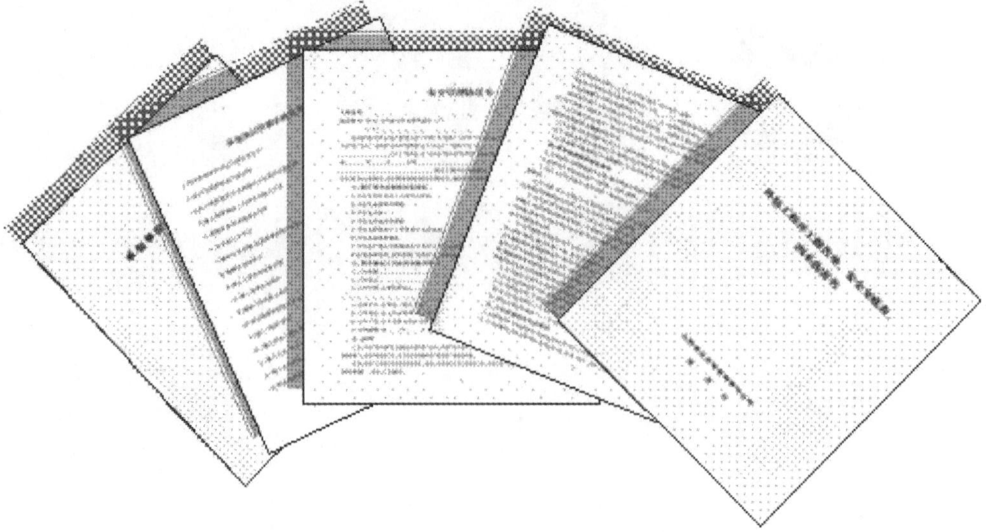

图7　安全关管理协议标准范本

（1）入口资质安全审查机制

资质审查是一家外包单位进入公司的第一道关卡，起着“红绿灯”的作用。对外包队伍的资质审查材料包括营业执照、资质证书及特殊工种上岗证，银行资信、组织体系表、安全体系表、质量体系表、施工简历和三年安全施工记录等。这些材料一定程度反映了该外包单位的生产能力、营运状况及内部管理水平，帮助我们对该外包单位建立理性认识，是录用该外包单位的重要判断依据。其中，安全资质审查在项目外包中起着一票否决的作用。

（2）外包项目开工报告机制

制定外包项目开工报告单，由经营部、安环部、党政事务部、技术管理部门联合进行开工前检查审核，逐项签字备案。检查内容包括项目立项、合同会签、技术协议、图纸资料、资质审查、安全协议、安全风险抵押金、动土作业申请、人员车辆入厂手续、自带工具清点等。开工条件具备后，才允许项目开工，由项目归口负责人与承包方进行现场安全交底，填列登记表及“四不伤害”保证书。

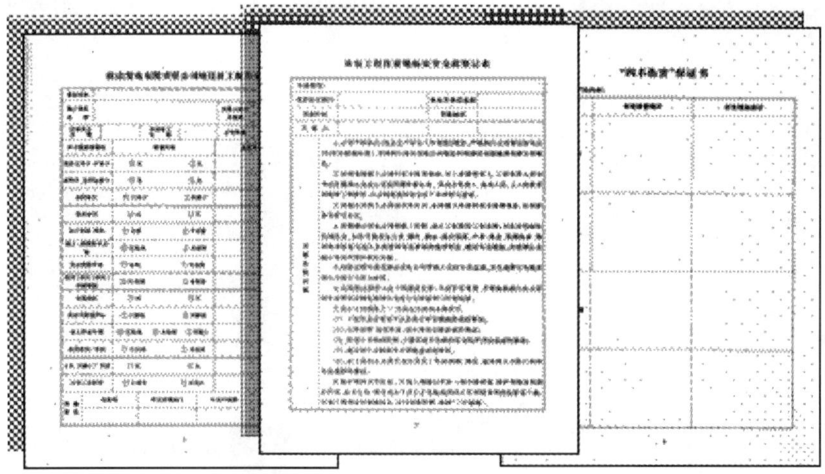

图8　开工报告和安全交底机制

（3）安全管理协议书承包机制

制定标准格式化的安全管理协议书，内容包括安全管理目标、资质审查备案、项目基本情况及工作危险源交代、甲乙双方安全责任划分、安全保证金、安全措施费及安全风险抵押金、施工进出线路规定及作业施工范围规定、安全奖惩罚则等。

通过协议书这一载体，实现对外包项目的安全法制化管理，加重了外包项目项目负责人的安全职责，更有利于强化承包单位在安全上的经费投入和人员机构体制保障，避免项目承包人偏重项目进度，忽视安全管理。

（4）合同履约过程安全监管机制

按照设备管理点检制原则，在外包项目的安全管理上继续扩充"点检制"内容，采取谁主管、谁主办、谁对这项工作安全负责的原则，通过网格化定点定制管理，形成部门主管领导、专业主管、设备点检员直接管理模式，三个管理层面一级对一级负责。设备点检员作为该外委项目的负责人，具体安排工作进度，提出任务要求和工作质量要求，并保证各项安全措施的落实、到位。专业主管审核该外委项目的安全措施可靠、完善，部门主管领导对该外包项目起总体领导、主管作用，以分工明确、各司其职来保证外包项目整个作业过程的安全。

在对现场规范化作业管理上，建立安全交底现场备忘录机制，确保双方交底清楚的验证签字和监督措施。突出安全措施的正确设置、个人防护用品的有效配用、安全工器具的正确使用、作业环境的改善等，降低人员安全风险系数，保证作业过程的人身安全。

3. "技术"节点风险防范

外包项目的技术管理不仅包括技术方案交底、施工方案交底以及项目变更，竣工交付，还应包括人员进出厂管理、施工队伍及机械组织、现场垃圾清理以及建筑物污染防护、隐蔽工程过程管理等这些处于次边缘区域的技术风险管理。

（1）实施技术协议标准化

统一技术协议内容，包括以下四个标准部分：即文明施工要约及相应奖惩罚则、承包范围要约及相应奖惩罚则、质量验收要约及相应奖惩罚则、其他方面（工期控制、设备防护等）要约及相应奖惩罚则。

文明施工要约规定了现场作业能采取措施有效防止地面污染或环境污染、不发生打架斗殴、盗窃、故意损毁、吸烟等不文明现象、现场卫生及建筑垃圾做到及时清理，不留卫生死角等约定，并对违约赔付统一标杆，按合同金额的1%—5%进行奖惩罚则。

承包范围要约规定了外包范围及内容，施工技术措施及技术方案， 同时特别要明确承包范围与外部接口处的工作安排。在违约理赔罚则统一标杆，对偷工减料行为均按相应工程量比例进行3—5倍奖惩罚则。

质量验收要约条款里面约定双方质量交付及验收参照的国家标准，没有标准的由生技部专责人补充拟定，不能短缺。质量验收不达标的除返工外，按合同金额的10%—30%进行奖惩罚则。

其他方面要约主要针对外包单位进出场秩序纪律管理、水电及场地提供、工期控制、指定专业人员到位、建筑物防护等其他技术关键要素补充约定。

外委工程（业务）技术协议（标准模板）

一、文明施工

（1）乙方承诺按下列标准做好本项目的现场文明施工管理工作：

①施工队伍及机械进出厂证件齐全，队列整齐；

②现场作业能采取措施有效防止地面污染或环境污染；

③不发生打架斗殴、盗窃、故意损毁、吸烟等不文明现象；

④现场卫生及建筑垃圾做到及时清理，不留卫生死角。

⑤双方另行补充签订的其他文明施工协议。

（2）违约赔付：

①违反上述任一条款甲方有权按合同金额的1%-5%进行索赔，有其他文明施工协议规定的，以其他协议赔付标准执行。

②由于乙方文明施工管理不到位造成乙方人身或财产损失的，甲方不承担任何责任；若给甲方造成重大财产损失的，乙方应承担相应赔付责任。

二、承包范围

（1）乙方承诺依据合同约定做好以下承包范围内的工作：

①……；

②……；

③……；

三、质量验收

（1）双方按以下标准进行本工程（业务）的质量验收工作：

①……；

②……；

③……；

④……；

（2）违约赔付：

①违反上述任一条款甲方有权按相应工程量比例进行5倍索赔，有其他补充协议约定的，以其他协议赔付标准执行。

②由于乙方承包范围不履约造成甲方重大工期延误或财产损失的，乙方应承担相应赔付责任。

四、其它方面

①工期约定。

②水电及场地提供方面约定。

图9　外委项目技术协议标准模板

（2）推行技术协议履约过程考评

建立技术协议履约考评卡，主要包括文明生产、承包范围、质量验收和其他方面四个考评维度。根据外包项目时间长短和承包内容，又分别建立适合长期外包项目的季度履约考评卡和适合短期外包项目的技术监管履约考评卡。

季度履约考评卡侧重于文明生产、人员出勤、维护质量、设备异常率等方面。技术监管履约考评卡侧重于现场卫生、施工方案、施工节点质量验收以及工期进度控制等方面。

通过技术履约过程考评的关口前移机制，从现场组织和技术组织方面保障外包项目履约过程有序且有质量进行，留存了技术履约过程凭证材料，在工程最终结算双方都能站在一个公平合理的基础上进行竣工费用结算，有效地避免了隐蔽工程无法核算、质量考核争议性裁决证据不足等问题的发生。

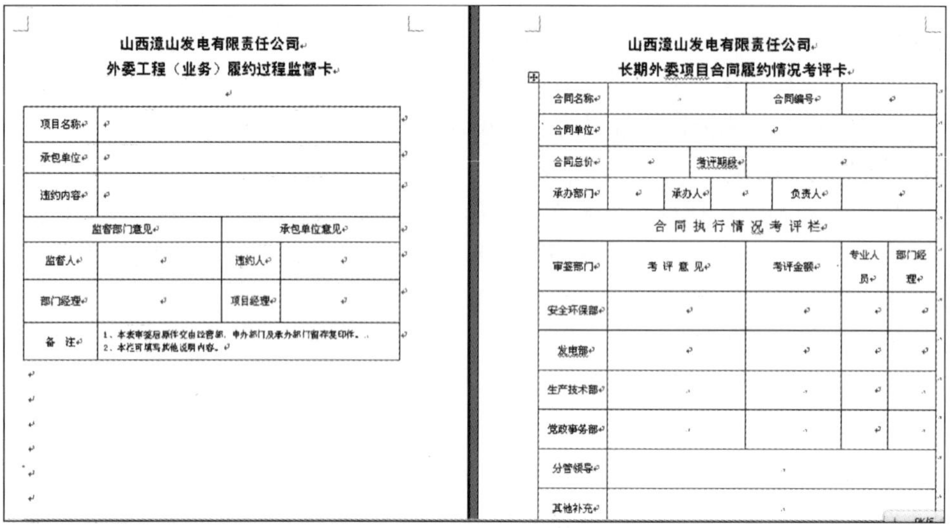

山西漳山发电有限责任公司
外委工程（业务）履约过程监督卡

项目名称			
承包单位			
违约内容			
监督部门意见		承包单位意见	
监督人		违约人	
部门经理		项目经理	
备　注	1、本表审签后原件交由经营部，申办部门及承办部门留存复印件。 2、本栏可填写其他说明内容。		

山西漳山发电有限责任公司
长期外委项目合同履约情况考评卡

合同名称		合同编号		
合同单位				
合同总价		考评期段		
承办部门		承办人		负责人
合同执行情况考评栏				
审签部门	考评意见	考评金额	专业人员	部门经理
安全环保部				
发电部				
生产技术部				
党政事务部				
分管领导				
其他补充				

图10　外委项目履约过程考评标准模板

（3）规范外包项目变更管理

外包项目变更统一归类为范围增加、范围取消、技术变更三个标准类。外委项目（业务）履约过程中，出现项目变更情况，由该项目相关部门专责人填列外委项目变更申请单，说明变更原因，报部门经理、分管领导和经营部经理、经营分管领导批准后才能执行，重大变更项目需取得公司总经理办公会通过。

承包单位在接到批复通过的外委项目变更申请单后，才能开始项目变更工作实施，同时留存申请单复印件，以此作为项目结算变更依据，维护承包单位利益。

（4）完善外包项目交付管理

对短期性的技改工程、大修工程外包项目通过竣工验收和技术资料移交后，外包单位凭借项目竣工验收单和竣工移交手续到安全管理部门办理退厂手续（安全风险抵押金退还、出入门证退还等），项目负责人按标准程序将该项目管理移交给业主归口管理部门。

归口管理部门做好项目移交手续管理（包括承包单位移交资料、项目负责人联系方式留存等），并负责质保期内的项目质量监督与管理。在质保期内出现项目质量问题，由归口部门直接联系原承包单位处理。承包单位未到现场处理或处理未果的，归口部门填列项目质保监督卡，交由经营部作为质保金付款时的扣减依据。

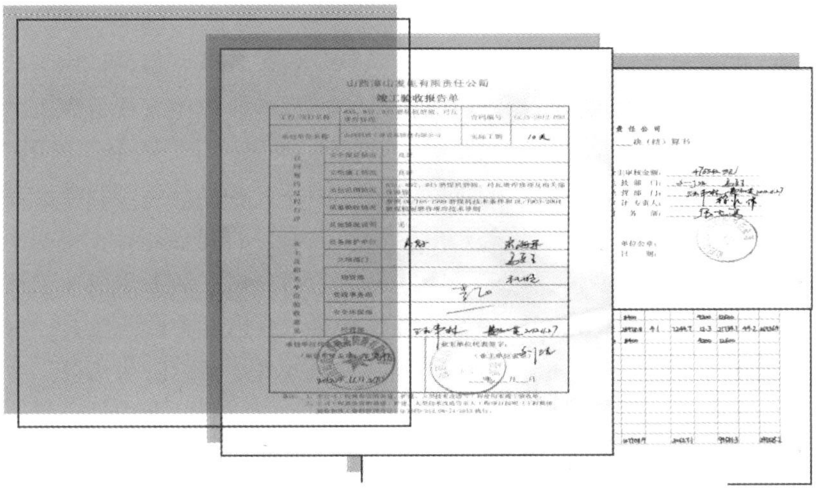

图11 外委项目变更及竣工结算标准模板

4. "商务"节点风险防范

（1）严格外包项目立项管理

建立外包项目的立项管理机制，除跨年度续签的长期外包项目外，其他属于新建范畴的外包项目（业务），均要履行外包项目立项审批手续。以集团公司大修技改项目批复文件、公司批复零星项目项目预算书、公司批复年度检修项目任务书、公司批复预算外临时性项目申请书四类作为外包项目的立项依据。

外包项目立项卡中要明确外包类型、预算费用、费用来源以及招标类型、邀请单位、工期规划等，并在会签后在外包项目服务与管理联络组织机构的相关联部门中留存印件，以此作为外包项目启动第一步。

（2） 创新商务谈判机制

外包项目通过招议标程序确定中标单位后，并不是立即就具备商务合同签订条件。实际上，很多招议标过程就是一个发包方与承包方就项目方案本身不断交流完善的过程，由此就可能发生与原招标内容相应的动态调整。为弥补从中标到合同签订之间技术与商务交流管理机制的缺失，我们建立了商务谈判机制。商务谈判主要用于预中标单位与业主单位技术、商务人员之间的协议要点谈判以及承包费用的局域调整。

商务谈判卡将谈判的地点、时间、双方谈判人员及联系方式、谈判纪要进行了全方位现场记录，以此作为双方合同签订时的补充依据。

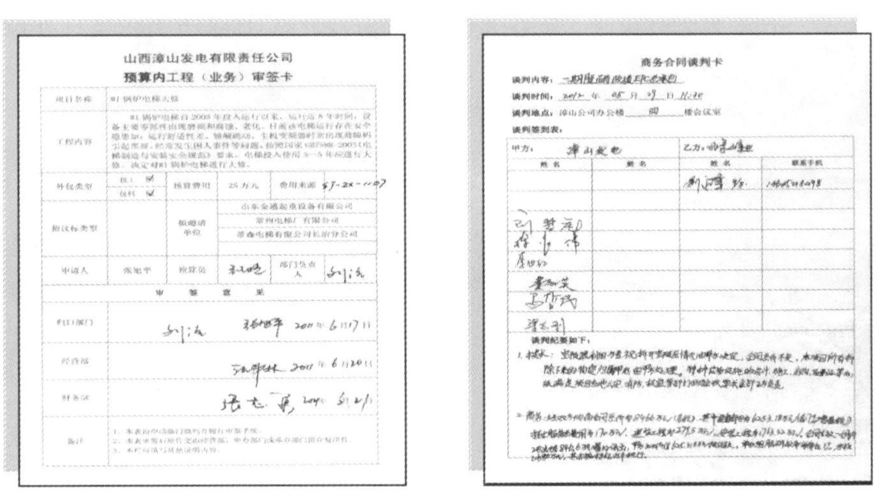
山西漳山发电有限责任公司
预算内工程（业务）审签卡

商务合同谈判卡
谈判内容：
谈判时间：
谈判地点：漳山公司办公楼 楼会议室
谈判签到表：
谈判纪要如下：

图12 外委项目立项及商务谈判标准模板

（3）实行外包单位商用信誉激励

外包单位首次进入本公司承包的第一个项目为试用单位商誉考核项目，试用考核期间，外包项目组织活动管理、项目质量管理、价格效能管理将全方位进入过程考核程序，项目完工后，外包项目服务与管理联络小组各职能部门对该项目进行综合考评，根据考评结果来决定是否继续招用该外包单位。

对外包项目进行年检考评，考评方式分为每季/年履约考评（长期外包项目）和项目终结考评（短期外包项目）。考评的依据是各职能部门对该外包单位所承包项目的安全环保、文明施工、项目经理、质量工期、其他方面等细则进行评分，考评分值低于70分的为不合格，清退出场。被清退出的外包单位，三年内不得进本公司施工；考评分在71—80分的为警告，责令其内部整改三个月，并将整改情况以书面形式反馈到公司经营部；考评分在80—85分的为合格；考评分高于86分的为优秀，获优秀的外包单位在以后的项目招标中有相应优惠政策。另外，对连续停止进本公司三年以上的外包单位，也将其从外包单位数据库中剔除。

将合同总价5%作为安全文明生产保证金，视履约过程中的安全、文明生产情况进行奖惩。被评上“优秀”的项目，给予相应的奖金款。运用经济杠杆，加大对外包项目现场安全和文明施工的考核管理。

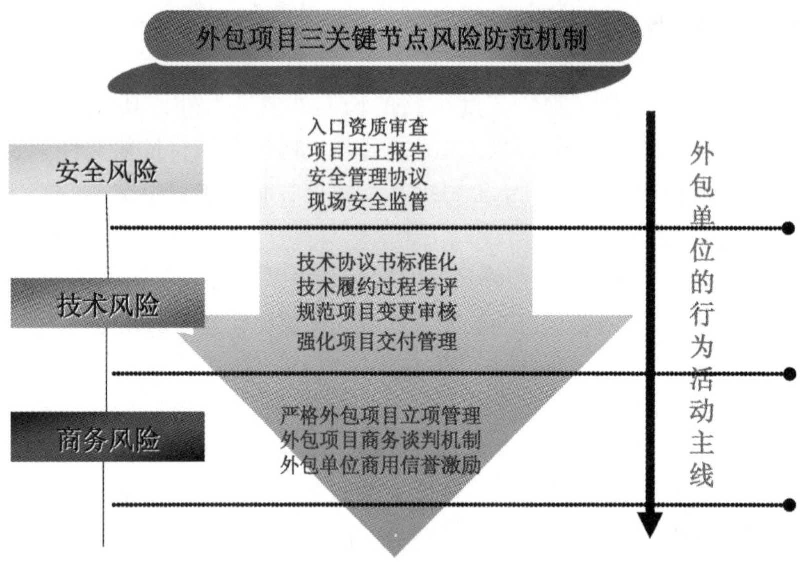

图13　外包项目“三点”风险防范结构图

四、“三点一线”式外包项目管理的效果

“三点一线”式外包项目管理机制，旨在通过建立全过程窗口服务支持，实现外包单位管理与业主单位管理合拍的行动要点控制，帮助外包单位快速适应陌生单位环境的同时，也是在为业主自身管理简化流程，提高效率，同时，在外包项目风险输入防范措施上，由外到内构筑“安全”、“技术”、“商务”三道风险屏障，简化固化必备关卡与操作要点， 实现外包项目的“安全、工期、质量、成本”平衡统一，促进外包项目管理效益的提升。

2011-2012年漳山公司通过“三点一线”式外包项目管理模式实施，取得了管理上和经济上显著成效。

（一）管理效果

1. 窗口服务全面提升漳山公司对外形象

“一线”式窗口服务行事指南，为各个外包项目队伍入厂后能够快速的熟悉电厂生产经营环境创造了便利条件，有效地避免了因外包队伍环境不熟悉、程序不接口造成的部门之间推诿扯皮、分歧矛盾、管理效率低下。而这一效仿于商业银行、移动通讯等大厅业务受理的做法，转变了外包项目的管理方式，让服务成为对等，这也为漳山公司赢得了极好的声誉，对外形象快速得到提升。

2. 关键风险管控有效提高机组检修技改项目质量

2012年在1A大修、布袋除尘器更换、#4机组空冷增容改造、一期两台300MW机组脱硝改造、脱硫除尘及烟囱防腐综合改造等外包项目风险管理中，通过推行"三点一线"风险关键节点管控，公司检修技改维护质量得到明显提高，2012年机组主设备可靠性100%，机组平均等效可用系数92.89%，各季度设备等效可用系数均优于2011年。

特别是在1A大修中，通过深入做好外包项目窗口服务与风险监管，1A大修工期较计划提前10天，大修启动后机组长周期运行576天，创造了全国300MW级修后机组运行的最长纪录，设备可靠性位列当年全国"金牌机组"第一名。

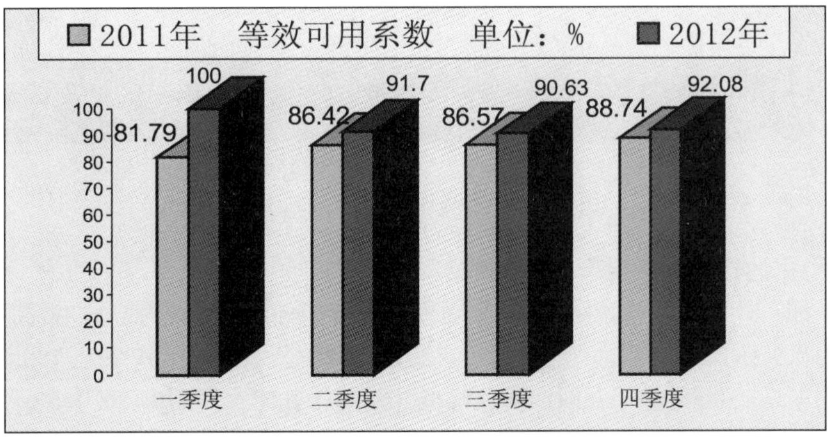

图14 设备等效可用系数对比图

3. 设备日常运营维护外包安全管理水平得到大幅提升

以"三点一线"式外包项目管理中的安全管理协议书承包机制和安全履约过程监管机制，极大地促进了设备运营维护外包安全管理水平。2012年公司安全生产设备异常发生75次，同比减少66次，设备维护缺陷消缺率达到97.90%，较上年提高2.40%。截至2012年底，安全生产记录达745天，成为集团首家"安全生产标准化达标一级企业"。

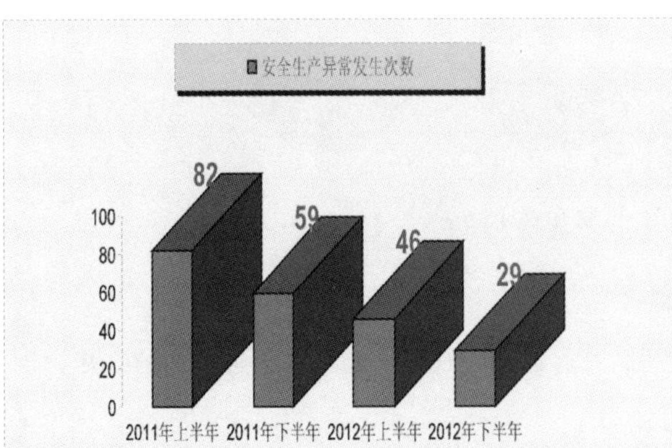

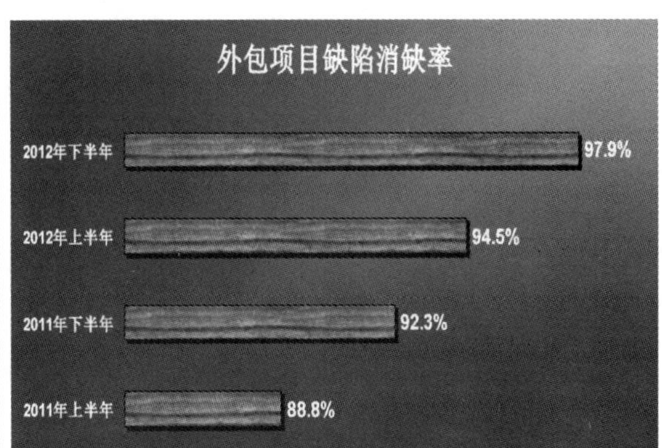

图15 设备异常和消缺率对比图

（二）经济效果

1. 强化商务风险管理，促进内控降本增效

全年项目招投标及合同管理以"商务谈判"为核心环节，自觉接受综合督察室和集团公司领导的监督。依托招标和商务谈判，为公司节省经营成本、提高工作效率。2012年在1C—4C机组小修、二期空冷改造、一期脱硝改造、一期脱硫除尘综合改造、一期低氮燃烧器改造和二期脱硫增容改造等一批技改检

修项目，通过招标比价、商务谈判和项目变更审核等环节管理，累计节支项目费用1576万元。

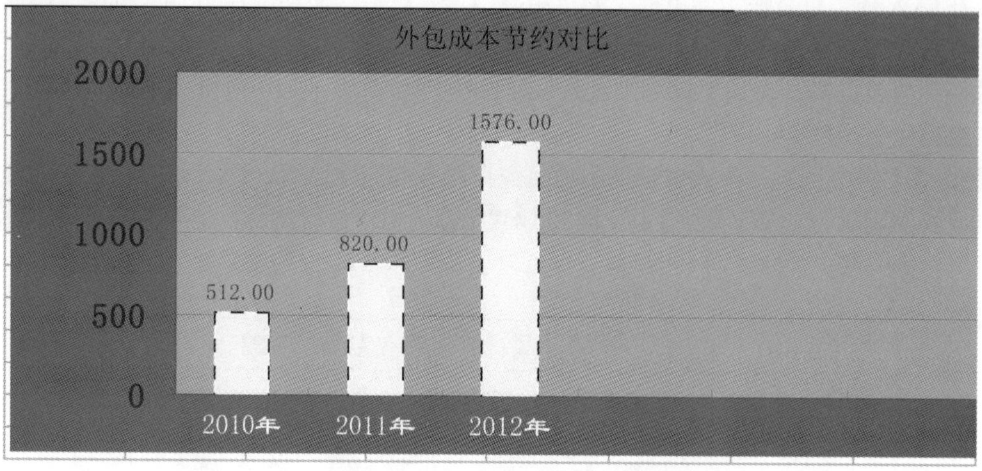

图16　外包项目成本节约对比图

2. 保障机组稳定运行，促进生产经营创效

通过“三点一线”外包项目管理激励机制，促进了外包项目管理效益提升，提高了外包单位参与公司生产经营活动的积极性，促进了生产经营创效。2012年漳山公司发电量99.23亿千瓦时，同比多发12.51亿千瓦时；综合供电煤耗345.6克/千瓦时，同比降低2.29克/千瓦时；厂用电率8.046%，同比降低0.11%；利润总额1655万元，同比减亏5.04亿元。

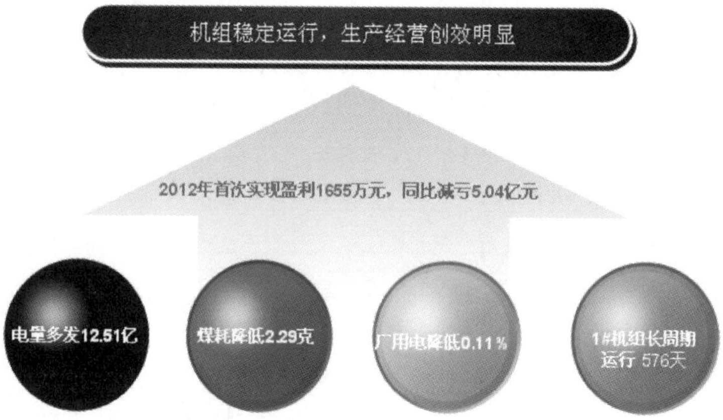

图17　生产经营创效示意图

成果创造人：谷中和　段培栋　李建海　张　奇　尚云峰　刘文平　杨　勇　汪伟林　景　杰　费红英　卢　喜　刘　琦

大型企业集团财务公司可持续性风险管理创新与实践

京能集团财务有限公司

荣获第二十八届北京市企业管理现代化创新成果一等奖

京能集团财务有限公司（以下简称“财务公司”）是经中国银监会批准成立的一家非银行金融机构，注册资本金人民币15亿元，注册地北京，控股股东是北京能源投资（集团）有限公司（以下简称“京能集团”），主要开展的业务包括吸收存款、自营贷款、委托贷款、同业拆借以及财务顾问和咨询等。财务公司是北京市国资委系统第一家财务公司，也是中国投资协会地方电力委员会第一家财务公司，拥有一支经验丰富、人员精干的员工队伍。

财务公司牢固树立“依托集团，服务集团”的企业发展宗旨，将创建“一流的金融服务、一流的风险管理、一流的经营业绩、一流的业务发展、一流的专业团队” 作为企业发展目标，通过产业资本和金融资本互动，为集团发展提供强有力的保障。作为非银行金融机构，财务公司面临信用风险、流动性风险、市场风险、法律风险、操作风险、声誉风险等的诸多考验，经过几年的努力，公司风险管理逐步完善，在北京银监局组织的风险评价中取得了良好的成绩，是其推荐的风险与内控管理标杆企业，多次接待了同业调研学习，推广成功经验。

一、大型企业集团财务公司可持续性风险管理创新与实践的背景

风险是在未来带来有害后果的不确定性。人们处于一定条件下，如何争取最好的结果，即是风险管理。财务公司风险管理具有以下特点：一是财务公司监管政出多门，合规风险管理难度大；二是成员单位资金归集难度大，对流动性风险冲击大；三是财务公司管理人员产业经验比金融经验丰富，易产生金融操作性风险；四是贷款业务客户集中，客户类型同质化，信用风险集中度较高；五是客户范围、资金来源与资金运用均受限，受利率市场化威胁较大。

为确保将风险控制在与财务公司战略目标相适应并可承受的范围内，需要不断开展风险管理创新与实践，具体原动力由内而外基于以下需要:

（一）适应经营环境复杂多变的需要

财务公司是资金运作具有明显集团行业特征的集团内部金融机构，其经营活动既受到集团所在行业风险的影响，也受到金融行业普遍存在的风险影响。宏观经济中涉及集团所在行业和金融行业的变化都必将反映到财务公司的经营管理活动中。同时监管政策不断变化，金融工具日新月异，股份制商业银行快速发展也成为财务公司寻求自身生存与发展道路的考验。财务公司如何突破自身行业的局限性，突出优于商业银行的行业专业性，关键是建设适用于自身管理要求的风险管理体系，提高风险管理能力，提高市场竞争力，已成为财务公司发展过程中必须思考的问题。

（二）应对监管形势趋紧趋严的需要

财务公司作为非银行金融机构，受到银监局的金融监管和人民银行的政策指导。除接受银监局风评级检查等现场监管活动，同时还需要按监管要求定期报送各类非现场监管报告，这就要求财务公司要以较高的管理标准对日常各项经营活动进行全面风险管理和控制。目前，监管部门对财务公司的监管要求日益加强，出台了“三个办法一个指引”等监管文件，对财务公司传统业务影响较大，同时，提高了财务公司拓展新业务资格的门槛。如何在满足各项监管指标的要求，确保资金安全的同时，通过灵活多样的风险管理手段，较好完成经营目标，实现企业价值最大化，成为财务公司急需研究的课题。

（三）化解集团财务风险的需要

京能集团的主营业务为能源、热力和房地产开发经营，以及与主业发展密切相关的节能环保和金融证券业务。能源、房地产、节能环保是资金密集型行业，要实现经营活动的正常开展并获得持续快速发展，必须保证投资经营过程中各种资金需求并应对多重财务风险。财务公司作为集团产融结合、双轮驱动的重要一轮，具有协调集团总体内源融资和参与银行间市场融资的优势。充分发挥财务公司资金管理职能作用，利用金融企业特性，化解集团财务风险，优化资本结构，提升资产价值，扩大资本规模是财务公司的价值所在。

（四）提升金融服务平台职能的需要

财务公司的经营最终服务于集团公司及集团各成员单位。在集团战略发展迅速、股权结构变化愈加复杂的过程中，财务公司不仅承载着集团内部资源合理配置和融资便利的功能，同时也将面临资金集中管理所带来的风险问题的挑战。如何平衡监管要求与股东利益最大化，规避战略风险的产生；如何平衡资金来源与运用，控制流动性风险的影响；如何平衡公司与成员单位、集团公司之间的利益，化解信用风险的不利，这就要求财务公司走出符合集团行业特色的风险管理道路，研究在实现自身经济效益的同时，如何协调管理各项风险，努力实现集团整体利益的最大化，以资金为纽带，通过提高服务能力和服务质量，增强企业集团的内外源融资功能，加强集团整体资金的凝聚力。

（五）深化公司自身管理的需要

财务公司是企业发展到大型企业集团阶段后的产物，经过多年的积淀，财务公司自身的管理逐步健全，管理模式向系统化、精细化方向发展，这就需要公司形成意识层面的统一认知，在更高层次建立起指引公司各项管理活动的理论体系。作为非银行金融机构，财务公司是经营风险的企业，其核心竞争力主要体现在风险管理能力上，只有适合自身发展的风险管理，才能有力地应对激烈的市场竞争，提升企业价值，实现公司可持续发展，打造出百年老店。

二、大型企业集团财务公司可持续性风险管理创新与实践的内涵与特点

（一）内涵

京能财务通过七年风险管控的实践，结合全面风险管理指引的指导思想，凝练出具有财务公司特色的风险管理，即“ELT”可持续性风险管理模式。

“ELT”可持续性风险管理是指，财务公司风险管理在风险识别、风险评估、风险计量、风险监测、风险报告和风险控制的过程中，经历了从复杂多变的环境信息（Environment）中识别评估风险，寻找控制风险的捷径的过程，即在风险识别与评估中与时俱进不断开展动态信息管理，在风险计量、风险监测、风险报告和风险控制等风险防控过程中需要运用辩证统一的思想把握风险规律（Law），通过科学的风险管理工具（Tool），使风险持续可控。财务公司“ELT”可持续性风险管理具有“全员性、全面性、全程性”的三个特点。

环境信息（Environment），即财务公司风险的产生与其所处的多变性风险环境紧密相关。国家经济政策、金融监管政策等宏观环境因素，业务拓展、人才培养等微观环境因素，都将带来经营管理的不确定性。这就要求财务公司因时因地的识别风险，创新性地解决难题。例如，京能集团资产重组上市产生关联交易，严重影响财务公司资金归集职能的发挥；而财务公司自身也面临着人才流失等风险问题。

风险规律（Law），即财务公司在辨识评估各种风险的过程中掌握不变的规律，把握风险实质。而这些客观存在的风险中，总是蕴含关键矛盾。财务公司风险防控就是要求及时发现各种风险的关键矛盾，以简驭繁，将复杂的风险因素思辨过程简化为简单的风险矛盾平衡过程，主客合一，客观评估，寻求平衡。例如，在流动性风险管理中，存在资金来源与资金运用这一对矛盾；在信用风险管理中，存在公司利益与客户利益这一对矛盾；在操作风险管理中，存在决策与执行这一对矛盾。

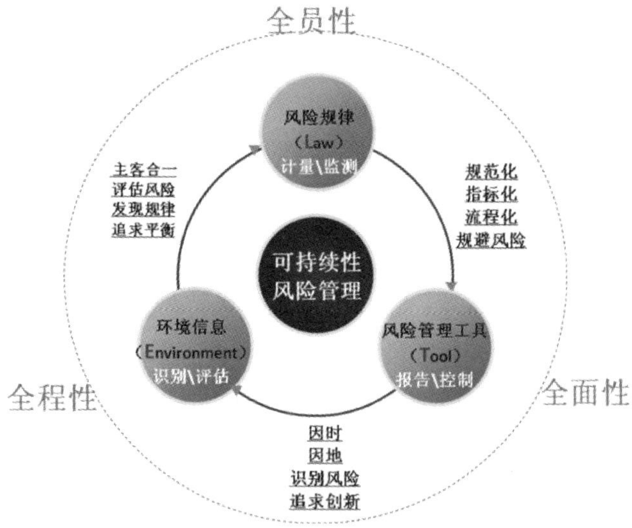

图1 财务公司"ELT"可持续性风险管理示意图

风险管理工具（Tool），即财务公司在把握各种风险规律的基础上，运用现代管理理论，实现风险环节系统化管理。财务公司风险中的工具化管理思想要求风险管理指标化、流程化、标准化。例如，建立风险监测指标体系和考核指标体系；建立业务管理流程体系；建立包括技术标准、管理标准、工作标准的标准化体系。

"ELT"英文"everlasting"，具有永恒可持续的含义，"ELT"可持续性风险管理的目标，是财务公司经营管理风险可控，实现公司科学健康可持续发展。

（二）特点

1. 适用主体的全员性

风险管理人人有责，财务公司客人持续性风险管理融入财务公司董事会、管理层、管理部门和业务部门，每个岗位、每个人。财务公司加强案件分析与案件防范宣传，做到警钟长鸣。制定员工行为规范，教育和培养员工树立正确的价值观和职业道德观。广开言路，确保员工与领导、组织的沟通渠道畅通，及时解决员工思想困惑，防患于未然，真正从源头上防范道德风险。

2. 适用对象的全面性

财务公司可持续性风险管理融入各类业务、各种产品、各项管理全方位。公司全面梳理业务流程，排查业务风险点和制定控制措施，做到操作规范化、标准化，为防范操作风险奠定良好的制度基础。

3. 适用时局的全程性

财务公司可持续风险管理融入事前预测、事中管理、事后处理的全过程。发放贷款前信贷客户经理组织贷前调查，进行项目评估，风险管理部实施合规性审查；公司定期对信贷资产进行风险分类，计提减值准备；采用现场调研和非现场调查等多种方式对贷款进行定期和不定期的贷后检查，出具详细的贷后检查报告并及时向贷款审查委员会报告。同时，公司为加强贷款客户管理，实施客户经理制度，指派客户经理实施对口管理，随时关注、及时报告客户情况，对及时发现风险起到了很好的防范作用，稽核部定期对信贷业务实施内部审计。

三、大型企业集团财务公司可持续性风险管理创新与实践的主要做法

（一）处理环境信息，解决风险识别与评估难题

1. 以变应变，攻克关联交易难题，化解业务收缩风险

为实现"产融结合、协同发展"，京能集团不断优化资本结构，提高资产证券化水平，目前已经完成火电板块、清洁能源板块、房地产板块的重组上市。但是证券监管机构将上市公司在财务公司开展金融业务认定为关联交易，并对此作了一系列限制，如证监会要求，上市公司在财务公司的存款限额不超

过其上年末总资产5%并不超过年末货币资金总量的50%；香港联交所上市规则规定上市公司在财务公司的存贷款业务“须遵从申报、公告、独立股东批准等规定”，这些规定对公司资金归集产生了严重的影响。资金归集工作是财务公司一切业务的根基，若其资金归集量出现大幅减少，将直接影响公司各项业务的正常开展，进而出现严重的风险。财务公司因此创新业务规定和流程，以应对资金归集工作中复杂多变的外部环境，保证公司持续、健康、稳定地发展。

（1）关联交易透明化

为了配合集团资产证券化的步伐，从满足监管制度要求的角度出发，财务公司主要做了以下两方面的工作，第一，与上市公司签订金融服务框架协议和关联交易协议，协议经上市公司股东会审议通过后，对外予以披露；第二，配合上市公司定期披露与财务公司的关联交易事项和额度，以满足监管的要求。通过采取透明化的操作，使得财务公司与上市公司之间的交易能够被监管当局和第三人认可，可以在协议规定的额度内进行资金归集，有效地化解了存款业务收缩风险。

（2）市场化存款业务

为了应对银行同业的竞争，财务公司秉持“优服务为客户，保价格促发展”的业务理念，一方面摒弃以行政手段来扩大业务范围和规模的方式，取而代之的是通过提供更完善、更贴心的服务吸引集团成员单位在财务公司开展存款业务；另一方面公司的存款业务坚持以市场价格定价的原则，在央行准许的利率浮动范围内，按照公司对不同期限资金的需求程度合理确定存款利率水平，不搞存款价格一刀切，实现存款成本合理发生，确保公司的盈利水平。

（3）完善内控

保证客户资金安全是吸引和留住客户最重要的因素之一，为此财务公司建立了结算业务内控体系，通过规范业务传递流程，利用完善的资金管理信息系统和密钥加密手段，避免了资金流转过程中出现的风险，确保客户资金“进得来，留得住、用得掉”。

2. 因“人”而变，创新培训、轮岗机制，防范人才流失风险

财务公司在七年发展过程中重视人才队伍建设，对于管理工作中出现的各种变化相机而动，通过识别人才风险点采取各种措施来应对并平衡个体与企业的需求，从而防范人才队伍建设过程中的人才流失风险。

（1）建设培训体系，打开职业发展通道，防范个体风险事件

财务公司培训体系建设，旨在培养复合型人才，增强员工归属感，结合员工在不同岗位、不同发展阶段的培训需求，实现分层次的培训架构。

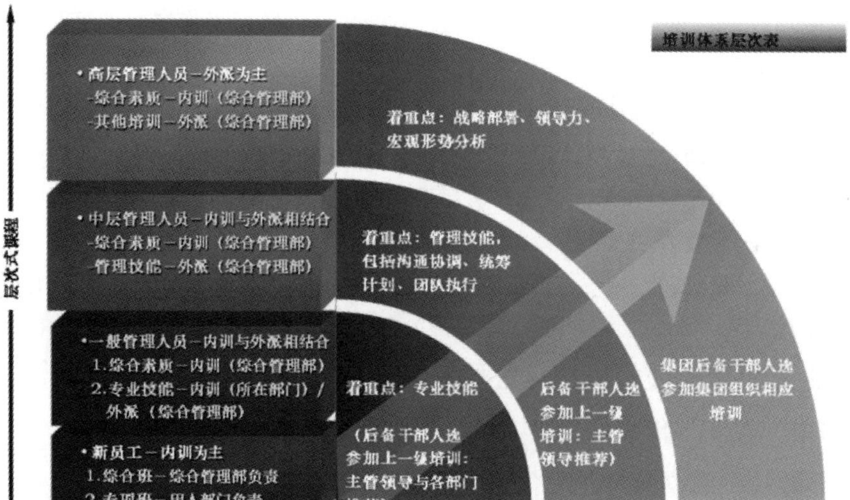

图2　培训体系层次图

财务公司通过以上培训体系架构的建设和组织实施，综合各种个人、整体因素，有计划、有组织的开展培训工作，结合年度培训需求调查制订培训工作方案，将以上体系贯彻到年、细化到月，适应个人职业生涯发展需求。

（2）贯彻实施轮岗机制，实现人才平稳流动，防范系统风险事件

轮岗评估是控制轮岗风险的关键手段，其形成的成果为《岗位管理建议书》，财务公司在一年一度的轮岗工作中，均会由离岗人员充实完善《岗位管理建议书》，由接岗人员认真学习并在其规定的离岗时间继续完善，这样循环往复，使《岗位管理建议书》逐渐成为轮岗工作"传帮带"的生动教科书，自2008年财务公司实施第一次大范围轮岗以来，轮岗工作都坚持着零操作风险的好成绩。

（二）把握风险防控规律，加强风险管理

1. 流动性风险管理：整体利益与局部利益的平衡

（1）建立"信用池"，保障京能集团资金链安全。

京能集团成员单位经营状况各异，资金需求、授信资源十分不均衡，出现有的企业资金短缺、有的企业资金充裕；同一企业基建期资金短缺，运营期资金充裕；这种不平衡性严重影响京能集团资金链的安全。

作为内部银行的财务公司首创"信用池"管理模式，提出将集团各成员单位的银行授信额度在集团层面统一使用，互补余缺，通过集团统一授信管理和财务公司授信调剂，达到平衡各成员单位的资金来源、保障集团资金链安全的目的。

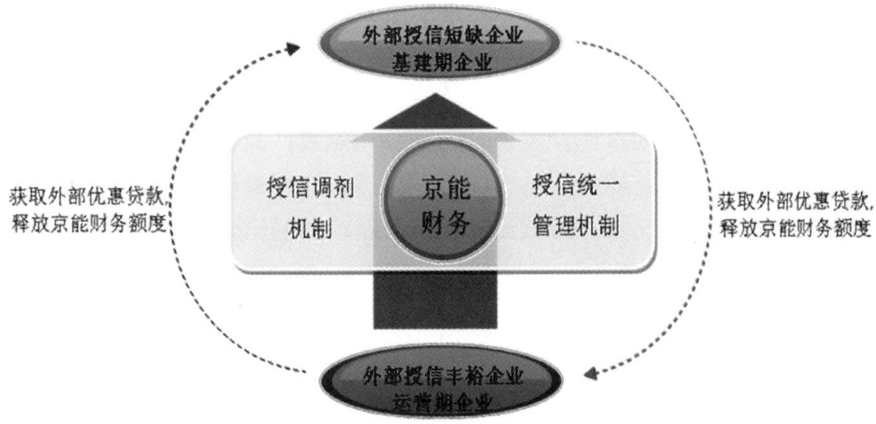

图3 京能财务"信用池"管理模式

"信用池"链接内源融资平台和外源融资平台，能够实现京能集团信贷资金在财务公司与外部银行之间的融通。充分的信用池管理保证京能集团在外部资金紧张、内部资金有限的情况下资金链条的坚固完整，同时提高集团整体收益率，可谓是实现了资金流动性、安全性和营利性的高效统一。例如，2012年上半年岱海发电二期进入运营期，外部银行授信充裕，获取了优惠贷款，岱海发电随之将财务公司的贷款全部归还；财务公司及时将释放的贷款额度发放给外部授信尚未落实的康巴什热电、深圳钰湖等单位，确保了集团重点项目的建设进度。

（2）协调内外源融资，保持资金来源与运用总体平衡

资金来源与资金运用的动态平衡是财务公司安全运行的核心内容，其自身原理并不复杂，即将业务活动形成的资金按照资金来源或资金占用进行划分，管理的目标是在平衡木两端各个要素项目不断变化的过程中，随时调整，实现平衡状态。

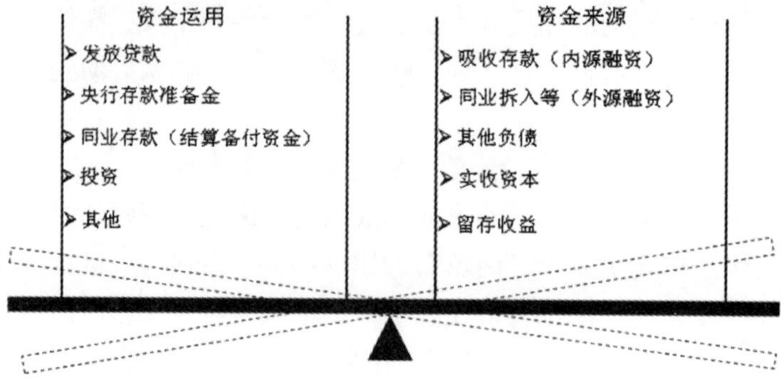

图4　资金来源与资金运用平衡图

财务公司找寻了资金来源与资金运用在变异过程中规律，通过协调内源融资和外源融资手段来实现资金的总体平衡。重点通过以下方式进行：一是实施资金平衡工作机制。财务公司每周召开资金平衡工作会，及时传达国家相关政策信息，预测对财务公司产生的影响；汇报本周资金计划执行情况；预测下周资金状况，提出资金平衡计划；审议下一阶段弥补预计资金头寸不足或运用资金溢余的方案。二是细化流动性风险管理机制。主要包括通过流动性比例法、缺口分析法、压力测试（情景分析）等指标对风险进行计量；以监管标准和公司管理标准作为公司的流动性风险承受能力标准；按期评估公司流动性风险水平及管理状况；应用分解分析法和压力测试法对风险进行识别；建立7项流动性风险指标并定期报送；以及发挥稽核的检查监督作用等。

2. 信用风险管理：自身利益与客户利益的平衡

（1）以产品开发为平衡手段，严控客户信用风险

财务公司结合集团成员单位实际需求开展产品创新，纯粹的“以客户为中心”的金融产品开发不可避免会产生信用风险不可控，给公司带来经营损失。

为平衡客户的利益诉求和自身安全经营需求，财务公司对新产品开发过程设置三道防线：第一道防线是新产品开发前期，对客户需求、同类产品、同业做法进行详尽调研；第二道防线是新产品设计过程中，谨慎设计产品要素，严控业务流程；第三道防线是对新产品的试行进行风险评估和后督稽核，严控客户信用风险。

财务公司电子商业汇票（简称电票）产品开发过程，全面体现了三道防线的信用风险管控要求。

电票产品开发前期，从宏观环境到产品模式，开展了充分的调研工作，包括对电票市场进行调研、对电票业务的基本情况和发展趋势进行调研；对26家集团成员单位进行业务需求调研；对5家财务公司同行进行电票模式调研；对8家商业银行进行产品合作调研；对3家软件商进行信息系统调研；并召开了票据业务座谈会。

电票产品设计过程中，从产品要素和业务流程上进行了规范：在产品要素上，要求电票承兑和贴现额度纳入客户授信总量管理的范畴，要求票据规模以不超过贷款规模10%为限，要求电票承兑按照客户信用评级收取保证金，设定票据背书范围仅限于成员单位等；在业务流程上，要求修订《票据承兑业务管理规定》、《票据贴现业务管理办法》，通过法律顾问起草票据承兑和贴现的相关协议，根据业务需求设计合同条款。

电票产品开发后期，试运行期间，公司要求风险管理部开展电票产品风险识别评估，纳入风险五级分类；要求稽核部开展电票业务的专项稽核，从后督环节严控产品信用风险。

（2）市场调节信贷价格，确保集团资金链安全

随着2007年金融危机的蔓延，国内流动性瞬间紧缩，财务公司最担心的问题就是集团内不良贷款急剧上升，集团资金链条断裂，引发系统性风险。由于财务公司的贷款客户都是集团内部成员单位，与归还商业银行贷款相比，其主动归还财务公司贷款的动力严重不足，致使信用风险高度集中在财务公司，一旦出现个别成员单位贷款逾期，在示范效应下，将会引发整个集团系统的信用风险和流动性风险。

财务公司利用价格工具进行市场化调节，制定了《信贷资产定价管理办法》，在贷款定价机制上，采取盯市策略，实时监测资金市场价格变化，根据不同时点的风险承受能力执行上浮利率。旨在通过价格传递资金预警信号，促使成员单位主动筹划资金，按期或提前归还财务公司贷款，共同维护好集团资金系统的流动性。

3. 操作风险管理：决策与执行的平衡

出于职权明确、分工细化的要求，财务公司初始设立时存在部门之间的横向信息不对称、层级之间的纵向信息不对称和不同层级且无直接上下级关系的员工之间的斜向信息不对称，这种不对称直接造成工作协调困难、执行偏位、决策目标不能实现等问题，产生严重的操作风险甚至战略风险。在七年实践中，财务公司采用技术手段建立起信息共享机制，使经营管理信息透明化，尽可能规避决策与执行中的信息不对称问题。

（1）搭建计划与会议体系，运用管理软环境实现信息透明化

财务公司计划体系，旨在实现宏观规划与微观计划相结合，通过任务横向与纵向层层分解，使得战略决策目标得以实现，财务公司完善的计划管理体系夯实了公司的发展基础。财务公司会议体系，是对计划体系的补充，促成公司内部上情下达，下情上达，进一步实现公司内部零距离、实时交互的信息交流。

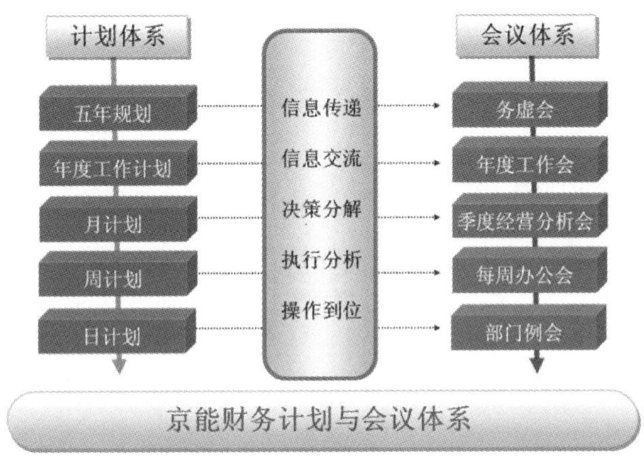

图5 计划与会议体系

财务公司积极主动适应内外部环境的变化，坚持调整完善发展战略，将其逐年分解到年度计划再逐步细化到月计划、周计划、日计划，细化到每个常设机构、每个部门、每名员工，在计划管理的基础上实施目标责任管理。计划的执行过程中，辅之以务虚会、年度工作会、季度经营分析会、办公会、部门例会，不断下达任务、总结经验、提出问题、落实措施，从管理软环境实现全方位的信息透明化，确保决策要求与执行操作的一致性。

（2）搭建“162”信息系统平台，从技术手段实现信息透明化

财务公司从2007年开始着手信息系统平台建设，六年来逐步搭建出“162”信息系统架构体系。

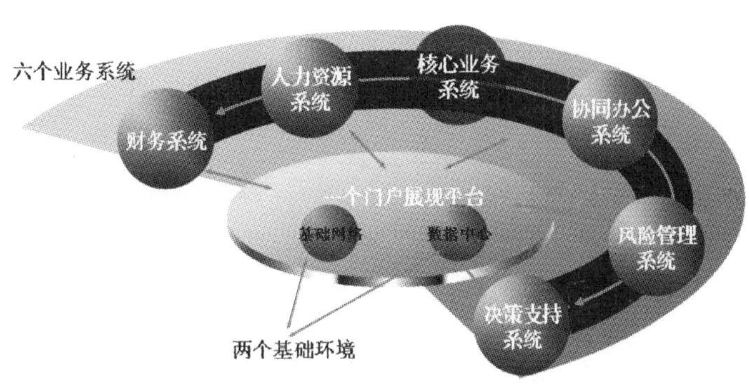

图6 “162”信息系统架构

财务公司“162”信息系统架构包括：一个基于WEB模式的“横向集成、纵向贯通”的一体化的信息门户平台，实现公司上下信息通畅和数据共享；建设核心业务系统、财务管理系统、协同办公系统、人力资源系统、风险管理系统、决策支持系统六个适应财务公司管理需求的业务系统；建成基础网络环境、数据中心两个业务保障体系，支撑财务公司业务健康、快速、持续发展。

“162”信息系统平台一方面固化财务公司业务流程和管理流程，有效降低操作风险；另一方面衔接底层业务数据和高层决策需求，为风险管理和决策分析提供可能。风险管理系统实现风险识别、风险监控、风险控制等；通过风险管理系统的建设，将业务风险点固化在流程当中，实时监控风险节点；通过灵活的报告流转机制，将风险问题及时通知流程中相关责任人。决策支持系统对底层数据进行加工、提炼，将没有意义的数据升华为有价值的信息，多主题、多角度、多层次分析数据，最终转化为领导决策的依据。

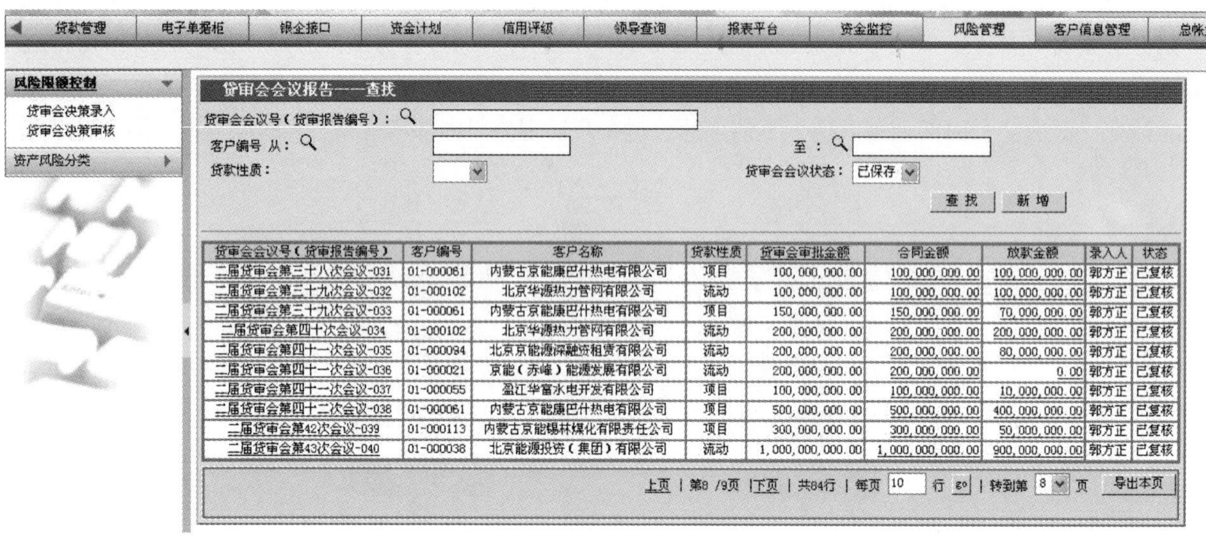

图7　风险管理系统

图8　领导查询系统版面

通过"162"信息系统的建设，财务公司实现了"数据集中存储、业务分散处理、客户同一接入、管理同一支持"，实现了"高效运营、高效管理、在线监控"的信息管理要求，通过技术手段提升了信息透明化的风险管理价值。

（三）运用风险管理工具，全面提升风险管理水平

几年来，财务公司通过分析内外部环境变化，逐步形成了财务公司可持续风险管理经验，通过梳理使管理经验转化成指标化、流程化、标准化管理体系等实践成果，全面的防范各种风险，促进企业提升管理水平，创造一流业绩。

1. 风险监测指标化，提升风险数据价值

财务公司打造指标化体系，即"微笑曲线"，曲线底端为指标体系，向左延伸到顶点为指标标准化，向右延伸到顶点为指标附加值。

图9　风险指标化管理体系"微笑曲线"

（1）通过建立风险指标体系实现风险指标预警

首先，财务公司风险指标体系按照所揭示的风险性质不同划分为：流动性风险指标、信用风险指标、市场风险指标、操作风险指标、经营风险指标、法律风险指标六大类40个指标。

其次，财务公司对各项风险指标制定了风险指标控制值，通过资金管理信息系统的风险管理模块，将指标监测的整体信息及时传递给信息使用者（决策者、业务部门、风险管理相关人员、稽核人员），并对超出财务公司确定的控制标准的指标进行预警，预警级别划分为控制红线和控制黄线，建立风险预警机制。

各项指标控制值如下：

表1　风险指标控制值一览表

序号	指标名称	控制红线	控制黄线	备注
1	资本充足率	≥ 10%		
2	核心资本充足率		≥ 10%	黄线参考资本充足率
3	流动性比例	≥ 25%		
4	最低流动性比例		≥ 25%	黄线参考流动性比例
5	拆入资金比例	≤ 100%		
6	核心负债依存度			
7	流动性缺口率			

续表

序号	指标名称	控制红线	控制黄线	备注
8	不良资产率	≤ 4%		
9	不良贷款率	≤ 5%		
10	资产损失准备充足率	≥ 100%		
11	贷款损失准备充足率	≥ 100%		
12	单一客户授信集中度			
13	单一客户贷款集中度			
14	正常贷款迁徙率			
15	正常类贷款迁徙率			
16	关注类贷款迁徙率			
17	次级类贷款迁徙率			
18	可疑类贷款迁徙率			
19	短期证券投资比例	≤ 40%		
20	长期投资比例	≤ 30%		
21	人民币超额备付金率			
22	利率风险敏感度		≤ 5%	黄线为监管评级标准
23	累计外汇敞口头寸比例			
24	操作风险损失度			
25	资金集中度		≥ 70%	黄线为监管评级标准
26	集团内资产运用率		≥ 60%	黄线为监管评级标准
27	集团内负债比例		≥ 85%	黄线为监管评级标准
28	资本利润率			
29	资产利润率			
30	成本收入比率			
31	自有固定资产比例	≤ 20%		
32	担保比例	≤ 100%		
33	日均存贷比			
34	期末存贷款比例		≤ 100%	黄线为监管指导意见
35	可归集资金归集率		≥ 90%	黄线为目标责任书要求
36	活期备付率		≥ 22%	黄线为目标责任书要求
37	案件发生率		0%	黄线为目标责任书要求
38	违规事件发生率		0%	黄线为目标责任书要求
39	案件损失度		0.01‰	黄线为相关制度要求
40	违规事件损失度		0.01‰	黄线为相关制度要求

（2）通过风险指标分析应用带来管理附加值

财务公司在实际管理过程中加强指标分析与管理，加强关键指标的考核，确保优势指标领先地位，挖掘居中指标潜力，促进薄弱指标逐步提升。

第一，建立指标分析管理机制。

财务公司定期报告各项指标数值，逐一分析影响指标值的主、客观原因、有利因素及制约因素，客观、全面的对现有指标情况开展诊断、评价，明确差距所在，确定目标，采取针对措施，持续改进。加强指标过程控制，及时发现及时预测关键指标的发展趋势，真正做到以指标化体系为手段，促进企业各项管理工作水平稳步提升。

第二，建立指标考核管理机制。

财务公司将涉及企业经营管理关键性影响指标定为关键绩效指标，通过目标设定、计划组织、考核评价，确保指标的可控、在控。每年初，公司与各职能部门签订《目标责任书》，明确指标年度值及责任部室，完成时间、考核权重等，通过把指标分解到各个部门，形成全公司一盘棋，突出重点，通过指标评价业绩，通过指标考核工作。责任部门将目标责任书分解到人，工作任务明确到月，进行月度完成情况的跟踪考核。

（3）风险指标标准化管理

通过不断改进更新指标，最终上升为企业标准，并确保其领先地位。（具体内容将在p333.风险标准化管理体系中予以详细阐述）

2. 风险管理流程化，风险控制深入管理细节

财务公司风险流程化管理体系既包括对风险管理自身的流程化管理，也包括对公司所有经营管理活动的流程化管理。

（1）风险管理自身的流程化管理

风险管理流程分为风险识别、风险评估、风险计量、风险监测与报告、风险控制。

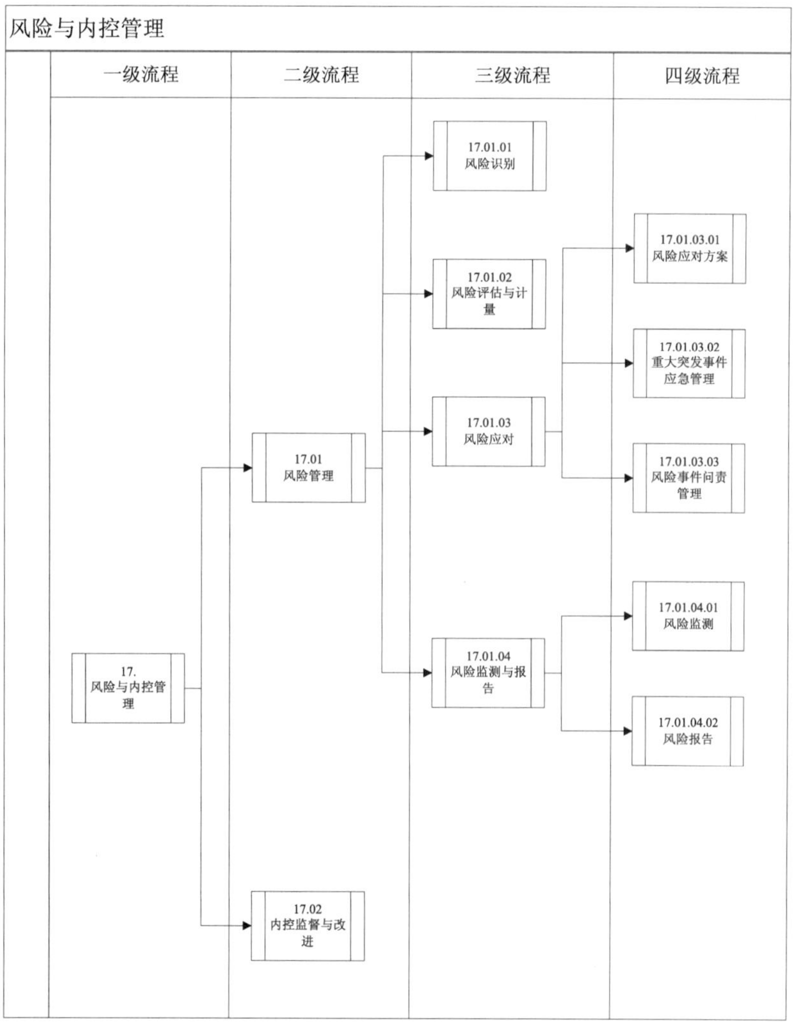

图10　风险与内控管理流程

第一步，财务公司开办新业务或开发新产品，针对该项业务或产品涉及的风险组织识别论证。风险识别过程中，财务公司重点关注风险诱因、风险性质、后果、风险识别的方法及效果。针对已经开办的业务和产品，财务公司定期针对各项管理和经营活动组织风险再识别，建立和完善风险识别信息库。

第二步，针对已经识别出来的风险，按照风险自评形成风险评估报告、部门复核人复核、风险控制委员会审批、风险评估报告下发执行，以及风险点监测的程序进行风险评估。

第三步，财务公司根据法律、法规或规章的相关规定，考虑业务性质、规模和复杂程度的差异，对不同类别风险选择适当的风险计量方法。例如，资本充足率：资本净额/（风险加权资产+12.5倍市场风险资本）×100%。拆入资金比例：（同业拆入+卖出回购）/资本总额×100%等。

第四步，财务公司根据法律、法规或规章的相关规定，结合财务公司实际需要，通过信息系统实现对各项风险指标的实时监控。

第五步，财务公司风险报告路径原则上采取纵向自下而上逐级报送与横向跨部门传送相结合的方式，具体为：经办岗位→部门负责人→经营层和风险管理部→风险控制委员会→董事会。

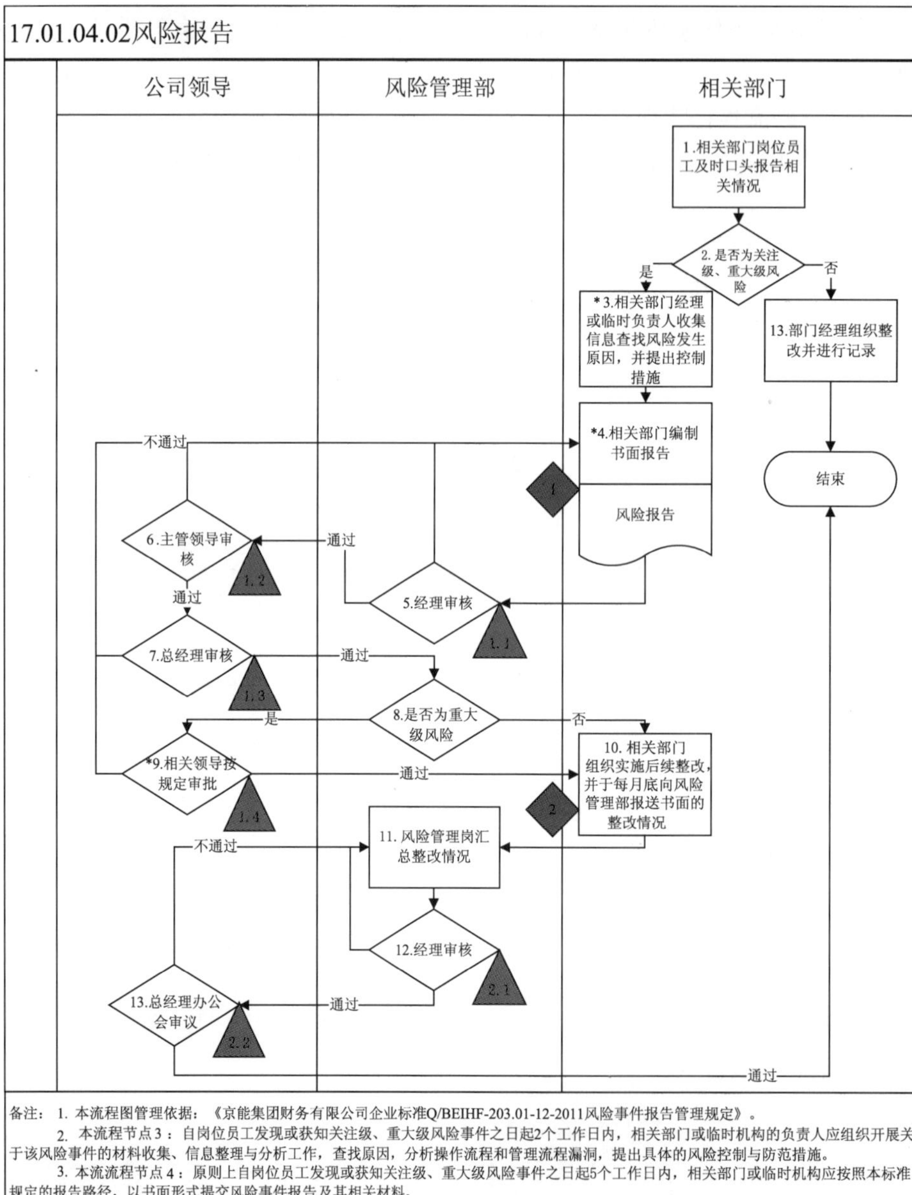

备注：1. 本流程图管理依据：《京能集团财务有限公司企业标准Q/BEIHF-203.01-12-2011风险事件报告管理规定》。

2. 本流程节点3：自岗位员工发现或获知关注级、重大级风险事件之日起2个工作日内，相关部门或临时机构的负责人应组织开展关于该风险事件的材料收集、信息整理与分析工作，查找原因，分析操作流程和管理流程漏洞，提出具体的风险控制与防范措施。

3. 本流流程节点4：原则上自岗位员工发现或获知关注级、重大级风险事件之日起5个工作日内，相关部门或临时机构应按照本标准规定的报告路径，以书面形式提交风险事件报告及其相关材料。

4. 本流程节点9：1）符合《京能集团财务有限公司企业标准风险事件报告管理规定》5.3.8.1中的第1-9条的风险事件由突发事件应急处置领导小组审核后报告外部监管机构。2）符合标准5.3.8.1中的第10-16条的由风险控制委员会主任委员审核后报告董事会。

图11　风险报告流程示例

第六步，财务公司对经过识别论证的风险选择分散、对冲、转移、规避、补偿等措施进行有效管理和控制。风险控制措施要求符合财务公司既定的风险管理战略和风险管理政策。

（2）所有经营活动的风险流程化管理

财务公司将风险管理方法和措施落实到生产经营的每一个具体环节中去，正确分析事故致因的事故链，简单、明了、直观显示事故发生的原因，采取防范措施，如同易倒的多米诺骨牌一般，只要抽去其中一块，即可破坏事故链，防止事故发生，控制事故蔓延。财务公司在建设管理流程时提出：以满足监管要求、全面提升管理水平、指出未来发展路径为总体目标，细分了梳理流程、识别风险、风险评价、制订风险应对策略和解决方案、构建风险预警体系、建立内部控制监督体系等具体目标。

财务公司自成立以来，不断开展流程梳理工作，经过持续地分析，财务公司将业务分解和细化，明确主要管理业务为20大类共计152项。公司引入流程设计方法论，组织全员针对管理业务活动进行流程图的自主编制工作。在每项管理流程的设计中考虑控制目标、风险点的查找与描述、风险归类、控制措施、执行部门和岗位、措施类别、控制证据以及标准依据，并坚持流程图设计过程中PDCA的闭环管理，最终形成了152张流程图。实现通过科学的流程设计和管理活动来实现风险的防范、控制和化解风险。

3. 风险管理标准化，风险控制有据可依

财务公司常年致力于制度规划与建设工作，认真探索如何建立一套完整的制度体系。2011年，财务公司在认真贯彻落实集团公司企业标准化工作的整体部署的基础上，积极推进标准化建设工作，依靠自主力量，建立了一套具有符合国家、行业、地方等外部法律、法规等规范性文件，满足实际经营管理需要，切合金融行业特征和财务公司阶段性特点的标准体系，即技术标准体系、管理标准体系、工作标准体系。检索和识别了适用的86项技术标准，完成了22类181项管理标准；以及4类7个部室62个岗位工作标准的编制、审核、批准和发布工作。所有标准在办公协同系统正式上线运行，各项标准全面实施。风险管理体现在标准体系建设的各个环节。

（1）在标准体系中设计风险管理模块

在标准体系计划设计时，高度重视风险管理活动，将风险管理设置为一个独立模块以体现其重要作用。

财务公司的风险管理标准模块包括17个标准，具体如下：

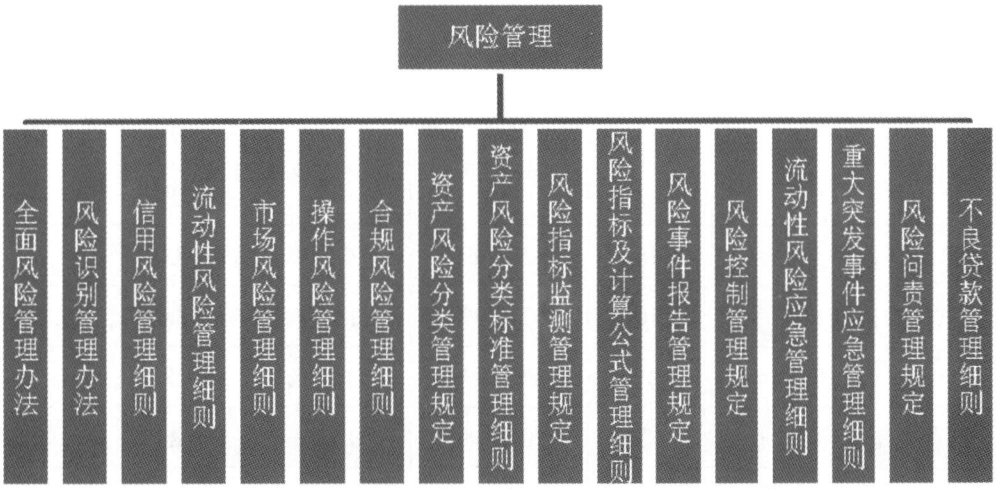

图12　风险管理标准

此外，高度重视法人治理机构对公司的风险管理，编制了《风险控制委员会议事管理规定》，明确规定其权利义务和职责。

（2）在标准编制时增加风险控制章节

财务公司在标准编制过程中，注重将标准编制与风险管理相结合，认真梳理公司主要经营管理活动流程，集思广益，采取集中交流、专题研讨等形式评估风险管理关键点，将其落实到标准的制定及日常工作执行中，在所有管理标准中将风险控制章节作为一个必要项。例如，《咨询业务管理规定》中规定了风险控制的具体内容。

（3）在标准体系整改阶段时刻防范合规风险

标准化管理的一个显著特点是系统优化、不断完善和持续改进。财务公司制定了《标准检查与改进管理规定》，坚持对标准进行动态比较和持续改进，尤其重视控制合规风险，当公司执行的国家法律、法规等外部规范性文件发生变化时，各部门立即制订标准的整改计划，补充完善以往的标准，直到达到预期的效果。

四、大型企业集团财务公司可持续性风险管理创新与实践的实施效果

（一）实现信贷价格市场化调节，确保集团资金安全

财务公司通过建立贷款定价机制，用价格传递资金预警信号，促使成员单位主动筹划资金，按期或提前归还财务公司贷款，共同维护好集团资金系统的流动性，使得不良贷款率常年为“0”，低于监管要求的5%的目标。

（二）监管评价结果良好

财务公司经过多年风险管理建设和实践，以及正确的风险理念引导，在监管机构对公司风险评级中取得了较好的成绩。

财务公司于2009年和2012年共接受了监管部门的两次风险评级现场检查，2012年风险评级结果显示：公司在2009年监管评价结果较好的基础上，进一步健全了公司治理结构；中长期发展战略规划符合应有的功能定位，并能够根据内外部发展状况予以调整和完善；整体合规意识较强；公司资产质量和盈利能力较好，资本充足，贷款损失准备充足。

（三）风险指标合格率100%

财务公司自开业以来风险事件发生率为0，风险指标全部达标，其余重要监管指标均达到监管要求。

表2 重要风险指标统计

序号	监控指标名称	标准	2012.12.31	2011.12.31	2010.12.31	备注
1	资本充足率	≥ 10%	36.93%	43.35%	43.29%	
2	不良资产率	≤ 4%	0%	0%	0%	
3	不良贷款率	≤ 5%	0%	0%	0%	
4	资产损失准备充足率	≥ 100%	622.29%	622.93%	718.02%	
5	贷款损失准备充足率	≥ 100%	622.29%	622.93%	718.02%	
6	流动性比例	≥ 25%	55.96%	41.32%	61.82%	
7	自有固定资产比例	≤ 20%	0.31%	0.41%	0.21%	
8	短期证券投资比例	≤ 40%	2.82%	0	0	
9	长期投资比例	≤ 30%	—	—	—	业务资格待核准
10	拆入资金比例	≤ 100%	0	0	0	
11	担保比例	≤ 100%	0	0	0	

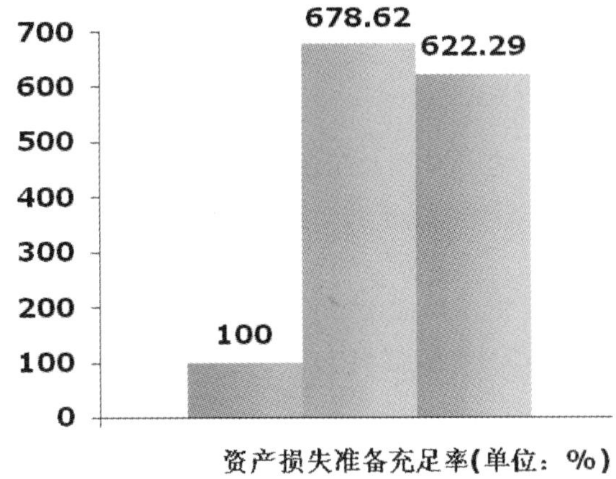

图13　资产损失准备充足率统计

成果创造人：张　伟　张　艳　王　申　周丽玉　侯莉娟　陈晓敏　熊　涛　刘　洁

大型发电集团煤炭集运体系建设与运营管理

包头市盛华煤炭销售有限公司

荣获第二十八届北京市企业管理现代化创新成果一等奖

包头市盛华煤炭销售有限公司（以下简称盛华公司）是北京能源投资（集团）有限公司（以下简称京能集团）2010年5月收购并控股的煤炭销售公司，主要负责建设、管理和运营萨拉齐盛华铁路专用线和煤炭集运站（以下简称盛华集运站）。

盛华集运站自2011年投运以来，始终坚持以科学发展观为指导，秉承“绿色、安全、环保”的理念，积极倡导“诚信为本，追求卓越”的核心价值观，以“为客户提供增值服务，为股东创造价值”为使命，努力打造行业一流、国内领先的高效物流平台，构建京集团燃煤安全供应保障系统，为促进集团和地方经济快速健康发展做出了贡献。

一、大型发电集团煤炭集运体系建设背景

（一）集团建立煤炭供应保障体系的战略要求

早在2005年集团合并重组之初，京能集团就根据电力能源主业的发展趋势和内在要求，制定了向上游煤炭资源领域延伸、建立煤炭供应保障体系、实现煤电一体化发展的发展战略。到2009年，京能集团控制发电装机容量达到887万千瓦，但受投资成本高、规模大、时间长、缺少专业人才等方面制约，集团向上游煤炭资源领域延伸的战略并没有取得突破，煤炭自给率仍然为零。在煤炭价格不断上涨、燃料成本大幅上市、利润大幅被侵蚀的情况下，京能集团只好另辟蹊径，转向投资建设煤炭集运站。建设煤炭集运站，有利于通过控制煤炭运输环节，提高议价能力，降低采购成本，提供运力保障，从而建立集团燃料供应保障系统，更好地保证集团电力能源快速发展的煤炭需求。

（二）首都北京建立能源保障基地的特殊要求

2009年9月，国家发改委启动了国家煤炭储备基地建设。建立国家煤炭储备体系，不仅可以提高国家能源安全保障水平，也有利于稳定市场、化解区域突发性供需矛盾、化解煤电季节性矛盾。由于建设煤炭储备基地占地面积大，在运输、储备过程中所产生的二次污染较为严重，在北京地区建设大型煤炭储备基地将对建设“人文北京、科技北京、绿色北京”和环境治理产生极大影响。因而在北京建立煤炭储备基地是不现实的。而在内蒙古煤炭资源富集和交通便利的包头地区建设煤炭集运站，通过铁路专用线直运北京，对于确保北京能源供应安全，建设“绿色北京”意义重大。京能集团作为北京市国有控股企业必须承担起保证首都能源供应的重任，为建设“三个北京”、掌控战略资源上发挥更大的作用，更好地服务北京。

（三）国家调整和振兴物流产业的时代要求

物流业是融合运输业、仓储业、货代业和信息业等的复合型服务产业，是国民经济的重要组成部分。由于物流业涉及领域广，吸纳就业人数多，对促进生产、拉动消费作用大等诸多特点，特别是在调整地方产业结构、转变经济发展方式和增强经济竞争力等方面发挥着重要作用，在《国务院关于印发物流业调整和振兴规划的通知》（国发［2009］8号）出台后，全国各地物流企业得到了快速的发展。由于我国煤炭生产重地与消费重地是逆向分布，多年来煤炭商品有效供应受限于运输通道尤其是铁路运输瓶颈的制约，西部的煤运不出，则煤价被压低；东部的煤供不应求，则煤价高启。特别是最近两年，国内煤炭市场疲软，煤炭运输通道资源显得尤为重要，大型发电集团和大型煤炭企业控制运煤大通道的积极性尤其高涨，正积极寻求投资参与铁路大通道建设，力求获得铁路运输通道的控制权和话语权。同时，

还自发联合参股或控股铁路干线、铁路专用线的建设，拓宽煤炭外运通道，增加煤炭运输量，降低运输成本。京能集团在煤炭资源富集地区建设煤炭集运站与铁路专用线，不仅有利于掌控煤炭资源，满足控股电厂煤炭需求，降低成本，提高效益，也适应了国家有关产业政策的要求。

二、煤炭集运体系建设和运营管理的内涵

（一）课题内涵

大型发电集团建设煤炭集运体系，是全面实施向煤炭上游延伸、构建完整供应链、提升企业核心竞争力的一项重要举措，旨在搭建一个煤炭集运平台，通过前移煤炭采购、仓储阵地，实施淡储旺运，控制煤炭运输通道环节，充分发挥“蓄水池”作用，为满足集团内部燃煤电厂的煤炭需求建立长期的供应保障体系。

（二）课题创新点

为提高公司盈利水平，实现资源共享、互利共赢，在煤炭货场运营方式上，利用呼和浩特铁路局拥有计划货运量、调度货运车辆和专业人才的优势，与呼和浩特铁路局开展合作经营，委托呼和浩特铁路局为公司提供煤炭货场运营及铁路物流技术综合服务，共建集运站运营管理的新模式，开创了呼铁局与企业共建煤炭货场管理的先河。

三、煤炭集运体系建设和运营管理的主要做法

（一）根据内部市场需求和铁路规划，合理选点

2009年，京能集团从电、煤两大行业的发展实际出发，按照“积极向煤炭上游延伸，突破煤炭资源与运输环节瓶颈”的战略要求，以“保证集团系统燃煤供应，降低系统内相关企业燃煤成本”为重点，确定了以建设“资源—通道—市场”产业链中的“通道”环节为突破口的基本思路。

根据内部市场需求，京能集团控股的燃煤电厂主要分布于：内蒙古乌兰察布市岱海电厂4×60万千瓦机组、京隆电厂2×60万千瓦机组；内蒙古鄂尔多斯市京泰电厂2×30万千瓦机组；山西省长治市漳山电厂2×30万千瓦机组+2×60万千瓦机组；山西省朔州市右玉电厂2×30万千瓦机组；北京市石景山电厂4×22万千瓦机组，总装机约750万千瓦，年耗煤量在3000万吨以上。可见，在内蒙古西南部和山西省北部（见图1）建设煤炭集运站是京能集团满足燃煤电厂需求的客观要求。

图1 京能集团京包沿线燃煤电厂分布图

根据铁路运输规划，物流业作为国家十大调整和振兴的产业之一，2009年，国务院印发了《物流业调整和振兴规划的通知》，确定了重点发展全国九大物流区域、建设十大物流通道和一批物流节点城市

的战略发展思路，其中内蒙古自治区是物流产业重点发展的九大物流区域之一（见图2），京包线是重点建设的十大物流通道之一，呼包鄂是重要物流节点城市。内蒙古自治区是全国重要煤炭生产基地，而呼包鄂则是煤炭生产的重中之重；呼和浩特铁路局将京包线萨拉齐站确定为京包线沿线七大战略装车点之一，将萨拉齐站建设成为呼包鄂重要煤炭中转枢纽，通过京包线可直达华北地区各燃煤电厂，通过大秦线到秦皇岛、曹妃甸等港口转海运后可直达华东、华南、中原等各地区燃煤电厂。

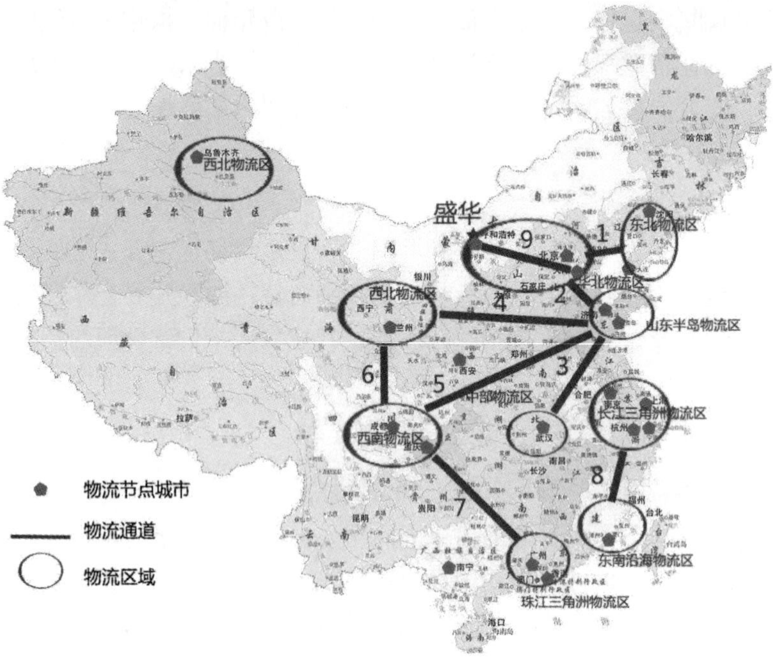

图2　铁路运输规划图

基于上述两个方面的考量，在呼包鄂建设煤炭集运站就成为京能集团的必然选择。

（二）科学设计，精心施工，建设优质环保示范工程

科学超前设计，创建先进样板工程。运用先进的理念，高标准设计，确保集运站工程建设成“绿色、安全、环保”的示范工程。盛华煤炭集运站是呼铁局京包线重要战略装车点之一，集运站工程由万吨列铁路专用线、全封闭式储煤和快速装车系统组成。其中：铁路专用线按万吨列设计，是全国首条具备编组两万吨列的铁路直发专用线，铁路专用线全长13.5公里，东场3条到发线，西场2条到发线；全封闭式储煤系统由8个独立的受煤坑、储煤罐组成，每个储煤罐储煤量达5万吨，进煤、破碎、入储、装运全过程全封闭，实现无扬尘、无污染，达到绿色、环保的要求；快速装车系统采用最先进的快速定量装车设备，装车快速、精准，万吨列装车时间为120分钟，重量精准率达到99%，实现整装快运、定量精准，满足铁路部门定量装车、严禁超偏载的运输要求。集运站的设计符合国家环保要求和物流产业发展政策。

精心组织施工，创建优质工程。抓土地征用，根据集运站用地需要，增加土地征用量，变更用地性质，办理土地使用证。抓外围突破，着力解决铁路专用线东咽喉、专用线接轨方案、与周边公司土地置换等历史遗留问题。抓墙内保障，完成墙内两座铁厂的拆迁补偿和农民土地征用、坟地搬迁，电力电缆线路变道、改线、地下铺设等工作。抓安全管理，创建安全示范型工程。安全生产管理是第一要务。在安全管理上始终坚持“安全第一”的目标，成立了公司安全委员会，组织开展各种形式安全教育活动，与各建设单位签订了责任状，严格执行安全事故一票否决制，确保安全施工零事故。抓质量管理，创建优质型工程。质量始终是摆在工程项目首位的头等大事，没有工程质量，工程进度和投资管理都是空话。因此在工程质量管理上始终坚持 “质量第一”的方针，精益求精，精雕细刻，保证既定质量目标的实现。在工程建设过程中，分别委托专业的项目管理公司和监理公司对项目工程进行全程监督管理，坚持每周召开一次工程建设例会，建立工程信息沟通机制，加强业主、监管方、施工方、监理等多方沟

通，严格执行工程质量一票否决制，工程建设质量得到了地方主管部门的认可。抓工期管理，创建高效型工程。时间就是效益，在市场竞争情况下，谁抢得先机，谁就会占据主动。从工程开工建设伊始，以高标准、严要求贯穿始终，历时8个月的紧张施工，全长13.5公里、5条万吨列到发线的铁路专用线全线贯通，实现当年建设、当年贯通、当年运营的工程建设目标（见图3）。在当地铁路专用线建设速度上树立了样板。抓造价管理，创建节约型工程。工程投资管理的主要目的是要使整个工程造价控制在预期、合理的范围内，以实现项目的经济效益。在工程造价控制上，严格遵守集团公司招投标管理规定和招标流程，以全面预算管理为理念，以加强预控为抓手，以严格制度为手段，加强对工程项目全过程的投资总额管理。在公司对主辅设备、附属工程、设备安装等大型合同招标工作中，实行全过程监管、全方位监控，有效地控制了工程建设造价。

图3 公司铁路专用线

加大环保投入，创建环保示范工程。为保证项目投资符合国家产业政策和环保要求，公司投入2.8亿元建设国际最先进的全封闭储煤罐和定量装车系统，8个独立的储煤罐储煤量达40万吨，并可分罐储存，煤炭装卸、储运全过程、全封闭，实现无扬尘、无污染。同时，为满足铁路部门对运量的需要，有效利用站内场地，提高煤炭发运量，增加企业效益，公司按行业高标准建设全封闭平面站台，每个站台长1700米，宽50米，面积约8万多平方米，储煤量可达40万吨。集运站的环保理念得到地方政府的高度认可，设计方案（见图4）被包头市经信委作为类似项目的示范工程在全市推广。

图4 集运站设计方案

（三）构建经营网络，创新合作模式，提高经济效益

加强煤炭采购、储配、销售、运输管理，构建高效经营网络。加大采购力度，建立煤炭供应网。广泛开展煤炭供应市场调研，根据集团内部电厂电煤质量要求，积极寻求与大煤矿、大集团合作，签订煤炭长期供应协议，提高公司议价能力，降低煤炭采购成本。加强质量控制，把好煤炭入厂关，提高入厂煤煤质检验的准确性。根据客户需求，调配不由煤质，提高合同兑现率，保证了全年煤炭安全供应。加大营销力度，建立煤炭销售渠道。认真落实集团公司煤炭供需衔接会议精神，积极与集团内部相关企业签订煤炭销售合同。坚持火车运输与汽车运输相结合，集团内销与外销相补充，开展发运下水煤。前移销售阵地，加强驻厂驻矿管理，开拓市场，建立与用户的日常衔接机制，落实煤炭销售各环节的相关工作。落实汽车运输队伍，建立煤炭供应链联盟。与有实力、信誉好的汽车运输企业签订运输合同，采用"一票到厂"的结算方式，保证煤炭进出数量与质量不出差错，确保煤炭在运输环节中不亏吨亏卡。同时，利用公司集运站、储煤场等优势，积极与煤炭、公路、铁路、水运、海运资源企业合作，形成供应链联盟，形成完整的产、运、销一体化供应链。

开展经营合作，创建铁企共建集运站运营模式。为早日实现铁路专用线开通、运营，加快将资源优势转化成经济效益，提高公司盈利水平，实现资源共享、互利共赢。在煤炭货场运营方式上，积极与呼铁局开展合作经营，委托呼铁局为公司提供煤炭货场运营及铁路物流技术综合服务，共同建设集运站运营管理的新模式，新模式的建设开创了呼铁局与企业共建煤炭货场管理的先河。

发挥采购和储备优势，拓展运输方式，努力扩大经营量。加强与呼铁局和多元中心的沟通协调，积极联系大煤矿、大运销公司，引进大客户，提高铁路发运量。大力发展汽车煤销售的经营方式，针对短距离、铁路运输不便的企业，并根据各企业对燃煤质量的要求，组织合适的煤源，实行矿对厂直供。一年多来，累计完成煤炭汽车发运量600多万吨，保证了集团内部电厂燃煤需求。

（四）坚持标准先行，加强队伍建设，为高效运营提供保障

坚持标准先行，推进标准化建设。按照集团公司"集团化、专业化、精细化"的管理要求，组织全体员工共同参与编制，经过部门间审查、总经理办公会审核，共发布技术标准、管理标准、工作标准159项，基本涵盖了公司全部的物项管理、事项管理和岗位管理，为公司正常经营管理提供了制度化保障。

坚持人才为本，加强人力资源建设。委托集团内部电厂培养了一批煤质检验专业技术队伍，参加北京煤炭研究院和集团举办的资格证考试，采制化人员全部具备执证上岗，煤质检验达到三个百分之百（过衡率为100%，检斤检质率为100%，准确率达到100%）。同时，委托呼铁局培训中心和包头车务段培养一批铁路操作与维护专业技术队伍，组织铁路安全培训和实操训练，培训人员达100人次，其中，40名铁路操作人员上岗前考核全部合格。加强营销队伍建设。选用知煤源、懂煤质、会谈判、了解市场、熟悉业务、精通营销、善于公共的员工组建一支营销队伍，加强营销队伍的培训，提高队伍素质，建立完善科学有效的销售激励机制，激发销售人员的积极性，抢占先机，占领市场主动权。加强管理队伍。通过开展各类专业技术培训，提高员工的业务技能操作水平和综合素质，建设精通企业管理、熟悉业务流程、增强服务意识、树立内外形象的企业管理队伍，为公司正常运行提供了保障。

四、煤炭集运体系建设与运营管理效果

（一）建立了集团燃料供应保障系统

表1　公司2011年、2012年发运量统计表　　　　**单位：万吨**

序号	企业名称	2011年	2012年	累计
1	北京热力集团	0	20	20
2	内蒙古岱海发电有限责任公司	60	260	320
3	内蒙古京隆发电有限责任公司	35	80	115
4	内蒙古华宁热电有限公司	0	25	25

续表

序号	企业名称	2011 年	2012 年	累计
5	山西漳山发电有限公司	10	40	50
6	山西右玉发电有限公司	0	5	5
7	北京京能热电股份有限公司	15	40	65
8	其他单位	60	110	170
合计		180	580	760

公司集运站设计年运量为1000万吨，远景年运量为2000万吨，能有效解决集团内蒙古地区部分火电厂及京内燃煤电厂的燃料供应。截至2012年底，集运站已累计向集团内热力公司、岱海发电、京隆发电、华宁热电、漳山发电、右玉发电和京能热电等企业供煤近800万吨，完成销售收入109753.3万元，实现利润1953万元。

（二）降低了集团燃料成本

通过集中采购，扩大了交易量，提高了议价能力，在一定程度上打破了外部煤炭供应垄断格局，为平抑集团内部煤炭价格，降低集团的燃料成本发挥了重要作用。

（三）保证了北京燃煤市场的供应

公司集运站储煤量可达80万吨，每年可向北京发运100万吨燃煤，为北京燃煤电厂和热力公司提供了燃煤供应安全的保证。

盛华公司在煤炭集运站建设与经营管理等方面做了一些有益的探索，从传统的汽车零散运输发展到整列装运、将煤炭运输造成的二次污染到绿色环保、从煤炭运销企业单兵作战到与铁路企业共同经营、互利互惠形成有机整体，建立了一个比较完整的煤炭运销体系，彻底地改变了煤炭经营脏乱差、运量小、效益低的局面，搭建了煤炭销售平台，链接了煤炭资源和需求，打通了“资源—通道—市场”产业链，促进了物流产业的升级。

成果创造人：胡　岩　崔海军　贾国章　袁新建

高债务风险下的燃气发电企业融资体系的构建与实施

深圳钰湖电力有限公司

荣获第二十八届北京市企业管理现代化创新成果一等奖

深圳钰湖电力有限公司（以下简称“深圳钰湖”）成立于1991年，位于深圳市东部龙岗区副中心区的平湖城市中心区内。公司距离香港特别行政区25公里，距离深圳市中心区19公里。公司现有两套燃气联合循环机组，总装机容量2×180MW。机组投产以来，始终担负着向深圳市居民生活、经济建设供电的任务。

2011年，北京能源投资（集团）有限公司（以下简称“京能集团”）战略收购深圳钰湖90%的股份，成为深圳钰湖的控股股东。加入京能集团后，在集团公司的正确领导下，深圳钰湖深入贯彻科学发展观，落实京能集团工作部署，依托深圳地区区域优势，抢机遇抓发展，企业的生产经营和精神文明建设工作都取得了丰硕的成果，公司荣获深圳市2012年“鹏城减废先进企业”荣誉称号。由公司负责开发的深圳钰湖二期扩建、珠海钰海新建燃气项目、深圳国际低碳城项目已取得发改委路条，湛江徐闻煤电项目取得湛江市发改局路条，各项目的前期工作有序推进。

“十二五”期间，站在公司发展新的起点上，深圳钰湖在京能集团的领导下，结合融资优序理论，遵照“科学预测、准确分析、以投定筹”的原则，以逐步发展内源融资、充分利用外源融资，坚持“多渠道多层次融资、控制资金链风险、节省企业财务费用、优化融资结构”的低成本融资战略和“满足企业快速成长资金需要、突破企业规模迅速扩张融资瓶颈、产业链整合供应商资源与银行资源”的融资体系。

一、高债务风险下的燃气发电企业融资体系的构建与实施背景

燃气发电企业近两年迅速扩张，行业内竞争激烈，如何在竞争中取得优势最终取决于企业融资的速度、规模和成本。深圳钰湖实现股权转让后，一方面企业需要大量资金维持生产经营，而原企业历史债务比例高、融资环境恶劣、债务风险高，企业资金链风险一触即发，此时的深圳钰湖陷入资金有需求无供给的危险时刻，企业融资压力巨大。

另一方面收购后的深圳钰湖作为京能集团在珠三角地区重要战略部署，以深圳钰湖为平台大力发展珠三角发电新建项目，资金需求巨大，原融资方式无法满足企业经营发展及战略发展的需求。高债务风险下燃气发电企业融资体系成为深圳钰湖成功转型、快速发展、战略扩张面临的重要挑战之一。

（一）企业财务环境恶劣、债务风险高、融资困难

股权变更以前，原深圳钰湖重油发电连续三年亏损，企业资产负债率居高不下，截至2011年12月31日，深圳钰湖主要负债125187.00万元，其中：短期贷款108569.00万元，银行票据2000.00万元，非银行借款9240.00万元，应付账款5378.00万元；所有者权益-27626.62万元，资产负债率129.16%。此时深圳钰湖银行借款全部为短期流动资金贷款，具有贷款利率高、时间短且贷款笔数多的特点，银行票据到期日已经超过授信期限，归还到期票据后无法提取授信额度用于经营周转特点；另一方面，供应商频频上门催收历史欠账，主要资产处于担保抵押状态，财务负担沉重，从而无法通过资产抵押方式及原股东担保方式从银行得到新增贷款，企业资金周转非常困难，低盈利能力、高债务风险严重制约深圳钰湖的融资能力，企业需要建立有效的融资体系推动企业的融资工作正常进行。

（二）企业无力支付燃气款，资金链断裂

燃气发电企业具有发电成本高的特点，其成本主要为燃气成本，占产品成本的70%以上，燃气款结算按周结算，燃气款滞后交付会导致燃气供应中断，企业生产受阻。2011年12月深圳钰湖由于资金链断裂

无力支付燃气款，深燃公司停止燃气供应导致生产停滞。同时，已经断裂的资金链不能完成企业生产维修付款、技术改造付款、人工薪酬付款，一系列资金链风险严重影响企业存续，恶劣的财务环境需要一个融资体系保证企业平稳转型。深圳钰湖加入京能集团以后，得到京能集团、京能财务公司大力支持，集团公司的支持缓解了深圳钰湖最为紧迫的资金链风险，为深圳钰湖融资体系的构建争取了时间，为融资体系的实施提供了保障。

（三）企业融资渠道单一、融资成本高，阻碍企业可持续发展

深圳钰湖的前身是合资企业，由香港钰裕发展有限公司、深圳钰裕实业有限公司共同出资建立，由于小型民营企业管理体制不完善，盈利能力低，不能提供有效的内源融资资源，主要依靠债务融资渠道融资。外源融资方式单一，仅依靠银行资产抵押短期贷款和非银行借款勉强维持企业经营。单一的融资方式融资规模小，融资成本高，严重影响企业盈利能力和可持续发展能力，企业需要构建一套融资体系提高融资效率。2011年深圳钰湖融资成本较高，普遍利率上浮10%—40%，其中建设银行短期贷款展期贷款利率达上浮50%，明显高于同行业融资利率水平，较高的融资成本阻碍了企业可持续发展能力。

（四）企业战略发展资金需求量大、融资规模遇瓶颈

深圳钰湖2011年12月6日完成股权变更，期间完成了领导班子重组。在京能集团战略部署下，制定了企业“十二五”期间发展蓝图。蓝图将深圳钰湖作为珠三角地区战略发展跳板，依托珠三角充足的燃气供应，全面推动开发新的燃气发电项目。燃气发电项目建设具有建设周期长、技术标准高、建设期投入大等特点，企业传统融资方式并不能满足企业战略发展的资金需求，严重影响企业市场竞争力。为适应企业跨越式发展，实现战略扩张，企业需要一个融资体系突破企业融资瓶颈，为新建燃气发电项目建设的顺利进行提供充足资金，保证项目资金需求的同时节约融资成本，降低新建燃气项目建造成本，增强未来盈利能力。

（五）地处经济发展前沿深圳，区域优势有利企业融资管理创新

深圳是中国对外交往的重要国际门户，是中国改革开放和现代化建设的精彩缩影，毗邻香港。深圳银行、证券、保险业机构密度、外资金融机构数量以及从业人员比例均居全国前列。中国政府发布的《珠江三角洲地区改革发展规划纲要》将深圳定位为建设“全国经济中心城市”、“国家创新型城市”。而深圳钰湖地处深圳，具有拓展融资空间，融资创新的天然优势，区域优势为深圳钰湖融资管理创新提供了有利条件。

正是在上述五个方面的背景下，深圳钰湖主要领导上任伊始便着手构建燃气发电企业融资体系，为实现企业平稳转型、经营发展、战略扩张提供坚实的资金保障。

二、高债务风险下的燃气发电企业融资体系构建与实施的内涵和主要做法

深圳钰湖融资体系构建与实施以融资优序理论为理论基础。融资优序理论[1]最早是由Myers和Majluf（1984年）在《信息不对称条件下公司理财与投资》一文中提出，认为企业最佳的融资顺序为：内源融资、债务融资、权益融资。此后融资优序理论得到了不断地发展与完善，成为融资活动中的重要理论基石。企业主要的融资方式详见图1。

燃气发电企业性质多为国有控股企业，为国家重要能源企业，除基建期引入权益资本外，经营过程多不具备权益融资的条件。

燃气发电企业的融资体系构主要包含三个方面的内涵：一是筹资体系平台：融资优序理论平台、集团公司平台及企业平台；二是筹资体系主体，以投定筹，多层次融资为筹资原则，以内源融资、外源融资中的债务融资、拓展融资空间三方面为筹资方式；三是筹资目标，以保证企业资金链安全、降低融资成本、优化融资结构、突破融资瓶颈为融资目标。燃气发电企业融资体系见图2：

1 本文中的融资优序理论指自 1984 年 Myers 和 Majluf 提出的理论以来，经过修正的复杂融资优序理论。

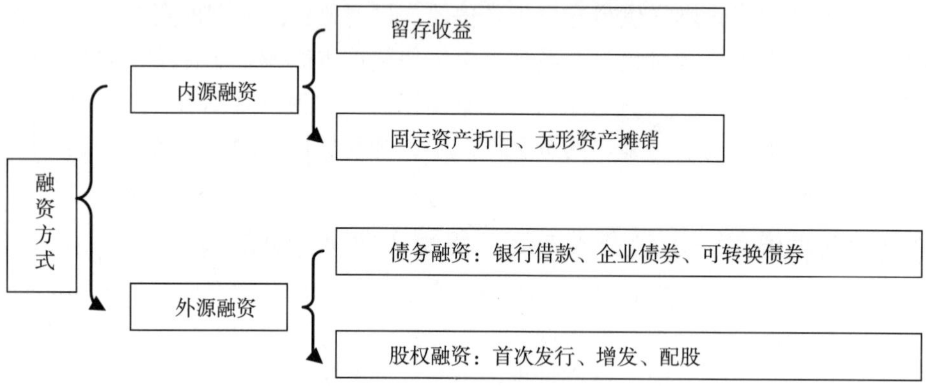

图1 企业融资方式

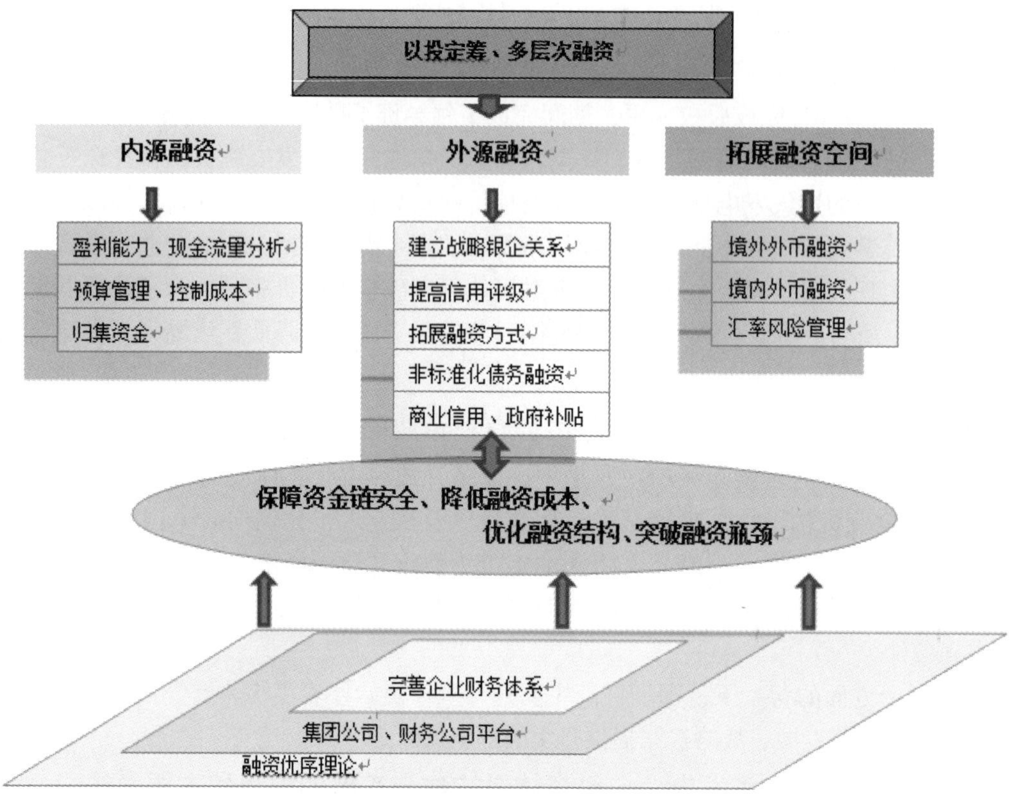

图2 燃气发电企业融资体系图

深圳钰湖融资体系的构建与实施是基于燃气发电企业的客观需求，依据融资优序理论，推动企业可持续发展和战略性发展。主要做法如下：

（一）健全企业财务管理制度，保障融资体系构建

健全的财务管理制度能够有效地进行成本控制，把握预算的制定和执行，将企业整体战略与自身的财务管理责任有机地结合起来，提升企业的管理水平与盈利能力，进而提高企业内源融资能力、外源融资效率。反之，缺失或者混乱的企业财务管理将会影响企业各项管理信息的有效性，阻碍企业发展。

收购前的深圳钰湖财务管理制度缺失，财务工作以核算为主要内容，无法提供决策有用信息，无法为企业融资提供良好的保障。

深圳钰湖股权变更以来，建立健全企业财务管理制度，按照集团公司财务管理有关规定，重新构建财务管理体系，深圳钰湖财务管理制度的建立与完善，为高债务风险下的燃气发电企业融资体系的构建及实施提供了制度保障。燃气发电企业财务管理体系见图3：

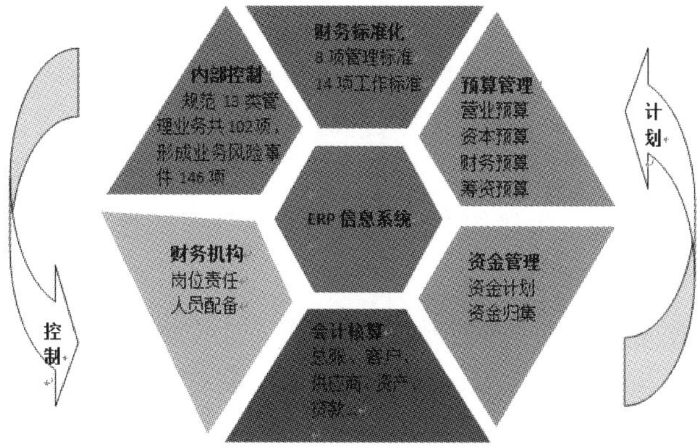

图3 燃气发电企业财务管理体系

燃气发电企业财务管理体系包括财务机构、会计核算、资金管理、预算管理、财务标准化、内部控制6方面内容，通过企业ERP平台实现财务管理功能整合，实现公司财务活动合理计划，有效控制财务管理体系。企业先后完成了财务管理8项管理标准、14项岗位工作标准建设；建立健全了企业内部控制体系，规范财务管理、生产经营等13类管理业务共计102项，形成业务层面风险事件共计146项，其中财务部融资风险控制包括企业融资制度管理（岗位责任制、授权批准制、汇率风险管理、还款高峰期管理）、融资预算管理（年度筹资方案、季度筹资方案、月度筹资方案）、融资重大事项管理（重大事项调研、重大事项审批、筹资风险评估）三方面内容；完成了财务团队建设；完成了ERP财务模块建设，ERP管理系统的应用将项目、生产、物资、人资信息无缝集成到财务，同时财务模块内实现了贷款、资产、客户、供应商、预算控制的集成，提高了财务工作的效率和工作质量。

（二）提高企业信用评级，保证综合融资能力

企业信用评级包含两方面内容，一方面是银行等金融机构信用评级，燃气发电企业作为经济活动的主体单位，与银行有着密切的信用往来关系，银行信贷是其生产发展的重要资金来源之一，其信用评级的好坏将直接影响银行融资的效率，企业金融机构信用评级高较容易获得贷款，反之则会陷入融资难的困境。另一方面是企业在商业交易中的信用保证，企业商业信用将影响企业对应付账款融资方式的利用效率，商业信用好的企业能够获得供应商较长的应付账款期限，可以缓解企业短期融资的压力，且商业信用一般不需要支付利息，能够为企业节约融资机会成本；反之供应商会要求商业活动预付或者立即付款的要求，这会增加企业外源融资需求，增加企业融资成本。

深圳钰湖在集团公司领导下，自收购以来积极改善企业信用评级，完全扭转了深圳钰湖收购前银行信用级别低贷款受限、供应商商业信用低无法获得供应商商业信用的困局。其中主要通过以下方法：

1. 全面提高企业综合管理水平，提高企业自身综合实力

强化企业安全管理、深化设备治理、确保机组安全稳定运行，完善企业管理制度及推广安全生产效益理念。全厂建立标准化管理体系编制，修订各类标准300余项，其中财务标准22条；完善公司团队建设，2012年共招聘新毕业生28名，其中财务部引入研究生3名，留学生一名；优化企业财务核算系统，上线ERP全面核算管理系统，集成项目、生产、物资、财务、人资于一体；整合企业文化，开展和谐企业创建工作。通过以上一系列工作，企业综合实力得到大幅提升。

2. 坚持按期清偿银行债务，提高企业信誉

通过合理的资金预算、合理调度资金、合理接口企业应收账款到账周期、政府补贴到账时间，分析还款高峰期，坚持按期或提前归还银行债务。期间归还平安银行到期贷款15000万元；归还建设银行到期贷款28000万元；归还北京银行到期贷款2000万元；归还工商银行到期贷款38825万元；归还集团公司委托贷款20000万元；归还到期票据20481万元。通过归还上述到期银行贷款及票据，保持公司在人民银行征信系统中良好信贷记录，进而保障公司正常融资。

3. 及时结清供应商欠款

通过及时归还收购前供应商历史欠款，加大公司宣传，加强谈判能力，争取较长的信用期限，按时结算供应商应付账款工作，深圳钰湖商业信用不断提高。

2012年随着生产经营正常进行，盈利能力不断提升，供应商对公司的发展前景充满信心，在不影响公司信誉的情况下，采取6个月期限不带息的商业承兑汇票结算方式替代流动资金借款支付供应商历史欠款，缓解供应商催款压力，减少利息支出。

（三）合理优化企业融资顺序，提高融资效率

以融资优序理论为理论基础确定企业融资顺序，以内源融资、外源融资的融资优序指导企业融资活动。内源融资是指公司经营活动产生的资金，即将企业内部盈余留存于企业用于各项投资，主要由留存收益和折旧构成，是企业不断将自己的储蓄转化为投资的过程。内源融资资金的形成具有原始性和自主性，是企业生产经营过程中形成的自有资金，企业融资过程比较便利，没有繁琐的审核过程。内源融资与企业盈利能力关系密切，通过增强企业盈利能力发挥企业内源融资能力是增强融资效率的有效途径。

外源融资是指企业通过一定方式向企业之外的其他经济主体筹集资金，使之转化为投资资金的融资方式。外源融资方式包括：银行借款、发行股票、公司债券等，企业之间的商业信用、融资租赁在一定意义上说也属于外源融资的范围。比起内源融资，外源融资筹资规模较大。外源融资又可分为债务筹资和权益性筹资。

现阶段国内融资环境下，燃气发电企业外源融资以债务融资为主。我国债券市场发展缓慢，企业现阶段并不具备债券融资的环境，企业的外源融资主要为金融机构借款融资，这种融资方式审核要求较大、且银行会严格限制贷款用途。燃气发电企业较为单一的外源融资渠道，要求企业应充分发挥金融机构融资能力，并探索新的外源融资空间。

燃气发电企业多忽视企业内源融资渠道融资，在内源融资方面缺乏计划、实施和管理，没有发挥内源融资的作用，降低了企业融资效率，因此将内源融资融入企业的融资体系，建立企业先内源融资、后外源融资相结合，积极拓展融资空间的燃气发电企业融资体系才能提高企业融资效率，满足企业生产经营及战略发展的需要。

（四）逐步发展企业内源融资，降低企业外源融资需求

燃气发电企业盈利能力与企业成本费用率是影响内源融资的主要因素，要充分发挥企业内源融资优势，要做好如下两点：

1. 做好企业盈利能力、现金流量分析和预测。预期盈利能力强、经营活动现金流量充足的情况下，企业将有大量内部留存资金，公司很容易从内部获取所需要的发展资金。反之，企业盈利能力弱，就要积极做好债务融资工作安排，早计划早实施，避免企业资金链风险。

2. 加强企业预算管理，实现资金管理与预算管理的融合。成本费用是影响企业留存收益的主要因素，电力发电企业应区分可控成本因素，做好成本预算工作及控制工作，降低企业成本，提高企业盈利能力。

深圳钰湖股权变更以来通过加强企业盈利能力分析，完善企业预算工作，加强企业预算控制，企业盈利能力持续好转，内源融资能力明显增强，内源融资能力增强情况下可适当减少外源融资安排。

2012年企业成本较2011年明显减少，盈利能力增强，深圳钰湖2011年、2012年盈利能力及成本费用利润率（见表1）：

表1　盈利能力情况表

指标	2012年	2011年
总资产报酬率（%）	17.47	–27.42
成本费用利润率（%）	11.78	–51.8

深圳钰湖2012年较2011年盈利能力增强（2011年数据为负值是由于当年企业净利润为负），成本费用明显降低。与2011年相比，企业经营活动现金净流量发生实质性的改变，具体见表2。

表2　现金流量情况表　　**单位：万元**

项目	2012年累计	2011年累计	变动额	变动比例%
经营活动现金流入小计	69283.26	68320.20	963.06	1.41
经营活动现金流出小计	61719.87	102114.28	−40394.40	−39.56
经营活动产生的现金流量净额	7563.38	−33794.08	41357.47	122.38

2012年经营活动流入较2011年增加963.06万元，流出较2011年减少40394.40万元，经营活动净额较2011年增加41357.47万元，2012年企业盈利能力增强及成本的有效控制，较2011年企业通过内源融资减少了41357.47万元外源融资额，按同期贷款利息节约企业外源融资机会成本2481.45万元。

盈利能力的提高及各项成本的大幅下降为企业提供了资金，企业可根据盈利情况及盈利预期有计划的安排外源融资，提高企业融资效率。预期随着深圳钰湖管理体制的不断完善，企业预算控制的不断深入，未来盈利能力的不断释放，企业外源融资的需求将会逐年递减。

3. 通过向财务公司归集资金方式，提高企业内源融资效率。截至2012年12月31日，钰湖公司累计向集团财务公司归集资金45700万元人民币，通过资金归集扩大内源融资平台，实现集团内资金的统筹管理应用。依托财务公司平台，企业可以在资金紧张时向集团申请紧急借款或委托贷款，提高了集团内内源融资的效率，有力地化解了企业的财务风险。

资金归集管理提高企业内源融资能力同时提高了财务公司外部筹资能力，而财务公司融资能力的增强反过来加强了资金归集企业向财务公司借款的融资能力；同时财务公司可以在集团系统内归集闲置资金向各资金归集企业办理委托贷款，2012年深圳钰湖取得集团委托贷款20000万元。

（五）营造战略性银企关系，保证外源融资安全可靠

燃气发电企业的主要外源融资渠道为银行金融机构融资，中国银行体系为控制自身风险，建立了严格的信贷风险管理制度，对信贷风险的责任认定和责任追究非常严格，使银行借款比较困难，尤其是处于发展期的企业，企业本身资金实力弱，需要大量贷款，但由于发展期企业很难展现其真实的盈利能力，财务状况较差，不通过银行的审批条件往往难以获得贷款，为解决燃气发电企业在发展期融资难问题，企业应与银行营造战略性合作关系，不仅要以发展期的财务状况为贷款条件，更要充分展示企业未来发展前景，与银行诚信互动。

深圳钰湖自收购以来，就积极开展营造企业与银行的合作关系工作。

1. 与国有银行积极互动，充分展现企业发展潜力与发展空间。深圳钰湖作为京能集团珠三角战略发展的重要平台，秉承了京能集团优良的企业文化和管理理念；同时深圳钰湖地处中国经济最具发展潜力之一的珠三角地区，具有燃料供应充足，电力需求大，企业发展空间广阔，盈利潜力大等特点。依靠于国有银行的良好互动，2012年深圳钰湖建立了与工商银行、建设银行、农业银行、中国银行良好的合作关系，取得工商银行银行综合授信额度20000万元；建设银行银行综合授信额度24100万元；农业银行深圳市分行综合授信额度30000万元。

2. 拓展合作银行。公司取得国有银行授信后，积极展开扩展合作银行的工作，期间与北京银行、平安银行、兴业银行、汇丰银行、中信银行建立了良好健康的银企关系。

至此，深圳钰湖建立了以国有银行为主导、拓展股份制银行、外资银行的银企关系网。根据国有银行、股份制银行、外资银行的融资特点、审批特点、融资成本制定相应的融资方案；以京能财务公司为战略银企关系的保障，当出现高融资风险时依托财务公司借款为企业资金保障。2012年深圳钰湖授信情况（见表3）：

表 3 2012 年深圳钰湖取得授信统计 单位：万元

金融机构	授信额度	品种	期限	已使用额度	未使用额度
工商银行	20000.00	流贷、银承	1 年	6000.00	14000.00
建设银行	24100.00	流贷、保函	1 年	24100.00	0.00
北京银行	12000.00	流贷、银承	1 年	3000.00	9000.00
平安银行	25000.00	流贷、银承	1 年	15000.00	10000.00
兴业银行	30000.00	流贷	1 年	15000.00	15000.00
农业银行	30000.00	流贷	1 年	27480.00	2520.00
汇丰银行	10000.00	流贷	1 年	0.00	10000.00
中信银行	10505.00	信用证	1 年	6040.00	4465.00
京能财务公司	45000.00	流贷	1 年	45000.00	0.00
合计	206605.00	合计		141435.00	65170.00

2012年，深圳钰湖取得国有银行授信7.41亿元、股份制银行授信7.75亿元、外资银行授信1亿元、京能财务公司授信4.5亿元。2012年使用综合授信14.14亿元，剩余6.52亿元，未使用授信额度为企业2013年生产经营及新项目扩建资金需求提供了保障。

3. 置换原抵押贷款。2012年公司取得授信额度全部为信用担保，置换了原抵押加信用担保的融资方式。原抵押贷款融资规模受企业资产规模限制，金融机构对贷款企业限制较其他贷款强且清偿权优先，企业债务风险高。深圳钰湖加入京能集团后，为获得增量贷款，主要以集团信用担保形式取得贷款并逐渐置换原抵押贷款，扩大了企业融资规模同时降低了企业债务风险。

战略性银企关系的建立有利于企业经营状况良好时取得低利率贷款，经营状况恶化时避免银行惜贷的可能有助于企业取得银行贷款，保证了外源融资的安全稳定。

（六）拓展多层次融资方式，降低融资成本

燃气发电企业的特点和国家金融市场的发展阶段将燃气发电融资较大程度局限在银行借款的单一融资渠道，因而拓展融资方式成为提高燃气发电企业融资效率的重要手段。拓展多层次化融资方式，如银行贷款 、信用担保融资、金融租赁、留存盈余、票据贴现、信用证、商业信用融资，发挥每种融资方式的最大优势。多层次融资方式综合应用是高债务风险燃气发电企业突破筹资困局的有效方式之一。

深圳钰湖收购前融资方式单一，主要以担保贷款为融资渠道，其资产基本处于抵押状态，财务负担沉重，无法通过资产抵押方式及原股东担保方式从银行取得新增贷款，深圳钰湖收购以后，积极改变单一融资方式的融资格局，开拓多层次融资方式，采用信用证融资、银行票据融资灵活替换银行高利率贷款，采用商业信用、企业财政补贴补充融资的组合战略解决企业融资难问题，根据融资环境积极探索新型融资方式突破企业融资瓶颈。燃气发电企业多层次筹资方式见图4：

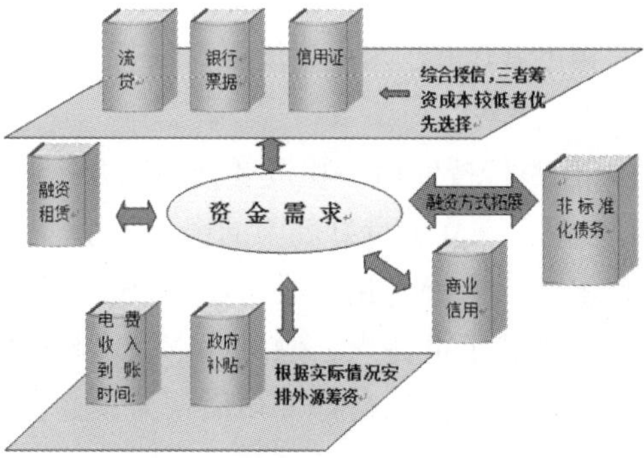

图4 燃气发电企业多层次筹资

1. 采用信用证、银行票据融资及时支付燃气款

深圳钰湖一方面准确及时了解国家金融政策，掌握票据市场贴现利率；另一方面通过与深圳燃气公司的谈判协商，建立与深燃集团长期有效的沟通机制，取得深圳燃气集团采取票据结算天然气款的支持。在票据贴现利率比同期流动资金借款利率低的情况下，深圳钰湖利用6月个月期限的银行承兑汇票、国内信用证融资方式支付天然气采购款，实现实际利率比同期贷款基准利率低的目标，保证了燃气款按期支付。

2012年，深圳钰湖通过国内信用证融资10505万元，信用证融资费率4.75%，较同期贷款利率下浮26.3%，为企业节约了财务成本详见表4。

表 4　信用证融资应用节约财务成本统计　　单位：万元

银行	融资额	利率		2012 年利息额		2012 年节约成本
		信用证	同期贷款	信用证	同期贷款	
中信银行	10505	5.619%	6.435%	295.16	338.00	42.84
合计						42.84

2012年，深圳钰湖通过利用国内信用证融资方式，比单一银行贷款融资为企业节约筹资成本，创造经济效益42.84万元。

2012年，深圳钰湖融资采用相比同期贷款利率较低的银行汇票进行融资，实现银行票据贴现率较同期贷款基准利率低的目标，较同期贷款利率最高下浮28%。通过银行承兑汇票融资节约财务成本（见表5）：

表 5　银行汇票应用节约财务成本统计　　单位：万元

银行	融资额	利率		2012 年利息额		2012 年节约成本
		汇票	同期贷款	汇票	同期贷款	
平安银行	9999.19	5.36%	6.710%	268.01	335.47	67.46
北京银行	40000	4.944%	7.02%	98.88	140.40	41.52
合计						108.98

公司在融资过程中采用银行票据融资，较单纯的银行贷款融资为企业节约筹资成本，创造经济利益108.98万元。

2. 替换高利率银行借款

2012年年初，深圳钰湖银行贷款利率较高，普遍利率上浮10%—40%，其中建设银行短期贷款展期贷款利率达上浮50%。收购后，深圳钰湖通过建立银企战略关系、与银行谈判最终与银行达成共识置换高利率银行贷款，利息普遍下降，置换后贷款利率在基准利率6%至上浮15%之间，其中农行为基准利率贷款，最高为北京银行贷款利率上浮15%，企业贷款利率得到大幅降低，利率情况详见图4。

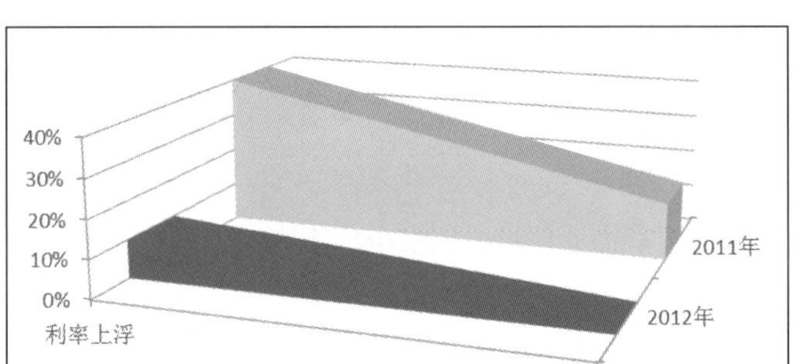

图5　深圳钰湖2011年、2012年利率上浮情况

2012年深圳钰湖通过置换银行高利率贷款情况及节约融资成本情况，详见表6。

表6 置换高利率贷款降低财务成本统计 单位：万元

银行	贷款额	利率		2012年利息额		2012年节约成本
		议价后	议价前	议价后	议价前	
建设银行	5500	7.13%	7.625%	405.94	419.38	13.44
	12500	6.60%	7.7408%	668.6	725.7	57.10
北京银行	2000	6.90%	7.32%	70.02	85.4	15.38
	6000	6.90%	7.015%	219.93	233.47	13.54
农业银行	27480	6.00%	6.6%	341.42	375.56	34.14
合计	53480	合计		1705.91	1839.51	133.60

企业通过对利息变动的精准把握，有效的银企谈判，通过提前归还北京银行、建设银行贷款，并同时续贷低利率流动资金贷款，建设银行贷款利率从7.625%下降为7.13%、北京银行贷款利率由7.7408%下降为6.6%；其次，以贷款基准利率为谈判目标，分别取得农业银行一年期基准利率流动资金贷款30000万元、汇丰银行一年期基准利率流动资金贷款10000万元。通过银行贷款利息置换，贷款利率从区间6.6%—7.74%下降为6%—7.13%，确保了企业低成本融资，节约融资成本，为企业创造133.60万元经济效益。贷款利率的下降进一步增强了企业盈利能力，从而形成融资的良性循环。

3. 商业信用融资

商业信用一般为企业在正常的经营活动和商品交易中，由于延期付款或预收账款所形成的企业的信贷关系，具有短期融资的性质，且信用期内不用承担利息费用。大量商业信用是银行信用的一种有效的补充性融资方式。但同时，如果商业信用期内企业不能按时归还账款，将会影响企业信用评级，将很难继续获得商业信用。合理应用商业信用补充外源债务融资是融资难企业的有效方法。

燃气发电企业在设备购买、技术改造、日常维修活动中，会采购金额较大的设备或劳务，通过合同谈判有效利用商业信用可以减少外源债务融资，节约企业外源融资机会成本。

深圳钰湖采用商业信用，减少企业融资额72.82万元人民币，按同期贷款利率节约机会成本2.27万元人民币，为企业创造2.27万元人民币经济效益。下一步，企业将扩大商业信用应用范围，减少企业外源融资机会成本。

4. 非标准化债融资，突破企业债务融资瓶颈

近两年燃气发电企业的迅速扩张，在这种形势下企业要实现快速发展和战略布局需要较大的资金储备。当企业传统融资达到一定融资规模后会遇到融资瓶颈，从而影响企业发展和战略扩张。积极寻找除传统银行贷款以外的融资途径，突破企业融资瓶颈成为企业战略发展的重要保证。

2012年，深圳钰湖积极探索传统融资模式以外的新型融资方案，经过公司领导多方咨询研讨，最终与广发银行就非标准化融资方案取得共识。与传统融资方式相比，由于非标准化债务融资工具的应用不占用风险资产、不受银行信贷规模限制，同时又能规避相关政策风险，提高银企双方的综合收益，受到公司领导的高度重视，并大力推展此项融资的可行性研究工作，非标准化债融资突破了传统融资方式的融资瓶颈，为企业未来跨越式发展做好资金储备。

5. 燃气发电行业政府补贴

燃气企业为“十二五”期间国家推动项目，因发电成本高、上网电价低等特点，国家及地方政府会根据实际情况出具相关补贴政策，企业政府补贴收入的取得能够有效缓解企业融资压力和融资成本。燃气发电企业应充分应用国家性、地方性政府补贴政策，通过关注政府实时政策，及时申报并取得补贴收入。

燃气发电企业政府补贴的申请、拨付具有较长的时间周期，企业需根据政府补贴实际到账时间合理安排筹资。深圳钰湖2012年末未收政府补贴25512.88万元，占用了企业经营活动资金，政府补贴的滞后性要求企业需根据政府补贴实际收入时间合理安排企业筹资活动，政府补贴未到账期间增加企业外源筹资，预期到账时间合理减少外源筹资，避免企业资金链风险，降低企业财务费用。

高债务风险燃气发电企业应综合应用以上几方面融资来源，合理安排外源融资以最大效用节约融资成本。

（七）拓展融资空间，低成本突破企业融资瓶颈

电力工业“十二五”规划中，提出到2015年全国天然气发电装机达6000万千瓦的目标。这就意味着未来几年内，燃气发电扩建规模将会翻倍增长。由于燃气发电较煤炭发电具有节能、减排、提高供能安全性、电力与燃气供应削峰填谷及促进循环经济发展等众多的优势，冷热电三联供发电系统还能够把燃气发电的热效率提高到85%以上。燃气发电的优点在于节能高效，但其建设投入额较大、发电设备价格昂贵、燃气发电技术要求高，扩建或新建燃气发电企业必须有充足的资金支持才能保证电厂顺利建设。

深圳钰湖二期扩建项目已完成可行性研究工作，项目有望近期取得深圳市发改委的核准批复。燃气项目建设具有基建期长、项目资金需求大的特点，面对深圳钰湖二期项目巨大资金需求，企业依托深圳的区域优势及金融市场优势，展开融资空间拓展的探索工作。在二期项目融资可研过程中公司关注到美国量化宽松（QE3）政策实施后，全球尤其是美国资本市场出现了超低利率环境，而此时进行美元融资可以较低的融资成本获得企业中长期发展所需资金，从而实现企业价值最大化。因此深圳钰湖现阶段融资空间拓展包括：境外外币融资、境内外币融资及外汇风险管理三方面内容。

1. 境外融资

通过可行性研究出具境内外融资方案比较（见表7）：

表7 融资方案情况表 单位：万元（美元）

	差异	有效性	可操作性	利息（有利性）
国内银行融资方式	国内直接贷款	符合银行信贷政策及规定	较高	6000×6.55%×8=3144
	短期信用证	符合银行信贷政策及规定	较高	6000×1.2%+6000×4.5%+6000×6%×6=72+270+2160=2502
	长期信用证	符合银行信贷政策及规定	较差	6000×1.2%×8+补偿金=576+补偿金
	海外成立企业	符合银行信贷政策及规定	较差	6000×2.34%×8=1123.2
国际银行融资方式	远期信用证	符合银行信贷政策及规定	较差	6000×3.5%×8+6000×20%=2880
	ECA担保下的直贷模式	符合银行信贷政策及规定	较高	6000×3.5%×8=1680

通过一系列的研究，深圳钰湖发现ECA担保下的直贷模式具有较高的可行性。ECA担保下的直接贷款模式较传统国内直接贷款利率下降3.05%，下浮46.56%，预计节约二期建设项目成本1464万美元。

通过与摩根大通银行（中国）有限公司的三次实质性谈判，深圳钰湖境外融资工作已取得较大进展，同时深圳钰湖引入国内外币融资合作伙伴，增强企业谈判能力。

2. 境内外币融资

境内外币融资的利率较国内人民币直接贷款利率低，深圳钰湖已和广发银行深圳分行达成项目贷款意向，拟向广发银行申请1亿美元三年期项目贷款，年利率3.5%，由集团公司提供100%信贷担保。相比较境内人民币直接贷款（为增强可比性，境内人民币融资额用美元计算，实际人民币融资额按交易日即期汇率计算，节约利息按美元计价，人民币节约利息金额按交易日即期汇率计算），境内外币融资成本节

约情况（见表8）：

表8　境内外币融资利息情况表　单位：万元（美元）

融资方式	融资额	年贷款利息	贷款期限（年）	利息
境内外币融资	10000	3.50%	3	1050
境内人民币融资	10000	6.15%	3	1845
节约利息				795

相比较境内人民币直接融资，境内10000美元贷款较国内相同金额人民币直接贷款利息下降2.65%，下浮43.09%，预计节约二期建设项目成本795万美元。

3. 加强外汇风险管理

采取外币融资，企业将会面临比国内人民币融资更大的风险，主要为外汇风险。外汇风险是因汇率变动给经济融资主体带来经济损失的可能性。汇率变动既可能带来损失，也可能带来收益，企业需合理应对可能存在的外汇风险制定相应的管理目标，并采取适当的策略，以使外汇风险给企业带来价值增量。

近年来人民币对美元持续走强，中国经济的稳定快速增长与世界经济的低迷形成鲜明对比，表明人民币有升值的趋势。另一方面我国成为全球最大的资本流入国，每年FDI高达500亿美元左右，根据国际收支状况，人民币也会产生升值趋势，人民币升值趋势会进一步影响企业融资成本。

按若现行人民币对美元6.2723汇价，假设在未来三年内人民币升值1%、2%和5%，通过以人民币购买美元来归还借款，则公司通过境外融资和境内外币融资取得汇兑收益情况（见表9）：

表9　通过境外融资和境内外币融资汇兑收益情况　单位：万元

融资方式	融资额（$）	年贷款利息	贷款期限（年）	人民币升值外汇收益（¥）		
				1%	2%	5%
境内外币融资	10000	3.50%	3	693.09	1386.18	3465.45
境外融资	6000	3.50%	8	481.71	963.43	2408.56

采用外币融资的燃气发电企业应密切关注国际金融环境和汇率变动趋势，向融资金融机构或国内具有外币资质的银行金融机构实时获得汇率信息，制订远期汇率锁定方案，控制汇率风险。

（八）优化融资结构，保证企业可持续发展

融资结构可以体现企业的融资偏好，是企业融资决策的结果。本文的融资结构是指内源融资、债务融资、权益融资占全部融资的比例关系。从燃气发电企业的融资渠道出发，本文融资结构主要为内源融资、债务融资中不同方式、不同期限的融资所占全部融资的比例。

企业融资结构直接影响的企业的筹资风险，内源融资有利于减少企业外源融资压力，降低企业筹资风险；外源债务融资中短期资金与长期资金相比归还期短、支付次数多，但总体成本较低，因此，使用短期资金比长期资金的风险大，但利息支出少。外源债务融资结构中短期资金所占比重越大，越容易发生现金性风险；相反若短期资金所占比重越小，则风险就越小，但银行利息支出增加。因此融资结构中逐步发展内源融资；结合企业资产性质、资金营运资金需求、项目资金需求性质和周期，合理保持长短期债务融资比例，才能达到在控制企业风险的情况下降低企业融资成本的融资目标。

2011年深圳钰湖融资的特点为：企业净利润-33090.28万元，没有内源融资能力；债务融资中企业短期融资占融资总额的90%，无长期融资，企业债务风险高。在资金周转较为困难、企业造血功能尚未充分发挥的情况下，这种筹资方式使企业时刻处于不能按时还本付息的风险中，同时繁复密集的还款安排也耗费了大量的人员精力，不符合投入产出效益。为改变这种状况深圳钰湖2012年加强企业管理及预算控

制，逐步发展企业内源融资[1]能力；5月与北京京能源深融资租赁有限公司展开积极谈判，通过谈判最终取得以融资租赁（售后租回）方式向北京京能源深融资租赁有限公司出售发电机组，取得六年期融资租赁款5500万元。2012年12月，深圳钰湖实现净利润8217.03万元，内源融资能力初步显现，同时取得财务公司三年期中长期借款20000万元。2012年长短期融资具体变动情况（见表10）：

表 10　融资变动情况统计　　　　**单位：万元**

筹资项目	融资额		融资结构		变动比例
	2011 年	2012 年	2011 年	2012 年	
内源融资	–28186.56	12574.15	–30.76%	9.81%	40.57%
外源融资	119809.00	141131.00	130.76%	90.19%	–40.57%
其中：短期贷款	108569.00	109536.00	118.50%	85.44%	–33.06%
银行票据	2000.00	6095.00	2.18%	4.75%	2.57%
非银行借款	9240.00	0	10.08%	0.00%	–10.08%
长期借款	0	25500.00	0.00%	19.89%	19.89%
合计	91622.44	128205.15			

2012年公司内源融资12574.15万元，较2011年的–28186.56万元增加40760.71万元，2012年内源融资占融资结构的9.81%，较2011年的–30.76%增长40.57%；2012年外源融资141131.00万元，较2011年119809.00万元增加21322.00万元，2012年外源融资占融资总额的90.19%，较2011年的130.76%下降到40.57%。2012年外源融资中短期贷款109536.00万元，占融资结构的85.44%，较2011年的118.5%下降到33.06%；银行票据6095.00万元，占融资结构的4.75%，较2011年的2.18%上升到2.57%；非银行贷款0万元；中长期贷款25500万元，占融资结构的19.89%，较2011年0%增加到18.89%，企业融资结构得到明显优化。企业融资结构优化详见图6。

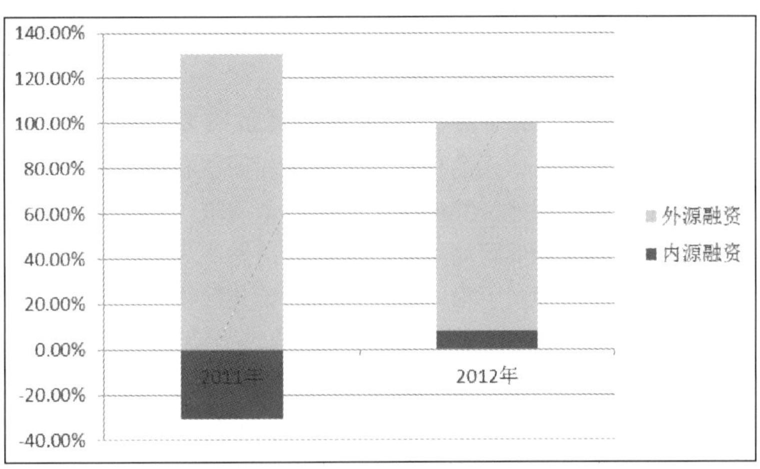

图6　内源、外源融资结构图

2012年末，深圳钰湖融资结构有了较大的优化，内源融资能力大幅增强，长期借款的取得结束了深圳钰湖长期以来只有短期贷款、零长期贷款的局面，开始了深圳钰湖逐步发展内源融资，合理配置长短期贷款比例的融资方式，有效地缓解了短期偿债风险。

燃气发电企业融资体系构建与实施以来，深圳钰湖将原来被动融资方式转变为主动出击的融资方式，逐步形成“科学预测、全面分析、开拓融资渠道、降低成本、控制风险、提高效率”的良好融资环

1　此处内源融资是指公司经营活动结果产生的资金，即公司内部融通的资金，它主要由留存收益和折旧构成．是指企业不断将自己的储蓄（主要包括留存盈利、折旧和定额负债）转化为投资的过程。

境，为企业持续稳定发展打好坚实的资金基础。

三、高债务风险下的燃气发电企业融资体系创建与实施的主要成果

深圳钰湖融资体系构建与实施实现了企业融资工作从内源融资到外源融资、从高成本到低成本、从境内融资到境外融资的全面转变，主要取得以下成果：

（一）降低融资成本、增加企业价值

深圳钰湖通过构建燃气发电企业融资体系，实现企业内源融资、外源融资、融资空间拓展的有序融资，融资成本大幅下降。

内源融资方面，2012年企业内源融资能力较2011年增加40760.71万元，企业合理预测2012年内源融资能力，相应减少外源融资计划40760.71万元，按同期贷款利率6%节约融资机会成本2445.64万元。

外源融资方面，燃气发电企业融资体系构建与实施以来为企业创造可量化经济效益详见表11。

表 11 燃气发电企业融资体系经济效益统计 单位：万元

融资途径	融资方式	公司融资体系应用	创造经济效益
银行融资	商业银行贷款	提高筹资议价能力，降低融资利率	133.6
	银行汇票	采用银行汇票，降低融资利息	108.98
	信用证	应用银行信用证，降低融资利息	42.84
贸易融资	商业信用	合理应用商业汇票，节约融资机会成本	2.27
合计			287.69

融资空间拓展方面，企业通过探索外币融资方式，拟通过采用境外外币融资、境内外币融资方式助力企业新燃气项目建设，预期较国内人民币直接融资将降低项目或有建造成本795.00万美元至1464.00万美元。

2012年，深圳钰湖通过建立融资体系共节约融资机会成本2445.64万元；创造可量化经理效益287.69万元；预期降低二期项目建造成本795.00万美元至1464.00万美元，保证企业正常融资活动同时增加了企业价值。

（二）增加融资规模，满足企业经营、战略发展资金需求

高债务风险下的燃气发电企业融资体系的构建与实施使深圳钰湖融资理念焕然一新，满足企业自收购以来发展资金需求及京能集团珠三角地区战略性扩张的资金需求（其中包括深圳钰湖二期扩建项目、珠海钰海新建燃气项目投资、深圳国际低碳城项目、东莞凤岗燃气等前期项目投资）。通过2012年融资体系的构建与实施深圳钰湖融资环境得到了很大改善，2012年共取得银行综合授信额度206605万元，较2011年增加10.05亿元；截至2012年12月31日可用于支付采购深燃天然气款的银行授信额度结余额度为65170万元，改变了2011年年底无授信余额的情况，为2013年度生产经营以及扩建新建项目前期建设提供资金保障。

境外融资探索、境内外币融资、非标准化债务融资实践拓宽了企业融资渠道与融资空间，在传统融资渠道达到瓶颈状态时，开拓了新的融资空间，突破融资瓶颈为企业跨越式发展和战略扩张的资金需求提供保障，提升了企业在日益竞争激烈的燃气发电行业中的竞争力。

（三）降低企业债务风险、推动企业可持续发展

燃气发电企业融资体系构建及实施以来，企业外源融资结构得到不断优化，2011年、2012年企业外源融资结构详见图7、图8。

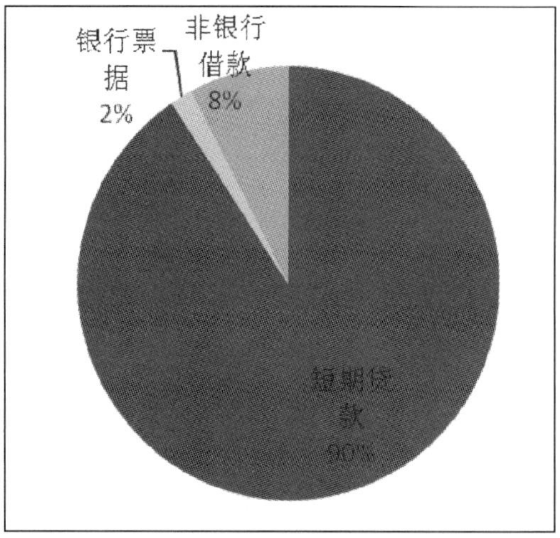

图7　2011年融资结构

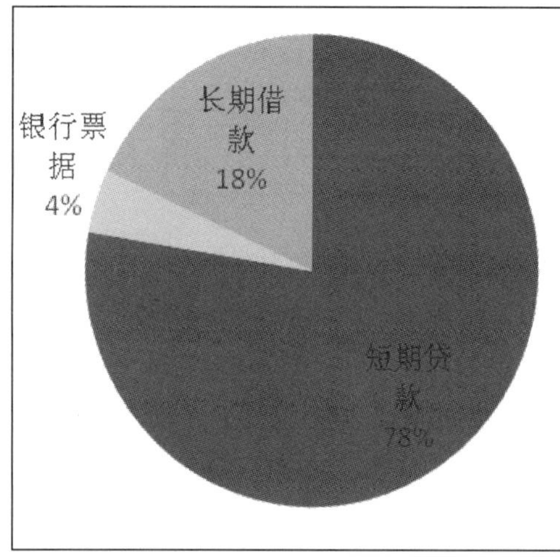

图8　2012年融资结构

2012年企业短期贷款比例占外源筹资总额比例的78%，较2011年的90%下降12个百分点；长期借款占外源筹资比例的18%，较2011年的0%增长18%。企业融资体系构建以来，企业偿债能力增强，企业偿债能力详见表12。

表 12　融资变动情况统计

项目	2012 年	2011 年	变动额
流动比率（%）	41	14	27
资产负债率（%）	117.35	129.16	–11.81

2012年年末，深圳钰湖流动比率比年初增加27%，资产负债率比年初减少11.81%，债务风险降低，偿债能力得到改善，推动企业可持续发展。

（四）高债务风险下的燃气发电企业融资体系的建立与实施为行业内外收购后融资管理发挥了重要示范作用

深圳钰湖融资体系构建与实施工作开创了适应于燃气发电企业解决融资难问题及战略扩张巨额资金需求的融资难题。企业融资工作从内源到外源、从高成本到低成本、从境内融资到境外融资的创新转变，为行业内外特别是资金需求较大企业的融资管理工作提供了较好的示范作用；并为快速发展企业及战略扩张企业提供较好的融资创新引导作用。

成果创造人：张燕东　祁　俊　谢常清　高婕羚　李　敏　彭　琴

火电厂水资源全过程、精细化管理

宁夏京能宁东发电有限责任公司

荣获第二十八届北京市企业管理现代化创新成果一等奖

宁夏京能宁东发电有限责任公司（简称宁东公司）成立于2008年8月18日，由北京能源投资（集团）有限公司和宁夏发电集团有限责任公司分别按照65%、35%的比例出资成立，属于国有大型火力发电企业。宁东公司所属的水洞沟发电厂位于宁夏灵武市宁东能源化工基地临河工业园A区，规划装机容量为2×660MW+2×660MW+2×1000MW，分三期建设，一期工程为2×660MW超临界表凝式间接空冷燃煤发电机组，该工程为宁夏"十一五"期间重点电力建设项目，一期工程于2009年5月8日开工建设，一号机组于2011年3月28日投产，二号机组于2011年6月20日投产。宁东公司一期工程同步建设了无旁路的全容量石灰石–湿法烟气脱硫系统和选择性催化还原法脱硝装置，出线采用750kV接入银川东变电站，该工程采用的表凝式间接空冷技术属宁夏首例，也创下了使用这项技术的世界海拔之最、纬度之最。

宁东公司秉承京能集团"以人为本，追求卓越"的核心价值观，坚持科学发展，抓管理、降造价、保安全、争国优，打造资源节约、环境友好、本质安全、技术一流、质量一流的大型火力发电厂，有力推进宁夏资源优势向经济优势的转化。自投产以来，宁东公司实现了水洞沟电厂一期工程设计年发电量70亿度的目标，为宁夏的跨越式发展做出了贡献。

一、火电厂水资源全过程、精细化管理形成的背景

宁东公司地处宁夏灵武市宁东能源重化工基地临河工业园区，厂区地貌以荒漠沙地为主，属于北方典型沙化干旱地区，作为大型燃煤发电公司，在水资源使用和管理上面临着同类型机组普遍存在的问题，同时，由于所处地域的特殊性，还面临着一些自身特有的问题。

1. 火电厂水资源管理缺乏有效监控

火力发电厂的主业是燃煤发电，相比于燃烧调整等系统，水务系统对火力发电企业设备经济性和安全性的影响要小而缓慢，被重视程度和监管力度不够，另外火力发电厂用水系统庞大，各系统对水质和水量的要求存在差异，需要监控的现场点非常繁多和琐碎，对水质和水量的监控往往会流于形式，大多数电厂水系统监测仪表不全，仅有的少数仪表也往往缺乏维护和管理，准确性无法保证，时间一长形同虚设，不能发挥应有的监控作用，导致电厂的水务管理无具体准确数据支持，不但对水务系统缺乏管控，有时候甚至无法管控。

2. 火力发电企业水资源浪费严重

目前许多中小燃煤发电机组以湿冷和水力除灰除渣为主，耗水量很大，在运行过程中，电厂实际的用水、排水指标达不到设计值，达不到相关用水规程的要求，部分电厂辅机水浓缩倍率低，循环水利用率不高、排放量很大，循环水排污水没有回用，直接排放，有些水力除灰除渣机组，灰水系统的灰水比达不到设计值，冲灰水量很大，复用率低，浪费严重；还有一些电厂，对各用水系统的疏水、溢流和排污水未能有效充分利用，工业水回收率很低。

3. 火电厂水资源使用成本逐年提高

火力发电企业是工业用水大户，根据全国水资源公报和行业统计，2011年我国火电用水量为437.5亿m^3，占全国工业用水的30%，火力发电耗水量达到3.1～3.5kg/（kW·h），常规火电消耗的水量是原煤的6倍左右，年排放工业废水约占全国工业排放量的10%。

我国是全球13个人均水资源最贫乏的国家之一，而且水资源分布极不平衡，西北一些区域，属于严重缺水干旱地区，但是煤炭资源丰富，全国70%以上的煤炭资源基本上分布在黄河流域及以北地区，富煤

少水已成为北方某些产煤地区的最大特点之一。水资源的匮乏，已严重影响到煤炭等基础资源的开发利用，影响到火电厂的安全经济运行，制约着国民经济的可持续发展。

宁东公司所处地域多年平均降水量180～200mm，日照长，风沙大，蒸发强烈，多年平均水面蒸发量1300～1600mm，属于缺水干旱地区。另外宁东公司所在地水资源水质较差，地表水矿化度在2.0～5.0g/L，属于微咸水，地下水矿化度变化幅度很大，一般在0.3～12.5 g/L之间，难以利用。水资源取得困难，水价较高，水资源使用费成为一项重要的发电成本。跟宁东公司同等规模湿冷机组每年水费达到了4000万元以上。

4. 国家及社会的要求日趋严格

从社会和行业的要求来看：政策压力越来越大，逐步通过和颁布了一系列法律法规，火力发电行业内的节水标准、规范体系也正在逐步完善，对火电厂水务管理工作的要求越来越规范化，面临的政策压力越来越大；从企业自身的责任与义务来看：粗放的水资源管理模式已无法与人与社会和谐发展的时代要求相容，企业与社会科学发展、人与环境和谐相处已成为全民共识，对火电厂水资源粗放式的管理模式已无法与新时期的社会发展相容，废水排放对生态造成的破坏性影响已越来越严重，以牺牲环境为代价的经济增长已难以为继。这就迫切要求火力发电企业实行新的水务管理方案，应用先进的管理模式和先进的管理方法，推动火力发电厂节水工作的开展，适应国家节水和减少废水排放政策的要求。

二、火电厂水资源全过程、精细化管理的内涵及特征

（一）内涵

1. 在纵向以时间为跨度进行全过程管理

在电厂项目立项及设计阶段，就将水务系统作为一项独立而重要的系统，组织专门人员，划拨专项资金，大力投入人力物力，提高对火电厂水务系统的重视程度，将其按照火电厂主系统的重要程度和流程进行项目设计和前期论证，完善并长期保留水务系统人员组织架构，保证充足的专业人才配备，在火电厂项目设计、施工调试、运行维护的全过程中，时刻有专门人员和资金不断进行水务系统的改进优化，时刻保持对水务管理的高度重视，在从基建到运行后的全过程中，不断进行水务管理体系相关规章考核制度的建立完善，建立健全各级节水报表体系，对相关数据进行分析处理，确保水务系统各项考核目标的实现。在纵向的时间上有延续性、递进性，在未来有对水资源进一步优化和改进的继续性。

2. 在横向以全厂为范围进行精细化管理

以DCS控制系统为依托，建立火电厂水网管理系统，对全厂水务系统进行全面细致的监控，把握各级水系的使用规律，判断各分系统的用水需求，实时进行自动调节，对水务系统各项用水指标进行自动统计和显示，对相关数据进行长周期历史存储，同时将水网管理系统显示界面实时上传到厂级信息管理系统（SIS系统），供管理人员分析水务系统运行规律、提出优化方案。通过水网管理系统的构建，提高火电厂水务系统自动化水平，实现火电厂水资源精细化管理。

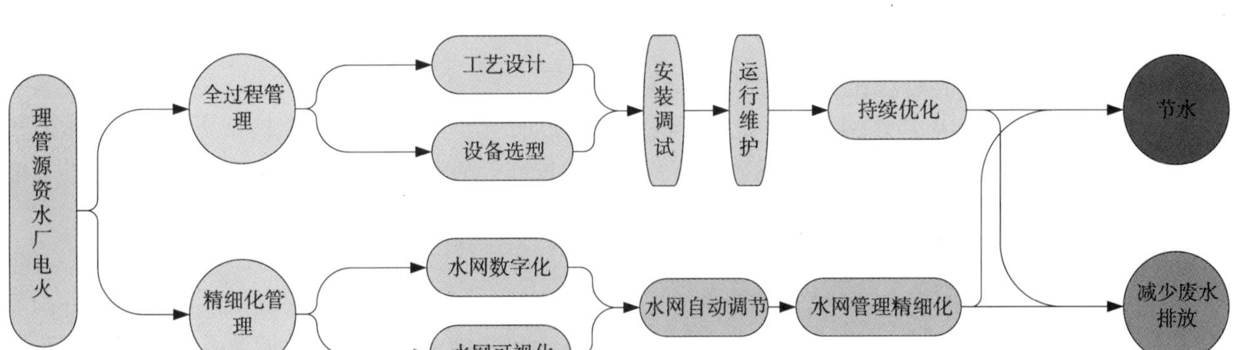

图1　火电厂水资源全过程、精细化管理流程

（二）特征

1. 早期介入，确立组织架构，奠定节水基础

在宁东公司火电厂项目立项之初，就形成由电厂总工程师负责的水务管理系统组织架构，将火电厂水务管理列为日常工作，通过管理机构的形成和相关职责的明确，为宁东公司水务管理和节水措施的落实提供了根本保证，经过水务管理小组不懈的调研和论证，宁东公司采用了一系列先进的节水工艺和设备，形成了完善的废水处理和回用方案，保证了水务管理工作从一开始就处于一个高起点之上，为基建调试及运行维护全过程的水务管理提供了宽广平台，为宁东公司的节水和减排工作奠定了坚实基础。

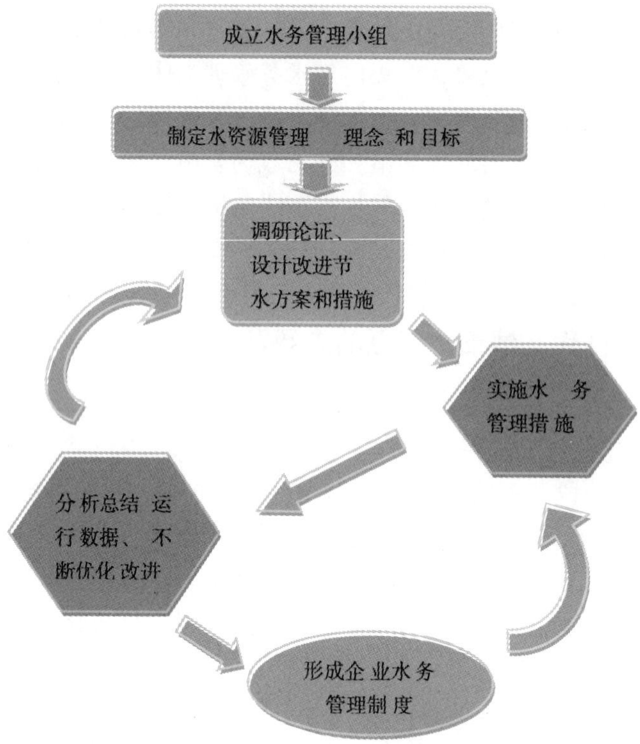

图2　宁东公司水务管理流程

2. 形成全员参与的节水理念和管理机制

由于宁东公司对水务管理的高度重视和对节水工作的持续关注，公司上下全体员工逐渐形成了全员参与的节水理念和管理机制，在日常工作中总是能将普通的运行维护工作联系到节水和减排工作上来，全体员工群策群力，在基建生产三年多来提出了一系列行之有效的节水措施和水务管理方案，精益求精地完善了水务管理网络，从厂区雨水回收及辅机冷却水减少蒸发等项目的实施来看，虽然投入不大，却都取得了良好的效果。

3. 对水网系统进行“可视化”“数字化”监控。

在火电行业首创“火电厂水网监控系统”，纳入DCS画面，实时动态监控各生产系统用水量、水质指标等用水情况，将滞后模糊的用水情况准确量化地提供给操作及管理人员，为生产运行及管理提供了极大的便利。

4. 对水网系统进行“自动化”调节

改变传统水务管理中依靠人员经验和能力的手动调节方法，以水网系统中关键重点系统的水务调节为核心，以重要系统补水水源的自动优化选择为重点，在全厂水网中构建起自动调节系统，实现各系统水量水质的自动调节，保证了废水的准确分类和回收，减少了操作人员的工作量，避免了人员判断的误差和滞后，防止了手工调节的误操作，保证各系统的用水和排放量处于最经济合理的状态。

三、火电厂水资源全过程、精细化管理的主要做法

（一）全过程管理

在贯穿火电厂项目立项、设计论证、基建调试及运行维护的全过程中，对火电厂水务系统进行系统的管理，按照各工艺系统的功能和特点，选择适当的节水工艺和设备，根据其对水质和水量的要求，合理配置供水水源和排水去向，在生产运行的各个阶段，制定相应管理规定，落实各项考核措施，达到合理用水、降低水耗、减少和杜绝废水排放的目的，在纵向的时间上对水网进行有延续、有递进的管理。

1. 水资源管理项目立项及管理理念确立阶段

在火电厂建设之初，进行水资源管理的项目立项及管理理念的确立，组织和完善水务管理网络的人员组织架构，制定长远的水资源管理思路，设定火电厂运行阶段的节水目标及废水排放标准，形成对火电厂主要耗水系统的工艺选择的倾向性意向。宁东公司在项目立项初期主要形成如下的水资源管理理念：

（1）各子系统梯级供水、串级利用的原则

根据用水系统的特点和需求，进行梯级供水，实现水的串级使用，合理设计各系统供排水网络，确保上一级工艺的排水水质经简单处理或不处理，即可以满足下一级工艺对水源水质的要求，直接作为下一级工艺的用水水源，提高水资源的利用率。将全厂水资源按照水质标准划分等级，同等水质之间，原则上可以互相补充利用。

（2）对废水进行分类处理和回收利用的思路

对低含盐量和高含盐量的工业废水分不同管网系统输送和处理，对生活污水设立独立的污水下水道，对含油污水和含有部分颗粒杂质的工业废水进行集中工业废水处理，对含酸含碱的化学再生用水进行独立收集并酸碱中和，然后再供下一梯度工艺使用，体现根据废水水质分类收集、独立处理、综合利用的设计理念。

（3）优化使用原则

对工艺系统的多路水源进行优化选择，在满足工艺要求的前提下，优先使用较劣质水源，对循环使用、重复利用的水系统在满足生产工艺要求的前提下，考虑改善水质的措施，对发电厂各类供水、排水进行全面规划和优化比较，以期达到经济合理、一水多用的目的，提高水资源的重复利用率，杜绝全厂废水外排，降低全厂水耗。

（4）形成主要耗水系统的工艺选用意向

考虑到西北干旱少雨、水资源匮乏、水价较高的现实，在工程立项之初即形成了对主要耗水系统的工艺选择意向，初步论证主机和小机的冷却系统采用空冷系统，防止湿冷机组大量的蒸发和风吹损失，灰渣系统采用干式除灰除渣系统，避免冲灰水的使用。

2. 宁东公司在火电厂设计和安装调试阶段的节水措施

（1）主要耗水系统的工艺选择

宁东公司经过综合比较，主机和小机采用表凝式间接空冷系统，该系统与常规的湿冷系统基本相仿，不同之处是用空冷塔代替湿冷塔，用密闭式循环冷却水系统代替敞开式循环冷却水系统。间接空冷系统中循环冷却水与汽轮机排汽不相混合，可以满足大容量机组对锅炉给水水质较高的要求，冷却水为密闭循环运行，基本不产生水的损耗，理论上该系统耗水为零，相对于自然通风的湿冷机组，其节水可达全厂用水量的70%—80%以上。

（2）灰渣系统采用气力除灰及干式除渣系统

老式水力除灰及输灰系统消耗大量水资源，是火力发电厂的第二大用水系统，仅次于冷却水系统。宁东公司输灰系统采用正压浓相气力输灰，相比水力输灰一年的节水量约在600万～1000万吨。干式除渣不需要水冷却和水力输送渣料，一台660MW的机组采用干式除渣后相对于湿式除渣年节约水量约100万吨。

（3）脱硫系统的节水措施

湿法脱硫系统的工艺用水中，由于烟气中有害物质的进入，另外作为脱硫剂的石灰石中也含有较大

量的杂质，导致脱硫系统水质较差，对脱硫工艺水水质要求不高，在水质满足要求的情况下，应尽可能吸纳全厂各系统排水。

（4）对全厂雨水回收利用

宁夏宁东地区全年平均降水量为203.4mm，降水量虽然较小，但宁东公司厂区面积相对广阔，降水总量可观。对雨水进行有效收集并存储利用，则不光产生可观的经济效益，也是深入挖掘节水潜力的探索和示范，本着深度挖掘节水潜力、兼顾经济效益的原则，宁东公司在厂区外排雨水管道末端加装了雨水自动收集系统，收集后的雨水通过简单处理之后用于园林绿化、辅机循环冷却水补给水等用途。

（5）充分利用烟气余热和辅机水回水热量，减少蒸发损失

空冷电厂最主要的水资源消耗方向为烟囱的烟气携带和辅机冷却塔的蒸发损失，烟囱排烟温度较高，烟气通过脱硫塔浆液时携带大量水蒸气，另外辅机冷却水回水温度较高，也导致辅机水蒸发强烈、浪费严重，宁东公司通过对烟气余热和辅机水回水热量的回收，来降低烟囱排烟温度和辅机水回水温度，减少水资源的烟气携带和蒸发损失。

3. 运行维护阶段的水务管理

（1）定期进行水网运行状况分析

宁东公司投入生产运行后，水务管理人员定期进行水网运行状况分析，进行水平衡测试和数据整理，广泛征求全厂员工意见和建议，总结全厂用水和排水的规律，找出其中的不合理之处，随时提出改进和优化方案，通过对水网系统不断地总结和分析，对全厂水资源进行更进一步的合理调配，寻找各潜在的节水点，使水网的运行状况更加严密和完善。

（2）保证水处理设施的完好和可靠投入

设备操作及维护人员每天对水处理设备进行定期巡视，设备管理人员定期进行设备劣化分析，发现设备故障苗头和隐患时及时制定可靠的维护方案，并利用各种时机及时落实，保证水处理设施的正常投入和使用。

（3）确保化学分析仪表的完好和分析药剂的可靠有效

相关专业人员对用于水质、水量监测的各化学分析仪表进行定期维护和标定，定期进行比对试验，出现设备劣化或使用寿命到期等问题时及时处理，确保化学监测仪表的数据真实可靠，对检测分析所用的标准药剂严格按照药剂使用和保存规定进行妥善存留和使用，定期进行标定，确保所用药剂成分和品质可靠有效。

（4）防止水网管路渗漏

火电厂水网系统管路错综复杂，使用中某些管路难免会出现渗漏，造成水资源的浪费，宁东公司对水务管网渗漏排查工作非常重视，定期进行巡回检查，并通过相关水量仪表进行每日、每周、每月的分析比较，不断消除隐蔽的泄露点。

（5）建立健全相关管理制度

在全厂进行节约用水的宣传教育，建立健全水务管理台账和档案，制定和完善水务管理的考核和奖惩机制，将节水措施、节水技术流程、水务系统运行方案制度化、规范化，发挥每名员工的积极性，尤其是调动日常操作和维护水务设备员工的参与热情，不断从群众中总结出切实可行的节水和减排方案。

（二）精细化管理

宁东公司通过构建水务管理系统，以全厂水资源可视化和数字化管控作为管理手段，对全厂水网系统进行了自动化的调节，对水资源的综合利用作了创造性的补充和完善，实现对全厂水务系统的精细化管理。

在横向实现水务管理的广泛性、细致性和实时性，从细微处节省每一克水资源，减少和杜绝每一滴污水、废水的排放，对具体设备进行精细管理。

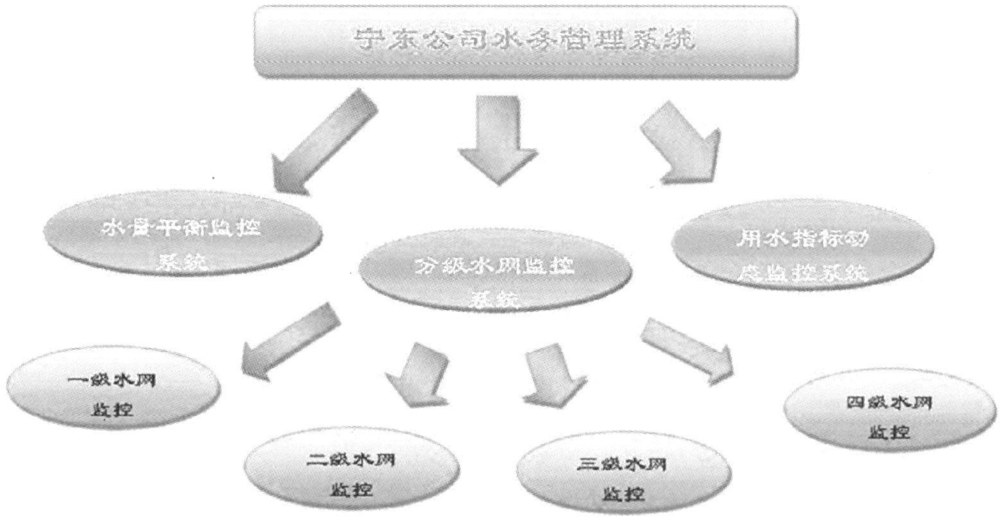

图3 宁东公司水务管理系统

1. 对水网进行可视化和数字化管理

（1）完善全厂水资源三级计量网络

要实现水网可视化和数字化的管理，必须首先完善全厂三级计量网络，在原设计的基础上，宁东公司对全厂水网各分系统及重要用户的关口流量计进行了补充，完善了全厂水资源三级计量网络，为水网可视化和数字化提供了准确的数据支持。

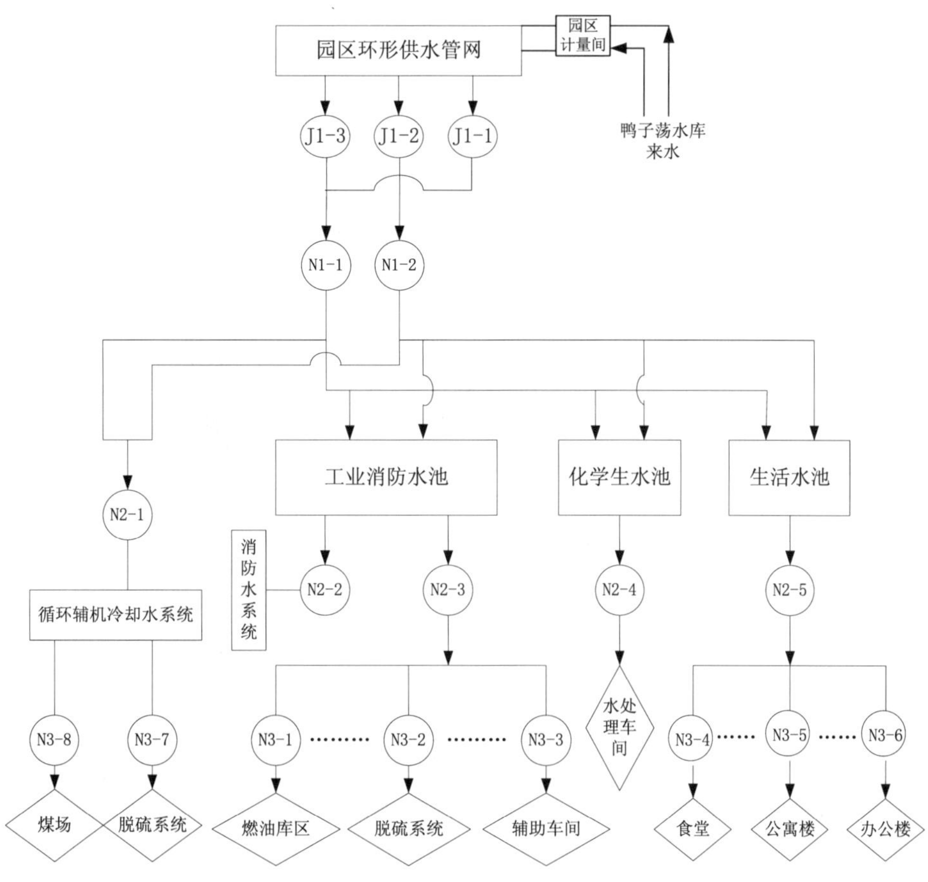

图4 宁东公司水资源三级计量网络示意图

（2）构建全厂水平衡及用水指标动态监控系统

全厂水平衡作为火力发电企业水资源管理的一项基本要求，行业普遍做法是请电科院做水平衡试验，但该试验间隔周期较长，而且某一次水平衡试验中的数据不能完全代表其他时刻的水平衡情况，一个时间点的数据也无法用于全年较长时间段的水量分析，存在较大的局限性，另外全厂用水指标一般采用人工统计、手工计算的方式，工作量很大，效率较低，反应速度迟缓滞后，而且不能连续统计，局限性很大，宁东公司依托完善后的水资源三级计量网络，在辅网DCS系统构建起一套全厂水平衡及用水指标实时监控系统，实现了对全厂各系统用水平衡情况的实时在线监控，防止了水网各系统管路的渗漏，同时实现了对全厂用水指标的实时在线统计和计算，使运行及管理人员随时可以监控到当前的用水指标，为全厂水网的管理提供了极大的便利。

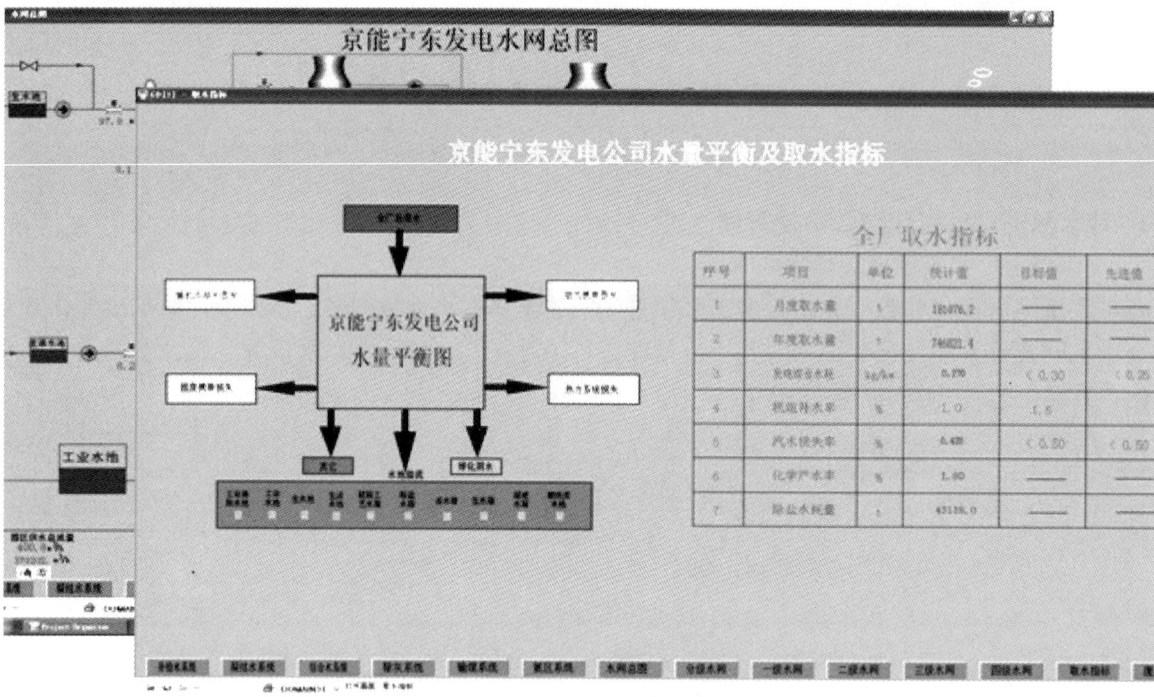

图5　全厂水量平衡及用水指标监控

宁东公司全厂水网平衡图全面反映全厂各主要水资源用户用水情况，实时动态显示各重要系统的当前用水量，通过逻辑计算，显示宁东水务局总供水的瞬时流量及一段时间累积量。

用水指标监控系统中主要实时监控各重要系统考核指标和全厂水资源管理指标。实时监视全厂重要水池水箱溢流情况，当水位较高有溢流危险时，发出声光报警提醒操作人员及时处理，防止了水资源的浪费，全厂用水指标中既包含年度及月度用水量等管理指标，也包含机组补水率、化学产水率等实时反应生产系统性能的指标，当系统及指标发生异常时，便于操作人员及时发现及调整。

（3）构建分级水网监控系统，实现全厂水网“数字化”管理。

火电厂水网系统较为复杂，由于梯级水网的设计和对水资源的串级利用，全厂水资源重复利用率很高，各生产系统水网相互关联，不同水质水资源使用量及使用规律常常处于模糊状态，一般只能大概定性了解，很难准确定量地把握其使用规律，宁东公司抓住“相同水质”这条贯穿水网系统的主线，将全厂“相同水质”用水系统归结为一类，划分出四级水网和独立的废水回用系统，并对其建立独立的水网监控系统，尽可能详尽地监控到各分系统、子用户的实时及累计水量、水质、水压等用水指标，通过分级水网监控总图总体体现不同级别水网特征，通过各分级水网监控子图具体详尽体现各用水工艺及指标，体现出了清晰的水网脉络，同时将相同及类似水质用水系统归结到同一监控画面也利于操作人员对用水系统的灵活调整，减少了水资源的浪费。

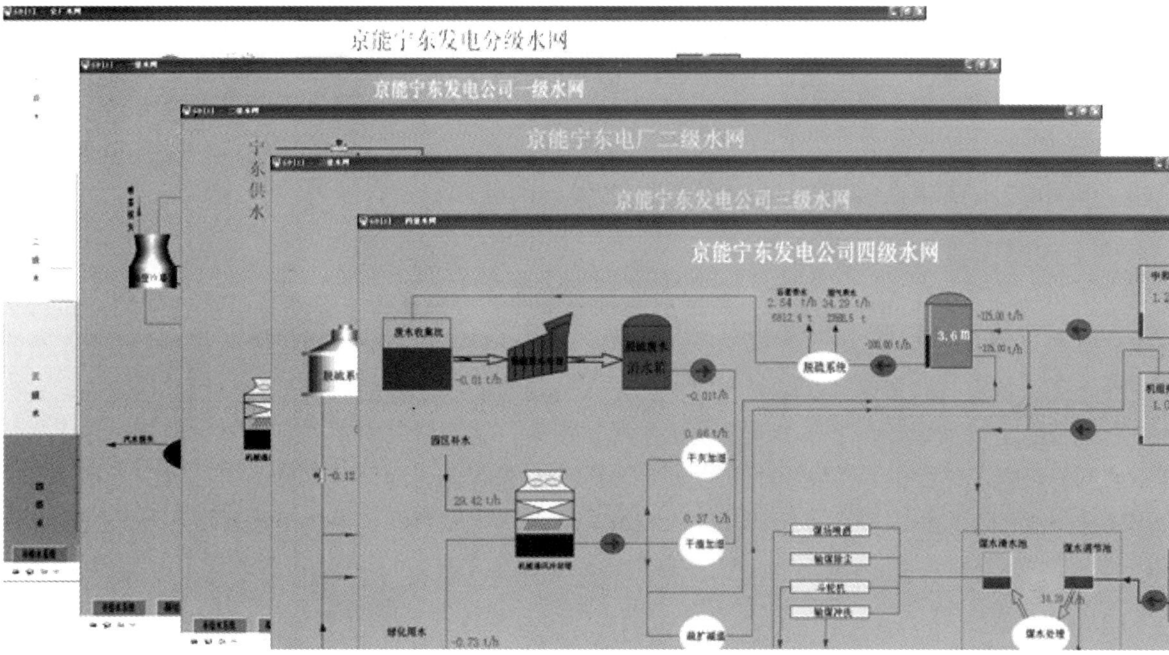

图6　分级水网监控系统

（4）加强生活水网管控

宁东公司生活水用户分散、数量较多，厂区人员数量庞大，且分属大小数十个单位，各单位人员素质参差不齐，有些单位人员流动较大，日常使用中生活水管网经常发生渗漏，渗漏点很难查找。正常情况下生活水总流量高峰期为40t/h，低谷期约2t/h，日均用量约350t。为了便于监视生活水系统的渗漏及查找渗漏源，在各生活水分系统关口处新增了8台带流量累积功能的就地显示式流量计，通过运行人员的日常巡检，可以熟悉掌握各系统的用水量及用水规律，中央控制室监盘人员一旦发现生活水母管流量异常，即可查看各分系统流量变化情况，可快速查找渗漏源。该系统运行以来一改生活水系统多处渗漏、极难查找渗漏源的状况，多次协助工作人员准确查找到渗漏点，基本杜绝了生活水的渗漏浪费。

2. 对全厂水务系统进行自动化调节。

火电厂水务控制系统自动化水平普遍较低，各子系统供排水的控制往往需要操作人员凭借个人经验手工完成，存在着反应滞后、操作失误、判断偏差等问题，另外火电厂水资源的管理系统不仅包括数据、指标的自动统计和分析，也包括各系统供排水和运行方式的自动调节，为了提高水务系统控制管理的自动化水平，宁东公司以辅机水和脱硫工艺水为重点，在全厂水网范围内创建了自动调节系统，实现了对水务系统供排水及水质的自动调节，完善了全厂水网系统，取得了良好的效果，其中重点的自动系统有：

（1）对辅机水水质进行自动化的调节管理

辅机冷却水系统作为敞开式的循环冷却系统，运行中由于空气中沙尘及杂物等进入，循环水的浑浊度很高；由于不断的循环蒸发浓缩，循环水中的离子浓度、溶解性固体等也相应增加。设备运行过程中随着水中的盐分含量和电导率的越来越高，水的腐蚀性就越来越强，严重危害着循环水系统设备的使用寿命和安全。

宁东公司经过广泛调研，通过测量辅机水中电导率的变化，判断辅机水的循环和浓缩程度，制作调试自动调节逻辑，自动控制辅机水外排水量，在行业内率先实现了辅机水循环程度（浓缩倍率）的自动调节，使辅机水浓缩程度一直处于合理的区间内，实现了辅机水系统安全性和经济性的统筹兼顾。

（2）对脱硫用水进行自动化管理

脱硫系统的水质较差，对补水水质的要求也不高，而且耗水量很大，因此存在着多路的补水水源，但各水源水质存在优劣差异，为了保证劣质水源首先得到充分利用和避免优质水源过多消耗，宁东公司设计完成了脱硫系统补水水源的自动优化选择系统，该系统以安全性和经济性为主要考虑对象，当各系统水资源处于安全范围内时，按照最优经济性的原则自动选择水质较差水源，当相关系统水池水箱水位出现大幅变化，或者脱硫系统供水不足，威胁到系统运行的安全性时，自动以最佳安全性为主要考虑原则，保证系统运行的可靠稳定。

四、火电厂水资源全过程、精细化管理实施后的效果

（一）创造了良好的经济效益

宁东公司地处北方干旱缺水地区，经济社会各行各业用水需求很大，水资源非常紧缺，水资源使用权的取得必须付出较高的成本，实际上西北地区水费已成为火电企业一项重要的开支，跟宁东公司同等规模湿冷机组每年的水费达到4000万元以上，宁东公司对全厂水资源进行了从项目设计论证、基建建设及投产运行的全过程管理，采取了减少辅机水蒸发损失、回收全厂雨水等多项节水措施，并逐步实施了基于水网管理系统建设的精细化管理，保证了全厂水资源的合理调配和充分利用，减少了跑冒滴漏和不合理使用引起的水资源浪费，虽然初期投入较大，但节水效果明显，每年可节省可观的水资源使用费用，2012年水费仅为600余万元，和批复用水量相比，节省水资源140万吨，折合人民币382万元，机组投产两年来，累计节水360万吨，节省水费710余万元，取得了良好的经济效益。

（二）取得了良好的社会效益和生态效益

通过水资源全过程、精细化管理的实施，宁东公司水资源消耗量极大减少，《火电厂节水技术导则》规定新建空冷机组耗水指标为0.13～0.2 m^3/s.GW，宁东公司原设计发电水耗为0.11 m^3/s.GW，经过水资源全过程、精细化管理的实施，2012年宁东公司全年用水223万吨，折合单位发电水耗为0.083 m^3/s.GW，较设计水耗节水25%，较2012年363万吨的批复耗水量节水140万吨，节水效益走在了同类空冷机组前列。通过水资源的梯级利用、废水的分类回收和处理，宁东公司实现了废水的零排放，建设成了节能环保的环境友好型企业，彻底改变了人们对工业企业三废排放的传统认识，产生了巨大的社会效益和生态效益，在行业内、在社会上产生了较大的影响，自投产以来多个兄弟电厂派员来宁东公司观摩学习，多个社会团体慕名前来参观设施、听取报告，同时也得到了各级政府和主管部门的认可和肯定，被宁夏回族自治区授予"节水型企业"荣誉称号，在火力发电行业率先实现了"废水零排放"，是宁夏回族自治区唯一一家被授予"环境友好型企业"的火力发电企业。

图7　宁东公司获得荣誉

成果创造人：袁海臻　苏永健　伍小林　于沛东　赵永安　汤自强　王　刚　程俊杰

区域供热厂全成本管控模式的构建与实施

北京科利源热电有限公司

荣获第二十八届北京市企业管理现代化创新成果一等奖

根据京能集团北京热力公司“供热资源整合、区域供热与城市热网供热共同发展”的经营战略思路以及对所属供热子企业的管控模式进行改革的措施，2011年3月北京热力公司对原北京科利源热电有限公司（以下简称“科利源公司”）进行了业务重组，业务重组后，科利源公司负责京能集团北京热力公司所属区域供热厂的运营管理工作。

科利源公司主营业务为热能生产、热能供应、热费收缴以及用户服务等，作为法人企业，独立经营，自负盈亏。科利源公司下设供热厂8个，13座区域锅炉房，共有各类锅炉62台，热力站134座，管网长度（一次）58.82公里，总供热面积1400万平方米，职工718人。各供热厂负责锅炉房生产运行、供热管网运行、热力站运行、用户服务和热费收缴工作，为内部单独核算的利润中心。

一、区域供热厂全成本管控模式构建的背景

（一）适应国家供热体制改革的要求

改革开放以来，供热事业的发展对发展经济、提高人民生活水平和改善环境发挥了重要作用。但长期形成的福利供热制度积累的矛盾和问题比较多，尤其是收费难、设施老化、能耗高、浪费大、环境污染严重等问题，供热行业呈整体亏损局面，影响了供热事业的健康发展。近年来，国家采取了完善供热价格形成机制、逐步推进供热商品化、货币化培育和完善供热市场、大力促进供热采暖节能工作等多项举措，区域供热厂全成本管控模式的建立也正是适应了国家供热体制改革的需要。

（二）适应上级单位管控的要求

北京热力公司自组建成集团以来，企业供热规模和实力迈上新台阶，企业在快速发展过程中面临原材料价格大幅上升的压力。为确保企业维持健康快速发展势头，北京热力公司对所属子企业提出了加强管理、扭亏为盈的目标。2011年12月，市国资委决定对京能集团、北京市热力集团实施资产重组。京能集团对供热企业的市场化进程和盈利能力提出了明确和严格的要求。而科利源公司区域供热厂全成本管控模式的构建正是适应了京能集团体制改革和机制创新的要求。

（三）适应科利源公司自身发展的要求

如何提高区域供热厂的市场化程度和经济效益，使区域供热协调、持续发展，是科利源公司面临的亟须解决的问题。由于历史原因，原科利源公司亏损严重，重组前的科利源公司累计亏损和应付账款已达到8000多万元，企业已陷入经营困境。走出困境的途径无非两条，一是增收；二是节支。增收受热价和供热规模的控制，短时间很难见效。细化成本管理、节能降耗、压缩成本费用支出是企业能够自我控制、短时间见到成效的、并能使企业尽快走出困境的一条有效途径。

（四）适应区域供热行业生产经营特点的要求

区域供热厂负责源、网、站及入户服务、收费的一体化管理，承担供热区域内的全部成本费用，具备实行全成本管控模式的基础条件。区域供热厂的热费收入和供热成本直接体现在单位供热面积上，即每平方米收入多少，每平方米支出多少，每平方米利润多少。北京市供热费以单位采暖面积为计价方式（如燃气供热居民热价30元/平方米），政府燃料补贴也是按照居民采暖面积发放，热计量收费仍以单位采暖面积为基础。这就为倒推单位面积供热成本提供了最直接的参照依据，同时区域供热厂承担全部成

本费用，可以按照单位供热面积考核全部成本费用指标。

二、区域供热厂全成本管控模式的内涵和主要特点

（一）内涵

按照供热生产、供热服务、热费收缴和成本控制有机结合的思路，以解决供热企业亏损、实现盈利为目标，以细化资金预算、能耗实时监控、加大激励力度为手段，充分发挥区域供热厂的优势；坚持管理制度化、制度程序化、程序信息化和划小核算单位的原则，通过改变传统源、网、站分块管理的方式，围绕考核指标体系的建立，考核方式实施全能源在线监控等内容，不断提高供热服务质量，实现供热企业的持续协调发展。

（二）主要特点

1. 划小核算单位，利于捆绑考核

以各供热厂为基本考核单位，对各供热厂采取全成本和全收入捆绑考核，使各供热厂从过去的不完全成本中心，成为真正的利润中心。

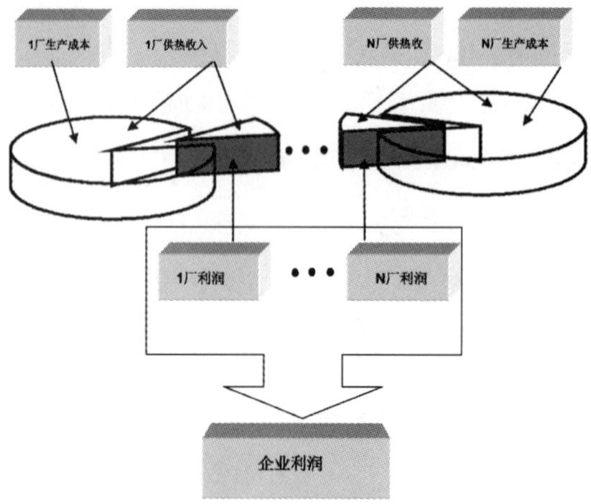

图 1　区域供热厂全成本管控模式收入、利润示意图

2. 改变考核方式，实施有效考核

以单位热量（吉焦）为基础考核指标的方式，采取以单位面积核算各项具体成本费用指标的方式，很好地解决了成本费用考核指标载体的问题。热量指标（吉焦）可作为过程控制指标进行辅助考核。

3. 实施成本倒推，确保全面盈利

以单位面积收入标准，倒推单位面积成本考核指标。例如，燃气供热单位面积收入为34.92元/平方米（热价30元/平方米，燃料补贴4.92元/平方米），以此为标准倒推单位面积成本。

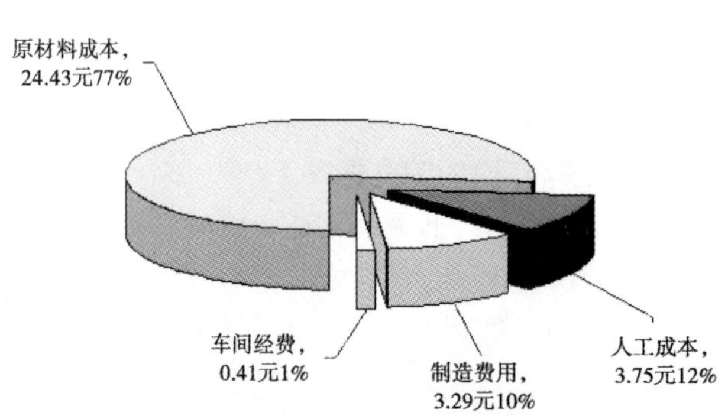

图 2　区域供热厂单位面积成本结构分析图

三、区域供热厂全成本管控模式的构建与实施做法

（一）设计完善的全成本管控模式

1. 以全部成本为考核范围，以收入为标准倒推成本指标的前提，考核量化全部成本费用为手段，保证单个目标实现盈利。

2. 根据各厂全部收入确定其全部成本，结合各厂实际情况分别确立其全成本指标并签订承包经营责任书。全成本指标分变动成本、固定成本两大部分，能耗指标是成本控制的关键点。

3. 在成本控制过程中，分实物能耗指标和量化资金指标，实物能耗指标通过“能耗监控平台”和“生产统计报表”体现，量化资金指标通过“资金预算”和“财务决算”来体现。

4. 通过能耗指标和成本指标确定绩效评定，结合各项激励机制，在完成承包经营责任书确定的全成本指标范围内于年底兑现奖励。

5. 激励机制包括单位工资总额控制、热费收缴指标完成率、服务质量、双20%奖励兑现等；自主发展、降低成本是激励机制的发展方向。

6. 在具体实施中，可根据各种实际情况进行指标的微调整和核定。

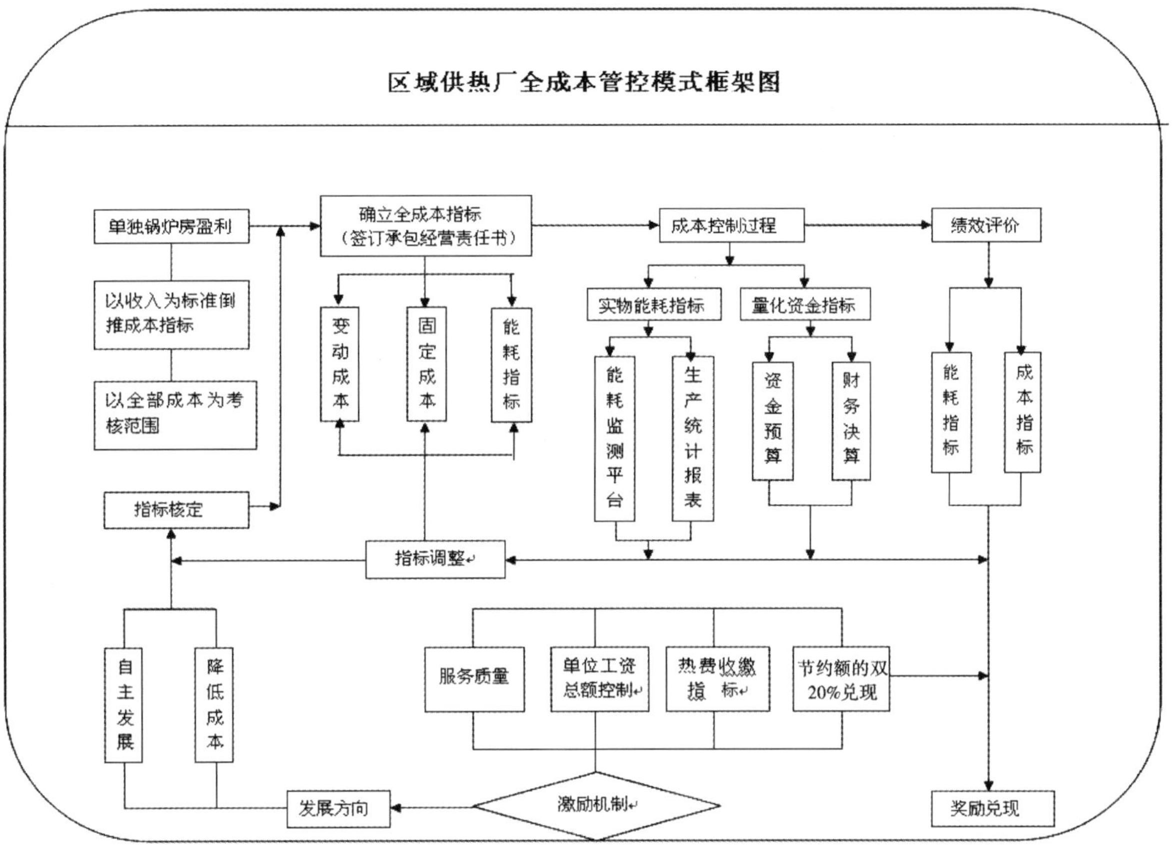

图 3　区域供热厂全成本管控模式框架图

（二）确定清晰的成本考核指标

1. 成本结构指标分析

根据能源消耗占总成本的比重，确定出成本控制的关键点和能耗控制的重点。经过对前几年固定成本和变动成本分析，变动成本占成本费用总额的77%（燃料占变动成本的77%，电占变动成本的15%，水占变动成本的5%，其他原料占3%），固定成本占成本费用总额的23%（人工成本65%、制造费用23%、管理费用8%、大修费用4%）。

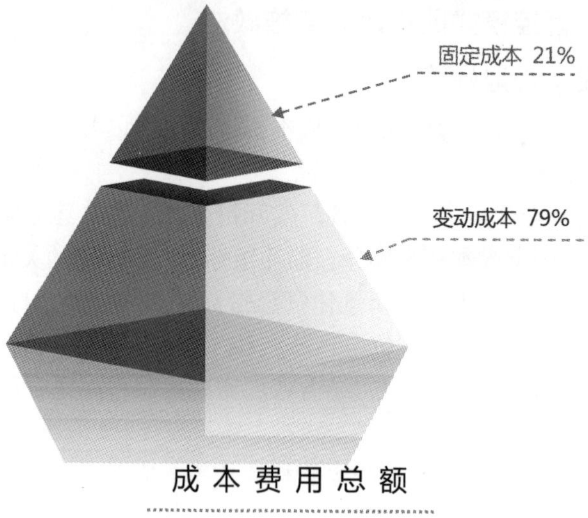

图4　成本结构指标分析

其中：变动成本中各项成本所占比例如下所示：

图5　变动成本中各项成本占比

其中：固定成本中各项成本所占比例如下所示：

图6　固定成本中各项成本占比

从上图所示确定了天然气、电为变动成本控制的重点，确定了工资及相关费用、制造费、大修费为固定成本控制的关键点。

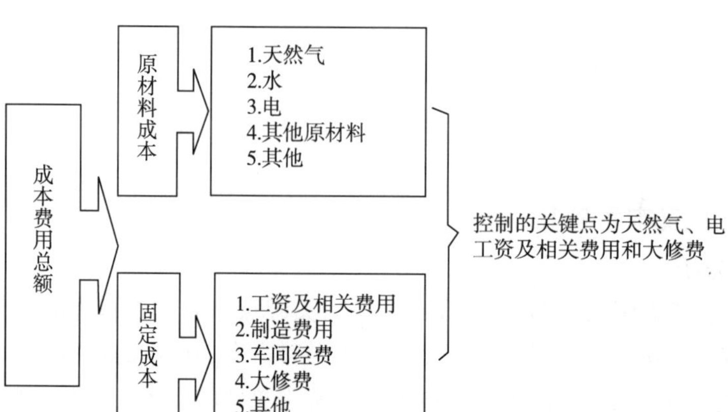

图7　全成本项目控制关键点分析图

2. 能耗指标的确立

（1）单位面积全成本，供热能耗算总账

传统的考核方式只注重热量（吉焦）指标（包括产热量、供热量、产热单耗指标等），而全成本管控模式采取按单位供热面积考核成本费用的方式，热量指标作为生产过程控制指标，真正考核的成本费用指标以资金数额的形式落实到单位供热面积上。具体考核指标如：煤耗费用/平方米、气耗费用/平方米、电耗费用/平方米、人工成本/平方米、维修费用/平方米、办公费用/平方米等。

这种考核方式将整个供热系统各部分的能源消耗全部计算在内，包含了锅炉效率、管网及换热站热损失、用户跑冒滴漏热损失等，避免了传统的源、网、站测算脱节的弊端，同时有效地为供热系统指明节能潜力点，让节能工作有的放矢。

（2）能源成本抓重点，指标测算科学化

能源成本最重要的组成部分就是燃料成本，因此制定科学合理的燃料成本指标是控制企业全成本的重点之一。

传统的热量指标测算只注重热源部分测算，而疏忽了热量输配、换热的热量损失及真正到达用户端温度是否达标。而全成本管控模式中能耗指标从用户端计算，为达到用户达标室温，测算合理的源、网、站损失，最终计算每平方米用户室温达标时需要消耗的燃料成本。

为制定科学合理的单位平方米耗燃料指标，必须从用户的实际用热情况算起：

①根据不同供热单位下属采暖建筑物节能情况，区分非节能建筑、一步节能建筑、二步节能建筑和三步节能建筑范围，确定不同建筑类型的单位热指标，再通过面积进行加权平均，算出各供热单位额定平均单位热指标，及在最冷时平均每平方米额定消耗多少热量。

②根据历史数据及往年室外平均温度，测算历史各年实际平均单位热指标。

③由此算出各供热单位在历史同样室外平均温度时对外供热共需要消耗燃料总量，再根据供热面积算出单位平方米耗燃料数量，从而制定单位平方米能耗成本指标。

全成本管控模式中的能耗指标测算不仅包含了全系统热量损失，同时根据各供热单位不同用户需求，分别制定个性化指标，充分体现出指标的科学性、针对性及可操作性，对供热单位既是鞭策又是指导，让节能管理工作有针对性地开展。

（三）建立先进的全能源成本在线监测平台

1. 建立全能源成本在线监测平台的必要性

企业供热规模不断扩大，供热单位不断增加，传统的能源上报费时费力，同时传统的能耗分析方式存在严重滞后的弊端，往往是亡羊补牢。同时各供热单位身处各大市区，上报数据的准确性、真实性无法及时校对。为确保各单位管控到位，企业需要建立先进的全能源成本在线监测平台作为管理工具，实时监控各单位运行工况，形成各项单耗、总耗的可视结果，同时对超支成本进行预警，避免了能耗分析的滞后，第一时间提示供热单位能源消耗过大，同时对各类监测点进行数据自动分析，找出能源不合理消耗点，指导供热单位有针对性地进行整改、调节或维修。使能耗控制常态化、前置化，为供热单位提供可靠的能源使用指导。同时通过全面的数据监控，可减少看站人员，灵活合理分配劳动力配备，降低单位面积人工成本，实行热力站巡检制度。数据集中采集到控制室，运行人员集中管理，对突发事件集中力量处理。提高人员管理力度，综合安排布置工作，可实现任务单的及时派发、回收，提高运行水平和工作效率。

2. 全能源成本在线监测系统的构建与成果

（1）数据的采集与传输

首先需要做到全能源成本可视化，将所有供热单位能耗数、运行工况数据进行采集（重点监测供热系统煤、气、水、电消耗，单台锅炉能耗数据，各类运转设备运行状态、电压、电流频率，热网运行参数：温度、压力、流量等），通过锅炉房DCS系统RS485接口就地采集现场数据，在锅炉房控制室组态显示；再通过无线网络将就地数据远传至公司机关生产调度室全能源成本在线监测平台，数据实时刷新，同时可查询历史记录，进行报表打印。

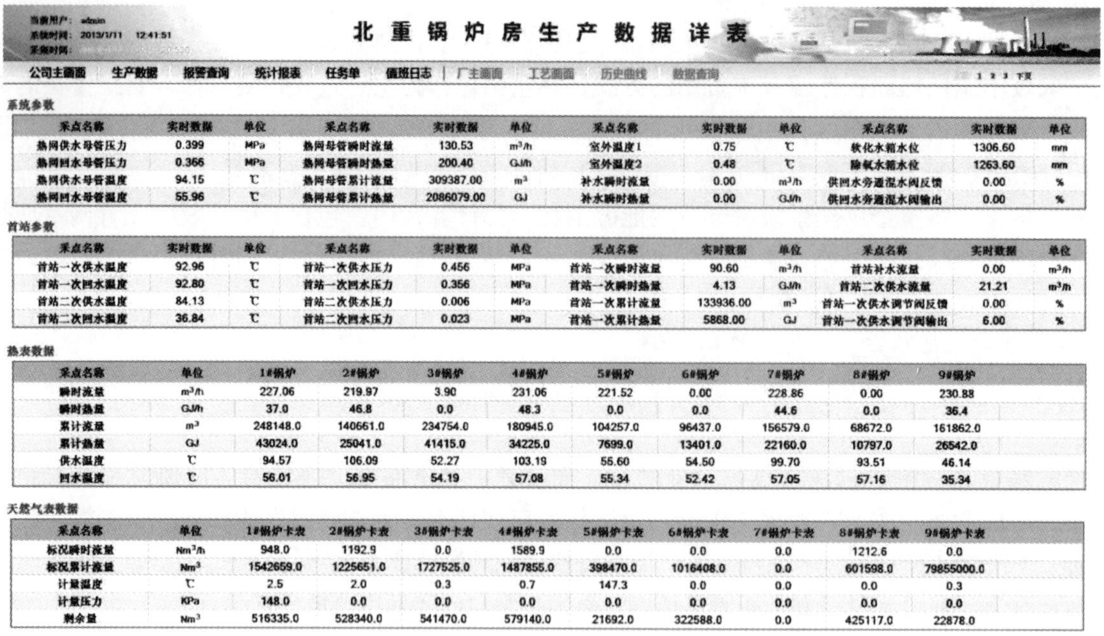

图 8　供热厂运行参数界面

（2）监控运行工况，诊断系统故障

通过对各类设备运转情况数据采集，各级生产部门均可实时观测设备运转情况是否正常，其中包括各类电机电流、电压、频率，对系统故障在线诊断，出现问题自动声光报警，提示运行人员及时解决故障。

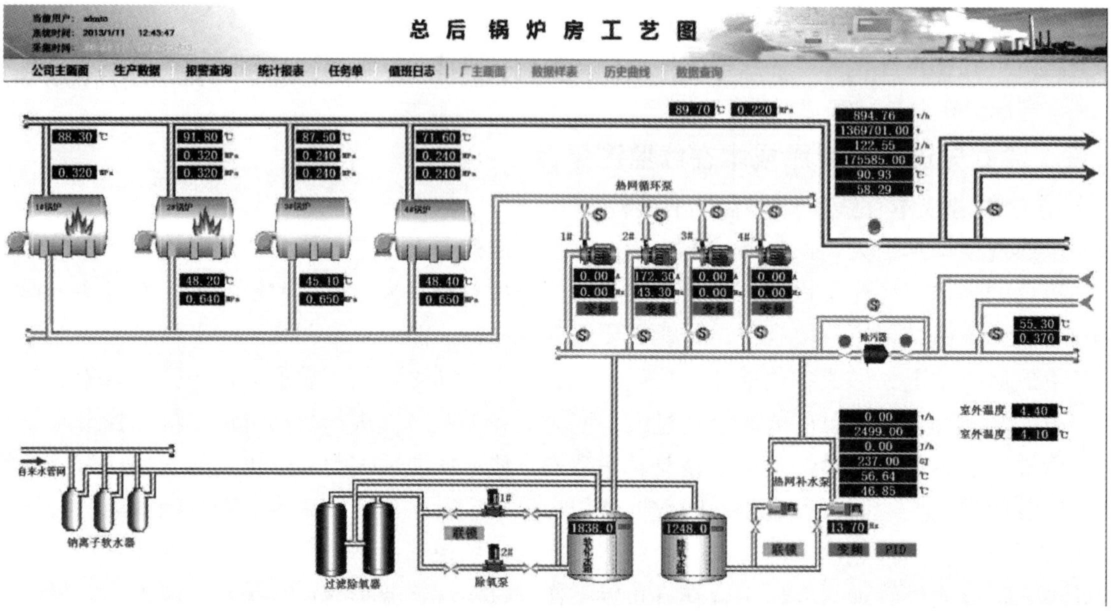

图9　供热厂系统工况界面

（3）数据实时计算与分析

实时对采集数据进行分析计算，测算锅炉正平衡效率、各类单耗、单位平米全能耗，同时可人工置入各类能源单价，系统实时计算企业全能源成本金额，可及时告知供热单位能源成本实际完成情况，超标预警使供热单位可及时调整到经济运行工况。提高处理问题效率，及时调节整个系统工况，实现对生产全成本的有效控制，起到节能降耗、优化运行的作用。

图10 全能源成本分析报表界面

（4）建立能耗专家分析系统，提供科学的能耗指导

全能源成本在线监测平台区别于普通数据传输平台的一大特点是，建立了科学的能耗专家分析系统。在设计阶段，通过大量书籍及公式推导，在系统中植入自动计算公式，实现了调度人员输入当日室外平均温度，系统根据各供热单位不同用热习惯自动计算出当日产热量参考值，对供热单位经济运行提供数据指导。

图 11 能耗分析专家系统界面

（四）实现精细化管理，全部成本费用指标量化、标准化

按单位面积核算成本指标可以涵盖并细化全部成本费用项目，大到每平方米煤、天然气、人工成本的支出，小到每平方米办公用品、通信费的支出，均能实现准确、便捷的考核。并且全部指标均量化到资金上，可以消除非量化指标考核的不确定性。统一标准、公平规范。除能耗指标依据用户建筑节能情况外，其他指标如人工成本、制造费用、管理费用指标等均统一标准，使各区域供热厂站在同一起跑线上。

表 1　区域供热厂成本费用指标项目分解明细表

项目	平方米单耗	平方米金额
（一）原材料成本		24.56
1. 天然气	9.5 立方米 / 平方米	21.66
2. 电	3KWH / 平方米	2.40
3. 水	80 千克 / 平方米	0.50
4. 其他原材料	0.1 元 / 平方米	0.10
5. 其他		0.00
（二）固定成本		8.45
1. 工资及相关费用	4.60 元 / 平方米	4.60
其中：工资	3 元 / 平方米	3.00
保险、年金等	1.10 元 / 平方米	1.10
福利费	0.35 元 / 平方米	0.35
教育经费	0.05 元 / 平方米	0.05
劳保费	0.10 元 / 平方米	0.10
其他	0.00	0.00
2. 制造费用	3.29 元 / 平方米	3.29
其中：折旧	2.50 元 / 平方米	2.50
中小修费	0.50 元 / 平方米	0.50
机物料消耗	0.10 元 / 平方米	0.10
检测检验费	0.05 元 / 平方米	0.05
委托费	0.00 元 / 平方米	0.00
排污费	0.00 元 / 平方米	0.00
保险费	0.04 元 / 平方米	0.04
其他	0.10 元 / 平方米	0.10
3. 车间经费	0.41 元 / 平方米	0.41
其中：办公费	0.24 元 / 平方米	0.24
业务招待费	0.02 元 / 平方米	0.02
其他	0.15 元 / 平方米	0.15
4. 销售费用	0.15 元 / 平方米	0.15
5. 锅炉房成本费用		33.01
6. 热费收入		34.92
7. 锅炉房单位利润		1.91

（五）制定适合区域供热特点的绩效考核办法

根据京能集团的指标考核精神，制定了《全面业绩考核管理办法》，主要内容：

1. 对机关各部室和各供热厂实行全面业绩考核，将各项指标进行量化，不可量化的部分也根据实际情况列入考核范围。

2. 实行全方位考核法，根据行业的特点实行月评季考。

3. 以各供热厂为基本核算单位，实行项目负责制，真正实现自主经营。公司根据其经营规模、经营收入、生产成本和管理费用确定其年度考核（服务）指标。与各基层管理团队签订责任书，各基层单位厂级领导的工资及奖励直接与利润指标挂钩。超额完成成本费用指标，按照节约额的20%给予供热厂奖励，其中20%奖励厂领导班子成员。

4. 未完成成本费用指标，按照未完成额的20%扣减供热厂工资总额。

（六）完善业绩考核配套措施，确保完成考核指标

1. 以区域供热厂为考核单位，责、权、利清晰

明确其责、权、利，使各供热厂由单纯供热运行单位转变为具有独立从事热力产、供、销经营能力的供热单位，并逐步实现自主经营，自负盈亏。公司主要负责企业的战略决策和协调，对集团公司承担责任，接受政府部门和集团公司的监督和指导；任免各供热厂经营者，负责审批各单位工作计划、专业申请和改革方案等，下达各项任务和考核指标，并进行考核与监督。

2. 实施用人用工与薪酬机制的改革，充分调动积极性

深化公司中层管理人员人事制度改革，建立中层管理人员能上能下的管理机制。对现有中层管理岗重新进行聘任，并打破行政级别的划分和终身制，实行三年任期制，期满或连任竞聘或竞聘其他岗位，同时薪酬、待遇随岗而变。加强对任期内各级负责人的考核，考核不能胜任的将进行调整、降职或免职。科学合理确定各部门、各供热厂的编制和岗位，应切实做到优化岗位设置，精简机构，避免人浮于事，降低企业管理成本。遵循“按劳取酬，多劳多得、薪随岗变”的分配原则。强化绩效工资激励作用，运用多种激励手段充分调动广大职工的积极性，使职工共享企业改革发展成果。

根据公司现有人员情况及公司实际发展需要，采用多种用工方式、按照公开、公正和竞争择优的原则全面实行职工竞争上岗，逐步完善各岗位晋升渠道，公司按各供热厂供热规模核定其工资总额，在确保安全生产、供热服务的前提下，各供热厂自行确定人员编制和工资结构、分配方案，报公司批准执行。

3. 实施成本费用和热费收入捆绑考核，突出考核利润指标

以创新管理机制、划小核算单位、强化激励措施为手段，细化对各供热厂的考核指标体系和考核方式，全面实行绩效考核管理，成本费用指标与收入指标捆绑考核，区域供热厂的业绩最终以利润指标体现。公司实行资金预算制度，区域供热厂成本费用支出与热费收入挂钩，只有热费收入收回，才能保证各项成本费用按时支付，特别是管理费用、车间经费。这也实现了公司对热费收费进度的管控。

四、区域供热厂全成本管控模式构建与实施的效果

（一）企业经济效益成效显著

1. 热费收入逐年增加

科利源公司所属8个供热厂热费收入都呈现出逐年增加的态势，为科利源公司实现整体扭亏为盈奠定了坚实的基础。

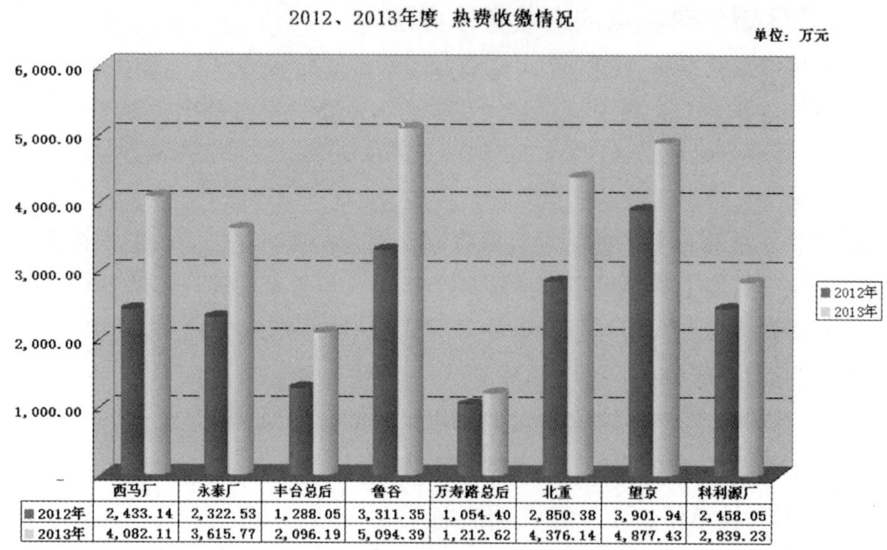

	西马厂	永泰厂	丰台总后	鲁谷	万寿路总后	北重	望京	科利源厂
2012年	2,433.14	2,322.53	1,288.05	3,311.35	1,054.40	2,850.38	3,901.94	2,458.05
2013年	4,082.11	3,615.77	2,096.19	5,094.39	1,212.62	4,376.14	4,877.43	2,839.23

图12 热费收缴对比表

2. 供热成本降幅明显

新的管控模式采用对各供热厂实现收入指标与成本指标捆绑考核的方式，这种方式避免了成本与收费分离考核时为完成考核指标而进行的的虚假统计、推脱责任等现象，公司成本控制和热费收缴形成互相促进的有机整体，提高了各厂核实缺失面积的积极性，很好地解决了节能降耗与提高收费率之间的矛盾，实现了供热厂与公司效益的双赢效果。在实施了新的管控模式后，科利源公司各厂追回缺失供热面积共180700m^2，增加了企业应得收入5421000元。

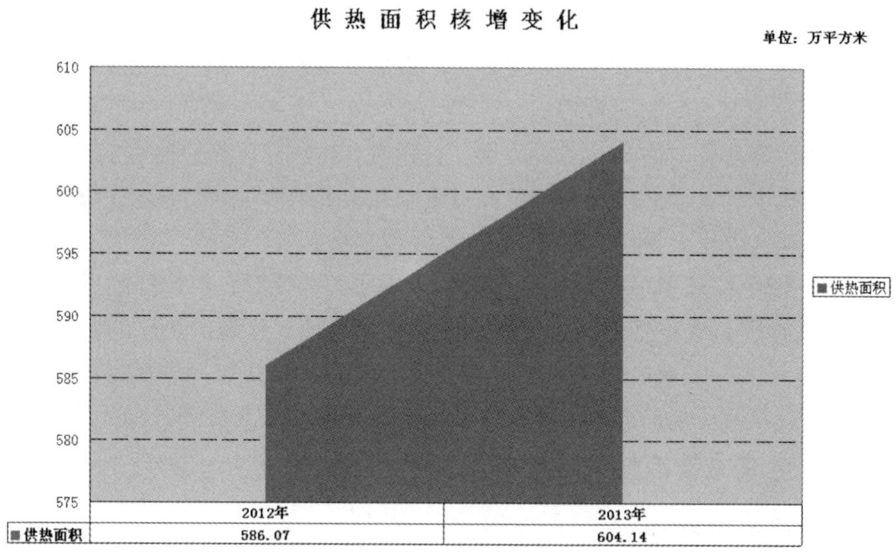

	2012年	2013年
供热面积	586.07	604.14

图13 区域供热厂全成本管控模式实施后追回缺失供热面积示意图

同时较上年相比每平方米热耗从0.33降低到0.315，另外，由于2012-2013年采暖季较上个采暖季平均室外温度低2℃左右，如两个采暖季按同等室外平均温度测算，实行新的管控模式后降低了产热量约150000GJ，节省了燃料成本约10493518元，为企业扭亏为盈做出突出贡献，同时大幅度的降低了能源消耗和污染物排放，对社会的节能减排也做出了很大贡献。

3. 企业扭亏为盈，利润逐年递增

（1）使各区域供热厂在成本控制上变被动为主动，经过近两年的实践，各供热厂在节能降耗、降低成本上都取得了可喜的业绩，2012年科利源公司运营管理的十二个锅炉房，除一个因转供电业务亏损外，其余均实现了盈利。科利源公司也分别在2011年底和2012年底分别兑现了10%和双20%的奖励。

（2）科利源公司实现了第一年减亏、第二年扭亏的目标。2011年科利源公司亏损由上年的2009万元，下降到849万元，减亏1160万元。2012年，科利源公司实现盈利174万元，与2012年考核指标盈利90万元相比，超额完成84万元。预计2013年公司整体盈利水平还将会有进一步提高。

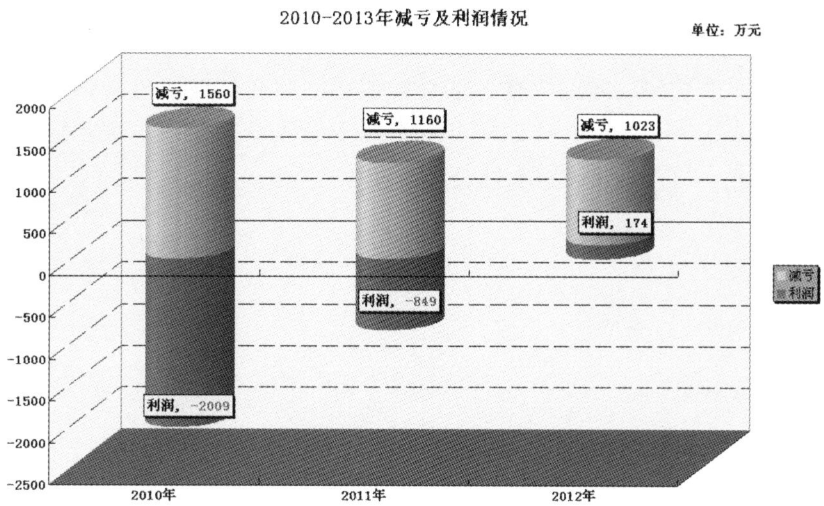

图14　连续三年盈利情况分析表

（二）企业社会效益得到热用户广泛认可

1. 热力行业属于社会公共事业，客观上供热企业要承担社会责任，在保证供热质量的同时，树立了良好的社会形象，对社会的稳定起到保障作用。近年来，公司供暖区域内用户满意度、室温抽测合格率、接单及时率、回复及时率都在逐年增长，特别是用户室温抽测合格率均在99%以上。在取得社会效益的同时，也提高了热费收费率。

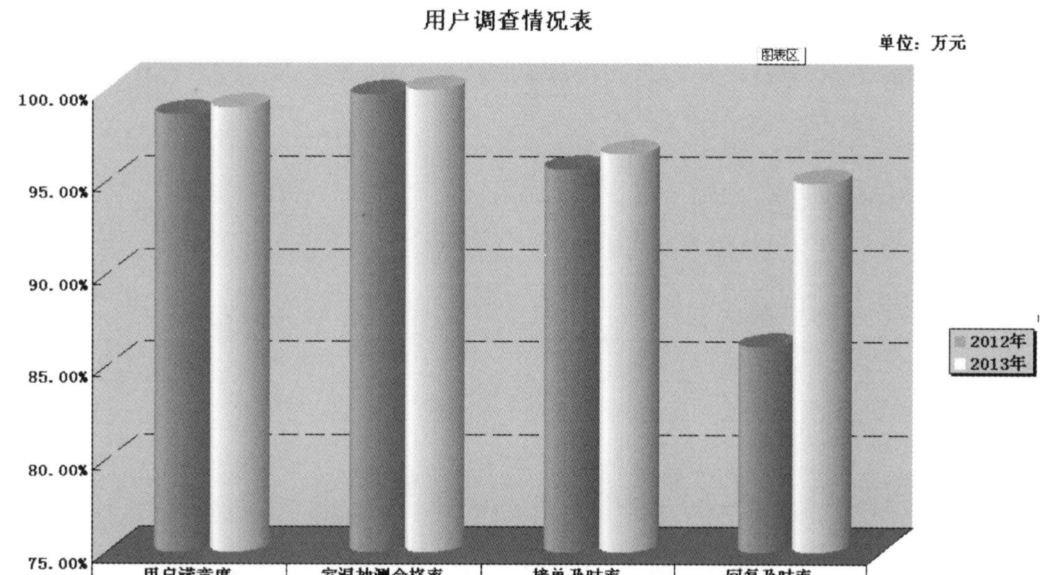

	用户满意度	室温抽测合格率	接单及时率	回复及时率
2012年	98.60%	99.68%	95.66%	86.05%
2013年	99%	99.95%	96.49%	94.93%

图15　用户调查情况表

2. 区域供热厂全部成本费用的量化和标准化，能够真实、准确反映区域供热的实际成本，也可为政府制定热价提供参考依据。

（三）职工积极性和工作效率提升明显

按照精简高效统一的原则，科学合理确定企业的编制和各类岗位；按照公开平等和竞争择优的原则，全面实行职工竞争上岗。工资总额按供暖面积核定，不随人员变化而调整，即有利于公司整体控制人工成本，也有利于各区域供热厂自主控制职工数量和人工成本。

责权利相统一显著提高了职工的责任意识与工作效率，增强了职工对企业归属感和使命感，使员工充分意识到自己的岗位职责、工作业绩、工资收入与企业经济效益息息相关。

遵循“按劳取酬，多劳多得、薪随岗变”的分配原则。强化绩效工资激励作用，运用多种激励手段为职工提供个人工资收入增长空间，使职工共享企业发展成果，2012年较2011年职工工资平均增长15.6%，对于维护社会公平，推动经济发展和社会和谐发挥重要作用。

成果创造人：徐长玖　于耳东　白仁宇　高瑞明　浦泊红　孙　阳　李德英　葛　弘　寇　杰　冯　伟　朱　勇

大型发电企业本质安全管理体系的构建和实施

内蒙古岱海发电有限责任公司

荣获第二十八届北京市企业管理现代化创新成果一等奖

由北京能源投资（集团）有限公司（以下简称京能集团）和内蒙古蒙电华能热电股份有限公司按51%和49%的比例合资建设的内蒙古岱海发电有限责任公司（以下简称“岱海发电公司”）成立于2003年6月4日，是国家实施“西部大开发”和“西电东送”战略的重点工程之一，是北京市与内蒙古自治区合作办电的重点项目，所生产电能通过500kV输电线路直接送入京津唐电网。项目规划装机容量为8×600MW，分四期建成。一期两台国产600MW亚临界燃煤发电机组，分别于2005年10月19日、2006年1月21日投产发电，其中1号机组于2012年12月增容改造至630MW。二期两台600MW亚临界空冷燃煤发电机组分别于2007年10月4日和11月23日建成，三期两台660MW亚临界空冷燃煤机组前期筹建工作正在进行，目前已建成总装机容量243万千瓦的大型火力发电站。

作为京能集团的旗舰企业，岱海发电公司几年来始终坚持实行“所有风险均可控制、所有事故皆可避免”的“本质安全”管理理念，不断强化人员的安全意识和责任落实，不断提高设备的管理水平和运行维护，不断优化系统的运行方式和安全升级，不断完善管理的科学长效和制度健全，形成了“全物质、全过程、全方位、全意识”的本质安全管理体系，从而实现了安全管理水平和经济效益的稳步提升。1号机组先后取得全国火电大机组（600MW级）竞赛一等奖和“全国火力发电可靠性600MW级金牌机组”称号，2号机组蝉联全国火力发电机组600MW级可靠性金牌机组，在2012年全国大机组竞赛中，公司四台机组全部获奖，其中2号机组获得一等奖，1号机组获得二等奖，3、4号机组荣获三等奖。2012年机组利用小时完成6067小时，较京津唐电网煤电机组平均利用小时高出402小时，连续四年位列京津唐电网600MW级机组首位，截至2012年12月31日，岱海发电公司连续安全生产2085天，机组连续三年未发生非计划停运事件，得到了行业内的充分认可，并取得了“全国精神文明建设先进单位”、“全国五一劳动奖状”、“中华环境友好企业”等多项殊荣。

一、大型发电企业本质安全管理体系构建和实施的背景

（一）发电企业安全生产形势不容乐观，国家安全管控力度加强

电力企业是典型的技术密集、资产密集性企业，其设备数量大、品种数目多、自动化程度高、对设备的完好率及连续运转可利用率要求高，生产过程中任何一个环节出现问题都有可能引发事故，尤其是处于整个电力系统源头的发电企业，劳动环境中高压、低压电气设备多，易燃、易爆和有毒物品多，发电机、电动机、风机等高速旋转机械多，高空作业、焊接作业、起重作业等特种作业多，这些特点都表明了发电企业的劳动条件和环境相当复杂，潜伏着诸多不安全因素，对人员的人身安全时刻构成严重威胁。

2011年全国电力系统未发生较大及以上安全事故，发生电力一般事故6起，其中人身死亡事故3起，人身重伤事故1起，设备事故2起，然而2012年，全国发生较大以上电力人身伤亡事故增加至10起，死亡42人，人身伤亡责任事故猛增至49起，死亡86人，其中，电力生产人身伤亡事故33起，死亡39人，电力建设人身伤亡事故16起，死亡47人，自然灾害引发电力人身伤亡事故5起，死亡（失踪）65人，电力安全事故1起、自然灾害导致的电力安全事故1起，两起事故均为较大电力安全事故，发生直接经济损失100万元以上的一般设备事故6起，发生电力安全事件33起。一系列触目惊心的数字背后是电力企业不容乐观的安全生产形势，有鉴于此，2010年、2011年、2012年国务院相继出台了《关于进一步加强企业安全生产工作的通知》（国发［2010］23号）、《关于坚持科学发展安全发展促进安全生产形势持续稳定好转的

意见》（国发［2011］40号）和《关于进一步加强企业安全生产工作的通知》（国发［2012］23号），均将提升电力企业安全管理水平，改善电力企业安全生产现状列为重要内容之一，由此可见，大型发电企业构建和实施适合自身发展的、保证安全生产的安全管理体系已经成为刻不容缓实际需求。

（二）发电企业优胜劣汰形势严峻，京能集团"十二五"规划步步为营

《北京能源投资（集团）有限公司"十二五"发展总体规划》预计"十二五"期间北京经济增长将保持9%以上，京津唐地区电力需求持续增长，但是随着国家电力体制改革的深化，厂网分开、输配分开、竞价上网的步伐加快，安全管理水平差、技术装备落后、能耗高、冗员沉重、经济效益差的电力企业将在市场竞争中被淘汰，只有拥有科学管理机制、先进技术、成本低、效益高、规模大的大机组、大电厂才可能在竞争中获得优势生存下来。

为充分响应国家政策，京能集团的优质资本也将向优势产业和优势企业集中，京能集团积极开发新能源和可再生能源，清洁能源控制容量228万千瓦，占集团控制容量的26%，已投产风电项目145万千瓦，此外，京能集团在水电、生物质发电等其他清洁能源领域也取得了很大进展，并且还在加大投资力度。因此，面对电煤价格持续攀升、环保压力日趋严峻、盈利能力逐步压缩的火电行业普遍不被看好，火电行业已不再具备先决发展优势，加之电力供求格局的变化使得电力企业之间竞争加剧，电源项目核准难度加大，而由电监会主导的电力企业行业准入制度的实施，将项目核准这一关口推到了更加重要的地位，岱海发电公司三期扩建工程能否在"十二五"期间通过国家发改委核准十分关键也日益艰巨。所以要想从京能集团全资、控股、参股的73家企业中脱颖而出获得资金、政策的支持并非易事，一旦失去资金和政策的支持，发电企业将面临运转困难、停滞不前、亏损严重等更为严峻的不利局面，因此，构建和实施长期有效的安全保障机制，提升自身在火力发电企业乃至能源发电企业中的竞争力已经成为大型发电企业的当务之急。

（三）发电企业急需突破自身瓶颈，岱海发电公司本质安全管理势在必行

随着京能集团的快速发展，岱海发电公司的管理人员和生产技术人员始终保持较高的流动性，仅2012年一年就向集团兄弟单位输出管理人员和生产技术人员20余名，由于岗位变动和工作需要，全年共计聘任中层干部（含待遇及技术人才）50人次，提岗普通员工占全厂总人数的三分之一，人员的快速流动对个人的岗位素质提出了更高的要求，但实际上部分人员的技术水平未及时跟上，导致人员对设备、系统和操作的掌握程度无法满足岗位需要，人才培养亦跟不上更迭的速度，人员的可靠性已成为制约企业发展最重要的不安定因素。

2012年全年，岱海发电公司四台机组共计发现各类设备缺陷隐患11230条，虽已全部消除，但在一定程度上反映了机组经过8年的连续运行，已逐渐进入了疲劳期，虽然经过大量改造、更新和现场作业环境专项治理，但生产设备、劳动安全和作业环境等方面仍存在不同程度的隐患和风险，时刻威胁着机组的运行安全和人身安全。

受市场电煤价格影响，岱海发电公司在短期内多煤种掺烧现状不会有所改观，四台机组需长周期燃用非设计劣质煤种，导致的制粉系统和锅炉受热面非正常磨损、锅炉结焦等问题加剧，不仅影响机组带负荷能力，还严重威胁着机组的运行安全。以岱海发电公司2012年经济活动分析数据为基础，如果2012年岱海发电公司发生一次600MW机组锅炉受热面泄漏造成的机组非计划停运事件，以停运处理周期7天、日平均电量1200万kWH、度电利润0.065元/kWH计算，直接影响2012年利润总额减少$7\times1200\times0.065=546$万元，同时由于机组发生非计划停运，华北电网公司会在下一年度核减掉已有的100利用小时奖励，折合电量损失2.43亿kWH，总计利润损失将超过2000万元。

以上可见，发电企业具有技术要求高、生产过程连续性强的特点，其中任何一个环节出现问题都会破坏整个生产过程的连续性，进而导致大量的人力、物力资源投入，造成设备损坏甚至人身伤害等一系列严重后果，制约企业的长效发展。岱海发电公司的安全管理工作既要保证当前良好的安全生产形势，贯彻、落实国务院的有关规定，同时要全面武装自己，提升自身的竞争力，争取更多的投入和支持，还

要从自身出发，寻找差距和不足，克服快速发展所积累的深层次、结构性问题，又要应对不断出现的新问题、新情况，其根本出路在于坚持科学发展观，不断吸收先进、成熟的管理理念，同时还要通过摸索和实践，从而找出符合企业的行业、地域特点以及实际生产情况的安全管理模式。传统的事故追究安全管理模式已然不能满足现代化大型发电企业的安全管理要求，只有基于风险管理基本原理的预防式安全管理模式才能最大程度的保证生产安全，使公司的安全管理水平得到根本性的提高，本质安全管理应运而生。

二、岱海发电公司本质安全管理体系的内涵和特色

（一）岱海发电公司本质安全管理体系的内涵

1. 本质安全

本质安全是指系统本身所具有的安全性能，是系统在安全性能方面表现出的固有特性，当系统发生故障时，设备能够自动防止操作失误或引发事故，即使由于人为操作失误，设备系统也能够自动排除、切换或安全地停止运转，从而保障人身和设备安全。

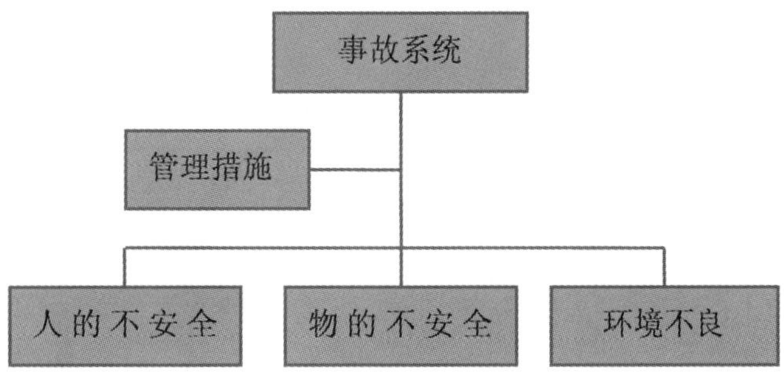

图1 事故系统的触发过程

由图1可以看出，事故系统涉及四个要素，即人的不安全行为、物的不安全状态、环境不良以及管理措施欠缺，其中任何一项不到位都可能触发事故，但是其中任何一项保障到位又同时可以避免事故的发生。在事故系统中，人的不安全行为是事故的最直接的因素，约占事故发生概率的80%，物的不安全状态也是事故的直接因素，约占事故发生概率的10%，生产环境的不良会影响人的行为和对机械设备产生不良的作用，因此是构成事故的重要因素，管理的欠缺是事故发生的间接因素，但又是最重要的因素，因为管理对人、机、境都会产生作用和影响，他们的比例关系表现如图2所示：

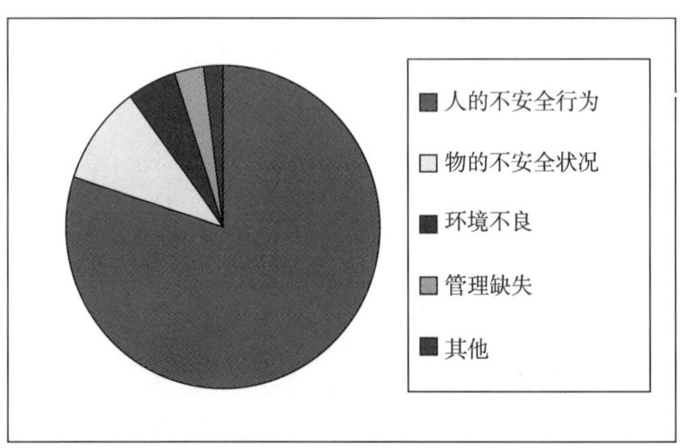

图2 统计结果中各因素造成事故的比例

2. 本质安全管理

本质安全管理是针对系统如何实现或尽可能接近本质安全，而实施的一系列调节、控制行为或过程的总称，用以保持和持续提升系统的本质安全水平。本质安全管理是一种基于“本质安全”理念的安

全管理模式，重视企业安全管理对象“固有安全能力”的保持和提升，着眼于提升企业事故预防能力建设，强调对事故的“根源控制”和“超前预防”。本质安全管理理念认为：所有事故都是可以预防和避免的。可见，本质安全是对系统安全性能提出的理想化要求，系统只能逐步或者无穷趋近于本质安全。

3. 本质安全管理体系的构建

岱海发电公司本质安全管理体系是以安全目标为管理方向，以人员、设备、环境、管理四要素为管理基础，根据各自的性质分别确定管理方式，通过具体的人员培训、设备治理、环境优化和管理提升方案，实现安全生产目标同时达到本质安全的最终目的。本质安全管理体系重视各要素在本质安全管理过程中的作用，根据各要素的重要程度匹配相应的支持力度，通过各种有效手段全面提升各要素的稳定性，以风险管理为灵魂，以闭环管理为手段，以持续改进实现体系的不断更新，通过技术与管理的综合措施管控风险，实现“一切意外均可避免”、“一切风险皆可控制”的风险管理目标。进而实现人员无违章、设备无故障、环境氛围好、管理无漏洞的本质安全目标，这既是现代大型发电企业安全管理发展的必然方向，也是实现安全生产“可控”、“在控”的客观要求。

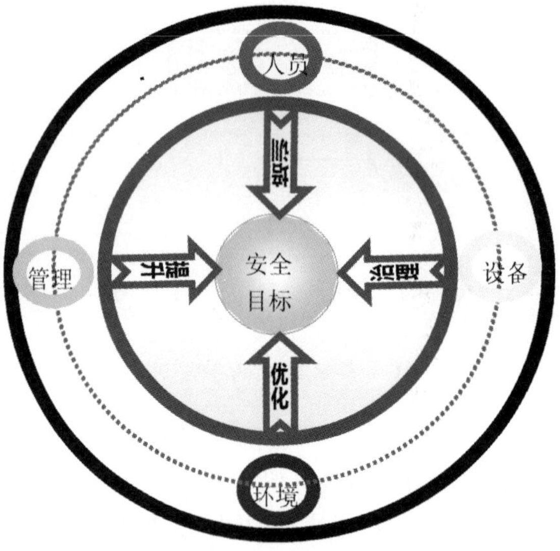

图3　岱海发电公司本质安全管理体系

4. 本质安全管理体系的工作原理

岱海发电公司本质安全管理体系，通过设立科学合理的工作目标，分别从人员、设备、环境管路入手，按照PDCA循环开展和改进本质安全管理工作，以实现安全管理水平的逐步提升。

5. 本质安全管理体系的主要内容

（1）追求人员的安全可靠

发电企业作为技术密集型的企业，对人才的技术要求相对较高，发电企业可以通过开展岗位培训，建立岗位竞聘、岗位轮换、岗位代理、挂职锻炼、对外交流和绩效评价等考核机制，推动企业人才的快速成长，培养在电力行业具有一定影响力的专家型高技能人才队伍，满足本质安全管理体系对人员的需求。

（2）追求设备的安全可靠

随着机组运行时间的增加，设备磨损、消耗加剧，检修、更换、技改项目逐渐增多，尤其是岱海发电公司即将进行的脱销改造和机组增容试验等直接影响着机组的安全稳定运行，因此需要彻底提高设备的管理水平，延长设备使用寿命，提高设备运行稳定性，保证检修、技改质量，以满足机组正常运行的需要。

（3）追求环境的安全可靠

通过风险防范与风险管理提升运行环境的稳定性，大多数发电企业风险管理体系不健全，很难保证本质安全，所以必须建立有效的风险管理体系，建立完整的决策机制，保证决策的科学性和准确性；建立检查落实机制，可以做到凡事有章可循、违章必究，确保执行到位；建立应急响应机制，可以保障快速反应，及时准确的实施应急管理；开展风险辨识，可以保证各种风险处于在控、可控状态。

（4）追求管理的安全可靠

通过规范制度、科学管理，杜绝管理上的失误。首先要对“两票三制”（“两票”指的是工作票、操作票，“三制”指的是交接班制度、巡回检查制度、设备定期试验轮换制度）的执行、设备点检、检修维护等现场作业要进行全面监管，针对机组检修、环保改造等重点项目，采用引进第三方监理、安全责任包干、安全后评价等方法来规范现场作业行为，其次要强化安全防护用品的管理和监督，积极开展职业病危害治理，最后要加强消防、交通、信息、治安、食品等方面的安全管控力度，构建全方位安全保障体系，使安全管理形成网络。

（二）岱海发电公司本质安全管理体系的特色

1. 细化管理：精细生产管理，从本质安全管理的各个要素，即人员、设备、环境、管理各方面全方位推行标准化管理，做到生产过程全员参与、责任细化、指标分解，加强过程控制，不留死角，严格考核，彻底实现精细化管控。

2. 均衡管理：保证“人员”、“设备”、“环境”和“管理”四者的本质安全水平处于均衡状态，同步提升各项指标的管理水平，不同时期对不同因素做适当的倾斜，以适应实际生产的客观需要。

3. 系统管理：对生产过程实施“全过程管理”，对设备实施“全生命周期管理”，保证生产管理的良好闭环，体现电力生产过程各专业、各工种的高度协同和密切配合。

4. 长效管理：通过持续改进，不断提升企业本质安全管理水平，建立合理的长效管理机制，巩固和保障企业本质安全管理的成果。

三、岱海发电公司本质安全管理体系的主要做法

（一）科学开展培训工作，逐步提升人员岗位素

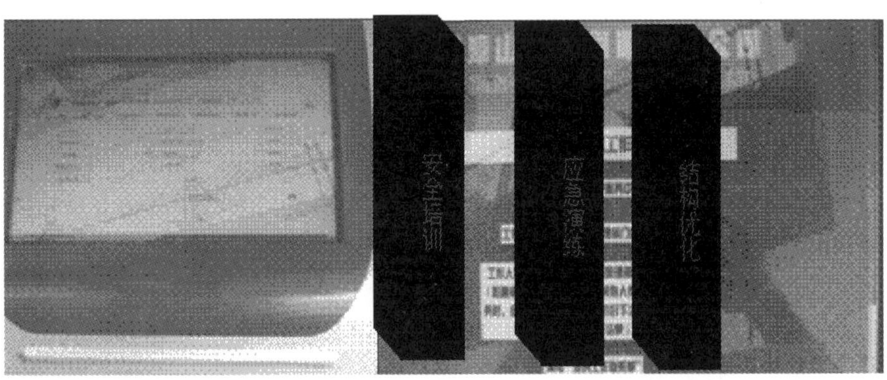

图4 人员素质提升流程

1. 开展安全培训，提高人员技术水平

将人员的技能水平与职业素养并重培养，才能达到人员符合岗位要求的目标。因此，培养人员具备包括安全基本常识、专业技术水平、危险辨识能力、危险预控能力事故应变能力等在内的扎实的技能水平，培养人员具备包括爱岗敬业、职业道德、安全意识、行为习惯等在内的良好的职业素养，是保证安全稳定生产的最主要、最有效途径。

一是通过举办心肺复苏、消防知识、消防器材使用等专项培训，教育员工正确理解安规内容，熟悉掌握急救及自救等基本技能，强化全员应知、应会，提高安全防护意识和个人防护能力。二是组织员工认真汇编历年来岱海发电公司的典型事故案例，通过系统回顾，深刻剖析事故原因，总结以往事故教训，敲响安全警钟，提高防范意识和风险防控能力。三是根据不同岗位需求，制定详细的培训计划，组织主岗考试、辅岗考试，并将考试成绩与个人薪酬挂钩，调度员工学习的积极性。同时，有针对性地进

行补充培训，要求员工在当班期间做好各类事故预想，利用学习班集中讨论总结，休息时间组织人员开展仿真机培训。四是组织专业技术人员进行专题培训，完善培训题库，补充培训计划，加大培训工作的强度与执行力度，夯实了运行安全基础。

2. 重视应急演练，强化事故处理能力

高度重视应急预案的全面演练和桌面演练，将事故应急预案汇编印刷成册后，下发至各部门和重大危险源管理责任人，进行认真学习，定期组织演练。每月根据实际情况和经验安排三个事故应急演练预案，以各值现场演练为重点，加强应急知识的宣传与培训，各项演练结束后，认真组织学习，找出薄弱环节，切实提高事故处理能力和各部门之间的协调合作能力。

目前岱海发电公司共有汽机、锅炉、电气事故预案150余篇，累计14万余字，详细地阐述了典型的事故的征兆、现象、原因、处理过程和注意事项，并且在不断完善和修订，多次正确指导实际生产。

3. 优化人员结构，为公司人才储备奠定基础

岱海发电公司重视人才的培养，一是不断完善公司定员定岗定编，根据目前员工队伍结构层次开展针对性招聘工作，及时补充人员缺口，在确保公司正常生产经营的前提下，实现岗位有序流动，优化人力资源配置，进一步完善绩效管理系统的建立，合理设定绩效指标，将绩效和薪酬、评优及晋升挂钩，建立了全员绩效考核体系，努力实现绩效考核的科学化、规范化和精准化。二是进行员工岗位任职能力评价体系建设，合理评估员工业务能力，发掘员工潜质，最大限度发挥人力资源优势，细化技术人才评价标准，让双通道晋升方式更加规范，鼓励员工在技术创新上有所作为。三是建立公司后备人才库，以专业培养为主要途径，积极探索新的培养方式，建立符合公司后备人才成长规律的选拔、培养、管理、使用长效机制，满足集团和公司长远发展的人才需求。四是完善培训体系建设，突出安全生产培训重点，围绕个人职业发展规划，针对高管、中层和普通员工分层次开展培训，对培训效果进行科学评估，提升培训质量。

（二）全面落实治理工作，不断夯实设备健康水平

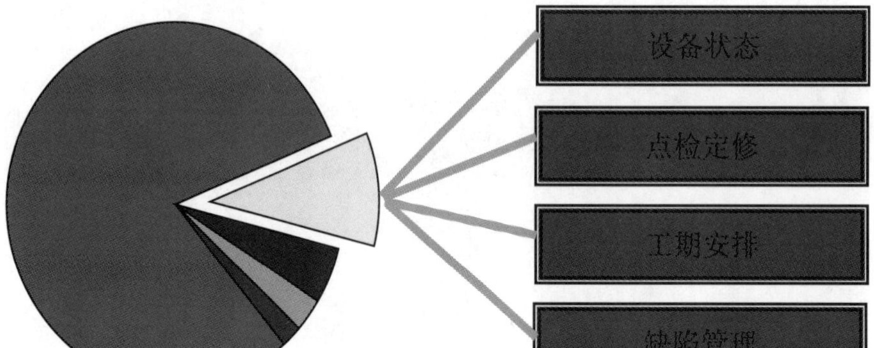

图5　设备治理措施

1. 良好的设备状态是本质安全的基础

总结能够安全稳定生产的经验，关键是设备系统要有良好的基础。要在设备全寿命周期内，全过程的关注、维持设备的健康状态。在建设期间即坚持质量是工程的生命的原则，严格要求，严格把关，强调零缺陷移交、投产及达标的理念，认真抓好每项工作，使设备状态达到最优。在生产运营期间，加强设备的综合治理，确保设备系统的隐患、缺陷能够及时发现，及时消除，确保设备系统的安全稳定。

2. 持续推进点检定修工作，进一步形成良好的安全生产秩序

推行设备点检定修管理制度，通过充分发挥五层防护体系的作用，既运行人员的巡回检查为第一层防线，专业点检员的点检为第二层防线，技术人员和专业点检员共同参与的精密点检和技术监督为第三层防线，在此基础上的技术诊断和劣化倾向管理为第四层防线，设备的性能和精度测试为第五层防线，

及时掌握设备的性能、状态、安全裕度，根据设备状态提前对进行可靠修复。

坚持以点检定修为基础，全面落实各项检修管理制度、根据实际情况重新修编了检修作业指导书、检修标准，并监督检修维护单位严格执行，建立详细的设备台账、检修台账、检修记录，依据质量验收标准，对设备每次检修的质量严格执行验收制度。

加强设备巡检、精密点检要求。及时将点检中发现的问题写入点检日志，通过对比分析采集到的设备数据并结合点检情况进行深入、细致地分析，合理制定设备检修周期，保证设备长周期稳定运行。在点检工作大面积展开的同时，逐步提高设备的精细化管理能力。加强设备的定期检查，制定详细的月度定期工作、定修工作、计划检修工作，同时根据季节特点结合设备运行情况，进一步优化和完善设备定期工作，合理调整定期工作项目和周期，对那些运行环境恶劣或缺陷多发的设备，增加定期工作内容或调整定期工作周期，通过逐步掌握设备运行规律，不断完善并有序地推进定修工作，使得设备的健康水平长期保持良好的状态。

3. 合理安排检修工作，顺利完成检修任务

精心组织各机组的检修工作，合理安排运行机组维护和停运机组检修时间，认真开展检修准备和过程组织，细化检修项目，抓好检修过程管理，加强检修后的评价工作，保证运行机组的稳定和检修机组的质量，并力争在安全、质量、进度、文明施工等方面有新的突破，实现组织得当，安排合理，责任到位，监督无死角的目标。

4. 多角度强化缺陷管理，提高消缺效率，保证消缺质量，逐步降低缺陷发生率

加强缺陷接收时间的要求和管控，提高消缺的及时性；强化缺陷分析，年内各专业按时开展周分析、月分析，对于重大缺陷、重复性缺陷、同一类型缺陷组织人员进行专题分析，在细致分析后制定对策或技改方案，确保一些重大缺陷顺利地消除，同时有效地减少重复缺陷的发生，既而降低缺陷发生率；此外通过开展分系统普查及专项检查，真正把工作做到实处，定期对各系统进行全面检查，系统性地对设备存在的问题进行分析，并制定处理计划，积极发现和消除设备隐患，提高设备健康水平。

（三）积极开展优化工作，不断营造良好环境氛围

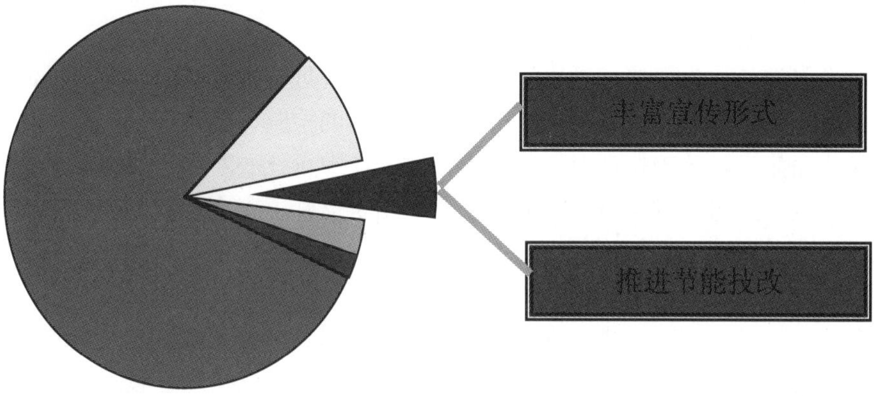

图6　积极优化环境方式

1. 丰富宣传形式，营造安全生产氛围

一是充分利用电视、网络、宣传橱窗、横幅等媒介宣传安全生产的重要性，通过悬挂、张贴安全生产标语，刊登安全生产文章，举办安全生产相关的征文、摄影展览、事故案例展板等方式来诠释安全生产的意义。二是集中组织人员学习安全生产法律、法规，要求全员参加安全上岗考试，强化安全意识，提升安全知识水平。三是积极开展各类安全生产相关互动，如“安全家书”征集活动，依托亲情来带动安全教育，不仅让员工重新审视安全工作的重要性，也让安全知识在家属中间得以广泛传播，组织人员踊跃参加集团公司“安康杯”安全知识竞赛，以扎实的安全知识水平在比赛现场展示发电企业人员的风采。这些活动都提高了各级责任主体的安全生产责任意识，取得了预期的效果。

2. 大力开展节能技改工作，提升可持续发展水平

岱海发电公司积极探索可持续发展道路，在保证安全生产的前提下推进设备技改，为机组的长远发展奠定基础。岱海发电公司大力开展节能降耗工作，一是重点完成汽轮机通流间隙的调整、凝汽器清洗、胶球系统改造、凝泵变频改造等工作，有效的降低的机组的煤耗，提升力机组运行的稳定性。二是通过技术分析、定修和技改，优化设备运行方式，降低厂用电率，优化改进能效指标。三是加大非生产用能的管理力度，制定电厂生活区、东门生活区、灰场等区域非生产耗能的年度指标，实行有偿提供，组织开展节能减排活动，强化员工的环保意识，营造绿色发展的良好氛围。

（四）坚持完善制度建设，不断强化安全管理力度

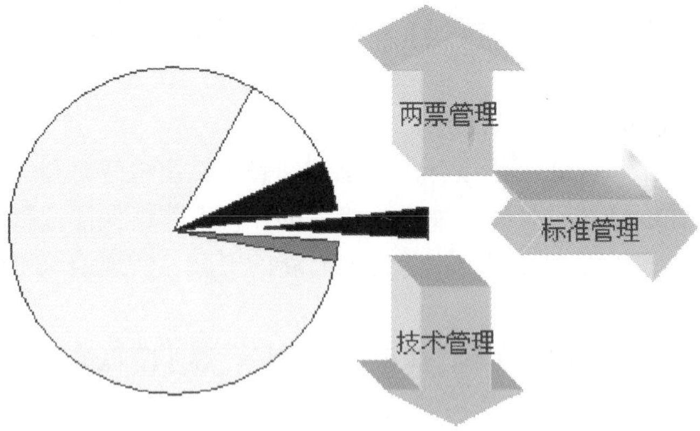

图7　全方位开展管理工作

1. 细化工作，加大“两票三制”管理力度

实践证明，“两票三制”（“两票”指的是工作票、操作票，“三制”指的是交接班制度、巡回检查制度、设备定期试验轮换制度）是电力系统安全管理的基础，是确保安全最有效的管理手段。岱海发电公司在执行“两票三制”时要突出一个“细”字，要求各生产部门仔细、精细、过细，准确、认真地执行“两票三制”，ERP系统引进后，对“两票”的填写、执行、统计等环节进行了有效规范，对“两票”执行过程中一些易混淆、易忽略、易出错的问题在技术上进行了规避。每月由岱海发电公司安生部牵头，对生产现场的“两票三制”执行情况进行了严格仔细的检查，各生产部门管理人员每天对巡回检查记录、交接班和设备定期试验轮换情况进行检查，对工作中责任心不强、执行不到位的班组进行督导教育，并采取考核措施。通过“两票三制”的标准化，切实提升了安全生产的执行能力和辨识风险的能力，有效的发挥了“两票三制”对安全生产的保障作用。

2. 成立专业技术委员会，提高技术监管水平

为适应企业战略发展的需要，推进精细化管理，规范技术管理，发挥各专业带头人的作用，带动和提高全体员工的技术水平，岱海发电公司科学决策、创新管理，成立了专业技术委员会。委员会成立以来，对生产系统发生的疑难问题进行了准确、深入的分析，有效的指导了实际生产，为完成年度安全生产各项目标做出了积极贡献。

岱海发电公司专业技术委员会由公司党委书记、总经理担任主任、公司分管生产的副总担任副主任。专业委员会下设锅炉、汽机、电气、热控、化学环保、信息通讯、土建水工、外围专业共8个专业小组。各专业技术成员由公司范围内相关专业技术水平较高、业务精通、作风严谨的专业技术人员担任。专业委员会办公室设在安全生产部。专业技术委员会成立以来，严格贯彻落实国家、行业、集团公司等的专业技术要求，针对生产系统出现的异常问题和存在的遗留问题进行专题分析、探讨，确定解决问题的方案和防范措施；针对生产系统存在的异常问题采取科学可靠的非常规做法、试验进行论证后制定解决方案。截止到目前，专业技术委员会已经制定了四台机组防止非计划停运措施、国庆保电措施、4号机组备用停机过程单侧风烟系统停运技术措施，组织召开了厂外制粉系统治理协调会、二期机组凝泵改造

前期工作协调会、四号机组3号高加泄漏讨论及一期凝汽器胶球清洗系统改造讨论会、一号机组GV4油动机供油管道活接头渗油分析会暨保障四号机组低负荷运行阶段安全措施讨论等会议，汇总形成了报告供公司领导决策，为公司解决设备难题，确保机组长周期安全稳定运行起到了积极作用。

3. 完善体系建设，规范生产实施过程

岱海发电公司以标准化、信息化以及内控体系建设为支撑，不断梳理各项制度流程，强化执行力建设，推行闭环管理，持续提升公司基础管理水平。一是继续推进公司内控体系建设，加强全面风险管理，完善各项管理制度，优化业务流程，切实防范公司风险；二是持续推进标准化体系建设，通过签订生产经营责任状、编制重点折子工程、行政督办等手段，使各项工作形成闭环，提高工作执行力；三是组织实施年度内部控制自我和独立评价，借鉴标准化内审、外审结果，评估内控缺陷，同时对公司内控体系设计与运行情况进行独立审计，持续提高企业运营水平；四是深化信息化建设，在绩效考核、燃料管理、安全人员评估等方面推行信息化管理，为日常工作的开展提供便利，同时建立覆盖全公司的无线网络，建设公司私有云，降低硬件成本，提高工作效率，保障信息安全；五是完善对标管理体系，找准差距、持续改进，不断优化指标，继续做好大机组竞赛及集团季度对标工作，通过竞赛不断完善，树立公司在行业内的品牌形象。

四、岱海发电公司本质安全管理体系构建和实施的效果

岱海发电公司以本质安全管理理念为基础，以本质安全管理体系为框架，积极施行规范化、制度化、精细化、标准化、人性化管理，2012年先后顺利完成三号机组C级检修、二号机组C级检修、四号机组D级检修和一号机组C级检修工作。期间经受住了海万线线路跳闸应急处理2次、机组检修启停操作31次、运行中重大消缺32次、节假日保电等重重考验，圆满完成了发电部全年既定目标，未发生轻伤及以上事故，连续三年未发生误操作和机组非计划停运事件。

（一）2012年受宏观经济形势影响，电力市场竞争日趋激烈，在煤价、环保等多重压力以及诸多不确定因素的影响下，岱海发电公司凭借良好的安全生产形势，全面完成了各项生产经营指标。

表1 岱海发电公司2012年生产经营指标完成情况

项目	单位	计划值	完成值
电量	亿千瓦时	138.84	145.61
利润	亿元	7.00	9.55
综合供电煤耗	克/千瓦时	331.00	330.80
综合厂用电率	%	7.05	7.04

（二）2012年京能集团推行ERP系统管理两票，在新票种、新票样和新执行流程的前提下，岱海发电公司以本质安全管理体系为依托，顺利完成全年两票办理工作，2012年全年共办理工作票19746张，操作票7016张，其中电气操作票2042张，热机操作票3699张，电气单项操作票863张，热机单项操作票409张。

表2 岱海发电公司2012年两票完成情况

工作票类型	数量（张）	合格率
电气一种工作票	112	100%
电气二种工作票	1354	> 99%
继电保护一种票	34	100%
继电保护二种票	1053	> 99%
热控一种票	1101	> 99%

续表

工作票类型	数量（张）	合格率
热控二种票	4657	＞99%
热力机械一种票	5213	100%
热力机械二种票	4991	＞99%
特种作业工作票	17	100%
一级动火工作票	109	100%
二级动火工作票	994	100%

（三）随着机组运行周期的增加，设备缺陷逐渐暴露，岱海发电公司加强对缺陷的填写、提交、处理、跟踪和验收管理工作，通过本质安全管理体系的实施，保证了机组的稳定运行，2012年四台机组全年共发现各类缺陷隐患11230条，并且全部消除，真正实现了缺陷管理规范化、精细化，为实现机组全年无非计划停运做出了重要贡献。

表3　岱海发电公司2012年各机组缺陷情况

机　组	缺陷数目	消缺率
一号机组	608	100%
二号机组	660	100%
三号机组	1165	100%
四号机组	1026	100%
外围设备	7771	100%
累　计	11230	100%

（四）岱海发电公司坚持落实本质安全管理体系要求，不断强化专业分析、岗位分析、异常分析、缺陷分析、事故预想、事故预案等各项分析的管理和引导，用以促进自身业务素质的提高和指导运行操作以及运行方式的优化调整。2012年岱海发电公司仅发电部就完成专业分析33篇，岗位分析774篇，事故预想1520篇、缺陷分析和异常分析分别60篇、12篇，新增事故预案4篇。

表4　岱海发电公司2012年各类分析完成情况

项目	计划	完成	完成率
专业分析	24	33	100%
岗位分析	720	774	100%
异常分析	5	12	100%
缺陷分析	60	60	100%
事故预想	1440	1520	100%
事故预案	2	4	100%

（五）2012年岱海发电公司对现有技术标准、管理标准和工作标准进行了两次全面的修订和完善，最终修订编制了岱海发电公司技术标准2项共计100个，管理标准17项共计217个，工作标准3项共计144个。凭借科学合理的本质安全管理体系，顺利通过了中电联（北京）认证中心和北京赛西公司能源体系外部审核2次，获得了由CNAS（中国合格评定国家认可委员会）批准并授权的质量、环境、职业健康安全、能源和信息安全“五标”管理体系国家级注册认证资质。

（六）2012年岱海发电公司根据不同时期的安全形势，及时制定了《锅炉掺烧方案及保障安全的措施》、《机组检修期间保障检修安全及保障运行机组安全稳定运行的措施》、《2012年度春节期间保电措施》、《岱海发电公司2012年两会保电措施》、《发电部2012年夏季大负荷运行保电措施》、《2012年发电部“十八大”保电措施》、《2012年发电部防寒防冻措施》以及各种大隐患大缺陷存在时保障机组安全的技术措施等多方面的措施、制度、规定，有力的指导了实际生产，确保了机组安全稳定运行的需要。

（七）2012年岱海发电公司有6人通过助理工程师审核、24人通过中级工程师审核、4人通过副高级工程师审核。74人参加北方联合电力公司职业技能鉴定实际操作考试，均达到规定要求。共计249人次完成了继续教育学习任务。现生产人员达到100%持证上岗。年初由发电部各值值长、单元长按规定、按轮次，通过7个多月的努力，总计完成编写和整理试题8000余道，充实了“佳腾积分制培训实施系统”网络题库，彻底实现了无纸化考试，培训工作迈上了一个新的台阶。

（八）2012年岱海发电公司共完成重大技改项目20项、厂控技改项目17项，通过技改，设备运行的安全可靠性和经济效益有了明显提高。通过对全厂机组保护及启备变GE保护升级改造、一期DEH系统升级改造，解决了以前系统运行中故障率高且运行不稳定的问题；通过对32、42凝结水泵进行节能优化改造，按年平均负荷450MW，单台泵每小时可节电约575 kWH，按年运行7000小时计算，年节电量为402.5万（kWH），按上网电价0.35元/ kWH计算，年效益为 140.875（万元），两台机组效益为281.75（万元）。通过进行二期输煤综合治理改造，输煤系统扬尘和撒煤问题得以有效的抑制，粉尘浓度降低；结合照明改造、控制箱改造，现场环境状况有了明显改善。

（九）岱海发电公司自成立之初就瞄准“高标准达标投产、创行优和国优工程”的目标，确保施工安全、控制工程造价、保证工程质量、缩短建设周期，一期工程建设取得“安全、质量、工期、造价、文明施工”全国“五领先”的骄人业绩。获内蒙古自治区“草原杯”、“中国电力优质工程奖”、“国家优质工程奖”等多项殊荣。二期机组投产后，各项经济技术指标优良，分别以97.17%和97.29%的高分快速通过并网运行安全性评价。同时，岱海发电公司不断推进本质安全管理体系的构建和实施，使公司逐步向科技含量高、经济效益好、资源消耗低、环境污染少、人力资源优势得到充分发挥的新型工业化方向迈进，四台机组多项指标达全国一流水平，在全国火电机组各类竞赛中屡获殊荣。

（十）岱海发电公司的安全平稳发展，使整个区域的就业、人口素质以及社会经济形势形态发生了巨大的变化，有力的推进了凉城产业结构的调整和升级。2002年凉城县财政收入仅为4000万元，人均年收入不足800元，属于国家级贫困县城，2004年凉城县人均GDP首次突破1000美元，财政收入超亿元，2005年财政收入达到21088万元，同比增长64.5%，一举摘掉了国家级贫困县的帽子，进入了西部百强县行列。2006年岱海发电公司缴税2.22亿元，凉城县财政收入达3.57亿元，同比增长69.3%，2007年岱海电厂缴税金3.08亿元，凉城县财政收入5.58亿元，同比增长56.5%，近年来，凉城县主要经济指标连续大幅攀升，经济总量位居乌兰察布市前列，连续三年入围中国西部百强县。

成果创造人：张　平　任治民　韩晓冬　贾玉宝　马文国　白德龙　王振华　李西军　苏　周　刘　彬

大型能源集团招标代理平台项目管理服务体系的构建与实施

北京国际电气工程有限责任公司

荣获第二十八届北京市企业管理现代化创新成果一等奖

北京国际电气工程有限责任公司（以下简称“国际电气”）是1998年5月经北京市政府批准成立的大型国有企业，注册资本3.5亿元人民币，为北京能源投资（集团）有限公司（以下简称“京能集团”）的全资子公司。

公司营业范围包括承担国家重点建设项目工程设备招标业务、自营和代理各类商品及技术的进出口业务、施工总承包、建设工程招标代理、电厂检修、维护、煤炭销售、电站、热力设备制造，技术开发等，公司拥有住房和城乡建设部颁发的工程招标代理机构甲级资格证书、对外贸易经济合作部颁发的进出口企业资格证书、住房和城乡建设部建筑业企业资质证书（电力工程施工总承包）、中国设备维修企业资质证书（电力行业一级）及承装（修、试）电力设施许可证。公司目前共有员工900余人，公司下设工程、物资、招标代理三家分公司，及内蒙古兴海电力服务有限责任公司、内蒙古京能电力检修有限公司两家全资子公司。

国际电气公司作为京能集团全力打造的能源工程服务平台，目前工程管理业务共承担工程基建项目15个；机组检修业务平均每年完成机组大小修12台；物资采供业务承担京能集团30余家发电企业70%的备品备件采购额；招标代理合同额年均15亿元以上，外围运行项目部5个，未来公司将继续坚持“打造精业服务、实现平台效益”的发展理念，全面构建京能集团“服务精细化、技术专业化、业务多元化”能源工程服务平台。

一、大型能源集团招标代理平台项目管理服务体系的构建与实施的背景

（一）适应集团发展，提升集团招标代理平台服务水平的需要

在国内电力集团朝着“打破垄断、引入竞争、提高效率、降低成本、健全电价机制、优化资源配置、促进电力发展”的电力改革整体背景下，京能集团同样呈现出较快的发展势头，2012年京能集团实现营业收入287.36亿元，同比增长 14.17%，实现利润总额34.67亿元，同比增长47.34%，全资及控股企业完成发电量632亿千瓦时，同比增长16.37%，京能集团电力装机控制容量1335万千瓦，在地方全国电力企业规模排名居前。随着京能集团项目开发和建设工作良好进展，众多的电力工程基建项目以及大宗的生产物资采购为集团化招标代理业务的发展提供了巨大的发展机遇，也对招标代理服务能力提出了更高的要求。国际电气公司作为京能集团招标代理服务平台，需要进一步全方位提升服务水平和质量，满足集团快速发展和新项目建设的迫切要求。在京能集团范围内，帮助集团抵御风险，降低成本，实现资源共享，产生协同效应，拓展新的发展空间。

（二）遵循发展规律，增加收益增强业务持续发展能力的需要

随着国内电力市场的日趋饱和，京能集团规划及在建电源项目减少，为增强公司招标代理业务同业竞争能力，就必须通过整合拓展招标代理业务已有资源，进一步提高招标代理整体服务水平，降低经营成本，积极在京能集团系统之外寻求招标代理项目，增加新的利润增长点，积极开展前期咨询、招标代理、采购服务、造价咨询、工程管理、项目后评价等工程建设全过程服务。拓宽招标代理服务领域，提高招标代理业务整体竞争力和盈利能力，提高抵御风险能力。

（三）适应国家要求，提高招标行业规范化管理水平的需要

近年来，国家相继出台了《中华人民共和国招标投标法实施条例》和《电子招标投标办法》等指导

性、规范性文件，在严格规范程序、防范法律风险的同时，将电子信息化建设提上了议事日程，这对于专业化招标代理机构提出了更高的要求，迫切需要以信息化建设为手段，以构建项目管理服务体系为目标，将操作规范和流程固化，结合电子招标系统建设，提升招标代理业务整体的标准化、精细化，提高管理能力和水平。

正是在上述背景下，国际电气公司着眼集团招标代理平台长远发展，2010年末公司业务整合初期，就全面开始公司招标代理平台项目管理服务体系的构建工作，为实现公司“跨越发展期”“‘精业服务’树立品牌，‘平台效益’服务集团”的战略目标保驾护航。

二、大型能源集团招标代理平台项目管理服务体系的构建与实施的内涵

国际电气公司招标代理平台项目管理服务体系（见图1）包括五个方面的含义：一是以客户价值和客户满意度为核心，在招标代理项目管理过程中通过向客户提供完整和富有创建性的服务来赢得客户满意度；二是以招标代理过程控制为重点，强化开评标、专家库、费用、资料、人员、风险、供应商等关键环节的科学规范管理；三是以招标管理信息系统的高效使用和持续优化为信息技术支撑，依托集团内部信息网络，建立完善招标信息平台，提升招标代理管理水平和决策分析水平，通过集团系统内部高效协同、信息共享和科学分析，提高招标代理业务的集团化运作、精细化管理水平；四是以统一计划、统一流程、统一标准、统一平台即“四统一”为系统透明、高效运转的基础，通过集团系统内招标计划的季度编制、招标流程的固化、招标管理制度的有效实施、招标平台的集中组织提高集团化统计分析能力，做好市场预测；五是以“客户—过程控制—总结评价—系统优化—市场开拓”良性循环为招标代理项目管理服务系统不断优化的内生动力。

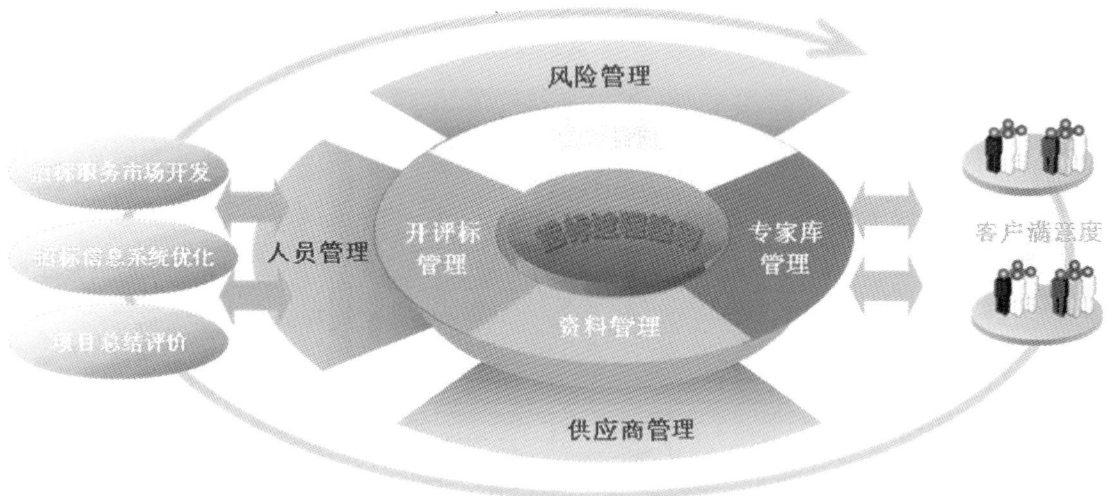

图1　国际电气公司招标代理项目管理服务体系

三、大型能源集团招标代理平台项目管理服务体系的构建与实施的做法

招标代理平台项目管理服务体系是基于国际电气公司10余年招标代理业务经验总结提炼而最终形成的，其主要做法体现在以下几个方面：

（一）建立完善招标代理业务程序流程，强化落实

为实现招标代理平台项目管理服务体系的规范化、制度化运作，公司先后编制下发公司《招标代理控制程序》、《招标业务工作程序及操作规定》、《招标工作行政事务管理规定》等管理标准，明确了招标代理各业务基本流程和制度规范；公司编制下发了《招标代理分公司经理工作标准》、《项目经理工作标准》、《项目主管工作标准》、《内勤岗工作标准》、《外勤岗工作标准》、《资料岗工作标准》，明确了招标代理业务各岗位职责、工作内容、资格要求，为招标代理平台项目管理服务体系的构建奠定了制度基础。公司正式成立招标领导小组，领导、协调公司系统招标工作，审议公司招标管理基

本制度，审批公司负责招标项目的评标结果，研究决定公司招标工作的重大事项（见图2）。

招标业务流程图

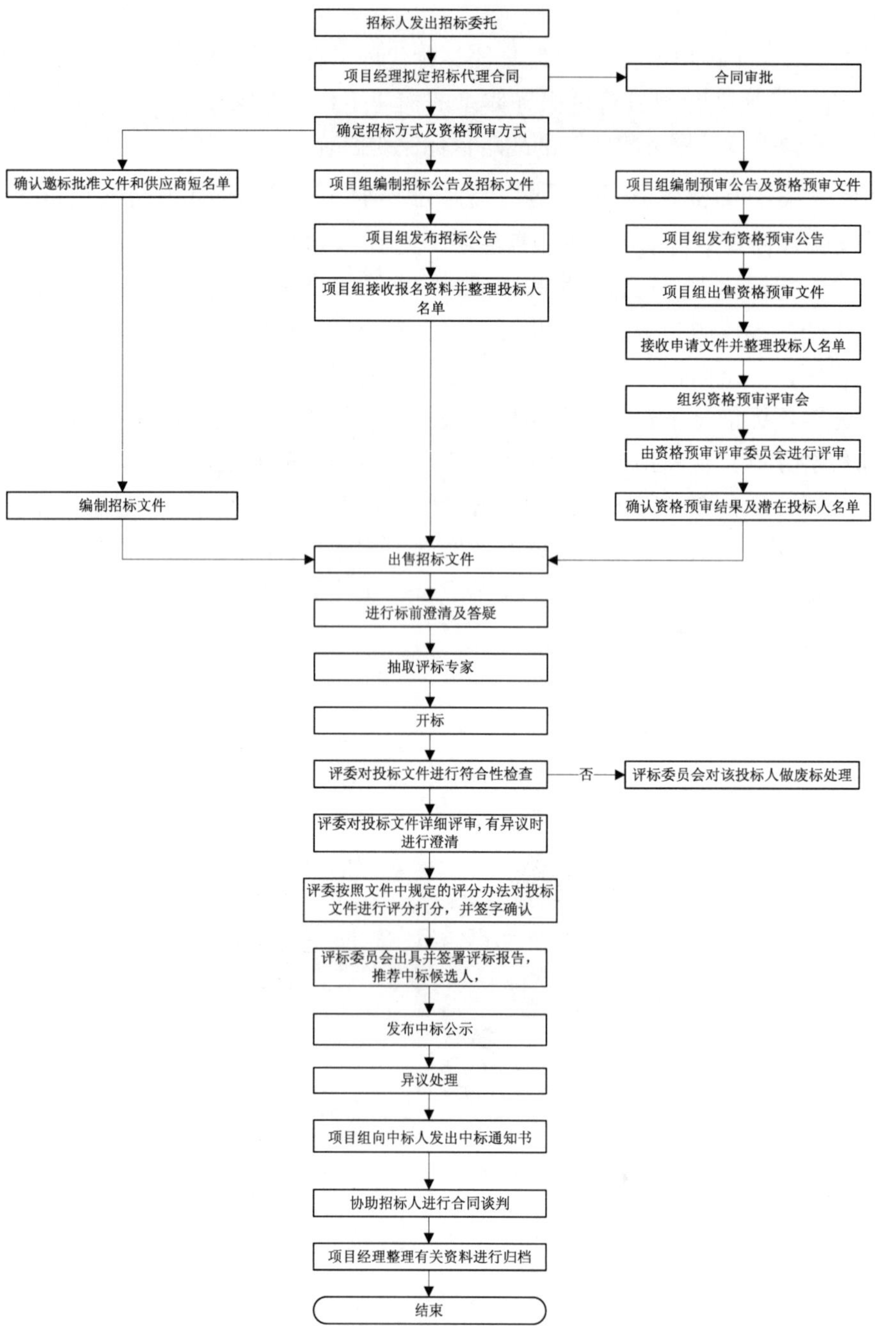

图2　国际电气公司招标业务流程图

（二）优化完善招标代理管理信息系统，提高效率

公司招标代理平台项目管理服务体系依托京能集团和公司内部信息网络，搭建电子化招投标管理系统（见图3、图4、图5），实现了集团系统各基建项目、发电公司招标代理基本信息管理，包括：招标计划管理、招标过程信息管理、评标信息管理、定标信息管理、招标信息归档管理等，形成招标管理统一数据库，实现招标信息的分级查询统计功能和辅助招标中心进行招标管理的分析决策功能，极大地极高了提升招标代理管理和决策分析水平，实现了集团系统内部高效协同、信息共享和科学分析，提高了招标代理业务的集团化运作、精细化管理能力。

图3　公司电子化招投标管理系统登录界面

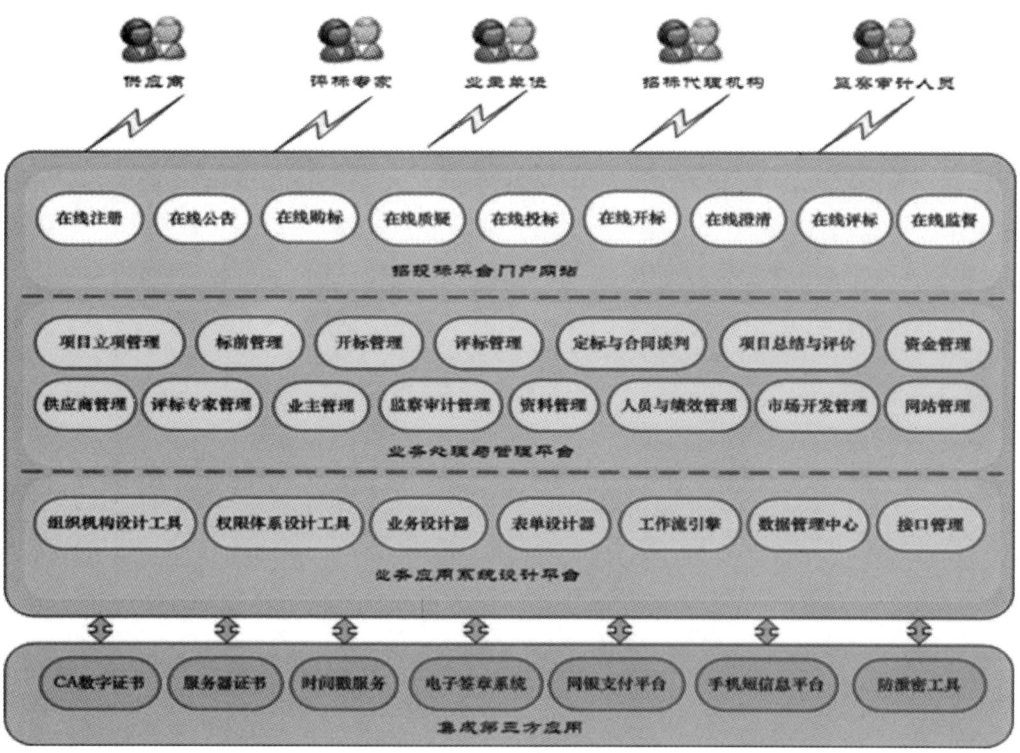

图4　电子化招投标管理系统页面设置

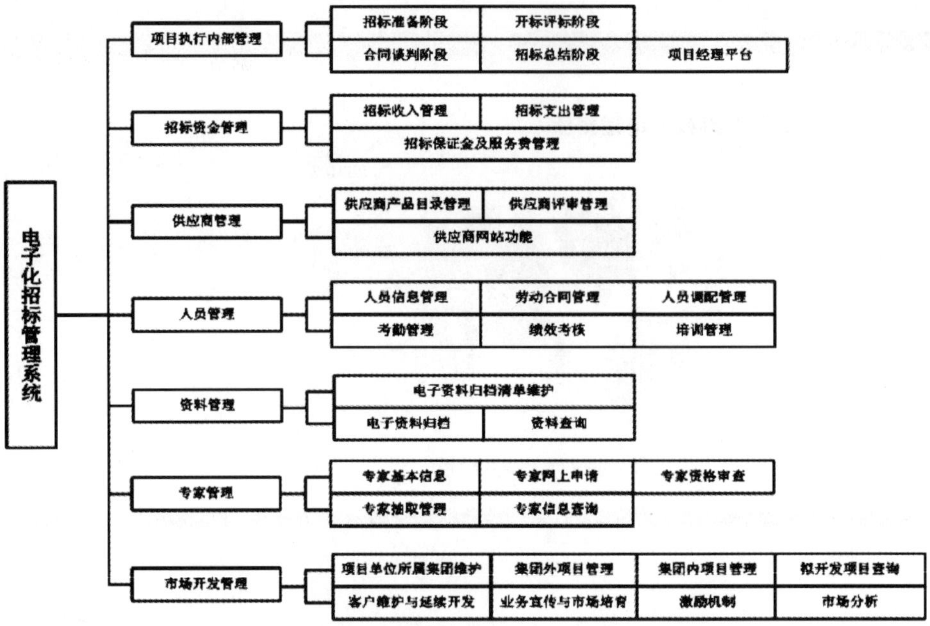

图5　电子化招标管理系统功能结构分布

（三）严格招标代理项目管理服务过程控制，强化落实

为确保招标代理项目管理服务过程公平、公正、公开，公司积极强化各关键节点管控（见图6）：

项目列表

项目一览表：

项目编号	项目名称	项目分类	业主单位	项目经理
000001	内蒙古康巴什热电厂2×350MW空冷机组工程	火电	鄂尔多斯市康巴什热电有限公司	魏春生
000002	北京草桥燃气联合循环热电厂一期	火电	北京京桥热电有限责任公司	李向峰
000003	北京草桥燃气联合循环热电厂二期工程	火电	北京京桥热电有限责任公司	李向峰
000005	锡林郭勒盟东乌旗2×500万吨/年褐煤提质项目	煤矿	锡林郭勒盟东乌旗	魏春生
000006	未来科技城调峰热源工程及配套管网项目	火电	北京清洁能源电力股份有限公司	单付
000007	北京鹿鸣山官厅风电场三期49.5MW工程	风电	北京清洁能源电力股份有限公司	单付
000008	鹿鸣山官厅风电场一二期150MW技改工程	风电	北京清洁能源电力股份有限公司	单付
000009	北京京能未来科技城燃气热电联产项目	火电	北京清洁能源电力股份有限公司	单付
000010	京能北京八达岭太阳能综合试点工程	新能源	北京清洁能源电力股份有限公司	单付
000011	内蒙古京能盛乐2×350MW冷热电联供机组工程	火电	内蒙古盛乐发电有限公司	金鑫
000012	北京海淀北部燃气热电冷联供项目配套调峰热源和热网工程	火电	北京清洁能源电力股份有限公司	单付
000013	北京东北热电中心京能燃气热电厂工程	火电	京能高安屯燃气热电有限责任公司	耿望

操作员：亓晓萌

图6　招标项目列表

一是细化资金费用管理。从招标代理业务的特点出发，进行全过程的资金管理，主要对资金的流入和流出做到监控，防范风险。资金流入主要包括标书费、代理费及中标服务费、投标保证金，资金流出主要包括会议费。标书费管理上制定了标准的标书费发售情况汇总管理，项目经理在建立台账时按标准填写投标单位名称、联系人、标书费收取方式、标书费金额、发票领取及邮寄等相关信息，通过查询，可实现对每一笔标书费都能及时跟踪；代理费按照招标代理合同的约定，根据代理合同中规定的金额，按照统一的收款计划，进行开具发票；中标服务费上以定标会议纪要为依据、以合同金额为准绳，根据规定的取费比率，计算中标服务费的金额，从中标人投标保证金中扣取相应金额；投标保证金上由专人负责按照保证金形式、金额、是否入账等信息进行汇总，项目经理按照退还金额、退还时间、退还方式记录等信息进行汇总，实现了投标保证金全程安全可控，降低了资金风险；会议费上由项目经理上传负责编制的会议费申请单、与酒店签订的价格协议，并将其汇总成酒店价格数据库，在部门经理对会议费

申请单进行房费、餐费、咨询费进行复核通过后，可提交预算借款。在会议费报销中，由项目经理提交会议费报销申请单，并提交会议消费总账单、消费水单、原始发票收据等单据，并根据这些单据审核宾馆会议花费，以及咨询费实际发放情况。

二是严格专家数据库管理。评标专家是评标过程中主体，建立规范、系统、全面的评标专家库是招标代理机构专业化、技术化优势的依托。公司对于专家库的建设和管理实行严格准入、按专业抽取、标后评价等规定。在专家准入方面，严把专家入库关。通过个人申请、单位推荐、专家推荐专家、网上征集等多种方式，确保将持有高级职称资格证书的专业技术人员审核入库（见图7）；在专家抽取方面，评标专家由项目经理会同招标人、监督人在开标前从专家库中随机抽取。抽取结果自动在网上生成，并及时打印，由参与人共同签字、保存。一经抽取并打印完毕的专家名单保存于管理系统，待该次评标结束后可以查询下载但不可以修改（见图8）；在专家标后评价方面，通过评价专家信誉程度、参与具体项目评标的次数与内容、被邀请专家无故未到场次数、专家表现评定专家不良记录等指标。对专家进行标后评价。

图7 专家资料审查

图8 抽取评标专家

三是强化落实招标人员管理。首先是积极推行项目经理负责制和招标师持证上岗。通过测评的招标师可以作为项目经理，根据个人的专业和能力分配给项目。在所承担的项目中，项目经理员在计划安排、项目执行、人员调配、费用管理等方面赋予一定的权力，同时项目经理负责制，也将成本控制、风险意识、服务定位前移到工作第一线，以专业化、现代化的管理理念来提升招标代理的服务质量，并通过客户满意度调查制度，真实、有效的反映了项目人员的工作状况；其次是按照项目经理、项目主管和项目人员三级梯度管理，充分发挥项目人员的主观能动性，使项目经理可以协助部门经理在业务拓展、与相关行政主管部门沟通、资质申请上取得更好的效果；最后是积极加强招标人员培训，安排员工参加住建委、市规划委及中国招投标协会组织的各种培训，并通过集体学习、录像参观、员工上讲堂讲授等多种形式的学习和交流，提高了个人能力和综合素质。通过以上三方面努力，为公司招标代理业务提供充足的人才保障。

四是严格廉政风险管理。鉴于招标投标行业的特殊性和敏感性，公司首先是制定下发了《国际电气公司员工廉洁从业规定》，并按照规定内容，与所有招标代理业务员工签订《岗位廉政承诺书》，并在公司内部一定范围内进行公示；其次是公司纪委成立效能监察小组，将年内重点招投标项目进行效能监察立项，对相关项目招投标全过程进行监督；最后是对招标业务员工工作目标的过程管理以及工作绩效进行廉政考核，通过项目业主评价、项目执行人员互评、上级主管评分、全员民主测评、部门互评有机结合建立考核体系，加强考核制度；此外在每个项目每次招标后都请招标人对本次招标服务人员的满度度进行评定，并密封回复。

五是加强招标代理资料管理。资料管理是招标项目执行过程中非常重要的工作，关系到项目相关数据查询、使用、保密以及项目资料保存的延续性，也是招标代理业务的宝贵财富。公司首先是针对招标项目执行人员较多，人员流动大、执行周期长，容易产生资料丢失等问题，要求项目经理在每批次招标完毕后，及时整理归总资料并将电子版资料上传；其次是编制招标资料管理目录和管理办法，统一招标代理资料存放地点、存放标准和管理规范，并要求在费用报销前，应完成招标资料的整理和成册，移交给招标人的资料必须有移交记录；最后是电子版资料按照管理规范进行建档上传，由资料岗专岗负责，可以方便快捷的查询、统计已经招标的设备的价格情况，对同类型设备的市场行情价格、价格合理性分析等为招标人提供咨询服务。

六是严格开评标管理。严格规范开评标操作程序，明确细化岗位职责，强化节点控制，规范监管行为，突出监管要点，要求招标代理机构的工作人员于开标前一天进入开标地点，参会的各方代表也应大部分在开标前一天报到，在开标前召开标前准备会，听取招标前期的工作情况汇报，确定评标工作安排、评标办法、评标委员会、开标会议程等内容。对评标委员会成员名单在中标结果确定前予以保密；在开标会组织上，纪检监督人员参加开标会，并作为监标人员监督开标情况，唱标人按照开标顺序和开标记录表的内容进行唱标，拆封、记录、投影、核实等工作人员配合。开标结束后应该立即将有关投标文件、招标文件及对应标前澄清文件（含电子版）发放到各有关评标组；在评标会组织上，要求评标委员会各组长首先组织评标委员会成员认真研究招标文件，了解和熟悉招标目的、招标范围、主要合同条件、技术标准和要求、质量标准和工期要求等，掌握评标标准和方法，在澄清后，各技术组、商务组进行详评，评委根据技术对比表和个人的评价意见客观评分，对于技术分数有较大差异，应予以说明。并完成评标报告（见图9、图10）。

开标记录表 北京国际电气工程有限责任公司

No.

申请部门：招标代理分公司 申请人：李向峰 申请日期：2011-08-16

招标批次信息：

招标批次：北京西北热电中心京能燃气热电厂工程燃气蒸汽联合循环供热机组

开标明细： 单位：万元

文件接收顺序	开标序号	投标厂家	包段序号	包段名称	投标报价	密封	投标保证金	法人授权书
3	1	哈尔滨动力设备股份有限公司	001	机岛	183842.7	完好	有	有
2	2	上海电气集团股份有限公司	001	机岛	154500	完好	有	有
1	3	东方电气股份有限公司	001	机岛	140350	完好	有	有
5	1	上海凯泉泵业（集团）有限公司	002	凝结水泵	204.413	完好	有	有
4	2	湖南湘电长沙水泵有限公司	002	凝结水泵	208	完好	有	有
3	3	沈阳工业泵制造有限公司	002	凝结水泵	236	完好	有	有
2	4	长沙利欧天鹅工业泵有限公司	002	凝结水泵	209.2	完好	有	有
1	5	上海水泵制造有限公司	002	凝结水泵	228.95	完好	有	有

增加 删除

图9 开标记录表

图10 发布中标公告

（四）落实招标代理业务"四统一"，透明高效

坚持以统一计划、统一流程、统一标准、统一平台即"四统一"为系统透明、高效运转的基础，在统一计划编制方面，强化对前期工作进展、工程里程碑节点、生产大修技改、行政办公用品等招标计划的提前上报和编制；在统一流程方面严格实行公司招标业务管理流程；在统一标准方面严格执行公司招标管理相关制度，统一集团内各招标项目招标文件规范；在统一平台方面，集团系统各招标项目统一通过国际电气公司电子化招投标管理系统开展招投标相关工作。通过招标流程的固化、招标管理制度的有

效实施、招标平台的集中组织提高集团化统计分析能力。

（五）持续改进招标代理项目管理服务系统，与时俱进

招标代理项目管理服务系统运转过程中，注重及时根据客户满意度评价，积极开展项目总结评价，主要包括项目目标、项目效益、项目管理后评价，总结问题与不足，及时优化项目管理服务系统各个环节，确保“客户—过程控制—总结评价—系统优化—市场开拓”这一系统的良性循环，为公司招标代理业务的做大做强提供动力。

四、大型能源集团招标代理平台项目管理服务体系的构建与实施的效果

（一）招标代理平台项目管理服务体系有效降低成本提升效益

自2010年末国际电气公司招标代理平台项目管理服务体系实施以来，在优化管理、效益提升等方面体现了较强的生命力，至2012年末，公司招标代理业务三年间累计完成火电招标项目28个，水电招标项目6个。太阳能招标项目5个，风电招标项目12个，累计实现招标合同额102亿元，为公司提供了稳定的利润支持，通过项目管理服务体系的实施，预计 2013年底年效益额较2011年同期增长20%，增收将近400万元，效益总额达到2560万元，较2012年同期增长10%（见图11）。

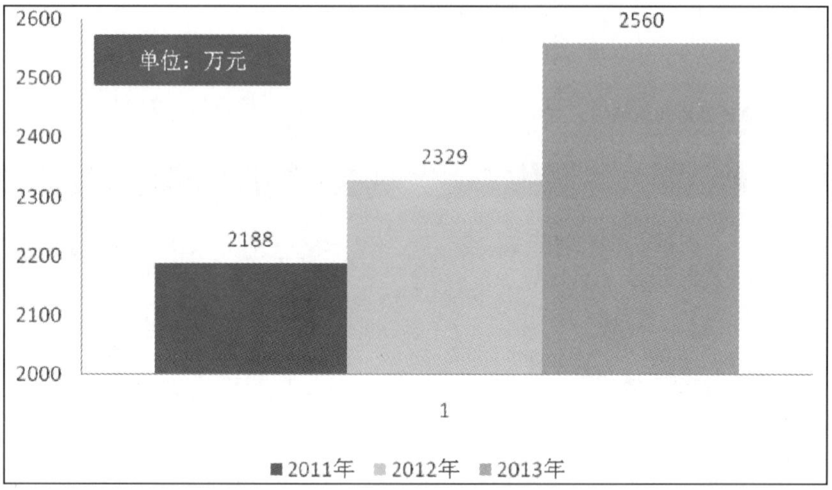

图11　近三年效益额对比

与此同时，通过项目管理服务体系的运行，公司成功实现了招标代理机构和投标供应商的“共赢”，公司作为招标代理机构，降低了项目运作的整体成本，提高了经济收益；供应商免受亲赴现场登记报名之累、节省了购买标书等的差旅费用。通过项目管理服务体系的业务运作模式，电子化的标书制作和发售方式，招标文件发售环节实现零成本、纯利润，2012年至2013年，标书费收入较同期增长了20%；公司每年节约通信费、会议费、人工成本共计约110余万元，通过项目管理服务体系供应商会员管理，公司每年增加会员收益120余万元，通过项目管理体系的实施，每年直接节约成本和增加会员收益共计230余万元。

（二）招标代理平台项目管理服务体系显著提高工作效率

得益于项目管理服务体系的构建与实施，公司招标代理业务和以前相比，工作效率得到极大提升，公司高层管理者可以利用系统平台数据的不断更新，实时掌握项目动态和业务全景，以及单项业务的具体流程情况；审批流程可以根据实际需求设置，并且相对稳定，确保了业务人员的项目执行的准确性；体系知识库积累和不断增加，促进了公司知识积累，流动和共享，减少人员流失而造成的潜在影响；帮助业务人员摆脱了纯事务性工作，有利于把精力投入到招标业务的前期策划和后期提炼等高附加价值的工作中来，对公司的招标代理业务核心竞争力的提高是极大的保障（见表1）。

表1 项目管理服务体系与传统招标比较表

工作内容	传统招标	招标系统
编制标书	1~2天	30分钟
发售标书	专人接待	投标人网上自助
开标时间	至少10~30分钟	5分钟以内
评标时间	至少8小时	8小时以内
评标报告	1~2小时	10分钟
项目归档	1天	10分钟内
统计分析	至少1小时	10分钟左右
文件审批	受制于流转程序	即时网上完成

（三）招标代理平台项目管理服务体系提高集团化管控水平

招标代理平台项目管理服务体系的实施，一方面有效规避了集团管控经营风险。传统招标业务开展过程中，业务执行、业务资金等多数通过口头下达、文件下发、后期检查等方式进行管理，易导致出现问题后才发现存在的风险管理漏洞。通过项目管理服务体系的运行，使京能集团内部招标项目业务程序透明化、规范化和标准统一化；通过对评标专家、供应商、监督人员及其他工作人员的登记审核、运行管理及后评价一体化，实现了集团内部招标代理项目全过程风险监控、风险问题即时处理、处理问题的追踪考察等功效；在资金方面，实现了资金台账的自动生成，达到了实时更新的统计分析功能，降低了资金收支风险，能及时的掌握资金的收支情况，达到了资金管理精细化的目的，全面提升了业务风险管控水平，真正实现了风险管理的目的；另一方面项目管理服务体系实施过程中，公司通过“统一计划、统一流程、统一标准、统一平台”的“四统一”工作的落实和高效执行，公司作为集团招标代理服务平台的职能得到进一步的发挥，在帮助集团抵御风险，降低成本，实现资源共享，产生协同效应，拓展新的发展空间方面，发挥了积极作用，成功开辟京能集团系统外前期咨询、招标代理、采购服务、造价咨询、工程管理、项目后评价等服务领域。

（四）招标代理平台项目管理服务体系得到业界和业主肯定

通过招标代理平台项目管理服务体系的构建与实施，公司一方面建立了一套完整的招标系统，对内夯实基础，对外加强品牌建设，提高行业内的认知度，第六届全国招投标领域年度聚焦活动中，国际电气公司凭借在招标业绩、网上投票、管理体系、曾获奖项等诸多方面的突出表现，获得了2011年度中国最具竞争力招标机构百强、电力行业最具竞争力招标机构、北京地区最具竞争力招标代理机构、工程建设项目最具竞争力招标机构、货物招标最具竞争力招标机构5个奖项，并有3人次获得2011年度全国优秀招标项目经理称号；另一方面公司招标代理平台项目管理服务团队得到不断壮大。通过开展项目经理负责制和招标师持证上岗制度的推行，提高了项目人员的综合素质，提升了服务意识和咨询服务能力，为招标人提供了招标计划咨询、招标方案策划、标段划分、标的物市场行情咨询等延伸服务，目前国际电气从事专职招标代理业务的人员中，达到招标师考试条件的员工100%考取了招标师执业资格，客户对招标工作服务满意率总体在95%以上。

（五）公司招标代理业务建成业内一流专家信息库

公司招标代理专家库中包含了800余位具有高级职称的业内知名专家，涵盖了设计、制造、施工、监理、调试、运行、检修等数十个专业，在招标评标、合同执行和工程建设等方面为招标人提供建议，为京能集团内部项目提供了更开阔的思路和经验。同时依托建立的专家库，对外申请取得了政府采购乙级资质，拓宽了业务范围。

成果创造人： 昝荣师 綦惟恒 李天军 项 昆 贾秩镔 单 付 金 鑫 亓晓萌

西餐肉食企业以高端市场为目标的食品安全管理

北京富润福德进出口有限责任公司
荣获第二十八届北京市企业管理现代化创新成果一等奖

北京富润福德进出口有限责任公司（以下简称富润福德公司）是由北京对外贸易食品供应公司改制重组的企业，成立于2002年3月5日，注册资本798万元，是国有控股的中外合资企业，隶属于北京对外经贸控股有限责任公司全资子企业——北京北粮国际经贸有限公司。富润福德公司的主营业务为西餐食品的生产与销售，公司总部位于北京市东城区，下辖生产加工厂，厂区位于北京市昌平区。经过10年的发展，富润福德公司现已成为集研发、生产、进口、加工、销售、物流、配送、仓储等多项业务为一体的西餐肉食企业。2012年公司的主营业务收入为7323万元。主导产品包括“好伯”系列西餐肉食产品、进口高档肉类产品、海产品、西餐调味料等。作为北京西餐食品生产和销售的引领企业，富润福德公司凭借优良的业界口碑和完善的现代化管理体系，成为第二十九届北京奥运会指定的西餐食品供应商，是北京市商务委员会指定的“十八大”食品供应商及“全国两会”供应商。

一、实行以高端市场为目标的食品安全管理的背景

富润福德公司的主要客户为四星级以上酒店、驻华使领馆及航空配餐企业，最终消费主体为高端人群。高端市场消费者对西餐食品的配方要求严格，也更加关注食品安全问题。为保证产品质量，向市场提供安全放心的西餐食品，企业实行了以高端市场为目标的食品安全管理。

（一）食品行业遭遇信任危机

近年来，我国食品行业危机屡现，食品安全事故频频发生，整个行业面临巨大的信任危机。食品生产企业加强自身的食品安全管理，重新构建公众对食品质量的信心，是摆在所有食品企业面前的一个必修课题。富润福德公司在原有质量标准和生产标准的基础上，不断完善原料采购、生产管理、质量控制等环节，积极重建公众对国产食品质量的信心让富润福德公司成为一家让社会放心的食品企业。

（二）满足高端市场对食品安全的要求

在发达国家，食品安全监管的网络和体系较为完善和成熟，从原料采集、生产、流通、销售和售后等各个环节进行全方位监管，供食用的牲畜如牛、羊、猪都会挂有识别标签，并由网络计算机系统追踪监测。如果出现食品安全危机，也可以根据标签编码迅速找到源头和原因。其实施的食品召回制度是发现食品质量存在缺陷之后采取的补救措施，是防止问题食品流向餐桌的最后一道屏障。而我国目前食品行业的监管体系亟待完善，在一系列食品安全事件曝光之后，高端市场消费者对国产食品安全的关注更为敏感，在消费者集体对中国食品安全失去信任的时候，作为食品生产企业，富润福德公司以该部分市场的高端消费者的要求为标准，参考欧盟食品安全标准制定严于国家标准的企业标准，用客观的生产环境和检验结果使消费者保持对企业和产品的信心。

（三）加强食品安全管理是企业可持续发展的必要条件

人们常常把食品产业叫做良心产业，做食品就是做良心。因此诚信是食品行业的基本道德，只有诚实的生产、诚信的经营才能够确保食品的安全。也只有确保食品的安全，食品企业才能健康快速的发展，因此，食品安全也是食品企业生存和发展的生命线。作为食品行业的从业者，富润福德公司始终把食品安全作为一种信仰，有了这种信仰就有了做好食品安全的内在动力，有了食品企业自律的道德基础。主动配合政府健全食品安全管理体系，维护行业健康、快速、有序的发展，是企业发展的社会责任之一。

二、实行以高端市场为目标的食品安全管理的内涵

参考欧盟食品安全标准，制定严于行业标准和国家标准的企业食品安全标准。并引入了欧盟标准中从农场到餐桌的概念，确立了食品生产经营商对食品安全的责任。依靠自我核查机制及对有害物的现代监控技术来确保食品安全。从原辅料采购的源头控制食品安全。

企业摒弃单一的价格采购方式，以战略采购的理念，在国内外与各原辅料供应商建立持续、稳定、合作、共赢的合作关系。这种互利的合作关系，为企业提供了稳定的供应渠道，原辅料的质量保持一贯品质，成为富润福德公司食品安全的源头保障。

引进ERP管理系统，以信息化手段来解决食品安全的溯源信息问题。实现精准的客户管理，通过业务控制程序、绩效综合评价程序、计划管理程序等对客户进行管理。

建立冷链物流。企业通过改扩建生产车间，完善布局，调整生产流程，在生产过程中满足产品对温度的要求。配送过程采用厢式冷藏车，车辆装有温控设备，保证产品从离开库房到达客户指定地点时的车厢温度在-18℃以下。

建立不安全食品召回制度。企业销售部门通过外部信息收集，一旦发现食品存在可能的安全隐患，立即协调质量控制部门发布公告，对相关产品予以召回，并进一步追查不安全因素的产生环节并加以解决。

尊重劳动者，提高员工福利待遇，营造良好的企业文化，让每一位员工感受到企业与个人是共生共利的关系，感受到企业的友好，以杜绝人为不安全因素。

三、实行以高端市场为目标的食品安全管理的主要做法

（一）参考欧盟标准制定食品安全标准

随着中国城市的不断国际化，国内西餐食品市场发展迅速，但各企业产品的市场定位不同。富润福德公司选择了集中市场营销，以四星级以上酒店和高档西餐厅、驻华使领馆等性质相似的高端市场为目标市场，在西餐食品的高端市场上实现了较大的市场占有率。选择这样的市场的同时，企业也就选择了一批高端客户，对产品的品质、安全要求就更高，在满足国内食品企业各项认证体系要求的同时，投入市场的产品要达到出口欧盟的同等品质。欧盟具有一个较完善的食品安全法规体系，涵盖了“从农田到餐桌”的整个食品链，形成了以“食品安全白皮书”为核心的各种法律、法令、指令等并存的食品安全法规体系。

富润福德公司参考欧盟相关法律法规，在严格执行国家标准的基点上贯彻实施相关体系认证，对产品质量进行“源头控制”、“过程控制”和“终端控制”，如ISO 9001质量管理体系认证、OHSMS18001职业健康安全管理体系、GMP良好操作管理体系的认证等，以构成产品链的全过程处于有序控制中。同时执行852/2004号食品卫生条例，主要包含：企业经营者承担食品安全的主要责任；从食品的初级生产开始确保食品生产、加工和分销的整体安全；全面推行危害分析和关键控制点（HACCP）；建立微生物准则和温度控制要求；确保所生产食品符合欧盟标准或与之等效的标准。富润福德公司据此制定的企业食品安全标准包括：《食品添加剂适用卫生标准》、《食品中污染物限量》、《食品中农药量最大残留限量》、《熟肉制品卫生标准》、《包装、贮运执行标准和适用原则》、《食品过敏原标识标注》、《食品追溯编码规则》等。这些标准中涉及到食品添加剂、污染物、农药残留、卫生标准、过敏原标识标注、追溯编码等，都是当下人们最为关心的食品安全衡量指标。原辅料产品资质不齐全、指标不合格、标识标注不清晰的，企业质量控制部门将对供应商的产品予以回退。

（二）原辅料的源头控制

食品原材料的安全是食品链中重要的一环。与国产肉相比，澳洲进口肉的安全性和品质更为高端消费者所接受。尤其是在华外国消费者，他们在关注食品安全的同时，更加关注动物健康与福利，多数人认为没有良好福利和生长环境的动物不是真正健康的动物，它们都是靠药物来维持健康的。这样的动物在屠宰后，体内会有大量的抗生素和其他不利于人类健康的成分，以此作为食品原料是极不安全和

不可接受的。而进口的澳洲肉类产品，由于其从动物饲养到后期屠宰所执行的各项标准远远高于国内大部分同类产品，符合企业制定的食品安全标准。实行以数据分析为基础的采购方法，即战略采购。更注重“单一最低采购价格”，即以最低总成本建立服务供给渠道，而非以最低采购价格获得当前所需资源的简单交易。企业需要进行供应商评价和选择、供应商发展、买方与卖方长期交易关系的建立和采购整合。企业在进口澳洲肉类产品时，通过澳洲肉类协会等多方平台，与澳洲多家肉类产品供应商建立联系，并分别对其进行要素评价，从中选择4–5家供应商建立长期联系。建立正式供应商认证计划、供应商业绩追踪系统、供应商评价和识别系统。供应商业绩评价指标包括定价结构、产品质量、技术创新、配送、服务等几方面构成。

富润福德公司西餐食品研发和生产技术在行业中领先，所以供应商现有技术在行业中的领先程度和技术创新能力是首要的评价和选择标准，在此基础上考虑产品质量、定价结构、配送和服务。战略采购使买卖双方的交易关系长期化、合作化。在富润福德公司，供应商是企业的延伸部分，买卖双方的关系持久，双方不仅着眼于当前的交易，更重视长期的合作。这样就形成了一种双赢的局面。富润福德公司甚至在互利双赢的基础上，为战略采购供应商的产品品牌进行国内市场推广。在这种长期合作的交易关系中，供应商对买方企业有相应的回报：（1）供应商对买方企业的订单要求作出快速的反应；（2）供应商有强烈的忠诚于买方企业的意识；（3）愿意尽其所能满足买方企业的要求；（4）运用其知识和技术，参与买方企业产品的设计过程。这些基于长期、双赢的合作回报是企业进口原料安全的重要保障。

通过消费者的反馈信息所显示，他们对企业品牌辨识率很高，95%以上的消费者在第二次消费时，都能够准确识别并选择HORBER品牌的产品，而且无论熟食冷切还是分切部位肉，品质都得到了他们的充分认可。原因是他们通过服务人员的介绍和企业相关资质的展示，很好的了解了富润福德公司产品原料的来源。可以说无论是在当前食品安全危机严重的情况下，还是在平时，HORBER品牌都代表了一种品质、安全和信任。

（三）引进天思ERP管理系统

ERP系统即企业资源计划，是由美国Gartner Group咨询公司在1993年首先提出的，建立在信息技术基础上，以系统化的管理思想，为企业决策层及员工提供决策运行手段的管理平台。它把物流、人流、资金流、信息流统一起来进行管理，其核心思想是供应链管理。

1. 实现对食品安全信息可追溯

可追溯有利于鉴别产品、追溯其历史和产品来源。它并不能使食品本身变得更安全，而是一个管理工具。它有利于保障食品安全，并且在发现食品不安全的时候有助于采取必要行动。欧盟立法以在食物供应链的每一步实行“退一步和进一步”的方法为基础，为整个食品链中的环节提供可追溯性。

在肉食加工企业的食品安全管理中，最重要的要素就是通过信息技术实现对肉品从“加工—冷冻—配送—零售—餐桌”全流程各个环节的可追踪性与可追溯性，确保肉食品供应链每一个环节的信息准确性。要做到原料来源有保障，加工生产环节有严格的控制标准，事后对过程信息可追溯。富润福德公司引进了天思ERP管理软件，在ERP的平台上实现了供应链、生产制造、质量管理等重要功能。例如，某顾客购买企业的商品，发现商品的质量未达标，向企业进行投诉。以下为处理流程：（1）查出该商品批号或对应的条码。（2）联机查询产品保质期，确定是否过期。（3）如果商品在保质期内，将商品退回质量控制部。（4）质量控制部门作出品质检验报告。（5）如果商品品质有问题，则需要分析原因，以判断是工艺问题、材料问题还是其他问题。（6）如确定为某原料问题，可通过ERP系统查到与这个产成品批号相关联的领料单及会影响品质的相关物料。对该批原材料进行检验判断，如工艺存在问题，可查找当时生产的操作执行人进行处理。（7）如果确定原材料检验存在问题，可联机查出这个原料批号相关的厂家。

这样就可以做到在原辅料供应、生产管理、仓储物流、营销相关业务环节采取合适的软硬件技术手段实时记录产品信息，可通过查询随时跟踪产品的生产状态、仓储状态和流向，以达到产品追溯管理的目的。ERP溯源管理为产品召回机制提供可靠的信息平台；可以加强对市场的管理与控制；提高产品物流信息采集识读的准确性，减少错发事故；加强生产现场管理，提供可视化手段；动态反映生产进程；有利于打造快速、高效的物流系统；实现物流管理信息化和人员配备最优化；提供各类生产、仓储报表；为管理决策提供更有价值、更具时效性的分析数据。

2. 实现精准的客户管理

客户管理作为产品销售管理的重点，对促进产品销售，提高产品竞争力起着重要的作用。精准的客户管理，才能避免人为的失误，如发货错误，产品订单记录错误等导致的客户投诉。随着公司产品种类、销量的变化，近年来客户数量也发生了明显的变化，从原有的400个左右增至600个以上。在客户数量快速增长的同时，客户管理难度加大。如果客户管理手段缺失，造成货物配送延期等失误，会导致客户对企业产品的忠诚度下降。

SD（销售和分销）模块，是ERP系统的基本模块之一，处理有关销售、发货装运、发票开具的任务，其重点是突出资金流、物流、信息流，常规应用功能包括售前活动、创建订单、创建发货单、发货、出具发票、应收账款。目前该系统已建立SD、PP/MM、PS、PM、MRO、FT/TR/CO、HR、AS等11个模块，覆盖了公司生产、计划、采购、销售、物料、财务、设备、人力资源等基本业务。客户管理系统分为业务控制程序、绩效综合评价程序、计划管理程序三个部分。业务控制程序分为客户资质管理、销售价格考核、销售计划完成率考核三个子程序：（1）客户资质管理子程序。主要目的是在ERP系统中建立完整的客户档案，对客户档案信息进行动态管理，通过相关信息控制提货业务，内容包括客户负责人、注册地址、联系人、联系电话、客户营业执照、危化品经营许可证、税务登记证号及经营资质有效期限等相关信息，并根据经营资质的有效期限与销售业务实现关联，提前3个月预警，到期自动锁定提货订单开具业务。（2）销售价格考核子程序。按运输方式、分品种对每个自销产品的客户月度销售均价进行排序，对出现连续3个月或年累计6个月价格最低情况的客户系统自动减半月销售计划。（3）销售计划完成率考核子程序。统计分析客户月销售计划率完成情况，对出现连续3个月或年累计6个月计划完成率低于50%情况的客户自动锁定1个月的发货业务。

基于ERP的客户管理，优化了产品销售结构，提高了产品经济效益。根据销售价格及客户队伍的统计分析，为产品的效益比对提供参考，有选择的做大做强效益较好的产品，从而达到优化产品结构的目的。进一步完善了客户考核评价方法，提高客户管理的工作效率，减少客户管理的人为因素，规范产品销售的业务操作，降低经营风险。客户管理系统充分借助了信息化的技术手段，完善产品销售的制度+科技管理模式，在提高产品经济效益、防范法律风险的同时，也促进了产品销售廉洁风险防控机制的建设。

（四）建立冷链物流

冷链物流泛指冷藏冷冻类食品在生产、储藏运输、销售，到消费前的各个环节中始终处于规定的低温环境下，以保证食品质量，减少食品损耗的一项系统工程。完整的冷藏食品供应链是食品安全不可或缺元素。

肉中含有的糖原、氨基酸等丰富的营养成分是微生物繁殖的良好基质。健康动物的血液和肌肉通常是无菌的。动物屠宰后，由于血液循环停止，吞噬细胞的作用停止，动物表面滋生的微生物就会沿着血管进入肉的内层，并进而深入到肌肉组织，造成肉的腐败变质。肉类生产消费过程中，任何不适当的操作和储运都可能造成肉类的腐败变质，从而危害人们的身体健康。

冷藏和冷冻是肉类生产和消费中抑制微生物生长繁殖的重要手段之一。肉类分割加工、包装、储藏、运输、销售，直至最终消费过程中，都必须保持冷藏或冷冻。富润福德公司改扩建了厂房1000平方米，使车间布局更加合理，生产过程中的温度控制更加精准。新建库房1200平方米，温度分区更加精细，从预冷、冷藏、冷冻到速冻，在保证食品安全的基础上，更提高了产品质量，避免因温度的不精确导致营养流失或口感变差。

富润福德公司的配送车辆使用厢式冷藏货车，车辆配备GPS定位系统、温控系统。企业可随时监控配送车辆的运输轨迹，并通过温控系统记录的数据，监测车厢内的温度。食品从冷库被装运到配送车辆车厢内，直至送达客户库房，温度必须持续保持在-18℃。在产品发生位置改变时，始终保证其瞬间温度变化不超过3℃。通过清晰明确的产品标识，让消费者了解食品的正确储存温度，避免因储存不当导致食品安全事故。

（五）实行食品召回制度

食品召回制度是指食品的生产商、进口商或经销商在获悉其生产、进口或经销的食品存在可能危害消费者健康、安全的缺陷时，依法向政府部门报告、及时通知消费者，并从市场和消费者手中收回问题食品，并采取更换、赔偿等积极有效的补救措施，以消除缺陷食品危害的制度。

国外相对成熟的召回制度，是以企业信用制度为基础的。如果一个企业任由缺陷食品上市并不加以召回，那么必将被市场无情地抛弃。产品召回，并不意味着产品质量低下，而更多代表的是产品质量的监管，政府法规的系统完善，以及企业的诚信、自律、社会责任及对消费者的关爱。只有诚信，才能真正确保消费者对自己所选择的产品安心、放心。在召回制度下，企业视产品质量为生命，将诚实守信规则和自律作为对社会、公众健康所承担的义不容辞的责任。

富润福德公司实行《不安全食品召回管理制度》的目标是：（1）停止销售会产生健康风险的食品；（2）就有关问题通告相关机构和公众；（3）快速有效地从市场上撤除潜在的不安全产品；（4）保持商业声望和公众信任。《不安全食品召回管理制度》适用于发现存在食品安全危害且已流向市场的产品。企业是食品召回的发起人，负责启动食品召回，并完成以下工作：（1）召集委员会开会并审查资料，包括撤除的初始操作；（2）确认召回的必要性。首先进行风险评估，进一步了解信息，如需召回，再确定召回采取的方式；（3）向召回协调员提供信息；（4）确定召回层次，是消费者层次召回还是商业层次召回。这一方面取决于分销和产品性质，另一方面应根据卫生机构的讨论来决定。若是消费者层次召回，则应通过媒体广告来通知公众；（5）停止产品分销和销售。立即通知分销商停止销售，让消费者停止购买，并且让销售商尽快从消费者手中取回产品等待处理。 食品召回过程完成时，企业需要做总结评价工作，具体包括：（1）编写召回进展报告，说明召回工作的进度；（2）审查企业食品召回的执行程序；（3）向卫生部门提交食品召回总结报告，提出保证食品质量安全，防止再次生产问题食品的措施，实行以预防为主的战略。

（六）坚持以人为本的管理理念，杜绝人为的食品安全因素

经营企业就是经营人心，尤其是在食品企业，如果人心经营不好，很可能会发生一些人为的食品安全事故，例如2008年初的“毒水饺事件”，就是因为天洋食品厂工资待遇及个别职工不满，为报复泄愤在饺子中投毒。事故与铲子田间地头的生产原料无关，与储运保藏无关，它只是一个恶意的人为结果。食品生产消费的链条很长，原料采购、加工生产、储藏运输……每一个环节均与安全关联密切。其中人的因素一直扮演着重要角色，而人的“故意破坏”更让质量监管难以防范。相比其他因素，人为的破坏应该最为“难”控。 员工的恶意破坏，无非就是出于报复，报复企业待遇与个人付出不符，报复同事、领导以发泄对他们的不满。整体而言，中国的食品行业待遇相对较低而员工的劳动量又相对较大，因此对企业的不满情绪难免出现。有些纯劳动密集型企业，在对一线员工的管理方面，采取过多的呵斥、批评。在只顾效率的前提下，员工间的关系较为紧张……这些因素为滋生“恶意破坏”的行为提供了发酵的温床。

面对人为的安全因素，富润福德公司坚持以人为本的管理理念，尊重个体，从企业经营目标出发，对员工进行绩效考评，让员工参与绩效考评制度的设计，使考评制度更具公信力。通过对员工进行培训，帮助员工胜任并发掘员工的最大潜能，提高其工作能力，增强其应变和适应能力，提高员工对企业的认同和归属感。企业将培训内容与企业目标相结合，员工就会将其所学到的知识与技能应用到工作当中，从而提高工作效率。薪酬与福利是对员工激励的最有效手段之一，是企业吸引与留住优秀人才从而取得竞争优势的条件之一。通过人力资源的整体规划、绩效和薪酬的调整、培训的开展，员工对企业忠

诚度提高，产生了一种深刻而持久的工作驱动力，使企业保持高昂的士气。员工将自己的理想与企业的目标结合在一起，实现了最佳组合，形成了企业的最大整体合力。同时，企业改善了员工的工作条件和生活环境，保证员工有足够的休息次数和休息时间，避免长时间低温环境作业对身体造成的影响；修建桑拿房，保证员工在工作完成后可以洗到热水浴和桑拿浴，保护身体健康；改善员工的用餐环境，免费为员工提供一日三餐，提高员工的餐食品质；改造宿舍区，为每个房间配备空调。这些措施为员工的充分休息提供了保障。通过对个体的关注，员工的积极性得到大幅提高。企业与中德合资北京市京科伦冷冻设备有限公司合作，以氟制冷设备替换氨制冷系统。氟制冷设备运行安全、高效、节能，为员工的安全生产提供了保障。为避免职业相关性疾病，企业提高采购防寒服等配套保暖防护用品的防护等级，避免低温环境对员工的身体健康造成的影响。为肉品分割员工配备进口金属钢丝防护服，有效预防操作过程中刀具对人体的伤害。

营造良好的企业氛围，改变管理模式，让每一位员工感受到企业与个人是共生共利的关系。当员工感觉到企业与个人的友好关系时，人为的食品安全因素就会被杜绝。

四、实行以高端市场为目标的食品安全管理的效果

（一）经济效益（单位：万元）

提高了企业销售收入，增加了利润总额。

表 1 销售收入增加对比比表

内容	2011 年	2012 年
销售收入	6721	7323
利润总额	387	410

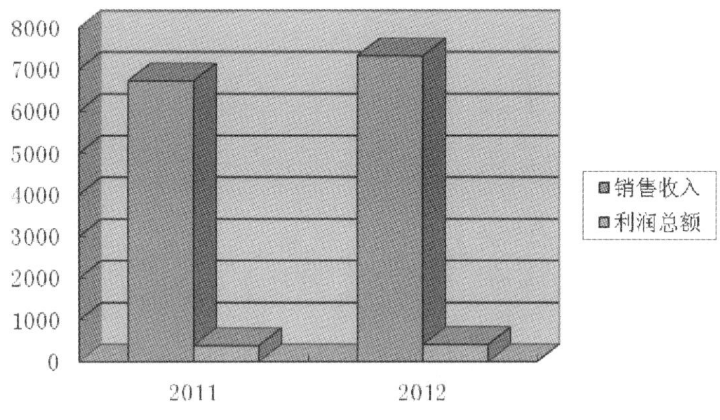

（二）社会效益

通过制定严于行业内其他食品企业的食品安全标准，控制原辅料采购源头，引进ERP管理系统，建立冷链物流、实行不安全食品召回制度，对人为安全因素进行控制，为高端市场提供了安全放心的食品，产品的品质和安全性获得星级饭店、驻华使领馆、高端会议主办方的一致认可，企业因此获得了更多的社会效益。

企业一直以来的高品质形象和良好的行业口碑，使富润福德公司得到了大型赛事及活动主办方的关注。2008年，北京承办第29届奥运会，奥组委指定的餐饮服务商爱玛客找到富润福德公司，希望与富润福德公司就西餐食品供应进行合作，将全部西餐食品供应的订单交给富润福德并预付100%订单货款。企业以“零成本”成为奥运食品供应商，以“零事故”、“零投诉”的供应服务完成供奥任务。期间，富润福德公司制定的奥运食品供应标准得到质监局驻厂官员的肯定，并被制定成标准手册，在所有供奥食品企业中推广。

2012年，富润福德公司成为北京市商委指定的“十八大”食品供应商，企业以常态化的高标准生产状态通过了资质审核与生产环境检验并顺利完成任务。任务结束后收到北京市商委的感谢信。富润福德公司还是每年“全国两会”和“北京市两会”的食品供应商。企业于2010年被北京中华厨皇协会授予2010年度爱心企业特殊贡献奖，于2012年8月被北京中华厨皇协会授予优秀企业特殊贡献奖。

随着企业高端品牌形象的树立，富润福德公司在行业内的领军地位逐渐确立，美誉度和知名度不断提升，“好伯”品牌全系列产品在北京市及国内其他一二线城市得到消费者的广泛认可和好评。同时，随着该企业在重大会议、会展等活动供餐服务领域服务范围的不断扩大，其在西餐肉食领域的影响也在不断扩大。这些效益的取得源自于企业主动制定并执行的严格食品安全标准。

成果创造人：集体　北京富润福德进出口有限责任公司

第二十八届
北京市企业管理创新成果汇编

2013卷 下

北京市企业管理现代化创新成果评审委员会
北京市企业管理现代化创新成果评审办公室 编

UNITY PRESS 團结出版社

军民融合式发展战略的构建与实施

北京卫星制造厂

荣获第二十八届北京市企业管理现代化创新成果一等奖

北京卫星制造厂（以下简称“529厂”）成立于1958年，隶属于中国航天科技集团公司第五研究院（以下简称“五院”），是从事空间飞行器制造的国家高新技术企业，资产总额22.5亿元，员工1700余人。承担着五院所有卫星与载人航天器的主结构研制及装配，所有太阳翼、部分天线等次结构与机构产品研制与集成、所有电缆网及多个卫星平台和有效载荷电源与控制器的研制、热控产品研制与热控实施、控制与推进、环控生保分系统管阀件研制与管路系统装配集成、全部总装直属件研制。建厂55年来，企业先后完成了以“东方红一号”卫星、“神舟”系列飞船、“嫦娥”系列卫星、“天宫一号”目标飞行器等为代表的科学实验、返回式、通信、资源、导航、深空探测卫星和神舟飞船等系列共140多颗（艘）卫星及飞船的机械、电子与热控产品研制、总装集成与测试，以及发射场服务等任务，为中国航天事业发展和国防现代化建设作出了重要贡献。形成了以北京航天城唐家岭厂区为核心，辐射北京中关村、河北三河、湖北武汉等多地协调发展的产业格局，产品和业务覆盖卫星的10个分系统、飞船及目标飞行器8个分系统。

一、军民融合式发展战略构建的背景

（一）实施国家重点发展战略的需要

“十一五”末期，国务院发布了《关于加快培育和发展战略性新兴产业的决定》，未来将重点发展节能环保、高端装备制造、新材料等七大领域战略性新兴产业，以重大技术突破和重大发展需求为基础，对经济社会全局和长远发展形成重大引领带动作用，为经济社会可持续发展提供强有力的支撑。同时，军民融合式发展思路是我党探索治国建军规律的实践经验总结，是着眼国家安全和发展战略全局，适应国防和军队建设的新任务、新要求而作出的重大战略决策，根本目的是实现富国和强军的统一。

（二）构建企业商业模式的需要

中国航天科技集团公司第四次工作会提出“要构建航天科技工业新体系架构下的大型科研生产联合体”，通过从组织模式上的革新，实现军品和民品在组织和管理上的“一国两制”，解决航天企业目前存在的“一元管理、二元结构”的问题。当前及未来的形势发展不仅需要航天企业强大的研制能力，更需要其具备快速、批量制造的能力。要求企业必须构建新的商业模式，创造出更多高附加值产品，提升企业经济效益。

（三）谋求企业新型发展道路的需要

当前，529厂作为院属重要单位，面临五院加快转变经济发展方式，加速推进战略转型升级，全面提升宇航系统和航天技术应用产业两大主业可持续发展能力的新局面。同时，五院由原先的研究院向空间技术产业集团转变，并提出要成为国际一流的宇航系统集成商、面向全球市场的宇航核心部组件产品供应商和全球重要的卫星应用产品供应商和服务商。“529厂”要认真对标五院转型方案，结合企业自身实际，形成适合企业发展的具有“529厂”特色的转型方案，使企业实现全面转型，走上新的发展道路。

（四）突破企业发展瓶颈、提升发展能力的需要

当前，社会经济形势由计划走向市场，行业、业务由垄断到面临竞争，承揽任务有总体减少趋势，生产周期逐步被压缩且生产分布极不均匀，能力短板愈加严重。由此导致生产成本增加，利润减少，企

业规模大但效益不高，资金周转慢。在传统体制中，“529厂”在航天器研制产业链中始终处于下游地位，在思想意识方面，只是被动接受任务，缺乏主动承揽任务的积极性、主动性；面向市场的资源优化配置能力不足，不能灵活应对激烈的市场竞争；同时，企业的体制机制产业软实力建设相对滞后，企业发展难以取得突破。如何尽快变被动为主动，在快速发展的军用和民用两大市场中跟上形势、抢占先机，是企业迫切需要解决的问题。

二、军民融合式发展战略的内涵和创新点

（一）军民融合式发展战略的内涵

根据国家产业政策和发展战略，以建设国内领先、国际一流的宇航制造企业（集团）为愿景；以造精品卫星、创高端产业、富国强军利民为使命；以构建航天为核心，辐射军用和民用市场产业体系为目标；以军民两大主业的市场开拓和核心能力提升为手段；围绕强化核心理念，以明确企业定位及类型转变、梳理产品体系与技术体系、推进产业结构升级换代、构建企业商业模式和塑造企业文化为内容；以宇航型号任务圆满完成、技术市场开发业绩突出、队伍结构优化、工作效率提升和经济效益显著、社会效益倍增为目的，全面构建军民融合式发展战略。

（二）军民融合式发展战略的创新点

1. 企业定位转变

以构建企业商业模式为目标，在企业定位上实现由生产制造商向集成服务商的转变。

2. 业务属性转变

航天技术应用产业重点业务由提供产品向为客户提供产品系统全过程服务转变。

3. 产品实现形式转变

实现从单纯的产品设计生产、安装调试向提供技术咨询、系统设计、系统集成、远程监控、故障诊断、运营维护、节能分析和节能改造等产业链全方位服务转变。

4. 客户价值转变

实现由通过高设备成本获取高性能产品价值向不增加设备成本，通过向客户提供高效的服务而获取更大收益转变。

5. 盈利模式转变

实现从来自客户的高出产品成本的销售利润作为盈利向来自供应商、服务商、客户等的设备供货差额利润和各种服务收益作为主要盈利模式的转变。

6. 销售模式转变

实现由以往面向客户的直销或代理销售模式向面向客户、总包、设计院、代理服务商和供应商的服务与合作模式转变。

三、军民融合式发展战略的主要做法

通过多年摸索，企业解放思想，大胆创新，提出了“构建商业模式，实施军民融合式发展”战略，其主要做法如下：

（一）用核心思想指导军民融合

军民融合式发展战略构建和实施的核心思想概括为“寓军于民、以军养民、以军促民、协调发展、以民促军、以民养军、动态保军、军民融合”，主要实施思路包括“样品、产品、商品的转化与结合；开发、试制、生产能力的结合与动态相融；技术创新、转化和延伸的结合与动态相融；组织结构的军民结合与动态相融。”

基于原有企业研制能力，以产品为核心，面向宇航、军品及航天技术应用产业领域，通过提升技术开发水平、寻找有效切入点，推动交叉领域内的样品试制，积极推向市场，满足用户要求，扩大订单承揽规模，以规模化生产效应降低制造成本，从而实现样品到商品的快速转化，为企业赢得更大利润空间。

以企业技能大师工作室为依托，促进设计师与制造技术相结合，建立以样品快速试制过程为核心的试制生产线，验证技术路线，解决生产中的问题，形成保证“样品”快速、保质成型的生产能力。并应用于宇航、军品及航天技术应用产业领域各贯标生产线，与商品生产线形成优势互补的局面。

在技术创新方面，通过对传统宇航制造技术成熟度的积累，增强产品竞争力，不断扩大宇航领域任务规模；依靠对宇航制造技术的延伸，拓展军协任务能力，不断扩大军品市场任务规模；依靠对宇航制造技术的转化及对军品制造技术的创新，牵引市场需求，扩大航天技术应用产业市场规模。

企业由适应军品计划管理试制为核心的行政化组织架构转为适应军民融合、市场化竞争、开放经营、规模化提升生产能力的经营型两级组织架构。

事业部负责市场开拓、产品试制、业务领域和专业技术与产品抓总，以及对生产的牵引和指导，通过三大领域的规模化发展，为孵化专业产品开发公司奠定基础。制造中心具备技术能力、数字化能力、自动化能力、过程控制能力、面向产品的独立承担任务能力以及今后发展为分厂的独立核算能力。公司要进一步完善法人治理结构，形成面向市场的航天技术应用业务板块。

（二）明确企业定位及类型转变

“529厂”作为传统军工厂，优势是产品研制，但规模化生产比较薄弱，一直以来在产品权、设计权和产品开发领域十分欠缺。在面临当前社会经济形势由计划走向市场，业务由垄断到面临竞争，生产周期逐步被压缩且生产分布极不均匀，生产成本增加，利润减少，企业规模大但能力差，资金周转慢等一系列困境的形势下，企业原有商业模式已经出现危机，企业只有不断解放思想、转变观念才能得生存、才能得发展。

企业定位从原有的国有以计划任务为主的星船核心制造厂逐步转变为国内领先、国际一流的宇航制造企业（集团），成为以宇航制造技术为核心的高端制造技术服务与解决方案提供商、以宇航制造装备为核心的先进装备提供商和以宇航产品为核心的高端定制与高附加值批量生产为主的机、电、热产品集成制造商。

企业类型由原先单一的宇航产品转向宇航产品和航天技术应用产业两大主业并行发展的状态。涵盖五个转型，即由计划任务型转向市场开拓与任务开发相结合型；由少量设计、生产为主型转向设计、生产和经营并重型；由配套服务型企业转向整机组批生产、研制集成型企业；由单一型经济结构变为综合型经济结构；由传统封闭式结构变为开放式体系结构和运行机制。

（三）梳理产品体系与技术体系

通过梳理“529厂”的产品体系和技术体系，明确两大主业发展方向和重点领域及产品目标。

一方面找到事物变化前后本质的、没有变化的共性问题，让强大的生产能力支持宇航能力的提升与释放；跨领域、跨部门，以专业化、商品化、系列化为指导核心，集中解决生产中共性的问题；另一方面通过对变化事物进行分析、仿真、优化、分解进而得到本质化差异，针对用户需求，突出产品、商品的个性，并予以重点关注、集中解决。通过生产能力提高及产品、商品系列的丰富去引导用户，进一步丰富企业的系列产品、开拓研制方向、明确新研产品。

通过对技术与产品体系的分解，采取“集中抓、提前抓、组批抓、仔细想、严格控、抢先干、重点保”的手段，形成批量化的技术、批量化的能力，由研制转向批产，由产品推向商品，由专用技术转向通用技术。通过梳理改进产品研制、生产流程，使企业集中力量去抓创新、抓市场、抓利润、抓竞争。

（四）产业结构升级换代

对接国家战略性新兴产业发展需求，国家确定了先进制造、检测与测试、新材料、新能源、节能减排七大新兴战略产业发展方向，企业必须调整产业结构，促进军民融合；对接市场需要，结合市场需求，加强对外交流与合作，寻求军民融合的切入点。

通过对接国家发展与市场需求，进而要求企业快速寻求技术、产品的转化点，在领域上由军品向民品转化，在数量上由少到多增加；找到市场与项目的切入点，形成切入市场、抓住项目、拿到订单、扩大订单、形成规模、快速增长的态势；具备资本积累、资本融合、资本运作的能力，形成对宇航研制生产能力、技术创新能力、产品开发以及用户服务能力的推动与支撑。

（五）构建适合企业商业模式的组织架构

1. 调整企业组织架构

企业由以往适应军品计划管理的试制为核心的行政化组织构架转变为适应军民融合、市场化竞争、开放经营、规模化提升生产能力的经营型组织架构。一是实施了事业部改造，提升了事业部的市场开拓、产品试制、领域和专业抓总能力以及对生产的引导和指导能力；二是推进了车间向制造中心的转变，加强了制造中心的技术能力、过程控制能力、面向产品的独立承担任务能力以及今后作为独立经济体的独立核算能力，为后续科研生产数字化、自动化奠定了基础；三是实施公司改制，进一步完善了公司法人治理结构，促进了公司市场化、规模化发展，2011年下属星达公司完成了增资改制，以有限责任公司的崭新面貌创造更大的发展空间，2012年“529厂”成立了星通浩宇公司，在多个下属全资子公司快速发展的良好势头下，“529厂”形成了面向市场具有规模化效益的航天技术应用业务板块；四是调整管理和服务保障部门职能，减少管理界面，提高了工作效率，有利于进一步提升企业的管理能力和内部控制能力。目前企业已初步形成了面向市场的开放式组织架构（组织架构现状见图1）。

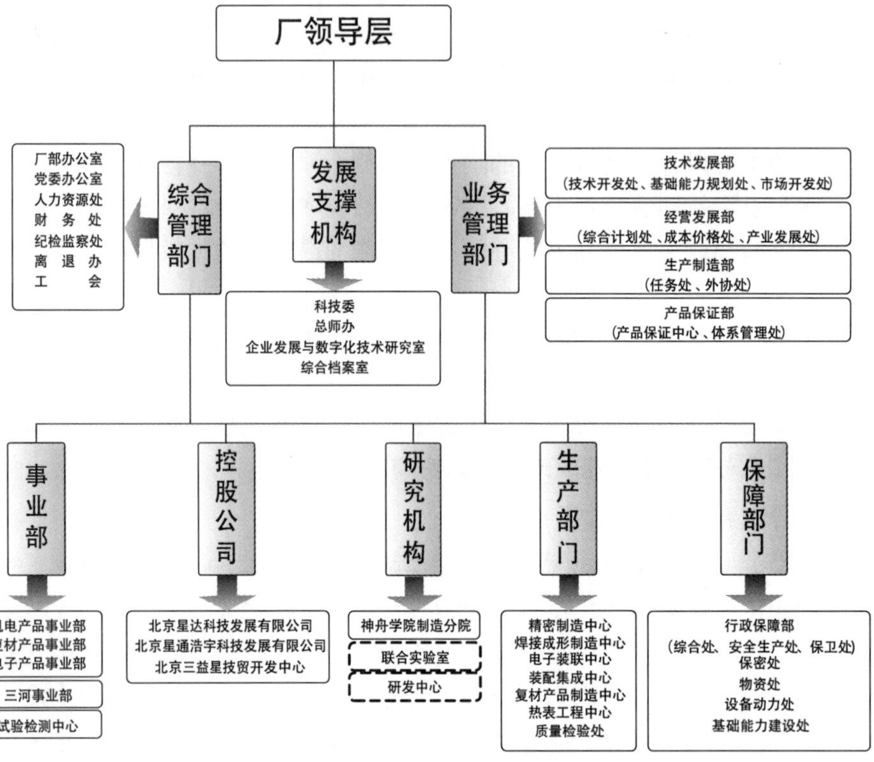

图1　“529厂”组织架构现状图

2. 调整生产关系

以鼓励增量为原则调整了部门绩效考核机制，极大地调动了生产积极性。将原先“干多干少差不多、主动被动差不多、高端低端差不多”的平均化、等、靠、要思维转变为“多干活、少加班、不出问题、多挣钱，找市场、提效率、降低成本、多收益，保质量、重服务、引导需求、快发展”的主动创新、多劳多得、技术技能值钱的创业、创新思维，并且坚持“允许一部分人先富起来，拉开差距、整体前进”的指导思想。

建立总师负责制，将指挥权交给技术人员，在行政领导之外，建立了技术人员顶层队伍，拓宽了技术人员发展通道。总师作为第一责任人对该领域的任务、产品的技术、进度、质量以及经济可行性负责，负责组织领域发展规划、市场开拓、队伍建设、任务实施和客户服务等相关工作，推动了高级技术人员参与市场开发与经营管理，支持了航天技术应用产业的快速发展，厂领导侧重于资源的协调、机制的改造、矛盾问题的解决。

调整职级与岗位任职资格体系，完成技术、技能和管理人员的资格认证。企业在整合核心关键资源过程中，坚持针对航天技术应用产业给予灵活积极的用人政策和自主权，使相关部门和公司具有决策权、考核权；坚持抽调一线的业务骨干到航天技术应用的关键岗位；坚持在事业部中强化军民融合意识，使人员地位平等、按专业分工；严格控制生产人员的数量，压缩管理和服务保证人员的数量，加大产品设计、工艺设计，以及二级工艺人员的数量。通过调整职级与岗位任职资格体系，改善了队伍结构，使核心技术人员站在技术和市场的前端组织相关工作，效果显著。

3. 调整运营体系

企业坚持“生产力是核心、创新力是动力、营销力是保障”的观念，对技术与产品开发系统、市场开发及销售服务系统和生产制造系统进行了适应性调整。

（1）调整技术与产品开发系统

企业以“需求带动、充分保障、快速响应、立足自身、合作共赢、转化应用”为中心思想，坚持寓军于民、以军促民的道路。

通过完善创新机制和建设创新平台两项重要措施，深入梳理和分析了企业的技术产品体系。建立健全了市场需求分析机制、投入机制、分配与激励机制、样品开发和质量控制机制、队伍培养机制、产学研联合机制、转化应用机制及公司孵化推广等一系列机制。建立并完善了专业和技术学科平台、产学研联盟（联合研发中心）、专业实验室、试制生产线、需求分析和发展战略研究等一系列平台。

针对样品、产品、商品的不同特性，企业的制造体系、试制体系、创新体系和验证体系都进行了适应性调整。通过对技术开发、孵化、试制平台的打造与能力的提升，发挥了宇航技术优势，提炼出转化点，成功拓展了宇航以外的市场。以神舟学院制造分院为平台联合了国内10余家高校，在月球采样、高端装备制造、自动化焊接等多领域有所突破；以武汉联合研发中心为平台，在建筑节能产品领域寻求突破，寻求产业化落地；建立了冷冻站专业实验室及自动化焊接技术试验室（军/民）、星球采样与高端制造技术联合实验室；建成了智能移动平台车、钢铝复合接触轨、民用电源产品、绿电产品四条试制生产线，促进了技术开发与产业的聚集发展。

（2）调整市场开发与销售服务系统

企业转变了市场开发、销售与服务体系及模式。采取专业化推广、展会及媒体宣传相结合的方式，通过业务交流及网络平台等多种途径，向设计方、用户方推广航天技术应用的转化技术与产品。加强了技术与市场的结合，队伍工作模式发生转变，形成了销售人员、技术开发人员与企业领导共同参与销售工作的新模式。加快了机制的转变，建立了由原来经营部门一级到经营部门、技术开发部门、事业部、中心和公司二级市场开发机制。以“多承揽任务多挣钱”为原则建立了市场任务考核机制，建立了完成市场任务的保障机制和多元化的销售模式。实现盈利模式的转变，利用企业的品牌、资质、技术和能力，加强与总包单位、兄弟单位和供货商的合作，建立了显性和隐性的销售渠道，形成了共赢、多赢的盈利模式。

（3）调整生产制造系统

原先企业的主要业务模式是做产品研制，近年来企业为了持续提升样品的开发能力与商品化的生产能力，采取了以下几方面措施：

第一，全厂以“系统建能力、开放求发展”的视角贯彻落实“打造数字化制造中心”的思想。通过打造金属结构、复合材料、电子产品3条厂级自动化生产线，不断促进管理过程信息化、科研生产数字化、生产设备自动化、作业标准化，进而实现生产能力、产品保证能力、技术创新与产品开发能力的稳步提升。

第二，强化研发阶段的样品、产品试制能力和产业化发展的商品生产能力，建立以民养军、军民融合的工业化能力。保证宇航产品试验、研制的绝对能力，支持多品种、小批量、多批次、多模式、交叉并行、难于均衡生产的高端定制模式；通过建设航天技术应用产业的生产线，保证军品生产线有足够的余力（高水平的设计与制造队伍、高水平的设备与场地能力），支持技术与产品开发，促进样品的高质量、快速试制，保持航天产品的技术与质量优势；通过航天任务国家技改的投入，保证民用产品在设备能力上的优势；四是通过民用市场的规模，加快资金周转速度，保证流动性，促进研发的提前投入。

第三，加强基于产品制造特性的单元化、数字化、自动化建设，提升宇航、航天技术应用的组批生产能力。基于生产的共性特点，做好业务流程的细化、量化、优化与固化，提前抓好自主组批投产的产品；同时强调基于产品个性的生产组织，突出产品对用户的特殊要求和满足能力。在此基础上，企业制定了以单元构建生产线，提升数字化制造能力的发展框架，不断加强数字化工业能力建设和信息化水平。一些典型产品的生产能力有了显著的提高，不仅能够满足所有纵向型号生产，还有余量承接外部市场任务。

这一调整过程实际上是由传统的研制体系向市场化生产体系转化与衔接的过程。只有将商品生产与产品研制分开才能有利于市场和技术的进一步开发。只有在此基础上才能建立相应的销售体系和售后服务体系，才能完整地了解用户需求，引导用户需求，订单管理实现闭环。

（六）塑造企业文化

近年来，“529厂”在发扬航天优秀传统文化的基础上，不断学习先进企业的文化建设经验，与企业发展实际相结合，围绕强化军民融合发展理念，逐步形成了“建设国内领先、国际一流的宇航制造企业（集团）”的企业愿景、“造精品卫星、创高端产业、富国强军利民”的企业使命、“昂扬向上、追求卓越”的企业精神和“严慎细实、快勤诚俭”的企业作风，“529厂”创新形式开展多种活动促进文化落地，用文化凝聚人心、用文化改革管理、用文化规范行为、用文化打造品牌，形成了独特的航天企业文化建设模式，企业文化正在成为“529厂”迈向“国内领先、国际一流的宇航制造企业集团”进程中的巨大推动力。

“529厂”坚持在各类纪念日或利用飞船卫星发射成功契机开展庆祝活动，近年来举行了“庆祝航天事业创立五十周年”、“庆祝建厂五十周年”等庆典仪式等，2011年初，举办了“迈进‘十二五’，走向新辉煌”颁奖典礼活动，表彰了各项荣誉获得者，大大增强了员工从事航天工作的成就感和事业感；举行了各种座谈会、演讲比赛、青年辩论会等各种活动，用亲和友好的方式使职工自然地接受企业价值观；面向市场，站在企业市场发展视角，合理配比媒体资源，围绕客户需求开展宣传工作；近年来，“529厂”以向唐家岭进驻搬迁为契机，充分发挥一线部门原动力，开展特色基层文化实践，各部门通过对所征集格言、信条的解读、评比、发布等，使员工对企业文化达到了自觉认同，主动遵从，由被动到主动的转变和提升，实现了文化的落地生根；履行社会责任，回报社会也是航天企业文化体系中必不可缺的一部分，更是弘扬航天精神的重要途径，作为中关村地区爱国主义教育基地、科普教育和国防建设教育基地，“529厂”利用内容丰富的展厅和东方红一号纪念碑，每年接待上千参观者；在汶川地震、甘肃舟曲泥石流等自然灾害发生后，企业职工都在第一时间进行捐款，为灾区重建伸出捐助之手；从2007年开始，在集团公司设定的“爱心日”前后，企业都组织党员群众捐款，定向援助广西百色凌云县官仓小学，设立航天奖学金、资助品学兼优和家庭困难学生及改善办学条件，5年来，在企业的资助下，一批批优秀的贫困山区孩子走进校园，走向更高学府。

“529厂”多次被评为“中央国家机关文明单位”、“首都文明单位”；企业党委也获得了中关村地区先进党委和航天科技集团公司授予的先进基层党组织等荣誉称号。通过企业文化建设，企业与社会、企业部门之间、企业与员工、领导与员工之间关系日益和谐，企业先后荣获“北京市和谐劳动关系单位”、全国国防邮电工会“模范职工之家”和中华全国总工会“全国模范职工之家”等称号。

三、军民融合式战略的实施效果

（一）宇航型号任务圆满完成

近年来，在企业人员无显著增加的情况下，“529厂”高质量完成了大幅度增长的宇航科研生产任务，圆满完成了以“神舟九号”与“天宫一号”交会对接为代表的星船出厂及发射服务和保障任务。截至目前，五院在轨航天器中由“529厂”承担的结构、机构、管路、二次电源、电缆网、热控等2700台（件/套）产品在轨稳定运行；特别是在交会对接任务中，天宫一号密封舱体结构和并网控制器等一批新产品首次实现在轨应用，表现出色；企业不断优化生产管理流程，完成了以货运飞船、嫦娥五号为代表的星船在研任务，连续多年在五院科研生产评估中获得优秀。针对唐家岭厂区进驻和两地生产的局面，“529厂”克服生产任务繁重、设备多、技术难度大、两地生产组织难、新环境不确定性多、思想工作要求高和经费投入大等困难，通过综合策划，统筹协调年度产品生产与设备搬迁，组织力量提前干，抢在设备搬迁之前完成了相关产品的生产，在保证任务圆满完成的基础上实现了宇航制造重心由中关村知春路厂区向唐家岭新厂区的转移，进一步扩充和提升了宇航制造能力。在生产模式上，不断加强基于产品制造特性的单元化、数字化、自动化生产线建设，焊接、电子装联及结构板等航天器结构关键制造装备生产线均得到了完善；实现了由传统的单一生产向生产和研制并重型转变，厂自主研制的机械臂、月球钻取采样装置、全向智能移动装备、建筑用保温隔热涂料等产品取得突破；在传统型号管理的基础上进一步强化产品和专业的管理，由技术管理部门专门负责对企业产品体系和技术体系进行梳理与动态维护，并通过分析市场与客户需求，适时将具有市场发展前景的成熟航天器制造高端技术进行成果转化、应用并服务于民用市场（专业技术体系图见图2）。

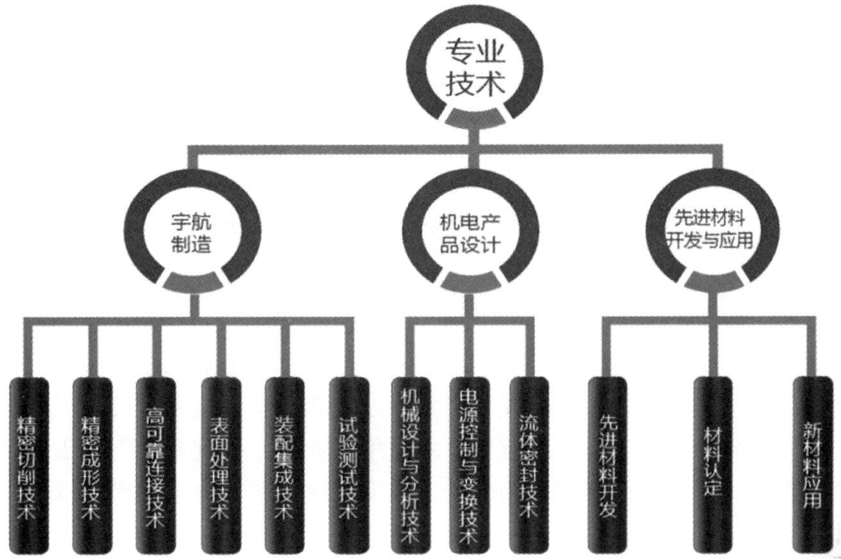

图2 “529厂”专业技术体系图

（二）技术市场开发业绩突出

通过完善创新机制、加强创新平台建设，提高了厂基础研究能力，一批关键技术取得了重大进展，填补了国内技术空白并实现了工程应用。截止到“十二五”中期，企业已在科工局、总装备部、科技部等领域10个方面落实项目34项，项目经费2.9亿元，项目立项总量为“十一五”期间的3倍。同时，拓展了工信部数控机床重大专项、总装备部瓶颈项目；坚持“技术引领市场，市场支撑技术”的思路，技术与市场紧密配合，实现了互补，发挥了技术与市场的立体效能，市场开发呈现多领域“齐头并进”的局面，取得了可喜成绩（2009—2012年市场开发主要产品数量变化对比情况见图3）。

产品设计能力显著提升，形成了新的经济增长点，借助航天高端制造技术进入了新的设计制造领域，实现了厂相关产品业务领域向上游产业链的重要突破，并有效支撑了企业核心生产能力的提升。新技术和产品研发的转化与应用逐步提高，创新成果中40%的技术在型号研制中得到应用，25%转化为市场任务，35%成为后续任务的技术储备。知识产权硕果累累，截至目前，“529厂”共有165项专利获得受理，64项专利获得授权。其中国防发明专利114项，国家发明30项，实用新型21项。成果方面，“529厂”参与研制的嫦娥二号卫星及委内瑞拉一号卫星获得国家科学技术进步奖二项、军队奖一项。

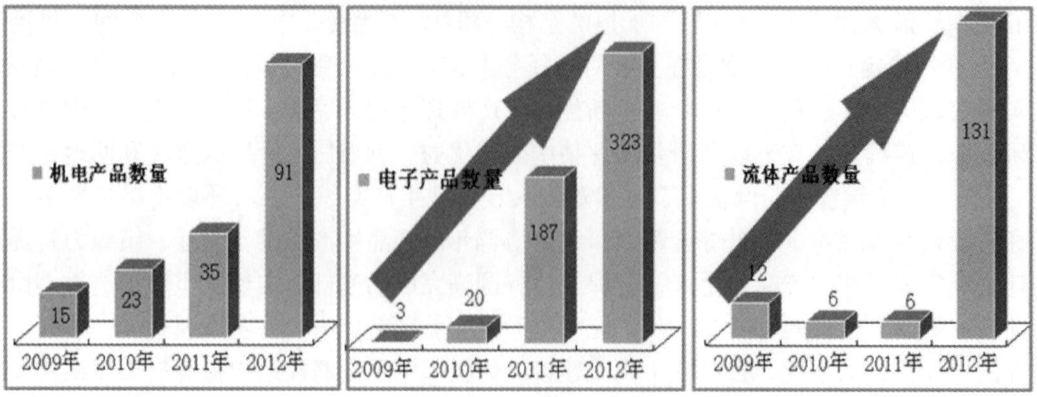

图3　“529厂”2009—2012年市场开发主要产品数量变化对比图

航天技术应用产业方面，“529厂”下属星达科技发展有限公司凭借自身技术优势，获得“国家高新技术企业”资质；不断加强与地方政府的合作与互动，其论证的“面向中央空调冷冻站的高效节能服务体系”项目，成功申报中关村国家自主创新示范区现代服务业专项资金支持，获得财政补助资金1000万元，不仅为企业获得了资金支持，也通过自身的技术优势，为北京世界城市战略中的低碳城市建设目标作出了应有的贡献；在轨道交通技术领域，“529厂”凭借高效集成冷冻站、全向智能移动装备、钢铝复合轨三大明星产品，荣获“轨道交通创新力企业·2012年度50强企业”，在社会和市场上获得了广泛赞誉，树立了良好的品牌形象。

（三）队伍结构优化，工作效率提升

近年来，“529厂”通过不断加强技术、技能和管理队伍梯队建设，严格控制了生产人员数量，扩大了技术人员数量，压缩减少了管理和服务保障人员数量，重点做好航天技术应用产业队伍的多元化规划；通过加强高学历高职称等高端人才的引进力度，2012年在职博士人员同比增长20%；通过面向产品的总师负责制的建立和岗位职级体系建设（技术人员与职级体系建设与对照关系情况见表1），推动了高级技术人员参与市场开发与经营管理，在行政领导之外，建立起了企业技术人员顶层队伍，拓宽了技术人员发展通道；队伍结构得到了优化，推动了航天技术应用产业人才引进和销售队伍建设工作，激发了技术队伍的活力和工作激情；干部队伍结构日趋合理，知识层次和专业化水平得到提升，领导班子成员中有博士2人，硕士以上学历的成员占到了60%，“70后”有5人，一个年轻化、知识化、朝气蓬勃的新一届领导集体正在形成（2009—2012年人员类型对比情况见图4）。

表1　“529厂”技术人员职级体系建设与对照关系表

职称序列	职级序列	任务系列		产品系列		技术研发系列
		设计系列	*工艺系列*	*设计系列*	*工艺系列*	
	资深工程师-2级					
	资深工程师-1级					
	主任工程师—3级	总师				
	主任工程师—2级					
研究员	主任工程师—1级	副总师		副总师		副总师
5年	副主任工程师—3级					
	副主任工程师—2级	主任设计师	主任工艺师	主任工程师	主任工艺师	主任研究师
高级工程师	副主任工程师—1级					
5年	主管工程师—3级	副主任设计师	副主任工艺师	副主任工程师	副主任工艺师	副主任研究师
	主管工程师—2级					
工程师	主管工程师—1级					
5年	助理工程师—3级	主管设计师	主管工艺师	主管工程师	主管工艺师	主管研究师
	助理任工程师—2级					
助理工程师	助理工程师—1级	设计员	工艺员	设计员	工艺员	设计(工艺)员
1年						
	见习工程师					

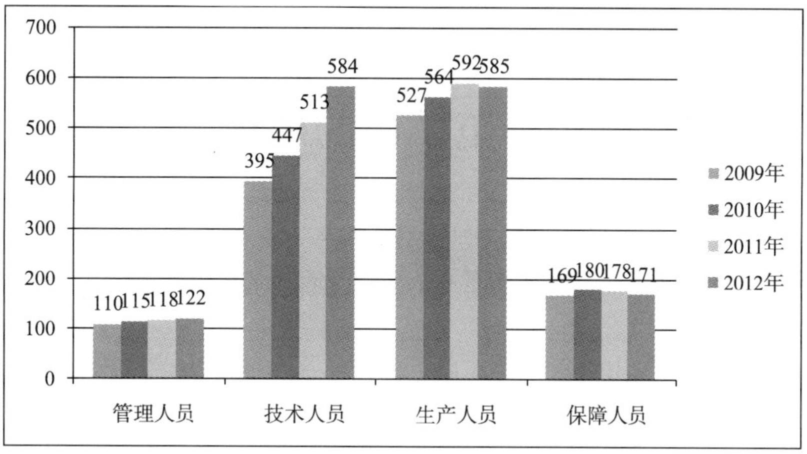

图4 “529厂”2009—2012年人员类型变化对比图

（四）经济效益显著，社会效益倍增

通过构建商业模式，走军民融合式道路，近年来企业军民经济结构发生了根本性转变。企业经济规模突破了在5亿元左右徘徊的局面，实现了快速增长，从2009—2012年，复合增长率达到25%。经济总收入从2009年的5.4亿元跃升至2012年的10.5亿元，三年翻一番，实现了历史性的突破，取得了“十二五”经济目标的阶段性胜利（2010—2012年经济结构变化对比情况见图5）。

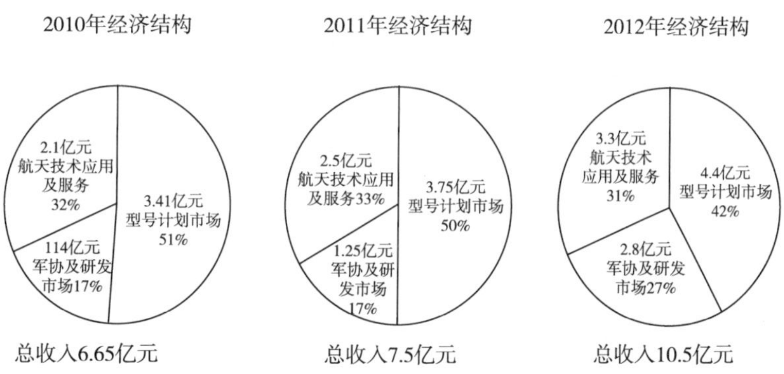

图5 “529厂”2010—2012年经济结构变化对比图

企业经济结构发生了根本性的变化，不断加大航天技术应用产业的技术投入，航天技术应用产业收入逐年增长，2011年、2012年均完成了规划目标，“529厂”高度重视新产品开发以及产业持续发展的能力，每年完成一项重点产品的开发和市场推广，连续获得“五院航天技术应用先进集体”荣誉称号。企业实现了从“型号计划型经济”向“型号计划型经济为基础，技术研发市场、军品协作市场及航天技术应用市场经济并重发展”的新格局转变，企业自身造血功能不断增强，彻底扭转了主要“靠天（计划）吃饭”的局面，为企业可持续发展夯实了基础。同时“529厂”充分发挥航天高端制造技术带动力较强、产品质量可靠的特点和企业品牌优势，在激烈的市场竞争中不断拼搏，赢得了社会的广泛赞誉，提升了企业形象。企业致力于航天技术应用产业的转化应用，目前，在建筑节能环保、城市轨道交通、高端智能装备、新材料开发与应用等民用领域，开发了一大批具有自主知识产权的高科技产品，以旗下星达科技和星通浩宇公司为产业化平台，为用户提供优质服务，为我国国民经济建设做出了重要的贡献。

成果创造人：孙 京 马前进 刘国华 马 永 杨海涛 马向莉 袁常华 宗文波 张毅之 张 明 孟 萱 李 枫 刘文通 徐淑霞

首都绿色示范矿山的建设与实践

北京水泥厂有限责任公司凤山石灰岩矿
荣获第二十八届北京市企业管理现代化创新成果一等奖

北京水泥厂有限责任公司凤山石灰岩矿（以下简称“凤山矿”），隶属于北京水泥厂有限责任公司。凤山矿始建于1971年，1981年正式投产，属地方国有矿山。凤山矿原隶属北京市建材局，1984年划归北京市琉璃河水泥厂，1994年7月划归北京水泥厂，正式为北京水泥厂生产矿石。凤山矿的矿石年平均采矿量在1993年之前40万吨，此后产量逐年上升， 2012年采剥总量473.44万吨，平均剥采比为2.83：1。截止到2012年，凤山石灰岩矿已累计为国家提供水泥生产用石灰岩2410万吨，废石剥离量为2844万吨，为首都经济建设做出了重大贡献。

凤山矿区位于北京市昌平城东北约13公里的崔村镇八家村北，有一条柏油公路直达矿山，矿山与矿部之间有公路和窄轨铁路相通，矿山距京通铁路线官高站仅5公里，所采矿石（一车间负责）经由电机车运至矿部破碎车间（二车间）加工破碎，再通过载重汽车运输至北京水泥厂，交通甚为便利。

凤山矿注重节能降耗，围绕减排降耗实施了多项技术改造，注重安全环境、综合利用、水土保持和绿化植被，绿化面积数万平方米，达到可绿化面积的80%以上。2006年获得“首届全国矿产资源综合利用先进矿山企业”称号；2009年被北京矿业协会评为“绿色矿山”称号；2010年在国土部和中国矿联组织的首届“绿色矿山”评选中，被评为全国绿色矿山试点单位；2012年12月21日，凤山矿通过了北京市发展改革委、北京市环保局、北京市经信委等政府主管部门清洁生产审核阶段性验收；2012年12月，被北京市安全生产监督管理局列为“北京市示范矿山”。

一、绿色示范矿山建设的背景

（一）实现国家对资源、环境的要求

水泥是国民经济的支柱产业，随着中国工业化、城镇化进程的加速，以及新农村建设的稳步实施，我国已成为世界上最大的水泥生产和消费国。从1986年起我国水泥产量已连续20多年居世界第一位，2009年全国规模以上水泥企业总产量16.5亿吨，石灰石消耗近22亿吨。水泥工业在中国经济快速发展的进程中发挥了重大作用。但是，由于行业的高速发展，以及水泥行业原材料消耗和产品特点，造就了矿产资源野蛮过度开发。面对能源短缺日益严重，矿产资源开始萎缩的现实，如何通过实施清洁生产，按照“减量化、再利用、资源化”的原则，在资源开采、生产消耗、废弃物产生、消费等环节，逐步建立全社会的资源循环利用体系，最大限度地提高自然资源综合利用率，恢复植被，减少对环境造成的影响，实现少排放甚至零排放，是水泥矿山实现国家资源和环境的要求。

（二）实现矿山持续发展的要求

近年来，随着北京建设世界城市步伐的加快，年水泥需求总量1000万吨，作为水泥原材料的石灰石矿约900万吨。巨大的市场需求及利益驱动导致了矿山非法、无序开采事件的屡屡发生。北京市多年来一直对矿山管理持续采取高压态势，并针对小规模民办矿山私挖乱采等破坏生态、污染环境、浪费矿产和土地资源、生产安全无保障、不对开采区域进行复垦绿化等现状采取了一系列关停整合措施。在这种情况下，凤山矿要持续发展，必须结合矿山特点，进行清洁化生产，通过改变过去私挖滥采造成的自然环境、天然植被遭破坏的局面，实现资源开发、利用与保护的有机结合。通过科学规划和规范化建设，优化设备配置和矿山开采设计，采用清洁生产工艺，充分利用资源，实现矿山剥离物零排放，创建“安全

健康、绿色和谐”露天矿山。

（三）实现安全管理的要求

作为石灰石供应基地，凤山矿要完成每年石灰石供应，就需要提高石灰石质量，更好的处置城市工业废弃物、生产低碱水泥。通过技术改造，提高开采水平，降低生产成本，加大凤山矿的发展，成为迫切需要解决的问题。同时，首都的安全生产极为重要，与北京所处的政治经济中心地位息息相关，在绿色示范矿山建设中，凤山矿承担着巨大的历史责任。通过绿色示范矿山建设，为北京市的诸多矿山，起引领示范作用，显得尤为重要。

二、绿色示范矿山建设的内涵

以国家“十二五”规划要求为方向，以建设“绿色北京、人文北京、科技北京”和“世界城市”为定位，以促进首都经济建设为中心，以改善矿山生态环境为重点；突出矿山开采科学化、突出资源利用最大化、突出生产清洁化、突出安全信息化、突出环境绿色化六大特点；通过合理规划、精心设计、科学管理、合法合规开采经营矿山，通过科学规划和规范化建设，优化设备配置和矿山开采设计，采用清洁生产工艺，充分利用整合资源，实现矿山剥离物零排放，创建“安全健康、绿色和谐”露天矿山，促进资源开发与经济社会全面协调可持续发展。绿色示范矿山建设的创新体现在以下几个方面：

1. 矿山开采科学化

编制矿山年度采掘计划，严格按开采设计规范开采，贫富兼采，资源合理利用；“三率”指标达到95%以上；采用微差爆破、最终边坡预裂孔爆破技术；按时进行年度储量监测。

2. 矿山资源利用最大化

提高对低品位矿石的搭配利用，发挥现有石渣生产能力，每年利用剥离废石生产石渣。新建石渣厂并提产改造，使每年废石消纳量250万吨，增产150万吨，极大地提高企业经济效益。废石基本实现零排放，减少对环境的污染。

3. 矿山生产清洁化

完善水、电计量系统，淘汰落后高耗能设备，改造现有破碎装置，实现节能减排。按照清洁生产要求，实施多项节能减排技术改造，降低能源消耗。

4. 矿山安全信息化

为提高矿山开采过程中的信息化程度，提高开采安全性，在矿山生产车间建设了矿山物联网，充分利用信息化手段，实现矿山科学管理。

5. 矿山环境绿色化

通过对矿山上山道路硬化并将两侧道路绿化，对开采终了边坡进行绿化、复垦和生态恢复。同时对矿山石渣厂规划建设全封闭式大棚或原料仓，将产品按规格存储于大棚或不同的原料仓。利用监控、隔离等手段，改善职工的工作环境，最终达到控制标准。杜绝环境污染，真正实现矿山绿色化。

绿色矿山是企业实现永续生存的基础。通过实现绿色矿山，利用石渣实现以副养主，探索机制砂的可行性和石粉的综合利用工作。借助规范管理、技术创新、节能减排、加大植被恢复力度、采用新技术、新材料等措施实现矿山科学开采的同时合理配置和最大化利用资源，实现废石“零排放、零污染”，有效保护环境，促进矿山与地方和谐共赢发展。

三、绿色示范矿山建设的主要做法

（一）注重资源节约与综合利用

1. 石渣厂现有设备提产改造

凤山矿石渣厂尾矿处理后的产品为砂石料，用户使用尾矿砂石料产品可享受免税优惠政策，产品供不应求，经济效益非常可观。

由于近年来矿山石灰石剥采量加大，原有两条石料生产线，一条以MB28/45型锤式破碎机为主机，一条以LPC1016.18型锤式破碎机为主机，生产能力105万吨/年。两条生产线的生产能力目前无法满足需求，急需扩大产能，加大处理能力。同时生产原料中大块率高，电机功率不足，长期处于超负荷运行状态，电机易烧坏。所以需将电机增大功率，配套电控柜需重新整定。通过实施改造，改善电气设备的可靠性，减少电气故障，提高设备运转率，相应增加了石渣生产量。

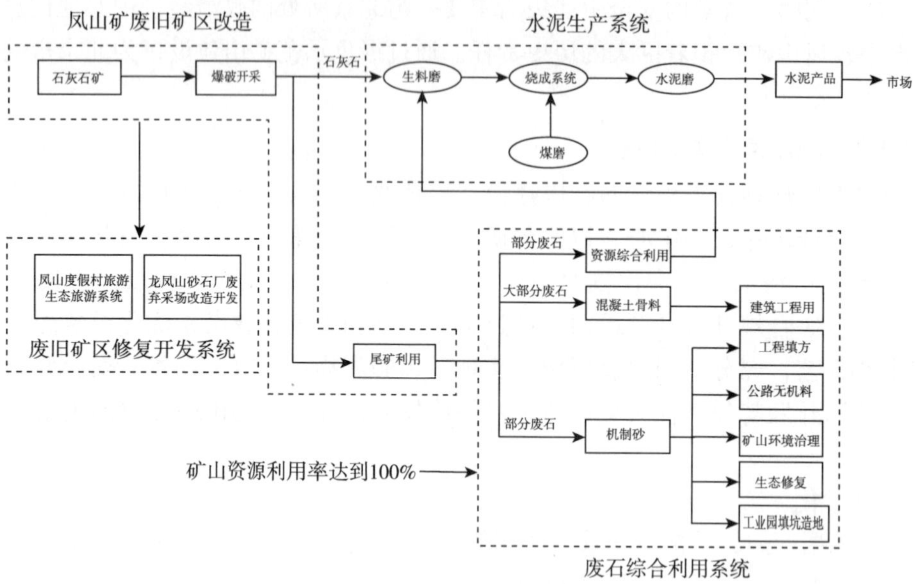

图1　绿色示范矿山建设流程

同时提高产能需解决大渣问题。大渣回破率在25%—30%，对提高产量有很大限制。考虑到改进振动筛，通过提高筛分率和处理能力能够提高产量，但影响两个月正常生产。因此，在现有设备基础上，增加一台反击式破碎机，对大渣进行二次破碎、筛分，使主破碎机的能力完全用于破碎原石，可提高产能20万吨。此方案对生产影响小，现有生产线只需停产很短时间就可投入使用，调试期对生产影响也不会很大。

2. 扩大废石综合利用规模

矿山每年剥离废石200万—250万吨，目前石渣生产能力100万吨，实现废石“零排放”必须扩大石渣生产规模。通过对凤山矿的石灰石尾矿进行综合利用，以生产建筑碎石为主，建设碎石破碎生产线两条，生产能力100万吨/年；机制砂生产线一条，生产能力30万吨/年。

图2　石渣生产线（左）和机制砂生产线（右）

图2所示是已建成的石渣生产线和机制砂生产线。随着国家取缔河道沙石厂力度的加大，石渣销售形势日益看好，销售量大幅增加。

3. 废石综合利用项目

将生产过程中产生的较大量废石加工成建筑骨料，全部用于金隅集团在北京的混凝土搅拌站，消纳剥离废石。部分石粉搭配作为水泥生产原料、部分石粉石渣作为工程填方、公路无机料、矿山环境改造治理、生态修复及金隅窦店工业园填坑造地等，确保矿山资源利用率达到100%，实现矿山固体废弃物零排放。

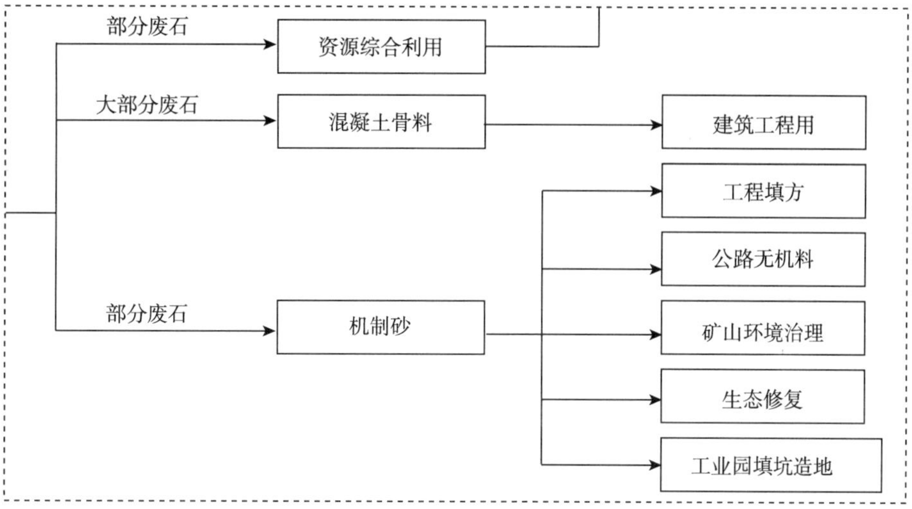

图3　矿石废石综合利用项目流程

公司依托自身特点，组成废石利用专题调研小组，委托有资质部门对废石进行物理抗压实验和化学成分测试，结果显示，凤山矿绝大部分废石可以作为建筑石渣。

4. 做好低品位矿石搭配

统筹规划整合开发矿山资源，2010年，凤山矿整合下庄矿，利用下庄矿区石灰石品位高、剥离量少的优势，统筹开采，实现了采区间的资源合理配置，扭转了文殊峪矿区剥采比严重失衡局面。科学组织生产，合理利用低品位矿石。凤山矿地质品位偏低，高品位矿石只有Ⅱ矿体能够满足低碱水泥生产需要，Ⅲ矿体属于高钙高碱矿体，若满足低碱水泥生产需要，就必须做好质量搭配工作。

5. 废旧矿区修复开发

北水积极开拓新领域，向第三产业延伸。水泥生产需要消耗大量石灰石，凤山石灰石矿开采多年，留下大片废弃矿区，造成生态破坏，亟待治理和改造。经过对凤山石灰石矿废旧矿区进行修复开发，发展了生态旅游和休闲娱乐项目，建成凤山温泉度假村，不但解决了废旧矿区治理问题，而且取得了一定的经济效益，真正做到了经济与环保的双赢。此外，对所属龙凤山砂石厂砂源用地停止开采并进行修复开发，建成住宅面积达10万平方米的畅椿园公园和畅椿阁住宅小区。

1995年，公司对荒山荒坡进行绿化美化，在原有办公楼的基础上建设旅游度假村。既彻底改变废弃荒山的面貌，又营造出良好的生态环境，还能解决职工的就业问题。经过绿化美化改善生态环境，昔日废弃矿山场地变成闻名的金隅凤山温泉度假村。为了度假村的进一步发展，矿山经过论证，投资637万元打出来3800米温泉井，为度假村扩大经营奠定了坚实基础。经过二十多年的企业多元化发展，企业经济效益增加，矿山环境改善，极大地提升了企业形象。

（二）注重管理创新

1. 建设矿山物联网

为了提高矿山开采过程中的信息化程度，提高开采安全性，建设矿山物联网。

图4　新建成的凤山旅游度假村

矿山物联网由五大系统组成：视频监控系统、边坡位移监测系统、车辆自动计数系统、调度通信系统和无线传输系统。

视频监控系统主要是对开采现场及生产相关环节的安全监控，并和主监控中心联网，进行指挥。视频监控实现以下功能：图像监控功能；实时数据存储与趋势分析；数据信息管理与预警分析等。

边坡位移监测系统作为非常重要的边坡危险预警监控手段，能更好地了解边坡稳定情况，对凤山矿采场边坡稳定性进行监测。监测点的数量根据边坡的具体情况，在对边坡稳定分析和定量风险评价的基础上进行确定。通过在边坡上布置2个监测点和4台测斜设备，为矿山提供采场生产运行状况的真实数据，对采场边坡安全隐患提出预警，以便矿山有针对性地加强边坡安全隐患治理，改善采场安全运行条件，实现采场安全运行。

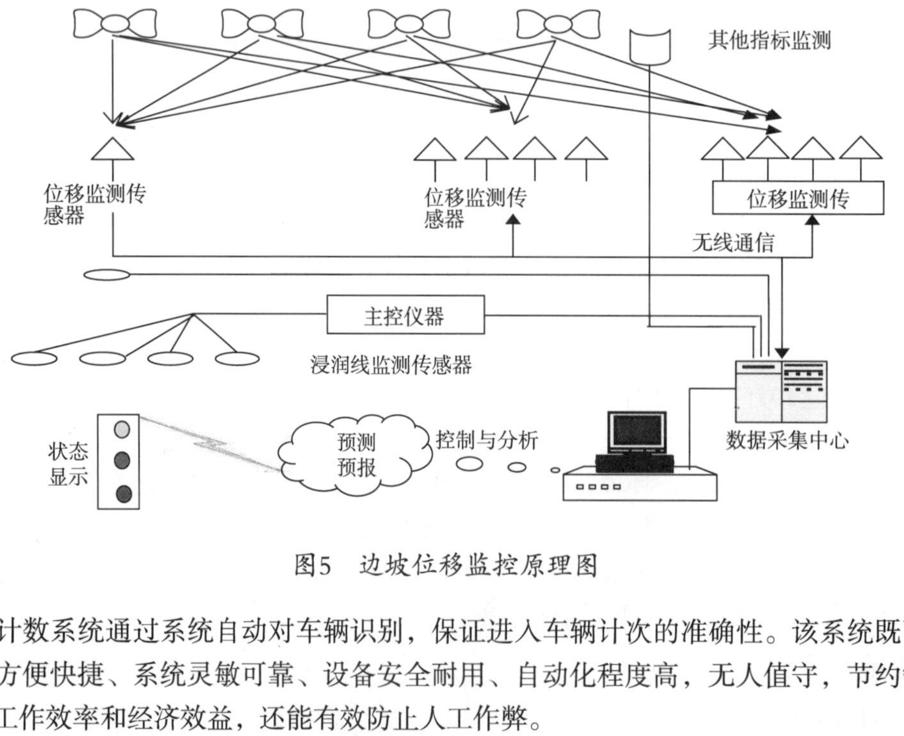

图5　边坡位移监控原理图

车辆自动计数系统通过系统自动对车辆识别，保证进入车辆计次的准确性。该系统既可代替现有人工计数，使用方便快捷、系统灵敏可靠、设备安全耐用、自动化程度高，无人值守，节约管理人员的费用支出，提高工作效率和经济效益，还能有效防止人工作弊。

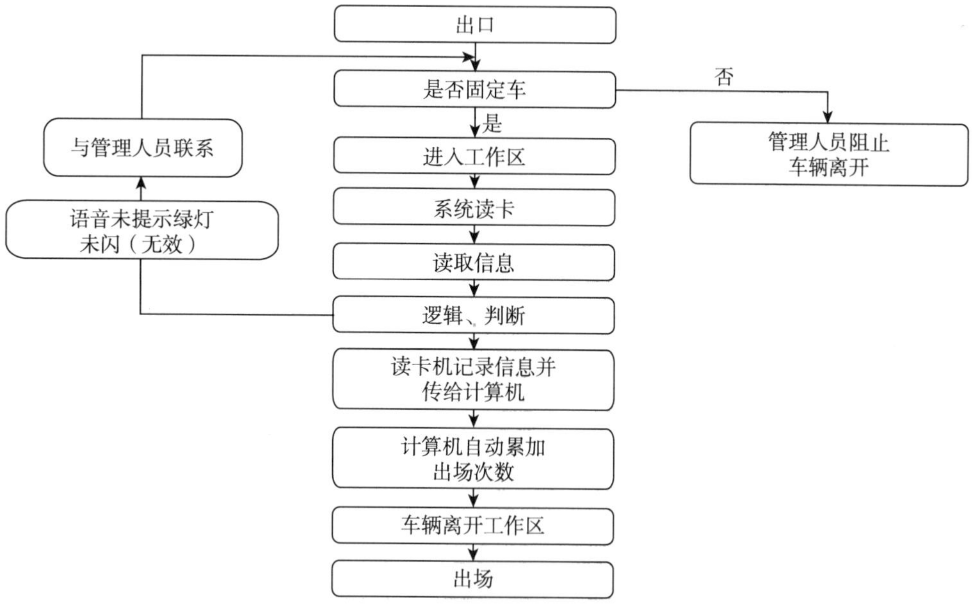

图6　车辆自动计数系统流程

调度通信系统以集群对讲系统完成现场生产调度功能。在现场的15台生产车辆上安装车载集群对讲系统，另外，还有5台手持式集群手机供其他作业人员使用，在现场监控室配置1台40W基地台，以实现与车台或手持机的通信。监控室内人员可通过基地台与车内人员或现场人员通话，实施调度，这样可以提高生产效率，提高生产的安全性；同时为实现生产现场的动态监视，可以在生产车辆上安装移动数字视频录像机，将场内或驾驶室内的视频信号通过无线网络传输到现场监控室，起到监控与调度的目的。另外安装场区扩音系统，及时通知场区人员撤离危险部位，提高场地人员的安全性。

无线传输系统：采用无线局域网组网方式，基于IEEE802.X系列的宽频无线标准，可提供固定、便携、直至全移动形式的无线宽带连接，甚至能够在不需要直接视距基站的情况下提供最后一英里的无线宽带接入。具有通信范围不受环境条件的限制、抗干扰性强、易于扩展、安全性好、可靠性高、兼容性好和高数据速率等优点。

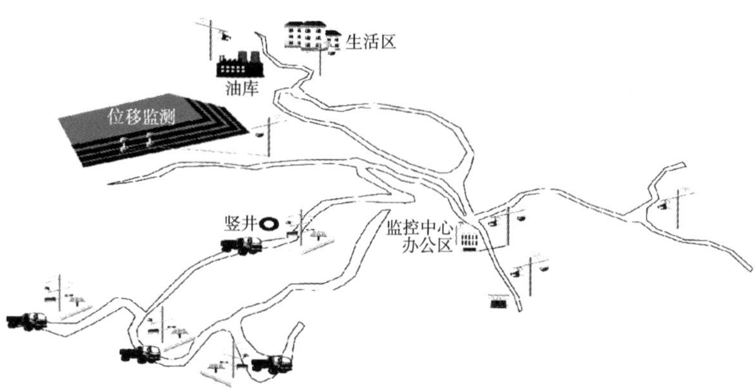

图7　凤山矿物联网系统布置图

通过借助视频监控、边坡位移监控、车辆自动计数、调度通信、无线传输等现代化系统实现管理的信息化，在现有的管理机制中整合视频管理元素，做到动静皆管的立体管理机制，可以更有效地对矿山生产进行科学管理。

通过物联网实施，提高矿山开采过程中的信息化程度，加强了矿山的实时监控，使矿山的生产更加安全、可靠。

2. 开展节能降耗，提高能源利用率

矿山积极响应国家以及市政府号召，注重节能降耗和环保改造，在能源计量方面，加大对水、电计量方面的管理。在生产技术管理方面，围绕减排降耗，通过工艺技术创新、调整产品结构、强化质量管理、加大技改投资力度，实施多项技术改造等措施，取得了较好的节能减排效果。

（1）水表安装

公司原有水表严重老化，年久失修大量缺失，更新安装一级、二级及三级水表，完善计量体系，一共安装水表20块，为下一步管理及控制打下基础。

通过安装水表进行用水核查，严格管理，找出可能存在的跑冒滴漏地点，及时维修，减少水资源浪费，减少对地下水资源的过度开采。

（2）电度表安装

凤山矿建矿较早，占地面积大，用电负荷分散，大多数变压器为户外杆下露天安装，变压器损耗无法计量，且车间的10kV配电开关多为70年代产品，已无计量功能，需对高压开关柜进行计量改造。通过对矿山全面综合分析，按三级计量要求，已完善用电计量装置如下：

全矿共需要电度表54块，其中新装电度42块。

新增装低压计量户外表箱15个（内装电流互感器）。

高压开关柜计量改造15项。

低压开关计量改造27项。

通过技术改造，分别计量各部门各自的用电量、主机设备及生活用电情况。提高电能利用效率，降低电能消耗，提高节电意识。充分调动职工节能的积极性并执行严格的考核，预计每年可节电3万度左右。

（3）变压器更新

凤山矿在用变压器共20台，通过清洁生产审核，对落后的变压器进行更新淘汰，已经调整12台S7系列以下的10kV级高耗能变压器，最终符合清洁生产要求。

通过更新节能型变压器和减少变压器的使用量，达到节能效果，减小电厂负荷，进而减少环境污染，每年可节约电费1.6万元。

（4）电热水器、煤炉改太阳能热水器

凤山矿由于工作线长，岗位分散，原各岗位取暖、做饭均使用煤炉，既不经济又不安全也不环保，而矿山工人洗浴均采用自制电热水器居多，也存在安全隐患和耗能多的缺点，采用太阳能热水器替代自制电热水器，既可以解决安全问题，也可以降低能源消耗。

通过改造，每年节省费用金额：淘汰原有电热水器13组，每年可节省电费约7万元。

太阳能是最清洁环保的能源，无污染而且使用安全，太阳能替代自制热水器，能对改善周边环境起到积极作用。

（5）矿车发动机维修

矿山9号矿车发动机陈旧，故障多，燃油消耗大。影响生产，增加了维修和燃油消耗。通过更换发动机，并对其附件进行维修。全年可节约柴油13.7吨，并可极大地降低尾气排放量，具有可观的环境效益。车辆单耗平均下降0.1升/吨。按目前该车年生产能力，全年可节约资金11万元。

（6）更新两台运输汽车

凤山矿成立时间早，运矿车经过多年高负荷运转，破损较严重，油耗、运输能力均下降，急需逐步更新。首钢重汽生产的SGA3722重型载重汽车经市场考察，该种车型性价比较高，在多个矿山实际运行反应较好。使用原BJ374单车载重为20吨，现SGA3722单车载重为42吨，两台新车投入使用后可替代四台BJ374车的工作量，降低油耗并节省零配件及维修费用。

淘汰两台20吨自卸矿车，同时年产量增加180万吨。新矿车能耗低，解决原有老旧矿车尾气排放高的问题。

（7）电铲改油铲

电铲服务年限接近三十年，已严重老化，设备维修频繁，不仅维修费用高而且严重影响正常生产。根据市场调研和走访小松和卡特挖掘机在用矿山，该两种车型性价比较高，售后服务好，维修费用低，公司购置两台油铲替代原有电铲。

改用大吨位矿车可以减少尾气排放，利于环保。同时，液压挖掘机密闭性好，有利于员工身体健康，减少了以前电铲因采用6kV高压电源，存在电缆高温爆裂、漏电着火等安全隐患。淘汰两台电铲可节省备件购买及维修费用237万元。

（8）设备节能改造

矿山的石灰石破碎原采用二级破碎的流程。该设备陈旧老化，故障率高，产量低，能耗高。在2006年实行技术创新，将原有的二级破碎改为一级破碎，使生产工艺简洁，设备数量、转运点、占地面积都减小。改造后石灰石破碎的电耗将大幅度下降，明显改善清洁生产效果。

此次改造总投资约800万元，已在2007年初建成投产。将使吨石灰石电耗下降约2.0千瓦时。全年节约电力消耗约2.68×106千瓦时，按2006年实际支付电价0.46元/千瓦时计算，年可节约成本123万元。

2010年凤山矿碎运车间破碎机、板喂机改用变频器控制启动及调速。通过改造，降低启动电流，减小供电变压器的容量，提高变压器的使用效率，同时减小电机供电线路截面积，节约线路投资。又由于采用变频器调速，避免了频繁启动电机大电流冲击，至少可比直接启动运行方式节能20%。这样既可减少对电网的冲击引起的电压波动，对其他设备的影响，又可延长机械的使用寿命。

原有破碎系统的除尘器为机械振打式布袋收尘器，且设计有许多不合理处，除尘效果不理想。后来对破碎系统采用脉冲喷吹式、反吹风式布袋除尘器，除尘效率为99.9%，在生产过程中，几乎看不到粉尘，保护了大气环境，维护了职工的身体健康。

（9）使用新材料，降低成本

使用气体间隔器，减少单孔装药量，降低爆破成本。

（10）进行末端治理，达到达标排放

噪声是矿山开采破碎过程中对环境产生影响的又一污染源。治理噪声的措施主要是在噪声传播途径上采取措施。碎运车间主要噪声源均封闭在建筑物内，通过对设备建隔音设施，或在进出风口加装消声器等措施，此外，还通过少开门窗，利用建筑物的屏蔽作用使噪声得到不同程度的隔绝和吸收。在选用设备时，尽量考虑噪声比较低的设备。对产生噪声源的车间，从建筑上做成封闭式围护结构，减少噪声的对外扩散。

（三）注重地质环境保护、地质灾害防治和土地复垦

凤山矿注重安全环境建设、综合利用、水土保持和绿化植被工作，矿山将土地复垦和植被恢复作为绿色矿山建设中心内容，对开采终了边坡进行绿化、复垦和生态恢复。并对生产过程中陆续产生的永久性边坡，实施植被绿化；按照边开采边恢复的原则，一边生产一边绿化，裸露地块及时进行覆盖或种植速生草种。

1. 植被恢复

实施边坡治理工程——对终了边坡进行绿化，种植乔灌木，对北部终了边坡采用国内先进的团粒喷播技术治理，取得良好绿化效果。截至目前，边坡绿化治理工程已进行了三期，并全部通过北京市国土局验收。三期植被恢复总面积约90000平方米。

2. 排水沟整治

将原已基本堵塞的排水沟进行清淤，采用浆砌石或现浇的方法治理，总长约2000米。

3. 油库改造

将原有安全性能差的老旧油罐改为两座储量50吨的撬式罐。

图8　3#、4#边坡三期植被恢复图

4. 职工休息室改造

将原有的石垒窝棚改建。新建职工休息室整洁美观，室内自制电热水器改为太阳能热水器。

图9　新建的职工休息室观景平台

为适应接访需要，新建了观景平台，宾客可在室内将采场全貌尽收眼底。

5. 生产过程低尘化

矿山必须解决粉尘无组织排放问题，降低粉尘对环境的污染。对矿区裸露部分进行绿化和硬化；对产品进行棚化或建仓储存；利用监控、隔离等手段，改善职工的工作环境。

为了粉尘排放达标，生产线所有扬尘点，均安装有除尘设备，2008年又对四台潜孔钻机进行了除尘改造，除尘效果良好。原成品仓、八百平洞手动放料改造为视频监控系统，职工远离了粉尘作业环境。为了减少道路扬尘，硬化道路全长4500米，总投资1100万元。

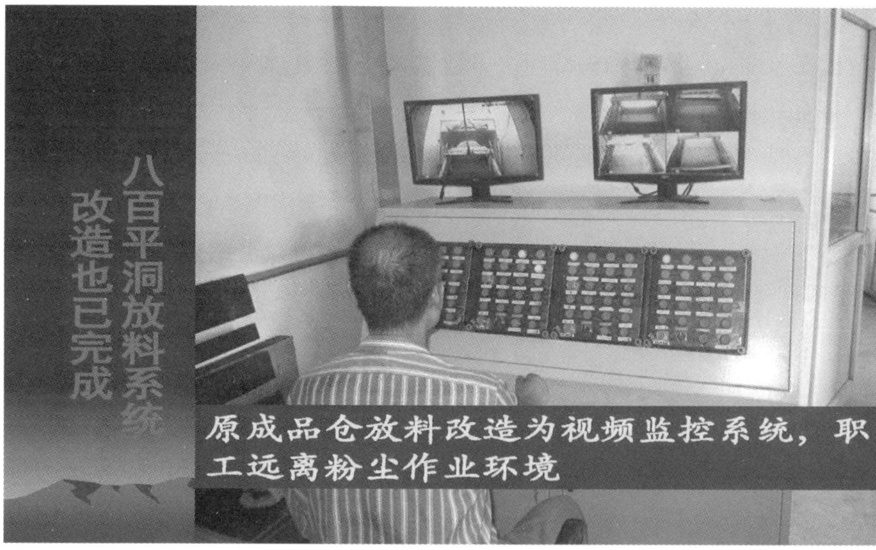

图10　八百平洞放料操作控制室

6. 成立矿山养护队

为抑制运输道路扬尘、绿化工程的养护，成立矿山养护队。

任务：日常道路清扫、绿化工程养护、道路洒水、道路两侧挡墙维护等。

（四）注重科学管理

1. 计划开采

对矿体划分矿块，掌握各个矿块质量情况进行质量搭配，做到开采有序，配矿有据，剥离先行，资源合理利用。

2. 物联网

充分利用包括视频监测监控、环境监测监控、边坡稳定性监测、爆破震动与冲击波及噪声监测在内的露天矿安全生产物联网系统，建设现代化矿山。

图11　新建成的矿山监控中心

3. 严格考核

按照年度采掘计划和生产、安全、环保等各项责任制，严格考核，确保矿山正常开采。

4. 动态监测

按时进行储量动态监测，为政府相关部门决策提供真实数据。

（五）注重地区和谐

矿山资源整合工作涉及面广，触动利益面广泛，凤山矿在地方政府的大力支持和帮助下，进一步妥善处置村民搬迁安置工作，积极吸纳当地村民就业，参与矿石和废石的运输，为村民脱贫致富创造有利条件。在矿山盈利的情况下，在现有基础上逐年增加对当地经济发展的投入，促进地方经济发展，创建一个现实的"安全健康、绿色和谐"的矿山来证明：北水公司是"言必信、行必果"的负责任企业。

（六）注重矿山建设保障

1. 组织保障

"绿色矿山"建设作为新生事物，应引入新的管理机制和保障措施，以促进科技进步，更好地服务"绿色北京、科技北京、人文北京"。北水成立了"绿色矿山"建设领导小组，由总经理担任组长，负责建设方案总体审核；相关部门为组员，负责建设方案具体实施和保障；领导小组下设办公室，设在凤山矿，负责日常具体事务。

2. 资金保障

（1）2009—2012年保证金共缴纳666.5万元。此项资金专项用于环境治理。

（2）根据年度矿石开采量，2012年开始每吨石灰石提取2元作为绿色矿山建设专用资金，用于绿色矿山重点工程建设与环境治理。

（3）2011年已确定政府相关部门国拨资金2000万元，正在陆续到位。

（4）其余资金由企业自筹。

3. 技术保障

矿山已先后治理了2#、3#最终边坡，取得了较好的环境治理效果，拥有成熟的治理技术和经验。对于规划中的治理项目，都有北水公司做技术保障。同时矿山和科研院所积极合作，借助研究所的技术力量，结合矿山实际，对矿山技术人员进行培训指导。矿山亦配备了相关专业人员，对矿山的发展进行系统研发，总结经验，提炼核心技术，为矿山的可持续发展做了强有力的技术支撑。

4. 注重科学管理

增强全员绿色矿山建设意识，加强科学管理，一切生产经营活动紧紧围绕《国家级绿色矿山基本条件》进行。矿山通过实施"六化四体系"，即采矿工艺规范化、生产过程低尘化、生产作业机械化、安全调度信息化、矿山环境绿色化、生产过程无废化，以及建立健全岗位责任制和规章制度体系、建立健全隐患排查体系、建立健全教育培训体系、建立健全应急救援体系为主要内容的示范露天矿山建设。全面提升了矿山的现代化、规范化管理水平。

四、绿色示范矿山建设的效果

（一）社会效益

绿色示范矿山建设，公司按照北京市安监局领导的指示精神，以"安全、绿色、健康、和谐"八字方针为指南，结合本矿的实际情况，并借鉴其他企业先进经验，通过扎实推进各项工作，使企业面貌焕然一新。在示范矿山建设过程中，市安监局领导给予极大关注，多次莅临凤山矿视察指导工作，并在多次经验交流会上，安排凤山矿就示范矿山建设，进行总结发言。作为首都，北京的安全生产工作极为重要，从某种意义上讲，北京也应该拥有自己的示范矿山，它于北京所处的政治经济中心地位息息相关，在示范矿山建设中，凤山矿承担着巨大的历史责任。可以肯定地说，绿色示范矿山建设验收后，许多领导和同行业人士将莅临我矿进行交流学习，凤山矿由一个名不见经传的小矿山，变得众人皆晓，知名度将越来越高的明星企业。

凤山矿周围有两镇、三村，处理好周边关系、确保安全生产至关重要。矿山每年支持村集体资金上百万元、提供就业岗位130余个，促进了村镇、村企和谐。

在过去的几年里，北水公司坚持走矿山可持续发展道路，为矿山的发展开创了良好的局面。通过绿色示范矿山的建设，公司全面提升矿山各方面工作水平，大力推进安全文化建设，最终实现矿山的“安全、健康、绿色、和谐”，把凤山矿打造成为全国水泥行业一流示范矿山。

（二）经济效益

通过实施绿色示范矿山建设，极大地提高了企业的经济效益。

绿色示范矿山建设预计总投资6224万元，其中2012年已投资4006万元。经济效益分析表明，规划中大部分项目多体现示范效益，同时为矿山在京可持续生存奠定牢固基础。石渣生产线建设实现采剥平衡，避免了压田占地，杜绝了地址灾害产生的可能性。同时每年增加150万吨石渣产量，极大地提高了企业经济效益，基本实现废弃物“零”排放，减少了对环境的污染。

通过财务数据测算，绿色示范矿山建成后，正常年份营业收入5400万元，年均利润为1000万元；2013年年收入4157万元，年均利润为410万元；投资回收期为7.4年，财务投资收益率为12.04%，具有较好的经济效益。

成果创造人：赵　雍　郭　凡　房国丰　蔡金山　熊运贵　王化民　冯德利　李铁冰　马尚俊　李庆友　张定文　张万民

水泥产业管理信息集成化系统的建立与应用

北京金隅水泥经贸有限公司

荣获第二十八届北京市企业管理现代化创新成果一等奖

北京金隅水泥经贸有限公司（以下简称“金隅水泥经贸”）是隶属于北京金隅股份有限公司（以下简称“金隅股份”）的大型营销企业。金隅股份是少有的拥有水泥、新型建材制造、房地产开发以及物业投资与管理四大板块的纵向一体化产业链的大型产业集团。金隅水泥产业是金隅股份的核心业务板块。金隅水泥经贸主要承担着金隅股份水泥产业所属企业的水泥、熟料、砂石料、外加剂、助磨剂等相关产品的统一营销、统一供应和统一物流工作，同时依托金隅水泥产业技术优势、管理优势，打造金隅水泥产业管理信息系统（以下简称“管理信息系统”）平台，通过信息化手段助推金隅水泥产业实现集团化统一管理。金隅水泥经贸于2008年6月成立，其前身是北京金隅股份有限公司水泥分公司，根据金隅水泥产业布局目前拥有8个分公司，总部职能部门12个。2012年实现销售收入过百亿元。

金隅水泥经贸在通过“质量、环境、职业健康安全”三大体系认证的基础上，强化水泥产业统一质量管理、统一服务体系、统一对标管理，不断探索管理新思路、新方法、新手段，以制度流程规范化为支撑，以信息化技术为手段，搭建了金隅水泥产业集团化统一管理体系，实现集约化经营，集成化管控的模式，大大提升了金隅水泥产业的核心竞争力。管理信息系统平台的建立与应用，切实推进了工业化和信息化的“两化融合”战略的实施，助推了金隅水泥的快速发展。

未来几年，金隅水泥经贸将继续以金隅股份的整体优势和雄厚实力为依托，以“科学发展观”为统领，不断强化统一营销管理，发挥整合优势，通过构建和完善管理信息系统平台，进一步推进金隅水泥产业发展，促进金隅水泥管理创新，增强金隅水泥核心竞争力，沿着金隅特色的整体、集成、快速、可持续发展之路前行！

一、管理信息集成化系统建立与应用的背景

（一）水泥行业信息化管控手段起点低、起步晚，信息化管理手段和水平亟待提升改善

1. 水泥行业具有粗放、分散、业务流程多而复杂等特点。通用的管理信息系统不能契合水泥行业的特殊需求。水泥行业的信息化工作一直是业界致力研究的问题。国内水泥行业的信息化建设从20世纪80年代开始，经历了从单机管理、单元操作、管理信息系统（MIS）到企业资源管理信息系统（ERP）。一些集团化企业则已然进入到从管理中要效益，构建生产、销售、库存、采购、质量等一体化的综合管理信息系统，运用先进信息工具来获得水泥产业更大的发展空间。

2. 契合国家行业产业政策规定，特别是当前水泥行业面临着整体产能过剩，供需矛盾突出，作为“两高一低”的典型行业，更需要加强对生产过程控制、监管力度，促进企业采取节能降耗措施。

3. 水泥行业是典型的流程型行业，如何实现集团化信息数据的全面集成，实现同各财务核算报表衔接以及数据分层级统计，灵活的多角度统计和分析数据，是集团化信息管理信息系统建设过程中首先要解决的问题，同时要实行对产品销售和物资采购两大部分物资分别进行管理，由于其形态以散装为主，要能对经营过程中的进出厂车辆识别、应收应付款项核算、运费的核算及摊销、进出厂物资和在产品的实物质量情况跟踪、能耗数据等进行网络化、系统化管理。

（二）金隅水泥产业战略扩张、快速发展、企业融合，迫切需要利用信息化加强运营管理

金隅水泥是国家重点支持的12家大型水泥集团和中国水泥十强企业之一。2005年11月，金隅集团

（当时尚未上市）将旗下北京地区3家水泥企业优势资源进行整合，金隅水泥宣告问世。7年来，金隅水泥顺应产业结构调整，创新驱动发展，积极推进战略重组，金隅水泥产业已经覆盖京、津、冀、晋、豫、吉等区域，水泥生产企业由3家发展到30余家。目前东至沧州黄骅，西至山西太原、大同，东西宽600余公里，南至河南郑州、巩义，北至张北、承德、内蒙古、吉林等地，南北纵深近2000公里，环渤海“大十字”战略布局已经形成。

金隅水泥下属企业通过兼并、重组、联合、新建等多种模式形成，各企业应用需求不同、管控水平不同、信息化基础不同、人员层次不同、文化理念不同，收购整合企业后如何实现集中的规范化管理，难度较大。利用管理信息系统，规范集团化统一管理制度和流程，推动融合是必不可少的需要。

（三）营销业务流程、质量、物流管理等发展瓶颈问题制约产业供销集中统一模式的深化

金隅水泥是国内少有的实现水泥产业集团化统一管理的企业。成立以来，坚定实施金隅水泥产业统一营销管理、统一供应管理的集中管理模式，充分发挥水泥产业整合优势、规模优势、管理优势，推动实现“买的便宜卖得贵，中间不浪费”的目标精髓，创新了管理模式，创造出可观的经济效益。同时发展过程中也面临着金隅水泥产业下属企业多、地点分散、涉及业务领域多、业务流程多、业务关系复杂等制约集团化统一管控的问题。

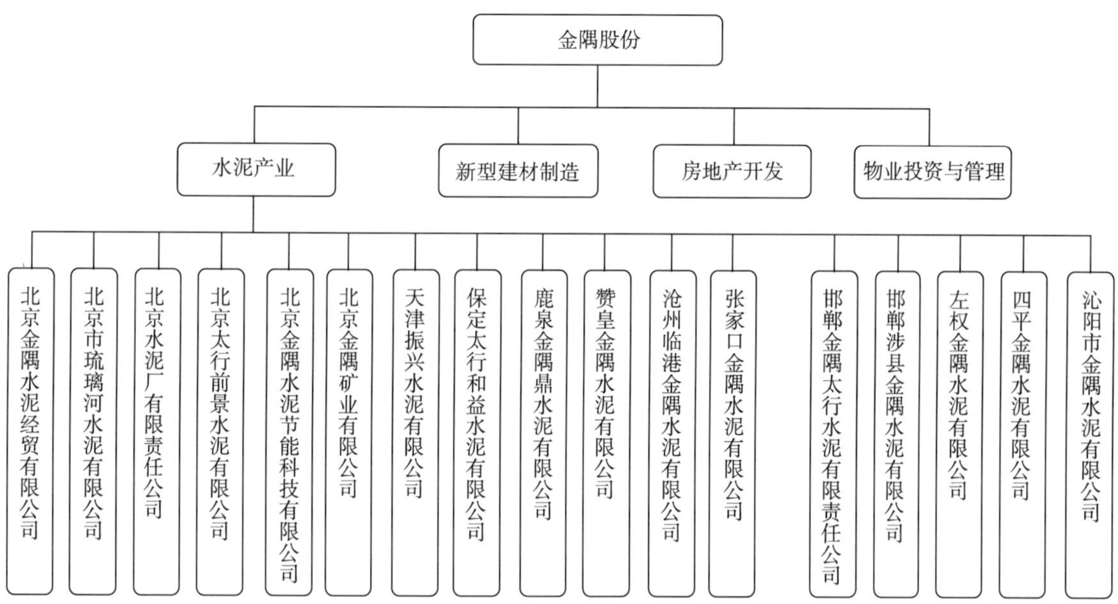

图1　金隅股份水泥产业组织结构图

1. 营销管理

金隅股份授权金隅水泥经贸负责金隅水泥产业全部企业的统一营销工作。金隅水泥经贸紧密围绕“科学布局掌控市场　整合资源扩大优势　稳健经营和谐发展”的发展理念，坚定实施“总部统一决策，区域分步实施”的营销策略，持续推进统一营销工作，大幅度提升金隅水泥市场掌控力。金隅水泥经贸根据水泥产业市场覆盖地域成立若干分公司，组织其各分公司以工商注册主体、以独家代理的形式与金隅股份水泥产业下属的生产企业分别签订代理销售合同，全权负责生产企业的水泥、熟料、砂石料、外加剂、助磨剂等多种产品的销售工作。金隅水泥产业所有营销行为，全部按照规范模式纳入管理信息系统平台，实施集团化统一管理。金隅水泥经贸目前设立了北京、天津、保定、邯郸、石家庄、宣化、四平、焦作8家分公司。分别负责金隅水泥下属30家水泥企业在分公司所辖区域的统一销售工作。

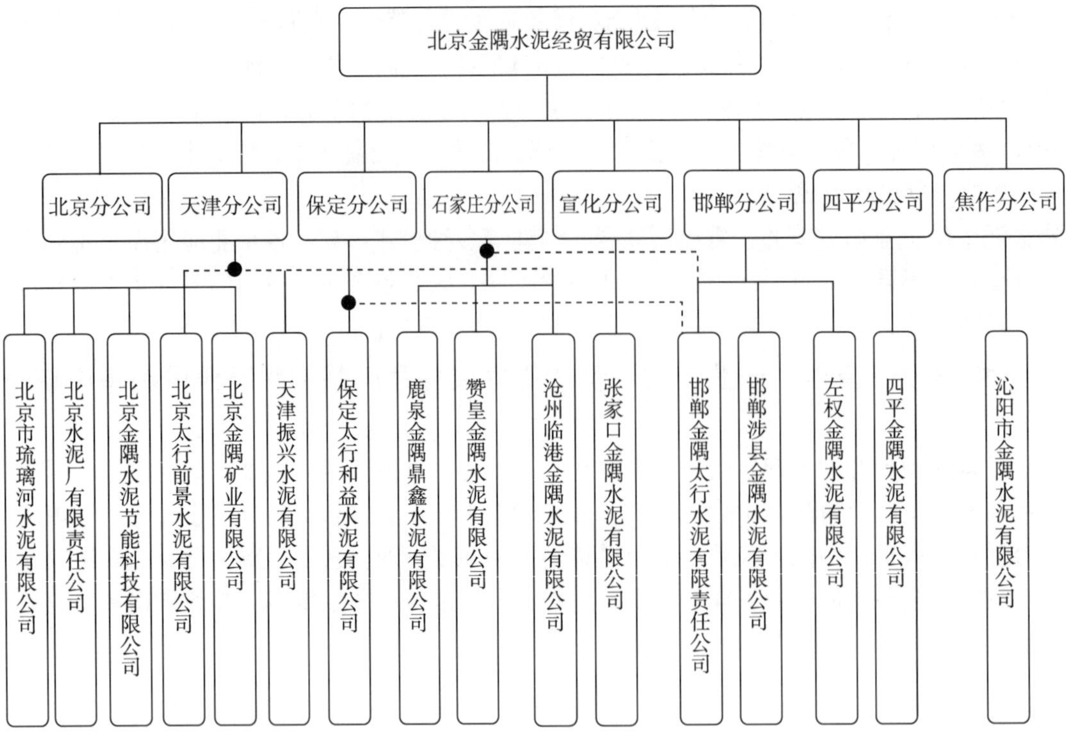

图2　金隅水泥经贸负责水泥产业各企业统一营销体系图

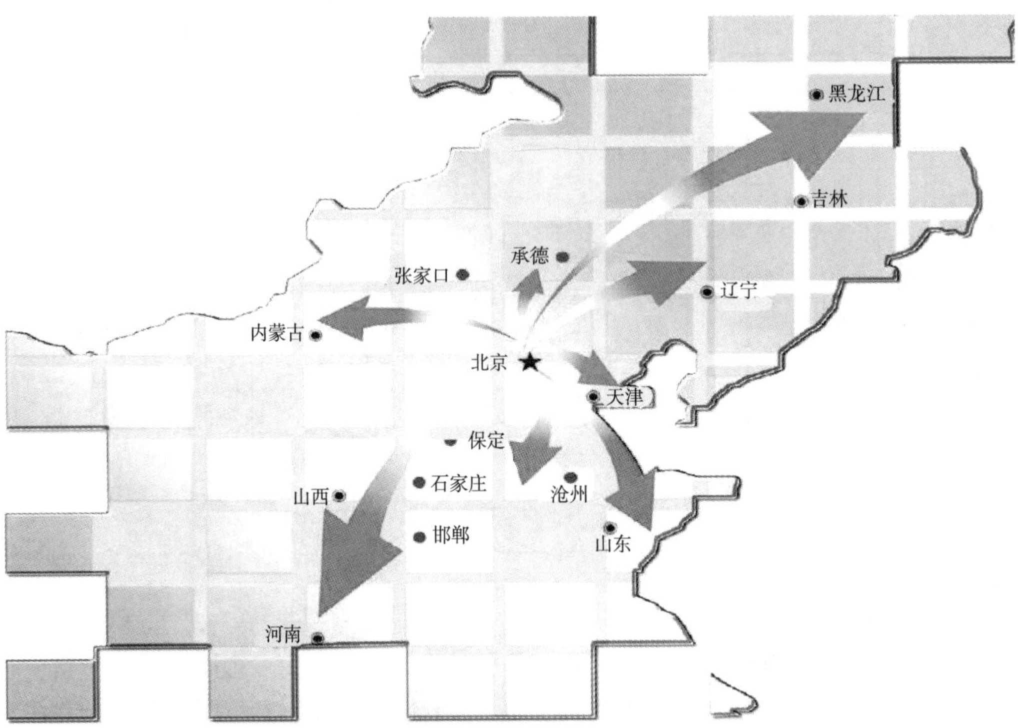

图3　金隅水泥经贸销售范围

2. 供应管理

受市场经济因素影响，金隅股份水泥产业出于市场的变化及管理上的需要，采购管理模式会经常发生变化或者不同的采购管理模式并存，即针对不同产品的采购可以是集中的也可以是分权的，金隅水泥经贸需不断推进水泥产业统一供应管理，探索“集购平销”、“集招分购”、“分购统管”的物资供应管理模式，深化对外战略合作，才能提升水泥产业采购成本控制能力和资源管控能力。

3. 物流管理

水泥产业各企业进出厂物资计量方式及标准上基本统一，即大宗原主材料采购计量、散装水泥（熟料、矿粉等散装物资管理同水泥）以“吨”为计量单位，数量以过磅为准，袋装水泥以袋为主计量单位，同时辅助以复磅等措施，数量上要求以国家标准为依据进行精确控制，但在计量器具的规格型号、物流流向、磅房等辅助设施安装上存在较大差异，如有的磅房单一过进厂或出厂物资，有的包含所有，有的则是混搭（多台地磅同时负责进出厂），简单的模式化复制不能满足实际需求，必须在有效兼容个性特点的基础上，设计统一的物流管理流程，才能提高企业保障能力。

4. 质量管理

水泥产业各生产企业多年来一直持续着根据过磅车次人为判断检验批次截取数量、手工登记和抄录实物检验数据的传统工作模式，存在着检验数据信息反馈时间周期长、容易出现误差、重复性工作多等诸多问题，最为突出的是各生产企业进厂物资在检验周期、频次、计量单位（如煤炭发热值）等方面的不统一，质量数据无法实现企业间的横向对比以及集团层面的汇总分析。

5. 能效对标管理

水泥产业各生产企业能耗管理工作在统一执行国家标准的前提下，管理方式差异较大，如管理办法、管理工具、数据统计计算范围时间等方面存在较大差异，总部层面的能耗数据是生产企业将能源对标计算结果处理审核后的，与质量数据类似，同样存在着时间周期和可比性问题，对监督监管工作以及制定节能降耗措施带来诸多制约。

二、管理信息集成化系统建立与应用的内涵和创新点

（一）管理信息集成化系统的内涵

为促进行业进步，支撑战略发展，实现水泥产业集团化、规模化统一管理，从技术上解决“统一管理平台、统一管理标准规范、统一制度流程体系”的难题，构建管理信息集成系统后满足了跨地域、跨业务领域的集中统一管理的实施要求，强化了生产营运过程的在线监测、预警和控制，提高了管理集中度，提升了掌控力，该系统覆盖了金隅水泥产业所有生产企业供、产、销各个环节，集流程管理、统计核算、质量管理、物流管理、信息管理、财务管理、风险管理等为一体的综合管理，形成以信息化系统平台为支撑的水泥产业全方位集团化统一管理的流程和模式，全面提升金隅水泥产业的管控能力、管理水平、风险预警能力和防控能力，不断延伸管理半径，促进流程再造和优化。

因此，金隅水泥经贸依托水泥产业雄厚的人才和技术实力，一直致力于构建一套全方位的综合管理信息系统，满足经营管理需求，推进水泥产业统一整合、对标管理、规范管理、精细管理进程，提高水泥产业决策能力，探索信息化建设与基础制造业发展相融合的发展模式。

（二）管理信息集成化系统的创新点

1. 依托信息化管理信息系统平台全力促进集团化统一管理是必由之路

金隅水泥经贸依托金隅水泥整体实力构建的统一管理体系是对金隅股份水泥产业管理能力的创新和提高，信息化管理平台是统一管理的工具和载体，管理信息系统承载着金隅水泥快速发展和精细管控的核心管理理念和统一管控模式，能不断延伸管理半径，促进管理升级，转变发展方式，不断提升集团化管控能力。

2. 管理信息集成化系统建立与应用是立足现状适应未来规划长远

管理创新是不断地自我检查、自我完善、自我提高的过程，而不是一次次的推倒重来的过程，金隅水泥经贸搭建的管理信息系统是以现有管理为基础，立足于金隅股份水泥产业采用统一规划、统一实施、统一技术质量标准、统一销售、统一供应的发展战略，充分利用金隅水泥各企业现有网络信息传输条件以及经验丰富的软件设计公司提供软件开发设计服务，通过技术手段来实现信息资源的高度共享，为经营工作的开展提供技术支持和保障，进而实现管理的创新和提升。构建的管理信息系统平台具有集成性、实时性、实用性、严密性、安全性、规范性、拓展性、低成本高效益等诸多特点，最为突出的是

充分融合水泥产业统一管理各类业务的集成性和彰显管理效率的实时性。

集成性：一个高度集成的管理信息系统，能够给企业带来不可估量的效益，同时也是必须建立在业务集成和信息集成两点之上。管理信息系统是针对水泥行业特有的管理模式而定制开发的，突破了时间和空间的界限，将金隅水泥产业总部、经贸各分公司、生产企业、客户、供应商都包括在一个综合的业务处理网络之中。

首先，“业务集成”，将水泥产业的经营活动作为一个有序和有机的组合链，进行有序地排列和集成，一环扣一环，利用信息网络把原来仅限于单体企业内部的信息共享和管理扩展到水泥产业总部、水泥经贸各分公司、下属生产企业等各级管理人员，乃至客户、供应商。

其次，“信息集成”又是业务集成的基础。管理信息系统中的业务操作与信息集成是同步进行的，相关业务发生后，有关数据、资料就全面、实时地出现在系统中，并按设置提交到指定的部门和人员，无需重复地录入或传输，实现全企业的高度信息共享，以最快的速度反映水泥产业的运作实情。使用者可从不同的节点登陆，通过对可见地点、可见材料类型、可见销货主体等任意查询条件的控制，实现数据的精细化屏蔽，满足总部、分公司、企业、操作级等不同层级数据信息需求。

实时性：系统通过采取同地磅传感器直接取数、改造试验机硬件等技术手段，实现基础信息由手工录入到自动读取，基本排除人为因素干扰，将散布在各个地点的不同信息纳入管理信息系统，数据反馈时间由以前的5—7天到现在实现实时传送，极大地保证了数据的及时性和准确性，实现对各类经营信息的有效验证和精细控制，使管理决策层可以随时发现、分析并解决问题，提升决策管理水平。

三、管理信息集成化系统的基本内容

（一）管理信息集成化系统的建设思路

管理信息集成化系统建立的过程遵循了从无到有，业务从简到深，控制有缝到无缝衔接，结合业务拓展速度，扩展范围，持续开发各项功能，分期打造管理信息系统平台。平台包含整体环境设置区、应用系统区、系统整体维护区，其中整体环境设置区，主要进行基础化设置工作，搭建了可扩展的庞大的基础框架结构，设置了可带数据更改数据所处层级等功能，支持未来战略扩充和发展，包括地点及人员权限管理、各类物资编码管理、各种对标的标准、供应商及客户档案等；整体维护区，主要包含数据升级、运行日志、月度封账及年度结账等整体维护性功能；应用系统区，是管理信息系统比重较大的部分，主要有销售、供应、质量、备件管理、预算管理、智能预警、生产管理等各应用子系统，且还会随着集团化统一管理的不断深入，持续开发和挖掘管控深度，扩展新的功能，支持水泥产业未来发展规划。

（二）管理信息集成化系统建设进度

2006年2月，销售子系统上线使用，拉开了管理信息系统建设的序幕，并在2007年和2008年进行了四次全面系统的升级，不断完善系统控制功能，使之更加契合统一营销业务开展和管理的需要。

2009年7月1日，供应子系统上线，全面支撑统一供应管理三种模式的推广和管控，促进依托信息化手段，发挥规模优势，掌控战略资源。

2011年1月1日，供销子系统合并运行，底层架构深度提升，为后续发展夯实基础。同步展开金隅股份水泥产业所有企业的统一物流管理，规范物流流程标准化，推广地磅对接工作。统一营销、统一供应、统一物流管理整合到一个信息管理平台，迈出金隅水泥信息化建设坚实的一步，具有里程碑意义。

2011年10月20日，质量子系统投入试运行，实现了集销售、供应、质量管理为一体的信息化管理，并于同年开始对板块内各生产企业试验机进行技术改造，实现水泥产业所属企业产品质量信息实时真实上传，按照统一质量管理办法，控制产品实物质量，全面提升板块统一管理水平，为客户提供同质化产品和规范服务，提升金隅水泥品牌形象。

2013年管理信息系统深度拓展，增加备件管理、预算管理、生产库存管理、能耗对标管理等子系统及功能，同时加强复杂经济形势下水泥产业关键业务节点的管控，开发客户信用额度控制等功能模块，通过智能预警功能发送预警短信到管理人员手机，并完善经营分析报表自动生成功能，深化对经营数据的实时跟踪和掌控。

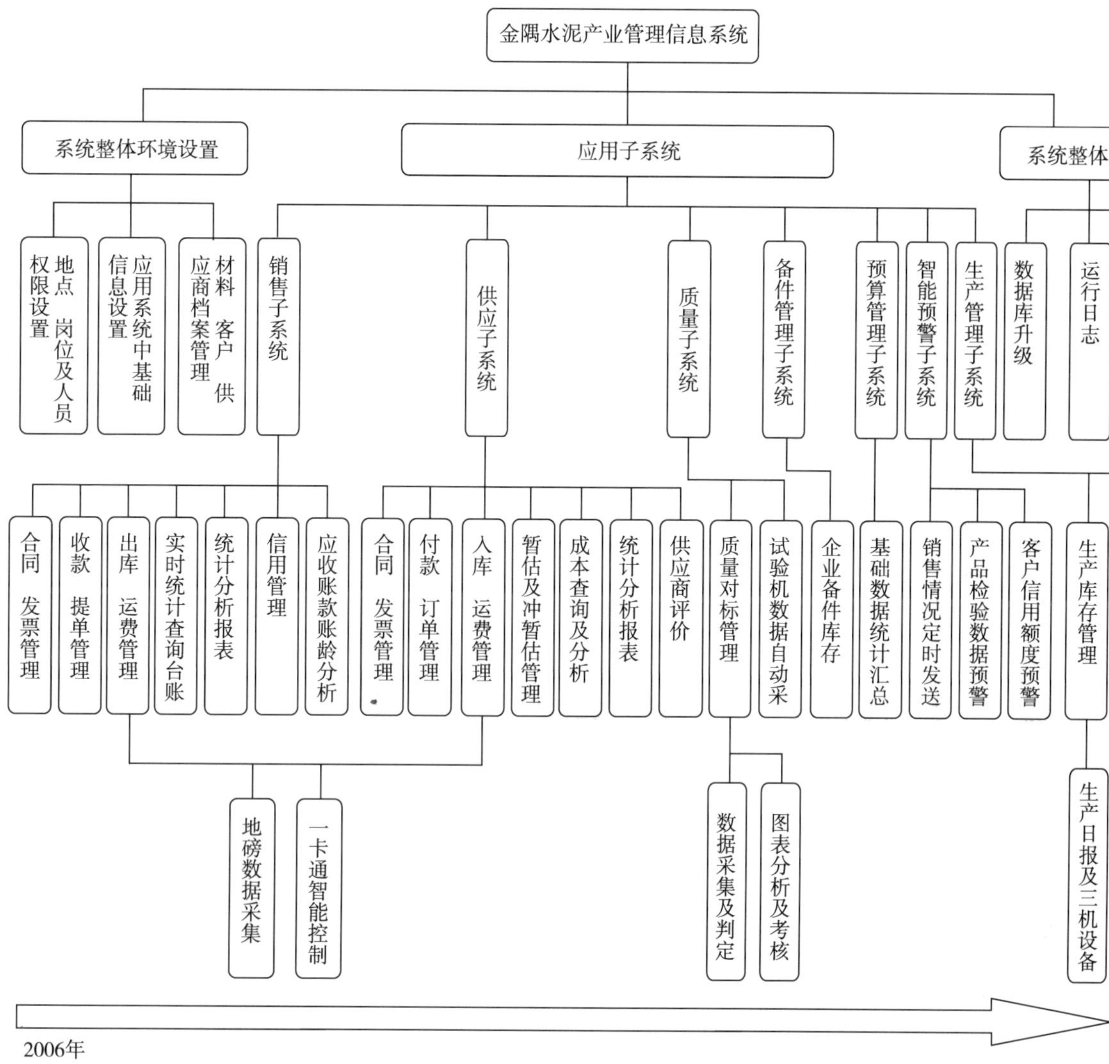

图4 管理信息系统结构

通过一系列功能的开发和应用，通过分期实践和升级，建立覆盖水泥产业所有企业供、产、销各个环节，集流程管理、统计核算、质量、物流、信息、财务、风险管理等为一体的ERP管理信息系统，满足跨地区经营管理模式差异化、客户和产品结构多样化、经营和生产各业务交叉管控需求，全面提升公司的管控能力、管理水平、风险预警能力和防控能力。推动水泥产业集团化统一管理更加深化，促进管理效率和管控水平大幅提升。

四、管理信息集成化系统建立与应用的主要做法

（一）管理信息集成化系统的组织管理

信息化建设是"一把手工程"，为了保证管理信息系统的建设进度和有效实施，金隅水泥经贸组织成立了以公司总经理为首的，主管经营、销售、供应业务副总经理，水泥产业生产企业领导及骨干参与的项目组，集合了水泥产业各业务领域的领导和骨干人才，共同推进管理信息集成化系统的建立和维护。

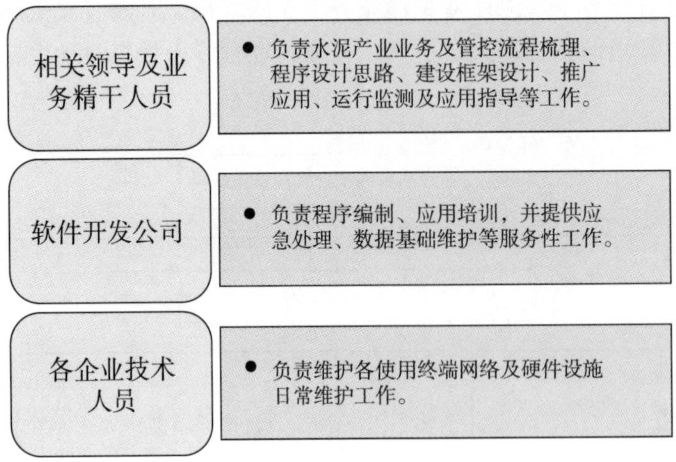

图5　项目组职责分工

（二）管理信息集成化系统的数据采集方式

管理信息系统平台的业务范围涵盖了水泥产业的各业务领域，覆盖了水泥产业总部、金隅水泥经贸及各分公司、各生产企业，在数据采集方式上，我们采取源头数据采集的处理方法，从业务发生点直接截取数据，如产品称重的地磅、抗折抗压实验的试验机等，确保源头采集，取得一手资料。

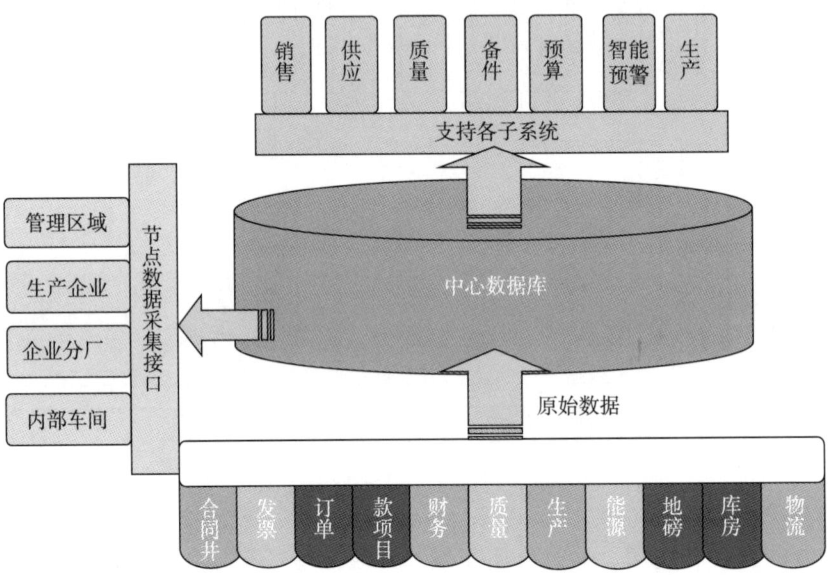

图6　数据采集图

表1　数据采集内容表

业务分类	采集单位	采集内容
水泥产业总部	总部	供应商评价准入
经贸公司总部	职能管理部门	系统运行的基础设置
经贸各分公司	共分8个	合同、发票、收款等业务基础信息
各生产企业	30家生产企业的近150台试验机，近100台地磅	产供销各业务环节信息、物资出入库称重、产品、物资质量检验数据等

（三）管理信息集成化系统的管理原则

1. 分级管理原则

用户的权限数据是在用户主数据中集中存放和统一管理的。金隅水泥经贸以管理需求为切入点，对水泥产业内企业组织架构和管理结构进行了梳理，确立了总部、区域、企业、车间等7个地点管理层级，设置了销货主体，用以区分金隅水泥经贸及分公司、生产企业不同经营主体，将物资类别按业务类别及属性分为销售、采购、质量、生产四类材料，并建立了树形材料编码库，各类材料总计4万余种，使用人员则按角色进行分配，设置了预定义功能，来满足一般用户需求的权限分类，即先通过设置岗位权限实现同一岗位人员权限的批处理设置，保持整体一致性，同时兼顾个体差异，最大限度降低管理者的操作时间，奠定了数据信息集团汇总分级管理的基础，实现了统分结合，将每个使用者都添加到某个层级的某个节点上，使用者从不同的节点登陆，同时系统对数据的管理根据可见地点、可见材料类型、可见销货主体等控制，进行精细化数据屏蔽。

2. 关键节点审核原则

金隅水泥经贸构建管理信息系统平台时，即组织梳理水泥产业管理需求、审计要求，在管理信息系统内发货、收款、供应商评价、质量实物数据等关键点加入审核、修改环节，同时与人员权限相结合，按照“不相容岗位相分离”的原则，分别进行设置，基础数据录入人员无审核或修改权限，其直接上级或更高一级的人员方可进行审核或修改，水泥产业各生产企业根据金隅股份统一营销管理办法、统一供应管理办法及质量管理规定等管理制度、数据管理需求，组织基础数据录入、审核等工作，相关部门对数据信息进行审核，最终实现数据的采集入库。

3. 可持续性原则

水泥行业的特点要求实现24小时不间断发货，客户端的网络状态在不稳定或断开的情况下，系统要保持某些子系统的功能模块继续工作，如车辆的物流过程不能因为网络断开而停止工作以及化验室对3天或28天质量检验的时间性要求等，决定了管理信息系统平台要在断网下继续保持工作。金隅水泥经贸构建系统之初，即考虑到了上述需求，采用C/S方式设计管理信息系统，为业务提供了可以继续工作的能力，即当系统网络断开时，系统的交易数据先保存在本地数据库中，客户端一边维持发货、试验机检测数据存储等工作，一边继续监听网络情况，一旦网络恢复，则将本地数据自动上传至服务器，以保持数据完整性，杜绝了重复性录入。

4. 管理信息集成化系统的实施原则

金隅水泥经贸结合水泥产业发展，对业务的管理，按照“从无到有，由简到繁”的原则，逐步推进，对于各类数据信息采取先纳入管理体系再深入挖潜的策略，实行分步实施、逐步完善，统一设计数据采集范围、方式、要求及应用规定，统一设计管理信息系统框架设计、逻辑控制原则、权限角色管理，并监督执行，最终实现集数据信息采集、汇总、分析、预警等于一体。进行推广时，每个专业领域先选取业务熟练的人员及管理完善的生产企业进行试点，成熟后进行全面部署，组织业务培训和推广使用等工作，确保业务的平稳过渡。

（五）管理信息集成化系统构建数据集中、资源集中、信息集成、功能集成、实时动态的协调统一

1. 统一营销业务关键管控点和流程

金隅水泥经贸抓住销售环节中的合同、提单、收款及发货四个主要环节，设置了区域管理、运费管理、检验报告、客户管理、发票管理业务模块，设计了严格的审核流程，将销售合同分为预收款（含现收现付）及赊销（后结账）、非现金交易（抵款、平账）三种类型，从合同评审开始，即按照公司的评审要求实施分公司层面、总部职能部门、公司领导三级审核，同时将合同的价格、品种、结算方式等信息从合同模块开始一直往后传递，直至计算出应收账款。

为了便于对单体客户进行实时管理，管理信息系统设置了单一客户的实时链接查询功能，可以随时

查询截止到该时点的客户合同、提单结余、应收账款等信息，同时利用系统实时录入的收款、发货等信息，摒弃手工报表模式，提高数据信息反馈时间，由系统自动生成以管理区域、材料类型、管理模式等为分类标准的数据统计查询分析及Excel表格，各类销量、收入、回款、价格、应收账款等总计30余张，实现了对公司整体及各单位各关键经营指标完成情况的实时跟踪和动态掌握。

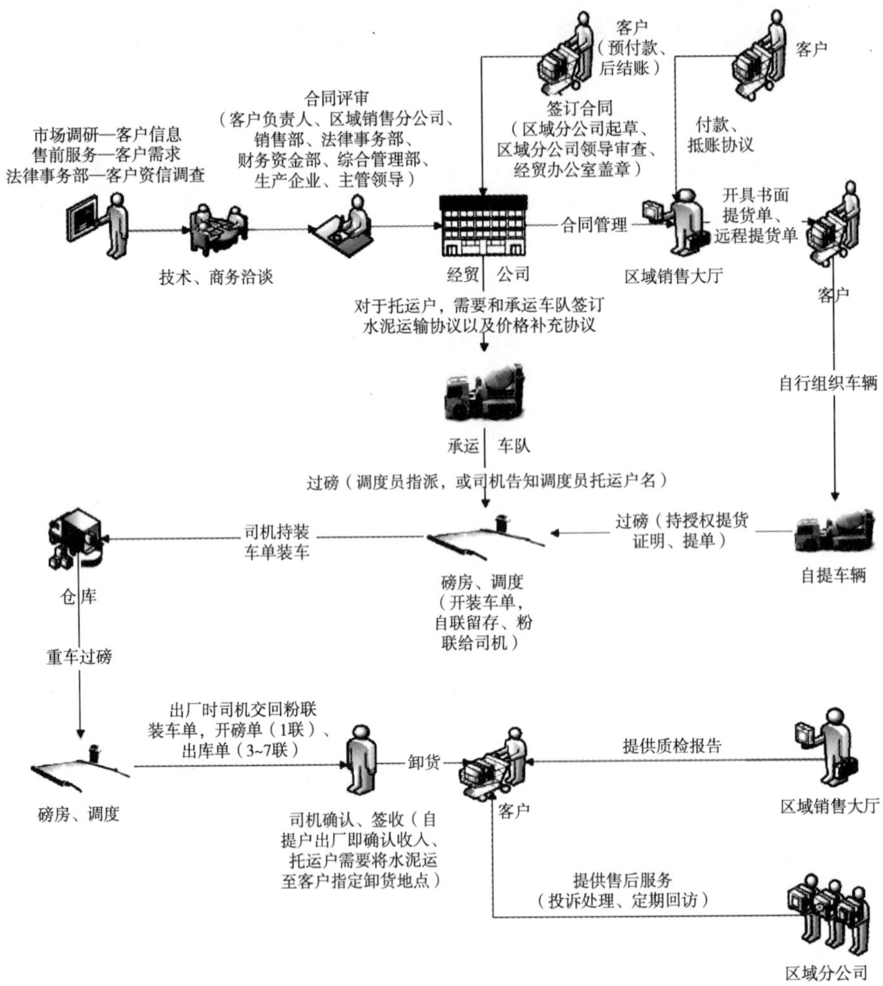

图7 销售业务流程

2. 统一供应业务的关键管控点和流程

水泥产业所有下属企业的物资供应统一管理划分为集购平销、集招分购和分购统管三种管理模式。水泥产业任意下属生产企业采购的物资都要归集到管理模式之一。例如，大宗原燃材料必须实行集购平销的模式，通用型物资必须实施集招分购的模式。通过集中的统一供应管理，发挥水泥产业的规模化优势、专业化优势，降低采购成本。

管理信息系统针对不同的管理模式设计了不同的管控流程，规范水泥产业的采购行为，加强过程监控，即大宗物资按照合同、订单、入库、暂估、成本核算进行管理，辅料等根据采购情况，可直接入库、暂估，进行成本核算，同时将运输成本折算到采购物资中，并利用系统自动生成价格表、应付账款台账等，提高了对各物资产品价格走势的研判能力及供应商的掌控力。

针对水泥产业设备和备品备件的管理，为盘活存量物资，设置了水泥产业备件共享管理功能，将水泥产业下属企业备件的品名、规格型号、主要技术参数等进行系统化管理，纳入管理信息系统，实现水泥产业所属企业库存信息共享，便于在紧急情况下，实现企业间互通有无，资源共享，同时降低板块整体资金占用额度，盘活资金。

3. 统一质量管理的关键管控点和流程

水泥产业产品质量标准实行三级管控，即企业标准、集团标准、国家标准，管理平台设计框架时，将水泥产业各企业所有标准、标准值要求进行了归类整理，合并同类项后，集团标准、国家标准进行统一设置，即水泥产业各生产企业同类物资实行统一集团和国家标准比对，企业标准则由各生产企业在集团标准、国家标准的基础上按照只能增加不能减少的原则进行细化和设置，并进行合格值判定。在统一标准的前提下，规定了各生产企业数据系统化管理的要求，实现了各生产企业各类进厂原料、半成品、成品、比对的试验数据在规定的时间间隔内定点上传，质量活动全过程动态管理和监控，并由系统自动生成供应商评价表、质量考核分析表、标准对比图、抽检对比分析等图表。同时分批次对生产企业的试验机进行硬件设备改造，加装试验机反馈系统，实现了试验机检验数据的实时上传。

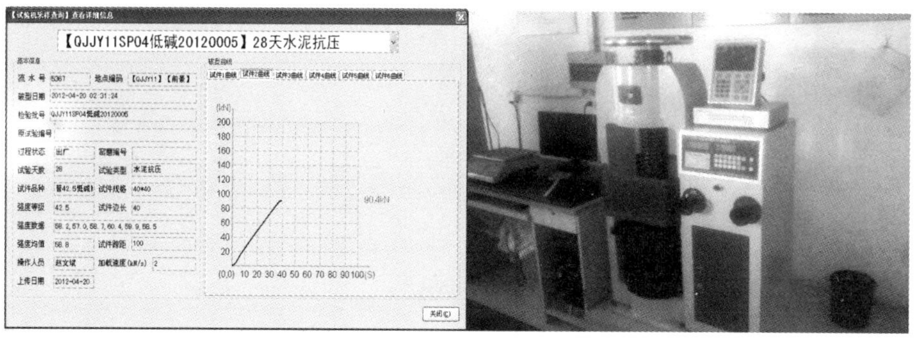

图8　试验机检验数据采集现场

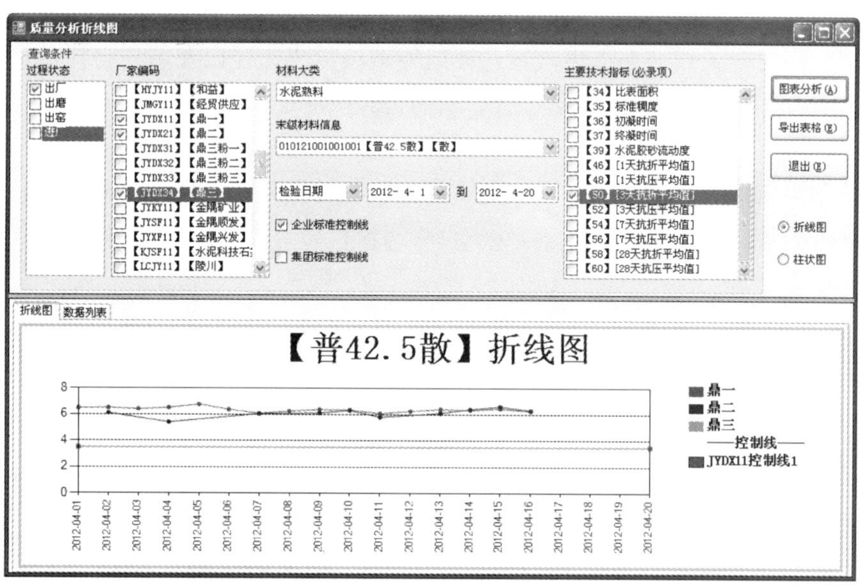

图9　质量子系统——质量分析折线图

4. 生产管理的关键管控点

就水泥行业而言，产供销本来就是一体化的，互相密不可分的，为加强对水泥产业生产环节的管控，促进产销联动，管理信息系统建立了各生产企业主机设备及生产信息基础档案库，将每日的生产、销售、采购、主机设备运行状况等信息进行归集，实现迅速及时掌握水泥产业所有企业的生产、库存情况，并结合预算管理有关功能，利用设定的数学关系模型，建立起产、销、存各数据之间关联关系，最终依托信息化管控手段实现生产和销售的联动，达到水泥产业资源配置最优。

5. 能耗对标管理的关键管控点

节能减排是当前环保工作的主题，水泥行业作为高耗能行业，为了促进企业良性发展，更应对能耗数据监控要求。管理信息系统构建国内首家对标管理功能，对水泥产业各生产企业中的煤、电、水、气等各种能源消耗进行采集、统计、分析，统一了水泥产业各指标的计算公式和方法，实现系统自动计算水泥产业各生产企业能耗指标数值，并与国内先进水平、国家标准、国际标准进行比对分析，查找不足，促进企业实施节能降耗，拓展企业发展空间。

6. 预警机制的关键管控点

建立自动预警短信平台，将管理信息系统的产供销各类信息与网络办公融为一体，通过系统自动检索信息，定时将经营情况、预警信息以固定模板格式，发送至指定人员手机，提高各级管理人员对经营情况了解的及时性和准确性，起到提醒和预警的作用，实现集中监控和分头管理相结合，提高决策效率和水平。

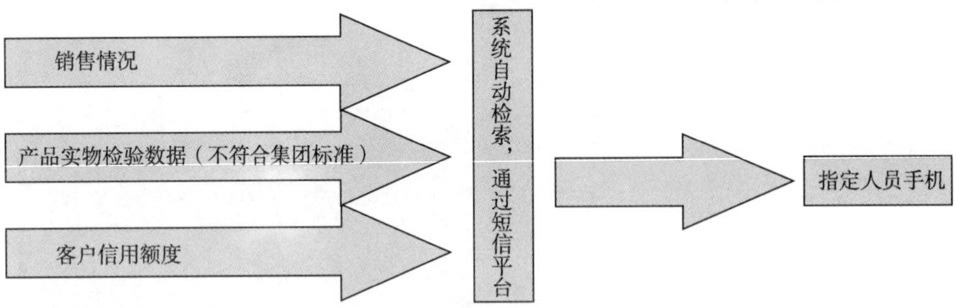

图10　预警短信发送图

7. 智能物流管理关键管控点和流程

为满足运营管理需求，管理信息系统设计了地磅数据采集和一卡通智能控制功能，主要是针对过磅物资的管理，保证24小时全天候，并提供汽运、火运等多项物流途径以及客户自提（供应商配送）、委托销售方（供应商）运输等多种提（送）货方式，由销售和供应子系统共用。

（1）地磅数据采集

通过对地磅传感器进行技术改造，实现由系统直接读取过磅数据，规避人为因素，避免误差的同时大幅提升效率，目前水泥产业下属企业散装过磅数据均实现自动采集。

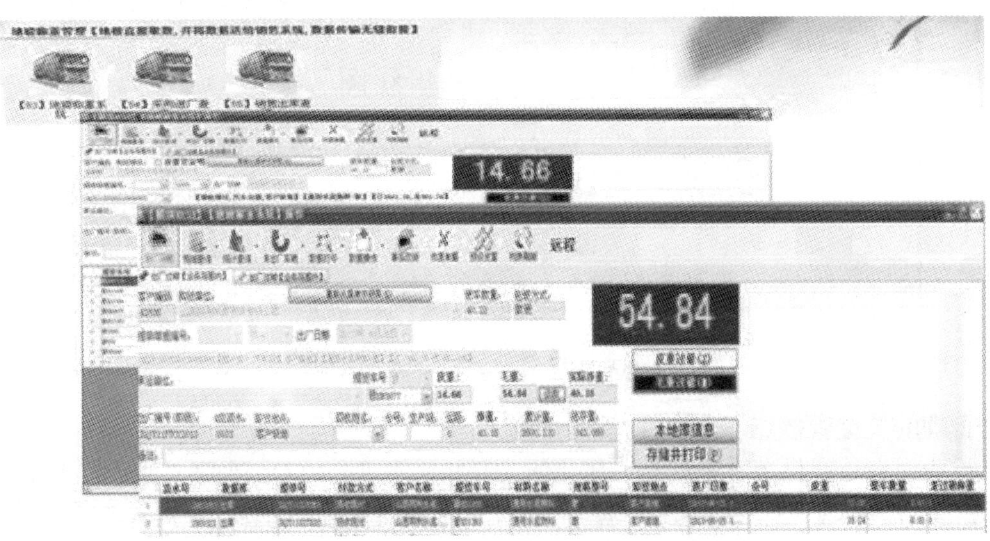

图11　地磅称重功能模块实时过磅信息采集图

（2）一卡通智能控制

建立了一套从门卫、调度、地磅、放料（收料）质检等各个环节监控的流程，通过一张磁卡实现所有环节监控，对入厂车辆所经过的各个环节的合法性进行自动识别；对车辆的毛皮净重量进行历史对比；对可疑车辆进行自动报警。车辆身份识别合法后，道闸自动抬杆，上地磅称重，红外对射确认车辆是否完全上磅并报警，磁卡对所有出厂车辆进行合法性验证，同时系统自动生成日报、月报和年报。

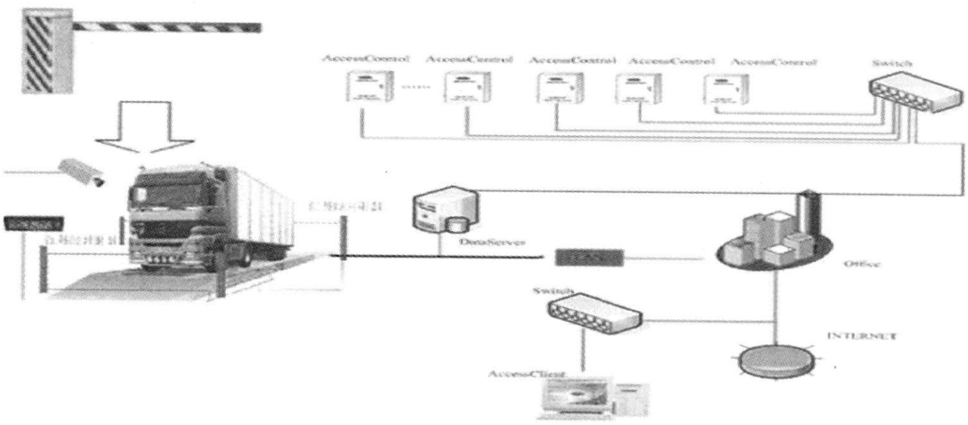

图12　一卡通智能控制系统图

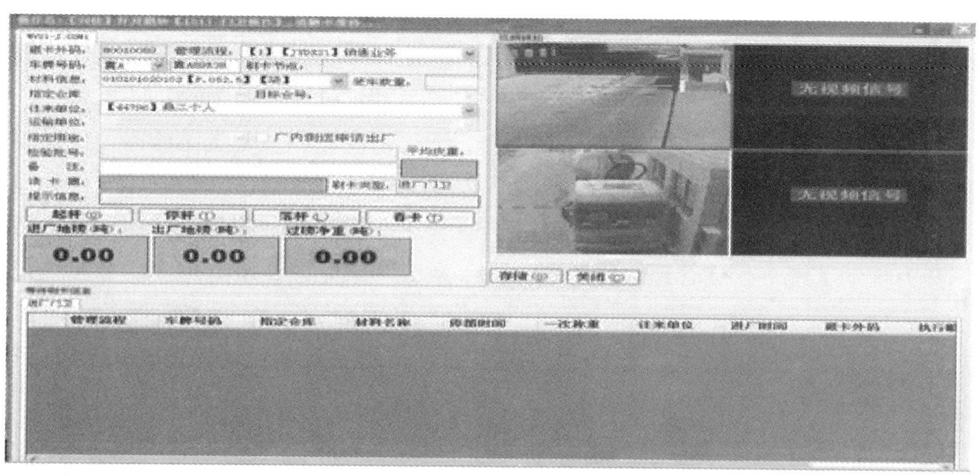

图13　一卡通智能控制过磅现场图

8. 多措并举，保障系统稳定运行，推动集团化统一管理实现

（1）加强对管理信息系统的管理，建立定期检查制度；及时排查隐患，制定了应急预案，并组织有关人员进行演习，提高各级人员应急反应能力，保证系统正常运作，满足经营业务需求。

（2）强化内控管理体系建设，通过健全和完善各项制度和流程，科学划分职责权限，贯彻不相容职务相分离的管控措施，明确了授权范围、权限、审批程序、责任等内容，持续细化和完善内控管控体系、网络信息化建设、数据分析能力建设等工作，先后制定了《销售业务管理办法》、《采购管理办法》、《客户信用管理办法》等十余项规章管理制度，对经营管理的关键节点予以明确，制定《保密制度》，严防公司经营数据的泄露，并监督执行，进一步巩固完善综合管理体系，提高应对经营风险的能力，促进管控水平和经营效率的持续提升。

（3）加强日常业务监控，以“发现问题，解决问题”为根本，加大对管理信息系统应用情况的检查力度，采取抽查和定期全面检查相结合的方法，对经营过程中各类业务进行实时在线、定期监督和检查，建立多业务领域、多岗位、多层次协同工作基础和保障，强化设计层面与执行层面的统一，达到防控风险的目的。

（4）加强和突出人才工程建设，制定了《八项“人才工程”建设实施方案》，细化了各类人才的教育培养机制，从坚持长远发展的角度培养后备人才，进一步优化充实基层技术及管理人员，全面提升各类人才管理的科学化水平。

五、管理信息集成化系统建立与应用的效果

金隅水泥经贸在多年的实践应用中，积累了丰富的经验，管理理念不断升华，同时管理信息系统也更稳定，集成技术也更灵活，管理信息集成化从简单的业务应用初级阶段发展到支撑、引领水泥产业业务创新和快速发展的高级阶段，集成化、规范化、精细化相结合统一管理使水泥产业管理水平大幅提升，金隅水泥效益效率逐步提升，并购重组项目纳入统一管理发挥集中规模优势效果快速显现。

（一）管理信息集成化系统的社会效益

1. 系统建成后不仅适用于水泥产品的统一管理，同时适用于所有散装类物资的全流程管理。

2. 支持大型集团化跨业务跨领域跨地区发展的统一管理模式，对其他正在逐步规模化、集团化的企业，在管理理念提升及管理流程优化方面有较高价值。

3. 引领了行业产业管理模式及管理手段的发展方向，特别是对水泥行业的产、供、销一体化营销管理模式和信息系统的支持，具有很强的实用性和可推广性。

（二）管理信息集成化系统的经济效益

1. 通过信息平台资源的高度共享性，实现了各生产企业库存资源的实时监控和按需调配，使得企业的资源“长板”弥补其他企业的资源“短板”，突破了资源短缺、采购时间长、采购渠道闭塞的瓶颈，带动了水泥产业整体的管理和运作速率，规模效应明显提升，仅2012年煤炭一项就节约水泥产业采购成本2900余万元。

2. 通过系统自动集成统计功能、对硬件技术改造、优化物流流程及人员结构等，使得工作效率大大提高，节约直接人工成本至少每年500余万元。

3. 通过集中管理，自主研发，技术创新，系统具有自主知识产权，实现低成本及统一营销管理模式的双重复制，强力推动了统一营销管理工作进程，历年来节约水泥产业所有生产企业单体信息系统投入4000余万元。

4. 金隅水泥产业产销量大幅增长，运行质量稳步提升，水泥及熟料销量增长165%，销售收入增长183%。

截止到2013年7月，管理信息系统已在水泥产业内全面推广应用，使用人数1600多人，系统强大的数据处理功能，为各项监管工作提供及时可靠的信息服务，使管理决策层可以迅速掌握产品销售、物资采购、实物质量、产品库存等各类经营信息，随时发现问题、分析并解决问题，决策效率快速提升。管理信息系统自身融合的水泥产业统一管理的理念和规范化流程为水泥产业快速扩展提供了载体，实现了集中管控模式的快速复制，金隅水泥产业集团化统一管控水平迅速提升。

成果创造人：姜长禄　张增寿　黄　英　马建军　杨贺良　刘　来　刘海英　董晓丽　杨　平　缠思源　赵俊刚　戴　昆

住宅项目的产品精细化设计与营销实践

金融街（奕兴）置业有限公司

荣获第二十八届北京市企业管理现代化创新成果一等奖

金融街控股股份有限公司（股票代码：000402），是一家以商务地产为主业的大型国有控股公司，2000年在深交所上市。截止到2010年12月，公司总资产达到542亿元，净资产约170亿元，累计开发面积超过千万平方米，其中商务地产比例超过70%。通过对北京金融街、德胜科技园、金融街通州商务园、北京广安产业园、天津金融城、重庆江北嘴金融中心区、重庆观音桥商业区、惠州金海湾滨海休闲度假区等区域的开发运营，公司形成了在城市运营和区域开发领域独特的竞争优势，成为国内领先的商务地产开发企业。十多年来，通过持续深入开发建设北京市主金融中心区——北京金融街，它已成为集决策监管、资产管理、支付结算、信息交流、标准制定为一体的国家金融管理中心。金融街（奕兴）置业有限公司为其全资子公司。

一、住宅项目的产品精细化设计的背景

奕兴公司负责开发的金融街·融汇项目位于北京大兴天宫院区域。这是一个新兴的住宅板块，其发展完全依赖于地铁4号线延长线的贯通。在这样毫无优质销售条件的区域中开发住宅项目，不仅对奕兴公司，对于整个金融街控股来说，也一个全新的课题。

（一）面临同区域多家房企的竞争

出于对区域前景的看好，龙湖、保利、金融街等多家龙头房企同期拿地并进驻该区域。形成天宫院板块首批商品房供应的龙湖、保利、金融街三个住宅项目，拿地时间均为2010年12月23日，其中位于亦庄线倒数第二站生物医药基地站的龙湖·时代天街折合楼面地价较低，为7519元/平方米；位于末站天宫院站的金融街·融汇地价最高，为7908元/平方米，保利·春天里为7824元/平方米。2011年7月，中国水电·云立方又拿下紧邻龙湖的地块，楼面价为7218元/平方米。据业内测算，上述地块加上开发成本等各种税费后，售价在15000元/平方米的情况下，房企利润也仅为5%左右。

（二）面临周边产品同质化竞争

项目周边产品均以80—90平方米两居为主，市场同质化严重，销售竞争异常激烈。在2011年下半年龙湖地产时代天街开盘价格为10800元/平方米，2012年上半年与公司项目仅有一路之隔的保利开发的春天里成交均价才14400元/平方米，区域竞争同质化，同时开发的同类住宅项目有6个。

（三）面临公司开发进度及销售要求的困难

根据公司对于项目的开发进度及销售目标要求，项目入市的时间恰好面临天宫院区域市场价格远低于预期、竞品同类产品竞争压力较大、建设人工费及材料费持续上涨等复杂情况。在这样困难的情况下项目如何实现销售突围、扭亏为盈摆在了奕兴公司面前。

二、住宅项目的产品精细化设计的内涵与实施

为解决以上问题，完成销售任务，奕兴公司集合金色·漫香林、金色·漫香郡、金色·漫香苑3个住宅项目的开发经验，借鉴相关产品优点，又考察了北京近20多个知名项目，以如何降低成本、提升品质、快速销售、提高售价四方面为出发点，综合考虑了产品定位、方案设计、施工管理、营销推广、产品定价、成本管理等各项目工作，并组建了由相关人员构成的专业团队，强调在工作时关注细节，进行工作创新。

住宅项目的产品精细化设计的内涵：面对同类化产品竞争及成本压力，奕兴公司深入研究周边竞品并分析产品客群，通过将产品定位为“精装微公馆”，用产品差异化拓宽客群；改进三层机械车位的传统做法，创新出向地下拓展4米左右的“地坑式机械车位”；通过注重细节人性化设计，挖掘产品价值最大化来加大室内实用面积及可售面积等产品精细化设计创新措施，形成特色卖点，以提高品质、降低成本、促进销售。

奕兴公司住宅项目的产品精细化设计的主要做法主要是针对项目的实际问题，进行了产品的多方位创新，具体如下：

（一）将项目定位为“精装微公馆”，以产品差异化拓宽客群

1. 打造微户型

之前，此区域市场产品是以86—95平方米二居为主，65—78平方米二居是市场空白点（见下表）。

居室	现有居室面积（平方米）	市场空白面积（平方米）
一居室	57—60	45—55（实际面积）
二居室	80—90，主力 90	70—75（实际面积）
三居室	90—145，主力 98—125	约 90—110

为避免同质化竞争，在金融街·融汇项目前期定位阶段，奕兴公司根据近5年来在对大兴区域市场的理解，在漫香林、漫香郡几万组客户需求的研究基础上，结合周边项目产品结构需求走势分析，打造出区域差异化的产品——“微公馆”。

金融街·融汇进行了大胆的减法设计，将套均面积设定在76建筑平方米，比区域项目平均小21建筑平方米。其中主力户型被定格在70—78平方米两居，两居套总价比竞争项目低约10万—18万元，降低了购房门槛，使客群一下子由两居客户拓宽至3类客户（一居客户、一居至两居间的夹心层客户、两居客户），在拓宽客户范围的同时，增加了销售量。

2. 设计小户型精装

精装修是当下房地产发展趋势。大部分发展商都在进行精装修方面的研究。精装修有很多优势，最重要的有以下两点：

第一，统一标准，降低费用。精装修住宅，从企业最初的策划开始，它走的便是规模经济路线。统一招标设计、统一物料采购、统一施工管理、统一交付标准……任何一个节点上，都有其自己的标准规定。

第二，低碳经济，减少浪费。因为是企业完全统一标准的施工，进行的是流水作业，费用降低、浪费减少，相对单家独户的粗放式装修形式，大大减少了碳排放，同时也满足了客户需求。

经过市场调研及深思熟虑，奕兴公司决定对本项目的小户型采用精装交房，之所以这样决定是因为：

（1）金融街·融汇周边项目大部分是毛坯交房，如果本案提供精装修，可以与周边项目形成差异化，提升本案在激烈市场环境中的竞争力。

（2）精装修为客户节省了装修费用与装修时间，最大限度地缩短住户从购买到入住之间的装修时间和环节，避免了入住多年邻居仍在装修的困扰，极大地改善了刚需群体的生活品质。这点在本案体现得尤为明显。首先，因为本案地处南六环外，最近的家装市场距离本案都超过20公里以上，如果毛坯交房，后期业主装修极为不便，给业主带来的装修问题将比其他地区的项目大得多。其次，作为小户型产品，投资类型的客户及作为过渡居住产品客户为消费主力，他们关注最多的是性价比及后期使用问题，精装可以最大限度地满足客户需求。

（3）对于本项目而言，精装修还可以直接地提高售价。在本案成本压力巨大的情况下，如何尽量提高售价，实现更多的销售额，是本案开发的重要课题之一。采取精装修交房，可以全面提高本案的产品

品质，增加项目的附加值及性价比，同时增加的售价将远远大于每平方米增加的装修成本，为项目增加实实在在的销售额。

奕兴公司利用小户型产品、集中采购、整体精装的价格优势及质量管理优势，提升了项目的品质，规避了同类竞争，为促进销售奠定了坚实的基础。

（二）通过多种手段创新，降低成本，保证品质

1. 创新技术，采用并增加“地坑式机械车位”降低成本

金融街·融汇位于地铁沿线，车位需求量减少，但受规划政策限制，车位配比却必须达到1∶1，为了保证业主后期的生活品质，在不再扩大停车面积的前提下，如何增加停车位数量是一个重要的课题。立体停车库位是一种解决方案，其优点主要有以下几点：

（1）节约占地面积，充分利用空间。一般来说，立体停车库的占地面积约为平面停车场的1/2—1/3，空间利用率比建筑自走式停车库提高了75%；

（2）相对造价比较低。立体停车库每个泊位约2万—3万元；

（3）使用方便，对操作人员的要求不高，操作简单、安全、可靠，存取车快捷，维护也很方便。一般存取一辆车约为80秒；

（4）减少了因停车位稀少，导致业主路边停车而引起的交通事故。在许多地方，业主往往没找着停车场就把车停靠在路边，这样就很容易阻塞交通，甚至引起交通事故；

（5）增加了汽车的防盗性和防护性。在车库的系统中配置有智能防盗装置、防火装置等，增强了车库的整体安全。

经过多次研究，本案最终决定采用机械车位来满足业主的车位需求。但随之而来的问题是，三层机械车位会阻挡部分楼座首、二层业主的采光。为了保证这部分业主不因为三层机械车位的修建而降低本身的居住品质，同时保证首、二层房源的价格不至于因为三层机械车位的阻挡而下降太多，本案最终改进了三层机械车位的传统做法，优化采用了“地坑式机械车位”的方式，来解决本案的停车问题。

“地坑式机械车位”就是通过“掘地三尺”向地下拓展4米左右，充分利用立体空间，建造机械停车位。采用“地坑式机械车位”方式，仅用5平方米就可停下3辆家用车，每个车位成本仅为2万元，远低于地下停车场、大型立体式停车楼等建设费用，减少地下车位，节省地下车库投资。通过电气控制、机械传动、电磁感应等技术应用，车主在停车取车时，凭手中磁卡就可自由遥控车位升降，既方便又安全。

新型“地坑式机械车位”在现有小区拓展停车空间改造中特别具有优势，可在现有条件基础上灵活满足改造需求，大幅度提高场地利用率，改善城市地皮紧缺现状。

2. 创新管理，采用“总价平米包干模式”节约成本

（1）目的与思路

由于该项目预计产生较大亏损，为实现项目减亏，控股公司领导提出转变固有思路，以单方承包的形式进行项目发包。

经过对项目的情况分析，根据控股领导的指示，以该项目进行总承包单价包干形式开展了大量工作，要求总承包企业与奕兴公司共同承担风险，经过共同对项目技术优化、精细化管理达到双赢的目的。

根据这个工作思路，团队制订了项目包干模式的推进方案，即在没有施工图的条件下，以《产品建造标准》为依据，同时约定项目承包范围、质量标准、工期计划以及相关材料、设备技术标准为基础，与长期合作的施工企业进行项目整体包干模式的谈判，从而在项目启动之初即锁定项目建造成本，减少成本的动态变化风险。

（2）实施策划

● 制定范围，锁定成本，规避价格风险

与总承包单位约定合同额为可能出现在建设开发过程、竣工及保修期内全部工作内容的费用。包括但不限于一切不可预见的措施费、一切涨价费用、一切变更洽商费用（包含由于发包人原因对工程图纸

及技术标准范围内提出的合理化建议和修改所发生的变更及洽商、政府强制性政策引起的变更洽商、材料替换等）、一切开工、建造、验收、竣工、维保、维护等所需支付的费用，如节能、环保、空气、防雷、测绘、竣工备案、电梯维保期内维护等费用。

● 精心策划，统筹考虑，减少成本支出

通过精细化管理，明确总包单位审图责任和图纸优化的权力，确保洽商变更费用的控制以及实现建安费用节省，实现发包方与承包方双赢；

制定详细的材料、设备技术标准及品牌档次约定，确保在成本锁定的情况下，保证产品品质要求，尤其在精装修方面，以样板间的研究为平台，落实成本与品质的平衡关系；

对于其他可能出现的风险，制定控制措施，如出现增加总承包范围，变更产品建造标准的情况时如何结算；三方意见不一致时如何统一等；

与总承包企业洽谈工程款的支付条件，以最大限度减少自有资金占用、充分利用开发贷。通过约定资金支付时点、减少前期资金支付比例，使项目开发贷放款之前尽可能减少自有资金的占用。

（3）具体措施

奕兴公司在确定了包干模式实施的主要原则之后，随即与四家总承包单位进行了接触洽谈，提供了对项目产品描述的各类技术文件。意向合作单位根据各自企业的特点以及对单方包干模式的理解，分别依照不同产品类型（商品房、商业、公租房、车库等）进行了报价。经过多轮谈判，以及技术条件的再确定，最终与城乡公司、天恒公司达成了合作意向，在取得承包单位投标承诺函后融汇项目即进入了公开招投标程序。

● 对建安成本影响较大设计指标，提出限额设计，确保总包单位报价准确性

● 明确承包范围和施工界面，尽可能避免扯皮现象的出现

约定总承包范围为：全部建筑单体外墙2米范围内的所有工作内容；整个项目红线内的消防电系统、弱电监控系统、周界防范系统、五方对讲系统、门禁系统等；本标段内土方填至施工图纸室外标高。

在以上基础上，同时还约定了为保证本项目验收交付使用所必需的全部设备、设施及工作内容；为弥补设计缺陷，为正确完成本项目，所合理推断的所有相关内容；为保证本项目安全、质量、进度目标达到所采取的所有措施；室外工程及为整体项目服务的系统、设备按建筑面积比例各总承包单位分摊，实施由三方共同确定等内容。

● 对包干模式可能存在的风险，提前约定处理方式，采取预控措施

三方约定成立精装修工作小组，各公司负责人共同任小组成员，精装修工艺、材料材质、品牌等精装修工程控制因素均需小组成员一致同意，并签署备忘录后方可实施，当意见不一致时，采取少数服从多数的原则，原则上保证本项目不同总包不同单位的相同功能部位的材料、设备品牌、材质、样式相同；

要求承包方承诺严格执行施工图纸，依据图纸施工（同意优化的除外），严格执行发包方提出的施工工艺、材料材质、材料品牌的技术要求，严格执行样板间的工艺要求和材料品质，承诺不再追加任何费用；

要求承包方承诺严格执行“四个统一”的要求，确保施工产品功能完善，与沙盘、样板间、施工图、销售合同保持一致，由此造成的任何投诉承包方承担全部责任；

约定承包方服从发包方项目管理规定和要求，服从发包方对该项目的整体安排，包括但不限于以下内容：实体样板间与体验式示范区的开放；消防报警系统、弱电系统、动力中心等工程施工界面的划分和成本分摊原则的建议。

3. 合理优化立面、降低成本

由于融汇的容积率和控股完成的融景城项目近似，两个项目有着类似的客户群体，因此融汇的初始方案也是参照融景城的标准制订的。奕兴公司产品定位人员与设计人员密切配合，通过研究融景城项目，利用设计手段不断完善融汇的建筑细节，如经过对不同室外光线下的色彩反复推敲，在确保不降低楼盘品质的前提下，将融汇原设计的外立面石材更换为真石漆，既保证了整体立面的视觉效果，又降低

了项目的成本。

4. 抓客户敏感点，建造标准巧足文章

产品建造标准从两方面入手：一是在用户关注的敏感点提升产品价值；二是在客户不敏感之处降低成本；三是从用户使用角度考虑产品人性化设计。建造标准由项目部提出框架要求，营销部从客户感受角度提需求，设计部对营销的要求提供技术保障，成本部从成本方面控制，四专业充分融合。

（三）有效提高产品附加值，加大室内实用面积

在完成考察知名精装住宅项目、设计单位、战采单位和各大建材城后，公司取得初步方案并经成本核算，最终确定符合现阶段对应客群需求，并在产品价值方面提升整体舒适度。

通过分析，公司决定该项目精装材料不着重强调品牌与档次，在较低的成本控制下，用产品亮点，在关键点感动客户，第一步研究加大室内使用面积，第二步要在人性化关怀，细节上取胜。

1. 加大室内使用面积

飘窗——由于户型面积较小，飘窗对客户来说就非常适用，融汇项目在起居室、主卧室、次卧室均增加飘窗，并全部赠送，不仅增加使用功能还可以让室内光线充足，居住者可以根据喜好，任意勾勒生活化图画。

地板采暖——在综合成本与使用效果的分析后，公司决定在融汇项目采用地板采暖，卫生间暖气片支管暗装（马桶上空），有效减少室内散热片的占用空间，提升室内实际可使用面积，消除了卫生死角。地板采暖舒适性较高，其热量从底面辐射向上加热房内空气，比起传统散热器局部散热的效果，更为均匀舒适。

减小公共分摊面积，提高使用率——如首层单元门厅——在研究同类项目的基础上，融汇项目的首层单元门厅面积减少约6平方米，层高降低90公分，并改为双门厅，一方面是降低了成本；另一方面从感觉上提高了产品档次；标准层核心筒由“T字形”改为“一字形”，减小面积约7平方米……类似的技术措施，有效地降低了成本，减少了分摊，提高了户型使用率，提升了品质，最终融汇使用率达到75%—81%，高于周边项目（73%—75%），提高了市场竞争力。

壁挂式空调——针对户型面积紧凑的特点，主力户型空调设计均为挂式，也有效地节约了室内面积，提升了空间效率。

家政阳台——部分户型厨房家政台延展厨房空间，有效加大室内使用面积。

2. 人性化关怀，细节取胜

根据人体工程学原理，从符合生活起居的合理流程出发，打造各个细节，科学数据来衡量装修细节。

主卧——科学规划卧室空间，缩短主人家务时间，根据居住习惯精准测量了床头柜、床头壁灯、台灯插座、网线接入口等的位置，确保业主布置主卧的美观和舒适感；

厨房——暗藏玄机，享受烹饪带给家庭的乐趣。根据人体工程学各项数据，考虑亚洲男女身高区

间，确定厨房橱柜、壁挂等的高度。考虑日常生活中应用的物品，合理安排存储空间，最大限度地节约了储物空间；L型的动线布局，合理规划烹调洗、切、煎、炒的操作动线，保持烹饪的整个过程“完美流畅”，极大地方便了居住者的生活，节约了空间和时间；厨房操作台挡水设计，保证地面的清洁；

厨房湿气、水汽较重，易导致天花板金属装饰配件生锈丑化，为此融汇特选用耐高温、耐潮湿、防腐的铝扣板制作天花吊顶，保证长久使用也不会膨胀变形；

预留电器电源插座，装修一次到位——根据日常家用电器，为每个厨房的烹调步骤预留电器电源孔位，避免因日常使用中电源位不够而增加电源插板，确保厨房电器和操作人员的安全性；

灯光设计——“呵护备至”的光环境，温暖家人温暖心，灯光系统考虑了居住者从归家到烹饪的全部过程，设计了归家暖意灯、主卧双控灯、厨房温馨料理灯、夜视灯，保证各类生活的灯光需求。

“水环境” 洗手间——金融街·融汇根据使用功能对空间进行了顺序设置，由内到外采用“隐私程度递增而使用频率递减”的原则，设置了合理动线的卫生间布局方式，增强使用舒适感，卫生间洗水台也有挡水设计。

智能化系统——保护业主身心安全及隐私，视频监控系统、出入口控制系统、防盗报警系统、停车场管理系统。保证为居住者打造一个私密、安全的社区。

3. 关于健康住宅与智能化住宅研究

在控股公司领导的指导下，奕兴公司对健康住宅的应用进行了大量的调研，集中分析了健康住宅，主要包括研究了热环境、空气环境、声环境、水环境、光环境，并结合本项目刚需客户的需求与成本的关系，最终在该项目上采用了地板采暖、大飘窗、排水支管与排水干管，立管的连接采用斜三通、防臭等，同时放弃了窗式新风系统等性价比不理想的设备设施。

（四）挖掘产品价值最大化，加大可售面积

1. 产品研发价值最大化

在公司领导卢总的亲自带领下，整个团队（营销部、设计部，工程部、成本部）及外协单位利用周末时间，多次外出考察，对北京市场上的近20个知名住宅项目做了细致的调研，重点项目甚至去四五遍，拿尺子量，用笔记，包括公共空间、部品标准、家电家具等，结合项目自身特点，在前期产品研发阶段即充分思考与沟通，争取价值最大化。

2. 关于价值分区的研究，实现项目价值最大化。

住宅大户型产品放在景观、位置佳的高价值区，由于区域商业价值高于住宅价格，在现场条件具备的情况下，尽可能地增加商业面积，并对商业的每户面积、排放位置、开门方向、与相临住宅的关系等进行详细调查研究，以实现其最大价值。

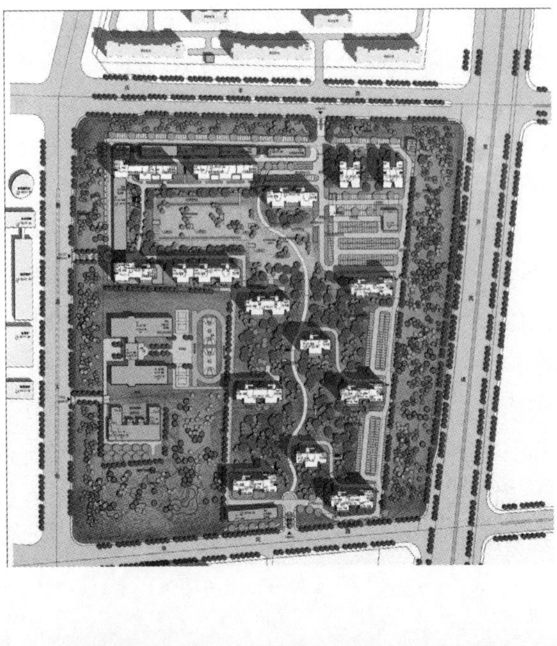

3. 合理规划空间，增加地上可售面积，增加销售收入

金融街·融汇本身自带有千人配套的硬性指标，无法改变。奕兴公司在充分考虑到千人配套的需求性、实用性等环节后，决定将消极空间、不可售或低价值产品，放在位置差、价值更低的区域。通过各部门的多次探讨，最终将千人配套设置在社区北侧，同时将活动空间设置在地下，增加地上可售面积约1700多平方米，增加销售收入约2800万元。

（五）其他创新

1. 以销售为龙头，销售分期决定工程分期

融汇项目在总图设计阶段，为了能够控制推盘节奏，营销部、项目部研究了各标段预售许可证与开工证办理顺序，确定了融汇项目五批办理预售许可证的手续方案，工程分为五期。

2. 新方法新工具，关注产品的每一个细节

（1）在图纸阶段，搭建户型模板房

根据集团总经理鞠总建议，融汇项目在户型研究阶段，在现场低成本（每个户型为1.5万—2万元）搭建了3个1：1户型模板房，为户型设计提供了大量数据，为后期节约了大量设计修改时间，减少了工程拆改的费用，值得后期住宅项目推广。

（2）外协单位专业选择细化，提前深度介入与沟通工作

设计单位细化为立面设计、平面设计、装修设计和景观设计四个单位。施工单位选择在漫香林、漫香郡、漫香苑反馈较好的城乡、天恒，确保后期工期质量。

（3）选部品阶段，实地试验，反复筛选

综合考虑装修成本、装修品质及采购渠道。采取多材料样板比较，对不同厂家、品牌、价格、式样的部品筛选、比对，召开多次专题会议，并与样板间结合，在实际空间中去选择合适的部品。

3. 体验式营销，借势区域，有效放大项目影响力

（1）打造体验营销条件，开盘前成功对外展示园林示范区、售楼处、样板间。

示范园林区“微公园”

该项目售楼处南侧有2公顷集中代征绿地，公司利用这一地块规划优势，结合营造销售氛围的需要，将集中绿地打造成园林示范区并建立了微公园的概念。

售楼处、样板间提前开放

为赢得市场先机，抢占有限的客户资源，减少投入成本，以规划配套幼儿园作为售楼处使用。最终售楼处于2012年6月30日提前三个月对外开放，得到了客户的认可并赢得了客户资源，为开盘的旺销打下了基础。

精装样板区按1：1的比例，按主力单元一梯四户户型原样制成，含立面、单元大堂、电梯厅、居室，并对所有材质、品牌进行说明展示。于2012年8月15日对外开放，立即吸引了大量的客户，客户的储备量及购买信心迅速增加。

（2）借势营销，少花钱多办事

充分借势竞争项目的热度，有效地提高营销费用效率，从外到内推广，通过线上推广、报纸、舆论传播、暖场活动、线下拓展及现场包装等方面的相互配合，形成“万人皆知”、“万人争说”、“万人看盘”的立体推广攻势，形成持续的市场声音，使得项目关注度持续升温，为实现后期持续热销奠定坚实基础。

（3）合理定价、确保首期火爆热销

为确保新盘第一次成功入市，首次开盘根据导向定价原则，通过对客户几次升级获得的信息，制定合理的价格，赢得了刚需及首改性客户的高度认可，价格信息释放后，市场反应热烈，达到了实现当天认购93%的预期效果，并为后期顺销提供了市场热度保障和价格提升基础。

三、住宅项目的产品精细化设计的效果

房地产企业的生存、发展要靠差异化、创新、品牌、服务的竞争，要研究消费者的行为方式、消费需求变化趋势，靠创新能力、差异化竞争体现企业价值，与时代发展同步，金融街·融汇在产品创新方面做了有效的尝试。

1. 凭借精细化产品设计，降低了成本，创造了销售佳绩

以本项目设计的“地坑式机械车位”为例，一方面减少地下车位约630个，节省了地下车库投资约5000万元；另一方面最大限度地降低了机械车位的高度，减少了机械车位对于首、二层业主的视觉影响，减少后期投诉，提高了首二层的销售单价约400元/平方米，创造了效益约50万元；减少了机械车位对二至五层业主的景观视觉影响，按照每平方米800元价差，创造效益240万元。

再以合理规划空间为例，通过对千人配套设施的合理布局，融汇项目增加地上可售面积约1700多平方米，增加销售收入约2800万元。

2012年9月始，奕兴公司的金融街·融汇发力城南，取得了全城热捧的销售业绩：以两次开盘当日认购931套（认购率96%），认购金额11.3亿元的骄人成绩位居北京下半年业绩名列前茅，成为区域开盘售价最高、成交业绩最佳项目，无论是从价格上还是开盘当日销售上及以后的认转签率上，都成为了

区域标杆。二期2012年12月开盘，开盘当日认购率98%。截至年底实现签约12.65亿元，完成年度计划的173%；实现回款5亿元，完成2012年度计划的171%。

原创“微公馆”通过精美品质革新住宅生活，同时创造了前所未有的销售佳绩。

2. 通过精细化产品设计，为客户提供高品质享受

本着融合金融街控股“现代新都市注意”高端住宅的经验，以品质革新住宅生活，建筑区域价值新标杆，深度研究置业者的居住需求，奕兴公司借助金融街· 融汇项目，从人体工程学角度出发，在有限的居住空间中无限释放想象力，扩展空间使用功能，极大程度上降低总价，同时提高了住宅品质，为客户打造了满意的产品，创造了更好的生活与工作环境。

3. 通过精细化产品设计，塑造公司品牌，促进区域发展

建筑所承载的内容不仅是简简单单的居住，还被赋予更美好的生活梦想。金融街·融汇在整个大兴区域，无论从产品设计、创新价值还是建筑质量上，都展示出了奕兴公司打造精妙建筑的实力，对挖掘区域未来发展潜力，促进城市功能完善做出了巨大贡献。

成果创造人：卢东亮　鲍晓菁　王　征　曾鸣宇　沙　磊　马　寅　陈明伟　陈志勇　李　成

房地产企业内部控制体系的搭建与实施

金融街控股股份有限公司

荣获第二十八届北京市企业管理现代化创新成果一等奖

金融街控股股份有限公司（以下简称“金融街控股”），是一家以商务地产为主业的大型国有控股公司，2000年5月公司通过资产置换在深交所主板上市。截止到2012年末，公司总股本30.27亿股，总资产达700亿元，净资产198亿元，2012年净利润22.7亿元；公司拥有20家全资及控股子公司，分别在北京、重庆、天津、惠州等地投资并开发房地产项目；公司拥有员工2621人，其中大学本科及以上学历有1152人，占员工总数的44%。

通过对北京金融街、德胜科技园、通州商务园、广安产业园、天津金融城、重庆江北嘴金融中心区、重庆观音桥商业区、惠州金海湾滨海休闲度假区等区域的开发运营，金融街控股在城市运营和区域开发领域形成了独特的竞争优势，成为国内领先的商务地产开发企业。公司各重要经营指标在A股上市房地产企业中名列前十位，在中国房地产上市公司研究中，2004—2012年，公司连续9年荣膺“中国（沪深）房地产上市公司综合实力TOP10”。

一、房地产企业内部控制体系的搭建与实施背景

金融街控股内控体系建设与完善工作源于公司管理提升的内在需要和外部监管合规的外在要求。

1. 公司战略实现的驱动

2011年，金融街控股已在资本市场上市11年，期间公司的业绩取得了跨越式发展，公司的资产规模和业绩水平上升到了新的台阶。公司面临的外部环境也发生了较大的变化，宏观经济方面，“十二五”期间国家经济发展目标由速度转向质量，升级产业结构、扩大内需规模；产业政策方面，房地产调控短时间内不会放松，抑制投资需求和房价上涨将成为调控重点和常态化的政策目标，房地产市场进入平稳发展阶段；行业竞争方面，随着对住宅地产调控的升级，越来越多地企业进入商务地产开发，竞争日益激烈。面对日益复杂的外部环境和激烈的市场竞争，2011年公司启动了战略修订工作，战略目标的实现需要完善的内控体系来保驾护航。

2. 公司内部管理的需要

随着金融街控股经营规模的不断扩大、业务领域的不断丰富、业务区域和子公司数量的不断增加，加上房地产行业流程的复杂性，对公司的管理提出了挑战，公司需要加强系统化和精细化管理能力，来适应这种变化。公司对管控模式进行了调整，总部对子公司的管控由战略操作管控向战略管控转变，本部职能更多的是高风险和高价值管理、标准制定、资源配置、综合监控和业务支持，子公司将承担具体业务操作及事务性专业管理工作。公司原有的流程、权责与控制体系需要进行系统地调整，以更好地平衡风险控制与效率的关系，适应公司管理要求，公司内部管理提升对内控体系提出了要求。

为进一步提升公司运营管理能力和风险防范能力，保障战略目标实现，2011年初，金融街控股启动了全面内部控制体系建设与完善工作。

3. 外部监管合规的要求

2010年4月26日，财政部、证监会、审计署、银监会、保监会等五部委联合发布的《企业内部控制配套指引》，与2008年发布的《企业内部控制基本规范》构成了我国的内控体系。《企业内部控制配套指引》自2011年1月1日首先在境内外同时上市的公司施行，自2012年1月1日起扩大到上海证券交易所、深圳证券交易所主板上市公司施行。

2011年4月，金融街控股被确立为中国证监会的第一批试点企业（公司为北京市四家试点企业中唯一

的房地产企业），公司承担了在内控体系搭建与实施方面进行尝试探索、总结经验与推广示范的使命，外部监管对公司内控体系提出了要求。

4. 公司内控体系完善工作面临的挑战

我国的内控体系是在美国COSO内部控制框架和企业风险管理整合框架的基础上，有机融合国际先进经验发展起来的。相比美国萨班斯法案和其他国家的财务报告内部控制，我国内控体系涵盖了财务报告内控和非财务报告内控，控制目标由财务内控的保证财务报告准确性、运营效率和效果、经营合规扩展到保证资产安全及促进企业实现发展战略，具有显著的创新性，对监管机构、理论界、中介咨询业和企业来说，我国的内控体系是一个全新的概念，没有现成的方法论和成功案例可以借鉴。监管机构对于内控体系的实施采取了先试点后推广两步走的形式，希望通过试点积累经验。

公司在实施内控规范时面临三个挑战：一是如何按照国家规范的框架结合企业的实际业务搭建内控体系，《企业内部控制基本规范》具有普适性，但作为政策细化的《企业内部控制配套指引》却具有鲜明的制造业特点，公司首先要解决方法论问题，来构建适合房地产运营管理和企业特点的内控体系。

二是内控体系如何落地实施，如何与公司已有的日常经营管理体系融合，不对现有管理体系产生冲击，同时要避免两个体系相互割裂、分别运行，形成两层皮。

三是内控体系应该是一个不断完善、动态调整的体系，公司需要建立一套动态完善机制以适应公司持续发展的需要。

二、房地产企业内部控制体系的内涵及搭建

作为中国证监会内控试点企业，金融街控股将此看做是对公司内控工作的一种肯定，更将其看做是公司内控工作进一步发展的推动力。

（一）房地产企业内控体系的内涵

金融街控股将提升内部管理，健全风险发现和风险控制机制，满足公司业务与管理需要作为内控工作的核心目标，确立了“搭体系、建标准、保落地、重实效、促发展”的思路，将公司的内控体系细分为标准体系、落地实施体系、监督体系和实施保障体系，创造性地将国家内控规范的内部环境、风险评估、控制活动、信息与沟通及内部监督五要素转化为内涵明晰、逻辑清晰、体系完善、涵盖日常经营管理的、可操作的动态实施体系；另外，公司通过落地实施体系、监督体系和实施保障体系保障了内控标准体系的落地实施，实现了内控体系与现有管理体系的融合；公司还构建了从体系建设与完善，到体系运行与反馈，监督与自我评价，再到缺陷整改的闭环管理、动态完善的机制，从而将国家规范转化为公司内部管理工具，形成一套完整的内控建设和实施方法论。

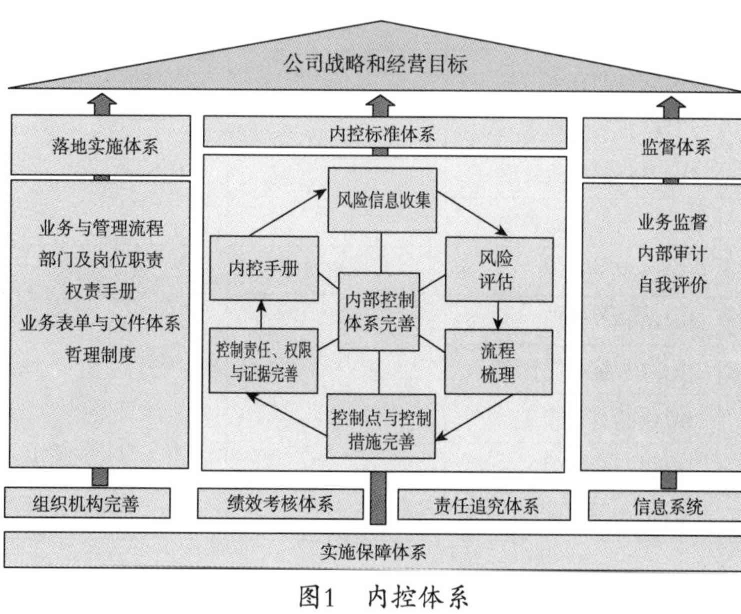

图1 内控体系

（二）房地产企业内控体系的特色

金融街控股在内控工作开展过程中，逐渐形成了既满足公司发展战略和经营管理需要，又符合外部监管合规要求的内控体系，公司的内控体系有以下三大特色。

1. 统筹规划实施，确保体系融合

金融街控股的内控工作从一开始就进行了统筹规划，并分步实施、循序渐进。同时，公司在体系建设过程中注重内控体系与日常经营管理体系的有机结合，通过编制《业务管理手册》，将内控体系与业务管理体系进行对接，确保两个体系的融合。

2. 注重内控实效，强化成果落地

讲究实操、注重实效，是金融街控股内控工作的基本要求，公司在内控体系建设过程中以国家政策为指导，将国家政策要求落实在体系中，同时建立了落地实施体系与实施保障体系来保障内控体系的实施。

3. 信息系统固化，实现自动控制

金融街控股将信息系统作为内控体系落地实施的重要手段，公司不断完善信息系统，将内控要求以流程形式固化在信息系统中，实现了信息的集成与共享，进而实现管理的自动控制和内控留痕。

4. 开展监督评价，形成闭环管理。

金融街控股将内控监督和评价作为公司内控闭环管理体系中的重要组成部分，公司强化内控监督评价机制的建设，建立了业务监督、审计监督和自我评价的监督评价体系；公司建立了从体系建设与完善，到体系运行与反馈，监督与自我评价，再到缺陷整改的闭环管理机制，推动公司的内控体系不断完善和持续提升。

（三）房地产企业内部控制体系的搭建

1. 内控标准体系建设

（1）进行流程梳理，完善控制体系

房地产开发的流程数量多，流程复杂、涉及环节多，流程之间衔接紧密，基于内控的流程体系梳理没有先例可以借鉴。金融街控股依据内控规范的要求，按照风险信息收集、风险评估、流程梳理、控制点与控制措施完善、控制责任、权限与证据完善的思路，结合公司管控要求和业务与管理实际，组织各部门对公司的流程体系进行全面了梳理，形成了20个一级流程，在此基础上，逐级扩展至98个二级流程，147个三级流程，77个四级流程，并编制形成了246个流程图。在流程梳理的基础上，对每个业务流程，进行了风险点分析，共辨识出307个风险点，并针对风险点设置272项关键控制点和716项一般控制点。通过流程梳理明确了相应的责任岗位与成果、表单体系。

一级流程		二级流程	三级流程	四级流程
JRJ01 治理层级管理	JRJ11 合同管理			
JRJ02 发展战略	JRJ12 营销管理			
JRJ03 子公司管理	JRJ13 品牌客服管理			
JRJ04 内控建设	JRJ14 自持物业管理			
JRJ05 全面预算管理	JRJ15 财务管理	二级流程图	三级流程图	四级流程图
JRJ06 人力资源管理	JRJ16 担保管理			
JRJ07 企业文化管理	JRJ17 规范运作管理			
JRJ08 投资管理	JRJ18 信息化管理			
JRJ09 项目管理	JRJ19 行政管理			
JRJ10 采购管理	JRJ20 内部审计			

图2　公司流程体系

（2）编制内控手册，形成核心成果

在流程梳理的基础上，金融街控股形成了内控的核心成果：《内控手册》与《内控评价手册》，建立、完善了由内控手册为纲领、制度流程体系为支撑、业务管理手册为保障的公司内控体系。

2012年4月发布的《内控手册》是内控工作的纲领性文件，明确了主要业务的控制标准；2012年5月发布的《内控评价手册》明确了内控评价的目标、原则、程序、工作成果和反馈整改机制，用以指导自我评价工作的开展。

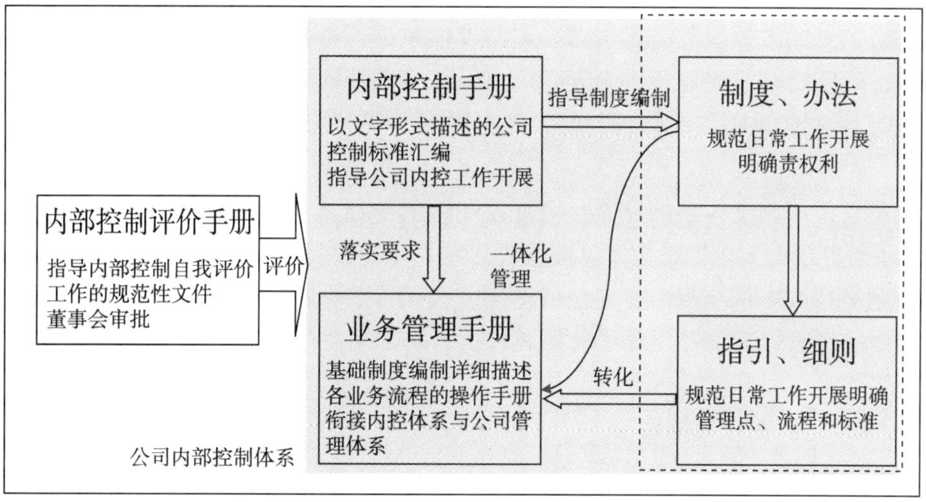

图3 公司内控标准体系

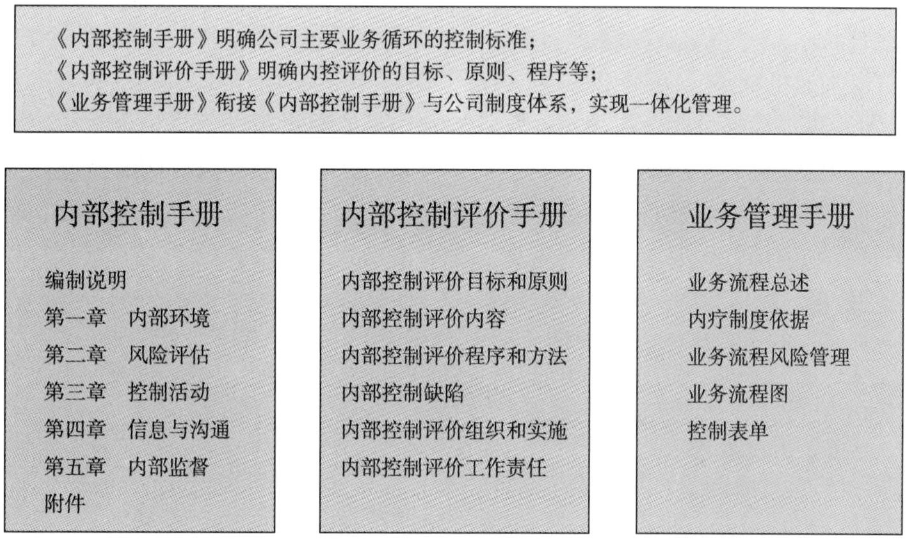

图4 内部控制核心成果

《内部控制手册》的编制过程中紧扣国家内控政策，并结合公司实际进行细化，内控政策方面，《内部控制手册》的整体框架遵循国家内控政策的要求，《内部控制手册》各章节的内容与内控政策保持对应，《内控手册》具体内容满足内控政策的控制要求；结合公司实际方面，《内部控制手册》根据公司的业务流程对框架进行细化，《内部控制手册》对公司的业务流程进行风险点和控制点分析，《内部控制手册》的控制要求尊重公司的工作习惯。

2. 内控落地实施体系建设

金融街控股独创了《业务管理手册》用于衔接《内控手册》和公司各项管理制度，并将内控成果落实在制度、权责、流程体系中，充分保证了内控体系与公司日常管理的全面融合，同时积极推动内控成果的信息化应用，运用信息技术保障内控成果的固化和执行。

（1）编制业务管理手册

为了推动内控成果的落实，2012年5月金融街控股发布了《业务管理手册》，对公司的主要业务和管理流程进行汇编，将《内控手册》与制度体系中的要求及标准，以业务流程和图示的形式展现出来，实现了内控体系与业务管理体系的对接，确保两个体系的融合，推动公司内控和制度体系的一体化管理。

（2）将内控成果落实在制度体系

为了保证内控手册相关内容的落地，金融街控股将内控要求落实到三级制度体系中。公司进行了制度体系梳理与完善，对照内控规范与指引对公司制度体系进行评估，明确制度修订与完善重点；同时根据公司管理需要，确定修订与完善管理制度需求；最终将内控要求变成管理制度和标准。2011年到2012年5月公司共修订、编制60余项各级管理制度。基本制度、管理规章和工作指引为框架的公司三级制度体系基本完善。

金融街控股不仅关注制度体系的完善，更注重制度的执行，在制度执行方面首先做的是制度培训，通过培训使员工了解制度的要求，理解制度的管理思路，从而自觉地遵守制度的规定。

为了保证金融街控股本部项目监管定位的落实，公司作为标准的制定者编制了一系列管理制度，通过制度约束子公司的经营管理，并要求子公司履行执行本部制度的董事会/执行董事决议，在法人治理层面保证本部制度的落实。

（3）将内控成果落实在权责体系

金融街控股非常重视将内控要求落实到权责体系中，通过授权审批体系保证内控成果的执行。随着公司内控工作的开展，公司的权责体系得到了不断的充实和完善。2012年5月，公司《权责手册》的审批事项从2010年的439个扩展到565个审批事项，增加126项，范围涵盖了公司经营管理的全过程，覆盖了所有业务和机构，并对接内控体系中的审批控制点，有效保证了授权审批控制的执行，真正实现了内控和业务管理的有效结合。

（4）完善信息沟通机制

为了保证公司管理层能够及时获取公司经营管理及内控体系运行的信息，金融街控股逐步建立了较为完善的信息传递和沟通机制，包括制度体系，指标体系，报告机制和会议沟通机制四方面的内容。指标体系方面，公司根据自身的业务特点和内部管理要求，不仅明确了定时信息的内容、时限和流程，还根据自身的业务特点和内部管理要求，针对重大、突发事件及时效性强的关键节点信息规定了即时信息报送要求，保证了公司内控信息的及时、高效传递。

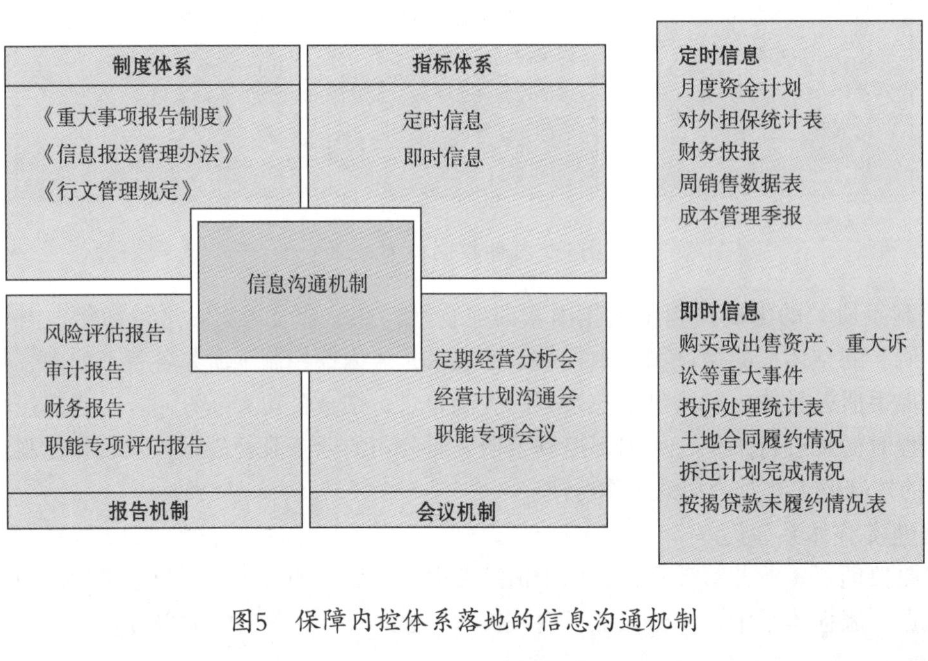

图5　保障内控体系落地的信息沟通机制

（5）完善风险管理体系

金融街控股确立了“一手抓风险管理的基础建设，一手抓重点风险防范”的风险管理原则和“分级管理、突出重点、明确职责、落实责任”的管理思路，在已有风险管理体系的基础上，进一步明确了子公司层面风险合规工作的具体职责及工作要求，并将子公司风险管理职责的落实情况纳入本部考核范围，同时完善了三级风险监测指标体系和风险应急处理管理体系，实现了内控体系与风险管理体系的有机融合。

3. 内控监督体系建设

金融街控股在内控体系持续提升方面进行了卓有成效的探索，建立了业务监督与合规监督相结合的监督机制，完善审计监督体系，开展自我评价，推动内控体系持续提升。

（1）完善内控监督体系，开展业务监督与职能监督

金融街控股建立了具备自身特色的内控监督体系，倡导业务部门与合规部门两者以联合监督的方式对内控体系执行效果进行检查。本部风险合规部与主要业务部门，例如，项目管理部、品牌客服部建立了联合巡查机制，每季度共同到子公司开展季度专项巡查工作。这种监管方式有利于及时发现内控缺陷和薄弱环节，发现问题后，通过下发督办单的形式，明确整改事项，督促责任部门整改落实、并将整改情况进行及时的反馈。在此基础上，巡查小组总结在巡查过程中发现的共性问题，分析公司内控体系方面的缺陷或不足，从而更有针对性地对内控体系进行完善。

（2）完善内控监督体系，拓展审计监督体系

审计监督因其具有独立性和公允性的特点，是金融街控股内控监督体系的重要组成部分。为配合内控体系完善和提升，公司近年来不断拓展审计范围，从原来的财务收支审计、经济效益审计、离任审计等常规性审计扩展到内部控制审计和社会责任审计等管理审计范畴。对于审计中发现的问题，及时进行缺陷整改，化解业务风险，并进一步对问题根源进行剖析，通过对内控体系的完善可以从根本上堵塞管理漏洞。

（3）建立内控自我评价机制

金融街控股将内控自我评价作为公司内控体系完善的主要手段。公司根据《内部控制评价指引》的要求，开展了2011年度公司内控自我评价工作。公司组建三个联合小组，对公司本部及6家重点子公司进行了内控自我评价，对发现的内控缺陷进行了反馈及整改。《公司2011年度内控自我评价报告》于2012年4月9日和公司年度报告一并进行了对外公告。

4. 内控实施保障体系建设

（1）推进信息系统建设

金融街控股积极推进内控成果的信息化建设与应用，利用信息化的手段，保障内控执行效。公司将内控要求的工作标准、职责、权限、流程固化在信息系统中，2012年公司的信息系统已固化流程2400余条，全年系统中运行的流程数量达到8万项。通过内控体系与信息系统的有机结合，实现内控流程的自动控制及控制活动留痕，减少了人为操作风险，保证内控体系的执行。同时内控成果的信息系统应用进一步推动了工作流程规范化、作业程序标准化。

（2）完善责任追究体系

金融街控股编制了《督办管理办法》，贯彻“责任落实、任务明确、过程跟踪、结果考核”的原则，明确了督办管理职责体系与督办工作开展的流程；编制《问责管理办法》，明确了对违规和失职行为的问责标准和问责流程，责任追求体系的完善，从制度层面保障内控风险事项与整改事项的及时、有效完成及内控体系的有效执行。

（3）绩效考核体系

金融街控股将内控工作纳入绩效考核体系，内控体系建设工作、内控缺陷及缺陷整改情况列入总部经理班子、职能部门和子公司经理班子的考核指标，促进各级管理人员主动开展内控工作，保障内控工作的顺利开展和体系的执行。

（4）组织机构保障

金融街控股成立了内控的三级工作架构，为内控规范实施工作提供组织保障。公司定期进行组织架

构评估，评估组织架构设计与运行中存在的问题，提出组织架构完善方案，促进公司组织高效运，从组织上保障内控体系实施。

三、房地产企业内部控制体系搭建的主要做法

金融街控股为了保障内控体系搭建工作的梳理进行，在国家合规政策指导下，基于公司实际情况和管理需要，确立了内控工作的基本原则和目标，成立了以董事会为领导的三级组织架构，领导带头、全员参与、专人负责，开展了一系列工作。

（一）确立目标原则，明确工作思路

为了更好地统一认识，指导公司内控工作的开展，金融街控股根据国家内控规范，结合自身内控实际工作体会，确立了内控工作的核心目标和基本原则。

内控工作的核心目标分为两个层次，一是提升内部管理，健全风险发现和风险控制机制，满足公司业务与管理需要；二是保障公司经营管理合法合规、资产安全、财务报告及相关信息真实完整、提高经营效率和效果，促进公司实现发展战略。

内控工作的基本原则是：体系方面，要具备科学性、合规性、严密性、有效性；落地实施方面，注重逐步提升，与公司的日常业务实践有机结合，重点突出。

（二）成立专门机构，提供组织保障

金融街控股确立了“领导重视、全员参与、专人负责”的组织原则，管理层主持领导、大力推进、率先垂范和积极饯行为内控工作的顺利开展提供保障，同时公司成立了内控三级工作架构，为内控规范实施工作提供组织保障。本部成立了以董事长为组长的内控领导小组，统筹领导公司内控规范实施工作；成立了以总经理为组长的内控工作小组，负责组织公司内控规范实施工作的开展；成立了风险合规部门牵头，吸纳公司职能部门积极参与的内控办公室，负责工作的具体推进落实。子公司也相应地成立了三级工作架构。

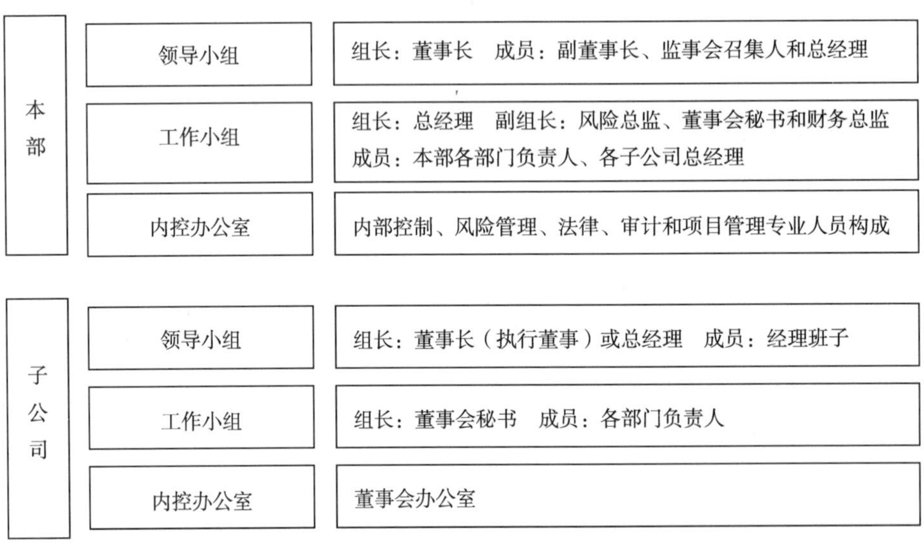

图6　公司内部控制专门机构

（三）召开专项会议，推动工作进展

为了更好地推进内控工作开展，金融街控股于2011年4月召开实施内部控制规范工作动员会，由公司领导对公司及子公司实施内控规范工作进行专项部署，促进公司上下对内控工作达成共识。同时建立了内控专项协调会机制，协调相关部门共同研讨、解决工作中的问题；同时定期、不定期地向公司领导汇报内控工作进展。

（四）加强内控宣贯，普及内控理念

金融街控股大力开展内控宣贯工作，2011年联系外部专家，组织了内部控制全员培训，2012年编制《内部控制宣传册》，普及内控知识，介绍公司内控体系，通过内控案例强化内控意识；定期发布《合规之声》介绍合规工作进展及培训、学习、交流动态，进行工作成果及经验分享，国家重要法规政策解读，内外部典型案例剖析以及风险合规管理知识推广。通过宣传促进公司上下理解政策、掌握知识，对内控工作达成共识，为公司内控工作营造良好的认知环境。

（五）大力推进信息化建设，保障内控体系落地

运用信息平台是金融街控股内控成果落地的重要手段，公司积极推进内控成果的信息化建设与应用，通过搭建公司门户网站、自动化办公系统、核心业务管理系统和信息管理平台，利用信息化的手段，将内控要求的工作标准、职责、权限、流程予以固化，在此基础上，进一步实现对核心业务运营状况的实时自动统计、分析与信息的集成与共享，揭示运营和管理风险，为公司决策提供信息支持，促进管理精细化、公司决策科学化。

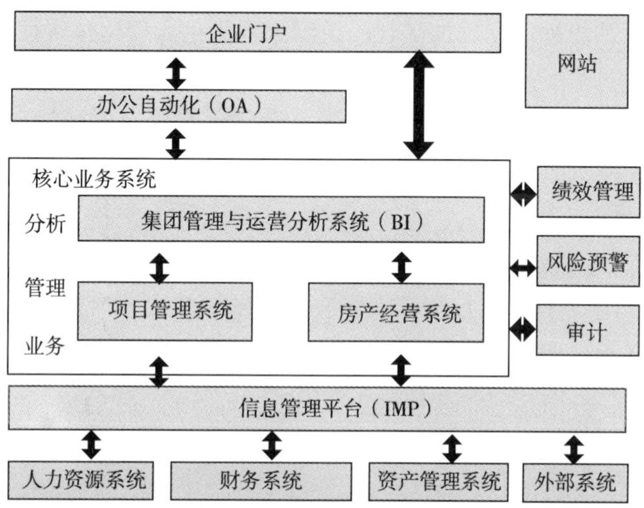

图7 公司信息系统框架

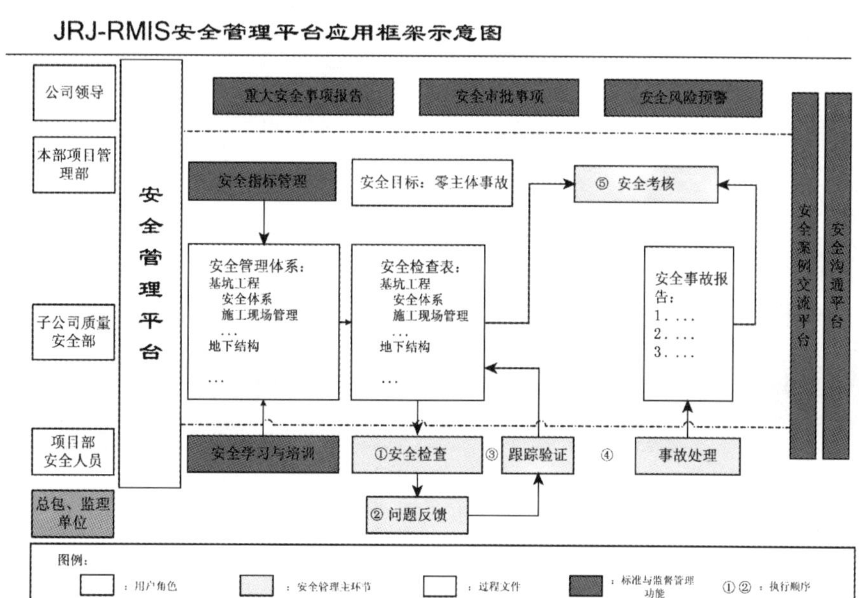

图8 公司安全管理平台框架

下面以安全管理为例说明公司内控体系的信息化应用。作为房地产公司，安全是企业的生命线，公司高度重视安全管理，明确了甲方主体零事故的安全管理目标。为实现上述目标，公司设立了本部监督、子公司管理、项目部落实的三级安全管理体系。通过分析和梳理，设计了6大安全管理流程、10个关键管理控制点，并形成43个管理表单，细化了上千个安全检查点。公司利用信息化手段将以上安全管理内控成果固化在安全管理平台中，实现了从安全管理标准到安全检查、安全隐患整改和安全事故处理，到安全管理考核的闭环管理体系，保证了甲方主体零事故安全管理目标的顺利实现。

（六）开展内控试运行，促进体系提升

金融街控股编制内控体系试运行方案，组织各部门及子公司对内控体系运行情况进行反馈，及时发现内控体系存在的缺陷和问题，并跟踪、督办缺陷整改和问题的落实，解答内控执行中的疑问，促进体系提升。

金融街控股还开展了一系列工作来评估、完善内控体系。开展项目前期工作调研，分析子公司设计管理模式、人员配置及项目前期工作情况，为公司前期工作管理体系完善和提升提供依据；开展制度体系有效性与可执行性评估，通过评估强化了制度体系的有效性与可执行性，并明确制度体系完善重点，使制度体系与公司业务实际和管理实际更加契合；组织流程优化合理化建议征集，并进行2次流程使用评估，促进公司流程体系持续完善；开展2011年上市公司实施内控规范体系及房地产上市公司十强试点内控规范体系情况研究，分析我国内控规范实施现状及内控规范实施发展趋势，并借鉴其他企业的实践经验，提出公司内控工作未来的思路与重点工作。

（七）对外经验交流

1. 参加内控知识大赛，取得优异成绩

金融街控股积极参加北京市首届内控知识大赛答题，发放并收回内控知识问卷1300余份，公司全员参加率达98.1%，通过答题进行内控知识普及；公司内控竞赛代表队，在北京市45家参赛企业中脱颖而出，取得了内控知识竞赛第二名的佳绩，并获得大赛组织奖。

图9　金融街控股获得北京市首届内控知识竞赛组织奖

图10　金融街控股获得北京市首届内控知识竞赛第二名

2. 媒体进行专题报道

金融街控股内控工作的开展得到了媒体的关注，《中国会计报》发表了公司内控工作专题报道——金融街控股：北京内控落地"标兵"。报道以"循序渐进的内控"为主题，对金融街控股内控工作历程进行了详细报道；以"提升内部管理效果显著"为主题，介绍了公司实施内控，促进管理水平和整体运行效率提升的具体案例。

3. 与北京市内控专家组进行交流

金融街控股内控工作的成绩得到了监管机构的认可，2011年9月，由北京市证监局推荐，公司被选为北京市三家内控示范企业之一，也是唯一一家房地产企业。公司积极总结内控工作经验，以期为其他企业实施内控工作提供借鉴。2012年4月—9月，公司先后三次与北京市内控专家组进行交流，公司内控工作得到了北京市国资委、财政局领导和内控专家组的高度评价——基础良好、目标明确、体系完善、注重成效、特色鲜明、稳健务实；内控专家组也对公司内控工作积极、中肯的建议，进一步促进了公司内控工作的提升。

4. 参加北京市内控交流大会

2012年10月，金融街控股作为北京市三家内控示范企业之一，参加北京市内控交流大会材料，并进主题发言和内控体系成果交流，与会各级领导及专家高度评价控股公司内控工作取得的成绩，认为公司内控工作的特色是落地执行与持续提升，主要体现在三个方面：内控工作与公司业务结合；编制业务管理手册将内部控制、风险管理和业务体系融合；内控工作与信息化结合。

四、房地产企业内部控制体系搭建与实施的效果

（一）公司提前实现内控合规

通过内控体系搭建与实施，金融街控股顺利通过外部审计机构对公司的2011年度内控审计，成为全国第一批通过内控合规要求的上市公司，作为主板上市公司提前一年实现国家内控政策要求的内控合规。

（二）提升公司精细化管理能力

1. 提升运营效率

通过优化制度流程、权责体系，加强流程精细化管理与流程执行监控，公司的运营效率得到持续提升。公司OA审批效率2012年比2010年提高13.8%，审批时间缩短10.6%；业务系统审批效率2012年比2011

年提高11.1%，审批时间缩短12.6%。

2. 提升经营管理和风险防范能力

完善的风险提示、督办机制有效地推进了公司重点难点工作的开展，强化了重大风险的管理力度，使公司的经营管理和风险防范能力得到进一步提升。2012年公司风险管理报告共提示300多项风险，其中四星以上风险118个，相关问题得到了公司各级经营管理人员的高度重视，针对其中需要加强管理的风险发送23个督办单，督办事项均得到了有效落实，相关风险得到了有效控制。

同时，针对一般性风险事项，发送工程、设计、人力资源等方面风险提示单14份，提示相关部门进行整改和完善。在公司业务规模不断增加、业务领域不断丰富、管理难度日益加大的情况下，在内控工作与其他各项经营工作有机结合、共同作用下，公司管理水平和整体运营效率持续提升。

3. 提升专项管理能力

通过搭建与实施内控体系，公司各项职能管理能力得到了显著提升，职能管理向精细化、系统化发展，下面以成本管理和客户服务为例进行说明。

（1）成本管理

金融街控股积极推进成本管理向精细化、专业化发展，持续完善成本管理制度体系，深入推进全过程动态成本管理，通过持续跟踪工程成本管理重点环节，明确和落实主动管理措施和工作标准，使项目成本得到有效控制，目标成本节约显著，2012年公司在施项目的目标成本节约率达到4%。

（2）客户服务

金融街控股在系统梳理客户服务流程的过程中，对流程中存在的内控薄弱点进行优化，将客服环节前置，利用客服信息提前对设计、建造等环节的不足进行优化；房屋验收引入外部第三方专业验房机构，增加以公司客服部门牵头组织的内部五方联合验收，使交付房屋的质量明显提高，有效降低了业主报修数量，以北京市的一个住宅项目为例，房屋维保期内客户报修数量下降50%以上，促进了客户满意度的提升。

4. 促进经营业绩提升

内控工作与其他各项经营工作有机结合、共同作用，促进了金融街控股经营业绩的稳步提升，2012年公司总资产达到700.3亿元，比2010年增长29.3%；净资产达到197.9亿元，增长17.1%；营业收入达到172.3亿元，增长112.5%；净利润达到22.7亿元，增长27.5%。

（三）助力北京市内控工作开展

金融街控股内控建设和实施的方法论与工具已经初步得到公司的实践检验，对其他企业具有普遍的借鉴意义，公司在北京市内控交流大会上进行了毫无保留的交流，可使其他企业在内控工作中少走弯路，降低实施成本，提高实施效果。目前已有多家企业到公司进行内控交流与考察，作为北京市示范企业，公司将积极配合北京市市属国有企业的内控体系实施，力争为提升北京市企业内部控制整体水平做出更大贡献。

成果创造人：杨　轩　马海峰　张海涛　杨　静　刁雅卓　戴志武　张　诺　康　洁

附件　图片资料

内部控制宣传册

金融街控股股份有限公司

金融街控股股份有限公司

目 录

2012 年第 2 期

合规之声

金融街控股股份有限公司

2012 年 7 月

目 录

主办部门：风险合规部

协办部门：各子公司董事会办公室

公司内控宣传资料

由北京市财政局、国资委、证监局相关领导及外部专家组成的北京市内控专家组到公司进行内控工作调研

金融街控股风险总监杨轩代表公司在北京市内控交流大会进行主题发言

金融街控股在北京市内控交流大会分会场专场交流

客户关系管理系统在房地产企业中的构建与实施

金融街控股股份有限公司
荣获第二十八届北京市企业管理现代化创新成果一等奖

金融街控股股份有限公司（以下简称“金融街控股”）是一家以房地产开发为主的上市公司（股票简称“金融街”，代码“000402”），是北京金融街区域的独家开发商，致力于金融街区域的总体规划、土地开发、房地产项目开发和综合管理。

在十余年的发展中，金融街控股公司经历了由单纯的土地开发转型为房地产开发并持有优质物业，由区域开发商转变为全国性的开发商过程，总资产由成立之初的2000万元增长到目前的112.19亿元规模，始终保持着高速发展的态势。同时公司确立了“立足北京，面向全国重点城市和地区，以商务地产为主导，适当持有优质物业，以快速销售型项目为补充，实现公司持续、健康、稳定发展”的发展思路。

目前，金融街控股公司有11家控股子公司，其中以房地产开发为主业的共有6家，分别为金融街重庆置业有限公司、金融街南昌置业有限公司、金融街惠州置业有限公司、金融街津门（天津）置业有限公司、金融街津塔（天津）置业有限公司、金融街（北京）置业有限公司。

一、客户关系管理系统构建的背景

随着金融街控股全国性的开发战略的实施，目前已拥有超过两万的签约客户，潜在客户超十万人。但是对于日益增长的散售房地产业务与庞大的客户群，公司缺乏有效的客户关系管理工具，导致在销售业务及客户管理方面出现了种种问题。

（一）销售业务管理缺乏规范性

公司销售数据与财务数据统计口径不一致，生成的报表需要重复进行人工核对；总部与一线业务信息传递的及时性和有效性问题也非常突出，影响了公司营销决策效率；此外，销售案场缺乏规范化管理，在降低客户流失率、提高案场销售力方面急需创新手段。

（二）客户资源尚未得到有效管理和利用

金融街控股在房地产开发方面业态丰富，在写字楼、住宅、商业、酒店、旅游地产等各领域全面开花，拥有的客户群也多种多样，既有商业、写字楼整售大客户，也有住宅散售客户，还有商业租户和度假型物业投资客，甚至包括商业会员和酒店会员。在竞争日益激烈的市场，如何将各渠道、各业态的客户资源进行整合与维系，形成统一客户资源库，进行客户细分、定向营销，产生更大的效益，成为公司重要的一个课题。

（三）缺乏统一的客户投诉、咨询受理渠道及处理过程监管

面对日益增多的客户，客户投诉数量也同步增长，而金融街控股没有统一的投诉、咨询受理渠道，且对客户诉求（维修及投诉等）的处理过程缺乏监管。近两年的客户满意度调查结果显示，公司客户对投诉处理、维修维保的满意度在行业内处于落后水平，其中客户对投诉渠道的便利性、响应的及时性、投诉处理质量和效率、工作人员的责任心和专业性均不满意。同时金融街控股缺乏对相应数据的收集及整理，未形成知识沉淀，难以支撑企业的长远发展。

针对以上问题，在完成了对多家标杆企业考察后，金融街控股结合公司发展战略及公司客户关系体系的建设规划，提出实施房地产呼叫中心与客户关系管理信息系统的客户关系一体化管理：构建并实施全面的房地产客户关系管理信息系统（以下简称“CRM系统”），运用CRM系统，实现公司客户关系管理信息化、规范化。同时，以CRM系统为基础，成立北方地区第一家房地产呼叫中心。

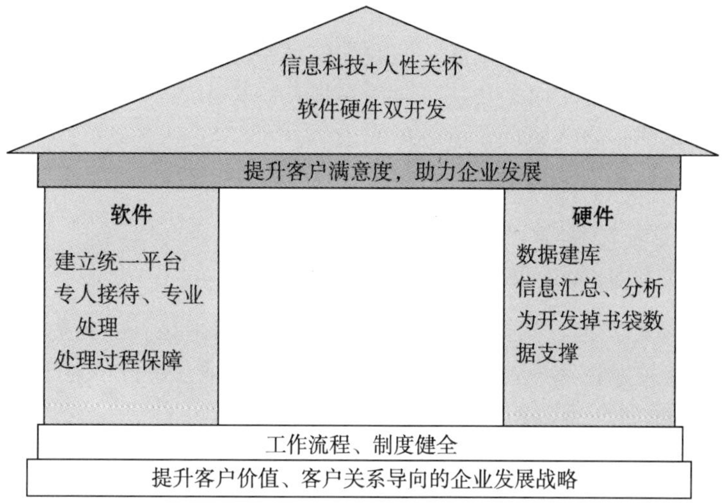

通过房地产呼叫中心与CRM系统的客户关系一体化管理，为客户关系体系提供完善的软件和硬件支撑，以有效提高营销与客服体系工作效率，为日常工作管理和缺陷反馈提供有力的数据支持，实现公司客户价值最大化，提升客户满意度，最终支持公司的长远发展。

房地产呼叫中心+ CRM系统的客户关系管理方案于2011年6月开始前期策划与筹备，并于2011年11月正式通过金融街控股公司审批立项，并开始实施。2012年3月，项目完成前期筹备，投入试运行。2012年5月，房地产呼叫中心+ CRM系统的客户关系管理系统实现在金融街控股股份有限公司及其下属所有子公司与项目的全面应用。

二、客户关系管理系统构建的内涵和主要做法

（一）客户关系管理系统构建的内涵

金融街控股的客户关系管理系统是企业的高端管理工具，是指通过呼叫中心与CRM系统有效结合，实现为客户与企业创造价值的客户关系双价值行动的有效平台，提升企业管理水平及产品和服务质量，提高客户满意度，促进企业持续健康发展：

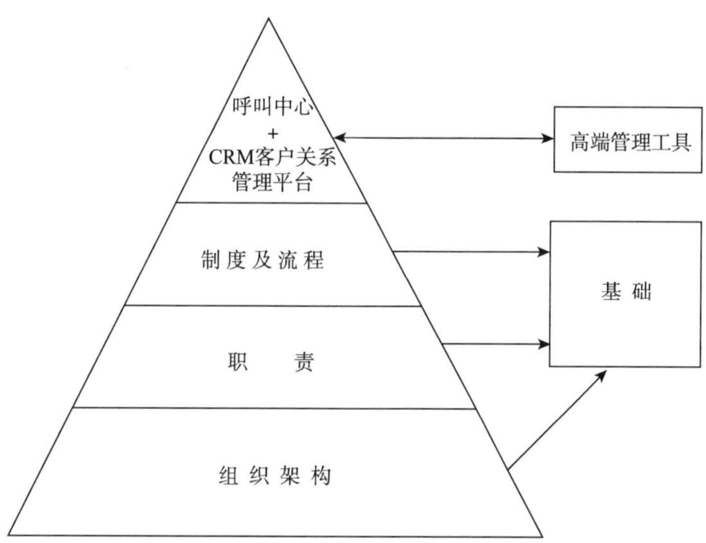

企业通过CRM系统，进行项目信息及客户资源统筹管理，实现客户价值最大化，加速营销管理决策效率。

依托CRM系统，房地产呼叫中心成为客户关系管理的重要工具和载体，即“五个中心”，以提升客户服务质量和效率，最终提升客户满意度和忠诚度：

统一受理渠道：建立全国统一服务热线——业务受理中心；

统一信息收集：建立客户服务信息数据库——数据信息中心；

处理过程监管：呼叫中心系统与CRM集成——服务质量管控中心；

风险识别与防范：发现并及时预警——风险控制中心；

信息汇总与分析：缺陷反馈、指导后续开发——知识传导中心。

（二）客户关系管理系统构建的主要做法

客户关系管理信息系统与呼叫中心作为房地产企业管理中的高端管理工具，它的摸索、建立、发展，必定要伴随着企业管理的完善，架构、职责、流程、制度的固化，并将有力地推动企业完善管理链条，提升管理水平。金融街控股在客户关系系统的构建实施过程中，进行了若干创新。

1. 客户关系管理思路和理念的创新

在CRM一体化管理方案实施前，金融街控股在营销管理，以及对客户关系、客服工作和客户价值的重视程度远远不够：

销售案场管理缺乏规范，销售效率偏低；

对客户价值的认识和利用停于表面，没有考虑到客户对公司品牌价值的提升，对公司产品和服务质量提升的积极作用；

没有整合客户信息，客户资源没有充分利用，各项目营销各自为政；

各子公司没有独立的客户服务部门，客户服务工作人员少，且多为兼职；

各子公司、各项目对客户投诉缺乏正确的认识，常以“压下去”、“捂起来”等方式“冷处理”，最终导致客户投诉升级，给公司造成品牌损失和经济损失；

没有知识沉淀，造成同类事件在不同公司、不同项目重复发生；

金融街控股决定改变营销客服工作的现状：规范管理，统一业务流程；勇于面对并积极解决自身存在的缺陷和不足，同时把经验、教训形成知识体系，指导自身能力和素质的提高；改变过去被动的客户投诉处理为主动的客户沟通、关怀；改变过去“压下去”、“捂起来”的客户投诉处理方式，号召公司内部各方协同努力，积极主动地与客户寻求解决之道，降低客户群诉与重大投诉风险和公司损失。

根据企业自身状况和业务特点，金融街控股确定了客户关系管理系统的定位和规划：

以呼叫中心为业务受理模式，以CRM信息系统为载体，建立金融街控股客户关系管理一体化平台。

通过CRM系统，规范营销客服业务管线工作流程和岗位权限；

呼叫中心由金融街控股总部直接管理；

设立全国统一的400号码为客户服务受理号码，统一全国项目客户诉求的受理渠道；

通过呼叫中心与CRM系统一体化平台监控、督促投诉处理进展，有效地解决投诉处理不及时以及质量低下问题，对重大问题由总部调配公司资源予以支持和配合；

通过呼叫中心和客户会员系统加强客户沟通，进行客户维护和关怀，提升客户满意度；

呼叫中心以外包形式建立，业务类型为呼入呼出混合型呼叫中心；

选取房地产行业优秀客户关系管理软件提供商，并通过软件集成方式实现与呼叫中心软件的对接，保证数据库的一致性。

2. 内部工作制度的创新

（1）梳理销售管理架构和工作流程

在客户关系管理系统搭建过程中，金融街控股结合原有体系和公司管理要求，全面梳理销售管理架构和流程，对各环节的人员设置、岗位职责进行明确，并与CRM系统搭建相结合，进行权限设定和系统优化及完善。

（2）设置独立的客服机构

为配合公司CRM一体化管理方案的实施，有效推进客服工作的开展，金融街控股明确要求各分子公司必须成立独立的客户服务部，专门负责客户服务事务的处理。同时，金融街控股针对总部及各分子公司客户服务职能设置出台了相应的指导文件，明确了客户服务部门必须具备的关键岗位和相应职责。

金融街控股创新地设立了总部客服职能与各子公司客服职能一一对应的垂直对接管理关系，确保了总部对子公司客服工作的有效监管和支持。

客服机构的设置和岗位职责的确立是客户关系管理系统顺利实施的必备条件。

（3）强化制度保障

一个新型管理方式的建立、新型管理工具的运用，离不开制度的支持和保障。为配合企业客户关系管理系统搭建工作，金融街控股出台了一系列管理办法及工作指引，为客户关系管理系统的建立提供了强有力的制度保障：

《销售管理办法》和《客服管理办法》——公司营销客服工作的基本制度纲领。

《客户关系体系人员架构及岗位职责》——建立健全客户关系体系，明确岗位及职责。

《400呼叫中心上线指导意见》——指导子公司进行投诉处理，明确投诉处理工作要求和标准，规范信息系统使用规范，并建立投诉处理问责制度，保证客户投诉处理的效率。

《CRM信息系统使用手册》——指导营销客服工作人员正确使用信息系统，规范信息录入。

《CRM信息系统使用及管理工作细则》——对CRM系统在使用的规范性方面进行了明确约定和要求，保证信息录入的及时性、全面性、准确性。

《维修维保工作指引》——规范和指导子公司维修维保工作标准和方法。

《投诉处理工作指引》——规范和指导子公司投诉处理，明确投诉处理的原则和要求。

《呼叫中心标准化手册》——呼叫中心坐席人员工作规范，保障服务品质一致性。

为保证以上制度能切实得以执行，金融街控股总部营销客服管理人员采用“送戏下乡”的办法，深入一线子公司和项目组进行培训、宣贯，并在日常工作中，通过业务辅导、定期巡检并纳入绩效考核等方式保障制度的贯彻执行。所有这些工作为客户关系管理系统的顺利实施打下了坚实的基础。

3. 合作伙伴的甄选与人员管理的创新

（1）CRM信息系统提供商的选择

经过内部的综合评选及考虑到行业内系统的应用情况，金融街控股最终选择明源公司作为公司CRM系统的供应商，同时明确，此次系统上线采取业务部门主导、技术部门辅助的上线管理模式。

金融街控股对信息系统建设提出了明确的要求与规划，以确保项目实施能够按计划有条不紊地进行：

信息系统建设与营销客服体系建设同步；

首先实现核心营销客服业务，如销售流程信息化、电子开盘、投诉及报修处理的信息化；

实现信息分类汇总、分析；

根据业务发展需要，逐步完善和优化信息系统功能。

（2）呼叫中心外包服务供应商的选择

通过对一系列行业内外呼叫中心的考察和学习，金融街控股决定采用服务外包的方式建立自己的呼叫中心。

但因房地产行业客户服务类呼叫中心业务的特殊性和敏感性，对呼叫中心服务外包合作伙伴的选择也提出了更多的条件和要求。最终，金融街控股选择了同样为国企背景的赛迪通呼叫中心有限公司（以下简称“赛迪通”），以确保核心信息的安全。同时，双方商定：

赛迪通负责根据金融街控股的要求定制呼叫中心软件系统，并按要求与金融街控股选定的CRM软件进行集成；

呼叫中心的坐席人员由金融街控股自主招聘；

除呼叫中心业务培训外，由金融街控股负责对坐席人员进行强化房地产及客服专业知识培训。

目前金融街控股呼叫中心设4名坐席，提供7天×8小时人工在线服务，及7天×24小时自助语音服务。

（3）呼叫中心坐席人员管理创新

虽然呼叫中心的坐席人员编制属于外包的服务机构，但金融街控股对坐席人员的要求和管理完全按照公司正式员工的标准，呼叫中心的坐席不能仅仅定位为“接线员”，而是公司专业的客服工作人员，在业务受理过程中，不仅仅要倾听客户的各种诉求（投诉、报修、咨询、查询、建议等），还要用专业的知识去判断，要给客户专业的回复和建议；同时，最重要的一点就是，呼叫中心的坐席将作为公司一线客服骨干进行人才储备和输出。

赛迪通公司按照金融街控股的要求，招聘有呼叫中心及房地产客服或物业客服工作背景的人员，金融街控股参与招聘的全过程，确保人员招聘质量。

对于通过筛选的应聘人员，金融街控股制订了完善的培训计划，包括2周的脱产培训课程及4周的一线房地产客服工作实践。培训的课程包括公司及项目介绍、房地产基础知识、主要房屋工程质量问题相关知识、客户投诉处理技巧、呼叫中心业务培训等。只有通过培训后的笔试和接电、外呼模拟测试的人员，才有资格成为呼叫中心坐席。

呼叫中心坐席人员也会实际参与一线客服工作，如项目内部验收、项目交付、项目缺陷反馈、客户及物业回访等。这些举措增强了坐席对客服工作的认识和理解，提升自身专业知识和经验，不论是对今后话务工作的开展，还是作为子公司客服骨干输出都意义重大。

4. 系统研发

（1）呼叫中心软件完全自主研发

根据前期调研，房地产行业具有与其他行业呼叫中心完全不同的业务需求，一次客户诉求不能挂机即关闭，还需后续派单、跟进、回访等一系列动作；且不同房地产公司内部业务操作流程也有较大差别。这就决定了金融街控股呼叫中心软件必须自主研发，不能照抄照搬现有系统。

在实施过程中，金融街控股带领呼叫中心合作单位共同进行考察学习，深入探讨系统实现方案，对业务流程、管理要点、与CRM系统集成方式等进行逐项设计和确定。经过3个月的开发、部署，满足金融街控股业务需求的呼叫中心系统上线运行。

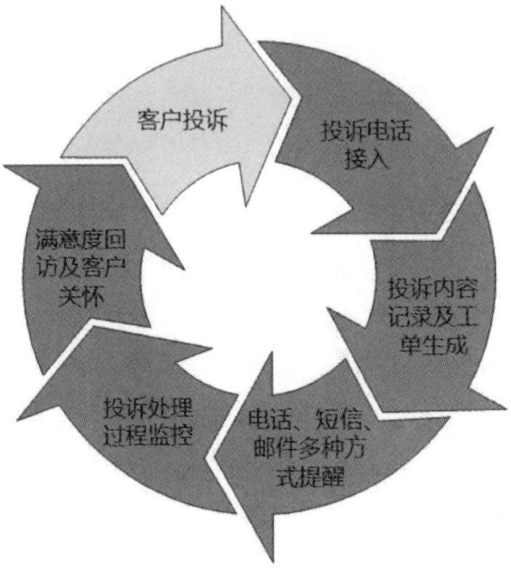

呼叫中心业务流程图

（2）CRM软件二次研发

金融街控股购买的CRM系统为明源公司标准系统，根据各个公司业务实际情况和需求还需进行大量的二次研发，对系统功能进行补充、调整和完善。

金融街控股与明源公司共同对各子公司及项目业务实际情况进行调研摸底，梳理统一业务流程，制订系统实施方案。

在CRM系统实施过程中，为了保证实施效果，采取了选定试点项目重点攻关，检验系统、积累经验，验证可行后再在公司其他项目、子公司进行推广；推广过程中同时结合各公司的现状和情况进行微调，最终固化系统功能，并形成公司整体的管理制度与要求，达到了理论与实际结合的目的。

（3）系统联调测试

CRM系统和呼叫中心系统两个软件系统以接口方式进行对接，保障CRM数据库唯一性。呼叫中心坐席及两家系统提供商的实施团队逐点进行测试调整，历经2个多月才完成并通过全部测试，为两个系统联合上线做好准备，保证系统运行稳定、数据准确。

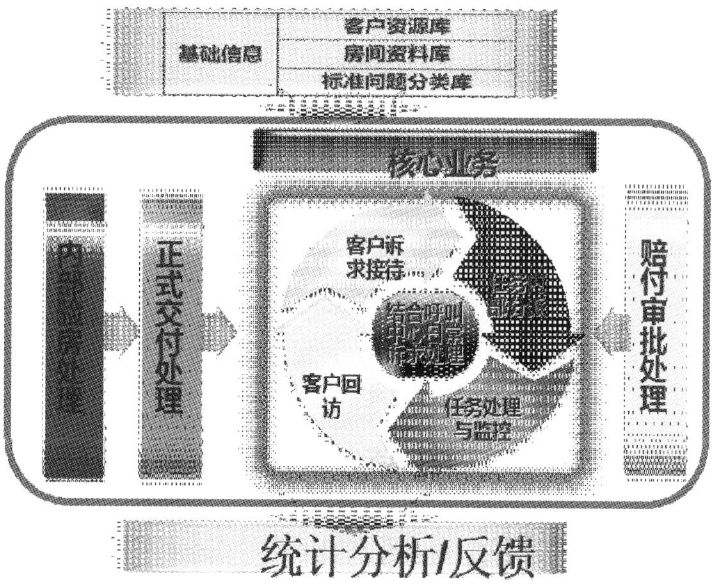

三、客户关系管理系统的构建与实施效果

（一）为客户创造价值，提升客户满意度

通过呼叫中心受理各类客户服务请求，与客户进行互动，通过客户体验管理、客户信息归类、客户互动管理，提高客户服务工作质量和效率，提升客户满意度：

盖洛普公司中国房地产行业客户满意度调查结果显示，在房地产客户满意度行业均值下降2分的背景下，金融街控股2012年客户满意度较2011年提升4个百分点，为近年来首次较大幅度提升；其中“投诉处理”各细项满意度均有明显提升，提升幅度最高达13分：

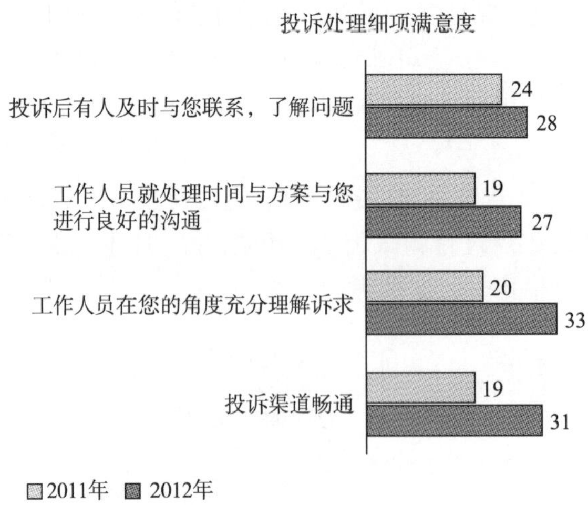

（二）为企业创造价值

1. 营销管理决策支持和客户价值最大化

（1）销售数据的准确性、及时性得到极大保障

实现销售数据的及时与准确传递，解决公司内部各级报送数据方面的工作量大、统计口径一致性、数据准确性和及时性等问题。目前，金融街控股已经实现项目销售数据当日更新。

（2）通过信息化手段规范工作流程，提高企业管理效率

通过信息系统，固化企业内部业务流程、管理权限。客户关系管理系统已经成为金融街控股重要的管理工具，有助于企业管理规范化、精细化。

（3）支持电子开盘，提升营销工作效率

2012年，金融街控股分别在惠州、天津进行了4次房地产项目电子开盘活动，实现项目开盘数据准确并即时上报，节省了大量后期数据统计工作，大大提升了工作效率。

电子开盘是销售系统的一种创新应用形式，主要是依赖系统将现场集中开盘涉及的各环节集中应用体现出来，以电子扫描、身份证识别等方式支持现场开盘。其特点是：

系统自动打印，减少人员工作量和失误率；

快速完成认购，节省时间，提高效率；

开盘结束后迅速统计数据，无需多次核对。

（4）实现客户资源价值最大化

客户资料统一管理，避免客户信息流失；全面客户分析，有利于实现精准营销和再购营销，便于营

销决策分析的及时性和准确性。

（5）日常客服工作支持，促进客服工作处理效率提升

通过总部呼叫中心的建立，成为客户关系管理的“五个中心”，实现：

客户专享“方便、快捷”一站式服务；

解决信息断层，总部与子公司信息统一、口径统一；

服务处理进展可监控，提高处理效率；

通过客户回访，进行服务触点监控，提升产品与服务质量；

服务品牌统一化；

形成客户资源库及知识库。

自2012年5月至今，金融街控股CRM一体化平台已运行超过1年时间，信息系统整体运行平稳，呼叫中心业务受理量稳步提升，整个金融街控股客服体系运行良好，较大地提升了客服工作质量和效率。投诉处理关闭时间由之前的大于10天，提升至目前的约6天，处理效率提升明显。

消除了总部与子公司信息断层，统一信息。

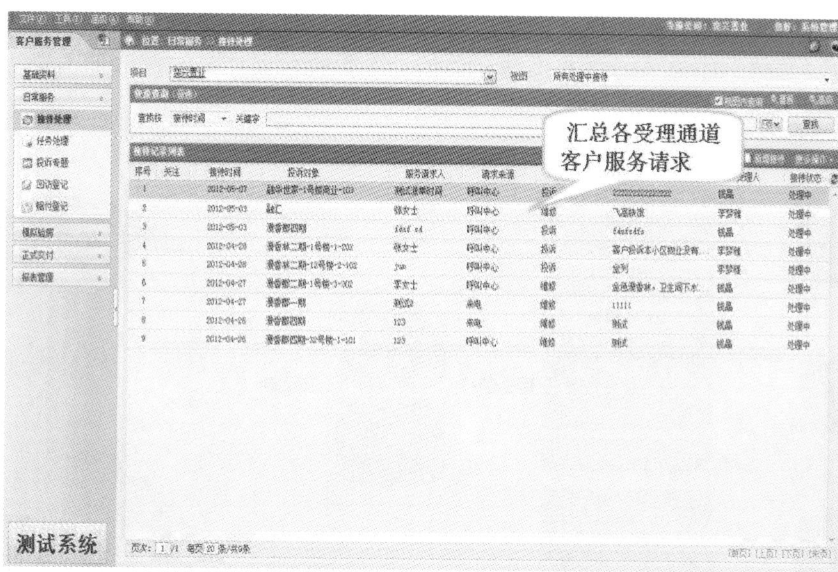

实现了客服投诉任务处理进展即时监控。

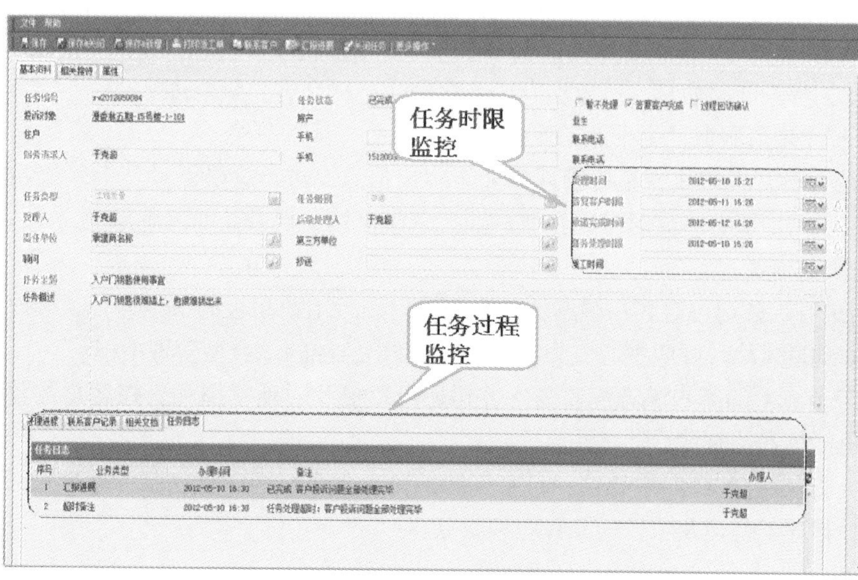

从呼叫中心呼入业务量稳步提升看情况来（见下各月呼入业务量统计图），客户已经逐步认识和认可呼叫中心为他们的生活带来的便捷和帮助。

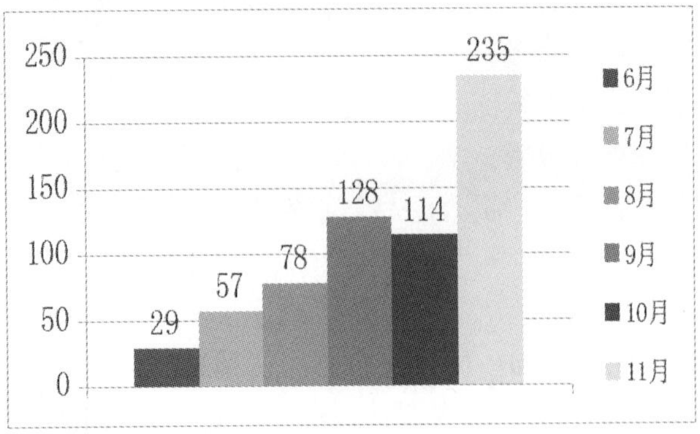

（6）缺陷反馈及客户营销平台

通过呼叫中心及CRM系统数据库整合利用客户信息，指导开发，支持销售。即通过客户报事信息的处理及相关信息的整合，通过客户端口对公司产品和服务的评价与反馈，形成体系化的知识沉淀，在公司标准与流程的制订与修订中充分考虑并采纳相关信息，促进公司产品与服务的改进提升，并持续由客户进行检验和评价，形成产品及服务质量与客户满意度共同提升的良性循环。

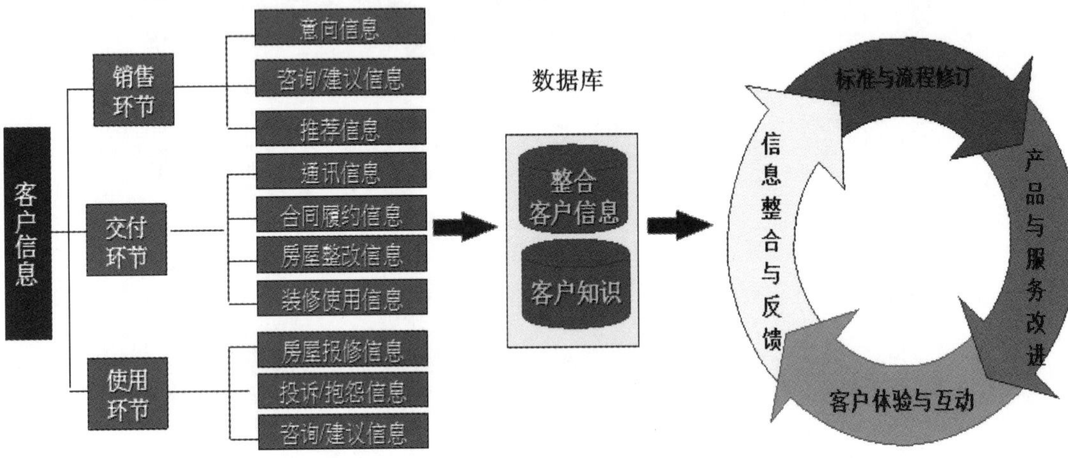

截至2012年12月底，公司共统计工程质量类事项近2000条，并与各项目汇总形成《金融街控股股份有限公司持续改善（缺陷反馈）手册（2013年版）》，通过后端评估、总结，影响前端产品设计与施工，完善产品设计，提升产品质量，有效提升产品竞争力、提高客户满意度。

（7）为客户提供增值服务，为企业扩充营销群体

通过CRM系统会员管理模块，集中管理各业态客户信息，进行会员活动经营、会员关怀、积分兑换等业务，为客户提供增值服务；同时扩充企业各业态营销群体，提升企业品牌形象。

（8）管理与服务延展

通过400呼叫中心，公司可对客户触点的各服务端口进行主动积极的节点监控，及时监控各项目服务质量，及时识别并规避风险。呼叫中心成为呼入+主动呼出监控的综合型管理中枢。

通过关键业务节点上的客户满意度监测，公司还可以更及时地掌握和管控客户的整体感受，使得客户关系管理工作更能体现及时性、针对性。

金融街控股充分利用400呼叫中心这一自有资源平台，全面对客户触点服务标准进行监控，并形成分析报告，更有效地指导子公司及项目提升管理和服务。

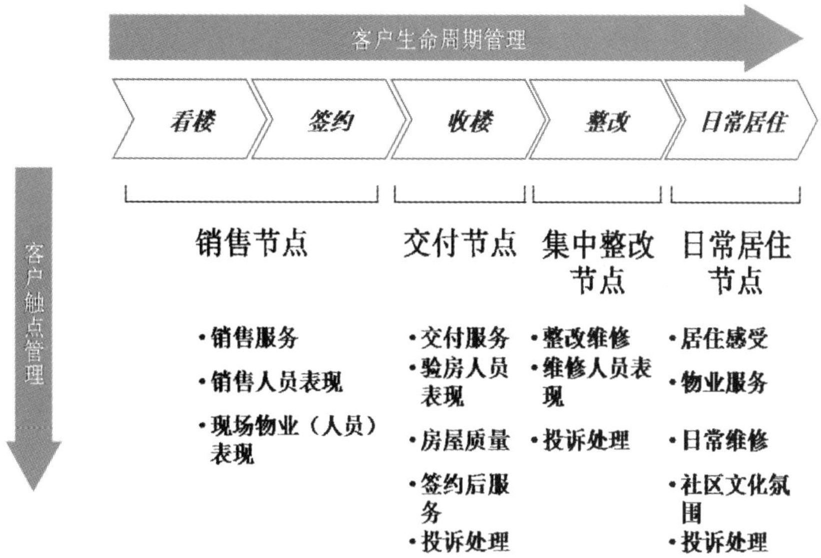

成果创造人：黑京梅　耿　辛　李朗凯　王志刚　魏　斌

战略重组指引下的产业聚焦和规模化发展实践

北京机电院高技术股份有限公司

荣获第二十八届北京市企业管理现代化创新成果一等奖

北京机电院高技术股份有限公司前身曾是北京市最大的科研院所，作为北京市65家第一批转制科研院所之一，2000年12月18日北京市机电研究院整体转制为企业。2002年7月18日为进一步适应市场经济的发展和不断深化科技型企业的体制改革，北京京城机电控股有限责任公司（以下简称“京城控股”）、北京首创科技投资有限公司（以下简称“首创科技”）、北京控股有限公司（以下简称“北京控股”）、北京市京联发投资管理中心（以下简称“京联发”）及部分自然人共同发起设立机电院。公司现有7家投资公司，总资产超过16亿元，净资产4.4亿元，员工500余人。主要从事环保固废、污水、资源化综合利用等领域的设计开发、生产制造、工程总包及运营服务。秉承科研院所雄厚的技术研发优势，公司拥有近六十项国家专利及千余项科研成果，在工业危险废物、大型医疗废物、城市生活垃圾、防化危险品、污泥、餐厨垃圾、有机废液焚烧处理领域，形成独特的核心技术，创造了多项国内“第一”。公司具有丰富的项目经验，1000余项遍布国内外的工程业绩，是“中国环保产业骨干企业”、北京市企业技术中心、固体废物处理处置科技创新研发基地，拥有国家环境保护污泥处置与资源化利用工程技术中心，在业内享有“固废处置专家”的美誉，连年被评为国内“固废影响力企业”及“优秀工程技术公司”。

一、战略重组指引下的产业聚焦和规模化发展实践的背景

2002年机电院股份成立以后，既面临企业的生存和发展问题，也面临我国政府大力振兴装备制造业，全面实施可持续发展战略，大力发展环保产业，大力支持环保固体废物处置市场的有利时机和竞争日益激烈的巨大挑战。

（一）股权结构问题

作为科研院所改制企业，首先要解决的是股权结构问题。股权结构设置不合理，“一股独大”将直接导致企业的良好运营机制难以形成并发挥应有的作用，影响企业效益和企业的壮大和发展。如何通过设置科学的股权结构，既能形成合理的产权结构和投资主体，充分体现相互制衡的股权关系，建立规范的法人治理结构和高效的决策机制，又能吸引在社会上有实力、有影响的企业作为股东，获得雄厚的资本支持，增强企业活力，是企业要实现长远发展必须要面对的问题。

（二）战略问题

企业发展离不开战略的指引。尤其在企业成立之初，有效的竞争战略的引入是企业能否生存发展的关键时期。改制前北京机电院产业多，规模小，有“十个小巨人”，包括了数控、环保、高压、模具、铸造、农用车、人工心脏、电子、绿色能源等众多领域。机电院只有前瞻和敏锐的把握外部环境，结合企业自身的资源能力状况，及时进行战略规划，准确定位，并确保战略的切实落地，才能实现机电院在变幻风云，激烈竞争和严峻挑战的经营环境中求得长期生存和不断发展。

（三）主业不突出问题

北京机电院的前身是北京市属最大的综合性科研院所之一，具有多产业、多学科、主业不突出等问题，始终未形成具有核心竞争力的产业。机电院只有根据行业发展趋势和企业实际情况，不断实施产业结构调整，打造核心产品并实现产业化，才能实现企业大的发展。

（四）规模问题

机电院成立之初产业规模很小，作为高新技术企业，高新技术成果只有实现产业化和规模化，才能降低生产成本，保证产品在价格上的竞争力；只有大规模投入才能形成自主开发能力，保持产品在技术上的竞争力。这些都势必要求企业实现规模化发展。如何选择合适的商业模式解决制约高新技术规模化发展主要瓶颈的资金投入难以持续保障，以及管理和营销上的问题都是机电院规模化发展面临的重大问题。

二、战略重组指引下的产业聚焦和规模化发展实践的内涵

（一）股权多元化

转制后的机电院没有实行“一股独大”，而是采用多元化的股权结构，京城控股占29.76%的股份，北京控股占24.50%，北京控股下属企业京联发占15.50%，首创科技占29.76%，两名自然人共占0.48%的股份，通过这种领先的股权结构设计，建立了科学的法人治理结构和现代企业制度，获得雄厚的资本支持，引入了先进的管理理念和人才，增强了企业活力，为企业长远发展奠定坚实基础。同时通过管理层持股和股权激励的实施，使管理层和科技骨干与股东利益一致，对公司的核心人才起到很好的激励作用，促进公司健康发展。

（二）产业聚焦

通过敏锐抓住市场机遇，前瞻性制定公司发展战略，并以战略为指引，逐步进行产业结构调整，产业逐步聚焦，实现由多元化向以环保为主业的战略转型。从成立之初的大力发展机电产业，重点发展数控机床产业，涵盖环保、包装食品机械、高电压技术、精密模具等机电一体化相关产业的模式，逐渐发展为以数控机床和环保产业为主导产业、辅以物业经营支持的“2+1”产业模式。2005年，公司提出优先发展环保产业，发展有特色的数控机床。2007年公司正式确立了以环保为主业。2010年底，公司将旗下现代装备制造产业（数控机床事业部及旗下北京市第二机床厂）进行剥离，进一步奠定了环保产业作为公司主营业务的地位。

（三）“三商合一”商业模式

为了顺应产业发展和客户的需要，公司提出了从环保设备制造商，到工程总包商和投资运营商“三商合一”的商业模式。从环保技术研发、产品制造，到工程总包和项目投资运营的全产业链的合作和经营模式。通过这种覆盖环保全产业价值链的盈利模式，获得价值链上各个环节的利润，获得良好的盈利水平，为企业发展带来了更多的机会和条件，从而实现公司的长期良性发展。

（四）“循环经济环保科技产业园”商业模式

为契合国家和地方政府大力发展循环经济，倡导资源综合利用的要求，公司创新性提出“循环经济环保科技产业园”模式，即以城市环保综合治理、资源循环利用为核心，为客户提供高技术、高附加值的环保综合解决方案和环境服务，全面解决环保问题。实现了多领域的内循环，减小对环境的污染，实现土地的集约化利用，节省了投资，降低了能耗。

三、战略重组指引下的产业聚焦和规模化发展实践主要做法

（一）明确公司战略定位、目标和实施路径

1. 前瞻性制定公司发展战略，逐步聚焦环保产业

（1）《2003—2007年发展战略》

为实现公司的长远发展，在公司成立不久即着手研究和制定了公司五年发展战略。提出重点发展数控机床产业，涵盖环保、包装食品机械、高电压技术、精密模具等机电一体化相关产业的模式。该战略实现了统一思想、稳定队伍、重点突出、促进公司快速发展的作用。

（2）《关于公司发展战略调整的补充意见》

2003年下半年，公司在抗击“非典”的突发事件中，提供了占全国总数50%的医疗垃圾应急焚烧炉，

被国家环保总局评为焚烧炉生产厂家综合实力第一名。公司敏锐的抓住了这一机会，及时对战略进行了修订和完善，提出“逐渐发展为以数控机床和环保产业为主导产业、辅以物业经营支持的‘2+1’产业模式，集中精力培育产业核心竞争力，快速壮大公司规模，突出主业和上市概念，在辅助以房地产开发和稳定的物业经营支持，实现可持续发展。”

（3）《公司“十一五”竞争战略》

2006年，机电院紧紧抓住中国政府全面实施可持续发展战略，大力发展环保产业，大力支持环保固体废物处置市场的有利时机，在“十一五”竞争战略中明确提出将环保产业确立为主要产业，强化了机电院在环保产业上的资源投入力度，迅速做大环保产业。同时遵从股东方战略定位，发展有特色的机床产业。依据自己独特的资源及竞争优势，提出了“一个核心、两种模式”的企业发展思路。以做技术创新排头兵为核心，对内坚持打造大型环保装备制造商、工程总承包商和有特色的中高端数控机床供应商，依靠自身力量，在现有基础上实现稳健地扩张，做强主业；对外做实服务商模式，提供绿色服务，形成稳定的盈利模式和享受良好的投资回报，与大型环保制造商的定位形成良性互动。

（4）《公司“十二五”战略规划》

“十二五”时期，节能环保产业列为七大战略性新兴产业之首，环保产业有可能成为引领中国绿色经济发展的支柱产业之一。机电院紧紧抓住环保产业的重大战略发展机遇，提出“以环保为主业，坚持技术创新，产融结合，双轮驱动，实现公司上市，快速做强做大，实现公司跨越式发展。”的竞争战略。创新性提出“三商合一”（“三商”即环保装备制造商、工程总承包商及运营服务商）和“循环经济环保科技产业园”的发展模式。提出到2015年，实现总收入50亿元，利润总额实现2亿—3亿元的经营目标。

公司通过敏锐抓住市场机遇，前瞻性制定公司发展战略，并以战略为指引，逐步进行产业结构调整，产业逐步聚焦，实现由多元化向以环保为主业的战略转型。

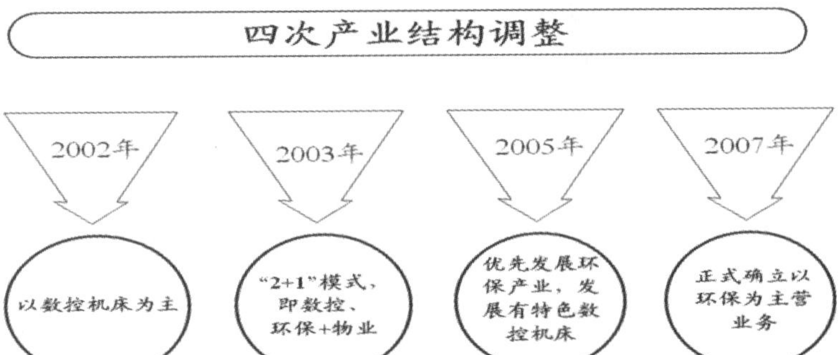

图1　机电院四次产业结构调整

2. “组织遵从战略，人力遵从组织”，不断完善组织架构

（1）组织结构重塑

公司成立初期，为适应公司战略对产业调整的需要，公司对原有机构进行“减肥”、“消肿”，将原有的18个职能部门和13个研究所室，按照“精干、高效、有序”的原则设置内部管理机构，并按事业部模式进行经营管理。共成立了8个职能部室，4个事业部。实现了专业化管理，集中政策，分散经营，利润中心，独立核算，职能制结构组织设计。事业部制为调动各个事业部的积极性和主动性，推动公司各项业务的快速增长，提高企业的整体效益，增强企业活力，促进企业的全面发展奠定了基础。

“十一五”期间，为满足公司“十一五”竞争战略中提出的“一个核心、两种模式”的发展思路。公司建立了“两头在内，中间在外”的组织模式。通过这种模式，整合了外部资源，把传统的“体内循环”变作“体外循环”，实现了资源的不在拥有而在掌控的最佳运作模式；公司逐步推行并完善了推行矩阵式的管理模式，提升企业的管理效率，实现组织管理的扁平化，充分发挥了专业分工与专业化管理的优势，加强管理部室对事业部研发、营销、生产、财务、人力等环节的专业化管理和指导，加强项目建设的跨部门、跨职能、跨地域的团队协作与科学管理。

在《公司“十二五”战略规划》竞争战略中，投资和资本扩张是公司实现快速发展重要的战略举措，为此，公司建立了战略管控型的管理模式，“抓大放小”，实行母子公司决策和执行分开，产权经营和产品经营分开，促进和激励了子公司的专业化经营。由于公司总部专注于战略决策和资源部署，通过决策控制保证了公司的整体发展方向。

（2）人力资源结构优化

根据战略与产业结构调整的需要，公司对人力提前部署和有针对性的资源倾斜，不断进行人力资源调整和投入。在以数控机床产业为主导时，公司在人力资源的招聘、培训、选拔、考核等方面的投入以数控机床产业为主。随着公司产业结构逐步向环保产业转移，公司在人员的招聘、培训、使用及薪酬发放等方面逐步向环保产业倾斜。公司人力资源结构的完善和优化，保证了公司竞争战略的有效执行，并很好地体现了“组织遵从战略，人力遵从组织”的发展方针。

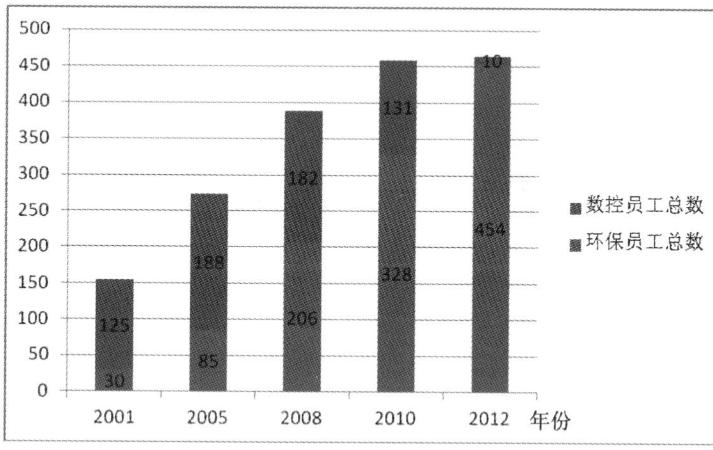

图2　2008—2009年公司环保和数控员工总数对比图

公司通过不断进行人力资源结构优化，逐步提升技术人员比重增加，在组织和人力资源上有效支撑了战略的需要。

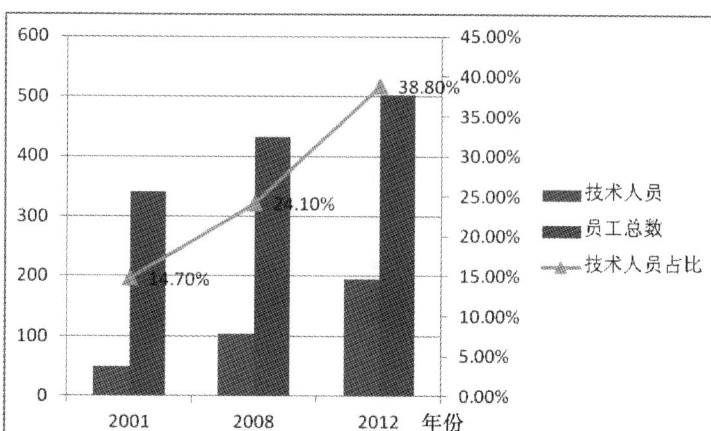

图3　公司技术人员占比情况

随着公司业务的快速增长，公司大力度完善人力资源体系，人力资源状况发生了实质性变化，公司从业人员的能力学平逐步提升，详见下图。

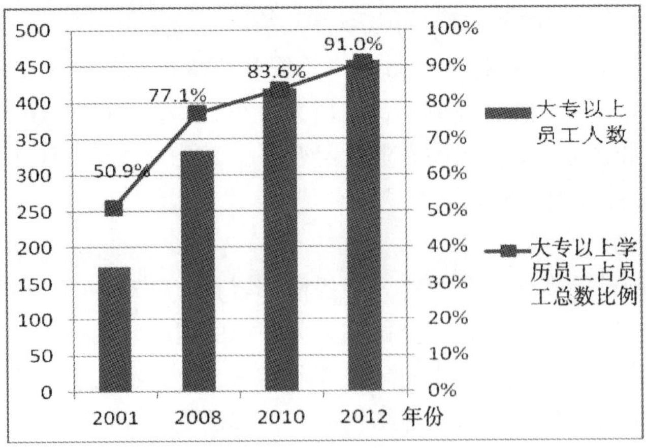

图4　大专以上学历员工占比情况

（二）实施科学的体制与机制创新，为机电院长远发展奠定基础

1. 多元化的股权结构

2000年12月18日，北京市机电研究院整体转制为企业。2002年7月18日，为进一步适应市场经济的发展和不断深化科技型企业的体制改革，北京京城机电控股有限责任公司作为主要的发起人，联合北京政府在香港的红筹上市公司北京控股有限公司和北京首创科技投资有限公司两家大股东，北京市京联发投资管理中心及原机电院院长及书记作为自然人成为公司的股东。

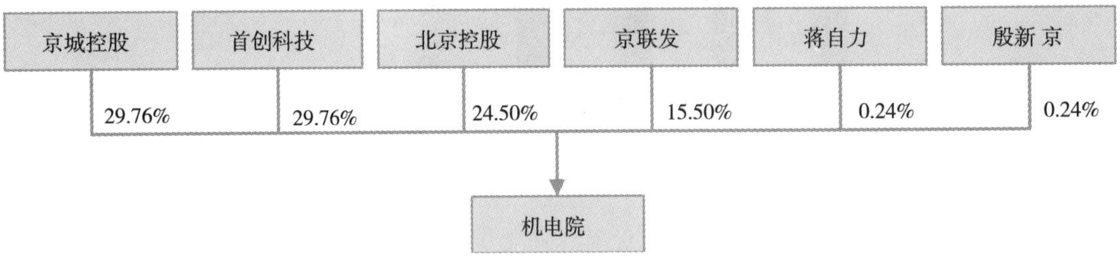

图5　机电院股权结构示意图

多元化的股权改革，为公司注入大量现金流，按照现代企业制度建立规范法人治理结构，引入现代企业经营管理理念，引入股东资源，使得机电院股份公司获得长足发展。

2. 管理层持股

作为高新技术企业，人才和科技骨干是公司最宝贵的财富，2004年公司积极实行管理层持股，公司有28位管理层和技术骨干成为公司的股东。实施管理层持股完善了公司的激励和约束机制，使管理层同公司之间形成股权纽带关系，与公司结成利益共同体，激励公司管理层更多地投身于公司的长期、稳定发展，强化管理层对公司的责任感和归属感，促进公司健康发展。

3. 股权激励

2009年4月6日公司被列为中关村国家自主创新示范区首批股权激励改革试点单位之一，国资委旗下首批唯一一家顺利通过改革试点的国有企业。股权激励有力地激励科技骨干和经营管理核心人员更多地投身于公司长期可持续发展，形成持续发展能力和核心竞争力。优化了股权结构，进一步完善现代企业制度，建立长效的激励约束机制，促进公司长期可持续发展。建立了股东、公司和员工之间的利益协调机制，强化科技骨干和经营管理核心人员对公司的责任感和归属感，激励其更多地投身于公司长期可持续发展，更好地实现国有资产的保值增值。2010—2012年累计实施股权激励688.85万元，其中60%为技术人员和优秀员工，40%为经营管理人员。

（三）实施技术创新作为公司的核心竞争力战略，坚持大力度自主创新，保持行业技术领先优势

机电院自成立以来，始终秉承和发扬大型科研院所自主创新的优良传统，坚持“市场引导、投资未来”的技术创新理念。公司在竞争战略中始终坚持以技术创新作为公司的核心竞争力，根据业务发展方向进行关键技术研发，承接国家、市多项重大项目，培育自主知识产权，不断增强核心竞争力。

1. 结合国家环保产业规划，国内外环保技术发展趋势和客户需求特点，高起点制定公司技术研发规划

公司通过持续不断地在环保产业发展潜在市场有长远影响的新技术、新工艺、新材料等领域开发具有自主知识产权的关键技术，扩大集成创新优势，使国内外各种先进技术成果通过工程项目实现国产化、本地化、产业化应用，为客户提供适用的高技术、高附加值产品和服务，成为行业技术领先者，为公司长期可持续发展提供强大动力。公司共有223个科研开发项目在内部立项、实施，承担3项国家科技攻关项目，3项国家科技重大专项，4项国家科技部863计划项目，11项市级科技开发项目，1项国家火炬计划。

在危险废物处理处置领域：形成了“大型成套、综合处置、欧洲标准”的技术体系。处理对象涵盖了国家危险废物名录中列明的48类危险废物中除放射性危险废物之外的所有种类。

在医疗废物处置领域，开发出国内第一台医疗垃圾处理设备。开发出了国内最完整处理技术：高温蒸煮技术、热解技术、回转窑焚烧技术。公司生产的“大型回转窑危废焚烧处理成套设备HZY-30获得《国家重点新产品证书》”。

在防化危险品处理处置领域：公司主要处理国内过期的武器弹药和生化武器，以及“二战”期间遗留在中国的生化武器。开发了具有完全自主知识产权的固定式和移动式防化危险品处理系统，打破了西方发达国家的技术转让壁垒，属国内首创，处于国内领先水平。获总装备部“科技进步”二等奖一项。

生活垃圾处理领域：公司是国内涉足该领域最早的企业之一，拥有垃圾转运技术、垃圾分选技术、垃圾焚烧技术、垃圾渗滤液处理技术、卫生填埋技术、生活垃圾堆肥技术等一站式解决方案。

在市政污泥处理领域已开发了水热干化、桨叶式干化、带式干化、流化床焚烧技术、回转窑焚烧几项技术成熟 、国内领先的工艺流程。与日本东京工业大学合作研发的污泥水热干化技术，在国内已得到应用，并实现全部国产化，示范项目入选 “国家第一批城镇污水处理厂污泥处理处置示范工程项目名单”。

在餐厨垃圾处理领域：公司是国内较早进行专业餐厨垃圾处理的公司。公司已开发了厌氧消化、湿热灭菌—好氧发酵、好氧堆肥处理技术。可结合地区政策及产业发展方向，提供多种工艺选择：高蛋白饲料化、厌氧消化制备清洁能源、肥料化、油脂资源化利用、高浓度有机废水处理、臭气治理。提供完备的工艺设计及设备集成的全面解决方案。

2. 不断完善企业自主创新平台体系

经过11年的发展，在机电院“打造具有国际竞争力的研发机构，使公司成为环保产业细分领域中的技术创新排头兵”的战略指引下，研发平台的构建经历了从底层到高端、从单一到多元、从内部到外部的过程，形成了全方位、多层次的企业研发平台格局，充分保证了公司技术创新的持续性和技术核心竞争力的领先优势，为公司实现战略发展目标打下了坚实的基础。

在环保领域，公司在研发平台的深化构建与完善的实施中，先后建成北京市企业技术中心、北京市固体废物处理处置科技创新研发基地、首都科技条件平台能源环保领域平台；成功申请成为国内唯一的国家环境保护污泥处置与资源化利用工程技术中心；科技部生物资源产业联盟理事单位；与北排集团签订战略合作协议，共同发起设立“中关村国家污水资源化产业联盟”；与台州市路桥区人民政府签署了《合作共建台州市资源再生利用产业技术研究院意向书》，在日本东京工业大学、清华大学和嘉兴学院等国内外知名院校的共同参与支持下筹备成立了台州市资源再生利用产业技术研究院；与清华大学联合成立“固体废物热处理与资源化技术联合研究中心”。

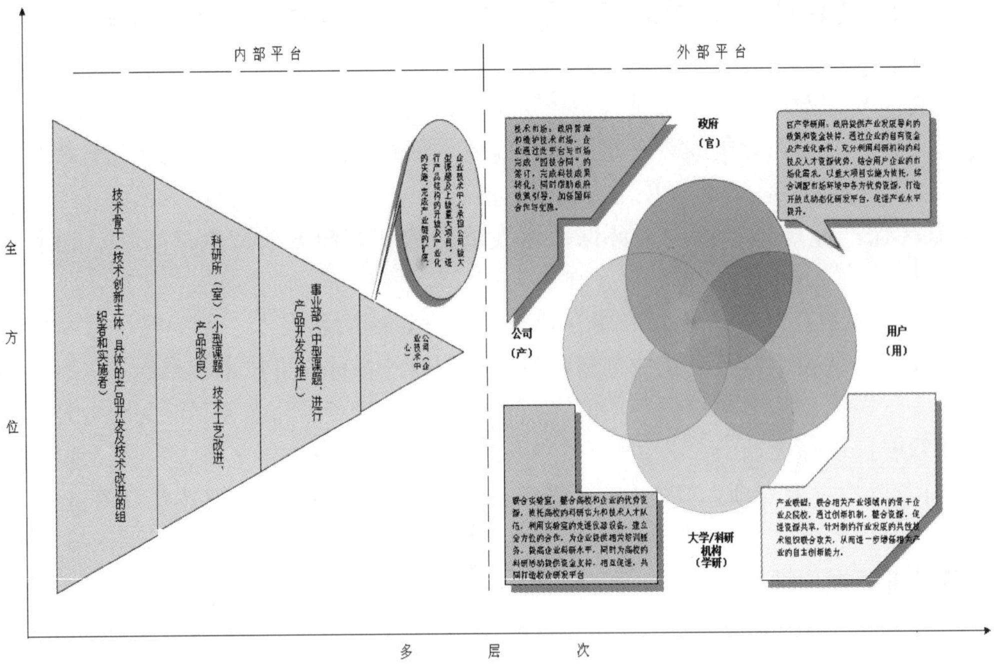

图6　机电院股份公司构建全方位、多层次研发平台示意图

通过多层次、全方位研发平台的深入构建，创新发展产学研模式，依托上述研发平台体系，公司在近3年中，成功申请上级各类科研项目11项，获得国家和北京市等上级科研项目资金支持6110万元，为公司的技术进步提供了更大的支持和活力，进一步提升了公司在相关产业领域的市场竞争力。

3. 秉承大型科研院所技术创新传统，坚持持续高位的研发投入

公司每年制订重点新产品开发计划，保持技术领先优势。公司每年投入销售收入的5%—8%作为研发经费，并积极争取政府对技术创新的优惠政策和科研拨款，为开展技术创新活动提供了充足的资金保障，取得了明显的成效。据统计，公司成立11年来共投入技术创新资金26444万元。

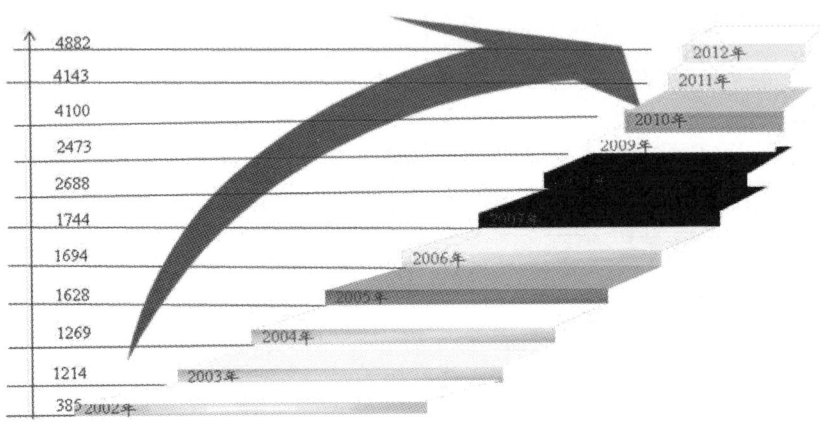

图7　历年来投入研发资金额（单位：万元）

4. 始终坚持对技术人员实行科技奖励，激发科技人员的积极性和创造性

为贯彻公司加强技术创新的发展战略，加强自主创新，鼓励在创新活动中做出贡献的公司员工，调动科技人员的积极性和创造性，促进科技成果产业化，公司每年会对科技人员进行表彰和奖励，2003—2012年科技成果奖累计发放金额680.19万元，极大地激发了科技人员的工作热情和创新积极性。

公司鼓励员工积极提高职称水平和执业资格水平。对于取得国家认可的职称证书、技术等级证书及执业资格证书的员工，公司在报销评审费的基础上，给予一次性奖励。

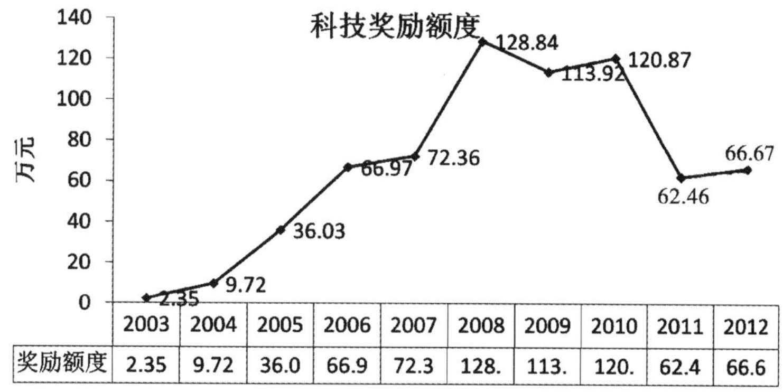

	2003	2004	2005	2006	2007	2008	2009	2010	2011	2012
奖励额度	2.35	9.72	36.0	66.9	72.3	128.	113.	120.	62.4	66.6

图8　公司历年科技奖励金额

（四）突出发展技术型营销

由于公司从科研事业单位转制而来，市场营销的观念薄弱，市场营销的动力和积极性不足，营销的龙头地位尚未真正树立起来。改制后，机电院以战略为指导，面对新的市场形势，不断寻求和尝试适合企业发展战略和产业发展的营销模式。

为适应公司高端产品定位和环保领域大型成套工程项目的需要，公司始终坚持和不断强化技术型营销，以技术为切入点，集合公司内部技术力量，引导客户需求，共同开展对重大项目和大客户的技术交流工作，发挥集成技术优势、大型装备制造能力、工程经验和一揽子解决方案能力促进成功销售。在公司层面建立了技术总监和学术委员会体系，在事业部层面建立了技术支持和售后服务体系等。公司技术总监主管总师办，负责组织对重大营销项目和工程项目的技术支持及协调公司市场部和工程部提出的技术支持需要。公司技术委员会，为公司决策提供技术咨询意见等。

2002年公司成立时环保产业的销售收入只有200多万元，到2012年公司环保产业收入达到9.14亿元，增长了近456倍。

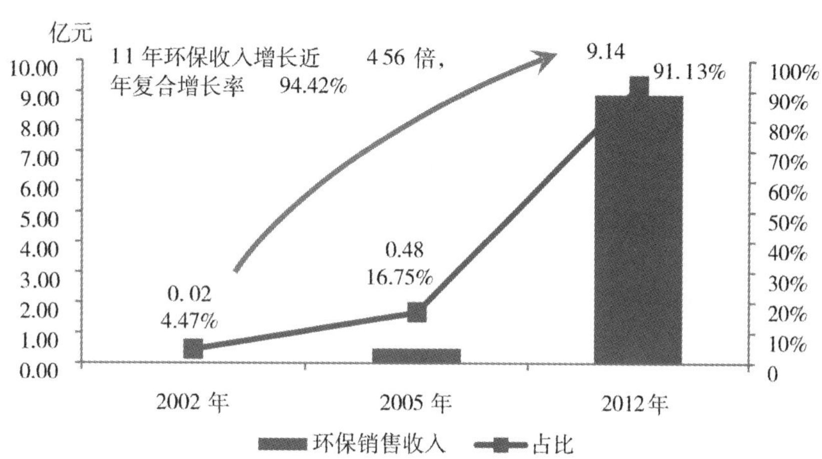

图9　机电院环保收入及占比

（五）拓展企业生存发展空间，实现立足北京，走向全国的战略布局

机电院在成立之初，公司只拥有位于北京工体北路四号院区土地面积10万平方米。公司通过不断实施战略布局，公司总部、研发中心、营销中心坚持定位于工体北路四号院。为使布局更加合理，公司围绕主业，有选择地与环保产业链上的关键公司开展战略联盟或并购，丰富公司环保产品线，完善环保全面解决方案，公司先后在我国多地投资建设7家投资企业，为公司获得更为广阔的发展空间。

危险废物领域，公司在云南省投资了红河德远环境保护有限公司；生活垃圾处置领域，投资成立呼和浩特市京城固体废物处置有限公司；资源综合利用领域，在浙江省台州市成立了浙江京城再生资源有限公司和资源再生利用产业技术研究院有限公司，在北京成立了北京京城天义环保科技有限公司；电子垃圾领域，公司采取对铉力和公司增资扩股方式成立内蒙古铉力河再生资源开发有限公司；为巩固和提升公司生产加工能力，公司成立了北京北锅环保设备有限公司作为公司的北方生产基地。

图10　呼和浩特市循环经济科技示范园

图11　浙江京城固体废物再生利用产业园

目前公司共拥有土地面积90多万平方米，实现了立足北京，走向全国的战略布局。

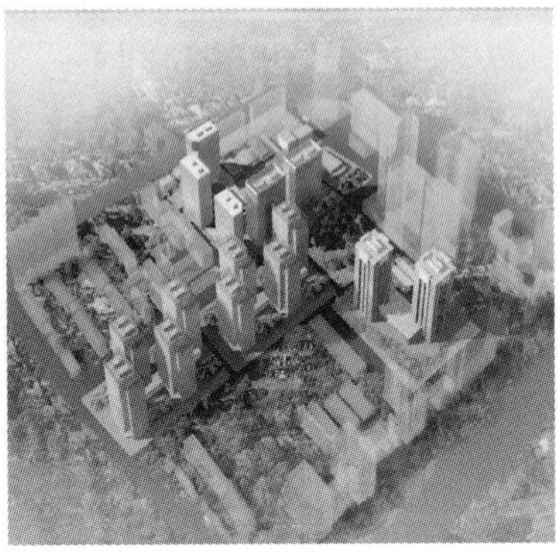

图12　位于CBD辐射区的公司总部

图13　机电院7家投资企业分布情况

四、战略重组指引下的产业聚焦和规模化发展实践的效果

（一）取得丰硕的科研成果，大力支撑了我国固体废物处理处置技术的发展

公司在工业危险废物、大型医疗废物、城市生活垃圾、防化危险品、污泥、餐厨垃圾、有机废液焚烧处理领域，形成独特的核心技术。获得军队科技进步二等奖、环境保护科学技术二等奖、中国机械工业科学技术一等奖、北京市科学技术一等奖、2006年国家重点环境保护实用技术、2002年国家重点环境保护实用技术等多项科技奖励。2012年公司新产品销售收入达到4.4亿元。

公司获得了环境工程固废甲级设计证书、废气、废水乙级设计资质、工业固废、生活垃圾（甲级）、污水环境保护设施运营资质证书、机电设备安装工程专业承包资质、国际总包经营资格证书、环境保护产品认证证书、建设项目环境影响评价证书、ISO 9001质量管理体系认证证书等完善的行业经营资质证书。2012年，第一批入围中国环保机械行业协会和中国环境保护产业协会联合授予“环保装备专精特新企业”荣誉称号。

公司自成立以来，在坚持自主创新的同时，积极与国际国内在业内领先企业和研发机构合作，引进国际先进的固废处理处置尖端、成熟工艺、技术和设备，通过集成、消化吸收和转化，使之更适应中国市场，对于提升我国固体废物处理处置及污染控制技术水平做出了一定的贡献。

（二）解决了众多的环境保护问题

固体废物的污染控制问题已成为我国重要的环境问题之一，影响了经济、社会的发展。公司凭借在固废处置领域的技术领先和工艺集成优势，通过固废处理处置项目的实施，解决了众多关乎社会发展和人民健康的重大环保问题。

危险废弃物处理是世界一大难题，由于我国对危险废物的处置长期重视不够，对人体健康和环境构成严重威胁，形势严峻。公司凭借在危险废物处理处置领域的“大型成套、综合处置、欧洲标准”的技术体系，处理了涵盖了国家危险废物名录中列明的48类危险废物中除放射性危险废物之外的所有种类，年处理危险废物约70万吨，有效地降低了危险废物对环境及人民健康的危害。

随着我国城市化进程的加快，以及环保认识的深入，污泥的处理已成为我国环境保护中日益紧迫和严峻的问题。机电院凭借其在污泥处理领域的国内一流的技术优势，在国内建有多个工程项目，年处理规模60多万吨，无论从经济还是环境效益来说都具有深远意义。

此外，公司每年分别处理生活垃圾、餐厨垃圾几十万吨，电子废弃物20万台，对提高城市环境质量，提升市容环境卫生做出了重要贡献。

（三）实现了企业规模化发展

1. 成功实现三个转变，实现产业化、专业化发展

通过探索和实践适合企业发展的“三商合一”和“循环经济环保科技产业园”商业模式，成功实现三个转变：

产品提供方式方面：从小型环保设备，向大型环保设备转变；从单一设备，向成套设备和系统工程转变；从环保设备制造，向工程总包和投资运营转变。

环保业务领域的拓展方面：从单一的危废，向生活垃圾、污泥、餐厨垃圾、金属拆解资源综合利用扩展。

单个合同金额方面：从最初的几万元、几十万元，到几万元、几千万元，到几个亿。

危险废物处置领域，危险废物处置设备国内市场占有率第一。国家规划的33个大型省级危废处理成套项目公司连续中标21个。公司承接了2008年奥运会配套工程，其中的青岛危废项目是全国目前最大的危废处理项目。

图 14 青岛危废项目图

图 15 上海医废项目

医疗废物处置领域，公司在国家环保部《医疗废物焚烧炉生产厂家推荐目录》中排名第一位。2003年为全国提供了近100台套小型医疗垃圾焚烧炉，占全国应急焚烧炉数量的50%以上，得到环保总局、卫生部、北京市的充分认可和高度好评。公司完成的上海医废项目是迄今为止国内规模最大、技术要求最高的医废处置项目，承担上海市医疗垃圾的处置任务。经上海市环保局监测中心检测，全部指标达标，其中二噁英指标达到0.04ngTEQ/Nm^3，远远低于欧洲标准0.1ngTEQ/Nm^{3}的排放值。该项目荣获2010年上海市市政工程金奖。

在防化危险品领域，在国内军工市场处于垄断地位，为国内唯一供应商，列装全军。为北京奥运会提供5台移动式化学危险品应急处理装置。

图16　移动式防化危险品处理装置

图17　固定式防化危险品处理装置

生活垃圾处理领域，呼和浩特市生活垃圾生化处理厂搬迁、升级改造项目。占地面积541亩，总投资5亿元，特许经营期为25年。该项目将建设成为“中国北方地区循环经济科技示范园”。

餐厨垃圾处理领域，公司为北京2008年奥运村提供了餐厨垃圾处理专用设施（李克强副总理参观了该设备），宁夏银川餐厨垃圾处理工程成功入选国家首批餐厨垃圾无害化处理和资源化利用试点城市示范项目。

污泥处置领域，公司中标的上海竹园项目是目前国内最大的污泥处置工程。公司承接主体工程设备设计、供货及安装工程，项目金额2.06亿元，是全国重点实施的污泥项目之一。

图18　北京奥运村餐厨垃圾处理专用设备

图 19　上海竹园项目

2. 经营规模不断扩大，经济效益持续增长，为股东创造良好价值

公司依托前瞻性的战略规划，敏锐地抓住了市场机遇，历经11年的努力和发展，经营规模不断扩大，经济效益持续增长，股东价值显著增加。2012年，公司总资产、净资产、营业收入和净利润分别是改制前2001年的4倍、2.4倍、11.3倍和15.3倍。

公司自成立股份公司以来每年进行分红，其中除一年按照50%进行分红外，其余各年均按照70%分红，历年累计分红达到23144万元。

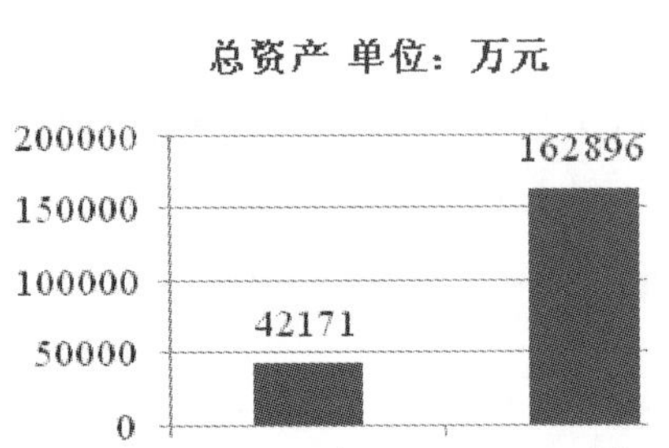

图20　总资产变化情况

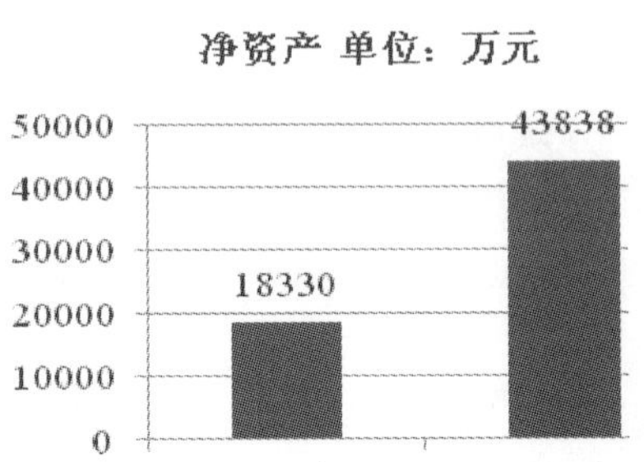

图21　净资产变化情况

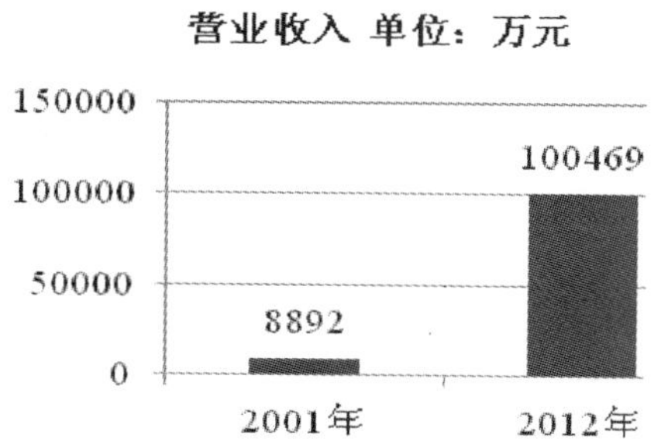

图22 营业收入变化情况

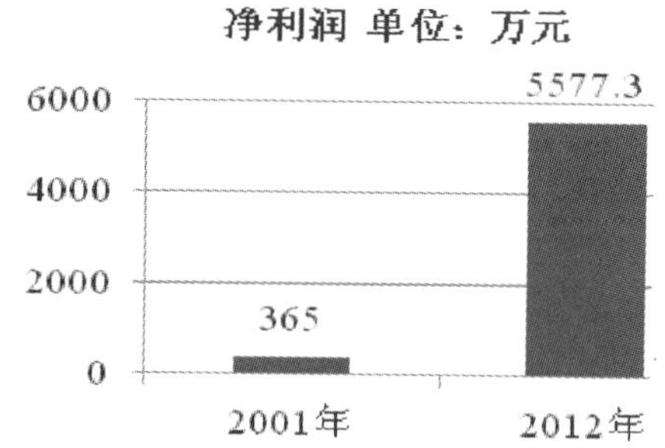

图23 净利润变化情况

公司构建了一支精干、高素质、高效率的员工队伍，极大地支撑了公司战略调整和战略发展。2012年公司人均销售收入和人均利润指标分别是2001年的17.7倍和27.25倍，在同行业处于先进水平。

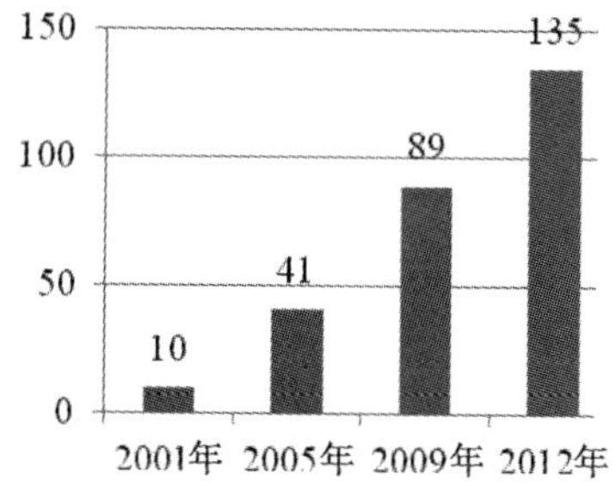

图24 人均收入变化情况

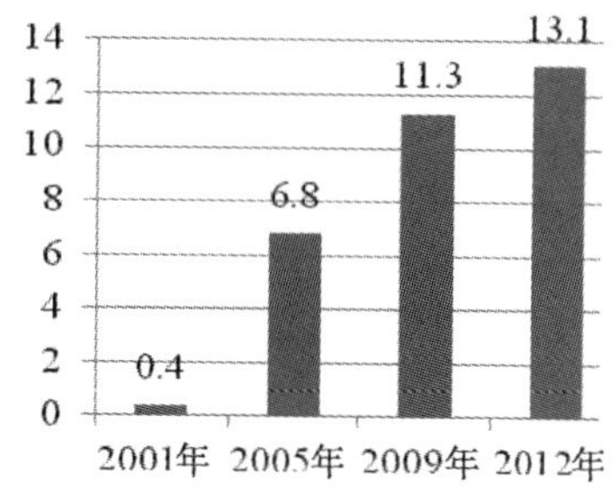

图25 人均利润变化情况

（四）为我国环保产业发展做出了卓有成效的贡献

北京机电院股份公司把环保作为公司的主导产业，是我国最早从事固体废弃物处理处置的专业公司之一。多年来，公司一直致力于中国环境保护和治理事业，以改善人们生存环境，提高生活质量为神圣使命，坚持资源的综合利用和环境的不断改善。不仅体现了公司领导的战略眼光和崇高的社会责任感，而且对我国环保产业，尤其是在固体废弃物处理处置领域做出了卓有成效的贡献。

机电院股份公司通过技术创新实践，在各类项目中，公司给予全面的技术支持。对于大型项目中的关键设备通过技术引进消化吸收或自主创新等进行设计，并在国内加工、制造，不但保证了技术的先进性和可靠性，并且大大降低了用户的成本，使用户的要求和意愿得到了最大限度的理解和满足，得到了各级机构和客户的高度认可和好评，在业内影响巨大。

公司凭借国际领先、国内一流的技术和装备，在危险废物处理领域，约为社会节约投资25亿元；污泥处理处置领域，约为社会节约投资4亿—5亿元；生活垃圾处理领域约为社会节约投资3亿—4亿元，期中仅呼市循环产业园生活垃圾焚烧项目就为社会节约投资约1亿元。

成果创造人：刘 莉 李 莹 赵金艳

构建集成产品开发平台　推进企业持续创新发展

北京机电院高技术股份有限公司

荣获第二十八届北京市企业管理现代化创新成果一等奖

北京机电院高技术股份有限公司（以下简称“机电院股份公司”）是北京市转制企业的成功典范，于2002年7月18日由北京京城机电控股有限责任公司、北京控股有限公司等共同发起成立股份制公司，注册资本13587.22万元。

机电院股份公司自成立以来，通过持续不断地完善法人治理结构，建立起现代企业管理制度，保障了公司的健康快速发展。从成立至今，机电院股份公司经营规模不断扩大，运营质量显著增强，经济效益持续提升，经济指标稳步增长，取得了令人瞩目的成绩。截止到2012年年底，共有职工592人，其中科技活动人员202人，资产总额122945万元，利润总额6348万元。

机电院股份公司以环保为主导产业，辅以物业经营产业模式。环保产业主要提供危险废物处理、医疗废物处理、生活垃圾处理、污泥处理、餐厨垃圾处理、生物环保技术、污水处理、资源再生利用、新能源9大类29个品种上百种规格的成套技术、设备和工程总承包，并进行运营管理、环境影响评价和环境监测等服务。

机电院股份公司科研实力雄厚，每年投入上年度销售收入的3%—5%作为技术创新资金。“十一五”期间，公司投入研发资金共计1.27亿元，主持制定4项国家标准，2项行业标准，承担6项国家科技攻关项目和9项市级科技开发项目，获得46项国家专利。2006年被认定为北京市企业技术中心，2009年获得北京市科委认定的“固体废物处理处置科技创新研发基地”，2010年成功获得国家环境保护部批复建立“国家环境保护污泥处置与资源化利用工程技术中心”。通过近几年的快速发展，机电院股份公司环保产品（装备）研制已经实现了从中小型向中大型、从单机向成套、从设备制造商向工程总承包商及项目集成与运营的转变。在固体废物处理方面已处于国内领先地位特别是在危险废物处置领域，国家规划的大型省级危废处理成套项目中，机电院股份公司占70%以上的市场份额，在业内享有“固废处置专家”的美誉，连年被评为国内“固废影响力企业”及“优秀工程技术公司”。

一、构建集成产品开发平台　推进企业持续创新发展背景

（一）经济全球一体化要求企业持续进行自主创新

当今社会，经济全球一体化程度逐渐加深，知识产权国际竞争越演越烈，企业要想在纷繁复杂的政治经济形势和激烈的竞争中立于不败地位，必须不断加强自主创新能力，依据市场变化，不断调整产品结构，提高技术水平，推陈出新。可以说，技术创新能力是企业持续发展的源泉，国内外优秀的企业都在不断尝试新的创新模式和方法。机电院股份公司从成立之处从未停止过改革步伐，尤其注重对研发管理创新方法的探索。

（二）节能减排，建设集约型社会的需求

我国经济持续高速增长，但粗放式的增长方式以牺牲环境为代价，当前我国环境污染已十分严重。我国已在“十二五”战略纲要中明确节能减排约束性指标，到2015年，节能服务总产值可突破3000亿元，产业废物循环利用市场空间巨大；城镇污水垃圾、脱硫脱硝设施建设投资超过8000亿元，环境服务总产值将达5000亿元。我国节能环保产业发展前景广阔，大型环保装备制造业迎来前所未有的发展契机。而企业归根结底的竞争力源于技术创新，这就对企业产品开发能力提出了更高的要求。

（三）机电院股份公司战略发展的需求

随着机电院股份公司在环保产业领域的不断开拓和布局发展，公司提出设备供应商、工程总承包商、运营服务商“三商合一”的发展模式。为适应经营模式的转变和快速发展，公司新产品的研发大多依托已签订合同的工程项目开展，更加突出了客户需求，成为“客户导向型”研发，由此对研发项目管理提出了更高的要求。且机电院股份公司一直秉承“市场引导，投资未来”的理念，视研发管理作为企业战略发展的首位，科研投入每年按照销售收入的3%—5%的比例计提，预计“十二五”期间投入研发资金约3.5亿—4亿元。为适应公司总体战略发展需求，研发战略不断调整，需要更加完善的研发模式进行支撑。

（四）企业自身的研发模式迫切需要转变

前些年，机电院股份公司一直采取事业部管理模式，各事业部各自为政，项目组多而分散。随着市场竞争的发展，这种产品开发模式显示出诸多弊端，如产品研发周期长、成本高、返工多、资源利用不集中等，已无法适应公司快速发展和大力投入的步伐。在这种情况下，公司原有的认为研发只是技术人员责任，一个个项目组单打独斗的产品开发模式迫切需要转变。

二、构建集成产品开发平台　推进企业持续创新发展的内涵及创新特点

（一）内涵

1. 吸收集成产品开发思想精髓，按照集成产品开发框架分别从市场管理、流程重组、产品重组三个方面着手，打破原有产品开发模式

在公司总体经营管理的指引下，借鉴“集成产品开发”先进管理思路，以构建集成产品开发平台为目标，由总工程师办公室牵头，组织建立跨部门研发团队，有效整合资源；加强在人、财、物、产、供、销等多层面相关职能部门，涉及危废、生活垃圾、污泥、餐厨垃圾等多类别环保细分产业事业部的沟通协调；加强技术和决策评审，完善奖励、考核机制，确保研发项目的顺利实施，成功开辟了新的产品开发模式和方法，取得明显成效。

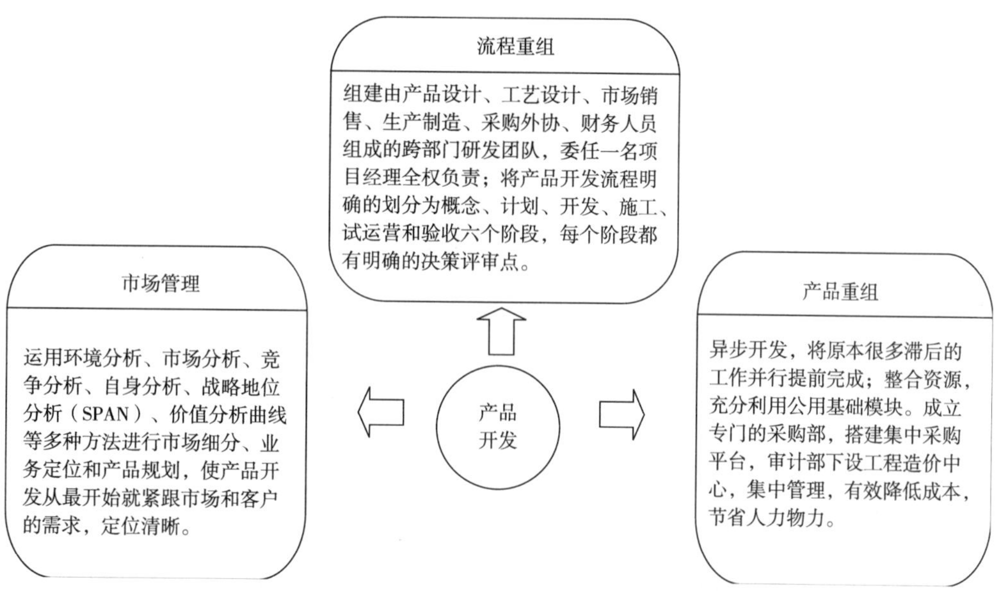

图1　机电院股份公司集成产品开发框架图

2. 集中优势力量，构建全方位、多层次的集成产品开发平台

2012年12月12日，挂靠在我公司的京城中央研究院环保分院正式挂牌成立。环保分院的成立旨在加强京城控股公司环保产业板块建设，集中整合控股公司环保优势力量，打造国内一流并具有国际影响力的大型环保上市公司。

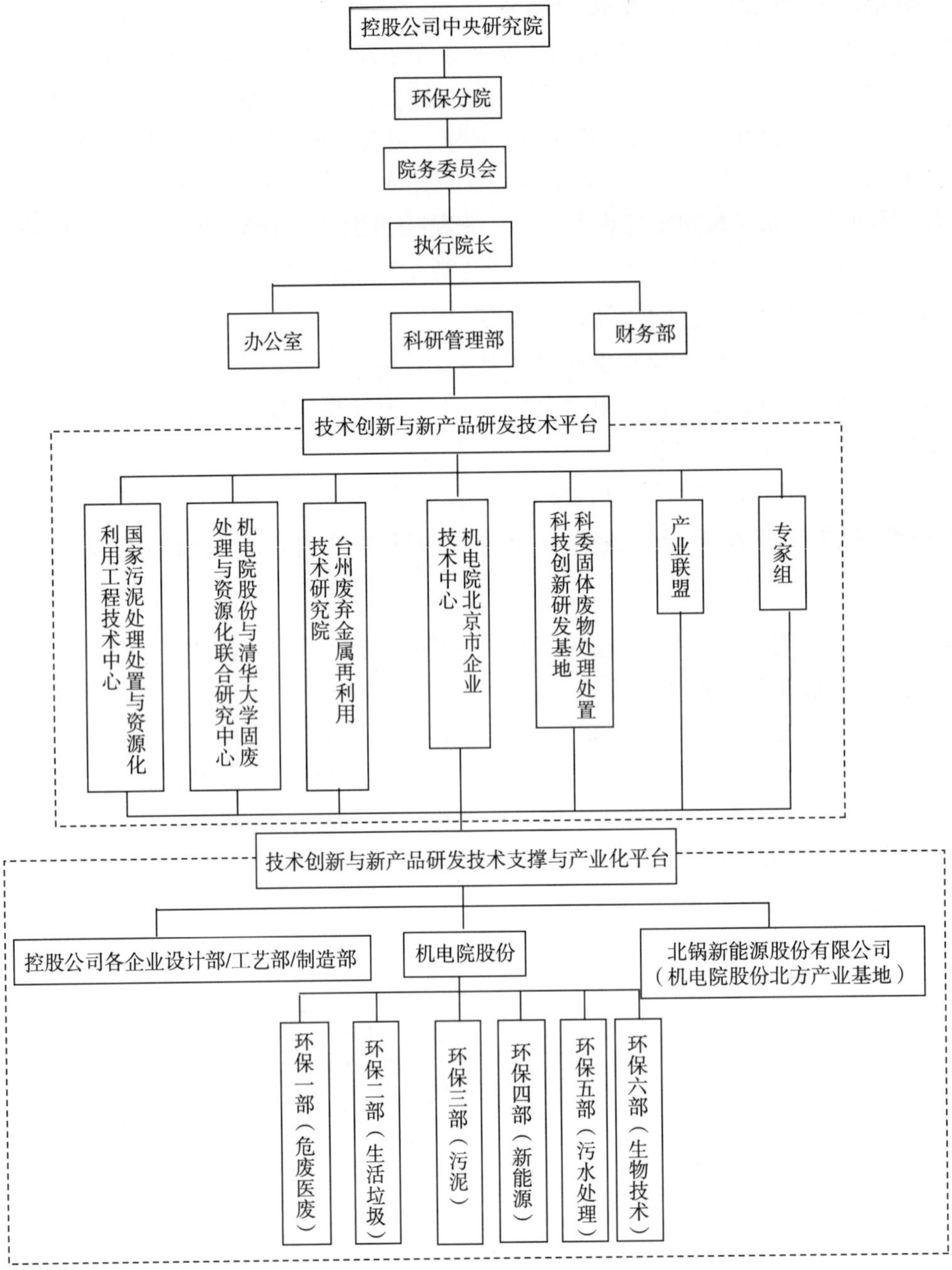

图2　机电院股份公司集成产品开发平台

环保分院设院务委员会、执行院长、办公室、科研管理部、财务部，包含两个重要的“平台”：一是技术创新与新产品研发技术平台，采用开放式、集成式研发平台模式，包括控股公司内的企业或国家技术中心/研究所、产学研联合技术研发实体；外部委托研发实体。在项目研发过程中打破封闭、隔离式研发，在控股公司内外形成网络化的研发体系；二是技术创新与新产品研发技术支撑与产业化平台（工程技术设计与产业化制造平台），不限于环保分院所涵盖的各设计和制造体系，扩大到控股公司各企业设计部/工艺部/制造部组成，为此既可加快推进新技术和新产品的产业化，又可拉动控股公司相关企业的发展。

（二）创新特点

1. 将产品开发作为公司投资决策行为，重视市场和竞争分析，市场定位清晰，避免盲目开发造成资源浪费；

2. 建立了职能领域健全、高效协同的跨部门研发团队，缩短研发周期；

通过整合资源，建立公用基础模块，提高了研发效率；

4. 建立了明确的技术和决策评审机制，并辅以项目效益考核方式加强贯彻执行；

5. 在集成产品开发模式的基础上又通过集中优势力量构建集成产品开发平台，进一步加强了成果转化实施能力，形成网状研发体系。

三、构建集成产品开发平台　推进企业持续创新发展的主要做法

（一）从市场管理角度，紧跟客户需求，做基于市场的研发

机电院股份公司具有明确的战略定位和愿景规划。公司设有市场部、国际部及专门的营销团队，另有投资管理中心、上市办，这些员工包括其他部门接触市场一线的人员遵从公司的整体战略规划，及时、充分搜集和反馈市场讯息。运用环境分析（PETS法）、市场分析（市场、客户、销售渠道等）、竞争分析（波特竞争力模型）、自身分析（SWOT分析）、战略地位分析（SPAN）、价值分析曲线等多种方法进行市场细分、业务定位和产品规划，使产品开发从最开始就紧跟市场和客户的需求，定位清晰，避免因闭门造车、盲目开发造成的资源浪费。

（二）大力举办培训，加强“集成产品开发”思想的全员意识

机电院股份公司按照控股公司总体战略要求及自身战略发展规划，近几年来，一直在对集成产品开发这种优秀的产品开发模式进行学习并进行建设准备工作。2012年5月，公司又委派代表参加由京城控股公司举办的“IPD集成产品开发”课程培训。主讲人为具有多年资深研发管理经验的“华成研发管理咨询有限公司”的高级讲师，课程从“IPD概述”、“IPD模式下市场如何驱动研发”、“IPD的组织与团队”、“IPD的产品开发流程”、“IPD的业务决策与技术评审”和“IPD的实施与优化”几个方面详细剖析了集成产品开发的思想精髓、构建要素等核心问题，为企业实际操作提供了很好的指导。培训人员回公司后又策划举办了全公司范围的推广培训和宣传，反复强调产品开发是公司决策行为，与每个人都息息相关。这种全员强化意识氛围的培养，对于在公司内部推行集成产品开发起到重要作用。

（三）建立适应集成产品开发管理的组织模式

公司董事会高管为公司管理决策层，负责为公司产品开发模式的变革保驾护航，接受项目经理对项目执行情况的汇报，决定产品和项目的投资策略。

成立由产品设计、工艺设计、工程、质量保证、市场销售、生产制造、采购外协、财务人员组成的跨部门产品开发团队。委任一位公司授权的具有发配指令、调动资源、统筹协调等领导权力的项目经理。项目经理负责建立、领导和管理整个PDT团队，将项目职责分配到PDT核心组成员个人，管理和带领整个团队完成项目交付；项目经理还要负责从公司管理层获得承诺，确保所需资源到位，及时向公司管理决策层提供项目的进展情况。核心小组成员负责解决本职能领域的问题，共同负责小组的最终结果，并在对计划、预算、关键问题等进展情况向项目经理汇报。外围小组即各职能部门负责协同核心小组完成项目交付，在各自职能领域内对核心小组提供支持。

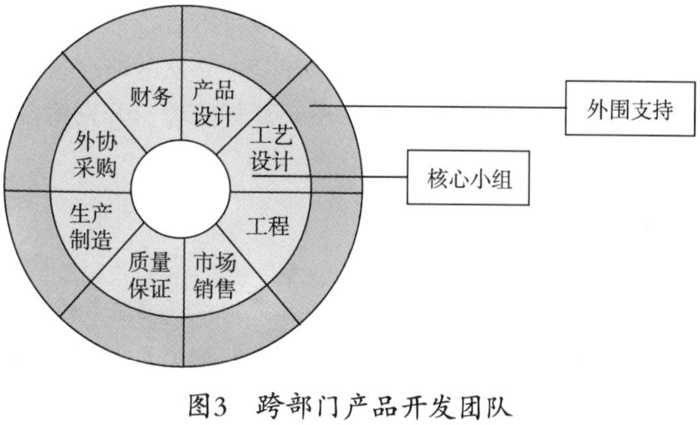

图3　跨部门产品开发团队

（四）建立使用研发项目管理平台

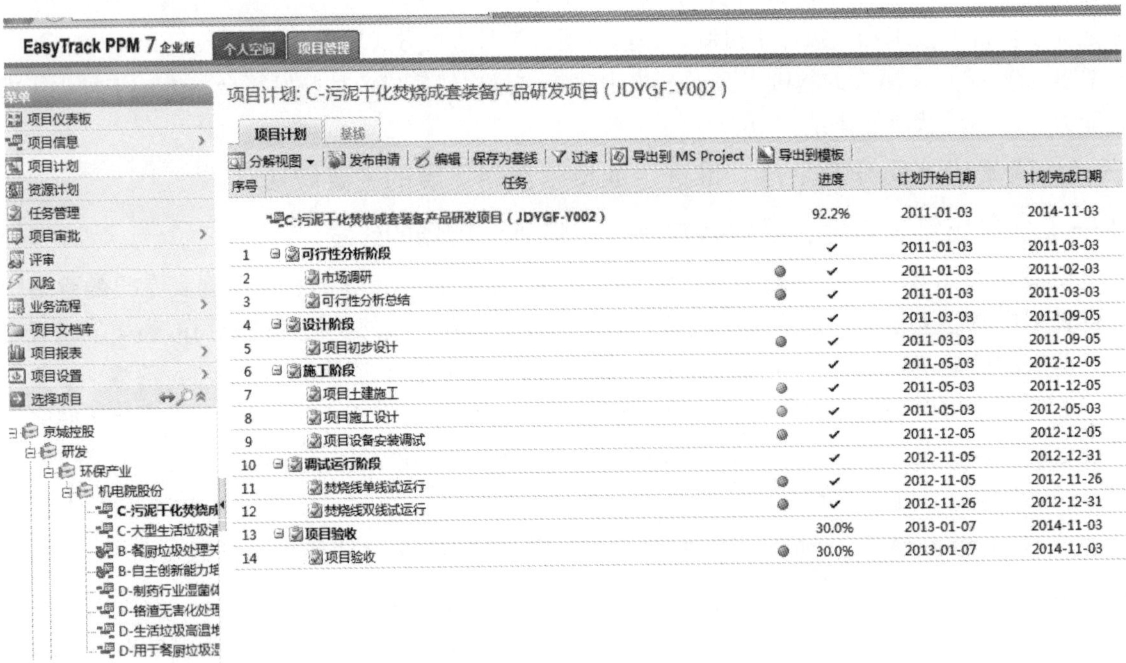

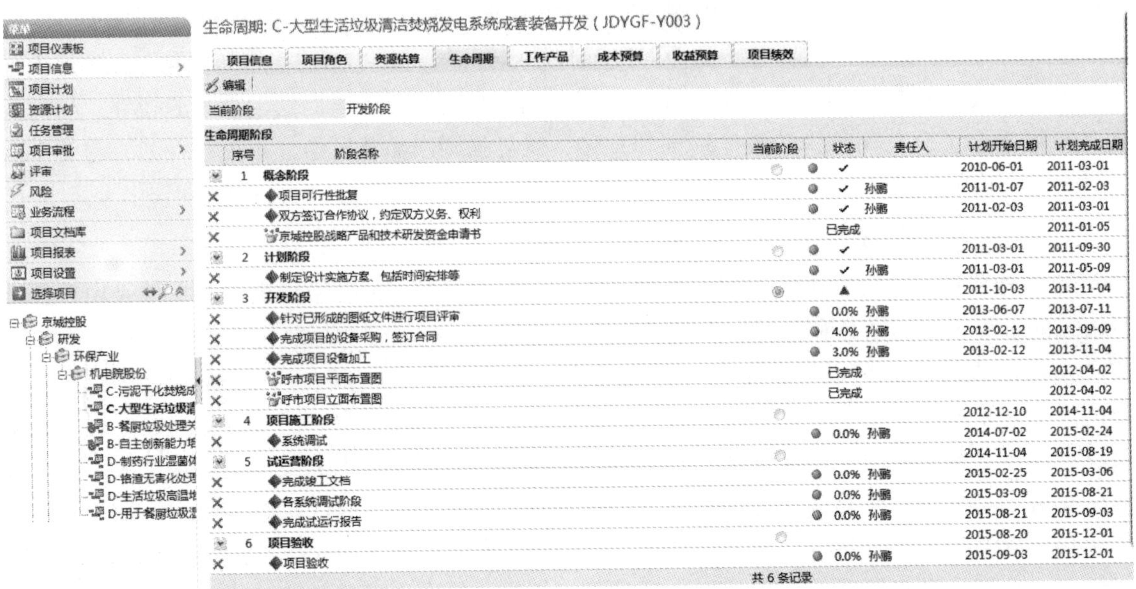

机电院股份公司应用京城控股公司基于集成开发理念引进的项目管理平台，项目管理菜单下设项目仪表板、项目信息、项目计划、资源计划、任务管理、项目审批、评审、风险、业务流程、项目文档库、项目报表、项目设置多项内容。项目平台的核心思想是主要从战略、技术、资源、经济和风险五个关键要素来控制项目进展，将项目明确划分为概念阶段、计划阶段、开发阶段、项目施工阶段、试运营阶段和项目验收六个阶段，每个阶段都有明确的决策评审点。

（五）加强业务决策与技术评审

1. 适时进行技术评审

为了及时发现设计中欠考虑的方面及其原因，使产品项目的选择、问题和错误尽早明朗化，避免下游阶段对前期隐藏的缺陷无法纠正或者被迫耗费巨大的人力、物力和时间才能纠正；评估设计成熟度，明确设计中存在的风险，根据评审结论可以采取相应的风险规避措施或其他具体行动，一般视不同的项目设立3—5个技术评审点。

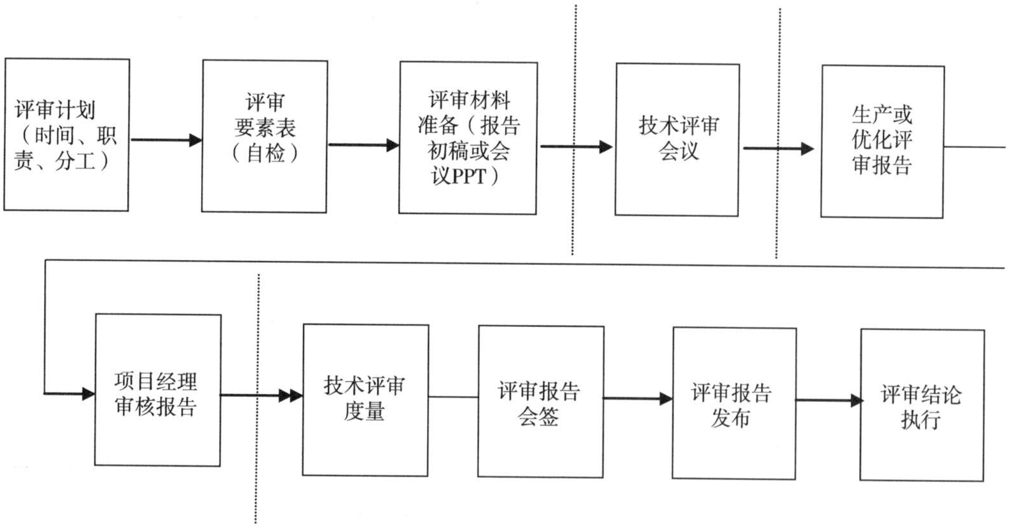

图4　技术评审的一般过程

技术评审会议由总师办组织召开，参会人为项目经理、PDT核心组成员、公司科学技术委员会委员及外聘行业技术专家。评审责任人应按评审计划提前准备评审材料，评审前先把评审资料和评审要素表提前发给各评审成员，给评审成员以足够的思考时间。

表1　技术评审表（设计和工艺）

结合报告回答问题，并对报告内容提出修改建议

本项目的关键技术是什么？并就报告中的（技术需求和对策）有关内容提出改进建议。	
项目组人员已经掌握哪些关键设计技术？并就报告中的（设计人员安排）有关内容提出改进建议。	
项目组人员已经掌握哪些工艺诀窍？并就报告中的（工艺人员安排）有关内容提出改进建议。	
其他有关建议	

主要指标建议：

指标名称	报告预计	本人建议
项目起止日期		
专利数量/性质（如发明）		
项目预算		

评审人员签字：

评审日期：

表 2　技术评审表（技术负责人）

结合报告回答问题，并对报告内容提出修改建议

项目的战略意义是什么？并就报告中的（产品策略一致性）有关内容提出改进建议。	
项目产品相对于竞争对手的主要优势是什么？本产品的卖点是什么？并就报告中的（竞争分析）有关内容提出改进建议。	
产品设计成本预计是多少？并就报告中的（自制外购策略）和（产品设计料本）有关内容提出改进建议。	
本项目主要解决哪些关键技术问题？这些技术问题对产品性能或设计成本有怎样的影响？并结合报告中（技术需求和对策）（自制外购策略）的有关内容提出改进建议。	
项目组人员已经掌握哪些关键设计技术和工艺技术？并就报告中的（项目组成员安排）有关内容提出改进建议。	
如何规避法规、标准和知识产权方面的风险？并就报告中（自主知识产权取得和保护策略）的有关内容提出改进建议。	
关键技术中，需要开发的新技术占有怎样的比重？并对（设计质量控制）提出建议。	
项目的主要风险有哪些？并就报告中的（风险评估和风险管理）有关内容提出改进建议。	

其他建议

指标承诺

年度					
项目各年度研发投入（万元）	报告预计				
	本人建议				

指标名称	报告预计	本人建议
项目起止日期		
主要技术指标		
专利数量 / 性质（如：发明）		
设计成本（万元）		

评审人员签字：

评审日期：

表 3　技术评审表（采购代表）

结合报告回答问题，并对报告内容提出修改建议

关键的采购件有哪些？并提出（采购计划）有关建议。	
采购周期最长的是哪些采购件？需要多长时间？并就报告中（项目计划）的有关内容提出改进建议。	
成本最高的是哪些采购件？价格是多少？并就报告中（设计成本）的有关内容提出改进建议。	
其他有关采购方面的建议？	

主要指标建议：

指标名称	报告预计	本人建议
项目起止日期		
项目预算		

评审人员签字：

评审日期：

表 4　技术评审表（销售代表）

结合报告回答问题，并对报告内容提出修改建议

项目的战略目的是什么？并就报告中（产品策略一致性）的有关内容提出改进建议。	
您认为未来五年该行业每年的市场增长率能达到多少？并就报告中（市场分析）的有关内容提出改进建议。	
公司项目产品哪些方面会比竞争对手更加吸引客户？并就报告中（竞争分析）的有关内容提出改进建议。	
确保项目取得市场成功的营销措施是什么？并就报告中（产品策略）和（市场计划）的有关内容提出改进建议。	
在该项目上准备如何配置营销资源？并对（营销资源）提出建议。	
项目的市场定位是怎样的？并对报告中的（目标市场选择）的有关内容提出改进建议。	
项目初期如何保证售后服务？并就报告中（用户服务策略）的有关内容提出改进建议。	
项目的主要风险有哪些？并就报告中（风险评估和风险管理）的有关内容提出改进建议。	
其他有关采购方面的建议？	

指标建议：至少预测三个年度，且必须包含初始销售年和达产年

年度						
销量	报告预测					
	本人建议					
销售额（万元）	报告预测					
	本人建议					
市场占有率	报告预测					
	本人建议					
产品定价（万元）	报告预测					
	本人建议					
建议的上市时间						

评审人员签字：

评审日期

表 5 技术评审表（财务代表）

结合报告回答问题，并对报告内容提出修改建议

项目的总预算是多少？并就报告中（项目预算）的有关内容提出改进建议。	
产品的设计成本是多少？并就报告中（产品设计料本）的有关内容提出改进建议。	
分摊的制造费用情况？并就报告中（制造费用）的有关内容提出改进建议。	
分摊的三项费用情况？并就报告中（三项费用）的有关内容提出改进建议。	
产品的售价情况？并就报告中（产品定价）的有关内容提出改进建议。	
产品的盈亏平衡点是多少？并就报告中（收益预测）的有关内容提出改进建议。	
其他有关采购方面的建议？	

指标建议：至少预测三个年度，且必须包含初始销售年和达产年

年度						
产品各年毛利率	报告预测					
	本人建议					

评审人员签字：

评审日期：

经过技术评审，最终形成评审报告，经会签发布后执行评审结论。

2. 加强业务决策评审

公司董事会高管为公司管理决策层，负责为公司产品开发模式的变革保驾护航，接受项目经理对项目执行情况的汇报，决定产品和项目的投资策略。产品开发流程中，在每个决策评审点上产品开发团队需要准备特定的材料来为公司管理决策层提供必要的信息使之做出明确的决策：立项、实施或者终止。

表 6　决策评审要素细化指标

	立项	实施	终止
战略高度	符合股东方及机电院股份的技术创新战略	与股东方及机电院股份战略的符合性	不符合股东方及机电院股份战略
经济效益	市场需求分析、市场营销战略 市场成长性、预期的市场份额 所属技术领域技术经济的竞争地位 预期的经济效益与投资收益率 经费预算	费用是否符合计划安排 下一阶段资金需求与预算	投资回报低 开发费用高
技术水平	项目研究的技术关键及技术创新点 主要技术指标和主要参数的确定性 预期可形成的自主知识产权及成果 研究方案或技术路线的可行性 组织实施方式的完整性和有效性 各阶段任务明确、计划进度安排合理	项目中期检查 阶段性成果与目标的吻合度 项目进展与计划的一致性 技术路线执行情况 关键技术解决的合理性 检验/实验记录完整的性及准确性	实现技术目标的可能性小 存在不能解决的技术问题 涉及专利保护纠纷 市场变化，前景差 形成产品技术的可能性小
资源配置	项目组具有相关知识、经历与管理能力 相关设备、材料到位 成员专业结构合理	人员的变动情况 材料、设备的供应 沟通与协调的渠道	人员变动，不具备继续的能力 设备、材料无法得到 其他项目对资源有优先权
风险预测	技术的难度与复杂性 预期技术的先进性与商业价值 现有相关技术的成熟度 市场风险的预期分析	新的市场变化对项目的影响 与目标市场的沟通情况 获得类似技术的难度	对其他研发有负面影响

（六）探索建立对研发技术人员的激励和考评机制

企业的持续创新离不开得力的研发技术团队，而研发团队战斗力的长久保持和开发离不开人力资源的科学绩效考核和适时适地的激励机制。建立对研发技术人员的激励和考评机制也是IPD的关键要素之一，但在实际操作中，研发系统的人力资源管理已成为各级管理者最为头疼的问题，机电院股份公司也一直在探索和改进行之有效的激励和考核方法。

1. 开展以业务技能培训为主要内容的多形式、多层次的人员培训工作。为鼓励专业技术人员积极提高职称水平和职业技能，对于取得国家认可的中高级职称证书和技术等级证书的专业技术人员，机电院股份在报销评审费的基础上，按照等级的不同给予一次性奖励；对于获得机电院股份需要的职业资格证书的员工，机电院股份给予额外奖励。

2. 通过与欧洲SEILER公司、日本东京工业大学、日本月岛、日本荏原公司、澳大利亚For Earth公司、美国GET公司等国外优秀科技公司合作和与国内高校共同建立联合实验室，有效地利用国际和国内社会资源，培养和锻炼高层次人才队伍，促进机电院股份整体科研水平和创新能力的不断提高。

3. 建立以能力为导向，以岗位职责为基础，以绩效考评为核心的人力资源评价指标体系，科学合理地选拔、使用、管理人才。机电院股份实行绩效考评机制，按照上级、同级、下属之间多层次、多方位的综合考评，形成客观、真实、有效的人才评价机制，确保人才队伍的精干、高效；并严格按照考评结果兑现奖金，根据公司《薪酬管理办法》调整工资。

4. 2009年中关村国家自主创新示范区股权激励改革试点工作组将机电院股份公司列为中关村国家自主创新示范区首批股权与分红权激励试点单位，并批复了我公司《股权与分红权激励方案》，公司制定了相应的《股权与分红权激励实施细则》，以向核心的科技人员倾斜、建立长效的激励约束机制和提升公司自主创新能力为原则，健全公司自主创新和科技成果转化的激励与分配机制。

5. 根据公司《科研奖励办法》及实施细则，每一年度对上一年度在科技创新工作中做出突出贡献的项目组和个人实施奖励。

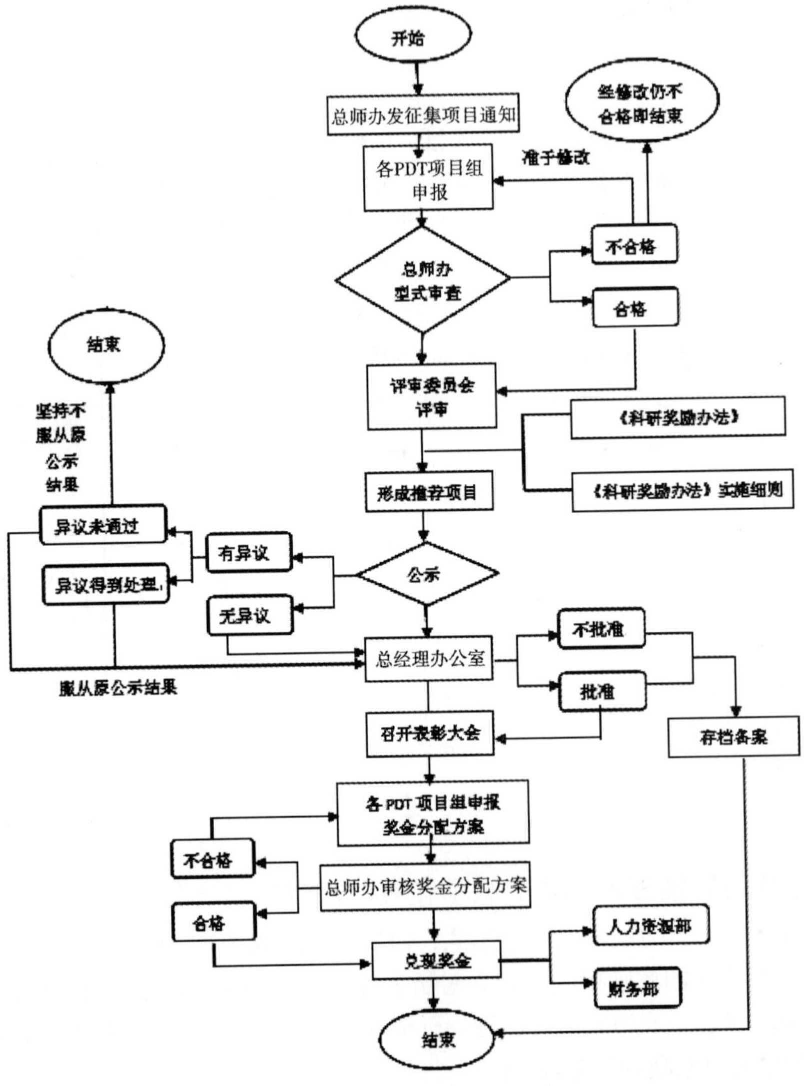

图5　公司年度科技奖励评审流程图

（七）整合资源，充分利用公用基础模块。

机电院股份公司以前采取的是事业部管理模式，各个事业部自己承揽工程。引进IPD思想后，公司成立了专门的采购部，搭建集中采购平台，审计部下设工程造价中心，集中管理，有效降低了成本，节省了人力、物力。公司还设有档案室，技术资料均有留存备案，不会随着公司人员的流动造成技术成果流失。

（八）全面集成优势力量，促进集成产品开发平台构建

通过上述一系列举措最终实现了技术创新与新产品研发技术平台和技术创新与新产品研发技术支撑与产业化平台的全面建立。

建立开放式研发平台模式：（1）联合并充分利用控股公司内部技术资源优势，共同开发和产业化转化；（2）与外部大学/研究院建立联合技术研发实体，加强前沿技术和新领域技术的开发，支持新市场的开拓；（3）支持和利用国家工程技术中心与重点实验室建设，占领行业技术高点，建立市场优势；（4）建立专家组，聘请行业内专家，专兼结合（但要有一定专职专家），重点立项项目必须有专家参与开发工作，在控股公司内推行教授级高工带项目的要求。通过以上措施使技术创新与新产品研发技术平台由虚变实，使技术创新与新产品研发技术平台能发挥其作用。

技术创新与新产品研发及产业化离不开工程和设备的先进设计技术与先进制造工艺和制造技术的支持，而先进制造业又是控股公司各企业的优势，主要依托控股公司，建立技术创新与新产品研发技术支撑与产业化平台，在控股公司内形成协同作业网络（尤其是关键零部件的制造和整机调试应在内部协同完成），有利于使技术创新与新产品更快地向产业化转化（对产业化转化好的项目应将项目科研贷款转成科研拨款）。通过研发平台的全面构建，进一步推动公司整体科研实力全面上升。

四、构建集成产品开发平台　推进企业持续创新发展的效果

集成产品开发经过许多国际国内优秀公司实践证明是一套成功的产品开发的模式、理念与方法。机电院股份公司通过探索集成产品开发模式和方法并最终构建集成产品开发平台，在一定程度上扭转了过去产品开发与市场需求脱节、产品开发周期过长、资源利用不集中等弊端，使产品开发跟上了企业大力投入和快速转型发展的步伐。为机电院股份公司成功完成产业调整，逐步实现设备提供从中小型环保设备向中大型设备、从单一设备向成套设备、从环保设备制造向开展工程总包和环保投资运营的转变；在环保业务领域拓展方面，逐渐完成从单一的危废处理领域向生活垃圾、污泥、餐厨垃圾、再生资源利用细分领域扩展，环保产业快速发展奠定了良好的基础。

（一）经济效益

课题实施三年来，资源得以有效整合，产品开发贴近市场需求，研发周期缩短，大型环保装备的研发取得了较大进展，进一步提升并巩固了在危废及医废处理领域的优势地位，助力公司实现了在生活垃圾、污泥、餐厨垃圾等领域的突破发展。

3年来，公司与十五冶对外工程公司、甘肃省金昌市、延边州政府签订了《战略合作框架协议》。在现有吉林危废、包头危废、贵阳危废、衡阳危废集中处理项目等十几个省级危废项目基础上又成功中标太远项目及包头韩庆坝地区铬渣治理工程总承包工程，持续巩固危废市场。在生活垃圾处理领域，公司在中标南宫堆肥厂技术改造项目后又中标顺义非正规垃圾治理项目，向生活垃圾全产业链迈进；在餐厨垃圾处理领域也实现重大突破，签订宁夏银川市餐厨垃圾处理工程。在污泥处理处置领域，温州项目是全国第二个完成招投标的市政污泥干化焚烧项目，但却是全国首例完成热态试运行的污泥干化焚烧项目，2012年12月，该项目顺利通过240小时试运行；呼和浩特市污泥水热干化示范项目入选“国家第一批城镇污水处理厂污泥处理处置示范工程项目”名单。3年来，在主营环保产业领域累计实现销售收入179262 万元，取得利润 18335万元。

（二）社会效益

机电院股份公司开展的构建集成产品开发平台课题的实施，促进了企业经济效益的不断提高，同时

总结了一套适用于企业自身发展的新的产品开发模式和方法，不仅提升了企业自身科技创新管理水平，对同行业企业也起到一定的启发和借鉴作用，产生了一定的社会效益。

1. 集成产品开发相较传统产品开发模式而言，具有如下优势：有效整合了产品开发相关环节资源，形成统一团队；建立了严格的产品研发审议监督机制，避免盲目立项、盲目开发；打通了研发过程环节，形成产品研发过程中消息传递通道和机制，形成产品需求以及问题的高效反馈和跟踪机制，能够使产品项目的选择、问题和错误尽早明朗化，避免下游阶段对前期隐藏的缺陷无法纠正或者被迫耗费巨大的人力、物力和时间才能纠正；真正形成了市场驱动，项目效益考核机制；为公司财务提供决策依据，使公司能够准确地把握成本投入与效益产出。机电院股份公司通过初步建立集成产品开发模式，取得了一定效果，主要体现在产品研发周期缩短，研发费用占比降低，客户满意度更高。公司准备继续加大投入，不断规范、推进和改进这种先进的产品开发模式；经过实践，该模式可以广泛推广给同行业公司，为社会集约资源，降低成本，提供更为优质的产品和服务。

2. 通过全面构建集成产品开发平台，集合了控股公司优势力量，公司对外辐射能力更为强劲，成果转化实施能力得以全面提高。

3. 通过课题成果的实施，促进企业运营方式实现成功转变，完成了从单一、中小型设备制造到提供成套、中大型设备及工程总包和环保投资运营的转变；环保产业领域的拓展，实现了从单一的危废到生活垃圾、污泥、餐厨垃圾、金属拆解的全产业链扩展，为社会提供一流的环保解决方案，实现自身业务发展的同时履行了企业社会责任，承建的大型环保工程项目，为当地社会解决了部分就业问题。

4. 通过课题成果的实施，助推企业影响力不断扩大。公司连年被评为“固废影响力企业”及“优秀工程技术公司”，2012年又与清华大学环境学院联合成立《固体废物热处理与资源化技术联合研究中心》，被中国环保机械行业协会、中国环境保护产业协会联合认定为第一批环保装备专精特新企业，推动了国内相关行业的良性发展，为建立良好的市场竞争秩序做出了贡献。

成果创造人：于淑芬　芦金旗　孙　鹂　赵国满

提升安全水平和服务质量的运营积分管控体系建设

北京市地铁运营有限公司

荣获第二十八届北京市企业管理现代化创新成果一等奖

北京市地铁运营有限公司是国有独资企业，是承担北京市轨道交通线路经营管理的专业公司，隶属北京市国资委。具体负责对受托的地铁线路进行运营管理及广告、商贸等经营活动，统一管理受托地铁线路的指挥调度系统。公司内部按专业分工实行专业化管理，拥有车辆、供电、通信信号、机电、线路、建筑等专业公司和4个运营分公司及相应的专业职能部门。这些专业公司和部门全面覆盖并满足了地铁运营、维修和增值服务三大运营业务的需要。

北京地铁始建于20世纪60年代，已运营40年。目前，北京地铁公司管辖运营线路14条（1号线、2号线、5号线、6号线、8号线、9号线、10号线、13号线、15号线、八通线、昌平线、机场线、房山线和亦庄线），线路总长393公里，车站229座。

北京地铁公司始终坚持以邓小平理论和“三个代表”重要思想为指导，深入贯彻落实科学发展观，按照“四个服务”和“人文北京、科技北京、绿色北京”的要求，牢牢把握科学发展这个主题，牢牢把握加快转变经济发展方式这条主线，牢牢把握可以大有作为的重要战略机遇，坚持“安全是基础、服务是根本、效益是目标、管理是手段、改革是动力”的工作方针，着力提高安全、服务和效益水平，着力提升运输能力和客运量，着力发挥地铁在城市可持续发展中的重要战略作用，促进首都经济社会又好又快发展，为建设“繁荣、文明、和谐、宜居”的首善之区和世界城市做出更大贡献。

一、提升安全水平和服务质量的运营积分管控体系建设的背景

北京轨道交通“十二五”建设规划，确立了轨道交通在城市公共客运系统中的骨干地位，明确要加快轨道交通新线建设，扩大线网规模，增加中心城线网密度，2015年的运营里程将达到660公里，日均客运量1200万人次。北京地铁面临难得的发展机遇，同时也有着不容低估的风险挑战。

（一）企业发展面临的外部挑战

1. 世界城市的高标准带来的挑战

瞄准世界城市目标，加快建设“人文北京、科技北京、绿色北京”，对北京地铁提出了更高的标准和要求。一方面，企业必将按照刘淇书记关于“向世界一流城市学习，提高落后指标，保持先进指标”的要求，与世界地铁的先进水平对标，把北京地铁建设成为世界一流地铁，这是世界城市的必然要求。另一方面，随着人文北京、科技北京、绿色北京和世界城市建设的提速，作为首都北京重要窗口的北京地铁，不仅要紧跟世界城市的建设步伐，快速提高地铁的运营管理和服务水平，建设“六型地铁”，而且应该走在各行各业的前列，率先实现世界一流的目标。

2. 首都安全稳定的特殊要求带来的挑战

“首都的稳定关系全国稳定，关乎国家形象，确保安全稳定始终是首都工作的重中之重”。地铁作为维系首都正常运转的重要交通设施，其安全运营是首都安全稳定工作的重中之重，必须确保地铁平安。然而，地铁是一个庞大复杂的系统，其安全是相对的，不是绝对的，特别是网络化运营，大客流冲击、各种社会矛盾和恐怖活动威胁，又给地铁安全运营增添了新的难度。“平安地铁”就是要求北京地铁以最高的工作标准，挑战安全极限。

3. 大客流冲击带来的挑战

随着首都经济社会又好又快发展，市民的出行需求也将大幅度增长。地铁对客流的吸引力将随着线

网规模的扩大而显著增强，既有线的客流负荷也将随之增大。特别是绿色北京和绿色交通必将改变政策环境和人文环境，使地铁分担更大的市民出行比例。北京地铁必须以高效的管理、优质的服务应对客流的继续增长，建设世界一流水平的高效地铁。

（二）企业发展面临的内部挑战

1. 企业新管理体制带来的挑战

为适应线网规模不断扩大和网络化运输的需要，按照公司集团化和内部市场化的基本思路，地铁公司启动了内部管理体制和运行机制的改革调整。在公司内设立若干个从事车务和站务的客运分公司（运营服务商）、设立从事供电、通信信号、线路、机电、建筑维修和车辆大修的专业维修分公司或子公司（维修服务商）和若干个从事资源开发经营的子公司（增值服务商），各单位均为独立核算的经营实体或主体。在车站管理上，取消原有的自然站管理模式，按照工作量均衡、管理幅面趋于一致、地理位置相对集中、便于客运组织等因素，实施站区管理。新的管理体制要求企业创新管理方法，推行精细化管理，加强对基层单位的安全管控，强化责任发掘新机制的潜能，确保安全运营和服务质量，打造适应大规模网络化运营需要的业务管理平台，为公司后续发展蓄积力量。

2. 网络化安全管控体系需要进一步完善

运营线网的快速扩大、改革改制后管理模式的变化，对集团安全管控的责任体系和实施分级管理提出了新的要求。集团、分公司和基层车间班组的安全责任体系需要进一步明确、管理制度的针对性和有效性需要加强、日常措施的落实效果需要及时反馈，以提升整体安全管控水平。

这些内外部挑战要求北京地铁必须以运营需求为导向，以为乘客提供周到满意的服务为目标，从运营情况、维修质量、服务设施等方面加大服务过程管控力度，通过细化、量化指标加强运营服务基层管理，以此进一步提升安全管控能力和运营服务水平，不断创新管理理念，适应内外部环境变化和发展的要求。

二、提升安全水平和服务质量的运营积分管控体系建设的内涵

运营积分管控体系是以提升安全水平和服务质量为目的，以积分的方式对各单位运营生产情况进行量化统计和对比的一套较为全面的管控体系。

它通过建立公司级、分公司级两级安全服务生产积分管控体系，选取列车运行指标、车站服务指标和设备设施可靠性指标等影响运营安全和服务质量的关键性生产指标，以每日全路网的安全运营生产数据为基础，以季度为单位进行累计计算，对各个单位进行积分评判和考核管理。从而达到安全运营生产情况以积分的方式进行量化统计和对比，客观地反映各单位管辖线路的运营生产情况和服务质量。

运营积分管控体系有效地将精细化管理理念、压力传递理念和持续改进理念“三大理念”融入日常的运营管理中。实现了安全生产和优质服务的压力传递，为各分公司分解落实企业目标任务提供了有效管理手段，实现了由定性管理向定量管理的转变，提高了基层单位的安全管控能力和岗位精细化管理水平，促进了管理者不断提高管理水平，员工安全意识、服务意识和责任意识观念逐步增强，激励约束机制作用初步显现，为实现公司安全运营生产目标发挥了积极作用。同时也开创了轨道交通运输行业安全运营积分管控体系的先河，对轨道交通运营行业的安全生产管理有着切实可行的参考意义。

三、提升安全水平和服务质量的运营积分管控体系建设的做法

（一）统一思想认识，创新管理理念

2012年地铁公司牢牢把握“稳中求进”的总基调，创新管理理念，将精细化管理理念、压力传递理念和持续改进理念“三大理念”融入日常的运营管理中，推行以提升安全水平和服务质量为目标的运营积分管控体系，进一步提高企业安全管控和服务水平。

1. 精细化管理理念

实施运营积分管控体系，旨在实现由定性管理向定量管理的转变。通过科学设置绩效指标体系，确定具体、明确的量化标准，建立全方位、全过程的考评体系，做到每个管理者、每个班组和每个员工头

上都有指标，每件工作都有人落实，使管理的每一个细节做到数据化、精确化，实现考核有标准，奖惩有依据，最终使整个管理过程达到可控、在控、能控。

2. 压力传递理念

在全公司推行自上而下的不同层级的运营生产积分指标管理，通过指标分解将企业运营目标落实到团队和个人，形成“千斤重担人人挑，人人肩上有指标”的压力传递机制。实施运营生产积分考核办法，对安全运营和服务指标完成情况进行量化分解，将安全生产和优质服务工作目标落实到每一个管理者、每一名员工，促进管理者不断提高管理水平、员工不断提高安全意识和责任意识，从而实现地铁安全稳定运营。

3. 持续改进理念

通过选取关键性的运营生产指标，并以公平公正的计算和考核办法，客观评价各基层单位的运营情况，发现影响地铁运营安全和服务质量的问题。公司按照一定的周期进行对各单位积分得分情况进行公布，并按阶段对各单位积分进行累计排名，召开积分管理经验交流会，通过有效的面谈和沟通，督促各基层单位管理者从细从严加强管理，提出解决办法，制定改进措施，强化过程控制与目标管理相结合，促进运营生产情况的持续改进。

（二）运营积分管控的组织体系

为了更好地实现“三大理念”，地铁公司建立了公司级、分公司级两级运营积分管控组织体系，进行积分计算、评判和考核管理。以公司级为例，该组织体系包含四大组织：管控对象组、积分计算组、积分评判组和积分考核组。具体组织和职责如下：

1. 管控对象组：包括各分公司管辖的项目部、中心和车站站区，这些基层单位是运营生产一线的直接管理单位，为积分管控对象。目前共有运营一分公司、运营二分公司、运营三分公司、运营四分公司、通号公司、机电公司、供电公司、线路公司和建安公司九个单位共计12个乘务中心、13个检修中心、1个车务中心、36个车站站区、40个设备项目部（分属5个专业）。

2. 积分计算组：积分计算和记录主体设在地铁公司调度指挥中心，各分公司的积分计算和记录主体设在各分公司生产调度室，共9个部门。各分公司积分计算部门依据每日运营生产情况统计表对各类运营生产事件进行积分责任划分，按周上报调度指挥中心，最后由调度指挥中心对各单位上报的数据进行核定汇总。

3. 积分评判组：为地铁公司与运营相关的职能部室，包括车辆部、设备部、客运营销部、安全监察室、房产部。该组的职能为当运营生产事件涉及两个及以上单位时，由相关职能部室负责事件的责任积分判定。涉及分公司内部不同专业的责任判定由分公司相关职能部室自行调查划分。

4. 积分考核组：地铁公司主管运营生产的主要领导，以及与运营相关的职能部室，包括车辆部、设备部、客运营销部、安全监察室、房产部。该组的职责为根据积分阶段排名情况，按照考核办法对相关单位进行奖励和考核。

运营积分管控组织体系如图1所示：

（三）运营指标积分计算方法

1. 构建多维指标积分体系

地铁公司每日统计运营线运营生产情况，根据积分管控理念，选取了与运营生产安全、服务质量直接相关的三大类关键性指标（列车运行指标、车站服务指标、和设备设施可靠性指标）进行积分计算。具体如下：

（1）列车运行指标：该类指标为运营线列车停运、晚点和清人情况，直接反映了运营线列车的安全运行情况和为乘客提供准点服务的情况。包括停运列车数、5分钟以上晚点列车数、1分钟以上晚点列车数、清人列车数；

（2）车站服务指标：该类指标为车站服务情况，直接反映车站人员为乘客提供客运服务的好坏。包括车站人员被投诉情况、车站卫生和卫生间设施达标情况；

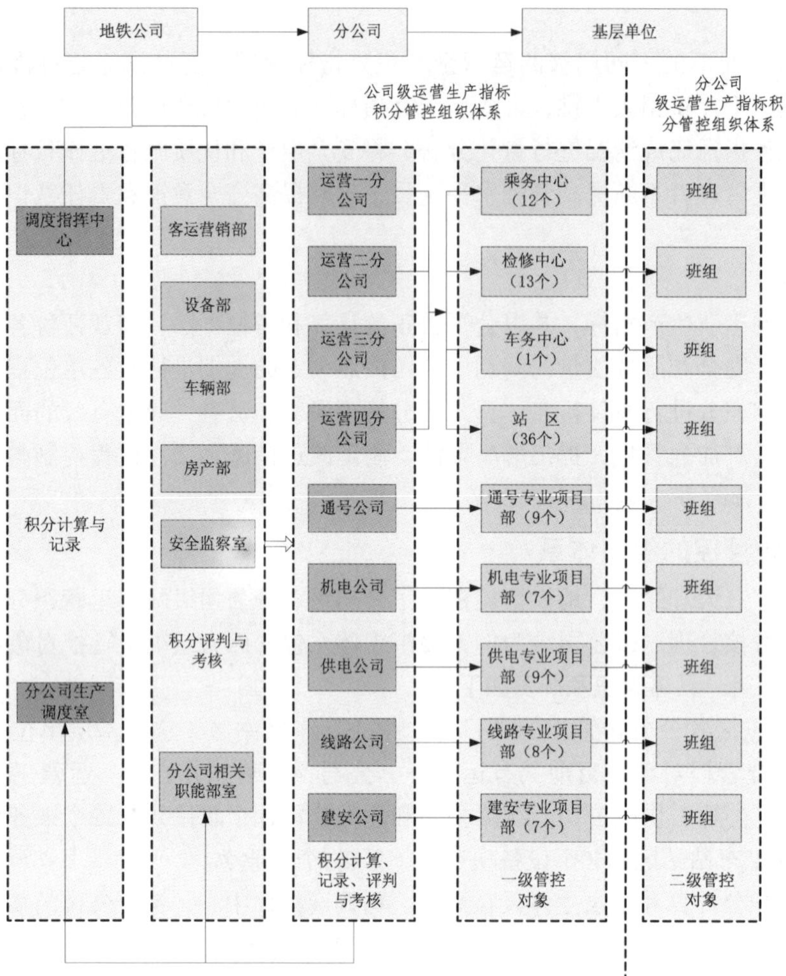

图1 运营积分管控组织体系

（3）设备设施可靠性指标：该类指标为直接影响线路列车运营安全和影响乘客服务的设备设施故障情况。包括电梯停运数量、建筑设施故障数量、设备故障情况等。

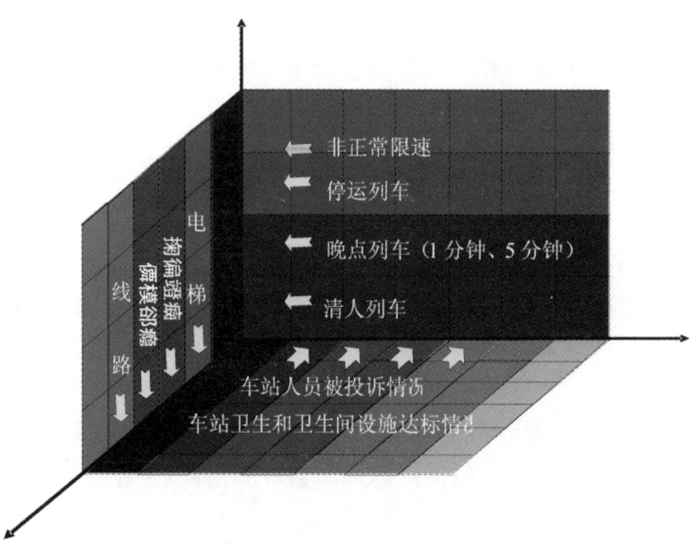

图2 多维指标积分体系示意图

2. 建立科学合理的积分计算标准和方法

地铁公司根据公平合理的积分原则，考虑不同运营线路的运营负荷量，采取原始积分和扣减系数相结合的积分计算方法。

（1）原始积分计算标准

根据各类指标对运营安全和服务质量的影响程度，地铁公司研究制定了原始积分标准，如表1所示。

表1 原始积分标准

<table>
<tr><th>指标类别</th><th>指标</th><th>扣分值</th><th>备注</th></tr>
<tr><td rowspan="5">列车运行指标</td><td>5 分钟以下晚点列车</td><td>每列扣减 0.2 分</td><td rowspan="5">重点运输时期，1 分钟以上晚点列车少于 5 列不扣分，多于 5 列实行双倍扣分。</td></tr>
<tr><td>5 分钟及以上晚点列车</td><td>每列扣减 1 分</td></tr>
<tr><td>停运列车</td><td>每列扣减 1 分</td></tr>
<tr><td>清人列车</td><td>每列扣减 1 分</td></tr>
<tr><td>非正常限速</td><td>每列扣减 1 分</td></tr>
<tr><td rowspan="13">车站服务指标</td><td>电梯停梯</td><td>每件扣减 0.2 分</td><td>因渗漏造成停梯 24 小时内不扣分，超过 24—48 小时内处理扣 0.1 分，48 小时未处理加扣 0.2 分。</td></tr>
<tr><td>有责投诉</td><td>每件扣减 1 分</td><td></td></tr>
<tr><td rowspan="4">安检员管理</td><td>人数配置不够扣 0.1 分</td><td rowspan="4"></td></tr>
<tr><td>值岗不规范扣 0.2 分</td></tr>
<tr><td>设备不达标扣 0.2 分</td></tr>
<tr><td>无证上岗扣 1 分</td></tr>
<tr><td>站内有乞讨卖艺人员</td><td>每件扣减 0.2 分</td><td></td></tr>
<tr><td>媒体负面报道</td><td>每件扣减 2 分</td><td></td></tr>
<tr><td>媒体正面报道</td><td>每件奖励 1 分</td><td></td></tr>
<tr><td>违反票务制度</td><td>每件扣减 1 分</td><td></td></tr>
<tr><td>站内导向标识错误</td><td>每件扣减 0.2 分</td><td></td></tr>
<tr><td>不佩戴服务监督卡</td><td>每件扣减 0.2 分</td><td></td></tr>
<tr><td>车站卫生、卫生间设施情况未到达规定标准</td><td>每项扣减 0.2 分</td><td></td></tr>
<tr><td rowspan="3">设备设施可靠性指标</td><td>AFC 故障</td><td>每件扣减 0.2 分</td><td></td></tr>
<tr><td>售票设备故障</td><td>每件扣减 0.2 分</td><td></td></tr>
<tr><td>设备故障影响数据统计</td><td>每件扣减 0.2 分</td><td></td></tr>
</table>

（2）系数折算标准

考虑到各基层单位管辖的运营线运营负荷的不同，在进行积分计算时，需对原始积分进行系数折算。综合考虑一定阶段的反映线路运营负荷的实际开行列数、运营公里数及客运量三项数据，按照一定的统计方法，计算出各线积分的扣减系数，如表2所示。

表 2　各线计分系数表

线别	系数	线别	系数	线别	系数
1 号线	0.46	9 号线	1.90	昌平线	1.98
2 号线	0.71	10 号线	0.64	房山线	1.95
5 号线	0.66	13 号线	0.62	机场线	1.96
6 号线	1.00	15 号线	1.35	亦庄线	1.66
8 号线	1.58	八通线	1.00		

（3）计算统计方法

各基层单位每个积分周期的最终积分由所管辖线路的原始积分乘以扣减系数，然后与奖励积分求和所得。即：

$$Y=\sum_{i=1}^{N}(X_i \times k_i)+M \qquad (i=1,2,\cdots,N)$$

式中，Y代表该基层单位的最终积分，X_i代表该单位管辖的第i条线路的原始积分，k_i代表该单位管辖的第i条线路的扣减系数，i为该单位所管辖的第 i 条线路。M为该基层单位该周期的奖励积分，当期未出现扣分项目的单位奖励“5”分；重点运输时期，当期未出现扣分项目的单位奖励“10”分，如出现扣分项目，则为“0”分。

3. 积分计算统计周期和原则

运营生产指标积分的统计周期分为基本积分周期和统计阶段。基本积分周期与地铁公司安全生产交班会保持一致，即一周为一个积分周期，当积分周期发生变化时，以调度中心临时通知为准。统计阶段原则上为3个月，各单位每个统计阶段基础积分为“0”分，凡因本单位原因，出现扣分项目，根据计分标准从“0”分开始扣减。一个统计阶段内，积分逐期扣减，每个统计阶段的积分独立计算，不累加。在进行积分计算统计时，还需遵循以下原则：

（1）项目部、乘务中心、检修中心、站区为独立的统计单位。

（2）一起事件中，出现多个扣分项目，累计扣减。

（3）晚点统计分为：“1分钟以上晚点”和“5分钟及以上晚点”。“1分钟以上晚点”指所有始发、到达的晚点列车。“5分钟及以上晚点”指晚点时分达到5分钟的始发、到达列车。

（4）经认定非地铁自身原因造成的影响（电梯停梯事件除外），暂不统计。

（四）运营积分管控体系实施与考核

运营积分管控体系按照分周期、分阶段实施。具体实施步骤包括积分计算与记录、积分申诉与责任判定、积分调整、积分反馈与考核。

1. 积分计算与记录

各分公司和相关部室的积分负责人根据公司颁布的积分管理办法，进行积分计算和记录。具体如下：

（1）各分公司的积分管理部门每天统计所管辖运营线上发生的各类事件和故障，按照事件责任和积分指标，将扣分记录到所属的责任单位。若涉及本公司内部多个单位时，应组织相关部门进行权责划分，将事件造成的结果按比例划分至各责任单位。在每个周期规定填报时间内，仍未明确责任的设备故障，暂记入该设备所属单位，车辆故障暂记入检修中心。

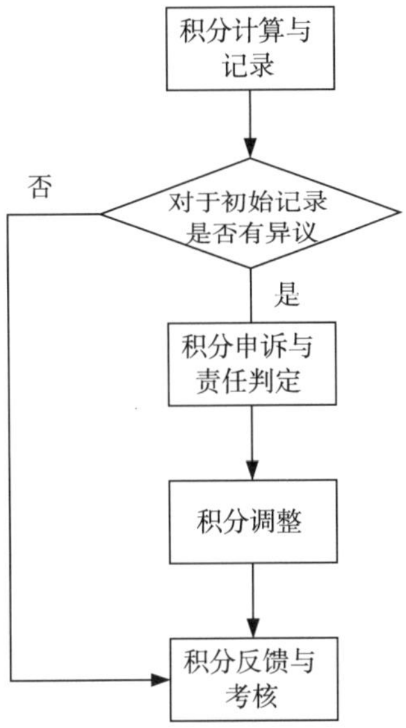

图3 运营积分管控体系管理流程

（2）公司客运营销部等部室发现的车站卫生情况、卫生间设施未达到规定标准的项目，按项目数计入相关责任单位。计分依据以客运营销部统计结果为准。

（3）地铁服务热线统计汇总的各类有责投诉事件，按件数计入相关责任单位。有责投诉事件按责任归属确定的日期，计入责任单位当期积分。计分依据以客运营销部的统计结果为准。

（4）路基边坡因养护、维修不到位，造成影响列车运行的事件，按照责任归属记入建安公司相关责任单位。

（5）涂油器故障或人为涂油原因，造成影响列车运行的事件，按照责任归属记入线路公司相关责任单位。

（6）直升电梯、扶梯发生非计划停梯责任事件，记入机电公司相关责任单位。

（7）由于地铁设备、设施发生异常情况，需在某一区段限速运行的事件计为“非正常限速”。更换钢轨、桥隧设施整治等作业完毕后，按规定进行限速运行时，不计为非正常限速。

（8）由于乘客原因，造成车门或屏蔽门不能正常关闭，责任记入相关站区。

（9）对于“人多”造成的各类统计项目，计入该线人多的相关站区，若由多站人多造成，责任应分摊至各责任站区。

2. 积分申诉与责任判定

各分公司对积分归属有异议时，可在规定的截止日期内随时向公司相关专业部室提出申诉，由专业部室进行责任判定。相关单位提出申诉时，应提供真实、详细的数据记录。

（1）运营分公司、专业公司对本公司所属的车辆、设备故障或事件进行分析后，若认为非本公司责任或对某一故障或事件责任无法划分时，由车辆或设备所属单位填写《申诉表》，并提供相关的分析报告、数据记录等材料，向公司相关部室提出责任判定申请。

（2）属车辆方面的，运营分公司应向车辆部提出，由车辆部牵头负责判定；属设备方面的，专业公司应向设备部提出，由设备部牵头负责判定；属路基边坡、建筑设施方面的，建安公司应向房产部提出，由房产部牵头负责判定；属客运组织方面的，运营分公司或专业公司应向客运营销部提出，由客运营销部牵头负责判定。

（3）责任划分工作若涉及两个及以上专业部室时，牵头部室应组织相关专业部室共同对故障或事件进行研究、判定。

（4）相关专业部室均无法做出责任判定时，牵头部室将情况汇报公司主管安全运营工作的领导。

3. 积分调整

责任判定后，牵头部室将判定结果反馈至相关单位和调度指挥中心，由调度指挥中心按照专业部室意见对上月积分进行调整。

4. 积分反馈与考核

公司每周召开安全生产交班会时，由公司主管安全运营的领导对本期各单位的积分情况进行公布，以促使各单位管理者了解本单位的运营积分情况和趋势，加强管理。一个统计阶段结束后，调度指挥中心对同属一个专业的基层单位进行积分排名通报，并召开积分管理经验交流会，其中各运营分公司按照乘务、检修中心及站区分专业进行积分排名，各专业公司按照不同专业类别，依据积分情况对本单位所属项目部进行积分排名。

为加强运营积分考核工作，公司成立了运营生产指标积分考核委员会。运营生产指标积分管理考核强调管理者的责任，对于排名第一的基层单位，由公司进行一定的物质奖励；对于排名最后的基层单位，由积分考核组的相关职能部室负责人约请相关单位主管领导及该中心、站区、项目部负责人进行安全生产诫勉谈话，找出问题，制定整改措施并落实；对于连续排名最后的基层单位负责人，由地铁公司主管领导约请相关单位主要领导、主管领导及中心、站区、项目部主要负责人进行安全生产诫勉谈话，深入剖析问题，制定整改措施并落实。各分公司将积分排名情况与绩效工资考核制度结合，根据自身情况，制定完善考核制度。

四、提升安全水平和服务质量的运营积分管控体系建设的效果

地铁公司自构建和实施以提升企业安全水平和服务质量为目标的运营积分管控体系一年来，为各分公司分解落实企业目标任务提供了有效的管理手段，管理者的管理思路更加清晰，员工安全意识、服务意识和责任意识观念逐步增强，激励约束机制作用初步显现，为实现公司安全运营生产目标发挥了积极作用。

（一）企业风气发生较大转变

通过对运营生产和服务质量以积分形式进行分层级的量化管理，实现了安全生产和优质服务的压力传递，客观、公正地评价基层单位和员工的工作业绩和岗位贡献，避免了“干多干少一个样，干好干坏一个样”的弊端，为基层单位和班组管理者、员工提供了公平竞争的环境，充分调动管理者和员工的积极性，为企业生产经营目标的实现奠定了基础。

一方面，管理者管理思想发生了转变，实现了由过去强制性粗放式管理向现在的自觉性精细化管理方式的转变，提高了基层岗位精细化管理水平。另一方面，基层员工在个人行为上也发生了转变，员工安全意识和责任意识大大增强。迟到早退的少了，加班加点的多了；逃避工作的少了，主动争取任务的多了；满腹牢骚的少了，埋头苦干的多了；无所事事的少了，关心企业的多了，一股“立足岗位成就人生，共创地铁安全运营”的可喜风气正在形成。

（二）基层单位安全管控能力大大加强

自实施运营积分管控体系以来，各单位基层管理者高度重视基础管理工作，有针对性地制定了各项措施，从之前只注重分析管理影响较大的运营事件，转变为关注每一列车晚点、每一个小的运营生产事件并努力查找原因充分利用各项目部之间的资源尽量缩短故障抢修时间，真正做到了环环相扣，不出空档，形成了“安全运营无小事，事事必分析，事事有措施”的良好安全管理格局，安全管控能力大大加强。在管理者的高度重视下，各单位基层员工也更加努力，更加注重每一个工作细节，认真履行岗位职责。在车辆检修方面，面对质量要求的日益提高，个别检修中心率先实行“工艺卡”检修流程，严格规定了检修工作步骤，统一了检修工作标准。每张卡对需要检修的车辆部位、检查范围、工艺标准、行走路线、检查方法逐一列清。职责清晰，一目了然，最大限度地防止了漏检漏修和维修不到位情况的发生。做到了车辆检修标准化，模块化。同时也有利于对故障的统计分析和责任追究，确保车辆维修到位。

（三）车辆设备的可靠性显著提高

从车辆设备运行统计情况看，车辆设备管理质量目标总体情况完成良好，圆满完成了两会两节、北京市党代会和“十八大”期间三个阶段的地铁运营保障工作。截至2012年11月，车辆、设备等主要指标均呈下降趋势。

表 3 指标对比表

项目＼指标	实施前（2011 年）	实施后（2012 年）	同期对比（下降）
设备故障	25144 件	16236 件	35.43%
AFC 故障	12031 件	7207 件	40%
自动化故障	3078 件	1649 件	46%
掉线率	0.0946 次 / 万组公里	0.07 次 / 万组公里	26.01%
晚点（车辆原因）	1384 列	735 列	46.89%
车辆故障率	0.2237 次 / 万组公里	0.22 次 / 万组公里	1.65%
车辆救援	6 次	3 次	50%

（四）安全运营指标稳步提升

截至2012年11月，全路网累计开行列车147.16万列，加开临客4757列，安全运送乘客18.36亿人次，日均客运量572.1万人次，4月28日客运量达到716万人次，刷新历史纪录。安全运营指标稳步提升。

表 4 指标对比表

项目＼指标	实施前（2011 年）	实施后（2012 年）	同期对比
运行图兑现率	99.95%	99.96%	0.01%
1 分钟延误正点率	99.84%	99.88%	0.04%
5 分钟延误正点率	99.97%	99.98%	0.01%

公司所辖各条线路安全运营情况总体良好，未发生各类生产安全重大、大事故，特别是2012年11月8日至14日“十八大”召开期间，各条运营线安全稳定，实现了十八大期间“大事不出，小事也不出”的安全目标，达到了“一丝不苟、滴水不漏、准确无误、万无一失”的要求。截至2012年11月中旬，共发生运营事故50件，同比减少5件，其中包括A类一般事故4件，B类一般事故2件，C类一般事故44件，折合A类一般事故13.8件，较去年同期（21.1件）下降7.3件，占全年事故控制指标99件的14%。两次5分钟以上延误间车公里达到317万车公里，继续保持世界领先水平。

实践表明，具有创新激励机制的运营积分管控体系对丰富和完善由治、控、救、三道防线和人、机、环、管四大要素组成的网络化矩阵式安全科学控制体系起到了极大的推进作用，促进基层单位强化管理，查堵漏洞，安全、正点、稳定的运营秩序明显提升。特别是在今天这样一个安全运营风险高、维护稳定任务重且不确定影响因素多的情况下，运营积分管控体系促进了集团整体安全管理水平的不断提高。

成果创造人：徐小林　徐会杰　张通利　陈　文　桂　平　吕　楠　韩庆龙　胡清梅

北京地铁 15 号线电动客车驾驶作业标准化管理创新

北京地铁运营四分公司15号线乘务中心
荣获第二十八届北京市企业管理现代化创新成果一等奖

北京地铁15号线乘务中心是北京市地铁运营有限公司运营四分公司的下属基层单位，主要负责15号线的乘务管理工作。

北京地铁15号线是北京城区连接北京顺义区东北走向的一条城市快速轨道交通主干线，15线中期规划为清华东路——顺义俸伯，线路全长42.2公里，其中高架线约为10公里，其余为地下线约为32.2公里，共设21座车站，其中高架车站4座，地下车站17座，设香江北路车辆段、俸伯停车场各1座。15号线正线设计准许运行速度100km /h，旅行速度47km/h，技术速度56 km/h，平均站间距3.28km，中期全周转运行时间为130分钟。15号线沿线包括顺义新城、机场物流功能区、新国展展会区、大望京生活区、奥林匹克、学院等功能区，将奥林匹克中心区与北京市“东部发展带”空港工业区及顺义副中心相连通。

中心成立于2010年7月，管辖三个乘务班、两个信号楼班和一个试车调车班。中心现有员工344人，从事电动客车驾驶作业人员261人（其中乘务员98人，副乘务员88人，后备培养学员75人），高级工不到10人，安全运营公里30万以上者不到5人。除第一批乘务员年龄在29岁左右，驾龄在3年以上，其他新入职的员工年龄普遍在20岁左右。

一、电动客车驾驶作业标准化管理创新的背景

1. 中心人才结构不合理，不能满足公司运营安全生产高水准的需要

2010年中心成立后，从其他线路抽调有电动客车驾驶资格证书人员只有62人，第一批员工平均年龄在29岁左右，其中驾龄在10年以上的有10人，驾龄在5—9年的有27人，驾龄在3—4年的有25人。中心成立后新入职人员2011年有73人，2012年有78人。另外，中心从事电动客车驾驶作业的岗位人员的初、中、高级人才结构不合理，高级工不到10人，安全运营公里30万以上者不足5人。中心成立初期，因员工驾驶经验不足、安全防范意识弱、突发事件应急处置能力低、基本驾驶操作不规范等因素的影响，中心在列车兑现率、列车正点率、安全生产指标、牵引电耗等关键运营指标的完成情况，在集团13条线路中排名仅列第6位，未达到公司提出的“国际一流、国内领先”的水平。

近几年来，国内外铁路和轨道交通陆续发生特大事故，保障乘客出行安全，为乘客提供平稳、舒适的列车运行环境成为北京地铁“六型地铁”建设的目标要求。运营四分公司在“十二五”发展规划中也提出“到2015年公司乘务板块中重点运营指标要实现国际一流、国内领先的水平”的发展目标。从15号线2011年关键运营指标完成效果看，不能满足公司运营安全生产高水准需要，实现发展目标任重而道远。

2. 以往口口相传的人才培养模式，培训周期长、培训效果参差不齐，不能满足公司“十二五”发展的需要

公司“十二五”发展规划提出，到2015年公司运营里程要大幅度拓展，现有电动客车驾驶面临着人才缺口较大，且岗位人才发展面临着“一多二少三低”的瓶颈，即新入职员工多；有丰富工作经验的技术人才少，能独当一面的人才少；新员工安全责任意识低、岗位基本操作能力低、突发事件应急处置能力低。

北京地铁以往电动客车乘务员的人才培养基本采用口口相传的师徒传带模式，一名学员成长为乘务员一般培训周期需要4—5年的时间，学员的基本素质因传授者的水平及语言表达方式的差异导致其基本岗位技能和驾驶水平也参差不齐。如何在用好现有人才基础上，加快电动客车驾驶人才培养，尽快提升电动客车驾驶者们的综合素质，做好人才储备，满足公司未来3年内新线开通岗位人才的发展要求，成为

摆在公司及中心管理者面前的重要课题。

3. 乘务员驾驶方式随意性带来牵引电耗较大的弊端，不能满足节能降耗、高效环保的“六型地铁”建设的发展需要

地铁列车运行需要消耗大量的电能，15号线地铁列车采用4动两拖方式，4个动车有16台电机，每一次的列车牵引需要消耗大量的电能。原有的乘务员驾驶方式没有形成一个标准化的驾驶规范，牵引手柄操作使用存在的频繁性、随意性、不规范性，导致牵引电耗加大。为实现“节能降耗、高效环保”的目标，探寻一个既可大幅度降低行车中使用牵引的次数，减少能源消耗，又不影响正常运营的列车操纵办法，就变得十分必要，而制定一套电动客车标准化驾驶规范恰恰可以有效地解决这两方面的问题。在标准化驾驶中，规范各站、各运行区间列车牵引次数，既可以解决乘务员随意施加牵引再制动所造成的能源浪费的问题，又能根据线路的特点在最经济节能的情况下，准时准点地将乘客运送到目的地，切实达到节能降耗、高效环保的目标。因此，积极探索列车牵引降耗手段，提升乘务员节能驾驶能力，努力提升乘务管理效能，成为中心标准化管理要解决的一项重要课题。

4. 公司经理亲自提出在15号线乘务中心开展电动客车驾驶作业标准化的课题实践

面对北京地铁运营安全生产高水准的要求以及公司“十二五”发展目标实现中的困境，公司经理王晓军在公司办公会上亲自提出在15号线乘务中心开展电动客车驾驶作业标准化的课题实践的指示要求。

经理的指示为中心管理创新指明了方向。为此，我们成立电动客车驾驶作业标准化课题小组，中心管理层领导亲自参加，并精心选拔了中心技术过硬、业务精湛的乘务值班主任，具有较丰富行车经验的乘务员，以及在公司技术大比武和青工技能大赛中获得过第一名的乘务员，形成了课题攻坚的精锐队伍。

课题小组成立后，我们将中心近几年来电动客车驾驶现状数据进行了全面汇总，具体见下图：

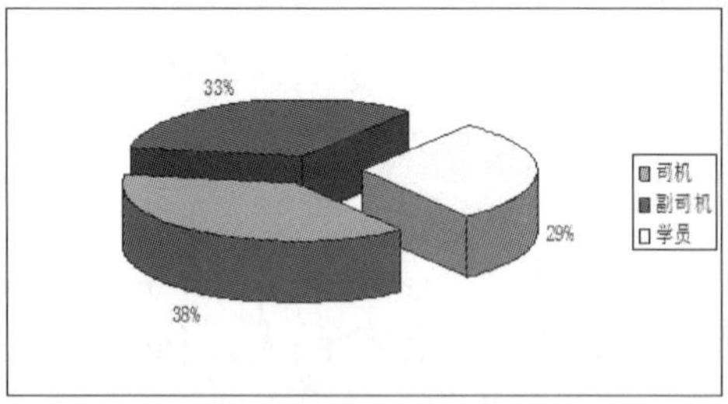

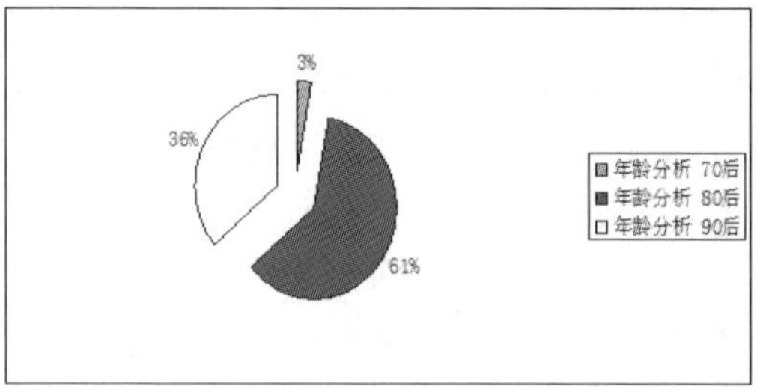

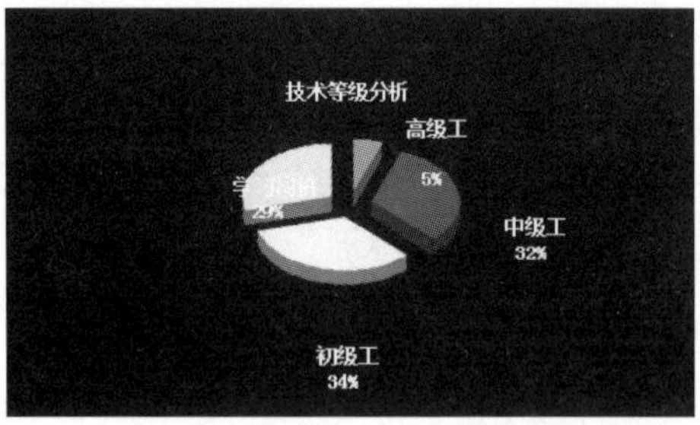

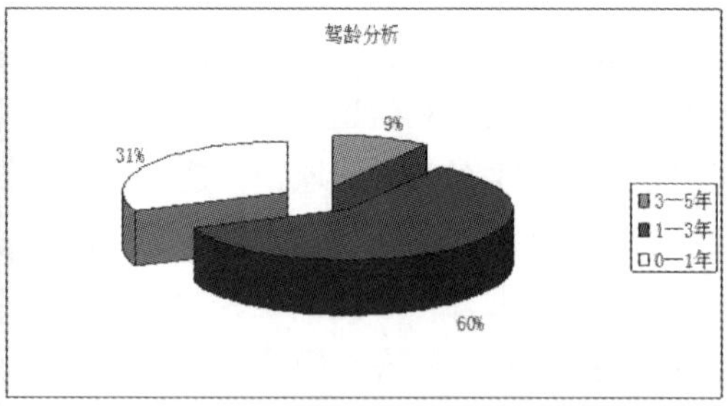

通过数据分析可以看出，15号线乘务员整体年龄偏低，综合技术业务素质差，驾驶经验不足。针对现有263名乘务员中拥有3—5年驾龄的乘务员只有25人的实际情况，如果还是采用地铁传统的师傅带徒弟的培训模式来培训年轻乘务员，几乎是不可能完成的任务。如何改变原有传统培训模式，创立快速有效提升乘务员技能的培训模式，规范乘务员驾驶电动客车的操纵行为，为乘客提供安全、可靠、舒适的出行服务，实现公司各项运营指标全面达到国内领先、国际一流的目标，成为中心开展电动客车驾驶作业标准化活动的亟待解决的主要问题。

二、电动客车驾驶作业标准化管理创新的内涵

《北京地铁15号线电动客车驾驶作业标准化管理创新》是为改变原有的传统培训模式，创立快速有效提升乘务员技能的培训模式，规范乘务员驾驶电动客车的操纵行为，为乘客提供安全、可靠、舒适的出行服务而进行的一系列管理创新活动。通过策划、编制、出台一本图文并茂、易于乘务员规范驾驶的《乘务手册》，在线路上增设电动客车标准化驾驶的“制动标”、“调速标”提示标牌，在中心全面进行电动客车驾驶作业标准化的培训、试点、实施和推广等管理创新活动，促进了中心乘务员驾驶水平全面提高、列车正点率和乘客满意度指标稳步上升、列车故障率降低、车辆维修管理成本下降，带来了明显的节能降耗效果，同时增强了中心管理实力。

（一）成果的主要内容

1.《乘务手册》的策划、编制、出台

公司原有的《乘务员手册》只是乘务员抄写通知、命令和乘务员每日运行的线路图，不能满足乘务员现有安全运行的要求。新编制使用的《乘务手册》内容丰富、图文并茂，涵盖了领导寄语、安全文化、乘务手帐、正线驾驶规范、车辆故障应急处理方法和流程、各种行车凭证样表及各种手信号显示标准等大量信息内容。乘务员有了这样一本手册，既可以记录每日工作情况，还可以学习列车标准化驾驶、故障处理，手册图文并茂易于学习，有效地规范了乘务员培训内容，有利于年轻乘务员的技术业务水平的快速提升。

2. 电动客车标准化驾驶提示标牌地点位置的现场勘查和标牌的施工安装

为保障电动客车驾驶标准化的实施，课题小组经过对每一个车站和区间精心细致地测量及驾驶操作论证，在原有线路中三杠标、进站预告标的基础上，现场又增设了制动标24个，调速标3个，总计27个标识。为15号线《正线驾驶规范》的实际推广运用提供了牢靠的基础保障。

3. 电动客车驾驶作业标准化的试点、实施及推广

课题小组从2012年6月底开始对15号线《正线驾驶规范》内容进行了360圈实际驾驶试点和700多次进站制动试验，实验测试结果基本满足了目前列车安全驾驶和标准化作业管理工作的需要，并促进了列车行驶所耗电能大幅下降。

试点成功后，中心在2012年8月首先对新入职的41名员工，手把手按照15号线《正线驾驶规范》内容进行培训，2012年9月又对86名副乘务员进行了培训，2012年10月对现有99名在岗乘务员进行了40个小时的脱产培训。培训中对乘务员标准化驾驶学习效果进行了考评。

2012年11月15号线《正线驾驶规范》正式实施。实施后中心又开展了“争当标准化作业　优质服务标兵”活动，举行了第一届标准化驾驶大比武，有效地促进驾驶标准化规范的贯彻落实。

15号线电动列车标准化驾驶规范管理创新成功后，公司又在机场线和昌平线进行了推广，2012年底公司所属3条线全部实现了电动列车驾驶标准化。

（二）成果的创新点

《北京地铁15号线电动客车驾驶作业标准化管理创新》成果创新点主要表现在下面三个方面：

1. 策划、编制、出台的《乘务手册》，图文并茂、易于乘务员规范驾驶。《乘务手册》中的《正线驾驶规范》是最重要的创新点，在目前国内城市轨道交通行业具有创新意义和借鉴价值。

2. 线路上增设电动客车标准化驾驶的“制动标”、“调速标”提示标牌，这一做法是本项目的另一个创新点，对于同行业企业也具有借鉴价值。

3. 推行电动客车驾驶作业标准化。15号线电动客车驾驶作业标准化管理创新的实施和推广价值高，一是改变了以往口口相传师徒传带模式；二是缩短了电动客车乘务员培训周期；三是加快了乘务员对所辖列车运行线路的全面了解；四是节能降耗效果突出。

三、电动客车驾驶作业标准化管理创新的主要做法

（一）管理创新成果实施的主要过程

15号线电动客车驾驶作业标准化管理创新实施过程主要分为八个阶段，即：第一阶段（2012年3月8日—4月）：主要是对15号线电动客车驾驶标准化课题的探索及标准化内容、工作计划的确定；第二阶段（2012年4月—5月）：主要是进行15号线电动客车驾驶标准化的现场勘查；第三阶段（2012年5月—6月）：主要是进行 15号线《乘务手册》初稿的编制；第四阶段（2012年6月—7月）：主要是进行15号线电动客车驾驶标准化现场驾驶试验、试点；第五阶段（2012年7月）：主要是对《乘务手册》中15号线《正线驾驶规范》和《乘务员车辆应急故障处理》有关内容的改进确认阶段；第六阶段（2012年8月—9月）：主要是完成《乘务手册》最终编制并印制下发；第七阶段（2012年10月—12月）：主要是全面实施15号线电动客车驾驶标准化；第八阶段（2013年1月—3月）：主要是对15号线电动客车驾驶标准化实施效果进行考评，不断总结巩固成果。

（二）管理创新成果实施的主要做法

1.《乘务手册》的策划及编制

（1）召开课题研讨会，确定手册内容，制订工作计划

课题小组成员进行研讨

中心课题小组成立后，多次组织会议研讨确定手册名称及所包含的内容，最终确定手册定名为《乘务手册》，它包含领导寄语、安全文化、乘务员手册、列车正线驾驶规范、车辆故障应急处置办法和流程、各种行车凭证和手信号显示，以及乘务员在日常运营生产过程和突发事件时需要信息报送的有关通讯录等内容。

为了确保此项工作顺利有效地开展，课题小组根据确定的手册内容要求，制订了相应的工作计划。

表1　课题工作计划表

序号	项目	工作时间安排（按月）2012年3月—2012年3月												
		3月	4月	5月	6月	7月	8月	9月	10月	11月	12月	1月	2月	3月
1	选定课题	—	—											
2	现场勘查		—	—										
3	编写初稿			—	—									
4	现场试验				—	—								

续表

序号	项目	工作时间安排（按月）2012 年 3 月—2012 年 3 月												
		3 月	4 月	5 月	6 月	7 月	8 月	9 月	10 月	11 月	12 月	1 月	2 月	3 月
5	改进确认					—								
6	编制完成						—	—						
7	实施推广								—	—				
8	检查效果与巩固										—	—	—	—

（2）依据正线运营特点编制列车正线驾驶规范

中心课题小组，根据15号线开通运营后列车运行特点，将正线列车驾驶规范分解成三个部分进行编制，即第一部分为列车牵引出站、第二部分为区间运行、第三部分为列车制动进站。

第一部分：制定列车牵引出站标准化驾驶规范

出站：15号线线路设计是出站信号到第一个信标，距离100米，限速50km/h，原有乘务员驾驶方式无固定规范可循，出站时牵引级位随意施加；待限速解除后，仍然随意施加牵引级位驾驶列车，这种不规范的驾驶方式，严重损害了列车运行中的平稳性，造成了乘客乘车的不舒适感，同时，由于牵引施加频繁且不固定，大量消耗了电能。为了达到节能降耗、列车平稳的效果，经过反复实地测试，制定了牵引1位出站，待列车越过出站信号5米后，将牵引手柄推至牵引2位，列车运行到限速解除标，正好不超过50km/h限速，乘务员此时根据线路速度码牵引列车继续运行。此做法增强了列车启动的平稳性和乘客乘坐的舒适度，并起到了良好的节能降耗效果。

第二部分：制定区间运行标准化驾驶规范

区间运行：由于15号线有四站露天车站，列车运行出现爬坡、下坡区段的情况较多，例如，后沙峪到南法信站，列车要在区间经过两个大的上下坡。过去，乘务员出站时往往车速过快，遇到下坡进行减速，到下一个上坡再加速的操作流程。编制小组经过实地反复测试，在保证正点的情况下，列车在此区间运行只需要一次牵引就能够完成后沙峪站到南法信站的运行，减少了列车频繁使用牵引和制动。乘务员在此区间运行时，采用一次牵引的方法，达到了显著的效果，使列车运行更加平稳，电能消耗大幅度降低。

经过测算，在15号线路整个区间实行标准化驾驶规范，比原有的驾驶使用牵引手柄次数共减少16次，列车运行的能源消耗大幅地下降，为地铁节能降耗做出了突出的贡献。

第三部分：制定进站制动标准化驾驶规范，分时段采集数据

制动进站：乘客乘坐地铁列车是否平稳舒适，最深的感受就是列车进站停车的平稳度，15号线开通初期，遭到乘客投诉和公司领导批评最多的是："15号线车乘坐不舒服，列车冲撞、不平稳，没有安全感"，同时这也是目前整个北京地铁各条线路遇到的问题，很多线路使用列车自动驾驶，乘务员人工手动驾驶时间减少，驾驶水平急剧下降。遇列车不能自动驾驶改为人工手动驾驶时，经常会出现列车进站停车冲撞、不平稳，引发乘客投诉。

针对这个问题，中心编制小组人员上线观察老乘务员和停车较为平稳的乘务员的驾驶方式，并反复试验论证。最终，中心编制小组按照上下行列车驶过每站进站停车的具体情况，分别确定了列车在所有车站进站制动的规定位置，在线路上安装安全制动标、限速标，并规定了使用制动的级数，保证列车平稳进站，降低列车制动速度，减轻进站停车的冲撞度，让乘客有一种乘坐舒适感。

中心编制小组的成员每天上线分成三个时段采集数据，早高峰、中午平峰、晚高峰，三个时段列车的载客量不同，驾驶的乘务员不同，采集各种数据用了一周的时间，采集圈数42圈，运行公里2688公里，最终将全线路各个制动点测量完成。

（3）标准化驾驶的实施与验证

第一阶段：培训41名新入职学习乘务员

该部分人员于2012年9月1日正式分配到各个班组开始学习乘务理论、驾驶、故障处理等业务知识，中心将这41名学习乘务员作为标准化驾驶的主要培训对象。这批学习乘务员此前没有任何驾驶列车的相关经验，因此，通过此次实验性培训，可以检验电动客车标准化驾驶规范在实际培训和应用中是否行之有效，是否能达到预期目标，同时也有利于电动客车标准化驾驶规范的下一步普及推广。

第一步：2012年9月1日—10月下旬，学习驾驶理论并对比熟悉线路，提高感性认识。

第二步：2012年10月下旬—11月30日，进行开关门实际作业和标准化驾驶指导书的学习，之后进行列车操纵驾驶权的考试，考试合格者可以在乘务员的监护下，按照中心标准化驾驶要求学习驾驶15号线电动客车。

第二阶段：培训88名副乘务员

2012年底，15号线乘务中心88名副乘务员面临着晋升乘务员的考试，为此，中心在标准化驾驶初稿完成后，于8月中旬将电子版发到乘务三班，每班安排4—5轮乘组进行标准化驾驶的学习。在学习培训的基础上，中心每月两次对88名副乘务员进行正线标准化驾驶对比考试，着力将标准化驾驶规范培养成统一的标准化驾驶模式。在正线标准化驾驶对比考试中，列车停车对标和运行平稳度相比开通初期有很大的提高，为晋升乘务员的实操考试打下了基础。

第三阶段：培训98名乘务员

中心对原有98名乘务员的培训是此次标准化驾驶培训的难点。考虑到这98名乘务员驾龄较长，原有驾驶习惯已经养成，为了改变这98名乘务员的驾驶习惯，中心决定分四步完成乘务员标准化驾驶培训：

第一步：2012年10月中旬，进行理论学习，下旬进行驾驶测评；

第二步：2012年11月，中心进行三次乘务员的标准化驾驶班组级考试；

第三步：中心在电暖开启前进行一周的标准化驾驶测试，评估初期制定的准确度、平稳度和节能降耗的量化对比。

第四步：2012年12月，根据前期测评，进行一次驾驶技术大比武，从而激励全员自觉地改进，统一标准。

15号线标准化驾驶经过2012年下半年的阶段性培训、实际驾驶落实，2012年底全体乘务员最终全部达到驾驶操控的标准化，15号线乘务员的驾驶水平达到了一个新的高度。

（4）电动客车驾驶规范的定稿与展示

15号线乘务中心根据公司开展的乘务规范化工作的要求，提出了以规范驾驶带动标准化、集约化和人本化的管理思路。课题小组从2012年3月开始，本着努力提高乘务中心标准化管理工作水平，不断规范运营一线操作流程的原则，逐步改善乘务员工作流程中的不足，切实从乘务员的操作细节入手，提出新的标准，确保标准化管理工作落到实处。根据人员及线路特点，经过多次的研讨和反复的实操试验，并邀请公司的专业部室、专家对实践中采集到的有关数据和形成的《乘务手册》文稿进行了专业评定。

在公司经理和公司相关部室的大力支持下，于2012年8月完成了《乘务手册》及15号线《正线驾驶规范》的定稿、印刷、下发使用等各项工作。

新编制使用的《乘务手册》内容丰富、图文并茂，涵盖了领导寄语、安全文化、乘务手帐、正线驾驶规范、车辆故障应急处理方法和流程、各种行车凭证样表及各种手信号显示标准等大量信息内容。其中：

运营四分公司15号线《乘务手册》页面展示图1

《乘务手帐》：在原有《乘务员手帐》的基础上，结合2012年ISO9001外审复证审核组提出的改进建议，对其内容及格式进行改进和完善。它包括：乘务员日常的出退勤时间、每日运行情况记录、记录的各种通知和要求。

《乘务员车辆应急故障处理》：用彩色图表和流程图，详细告知乘务员在列车运行中遇到突发事件时的应急故障处理方法和流程的每个细节，帮助乘务员快速、准确地处理运行中列车突发故障，保证列车运行的安全、正点。

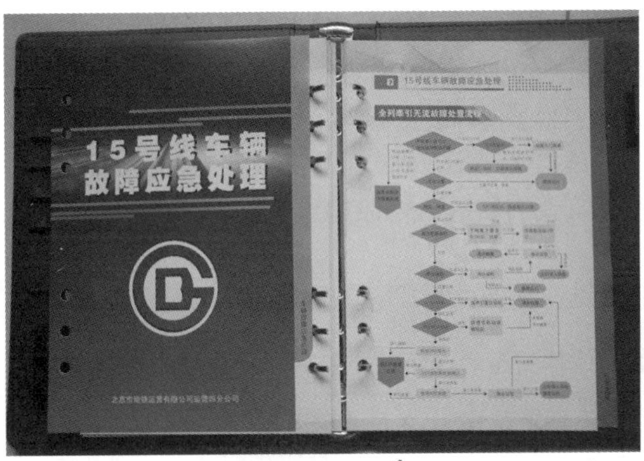

运营四分公司15号线《乘务手册》页面展示图2

《各种标准的命令票、各种手信号显示》：为了确保乘务员在特殊情况下，对发车凭证的正确确认，避免发生行车事故，手册中用图文演示了各种标准的命令票及各种手信号显示方法。

运营四分公司15号线《乘务手册》页面展示图3

（5）《正线驾驶规范》：是本成果最重要的创新点，在目前国内城市轨道交通行业具有创新意义和借鉴价值。《正线驾驶规范》将15号线每个区段的线路数据说明、运行安全提示、列车如何正确牵引出站、区间运行要求、列车制动进站操作等内容，通过彩色图、表并配有图例说明的形式展现出来，可以让乘务员清晰、明确地掌握列车驾驶技术要求及作业规范。

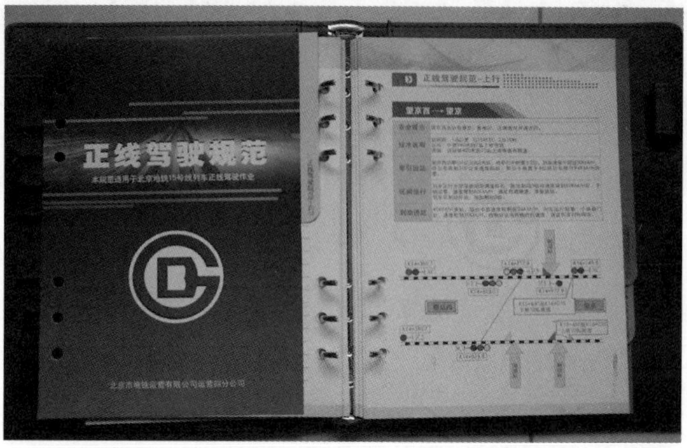

运营四分公司15号线《乘务手册》页面展示图4

15号线《正线驾驶规范》主要内容包括：

A：15号线每个区段的线路数据说明：乘务员可以清楚地了解区间的长度、标准运行时间，保证列车在各个站的到达时刻和发车时刻，准时准点。

B：运行安全提示：根据线路特点说明每个区间的坡度、弯道、车站的坡度，确保乘务员安全准确行车。

C：列车如何正确牵引出站：根据实际线路特点，要求乘务员低级位牵引出站，保证列车启动平稳。

D：区间运行要求：15号线线路区间长，要求乘务员尽量一次牵引，降低能耗。

E：列车制动进站操作：列车制动使用手柄的位置，列车制动进站过程中各个点的速度要求，保证列车在规定位置平稳停车。

F：制作了每一站间区间的实际图例说明，更好地让乘务员掌握标准的列车驾驶技术。

表2　15号线南法信站至后沙峪站电动客车正线驾驶规范具体内容举例说明

安全提示	南法信出站为26‰的上坡道， 牵引2位直至94km/h。区间弯道及上下坡注意速度。遇极端特殊天气，应按中心规定降低车速，提前采取低级位制动。过弯道后，注意在F11前控制好车速，此处为11.7‰的下坡道，以规定的速度通过，F11至后沙峪进站前有道岔区段，注意道岔开通方向，有区间分界信号。
技术说明	站间距：4.6公里 运行时间：4分23秒 区间：前部920米的26‰上坡道，624米的16‰的上坡弯道，580米的5‰的下坡弯道，763米的11‰下坡道，中部平弯道 进站：平直下坡道有限速（中心规定）
牵引出站	南法信站牵引1位出站5米后，将牵引手柄置于2位，牵引速度不超过50KM/H，待列车收到100公里速度码后，牵引4位将速度提升至94km/h，回零。
区间运行	1. 出洞口手柄回放至牵引2位，将列车速度提至94km/h，回零。 2. 364百米标处二次牵引至94km/h惰行。 3. 348百米标（调速标）施加3级制动，保证在F11前速度降至60KM/H。列车在制动标处，施加制动3级。
制动进站	40km/h进站，站台中部速度控制在26km/h，列车运行到第一个屏门处，速度控制10km/h，控制好空电转换时的速度，保证列车对标停车。

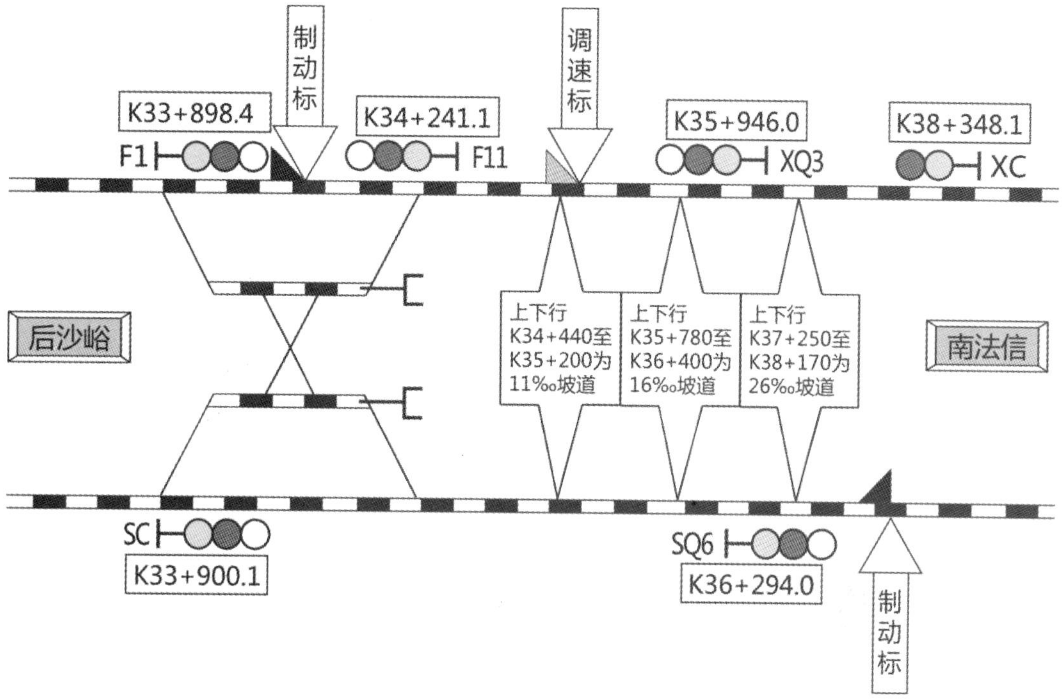

乘务员有了这样一本手册，既可以记录每日工作情况，还可以学习列车标准化驾驶、故障处理，手册图文并茂易于学习，有效地规范了乘务员培训内容，有利于年轻乘务员的技术业务水平的快速提升。

2. 在运营线路上增设电动客车标准化驾驶的“制动标”、“调速标”提示牌

为保障电动客车驾驶标准化的实施，在正线的上下行线路现场安装制动标和调速标提示标牌，给每名驾驶者的标准化操作予以明确的驾驶指示，成为中心课题小组成员的另一项重要任务。

为配合操作指导手册的推广实施，中心课题小组成员，对每一个车站和区间精心细致测量，初期测量图形成，如：

安全提示	此区间后沙峪出站后道岔较多，注意道岔位置。有区间分界信号，另外区间弯道及上下坡注意速度。
出站	后沙峪站牵引 1 位出站五米后，将牵引手柄置于 2 位经过两个道岔区段，牵引速度不超过 50km/h，待列车收到 100 公里速度码后，牵引四位将列车速度提到 94km/h，回零。
区间	惰行 373+50 百米标处施加三级制动，（洞口前 10 米处）速度 90 公里。
进站	40km/h 进站，站台中部速度控制在 26km/h，列车运行到第一个屏门处，速度控制 10km\h，控制好空电转换时的速度，保证列车对标停车。

在后期试点中，课题小组不断完善改进，最终确定了制动标和调速标的安全位置，图中加粗字体是我们实地测量的制动地点。在这个基础上安装了新的“制动标”。

由于北京地铁线路安装标识有特殊规定，所有北京地铁线路中没有出现“制动标”、“调速标”，中心根据《北京地铁技术规程》中的相关内容，制订了“制动标”、“调速标”的标准样板，并将安装“制动标”、“调速标”的想法汇报公司领导，得到了公司领导的大力支持。在公司安全质量管理部等部门协调设备、线路单位的帮助下，完成了15号线正线“制动标”、“调速标”的施工安装，为《15号线正线标准化驾驶规范》实施推广运用奠定了坚实的基础保障。

15号线电动客车驾驶标准化标识，是在原有线路中三杠标、进站预告标的基础上，现场又增设了制动标24个，调速标3个，总计27个标识。

新增设的“制动标”、“调速标”标识，技术要求为：白色底板，板心为红色字反光标识。

（1）《北京地铁技术规程》第1125条 “警示标”中规定，设在列车运行方向右侧，警告、提示乘务员注意安全、加强措施或指导操作的有关事项（白色底板，板心为红色警字）。

（2）安装位置宜距离轨面2000mm，尺寸：400mm × 200mm。

（3）精心测量的制动标、调速标安装具体位置：

上行	调速标	制动标
望京西—望京	望京进站预告标铁箱子	一杠标处
望京—望京东		二杠标处
望京东—崔各庄		崔各庄站三杠标前十米铁箱子
崔各庄—马泉营		F2 防护信号机处（道岔前）的消防栓

实地拍照的15号线正线调速标和制动标的安全位置

（4）通过标识的安装，乘务员在正线驾驶过程中，可以快速准确地掌握列车制动时机，确保列车运行安全、平稳。

15号线正线安装好的制动标和调速标图示

3. 电动客车驾驶作业标准化的试点、培训、实施和推广

中心课题小组根据15号线《正线驾驶规范》的要求，首先在中心乘务班组中指定了老、中、青9组乘务员，从2012年6月底开始对《15号线列车标准化驾驶规范》的内容进行实际驾驶试点，试点中共进行了

360圈实验，合计700多次进站制动试验，我们在实践中不断对不适宜、不充分的相关内容进行了修订，经过一个多月试点，实验测试结果基本满足了目前列车安全驾驶和标准化作业管理工作的需要，同时，列车行驶所耗电能比没有标准化驾驶前大幅下降。

为保障电动客车驾驶作业标准化的实施，在实施前中心首先制定了相关管理规定，之后利用两周时间（2012年10月29日至11月19日），根据学员、副乘务员、乘务员认知的不同，分别利用夜班的时间进行班组级强化教育、培训；2012年10月29日，中心乘务手册及标准化驾驶开始了试点。

乘务班组培训

2012年10月20日至12月20日，中心对培训效果进行了理论考试；2012年11月20日至12月26日，中心组织进行了全员现场操作测评；2012年11月27日至11月29日，中心管理人员统一时间、区段进行了30个车次标准化驾驶的抽查；2012年12月，中心组织举办第二阶段的全员技术大比武活动。

（1）驾驶标准化培训及实施效果考评数据分析

——培训考评情况：35名学员理论培训完毕，考试合格率94.3%，仅2人被淘汰，较之以往合格率有了大幅度提升；分四期对78名副乘务员进行脱产培训，合格率100%；全员现场操作考试共179人，其中乘务员平均分84.8，副乘务员平均分84.4，共纠正不规范次数378人次，如下图所示：

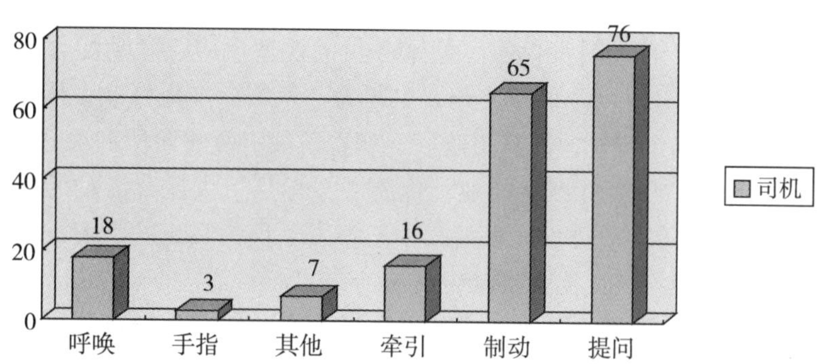

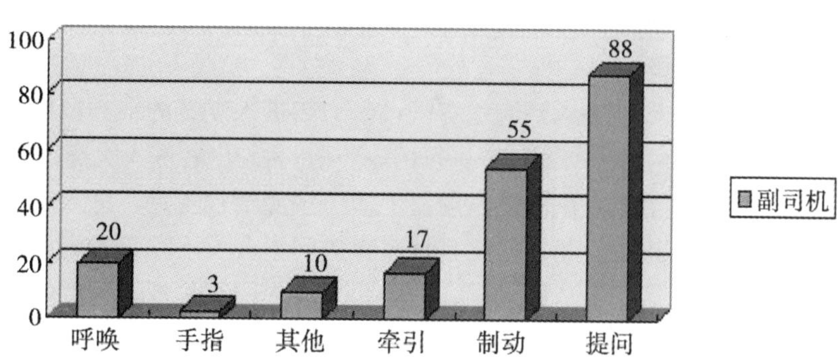

——中心组织现场实际驾驶作业抽查考评情况：中心组织人员在11月27、28、29日7：30—8：20时间段，对正线孙河站上下行分别抽查每班各5个轮乘组共30个车次，合格率80%，5个车次未按标准执行，其中1组为晚点列车赶点所致。中心将不合格轮乘组列为班组重点，值班主任重新组织了专门教育指导，确保了他们达到标准化的规定要求。

通过对检查过程的数据分析，基本上达到了当初编制15号线正线驾驶规范的四个目的，即提高驾驶列车对标准确度，提高乘客乘坐舒适度，达到节能降耗的目标，降低车辆故障率。

（2）实施驾驶标准化带来的变化

推行电动客车驾驶标准化带来了如下的变化：

一是对运行图技术数据更重视，尤其是对中间站早、晚点情况引起关注，防止盲目抢点，提高了运行正点率；

二是对运行线路有了更全面的了解及认识，如坡道、弯道、折返、进站等特殊操作办法；

三是在实际驾驶过程中，尤其是在发生了非正常运行模式时，做到心里不慌乱，通过录像看到乘务员能第一时间利用手册进行查阅，起到了技术指导作用；

四是对新入职或初次驾驶人员，普遍反映上手模式化，掌握简单化；

五是由于制作了安全提示牌，在正线发生非正常运营情况下，例如：极端天气、变更闭塞、限速等安全提示牌17种，及时提醒乘务员，起到了保障安全运行的作用。

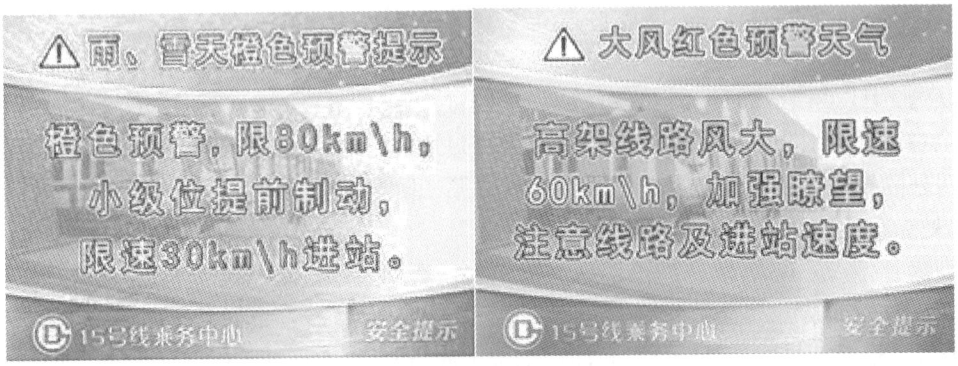

（3）以赛促练，巩固和推进驾驶标准化的落实

为了深入推进驾驶标准化规范的贯彻落实，使乘务员的快速反应、联动配合等行车综合能力得到进一步的提升，中心于2013年1月组织全体乘务员开展主题为“争当标准化作业　优质化服务标兵”的技术大比武活动。大比武活动分为四个阶段，即宣贯阶段、初赛阶段、复赛阶段和决赛进段。

宣贯阶段：宣贯阶段作为“争当标准化作业　优质服务标兵”大比武活动的第一阶段，意义十分重大。经过全方位、多角度地宣传、动员、教育后，中心激发了广大员工的学习规范的热情和积极性，乘务员主动学规范、练实操，积极投入大比武活动中。

初赛阶段：本次大比武活动初赛阶段的比赛范围包括《驾驶标准化规范》、标准化操纵、《乘务手册》中的安全提示、技术说明、应急故障处理及其他规章制度。初赛中，由技术主管带领检查组人员对各班组全体乘务员进行考评，考评形式分为默写与口答，最终有32人进入复赛，此阶段考试成绩将一并带入复赛、决赛，以备算小分晋级。

复赛阶段：进入复赛，大比武便进入到淘汰赛阶段。32名进入复赛的乘务员按照比赛规定，在每班班组内晋级者进行相互抽签，两两对决，此环节进行两轮，前8名胜出者进入决赛。

决赛阶段：激烈的技术技能对决在决赛阶段纷纷上演。按照赛程规定，进入决赛者将打乱班组顺序进行抽签对决，对决方式为双方进行互相提问，累计三次提问不会或不完整者淘汰，若不分胜负，则参考初赛成绩，成绩优秀者胜出。若初赛成绩相同，评委将现场提问有关规章制度的内容，累计三次提问不会或不完整者将被淘汰。

为体现决赛公平、公正的原则，乘务中心主任、书记及相关领导亲自担任主考评委，对决赛的8名乘务员进行理论及实操考评。通过紧张激烈的对决，最终，决出冠军陈小建、亚军王晓勇、季军林红光作为此次比武大赛的前三名。

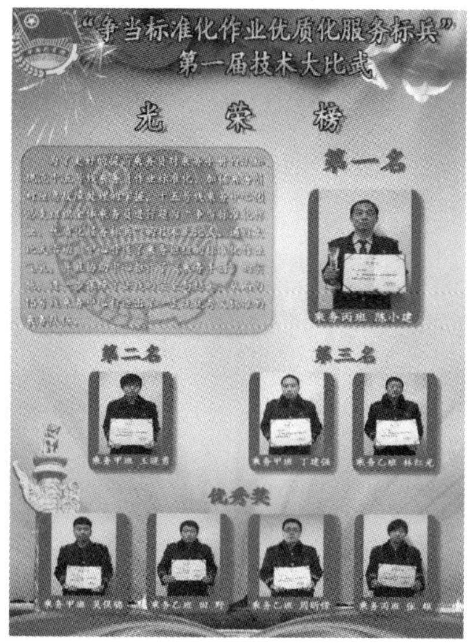

第一届驾驶标准化驾驶比武光荣榜

3月底，中心召开“争当标准化作业　优质化服务标兵”的驾驶技术大比武表彰大会，对优秀乘务员进行大力表彰，并号召广大乘务员积极向这些优秀乘务员学习，把更多的热情投入乘务工作中，使中心上下掀起了一股“比、学、赶、帮、超”的好风气，有效地促进驾驶标准化规范的贯彻落实。

第二届驾驶标准化驾驶比武光荣榜

2013年5月，中心组织第二届列车标准化驾驶大比武，通过三个月标准化驾驶学习，中心涌现出一批年龄轻、能力强、业务精、技术硬的青年乘务员。值得一提的是，青年乘务员周昕景在第二届驾驶标准化驾驶大比武中，通过对15号线《正线驾驶规范》的不断学习与理解，最终战胜了第一届的冠军陈小建，获得了第二届大比武的第一名。

4. 创新管理成果在地铁运营四公司推广

15号线电动列车标准化驾驶规范管理创新成功后，公司安全质量管理部认真总结15号线电动列车驾驶标准化的经验后，组织机场线和昌平线管理者进行了学习，并决定在北京地铁运营四分公司昌平线乘务中心、机场线车务中心全面推广和实际运用15号线电动列车标准化驾驶规范管理创新成果。两条线结合自身线路、车辆设备特点和标准化驾驶内容，分别编制出适合本线线路的电动列车标准化驾驶规范，经过规范培训，2012年底公司所属3条线全部实现了电动列车驾驶标准化。

机场线《乘务手册》

昌平线《乘务手册》

15号线电动客车驾驶作业标准化管理创新的实施和推广价值高，一是改变了以往口口相传师徒传带模式；二是缩短了电动客车司机培训周期；三是还能加快乘务员对所辖列车运行线路全面了解；四是节能降耗效果突出。

四、电动客车驾驶作业标准化管理创新的效果

15号线电动客车驾驶作业标准化管理创新的实施和推广价值高，一是改变了以往口口相传师徒传带模式；二是缩短了电动客车司机培训周期；三是还能加快乘务员对所辖列车运行线路全面了解；四是节能降耗效果突出。现将成果产生的具体效果归纳总结如下：

（一）乘务员驾驶水平全面提高

1年来，通过15号线标准化驾驶的实施、推广运用，在2012年北京市第三届职业能技能大赛（电动客车驾驶）中，15号线乘务中心有4人进入最后决赛，占13条地铁线路30名最后进入决赛总人数的13%，占代表运营四分公司参加决赛人数的80%。特别是代表15号线乘务中心参加比赛的乘务员王东亮同志获得北京市第三届职业技能大赛暨第十五届工业和信息化职业技能竞赛城轨电动车乘务员专业第三名的好成绩。

2012年9月，北京地铁运营公司四分公司举办了第一届职工技能大赛，15号线乘务中心在乘务员驾驶专业比赛中取得了第二名、第三名、 第五名的好成绩，其中曹砚臣、白玉斌两名乘务员是运四公司2010年招的第一批乘务专业新员工，2011年7月晋升的乘务员，驾驶年龄不到两年。特别是本届电动客车驾驶比赛，比赛地点设在15号线，为了让不了解15号线车辆、线路等特点的机场线、昌平线乘务员尽快地熟悉15号线的线路及车辆驾驶情况，我们将新制订的15号线《正线驾驶规范》发给两个中心的参赛乘务员，让他们通过15号线《正线驾驶规范》学习15号线列车的驾驶，在机场线、昌平线乘务员没有开过15号线列车情况下，通过学习，昌平线的一名乘务员获得了比赛的第一名，这说明15号线《正线驾驶规范》在学习、使用上的方便、简洁，可以让乘务员快速掌握规范中的驾驶技术。

在2013年4月晋升乘务员考试的电动客车正线驾驶考试科目中，由于实施了标准化驾驶，15号线乘务员在参加晋升乘务员的考试中，取得了优良的成绩，55名参考人员，52人合格，合格率到达95%，得到了地铁总公司车辆部领导及其他兄弟单位监考人员的好评，认为标准化驾驶对于今后地铁合格乘务员的培养是一个非常好的手段，能够更快、更好地培养出合格的乘务员，适应北京地铁的快速发展。

（二）列车正点率和乘客满意度稳步上升

实施电动客车标准化驾驶以来，15号线乘客的满意度和乘务员驾驶列车的正点率逐步提高，乘客关于“减少列车进出站不平稳，尤其是停车的瞬间列车冲撞大”的建议基本消失，从乘客乘坐15号线列车

的满意度指标来看，标准化驾驶带给乘客的是平稳、舒适、安全、高效的乘坐环境。

下面是公司每年15号线列车运行速度、平稳程度及乘客满意度调查数据趋势表和2011—2013年15号线列车正点率指标完成情况趋势表。

表 3　公司每年 15 号线列车运行速度、平稳程度及乘客满意度调查数据趋势表

乘客满意度	2011 年	2012 年	2013 年
	97.40%	97.80%	98.50%

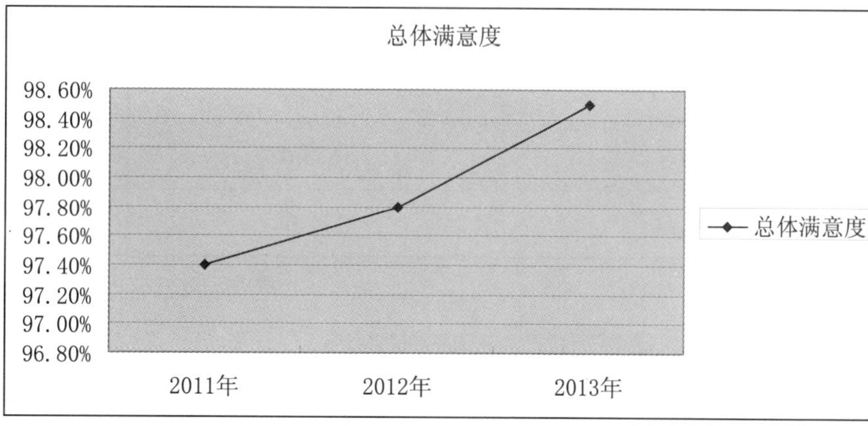

表 4　2011—2013 年 15 号线列车正点率指标完成情况趋势表

正点率	2011 年	2012 年	2013 年
	99.95%	99.96%	99.98%

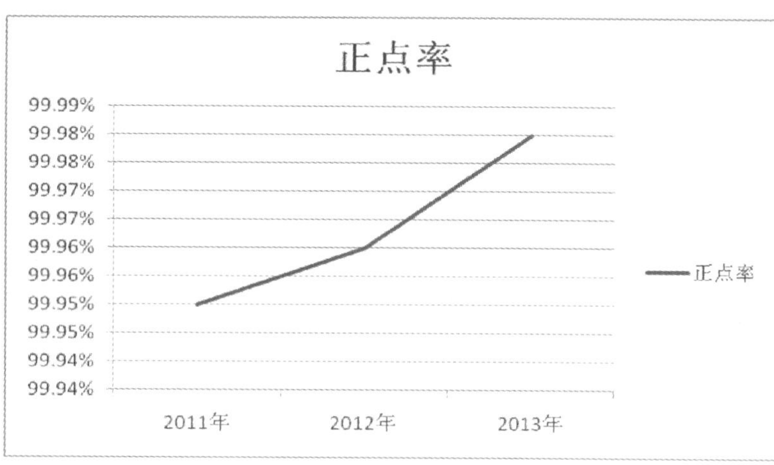

（三）节能降耗效果明显

实施了电动客车标准化驾驶，从牵引电耗来看，杜绝了以前乘务员在驾驶列车时由于牵引时机不得当、重复牵引列车造成电能无端消耗，特别是：

1. 在孙河—马泉营、南法信—后沙峪两个区间，由于区间坡度大，以往乘务员在驾驶中，会多次推动牵引手柄，造成列车电耗增加，实施标准化驾驶后，要求乘务员在这两个区段只需要使用两次牵引就能完成列车运行要求。

2. 列车牵引出站，以往乘务员出站使用牵引四位，当列车达到50km/h限速时回手柄，待列车通过限速区段，再次牵引列车，造成列车二次牵引，消耗大量电能，现在实行标准化驾驶，乘务员只需要一次牵引就能完成列车运行需要。在这两个环节上，列车牵引电耗大幅降低，通过上述数据看出，电动客车标准化驾驶在实际运用中的节能效果。

表 5　节能降耗效果图

月份	2012 年冬运日均电耗（单位：度 / 百车公里）	2013 年冬运日均电耗（单位：度 / 百车公里）	节能降耗效果
11 月	199.37	185.55	下降：13.82
12 月	192	190	下降：2.00
1 月	194	191	下降：3.00
2 月	195.8	187.14	下降：8.66
3 月	190.24	171.6	下降：18.64

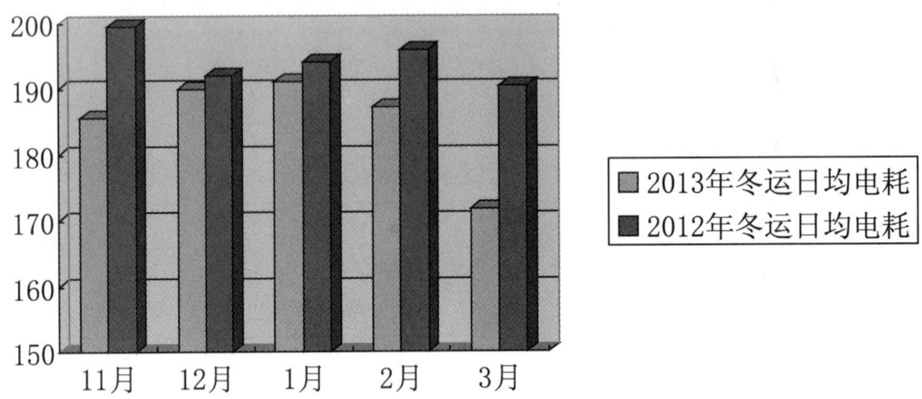

节能降耗效果说明：

单车牵引电耗计算公式=走行公里 × 百车牵引电耗 ÷ 100

2012年11月至2013年3月冬运5个月期间，15号线电动客车走行公里为6724073公里，百车牵引电耗为186.86。这期间实际单车牵引电耗金额=6724073 × 186.86 ÷ 100 × 0.79元（最低工业用电）=9926036元

如按标准化驾驶前的百车牵引电耗193.25计算，2012年11月至2013年3月冬运5个月期间，单车牵引电耗金额=6724073 × 193.23 ÷ 100 × 0.79元=10265474元

2012年11月至2013年3月冬运5个月期间节能金额=10265474−9926036=339438（元）

按照2012年11月至2013年3月冬运5个月期间月均节能金额推算，15号线实施电动客车驾驶作业标准化后，一年12个月节能金额推算=339438 × 5 ÷ 12=814651.2（元）

（四）列车故障率降低、管理成本下降

通过实施驾驶标准化，乘务员过去种种不规范驾驶对列车造成故障的概率大大降低。标准化驾驶对降低列车故障率主要体现在：一是低速牵引出站，对列车通过断电区（特别是望京西出站），对三轨瞬间停电造成CVS、VVVF系统的故障率大幅降低。二是过去乘务员频繁地、不规律地牵引、制动列车对车上电器容易造成冲击。

2012年中心实施电动客车驾驶标准化后，列车故障率的下降，同时带来了车辆维修成本的降低。2011年公司15号线车辆维修成本为8.54元/车公里，2012年车辆维修成本下降为5.27元/车公里。

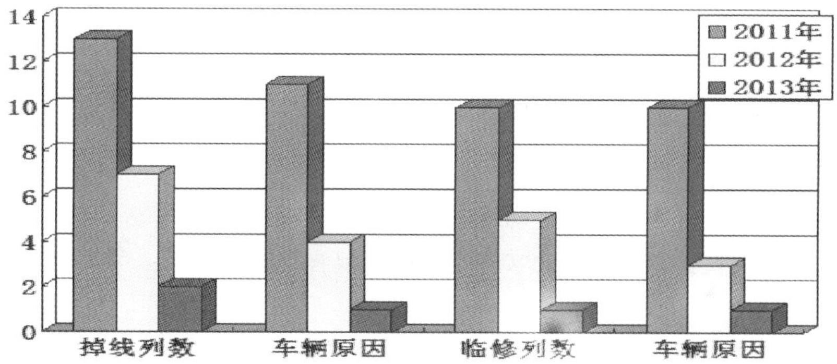

2011年至2013年3月底15号线车辆故障统计表

（五）中心在北京地铁运营生产指标积分管理中取得硕果

“安全、准确、高效、服务”是北京地铁的运营宗旨，运营生产指标就是中心管理的生命。15号线乘务中心以打造优秀运营服务商为目标，坚持以技术创新和管理创新为强大动力，不断探索总结质量管理经验，通过孜孜不倦地学习、吸收现代质量管理手段和方法，优化管理体制和管理机制，不断完善各项规章制度、标准，通过北京地铁15号线电动客车驾驶作业标准化的管理创新及全面实施，运营生产指标有了大幅度提升，2012年，在北京地铁公司实行的运营生产指标积分管理评比中，本中心在13个乘务中心排名中3次名列第一，并荣获得2012年度先进单位荣誉称号。

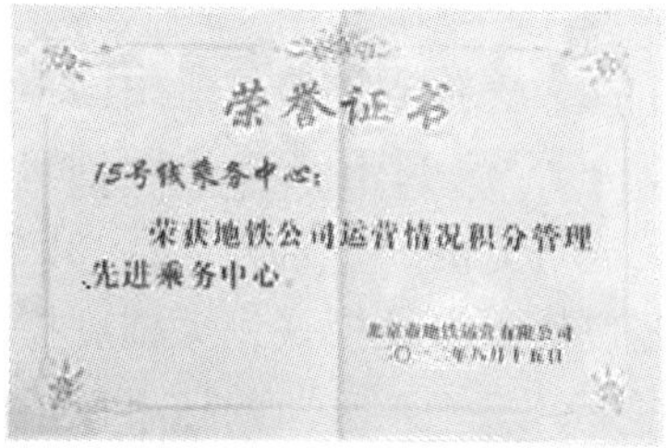

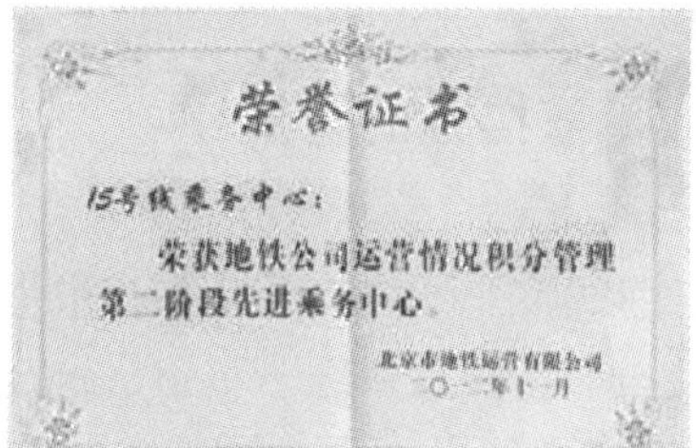

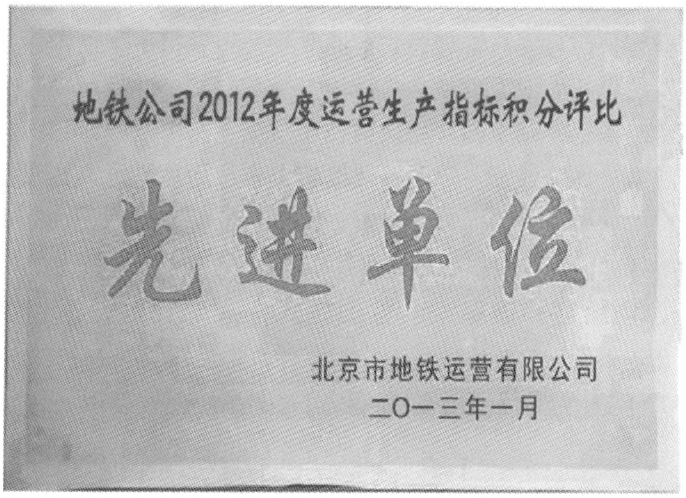

成果创造人：王晓军　魏宏峰　管永刚　孙　忠　王东亮　陈小建　徐小北　李　旭　张　琨　郑　梅

创新客户信息安全管理模式 实现安全管理和运营效率双提升

中国移动通信集团北京有限公司
荣获第二十八届北京市企业管理现代化创新成果一等奖

为保障重要业务系统的安全性，规范操作人员的操作行为，防止部分操作人员违规获取、篡改敏感信息，避免由于高权限账号被滥用引起高危操作，北京移动创新实现了“客户信息安全管理模式”，其核心是将敏感信息模糊化处理，降低其敏感度，对无法脱敏的关键敏感信息，通过多人制衡的金库授权方式对高权限的使用进行监督和控制，结合分场景授权、多种授权方式、多种审批关系、授权时长控制等策略配置，实现全网管控集中化，使信息安全管理得到大幅提升，同时提高了运营效率。

这套机制涵盖了CRM、BOSS、网管、BI、CMOD、VGOP、ESOP、4A等18个业务系统，能够有效地管控营业员、客服人员、客户经理、市场管理人员、系统开发人员、系统运维人员、合作伙伴等1万多名人员的系统访问路径，涉及业务办理、处理投诉、客户服务、营销拓展、系统开发、系统运维、渠道推广等数百种操作行为，有效保护了北京公司2000多万的客户信息。

通过创新客户信息安全管理模式管控客户信息和敏感业务操作，保护客户合法权益、避免客户投诉和公关危机、提升客户忠诚度，该项目在客户信息安全保护方针、全面集中的安全管控、提高工作效率、减少用户等待时间等方面具有较强的创新性。

创新客户信息安全管理模式帮助北京公司获得了工信部颁发的十八大保障先进单位、中国移动集团公司颁发的十八大保障贡献奖、最佳安全平台奖、北京移动管理创新一等奖、中国移动集团创新二类成果等多个奖项，得到中国移动集团公司李正茂副总裁的肯定，圆满完成了党的“十八大”和2013年全国两会信息安全保障任务，强有力地保护了客户信息安全，相对传统客户信息管理模式，大幅度提升了运营效率，节约了大量的人力、物力、财力，贯彻了中国移动“正德厚生，臻于至善”的核心价值观，彰显了中国移动的良好形象和社会责任！

一、创新客户信息安全管理模式，实现安全管理和运营效率双提升的背景

近几年来发生多次客户信息泄露事件，损失巨大，触目惊心。

2007年4月，亚信公司在浙江公司查询系统上安装木马，非法查询200多个客户通话详单并获利2万多元；

2008年，联创工程师在海南公司计费系统中利用自制工具提取漫游用户信息，出售给第三方获利；

2008—2009年，宁夏、吉林、辽宁、湖北等省公司WAP网关被入侵，非法发起订购造成MISC系统违规添加订购关系，涉及用户3200万户，涉及费用2.7亿元，涉及14个省；

2009年，厂家人员破解了广东公司系统管理员局数据配置账号密码，获取交换机上位置信息牟利；

2009年，SP等合作伙伴利用福建、浙江、湖南公司利用LBS业务协议漏洞违规获取用户位置信息；

2009年2月至2010年7月，辽宁、上海、江西业支及厂家人员多次在前台和后台违规对用户详单进行批量查询操作；

2010年，北京移动联通员工私售客户个人信息，并修改百余客服密码；

2010年3月，网站www.ernai.org非法向社会提供多个地区的客户位置信息和用户详单；

2010年4月，诺西员工利用四川公司网管账号，非法登陆HLR修改IMSI/MSISDN信息，获取通话记录。

同时，国家战略和集团战略都把信息安全提升到了极高的层次，中国移动作为中国最大的运营商，肩负着重大的信息安全任务。

从国家战略上，信息安全已经关系到国家安全、国计民生、经济发展、社会稳定。全国人民代表大会颁布了《关于加强网络信息保护的决定》，要求各运营商保护公民信息安全。党的“十八大”报告中首次明确提出了“健全信息安全保障体系”的目标。

从中国移动集团战略上，奚国华董事长在中国移动2012年战略管理工作会上指示：保障网络与信息安全，履行社会责任，确保社会稳定。李跃总裁明确要求：“要加强系统超级账号管理，严防由于账号管理不善带来的信息安全风险，加快在网络系统和支撑系统建立‘金库’管理模式，要明确定义涉及的系统模块范畴，详细制定管理规则，并开展相关系统建设。”

北京是国家首都，是国家的政治中心和文化中心，经济正在飞速发展中，众多政府机关领导、企业家、演艺明星等各类成功人士云集于此。北京公司的业务支撑系统存储着大量的客户信息，公司各部门员工和开发商数千名人员都可以因工作需要获取到不同类型的客户信息。一旦客户信息的安全不能得到有效的保证，将会给整个公司的业务收入、企业形象、客户满意度等带来重大影响，甚至影响社会稳定，造成难以估量的损失。

建设安全防护体系已成为中国移动特别是北京移动迫在眉睫的重要任务。

二、创新客户信息安全管理模式，实现安全管理和运营效率双提升的内涵

本成果以高价值信息资产为核心，全方位管控了全网所有敏感数据和高风险操作，将高危操作低危化处理，缩小保护范围，简化业务受理流程；结合分场景、分级别管控高危操作，提供灵活多样的审批及授权方式；同时采用六个集中的方式提升整体管控能力，使信息安全管理得到大幅提升，同时提高了运营效率。

“客户信息安全管理模式”体系架构如下：

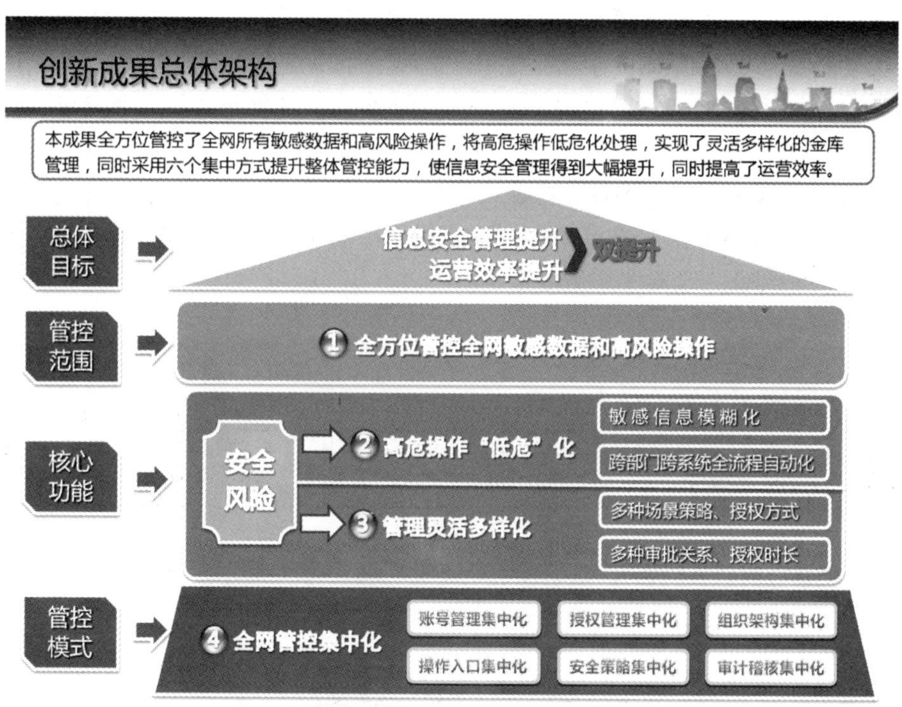

图1　创新客户信息安全管理模式体系架构图

本体系覆盖了18套业务系统2000万用户信息，涉及管控营业员、客服人员、系统开发/运维等1万多名人员，规范了业务办理、营销拓展、系统开发运维等百余种操作行为。本体系以高价值信息资产为核心，通过敏感信息“低危化”、在各个业务环节屏蔽敏感信息；缩小保护范围，创建了“安全、自动、高效”的业务流程；分场景、分级别管控高危操作，提供灵活多样的审批方式，提升了工作效率。本体系覆盖了所有信息安全相关的人员岗位，全部业务系统，最终实现安全管理效率和运营效率双提升。

（一）以高价值信息资产为核心，达到了安全风险全面管控

本成果以客户信息、通话详单等15种高价值信息资产为核心，全面管控所有信息资产、系统、操作和人员，确保全面管控了全网所有安全风险，杜绝安全漏洞。

本成果已经全面覆盖了所有营业员、客服人员、系统运维人员、开发商等1万多人，管控了BOSS、CRM、BI等18套系统，涉及客户信息、通话详单、短信内容、积分、业务及套餐、经分报表、话费、充值卡、客服密码、VIP客户、优质号码、核心主机、数据库、账号口令、短信群发的内容15种高价值资产信息，强有力地保护了2000多万用户的信息，大幅度降低了安全风险。

金库管理的"金"，包括核心的通信基础设施，核心基础网络设备，核心主机系统，核心应用，用户资料，通话详单，战略规划资料，企业报表等高价值信息。资源覆盖业务支撑网BOSS、CRM、BI、ESOP、CMOD、VGOP、ILM、4A、电子商务等核心应用，资源查询、资料下载、业务办理等总计34种应用场景。经过梳理及细化，目前已梳理出客户资料、客户详单、订购关系、消费信息等8大类、40小类高风险操作场景。

（二）高危操作"低危"化，在各个业务环节屏蔽敏感信息

为了全方位保护客户信息和敏感业务，确保全公司所有可能出现的高风险操作都受到金库模式的管控，深入分析了央视"3·15"晚会、媒体对客户信息泄露事件的报道、中国移动各省公司发生的客户信息泄露和卡号被盗等35个安全事件，详细分析了涉及客户信息的346个投诉，归纳总结出了有可能对客户产生较大损失的客户信息泄露、号码被盗、号码被违规停机等事件，走访了营业厅、客服坐席、市场部、品质部、集客部、网络部、信息系统部、系统开发商等单位，与各部门相关领导、职能管理人员、系统开发人员、系统运维人员、营业员、客服坐席等各个岗位共182人进行了深入访谈和调研，深入了解了日常工作中可能发生的客户信息泄露和违规业务操作等安全风险，对NGCRM、BOSS3、NGBOSS3.0、BI、CMOD、VGOP、ESOP、4A等18个业务支撑系统的前台业务应用操作和后台系统操作都进行了全面细粒度的深入调研。最终形成《客户服务中心业务风险画像》，量化评估各类业务风险并确定关键高风险，在此基础上着力有限解决关键高风险隐患。重点进行了脱敏详单改造，对详单中的关键字段进行模糊化脱敏处理，从源头上降低了客户泄漏风险。

1. 客户服务环节屏蔽敏感信息：屏蔽了客户通话详单中的对方号码，避免员工在客户服务环节看到客户隐私，即使该信息泄露也不会对客户造成影响。

机主手机号	主叫 / 被叫	对方号码	通话时间	通话时长
13901234567	主叫	138******56	2013.4.16 09：39	135 秒
13901234567	被叫	01065****98	2013.4.16 10：08	56 秒

2. 营业环节屏蔽敏感信息：屏蔽了所有营业环节中的客户个人信息，避免内部员工通过手机号查询客户信息。

手机号	13901234567
姓名	王*
家庭住址	北京市***
身份证号	110***

3. 经营分析环节屏蔽敏感信息：屏蔽了经分系统报表和查询界面中的敏感信息，确保公司敏感信息不会泄露。

4. 系统开发环节屏蔽敏感信息：在BOSS、CRM、BI等系统主机和数据库中，将敏感信息进行加密，避免信息泄露。

针对高危操作行为，通过以上脱敏改造将其低危化，使信息安全风险控制点从336个降低到19个，彻底消除了安全风险，从源头确保信息安全，同时创建了安全、自动、高效的业务流程，减少流程中人员的操作，降低信息泄漏风险，同时采用安全自动化的查询分析系统，提高了工作效率。

以业务受理为例，原业务流程设计6个环节，3个二级部门，如下：

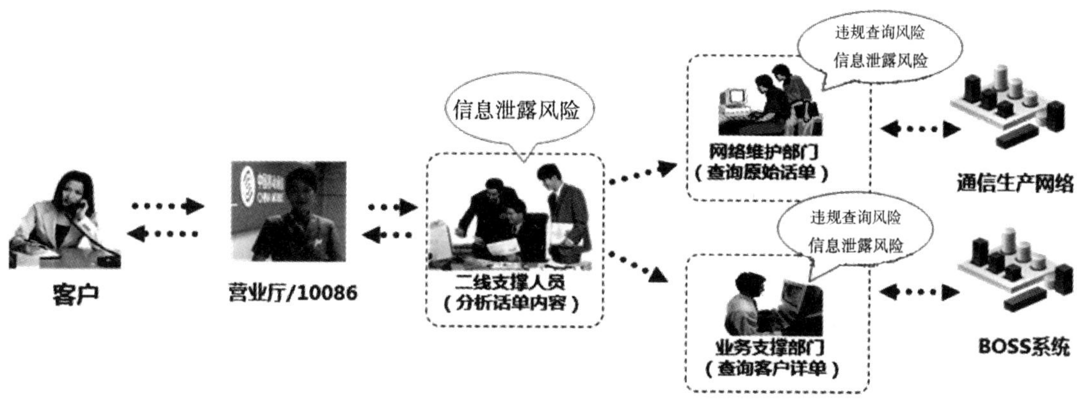

金库模式管控改造之后，同样的业务受理流程，涉及用户详单的投诉处理流程减少为2个环节，1个二级部门，削减了各部门大量高风险操作，缩短了业务受理时长，提升了客户满意度。优化后的流程如下：

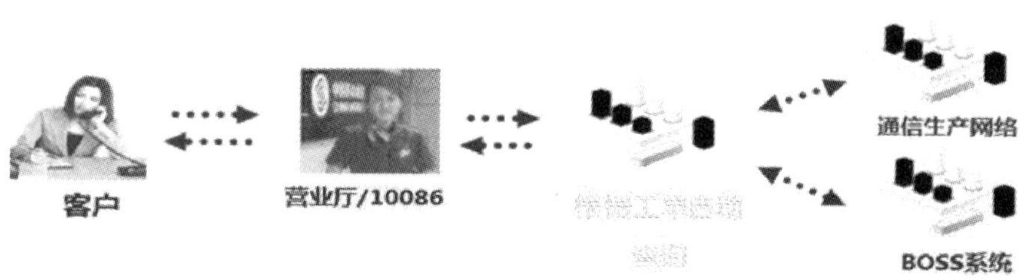

（三）分场景、分级别管控高危操作，灵活多样的审批方式，提升工作效率

针对无法“低危化”的核心敏感数据的高风险操作，要求必须经过上级审批才能执行，从而降低安全风险。系统提供了灵活多样的审批方式，保证工作效率不会受到影响。

传统的双人金库操作模式有如下弊端：

1. 传统金库模式策略单一，不分高危级别；

2. 仅支持现场授权，即授权人必须在现场；

3. 授权人员单一，只有部门领导有权审批，增加领导工作量；

4. 仅支持单次授权，即每次申请仅当次使用有效。

创新后的金库模式有如下创新功能：

1. 本成果可据用户操作的范围和信息敏感级别，分场景、分级别设置不同策略，目前梳理了一般金库管理策略和高危金库管理策略，对不同的管理策略有不同的授权方式、授权时间控制。

一般金库管理策略：

允许选择现场授权方式、短信授权方式、工单授权方式、

允许选择按次授权和时间段授权

支持权限下放

高危金库管理策略：

必须使用现场授权

只能选择单次授权

不允许权限下放

2. 金库系统短信远程授权、现场授权和工单匹配三种模式，由管理员灵活选择设定。

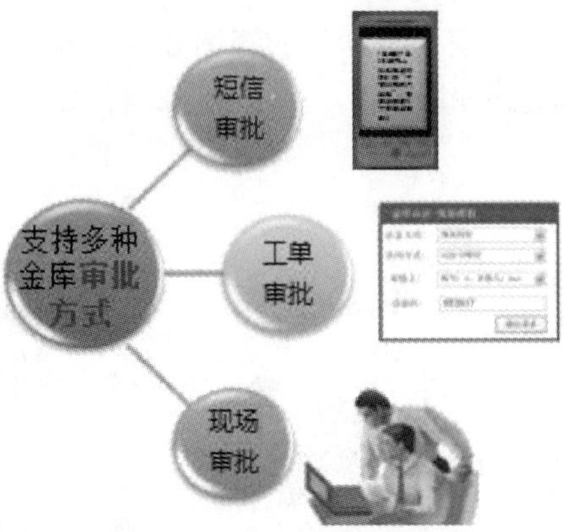

3. 根据项目实施过程中梳理出清晰的授权体系，并根据这个体系梳理出了操作人与授权人授权关系表。在执行金库操作时，员工可以根据实际需要，灵活地在多个上级人员中选择一人进行授权即可。根据北京市公司的授权梳理，平均每人有8个审批人可选，丰富了操作人员的审批人，同事也降低了审批人的工作量，提高了操作人员的工作效率。

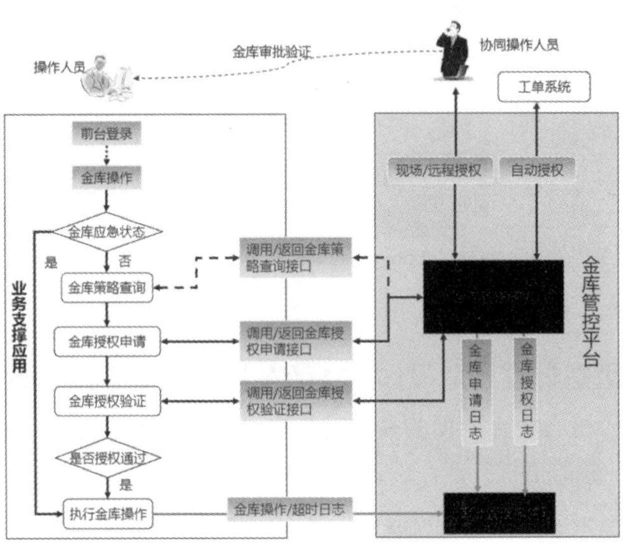

图2　金库审批流程

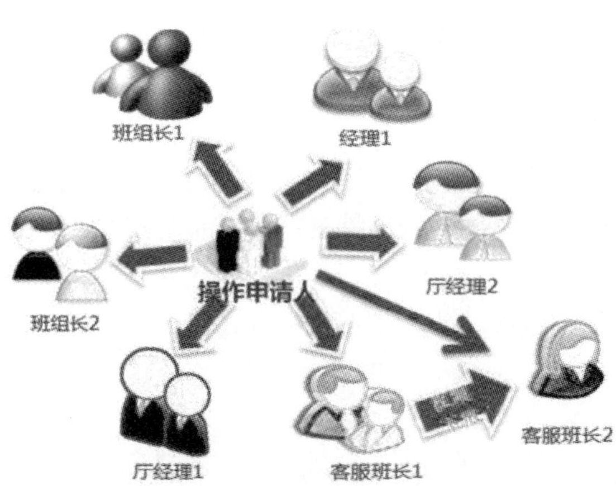

图 3　多个审批人选择

金库管控体系具有非常好的可扩展性。根据不同的敏感数据类型，不同的业务，不同的时段进行管控，例如，敏感SQL语句的识别管控，重点配置文件的增删改，业务敏感时段的敏感操作等，触发不同的管控指令，做到灵活多变。

（四）全网管控集中化，开创了管理体系和系统平台的六个集中

金库模式与4A管理平台相辅相成，开创了六个集中的管控模式，实现了账号管理、授权管理、组织架构、操作入口、安全策略、审计稽核的全面集中管控，确保了系统开发和业务操作统一高效执行。

1. 账号管理集中化：全网账号管理

账号集中化涉及前台页面、数据库、系统账号，目前已梳理了全公司12007名员工、1451名合作厅人员、855名厂商人员的账号及授权关系；梳理了1038台主机，343个数据库、268台网络设备，18套应用系统；整理出14957个主账号，196485个从账号。

2. 授权管理集中化：资源、角色、部门授权体系

授权涉及资源、角色和部门授权三方面，目前4A系统和金库模式采用RBAC授权模型，梳理并提供角色级授权机制，按照角色形成角色组，将角色权限整体复制，建人-角色-权限模型，跨系统、跨资源授权 。

3. 组织架构集中化：数据总线模式

4A系统和金库模式创新地使用了数据总线，梳理金库体系及管控体系的上百种接口并进行标准化，所有接入系统实现一点接入，功能公用，节约单独开发的工作量及成本。

4. 操作入口集中化：统一入口

操作入口主要包括统一入口和多认证方式两方面。统一入口彻底改变各系统为提升安全级别，进行独自改造的方式，金库体系提供统一认证入口，同时根据不同角色，提供多级别认证方式，如账号密码、短信随机码、数字证书、硬件令牌、Ukey、生物识别等。

1. 安全策略集中化：一点配置，全网通用

根据场景、操作、业务的不同特点，按照各自特征，配置不同的安全策略，同时做到一点配置，全网适用，结合业务敏感度及适用范围，配置访问级别及授权级别。

2. 审计稽核集中化：金字塔审计模型

首创金字塔审计模型。将全网业务的海量操作逐层筛选、去重、归并，格式化，将用户关心的操作/行为，以立体、形象的各种图表、饼图、雷达等形式进行展现。

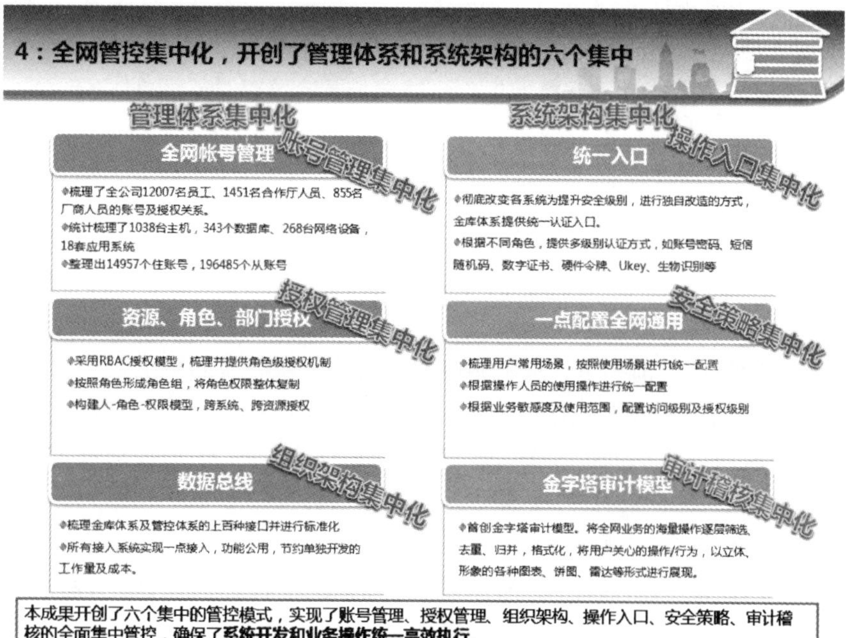

三、创新客户信息安全管理模式，实现安全管理和运营效率双提升的主要做法

该成果的创新点主要体现在三个方面：

（一）理念创新：化堵为疏，化危为机

首创“化堵为疏，化危为机”的管理理念，将敏感信息脱敏化、高危操作低危化，从源头确保安全，简化操作流程，提升工作效率。

脱敏详单功能转变以往单一的事后稽查风险控制手段，探索以内部环境为基础，结合中心工作目标，强化主动防御的系统风险控制手段，使风险化为无形。激发了客户服务中心对主动防御系统风险控制模式的探索动力。除从源头上降低信息安全风险外，项目还提出了统计分析功能，可以结合统计分析功能实现定量定性结合的评估及预警，并通过风险稽查发现改进机会，提供合理保证的同时发挥风险管理的显性价值。

通过对客户信息和详单脱敏改造，信息安全风险控制点从336个降低到19个，比率达到94%，月均非脱敏详单查询笔数降低2000笔，从源头上降低了客户信息泄露风险；同时减少部门间流转过程中信息检查审批的环节，由原来的平均6个环节，减少至2个环节，变堵为疏，整个流程更加顺畅；打通信息流通环节，将信息安全的危险转变为流程优化的机会，大幅度精简了信息流转过程，提高了业务运营效率。

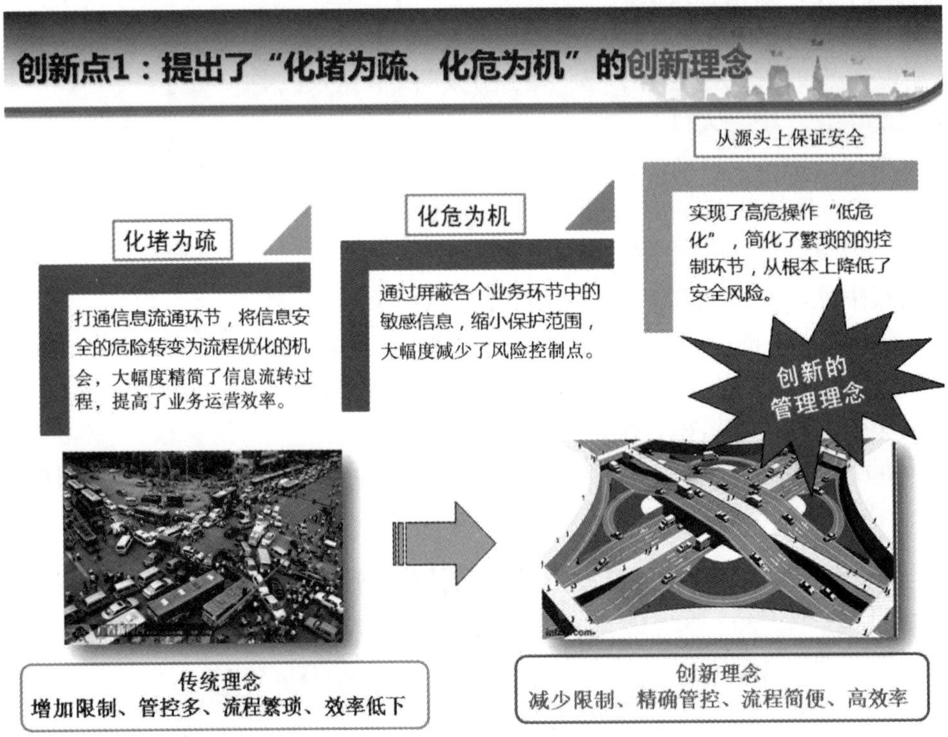

（二）形式创新：灵活多样，安全高效

开创了“灵活多样、安全高效”的管理形式，使操作人员、审批人员、安全管理人员都能灵活自如地完成操作，确保操作合规。

在保证信息安全有效管控的前提下，极大地降低了各个权限管理角色的工作量，提升了工作效率。安全管理人员可以深入、细致地对典型应用场景、业务、操作进行分类分级别授权；审批人员灵活配置时间范围、触发条件、权限下放范围；操作人员可以通过短信授权、工单授权或者现场授权，灵活安全地取得授权，提高工作效率。

支持灵活多样的审批关系、触发条件、授权方式、授权时长和审批权限下放等功能，平均每个员工在进行每次金库操作申请时，可以选择38个审批人、2种触发条件、3种授权方式、24个时间范围和26个权限下放人员，也就是每个员工及其上级审批人员在执行任何一次金库模式操作时，有

38×2×3×24×26=142272种选择！相比传统的现场输入密码的授权方式，这种极其智能灵活的金库管控系统，给予员工及其上级审批人员充分的选择余地，确保了员工工作效率的提高和用户等待时长的缩短。属于行业内创新。

（三）模式创新：集中管控，降本增效

首创“集中管控，降本增效”的管理模式，确保六个“集中化”，降低系统软硬件投资，提升运营效率。

金库模式集中管控，实现了账号管理集中化、授权管理集中化、操作入口集中化、安全策略集中化、组织架构集中化、审计稽核集中化，覆盖全公司1万多名员工和开发商，使18个业务系统统一、快速地接入安全系统，减少了重复投资，提高了开发速度，极大地降低了管控难度，提升了管控水平。

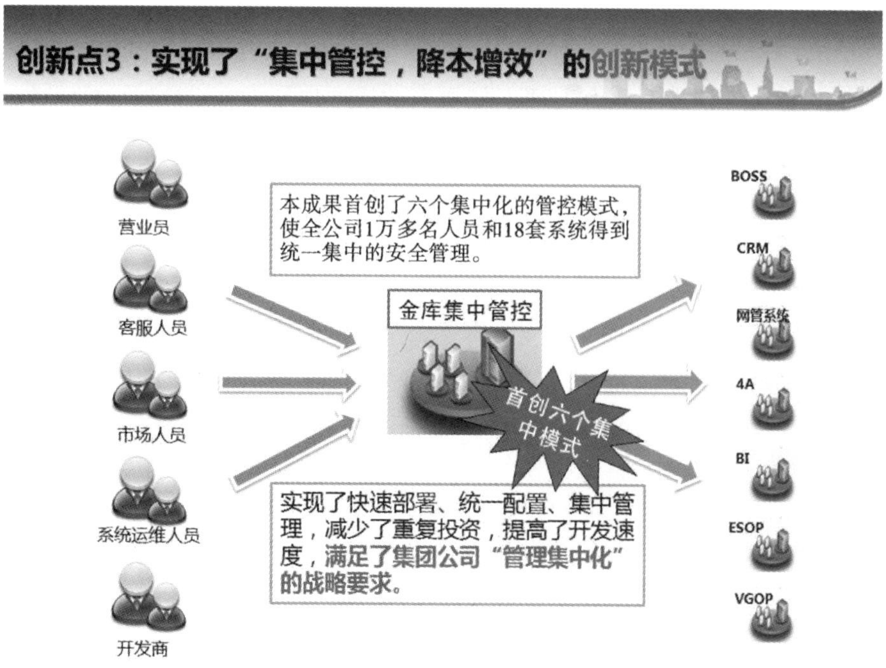

四、创新客户信息安全管理模式，实现安全管理和运营效率双提升的效果

（一）获得多个重大奖项，显著提升中国移动社会形象

本成果获得了工信部颁发的十八大保障先进单位、集团公司颁发的十八大保障贡献奖、最佳安全平台奖、北京移动公司管理创新一等奖、中国移动集团创新二类成果等多个奖项，并且完成了党的“十八大”和2013年全国两会保障这一历史使命和重大责任，使公司的社会形象显著提升。

（二）取得每年1286万元的可量化经济效益和更多无法估量的效益

本成果节约了大量的人力、物力、财力，折算经济效益达到每年1286万元，同时还避免了客户信息泄露、违规业务操作、操作疏忽等影响，其经济效益无法简单用金钱衡量。

其中本成果与传统双人操作模式相比，节约操作人员38人/年，单个人员的成本按20万元/年计算，则可节约成本38×20=760万元/年；本成果与传统双人操作模式相比，节约审批人员6.6人/年，节约稽核审计人员8人/年，单个人员的成本按20万元/年计算，则可节约成本14.6×20=292万元/年；系统集中化管理，减少购买18台系统硬件服务器，5万元/台，节约硬件投资18×5=90万元；安全管控功能集中化开发，避免各个系统单独开发，节约720人/天开发商工作量，按照2000元/人天计算，折合人民720×2000=144（万元）。

（三）信息安全管理水平全面提升，安全风险大幅度降低

本成果使前台业务操作和后台系统操作的安全风险大幅降低，信息安全管理水平大幅度提升。使安全管理模式由原来星状结构，创新性地发展为“人人参与、群防群控”的网状结构，使信息安全管理责任有效的落实，全体员工都担负起了安全监督员的角色，大大降低了安全事件发生的可能性，实现了进不来、拿不走、看不懂、改不了、逃不掉！

通过金库模式的建设及使用，业务前台高风险操作降低了50%，业务前台稽核合规率提升至99%，系统后台高风险操作降低了60%，系统后台审计合规率提升至100%。

（四）运营效率显著提升，客户满意度随之提高

人性化金库管理，全公司平均每月8万笔敏感操作，其审批耗时减少了80%；话单脱敏成效，业务前台人员的真实详单查询大幅减少，脱敏详单查询大幅增加，审批量减少了58%，稽核工作量也降低了58%；金库支撑的原始话单自动查询工具，每月约200张投诉工单，处理每张工单节约5工时，流转次数减

少6次，极大地提升了运营效率。

本成果减少了一线营销人员、客服人员、投诉处理人员、系统后台人员、审计稽核人员以及相关领导的工作量，实现了公司运营效率的提升。

本成果得到上级肯定，达到标准化、体系化，且已在山东移动、黑龙江移动、湖北移动、上海移动、浙江移动、广东移动、陕西移动等全国十多省份全面推广，应用范围包含移动公司的全部业务。推广效果达到预期，建议在全国所有省份推广使用。

附录：名词解释

CRM：（Customer Relationship Management）即客户关系管理。是指企业用CRM技术来管理与客户之间的关系。

BOSS：（Business & Operation Support System）。该系统由电信部门的计费系统发展而来，基本功能包括用户资料管理、计费、出账、结算等，负责登记用户资料、开启或停止对用户的服务、实时地根据不同套餐资费标准计算手机、固定电话用户通话时的消费金额，准实时及定期计算用户账单，实时或定期结算用户漫游费用。

BI：（Business Intelligence）。即商务智能，它是一套完整的解决方案，用来将企业中现有的数据进行有效的整合，快速准确地提供报表并提出决策依据，帮助企业做出明智的业务经营决策。

CMOD：详单查询系统

VGOP：（Value-added Service General Operation Platform），中国移动目前已建立了增值业务综合运营平台（VGOP，即 Value-added Service General Operation Platform），并依托VGOP建立了一套业务能力开放和互通的体系。实现了业务能力的统一开放，业务平台能力和网络能力（如DM、位置、邮箱）等可以通过VGOP供其他系统调用；实现了能力标准化和接口标准化，新的互通应用实现不需要对原有平台和网络进行大规模改造，只需要开发一套接口就可以实现对不同业务能力的调用，业务互通调用的开发量和开发周期大大缩短，效率大大提高。

ESOP：ESOP（Enterprise Service Operation Platform）是中国移动集团客户业务综合运营平台。中国移动集团客户业务综合运营平台（ESOP）是通过对已有系统功能的能力化封装与集成，通过统一的门户界面给系统使用者提供综合、一站式的服务。

4A：认证Authentication、账号Account、授权Authorization、审计Audit，中文名称为统一安全管理平台解决方案。即将身份认证、授权、审计和账号（即不可否认性及数据完整性）定义为网络安全的四大组成部分，从而确立了身份认证在整个网络安全系统中的地位与作用。

ILM：（Information Lifecycle Management，ILM），信息生命周期管理。

NGCRM：（Next Generation Customer Relationship Management）NGCRM就是第二代客户关系管理软件系统

成果创造人：董　昕　范　冰　刘殿锋　苗　桥　丁　健　杨海威　姜宏岩　张　阳　侯　芳　孙　晶　徐　猛

创新互联网内容管理模式　提升互联网内容管理能力

中国移动通信集团北京有限公司
荣获第二十八届北京市企业管理现代化创新成果一等奖

中国移动通信集团公司（简称“中国移动”）于2000年4月20日成立，拥有全球第一的网络规模和客户规模，是北京2008奥运会合作伙伴。中国移动全资拥有中国移动（香港）集团有限公司，由其控股的中国移动有限公司在国内31个省（自治区、直辖市）和香港特别行政区设立全资子公司，并在香港和纽约上市。主要经营移动语音、数据、IP电话和多媒体业务，拥有“全球通”、“神州行”、“动感地带”等著名客户品牌。

中国移动通信集团北京有限公司（以下简称“中国移动北京公司”）是中国移动通信集团公司的重要成员之一，1999年国家决定电信分营时，从原北京电信管理局分出、组建成立，是传统的国有大型企业。中国移动北京公司于2000年12月在香港和纽约两地上市，成为国有控股海外上市公司。

中国移动互联网业务经过近3年的发展，已经进入流量高速增长的关键时期，周边终端产品和业务种类不断增多，互联网业务收入也逐年上升。面临产业大发展、大变革和大融合的新形势，公司正面临着巨大的机遇和挑战。互联网业务能否持续稳定、健康、快速的发展，直接关系到公司在今后日益激烈的市场竞争中能否保持领先优势，保证公司未来长远发展的动力。全业务运营和产业融合给电信运营商带来新的机遇，同时也带来了前所未有的挑战。面对智能终端的普及、LTE的发展和新兴互联网业务对传统网络的冲击，互联网业务对于公司的持续发展和长期经营起着越来越重要的作用。

一、创新互联网内容管理模式　提升互联网内容管理能力的背景

目前公司的战略规划着眼于全业务发展，希望通过推进互联网业务实现公司增长模式的创新，从而实现行业领先。中国移动互联网近3年流量年均增长率超过100%，正处于流量高速发展时期，发展的同时也面临着诸多问题，其中主要问题是：结算成本高、用户感知差，究其根本原因是内容本网率低。在流量快速增长的情况下，“降低成本”和“提升感知”均需要实施有效的内容管理。

集团公司在2012年初的网络工作会上对互联网工作进行了总体要求和部署：“一个必须，三个极致”：必须实现2G网络质量的全面领先，巩固当前的立身之本；并在力所能及的范围内，将流量管理做到极致、互联网内容管理做到极致、四网协同管理做到极致，锻造我们的可持续发展之基。

过去北京CMNET省网主要承载自有业务系统，流量小，业务种类单一，网络结构简单。网络管理方面基本属于“无为而治”，主要关注设备故障。2012年初北京公司流量本网率仅为12.16%（全国倒数第一），省网网间结算费用133万元（全国最高），互联网分析手段仅限于华为流控系统，无自建CACHE和CDN等网内资源，IDC管理重心更偏重盈利而不是内容引入。随着互联网业务的全面开展，用户流量成为主流，北京互联网业务网间结算成本高、用户感知差，网内资源匮乏的现状凸显。如何实施有效的内容管理，实现“降低成本”和“提升感知”是北京公司互联网工作中的重心和难题。

二、创新互联网内容管理模式　提升互联网内容管理能力的内涵

互联网发展的趋势势必将由内容管理来决定。北京公司于2012年3月成立互联网质量提升项目管理团队，围绕互联网内容管理组织进行管理模式和机制等方面的创新工作，以适应互联网发展的大势所趋。通过互联网质量提升项目管理团队内部讨论，从成本、质量、手段三个维度，将“引流量降成本”、“调结构优质量”定为工作方针，“建体系增手段”作为管理工具的完善和管理成果的闭环考核。如下图所示：

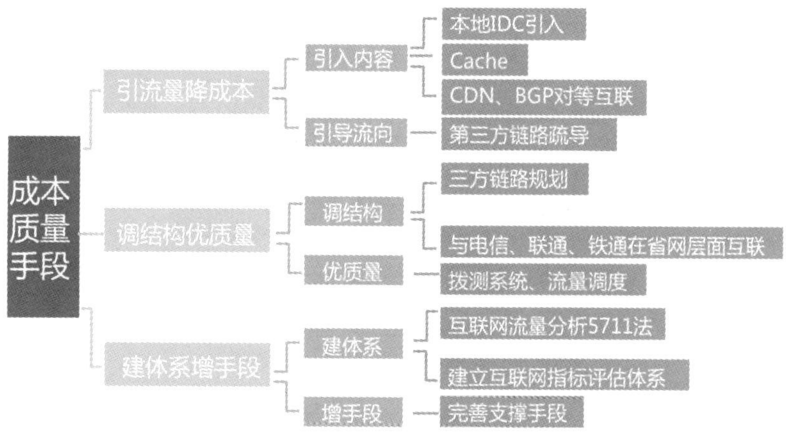

图 1　总体管理思路

（一）引流量降成本

“引流量降成本”是解决互联网质量问题，提升客户感知，促进互联网业务发展的根本，也是我们工作的重心。力图通过本地IDC引入、Cache系统应用以及CDN、BGP资源的引入来丰富网内互联网资源；通过第三方链路疏导，来解决网间访问质量的问题，提升客户感知。

（二）调结构优质量

“调结构优质量”是在“引流量降成本”的基础上，应对业务发展的需要和业务质量的要求，从网络侧及时调整网络结构、优化省网出口、扩充网络能力和设备性能，从硬件层面保障互联网业务的开展。

（三）建体系增手段

“建体系增手段”是在管理工作进行的同时，完善配套分析、测试系统，强化管理工具；同时，制定考核手段、考核目标，建立考核制度，对管理工作的实际效果进行闭环管理，并找出短板，在后续工作中加以优化和改善。

三、创新互联网内容管理模式　提升互联网内容管理能力的做法

（一）引流量降成本

作为工作重心，从网络层面、商务层面、技术层面做了大量工作，具体分为以下几个方面：

1. 建立IDC内容协同引入策略

网外热点资源受价格限制，引入工作难有进展。通过分层分级定价机制，制定内容协同优惠政策，以价格为杠杆推动引入工作的开展。IDC内容协同引入策略如下图所示：

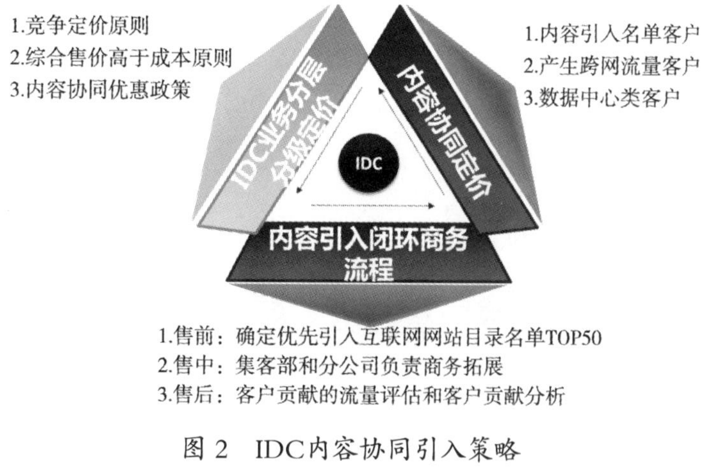

图 2　IDC内容协同引入策略

通过技术手段，分析网外热点，同时建立部门间协作机制，建立一套引入流程，从热点的选取、引入到后期的评估、优化，打通了一条绿色通道。建立引入评估机制和闭环管理流程，实现多部门之间的联动。目前已梳理出Top50网外热点域名列表，下发至集客部优先引入。IDC引入流程如下图所示：

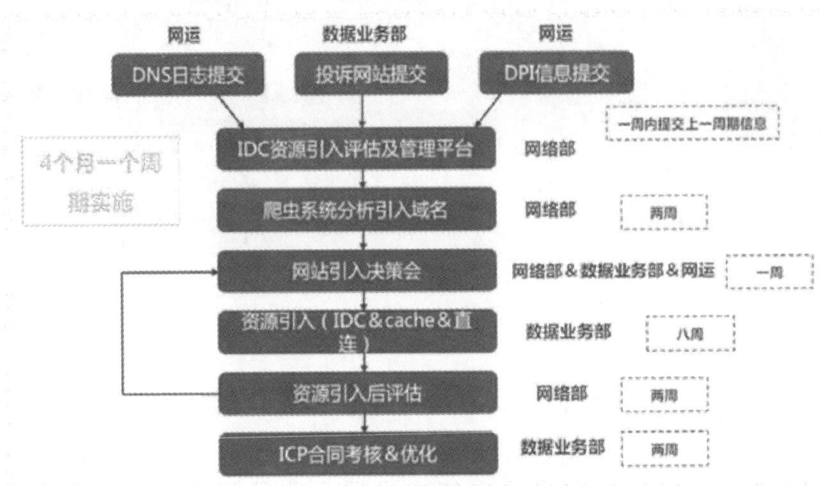

图 3　IDC引入流程

2. 持续提升缓存效能

网内引入缓存系统，将网外热点缓存至网内，加快了网外热点的访问速度和访问质量。系统引入后，通过在缓存上线过程中的不同阶段，建立缓存管理流程，实现对缓存的有效管理；针对网间流量较大的应用层协议：HTTP、P2P进行了专项优化。对于HTTP，进行了视频优化，并开启网页小文件缓存；对于P2P，开展了PPlive优化、P2P调度路由调整、迅雷模块优化、QVOD模块优化等一系列优化工作。同时针对缓存系统本身，也在硬件与网络配置、流控转发流量遗漏问题、模块功能等方面进行了调整。随着优化工作的开展，Cache吐出流量明显上升，Cache系统流量趋势如下图所示：

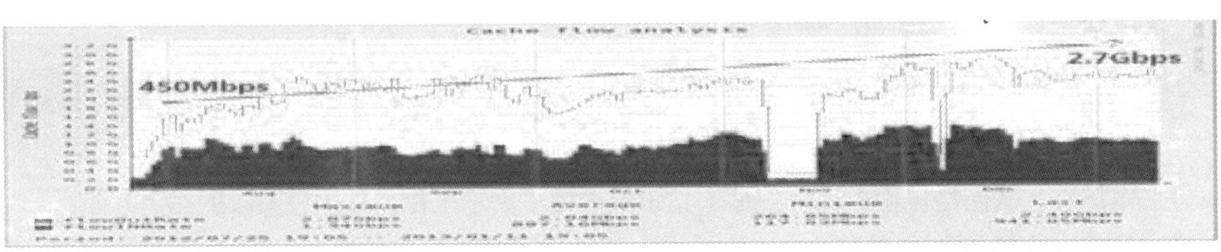

图 4　Cache系统流量趋势

3. CDN资源试点引入

在积极进行资源引入的同时，从互联网发展的基础工作做起，积极引入互联网资源。根据前期的市场调研，以蓝汛、网宿科技、上海帝联和世纪互联四家CDN和IDC厂家作为试点，进行入网测试，通过为期三个月的测试，这三家日均提供827Mbps流量，占到流量本网率中的4.7%。CDN资源试点引入流程如下图所示：

图 5　CDN资源试点引入流程

4. 跨网流量三方疏导

作为“引流量”的重要举措之一，利用第三方疏导集团出口的跨网流量是目前减少跨网流量支出较好的解决办法。在流量疏导策略的同时，按照用户分类、流量特征和质量要求统筹规划三方链路的流量分配。优化现有组网结构，提高三方链路效率和可用度。集团出口跨网流量疏导至第三方链路后，在省网流量不断增长的情况下，第三方链路利用率不断提升，峰值带宽利用率从8月的40%提升至12月的88.17%，相应网间结算费用（省网部分）大幅下降，从8月的133万元/Gbps降至11月的80.8万元/Gbps。跨网流量及三方带宽利用率统计如下图所示：

跨网流量及第三方带宽利用率			
统计项	9月	10月	11月
省网流量统计（Gbps）	15.00	16.27	17.57
第三方出口流量（Gbps）	2.12	2.41	3.00
第三方出口忙时带宽利用率（%）	53.53	75.98	82.45

图 6　跨网流量及三方带宽利用率统计

（二）调结构优质量

如果网络结构、设备能力、网络容量不能对业务发展进行支撑，那之前的一系列流程、策略乃至优化工作只能纸上谈兵。在现有网络架构的基础上，结合北京公司互联网发展的需求和特征，对网络结构进行了以下两种优化方案：

1. 三方出口智能选路方案

原有第三方出口承载着家庭客户、部分WLAN客户、集团客户的跨网流量，存在很多功能缺陷：无法及时发现第三方内部网络故障和疏导业务；原有网络架构存在单点故障的隐患；无法实现动态的负载均衡充分利用带宽；无法针对特定应用定向疏导；无法针对不同第三方链路间的质量差异优选链路。

通过前期调研和分析，对三方出口进行了结构调整，目标架构在原有架构的基础上，优化增加了多项功能：带宽管理功能，对某些用户的业务量或某些应用的访问量进行控制；负载均衡功能，可根据3层以上的信息进行重新选路；链路健康检查功能，对多条链路进行质量测试动态调整链路组流量比例；冗余备份功能 防止单点故障，可达到电信级的要求；灵活设置功能 降低维护工作量，可灵活调整疏导策略。详细的智能选路方案对比，如下图所示：

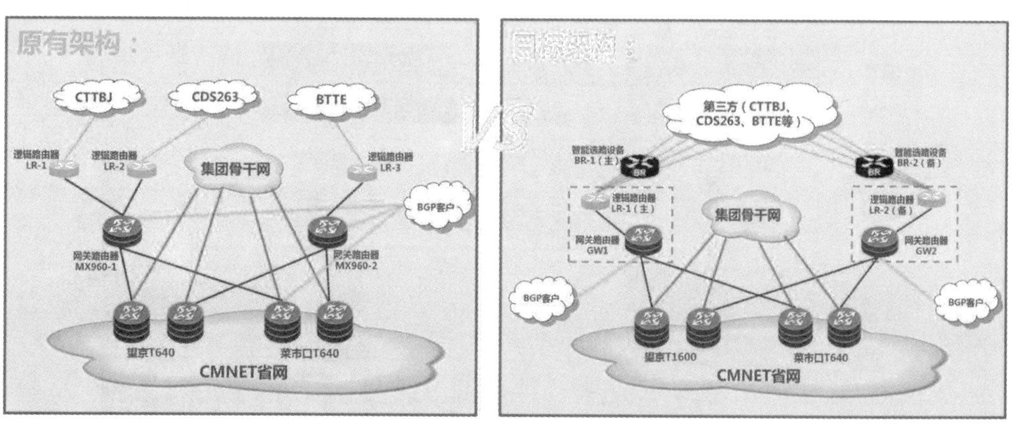

图 7　智能选路方案对比

2. 单边加速方案

从质量管理入手，分析业务流程中的短板，根据网内移动终端用户较多的现状，创新引入单边加速的概念，通过技术创新，优化调整TCP/IP协议，改善移动终端用户的使用感知。同时，结合单载波独享功能等技术手段，能够促使TD下载速率从500kbps提升至842.52kbps，用户上网速度明显提升，并在2012年底的集团ATU考核测试中得到应用并取得良好效果。系统架构及测试对比如下图所示：

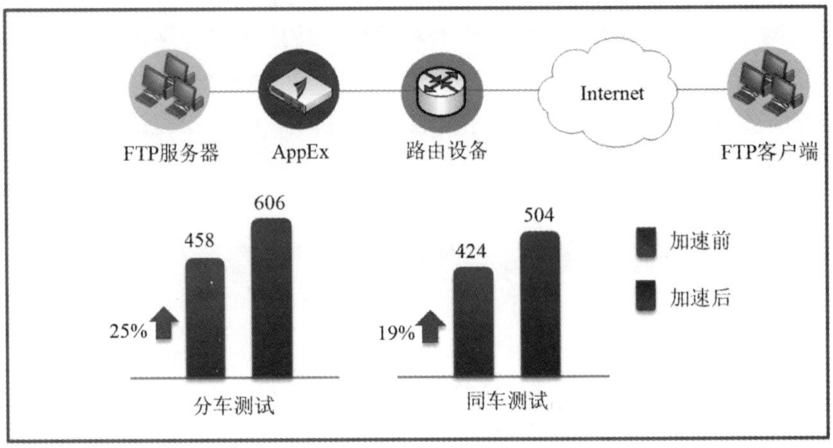

图 8 系统架构及测试对比

（三）建体系增手段

以前的互联网工作只是关注于短板问题的解决，缺少对工作效果管控，缺乏管理工具和手段。在管理工作进行的同时，逐步完善配套分析、测试系统，强化管理工具；同时，制定考核手段、考核目标，建立考核制度，对管理工作的实际效果进行闭环管理，并找出短板，在后续工作中加以优化和改善。主要包含以下几点工作：

1. 建立互联网内容管理团队，创新互联网内容管理模式

根据管理工作的实际需要，建立了互联网内容管理团队，由移动公司主要责任部门组成，并联合铁通公司和服务厂商，通过矩阵式的创新组织结构为互联网工作的顺利开展奠定了良好的基础；采取专项攻关组与定期例会相结合的工作模式，以月例会的形式内部沟通，以周报的形式交流信息，有力地保障了工作目标的快速达成。其次，采用创新互联网内容管理模式，依托网络全生命发展周期理念，从规划、建设、维护和优化四个方面，将互联网内容管理的各个环节进行整合，自上而下地生成内容管理的思维决策树。互联网内容管理决策树，如下图所示：

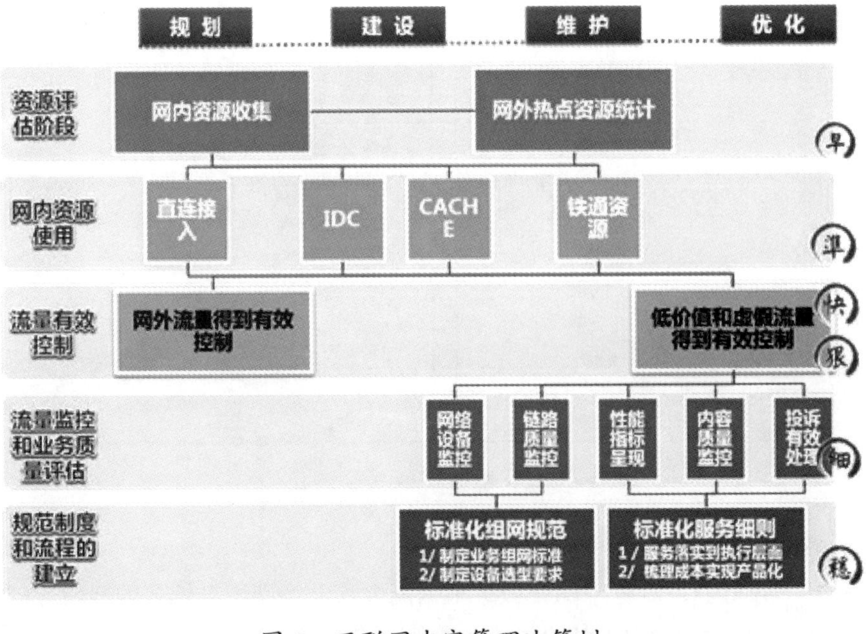

图 9 互联网内容管理决策树

2. 建立互联网指标评估体系

有了具体的工作流程，虽然保证了各项工作的顺利开展，但工作效果的评估、客户感知的评估和网络问题的分析仍然是空白。为此，根据北京移动互联网的网络结构、流量疏导方式和关键应用制定了面向客户感知的互联网指标评估体系。逐步形成了资源管理、流量管理、业务承载、业务感知四个方面的质量体系；结合互联网短板分析，指导各方面的指标权重（按流量占比、投诉热点、集团考核等）；根据网内关键业务，修正指标集，每半年对指标集进行调整；最后，按照各指标得分及其权重，计算得出基于客户感知的互联网指标KQI。该指标体系的推出后，对具体工作有重要的实践意义。一方面，各项工作效果有了衡量标尺；另一方面，从网络层面和客户感知层面对互联网质量进行了立体评估，能够清晰地找出相应短板以便后续工作中有所侧重。互联网指标评估体系架构如下图所示：

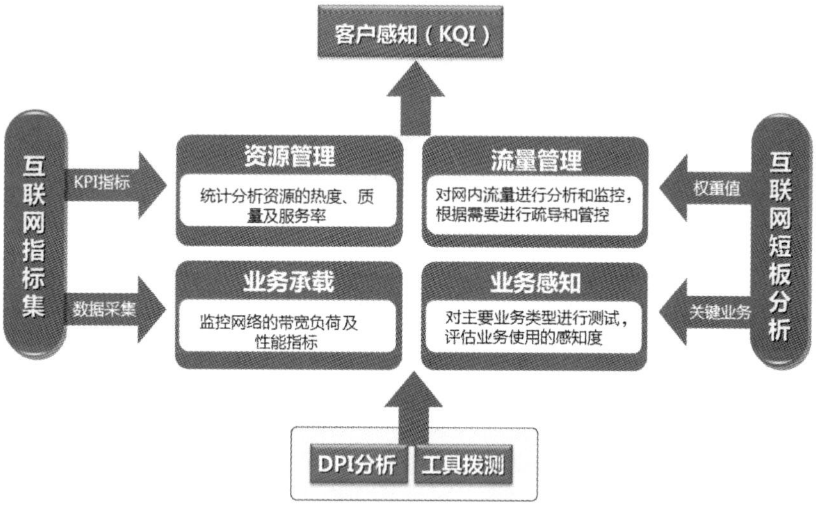

图 10　互联网指标评估体系架构

3. 完善支撑手段

各项工作的开展都需要必要的支撑手段，互联网工作更是如此。在管理工作中，重视支撑手段的建设，保证了工作的效率和质量。主要分为两个方面：流量引导手段和质量监控手段。通过互联网流量调度中心的建设，实现了互联网内容资源的统一可视化管理，以提高用户感知为目标，优先调度网内质优资源。推动智能DNS二期的扩容，实现了：解析结果地址的多级筛选，并与互联网流量调度中心配合实现IDC、CACHE、CDN等多种内容资源的协同，以及用户访问互联网网站行为分析及数据挖掘。借助流控系统二期扩容，提高了系统监控和处理能力，未知协议的识别和更新能力，并通过开放接口、多系统联动，实现了端到端用户行为分析与控制。采用了资源引入评估系统，基于“爬虫”的互联网引入资源评估方式，对资源引入效果进行评估，从而指导IDC资源引入工作。部署互联网质量拨测系统，进行高密度的互联网业务质量测试和用户仿真拨测。流量调度中心系统架构如图11所示：

四、创新互联网内容管理模式　提升互联网内容管理能力的实施效果

（一）创新点

本项目组创新点主要分为5个方面。组织创新：打破原有组织机构的束缚，成立跨部门的联合项目小组，团队成员由移动公司主要责任部门组成，并联合铁通公司和服务厂商组建项目团队，以每月例会的形式进行内部沟通。极大地降低了管理成本，提高了工作效率。理念创新：在互联网质量评估过程中，建立全方位、立体化的5711质量评估体系，并根据业务类型和生命周期的不同赋予多维度的评估权重，形成互联网健康度综合评估指标。标准创新：建立智能DNS新型评估标准，并在全国进行推广；智能DNS一期的核心功能已纳入集团规范，集团网络部牵头在今年完成全国31个省公司的现网应用。能力创新：推动带外网管建设，提升互联网综合评估能力；通过智能管道和拨测系统建设，丰富客户感知评估手

段，提升网络支撑能力。机制创新：建立网络全生命发展周期，从规划、建设、维护和优化四个方面，将各生产要素进行整合，依托管理和支撑两个维度，形成面向客户、市场和网络的创新机制。网络全生命发展周期示意如下图所示：

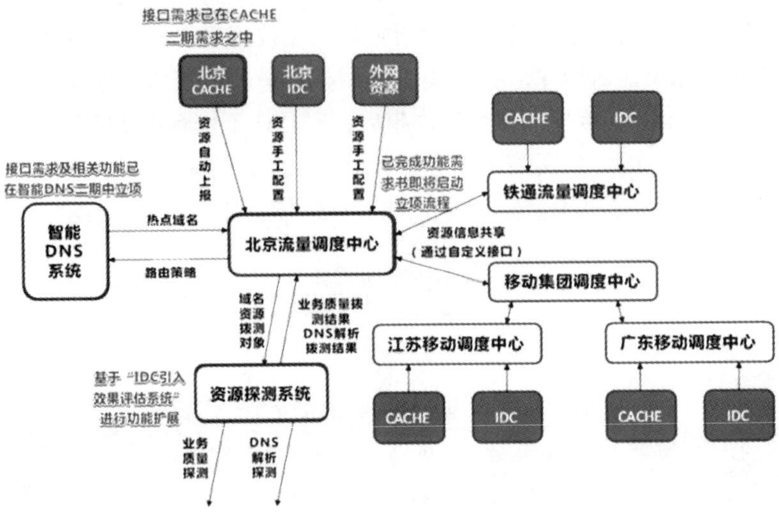

图 11　流量调度中心系统架构

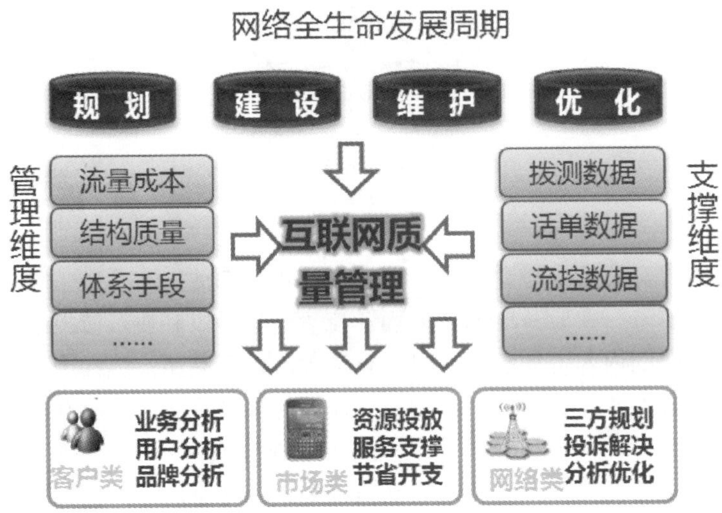

图 12　网络全生命发展周期示意图

（二）应用推广效果

北京公司按照互联网成本、质量和手段三方面管理思路进行现网分析优化和实践，开展互联网流量分析和质量提升，取得了很好的效果。在挖掘用户访问热点方面，通过DNS日志挖掘、DPI系统挖掘用户访问网外热点资源，完成热点ICP的资源引入；缓存白名单热点命中率提升3%。在全网共享引入资源方面，通过流量流向、拨测等手段发现资源共享短板。优化后，服务网内其他省用户比例提升17%。在规范流量调度策略方面，优化调度服务器指向集团出口，有效协同网内资源（含对等直连），通过第三方疏导的流量有15%优化到网内获取资源。在提升Cache效能方面，北京市网总流量从8月的12Gbps增长至12月的18Gbps，提升50%。Cache吐出流量从5月的1.2Gbps提升至12月的2.4Gbps。在提升第三方利用率方面，第三方链路峰值带宽利用率从8月份的40%提升至12月的88.17%；网间结算费用（省网部分）大幅下降，从8月的133万元/Gbps降至11月的80.8万元/Gbps。在控制低价值流量方面，加强网间P2P流量的管控，出网P2P流量占比降至30%（管控前超50%），IDC服务外网流量下降31.3%。在优化提升访问质量方面，持续监测、分析网内、网间网络、业务质量，及时协调ICP或Cache系统优化。引入单边加速技术，TD下载速率从500kbps提升至842.52kbps。

除此之外，项目组多项成果在中国移动集团内得到推广。IDC资源引入效果评估系统和互联网资源引入效果评估系统被纳入集团2012年组巡全国推广亮点项目。智能DNS架构（智能DNS二期）、北京移动流量调度中心、北京移动互联网资源探测及引入效果评估平台三个系统已得到集团的高度肯定，已有四川、广东、浙江、江西、天津等多省市准备引入。其中，智能DNS一期的核心功能已纳入集团规范，集团网络部牵头在今年完成全国31个省市公司的现网应用。北京移动互联网流量调度中心可升级为大区互联网流量调度中心；外省还可以仅通过对DNS系统、资源系统（缓存、IDC等）接口的开发实现与调度中心的对接；北京互联网资源探测及评估系统仅通过数据配置即可实现对外省资源的探测及评估。

（三）效益

项目组成立以来，通过一系列流程优化、技术创新，为公司业务开展节约了大量成本，总结节约成本5222万元，仅缓存系统每年就为公司节约3176万元的互联互通费用，通过三方出口的优化每年能节约1706万元互联互通费用，流量调度中心应用后每年也会节约340万元互联互通费用。

在带来巨大经济效益的同时，也获得了巨大社会效益：业界首次提出互联网内容整体管控结构，带动业界DNS、缓存、CDN、拨测等各产品领域厂家演进发展；核心技术方案及实现方式均由北京公司提出，拥有自主知识产权；提升移动互联网运维水平；提升用户感知，助力移动品牌建设。

项目组还荣获了多项集团内部奖项，有些还申请了专利。“北京移动智能管道架构的设计与实现”先后荣获2012年度中国移动集团科技进步二等奖和2012年度北京移动科技进步一等奖。一篇论文被《2012全国无线及移动通信学术大会》论文集收录。“互联网质量提升项目团队”荣获2012年度北京公司网络维护和网络建设类优秀项目团队称号，荣获集团一类成果一项及集团合理化建议一等奖一项。具体所获专利信息如下图所示：

专利名称	申请号	申请状态
一种DNS服务器的探测方法及装置	CN201210414759.5	获得专利申请号
一种缓存数据资源的方法、装置及系统	CN201210465452.8	获得专利申请号
域名查询的实现方法和系统	CN201010532787.8	获得专利申请号
一种数据访问的方法、系统及设备	CN201010612005.1	获得专利申请号

图 13　所获专利信息

附录

（一）名词解释

1. IDC

IDC即Internet Data Center，是基于Internet网络，为集中式收集、存储、处理和发送数据的设备提供运行维护的设施基地并提供相关的服务。IDC提供的主要业务包括域名注册查询主机托管（机位、机架、机房出租）、资源出租（如虚拟主机业务、数据存储服务）、系统维护（系统配置、数据备份、故障排除服务）、管理服务（如带宽管理、流量分析、负载均衡、入侵检测、系统漏洞诊断），以及其他支撑、运行服务等。

2. Cache

Cache即缓存，通过在移动网内设立大容量的磁盘，将移动网外的网站内容预先进行存储，用户可以就近访问预先存储的内容，避免经过互联互通关口，类似于楼顶的蓄水池。

3. CDN

CDN的全称是Content Delivery Network，即内容分发网络。其基本思路是尽可能避开互联网上有可能影响数据传输速度和稳定性的瓶颈和环节，使内容传输得更快、更稳定。通过在网络各处放置节点服务器所构成的在现有的互联网基础之上的一层智能虚拟网络，CDN系统能够实时地根据网络流量和各节点的连接、负载状况以及到用户的距离和响应时间等综合信息将用户的请求重新导向离用户最近的服务节点上。其目的是使用户可就近取得所需内容，解决 Internet网络拥挤的状况，提高用户访问网站的响应速度。

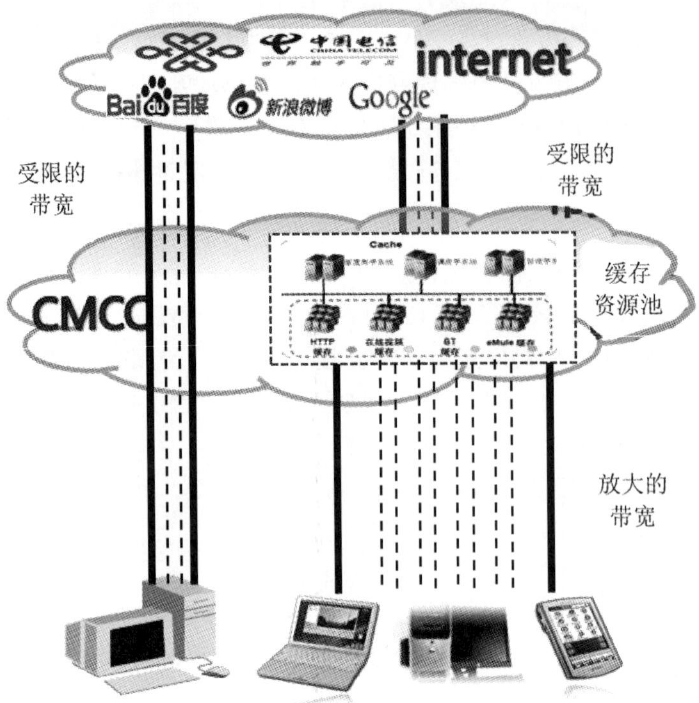

（二）经济效益计算说明

1. 背景

目前，中国移动与中国电信、中国联通互联网间存在着不平等结算，移动需要向其他两家按月支付互联费用。具体到各省公司，是按照去往联通电信的流量来计算费用的，例如：北京移动网民上网观看搜狐视频，由于该视频网站位于联通、电信机房，因此在移动和联通、电信网间产生大量流量，而此部分流量需要向联通、电信支付费用，133万元/月/Gbps。

2. 计算说明

通过Cache系统，能将联通、电信的网外资源存储在网内，只需从联通电信存储一份，网内用户的访问均可以从Cache获取，达到存1份分享100份的效果，节省了网间流量，因此大大降低了网间结算成本。根据目前Cache系统的流量贡献，计算公式如下：

1.99Gbps（Cache系统贡献的网间流量）×12月×133万元/月/Gbps（网间结算单价）=3176万元

其他两项经济效益类似，均通过降低网间流量达到节省流量成本的作用。

成果创造人： 李长空　张志敏　王子兵　杨　淇　姜　欣　张　静　李大伟　乔　琳　李欣然　崔　昆

高端半导体装备企业
以客户为导向的组织架构模式构建与实施

北京北方微电子基地设备工艺研究中心有限责任公司
荣获第二十八届北京市企业管理现代化创新成果一等奖

北京北方微电子基地设备工艺研究中心有限责任公司（以下简称“北方微电子”）成立于2001年10月，注册资本7791.72万元，是一家专注于高端半导体装备研发与市场化的国有控股的高新技术企业。公司主要产品和服务包括半导体领域刻蚀（ETCH）设备、物理气相沉积（PVD）设备和化学气相沉积（CVD）设备及其配套工艺解决方案。北方微电子自成立以来坚持以客户需求为导向的持续创新，致力于成为一家值得信赖并受人尊重，在微电子装备领域拥有领先技术，具有国际影响力的高端装备及工艺解决方案提供商。

公司成立之初是作为一家项目型公司承担国家863“十五”大规模集成电路刻蚀机项目，先后又承担了“十一五” 90/65nm刻蚀机研发与产业化项目和65-45nm PVD设备研发项目以及“十二五”32-22nm栅刻蚀机产品研发及产业化项目和45-22nm铜PVD设备研发及产业化项目，通过以上项目的实施，公司逐渐完成了产品技术的积累。从2008年起，北方微电子通过市场化转型，产业化逐渐取得突破性进展，2010—2012年，北方微电子的各类产品市场发展速度保持在50%以上，同时还利用大规模集成电路装备的技术带动作用，全面进军战略性新兴产业，相关LED刻蚀产品国内市场占有率一度突破50%。北京市首批61个战略性新兴产业重点项目中，北方微电子占据4个，为实现“科技北京”城市战略发展做出巨大贡献。

作为国内技术领先高端半导体装备企业，公司先后获得“国家科技进步二等奖”、“北京市科技进步一等奖”、“第一届中国半导体创新产品奖”、“中国半导体创新产品和技术项目奖”、“2011中国LED行业特别奖”、“2012年中国新兴产业最具投资价值企业”、“2012芯光杯优秀金奖”、“2012 高工金球奖”、“国家战略性创新产品”证书和“2012年SEMI中国产业奖”等多项殊荣。

持续的产品和技术创新使公司成为国内高端半导体装备制造企业申请和拥有专利最多的企业，北方微电子是首批“北京市专利示范单位”、“北京市专利示范单位”和“全国企事业知识产权试点单位”。截至2012年年底，公司成功申请专利1022项，获得专利授权460项。

一、以客户为导向组织架构模式的背景

（一）国有企业深化改革和机制创新对公司运转的新要求

搞活国有企业，必须坚持走市场化道路，以深化改革推动国有企业持续健康发展。深化国企改革，运行机制创新是关键，市场规律是准绳。国有企业在进行运行机制创新和市场化过程中，建立和完善以市场为衡量标准的现代企业制度，才能焕发国有企业的光彩，提高企业活力，真正参与到与国外企业和民营企业的市场竞争中并且取得竞争优势。而在建立以市场为衡量标准的现代企业制度体系中，建立面向客户的企业组织架构模式是十分核心的内容，也是其他面向市场的机制创新的基础。

（二）满足市场需求和响应客户服务速度方面的需要

随着国际高端半导体设备市场的发展，高可靠性、高集成度、全自动化的高端半导体设备产品日益受到客户青睐， 目前在半导体精密装备制造领域，北方微电子的竞争对手基本上都来自国外知名半导体装备制造商，北方微电子虽然积累了十年半导体装备和工艺研发经验，为北方微电子加快市场化的进程奠定了坚实的技术基础，但必须承认我国半导体高端设备制造业起步晚，起点低，几乎所有半导体技术

领域比国外都晚了将2—4个技术代，中国半导体装备制造技术水平始终处于行业追赶者地位，这也决定了我们必须认清形势，在持续技术研发的基础上，加快市场化转型，发挥本土服务优势，建立市场反馈机制，才能提高客户满足度，在市场竞争中弥补劣势。

研发和生产满足市场和客户需求的精密半导体设备产品的过程需要一种高效专业的转换方法或模式，将先进的技术转换为被市场认可和接受的产品，这个过程需要有效的组织架构模式作为支持。

（三）传统项目型运转模式已经不能满足市场化的要求

北方微电子最初是以承担国家科研专项而成立的国有科研企业，组织架构模式采用了职能式，针对不同的职能领域设置相应的职能部门，在满足客户需求和实现订单交付的过程中采用了串行的流程和上下游部门顺序交接的方式。这种组织架构的优点是权责明晰、结构简单且易于专业技术积累，但同时这种传统的职能式架构很容易产生“分而治之”和“事不关己高高挂起”的本位主义弊端，从而不能发挥公司的整体协同效应快速对市场做出反应以及满足客户的需求。

北方微电子在2008年提出了“二次创业、强企富民”的战略指导方针，“二次创业”战略就是定位在通过市场化来改变企业的运作机制，并形成企业自身的造血机制和快速的良性发展，而不仅仅是依靠项目的专项拨款来维持企业的运转。这个战略指导方针要求公司内部的组织架构模式做出重大变革，从以往适应产品研发的职能架构模式转变为适应市场化快速反应的架构模式，通过横跨各运营子体系和部门的联动机制对市场和客户需求做出反应，并且要能够设计出配套的内部核算、经济责任制管理、绩效考核和激励机制，保障该新架构的有效运转。

（四）高端半导体装备产品技术复杂性的特点要求公司配备有效面向客户的组织架构模式

北方微电子的产品全部为高端半导体装备，主要涉及的领域有大规模集成电路制造、LED、MEMS、先进封装等，产品具有价格高（500万—3000万元每台不等）、技术复杂、客户需求多样性（不但包括硬件需求，也有不同芯片制程工艺的需求）等特点，在生产过程中也需要技术团队的转产导入，而在客户安装调试中甚至需要技术团队、生产部门和客服部门全部参与，共同完成客户的机台验收。在激烈的市场竞争中，客户多样化的需求使公司开始思考：如何才能既可以保证研发出可以真正满足市场和客户需求的产品，又可以确保提供快速响应的客户服务。这对公司组织架构模式提出了变更的要求，必须按照市场化改革的要求以客户需求为导向进行重新设计，只有这样才能确保实现公司市场化转型的成功，实现公司的可持续快速发展。

二、以客户为导向组织架构模式的内涵

北方微电子“以客户为导向”的组织架构模式主要针对公司由项目型公司向市场化公司转型的要求而设计和实施，着力针对高端半导体装备制造企业存在的市场客户需求复杂而导致反应不够快速、内部业务流程过多导致的效率低下和部门间业务结合点易出现工作相互推诿等现实问题，结合现代企业管理理论和公司实际情况建立扁平化组织架构，减少管理层级和幅度，理顺协调机制，快速满足客户需求，平衡效率和决策风险矛盾，建立起的一套科学的组织架构模式。

北方微电子的高端半导体装备企业以客户为导向组织架构模式是以产品经理负责的跨领域的产品运营团队为龙头，以事业部和运营子体系为二级服务体系，以全体职能部门为三级服务体系，同时以内部客户满意度体系、面向市场的绩效管理体系和产品技术评审体系为保障的一套综合的架构模式，而全面预算和内部虚拟核算、任职资格体系则提供了基础性的支撑。整个体系体现了以公司战略为纲领、以外部客户为顶点的“倒三角”组织架构模式。

2008—2009年提出“二次创业、强企富民”战略之后，北方微电子从2010年开始，在“以客户为导向的持续创新”的价值观指导下，不断对公司的组织架构进行优化变革。新的组织架构模式的创新有以下七点：

优化了营销体系，加强了营销体系的市场分析预测和客户需求管理的职能。改变了营销体系单纯进

行销售的职能，增加了有效的市场分析和指导销售预测的职责，并进行公司产品规划、对年度事业部计划预测。

建立的横跨公司各运营子体系的产品经理负责的产品运营团队。建立跨领域的产品运营团队，直接负责对外部客户需求的接收和反馈，同时赋予其可调动公司内部资源的权利，组织公司内部资源对客户需求做出迅速响应。产品运营对产品的市场成功和经济指标负责。

建立了准事业部制。改变老国有企业以职能为架构划分特点的低效架构模式，按照产品技术特点建立了准事业部制，集中了产品开发的资源。事业部对事业部内所属的产品的市场成功和经济指标负责。

建立了供应链运营体系。使订单监控过程控覆盖了从接单、统筹、采购、生产到质检交付等整个产品供应链运营过程。

建立了完善的售后服务体系。筹建客服中心，并建立了套完整的客服制度体系，客服中心具体负责客户售后服务的装机、调试和验收。

建立内部虚拟核算体系，成立利润中心，通过经济责任制来提升各体系的盈利意识。将事业部、营销体系、供应链体系和客服体系设置为虚拟利润中心，各利润中心之间实现虚拟收入和成本核算。

建立了若干支撑机制。为保证“以客户需求为导向的组织架构体系”的正常运行，成立了产品决策评审委员会和技术评审委员会，全面调控公司的产品和技术规划与开发，把握产品和技术战略的大方向，控制产品和技术的决策风险；制定了基于内部客户满意的评价机制；建立了基于内部客户和经济效益的绩效评价和激励机制；建立了基于全面预算管理的内部虚拟独立核算等机制和保证专业人才成长的任职资格体系。

三、以客户为导向组织架构模式的主要做法

（一）确定新组织架构模式设计的指导方针

确定一个目标。本组织架构模式的设计只有一个最终目标，即实现以客户需求为导向的最终目标。客户包括外部客户与内部客户，但最终的目的还是满足外部客户需求。外部客户的需求主要由产品运营团队接收，产品运营团队为需求传递业务链下游部门的内部客户，在需求层层分解的同时进行内部客户满意度监控，倡导下游部门对上游部门是内部客户，最终实现外部客户需求。客户需求主要包含新产品需求及订单交付过程中产生的需求。

确定二个改变。新的组织架构模式设计期望能够在满足最终目标的同时带来两个改变，这两个改变也是保证最终目标得以实现的有力保障。第一，改变传统国有企业以职能为依据的低效组织架构。第二，改变传统的国企员工晋升和职业发展通道的单一性。国有企业员工晋升渠道往往比较单一，这对作为高端半导体装备的高科技企业的北方微电子的研发工程师和领域专业人才晋升和发展形成了天花板效应，通过设计多发展方向的员工晋升渠道，确保激发员工工作的积极性。

确定三个原则。组织架构模式的设计和实施遵循三个原则，第一是指导原则，即“以客户为导向的持续创新”的价值观为指导。第二是设计原则，即系统性、架构设计与保障体系同步推进、效率与风险管控兼顾。第三是运行原则，即以内部虚拟核算体系和任职资格体系为基础、以市场业绩为导向绩效考核体系和内部客户评价体系为保障。

（二）科学设计新组织架构模式

1. 按照整体构思分步实施的原则，首先构筑公司的主要运营子体系

（1）根据公司的战略规划，成立了刻蚀事业部、PVD事业部和CVD事业部，并将它们定位为利润中心。事业部指派产品研发经理到产品运营团队中。

公司“十二五”发展战略确定了发展三类产品，并涉足八大领域的战略，涉及刻蚀（ETCH）装备产品、物理气相沉积（PVD）装备产品和化学气相沉积（CVD）装备产品。因此，依据战略规划成立了三个事业部。其主要职能是依据市场需求和分析，制定事业部产品战略规划、完成产品开发并推动产品上市。同时承担公司所属本事业部产品的销售收入和利润经济责任。

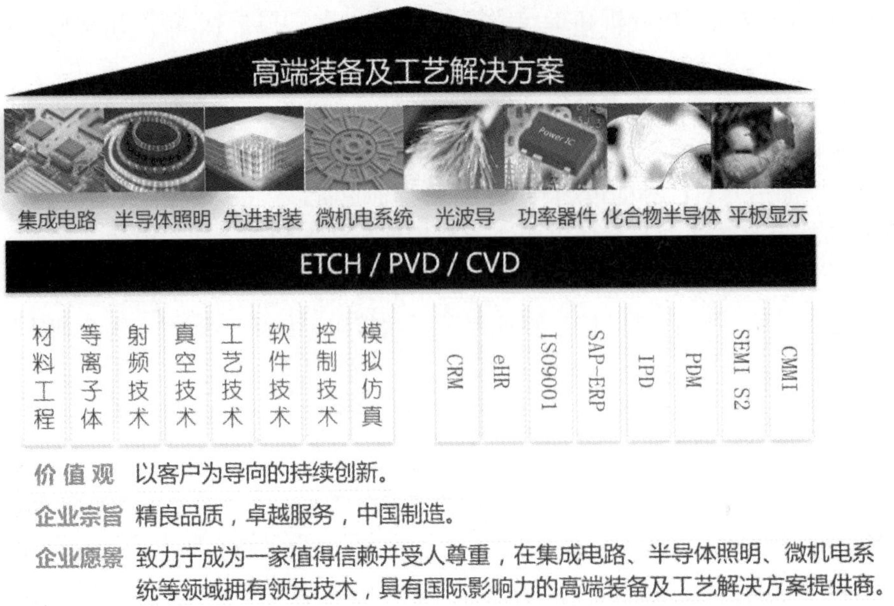

图1　北方微电子“十二五”战略规划

（2）充实了营销体系，在原销售中心之外新增了市场部，主要负责市场和客户需求、技术发展趋势、竞争对手分析，为事业部提供产品开发需求和客户市场信息，同时辅助销售部进行客户挖掘。营销体系指派市场经理和销售经理到产品运营团队中。

（3）建立和完善供应链运营体系，由综合计划部、采购部、质量部、制造部和物流部组成，主要职能是监控从接单、统筹、采购、生产到质检交付等整个产品供应链运营过程。供应链运营体系指派制造经理参与到产品运营团队中。

（4）建立客服中心并完善了整个客服制度体系，客服中心专门负责客户端产品装机、产品维护和老客户新需求收集。客服中心指派客服经理参加到产品运营团队中。

2. 在各运营子体系的基础上，按照产品建立横跨公司各运营子体系的产品经理负责的产品运营团队

这个机制实质上是一个大的强矩阵式架构。产品经理作为一个产品的实际的管理者，负责产品从需求收集、产品开发、产品生产与订单交付、产品售后负责全部环节，是一个产品的“大管家”，同时承担产品的收入和利润指标责任。产品经理及其领导的产品运营团队是面向客户的主要接口，为客户需求和客户满意度负责，产品经理有权对涉及本产品的市场经理、销售经理、研发经理、制造经理和客服经理进行管理、绩效评价和激励奖励。在产品运营团队运转过程中，同时会明确各领域经理配备的外围人员。

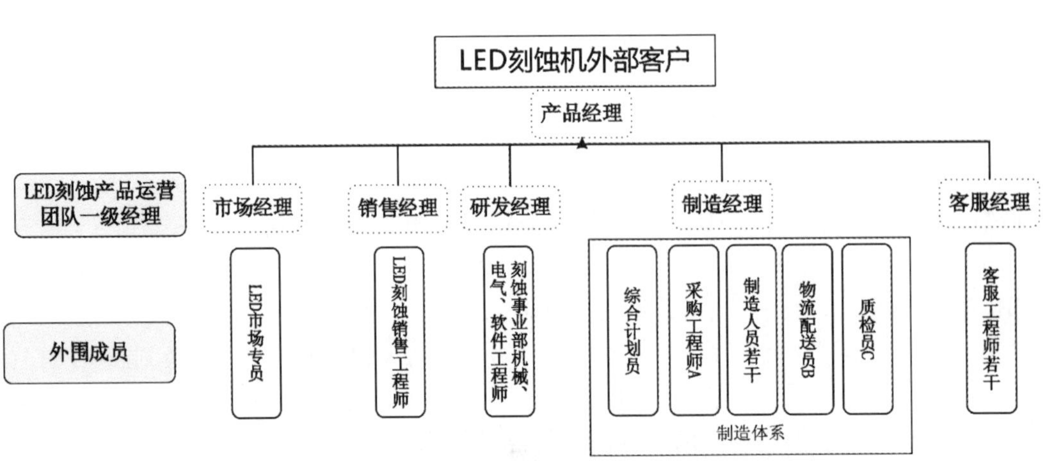

图2　产品运营团队构成示意图（以LED刻蚀产品为例）

3. 建立产品决策、技术决策评审委员会，对公司级别关键产品和技术进行立项决策评审

有效而反应快速的组织架构设计同时也应该能够规避决策和运营的风险。决策是一种投资行为，因此在面向客户和市场的组织架构设计模式不仅应该能够以客户和市场需求为指导并做出快速而有效的反应，同时，产品开发、技术开发、预投产、经济责任制等决策风险也应该是可控的，否则快速的反应就有可能是盲目的、错误的，进而给企业造成经济损失。因此，新的组织架构模式设计应该能够满足决策机制是灵活的和有依据的综合要求。

产品评审委员会的成员除了经理办公会中负责财务、市场、技术的领导外，还引入了各事业部的6级及以上的技术专家和管理人员，而技术评审委员会的成员则均来自于任职资格体系中4级及以上的各专业技术领域的高级技术人员。公司通过用群体专家决策的方式规避产品研发、项目预投产、技术方案开发等过程的风险，为企业决策提供科学依据。

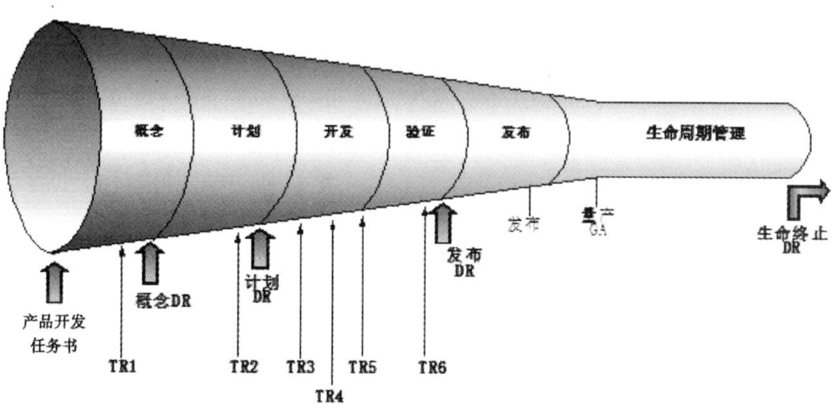

图3 决策评审和技术评审管控点示意图

注：整个产品开发流程中，有六个技术评审点（TR：Technical Review），四个业务决策评审点（DR：Decision Review），一个发布点，一个量产点。

4. 基于内部运营流程，建立支撑新组织架构模式的若干支撑机制和保障措施

（1）引入了全面预算管理体系和内部虚拟核算体系，由精益管理部专门进行年度预算的编制和不同利润中心的“虚拟收入”和“虚拟成本”的核算，进而核算出不同利润中心的年度利润，根据公司年度目标对公司各利润中心进行量化考核。同时能够将预算和虚拟核算精细到产品运营团队层面，结合产品研发情况，整体对产品运营团队进行绩效考核。

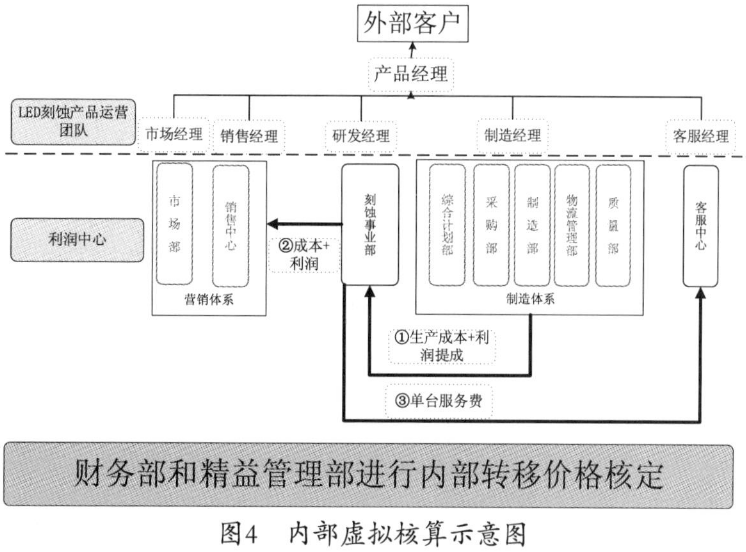

图4 内部虚拟核算示意图

（2）引入了IPD（集成产品研发）体系，对公司产品和技术开发进行过程管理，该开发体系的特点是以跨领域团队运作和结构化的开发流程，是一种产品开发的模式、理念与方法，可以显著缩短开发周期，降低研发成本。

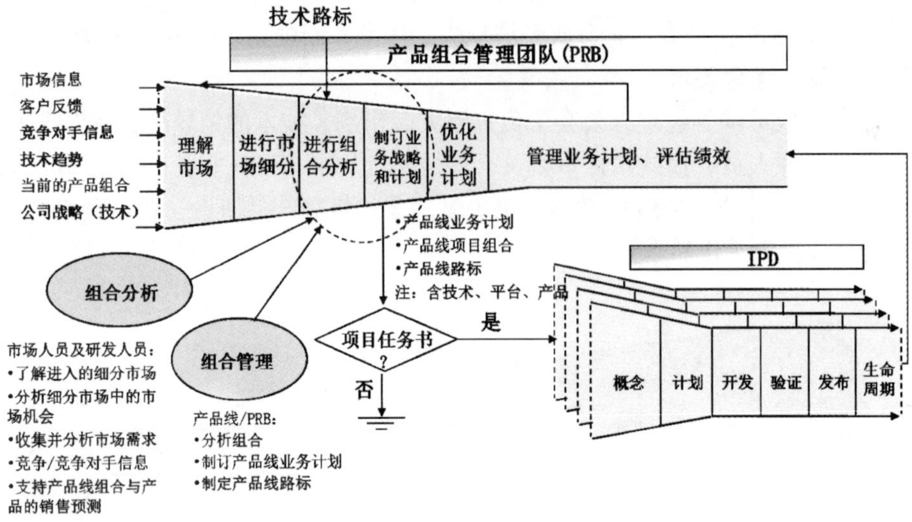

图5　IPD整体运转示意图

（3）引入了先进的任职资格体系。任职资格体系通过规划职级，规范公司员工的晋升发展通道，开发任职资格标准，明确该职级职位的任职资格要求等内容，激励员工不断提高职位胜任能力，促进员工个人绩效和组织绩效的持续改进。员工具备了一定的能力，达到了一定的职级就可以担任一些非“官”的重要关键岗位，其薪酬待遇就可以达到甚至超过“官”的薪酬。这为推行矩阵式的、以岗位为核心的组织架构和流程提供了基础。以下为北方微电子的任职资格体系表。

表1　北方微电子任职资格职级表

职级	1级	2级	3级	4级	5级	6级	7级	8级	9级	10级
管理类	空			中级		中高级			高级	
						总监	高级总监	副总裁	高级副总裁	执行副总裁
技术类	空	基础级		骨干级		主任级		专家级		
		助理工程师	工程师	高级工程师	资深工程师	主任工程师	资深主任工程师	技术专家	首席专家	
		技师，技术员	主管技师	高级技师	资深技师	首席技师				
专业类	初级		中级		高级		资深级			
	初级 **		中级 **		高级 **		资深 **			

（4）建立内部客户满意度评价机制。为提高运行效率，基于公司内部业务流程，建立了内部客户满意度评价机制，以业务节点中上游部门为下游部门的客户为原则，形成年度《内部客户关系表》，通过《内部客户满意度管理制度》和《内部客户满意度评价指导书》进行内部客户满意度评价，并将评价结果纳入绩效考核中，以此推动内部流程效率的提高。

表 2 内部客户关系表

序号	部门	业务链客户																
		副总裁及总裁	刻蚀事业部	CVD事业部	PVD事业部	PSS事业部	销售中心	客服中心	技术中心	总裁办公室	企管部	精益管理部	安全环保部	综合计划部	质检部	知识产权部	项目管理部	采购部
1	刻蚀事业部	√				√	√	√	√	√	√	√	√	√	√		√	√
2	CVD事业部	√					√	√	√	√	√	√	√	√	√		√	√
3	PVD事业部	√					√	√	√	√	√	√	√	√	√		√	√
4	PSS事业部	√	√				√			√	√	√	√	√				
5	销售中心	√	√	√	√	√				√	√	√	√	√				
6	客服中心	√								√	√	√	√					
7	技术中心	√	√	√	√			√		√	√	√	√	√			√	
8	总裁办公室	√									√	√	√					
9	企管部	√												√				
10	精益管理部	√								√	√		√					
11	安全环保部	√	√	√	√	√				√	√	√						
12	综合计划部	√								√	√	√	√					
13	质检部	√						√		√	√	√	√	√				
14	知识产权部	√	√	√	√				√	√	√	√	√					
15	项目管理部	√	√	√	√				√	√	√	√	√	√				√
16	采购部	√	√	√	√	√		√	√	√	√	√	√	√	√			

（5）建立了配套的绩效考核体系和激励体系。根据产品开发进度、经济指标完成情况，根据内部虚拟核算的结果进行绩效考核和激励，设立了基于内部利润的经济贡献奖，基于销售合同和销售回款的销售回款奖，基于研发项目进度的单项奖，基于目标责任书的年度绩效奖。

（6）通过实施SAP ERP 项目、全面预算管理系统BPC项目和人力资源eHR管理系统，从IT层面提供组织架构运行中需要的数据以供管理使用。

（三）新组织架构模式

通过以上的架构设计和保障措施的设计，北方微电子初步建立了高端半导体装备企业以客户为导向组织架构模式，该模式如下图所示。

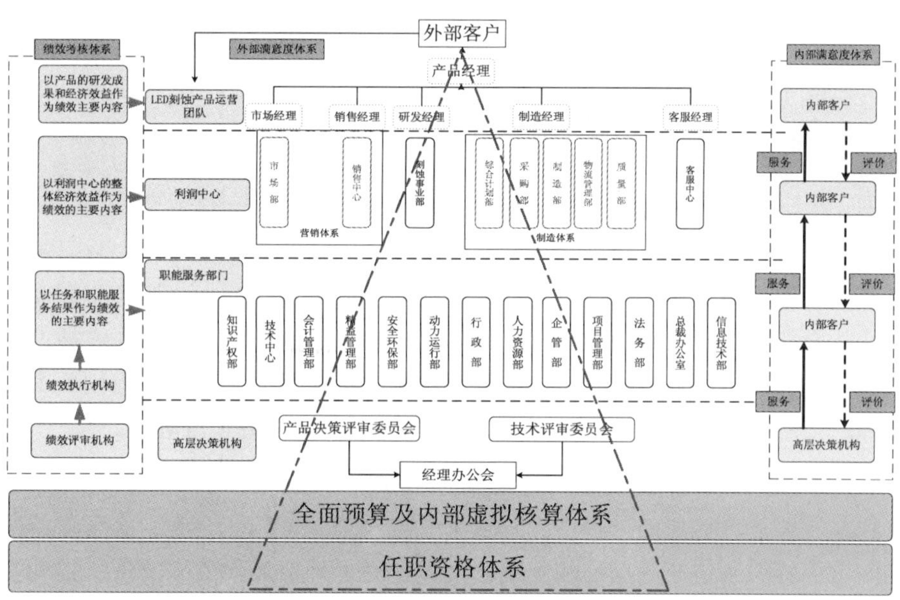

图6 高端装备企业以客户为导向的组织架构模式图（以LED刻蚀产品为例）

该模式的运转机制说明如下：

1. LED刻蚀产品产品运营团队是由产品经理领导下的市场经理、LED刻蚀销售经理、LED刻蚀研发经理、制造经理和客服经理组成的虚拟团队，除产品经理之外，各领域经理属于各部门，因此这个团队是一个矩阵式结构。团队对一个产品的需求、研发、上市、销售和售后服务，并对产品的收入和利润指标负责，同时接受公司的绩效考核和奖励激励，产品运营团队拥有对企业内部资源的直接调动权利，以保证第一时间满足外部客户需求。产品运营团队直接对外部客户负责，接受外部客户的监督和客户满意度评价，该评价纳入到考核体系中。

2. 营销体系、事业部、制造体系、客服中心是利润中心，全面服务于产品运营团队。销售中心的收入是销售给客户的产品销售收入，成本是接受刻蚀事业部的内部转移成本以及部门运转费用，包括人员费、差旅和业务招待费等；刻蚀事业部的收入是内部转移给销售中心的收入，成本是接受制造体系的产品内部转移成本以及部门费用；制造体系的收入是公司内部核定的标准产品收入，成本是生产产品的内部核定制造成本；客服中心的收入来源于刻蚀事业部的产品服务费收入和备件销售收入，成本是部门运转费用和备件成本。公司每年根据市场预计售价和物料成本等信息核定各内部标准售价和成本，并通过全面预算管理和内部核算体系进行内部收入和成本的预算确定和内部利润核算，确定各成本中心的目标利润，即对公司的经济贡献值，并作为奖励和绩效考核的依据。

3. 各职能部门主要是组织架构的中的服务支撑部门。按照各自的职能领域内容，将LED刻蚀产品运营团队和各利润中心作为内部客户对象提供职能支撑服务，同时接受内部客户满意度评价结果的考核。

4. 按照IPD（集成产品开发）体系的要求，从公司各事业部、职能部门抽调对公司业务、产品熟知的技术、管理资深人员（通过公司人力资源任职资格体系选拔出来）成立了产品决策评审委员会和技术评审委员会，分别负责设备产品和专项技术的立项、阶段评审工作，为公司经理办公会做出经营决策提供决策依据，以此来规避决策风险。

5. 绩效考核体系保证年度事业部目标得以分配和落实，并对绩效完成情况进行评价和应用。对于职能部门以任务和职能服务结果（内部客户满意度评价结果）作为绩效考核的主要内容；对于利润中心以利润中心的整体经济效益作为绩效考核的主要内容；对于产品运营团队以产品的研发成果和经济效益作为绩效考核主要内容。

设计完成的组织构架模式全面贯彻了“服务客户”的思想，把这个思想落实到公司组织架构和内部运营流程的各个角落。最终形成了公司管理层服务于职能部门和利润中心内部客户、利润中心服务于产品运营团队内部客户、产品运营团队服务于外部客户的面向客户的结构。这种组织架构是以“客户需求”为中心的，而不是以领导、级别和职能为中心的。

四、以客户为导向组织架构模式的运行效果

（一）使“以客户需求为导向”的价值理念得以实现

国有企业的市场经济改革的核心内容之一就是重塑企业的运转理念为“客户就是上帝”，但是这不能只停留在文化层面，而应该落实到一个企业的组织架构、业务流程、人力资源机制和保障措施中。组织架构是一个企业的骨架，因此在组织架构中贯彻“客户第一”的价值理念是北方微电子落实“以客户为导向的持续创新”的公司价值理念的开拓性的管理思想的具体行动，也是管理创新中最艰巨的部分。通过这个管理创新，北方微电子已经将服务客户的观念深入到公司的每个角落。

（二）提高了客户满意度

新的组织架构在服务外部客户的过程中，形成了“接口唯一、领域全面、多层支持”的特点，使客户任何的需求和问题能够得到快速的反馈和实现，大大提高了外部客户的满意度，推动了北方微电子的市场化进程。而内部客户服务机制的建立是通过组织架构划分、部门定位、业务流程分析、企业文化建设并辅助于绩效考核，使各职能服务部门的本位思想得以转换，部门之间的衔接和流程效率大大提高，流程执行顺利了，业务流程的上下游的满意度都会提高，整个企业内部充满着积极向上、共同打市场的气息，最终结果也是提高了外部客户的满意度。

（三）产品上市时间大幅度缩短，客户服务速度加快

通过实施新的组织架构模式，公司的装备研发周期缩短30%以上，对客户的需求和问题得以解决的相应速度提高到两小时以内，外部客户满意度大幅度提高。

（四）保障了公司年度事业计划分解落实

通过在新的组织架构中建立利润中心、产品运营团队，使得每年公司的年度事业部计划经济指标得以有效地形成和分解落实。形成了公司总体目标→利润中心→产品线→产品的自下而上和自上而下的目标形成和分解机制。同时在目标分解过程中通过全面预算管理和绩效激励管理，形成年度利润（经济贡献）目标指标和激励目标。在利润中心和产品运营团队确定指标后，职能部门再根据其所服务的内部客户——各利润中心和产品运营团队，形成自身的年度主要工作目标和重点任务。通过这样一个整体相互衔接的机制，公司年度事业计划便能够客观地形成和分解落实，使得公司事业计划的形成和分解不再是公司高层领导的“拍脑袋”工程。

（五）资源的市场化配置实现了优化

在组织架构的设计过程中，充分考虑了在前线的产品运营团队和各利润中心的重要性，每年通过产品规划、市场分析预测和客户需求，各产品运营团队和利润中心会自发形成自身的研发目标和销售目标，公司通过产品评审委员会和技术评审委员会评审后，经理办公会结合公司的整体战略规划和年度事业计划，通过全面预算管理和激励奖励管理等措施，将人财物资源和奖励向这些一线团队和利润中心倾斜，这实际上是通过市场需求而进行的内部资源优化配置，避免了资源分配和奖励的“大锅饭”，提高了内部有限资源的利用，通过“压强原则”推动公司特定领域的发展。

（六）选拔和培养了一批多领域专业人才

在新架构设计的同时，北方微电子引入了已经在IBM、华为等大公司成功实施的任职资格体系。该体系是用于能力和素质的评估，结合人员在公司工作中的内部绩效结果和工作经历，通过有意识地选拔和培养，经过每年的能力评价来推动关键人员成长，为公司的发展提供管理、技术和专业类人才。这些人才的能力评价是通过“职级”而非“官”来区分，在人才达到一定的职级后就可以担任公司例如产品经理、技术经理、专业经理、技术评审委员会委员成员、产品委员会委员成员等岗位，而其薪酬福利等也会随之提高，甚至会超过“官”的薪酬福利水平。任职资格体系为北方微电子提供了一个“不拘一格降人才”的方法，而且有能力的人不当官也可以得到公司的重用，这十分有利于内部人才集中精力服务客户。

（七）短期经济效益明显

新组织架构的实施通过提高外部客户满意度、提高内部营运流程效率、发挥人员积极性而间接创造了客观的经济效益。通过测算，2012年综合管理成果效益达到617.82万元，年度效益贡献率为64.45%。2013预计在年净利润达到1500万元的条件下，可实现综合管理成果效益786.35万元，年度效益贡献率为52.42%，本成果可持续释放创新成果带来的整体优化效益，所以短期的经济效益测算不能完全反应该创新成果的全部效果，该创新成果的经济效益是长期而深远的，会持续推动北方微电子“十二五”期间的营业收入的增长。

表3 创新成果的经济效益测算表

序号	指标名称	计量单元	时间	测算结果	备注
1	申报前一年效益额	万元	2012年	617.82	
2	实施各年累计效益额	万元	2010—2012年，共3年	809.06	
3	平均年度效益额	万元	2010—2012年，共3年	269.69	
4	申报前一年效益贡献率	%	2012年	64.45%	
5	申报前一年投入产出	%	2012年	0.81%	

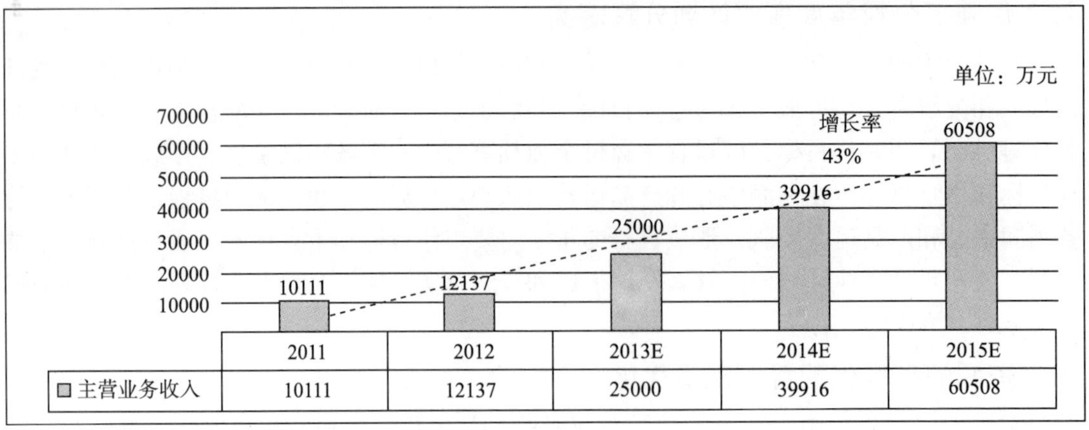

图7 北方微电子“十二五”营业收入增长图

（八）对公司市场化战略实现提供了组织保障和文化保障

通过近三年的实施，北方微电子塑造了全员“以客户为导向的持续创新”意识和价值观，内外部的客户满意度很高，服务意识蔚然成风。新的组织架构具有很强的客户导向，在产品开发、订单交付等业务领域具备很强的复制性，能够不断地推动公司向市场推出新产品，开创了市场的新局面，进而使公司的经济效益大幅度增加，为公司实现“十二五”战略规划提供了稳固的组织保障。

成果创造人：赵晋荣 陶海虹 文 东 李东三 丁培军 张田甜 牛 昊

系统集成服务企业内控管理信息平台的构建与实施

北京益泰电子集团有限责任公司

荣获第二十八届北京市企业管理现代化创新成果一等奖

北京益泰电子集团有限责任公司（以下简称“益泰集团”）成立于1998年，是经原北京市经委（北京市现代企业制度试点领导小组办公室）批准，由具有50余年历史的北京无线电厂为投资方改制成立的大型国有独资企业，注册资金1.12亿元，是北京电子控股有限责任公司下属的环保产业和集成服务产业的重点三级企业。

益泰集团成立以来，致力于电子信息技术和产品的研发、推广以及工程的实施服务，先后多次被评为中国电子百强企业。益泰集团以系统集成服务为主要发展目标，积极发展建筑智能化系统集成、安防系统集成、计算机信息系统集成等集成服务产业，积极开拓节能环保服务产业，具备行业相关资质，整体实力位居集成服务行业前列。益泰集团采用集团职能管理，分子公司和事业本部经营的两级管理模式（见图1）。

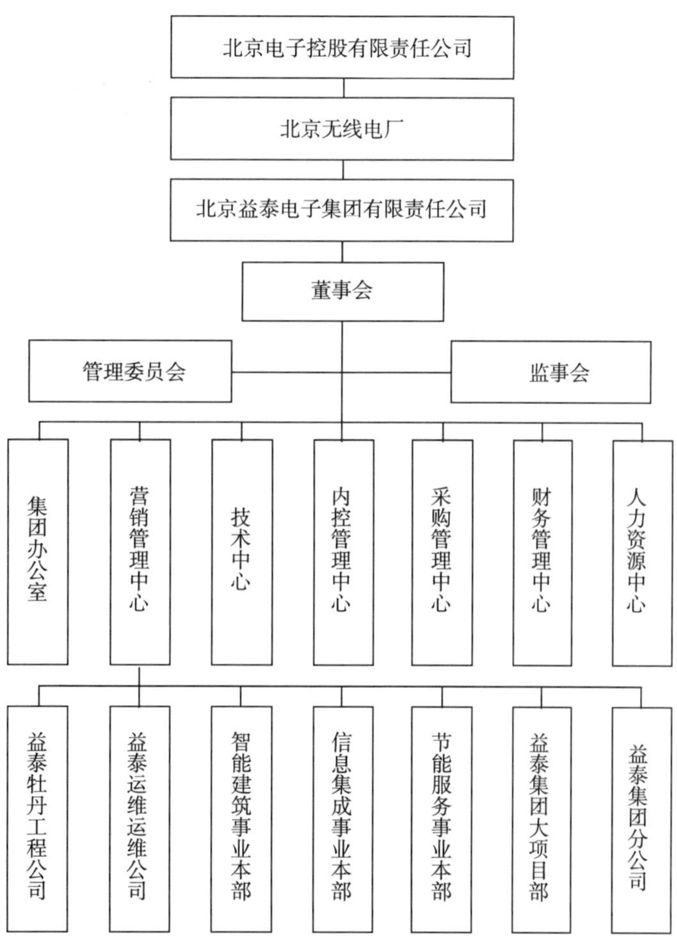

图1　益泰集团组织机构图

益泰集团秉承“传播人类文明、创造优质生活”的理念，以“成为咨询设计、产品销售、集成实施、应用技术服务于一体的系统解决方案提供商”为愿景，以“综合集成服务能力”为核心竞争力，以

"集团经营、品牌经营、集聚经营、合作共赢"为指导思想，坚持"科技与服务"的发展方针，秉承企业"诚信的品质、专业的技术、合作的精神、精心的服务"的工作作风，打造系统集成服务行业"益泰"品牌。

一、内控管理信息平台构建的背景

（一）企业经营管理工作的现状

益泰集团的业务涉及建筑智能化系统集成、计算机信息系统集成、安防系统集成、应用软件开发、节能环保服务等多个领域，客户涉及通信、金融、政府、能源、制造业、建筑、医疗、军工、教育等行业，业务分布在全国各地。

企业经营涉及产品销售、工程项目和技术服务多种业务形态，企业针对不同的经营单位和业务采用不同的经营核算办法。

益泰集团下属有多家下属公司和分公司办事处，由于经营单位业务形态不同，经营地点不同，经营管理制度和方式方法各异，企业管理人员整体素质差异，企业日常经营管理普遍采用传统的管理手段，信息传递方式落后，各单位协同工作困难。

（二）企业内控体系建设面临的问题

企业内部控制体系建设需要结合企业的具体产品、经营规模、管理特点和水平等，研究和制定一套适合企业特点的、在某些方面是独有的内部控制框架体系。

益泰集团在建立内控体系过程中面临一些突出问题：

1. 法人治理结构有待完善

益泰集团在电控战略管控的总体战略下，处于清晰产业定位，调整产业结构，完善法人治理结构，优化企业资源配置，规范企业管理的阶段，存在着企业所有者和经营者之间角色交叉，经理层在上级单位和益泰集团双重任职，董事会和经理层之间机构重叠，互相监督、互相制约的机制不完善，董事会不能充分发挥监督和控制经理层的作用的现象。

2. 内部控制没有得到应有的重视

随着经济信息化、国际化步伐的加快，企业面临着各种各样的风险，要求企业必须建立能够评估和防范风险的机制。虽然益泰集团结合内控体系建设需要，建立了内部控制制度，设立了内控管理中心负责制度，但作为经营单位，习惯于重视生产经营、技术开发，轻视内部管理和控制，风险意识相对薄弱，风险评估、控制和实际经营存在脱节现象。并且在内控体系建设实施过程中，由于人员的培训力度不够，制定的制度脱离企业经营实际，导致某些制度降低办事效率，甚至无法执行，内部控制流于形式，没有得到应有的重视。

3. 缺乏有效的过程监督机制和手段

益泰集团因为业务多样，经营单位众多，经营地点分散，各经营单位制度各异，企业信息传递停留在邮件、纸质汇报材料的基础上，内部管理监督体系重点是查错防弊，注重事后监督，不注重事前、事中的控制；经营管理重视对财务报表的审计，忽略对管理现状进行分析评价。而且，经营管理管控缺乏有效的企业经营动态信息和数据支撑，使得企业对经营活动过程缺乏有效的机制和手段，防范经营风险，保证企业健康发展。

二、内控管理信息平台的内涵

益泰集团为了加强内部控制体系建立、强化内部控制管理，从2010年开始启动企业内控管理体系建设，经过分析论证，确立通过信息化实现管理科学化，信息化建设带动企业经营管理创新的工作方针；明确了将企业内控体系建设和企业信息化建设结合；通过信息化手段实现内部控制的工作思路；确立了通过信息平台建设推动企业内控管理体系建立的工作方法；确立了通过内控体系的建立，实现合理保证企业经营管理的合法合规、资产安全、财务报告及相关信息真实完整，提高经营效率和效果，促进企业实现发展战略的工作目标。

企业信息平台的建设和内控体系建设是科学管理的重要内容。内控体系建设是从风险管理出发，通过对实现企业目标具有重要影响的不确定性事件进行分析、确认风险、制定解决方案，以规避风险，降低可能造成的损失，为实现企业发展目标提供合理保证的过程，内控体系是风险管理和控制的平台。企业信息平台是建立覆盖企业经营业务的信息化资源共享和管理平台，提高企业资源的利用水平和工作效率。

内控管理信息平台具有以下特点：

（一）确立共同目标

做好益泰集团信息平台和内控管理体系相结合的工作，有助于提高企业运营的效率和效果，提高企业运营的效率和效果是内控管理体系与信息平台的共同目标。内控的重要工作就是识别出影响企业目标实现的重要风险，并通过对业务流程的分析，把识别的重要风险标注在合适的业务流程节点上，并采取适当可行的控制措施。这些控制措施通过信息平台，可以提高控制的自动化程度，实现控制的标准化，改进控制的效率和效果，进一步提高企业重要风险的识别和控制能力。控制效率和效果的改善，可以提高内控对风险点的监测控制覆盖面，更加有效地对风险实施管理。

（二）体现信息平台的价值

做好信息平台和内控管理体系相结合的工作有助于提高信息系统运行的效率和效果，信息平台是一项跨部门、跨业务的系统工程。在信息平台建设过程中，充分考虑了内控对风险管理的需求，把跨部门、跨业务单元的业务，以风险管理为纽带放在一个企业整体平台上，把握企业面临的重要风险，从企业整体协调的角度优化业务流程，最大限度地提高信息平台与企业实际业务需求的结合度，并能够促使及时识别、评估、掌握和控制信息平台自身的风险，制定相应的控制措施。

（三）建设的重要基础

做好结合工作有助于提高信息化平台建设的效率和效果，业务流程是信息平台实施和内控体系建设的重要基础。其中信息平台实施所涵盖的采购管理、销售管理、销售机会管理、资产管理、财务管理、人力资源管理、项目管理、档案管理、信息发布管理等企业的主要经营管理业务也是内控体系建设的重要内容。在业务流程的梳理和描述阶段，以及流程优化工作中做到二者的充分结合，可以使梳理完成的业务流程既能够满足内控需求，又能够满足信息平台的需求，从而减少不必要的重复工作量，节省业务流程梳理和描述工作中的资源投入，提高信息化平台建设阶段的工作效率。

三、构建内控管理信息平台的主要做法

（一）推进内控管理体系建设的策略

建立健全规范的内部控制管理体系，实施有效的内部控制，首先要建立完善的制度和机制。建立健全企业内控制度，按照严格、详细、具体的原则，结合行业和企业的特点和实际，制定实施细则。由于管理的幅度大、层次多、信息量繁杂，必须进行深入的调查研究，调查研究是做好内控工作的前提和基础，通过有重点、有目的的专项调研工作，及时总结、提炼和推广内控管理工作中好的经验和做法，研究内控体系发展和完善的工作思路，上下相结合，合理有效地制定制度。

益泰集团完善了内控体系建设，健全了内控审计制度，建立了总法律顾问制度，提高了企业经营风险防范能力。加快对现有企业制度、流程、表单的梳理，结合企业实际经营情况，不断完善各项规章制度。结合企业经营实际情况，优先梳理和完善经营业务相关的制度，在固化现有的制度的基础上，逐步优化和完善。明确各项审核审批环节的签字程序和签字人，明确集中处理时间，在确保有效管控的基础上，缩短各项审核审批时间，使内控工作成为企业发展的有效支撑。以定期审计和监督检查为防范风险的手段，降低企业经营风险，增加外部独立董事数量，发挥专业知识扎实、工作经验丰富，并具有独立判断能力的独立董事的作用，对企业经理层进行富有成效的监督。企业建立专门的内控管理部门，以保证内部控制制度的有效运行，最终达到健全组织、明确职责、健全制度、规范运行

的目标。

（二）合理确定结合面

做好信息平台实施与内控体系建设结合工作的重要内容是合理确定结合面。信息平台是企业内控管理的重要工具和手段。具体推进工作从实际情况出发，加强协调与沟通，积极主动配合，努力做好有关结合工作。

信息平台建设对内控体系建设提出了新的要求。站在企业整体的高度看待信息平台实施与内控体系建设相结合的工作，合理划分内控部门、信息管理部门和具体业务部门的职责，并组成联合工作小组，加强工作中的沟通与协调，认真听取各方的不同意见，寻找协作工作的平衡点。

在企业内部，统一规范业务流程，实现管理的系统化、程序化，使工作环节、业务步骤清晰可见，内容要求明确，为执行者的监督检查和考核提供依据。通过信息平台建设，建立规范的业务流程数据库，实现流程管理和控制的信息化。加强对业务流程的梳理，解决好程序和效率的关系。在按流程运行、按程序操作、按控制执行的关键环节，必须留下可供查实的证据，使规章制度执行具有可检查性。

信息平台实施与内控体系建设的结合主要体现在以下几个方面：

建立符合企业战略的信息化规划。

信息平台建设作为内控的重要控制手段，企业结合“十二五”规划，对外部环境、形式、企业现状等方面进行了分析，并及时修订了企业的发展战略规划，定位益泰集团是现代服务提供商。

结合内控体系建设，从内部环境方面，定义信息化发展战略应最终成为企业发展战略的促进者（见图2）。

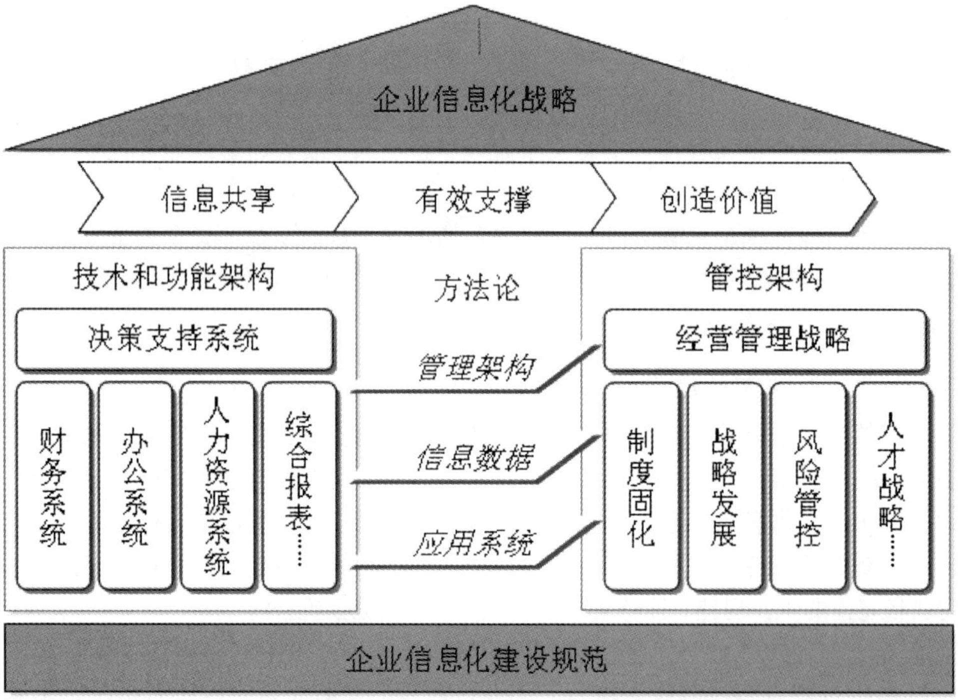

图2 企业信息化战略

结合企业信息化发展战略，定义目前阶段信息化建设应是企业经营管理的支撑，确定了企业信息化发展目标（见图3）。

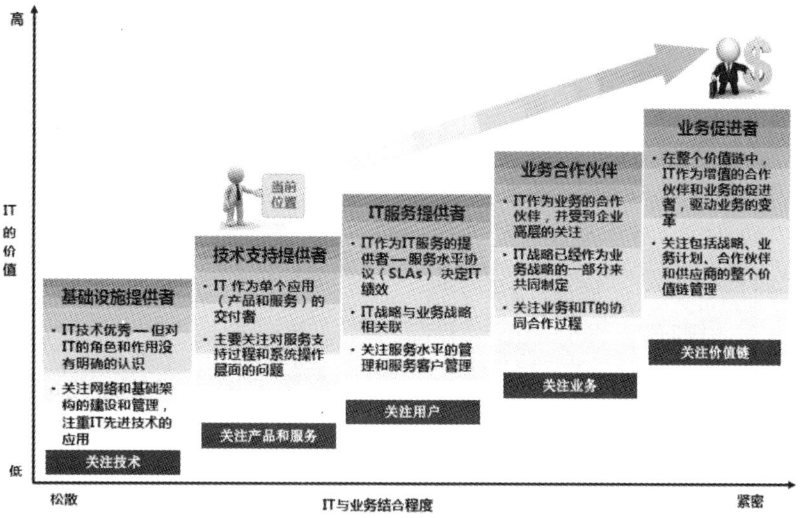

图3 企业信息化发展目标

结合分析企业信息化水平和现状，制定了企业信息化平台建设规划，建立了益泰信息化建设框架和规范（见图4）。

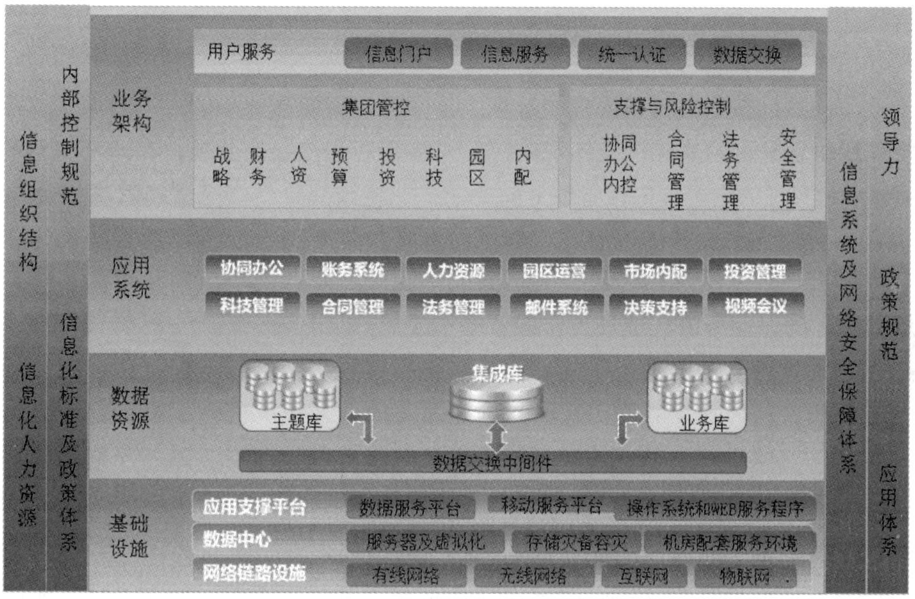

图4 企业信息化建设框架

（三）通过信息平台控制经营活动全过程

益泰集团信息平台充分融入和体现风险管理的理念。风险管理是一个全员参与、覆盖全部业务范围的全过程管理方式。这要求在各个业务流程和环节上分析确定出重要风险，并有针对性地制定控制措施。

在信息平台实施过程中进行的业务流程梳理，更多地体现为对业务操作程序和步骤的理顺，但缺乏针对重要风险的明确控制措施和标准，在这方面不能满足以风险管理为核心的内控体系建设的要求。因此，必须将风险管理的理念融入和体现到信息平台实施的业务流程优化工作中，在确保重要风险得到适当防范和控制的前提下优化业务流程。同时，信息平台作为一个企业的综合化业务处理系统，也需体现风险管理的理念和要求，规避或降低自身的运行风险。内控管理信息平台项目组通过对企业经营活动的梳理，和内控管理部门确立了控制活动点，防范措施，形成了益泰的经营管理活动逻辑图（见图5）。

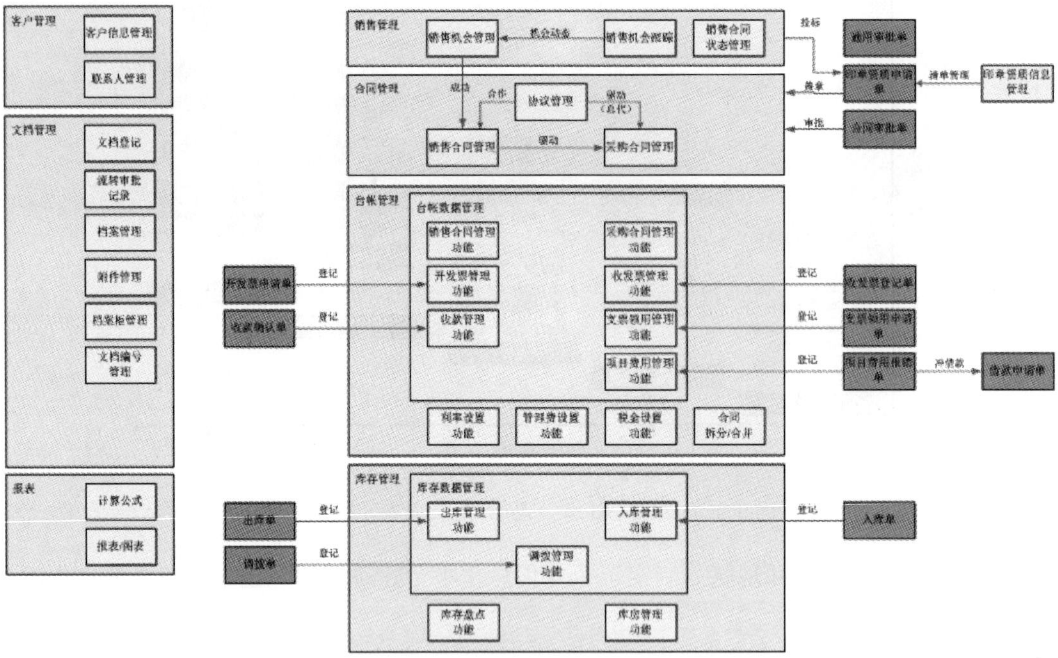

图5　企业活动分析图

统一梳理了业务流程，在业务梳理流程的过程中，本着“高标准、严要求”的原则，梳理出一套完整的业务流程，既体现信息平台的要求，又体现内控对风险管理和控制的要求。在这套完整的业务流程上，明确标识出在信息平台实现的内容和内控管理上的要求，并将该部分严格落实到信息平台的实施中。

从信息平台建设所涵盖的业务内容出发，确定信息平台实施与内控建设的共同业务。对于这部分共同的业务，由信息平台建设人员和内控建设人员共同组织开展业务流程梳理和优化工作，并对梳理完成的流程共同审核确认，确保业务流程梳理工作的效率和质量。

通过完善的销售管理与合同管理系统，有效地对销售过程、采购成本控制和合同执行情况进行全程跟踪、监控与风险控制，同时便于管理层及时对企业所有的业务情况进行了解，并通过报表系统直观查看到每一个业务板块的业绩快报、绩效情况、成本控制情况和风险控制情况，并定期对这些数据进行横向、纵向的分析对比，准确地提取关键性经营指标，为决策提供可靠、及时的决策数据支持。

（四）内控流程和信息平台流程结合

内控流程设计是企业内控体系建设中的难点。在企业信息化环境下，如何设计企业信息化内部控制流程是信息化推动内控体系建设的重要工作，同时也是内控流程和信息平台流程结合的关键。

内控管理信息平台建设需要把内控要求和控制方法转移到信息平台中去，信息化部门和内控部门全程合作，打造适合企业需要的内控流程。

在实际工作中，经常出现内控部门关注如何建立企业的内控体系，在不同的业务流程中增加控制措施；信息化部门关注如何将信息平台建设得更加完善，而很少关注内控方面的要求。

信息化部门不能仅根据软件的标准管理系统设计控制流程，需要有可操作性、让信息化管理人性化，就需要内控部门对内控流程的梳理更加准确细化。

在梳理内控流程时，由内控牵头部门组织自上而下地梳理，企业管理层从管理视角梳理风险控制点，同时内控部门推动各部门自下而上地梳理，各部门对业务流程的风险控制点提出建议和意见。

在对业务流程进行梳理时，内控部门和信息化部门都明确内控管理的目标，并结合实际需求对业务流程进行细化。

内控体系建设注重对管理制度、控制措施、控制频率等风险控制相关的要求。信息平台则更多地关注数据的输入、处理过程及输出等信息处理的要求。为保证流程梳理工作能够及时到位，既满足信息平台的需要，又符合内控体系建设的要求，两部门共同确定了业务流程梳理的标准，便于业务单位梳理工作的开展。

这些业务流程基本上涵盖了益泰集团的整体经营业务，每一项业务都对提升益泰集团的竞争力至关重要，因此，这也是一项全面的管理创新工程。

内控管理信息平台涵盖内控梳理的流程和控制点，体现在以下几个方面：

1. 业务流程动态配置

益泰集团的工作流引擎基于JBPM自主研发，包括图形化流程定义和文本流程定义，并支持多层嵌套子流程（见图6），具有退回、取回、催办、抄送等功能（见图7）。

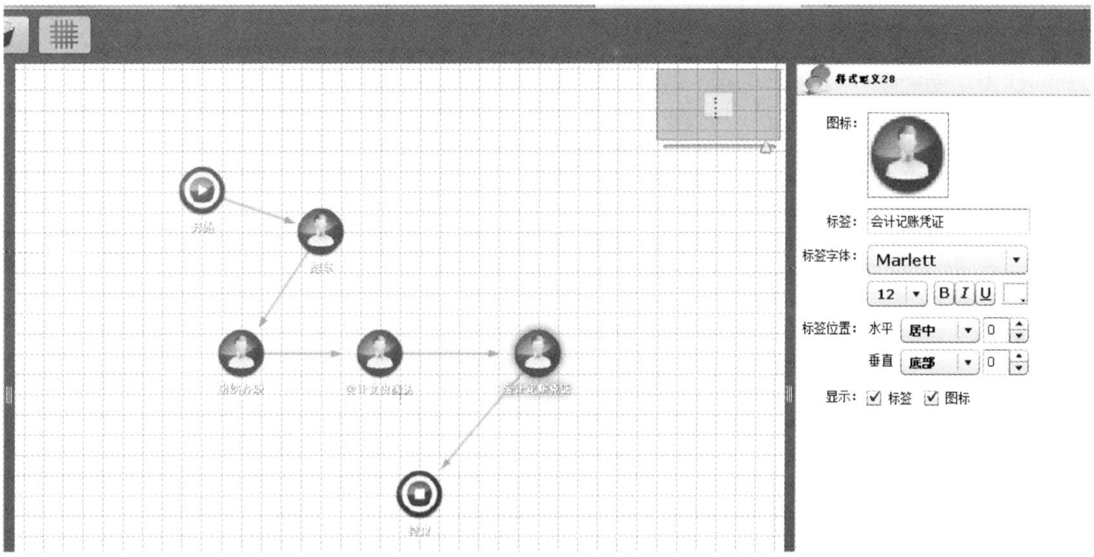

图6 图形化流程设计

返回 首页 上一页 1 / 1 下一页

我的工作 > 经办任务 > 流转记录

流程步骤	开始时间	结束时间	审批时长	审批状态	处理人	处理人所在部门	处理意见
起草	2013-07-01 15:47:29	2013-07-01 15:47:33	4秒	已完成		工程部	
出纳办理	2013-07-01 15:47:33	2013-07-01 15:52:23	5分 50秒	退回		资金管理	修改 任务从出纳办理被取回至起草
起草	2013-07-01 15:52:23	2013-07-01 15:56:56	5分 33秒	已完成		工程部	
出纳办理	2013-07-01 15:56:56	2013-07-25 09:52:02	24天 18时 55分 6秒	已完成		资金管理	同意
会计支出确认	2013-07-25 09:52:02	2013-07-31 10:50:01	6天 1时 58分 59秒	已完成		资金管理	同意
会计记账凭证	2013-07-31 10:50:01	2013-07-31 10:51:37	2分 36秒	已完成		资金管理	同意

图7 流程记录

2. 成本核算和控制

内控管理信息平台通过对采购与付款、销售与收款和资产管理的有效控制，实现了经营活动成本的核算和归集，并且落实到了每个销售合同中。根据销售合同总金额和销售合同成本预算情况对合同执行动态的成本和费用情况进行跟踪控制，实现对合同成本的有效控制。信息平台对销售过程、采购过程和国有资产的保值增值均提供了有效的控制手段（见图8）。

图8　采购活动与销售活动关联

3. 审批环节增加风险分析

在合同、印章资质等审批过程中，增加了法务审批环节，法务人员严格把控合同正文相关法律条款，对企业有经营风险的正文内容，法务人员直接在正文给予标注，并退回给起草人。

4. 合同审批和印章资质审批相结合

结合企业经营的实际情况，为了提高审批效率，将合同审批和印章资质审批整合成一个流程，缩短了审批时间。

5. 经营活动文档和档案管理相结合

所有经营活动的文档最终都归档到档案管理模块中，档案管理员根据文档类型，划分到不同的档案分类中（如图9），方便相关人员查阅。

	档案分类	排序号	创建人	创建日期	修改人	修改日期
	经营档案	2.00	admin	2012/12/15 09:44:09		
	合同	5.00	admin	2012/12/15 09:44:09		
	审批	6.00	admin	2012/12/15 09:44:09		
	文书档案	3.00	admin	2012/12/15 09:44:09		
	公司文件	7.00	admin	2012/12/15 09:44:09		
	董事会文件	8.00	admin	2012/12/15 09:44:09		
	未整理档案	4.00	admin	2012/12/15 09:44:09		

图9　档案分类管理

（五）授权管理和岗位职责相结合

益泰集团内控信息平台充分体现内控授权管理的要求，内控体系建设的一项重要内容就是规范和明确各岗位的职责，明确岗位授权，减少模糊的职责权限。对于这些按照岗位职责对相应岗位的授权，充分体现到内控管理信息平台中。信息平台对这些授权的管理考虑岗位变动后的及时更新，以及岗位人员休假和出差等情况下的其他人员临时授权等实际情况，合理、及时保证授权和行权的适宜性。

信息平台对控制的完成主要体现在授权管理，这也是内控的重要工作内容。因此，共同梳理岗位职责，明晰岗位授权，强化对授权的管理。把这些授权，以及授权的变更、岗位人员的变更等有机结合起来，固化到信息平台中。

内控管理信息平台根据用户在企业中的职责和责任设定角色访问权限和角色关联，减少授权管理的复杂性，支持企业动态机构调整。采用基于角色的访问控制（RBAC2－Constraint RBAC）方式，加强了约束与用户—角色—权限关系决定RBAC2模型中用户访问许可（见图10）。

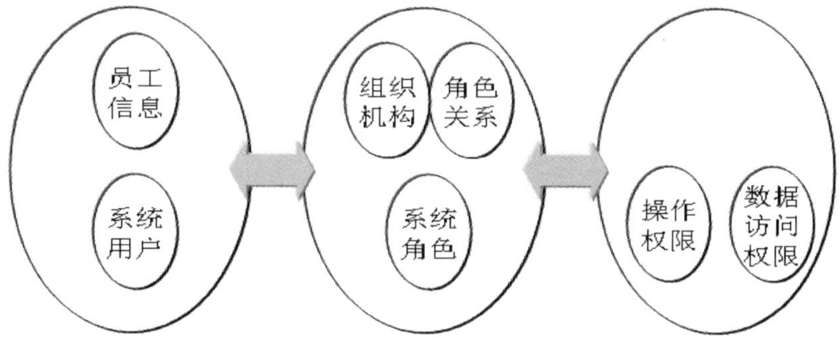

图10　约束—用户—角色—权限关系图

（六）业务标准化操作

合理选择自动控制和手工控制实施信息平台后，将有助于实施更多的自动控制，从而提高管理的效率和减少人为因素的干扰，实现业务的标准化操作。但自动控制和手工控制都有其优点和不足，不能完全替代。本着“有效控制”的原则，合理选择控制措施和手段，寻找控制效率和控制有效性的平衡点，实现自动控制和手工控制的相互制衡。

结合企业管理实际，需要纸质文档的审批，平台录入作为开始，打印签字，登记归档为结束；不需要纸质文档的审核，根据流程设置进行电子审批（见图11）。

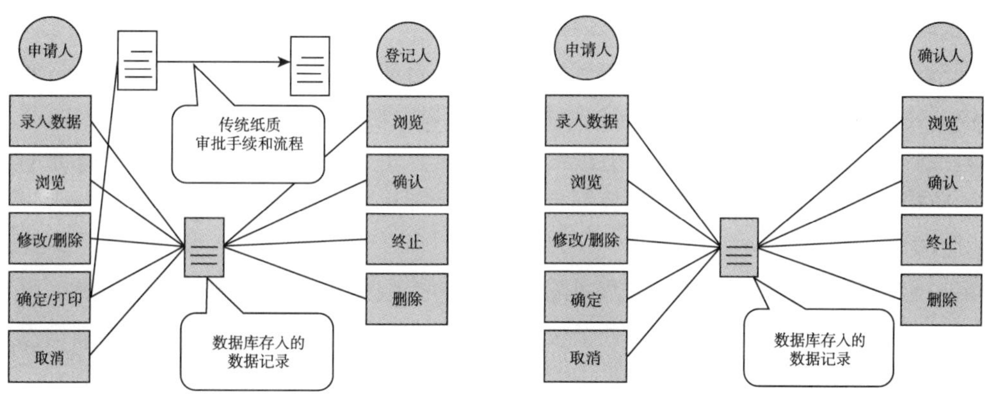

图11　电子审批和纸质审批结合

统一了信息平台的基础数据，对元数据、分类、数据字典、编号规则等进行规范（见图12）。

图12　编号规则、数据字典、分类规范

同时考虑到手工和自动控制的结合，采用了二维码技术，将快速查询纸质单据和信息平台关联，可以从信息平台单据的摘要中模糊查询和条件查询，通过对文档原件粘贴二维条码将文档原件和信息平台关联（见图13）。

图13　二维码应用

（七）形成基础数据库，增加风险管控点

内控管理信息平台的实施充分考虑内控管理，信息平台的需求随着信息化建设的推进和手段的不断完善，内控体系将逐步建立和健全各项风险管理指标警示和预警系统，促使操作人员及时采取正确的控制措施，规避或降低风险的发生及其可能造成的损失。信息平台的实施充分考虑内控体系对风险信息的收集、分析的需求，以利于逐步形成风险数据库、风险管理解决方案数据库和内控措施数据库等内控管理的基础信息数据库。

共同制定风险控制措施做好风险识别和风险分析是内控业务流程梳理的重要内容，也是流程优化的基础和前提，是实施全面风险管理的重要环节。共同分析业务流程中的风险点，并根据信息实施的技术情况共同制定可行的控制措施，优先确定采取自动控制还是手工控制，并明确自动控制和手工控制之间的检查、复核制衡关系。

在信息平台的审批环节中，增加风险分析（法律意见书、合同成本预算分析、供应商审核等），实现流程中风险分析和控制，同时保证经营活动记录可追溯，并定义经营活动文档原件归档为信息平台流程结束（见图14）。

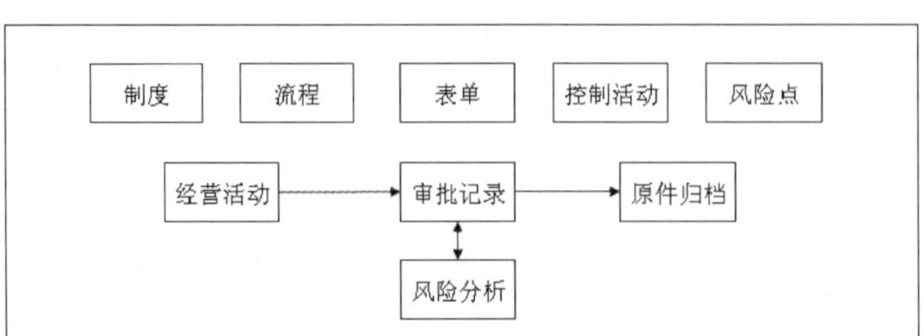

图14　风险分析和归档逻辑

对文档原件进行数字化和数字档案的建立，通过文档原件扫描，使用信息平台B/S结构的在线图像编辑功能，可设置扫描件录入平台后分辨率和颜色的自动转换，可对扫描件进行旋转、缩放、裁剪、自动补白等编辑操作（见图15）。

图15　文档扫描在线编辑

（八）内控管理信息平台的风险管理

在充分了解企业信息化整体环境，包括信息化规划、组织架构、各类信息化管理制度、职责分工、人力资源等基础上，分析内控管理信息平台风险，结合内控对信息平台的风险管理的标准，制定信息平台风险管理框架及详细建设方案。

从信息化的基础环境着手，包括企业是否制定了完善的信息化规范和制度、是否有合理、清晰的组织架构以及是否对相关人员的职责进行明确定位。在考察和分析的过程中，企业建立了信息化管理制度、系统运行维护制度、信息化安全制度等。

确保信息平台正常、不间断地运行是信息化部门的首要职责。必须建立一套合适的运维规程，包括对相关数据的备份、故障处理应急预案，以及灾难恢复计划等。

安全问题是信息平台总体控制的核心。企业在推进内控的信息化建设时，需确保整体环境的安全，特别是应用系统、操作系统、网络和数据库等层面的安全可靠。

为了保证用户通过互联网安全访问企业的信息平台，采用了SSL VPN建立虚拟专网，保证外部访问安全（见图16）。

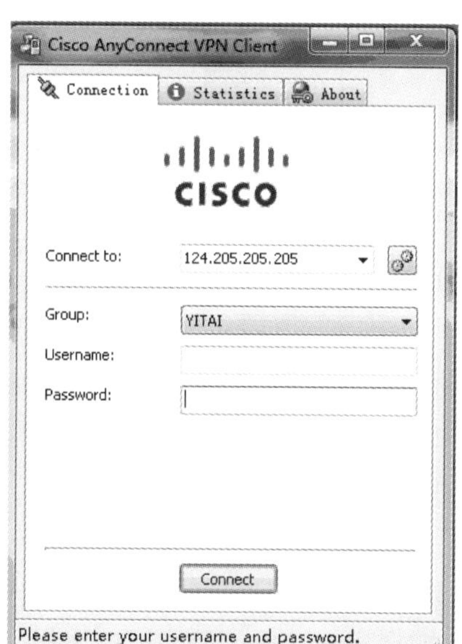

图16　VPN虚拟专用网登录

同时采用第三方流量控制设备保证网络带宽可用，进行带宽静态和动态分配（互联网访问、应用、财务网银）。定制流控策略，对所有用户的HTTP、邮件、办公等重要办公应用进行带宽保障。对下载、在线视频等P2P行为做带宽限制，根据组织结构进行流量划分，针对不同的组织赋予不同的带宽和策略（见图17）。

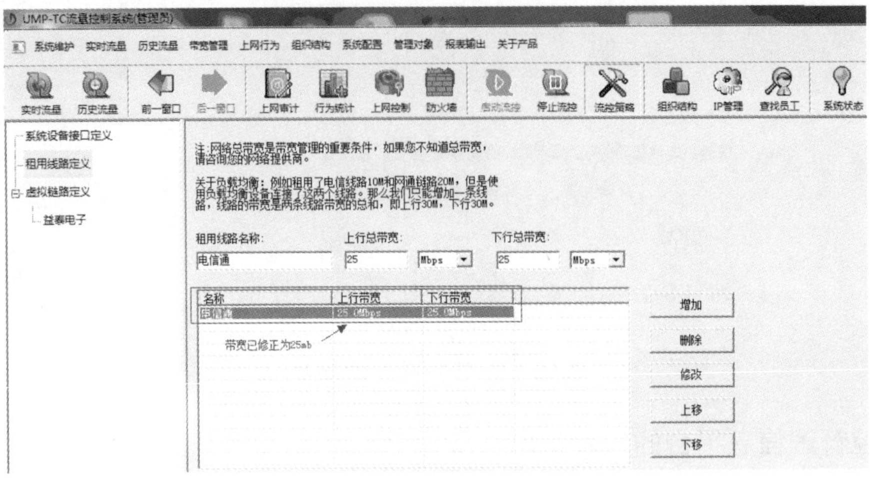

图17　流量访问控制

构建了企业SAN网络存储（见图18）和备份系统，保证数据安全，对磁盘阵列进行灵活管理及在线监测，将存储设备与全局多主机动态共享的模式，不需占用 WAN/LAN的网络资源。

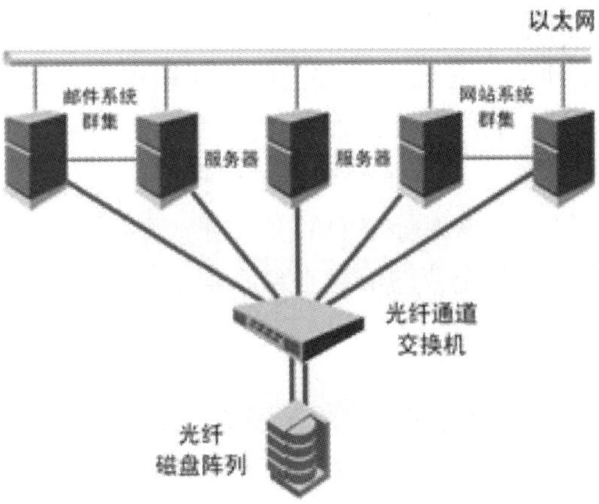

图18　SAN网络存储

四、内部管理信息平台的实施效果

益泰集团经营管理系统信息化建设的实施，使益泰集团在日益激烈的竞争环境中，建立起了一个适应国际化市场环境、配备现代化管理手段的新型企业信息化平台。益泰集团信息化建设对益泰集团的现有业务流程运行状况的分析，为集团关键业务流程实施优化重组、提出全新的、有效的业务流程解决方案提供了必要的支持手段，有效提升了管理效能。

（一）管理效益

通过益泰集团内控管理信息平台建设，解决了以下问题：

有效解决了各业务应用异构系统数据不能互通，无法形成协作应用的局面。建设统一的信息共享平台，信息真实完整，信息传递及时有效，为企业各事业部与下属企业提供统一的信息情报服务。规范了作业过程，工作流程清晰、表单规范。优化了管理流程，提高了办公和工作效率，为企业管理科学化、办公高效电子化、生产流程优化与生产过程监控电子化、客户销售与服务一体化、知识高度共享、电子商务电子智能化提供了有力的保障，进一步提升了企业核心竞争力与企业服务品牌形象。强化资金风险管控，实现了风险评估和动态控制。通过网络实时监控运营状况，加强管理力度，有效降低管理成本，提升管理水平，增加经济效益。通过电子化的手段和网络渠道进行信息的集中管理，高效率地进行数据分析和统计，能够及时了解和掌握企业的经营状况，发现经营中存在的问题，有效避免经营风险。企业决策所需的信息资源都以结构化的数据存储在计算机系统中，可以随时统计出所需的数据，根据定量的数据进行定性分析，为决策提供依据，大大降低了决策的风险。

（二）经济效益

通过益泰集团信息化建设，有效降低了办公成本、人工成本、沟通成本、管理成本。大大提升了企业生产单位效能，对企业经营业绩增长提供了有力的信息支撑。每年无纸化办公降低成本约2万元，沟通成本降低约14万元，降低人工成本约144万元。人均每年效率提高约264小时，全体员工按300人计算，每年效率提高79，200小时，每年可产生效益约270万元。若总效益等于降低成本带来的效益加提高效率带来的效益减投资成本减维护成本，则信息化建设每年可为益泰集团增加约220万元效益。

（三）社会效益

无纸化办公改变了原有的纸质办公模式，据统计，益泰经营管理系统上线后，每年节约办公用纸约5万张、打印墨粉约60盒，大大节约了办公用纸及墨盒的使用量，为绿色中国、低碳生活做出了重要贡献。

成果创造人：马　辉　衣建华　陈显飘　王庆栋　李　彪　侯鹏飞　宋亚楠　时永亮　王　禹　宋协丰　李良玉

老牌电子集团技术创新体系的构建与实施

北京牡丹电子集团有限责任公司

荣获第二十八届北京市企业管理现代化创新成果一等奖

北京牡丹电子集团有限责任公司（简称“牡丹集团”）是一个有着多年彩色电视机研发与制造历史的国有大型企业，创造了家喻户晓的“牡丹”品牌。历史上，牡丹彩电和品牌多次获得“北京市名牌产品”、“著名商标”、“中华名牌彩电”等荣誉称号。20世纪90年代后期，彩电市场竞争日趋激烈，尤其是“入世”以后，随着传统CRT彩电向平板电视转型升级的加速，“牡丹”这个中国彩电业发展初期传统制造时代的行业巨头，战略上长期陷入了被动，渐渐地离开了市场的视线。

2008年以来，牡丹集团紧紧抓住国家发展战略新兴产业和北京建设全球创新中心的机遇，立足于数字电视应用技术领域，通过整合内外部战略性科技资源，广泛开展开放式的科技合作，充分调动一切可以调动的社会资源，强力推进产学研合作、产业链合作和国际化合作，重建了开放协同式的技术创新体系，研发推出了数字电视应用技术系列创新成果及解决方案，实现了从传统电视生产商到数字电视应用标准、技术、产品和服务提供商的战略转型，探索出了一条以文化创意带动电子信息技术发展的创新之路。进入2012年以来，牡丹集团系列创新成果代表北京在上海工博会、北京文博会、北京科博会上的集中展示，更是引发轰动。特别是在2013年5月24日，中央政治局委员、北京市市委书记郭金龙同志在参观科博会牡丹展台时讲：“牡丹是北京市的老品牌，可以说是北京城市的一张名片，近年来发展十分迅速，要奔着打造中国工业之花的目标继续努力。”

目前，牡丹集团拥有一个国家级工程实验室、十三个产学研联合实验室、一个国家级博士后工作站、一个国家级孵化基地、一个市级企业技术中心，主持和参与制定国家、行业标准35项，是北京市专利示范单位和中关村标准试点单位。

一、构建技术创新体系的背景

（一）实现集团复苏与振兴、探索新型发展道路的需要

20世纪90年代末以来，历史上曾经辉煌一时的“牡丹”陷入了长达十年的产业低谷期、风险高发期和改革攻坚期。主要表现为：产业上逐步丧失了传统电视领域的制造能力，技术创新体系陷于瘫痪，企业核心竞争力逐步弱化，“牡丹”品牌也逐渐淡出市场；队伍建设上人才流失严重，结构出现断档，严重与市场脱节；经营上入不敷出，历史风险频发，资产持续减值。为了摆脱生存困境和重振牡丹品牌，牡丹集团迫切需要立足于企业现状和资源禀赋，探索出一条以技术创新为引领的、轻资产结构的产业复兴之路。

（二）在首都经济发展中勇担责任、抢抓机遇的需要

“十二五”期间，随着数字电视、三网融合、3D显示等新一代信息技术的飞速发展，数字电视产业迎来了国家发展战略性新兴产业的历史性机遇。北京市为建设世界城市和全球创新中心，正全面推进产业结构转型，把数字电视产业作为未来着力发展的支柱产业之一，并实施科技创新、文化创新“双轮驱动”战略。为充分利用国家发展新一代信息技术等战略新兴产业和北京市建设全球创新中心的历史机遇，承担老牌国有企业在首都“世界城市”战略推进过程中的应有责任，牡丹集团着眼于数字电视产业链高端环节和战略性领域，立足于数字电视应用技术领域积极开展科研开发、成果转化和产业化，并力争以自身的努力推动首都电子工业和城市发展的战略全局。

（三）国有企业在新兴产业关键环节发挥引领与主导作用的需要

作为20世纪的中国彩电行业龙头，牡丹集团在技术研发能力上曾长期处于国内领先地位。近十年来，牡丹彩电整机业务虽然萎缩，但牡丹集团在数字电视测试技术和显示技术领域依然保持着较强的研发能力和标准制定能力。检测技术和技术标准是科技创新、产业竞争和国际贸易的基础支撑，是提高产业竞争力的重要技术手段。在数字电视检测技术领域，牡丹集团始终保留着一支以老专家徐康兴同志为首的科研团队，多年来一直坚守在电视检测技术领域开展原始创新，进行前沿和高端技术研发，主持和参与国家行业标准几十项，研发推出了全套技术设备和检测系统，打破了外资品牌企业在国内电视检测技术领域的垄断，并实现了超越和领先。可以说，牡丹集团作为老牌国有企业，在数字电视检测和显示等关键领域和环节仍然发挥着一定的作用，具备推动战略新兴产业技术创新的基本条件。为进一步奠定产业复兴的科研基础，牡丹集团充分依托自身条件，以开放的视野和积极的姿态，主动争取各种机会，大力整合社会创新资源，逐步创造了支撑自身技术创新体系重建的资源条件。

二、构建技术创新体系的内涵

党的十八大明确提出了创新驱动发展的战略，要“坚持走中国特色自主创新道路，以全球视野谋划和推动创新，提高原始创新、集成创新和引进消化吸收再创新能力，更加注重协同创新。深化科技体制改革，加快建设国家创新体系，着力构建以企业为主体、市场为导向、产学研相结合的技术创新体系。”对于牡丹集团这样的传统国有企业而言，只有创新，才能破解转型发展的难题，才能重新打造企业的核心竞争力，才能化危机为机遇。

在国家发展战略新兴产业和北京建设全球创新中心的背景下，牡丹集团立足于数字电视应用技术领域，通过平台建设、产业联盟整合内外部战略性科技资源，广泛开展产学研合作、产业链合作和国际化合作等开放式的科技合作，进行符合市场化导向的自主创新、集成创新和引进、消化、吸收再创新，重建开放协同的技术创新体系，探索出既符合自身资源禀赋，又适应社会科技资源配置规律和技术创新规律的模式。老牌电子集团技术创新体系的创新点主要有以下几个方面：

1.技术创新体系建设核心在人

人才是当今最宝贵的资源，牡丹集团通过重建以知识产权为核心的科研开发管理体系、设立“徐康兴科技创新奖”和“牡丹科技发展基金”、重启博士后科研工作站、投资引进数字电视系统国家工程实验室（北京）、恢复组建数字电视技术中心、支持乐金飞利浦在新事业领域进行科研和产业化工作，基本实现了内部科技资源和力量的集中优化。在首次颁发徐康兴科技创新奖时，获奖者只有徐老一人，但到2012年这个队伍已经扩大到30人，而且年轻人的比例越来越高，年龄结构越发合理。

牡丹集团始终把人才队伍建设作为打造企业核心竞争力的关键，充分挖掘内部优秀人才，以开放的视野广纳五湖四海之贤才。在检测技术领域，重新组建以徐康兴为首的科研团队，并重用以李刚、武晓光等为代表的一批70后青年研发骨干，引进以戴闽鲁博士为代表的CMMB检测技术领域的技术领军人；在显示技术领域，重新组建以许少峰总工程师为首的新型显示技术研发团队，引进激光显示器件技术领域的技术带头人崔碧峰博士；在创意设计领域，引进首批海聚工程人才朱冰博士，并依托乐金飞利浦这一国际化平台组建了数字创意技术研发团队。另外，牡丹集团还通过共建联合实验室的方式，组建一支开放式的社会化协作科研人才队伍，实现内部人才队伍与社会人才资源的优势互补和充分利用。

2.技术创新体系的内涵在合作

2008年以来，牡丹集团始终把重建技术创新体系作为战略性的工作任务，从整合和盘活自身优势科技资源着手，持续加大了科研投入力度，设立了“牡丹科技发展基金”和“徐康兴科技创新奖”；重启了博士后科研工作站，与清华大学、北京邮电大学、北京工业大学等联合培养高端科研人才，面向数字电视前瞻性应用技术进行研究；投资引进了数字电视国家工程实验室（北京），承担了其测试与显示平台的建设任务；恢复组建了数字电视技术中心，逐步构建了以知识产权为核心的科研开发管理体系。

为进一步打破传统科技体制和自有资源条件的束缚，牡丹集团大力提倡以开放包容的思维，整合共享社会创新资源，进行符合市场化导向的创新。在技术创新战略上，牡丹集团坚持以知识产权为核心，突出市场导向，强化产学研结合，注重产业链合作与国际化合作。还积极探索通过科技孵化推动技术创新的模式，通过与北京市政府共建中关村数字电视产业园，在全球范围内广泛聚集高端创新要素，构建数字电视全产业链，在此基础上与入园入孵的科技企业、研发机构结成技术合作战略联盟，建设开放性的虚拟研发中心。

三、构建技术创新体系的主要做法

（一）全面分析企业环境与自身条件，确定技术发展战略

2008年，牡丹集团新一届领导班子带领企业内部核心团队，对企业进行全面、深入的调查研究，并运用系统、科学的战略分析方法和工具对宏观环境、行业趋势和自身资源禀赋与瓶颈全面分析。

“入世”后的十年，全球的产业结构和布局经历了巨大的调整与转型。“十一五”期间，中国经历着从“中国制造”向“中国服务”、“中国创造”的转型升级考验。特别是首都北京，推动产业结构从传统制造型向生产服务型转型升级，加快发展现代生产性服务业，已经是不可逆转的趋势。就牡丹自身而言，到“十一五”中期，虽然已经基本丧失了从事“传统电视制造业”的能力。但是，仍然具有一定的存量资源、品牌资源、科技资源和较好的政策资源等资源条件，在以数字电视产业链为核心的现代生产性服务业方面尚有新的发展机会。

顺应全球经济结构和首都产业结构转型升级的趋势，牡丹集团突破传统制造思维的束缚，明确提出放弃传统制造业，向现代生产性服务业全面转型，集中牡丹的品牌资源、科技资源、人才资源、政策资源和存量资源建设中关村数字电视产业园，在主营业务上推行科研开发、产业孵化和平台建设“三位一体”的经营策略和“一体化”战略。2010年，牡丹集团进一步延伸和发展“一体化”战略体系，并将牡丹第二次创业的历史使命确定为，重振老工业基地和牡丹品牌，构建“一体两翼”战略格局，推动牡丹集团从传统电视制造商向数字电视应用技术、产品和服务提供商的战略转型。

近年来，随着三网融合、新型显示技术和数字文化产业的快速发展，数字电视领域进入产业链重构和技术融合升级的新阶段，正朝着显示技术高端化、终端产品多元化、应用功能集成化和创意内容数字化的方向发展，以数字文化创意带动数字电视应用技术发展的趋势已初现端倪。

一个科技型企业集团发展战略的核心支撑战略是技术发展战略。2008年牡丹集团提出，要积极推动技术成果的专利化、专利的标准化、标准的产业化，争取几年后探索进军数字电视产业关键领域的方式。为进一步打破传统科技体制和自有资源条件的束缚，2010年牡丹集团大力提倡以开放包容的思维，进一步明确和完善技术发展战略：立足于数字电视应用技术领域，积极在新型数字显示技术、新一代信息技术和数字创意技术等领域开展开放式科研开发与成果转化；坚持以知识产权为核心，以牡丹品牌为纽带，整合共享社会创新资源，强化产学研结合，注重产业链合作与国际化合作；积极开展符合市场化导向的自主创新、集成创新和引进、消化、吸收再创新；力争在三到五年内在数字电视应用技术领域取得关键性进展，推出一批具有国际一流和国内领先的创新成果，并实现成果转化与产业化布局，奠定恢复牡丹品牌的科研基础。

（二）推动科技平台建设，促进科技资源开放共享

依托科技平台建设，对科技资源进行优化与重组，构建一个开放共享和水平较高的技术创新体系，已成为世界各国推动科技进步的大势所趋。为克服自身科研设备投资压力大、科研人才引进难、科技项目储备少等不利条件的束缚，牡丹集团始终把科技平台建设作为重建集团技术创新体系、整合创新资源、恢复科研能力的重要手段，探索出了一种新型的科技创新模式。

从投资创建国家工程实验室入手，抢占发展战略新兴产业的制高点。2009年6月，国家发展改革委员会决定在上海、北京和深圳分别建立“一个数字电视工程中心，两个实验室”。在清华大学和中关村管委会的支持下，牡丹集团与清华大学一起，联合海尔、普天等12家单位，共同提出以清华大学为依托，以牡丹集团为实体建设单位，在牡丹园建设数字电视工程国家实验室的方案。2009年12月，经国家

发展改革委员会批准，由清华大学、牡丹集团、京东方、北广科技、普天、海尔等国内一流的数字电视标准研究、数字电视发射前端、芯片及接收终端、测试等研发和生产单位共同发起成立数字电视国家工程实验室（北京），重点建设数字电视前端与发射、芯片与接收、传输与网络、测试与显示四个工程化验证平台，主要任务是在我国第一代标准领先于欧洲同类标准的基础上，继续进行第二代标准（又称“演进技术”）的研究，以确保我国标准的技术领先地位，同时，将国家标准申报为国际标准，并在此基础上，加大海外的推广力度，积极参与“标准圈地”运动。牡丹集团主要承担测试与显示平台的建设任务。2010年，数字电视国家工程实验室落户于中关村数字电视产业园（牡丹园）。2011年数字电视国家工程实验室（北京）被中关村认定为中关村开放实验室。投资引进国家实验室的成功，对牡丹集团的长远发展具有重要的战略性意义，明显扭转了牡丹自身科技研发和科技产业发展的困局，缓解了牡丹集团自身科研经费和科研设备投入不足的压力，打开了进入数字电视产业链高端环节和领域开展产学研合作与产业链合作的新局面。

启动牡丹集团博士后科研工作站，打造产学研合作和人才引进的高端平台。近十年来，牡丹集团的高端科研人才几乎流失殆尽。同时，受国有企业体制机制的制约，处于发展低谷期的“牡丹”也很难以市场化方式引进高端研发人才。2003年，经全国博管会批准，牡丹集团设立博士后科研工作站，但长达六年之久未进入实质运营，处在有名无实状态。2009年，牡丹集团实质性启动博士后工作站的工作，突破自身科技体制束缚，打通产学研和人才引进的高端渠道。2010年，从日本芝测公司引进戴闽鲁博士作为检测技术领域的新一代科研带头人。2011年，与北京邮电大学联合培养，引进两名博士后进站工作。2012年，与北京工业大学联合培养，引进了半导体激光器芯片研发领域的首席专家崔碧峰博士进站工作。同时，牡丹集团正在探索利用博士后科研工作站这一高端平台，以总站+分站的模式与产业园、产业联盟和产业链上的优秀企业展开科研合作和人才培养合作。

恢复组建数字电视技术中心，重建科技研发统筹平台。牡丹集团的技术中心曾经是国家级技术中心，但伴随着传统整机业务的萎缩，“十一五”期间接连降级，2008年一度丧失了市级技术中心的资质，科研开发管理体系基本处在瘫痪状态。2009年，牡丹集团恢复设立科技创新部。2011年，牡丹集团按照经营性分公司的模式恢复组建数字电视技术中心，并与科技创新部合署办公，强化集团科技资源的集中管理和规划力度，进一步优化重组科研开发和科技管理平台，重建以知识产权为核心的研发管理体系。经过几年努力，2012年，牡丹集团数字电视技术中心再次恢复了市级技术中心的资质。

共建联合实验室，打造社会科技资源开放共享平台。为进一步打通社会化利用存量科研设备、人才和技术成果的渠道，近年来牡丹集团与北京工业大学、哈尔滨工程大学等高校科研院所和产业链相关企业共建光电子技术联合实验室、超高清晰度数字显示技术联合实验室、数字电视光通讯联合实验室、数字电视应用技术联合实验室等多家联合实验室及多个产学研合作基地，形成联合开发、优势互补、利益共享、风险共担的技术创新合作体系，并在此基础上建设开放性的虚拟研发中心。通过虚拟研发中心，以开放式社会协作的方式引进技术、项目、设备和人才，实现内部科技资源优化整合和外部社会资源的协作利用。

建设特色产业园，打造创新要素资源聚集平台。2006年，中关村数字电视产业园挂牌成立，之后的两年多产业园建设进展缓慢。2009年，数字电视国家工程实验室被国家发改委批准落户牡丹园后，产业园北区围绕数字电视产业链的产业聚集效应逐步显现。2010年12月经北京市人民政府批准，中关村数字电视产业园纳入中关村科学城第二批重点建设项目，产业园开发建设工作加快。2011年，中关村科学城功能区发展规划明确提出“全面推进数字电视领域发展，打造中关村数字电视产业园。以牡丹集团等行业龙头企业为重点，全面推动地面数字广播、卫星广播、移动多媒体广播、有线电视及IPTV等DTMB标准技术成果转化，重点支持牡丹集团建设中关村数字电视测试标准和测试仪器制造基地，吸引数字电视及相关产业领域的中小型高新技术企业入驻，促进北京数字电视产业迅速发展。”2012年，园区科技型入驻企业达到75%以上，初步聚集了力合数字、博雅华录、中经赛博、广视易通等数字电视产业链高端企业，构建起“信源—信道—信宿”数字电视全产业链基础架构。

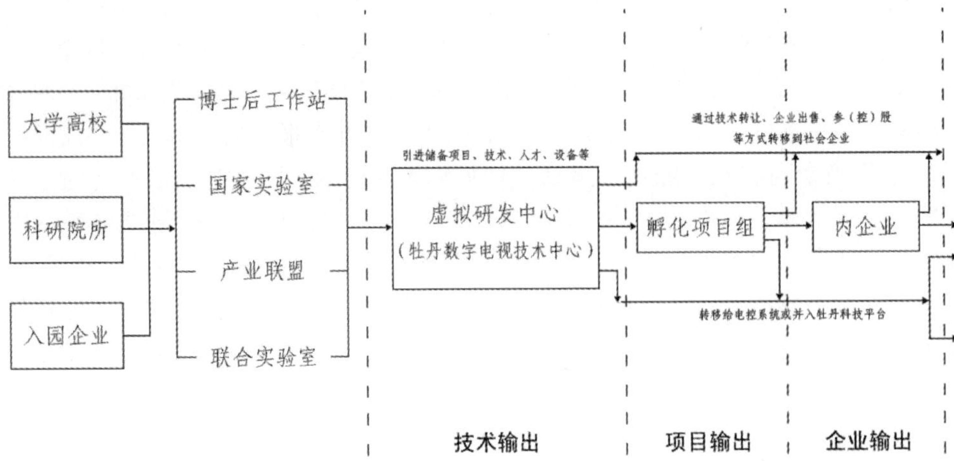

创办科技孵化器，构建公共服务平台。2009年以来，牡丹集团把创办科技孵化器作为导入政策资源、聚集创新要素、对接社会创新资源的重要平台。经过几年努力，分别在海淀区与朝阳区创建牡丹科技孵化器公司和牡丹创新孵化器公司，逐步构建起由公共技术服务平台、孵化孵育服务平台、知识产权服务平台、智力支持服务平台和投融资服务平台以及基础服务平台组成的公共服务体系，向入驻入孵企业与机构提供人才服务、技术服务、技术转移服务、投融资服务及相关基础服务解决方案。2011年牡丹科技孵化器（牡丹园）被认定为北京市级孵化孵育基地。

（三）依托产业技术联盟与协会，打造科技合作体系

牡丹集团高度重视通过产业联盟和行业协会开展技术创新合作，积极联合具有相同或类似产业背景的产业链相关企业，围绕数字电视应用技术和产品领域的技术研发、技术产业化、市场拓展等共同目标，以产业技术联盟为载体进行产业链协同创新。

发起创办中关村数字电视产业联盟。2006年牡丹集团在中关村管委会的支持下，与清华大学共同发起，联合100多家数字电视产业链信道技术领域的相关企业，成立非法人实体的中关村数字电视（DTV）产业联盟。但是，由于这一非法人实体产业联盟成员过多，组织相对松散，难以在关键领域技术创新合作上发挥协同作用。2011年，为进一步强化中关村数字电视产业联盟标准推广、协同创新、产业链协作方面的合作，牡丹集团与清华大学再次联合发起，改组中关村数字电视产业联盟，注册为法人实体，清华大学为理事长单位，牡丹集团为唯一副理事长单位，数字电视国家工程实验室为秘书长单位，成员单位精简为几十家。在此基础上，牡丹集团联合中关村数字电视产业联盟骨干单位，共同组建DTMB工程技术服务中心，在DTMB国家自主标准的海内外推广进程中推动数字电视传输、检测和显示等环节产业链协同创新及其成果应用。

合作引进中关村音视频编解码技术创新联盟。为构建信源—信道—信宿数字电视产业链基础架构，2011年牡丹集团以中关村数字电视产业园为载体，聚集以北京大学深圳研究院数字力合公司为代表的一批从事信源领域研发与成果转化的科技型企业。在此基础上，牡丹集团与北京大学合作，引进并加入中关村数字音视频编解码技术创新联盟，并联合其骨干单位，共同组建AVS工程检测中心，搭建AVS全仿真系统、检测平台和应用技术开发平台，用于演示，验证，检测各项AVS技术、产品和系统，AVS关键技术的研发。

积极与中关村数字内容协会、中关村虚拟现实协会和中国电视视像协会开展合作。作为战略新兴产业，数字电视产业链已经发展到以内容提供带动平台运营和设备提供的新阶段。鉴于此，牡丹集团加大与中关村数字内容协会、中关村虚拟现实协会和中国电视视像协会的合作，依托中关村数字电视产业园和数字电视国家工程实验室，建设“牡丹数字文化体验中心”，将集数字技术展示、创意体验、产品推介和商贸洽谈交易于一体，并结合“元大都遗址”特殊地缘优势，建设历史文明与现代文明、工业文明

与社会文明、企业文明与城市文明相结合的科技文化旅游基地。

（四）多种技术创新方式相结合

近年来，牡丹集团在技术创新方式选择上采用自主研发、集成创新和引进消化吸收再创新相结合的模式，大大拓宽了技术路径。

在自身具备绝对科技优势或者遭到技术封锁的产业链关键环节的核心技术，主要以自主研发（或产学研合作研发）为主。近年来，牡丹集团在检测技术领域依托以徐康兴同志为首的科研团队，自主研发出HDTV流发生器、HDTV综合测试仪、平板电视能效测试系统、3D信号测试技术等，并参与和主持数字电视检测技术国家和行业标准的制定工作；在新兴显示整机领域，依托以许少峰总工程师为首的显示技术研发团队，自主研发超高清显示驱动芯片技术和智能电视技术；在受到国外技术封锁的大功率半导体激光器芯片域，积极与北京工业大学共建光电子联合实验室，开展产学研合作研发，以期实现在该领域填补国内市场空白和进口替代的战略目标。通过自主研发和产学研合作研发，使牡丹集团在产业链关键环节和技术领域保持一定的引领和主导作用，确保牡丹集团在开放式科技合作进展中的动态科技优势。

在自身具有部分优势的应用技术领域，主要以产业链协同合作的方式开展集成，联合研发系统解决方案。为积极推动我国数字电视领域两大国家自主标准——DTMB和AVS标准的应用和海内外推广，牡丹集团联合中关村数字电视产业联盟和中关村音视频编解码技术创新联盟，进行产业链协同基础上的集成创新，研发推出基于DTMB/AVS双国标数字电视内容传输系统解决方案。牡丹集团终端负责测试技术和显示终端技术与设备的研发与提供，并投入牡丹品牌来推动该系统解决方案的市场推广。随着基于DTMB/AVS双国标数字电视内容传输系统解决方案的海内外推广，将带动国内数字电视全产业链的加速发展。

在国外已有较成熟的应用技术成果且不受技术封锁的情况下，就要积极通过国际化合作开展引进、消化、吸收、再创新，及时转化国外先进技术成果。2011年以来，牡丹集团利用自己投资创办的乐金飞利浦公司这一国际化合作平台，与韩国VG股份有限公司、LSDTECH有限公司、T1SYSTEM有限公司、HyVISION有限公司、MONGGONAMU有限公司等结成国际化战略合作联盟，共建数字文化创意联合实验室，在引进和集成2D/3D数字信号采集技术、数字内容制作技术、数字内容传输技术和数字内容显示与测试技术的基础上，联合研发推出基于创意设计的数字文化商用显示系列创新技术、产品及其系统解决方案。

（五）健全集团研发管理体系，不断提高服务、协调和监管水平

为确保技术发展战略的有效推行，牡丹集团始终把健全研发管理的组织体系作为恢复企业技术创新力的基本保障。自2008年开始牡丹集团就明确提出要构建和完善“1139”科研开发管理体系，即一个技术委员会、一个技术中心、三个研发方向、九个研发领域。在这一总体思路的指导下，牡丹集团的技术研发管理的组织体系逐步得以健全。

为强化集团公司科技研发决策管理，2008年，牡丹集团恢复集团公司技术委员会，强化技术决策委员会的研发决策职能：负责集团公司的重大技术决策；负责集团公司科技发展规划；负责集团公司科研开发计划、科研项目管理、科研经费预算、知识产权管理、科技项目申报等科技管理决策；负责监督检查验收有关机构对集团公司的重大决策的执行情况。

为进一步加强集团公司科技资源的协调和监管力度，2009年牡丹集团恢复设立科技创新部：负责统一协调各部门落实集团公司的管理决策中科技相关部分的工作；负责协调各部门落实技术委员会的重大技术决策，受技术委员会的委托监督检查技术决策的执行过程并组织验收。2011年，牡丹集团按照经营性分公司的模式恢复组建数字电视技术中心，作为集团公司科研开发工作的运营和执行机构，负责科研项目的具体实施和统筹。技术中心由本部和八个分中心组成。技术中心本部负责协调落实技术委员会的各项技术决策，分中心负责具体科研开发工作。技术中心下设机构包括技术中心本部、产品研发分中心、公共服务分中心、先进技术研究分中心、科研合作分中心、标准研发推广分中心、生产试制分中心及基础研究分中心。

为强化研发项目的风险管理，牡丹集团逐步健全了风险管理机制。在研发项目决策环节，专门设置了由外部专家和内部专家组成的半开放式的专家委员会，对公司重大技术决策提供专家意见，在企业科研、投资、引进、合资、合作、营销等项目立项时进行知识产权论证，避免发生无意中侵犯他人知识产权的情况；在涉及知识产权的合同中，也要包含避免授权方知识产权和专有技术不合法或侵犯他人知识产权的法律风险的条款，避免由此给企业带来难以预知后果的风险。在科技合作环节，特别是国际合作项目，牡丹集团配备了专职的内部法律顾问和外部合作律师，从科技合作谈判、协议起草到协议履行等环节进行全过程的风险评估与控制。在研发实施环节，建立了严格的项目跟踪、评估、验收机制，并与项目团队的考核奖励挂钩，最大限度控制项目实施风险；在研发人员管理方面，推行核心骨干人员经营贡献激励机制和合作研发人员项目激励机制，并与研发人员和协作单位工作人员签订包括保守企业技术秘密、竞业限制、竞业禁止、保护企业知识产权、保密奖罚等相关内容的保密协议。

四、构建技术创新体系的效果

（一）有力支持了集团战略转型

牡丹集团的战略转型同技术创新体系的构建是密切相关的。正缘于此，牡丹在自主研发、产学研合作、产业链合作和国际化合作取得的数字电视应用技术创新成果的基础上，进一步进行商业模式创新，推出了数字创意城市整体解决方案，在上海工博会、北京文博会、科博会上大放异彩；正缘于此，牡丹的“大功率激光器项目”得到了北京市市委书记郭金龙的交口称赞；正缘于此，牡丹形成了产业化前的强大技术和项目储备，具备了在新一轮世界技术革命到来之时为首都工业争光的实力。

（二）以牡丹集团为主导的开放式研发体系初步建立

目前，以牡丹集团为主导的开放式研发体系已经初步建立。牡丹集团已经拥有一个国家级工程实验室、十个产学研联合实验室、一个国家级博士后工作站、一个市级技术中心、一个国家级孵化孵育基地、一个特色产业园和一个中关村标准示范企业，是北京市知识产权示范单位。牡丹集团的科研能力逐步增强。目前牡丹集团拥有自有核心骨干研发团队近百余人，合作研发团队近千人，自有科研设备200多台，合作科研设备近千台，承担国家和北京市重大课题几十项，基本恢复了支撑牡丹二次起飞的科研基础。

（三）研制出系列高水平的数字电视应用成果

牡丹集团通过自主研发和产学研合作，陆续研发推出了我国第一台全数字HDTV电视墙分割控制器、国内首台60.1寸具有自主知识产权的超高清晰度显示终端、国内首台具有自主知识产权立体电视检测仪，其中3D串扰率测试方法和3D串扰率测试信号为世界首创。

通过产业链联合合作，联合研发推出了具有国际一流水平的基于DTMB/AVS双国标数字电视内容传输系统的解决方案。通过国际化合作，引进了具有国际领先水平的3D自动摄像装置技术，联合研发推出了具有行业领先水平的数码桌、触摸查询机、裸眼3D显示器、液晶橱窗等数字技术应用产品，联合研制了以富春山居图、牡丹国画图、798艺术区3D视频片为代表的具有行业领先水平的数字创意内容产品。

在此基础上，牡丹集团进一步进行集成创新，研发推出了数字内容适配（DCAS）系统，集成了计算机技术、通信技术和信息处理技术的最新应用，可为用户提供个性化的、多样化的视觉表现形式和内容，将多种形式的显示设备自由组合，并通过DCAS中控平台快速制作和推送与不同显示设备相匹配的数字内容，并形成整体的艺术效果，达到内容与设备匹配、单品与系统匹配的整体解决方案，给客户以最佳的视觉冲击力。

（四）为国家和社会经济发展做出了新的贡献

20世纪80年代，牡丹集团作为中国最早一批生产电视机的厂家，被赋予了“生产彩电满足人民群众日益增长的文化生活需求”的国家使命。近年来，牡丹集团在重建技术创新体系、推动战略转型的进程中，再次肩负起了国家使命与社会责任。

牡丹集团通过自有技术的标准化推动了数字电视这一国家战略新兴产业的健康发展。2012年国家发改委正式发布了《节能产品惠民工程高效节能平板电视推广实施细则》，各大彩电厂商纷纷把节能降耗产品作为市场推广的热点和重点。在此之前，《平板电视能效限定值及能效等级》已经于2010年年底正式实施，其中的国家能效测试技术标准就是牡丹集团主持制定的。牡丹集团研发和生产的平板电视能效测试系统，是我国国内唯一的界定平板电视节能等级的应用产品，适应并推动了我国平板电视节能化、低碳化的发展趋势。

此外，牡丹集团依托数字电视国家工程实验室（北京），与中关村数字电视产业联盟骨干企业联合，共同推动我国自主研发的第一代DTMB标准的海内外推广和第二代DTMB标准的研发。2010年10月，我国自主研发的第一代DTMB国家标准已正式成为国际电联的推荐标准，并在中国香港、中国澳门、老挝、古巴、柬埔寨等地区和国家先后落地。在这一进程中，以牡丹集团为代表的数字电视国家工程实验室投资单位和中关村数字电视产业联盟骨干成员都积极贡献各自力量、发挥产业链协同创新作用，为我国发展战略性新兴产业、争取国际产业技术话语权、提高产业国际竞争力做出了应有的贡献。

成果创造人：王家彬　李德友　邹大新　李　刚　许少峰　杨建成　傅东翔　郑国庆　白　旭

以信息化管理为核心管理手段的施工企业管理精细化创新实践

北京城建建设工程有限公司

荣获第二十八届北京市企业管理现代化创新成果一等奖

北京城建建设工程有限公司（以下简称“城建建设公司”），是1983年由中国人民解放军基建工程兵集体转业组建的大型国有企业，具有房屋建筑工程施工总承包特级资质，市政公用工程施工总承包、建筑装修装饰专业承包、起重设备安装工程专业承包、机电设备安装工程专业承包一级资质及公路工程施工总承包、钢结构工程专业承包一级资质。

城建建设公司坚持“同心图治、唯实创新，追求卓越”的企业精神，运用标准化管理、全面质量管理、系统目标管理、信息化等科学方法，加强安全教育、施工控制、污染预防，建成了北京电视台制播演播中心、王府井世纪广场、昌平自行车赛场、国际俱乐部、天安门广场改造、济南至青岛高速公路、青岛奥运帆船帆板基地、电子城厂房、中科院会堂、解放军总后礼堂、康宁显示器二期、兰州东岗立交等工程；参与建设了国家大剧院、国家体育场、奥运村、首都机场新航站楼、北京电视中心等一大批科研、文化、教育、生产、办公、住宅工程，获得多项“鲁班”奖、“詹天佑”奖、国优及省市级优质工程奖，多次获得全国优秀项目管理成果奖，先后获得全国优秀施工企业、全国用户满意企业、全国科技进步先进施工企业、“十一五”全国建筑业科技进步与技术创新先进企业、全国质量效益型先进施工企业、全国500家最佳经济效益企业、中国建设行业最具影响力品牌企业、全国建筑企业500强、全国行业领先企业，并荣获全国先进基层党组织、全国建设系统精神文明建设先进单位等荣誉，连续多年被银行系统评为资信等级AAA级企业，并获得建筑业AAA级信用证书。

一、以信息化管理为核心管理手段的施工企业管理精细化创新实践的背景

信息化是当今世界经济和社会发展的大趋势，也是衡量一个国家和地区现代化水平的重要标志。就城建建设公司而言，信息化建设的重要性表现在以下两个方面：

（一）信息化是行业发展大环境的要求

建筑施工企业具有劳动密集、工程项目分布点多面广和人员流动性强等特点，传统的粗放管理已无法适应行业特点，阻碍行业发展，亟须借助信息技术改变传统管理模式、创新管理理念、提升管理水平。住建部在《2011—2015年建筑业信息化发展纲要》中指出：“建筑业信息化是国民经济信息化的基础之一”，要“深入贯彻落实科学发展观，坚持自主创新、重点跨越、支撑发展、引领未来的方针，高度重视信息化对建筑业发展的推动作用，通过统筹规划、政策导向，进一步加强建筑企业信息化建设，不断提高信息技术应用水平，促进建筑业技术进步和管理水平提升。”由此可见，信息化建设对我国建筑施工企业在提高自身项目管理水平和核心竞争力方面的重要性。借助信息化管理企业，是建筑施工企业适应市场经济，实现管理现代化的必然趋势，也是企业与国际接轨，迎接挑战的必由之路。

（二）信息化是城建建设公司提升管理的需要

城建建设公司以建筑施工为核心业务，其中一半以上工程项目分布在外埠，项目分布广、数量多，管理半径的扩展必然导致总部与项目部、专业分公司信息沟通困难，直接加大了企业对工程项目的计划与成本、质量安全、财务核算、工程进度、人员考核等工作的管控难度。过去公司的管理模式以三级管理为主，公司下设项目管理公司，管理公司直管项目，在这种管理模式下，管理层次重叠，无法理顺管

理关系；责、权、利不统一，无法落实管理责任；导致项目管理粗放，工程项目大面积亏损。很显然，要改变这种状况、颠覆这种粗放管理模式，需要在制度创新的同时借助现代化管理手段高效、有序、规范地对项目进行全过程管理，通过管理创新和运用信息技术，改造和提升企业技术手段和生产组织方式，解决企业基础管理中许多过去无法解决的难题，实现企业信息资源的共享，实现企业管理的集约化，以信息化带动企业的发展和产业升级，提高企业经营管理水平和核心竞争力。

二、以信息化管理为核心管理手段的施工企业管理精细化创新实践的内涵

信息化管理实施的目的在于，以充分集成高新信息技术、管理科学和系统科学等科技理论为基础，结合城建建设公司工程项目管理的实际情况，构建企业信息化总体框架，建立面向工程建设全生命周期的整体信息模型，开发集成化的施工企业工程项目信息管理系统，提高城建建设公司决策层、管理层以及作业层的管理、决策能力，帮助决策层管理者利用系统内置的管理模型和采集的基础数据高效地进行分析，及时使决策者了解项目生产的实际工作情况，为项目的生产和经营提供决策参考。同时，系统能灵活应对总承包项目、一般承包项目的管控内容、管控方式、管控深度的不同，实现对组织结构、日常办公、行政管理、人力资源、财务管理、项目管理等所有管理行为和业务流程的支撑，促使管理规范、流程优化、行为高效，进而提升办公效率和流程效率，降低采购成本、费用成本，增加收入，改善绩效指标。

三、以信息化管理为核心管理手段的施工企业管理精细化创新实践的主要做法

城建建设公司信息化建设起步于2000年，本着“整体规划、分步实施、从上到下、以点带面”的总体原则，历经十多年的务实推进，信息化由僵化到固化继而成长到了如今的优化阶段。企业信息化的发展，促进了企业效益增长；以企业效益增长，加大管理信息化建设投入，形成一个双向促进的良性循环。

（一）信息化整体规划

城建建设公司信息化整体规划是进一步优化业务流程，整合信息资源，围绕企业应用的两个层面，重点建设一个平台、八大应用系统。两个层面指核心业务层和企业管理层，一个平台指信息基础设施平台，八大应用系统指核心业务层的设计集成、项目管理、项目文档管理、材料与采购管理、运营管理等系统，以及企业管理层的综合管理、辅助决策、知识管理与智能企业门户等系统（整体规划图见图1）。

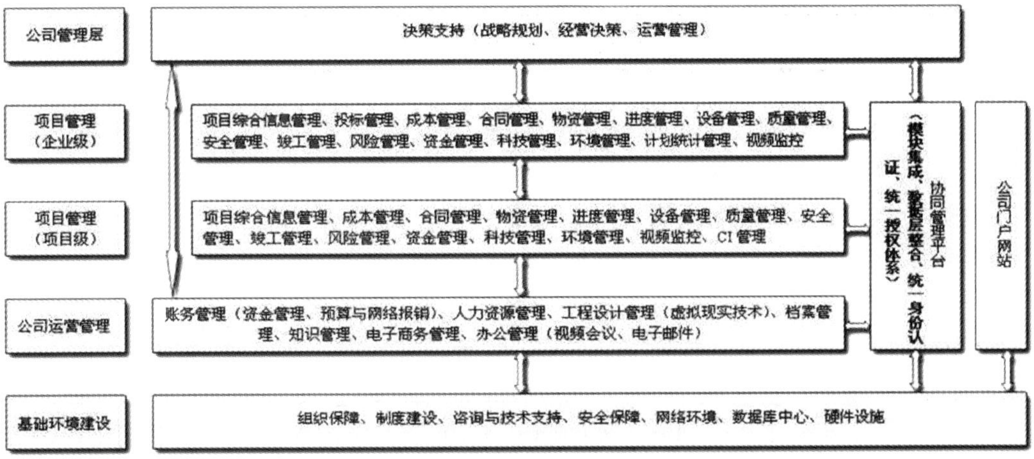

图1　信息化建设整体规划图

（二）信息化建设具体内容

信息化建设主要围绕以下五个方面进行：基础设施标准化、日常办公无纸化、视频会议普及化、流程审批程序化和项目管理精细化。

1. 基础设施标准化

机房建设标准化：依据国家《GB50174—2008电子信息系统机房设计规范》的要求，公司总部建设有达到国家电子机房B级标准的网络专用机房。

网络建设标准化：建立了以公司总部为核心，覆盖全公司的信息管理网络系统，为项目提供全方位的信息服务。

信息设备管理标准化：通过资产管理系统对公司信息设备从购置、领用、维修、调拨到报废整个生命周期进行动态管理。

域名标准化：建立了企业邮箱和门户网站，统一以buce为域名，便于企业形象推广，提高企业知名度和美誉度。

制度建设标准化：制定了《中心机房管理制度》《信息化建设管理规定》《综合项目管理系统推广应用实施细则》《网上审批管理办法》《企业邮箱使用管理办法》等。

标准化的硬件设施、网络环境、安全保障、规章制度建设是信息系统建设的前提条件，为企业信息化顺利进展打好了基础。

2. 日常办公无纸化

沟通交流无纸化：网络寻呼是公司内部员工间的无障碍沟通平台，待办流程、未读邮件、未读消息以及会议通知以手机短信的方式通知到相应员工。企业邮箱是公司与外界联系沟通的平台。

信息发布无纸化：公司各类信息，如新闻、通知、工程动态、电子期刊等均通过OA平台及时发布。

行政管理无纸化：档案管理、公文收发、内部请示、公司会议、车辆调度、用品领用等均通过OA平台进行无纸化管理。

个人事务无纸化：OA平台里的“工作布置”、“工作日志”、“计划总结”、“日程安排”给每个员工提供了一个精确管理个人事务的无纸化平台。

3. 视频会议普及化

城建建设公司视频会议分会场遍及所有外埠项目、分公司，公司各类会议、员工培训都通过视频会议进行，两年多以来，召开视频会议200多次，累计参会人数近6000人次，各分会场异地参会，为企业政令的及时下达提供了方便，打破地域限制，解决了以往会议召集难、效率低、成本高的问题。同时，应用视频设备建立可视化业务督查系统进行远程开标监控，实现了唱标、评标工作的高度透明，为公司对项目招标的监管提供了有力保障。

4. 流程审批程序化

城建建设公司自网上流程审批在公司推广实施以来，先后有公文流转、信息发布、行政审批、设备购置、物资设备采购招标、专业分包招标、劳务分包招标、各类合同审批、资金审批、施工组织设计方案等流程均通过信息系统自动流转（采购合同的网上审批流程见图2）。

通过对流程的梳理和再造，解决了公司审批流程管理存在的审批周期长、审批流程烦琐、审批不规范等问题。

5. 项目管控精细化

综合项目管理系统是城建建设公司信息化应用的核心，系统整体设计遵循“一个核心、三个集中、四控四管”。一个核心是以项目管理为核心，以成本控制为主线，基于作业过程的精细化管理；三个集中是数据集中、管理集中、决策集中；四控四管分别是进度控制、成本控制、质量控制、安全控制和合同管理、采购管理、资金管理与物资管理。综合项目管理系统在城建建设公司的实施，在战术和战略上都完全颠覆建筑施工企业传统的运作模式和管理方式。战术层面，建设一个融合业务流程、业务数据、信息资源、业务人员的高度集成化和自动化的管理平台，实现在基础信息层次上的学科管理和综合应用，同时实现在业务运作层次上的规范管理和高效运作；战略层面，建设一个融合管理体系、组织结构、管理矩阵、供应链、企业战略的高度智能和整合化的管理平台，建立规范严谨的组织管理体系，实现业务流程的固化和优化，实现数据科学统计分析，实现企业科学战略决策，实现企业对工程项目的全面精细化管理。

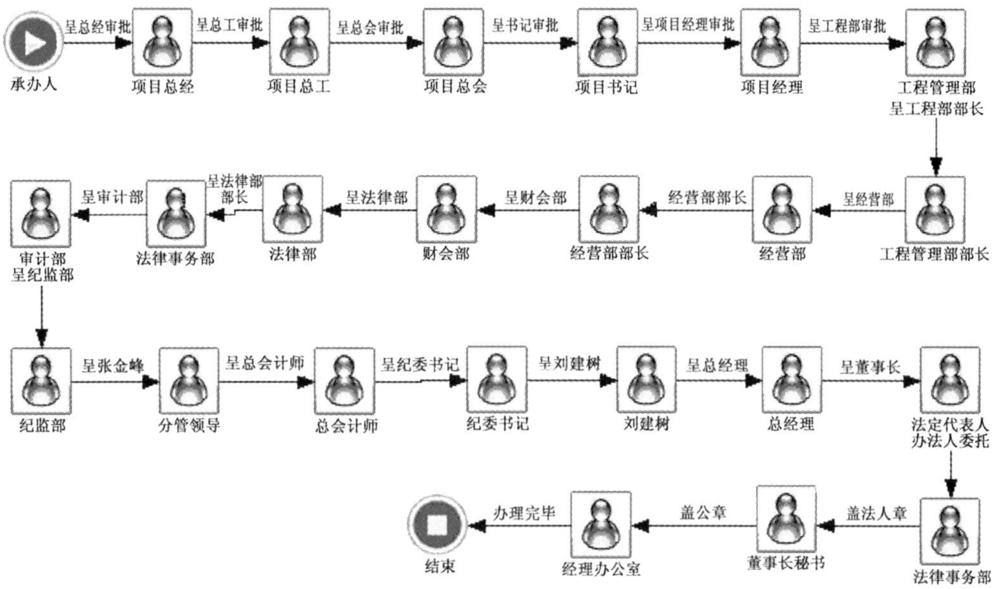

图2　采购合同的网上审批流程图

（1）综合项目管理系统功能模块

系统按照GB/T 50326—2006《工程项目管理规范》要求，功能模块包括进度管理、质量管理、安全管理、成本管理、环境管理、物资管理、合同管理、设备管理、招投标管理、资金管理、技术管理、信息管理、风险管理、竣工管理等内容，贯穿了项目的整个生命周期，涵盖了项目管理的所有职能，实现对项目的系统化、规范化、精细化和智能化管理（系统界面见图3，框架结构见图4，具体模块内容见表1）。

图3　综合项目管理系统界面图

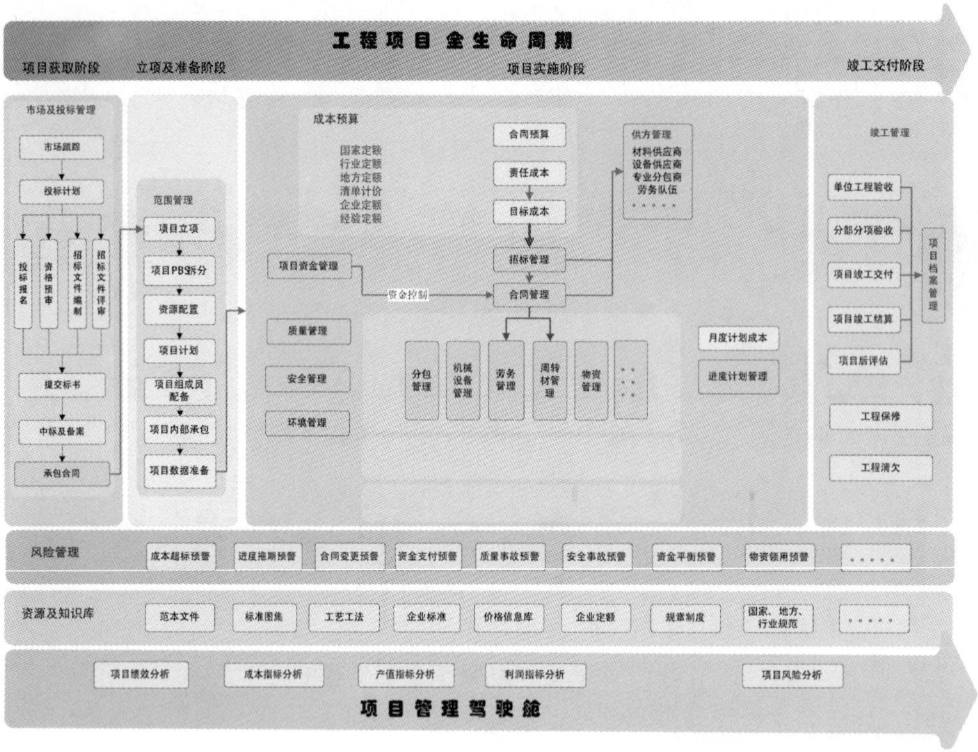

图4　综合项目管理系统框架结构

表 1　综合项目管理系统模块内容

综合项目管理系统模块内容		
序号	模块名称	具 体 内 容
一、业务架构平台		
1	业务架构平台	应用功能定制系统、工作流系统、数据集定义、权限管理、系统维护、组件管理、安全管理、消息管理、预警功能、报表设计器、逻辑设计器、数据接口
二、综合项目管理部分		
1	范围管理	系统公共基础信息的维护；主要包括物资机械库、成本科目划分、供应商管理、合格划分供商名册、项目创建等
2	招投标管理	投标过程管理，从项目跟踪到决标过程的管理；包括工程信息记录、工程信息记录协调、招标文件评审、投标工程跟踪、中标工程汇总表、分公司产值指标完成情况、招标立项、招标事务、评标定标管理、网上竞标管理
3	进度管理	进度计划编制、计划协调、进度跟踪、进度分析、形象进度计划、实际完成进度、开竣工项目管理、形象进度照片、签证管理等
4	成本管理	按照成本管理要求进行管理；成本目标与总成本计划编制，月度计划成本、成本调整、成本核算及统计，月度实际成本汇总、月度实际费用登记、月度成本对比分析（按科目）、月度成本对比分析（按部位）、累计成本对比分析（按科目）、累计成本对比分析（按部位）

续表

综合项目管理系统模块内容		
序号	模块名称	具体内容
5	合同管理	主要为承包合同管理、内部承包责任书管理、分包合同管理等；各类合同的集中管理；主要包括合同文库、评审、登记、合同台账登记、已签订合同的主要内容信息备案表、合同执行管理（交底、变更洽商、索赔）、合同资金管理（中期结算、竣工结算、合同支付管理）合同履行跟踪、合同统计分析等
6	物资管理	按照材料管理需求，对材料各业务环节进行管理；包括供应商管理、采购招标管理、物资计划管理（材料总预算管理、部位材料预算管理）、分包方采购物资质保书检查表、物资采购管理（材料采购记录、材料发运登记）、物资质量控制（采购材料现场验证管理、材料验收入库单）、限额出库单、物资成本核算、商混凝土购买进场记录、周转材料的管理、钢材采购价格信息汇总表、钢材采购价格情况表、钢材采购累计表、钢材采购价格对比表、水泥采购情况表、报表管理
7	分包管理	分包管理包括劳务分包管理和专业分包管理。系统应提供分包商管理、分包招标管理、分包合同履约管理、价格平台以及作业人员管理，有效解决在分包合同采购、分管结算以及分包履约评价等环节的问题
8	机械设备管理	设备购置管理（设备购置计划、设备购置申请）、设备资产管理（新增设备技术验收记录、固定资产验收单、设备资产登记、设备大修计划、设备维修管理、设备变卖管理、设备报废管理）、设备现场管理（设备需用计划管理、设备租赁管理、设备进出场管理、备品备件管理）、统计报表（主要机械设备使用情况汇总表、主要施工机械月度保养计划检查表、施工现场机械检查情况月度汇总表）
9	质量管理	主要包括质量目标（年度在岗专职质检员名册、年度在建工程质量目标、年度质量创奖计划）、质量过程控制（单位工程检验台账、检查记录表、不合格项定义、不合格项登记、不合格项数据分析表、分公司奖罚登记台账、分公司月度实测实量检查结果、分公司月度检查情况、分公司技术资料检查台账）、质量验收等现场质量管理；与公司贯标工作相结合
10	安全管理	主要包括安全生产责任制、安全生产检查及奖罚、安全教育与培训、安全考核、持证上岗、工伤事故管理、文明工地管理、安全防护用品管理；与公司贯标工作相结合
11	竣工管理	项目竣工管理功能完备（具备查询竣工验收情况记录，竣工资料分类管理、竣工资料的检索等功能）
12	技术管理	对施工企业技术管理部门在项目管理过程中，对工程资料、施工组织方案、技术措施、工艺工法等管理；积累企业的技术资料库和标准库，进行科技管理、方案管理、技术过程控制、技术培训管理等业务流程的管控；技术方案的在线审核和上传下达，保证各种技术措施的落实，提供企业科技创新的管理手段

续表

综合项目管理系统模块内容		
序号	模块名称	具体内容
13	资金管理	编制项目全面预算，对项目运行期间内资金的取得和运用、各项收入和支出、经营成果及其分配、现金流转等资金运动所作的具体安排；实现月度资金滚动预算；编制月度资金使用计划，包括分包使用计划、材料设备使用计划、收入计划；建立劳务分包、专业分包、材料采购、设备租赁合同的结算控制体系，建立阶段控制审批流程，严格控制结算；对实际支付控制，执行严格的审批流程，同时各项目资金支付受到资金使用计划的控制；全过程的成本控制，形成预算成本、目标成本、月度预算、实际成本的对比分析
14	风险管理	资金收支、进度、成本等进行风险设置和预警
15	知识管理	建立了知识管理系统体系、实现知识资产采集、知识资产传递及利用、知识资产创新、教育培训、效益分析和知识资产的保护等功能。企业定额库、标准规范库、企业文件库、资源基础信息库、供应商基础信息库、分包基础信息库、价格信息库、投标历史资源库
16	决策支持系统	企业数据中心、综合管理报表、项目管理绩效分析、领导查询及管理驾驶舱

（2）精细化管控项目的亮点

1）基于全生命周期的项目管理

综合项目管理系统对项目的管控从投标立项到竣工收尾（见图5），涵盖项目全生命周期的所有业务，对项目的管控做到横向到边，无一死角。

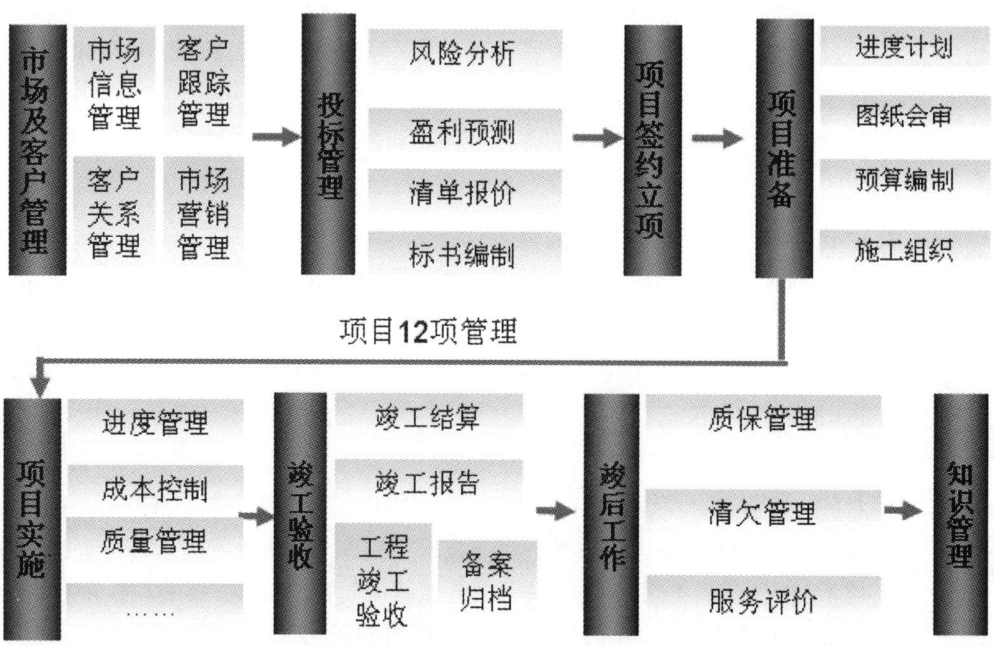

图5 基于项目全生命周期管理

2）基于PDCA循环链的项目管理

系统严格执行项目管理规范，针对项目管理的每一过程遵循计划、实施、检查、处理（PDCA）的管理（如图6），按照这个思路，对项目质量管理、进度管理、安全管理、成本管理、环境管理等，形成计划—实施—检查—处理的闭路循环，建立严格的事前、事中、事后反馈体系，给企业带来持续改进。

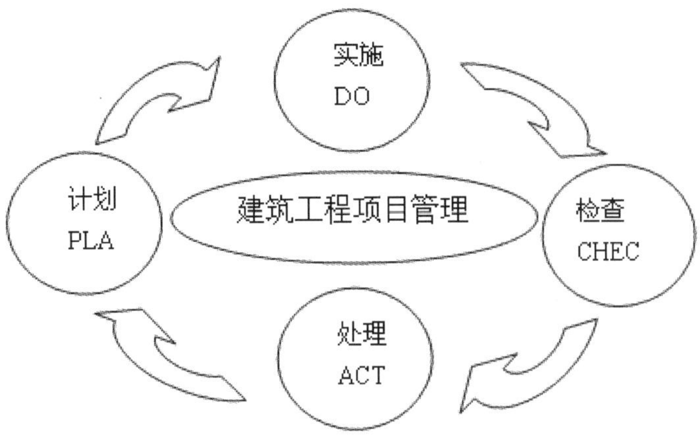

图6　PDCA循环

3）五算对比的成本控制方法

为解决管理粗放，城建建设公司在抓制度创新的同时借力信息化。制度创新方面：创新完善公司的经营方案，体现预算量、投标量的对比，由公司经营管理部进行核量，并依据公司内部的消耗水平和价格体系对项目制定消耗指标，防止管理漏洞；项目部结合实际情况和自身的管理水平，依据项目施工组织方案和公司对项目的经营方案，编制自身的经营设计方案，明确目标，更好地、有效地控制成本；加大了对项目履约过程的控制。借力信息化方面，综合项目管理系统采用五算（合同成本、定格成本、责任成本、计划成本、实际成本）对比的成本管理模式（如图7），使管理层在项目进行的任何阶段都能够了解项目到当前时点为止的尽可能准确的动态的成本情况。

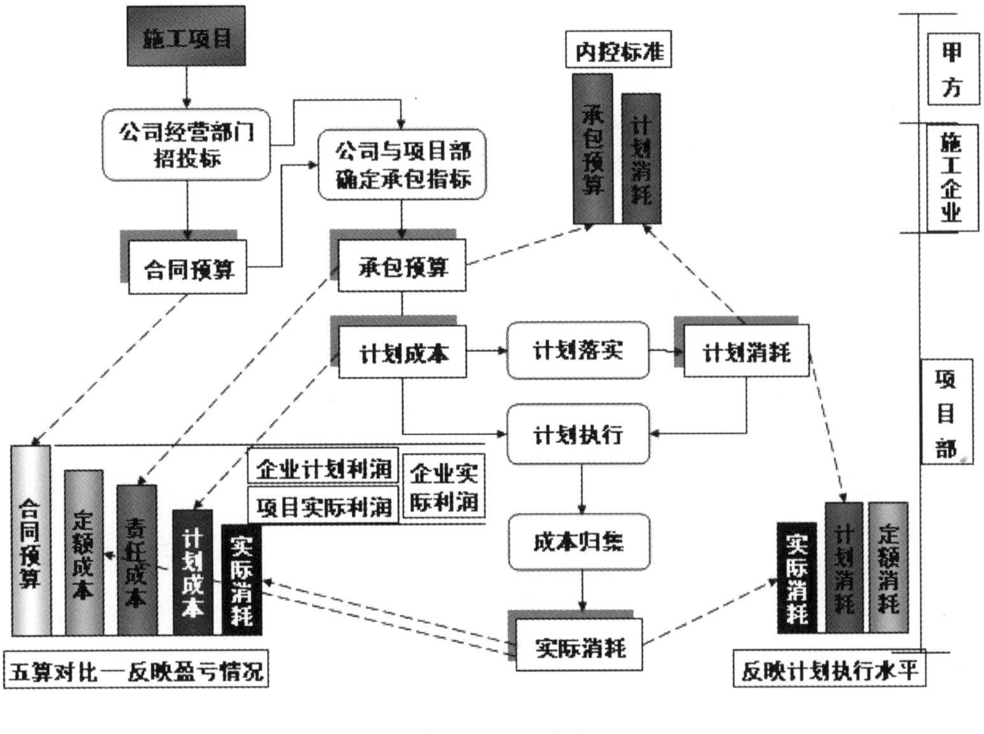

图7　五算对比的成本控制方法

（三）成功实施信息化应用的措施

1. 加强领导、统一认识

城建建设公司依照自身情况成立了公司信息化工作推进小组，由董事长任组长，各业务分管领导任副组长，加强组织领导，统筹规划；各业务主控部门各司其职，责任到人，协力推动信息化建设工作的开展。

2. 以点带面、整体推进

信息化建设不可能一步到位，城建建设公司以典型项目为试点，核心功能模块为切入点，围绕企业施工生产为中心，有侧重点地在两个项目成功实施后在公司范围内全面推广，从而带动整体工作向前推进。

3. 建章立制、加强培训

为规范各信息系统的有效使用，城建建设公司先后出台了各项相关规章制度17项，提高推广应用的执行力；同时，针对企业领导、管理人员以及应用人员，定期开展信息化培训，为信息系统的顺利推广使用铺平了道路。

4. 安全防范、技术保障

城建建设公司按要求建成了专业机房，配备了服务器、交换机、路由器、防火墙、不间断电源等网络设备和必要的杀毒软件，严格按《中心机房管理制度》对机房进行管理，对数据进行备份，保证服务器和网络的安全；安排专业团队负责整个信息系统的维护和更新，保证系统功能随时适应公司业务管理调整。

四、以信息化管理为核心管理手段的施工企业管理精细化创新实践的效果

综合项目管理系统在公司推广应用两年以来，全公司共计上线86个项目，其中竣工项目34个，在施项目52个，新开工项目全面覆盖；设计流程24个，涉及专业工程、劳务工程、物资采购、机械租赁招标以及合同会签、资金计划、资金支付、费用报销、施组方案等，各类流程运行共2893笔；各类合同录入数量达738条，补充协议25条；建立了物资、设备库，物资管理材料流水单据达85608条；产值、分包等各类经济数据1700多条；进度、技术、质量、安全等管理数据达7500多条。

（一）促进了企业管理标准化

通过对日常办公管理业务流的理顺，促进了城建建设公司内部流程的优化，各职能部门间的有效沟通，职能部门与项目部之间的信息传达，解决了部门间业务相互脱节的现象，实现了各部门业务间的无缝对接，使资源得到了合理配置，也规范了各部门间、各岗位间的工作流程。从而建立起企业敏捷的信息化反应和高效的内部沟通协作及监控机制，实现“信息可视化、操作透明化、流程标准化、管理精细化”。

综合项目管理系统的成功应用，也增强了项目管理的可复制性，在缺乏信息系统支撑的情况下，一套管理流程、管理模式要从一个项目贯彻到另一个新的项目上，不是一件非常容易的事。借助项目管理系统，所有的管理流程、业务处理方式、方法都已经配置在系统中，一个新项目开工后，相关人员不需要了解每个项目的管理流程，只需要掌握系统的操作，即可以运用系统开展各项管理工作，如技术方案的审批，招标申请、合同会签、物资采购等。因此，系统很大程度上促进了城建建设公司的标准化管理。

（二）项目管理水平全面提升

1. 项目经理竞聘上岗，落实项目承包责任制

项目经理的综合素质直接决定工程项目施工的成功与否，因此，城建建设公司在项目经理用人上坚持公平竞争的原则，通过公开竞聘委任项目经理，坚决做到“庸者下，平者让，能者上”的合理用人机制，让政治素质高，身体素质好，实际工作经验丰富，善管理，懂经营，晓成本，并具有较强的处理矛盾、社会融洽、关系协调能力的员工脱颖而出，真正任人唯贤。项目经理受法人委托，代表企业通过综

合项目管理系统对工程项目全过程、全方位、全合同的管理，实现企业在项目管理上的三大目标，即企业向业主合同承诺目标、企业对项目经理部下达的成本降低目标和施工现场管理目标（包括企业形象宣传、安全管理、文明施工等）。通过严格执行项目经理竞聘上岗、落实项目承包责任制，城建建设公司很快就扭转了项目大面积亏损的局面，只用了三年时间，公司便走出了困境，摆脱了生存危机，步入良性发展的快车道。

2. 招标管控见成效

借助综合项目管理系统和网络视频会议平台，城建建设公司的材料、设备（采购与租赁）、专业工程、劳务在招标方面，通过投标资格筛选、招标申请审批、现场开标监控，要求不少于7家单位竞标，用市场手段降低成本，成效十分明显。在中海凯旋门劳务招标中，每平方米节省劳务费65元，该工程8.6万平方米，节省了559万元。在长阳半岛家园工程混凝土招标中，7家投标单位的混凝土报价从365元到421元不等，最终以C30混凝土365元每立方米的最低价中标。该工程所需的27295立方米混凝土，通过招标节省了156.38万元成本；在住总万科回龙观工程钢材招标中，中标价格每吨为5444元，采购价格每吨为5303元，每吨降低141元，钢筋总量为8.2万吨，节省了1156万元，充分显现出物资招标的优势。若以公司年开复工规模计算，通过7家有效招标每年可为公司节约成本或创造直接效益数亿元以上，而且为公司创造了风清气正的发展氛围，充分得到了公司上下和上级单位以及北京市住建委工程承发包交易中心的认可。

3. 安全施工保障得力

2012年，城建建设公司全年在保持已有的14个省市级文明安全工地基础上新创8个省市级文明安全工地，总后礼堂、顺义新城、地铁14号线东管头车站3个项目创北京市文明安全样板工地；中粮万科长阳半岛二期03地块工程获得2012年全国“建筑施工安全标准示范单位”称号；内蒙古集宁维邦世基佳园一期二标段工程获得“内蒙古自治区建筑施工标准化工地”。

4. 技术质量成果喜人

2012年，技术质量方面，城建建设公司获国家实用新型专利1项，国家级标准1项，电子城国际总部办公楼工程荣获朝阳杯金杯奖，中粮万科长阳半岛二期工程荣获结构长城杯银质奖；被评为全国用户满意企业；是集团范围内首家取得“北京市技术中心”的企业；北京电视中心项目经理部被评为全国优秀项目经理部、全国用户满意工程、亦庄轨道交通宋家庄车辆段区间项目工程获得北京市优秀项目管理成果二等奖、全国优秀项目管理成果三等奖。

（三）提高了企业综合效益

1. 项目精细化管控产生的效益

（1）通过信息化手段，实现无纸化办公、远程视频会议，大大降低企业运作成本，减少差旅、数据统计等方面的工作量和人员配置，企业直接管理费可降低3%—5%。其次，通过规范化和清晰化管理，提高项目管理水平，加强项目和企业的整体成本控制，加强各种生产资源的管理，明显降低项目造价。

（2）严格目标成本与执行控制是成功应用综合项目管理系统后取得效益的主要方面，项目成本超支比例可降低30—50%，从而提高企业利润比率，降低企业经营风险。

（3）加强材料计划与库存管理是成功应用综合项目管理系统后取得效益的另一主要方面，材料库存可减少10%—25%，从而减少企业流动资金的占用，提高资金速动比率。

（4）通过对项目的成本计划和进度计划的模拟运算，使计划预先得到及时优化和调整能迅速、准确地反映项目进度和资源耗费情况，并及时进行监督控制，生产劳动和管理效率可提高5%—10%。

（5）加强对资金流的控制，对项目及资源管理部门资金占用情况紧密监控，严格控制企业各项费用，同时加强合同的计量支付控制，保证资金有效利用，企业财务成本可降低10%—30%。

2. 无纸化办公产生的效益

公司新闻、通知、工程动态等各类信息通过办公平台发布；信息交流、数据传递、会议通知、行政办公等也都在办公平台上进行，据2012年统计数据，城建建设公司共节约各类纸张费用10万元左右，通信费用12万元以上。

3. 视频会议产生的效益

城建建设公司每周平均一次视频会议，平均每年分会场参会人数达1500人次，节约公司管理人员回总部开会的差旅费和人力成本，每年超过150万元，间接影响效益在300万元以上。

4. 主要经济发展指标稳步增长

2012年，城建建设公司市场规模进一步扩大，全年实现营销额40.2亿元；完成经营额23.9亿元，同比增长10.65%；施工产值20.3亿元，同比增长9.73%，各项指标均创历史新高。

5. 内部经济秩序得到规范加强

规范了经营承包及资金使用的管理办法，整顿内部经济秩序，结算及收款工作较往年有大幅度增加。2012年实现工程结算额30.28亿元，同比增长53.1%；工程收款额22.98亿元，同比增长17.4%。

相对于直接经济效益而言，城建建设公司更为关注其间接的管理效益。以信息化为支撑，城建建设公司已经在一定程度上再造了其决策体系、流程体系、执行体系等，整个公司在更高的高度上形成了更为有效的管控平台，工作效率大大提高，决策反应时间大大缩短，过程控制大大加强。

成果创造人：罗金财　崔绍银　刘　燕　苗林庆　杨军霞　李　君　董德超

国家援建工程项目施工管理创新

北京城建九建设工程有限公司

荣获第二十八届北京市企业管理现代化创新成果一等奖

北京城建集团有限责任公司（以下简称“北京城建集团”）是以工程总承包、房地产开发、设计咨询为主业的大型综合性建筑企业集团，是“世界225家最大国际承包商”之一，“中国企业500强”之一，荣获“中国最具影响力企业”和“全国优秀施工企业”称号。北京城建集团现有总资产630亿元，自有员工26500人，2012年年经营额652亿元，施工总面积3000万平方米以上。北京城建集团优质高效完成了国家体育场、国家大剧院、国家博物馆、国家体育馆、首都机场3号航站楼等国家重点工程，以及国内外地铁和高速公路等重大工程，71次荣获中国建筑业鲁班奖、国家优质工程奖和詹天佑大奖。北京城建集团是北京奥运工程建设唯一一家受到党中央、国务院表彰的施工企业集团，为国家成功举办奥运会做出了突出贡献。胡锦涛同志称赞鸟巢建设的成功谱写了中国建筑史上的光辉一页。

北京城建九建设工程有限公司（以下简称“北京城建九公司”）为北京城建集团旗下的主要企业之一，拥有房屋建筑工程施工总承包、市政公用工程施工总承包、机电设备安装工程专业承包等多项一级资质，下设水电、重庆等14个专业和区域分公司，获得中国质量协会颁发的“全国质量AAA单位”“全国诚信体系建设先进单位”等称号，通过了ISO9001、ISO14001、OHS18001管理体系认证。近期施工代表工程有：首都机场3号航站楼（鲁班奖）、奥运村（鲁班奖）、济南奥体中心体育馆（鲁班奖、詹天佑大奖）、北京轨道交通亦庄线（长城杯）、国防部外事管理局办公大楼（长城杯）、解放军总政治部兵团级军用住宅楼（军优）、中共中央办公厅密码大厦等工程。

北京城建集团前身为中国人民解放军基建工程兵，具有光荣的英雄历史，1983年3万铁军集体转地。三十年来，北京城建集团与时代同进步，军旅精神和企业文化完美融合，形成了以“特别能吃苦、特别能奉献、特别能战斗、特别能管理、特别能赢利”为核心的“五特”企业军旅文化。作为集团主要施工企业，北京城建九公司管理先进科学，经过2003年非典工程、2008年奥运工程建设洗礼，具有济南奥体中心等大型公建工程、奥运村等经典住宅工程的丰富施工经验，拥有一大批年轻有为、能征善战的科技标兵和青年突击队。

一、国家援建工程项目施工管理创新背景

国家（国内）援建工程主要包括老少边穷和灾后援建两种情况，二者共性明显但又略有区别，施工管理困难重重。近年国家灾后援建工程基本发生在国家老少边穷地区，援建工程项目施工管理更加复杂而困难。

2010年新疆和青海发生地震以后，根据国家统一安排，北京市先后对两省灾区展开对口援建。北京城建集团2010—2012年在新疆和田市承建了棚户区改造一期、二期、京和大厦等一批重点援建工程项目，在青海省玉树州承建了农牧民住房，玉树水文局及新寨水文站、嘛呢石经城景区整治等房建及市政工程。北京城建九公司同时在新疆和田及青海玉树两处承担援建施工任务。其中青海玉树州八一孤儿学校工程，位于青海省玉树县结古镇，2010年4月18日，胡锦涛同志慰问灾区曾走进这所学校，在临时搭起的板房教室里用粉笔给灾区孩子和人民写下了亲笔题词。该工程是玉树地震灾区唯一的一所孤儿学校，占地面积27.7亩，由教学楼、综合服务楼及师生宿舍楼组成，总建筑面积12805平方米。新疆和田京和大厦工程，“京和”取“北京和田”之意，建筑面积27800平方米，是北京市政府援建新疆和田市地标性建筑工程。

图1　胡锦涛同志为援建工程青海玉树孤儿学校题词

国家援建工程规模庞大，创新施工背景复杂。如何规划和协调好经济发展与灾区建设的关系是发展中的中国必须解决的课题，如何克服困难尽快尽善尽美地完成援建项目工程建设，则是国家所有建筑施工企业必须攻克的难题。

（一）灾区家园建设迫在眉睫的需要

中国疆域辽阔，地理、气候等自然条件复杂多变，震灾、水灾等不可抗力引起的自然灾害经常发生。近年主要大型灾害有：1998年中国南方各省区特大洪水灾害，2008年四川省汶川大地震，2010年青海玉树地震，新疆和田灾害，2012年北京市“7·21”特大暴雨灾害等。每一次灾害都给国家和人民生命财产造成了巨大损失，灾情发生，墙倒屋塌，人民呻吟，彷徨痛苦。恢复家园，建设美丽的家园，尽快走出困境，恢复发展生产，是灾区人民的急切期盼。家园建设及创新施工管理刻不容缓。

（二）国家援建政策使命的需要

一方有难，八方支援。东部支援西部，发达地区支援欠发达地区，对口支援灾区建设，是新时期的国策。集中力量办大事更能体现社会主义制度的优越性。援建项目创新施工，实现在最短的时间内，节约资金，完成更多高质量的援建工程，准确体现国家政策使命。

（三）履行企业社会责任的需要

抗击灾难，重建家园，是国家使命，人民召唤，也是企业责任。企业发展与国家前途、人民利益息息相关，与国家和人民同呼吸共命运。企业应有高度的政治责任感，为国家分忧，替人民解难。建筑施工企业在国家和人民灾后家园重建方面义不容辞，责任如天。改变传统正常建筑施工模式，为灾区人民及时快速低成本建筑优质工程，援建工程项目施工必须实现创新。北京城建集团来之于军队，服务于社会，与国家人民感情深厚，创新援建责无旁贷。

（四）国家援建工程项目施工特有属性的需要

援建工程施工不同于一般意义上的建筑工程施工，有其自身特有属性。特点、难点显著：急、难、险、重，即时间急，施工困难，高风险，任务重；工程质量要求高，责任如天；工程涉及千家万户，影响面大，关注度高，政治性强。如新疆和田市棚户区改造工程一期工程为半地下室的6层砖混结构，共8个栋号，建筑面积27627平方米，70平方米、90平方米两种户型，2010年9月2日开工，跨越西北寒冷的冬季，要求为新疆和田援建工程的七一献礼“交钥匙”项目，且工程质量要求全部合格。

传统施工程序性强，按部就班，模式固化，建设周期长，不能适应援建工程“急、难、险、重”等要求。援建工程的特点、难点决定了对项目施工必须进行创新。

近年国家援建工程特点及难点又增加新内容，不确定性显著。

1. 位处国家偏远边疆，气候寒冷、高原反应等自然条件恶劣，施工环境极其复杂。

2. 当地发展水平低，缺少建筑材料，施工技术、设备落后。

3. 工程处于多民族聚居区，生活风俗多样，社会关系复杂，存在不稳定元素，干扰因素多。这在老少边穷援建工程上体现得更为明显，地区不安定因素复杂多变，给工程施工带来极大麻烦。

4. 距离集团公司北京总部远，属于远征作战。

5. 创优要求。青海省玉树州八一孤儿学校工程，因其孤儿学校身份的特殊性，全国关注，质量目标高，军队优质工程。北京援建新疆重点工程，京和大厦，体量大，目标定位国优鲁班奖。援建工程创建“鲁班”奖在建筑界从来没有先例，如何贯彻援建工程与精品工程对接，实现创优目标，施工创新是关键。

二、国家援建工程项目施工管理创新内涵

（一）创新内涵

立足“和谐援建、科学援建、高效援建、阳光援建”援建创新理念，针对灾后援建、老少边穷援建工程“急、难、险、重”等特点，以管理创新为突破口，以实施“最快的建设、最好的质量、最优的服务、最美的环境”的援建实践，做好让国家放心、人民满意的国家援建工程。从先期策划，到组织管理控制、技术质量控制、安全施工控制、经营风险控制、前后方信息控制、建设环境控制七大方面，实施防控体系建设，形成立体控制，以保障援建工程顺利圆满竣工。

（二）创新特点

1. 创新高度显著

援建工程建设，思想认识上要与党中央、国家政策意志保持高度一致，讲政治、识大局，急国家所急，想人民所想，一切让国家放心，一切使人民满意。项目策划、组织及施工过程中要充分展现北京首善一流形象，维护和提升国家大企业集团品牌，发扬现代建筑企业管理水平及新时期创新精神，攻坚克难、顽强拼搏、勇攀高峰，为灾区人民建造奉献美丽家园。

2. 创新依据充分

国家援建施工工程及传统意义上的建筑施工工程，同属于建筑工程范畴。根据建筑工程施工顺序及阶段划分，北京城建集团及北京城建九公司结合在新疆和田及青海玉树援建项目具体情况，针对国家援建工程背景及不同于传统建筑工程施工的特点、难点，遵循国家及北京市援建政策，建筑施工项目法，利用现代企业管理学系统论、控制论、信息论等管理精髓，统筹安排、科学谋划、精准管理，扎实工作，以“最快的速度、最好的质量、最优的服务和最美的环境”的思想实践建设好援建工程。

3. 创新理念科学

援建理念：16字方针，即“和谐援建、科学援建、高效援建、阳光援建”。援建创新理念与援建工程背景及特点紧密结合，同时体现国家社会时代特征、建筑科学最新发展趋势。

4. 创新内容丰富

全程充分拓展集团及公司优势，发动员工集思广益，积极利用一切社会资源及科技手段，及时总结和挖掘。以控制创新作为突破点，在施工前及施工过程中各有侧重，以保证工期、强化质量为核心，起步策划，立足组织，重点过程，展开科技攻关，实施绿色施工。做好各关键阶段、关键要素控制。过程中始终把握全局，提前预测各结点对全局影响，消除隐患，实施风险防范。注意控制一切影响施工结点、元素，由点到线，由线到面，点、线、面结合，形成立体控制。一切工作强调创新，一切工作靠控制完成，最终克服远征施工、环境恶劣、工期紧、任务重等困难，实现“安全、质量、工期、功能、成本”五统一，及时圆满完成援建施工任务。

三、国家援建工程项目施工管理创新的主要做法

（一）先期策划——深入调研，编写考察报告，组织论证会，编写项目实施指导书

1. 第一时间赶赴灾区调研，编写考察报告。援建工程项目施工，前期策划控制非常重要，要求超前、全面、深刻、系统。2010年5月27日，北京城建集团正式接到北京市政府的委托——建设和田市棚户区改造一期工程，集团公司发扬军人本色，立即组织11名专家，第一时间赶赴现场，了解灾情，尽可能对社会、市场、工程情况进行调研，掌握第一手资料。包括自然条件：地质、水文、气候特点。施工生

产要素：劳动力、主要材料、机械设备、周转料等定额价格及资源配置。人文情况：如社会风俗、生活习惯、文化遗产等。当地建筑风格、建筑水平、主要施工方法及施工工艺。项目现场是否七通一平，图纸是否齐全，何时到位。当地政府办公位置、相关联系人及联系方式等。越详细越好。根据调研结果，专家组整理写出了考察报告。

2. 策划编写项目方案实施指导书。是否详细全面客观的考察报告一定程度上决定集团公司编写的项目实施指导书及项目部编写的最终实施方案的优劣。根据考察报告，集团公司及时组织各专业系统召开援建工程专项论证会、经理办公会，讨论完善补充，结合国家规定及设计要求编写形成比较科学的方案实施指导书。指导书对工程关键阶段、关键要素进行甄别，对工期、质量、成本、安全等指标进行数据策划，对施工组织及难度进行规划和预判，并提出相关指导对策。

考察报告和项目实施指导书为国家有关部门决策提供原始依据，为项目具体施工方案编写及实施提供方针指导，为上级部门在施工过程中监督检查核算提供数据参考。

表 1　项目实施指导书内容（部分框架）

工程概况	阶段	人员组建	机械设备	材料	劳动力	工期	质量控制	工程造价
（玉树）								
（和田）								

（二）组织管理控制——军事组织管理法。建筑施工组织与军事管理相结合，静态模式与动态管理相结合，建立援建指挥部、前线党支部，施工项目部，实施动态援建，共同援建

1. 成立前线援建指挥部，设立前线党支部。北京城建集团高度重视援建工程，以抓奥运工程建设的科学管理模式组织援建工程施工。接到政府任务，北京城建集团迅速成立了以总经理为首的集团援建领导小组，副总经理为援建领导小组副组长，集团公司机关及工程总承包部各有关部门负责人为组员，成立了北京城建集团前线援建指挥部，设立了前线党支部。选派各系统精干人员组建指挥部，进驻施工现场，代表集团公司组织施工。指挥部所有成员合理分工，明确职责。党支部健全党的组织，发挥党的领导表率作用。援建指挥部上对政府、社会及集团本部认真负责，下对各施工项目合理科学调度。集团在新疆和田和青海玉树分别建立了援建指挥部。

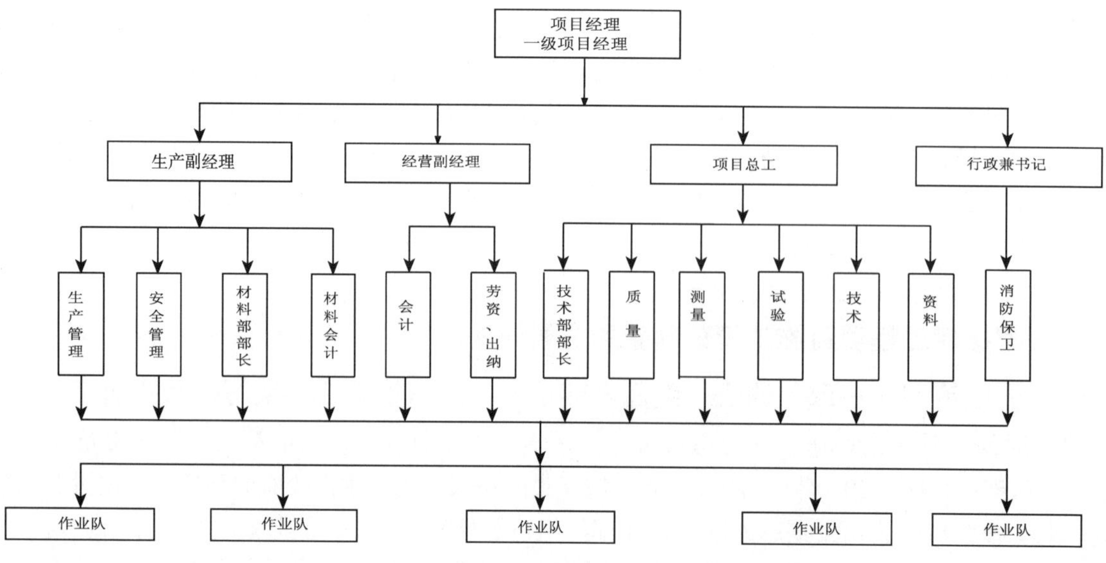

图2　北京城建九公司援建项目部组织机构图

2. 精挑细选，组建施工项目组织架构。与其他参战公司一样，北京城建九公司在和田、玉树分别成立了参战施工项目部，现场归属北京城建集团援建指挥部统一领导。各个项目领导班子以项目经理为核心，包括项目总工，生产、经营、行政。项目经理实行内部竞岗，公司综合政治素养聘任，领导班子成员整体要求技术过硬、管理到位、敢于负责、肯于奉献。领导班子成员全部为共产党员，知识层次全部中级职称以上，皆参加过奥运工程大会战。施工班组要求长期合作、技术熟练、身体健康。

3. 分工明确，合力援建，动态援建。援建工程施工就是一场攻坚战，援建指挥部是前方战场司令部，各个项目部为前沿作战阵地，集团（政府、社会）及企业总部即为大后方。集团总部主要负责人、财、物调配等后勤保障及任务分配，指挥部主要负责现场进度计划、质量、安全等指标标准等制定及落实检查，项目部对所有指标负责落到实处。在援建工程建设过程中，集团公司多次召开董事会、党委常委会及援建工程协调会，遇到援建指挥部请示事项，立即办理，决不拖延，精简程序，特事特办，一切为援建工程让路通行。2010年8月25日，玉树援建大幕开启不久，集团公司总经理及领导班子成员就前往援建前线慰问动员，深入援建一线看望灾区人民，展开现场协调、指导与慰问，为建设者们鼓劲助威。集团、指挥部、项目部之间纵向联系畅通，横向密切合作。在整个施工过程中，前后携手，左右联合，形成合力，共同推动援建工程项目施工建设。北京纪委书记叶青纯考察北京城建集团新疆和田援建施工工程时对集团组织管理给予高度评价，说“展现了一个大企业的风范。”

图3 北京城建集团领导指导慰问援建前线

（三）技术质量控制——全方位多角度技术管理，提供技术支持，开展技术创新，强化质量管理与过程控制，确保工期，实现援建工程与精品工程完美对接

1. 加强技术管理，提供技术支持。为加强工程技术质量管理工作，援建指挥部制定了《工程质量管理办法》《施工质量控制措施》以及《工程施工质量奖罚办法》，对各个项目部施工进行管理和指导。项目部在项目经理组织下，以技术、生产、经营为主，遵循援建指挥部统一指挥，群策群力编制施工组织设计及各种施工方案。编制施工组织设计，要求结合方案实施指导书，根据设计图纸及国家、地方规范标准，找出项目工程重点、施工难点，对施工总体进行部署，科学确定主要施工工艺及技术措施，落实工期、质量、成本、安全、环境、文明施工等保证措施，根据施工阶段划分，制定动态劳动力、机械、材料等需求计划。施工方案包括临电、测试、土方、降水、防水、钢筋、模板、混凝土、冬雨期施工、塔吊、装修等专项施工方案。以上技术设计及方案要求在援建指挥部规定的时间内编制完成，并报送公司（集团）、指挥部、监理审批。科学合理的施工组织设计及各种施工方案为援建工程施工提供了技术支持。在施工过程中，应根据情况变化对施工组织设计及方案随时进行调整、补充，完善，同时进行技术交底，抓好贯彻落实和效果检查。

以下为北京城建九公司为青海玉树州八一孤儿学校工程制定的施组内容之一的结构施工阶段劳动力需求计划表。

表2　劳动力需求计划表

序号	工种名称	单位	数量（人）	备注
1	木工	人	30	主体结构模板
2	钢筋工	人	80	现场60人，加工厂20人
3	架子工	人	20	安全防护及结构支撑
4	电焊工	人	5	钢筋及预埋焊接并有上岗证
5	混凝土工	人	30	混凝土浇筑
6	水暖电工	人	10	预留预埋
7	其他工种	人	25	配合施工
8	合计	人	200	

2. 开展技术创新，攻克技术难题。为缩短工期，确保工程质量，完善使用功能，援建人员精心设计并实施技术创新。

（1）科学合理规划平面布置图。根据现场整体地形环境、工程大小、栋号多少以及相互关系，对施工区域进行整体平面布置。塔吊设置、施工区机械料具堆放、加工区位置及间距科学，施工道路路线布置合理，全部硬化，机具材料运输畅通无阻。材料存放标码规矩，井井有条。真正做到施工快速有序、安全高效。

（2）精心安排施工工序，缩短关键线路。根据网络图找出每个项目关键工序，计算核对工程量，精确划分各项目工程施工流水段，缩短单体关键线路。同时结合材料采购、专业劳动力资源匹配情况，实行单体项目流水与大区域流水相结合，缩短整体关键线路，加快工程进度，减少工人窝工。

（3）综合调度进度部署，实行交叉作业。在一次结构施工过程中安排二次结构施工，二次结构施工中及时跟进装修施工，外部装修与内部装修并列进行，各工种同时施工，穿插进行，满负荷施工，压缩工期。

（4）深化技术方案，实施技术攻关。京和大厦工程基坑开挖深度达到9米，属于深基坑工程，项目部编制《京和大厦工程基坑开挖方案》，并组织专家论证会，确保了基础施工安全顺利进行。在京和大厦底板大体积混凝土施工过程中，针对新疆和田天气干燥、混凝土水分蒸发过快，容易造成龟裂的情况，项目部通过对混凝土配合比等数据多次进行技术理论推理和现场试验，研究出一种干旱地区大体积混凝土施工技术，克服了混凝土收缩过快、出现龟裂等控制难题，有效地保证了底板大体积混凝土的施工质量。项目部技术人员对该项技术及时归纳总结，编写成论文《特殊地区大体积混凝土裂缝的防治》发表在《建筑技术》杂志上，为今后类似地区施工提供了借鉴。

（5）积极引用建筑"四新"技术。玉树等西北地区地质结构复杂，属于多发地震区。为保证学校教室抗震强度，施工前北京城建九公司通过集团援建指挥部，积极与设计单位协商更改钢筋品种，引入高效钢筋及预应力钢筋。针对西北地区气候干冷、昼夜温差大等特点，引入断桥铝合金门窗。两项做法，安全耐久、节能环保。在施工中积极使用新技术、新材料、新产品、新工艺，不但有利于援建工程施工，而且促使灾区整体施工水平产生质的飞跃，某种程度上改变了灾区人民的生活水平。

3. 国家援建工程施工过程中要强化质量管理及实施。

（1）建立完善的质量保证体系和质量责任制，分解质量目标，根据创优的具体要求按单位工程——

分部工程——分项工程——施工工序进行层层分解，同时质量责任层层落实，贯彻到基层。

（2）建立各项质量管理制度和措施：包括图纸会审制、技术交底制、人员培训制、装修材料样品制、施工样板制、首检定标制、三检制、工序交接制、质量例会制、质量会审讲评制、挂牌制等，并严格贯彻实施，通过各种手段实施过程质量的有效管理和严格监控。

（3）建立严格的工艺和工序流程：建立各个施工工艺流程图，关键工序节点质量控制图。玉树州孤儿学校工程、京和大厦工程在机电安装和装修过程中，交叉施工、内外施工同时存在，从总体上详细列出施工分项和工序的流程要求和质量控制点，一方面便于监控，另一方面便于分包方有效地投入劳动力和材料等。

（4）严格程序化管理：包括制订和执行项目质量计划、文件和数据控制程序、物资管理程序、产品标识和可以追溯程序、过程控制程序、检验试验程序、不合格控制程序、纠正和预防措施程序、质量记录程序等，以严格的程序规范各项质量管理工作。

（5）严格关键工序的质量预控：严格实行图纸会审、综合施工详图的设计审批；确定各分部分项工程的关键工序和关键工序的控制措施；严格实行合理工序安排和管理，达不到标准要求的工序彻底返工；坚持工序挂牌制度，专业施工中在各工序全面开始前，要求将质量控制标准写在牌子上，并注明施工负责人、班组名称等，挂在施工部位，有利于每一名操作工人掌握和对照执行；也便于管理者的监督检查。

4. 加强援建工程质量过程控制

按照ISO9000质量管理体系及相关质量管理程序文件的要求，建立“分级管理、分层控制”的质量管理体系，按照“过程控制、动态管理、目标考核、严格奖罚”的质量管理模式对援建工程实施全过程、全方位和全员参与的全面质量管理。通过严格的策划控制、程序控制和过程控制，对工程的各分部、分项、各个工序以及与之相关配合的人员、机械设备、物质、施工方案、工艺技术等要素和条件，严格按照精品工程的要求来组织实施。

（1）目标管理：根据对业主的工程质量目标的承诺，结合工程的具体特点，对工程总体质量目标进行阶段目标、各分部分项质量目标的分解，制订质量创优计划。

（2）精品策划：针对质量创优目标，按照质量管理保证体系，结合援建项目的特点，编制项目的质量保证文件，全面涵盖现场管理和控制的各方面，对关键工序和部位按最高标准的质量要求，做出专项的预控措施，并加强其过程控制；对关键工序的施工人员应逐一审查和备案，在工序完成前若发生人员的变更，需经总指质量部门的批准。

（3）过程监控：主要通过各种质量监控手段来保证过程精品的实现，例如：实行“样板制”和“三检制”，每个分项和工序开展前，先进行认真技术交底，然后组织样板施工，样板施工中总部相关部门跟踪检查方案以及图纸要求的执行情况。样板经业主、监理、（设计）和指挥部联合验收，符合要求后进入大面积施工，并严格执行自检、互检、交接检制度，以保证本道工序质量，服务下道工序，不合格的工序不得转入下道工序。

（4）定期召开质量分析会，以便发扬好的施工方法，改进不理想的方法，找出问题，共同分析产生的原因和影响因素，提出下步工作的控制要点，制定有针对性地预防措施，跟踪落实和检查，在今后的工作中得以改进和完善，使质量得到提高。

（5）持续改进：通过对质量的会诊、讲评、检查和考核，预测出质量薄弱环节，及时发现问题和不足，总结经验吸取教训，有针对性地提出质量改进的办法和措施，使工程质量得到持续的改进。

（四）安全施工控制——健全体系加强安全管理，实施绿色文明施工，开展阳光援建，组织劳动竞赛

1. 健全体系加强安全管理。为确保安全管理目标的实现，指挥部、项目部对安全工作给予高度重视。健全组织，各个项目部成立了项目经理任组长的安全生产领导小组，建立了从施工队到班组的安全管理体系，为安全工作的有序开展提供了保证。制订年度安全生产管理计划措施，修订安全生产各

项制度、办法。抓好外施人员的入场安全教育。做到入场一批、培训一批、考试一批，援建指挥部领导亲自授课。坚持每天班前安全例会和安全检查制度。利用板报、图片、横幅标语、知识竞赛等活动形式开展对全员的安全防范意识教育，营造良好的安全生产活动环境，形成人人讲安全，人人抓安全的良好局面。

2. 推行文明四区管理，实施绿色、文明施工。办公区、生活区、施工区、家属区按北京市文明四区标准设置。为削减灾区风沙大干扰影响，美化施工环境，指挥部特请集团园林绿化公司筛选适合西北气候特点的花草植被，安排专人栽种维护。为作业人员购置劳保用品，同时安排专人苫盖堆土，定点洒水降尘。文明四区管理，绿化施工管理走进灾区，从此在西北地区推广开来。

3. 加强党风廉政建设，开展阳光援建。认真学习贯彻执行北京前指纪委《关于进一步加强监督积极推进阳光援建的通知》精神，全面落实“十不准”规定和本单位党风廉政建设，“重大议事规则议程”、“三重一大”规定及党员干部廉政建设卡，认真从源头上预防和治理腐败问题，积极推进阳光援建、廉洁援建工程。

党支部成立以党支部书记为组长、副书记为副组长的党风廉政建设领导小组和工程分包招投标领导小组，领导班子成员按照各自职责抓好分工，做到分工明确，责任落实。项目领导还与副职签订目标责任书和廉政建设责任书。凡重大事情，一律做到领导班子集体决策，民主决策。通过抓廉政建设，有效防范腐败问题的发生，确保把援建工程建设成为阳光工程。工程建设中，凡物资招标、工程分包和劳务分包等，项目部坚决实行公开招标、阳光采购，做到公开、公平、公正，实现健康分包、阳光采购、精细管理。

在新疆和田棚户区改造项目、京和大厦等工程建设中，没有一起违法乱纪、吃拿卡要的行为发生，保证了援建工程建设进度、质量，维护了集团的荣誉。

4. 组织各种竞赛活动。按照北京前指的要求，结合城建援建工程的实际情况，抓好党建促援建，相继组织开展了“阶段目标大会战”、“质量安全流动杯”、“安康杯”和“当好主力军、岗位做贡献、建设新玉树”的劳动竞赛和“玉树重建党旗红、创先争优当先锋”，以“岗位创优、技能比拼”为主要内容的“五比一创”等一系列活动，开展党员突击队、青年突击队等竞赛活动。吸引附近居民担任评委成员，加强亲民互动，调动了广大援建管理工作人员和施工作业人员的工作积极性和争创优质工程的主动性。

图4　施工中的玉树孤儿学校

（五）风险控制——加强经营管理，保证材料供应，优选专业分包、整合劳务队伍，大处谋划，细部入手，统筹兼顾，实现项目全面风险管控

1. 加强经营管理，摸清实际成本。由于和田援建工程属于政治工程，招投标合同不能及时签订，给经营管理工作带来了很大的不利。同时，由于和田等地处南疆最偏僻地区，比较封闭，自然环境恶劣，

当地为维吾尔族聚居区，生产能力较差，各种供应商及施工人员多为外来人员，除了砖、水泥等基础材料，其余材料都须从乌鲁木齐中转购买，而且从2010年、2011年两年，人、材、机价格全面飞涨，机械材料价格涨幅普遍达到30%，人工市场价260—280元/工日，而当地的定额价格为22.43元/工日，和田当地造价文件调整为土建43.73元/工日，专业调整为48.1元/工日，严重脱离市场实际情况，使得我部各方面成本压力非常大。

因棚户区改造一期为援建试点工程，总投资费用为3544万元（此费用不能调整），减去各级二类费（代建费、设计费、监理费）剩余给我部的施工费用金额为3190万元（此造价中还包含室外管线、绿化等项目），加之未签订施工合同等原因，故代建单位拨付工程款时只按控价金额支付，截至目前支付2300万元。而实际施工成本远远大于上述投资费用。我部本着实事求是的原则，多次在监理会、协调会上呼吁总投资控价中存在漏项、价差、量差等原因，但一直都没有得到实质性的解决。二期和京和大厦同样存在类似情况。

为此，我们把缺项、漏项、量差、价差的基础资料整理、准备好，把控价中没有或价格低的材料、设备认价及时上报代建公司认价，及时发送工作联系函，随时做好结算准备。力争多渠道多手段与代建进行磋商、谈判，争取把亏损降到最低。

2. 材料风险控制。材料费与人工费为工程费用主要组成部分。玉树等地区自有资源匮乏，经济发展落后，材料是影响该地区建筑工程进度、质量及成本的重要因素之一，材料要提前进行准备。重要材料、设备需要在乌鲁木齐、西宁、兰州等大城市中转采购和加工，周期长，路途远。因此项目施工过程中要加强重视，提前策划和考察，将材料的加工准备及运输带来的风险降到最低。青海玉树州孤儿学校工程各种材料、设备准备充分，降低了成本，保证了工期、质量。

3. 专业分包单位技术水平和劳务人员成本的风险管控。青海玉树等西北地区专业分包单位技术力量薄弱，劳务人员成本在不断提高，而工程施工需要的大量劳务人员不稳定，这些给工程项目管理带来很大风险。因此，选择长期合作的专业分包，整合劳务分包队伍，从技术力量和组织上能降低成本和经营风险。

对劳务队采取了“七统一”实名制管理制度，即身份证、床头卡、劳动合同、注册表、出勤表、工资表、考试卷等统一管理。高度重视参建人员的安全教育与民族教育，做到入场一批教育，教育培训一批，考试一批，并利用宣传标语、安全三字经、知识竞赛等生动多样形式深化各种教育。对每个工人都进行了三级安全教育，采取安全技术交底到人，做到班前讲话、班中检查、班后总结；并通过办农民工夜校的方式对施工人员进行再教育，进一步提高其安全意识和劳动技能，使之形成了从“要我安全”到“我要安全”的氛围。

4. 技术先行，统筹兼顾的风险管控。在施工过程中，项目部始终坚持“组织健全，目标明确，责任到人，强化过程控制”的原则，技术先行，统筹兼顾，风险预控，降低成本，保证工程工期、质量。结构施工阶段，提前组织相关技术、质量、生产人员进行图纸会审，重点关注影响工期、质量的重点施工部位，做到先策划，后实施，将图纸中存在的问题和疑问解决在施工作业前，同时优化施工工艺，为工程顺利施工创造良好的条件。装修阶段提前与设计、作业方沟通装修做法，充分理解设计意图，结合现场情况提出完善修改意见，增强可操作性。

和田地区塔吊租赁费用很高，京和大厦工程为节省费用，减少开支，经过论证，确定采用在天井内立一台塔吊，我部克服当地无大型轮胎吊等塔吊安装设备的情况下，采取巧妙的安装措施，在天井内立一台塔吊，既保证了塔吊的覆盖范围及吊次，又节约了一台塔吊的租赁费用。在墙体砌筑阶段，因和田当地无室外电梯租赁，按照常规，需要安装2台室外电梯，均需采购，成本较高。经过我部讨论论证，采购安装了一台室外电梯，采用两班倒的措施，合理安排室外电梯的使用，白天运输砂浆等材料，晚上安排运输砌块、钢筋等材料，日夜不停运转，保证墙体水电管线等材料上楼，节约了一台室外梯的采购费用。

（六）信息控制——创建工程“零距离”办公平台、实施同步视频、远程监控，填补远征作战办公及互动联系缺失

借助因特网，北京城建九公司创建公司cam系统网络办公平台。按照“注重实效、结合管理、逐步推进”工作思路构建的企业信息化办公系统，远程、多单位可以同时操作、业务数据随时更新，工程项目实现了“零距离”管理。该系统包括人力资源、财务管理、市场经营、安全管理、技术质量、施工管理、企业管理、办公管理和知识库9个类别模块。

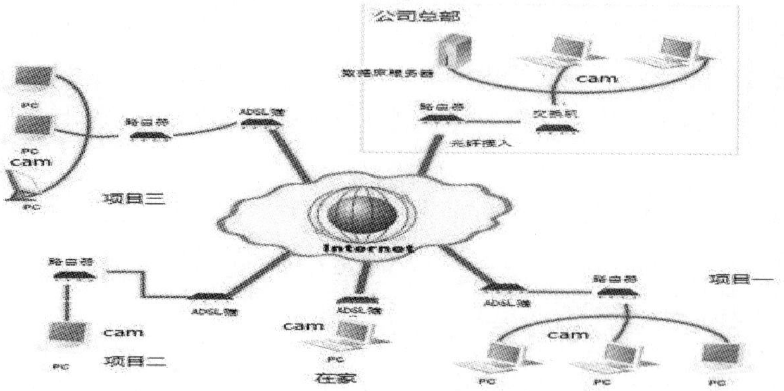

图5　北京城建九公司网络模块框架图

实施“零距离”管理，大大提升办公效率。援建工程项目施工过程中，由于玉树等距离北京集团、公司总部太远，在方案审批、签订合同和业务传统办理上难度很大，花费时间周期长，严重影响项目正常运转。为此利用公司创建的互联网信息化管理平台，进行网上办公。不再安排专人到各职能部门报批、会签，只需将施组、方案、会签合同等上传到网上，各部门就会根据要求进行签批。办公程序得到优化，效率得到提高，对解决援建工程远程施工意义重大，大大节约了时间成本和经营成本。

建立同步视频，实施远程监控。公司开会，玉树等外埠项目人员实现同步收看，同时公司总部足不出户，便对远在天边的项目施工实现同步监控。减少了管理费用，督促了项目施工。

（七）环境控制——坚持和谐援建、绿色援建，建立关爱机制、应急体系，外内兼控，环境建设、人文建设与工程建设实现有机统一

1.促进民族团结，坚持和谐援建。进入援建地区参加工程建设，重视全局，树立人情关怀也是一种支援观念，主动融入当地社区，尊重当地风俗，亲情付出，不断丰富活动载体，促进民族团结。项目管理人员需要了解周围灾情，关心灾民需求。项目部在巴塘路建设过程中，主动征询当地居民意见，经过设计变更，多次改变规划走向，保护了当地树木植被；联系西宁人民医院，随时对施工人员进行体检和治疗，为当地居民义诊；帮助玉树当地居民清理垃圾500立方米；新寨小学新校舍建设中，无偿为学校搭建配备教学设施。北京城建集团融入当地，不怕苦累、亲情付出的做法，赢得了当地干部群众的尊重和拥护，当地居民多次自发前来慰问援建将士，并献上雪白的哈达。亲情互动，互帮互助，实现援建人员与灾民一家亲，真正实现和谐援建。

2. 建立对援建职工的慰问和关爱机制。援建工程施工，集团属于远征作战，员工身心状态波动较大。项目部实行定期探亲制，使职工得到休整。为鼓舞士气，集团公司副总经理常驻一线协调指挥，集团公司主要领导班子成员多次深入和田、玉树援建一线指导慰问，为建设者们鼓劲助威。在节假日时对职工家属进行慰问，并帮助解决家里的实际困难，让一线同志们没有顾虑地投入工作。援建指挥部、项目部高度重视参建人员的安全教育与民族教育，利用宣传标语、安全三字经等生动多样的形式深化各种教育。

3. 实施文明施工，绿色施工。执行集团CIS战略、实行文明四区管理，采取切实可行的必要的弥补措施和预防措施减少噪声、强光、尘土、施工垃圾对周围环境的危害，尽可能地保护灾民的利益。实现美化与标准化相统一，保证施工区域周边环境卫生、治安、交通等秩序井然，为施工提供文明绿色环保卫

生环境。

4. 重视全局，制订应急预案，建立应急体系。为防止和处理突发事件和重大事件发生，指挥部和各个项目部制订应急预案，建立应急体系。应急事件的第一发现人必须有高度的政治责任感和工作责任心，重大应急事件必须按要求迅速报警，在最短的时间内通知应急处理领导小组及上级部门赶赴现场。应急处理领导小组派遣抢险小分队携物资设备器材抢救处理，决不允许延误抢救时间。

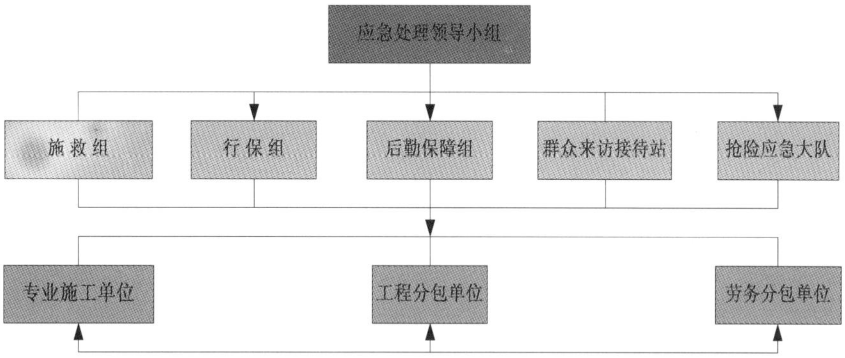

图6　应急组织体系

四、国家援建工程项目施工管理创新实施效果

（一）援建工程全部超前优质完成

抓控制，求创新。在国家和北京市的关怀和领导下，通过广大援建人员共同努力，北京城建集团三年援建任务两年全部优质完成。

新疆和田市棚户区改造一期工程按时顺利通过验收，成为北京市援建新疆首个“交钥匙”项目，也是全国各省市援建新疆的第一个竣工项目。玉树州孤儿学校顺利通过军队优质工程评选，京和大厦正在履行国优“鲁班”奖评选申报程序。栋栋高楼拔地而起，灾民们拿到了新家的钥匙。北京城建九公司施工的玉树州孤儿学校也交付使用，胡锦涛同志2010年4月18日对灾区人民的承诺一一实现。

在一期工程交钥匙后，为了检验工程质量，项目部用维汉两种文字制作了入户调查表分发到276家住户征询意见。调查内容为住户对装修、门窗、暖气、电气、外墙、内墙等方面的意见，共有非常满意、很满意、满意、一般、不满意5个档次。反馈回来的调查表显示除有两户填写很满意外，其余填写的全是非常满意，满意率100%，工程质量可见一斑。人民的高度评价是对我们成功创新施工的最好诠释。

图7　和田援建工程竣工入住仪式

图8　青海玉树八一孤儿院学校交付使用

（二）经济效益

1. 对口支援创新工程建设，国家、人民、企业实现共赢。通过控制项目工程关键点、线、面，进行

科学施工，合理控制成本，使项目风险降到最低，集团及各项目单位工程均获得利润最大化，为国家和人民节约了资金。新疆和青海援建工程通过创新管理，与四川什邡工程相比，成本得到较大降低。

2. 提升当地技术水准，引领建筑发展朝节能环保方向转变，经济前景广阔。技术创新、环保节能新材料及施工工艺的引入，某种程度上改变了当地人民的生活方式，提升了灾区生产力水平，促进了经济的发展，由此产生的经济效益是无法估量的。

（三）社会价值

1. 优质快速的援建建设，灾区人民早日安居乐业，人民更加团结，社会更加稳定。一方有难，八方支援，灾难面前，众志成城，国家、人民、企业联系更加密切。抗击灾害，重建家园，人民更加团结，社会关系更加和睦，社会和谐发展更加稳定。抗击灾害，创建家园，国家建设和发展生机勃勃，人民对前途信心满满。

2. 创新施工援建工程为中国精神、中国力量增添新的正能量。在中华民族迈向中国梦、强国梦的征途上，各种灾害、复杂局面不时出现。“多难兴邦”、“艰难困苦，玉汝于成”在中国共产党的领导下，中华民族凝神聚气，同舟共济，一定能战胜可能出现的各种艰难险阻。灾难不可怕，家园定重建。昨天墙倒屋塌，今天创新援建，明天美丽家园。对口支持，创新援建，是当代中国抗击自然灾害、建设美丽家园、和谐发展的一大创举，为中国精神赋予时代新意义，为中国力量增添新的正能量。

3. 集团文化发扬光大，企业品牌深入人心。北京城建集团以“特别能吃苦、特别能奉献、特别能战斗、特别能管理、特别能赢利”为核心内容的“五特”企业军旅文化增加新内涵，在灾区和全国，“北京城建速度”、“北京城建质量”、“北京城建爱心”广为传扬。北京城建集团为中国建筑服务业十大品牌，中国企业500强，世界225家最大国际承包商之一，全国第一批3家同时具有双特级资质的大型建筑企业集团公司之一，中国最具影响力企业，全国优秀施工企业。“北京城建”让人放心，北京城建品牌影响力持续扩大。青海玉树州八一孤儿学校，因胡锦涛同志“新校园，会有的!新家园，会有的！”的题词名扬天下。北京城建九公司有幸承建这一伟大工程，经过控制创新，科学施工，圆满完成。北京城建九公司在灾区人民中间传扬，北京城建九公司品牌效应在全国持续发酵。

4. 集团企业及个人赢得无上荣誉，加强了企业凝聚力。集团和公司向灾区人民交上了一份优秀的答卷，取得了良好的社会效益，得到了中央领导、北京市、新疆维吾尔自治区领导、青海省省领导、和田地市、玉树州、北京援疆指挥部等领导以及社会各方的好评，受到了灾区人民的交口称赞，为首都北京争了光，为集团及企业赢得了荣誉。北京城建集团援建指挥部总指挥荣获全国“五一”劳动奖章，北京城建九公司援建项目部项目经理等多人荣获北京市援建工程先进个人荣誉称号。通过援建工程项目创新施工，员工切实体会到国家集体含义，加强了企业凝聚向心力量。

全国人大委员长吴邦国在新疆北京城建集团承建的北京援建新疆和田项目工地，对集团给予了高度的评价。他说：“北京城建集团在这么短的时间内优质高效地完成棚户区改造一期工程施工任务，了不起！”“北京城建集团讲政治，为国家建设做出了很大的贡献！”

图9　2011年6月16日，吴邦国委员长在和田工地现场与北京城建集团员工亲切交谈

5. 丰富了建筑施工管理内容，为类似工程提供借鉴。在援建工程项目施工中，工作千头万绪。本成果执行“和谐援建、科学援建、高效援建、阳光援建”援建理念，通过先期策划、组织控制、技术质量控制、安全施工控制、风险控制、信息控制、环境控制等创新及实施，点、线、面相结合，抓住了国家援建工程项目施工的关键，克服了援建工程施工的难点，丰富了建筑工程施工管理的方法和内容，为今后类似工程包括国际援建工程等建筑施工提供了一定的借鉴。

成果创造人：赵　宇　陈昌盛　胡二瑛　朱　兵　薛　鹏　何　巍　冯　昀　单加勤　施亚兵　丁春校　王荆华　孙　俊

房地产企业内控体系的构建与实施

北京城建投资发展股份有限公司

荣获第二十八届北京市企业管理现代化创新成果一等奖

北京城建投资发展股份有限公司（以下简称“北京城建”，股票代码600266）是由北京城建集团有限责任公司于1998年独家发起、1999年2月3日在上海证券交易所上市、以房地产开发经营为主业的大型专业品牌地产商，具有房地产开发一级资质。截至2012年年末，北京城建注册资本88920万元，总资产300亿元，净资产84亿元。北京城建集团有限责任公司为第一大股东，占股权比例50.41%。

北京城建目前拥有17家全资、控股子公司，11家参股公司，2家托管公司，已形成“一体两翼”（“一体”指房地产开发，“两翼”指对外投资和商业地产）协调发展的三大业务板块。

北京城建自上市以来，秉承“品质·人生”的品牌理念，坚持集团化、专业化、品牌化运作，致力于以住宅为主导产品，做最受信赖的专业品牌地产商，倾心打造“北京城建地产”品牌，开发区域遍及北京、天津、重庆、成都、青岛、三亚6大城市，开发类型涵盖住宅、公寓、商业、酒店、写字楼等多种业态，累计开发面积超过1000万平方米，拥有土地储备700万平方米。历年来多次荣获“中国房地产百强企业之星”、“中国房地产优秀企业公民”等荣誉称号，2013年年初荣获中国房地产业协会颁发的“2013中国房地产开发企业500强”第32名、“2013中国房地产开发企业经营绩效10强”第3名、“2013中国房地产开发企业责任地产10强”第3名，彰显了北京城建在全国房地产行业的突出地位和重大影响力。

一、房地产企业内控体系的构建与实施的背景

（一）适应上市公司监管的需要

随着国内证券市场发展的日趋成熟，为了规范上市公司管理，保护投资者利益，政府监管机构出台了一系列旨在加强上市公司内部控制建设的监管法规，上市公司必须不断规范公司治理方式，以满足日益严厉、复杂的监管要求。2010年，财政部、证监会、审计署、银监会、保监会联合发布了《企业内部控制应用指引》《评价指引》《审计指引》，与2008年五部委联合发布的《企业内部控制基本规范》共同构成了我国企业内部控制规范体系。北京市证监局明确要求辖区内所有上市公司在2012年全面推进内部控制规范的实施工作。

（二）适应房地产行业竞争的需要

随着国内房地产行业的快速发展和政府调控政策的日益严厉，房地产企业之间开始出现分化。房地产业作为一个绝对优势的行业时代已经过去，具有比较优势的企业时代来临了，优胜劣汰、兼并重组必将成为未来几年房地产业的发展主题。一些优秀企业凭借资金实力和出色的经营运作能力对行业资源进行整合将成为必然，整个行业未来竞争将更加激烈。在新一轮行业加速整合过程中，具有雄厚的资金实力、出色的运作能力、高效的管理能力、优秀的开发团队的企业，必将在房地产业竞争中占据主导地位。

房地产业作为资金密集型高风险行业，具有投资大、周期久、供给链长、地域性强等特点。房地产企业要想赢得市场竞争，必须适应形势、转变观念、苦练内功、加强管理、稳健经营、防范风险。通过实施内控建设，把内控作为风险控制的载体，对企业内部各业务流程、开发环节进行严格的监督与控制，才能提高资产的安全使用、企业的经营运作效率和管理水平，有效防范经营风险，提升核心竞争力，实现持续、稳定、健康发展。

（三）适应企业自身发展的需要

北京城建作为一家自2001年通过资产置换完成经营转型、涉足房地产业的上市公司，拥有集团公

司作为大股东的强大后盾和支撑，具有很高的工程质量信誉度、完整的产业链。经过十多年的发展，北京城建积累了丰富的房地产开发经验，打造了清晰的业务架构，拓宽了多元化的融资渠道，树立了良好的上市公司形象。虽然发展势头较为平稳，但相比行业龙头万科等著名企业，在市场份额、产品设计理念、项目运作能力、土地储备等方面存在一定的差距，如产品市场覆盖率低，业务分布范围狭小，主要集中于北京；在资本市场的融资能力尚未充分发挥；市场化程度不高，没有形成多元化的股权结构；企业的产品体系、考核体系、品牌体系有待提升。

自2008年以来，北京城建已从公司治理层面到业务流程层面建立了内控制度，初步构建了必要的内部监督机制、重大风险预警机制和突发事件应急处理机制。但原有的内控工作与《企业内部控制基本规范》及配套指引的要求还有很大差距，尚未编制系统的《内控管理手册》，各业务流程风险的梳理及防控、各类管理制度细化等方面还需要进一步完善。

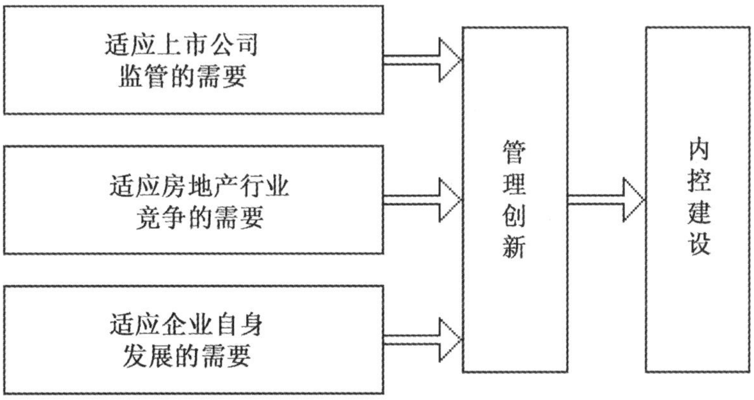

图1　实施内控体系建设的驱动力

为此，北京城建深刻认识到，内控体系的建立与完善才是房地产企业赢得市场竞争和长期良性运行的有效保证。必须通过构建和实施内控体系建设，进行管理创新，才能不断提高企业经营管理水平和风险防范能力，保证战略目标的实现，铸就“百年城建地产”的光荣与梦想。

二、房地产企业内控体系的构建与实施的内涵和特点

（一）内涵与特点

1. 内涵

北京城建的内控体系建设，以贯彻落实财政部、审计署、证监会、银监会、保监会联合发布的《企业内部控制基本规范》和《企业内部控制应用指引第1号——组织架构》等18个配套指引为契机，坚持以科学发展观为指导，以完善的风险控制组织体系为保障，以科学的风险度量为基础，以资源的优化配置为核心，以流程优化与再造为抓手，以激励约束机制为引导，以信息化手段为依托，对战略风险、市场风险、财务风险、运营风险、法律风险等各种风险进行既专业分工又综合统一的集成化、系统化管理，努力构建一套全面、动态和高效的全面风险内部控制体系及规范高效的企业运营管理体系。

2. 特点

（1）内控建设规范化，确保企业目标与社会需求协调一致。

作为一家国有控股上市公司，北京城建本着对广大社会公众投资者负责的态度，在内控建设过程中，注重紧密与国家政策法规相结合，坚持信息公开，加强财务核算、会计监督和成本控制，构建权力制衡机制，有效防范经营风险，努力追求经济效益最大化，最终实现股东、客户、员工价值的有机统一。通过实施内控建设，积极承担社会责任，展示良好公民形象，以此推动企业稳健地走可持续发展道路。

（2）内控建设专业化，实现开发产品与品牌建设互相促进。

房地产业关乎国计民生。作为一家大型专业品牌地产商，北京城建在内控建设过程中，注重强化

产品开发各个环节的风险管控，充分发挥产业链优势，依托大股东——北京城建集团优秀的施工组织能力以及在国内外建筑市场拥有的美誉度，狠抓生产管理，严把工程质量关，为购房者打造高端、优质产品。通过为业主提供精细化的物业管理和服务，实现物业升值，积累业主口碑，促进品牌形象的提升，有助于从时间与空间两个方面向客户和社会充分展示产品与服务的完美结合，必将对提升“北京城建地产”的品牌地位产生重要的集成效果。

（3）内控建设创新化，助推经济效益与风险防控同步提高。

在《企业内部控制基本规范》等文件指引的基础上，北京城建借鉴专业咨询机构的管理建议，对国内外各种关于企业内控的专业理论进行认真研究、合理吸取、大胆舍弃，从企业的实际情况出发，通过对宏观政策、社会、经济环境和市场、行业竞争情况进行周密分析、研究、论证，创新地将“贯标、流程管理、运营管控、卓越绩效评价”融为一体，开展内控体系建设，有力地促进了企业经济效益与风险防控水平的同步提高。

正是基于以上三个方面的“规范化、专业化、创新化”，才有力地促进北京城建在实施内控体系建设过程中，不仅强劲地推动了企业的快速发展，而且实现了经济效益和竞争能力的大幅度提升。

三、房地产企业内控体系的构建与实施的主要做法

（一）规划准备

为了建立内控长效机制，保障内控工作的系统性，北京城建制订了内控建设总体规划，树立了内控建设的指导思想和基本原则，明确了近远期内控建设的实施范围和主要内容，提出了内控建设的总体要求和具体目标。

1. 指导思想

北京城建内控体系建设的指导思想：把内控体系建设作为一项基础性、系统性、全局性工作，不仅满足外部监管的需要，更要提升经营管理水平，促进企业日常经营管理与法律风险防控等各种经营管理手段的融合，切实做到防范风险、规避风险、化解风险、规范管理，提高公司运作效率，提升公司管理水平，为公司持续、健康、稳定发展提供良好的内部治理保障。

2. 基本原则

（1）全面性原则：内部控制贯穿决策、执行和监督全过程，覆盖公司总部的各种业务和事项。

（2）重要性原则：在全面控制的基础上，关注重要业务事项和高风险领域。

（3）制衡性原则：在治理结构、机构设置及权责分配、业务流程等方面形成相互制约、相互监督，同时兼顾运营效率。

（4）适应性原则：内控体系建设与公司的经营规模、业务范围、竞争状况和风险水平等相适应，并随着情况的变化及时加以调整。

（5）成本效益原则：权衡实施成本与预期效益，以适当的成本实现有效控制。

3. 实施范围

为了保证内控体系实施的有效性，北京城建在初期选择覆盖公司总部和两家试点子公司的全面风险内控机制。根据内控体系运行的效果，及时总结试点企业的经验，将风险控制机制覆盖到所有子公司。

4. 主要内容

北京城建内控体系涵盖财务报告内控及非财务报告内控两部分，全面体现内控规范的基本要求，包括内控环境、风险评估、控制活动、信息沟通、内部监督五大要素，体现公司层面内控和业务流程层面内控两个层次。

5. 总体要求

北京城建内控体系建设的总体要求是：根据内控建设指导思想，按照“梳理→规划→建设→完善→提高”的内控体系建设路径，在两年内建设完成公司总部和子公司全面风险控制长效机制，大幅度提高风险控制水平，实现公司可持续经营、利润与风险三者之间的合理匹配，构建促进公司持续经营和实现

价值最大化的全面风险内部控制体系。

6. 具体目标

（1）建立满足内控规范要求、覆盖公司总部和子公司、可持续改进的、规范化的内部控制体系。

（2）形成《内部控制手册》《内部控制自我评价报告》，各项规章制度基本修订完成。

（3）达到内外部监管和审计要求。

（4）公司内部控制管理水平有本质提高。

在制订内控建设总体规划的基础上，北京城建编制了内控实施具体计划，以总体规划为指导，层层分解，将内控工作划分为若干个阶段，并明确了每个阶段的时间表、工作目标、工作内容、工作成果、工作方法、工作分工和工作组织方式，确保内控体系建设最终实现。

为了保证内控体系建设的专业化、系统化和合理化，北京城建聘请了经验丰富的专业咨询服务机构，协助梳理、构建及完善内控体系建设总体架构，帮助识别内控存在的薄弱环节和主要风险，有针对性地设计内控的重点流程和内容，配合开展内控自我评价工作。

为了确保内控工作按照既定程序开展，北京城建专门组织召开内控工作启动动员大会，全面部署内控工作计划及要求。编制内控培训计划，根据工作的开展阶段和培训对象的不同进行主题调整，以保证培训的效果，通过培训努力提高各级员工的内控理念和风险意识。采取多种形式广泛宣传，全面动员各级员工积极参与内控体系建设实施工作。

（二）组织保障

为了贯彻落实内控建设工作要求，确保内控建设及自我评价工作顺利开展，北京城建建立了三级内控组织机构，明确了相应的职责和工作内容：

1. 成立了以总经理为组长、公司高管为成员的内控工作领导小组，负责内控工作中全局性、方向性事宜的决策，指导内控建设全过程各项工作，监督内控运行的有效性，协调组织内外部资源，保证内控工作顺利实施。

2. 设立了内控办公室，负责日常内控工作的具体组织和实施；贯彻执行领导小组关于内控体系建设的工作精神和方针，制定内控工作实施方案，落实推进内控工作进展，组织公司总部职能部门和子公司开展内控自我评价工作，审核内控建设过程中存在的问题，督促相关部门和单位进行整改。

3. 按照公司总部职能划分，分设了15个内控系统小组，具体负责各系统内控建设和实施工作。根据业务分工，对照工作指引，建立健全各项管理规章制度；编制业务流程图、流程说明和内控手册；编制风险清单，查找内控缺陷，确定内控缺陷评价标准，分析缺陷的性质和产生的原因，提出内控缺陷整改方案并组织落实；配合咨询机构开展内控具体工作。

在建立分级内控组织机构的同时，北京城建规定内控试点子公司指派专人与内控办公室对接，组织开展本单位内控体系建设和运行维护工作。

（三）内控调查和内控评估

为了保证内控调查的系统性和完整性，北京城建综合采用了问卷、访谈、制度分析、观察、测试等多种调查方法，以内部环境、风险评估、控制活动、信息与沟通、内部监督五大要素为关注要点，对公司层面和业务层面的内控体系现状进行调查和评估，识别内控薄弱环节及其对公司影响的程度，提出评估意见，并根据评估情况确定内控建设的重点环节和内控流程清单，从而有针对性地开展内控体系建设工作。

北京城建设计了内控调查问卷，从内控环境、风险评估、控制活动、信息沟通、内部监督五个方面，对内控试点单位领导层、职能部门负责人和一般员工进行了问卷调查，共发放调查问卷143份，回收118份。通过对回收问卷进行统计分析，对试点单位员工内控态度、内控氛围、主要内控要素现状、员工内控期望等有了全面认识。

北京城建组织了全面、系统的内控调研访谈工作，累计访谈86人次。领导层访谈内容侧重于公司管控模式、组织架构、人力资源、企业文化等内控环境方面；中层访谈内容侧重于具体的授权、控制活动、监督和信息沟通方面；一线访谈则侧重控制活动的控制细节，包括控制点设置与执行等。为了进一步了解控制活动的执行情况和实施细节，北京城建在访谈过程中还组织了一些关键控制环节的穿行测试，对公司内部数百余项管理规章制度进行了全面梳理，就一些重要、关键制度的制定背景、制定思路、关键要点与制度起草部门进行了沟通，从制度覆盖范围的全面性、制度的适用性、制度间的协调性、制度与战略的契合性、制度与现实状况匹配性、制度与现行法规的一致性等多个角度，结合内部控制规范和配套指引，对制度文件进行了全面分析，累计新增规章制度9项，修订、整合规章制度17项，废止了不合理或已过时的规章制度6项。

在内控调查的基础上，北京城建对照内部控制基本规范和配套指引，并结合企业发展战略和实际状况，对内部控制现状进行了评估。根据评估结果，原有的管理制度对一些关键流程进行了规范，一定程度上起到了防范风险、夯实管理的作用，但在系统性、完整性方面还有待补充和完善，在发展战略的保障和落实方面，管控水平还有待进一步提升。因此，北京城建分别从公司决策科学性、总部管理系统性和子公司管控合理性三个方面提出加强内控、完善管理的38条建议，并最终形成了《内部控制现状评估报告》，为内控体系设计奠定了基础，明确了方向。

（四）公司层面内控体系建设

公司层面内控体系建设包括两方面工作：公司层面内控机制建设和公司层面风险评估。

公司层面内控机制建设是实施内部控制的基石，包括建立健全内控组织体系、培育风险管理文化、完善内控制度与规范、信息系统控制建设。通过实施内控机制建设，确保公司内部各个领域存在适当、有效的控制。

公司层面风险评估是内控体系建设的具体手段。北京城建采用流程分析、问卷调查、风险事件分析等方法，根据总部各部室的主要管理职能，进行风险筛查和风险评估定级工作。一方面以各项具体业务流程为单位，组织业务操作人员，进行流程风险点的筛查，然后层层汇总和归纳，导出公司层面风险点，即所谓的“自下而上”；另一方面结合公司战略分析和内外部环境、企业自身状况分析等，组织领导层人员，进行公司层面风险点的筛查，然后将公司层面风险点层层分解到业务流程，即所谓的“自上而下”式。在风险筛查中，北京城建充分应用廉政风险防控体系建设中廉政风险点筛查结果，将廉政风险防控与内控建设相结合，同时充分考虑企业审计报告、各类风险检查报告、诉讼文案中显示的风险事件，为风险筛查提供思路和依据。在风险筛查基础上，北京城建组织业务相关人员和公司领导层，分别对每个风险点“发生可能性”和“发生后影响程度”进行打分，根据打分结果进行风险等级的确定，通过风险评估圈定流程设计时风险防范的重点。

北京城建通过开展内、外部环境分析，对影响战略目标的重大风险进行评估并排序，编制风险地图。根据公司层面风险分类分级结果、风险描述、风险动因、风险影响、历史损失事件，建立公司层面风险库。最后针对业务流程风险和公司层面风险，综合考虑企业文化中的风险偏好因素和风险承受度，确定每个风险点的应对策略，包括风险接受、风险降低、风险转移等策略。

（五）业务流程层面内控体系建设

在内控评估和风险评估的基础上，北京城建深入各业务层面开展流程设计。根据行业标准与企业实际情况，确定具体业务流程的控制目标。通过识别控制目标，辨识和评估影响目标实现的各种风险，实现目标与风险的有效对应，进行风险与控制措施的配比。通过寻找隐藏风险的业务活动节点，查找控制缺陷，确定关键控制点，实现“目标—风险—控制”的一一对应。

北京城建按照业务模块，搭建公司各级业务流程，确定了内控流程清单，并进行规章制度与业务流程的匹配。根据对总部管理职能的分析，共确定了16类、58个一级业务流程，覆盖了总部管理的主要方面。

1. 策划管理部主控流程	10.1 固定资产管理流程
1.1 市场信息搜集与报告流程	10.2 财务预算管理流程
1.2 地产项目论证与决策流程	10.3 对外担保流程
1.3 地产项目获取流程（招拍挂）	10.4 债务筹资流程
1.4 地产项目获取流程（并购）	10.5 财务报告管理流程
1.5 项目策划流程	10.6 重大会计调整事项管理流程
1.6 规划设计管理流程	10.7 子公司利润收缴管理流程
2. 产品研发中心主控流程	10.8 子公司资金拆借流程
2.1 产品研发管理流程	10.9 总部资金支出与报销管理流程
3. 工程管理部主控流程	11. 人力资源部主控流程
3.1 安全、质量、文明施工监督检查流程	11.1 员工招聘管理流程
4. 成本控制管理部主控流程	11.2 员工离职管理流程
4.1 招标管理流程	11.3 员工年度绩效考核管理流程
4.2 成本管理流程	11.4 员工奖惩管理流程
4.3 合格材料供应商管理流程	11.5 员工薪酬及工资总额管理流程
4.4 大宗材料集中统一采购流程	12. 投资证券部主控流程
5. 销售管理部主控流程	12.1 参股公司股权投资决策流程
5.1 营销代理商选择管理流程	12.2 参股公司运行管理流程
5.2 销售方案管理流程	12.3 参股公司外派董监事、高管人员管理流程
5.3 营销品牌管理流程	12.4 参股投资项目处置流程
5.4 网络媒体集中采购流程	12.5 股权筹资流程
6. 客户服务部主控流程	12.6 参股公司股权并购流程
6.1 客户投诉管理流程	13. 董事会秘书部主控流程
6.2 客户满意度调查流程	13.1 信息披露管理流程
7. 商业地产事业部主控流程	13.2 董事会（含专门委员会）会议组织及议事流程
7.1 策划与招商流程	13.3 监事会会议组织及议事流程
7.2 经营收益管理流程	13.4 关联交易管理流程
8. 企业发展部主控流程	14. 总经理办公室主控流程
8.1 战略管理流程	14.1 经理办公会组织及议事流程
8.2 经营计划与绩效考核流程	14.2 应急准备与响应控制流程
8.3 总部对子公司重要事项决策管控流程	15. 党委工作部主控流程
8.4 内控系统管理流程	15.1 领导人员选拔与任命流程
8.5 专业审检论证组织会议流程	16. 审计部主控流程
9. 法律事务部主控流程	16.1 自实施审计流程
9.1 合同管理流程	16.2 审计外包流程
9.2 法律审核管理流程	16.3 房地产项目后评价管理流程
10. 财务部主控流程	16.4 股权投资项目后评价管理流程

北京城建在确定流程清单的基础上，进行流程内容设计，包括流程权限指引、关键控制点、流程不相容职责确定、风险控制矩阵、流程描述和流程图绘制等。在流程设计中，各业务职能部门全员参与、群策群力，在内控工作组组织下，企业内部员工和外部咨询人员联合编组，协同共进，各展所长。内控工作组按照流程清单和流程内容，将流程设计责任分配到各职能部门，在咨询公司提供模板和指导的情况下，各职能部门按照规范格式提供现有流程的现状描述，即“流程白描”。咨询人员与职能部门根据风险评估结果和内控诊断结论，按照内控不相容原则和高效原则，对部门职责进行梳理，实施流程授权、流程控制点和控制责任的重构与设计，即“流程重整”。通过搭建流程体系框架、编制业务流程图与流程说明，对管理制度进行全面梳理和整合，形成配套制度，从而划清了部门权责，树立了运行标准，理顺了相互关系，明确了控制节点。

保障战略落地，是北京城建内控流程设计时重点强调的问题。为了使内控体系建设与公司发展战略更好地衔接，根据总部的基本战略定位，北京城建在内控流程设计中突出了“4335”四个重点（即4个强化、3个管理、3个研究、5个统一）：

4个强化：强化战略管理、投融资管理、资源配置、统筹协调的职能。对应的流程包括：

序号	流程名称	主控部门	战略内容的反映
1	战略管理	企业发展部	规范发展战略制订、实施、监控、评估与调整，体现强化战略管理
2	经营计划管理	企业发展部	规范经营计划的编制、执行监控与考核，体现强化统筹协调
3	参股股权投资决策	投资证券部	规范投资决策的立项、科研、评估、谈判，体现强化投融资管理
4	参股股权投资处置	投资证券部	规范股权投资处置的提出、股权评估、方案拟订、处置实施、款项收回，体现强化投融资管理
5	股权筹资	投资证券部	规范股权筹资的提出、科研、方案、实施，体现强化投融资管理
6	资金预算管理	财务部	规范公司资金计划的提出、审批、执行，体现强化资源配置和统筹协调
7	人力资源管理	人力资源部	规范公司人力资源的招聘、考核、晋级、离职管理等，体现强化资源配置

3个管理：强化管公司、管资金、管品牌“三管职能”。对应的流程包括：

序号	流程名称	主控部门	战略内容的反映
1	总部对子公司重要事项决策管控	企业发展部	规范子公司重要事项的决策如何在子公司和总部之间衔接运转，体现管公司
2	经营计划管理	企业发展部	规范公司整体指标在各子公司的落实分解及执行监控和考核，体现管公司
3	子公司利润收缴管理	财务部	规范子公司利润收缴的方案提出、决策审批、实施等，体现管资金
4	子公司资金拆借	财务部	规范子公司资金拆借的申请、方案审批、实施等，体现管公司
5	营销品牌管理	销售管理部	规范营销类品牌的使用监控和信息发布等，体现管品牌

3个研究：强化研究政策、研究市场、研究产品的职能。对应的流程包括：

序号	流程名称	主控部门	战略内容的反映
1	研发管理流程	产品研发中心	规范研发立项、审批、实施与验收，体现研究产品
2	市场信息搜集与报告	策划管理部	规范市场信息的收集、分析和报告，体现研究市场
3	销售方案管理流程	销售管理部	规范市场和政策研判、方案制定、审批和执行，体现研究市场和研究政策
4	战略管理流程	企业发展部	规范战略信息的收集和战略的拟订、监控、评估与调整，体现研究政策

5个统一：强调总部的集中管理，统一拿地、统一策划、统一品牌、统一资金、统一物业经营标准。对应的流程包括：

序号	流程名称	主控部门	战略内容的反映
1	项目论证与决策	策划管理部	规范地产项目提出、论证与决策，体现统一拿地
2	地产项目获取	策划管理部	规范地产项目获取的招拍挂或并购，体现统一拿地
3	地产项目策划管理	策划管理部	规范策划方案的提出、评议和确定，体现统一策划
4	营销品牌管理流程	销售管理部	规范营销品牌信息发布和使用监控，体现统一品牌
5	子公司利润收缴管理	财务管理部	规范子公司利润收缴集中管理，体现统一资金
6	策划与招商流程	地产事业部	规范商业地产策划与招商，体现统一物业经营标准
7	地产经营收益管理	地产事业部	规范地产经营收益合同签订、款项回收监控，体现统一物业经营标准

（六）编制内控手册

北京城建加强公司层面重大风险全流程管理，将公司层面风险降解到具体业务流程中，实现公司层面风险与业务流程层面风险对接，达到公司层面风险全流程管理的目的。在此基础上，编制出台了《内部控制手册》，框架结构如下：

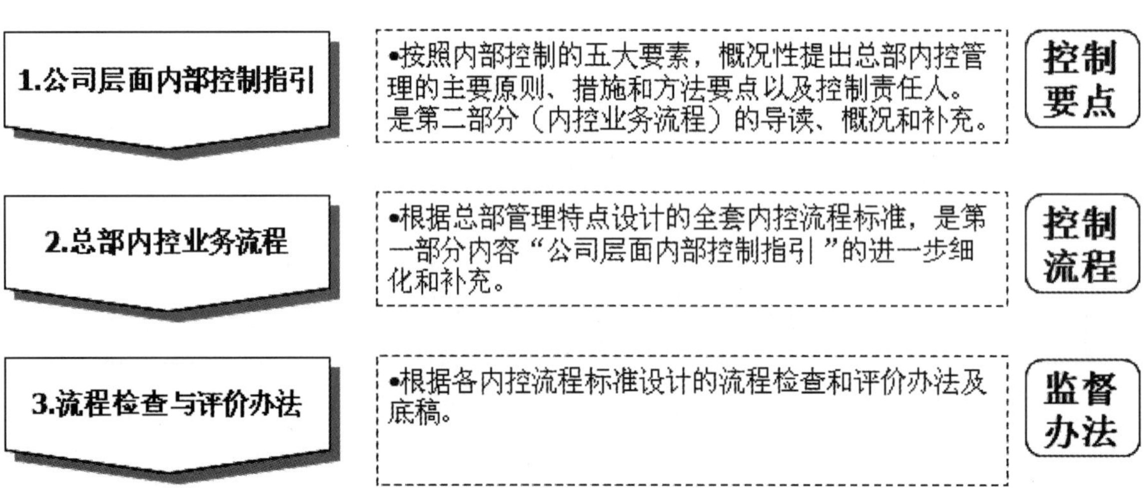

图2　《北京城建内部控制手册》框架结构

其中第一部分，公司层面内部控制指引内容如下：

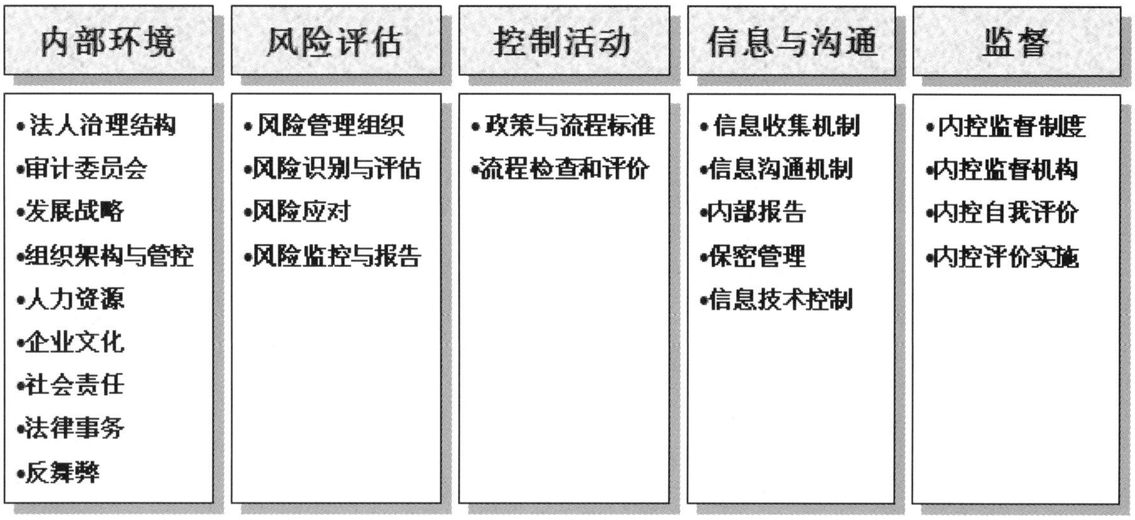

图3　公司层面内部控制指引

第二部分，内部控制业务流程包括如下内容：

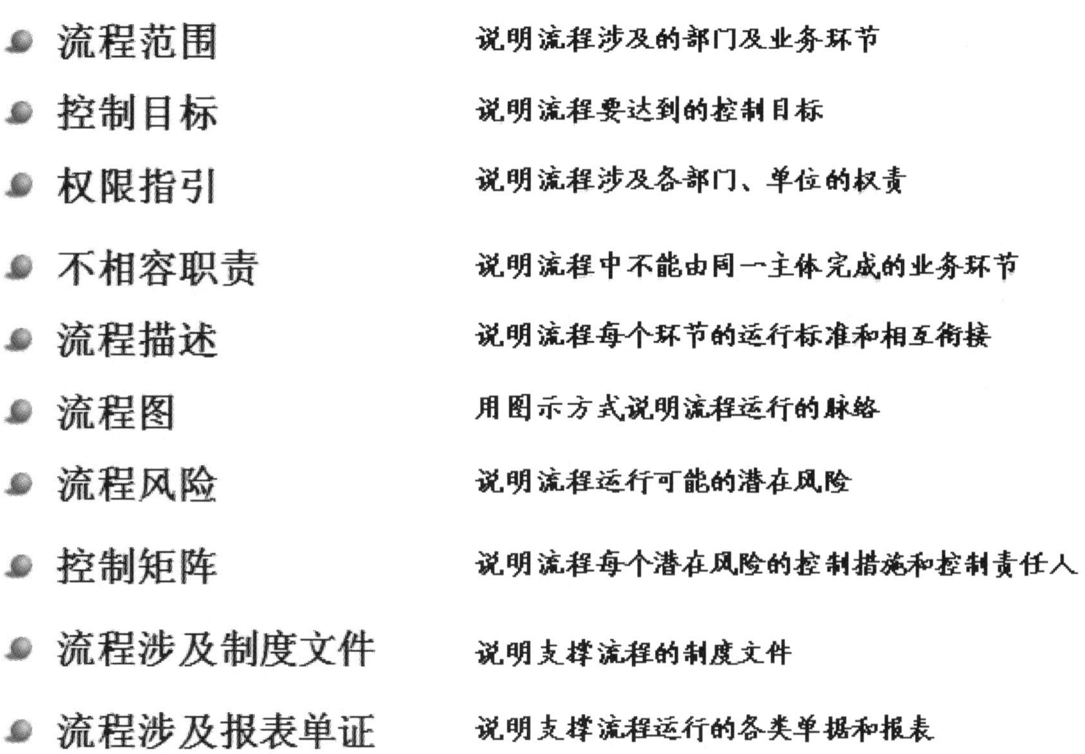

图4　内控流程结构与内容

第三部分，内控流程检查与评价办法，包括评价制度（目的、原则、组织、方法、评价报告方面的规范）以及和每一个内控流程对应的检查和评价工作表单。

（七）内控试运行与完善

在印发出台《内部控制手册》后，北京城建指导各业务部门、试点子公司开展内控体系试运行工作，采取穿行测试、痕迹检查等方法，定期对各单位内控体系运行情况进行检查，及时发现并整改存在的内控缺陷，对内控体系、业务流程进行不断修改和完善。

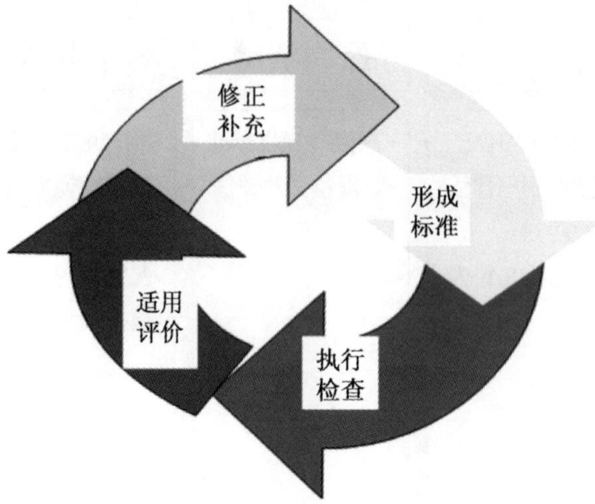

图5　内控检查目的：形成内控管理的闭环

北京城建建立内控的考核激励机制，构建完整合理的综合评价指标体系，定期对公司总部和试点子公司内控的有效性进行考核与评价，结合定性与定量分析，建立严格的奖罚及责权机制，以此激励员工参与内控建设的积极性，充分发挥员工的工作自主性。

（八）内控自我评价

内控自我评价是内控体系建设的重要组成部分。北京城建根据《企业内部控制评价指引》制定了适合企业自身的内控自我评价办法，编制了内控评价工作底稿，明确了评价主体、工作范围、评价对象、人员组织、进度安排和费用预算等相关内容，确定了内控缺陷的评价标准，即按缺陷对财务指标的影响程度分为重大缺陷、重要缺陷和一般缺陷。通过对发现的内控缺陷进行分析评价，编制缺陷汇总评价表；组织调查内控缺陷责任，制定内控缺陷整改方案，编制整改任务单，提出整改建议并监督落实。

北京城建加强覆盖公司总部、子公司及各业务流程的内控自我评价体系建设，定期组织总部各专业职能部门及子公司对内控设计及执行情况进行系统的自我评价，同时通过风险检查、内部审计、监事巡查等方式对公司内控机制的设计及运行的效率、效果进行独立评价。

2012年，北京城建以《企业内部控制基本规范》设定的五项要素（内部环境、风险评估、控制活动、信息沟通、内部监督）为基本要素，对公司的内控体系进行了评估，对内控制度的建立健全及有效性进行了自我评价，未发现公司在内控设计或执行方面存在重大缺陷。

由于内部控制固有的局限性、内部环境以及宏观环境、政策法规持续变化，可能导致原有控制活动不适用或出现偏差，北京城建在内控工作中，及时进行内控体系的补充和完善，为财务报告的真实性、完整性以及公司战略、经营目标的实现提供合理保障。

（九）内控审计

内控审计是确认、评价企业内控有效性的过程，包括确认和评价企业内控设计和内控运行缺陷及缺陷等级，分析缺陷形成原因，提出改进内控建议。根据《企业内部控制审计指引》，北京城建聘请了内控审计机构对公司内控进行审计，并积极配合内控审计机构做好内控审计工作。

根据内控审计机构出具的《内部控制审计报告》，北京城建于2012年按照《企业内部控制基本规范》和相关规定在所有重大方面保持了有效的财务报告内部控制，充分证明了北京城建的内控制度是健全的，内控执行是有效的。

四、房地产企业内控体系的构建与实施的效果

北京城建通过实施内控体系建设，已经建立起一套比较完整且运行有效的内部控制体系，从公司层

面到各业务流程层面均建立了系统的内部控制及必要的内部监督机制，为公司经营管理的合法合规、资产安全、财务报告及相关信息的真实、完整提供了合理保障。

通过实施内控体系建设，北京城建提升了企业经营管理水平，增强了抗风险能力，取得了良好的管理成果：

一是理顺“上下左右”。上下，是指公司总部与子公司之间的管理边界、管理权限和管控流程。左右，是指职能部室之间的相互衔接和“交圈”。

二是清晰工作规范。通过内控建设，明确了各部门、岗位在流程体系中的定位、职能、权责、工作内容和相互衔接，建立起相应的工作规范，实现工作的标准化、流程化。

三是防范企业风险。通过全面的风险筛查与评估，确定了重要和关键风险，建立了相应的管理措施和管理办法，通过流程整合，织起一张风险防范的大网。

四是夯实基础管理。通过流程建设带动了基础制度的整合与梳理，形成以流程为主线、制度为辅线，合纵交替，相互支撑的企业管理体系。

五是培养内控文化。通过内控建设，为企业文化植入了标准化、制度化、未雨绸缪等内控管理元素。

根据复合因素分离计算法（CSP）的计算公式：Ec=P1-P0-N，北京城建2011—2012年通过实施内控体系建设，累计产生成果效益额1.85亿元，创造了优异的经济效益。

成果创造人：储昭武　李　文　李学富　肖红卫　刘　锋　崔金昱　李　义　毛　磊　王　蕾

首都供水“金牌服务”管理体系建设与实施

北京市自来水集团有限责任公司
荣获第二十八届北京市企业管理现代化创新成果一等奖

北京市自来水集团是北京市政府所属的国有独资公司，前身是始建于1908年的京师自来水股份有限公司，1999年8月集团正式挂牌成立。集团主要负责北京中心城区及门头沟、延庆、密云、怀柔、房山、大兴、通州、昌平南口8个郊区县集产、供、销于一体的城市供水业务，以及部分再生水、污水处理等业务，初步形成了以北京城区供水为主，涵盖郊区新城的城乡供水一体化经营构架。目前集团拥有城区自来水水厂10座，郊区水厂11座，总供水能力343万立方米/日，其中城区供水能力300万立方米/日。供水管网总长度12000余公里，其中城区9300多公里。供水服务面积1000多平方公里，供水用户371万户。集团拥有二级子、分公司37家，员工7700余人。集团企业规模、主要经济指标、供水能力、供水水质、水处理技术水平在全国处于领先，有的达到国际先进水平。2009年以来，北京自来水集团秉承“确保首都安全供水”的企业使命，弘扬“亲情服务”的服务观，打造首都供水“金牌服务”。2009年通过“首都文明行业”复评、荣获“全国五一劳动奖状”，2010年荣获“全国住房和城乡建设系统创建文明行业示范点单位”，2011年荣获“全国文明单位”荣誉称号。

一、首都供水“金牌服务”管理体系的背景

（一）经营环境的发展变化对企业提升服务管理水平提出了更高的要求

自来水集团历经百年发展，特别是经过改革开放30多年的洗礼，形成了庞大的生产规模，积累了雄厚的技术能力，制水工艺和出厂水质都处于全国领先地位，但企业发展也同时面临着诸多的机遇和挑战。2008年北京奥运会成功举办后，北京发展处于大有作为的重要机遇期。政府加大对供水企业的投资政策，解决了企业运营发展补偿机制，确立了供水企业的重要战略地位和公益性定位。此外，北京城市规划指出：水是生命之源、生产之要、生态之基，保障城市供水安全事关经济社会发展全局。确保首都供水安全、创造和谐供用水关系自然成为集团最大的任务。政府花钱“买”服务，关心的是百姓对政府的反响，要求的是高品质服务的回报，企业外部经营环境的发展变化对提升服务管理水平提出了更高的要求。

（二）首都供水的自身特点决定了必须加快提高供水服务的工作质量

首都供水面临的新形势和新特点，使得确保首都供水安全的风险和提高供水服务质量的工作难度大大增加。首先是能力不足。目前，中心城区供水能力只有300万立方米/日，2010年高日供水量达到了288.4万立方米/日，创下了北京百年供水史上的最高值。随着北京经济社会的快速发展，以及自备井置换和城乡供水一体化的发展趋势，供水需求将持续增长，供需矛盾将进一步加剧。供水能力不够、压力不足、调度难度加大、管网运行安全系数降低等问题将更加突出。二是资源不足。从2008年开始北京已连续四年调用河北水。根据北京水务规划，北京还将逐步利用黄河水、丹江口水库水甚至淡化海水等外调水源来解决北京水资源短缺问题。加上多水源的互联互调、频繁切换，水质控制难度和风险更加具有不确定性。这对集团水处理工艺、水质监测、供水服务等工作提出了更高的要求。三是作为首都唯一一家供水服务企业，北京自来水集团提出“首都标准、国际水平”企业发展战略目标，各项工作和指标要按照这个“标准”和“水平”来考虑、来安排、来推动，为首都提供持续、优质、安全的供水保障。企业的价值观“企业发展、社会收益、职工增收”要求我们要履行好首都供水企业所承担的社会责任。

（三）从国内供水行业供水服务状况来看，有进一步提升服务水平的空间

集团对全国省会城市济南、武汉、杭州、长沙、合肥、广州以及天津、上海等城市进行调研，了

解到集团与国内供水企业都存在着类似的问题。一是各营业网点软、硬件设施水平参差不齐，工作标准和管理流程不统一，没有标准化的管理模式；二是营业网点缺少统一的信息管理平台和一整套计划、监控、考核的机制，工作目的不明确；三是相关人员业务素质、知识结构、工作能力不统一，业务办理效率偏低，对企业的责任感也有待提升；四是现有的客户服务热线只是为用户办理业务咨询、投诉建议、管网抢修等业务的单一性质的客户服务活动，局限于解决用户现有需求的服务能力上，没有对不同用户、不同供水需求做出提前分析与判断，没有形成一个供水服务管理体系。

二、首都供水"金牌服务"管理体系的内涵和主要内容

（一）内涵

"金牌服务"管理体系紧密围绕"抓住机遇，强基固本，上水平、抓储备、突重点、破难题、促发展"的企业工作方针，以及"首都标准，国际水平"的企业发展目标，以"设想在用户前面"、"比用户的需求做得更好"、"投诉就是事故"等为服务理念，构建包括客户服务、营销管理、标准规范、企业文化建设、社会评价在内的"金牌服务"五大系统建设，实现企业供水服务的"行为规范化、管理制度化、设施标准化、信息公开化、评价社会化"。"金牌服务"管理体系的建立，使集团在国内同行业中率先构建到用户龙头的全过程 "金牌服务"管理体系，打造了首都供水"金牌服务"品牌，实现了供水服务工作的新突破："供水能力超前、制水工艺国际领先、配水管网安全可靠、水质合格率达到国内领先水平、基础管理达到国内领先水平、客户服务达到国内领先水平"，推进了供水服务的标准化、规范化进程，形成了完善健全的优质服务长效机制。让广大用户用最简单的方式，花最少的时间和精力，获得最满意的服务。

（二）主要内容

1."金牌服务"管理体系目标

（1）行为规范化

制定完善供水营销员、柜台业务员等8大岗位工作职责及标准，建立标准规范的供水服务业务流程，规范员工供水服务行为。

（2）管理制度化

建立供水服务工作管理制度、梳理主营业务流程，明确创建标准和岗位职责，量化服务考核指标，用制度规范和约束服务人员的言行，形成用制度管人、管事的长效机制，促进企业整体服务行为向规范化、标准化和精细化迈进。

（3）设施标准化

结合企业实际工作，明确各供水营业厅软、硬件标准，制定多样化、人性化的服务举措，提高社会满意度，树立企业良好社会形象。

（4）信息公开化

完善办事公开、信息公开制度和程序，明确业务处置流程，完善"96116"供水服务热线信息系统，增加企业透明度。

（5）评价社会化

建立内、外部监督机制，主动搭建企业与社会各界沟通的桥梁，虚心接受用户的评议和监督，促进企业整体供水服务工作稳步提升。

2."金牌服务"五大系统建设

以"金牌服务"为服务管理核心，有效结合客户服务、营销管理、标准规范、企业文化建设、社会评价五大系统建设，构建首都供水"金牌服务"品牌。

（1）客户服务系统主要包括"96116"客户呼叫中心系统、管网管理GIS系统和维修抢修信息平台系统。

（2）营销服务系统主要包括营销账务系统、用户查询系统和用户信息管理系统（即用户手机短信平台）。

（3）绩效考核制度主要包括岗位标准、岗位职责、流程规范、培训考核机制、投诉问责机制、服务

承诺机制等多项规章制度。

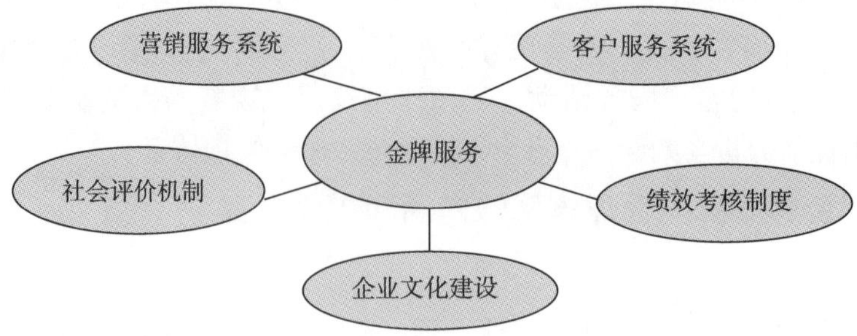

图1　"金牌服务"的管理体系构建图

（4）企业文化建设主要是宣贯和实施自来水集团"亲情服务"服务观，培育企业服务文化，树立起"与用户需求赛跑"、"设想在用户前面"、"投诉就是事故"的服务理念。

（5）社会评价系统主要包括民主评议机制、客户质量评价系统和社会监督员制度，以及办事公开和信息公开机制。

三、首都供水"金牌服务"管理体系的主要做法

（一）明确机制，有效开展各项工作

服务管理体系的建设与实施需要不断地检验和完善。集团上下高度重视，集团领导亲自担任创建工作领导小组正、副组长，将"金牌服务"创建活动作为一项重要的管理措施和行为。集团全员以"金牌服务"创建活动为载体，全面实施管理体系的建设。

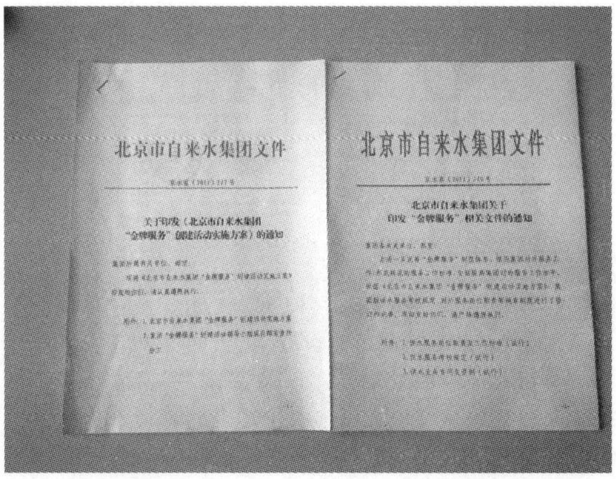

首先明确了领导体制和工作机制，使创建活动成为了一项长期工作，形成了一种长效机制。由12个主要职能部门组成金牌服务创建活动领导小组，建立了《金牌服务领导小组责任制》，制定了《金牌服务三年计划和五年规划目标及逐年任务分解计划》，将创建任务分解到各主管部门、各窗口单位，细化

到各级领导、部门、班组人员。各窗口单位也建立了相应的工作组织机构，建立健全金牌服务梯队负责制，形成了"集团统一领导、党政组织协调、部门各负其责、窗口全员参与"四级联动的工作格局。二是制定详细的活动方案。结合实际制定下发了《集团"金牌服务"创建活动实施方案》等相关文件，建立了每月召开的金牌服务领导小组例会制，在集团14个服务窗口单位33个基层营业厅所中重点开展客户服务代表、供水营销员、柜台业务员等岗位"金牌服务"创建活动。三是建立了金牌标准、规范了岗位行为、完善了绩效考核机制。集团先后编印下发了《营销服务工作手册》《客户发展服务工作手册》《呼叫中心服务工作手册》和《文明行为规范手册》，建立、修订和完善了集团《对外服务纪律》《供水服务考核管理规定》《服务岗位责任制和工作标准》《首问负责制》《限时办结制》《一次性告知制》《学习培训制》《客户回访工作制度》《客户诉求处置工作流程》和《管网抢修和供水服务业务管理办法》12项制度和客户服务、营销管理两大类主流程、67个子流程，全面规范了服务行为。

（二）突出重点，规范软硬件标准

1. 开展营业网点规范化建设，丰富供水服务渠道

"一站式"服务的综合业务大厅

针对集团市区和郊区两级供水营业厅（所）以及"96116"客户服务中心，集团制定了营业窗口标准化设置规范和服务信息公布的内容，积极开展营业厅（所）规范化建设。投入大量资金在各服务窗口设置了客户等候休息处、意见箱、饮水机、雨伞，配置客户书写台、书写工具；在营业岗位设置了"业务受理"标识，办事程序、收费标准、服务承诺等全部上墙公开。在市区营业范围内为市区20家营业窗口全部配置了触摸屏或电子显示屏，新增了46台显示器用于营销管理服务系统双屏显示，安装了16台自助缴费终端。充分利用3G无线网络，为及时处理各种应急事件提供保障。制定了《用户呼叫服务系统升级方案》《郊区自来水公司与96116联网方案》，完成了郊区自来水公司与96116联网管理。完成营销系统综合信息管理服务平台开发，开发了查表缴费手机移动网络工作平台，实现了现场打印缴费单据，有效减轻了营销员的劳动强度，提高了工作效率；开通了银联卡缴纳水费业务，使用户通过银联自助缴费机、固定电话、登录银联网站等方式，实现缴纳水费、信用卡还款、转账和查询余额等业务的办理。

金牌营业厅标准图

2. 建立科学完善的服务管理标准和规范

规范标准的服务是供水企业最基本的职业要求，集团在金牌服务创建中，首先是建立以“金牌服务”为目标的服务标准和规范。包括金牌营业厅建设、运行标准和供水服务岗位金牌标准、服务人员文明行为规范。

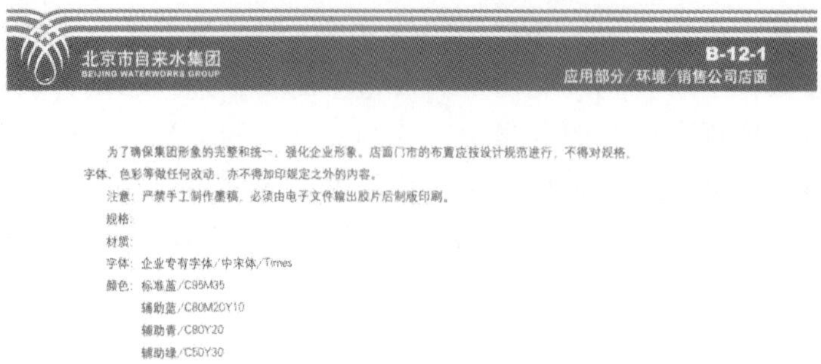
北京市自来水集团
BEIJING WATERWORKS GROUP
B-12-1
应用部分/环境/销售公司店面

为了确保集团形象的完整和统一，强化企业形象。店面门市的布置应按设计规范进行，不得对规格、字体、色彩等做任何改动，亦不得加印规定之外的内容。

注意：严禁手工制作墨稿，必须由电子文件输出胶片后制版印刷。

规格：

材质：

字体：企业专有字体/中宋体/Times

颜色：标准蓝/C95M35

辅助蓝/C80M20Y10

辅助青/C80Y20

辅助绿/C50Y30

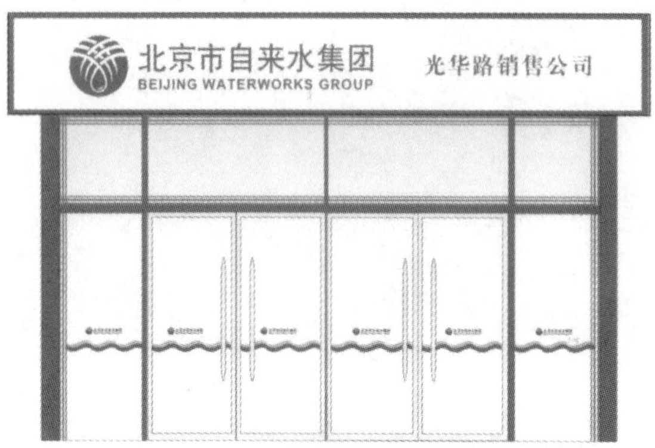

营业厅建设标准图例

全国客户联络中心标准体系（CCCS）五星级认证的集团客户服务中心“96116”

3. 细化以客户为中心的流程化管理

为保证每一次客户服务都能够有保障地执行，集团制定了非常规范的操作流程，尽可能地包括所有可能遇到的客户问题。细化以客户为中心的流程体现“规范”、“细致”、“严格”、“闭环”这几个特点。明确其各自的岗位职责以及考核目标，形成岗位对流程负责、流程与标准对应的高效服务传递，给客户深刻的服务品牌体验。

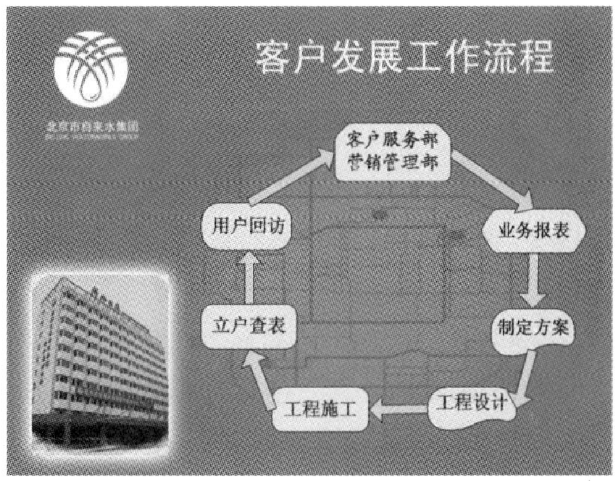

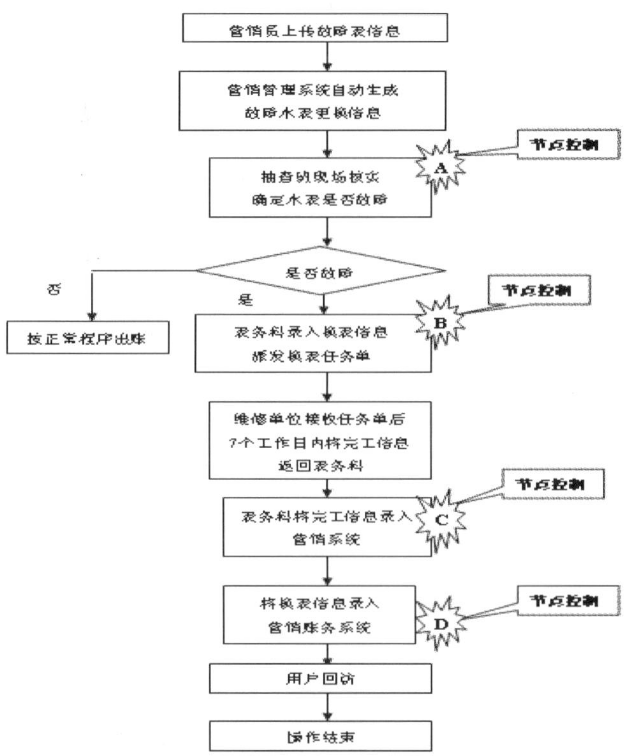

图2　故障水表更换工作流程图

（三）创新载体，提升企业新形象

1. 重塑企业文化

2012年集团完成企业文化理念体系的再造，把企业发展定位的新要求上升到文化层面，用于指导企业今后的工作实践，为全面提升集团整体服务水平打下坚实基础。金牌服务创建为企业文化提供新的内容，将“亲情服务”、“服务工作与用户需求赛跑”等服务理念融入到企业文化之中，并贯穿于服务工作的始终，使服务理念具体化、常态化，成为员工的行为准则。此次企业文化理念体系再造，是从近年来集团改革发展实践中总结提炼出来的，突出了与企业管理的相融性，符合集团的实际，容易被广大职工接受。如：

发展目标：首都标准　国际水平

企业使命：确保首都供水安全

企业精神：柔善清和

企业价值观：企业发展　社会受益　职工增收

管理观：强基精管

经营观：公益为先　效益为本

服务观：亲情服务

2. 开展全员培训

集团编写了服务岗位的综合培训教材，为基层窗口单位加强员工培训提供依据；举办了三期"水质概况与管网水质应对措施"专题培训、两期"营销对外服务礼仪"培训；集团组织的"金牌服务"供水营销员知识竞赛和客服代表技能比武中，设置了"模拟用户问答"、"现场录音分析"典型案例点评，设置话务场景技能考核环节，以日常问答式、探讨交流式、归纳总结式考察方法，有针对性地提高服务人员的综合能力和素质。全年举办专题培训班48个，3332人次参训。开展"服务岗位最佳工作模式"推选和学习交流活动，总结提炼了供水服务岗位最佳工作方法、最佳操作规范。

3. 开展创建品牌活动

搭建和延伸服务平台，开展了"学雷锋志愿服务"、"共建文明和谐社区"等便民利民活动40余次，截至2012年年底，签约社区达到200余个，涉及全市13个区县，树立了一批规范用水社区先进典型。开展"特殊用户服务进家庭"活动，对所辖范围内老、弱、病、残等特殊用户进行数据采集，并建立特殊用户信息资料库，定期为他们提供用水咨询、定期检查、维修用水器具、帮助缴纳水费等服务。

（四）树立典型，以点带面推进工作

集团树立了一批"金牌供水营销员、金牌柜台业务员、金牌客户服务代表和金牌营业厅"先进集体和先进个人，营造学先进、争先进的良好氛围。集团将金牌服务创建过程中涌现出的先进集体和先进个人，按照金牌服务标准逐项进行对照，分别对其业务指标完成情况，服务区域内规范用水情况，服务技巧、服务效率、专业能力、日常业务考核和用户满意度情况，以及职工测评和公示情况等方面进行综合评比，最终对4个先进集体、23个先进个人进行了命名和表彰。同时利用企业内部网站和内部刊物，加大宣传力度，对这些先进集体和个人的事迹进行登载，积极营造创建活动的良好氛围。去年共编发金牌服务《专刊》31期，92条信息，《北京供水》报出版"创金牌服务"专栏16期，刊登金牌服务创建稿件60余篇，集团网站"金牌服务"专栏刊登稿件17篇，及时报道了集团及基层各窗口单位形式多样的活动动态，增强了创建活动的影响力，调动了广大职工在创建活动中创金牌、争先进的积极性。

（五）强化监督，确保工作取得实效

坚持把内部监督与群众监督、舆论监督有机结合起来，建立和完善了民主评议、群众监督、投诉反馈、责任追究等制度。首先是实施《集团供水服务考核管理办法》，将“金牌服务”落实情况纳入到各单位年终绩效考核工作之中；二是建立问责制度，逐级分解工作责任，明确各岗位职责；三是建立社会评议制度，坚持每年组织一次社会行风监督员评价会议和民主测评，接受公众监督，并根据公众评议的意见和建议不断改进工作。集团两级单位共聘任了180多名社会监督员；四是多渠道、多形式、多方位地监督检查；五是加强自查自纠，建立窗口单位自我评价和监督管理机制。去年集团邮寄评议信函及明信片33600户、开展用户需求调研29950份、发放供水服务调查问卷31550份。

四、首都供水“金牌服务”管理体系的实施效果

（一）进一步提升了首都供水服务水平

“金牌服务”管理体系建设实施以来，通过树立“亲情服务”的服务观，确立“设想在用户前面”、“比用户的需求做得更好”、“投诉就是事故”等服务理念，细化服务标准和要求，持续开展全员培训，各服务岗位人员综合素质显著提高。“96116”客户服务中心通过了全国客户联络中心标准体系五星级认证，在人员管理、规章制度、工作流程等方面更加规范化。不断改善和优化供水服务环境和设施，集团所有30多个对外服务窗口按照企业文化视觉形象系统的要求进行了改造，企业整体形象更加规范统一。完成报装管理服务系统二期主要流程开发，实现上线试运行。推广应用营销系统综合信息管理服务平台，利用手机短信功能提供多项便民服务。印发新版《企业文化理念行为手册》至每名职工，并深入基层宣讲。集团文明服务意识明显增强，人性化、差异化服务成为常态，首都供水服务工作步入规范化、制度化、标准化、科学化。

（二）进一步增强了企业的社会效益

一是供水基础设施建设取得成效，总供水能力得到显著提升。积极实施“三厂一线”重点工程，实现新增日供水能力46万立方米；完成第九水厂三期优化工艺运行应急改造工程；更新第八水厂牛栏山水源地水源井，恢复供水能力1.2万立方米/日。特别是作为市政府折子工程的第三水厂地表水应急扩建和第八水厂孙河供水站水厂改造工程已于2013年7月底通水运行，共计增加供水能力18万立方米/日，提升了高峰期安全供水保障度。集团总供水能力从291万立方米/日增加到343万立方米/日，管网总长度从8500余公里增加到12000余公里，供水服务面积从760余平方公里增加到1000余平方公里，供水服务人口从300余万户增加到370余万户。二是优化工艺流程，实施从源头到龙头的水质监测。在全国供水行业率先达到新国标106项水质标准，保证了出厂水水质全部达到或优于国家标准，并在市区设置了300多个管网点，每月进行两次监测，全力为广大市民提供优质水、放心水，集团连续2年得到住建部和行业协会的通报表彰。

三是完善硬件建设，扩大供水服务能力。新建了营业网点13家，对原有8家网点进行了改扩建，进一步优化了网点布局，缩小了服务半径，服务设施得到进一步的规范和完善，服务环境有了很大改观；组织完成了10万户平房区居民一户一表改造，市区用户户数由160万户增长到了307 万户；全年实施了200公里居民小区管线喷涂，14.8万用户水表换装；改造和新建管网305公里；全面开展管网普查，检查设施设备井4.4万座；实施天安门广场及周边管网优化工程；配合轨道交通建设等重点工程完成管线改移254处。四是加强软件建设，为用户提供便捷的服务渠道。实现了与17家银行及银联实时联网缴费，开辟了网上银行、电话银行、自助终端等多种非柜台缴费渠道。五是出色完成各项工作任务，树立企业良好社会形象。2011年年底，市纠风办对全市19个政府部门和10个公共服务单位基层站所（服务窗口）的政风行风建设情况进行了民主评议，自来水集团以80.64分的最高分获得了综合测评第一名（2010年自来水集团以75.88分获得综合测评第三名），其中“履职效率”、“服务效果”、“管理效能”和“网上满意度测评”四个分项都获得了第一；2012年，集团水质综合合格率99.99%，管网压力合格率99.90%，管网修漏及时率100%，在全国同行业达到领先水平。圆满完成了党的十八大和全国“两会”等供水服务保障任务。

（三）进一步提升了企业的经济效益

2012年，集团全年完成自来水销售量8.31亿立方米，与去年相比增加了4.4%，实现营业收入26.68亿元，完成再生水销售量3750万立方米，污水处理量2619万立方米，水质综合合格率99.99%，管网压力合格率99.90%，管网修漏及时率100%。采取超滤膜技术对第九水厂进行应急改造，以水厂废弃的排放水为原水，增加城区日供水能力7万立方米，相当于70万人一天的用水量，按居民水价折算，每年降低成本1亿元。2012年，集团在辖区内主动检出管网破损隐患比上一年上升19%，管网破损隐患检出率达61%，供水管网发生明漏事故同比下降24%，节水3900万立方米。按居民水价折算，相当于降低供水成本1.5亿余元。建立长期无应收用户动态管理机制，清理一年以上无应收用户12.57万户，追缴水量1608万立方米。加强对大水量用户的监测管理。完成21万余支一级水表GIS属性标定。全年水费综合收费率达100%，连续6年实现欠费负增长。

成果创造人：崔君乐　刘锁祥　张　怡　徐锦华　梁　丽　赵　菁　倪燕明　李嘉铭　陈　林　李　然

燕京啤酒 NC 财务管理信息系统的构建

北京燕京啤酒集团公司

荣获第二十八届北京市企业管理现代化创新成果一等奖

燕京1980年建厂，1993年组建集团。在发展中燕京本着“以情做人、以诚做事、以信经商”企业经营理念；始终坚持走内涵式扩大生产道路，在滚动中发展，年年进行技术改造，使企业不断发展壮大；坚持依靠科技进步，促进企业生产力水平提升，建立国家级科研中心，引入尖端人才，与科研院所紧密合作，打造有竞争力的燕京特色产品，抢占市场先机；参与行业整合，不断完善全国市场战略布局，适应市场经济要求，率先建立完善的市场网络体系。目前全国市场占有率达到12%，华北市场50%，北京市场85%以上；积极完成股份制改造，由产品经营转向产品与资本双向经营，1997年两地上市，独特的“红筹背景、A股身份”股权结构模式，为燕京快速稳定的发展提供了雄厚的资金保障；精心打造企业文化，长期培育的“尽心尽力的奉献精神，艰苦奋斗的创业精神，敢打硬仗的拼搏精神，顾全大局的协作精神，为企业分忧的主人翁精神”，以奉献机制与激励机制相结合的分配模式，提升了团队战斗力与凝聚力，实现了燕京事业健康有序的发展。

燕京用20年的时间跨越了世界啤酒业100年的发展历程，成为中国最大啤酒企业集团之一。2012年啤酒产销量540万千升，连续四年进入世界啤酒产销量前八名、销售收入180亿元、实现利税36亿元。目前燕京拥有有形资产210亿元，商标商誉价值总计503亿元，员工4万余人，在全国18个省市拥有啤酒生产企业43家（含2家啤酒原料生产基地）、相关附属产品企业8家，其中燕京总部是亚洲最大的啤酒生产厂。公司连年被评为全国500家最佳经济效益工业企业、中国行业百强企业，在同行业中率先通过了ISO9002产品质量认证和质量体系认证、ISO14001环境管理体系认证和食品安全控制体系HACCP认证，成为国内五家AAAA级标准化良好行为企业之一和2008年第二十九届北京奥运会啤酒赞助商。

一、燕京啤酒NC财务管理信息系统的构建背景

随着规模的不断扩大，公司下属企业已达51家，每月财务部门均需对各公司的财务状况进行全面的统计和分析。目前大部分使用的是用友U8的财务核算系统。在传统的会计核算处理方式下，U8系统只能满足各个单位独立的财务核算应用要求，属于分散式的财务管理模式，存在各下属单位的会计核算制度不统一、基础数据不规范的问题，造成汇总会计信息滞后、失真，存在着数据搜集不及时、统计分析时间长、达不到实时控制和监督等方面的问题。同时，由于缺少有效的管理手段，集团既定政策、制度在下级单位得不到很好地贯彻执行。也就是说，现行的财务核算系统无法满足集团公司实时监控下属单位的财务核算状况，指导日常财务核算的要求，无法满足集团公司的汇总合并报表的管理要求，无法满足资金管理监控和预算管理的要求。

为了适应集团发展现状，满足集团管理的各项需求，充分整合集团内部资源，提高管理效率，加强集团管控，实现集团管理现代化，公司于2011年下半年开始实施引入NC财务管理信息系统项目。项目总体目标是建立以“集中财务管理为核心，以公司战略管控为目标”的管理信息系统来支撑集团的发展战略，优化集团资源配置和业务协同，提高总部管控能力，从而提升目标计划、业务处理和控制方面的业务水平和效率。具体而言，建立的NC财务管理系统应达到以下目标：

1. 通过财务管理系统建立集团公司统一的财务信息化管理应用平台，通过此平台，实现数据信息的集中管理和共享，为公司集中管理模式的构建奠定基础。

2. 通过集团公司统一的财务管理系统应用平台，规范各类基础信息管理，在实现信息共享的基础

上，规范化、标准化、模式化先进的管理模式和业务管理流程，加强总部对下属企业的财务管理监控力度，实现集团化的战略财务管理目标。

3. 通过财务核算系统，建立集团公司统一的财务管理制度，规范集中财务核算体系和内控体系；建立起有效的资金监控和运作模式，实现对下属单位的财务状况和经营情况实时监控管理。

4. 通过报表管理系统，满足公司内外部财务报表的编制、上报、汇总和合并要求，实现公司统一的报表管理，满足集团公司管理决策的要求。

5. 通过资金管理系统，建立集团公司资金管理中心，实时动态掌控下属单位的资金流入和流出，提高资金使用效率，降低成本。

6. 通过预算管理系统，建立集团公司的全面预算管理体系，实现集团范围内预算编制、执行过程监控以及预算分析一体化的应用模式，并为企业绩效考核评价提供依据，并逐步实现业务预算编制、监控以及考核分析一体化的应用模式。

7. 通过绩效管理系统，建立集团公司的绩效考核与评价体系，确定集团的考核评价体系以及相关指标内容，满足集团各级财务管理和决策层的分析评价需要，从多维度来对企业的财务状况、经营成果、现金流量做出专家的分析，满足公司领导决策的要求。

二、燕京啤酒NC财务管理信息系统的构建内涵和做法

在项目立项之后，集团公司组织了专门的项目小组，集合公司财务与信息的专业人员，通过一年多的攻坚，经过无数次的测试与调试，最终构建成燕京啤酒NC财务管理信息系统，并通过一年多的实践，系统运行稳定。

（一）系统结构构成

公司财务管理系统的总体架构分为三个层面，如图1所示：

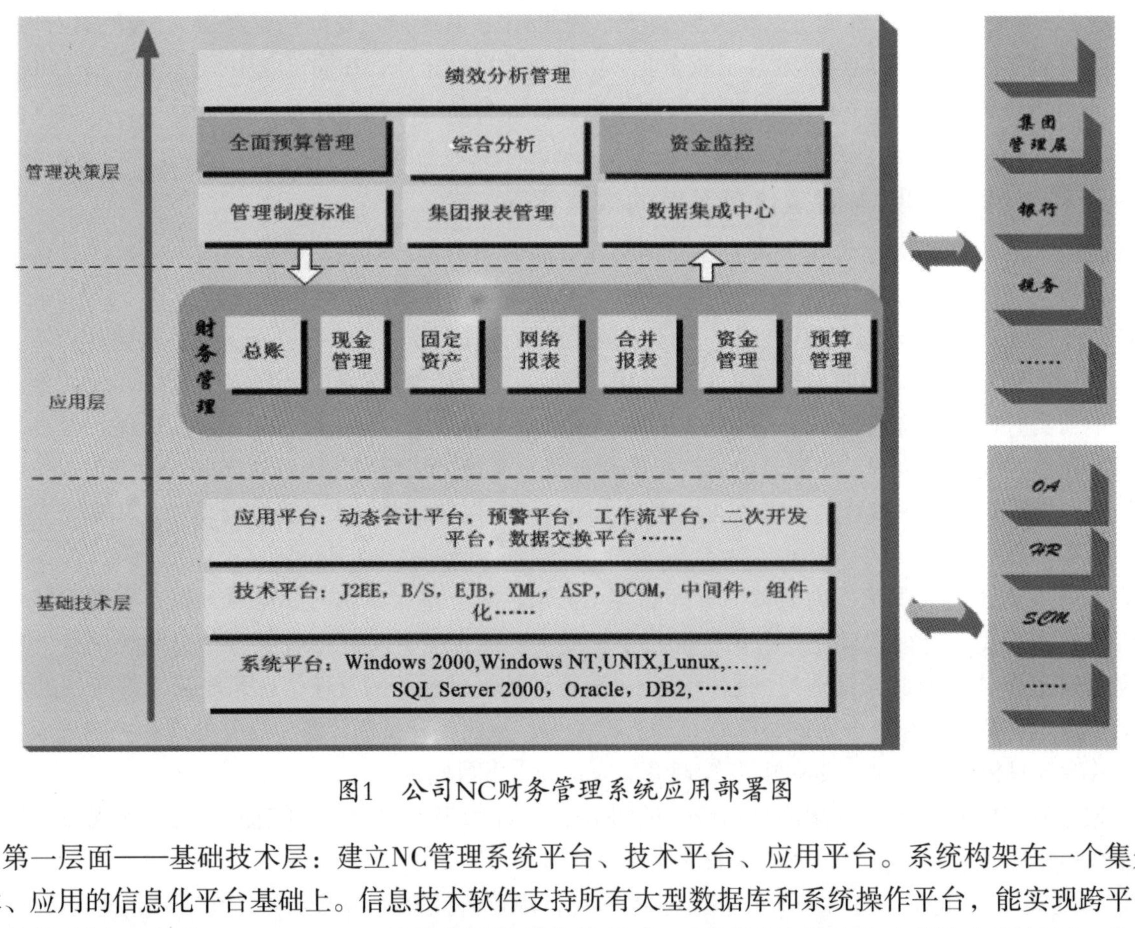

图1　公司NC财务管理系统应用部署图

第一层面——基础技术层：建立NC管理系统平台、技术平台、应用平台。系统构架在一个集先进技术、应用的信息化平台基础上。信息技术软件支持所有大型数据库和系统操作平台，能实现跨平台应用。软件采用B/S结构、Java、Xml、组件化开发等先进技术，保证了软件的技术领先和可扩展，为未来

系统功能模块的增加以及新企业的加入打下了基础。应用平台则实现了业务核算和管理的流程化、制度化、智能化，同时使系统具有良好的开放性、互动性、完整性。

第二层面——应用层：建立NC财务核算、合并报表、资金管理、预算管理系统。通过财务集中核算系统，实现各单位的日常财务核算，包括总账系统、现金管理、固定资产管理系统。通过网络报表和合并报表实现统一的报表管理。通过资金管理系统实现对下属单位集中的资金监控，通过预算管理系统实现全面预算管理要求。应用层严格执行集团制定的统一制度和标准，并为管理和决策层提供丰富的信息数据源。

第三层面——管理决策层：建立集团公司统一的财务管理制度，建立财务数据集成中心，实现全面预算管理、资金监控、决策绩效管理。从管理角度考虑，在总部搭建一系列的管理平台，如部署数据集成中心、集团报表管理、综合分析来满足总部对下属单位业务集中管理的需要，并随着业务的发展和管理的规范，逐步拓展建设决策支持分析系统，实现全面的集团财务管理。通过这些平台，满足集团公司管理、监督、控制和战略决策的需要。

（二）系统功能构成

公司NC财务系统从功能上可以分为以下内容：集中财务核算系统、报表管理系统、资金管理系统、全面预算管理系统、绩效管理分析系统。

1. 集中财务核算系统

构建集中财务核算系统，通过集中设置系统参数落实集团会计制度和内控制度；根据组织结构建立相对应的会计核算主体账簿；根据财务人员岗位分工情况进行角色设置、权限分配；规范基础信息，集中编制公用档案并分配给分子公司使用。总体流程图如图2所示。

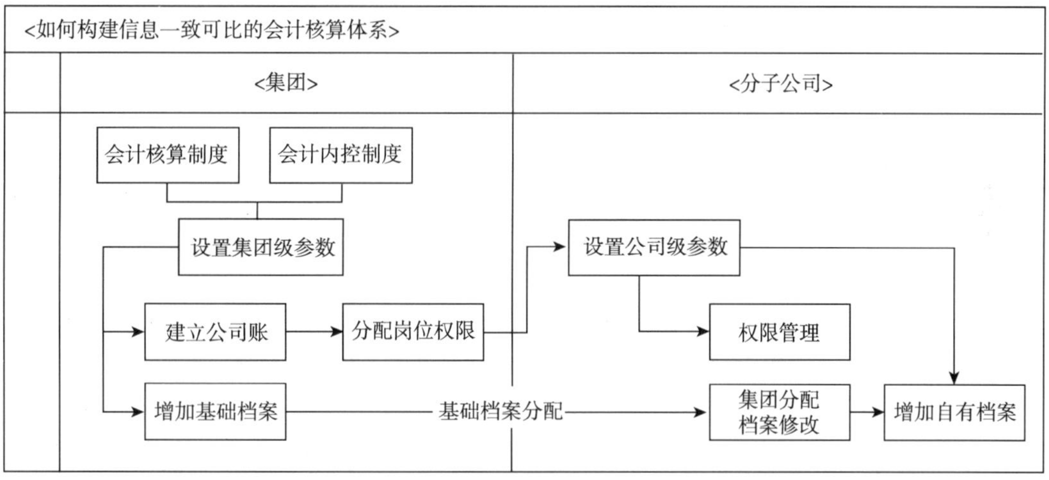

图2　集中财务核算系统总体流程图

1）建立信息一致、可比的会计核算体系。

NC财务系统帮助集团公司构建集中的会计核算系统，规范基础信息，有效地贯彻和执行统一的会计核算政策，提高会计信息的可比性和一致性。建立与组织结构和考核要求相适应的会计核算体系，规范会计核算流程，规范基础信息。

2）从机制上保障整个公司内控制度的贯彻执行

NC财务系统通过集团参数设置、权限设置、审批设置、预警平台等手段在制度和权限上落实内控制度，有效保障了内控制度在整个集团的贯彻和执行。

通过系统参数强制贯彻内部控制制度，严格的权限管理落实内部控制制度，对重大事项的审批流程设置强化了事中控制，提供预警平台对发生的重大和异常情况进行提前警告，实时透视下属单位的财务状况和经营情况。

3）解决集团公司成员之间对账难的问题

NC财务系统通过集团对账能够快速准确地完成集团内部对账工作。通过业务协同处理，实现集团内部跨单位的协同作业，实现业务的同步自动触发；系统集团对账模块为合并报表提供内部交易数据，实现内部交易数据的自动读取，提高合并报表编制效率。内部交易凭证协同及集团对账功能实现快速对账，单据协同处理从业务处理环节解决对账难的问题，使财务实时反应和监督业务，及时准确对业务进行会计描述，财务与业务系统集成应用，根据会计平台设置规则自动生成会计凭证，支持溯源查询，可通过凭证直接查询到业务单据。

4）实时掌控全集团的现金流量情况

现金流作为企业的命脉，在所有集团公司的管理中占据着重要的地位，如何加强对全集团的资金流量进行实时掌控，有效防止资金的体外循环是集团需要核心关注的问题。通过NC财务系统，实现对银行账户的集中管理和实时监控，实现对日常资金收付业务的处理，建立银行对账制度，有效防止资金体外循环，及时准确地查询全集团的现金流向。

5）实时掌控全集团的资产增减变动情况

通过NC财务系统统一整个集团的固定资产核算制度，规范固定资产增加、减少、报废流程；实现集团及所属公司固定资产状态的实时查询，全面地反映企业固定资产的增减情况，以及使用状况、折旧情况等各种信息。统一固定资产核算政策，规范基础数据，规范固定资产增加、减少、变动流程。

2. 统一的报表管理系统

通过建立公司统一的报表管理系统，确定报告内容、报送周期、填报主体、填报流程，从而落实报表内部控制制度。具体而言，通过集团报表的样表体系建立集团报表的样表格式、编制要求、报送流程和编制周期；通过报表编制平台制定集团个别报表体系、集团汇总报表体系、集团合并报表体系、集团报表的分析体系，从而建立内部管理报表体系；通过数据采集工具采集集团报表编制所需的各种财务和业务数据；通过报表编制平台完成个别报表的编制和调整、汇总报表及合并报表的编制和调整，以及分析报表的生成；最终通过报表发布工具发布集团管理所需的各类报表。

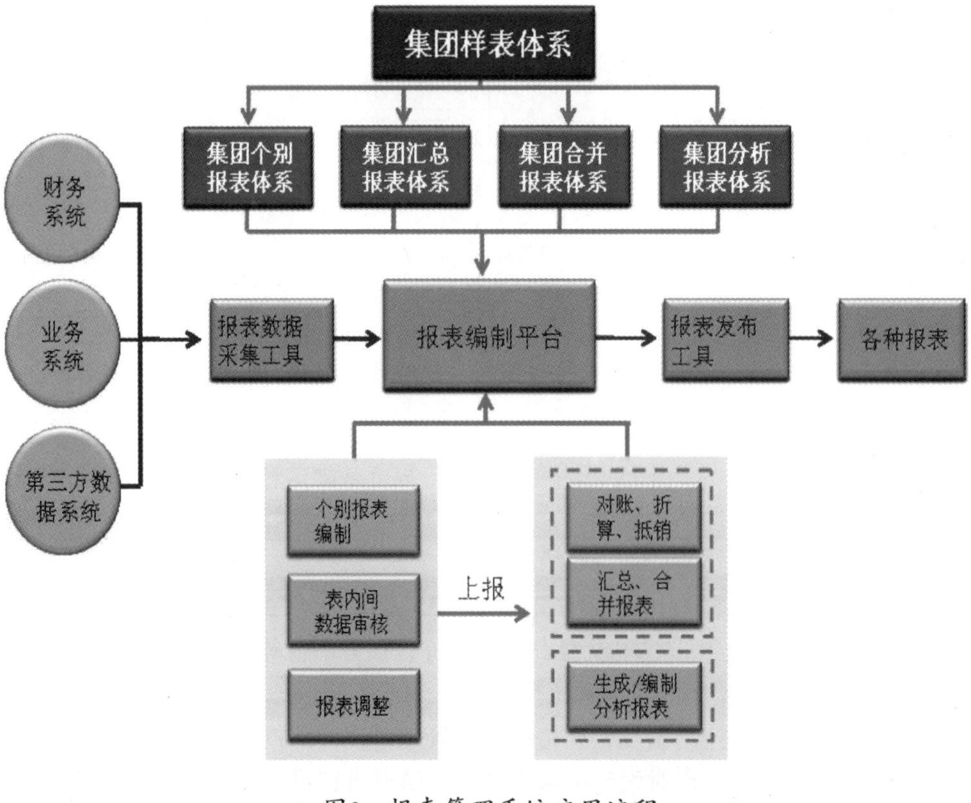

图3　报表管理系统应用流程

3. 合并报表系统

集团公司可以通过合并报表系统完成定义合并范围、建立单位信息、设定报表、设定抵销项目和抵销关系等工作，同时有关数据可以下发给下属单位；下属单位接收报表和内部交易附表，录入个别报表数据和内部交易数据，上报给集团；集团根据选定的合并范围，由系统自动或手动生成抵销分录，从而产生合并工作底稿和合并报表。

具体而言，集团合并报表管理应用分为五部分内容：一是基础设置：定义单位集团结构、定义合并报表和抵销项目、定义合并报表任务及审核体系、设置抵销关系。二是数据采集：上报确认、数据审核、采集内部交易数据等。三是数据准备：报表调整凭证、报表调整底稿、自动对账等。四是合并：抵销分录、合并工作底稿、合并报表。五是查询与分析：个别报表、汇总报表、合并报表查询。

集团公司利用报表系统完成集团报表的合并、汇总、分析、领导查询。通过对样表格式、报表项目公式和逻辑关系公式的下发，以及对报表权限的管理，可以做到上级单位对下级单位信息传递真实性的控制，防止人为地扭曲数据。同时，通过网络的方式传递报表，将大大降低人员的工作量，提高工作效率。

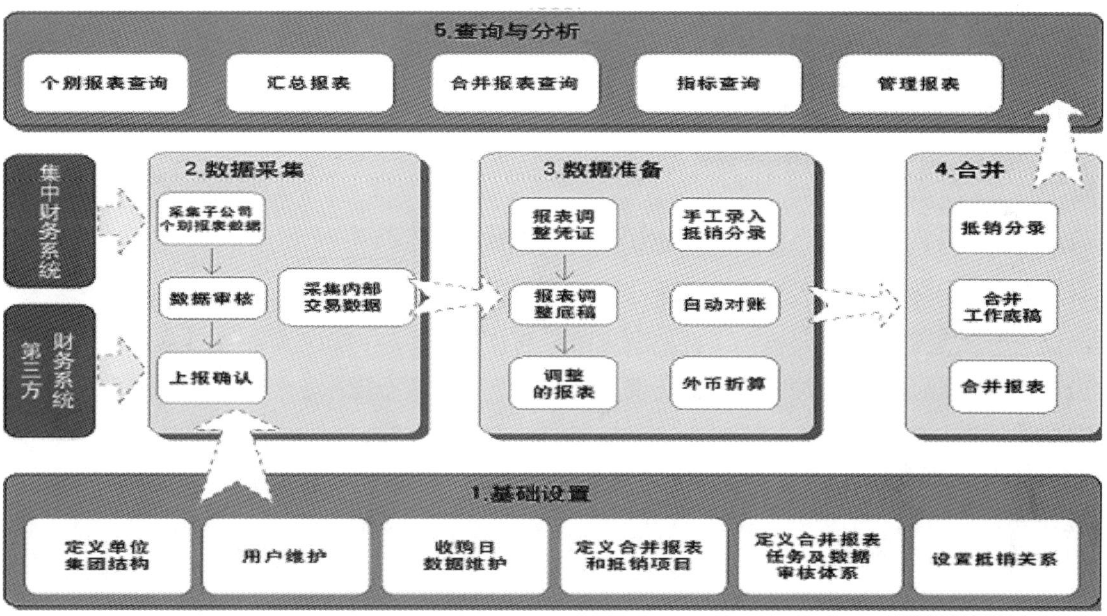

图4 公司合并报表系统应用架构

4. 集中的资金管理系统

建立集团公司资金管理系统，实现资金的基础档案管理、资金结算处理、资金监控管理、资金综合授信、信贷管理，实现与商业银行对接，集团总部动态地掌控下属单位资金的流入和流出情况，对集团的资金进行实时监控查询，降低资金的应用风险，充分利用商业银行的金融服务，提高资金使用效率。

集团公司资金管理系统的建立分为三个阶段实施。第一阶段完成集团的资金集中监控系统，第二阶段完成资金计划管理体系，第三阶段完成统一集团筹投资管理。资金集中监控系统搭建了跨地域、跨银行、跨层级的资金集中监控平台，各级管理者可以实时查询成员单位的资金流向、流量和存量，及时掌握集团的资金状况。资金计划管理体系实现了集团资金的统筹规划和集中结算，通过资金计划的逐步完善，提高资金计划编制的准确度，提高企业对整体资金进行统筹规划的能力，实现对企业资金流的事前预测。通过集团的资金结算系统，成员单位完成对外付款和内部结算的审批和操作流程，管理者实现对成员单位资金流动的事中监控。同时利用资金结算系统建立现金池，在统一资金收入的基础上，成员单位对外付款时集团根据资金计划将资金下拨到成员单位账户，一方面满足公司经营中的资金需求，另一方面充分发挥集团资金的规模优势提高内部融资的效率和规模。通过统一集团筹投资管理，一方面集团总部可以利用资金的规模优势与商业银行协商更有利的融资条件，另一方面可以利用各行业、各地域成员单位的资源优势统一制定融资政策，在各成员单位之间及时调整长短期融资规模和融资结构，从而降低资金成本，防范经营风险。

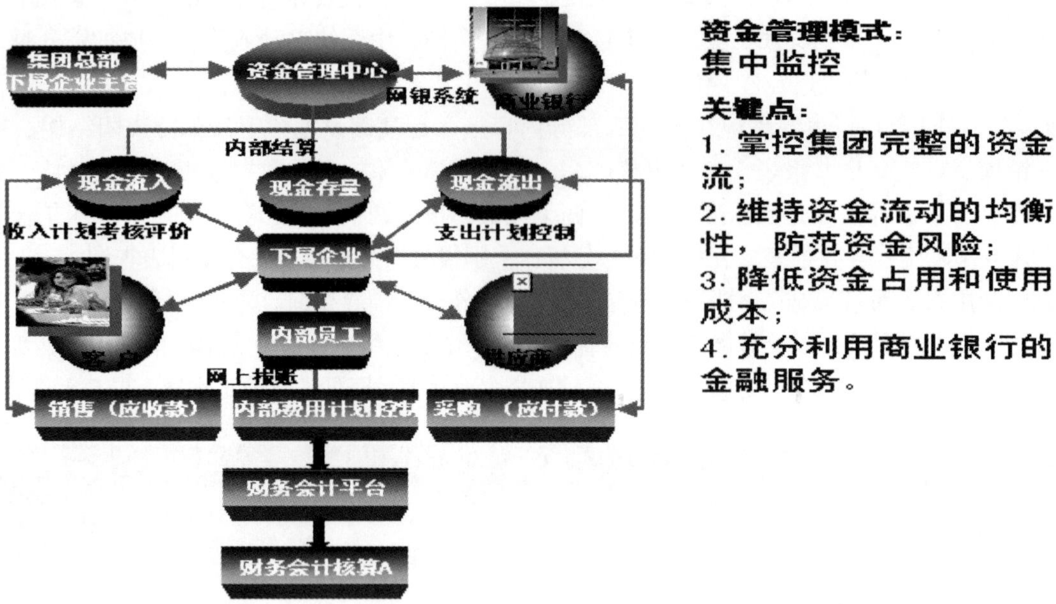

图5　公司NC资金管理系统应用图

总之，通过资金管理平台，建立了集团公司资金管理平台中心，实现将资金计划、资金结算、财务核算有效结合，实现资金集中监控；通过把结算单位的日常业务处理和总部资金业务处理有效结合，实现了全公司资金管理业务流程的一体化，实现了资金预算平衡资金需求、资金结算处理日常业务、财务核算反映业务结果。

5. 全面预算管理系统

通过预算管理系统，建立集团公司全面的预算管理体系，满足财务预算、业务预算、资本预算管理要求。根据集团公司战略规划，制订集团公司及下属单位年度经营计划，根据经营计划完成年度预算的编制、审批，在预算的执行过程中进行有效的预算控制，对预算执行情况进行分析，用以完成绩效考核和业绩评估。

通过构建集中的预算管理平台，建立全集团统一的预算体系，核心是预算组织体系和样表体系；通过系统固化预算编制、审批、调整、预算外审批流程；完成年度目标确定、预算编制、预算执行与控制、预算分析与调整全流程管理；与财务业务系统集成应用，获取执行数据，传递控制方案到业务系统指导业务开展；根据预算数据和实际执行情况进行统计，形成各种统计报表。

三、燕京啤酒NC财务管理信息系统的构建效果

NC财务管理系统在公司应用一年多以来，集团管控能力和业务管理水平都有了较大的提高，其应用价值主要体现在以下几个方面：

帮助集团总部提高垂直管控能力。通过信息化技术把集团内51家企业全部纳入该管理系统中，实施标准化与统一化，进一步提高了集团公司的管理水平。系统通过基础档案、参数控制帮助下属单位建立统一的管理和业务规范，确保集团公司范围内政令统一。通过集团财务信息的集中，实现集团公司对下属单位经营过程和经营绩效的透视，并通过实时查询等手段实现对下属单位的实时监控管理。通过系统的预警平台、审批流平台，实现集团公司对下属公司的实时干预，提高集团总部的垂直管控能力，确保集团战略的实施与落地。

减少集团内耗，提高工作效率与管理效率。系统帮助集团公司自动、准确完成合并报表，并为管理决策提供分析报表，提高了报表编制效率和编报质量。业务信息的高度集中和流程的固化，保证了财务

数据的真实准确，增强了企业的内控过程和事后监督的可追溯性，减少了人为的因素，解决了下属成员企业之间对账难的问题，提高了企业内部的工作效率与管理效率。例如，下属企业之间出现问题互相推诿，由于账目设置不统一，总部无法查清问题根源，也就无法分清企业责任，导致最终不了了之。如今在系统的统一设置下，可追溯性增强，责任认定有据可查，提高了问题解决的速度与效率。

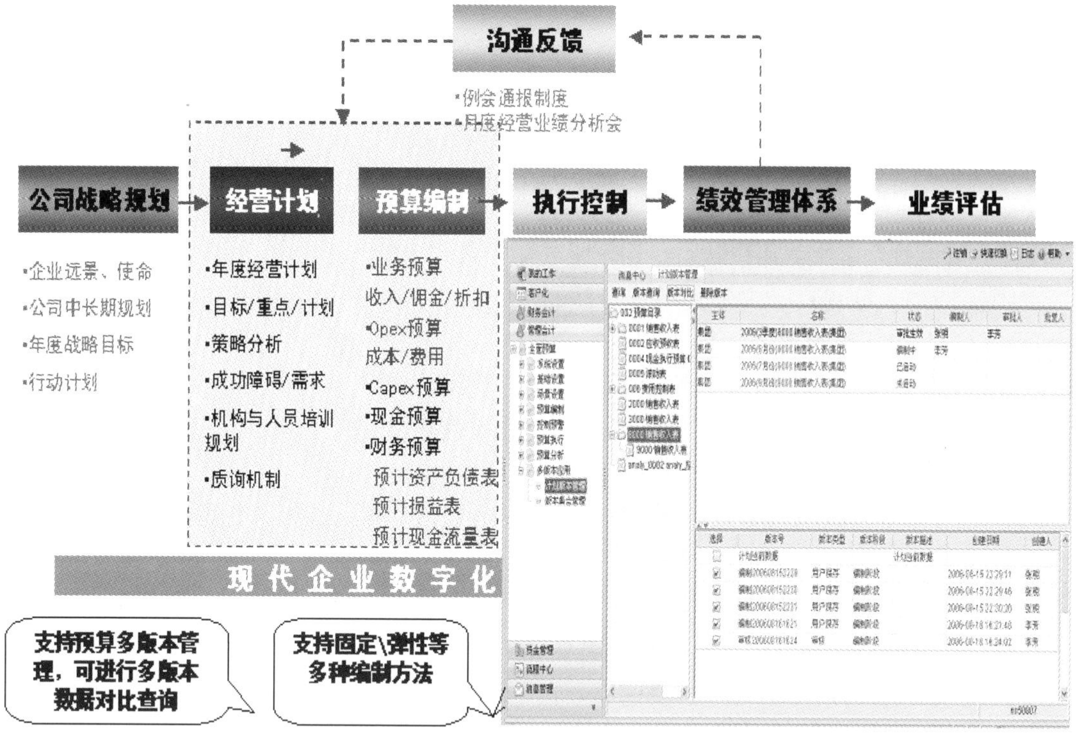

图6 公司NC全面预算管理系统应用图

提高资金使用效率，降低财务成本。系统的资金监控系统帮助集团总部掌握所有成员单位资金的流量、流向和存量，并形成资金池，有效防止下属企业资金的体外循环，帮助总部加强资金结算管理，挖掘集团内沉淀资金，降低资金使用成本。对成员单位的资金流动进行统筹规划，平衡资金需求，有效减少企业内部交易产生的不必要的资金流动，降低交易成本。资金的集中规划还能帮助集团获得商业银行的优惠金融服务，降低财务成本。根据测算，2012年，集团公司由于资金集中规划使用，节约短期贷款约8亿元，按照5.4%的综合利率计，节约财务成本约4000万元以上。

促进全面预算管理的进一步深化。以往在各企业编制预算后，集团进行集中汇编时，经常面临由于科目设置不统一所产生的矛盾和难度，导致集团预算汇编迟迟出不来，或者准确度大打折扣。如今系统为集团内各企业进行了统一科目设定和报表编制标准，有效加强了集团内部单位之间的作业协同，为预算汇编提供了方便，大大缩短预算编制周期。同时通过系统加强了预算完成的过程监督与控制，并促进项目在过程中持续改进，加快了企业对市场变化的反应能力，提高了预算完成的质量。从而促进集团战略目标的有效落实和集团资源的有效配置。

为完善集团绩效考核制度打下基础。在信息技术、网络技术的支持下，系统具有完备的数据分析与挖掘能力，可以为绩效考核体系提供详细、清晰的考核依据，结合公司制定的激励机制，将促使公司未来对外埠企业领导层的考核与激励更加科学，更加合理。

成果创造人：赵春香　谢广军　曾启明　王艳丽　严　峻　赵彩霞　王　岳　赵秋红　张明栋　刘　瑞

燃气集团以综合考核为基础的绩效管理平台创建

北京市燃气集团有限责任公司企管计划部

荣获第二十八届北京市企业管理现代化创新成果一等奖

北京市燃气集团有限责任公司（以下简称“集团公司”）是组建于1999年9月的国有独资公司，业务范围覆盖从燃气输配、销售、科研、设计、施工到燃气设备制造的完整业务领域，是全国最大的单体城市燃气供应商，管网规模、燃气用户数、年用气量、年销售收入均位列全国前茅。

燃气集团坚持“立足北京，内外并举；专注燃气，上下延伸”的发展战略，努力实现上游资源和长输、中游燃气市场及下游燃气应用的全产业链发展，积极开发车用气、三联供分布式能源、天然气供热、液化气市场化、燃气终端产品销售等下游项目，形成了全方位的投资格局。

集团始终坚持“安全是魂、预防在先”的理念，确保首都燃气安全稳定供应。秉承“服务为本、真情到家”的服务理念，不断提升综合服务水平。

作为北京市首家不依靠政府补贴的市政公用行业企业，燃气集团按照市场化的要求，不断完善法人治理结构，持续提升经营管理水平。积极实践新国企建设，先后实施了“管理年”、“强化管理年”和“改革发展年”，燃气集团在人均利润率等方面处于行业领先水平。2009年，燃气集团进行了组织优化，建立了扁平化的管理构架，提升了燃气集团总部的管控能力，有效支持运营管理中心下移，形成了核心业务同质化与管理目标化相结合的运营模式。坚持燃气集团与北燃实业互相支撑、共同发展，推进优质资源向核心业务聚集，设计、工程、燃气等板块业务的市场竞争力不断提升。

一、燃气集团以综合考核为基础的绩效管理平台创建的背景

燃气集团自2003年起，成立了绩效考核委员会，并正式施行组织绩效考核工作。当时的考核办法主要依据《国有资本金效绩评价规则》《企业效绩评价操作细则（修订）》和《北京市国有及国有控股企业负责人经营业绩考核暂行办法》等规定，并结合集团公司实际情况而制定。该指标体系特点：广而全，包括了经济指标、管理指标、党建指标、否定性指标及评议指标共五类考核，对企业经营管理者的“德、能、勤、绩”等传统性考核维度设定指标考评。

2007—2008年，集团公司完成了重组分立和上市工作，集团公司提出了新形势下绩效考核工作的管理思路，要求重点加强考核指标制定的科学性、考核方式的合理性、考核程序的规范性及考核结果的应用性，并提出组织绩效管理要与集团公司发展战略相匹配，要适应集团公司“新国企”建设发展的要求，要逐步将绩效考核真正转变为鼓励进取，激发潜力的一种有效手段，变“被动、惩罚考核”为“主动、激励考核”。

2007年集团公司绩效考核指标首次引入了KPI（关键绩效）设计模式，着重于指标的精选和提炼，并进一步对考核纬度、达标标准和评分办法等指标操作细节进行了系统分析和优化。同时KPI指标的考量开始关注其完成过程及成果两方面，并将原年终集中考核检查的形式分解到考核期内各阶段进行；与此同时，要求考核责任部门注重对指标完成过程的监督与指导，并加强考核培训，严肃考核执行力。

2007年集团公司调整建立了综合考核管理体系，将绩效考核、政治工作考核、民主测评三类考核形式完整划分并独立开展，强化各自的规范与精细化程度，并通过合理权重分配形成对被考核组织的综合考核评价。

2012年，集团公司进入企业战略发展的新阶段，公司整体规模日益壮大，新的运营管理模式、管理理念以及不断拓展的业务发展空间对集团公司经营管理素质提出了更高的要求，组织绩效考核工作仅仅作为一种单纯的绩效监管方式已不再被认可，因为它存在以下四方面问题：

一是考核定位不够清晰，强调最终结果，目的多是为了年终评选先进、发放奖金等，对工作过程的控制和改进作用相对较弱；

二是考核的体系、结构设计不尽合理，指标单一，未能根据不同的业务类型、管控模式等进行区分；

三是由于考核者、被考核者对绩效考核工作审视的角度不同，双方对指标、结构、权重的理解不一，被考核者往往是被动执行，难以主动参与考核工作；

四是在操作层面上人为因素的成分较多，存在“人情分”、“搞平衡”等通病，影响考核结果的客观、公正性。

为了解决上述问题，集团公司经营管理层对国有企业组织绩效管理开始进入了深度思考、分析、探索、创新和升级阶段。

二、燃气集团以综合考核为基础的绩效管理平台创建的内涵

通过对现行组织绩效管理体系运行状况的梳理，以及对比分析燃气行业对标企业组织绩效的优劣和成功经验，集团公司发展到今天的成熟发展期，其组织绩效管理工作也应该是在系统、全面和相对成熟的基础之上，通过重新调配、组合、提炼、延伸等创新式的方法，对原组织绩效管理模式进行优化升级改造，使其赋予新的生命活力。

回顾集团公司近年来的组织绩效管理工作，从中可看到，随着国企改革的不断深入，绩效考核在经营管理工作中的地位与作用日益凸显，大致经历了以下几个历程：

直接奖罚——完全由企业根据自身掌握的用人标准、判断标准和喜好对员工进行评价，对员工的赏罚金额相差不大，赏罚趋于平均；

主观评价——主导思想在于“辨优识劣”、“多劳多得”，实现报酬差异化，但没有形成量化统一的评价标准；

“德能勤绩”评价——也叫公务员式的评价，即试图对一个人进行全面评价，在“勤”与“绩”方面引进了一些量化评价手段，具有一定的科学性与针对性，但指标庞杂，重点不突出。

目标管理（KPI），通过分析职位（岗位）说明书，研究员工的工作职责与内容找出能产生关键绩效的工作内容设计指标，建立KPI指标库，而后通过业务价值分析方法选取指标库中的考核指标并设置权重。

集团公司历经了多年探索、研究和实践，逐步建立了一整套较为扎实、系统的绩效管理基础，具有较高的成熟度，在国内同行业企业中也形成了一定的标杆示范。

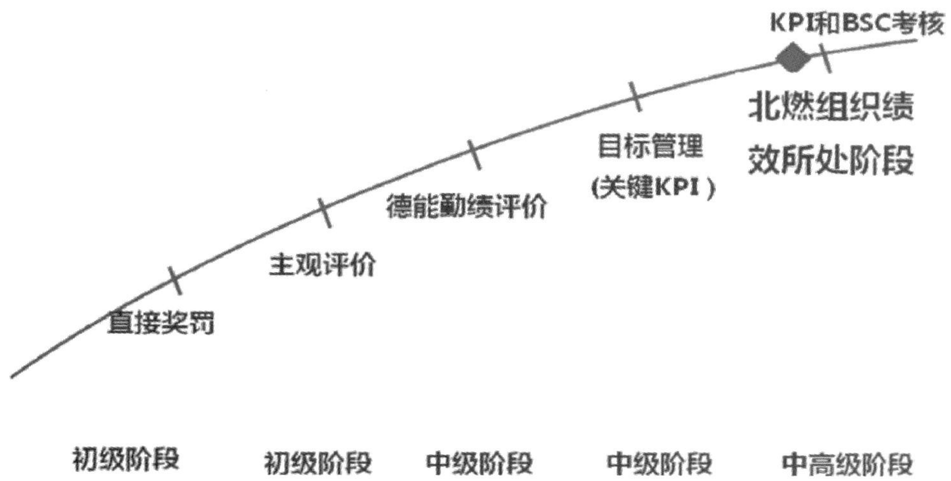

图1　燃气集团组织绩效管理发展阶段构想图

集团公司将本次组织绩效管理的优化进行了核心定位，一是全面体现绩效引导作用，即关注核心业绩增长的同时，兼顾管理过程的控制；二是区分考核对象属性，细分业务和职能的不同绩效要求；三是

挖潜增效，深入发挥国企考核绩效激励潜力。

因此，本次创新项目的内涵及核心内容就是，建立一个全新的、符合集团发展阶段要求、适应集团公司管理实际的绩效管理平台，这个平台搭载了集团公司新的组织绩效管理模式、新的组织绩效指标体系、新的绩效兑现和激励机制，并由此带来的对于国有企业绩效管理工作一个更为广阔的发展前景。其具体体现为：通过不同的考核模板，明确不同单位的核心指标和职能指标，在保证公平、公正的前提下，充分考虑不同业务部门的特色；采用360度考核反馈法，综合考评各方评价结果；考核结果的应用明显改变，从单一的年终兑现、评比转变为与组织绩效、员工绩效、培训发展、职务晋升等多方面应用。

三、燃气集团以综合考核为基础的绩效管理平台创建的主要做法

（一）集团公司组织绩效管理的实际现状和成效分析

通过多年实际工作的检验，集团公司切身感受到传统国有企业开展绩效管理的困惑和艰难。结合近年来绩效管理工作的实践，集团公司认为应将以下四个方面作为本次创新管理项目成果的工作重点，认真对待、着力解决。

1. 定位

考核的定位是绩效考核的核心问题，其实质就是通过绩效考核要解决什么问题，明确其管理目标。考核的定位直接影响到考核的具体实施，定位的不同必然带来实施方法上的差异。目前国企对于绩效考核工作的定位普遍模糊，为了考核而进行考核，考核易流于形式，即使耗费了大量的时间和人力、物力，考核的结果也不能很好地充分利用。

考核定位的偏差主要体现在对于考核管理目的的定位过于狭窄、片面，是为了年底分奖金、评优评先，还是将其作为真正的绩效驱动力，管理者面临着深入思考后的选择。

2. 工作角度

对待考核的工作角度影响着绩效管理模式的优劣。传统的“德、能、勤、绩”考核更多的源于企业高层管理者自上而下的审视角度，共性化的统一考量内容，缺乏对企业类型、业务区分、经营质量等核心绩效的个性化对待，因而对于被考核单位真实绩效的敏感度匮乏。

对于绩效考核的执行层面，目前通行的模式是由集团公司企管部门统筹组织，相关专业部门配合并承担具体的专业指标考核。这种参与的组织构成没有问题，但相关责任方真正从各自的工作角度出发，完成必要的专业考核职能履行还存在着理解上的偏差，更多的是在搞平衡、求同或人情分等，因此绩效管理的深度、力度和所带来的成效必然达不到预期的管理目的。

再从被考核者的角度来看，由于对考核指标体系科学性的不认同，加之考核执行形式化的影响，对被考核单位无法形成有效的绩效压力，对其主动、积极参与绩效延伸管理的心理触动不够。

3. 指标体系

绩效管理的核心环节主要在于指标体系的科学性，评估绩效能力的高低终归要落实于每一项绩效指标。以往指标体系给大家的整体概念大致可以概括为以下一些字段：庞杂无序、简单罗列、概念解释模糊、缺乏标准深度、可操作低等。造成以上现象的原因主要在于指标体系的整体设计缺乏系统纲领性的指导原则，每一项设计环节彼此间缺少关联，因此难以整合成一套严谨、科学、实用的考评体系。具体分析如下：

（1）内容构成

选择和确定什么样的绩效考核指标，是考核中的一个重要且比较难于解决的问题。绩效的考核点过多，主观和客观评价并存，如果全部罗列并予以实施，那就变成了只有一个评价标准，根本没有顾及各成员单位的战略规划、管控模式、经营环境、管理或业务内涵等客观实际差异，其结果必然是费力无成效、效率低下，且考核成绩应用性不强，“人情分、求同、搞平衡”等怪相滋生，最终导致考核参与各方在情绪上的抵触。

解决考核指标内容构成上的问题，唯一的办法就是回归绩效管理的核心目标上来，即精炼指标构

成，以核心绩效为基础，将关键经营指标和管理质量提升指标相结合，将目标结果指标和过程行为指相结合。这种模式有助于聚焦核心绩效，区别对待不同类型的考核对象，有助于逐步规避非客观评价因素，提升量化深度。

（2）结构设计

回顾近年来集团公司在指标结构上的设计模式，虽然结构完整、易理解操作，但在一定程度上的确制约了某些指标功能效用的发挥。例如，针对不同的考核对象，考核模板却是单一的，考核双方都会形成不好的惯性思维去执行；指标项的数量只能根据管理要求的成熟度决定，放在一起共同去挤压绩效100分的空间，必然造成指标设计深度和精度的弱化，而且标准不统一，尺度不一致；此外，加减分的尺度受结构制约无法均衡控制，加之与指标数量差异的叠加效应，考核成绩的应用性较差。

如上所述，优化考核指标结构将会起到画龙点睛的作用，会给原本僵化的指标体系重新赋予生命，并充分发挥应有的正向作用。

（3）指标库设计

由于集团公司的业务面分布较宽，各专业管理要求也较全面系统，考核点众多，这本身是一项非常难得的管理资源，需要建立指标库对其进行规划管理。一方面可以根据集团战略规划、管控要求对备选指标进行必要的程序筛查，使其真正着眼于核心绩效；另一方面通过这个环节，对所有备选指标的设计理念、设计标准，乃至设计语言进行系统、格式化般的规范，使其具备入选资格；再者，指标库的建立是检验专业考核职能履行情况的重要环节，缺乏准备，木身就说明没有很好地利用考核这一管理工具。

（4）考核周期

考核周期的设定与考核的目的有直接关系。以往由于考核与奖金发放紧密关联，导致考核周期与奖金分配的周期保持了一致，由此便形成一个误区。事实上，考核周期应服务于所考核的绩效指标，不同的绩效指标需要不同的考核周期。

例如，现在的指标体系大致均可分为目标和过程两类指标。过程类绩效指标，一般需要较短的考核周期，且时间分布不一定有规律，需要灵活处理，并及时完成考评工作。这样做的好处是：一方面，在较短的时间内，考核者对被考核者在指标完成的常态化表现有较清楚的记录和印象，无须等到年底再去凭主观感受进行考核；另一方面，及时进行评价和反馈，有利于在年度考核期内及时地改进工作，避免将问题积攒到年底才进行沟通和处理。对于目标结果类绩效指标，则适合于在相对较长的时期内进行考核，以保持其相对的稳定性，不过，在平时应进行相关数据或信息的记录以作为考核依据。

（5）与员工绩效的衔接

组织绩效成绩与员工绩效考核的衔接是考核结果应用的重要环节。近年来，由于考核管理的基础条件尚属于薄弱情况，因此集团公司组织绩效与员工绩效的考核基本处于并行开展的局面，而相应的绩效兑现以及激励也处于非紧密关联状态。

在组织绩效考核实现以核心绩效为主导的情况下，指标结构、指标标准、考评流程或考核形式得以全面优化和改进，组织绩效得分已具备了和员工绩效进行直接对接的条件。这种关联将组织绩效管理的影响力得以向集团深层面延伸，并对组织和个人绩效水平的整体提升产生共赢的联动效应。

4. 考核执行力

上述分析均是基于考核工作中的客观因素，而组织绩效考核的执行还需回归到操作层面，即执行人的主观行为问题。从客观角度，我们可以通过指标体系的不断完善和优化对考核执行的基础环境进行确定性的改造，而对于主观层面，执行人受到企业文化、成长环境、职业习惯、工作阅历等多重因素影响，其对于考核执行力的理解和参与程度的差异性是难以控制的，也是长期必然存在的。如何解决或是正向引导一直是国企绩效管理工作中的一道难题。

首先，要逐步统一考核者和被考核者对于绩效管理的认识和理解。集团领导的考核预期、管理要求都是明确的，但人情分、搞平衡、求同等非客观因素依然长久存在并影响，且参与者的态度均对此理解或默许。因此，除了要求个人主观上提高认识和认真参与外，需要长期持续改进企业、组织的大环境，使其发挥积极、正面的配合和影响作用，逐步规避或弱化人为主观因素影响。

其次，通过提升绩效考核工作的精细化管理，逐步强化考核执行力的量化标准。一是考核执行的标准或规范要求，需要细化到参与考核的各个环节、各个岗位，使其执行有明确的参照依据；二是考核的流程管理，将流程管理引入绩效考核工作，不仅仅是对操作流程的规范和督导，而是通过考核全流程的动态化管理，即时分析和诊断考核执行过程的各个细节，进而不断提升集团公司整体的考核执行力表现。

最后，需要认识到考核结果的反馈也是一个重要的执行环节，属于结果应用的重要部分，目前普遍重视度不够，且缺少有效的途径或规范平台使其发挥应有的作用。结果反馈不仅仅是将最终的考核成绩得分向被考核单位反馈，正确的方式是应该结合目标或过程等不同指标类型，灵活、及时地采取多种形式与被考核组织进行沟通、交流，这样才能动态检验指标完成的阶段情况，及时跟进、及时纠正、推动绩效水平的真正改进。

（二）创新说明（项目创新点）

1. 考核模型创新

（1）考核对象分类

以往考核工作还仅仅局限于对指标的选取，而对于被考核组织的职能类型、业务模式、管控原则以及绩效目标导向并未系统地结合考虑。随着集团公司管理理念、管理素质的逐步提升，将被考核组织进行系统类型划分已具备条件，只有这样，才能做到真正意义上的量身定做个性化考核指标体系，同时组织绩效的考核实施，以及考核结果应用均可按照被考核组织的类别进行区别操作。

集团公司新的考核组织类型划分为六大类，具体如下图：

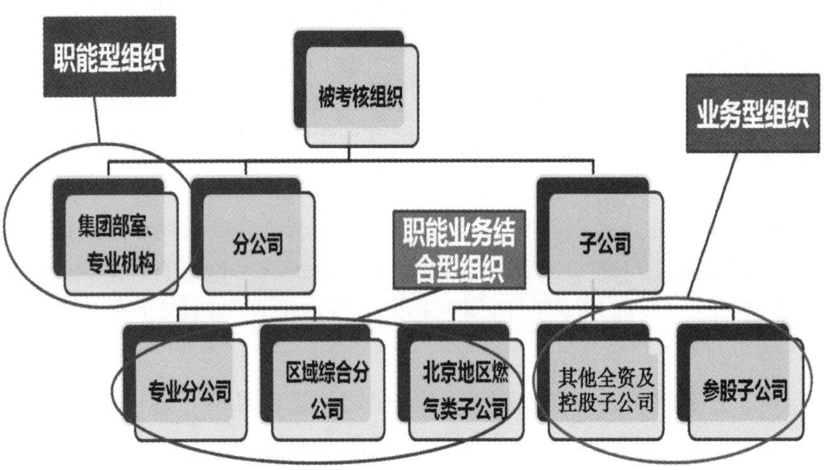

图2　考核组织类型划分图

表1　考核组织分类表

被考核组织	范围	组织特点	考核侧重点
集团部室、专业机构	18个部室、8个专业机构	属于职能型组织。对集团所属单位进行检查、监督、指导、支持和服务。工作目标以提高各项职能的管理质量为核心，不是集团公司经济效益的直接产出单元	考核内容不易量化，需通过对核心职能管理质量的提升效果进行评估。为了提升管理的精细化程度，还必须通过职能履行过程的考核对该类组织的管理过程进行约束和监督

续表

被考核组织	范围	组织特点	考核侧重点
专业分公司	高压管网分公司、物资供应分公司、工程建设管理分公司	属于职能业务结合型组织，是分公司定位，但不是经济效益的直接产出组织，与集团部室和专业机构的角色相似，为直接产出效益的单位提供专业支持和服务	可使用与集团部室和专业机构相同的考核模式
区域综合分公司	1—5 区域综合分公司	属于职能业务结合型组织。不仅承担集团安全、生产、运营、服务等管理职能，同时也是为集团直接创造经营效益的组织	（1）作为集团利润中心，可采用（分公司）子公司化管理，直接考核利润增量作为核心业绩指标。考虑到目前基础管理条件条件的局限，可配置销售实收、发展量、可控费用等辅助指标。（2）其运营型管控模式的定位，决定了集团须对其业务及管理过程进行全方位监督考核，通过业务管理的管控提升确保经营效益的产出质量
北京地区燃气类子公司	怀柔燃气公司、平谷燃气公司、密云燃气公司、延庆燃气公司	是为集团直接创造经营效益的组织，因所在区域为北京各郊区县，为便于集团的统一管理，形成燃气集团对外的统一形象，可参照综合分公司的管控模式，划为职能业务结合型组织	可通过利润增量和用户发展分量考核其核心经营目标完成情况；同时由于采用综合分公司的管控模式，在现阶段对其业务管理过程进行适度的、全方位的监督和管控
其他全资及控股子公司	11 个子公司	属于业务型组织，集团对其实行战略型管控。是为集团创造直接经济效益的组织单元	以突出核心业绩（利润增长）、关注安全稳定、适度加强管控为原则，主要通过利润增量和发展（销售）增量等个性指标考核其核心经营目标的完成情况，同时辅助加入适当管理指标的考核
参股子公司	8 个参股子公司	属于业务型组织。是集团对外投资的参股企业	由于无经营主导权，所以只需选取能够体现管理权限和为集团获取的利润为核心考核内容

（2）考核模板创新

基于上述分类，我们设计了两套基本考核模板运用于上述六种类型组织，即业务类组织考核模板和职能类组织考核模板。

业务类组织考核模板：

核心业绩	选取量化核心业绩指标。突出业绩导向	管理达标	财务经营、市场与客户、安全与运营、管理提升四个类BSC维度进行指标的选取，兼顾管理过程控制	否定指标	必须遵守的法律、法规和行业刚性约束和要求

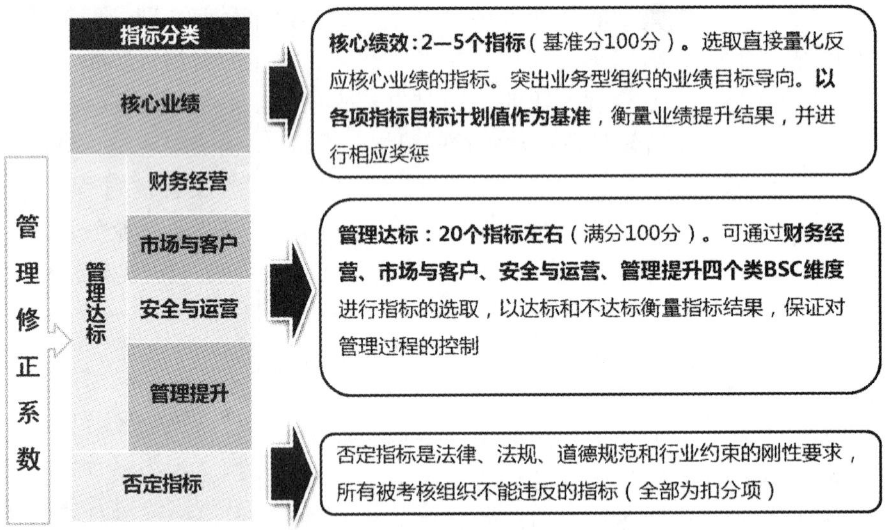

图3　考核模板

上述模式我们或称为“KPI+BSC”模式，是关键KPI考核模式的升级版，其中KPI部分作为核心绩效的标的指标（指标设计为可加减分类），BSC部分则以管理修正系数的形式存在（指标设计为单项扣分类），二者间为相乘关系。其基本特点是：目标导向最大化；兼顾过程控制；体现组织差异性；激励力度较大，对业务型组织应用效果较好。具体适用组织如下：

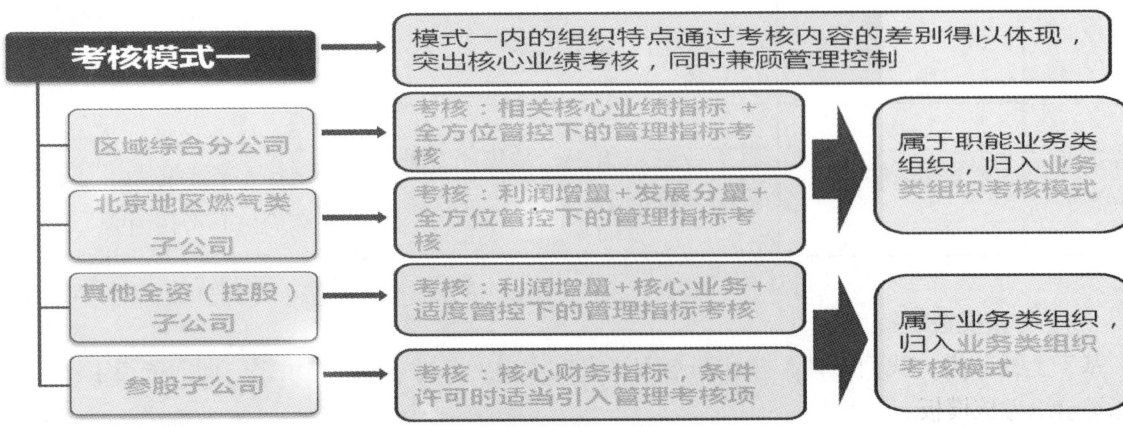

职能类组织考核模板：

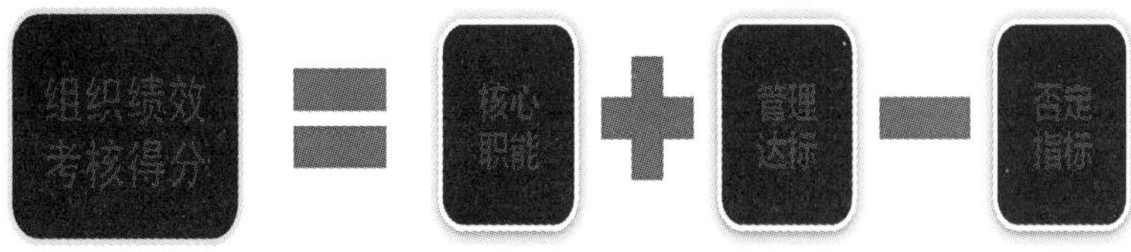

核心职能	选取体现核心职能指标	管理达标	选取能够强化管理质量提升的指标	否定指标	具备法律、法规和行业刚性约束要求的指标

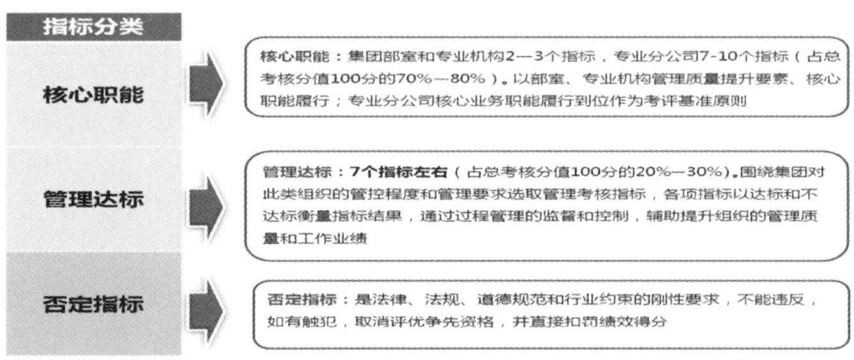

与第一类考核模式不同，KPI部分调整为核心职能绩效，BSC部分调整为部分关键类的综合管理绩效指标，二者相加形成一个完整绩效结构。其基本特点是：适度体现目标导向（聚焦管理职能履行）；兼顾过程控制；适度体现管控差异；适度体现激励，对职能型组织应用效果较好。具体适用组织如下：

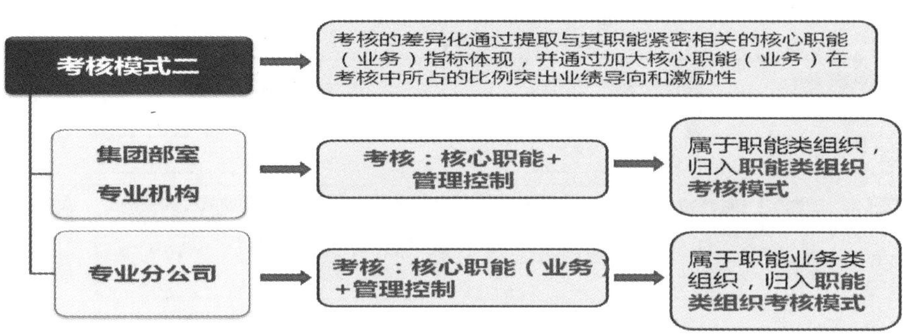

考核成绩计算公式：

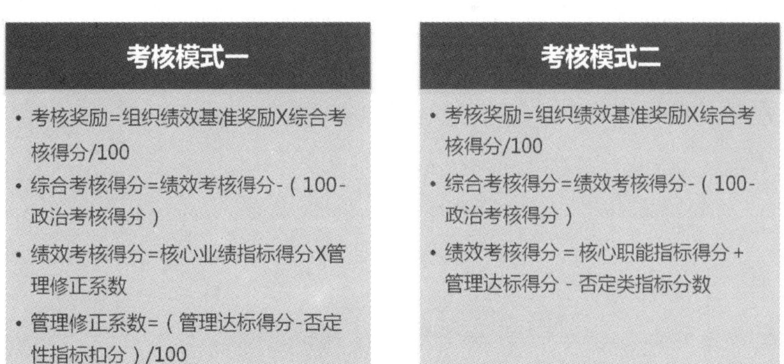

上述绩效成绩计算公式的对比表明，针对不同组织类型特点，可以运用两套有差异性的考核模式，同时，绩效考核结果与奖励计算方式也相应形成了一定差异，这种创新思路合理解决了传统国企考核体系单一的问题，充分体现了现代绩效考核管理的科学性。

（三）其他功能创新

1. 考核模块化设计

上述模板的设计确定了具有鲜明导向意义的核心绩效，包括核心业务指标和核心职能指标。而在管理达标（即管理质量提升）类指标设计中则采用了模块化的设计思路，具体形式为选取重点的、关键性的管理达标类指标进行考评，同时，对某一项指标的具体考核维度不作硬性限制，由考核责任方根据考核期内的阶段管理要求自行、动态调整。

模块化设计有效结合了管理层与执行层对于管理达标类指标的考核要求，管理层是出于战略宏观和综合管控的角度，对集团公司管理质量提升的关键要素进行了限制性圈定；而执行层则在此基础之上，充分结合专业管理的具体要求、绩效标准及被考核对象组织特性，进行个性化、多层次的量身定制。

2. 360度多维度评价

在对总部部门、专业机构职能履行情况的考评环节引入了360度考核反馈法，综合考虑集团领导、所属各单位及相关协同部门三方评价者的评价结果，并对不同评价方的考核结果进行加权平均。此种评价方式一方面使主观评价环节更客观、公正地反映综合职能表现的反馈意见，另一方面多维评价也有助于丰富对部门管理职能履行情况的评价内容，为管理质量执行和改进提供有效的辅助分析工具。

3. 考核应用范围拓展

通过优化创新，绩效成绩得分所体现的各类组织绩效水平更加客观、真实和符合实际，其结果应用于员工绩效的契合度更高。本次优化在原组织绩效结果应用的基础上，进一步明确了奖励对象、组织绩效与员工绩效的关联关系，重点强化组织考核对于绩效个体的激励性。

考核对象分布如下：

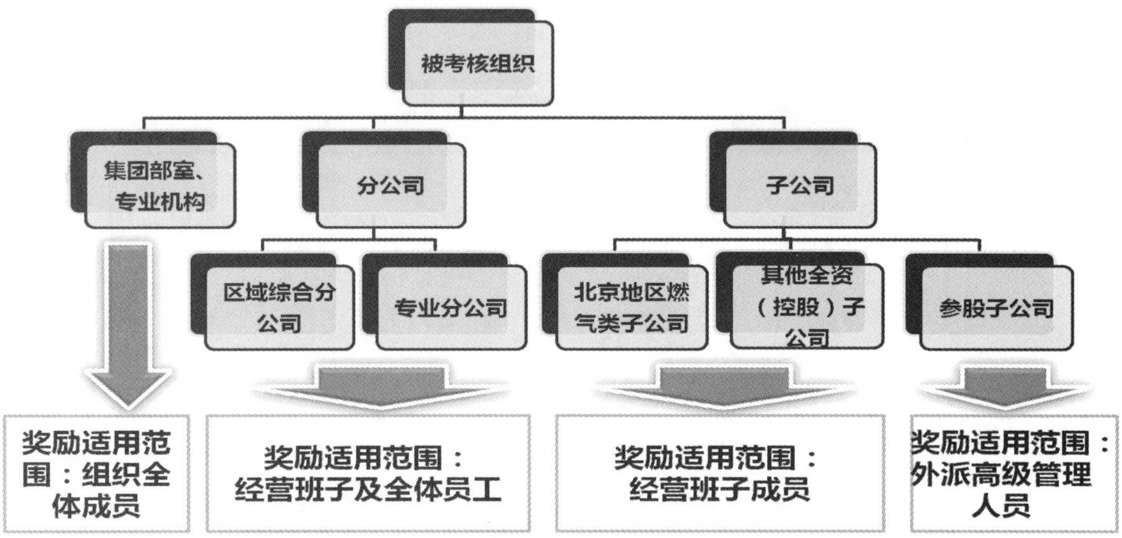

组织绩效与员工绩效关联设计：

集团组织绩效占员工绩效考核指标权重

员工类别	考核周期	考核内容					
		职责履行	能力素质/职业素养	年度内考核成绩平均值	组织绩效	内部满意度	正职打分
部门经理、专业机构负责人、分公司总经理	半年	—	—	—	100%	—	—
	年度	—	—	—	85%	15%	—
部门副经理、专业机构副职、分公司副总经理	半年	—	—	—	100%	—	—
	年度	—	—	—	60%	10%	30%

通过提升优秀等级员工的分布比例，激励组织内所有成员为组织业绩的整体提升努力。具体原则如下：

组织绩效等级	组织绩效分值区间	员工绩效结果分布
（A）	＞100分	组织绩效等级为A、B的可适当上调该组织A类和B类员工绩效等级的分布比例，D、E的下调该组织A类和B类员工绩效等级的分布比例
（B）	【95分，100分】	
（C）	【90分，95分）	
（D）	【85分，90分）	
（E）	＜85分	

其他应用拓展：

培训与发展

考核结果分类排名前列的组织，集团公司人力资源部在培训资源配置上予以优先考虑，包括培训人数及培训经费的倾斜；在集团内部晋升或人员调整时，组织绩效考核结果将被作为人才选拔任用重要的参考因素

职务聘任

组织绩效考核结果作为集团中层管理人员工作业绩的直接体现，可作为集团公司对各级组织负责人（领导班子成员）职务聘任等决策的重要参考依据

4. 考核周期配合

当前集团部室和专业机构是半年与年度考核，分公司采用季度考核，子公司是年度考核，考虑到部分核心业务核算周期需要，结合员工绩效考核周期，将考核周期调整如下：

集团部室、专业机构及分公司	→	半年考核督促，全年总体考核
参股、控股子公司	→	半年检查督促，全年总体考核

以上是阶段组织考核周期的设计，具体到某一考核指标的考核时点未作限定，由各责任部门根据专业要求及相关信息化系统统计周期灵活设定，以便于动态的过程监控．并及时向被考核组织反馈、沟通指标情况，有利于指标实现或改进。

5. 考核检查形式

目前，随着指标体系的规范、成熟，随着信息化管理水平的逐步提升，集团公司已经取消了每年2次的大规模、集中、现场考核检查方式，而是通过考核流程的系统设计将其分解、分步实施，考核部门需要多跑、多问、多摸底、多思考，避免闭门造车现象的发生。例如，制订考核目标计划或标准，必须与各层面反复沟通推敲；在执行时如有不妥之处立即修正；尽量提高量化深度，建立高度客观的工作标准，减弱了考核过程中主观因素的消极影响。

上述形式的改变不仅降低了资源损耗，更有效促进了考核双方对于考核理解、考核执行的主动性，积极传达了正向绩效压力。

（四）项目开展情况

本项目自2011年启动，通过调研、访谈、思路和方案设计、沟通研讨、培训辅导，到最终实施方案确定，历时7个多月，期间开展了大量的前期准备工作。本次项目方案的形成过程，也是集团公司上下各层面统一思想认识、统一工作认识的过程，达到了集团领导所要求的“通过方案设计引导、形成绩效考核管理新理念”的工作目标，也为后期的规范、有效执行创造了良好的工作基础。

2012年，集团公司正式启动了新的考核实施方案，并顺利完成了年度集团公司的各项绩效目标，同时形成了一套完整的年度考核分析数据，为2013年考核绩效目标设计提供了基础。

2013年，集团公司已进入了新考核方案实施以来第二个完整考核年度，目前正在有序开展之中。

四、燃气集团以综合考核为基础的绩效管理平台创建的效果

（一）管理效益

1. 中、长期绩效管理平台的建立

本次对于集团公司绩效考核管理工作的创新，从更长远的意义上讲，是建立起了更为现代、科学的中长期绩效管理平台。通过这一平台，突破了历史常规，深入发掘国企组织绩效管理的内在潜力，使企业管理者对于国有企业绩效管理的思路更为清晰、明确，更具前瞻性，对实际工作开展和执行具有鲜明的导向指引作用。

新的绩效考核模板能够更加准确、真实、契合组织特性地实时诊断企业运营和发展情况，同时密切跟踪评估企业管理质量的状态，并持续督导改进和提升。

绩效管理平台完善了国有企业长期以来在绩效管理方面的短板和不足，形成企业现阶段经营管理目标最有效地检验工具和管理利器，同时，为集团公司中、长期战略发展规划的落地形成系统、有效的支撑。

2. 绩效管理导向作用的强化

绩效管理导向作用的强化集中体现在以下几方面：一是考核定位的清晰，为经营层、执行层以及被考核组织建立了明确的绩效管理工作指导原则；二是从组织分类、考核模板结构、核心指标选取、激励兑现关联等，多层次、全方位体现了集团公司对组织绩效的考核预期，对实际生产经营和管理提出了明确、具体的绩效目标；三是以绩效管理平台为载体，通过规范流程，开展动态评估、科学诊断、及时反馈，持续改进绩效等工作，积极传递、延伸绩效正压力，使被考核组织逐步形成绩效自我管理的主动意识和工作动力，真正发挥企业经营者对于组织绩效管理的预期目标。

（二）经济效益对比

表2　经济效益实现情况对比表

指标名称	单位	权重	2011年	2012年
营业收入总额	万元	10	1379722	1680425
利润总额	万元	15	188419	224918
主营业务利润率	%	15	12.64	12.85

续表

指标名称	单位	权重	2011 年	2012 年
净资产收益率	%	15	11.03	11.27
营业收入增长率	%	10	10.8	21.79
利润增长率	%	10	4.67	19.37
资产保值增值率	%	15	126.79	111.17
资产负债率	%	10	26.59	34.39

成果创造人：冯　军　张玉庄　张春华　沈海映　李永强　李鸿者

呼叫中心高绩效管理体系的建立

北京市燃气集团有限责任公司运营调度中心
荣获第二十八届北京市企业管理现代化创新成果一等奖

北京市燃气集团有限责任公司于1999年9月由原北京市公用局所属的市煤气公司、市天然气公司、市液化石油气公司等11个单位为基础组建成立。2005年，燃气集团与其他单位联合重组后，成为北控集团直属企业。2006年，燃气集团跨入中国企业500强行列，同年天然气业务与非管道天然气业务分立。2007年，北京燃气在香港成功实现注资上市，成为北京市第一家走向国际资本市场的公用事业企业。经过十多年的快速发展，燃气集团取得了骄人业绩，为首都的建设发展做出了重要贡献，被北京市12家主流媒体评为“十大影响百姓生活企业”。

一、呼叫中心高绩效管理体系的建立背景

北京燃气96777服务热线开通于2000年9月，坚持“一点接触，全面服务；一线接通，全程服务”的服务准则，7×24小时为用户提供零距离的服务。

截至2012年年底，96777服务热线已经受理客户电话1000余万个，从最初年人工呼入量的20万个左右，到2012年的142万个，增幅达700%。接听线路由30条增加到240条，接听席位由最初的6个增加到92个，员工从最初的4名管理人员、18名话务人员发展到现在，拥有21名管理人员，115名话务人员。业务领域也从单纯的燃气报修、咨询、投诉等基础业务为主，逐步覆盖工单质检、满意度调查、主动营销、客户关怀、信息反馈、账务处理等增值服务。

表1　96777热线服务部主要变化对比

	2012年	2001年
年人工呼入量	142万个	20万个
接听线路	240条	30条
接听席位	92个	6个
员工	21名管理人员 115名话务人员	4名管理人员 18名话务人员
业务领域	工单质检、满意度调查主动营销、信息反馈账务处理	报修、咨询、投诉、表扬、建议

随着，96777热线服务呼入量的日益增多、人员数量不断壮大、业务范围逐渐扩宽。96777热线服务部话务系统已达到负荷极限，客户反映96777难以接通的现象与日俱增；业务流程的繁冗，造成工作重复，从而导致了效率的低下；陈旧的、经验式的人员管理方法，不公平，不公正的现象频出；这些硬件支持的欠缺及管理上的漏洞，渐渐显现出来了。为了弥补管理漏洞，改进运营生产条件，系统的建设及原有管理方式的改进便迫在眉睫。因此，96777热线服务部必须大胆创新，借鉴国内外先进管理理念，在保证客户需求，提升服务质量的同时，更新硬件设施，完善自身管理。

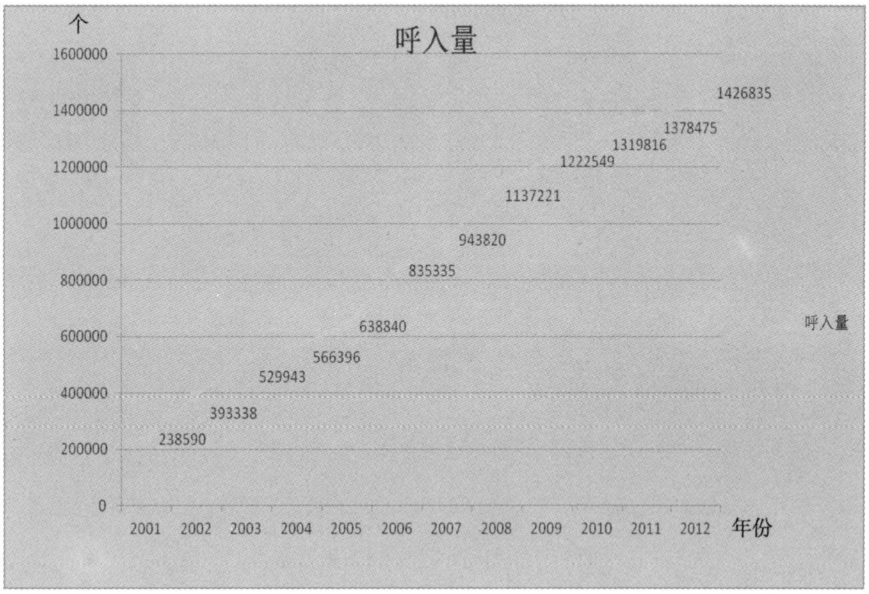

图1　96777热线服务部2001—2012年呼入量趋势

二、呼叫中心高绩效管理体系的建立内涵

（一）客户服务高绩效管理体系简介

1996年，微软、美国运通、ISO、DELL等公司针对当时客服领域的现状，组成COPC（Customer Operation Performance Center）公司，并共同开发了一套COPC绩效管理系统，其核心部分就是COPC—2000标准。客户服务高绩效管理体系也就是国际上COPC-2000标准，是一个被国际认可的呼叫中心生产率、效率和成本有效性的基准，也是目前国际上唯一的呼叫中心专业化卓越绩效管理体系的认证标准。

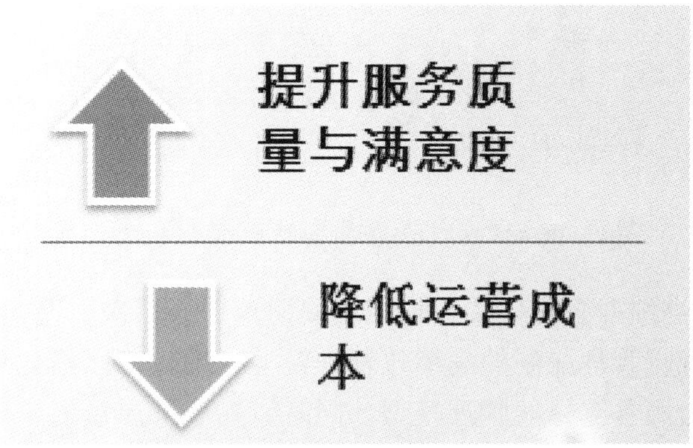

图2　COPC—2000标准的核心

客户服务高绩效管理体系所倡导的是呼叫中心的管理要在提升企业的服务和质量与提高客户满意度的同时降低呼叫中心运营成本。积极构建高绩效流程支撑系统和专业化管理相应的创新平台，实现世界一流呼叫中心的管理水平和服务品质，创造一流的经营业绩。

高绩效管理体系包括了四大模块20条具体标准，这20条具体标准，被认为是对高绩效水平而言最重要的方面。每条标准对于实现高绩效而言都至关重要，但是所有这些标准并不是一个压缩的绩效管理体系，而是旨在提供给顾客服务提供商（服务单位，或者是呼叫中心）一个“短列表”，列出改善服务、质量和成本竞争力所需要关注的条目。

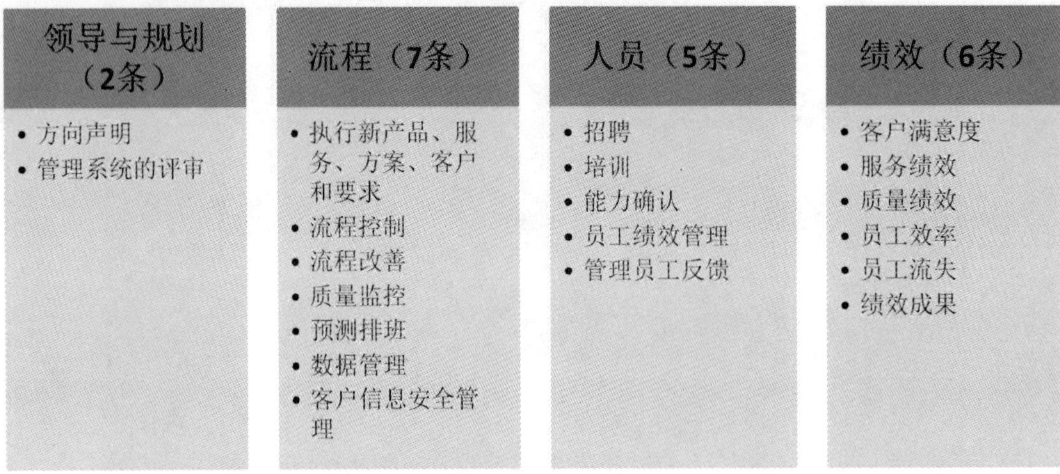

图3　COPC—2000标准框架

（二）高绩效管理体系的实践运用

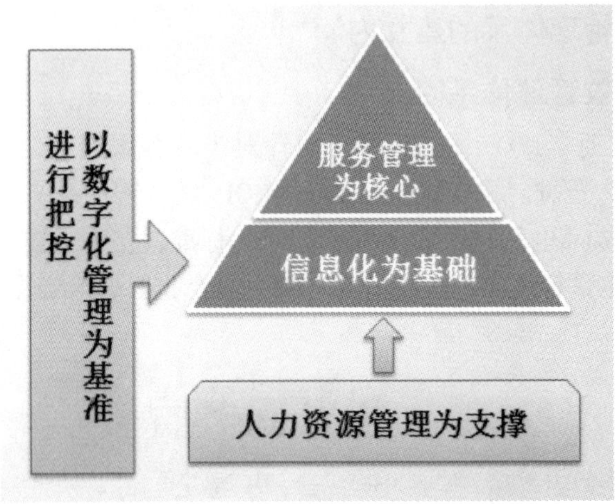

图4　96777热线服务部高绩效管理模型示意

96777热线服务部依托高绩效管理体系，根据现实需求，有层次，有侧重地设计了符合96777热线服务部现状的，切实解决现行管理漏洞的高绩效管理模型。即建立以信息化管理为基础，以服务管理为核心，以人力资源管理为服务支撑的管理模型。同时，在服务质量上，以数字化管理为基准，进行把控。

表2　96777 管理模型内容

基础	核心	支撑
信息化	流程 服务质量 服务范围	人员

1. 重视流程管理

流程作为贯穿呼叫中心管理的主线，对其运行的控制直接影响着各项绩效目标的完成。

2. 重视服务质量

呼叫中心只有以服务质量为中心，以全员参与为基础，通过让客户满意和所有员工及社会受益才能达到长期成功的目标。

3. 重视人力资源管理

96777热线服务部的工作充分体现了劳动密集与知识密集，而呼叫中心的竞争优势和发展机会在很大程度上取决于一线服务人员的素质、能力和潜力。如何将一线服务人员的能力转化为企业真正的竞争力，是96777热线服务部人力资源管理的首要任务。

4. 重视绩效数字化管理

好的绩效考核可以对员工产生良好的正向激励，从而大大提高工作效率；反之，则会严重挫伤员工的工作积极性，甚至造成团队凝聚力的下降。用数据说话逐渐成为管理者和员工进行良性沟通的有力依据。

三、呼叫中心高绩效管理体系建立的主要做法

（一）以信息化管理为基础创建全新的客户管理系统

1. 燃气客户管理系统简介

燃气客户管理系统整合了原有96777热线系统中的电话接听、工单流转、来电分析、回访测评以及报表统计等多项功能，通过应用强大的Siebel软件，实现了客户的360度视图展示，保证客户信息准确性和完整性；系统的纵向扩展，使客户端延伸至燃气集团的各服务窗口单位，利用与客户接触的服务窗口进行客户信息的收集和更新；同时也确保了对服务过程各环节的监控，强化了服务质量控制。系统中的海量资料存储，记录了客户与燃气集团的交互历史，便捷的信息查询方式，为快速解决客户诉求提供了有力的保障。

新系统充分考虑依托信息化手段进行有效管理，将此前手工管理一步升级为电子化管理。

（1）录音查询系统

录音查询系统更加智能，多路由、组合查询将查询时间大大缩短，人工效率得到有效保障。

（2）考勤排班系统

考勤排班功能由系统实现，原来的管理中人为因素被彻底杜绝，对此类硬性的考核指标，更加公正、公平和公开。

（3）考核系统

考核系统突出及时、实用，从深层次含义来说，新的考核系统不是为区分所谓人员能力、素质高低，新考核系统重点关注的是如何提高人员整体工作效率，即以简便易用的方式将各项知识赋予员工。

（4）质检系统

新系统的质检功能不但将质检工作定义为监督、管控燃气服务工作的重要关口，更发挥质检工作衍生出来的优势。把质检出来的问题集中起来、分析归类，最终使服务质量得到提高。

（5）知识库的建设与利用

新系统在建设过程中，管理人员将原有的资料文档全部录入新整合的知识库系统中，通过对知识库系统的科学化管理，让知识条目编排得当，知识内容集中易查，员工在使用知识库时得心应手。

2. 燃气客户管理系统使用成效

96777热线服务部十分重视客户管理系统的建设工作，强调建立优质服务机制，实现与客户良性互动，为客户创造价值，服务节约型社会。利用客户管理系统方便、快捷的服务方式，赋予其服务调度、服务监督、服务质量分析、信息汇总等职责。96777热线服务部按照集团公司的要求，不断地改进客户管理系统的服务方式、方法、内容，并取得了良好的效果。

（1）统一集中式服务受理

实现了全市客户业务需求集中受理并具备以下特点：

A. 服务范围整体化

96777燃气客户服务热线覆盖了北京市，预计580万客户，为公司集约化发展、精细化管理提供了条件，信息收集更加方便、准确，信息反馈更加快捷。

B. 服务标准统一化

客户管理系统提供知识库，对客户关注的问题、燃气服务规范、燃气基础知识等及时发布在知识库中，话务人员在回答客户问题和处理业务时，可以便捷地得到技术支持，为统一对外服务标准打下基础。

（2）个性精细的服务方法

A. 差异化

客户管理系统支持根据话务人员的岗位技能条件，分组设计不同类型坐席，例如：天然气业务组、液化气业务组等。可以根据不同客户的需求，提供更加专业化的服务，使客户随时随地的沟通信息、监控服务质量。

B. 精细化

客户管理系统根据客户类型的不同，设置黑红名单，对用户进行分级管理。合理安排线路的使用，提高服务效率。

（3）实施严格的质量监控

客户管理系统抓住服务客户的每个接触点和信息传递过程，随时进行监控，及时催办各项可能超时完成的工作。

系统的开发极大地满足了客户的需求，96777服务热线将客户反馈的建议提供给集团公司的生产管理部门，以供制定最合理的经营策略、为客户提供最佳的客户体验；将客户的故障报修最快速地通知相关部门，尽速处理突发问题，保障客户的权益；定期回访客户，了解客户最直接的使用感受，为生产管理部门提供相应数据，以供有效地调度，提高集团公司整体的服务质量。新系统的建成不仅加强了96777服务热线对客户服务的响应速度和服务质量，还为开展各项管理工作奠定了夯实的基础。

（二）以服务管理为核心建立高效的全业务平台

1. 服务流程的优化

流程作为贯穿呼叫中心管理的主线，对其运行的控制直接影响着各项绩效目标完成。因此，96777服务热线针对现有服务方式和业务种类制定并梳理了贯穿于客户服务全过程的操作和实施流程，对流程中的每个环节进行控制和监督，并针对流程中出现重大波动和偏差的行为进行及时分析，查找原因，制定可行性措施。

96777服务热线整体业务根据不同服务功能，划分成四大模块：基础业务模块、增值业务模块、社会职责业务模块、服务支撑模块，覆盖96777呼叫中心运营过程中的全部业务，并制作相应流程手册。包括呼入业务（报修业务受理流程、咨询业务受理流程、投表建业务受理流程、服务营销流程等）、呼出业务（回呼业务受理流程、满意度调查、主动营销流程等）、内部管理流程（录音电话监听工作流程、巡检质检工作流程等）、服务支撑流程（突发情况应急流程、人员招聘流程、人员培训流程等）。

下面以报修业务受理流程为例，进行说明：

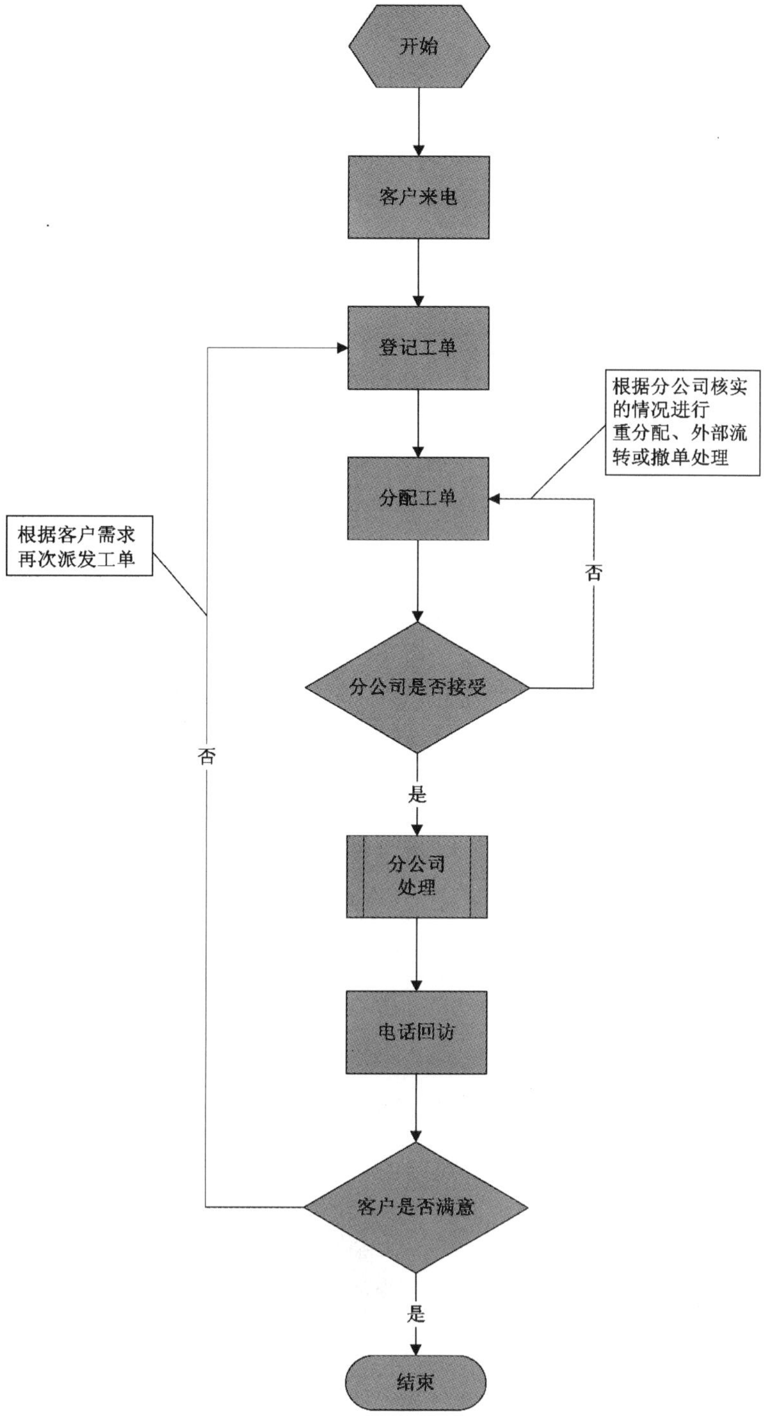

图5　报修业务受理流程图

表 3　报修受理业务流程说明

流程名称	报修业务受理流程	流程说明	三级业务流程	
控制目的	为了保证 96777 热线的服务质量和新系统的运行顺畅，规范客户报修业务的受理过程			
流程步骤	工作内容的简要描述	涉及组织	输入	输出
1. 接听	客户电话进线后，话务员在振铃三次内接听	96777	客户来电	客户信息

续表

流程步骤	工作内容的简要描述	涉及组织	输入	输出
2. 受理	话务员根据客户需求登记工单	96777	客户信息	客户需求
3. 派发	1）根据业务要求和管辖属地将工单派发到分子公司； 2）分子公司核实后，需由其他单位配合处理的，经分子公司驳回或流转后，重新派发至相应的处理单位	96777	客户需求	处理结果
4. 回访	1）分公司上门服务后，由 96777 进行电话回访； 2）电话回访不满意的，由 96777 重新派发工单至分子公司继续处理，直至客户满意为止	96777	处理结果	回访满意

将报修受理业务流程进行了优化，去除繁冗重复性环节，添加相应回访环节，使其管理形成闭环。在保证流程完整性的同时，达到流程的最简化。

通过流程的制定既保证服务过程、客户体验的一致性，同时能够有效控制处理时长等员工效率指标，从而确保服务水平等绩效目标的顺利达成。通过流程的制定、控制、优化和整合，96777服务热线员工的工时利用率和平均处理时长等效率目标有了明显提升，其中，员工的工时利用率得到明显改善，大幅降低了服务成本。

2. 服务质量的把控

一个组织只有以质量为中心，以全员参与为基础，通过让客户满意和本组织所有成员及社会收益才能达到长期成功的目标，使得客户服务不再是附属品，而是企业经营链条中重要一环，它将不再是被动等待客户的投诉和机械式解决客户的咨询，而是演变为一种艺术，主动承担着质量过失弥补的职责。

96777服务热线的质量监控打破了以往单一的质量检查方式，分别采取随机抓取、定期统计、有针对性地抽检等多种方式从礼仪（10%）、话量（20%）、服务（20%）、业务（50%）四个方面对坐席人员进行综合质检。不再是将质量监控看成是单一的检验服务质量的工具，关注的是员工在接听每一通电话过程中的质量，进一步使其成为推动流程优化和绩效改善的手段。并且对质量监控成绩和客户满意度进行一系列的相关性分析，从质量检测方案层面和员工个体层面分别制定绩效改善行动方案。在提升热线服务品质的同时推进客户满意度的持续改进。同时，96777服务热线对服务质量也采取了偏差管理，如：对于连续三个月服务质量未达标的员工，采取离岗培训措施，通过培训进行服务技能的再确认，来决定其是否可以胜任服务岗位。实践表明，这一举措对于提升员工的服务意识有着无形的促进作用。

此外，96777服务热线还建立质检监控标准模型，通过标准，提升质检人员的岗位素质，统一质检标准，提升质检工作的可重复性。可复制性和准确性，这也是确保服务和客户体验一致的一种有效手段，为质检措施提供了品质保证，从根本上提升质量监督指导的实效，并取得积极进展。

通过质检工作的积极有效开展，96777在服务质量的管理上达到了实时监督当前呼叫中心的服务质量和服务水平，了解坐席目前的工作状态和存在的问题；对热线工作进行了全面的跟踪与分析，并实时对出现的问题进行纠正并提出改进建议。此外，还保证了有针对性地为培训提供目标依据，为呼叫中心的考核提供了有效的数据基础。

3. 服务范围的扩大

（1）与集团公司线下销售网点的对接

96777服务热线在完成了新系统的更新后，集团公司开始关注以前只被认为是成本中心的服务窗口。

呼叫中心从单一的服务功能扩展到具有营销功能，会使集团公司获得商机和利润，同时因为呼叫中心快捷、优质的服务提高用户对企业的黏合度、忠诚度，再有就是呼叫中心这个营销渠道是所有渠道中销售成本最低的，96777服务热线拓展营销功能是必然趋势。

目前，集团公司拥有20家线下销售网点，即客户服务中心5S店。5S店成立至今，将近4年。虽然，5S店一直在做着宣传工作，但是宣传的实际效果并不明显，甚至还有许多客户都不知道5S店的主要职能是销售燃气终端产品。对于价格来说，很多客户会更倾心于国美、苏宁等电器连锁店所给出的价格，会主观地认为，5S店销售的产品价格会偏高。然而，就现阶段来讲，5S店的产品价格与其他电器连锁店所给出的价格基本持平，有些甚至会略低于一些电器连锁店。

那么，在现阶段解决这一问题的办法，就是加强宣传力度，做到有效宣传。就宣传渠道的问题来说，5S店的宣传工作应该多渠道，多管齐下，不拘泥于一种形式的宣传。利用公益讲座、电视、96777服务热线、报纸、网络多种方式，找出性价比高的宣传组合，进行有效地宣传，从而达到良好的营销效果。

在宣传渠道的选择中，96777服务热线是集团公司较有影响力及知名度的对外服务窗口，其多年来，一直秉承的“一点接触，全面服务；一线接通，全程服务”的服务宗旨，已深入人心，在群众中具有较好的公信度。其次，随着燃气事业的开展，截至2012年，96777服务热线日均呼入量达到3890个，成为用户与企业联系最频繁的渠道。第三、较之广播、电视、报纸等形式的广告，通过96777服务热线进行宣传的方式，是成本最低的。因此，不管是从成本或影响力上来说，利用现有集团对外窗口96777服务热线进行宣传，都占有较大的优势。

通过与5S店的对接，从而达到宣传与增值的双赢。下面以96777服务热线一个呼入流程为例，说明在一个以用户为中心的客户接触流程中，话务员可以开展的客户接触活动及与5S店的对接方式。

当用户致电96777服务热线时，话务员首先要识别客户个性化信息，其中包括：该号码是否曾经拨打过96777；用户属性数据；用户服务数据；用户行为数据；用户消费心理类型（高端/时尚/节约/商务）；通过首印象判断后，话务员与用户沟通，得到用户需求，包括报修、咨询、建议、表扬、投诉等。倾听用户需求，寻找营销机会，例如：燃气用具故障等。当话务员判断出用户潜在需求时，可以采取主动服务，例如：推荐用户可以去附近5S店，到店购买相关燃气用具、帮助用户在线下单。用户自行判断是否需要所提供的帮助。话务员根据用户判断，选择下一步的服务内容，包括主动服务/关怀、主动营销、信息收集等，最终结束通话。

采取这样的方式，不仅可以达到对5S店的宣传，同时还为5S店带来了销售量。为了激发用户的购买量，在价格的设置上，通过96777服务热线订购燃气用具或通过96777介绍到5S店购买燃气具的用户，可以得到一定的折扣优惠。

（2）IVR语音账务查询

IVR（InteractiveVoiceResponse），即互动式语音应答，只需用电话即可进入服务中心，根据提示操作。可以根据用户输入的内容播放有关的信息。使用IVR可以使用户一天24小时随时都能得到信息服务，提高服务质量，以及协调用户操作过程。

目前，96777服务热线整合普表客户信息，并将账务查询系统与话务系统集成，使普表客户在对自身燃气账务方面有疑问时，可通过自身唯一的客户编码，自助查询相关信息。

96777服务热线通过添加IVR语音账务查询，可并发处理多路来电，会极大降低客户听到忙音或途中放弃的概率，提高客户满意程度的同时，也减少了话音人员工作量。

（3）网上96777

在网络快速发展的今天，呼叫中心已不再是单一的电话服务。在传统的电话服务基础上，开拓网络服务，以满足更多客户的需求，提升服务效率。目前，网上96777包括网上咨询、网上缴费、预约服务、在线报装、网络推广等多项功能。

（4）预约巡检业务

预约巡检工作是96777热线服务部根据日常巡检工作开发的特色化服务。由于用户个体原因，总会有无法配合日常巡检的情况出现，本着对燃气用户高度负责的态度，96777热线服务与集团下属公司开展了预约巡检业务。用户不用再担心正常巡检时家中无人影响安全巡检，只要用户拨打96777服务热线进行预约，属地巡检部门就能与用户联系进行上门巡检。另外针对集团公司新修订居民用户巡检工作程序对集团分、子公司巡检区域属地社区部门的抽查回访，实现质检工作效能，充分发挥回访作用，以确保巡检工作的质量。

（5）服务进社区

96777服务热线不再单单是通过一根电话线联系用户，而要打破传统电话服务，让用户感受到最真切的服务。至今，96777热线服务部承办了20场以“绿色燃气、服务社区”为主题的服务宣传专场演出，将燃气安全送进社区，与百姓面对面地沟通。此次巡演以相声、小品、戏曲、歌舞等多种形式，并在活动现场布置了图文并茂、通俗易懂的展板及多种多样的燃气安全使用宣传单，内容涉及天然气的基本性质、设备安装、日常使用和安全知识。累计上万名社区群众观看了演出，社会反响强烈。

（三）以人力资源管理为支撑打造积极向上的服务团队

1. 以“三新”带“三心”

“三新”带“三心”，即以“新系统、新职场、新形象”带动“专业安心、尽责放心、微笑舒心”。

（1）以新系统应用为契机，打造专业安心

96777服务部紧密围绕集团公司各项经营目标，充分利用96777呼叫中心的资源和平台优势，摆脱过去业务单一模式，在整个IT架构上实现渠道、流程以及数据的统一和整合。为客户提供差异化服务，提供客户所期望的客户体验，提高客户满意度和忠诚度。从而，更好地保证集团公司“以用户的需求为导向，为用户提供全面、周到、体贴、专业的服务”的宗旨。

（2）以新职场建成为契机，实现尽责放心

新职场的启用，不仅让96777的环境比以前有了很大程度地改善，而且温馨、人性化的设计让员工乐于在这样的环境里工作。新职场采用人性化、智能化的设计、装修，完全以数字化模式为运行基础，提高了服务效率。同时，强调员工的敬业精神、工作能力和工作绩效的统一，既要重态度、重精神，更要注重实际能力和工作绩效，实现尽责以放心。

（3）以新形象转变为契机，形成微笑舒心

新系统、新职场的启用，硬件上的提升，促使96777热线服务部在软件上也要跟上步伐，其中人的因素至关重要。“真诚的微笑+细心的倾听+认真的对待+准确的反馈+尽责的追问=满意的服务”这是96777每位员工熟知的公式。工作上，互相尊重，求同存异，共同发展；生活上，也力求多姿多彩，团结友爱，时刻洋溢着浓厚的人文理念，以崭新的形象来共同打造优秀的服务团队。

2. 人员管理

呼叫中心人力资源从选、用、育、留着手，并直接决定了服务质量、水平及客户的评价。因此96777热线服务部从招聘到培训制定了环环相扣的流程。在招聘上采取了“五步法”，即履历筛选，电话初试，笔试，计算机操作考试和综合面试。并且根据预测的人员需求数、人员到达数、培训通过率来考核招聘的及时率与招聘质量。通过现场实习通过率来考核培训质量，从而形成了从源头来确保人员的素质。

在人员需求满足了客户服务的需求后，96777热线服务部通过业务预测，科学排班，合理配置坐席，来进一步强化人力资源管理，以提高热线的接通率和员工的工时利用率。为提高员工工时利用率，合理使用人力资源，96777热线服务部根据话务量预测，利用排班系统，改革了原有的排班模式。在流程设计上，创造了“话务预测—坐席预测—班次设计—资源规划—人员编排—排版调整—风险评估”的交互式排班流程，确保了权责明确，极大地提高了运转效率。目前，通过人力资源的合理利用和科学管理，单位电话人工服务成本明显下降，员工效率显著提高。

培训工作则分为岗前培训—在岗培训—离岗培训三大模块。首先，通过入职培训，进行燃气常识、业务知识、受理技巧、系统应用、礼仪规范等知识的总体学习，使新入职的员工对业务有整体认识，从知识、技术、态度三方面入手，以理论知识为基础，通过见习接听，不断强化理论知识，提高专业技术。将业务课程与通用技巧类课程穿插进行。打破了以往培训中传统课堂讲授的模式，采用音频、视频等多媒体为辅的互动式教学模式，以此促进新员工对业务知识的接受力，提起学习的兴趣。在工作中，通过在岗培训中对工作中出现的共性问题进行集中讲解，使人员服务技巧得到整体提升。同时，根据每月考核结果，连续三个月月度考核不合格的人员，将采取离岗培训，对其业务技能和服务技能进行再造。

3. 绩效数字化管理

96777热线服务部通过数字化管理，推动现场管理人员对热线运营情况进行了每日、每周和每月的总结，从源头开始采取积极有效的行动方案，自下而上的践行数据管理，提升了现场管理人员的综合能力和管理水平，形成了人人学会用数据分析进行改进提高的氛围。

96777热线服务部对一线话务人员工作状态进行科学量化手段，采集大量数据进行测算评估。具体做法为：对一线话务人员上班时间分成“接听”和“小休”两个板块。“接听板块”进一步细化，形成振铃、通话、处理、等待多种量化状态；同样“小休板块”由就餐休、会议休、其他休、工间休等量化状态组成。量化过程通过“软电话”功能完成，把每一个特定工作或小休状态记录保存，实时地存储在系统中。96777热线服务部对工作状态的实行量化考核，不仅规范了话务人员的工作习惯，减少随意性，而且为管理效率指标的量化选取创造了良好的条件，提供了大量数字化基础。

四、呼叫中心高绩效管理体系的建立背景

（一）运营情况对比

96777热线服务部的转变可以通过以下几个方面展示出来：

表4　96777热线服务部运营状况对比

项目 内容	创新前	创新后
接通率	85%	98%
人员流失率	＞ 30%	＜ 30%
平均振铃时长	10—15秒	3—4秒
平均通话时长	240秒	120秒
平均话后处理时长	40—60秒	7—15秒
业务范围	天然气	天然气、液化气、CNG
呼叫中心功能	单一的服务功能	包含电话营销、网上96777、信息反馈等多种业务功能
在客户价值链中的位置	客户价值链的最后端	客户关系管理的最前端
从客户接触方式	以电话为主的接触方式	包含电话、E-mail、网站、短信等多种接触形式
企业内部	咨询解释窗口、投诉处理部门是成本中心	营销渠道、信息中心、利润中心、客服中心

（二）《96777运营管理手册》的发布

此外，96777热线服务部大胆开展工作，不畏没有先例、无经验参考等困难，自行编写出一套符合新职场、新系统要求的全新的《96777运营管理手册》。手册的发布标志着96777服务热线在制度建设、流程优化方面取得了初步成效。同时，为了切实保障《手册》的严肃性、完整性、可操作性，从而加强制度的执行力。96777热线服务部不断对《手册》进行修编。在《手册》修编过程中，参照先进的管理思想，科学的分类，严谨地梳理了各项业务流程。为了能体现出客户360度视图展示，按新系统的功能特点，将回访业务并入到报修、投诉、建议等业务流程中，形成了完整的服务闭环。大大提高了业务流程的清晰化、具体化。从而，进一步提高了96777热线服务的规范化。同时，在修订过程中，总结经验，查找不足，不断完善《手册》内容，形成闭环管理。从而符合集团公司业务发展进程，紧跟集团公司发展思路，对集团公司业务发展及变化情况及时做出反馈，与时俱进，使《手册》真正能为员工提供帮助。

（三）社会效益

北京燃气96777服务热线认真执行北京燃气“让用户满意，对社会负责”的服务宗旨，在企业和用户之间架起了沟通的桥梁，关系到千家万户，是北京燃气对外的一扇窗口，代表着燃气集团的形象、承担着公用服务行业的责任。通过优质服务和广泛宣传，树立了北京燃气安全可靠、放心安心的品牌形象，有效规范了燃气市场，减少了非法燃气小广告。热线的两头一头联系企业，一头联系百姓。96777服务热线在为民服务的实践中总结了很好的经验，如“三心服务”、“安全服务进社区”、“百姓燃气安全知识大讲堂”、液化气送气、燃气非紧急救助、专业的燃气用具及燃气安全产品的销售、安装等多样化服务，赢得了广大市民的认可和信赖，现在北京市民只要提到96777就会想到燃气，对燃气有需求就会首先想到拨打96777。

与此同时，96777热线服务部先后获得了中国质量万里行促进会宣传认证，荣获由全国妇联、全国总工会、北京市总工会授予的“全国巾帼文明示范窗口”、“全国女职工先进集体”、“全国工人先锋号”和“首都劳动奖状”、“北京市三八红旗集体、北京市便民工作电话优秀单位”等光荣称号。

服务只有更好，没有最好；满意只有起点，没有终点。96777服务热线必将沿着燃气集团整体发展战略的指引，进一步深化服务理念、保持燃气精神、创新服务机制、提升服务质量，尽最大努力为广大用户提供更优质、更高效、更诚挚的全心服务，用最尽心的关怀、最专业的解答、最优质的服务向客户传递北京燃气的声音：专业以安心，尽责以放心，微笑以舒心，谱写北京燃气“服务社会，造福民生”的新篇章。

成果创造人：王　红　王树强　王祎祎　许梦玉

运用“4×3 安全达标管理法”提升班组管理水平

北京市燃气集团有限责任公司高压管网分公司

荣获第二十八届北京市企业管理现代化创新成果一等奖

北京市燃气集团有限责任公司高压管网分公司（以下简称“分公司”）隶属于北京市燃气集团（以下简称“集团公司”），它是从事高压力级制（0.4—4.0MPa）管网管理的专业化公司，负责燃气高压管网及输配场站的日常运行、巡检、用户发展工程的带气切接线作业及管网急、抢修业务。多年来，分公司秉承集团公司“气融万物惠泽万家”的企业理念，弘扬“安全、尽责、专业、融合”的企业精神，圆满完成了十八里店乡切改线、地铁十号线切改线、地铁七号线切改线、松榆里供热厂锅炉煤改气等一系列北京市重点工程项目配合工作，通过在这些工作中运用“4×3安全达标管理法”，提高了班组的各项工作的管理水平，连续保持了安全“零事故”的目标。为了安全“零事故”这一目标，北京燃气人前赴后继，始终坚守在自己的岗位上，作为北京燃气安全供气的一个前沿阵地，高压管网分公司运行三所运行一班，默默地行走在自己的管线上，义不容辞地保障着燃气管网生产安全。说起运行一班首先要介绍运行三所，运行三所成立于2009年，主要负责接收来自天津大张坨储气库的天然气，经计量、过滤、调压、加臭等工艺，向城市管网配送，并负责部分燃气外管网设备设施的运行、维护和配合抢修、抢险等工作，辖区内（28）座调压站箱、125座闸井，以及170公里管线的安全运行工作，作为燃气安全运行管理的专业单位，运行三所紧紧围绕安全稳定供气任务，加强班组建设，有效提升班组安全管理水平和服务水平，积极开展创建安全和谐班组。为此，运行三所运行一班本着服务保障首都安全稳定供气的宗旨，坚持“精细、严格、求实、创新”的工作方针，以设备安全管理为基础，以安全技能培训为重点，以安全制度建设为保障，以安全文化建设为引领，积极开展各类安全达标竞赛活动，在长期燃气安全运行管理实践中，逐步摸索总结出一套“4×3安全达标管理法”，并且取得了一定效果，在集团公司和同系统内进行了推广宣传，实现了自班组成立以来安全“零”事故的成绩。该班现有职工10人，其中男职工8名，女职工2名（调压工4名，管道工6名），平均年龄38岁，主要负责北京京通路以南、中轴路以东、四环路以内区域及小红门博大路沿线燃气设施的安全运行保障工作。所管辖燃气设施有次高压A调压站7座、次高压A调压箱5座、中低压调压箱4座、次高压A闸井19座、合槽闸井9座，中A闸井5座，次高压A管线32公里。

一、运用“4×3安全达标管理法”提升班组管理水平的背景

2009年集团公司组织优化，分公司运行三所运行一班随之成立。班组成员主要来自北京炼焦化学厂、北京市煤气用具厂以及复转军人，人员构成较为复杂，很多职工从事燃气工作时间较短，专业技术水平有限，缺乏实际工作经验，独立完成日常工作及大型作业较为困难，造成作业现场操作不流畅，存在安全隐患。同时，班组缺少严格的规章制度，安全管理工作目标很难达到100%，其中安全隐患排除率达到95%；故障处理及时率达到96%；应急响应45分钟到达率达到90%；原因分析有效率达到95%；导致班组管理水平很难提高。分公司各个班组正处在快速发展时期，各单位生产节奏明显加快，班组作为企业的细胞，各项管理要进一步创新。作为一个保障型一线班组，如何才能规范班组管理水平，为社会、为企业服务，是我们管理创新工作的重点。分析原因后班长带领班组成员，在日常的工作中不放过各个工作环节，积极发掘易操作、易记牢的工作方式方法，以达到安全生产，增强班组建设管理水平的目的，故产生了“4×3安全达标管理法”。“4×3安全达标管理法”是基于燃气安全运行管理的实际工作内容和特点，以安全管理为重点内容的基层班组管理创新成果。

二、运用“4×3安全达标管理法”提升班组管理水平的内涵

“4×3安全达标管理法”，“4”：即四个层次。燃气安全运行工作包括巡线、检修、施工配合、防外力破坏、安全保驾等众多内容，是一项点多、线长、面广的立体式复杂工程。通过对复杂的燃气管线安全运行管理工作内容进行梳理、总结，抓住本质因素，将安全运行管理工作划分为物质、行为、制度和精神四个从低级到高级、从客观到主观、从静态到动态、从有形到无形的管理层面，每一个管理层面就像一个阶梯，每上升一个“阶梯”，安全管理水平就提高到一个更高层次。

“3”：即三个指标。基于长期运行管理的实践，抓住每个安全管理层面最为核心的3个要素，作为检验安全工作的主要指标。围绕指标开展安全达标班组建设，不断丰富、细化和创新指标内涵，努力实现安全管理工作“纵到底，横到边”。具体为：

物质层：设备安全达标、现场安全达标、环境安全达标

行为层：安全知识达标、安全技能达标、安全操作达标

制度层：安全责任达标、安全监督达标、安全激励达标

精神层：安全意识达标、安全理念达标、安全文化达标

“4×3安全达标管理法”基于燃气安全运行管理的实际工作内容，既突出层次性，又确保覆盖面，不仅仅是一种安全管理方法，更蕴涵着运行一班在长期安全运行工作中总结出的安全理念、管理目标和精神追求。

安全乘法原理：安全稳定供气是燃气基层班组安全管理工作追求的核心目标，处在“等式”的右边，影响安全稳定供气的各个因素（具有一定层次性的指标）处在等式的左边，只有当等式左边的每一个层次、每一个指标都是安全的，结果才可能安全。如果任何一项为“0”，那么安全稳定供气的目标就为“0”。因此，不能放过任何一个影响安全的隐患、不能容忍任何一个影响安全的操作、不能滋生任何一个影响安全的念头。

阶梯管理和阶梯精神：管理具有一定的层次性，用“阶梯”象征管理层次的不断提升，一方面，这是一种方法论，安全目标的实现是一个从低级到高级、从客观到主观、从静态到动态、从有形到无形的不断升华的过程。另一方面，“阶梯”同时也表达一种精神，阶梯代表着不断向上延伸、不断追求卓越的意象，每一层阶梯都是一个从量变到质变的转折，是一种不断攀升，永不气馁的精神力量。运行一班肩负安全重责，是“阶梯”上的攀登者，从“要我安全”→到“我能安全”→到“我要安全”→再到“我为安全”，不断提升、永远进取、成就卓越。

三、运用“4×3安全达标管理法”提升班组管理水平的主要做法

通过在运行三所运行一班经过2年对“4×3安全达标管理法”的深层次的研究、探索和深化，提高了班组成员的安全知识、安全技能，保证了安全“零”事故，强化了安全稳定供气。具体成果实施如下：

（一）细化“物质层”，促进本质安全

1. 设备安全达标

坚持查找设备隐患“三不放过”原则，即安全隐患不排除不放过，故障处理不彻底不放过，原因分析不清楚不放过。实行“设备隐患逆向排查法”和“无责任汇报制度”，自下而上排查隐患，随时汇报隐患，找出隐患并及时主动汇报，不追究责任，克服了定时、定点、定人的常规隐患排查可能存在时间差漏洞、习惯性盲点、死点等各种情况。在班组内开展“设备达标评级”活动，以设备维护保养情况、维检修计划执行情况、设备台账填写情况、特种设备管理情况等作为细化指标，开展达标考核和竞赛评级，并认真检查管辖区的设备管理情况，能经常性地认真查找设备管理工作中存在的问题及薄弱环节，以便针对具体问题尽快研究制定正确有效的解决方法。对完善设备管理实行“三表合一”记录法。班组根据工作需要，时常会对调压站、调压箱及闸井开闭状态进行调节。由于班组负责的设备较多，为避免时间久后忘记其运行状态，班长就实际工作情况制作了“调压站、箱运行状态表”、“闸井运行状

态表”和“计划任务完成情况一览表”。“调压站、箱运行状态表”不仅标明了该站、箱的运行状态，还对每路调压器、过滤器的运行情况进行明确标注。“闸井运行状态表”在标明开闭状态下，还注明了各闸井的管道管径、调长器波段、阀门类型和放散管径。并且各调压站、箱、闸井均明确了负责人。此外，班组还将每年必做的工作，如PDA运行、五米线检测、压力表更换等十四项内容依次列出，分别用12个月表示，制作出“计划任务完成情况一览表”，完成了哪项工作便在当月区域内标注“已完成”字样。班组将“三表”共同上墙，既方便查看和更换，又避免了不必要的错误出现。

2. 现场安全达标

做到生产现场“五化”，即“整洁化、清晰化、条理化、定置化、标准化”。实行6S管理，按照安全要求，规范各类台账格式，统一制作目录标签，分类摆放。对办公环境、硬件设施进行统一定置，统一标识，并责任到人。建立统一规范的安全目视系统，在调压站箱门口、管道、灭火器等显著部位设置安全提示牌、使用方法标牌等。调压站、箱外应有明显的各种安全标识牌，标识要清晰。内外环境保持清洁化。

3. 环境安全达标

针对野蛮施工造成管道的破坏、燃气井盖丢失、违章建筑占压管线等威胁燃气安全的主要外部环境，运行一班要求巡线员“三勤、一及时”。“三勤”即“勤说”，要说出管网准确位置，预防外力破坏；“勤看”，施工现场进度快，要经常看，确保监护不缺失；“勤问”，施工现场局面复杂，要问清施工走向做到提前交底。“一及时”：有问题及时向上级汇报，把隐患消灭在萌芽中，把工作关口前移。全方位、多角度、多层次地对班组管辖的站箱井进行了全面细致的安全检查，依据分公司绩效考核相关标准，对检查中发现的问题，依据“四定四不推”的原则进行处理。对重点施工配合工程建立了独立档案，将各类施工进行分类，完善每一项施工配合档案的内容，同时对每项施工配合进行有针对性地监控，严格记录，通过电话对接，实地巡检，将燃气设备设施详细告知施工方，并严格签署施工配合单。对待违章消除工作，保持严谨的工作态度，将违章占压情况核实清楚，另一方面与属地街道乡镇等政府部门保持紧密联系，坚决杜绝新发违章，尽全力消除已有违章。针对投运年限较长的老旧管线、抢修抢险次数多发的管线、施工区域内的管线以及存在安全隐患的管线进行了严格细致的排查。结合五米线检测、泄漏检测工作，将重点排查管线进行分类部署，严查重点管线的同时，覆盖全班管辖范围内管线。

（二）固化“行为层”，促进过程安全

1. 安全知识达标

坚持安全知识、技能培训“四个一”，即每天讲一个安全生产技术问题，每月进行一次岗位练兵活动，每季度开展一次应急预案演练，每年进行一次安全知识技能综合达标考核。开展“班前5分钟安全经验分享”活动，将生活中、工作中、亲身遇到或了解到的安全事故积极与成员分享，对照事故分析原因、总结教训、查找漏洞。每天要求有一名班组人员在班前会上进行安全经验分享，每月有一天班长带领组员在调压站进行调压演练操作，促使大家提高职工安全生产的操作技能，增强职工自我保护能力和事故防控意识，有效控制安全事故的发生，并经常开展应急预案的演练和学习，让班组人员熟知预案内容、步骤和发生应急抢险作业时知道自己应该干什么，如何应对，避免抢险混乱造成二次伤害等情况的发生，实现职工个人无违章，岗位无隐患，班组无事故，全面提升了班组安全执行力。

2. 安全技能达标

做到提高安全技能“三结合”，即与安全检查相结合、与技术练兵相结合、与安全竞赛相结合。开展班组成员人人担当“兼职小教员”活动，根据各自岗位和分工，参加相应的“基础知识+专业知识+基本技能”的“模块化”培训，掌握后担当兼职小教员，在班组成员中开展上下工序交叉学习活动，通过相互“传、帮、带”，实现一岗多能，提高班组成员安全风险识别和预防能力。在单位组织的技能比武中，班组有丰富业务经验及业务水平突出的师傅担当小教员，带动其他人员学习业务技能，并开展“师带徒”一帮一活动，提升班组安全生产技能水平。

3. 安全操作达标

做到安全操作程序化，严格按照《岗位操作规程》《安全技术规程》等标准进行操作，一环紧扣一环，做到“四负责”，即上道工序要对下道工序负责，环节要为整体负责，班组成员要对班组负责，班组要对企业负责。制定所辖范围内燃气管线处置预案，明确每段管线两端控制阀门、影响范围、责任人员及下游联系方式，并以“桌演”和现场演练的形式全面落实各项预案内容。为提高班组人员应对突发事故的能力，保证快速高效处理各类险情，班组经常以一处漏气闸井为题目进行桌面演练，随机选取两名运行人员手绘管网分布图和制作应急抢修方案，让其制定出快速处置方法，并组织其他人员对抢修方案进行交流探讨。通过多次演练的开展，班组人员的应急处置能力有了大幅度提高和改善，对抢险预案的掌握程度和战术水平也得到充分加强，明确了自己的职责和应急处置措施，具备了及时、正确处理突发事故的能力。

（三）强化“制度层”，促进常态安全

1. 安全责任达标

通过民主选举的方法，在班内设定“两长三员”，即班长、工会小组长、安全员、内勤员和设备材料员，明确各自的管理要求。同时在安全工作上，树立“每个人都是第一责任人、每个人都有监督责任，出了安全事故每个人都有直接责任”的思想意识。为进一步强化班组管理，做到责任落实到岗位、任务落实到人。班长与每一位班组人员都签订了各项目标管理责任书，并保证各项任务的落实完成，如有违反，按照单位的相关规定接受处罚。为使班组一天的工作有始有终，便于班组成员对工作了解和总结，班长建立起“班前会、班后会”制度。为使会议不流于形式、不走过场，打消职工“看惯了、干惯了、习惯了”的“三惯”思想，班组对如何开好班前会、班后会进行了细致研究，实行班前会“五必讲”，一是必讲本班作业现场情况；二是必讲作业方法；三是必讲工作中必须把握的安全环节；四是必讲隐患地点提出安全预防措施；五是必讲生产作业小故事。通过五必讲在班组人员工作中吸取经验和教训，时刻敲响警钟，将自身精神调整到最佳状态。班后会“一问、三分享”，“一问”，即我提问你回答，在总结一天工作情况后，由班组成员提出在作业中出现的问题或没有解决的问题，班长结合实际情况做出相应的解答，形成良好互动的气氛。“三分享”，即工作分享；安全分享；经验分享；运行一班坚持“传、帮、带”的优良传统，老职工将积累的经验分享给青年职工，在此熏陶下使他们能够尽快成长进步。

2. 安全督察达标

执行“六个必讲”和“六个必查”。“六个必讲”，即班前会，公司、班组的目标、任务必讲；严格按标准操作必讲；安全注意事项必讲；班后会违规违纪必讲；好人好事必讲；改进措施必讲。“六个必查”，即设备巡视必查；检修质量必查；违规操作必查；安全规范必查；生产现场必查；各项记录必查。另外，铁腕抓安全，狠心查“三违”，主动带上放大镜，把小题“大作”，对违章违纪行为百分百登记上报，对违章违纪者百分百按规定处罚。为加强安全及风险管理，提升安全管理水平，有效促进安全监管，增强班组职工的安全生产意识，保障班组职工的安全和健康，每月都进行班组安全自查工作，同时配合上级单位进行现场抽查，查找班组在安全生产中存在的问题，并及时整改，将安全工作精细化。

3. 安全激励达标

为增强班组凝聚力，提高员工队伍整体素质，促进企业发展，班组遵循“重实际、看贡献”优中选优的原则。建立安全达标奖励机制，设立班组安全奖励基金，年初每人提交100元，班组再拿出1000元，共同组成安全奖励基金，用于各项安全活动的奖励，对实现全面无安全事故的成员进行奖励，出现安全事故的，实行一票否决制，奖励全部予以扣罚，根据班组成员工作面貌、工作态度、工作能力、工作业绩，每月由本班组成员投票评选出“每月之星和突出贡献奖”，班组根据实际情况使用班组经费，对获奖职工进行奖励，以此激励班组成员提高工作干劲和工作斗志，在班组中形成“赶、帮、超”的工作氛围。

（四）深化“文化层”，促进核心安全

1. 安全意识达标

在班前安全教育中，认真执行“确认精神状态、灌输安全知识、交代安全注意事项、诵读安全理念、进行安全宣誓”“五个步骤”，使安全成为一种融入日常工作、生活的自觉习惯。开展“亲情寄语嘱安全”活动，让每一位成员家属在春节等传统节日，向自己的亲人送出安全关爱和嘱托，让成员从寄语中体会亲人字里行间渗透的爱意和期盼，增强成员的安全意识，把安全生产与家庭幸福、企业发展联系起来，构筑由“夫妻情、父母爱、子女愿”铸就的安全亲情防线。开展“党员示范班站”活动，制作了以“亮身份、明职责、树形象”为主题的宣传展板，充分调动班组党员的积极性。突出“党员示范带头”作用，将安全理念和安全精神传送到班组每一个人，有效提升班组安全管理水平和服务水平。

2. 安全理念达标

固守集团“安全是魂，预防在先”的安全理念，自觉执行企业各项安全规范，努力消灭一切安全隐患。信守“安全就是效益的理念”，常算“经济账”，做到效益与安全质量达标、安全效果、安全培训等紧密挂钩。坚守“三个可以”安全理念，即所有安全事故可以避免，只要用心；所有不安全行为可以改变，只要努力；“零”事故可以实现，只要坚持。开展“从细节出发，走安全之路”为主导思想的讨论活动进一步加强班组职工对安全工作尤其是细节管理的重要性的认识，牢固树立“生命至上，安全至尊”的核心价值观和安全理念，全面提高班组职工自我保护意识和安全责任意识，强化安全责任，细化安全管理，使各项安全管理制度、操作标准得以更好地贯彻执行，使安全防护、安全操作规程进一步落实到每项操作、每个环节、每个班组成员。《用文化筑就安全》一书中的事故案例，给我们带来的惨痛教训，提醒班组职工保持高度、清醒的认识，为了安全事故不再发生、为了悲剧不再重演，排除思想、行动中的安全隐患，把“安全是魂、预防在先”的安全理念落实在实际工作中，以严格的要求、严谨的态度、高度的责任、保证人身和管网的安全。班组成员牢固树立“安全生产无小事”的观念，坚持“安全责任入心、安全理念入脑、安全管理入手”的思想，全方位加强安全管理，夯实安全基础。精心编制了班组“安全理念”，即安全零事故，行为零三违，车辆零隐患，作业零失误。始终坚持把“安全”二字记在心间。运行一班实现了从“要我安全”到“我要安全”的转变，从而全方位加强了安全管理，有力地促进了班组安全工作开展。

3. 安全文化达标

坚持“五观察、五必访”，“五观察”，即上班观察表情、工作观察干劲、学习观察态度、吃饭观察饭量、休息观察言行；“五必访”，即成员有困难必访、成员病假必访、成员无故缺勤必访、成员婚丧事必访、成员生日必访，及时了解成员的思想情绪，身体状况等，使工作有针对性。坚持民主、公开、人性化管理，建设和谐班组、营造安全氛围。做到班组内任务公开、班务公开、考勤公开、奖惩公开等“四公开”。依托安全理念引导、团队精神聚人、亲情教育感染、素质技能提升、安全行为养成“五项措施”，用文化的力量，带好班组，护佑安全。班组工会小组长对班组人员的家庭情况要了如指掌，对家属生病的、有其他困难的职工，开展“送温暖”活动，努力为困难职工解决面临的实际问题，提供力所能及的支持与帮助，落实“五必访”制度，在班组职工之间架起一座沟通桥梁。提升班组的凝聚力，以班组安全文化建设为引领，积极创建安全和谐班组。

四、运用“4×3安全达标管理法”提升班组管理水平的效果

通过运行一班对“4×3安全达标管理法”的深化运用，在日常实际工作中不断地细化和挖掘实践管理经验，并取得了很好的成效。

（一）在设备管理上根据“4×3安全达标管理法”推行看板管理，用看板来调控整个班组的设备运行状态，每个人通过看板就清楚地知道设备当前运行状态和设备主要责任人，在设备运行和设备故障排除、维检修执行情况等工作中起到了重要的作用。自从实行4×3安全达标管理法以来，围绕设备安全工作，提出四个维度的硬性考核标准，首先，坚持查找设备隐患“三不放过”原则，在日常的运行管理过

程中，班组抓住每一个细节不放过，做到早发现、早处置、早上报，并以开展技术创新、小发明、小改革、小建议为班组创新和解决生产难题的一项重要载体。把工作中的老问题及难解决的问题进行研究。班组在设备维检修过程中发现调长器螺栓、过滤器拉杆等部位易生锈，又没有很好的保护措施，起初用报纸将抹了黄油的螺栓包裹住，但经过风吹雨淋报纸已不能将螺栓裹住，起不到保护作用。经过班组成员的细致研究和反复实验，最终发明了“螺栓保护套”。将普通的胶皮套管裁成与螺栓长短一致，从皮管一侧将其切开，再用皮管套住螺栓。使用后此办法既美观又保护了螺栓，并且便于检修操作。将问题在萌芽阶段处理妥善并初见成效。以2010年度实施前数据与2012年度实施后数据进行对比，如图1所示：

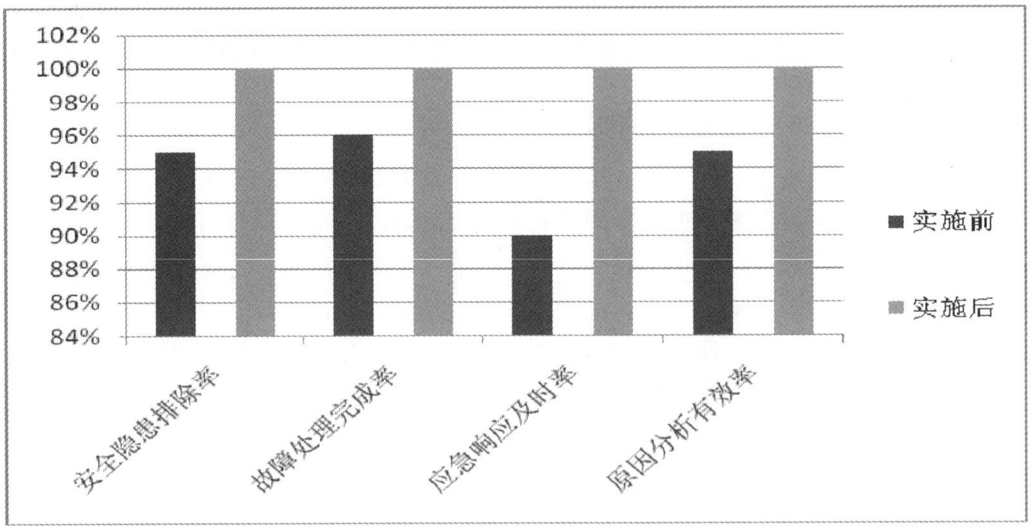

图1　班组事件处置对比图

在此基础上，推行班组“看板管理”，将班组所有设备运行状态统一显示，让职工对每日班组设备运行状态有直观、清晰的认识，明确责任人，为设备运行、故障排除、维检修等工作提供辅助作用。其次，实行“设备隐患逆向排查法”和“无责任汇报制度”，自下而上排查隐患，随时汇报隐患，找出隐患并及时主动汇报，不追究责任，克服了定时、定点、定人的常规隐患排查可能存在时间差漏洞、习惯性盲点、死点等各种情况。以2010年度实施前数据与2012年度实施后数据进行对比，如图2所示：

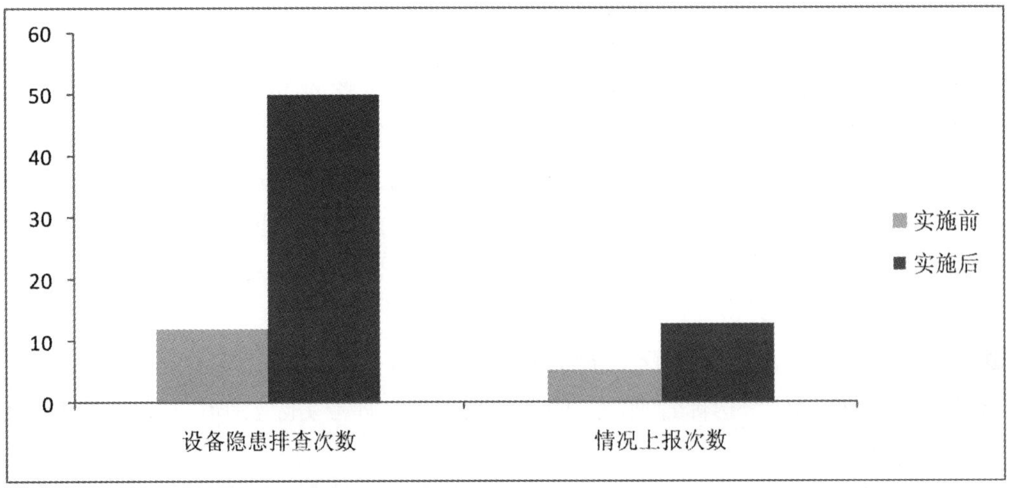

图2　班组设备设施排查情况对比图

结合所内维检修情况，在班组内开展“设备达标评级”活动，以设备维护保养情况、维检修计划执行情况、设备台账填写情况、特种设备管理情况等作为细化指标，开展达标考核和竞赛评级，将班组管辖内设备设施责任到人，实行“承包制”，形成班组内比学赶帮超的良性竞争发展氛围。

（二）根据“4×3安全达标管理法”在现场环境管理上，采用勤说、勤看和勤问的巡检方式，运行人员对自己所管辖的管线位置和范围要了如指掌，在运行中多宣传知识，勤看有无施工迹象，对有施工迹象的多打听多问，预防外力破坏，到目前为止取得了很好的效果，没有发生一次施工外力破坏。

（三）根据“4×3安全达标管理法”在班组安全管理上开展班前和班后会制度，它是班组保证安全生产有效措施之一，能够实现安全生产的预控性和可控性。利用班前会向职工宣传安全生产方针政策、分析当前安全生产状况、布置本班安全生产工作并提出具体要求，班前会实行“五必讲”，一是必讲本班作业现场情况并对相关作业进行交底。班长在作业前要对现场进行勘查，必须清楚和明确工作任务和作业范围，作业前向每位作业人员交底，做到“三清楚”，即作业任务清楚、现场作业程序清楚、作业使用工具清楚。二是必讲作业方法，确定相关环节负责人。班长要对作业方法进行讲解，班组成员积极参与分析，班长把作业任务的具体环节分配到每位作业人员，特别是多班组不同地点工作，要指定合格专责监护人，并交代所履行的责任。三是必讲工作中必须把握的安全环节。并且坚持做到“四项安全检查”，即出车前对车辆安全检查；作业前对工器具安全检查；作业时对作业环境、作业空间安全检查；作业后对作业现场安全检查。四是必讲隐患地点提出安全预防措施。班长对作业时可能出现的危险点及隐患进行分析，做好安全预防措施，作业前制定切实可行的防控预案，避免意外发生。五是必讲生产作业小故事。从他人工作中吸取经验和教训，时刻敲响警钟，将自身精神调整到最佳状态。班后会是对一天工作的完成情况和工作中存在的问题及不足进行分析总结。班后会做到“一问、三分享”。“一问”，即我提问你回答，在总结一天工作情况后，由班组成员提出在作业中出现的问题或没有解决的问题，班长结合实际情况做出相应的解答，形成良好互动的气氛。“三分享”，即工作分享、安全分享、经验分享。通过长期的班前、班后会制度，使我们的班组实现了动态管理，增强了班组的活力，在工作中预防和避免了各种安全隐患的发生。班组在所内、分公司等考核、检查工作中，没有发现一次违规行为，没有被开具一次违章整改通知单。

（四）根据“4×3安全达标管理法”认真落实安全知识、安全技能、企业文化等安全技能和安全理念达标，坚持“传、帮、带”的优良传统和争当小教员活动，开展上下工序交叉学习，老职工将积累的经验分享给青年职工，在此熏陶下使他们能够尽快成长进步。坚持知识、技能培训“四个一”，即每天讲一个安全生产技术问题，每月进行一次岗位练兵活动，每季度开展一次应急预案演练，每年进行一次安全知识技能综合达标考核。开展“班前5分钟安全经验分享”活动，将生活中、工作中、亲身遇到或了解到的安全事故积极与成员分享，对照事故分析原因、总结教训、查找漏洞。2012年全年，班组结合实际情况，讲解、分析安全生产技术问题共计242条，开展岗位练兵活动12次，开展应急演练4次，年终进行的安全知识技能综合达标考核活动中，评比出2012年全年考核标兵1名，并颁发班组设置的奖励基金。同时，通过几年以来的坚持，班组内职工技能水平有了长足进步。如图3所示：

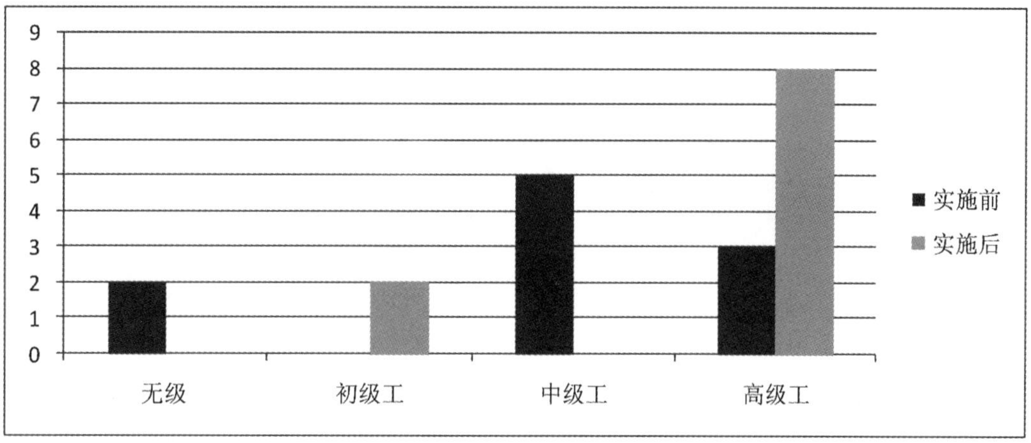

图3　班组运行人员等级对比图

到2012年年底运行一班已有8名职工取得了高级工证书，还有一名26岁的年轻职工在参加集团公司技能大赛中成功进入决赛并取得优异成绩。

（五）“4×3安全达标管理法”在企业班组建设中起到了引领作用，体现了企业的社会责任，自“4×3安全达标管理法”实施以来，共计开展安全意识宣贯主题活动20余次，不仅将安全意识深入人心，更重要的是，将安全意识渗透到每名职工及家庭成员中，增强了对企业安全意识的认知，体现了企业的社会责任。在坚守“三个可以”的安全理念中，班组未发生过一起责任事故，践行了企业“安全是魂，预防在先”的安全理念。2012年全年，班组开展“五必访”工作共计40余次，及时了解了职工动态，关注职工家庭生活情况，坚持人性化管理，营造和谐班组气氛，使职工做到工作、家庭两不误。建立安全达标奖励机制，设立班组安全奖励基金，自2012年开展此项工作以来，累计4人次获得奖励，通过开展激励达标，提高了职工工作积极性，创造了良好的工作氛围，保证了班组工作的有序进行，保障了安全稳定供气这一中心工作。

总之，运行一班通过创建和深化使用“4×3安全达标管理法”，使班组工作更加有计划、有规矩、有措施。使职工明确了工作任务、运行方式及遇到困难应如何解决等。同时，能够调动职工的工作热情，使职工很快进入工作状态，对工作任务心中有数，并能够以高昂的情绪投入到安全生产中去。而且当一天紧张而忙碌的工作安全顺利地结束后，虽然身体特别疲惫，但心情却很愉快。另外，在日常工作中培养职工的主人翁责任感，提高了职工工作的主动性，能够潜移默化地提高每个职工的安全意识和安全知识水平。将安全层面最为核心的要素渗入到了每一名职工的日常行为和思维方式之中，不断地激励他们立足岗位，保障安全稳定供气。班组做到能上能下的动态管理，避免生产中各种安全事故的发生，为运行一班长期、稳定和持续的安全生产奠定一个坚实的基础。保证了安全“零事故”，提高了班组成员的安全知识、安全技能，并把安全意识、安全理念渗入到每一名成员的日常行为和思维方式之中，并获得了全国“安康杯”竞赛优胜班组和全国总工会“工人先锋号”等荣誉称号，并连续三年获得燃气集团呼家楼班组、安全达标班组等荣誉，运行一班是北京燃气管线安全运行管理的一支专业队伍，是服务保障首都安全稳定供气的一个前沿阵地。该班紧紧围绕“一个中心、一条主线、一个标杆”为核心，以“安全是魂，预防在先”的安全理念为中心，以保证安全生产运行为主线，以树立班组先进典型为标杆。积极探索优良的班组管理方法和工作机制，将班组各项工作做到常态化、制度化，如今安全已经成为班组的“班魂”。他们以保障安全稳定供气为使命，立足岗位，忠于企业、精于专业、甘于奉献，用无悔的青春为企业创造效益，为首都燃气事业的发展贡献力量，用实际行动兑现北京“燃气人”“服务社会、造福民生”的庄严承诺。

成果创造人：赖海江　马宗友　孙宝跃　田晓江　薛　峰　桐卫红　仇恒东　刘　畅　张莹莹　张宏文

"3+6+X"绩效管理体系的构建与实施

北京市燃气集团有限责任公司工程建设管理分公司

荣获第二十八届北京市企业管理现代化创新成果一等奖

北京市燃气集团有限责任公司工程建设管理分公司成立于2000年4月，系承担燃气集团基本工程建设任务的专业化公司，主要负责组织实施燃气集团燃气管道、厂站（箱）建设、技术改造、锅炉煤改气等工程项目，肩负着保障集团公司完成经营任务的经济责任以及保障燃气管道安全平稳运营的社会责任。企业自成立以来，累计完成投资金额约120亿元，建设管线约2329公里，厂站（箱）100余座，在近13年的基本建设历程中，通过不断创新，科学管理，收获了以六环路、来广营调压站、怀密线、华能电厂、草桥电厂等一系列重点工程为代表的城市燃气行业工程建设史上的累累硕果，为集团公司的跨越式发展发挥了重要作用。随着近年来北京市治理大气污染PM2.5力度逐渐加大，对清洁能源（天然气）的需求日益增大，这些数字不断被快速刷新。2013年，企业工程建设投资金额达到20个亿，计划建设管线200公里，厂站箱12座，创下历史之最。

目前北京市燃气集团有限责任公司工程建设管理分公司共设有17个部室，8个重点工程项目部，共有职工203名。

一、"3+6+X"绩效管理体系实施背景

（一）"3+6+X"绩效管理体系建立的背景

1. 适应外部形势发展变化的需要

随着北京市治理PM2.5大气污染力度不断加大，天然气作为重要清洁能源得到了越来越广泛的运用，工程建设管理分公司作为北京市燃气集团建设的排头兵，迎来了重要的历史发展机遇和挑战，肩负着燃气管线、厂站箱、锅炉煤改气等一系列工程建设项目，与此同时，工程建设任务紧、建设区域广、拆迁协调复杂、办理手续难度大等矛盾日益凸显，工程建设管理难度不断加大。如何加强工程建设管控力度，不断提升管理效能，充分发挥职工的主观能动性，按照计划完成年初目标，成为企业绩效管理亟待解决的重要课题。

2. 适应集团公司战略转型、高端发展的需要

近两年，北京市燃气集团面临着发展战略转型、高端发展的关键时期，以往的管控模式、基础管理已经不适应新的形势和环境的需要，工程建设管理分公司按照集团公司战略转型、高端发展的发展要求，不断探索适应企业发展的体制机制，加快转变、创新企业管理方式，不断夯实管理基础，为实现企业高端、协调、可持续发展奠定基础。绩效管理作为企业重要管理工具，对各项管理工作起到了协同促进的作用，企业找准提升管理突破口和切入点，紧密结合企业业务特征，确立了以目标管理为导向，建立流程化、标准化管理为核心的绩效管理体系，以点带面，协同带动各项管理工作全面提升的管理目标。

3. 提升企业内部基础管理水平的需要

在上述外部形势、内在动因的共同作用下，在新的历史发展机遇和挑战下，工程建设管理分公司提升规范化、标准化、程序化、科学化管理水平，提高管理效能，建设专业化工程建设管理公司的诉求变得尤为迫切，而建立以目标管理为导向的绩效管理体系则是实现上述目标的重要抓手。

（二）"3+6+X"绩效管理体系实施前情况分析

北京市燃气集团工程建设管理分公司自2007年开始建立绩效考核体系，经过不断尝试和探索，积累

了宝贵的经验，收获了绩效管理给企业带来的管理红利，如绩效考核对企业管理的协同促进作用进一步显现，考核激励约束效用加强，企业的绩效文化逐步形成等。同时，在绩效管理实际运用过程中存在以下四个方面问题：

1. 绩效考核覆盖层级少，各项考核内容割裂，互相独立，未成体系。

2. 考核指标内容描述不清晰，科学化、量化水平较低。

3. 考核机制对职工的激励作用不明显。

4. 重结果考核，轻过程管理，忽视考核后的分析、反馈、诊断工作。

因此，企业绩效管理的机制、内容、效用发挥等方面仍存在挖掘、完善的空间。2011年，企业在原有绩效考核工作基础上，坚持以考核促绩效的基本原则，与企业主营业务紧密结合，规范执行专业考评标准，持续加强绩效考核工作的深度和力度，不断完善，深耕细作，建立了以目标管理为导向的“3+6+X”绩效管理体系内容，通过流程再造工作界定了业务管理职能，规范业务操作步骤，明确业务执行标准，解决制度、流程运转不畅的问题，以及“干什么，谁来干，怎么干，干到什么程度”的问题，为绩效考核提供了清晰的考核标准，同时绩效考核也成为流程再造的校验工具，对于绩效考核中反映出的流程、标准与实际情况不适用的部分进行动态优化，对理顺流程、优化标准提供了有效验证。

二、“3+6+X”绩效管理体系的内涵

（一）“3+6+X”绩效管理体系顶层设计

企业结合自身工程建设管理特色，构建以目标管理（Managementby Objective）为导向的绩效管理顶层设计，即以考核促绩效的基本原则，紧密结合企业业务流程化、任务化特点，规范执行专业考评标准，过程跟踪，配套考核，建立“纵向到底、横向到边、定向到人”全覆盖的立体考核体系，持续发挥绩效考核提升企业管理效能作用，助推企业精细化管理水平不断提升。

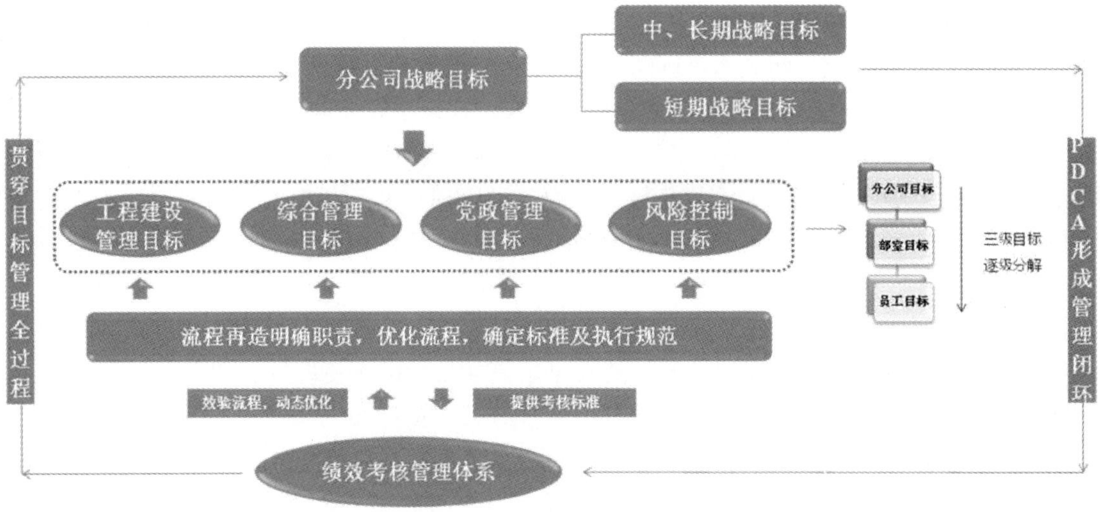

图1　以目标管理为导向的绩效管理顶层设计模型

（二）“3+6+X”绩效管理体系实施原理

为实现企业目标管理，持续提升绩效考核对工程建设管理的促进作用，企业绩效管理建立以“两个循环”助推工程建设的全过程管理，基本原理采用的是PDCA循环，具体运用如图2和图3所示。

——微循环原理（图2）：通过过程监督—分析诊断—提出建议—持续提升—实现目标管理；

——大循环原理（图3）：通过考核计划—绩效沟通辅导—绩效考核与反馈—绩效诊断—实现管理水平螺旋提高。

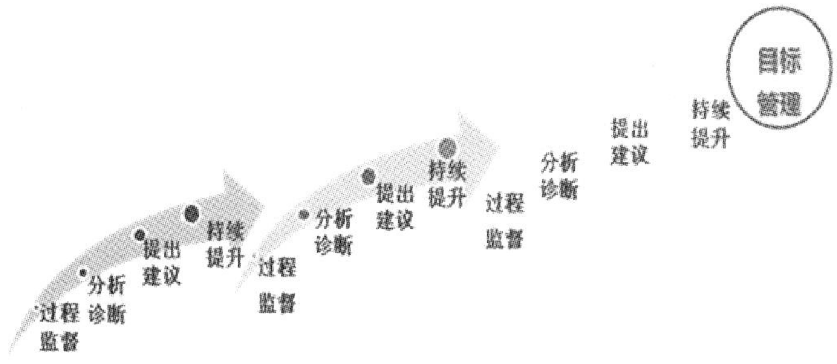

图2　微循环工作原理

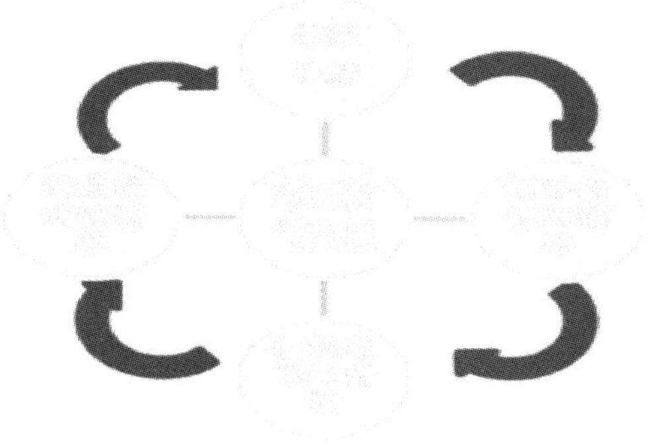

图3　大循环工作原理

（三）“3+6+X”绩效考核体系核心内容

企业绩效管理体系由三部分内容构成，每部分由若干项子体系构成，分别是：

对上，承接上级单位对企业的考核内容（3项）：具体包括KPI考核，政治工作考核、工会考核，考核主体为上级单位相关主管部室；

对内，企业设有6个层级考核内容（6项）：分别是项目部考核、部室考核、员工考核、中层管理人员考核、后备人才考核以及新入职员工考核，考核主体为企业管理部；

对外，根据管理诉求建立了外部合作单位考核评价体系（X项）：包括施工单位、监理单位、设计单位、中介咨询单位、拆迁单位、专业穿跨越施工单位、工程物资供应商、防腐厂家等外部合作单位的考核评价体系，为进一步加强外部合作单位的管控力度，今后企业还将根据管理诉求不断建立健全外部合作单位考评体系，有针对性地适时增加其他合作单位考核内容。

以上构成了“3+6+X”绩效考核体系内容（见表1），可以看到这是一个全方位、无死角，涉及各个层级及对象的考核体系。同时，每部分考核体系分别由若干个子体系构成，各子体系自成一系又相互对接，相互作用，相互影响。

表1　“3+6+X”绩效考核核心内容

类别	考核主体	序号	考核对象
对上	上级单位对企业考核体系	1	KPI考核
		2	政治工作考核
		3	工会考核
对内	企业内部考核体系	1	项目部考核
		2	部室考核
		3	员工考核
		4	中层管理人员考核
		5	后备人才考核
		6	新入职学生考核
对外	企业外部合作单位考核评价体系	1	施工单位考核评价
		2	监理单位考核评价
		3	设计单位考核评价
		4	中介咨询单位考核评价
		5	拆迁单位考核评价
		6	专业穿跨越施工单位考核评价
		7	工程物资供应商
		8	防腐厂家
			……

3项

＋

6项

＋

X项

三、“3+6+X”绩效管理体系的实施

（一）找准“3+6+X”绩效管理体系的定位

不同企业土壤中所培育出的绩效管理体系是不同的，百人级的企业、千人级及万人级的企业，在建立考核体系的时候，对它的定位是存在差异的。因此，在建立考核体系时，紧密结合企业工程建设业务流程化特征、管理现状及诉求，找准企业绩效管理定位，针对不同考核对象的特性，分别定位，制定出与企业核心业务、企业文化特色、员工素质相匹配的考核机制和考核内容，在具体实践操作中主要采取以下三种定位方式：

1. 整体认知定位

将考核工作定位为助推企业各项工作向前进展，实现企业战略目标，贯彻企业目标管理理念的管理工具，注重绩效管理体系与其他管理体系的协同建设与提升。同时，对企业绩效考核体系进行整体设计，使其中各项子体系有机联系，相互作用，使绩效管理在实际管理工作中起到目标分解、过程跟踪、分析、诊断、预警的作用。

2. 差异化定位

根据不同考核对象特性，制定了与之相配套的考核实施细则，明确考核方式、评分办法、考核结果应用等。对于集团公司考核，需要分分必争，坚决完成；对于企业内部考核要合理引导，营造氛围，如员工考核，定位为激发员工积极性、创造性、主观能动性，使优秀员工脱颖而出，并使更多员工成为优秀员工。再如，部室考核作为完成企业目标承上启下的重要环节，通过对其关键工作、关键节点进行重点管控，从而保障企业战略目标顺利落地等。

3. 动态定位

根据企业所处不同时期，不同阶段的特点，围绕集团公司的总体目标和发展战略，针对部室职能、职工所处的不同岗位，动态调整绩效管理定位，不断增强绩效管理的导向性、针对性和时效性。2013年3月，工程建设管理分公司在集团公司的战略部署下，完成了组织机构优化工作，原物资供应分公司整建制并入工程建设管理分公司，企业根据机构优化后部室职能增加、业务链延长、职工岗位调整等变化，迅速调整了原绩效考核不适用部分，并新增了原绩效考核未涉及的考核对象及考核内容。

（二）“3+6+X”绩效管理体系的实施

“3+6+X”绩效管理体系的建立经历了明确思路——建立机制—搭建框架—充实完善—不断规范的过程，采用工作有目标、执行有标准、考核全覆盖、管理有提升、奖惩有依据的绩效管理模式，具体实施流程如图4所示：

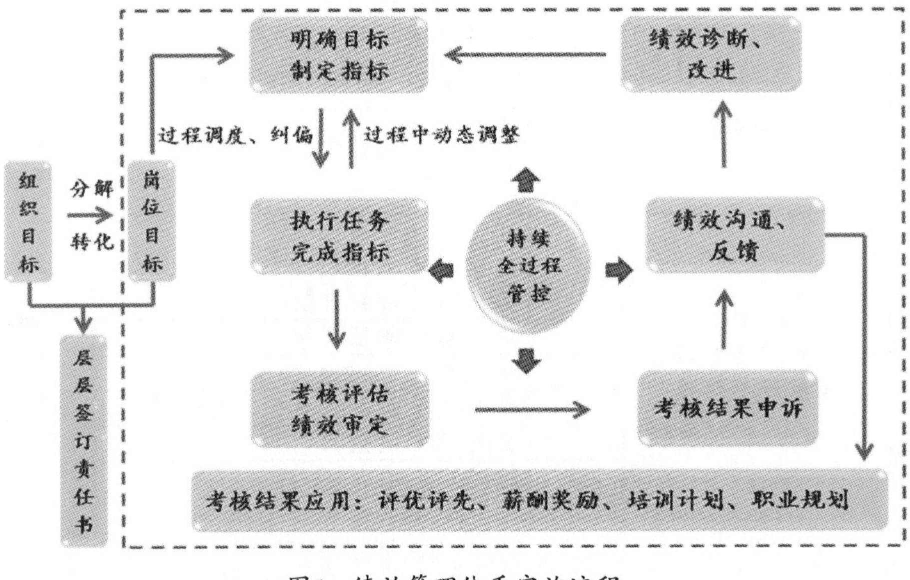

图4　绩效管理体系实施流程

1. 分解目标，明确指标，守土有责

将组织目标分解到部室目标、员工目标，采用层层分解目标、层层明确责任，层层承担指标，层层签订责任书的形式，即"任务目标化，目标指标化，指标责任化，责任岗位（个人）化"实现目标的有效分解和责任落实。

为了保证指标设置的科学、合理易于操作，在制定考核指标时依据企业年度战略目标、重点工作任务、工作计划、部室职能等方面内容进行提炼，紧紧抓住关键绩效指标和工作目标进行考核，具体操作时，根据各个部室的重点职能、重点工作中涉及的关键业务流程中涉及的重要节点进行提炼，确定工作目标及标准，形成考评内容可清晰界定、考核可操作性强、数据统计量化程度高的考核指标。2012年，实现对146个绩效考核指标全部进行了细化、量化分解，使每一项绩效考核指标均对应一个考核指标解释（见表2）。

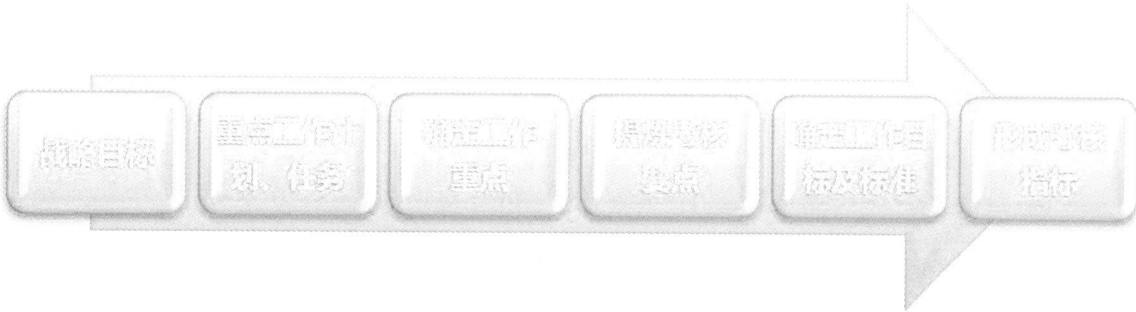

图5 考核指标提取过程

图6 考核目标责任书

图7 岗位工作日志

表2 考核指标解释——以变更洽商管理指标为例

指标名称	变更洽商管理	索引号	季 –B–44
指标定义	按时限完成变更洽商签认，做好过程记录并建立台账		
分值	5分	考核部室	计划部
考核周期	季度	考核方式	定性与定量考核相结合
考核维度	1. 签认及时性；2. 过程记录支持；3. 变更洽商台账		
考核依据	项目部例会或现场会议纪要、变更洽商台账		

续表

指标名称	变更洽商管理	索引号	季 -B-44
考核标准	1. 变更洽商事项提出后 3 日内进行现场确认，1 周内完成《工程变更、洽商申请单》审批，2 周内完成变更、洽商资料组卷，工程验收合格后 2 周不再进行变更、洽商审批；单份变更、洽商超过确认、审批、组卷时限扣 0.2 分，工程验收合格 2 周后仍发生变更、洽商审批该项不得分。 2. 变更、洽商事项需有现场确认记录或纪要作为审批依据，涉及金额超过 10 万元的变更、洽商需在项目部例会上形成决议并记入会议纪要；单份变更、洽商无现场确认记录或纪要扣 0.2 分，单份涉及金额超过 10 万元的变更、洽商在项目部例会纪要中未以决议形式体现扣 0.2 分。 3. 建立变更、洽商台账，要求明确记录：事项提出时间、现场确认时间、申请单审批时间、组卷完成时间、报送集团时间；事项简要叙述；涉及金额，同时对变更、洽商进行清晰编号并与申请单编号相对应；单项记录不符合要求扣 0.2 分，与实际情况不符扣 0.2 分。 4. 涉及金额 100 万元以上的设计变更需报集团审批，涉及金额 100 万元以上的洽商需报集团备案，单份变更、洽商未按要求上报集团扣 0.2 分。		

2. 执行考核，过程纠偏，实时调度

在考核过程中，以公平、公正、公开为原则，严格执行考评标准，充分利用经营分析例会、生产调度例会等平台定期对指标完成情况进行调度、纠偏、分析预警，同时，结合指标完成进展，对既定计划进行动态调整，提出优化实施方案，多措并举保障指标能够顺利完成。

3. 定期考核，反馈结果

不同考核对象的所设置考核周期不同，根据考核要求定期组织考核工作，并将考核得分说明反馈至考核对象。在考核过程中，若考核对象对考核结果持有疑义，可进入申诉环节，提交申诉材料，经考核领导小组审议后，予以解决。

4. 诊断改进，沟通面谈

当期考核工作结束后，组织召开考核工作小结会，收集考核对象对绩效管理工作的建议和意见，持续优化企业考核体系内容，同时，针对考核过程中考核对象所反映出的管理薄弱环节予以提示，通过编制《考核诊断报告》等形式，为其提供管理优化建议。

5. 拓宽考核结果运用，强化正向激励

拓宽、深化考核结果的应用方式，建立分层级、具有连续性、有企业特色的考核结果运用形式，根据考核对象的不同，探索差异化考核结果运用方式，最大限度加大激励力度，提高考核对象的积极性与主动性。同时，建立考核档案，将考核过程资料收集并存档。

表 3　中层管理人员考核结果反馈表

部门	工程前期部		
考核成绩分析			
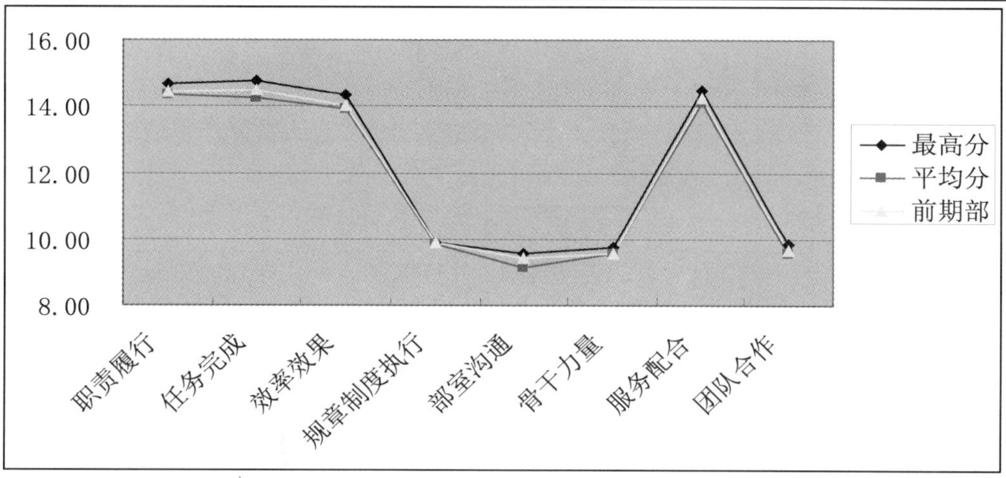 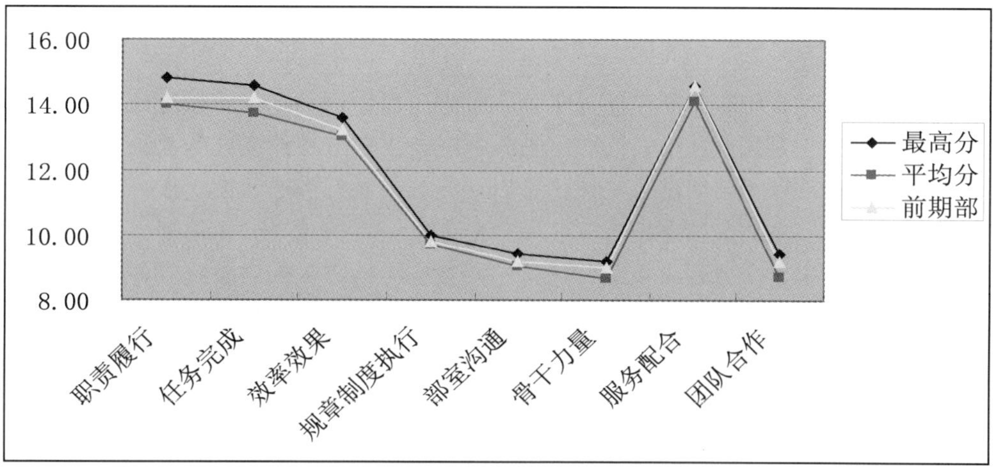			
总分	93.94	排序	5
相对强项	任务完成、服务配合、团队合作		
相对弱项	效率效果、职责履行、规章制度执行		
管理建议			
建议在今后的工作中，进一步提高任务完成的效率及效果，加强职责履行力度，提升规章制度的执行力度。			
主管领导签字		总经理签字	

表4　考核结果运用

类别	考核对象	考核结果运用方式
对上	上级单位考核	考核奖励、评优评先
对内	项目部考核	项目部季度、年度考核奖励
	部室考核	部室考核奖金、中层人员考核奖励依据
	中层管理人员考核	考核奖励，培训菜单依据
	员工考核	培训资源、季度奖励、年度奖励、评优评先、后备人才、宽带薪酬、职级职系调整
	新入职学生	定岗定级、培训资源、评优评先
	后备人才	考核任用参考依据
对外	外部合作单位	评优评先、合作依据、择优淘劣

在上述绩效管理实施过程中，不断总结完善绩效管理工作机制，加强考核过程管理。考核前，各部室对考核指标进行梳理并预判完成情况，同时，考核部室注重对过程性文件的收集、检查和记录，做好提示预警；考核过程中，按照考核标准客观评价予以评分，并做好沟通反馈工作；考核结束后，做好考核结果反馈、分析和应用，主要包括制定考核奖励分配方案，考核结果分析诊断，召开考核工作小结会等（即考核事前、事中、事后全过程管控），通过这些途径，助力考核对象找到各自的管理短板，以及改进的路径，从而不断提升管理水平。

（三）“3+6+X”绩效管理体系实施特点

1. 层层打通考核体系内容，环环相扣强化激励

通过对考核机制的设计，打通各考核子系统的层层联系，使各子体系相互对接，纵向上实现了目标的打通，将分公司目标、部室目标、员工目标打通，横向上，将部室考核与中层考核、员工考核相挂钩，员工考核与后备人才相挂钩等，这包括考核成绩上的挂钩以及考核结果运用的挂钩，如部室考核成绩作为中层考核成绩的重要组成部分，员工考核成绩作为后备人才考核成绩的重要组成部分，部室考核成绩直接影响着员工考核成绩，同时，考核成绩与考核结果运用是挂钩的，考核成绩作为薪酬奖励、评优评先、培训资源配置、岗位设置等重要依据。通过上述过程，纵向上目标分解，横向上目标完成，即纵向到底，横向到边的考核，提升整个考核体系内部运转效率，进一步强化激励作用，使责任传导效果层层叠加，发挥“水波效应”全面实现目标管理。

2. 建立工程建设管理指标池，实行动态管理

由于组织机构优化后，企业业务链延长，2013年，企业考核指标池（Indication Pool）内共设考核指标161项，较去年增加了15项指标，按照指标性质分为：过程型指标112项，结果型指标49项。按照指标类别分为四类考核指标：工程建设管理类指标、综合管理类指标、党政管理类指标及风险防控类指标，并对考核指标池内指标实行动态管理，其中：工程建设管理类指标是企业核心类指标，依据单项工程实施计划以及单项工程实施流程，建立辐射工程项目生命全周期的考核指标内容。

——工程建设管理指标（核心类指标）

涉及工程进度、安全管理、质量管理、变更洽商管理、投资管理、竣工备案、结算转固、工程资料管理，涵括工程项目生命全周期，强调工程"完成"概念。

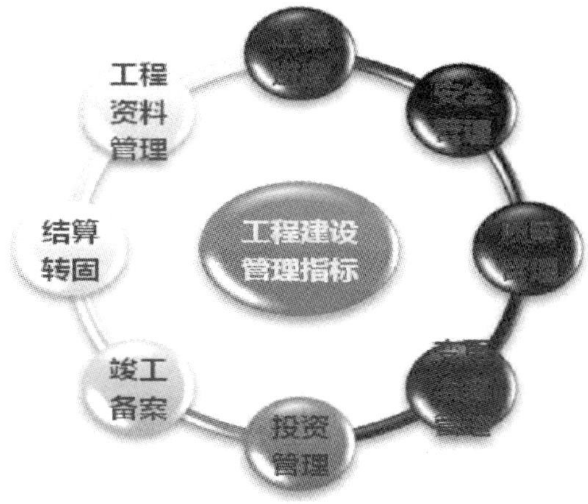

图8　工程建设管理指标

——综合管理指标（职能管理类指标）

涵括规章制度、流程建设，基础资料管理，人力资源管理，绩效考核管理，管理创新，督办事项管理。

——党政管理指标（辅助类指标）

涉及宣传稿件报送，职工思想动态分析，合理化建议、维稳、工会管理。

——风险防控指标（否定类指标）

涵括审计整改管理，廉政风险管理，职业健康安全管理。

3. 建立企业外部合作单位考核体系内容

由于企业所承接的工程建设任务较大程度上需要依托外部合作单位协同完成，如施工单位、监理单位、设计单位、专业穿跨越单位等。因此建立外部合作单位考核评价体系的初衷是为了加强对合作单位的管控力度和效率，通过分类建库→建立评价标准→实施考核评价→考核评价结果应用（结合实际，制定结果应用管理办法、建立退出机制）→合作单位库内单位合理流动，实现"新陈代谢"，避免"建而不管，管而不控"的状况出现，同时促进与合作单位的沟通效率，发挥协同作用。

同时，企业绩效管理体系将继续紧密结合实际，加强绩效管理的信息化管理水平，以信息化管理固化绩效管理成果，充分发挥信息化在绩效管理和科学决策的支撑作用，从而实现降低管理成本，提高绩效管理效率，提升管理现代化水平。同时，融入对标管理理念，通过对标先进企业的硬实力和软实力，以及蕴藏在指标背后的理念、方法、组织流程等方面差距，找准管理短板瓶颈问题，建立对标管理长效机制，构建有工程建设管理分公司特色的绩效管理体系，持续提高企业经营绩效。

四、"3+6+X"绩效管理体系的实施效果

（一）经济成效

自2012年推行目标管理以来，通过实行绩效管理模式，企业经济效益得以提升，全面超额完成年工程建设各项经济指标，实现企业年初战略目标落地。2012年，全年计划完成管线160公里，实际完成205公里，完成计划的128%，其中大管径高级制（DN1000，4.0MPa）85公里；计划完成厂站（箱）工程8座，实际完成17座，完成计划的212%；计划基建投资19.97亿元，实际完成投资20亿元；计划完成转固3亿元，实际完成3.93亿元。

（二）管理成效

1. 工程建设管理方面

对工程建设的管控力度不断提高，通过对工程建设生命全周期的关键节点进行过程跟踪考核，严格

执行考核标准，对于提前完工的工程项目予以考核奖励，充分调动工程管理人员积极性，不断促进工程建设不断向前进展，同时强化了对外部合作单位的管控力度，加强的沟通协作效率，对于提升企业的工程建设效率起到了促进作用。

2. 企业内部管理方面

实行以目标管理为导向的绩效管理方式，通过绩效管理工作协同带动其他管理工作的共同提升，使各管理体系之间相互作用，有效提高了企业规范化、标准化、精细化管理水平，降低企业运营风险。

图9为近两年来，“3+6+X”自实施以来的主要成果文件——考核工作指导手册（上、下册）、员工考核指导手册，累计字数70余万字，发行600余册。

图9　绩效管理部分成果性文件［2012年、2013年考核工作指导手册（上、下册）、员工考核指导手册］

3. 企业文化方面

在企业内部营造出一种共同实现好、完成好企业战略目标的积极努力，攻坚克难的良好氛围，由于人人头上有目标、有指标，人人都是考核者同时也是被考核者，对考核的意识和认知程度也大大增强，更好地激发了企业职工的积极性、创造性，培育了良好的以目标管理为导向的绩效管理文化，强化了企业内部凝聚力，而这些正是北京燃气人为实现燃气梦所需具备的重要品质。

（三）社会成效

企业2012年各项工程的完工，贡献气量规模达10亿立方米，替代燃煤燃烧123.5万吨，减少二氧化碳排放75.24万吨，为首都治理PM2.5污染尽到社会责任。同时，华能二期工程满足了西集门站为东六环补气的件，蒲黄榆连通线工程从五环分别向四环和三环补气，保证了南部管网用气工况；亦庄高压A站、未来城高压A站、庞各庄次高压箱、程庄路次高压箱等区域性站（箱）的建成为燃气管网工况提供重要保障，为满足天然气能源发展奠定坚实的基础。

成果创造人：薛建宁　魏艳松　李　红　贠丽君　伍　珂　柴红星　朱　旭

省市级电网公司调控一体化的安全管理

国网北京市电力公司

荣获第二十八届北京市企业管理现代化创新成果一等奖

国网北京市电力公司是国家电网公司的网省级子公司，下辖16个地区供电公司以及设计、工程建设、新能源开发和科研等技术职称单位；公司供电面积覆盖北京全境1.64万平方公里，客户达到666万户。北京公司业务范围涉及电网规划、建设、运行管理和客户服务等方面，同时肩负着保障党和国家首脑机关及首都各类重大政治、文化交流活动安全可靠性供电的重要使命，在保障首都能源安全、服务经济社会发展、提高市民生活水平等方面发挥着重要作用。国网北京市电力公司调度控制中心（以下简称“调控中心”）是北京电网安全、稳定、经济运行的指挥中心，是确保电网安全的中枢和大脑。

在国家电网公司的坚强领导和北京市委、市政府的大力支持下，公司秉承“努力超越、追求卓越”的企业精神，紧紧围绕“国内一流、国际水准”现代电力企业发展目标，以“大局、可靠、法治、两效（效率和效益）”工作方针为指导，积极履行社会责任，不断推动公司和电网发展。

一、省市级电网公司实施调控一体化安全管理的背景

2009年来，国网北京市电力公司完成由原华北电管局下属的地级企业向国家电网公司全资省级子公司的跨越和转变，调控中心也从一个地区调度部门跃升为网省级调度机构，调度范围和管理职能发生了根本性的改变，电网调度运行整体管理水平取得较大提升。但是，完成调度范围和管理职能转变的过程中，同时暴露出管理模式滞后和技术水平受限等不足，电网安全面临严峻的发展形势和亟待解决的新问题。

（一）避免电网安全管控出现“管理盲区”的需要

机构改革和职能转变带动公司综合实力不断提升，但是改革过程中也出现了一些深层次的新问题亟待解决，包括机构调整过程中两级调控中心的职责界限和调控范围划分，特别是职能转变过程中调控专业和其他专业的职责划分，都极易造成管理盲区。因此，如何实现与其他专业的横向协作，杜绝电网运行安全管控盲区，是电网安全管控面临的新形势。

（二）适应安全管控风险区域不断扩大的需要

2009年，北京市电力公司在国网系统内率先实现“调控一体化”，通过自动化手段实现了对变电站设备的远程监控，调度中心升级为调控中心。监控业务由“现场”转向“远程”，不仅增加了调度业务安全管控的深度和广度，同时也对技术支持系统提出更高要求，人员素质不稳定或者技术支持系统缺陷都可能造成人员误操作，从而造成经济损失。如何规范调控人员行为，杜绝“误调度、误操作”，如何优化技术支持手段，使技术支撑更加高效，是电网安全管控面临的新课题。

（三）实现两级调控“一体化”管理的需要

近年来，公司通过优化调整各级调度功能结构，压缩调度运行管理层级，加强电网运行业务统筹，逐步实现两级调控中心集约化、同质化的“一体化”管理目的。如何使电网风险达到预控、能控、在控，如何实现两级调控业务一体化运作、标准化建设、同质化管理，是电网安全管控面临的新挑战。

（四）满足首都供电特殊性对电网运行安全管控的需要

作为首都电网“指挥棒”，公司不仅承担着为首都人民提供安全清洁能源的神圣使命，还承载着党和国家首脑机关安全供电的重任，“首都电网安全无小事”，作为首都社会经济快速发展的支柱，必须

时刻紧跟北京市发展脚步，始终保持如履薄冰的忧患意识，不断创新安全管理理念和风险管控模式，让政府放心，让百姓满意。如何确保首都供电安全可靠是电网安全管控面临的新任务。

二、省市级电网公司实施调控一体化安全管理的内涵和主要做法

北京电网的安全管控充分体现首都世界大都市的政治供电特点，公司从职责界面、电网风险、技术支撑、核心业务、人员行为、政治供电六个方位进行研究探索，将电网安全作为战略发展的主线，以明晰职责业务界面为前提，消除电网安全“管理盲区”；夯实调控安全管理为基础，实现电网风险预控、在控、能控；以优化技术手段为支撑，实现电网技术支持手段高效、实用；以强化流程管理为核心，实现电网调控核心业务实现安全内控和过程监督；规范调控人员行为为主旨，杜绝“误调度、误操作”；最终建立确保首都人员安全用电，实现政治供电“零闪动”的电网安全管控，开创彰显首都电网发展特色的安全管控新模式，确保电网安全稳定运行。主要做法是：

（一）划分明晰职责界面——消除电网安全“管理盲区”

北京公司立足电网发展新形势对电网安全管控的更高要求，通过明晰调控业务与运行维护业务的工作界面，消除了电网安全运行“管理盲区”，为电网安全运行奠定了坚实的基础。2009年，公司课题组调查研究基础上，在国网公司调度系统率先颁布《北京电网调控一体化运行管理规定》，明确了调控运行与检修专业在设备监控、缺陷管理以及事故处置等方面的职责界限。

图1 调控运行专业与运维检修专业的职责界面

在设备监控方面，明确了调控中心对变电站14类信号的监视职责及处理流程，其他信号则分流至设备运维部门监视，实现了调控运行与检修专业对变电站信号的分类监视，形成了适应北京电网安全管控的变电站监控信息划分格局。

在缺陷管理方面，制定了统一的变电站缺陷定级标准以及相应的考核机制，明确规定由调控中心负责将监控系统异常信号通知检修分中心，检修分公司负责缺陷的现场处理和反馈；缺陷处理过程中，调控中心在OMS系统填写缺陷及异常通知记录，检修分公司负责在PMS填写缺陷记录。

在事故处理方面，明确规定了调控人员、变电运维人员在事故处置过程中的职责、分工以及配合机制；监控、运维人员事故处置职责清晰，分工明确，运维人员的切入点清楚明了，交接时机合理，在有效发挥调控一体化优势的同时，避免了事故处理过程的混乱和扯皮现象。

（二）建立“五维度”风险管控平台——实现电网风险预控、可控、在控

自筹备2008年北京奥运会起，公司即着力加强电网运行的风险管控力度，初期在调度管理系统（OMS）中增加风险管控模块开展相关工作。经过多年探索、发展及总结，调控中心将安全风险管控工作延伸至公司安全管理的各个方面，逐步完善了调控、运检、基建、营销及安全保卫等专业风险管理协调机制。2011年5月，北京公司研究建立国内第一个集电网、设备、人员、环境和用户五维度风险管控于一体的管控平台——安全风险管控系统（IOSS），在电力生产过程中实现了扁平化管理和高效协调，对电网、设备、人员、环境和用户各维度风险进行全方位综合管控，落实电网风险动态预控机制。

依托安全风险管控系统（IOSS），各部门协同合作，分析各维度风险，建立了电网风险动态预控机制，制定并落实预控措施，全面提升了电网安全风险管控水平。其中，电网安全风险管控工作主要以

周、日为周期开展，并通过电网运行指挥系统（IOSS）进行管理。周风险管控根据月度电网见图2："五维度"风险管控逻辑停电计划安排，综合考虑基改建、市政工程、重大项目工作要求，围绕下周电网工作计划进行风险评估、定级及措施拟订，周风险分析结果作为日风险管控的依据。日风险管控通常围绕短期负荷预测、安全校核、天气预报、政治供电及其他变化情况进行，对周风险分析内容进行动态调整，并根据调整后的风险评估结果制定有针对性的管控措施。

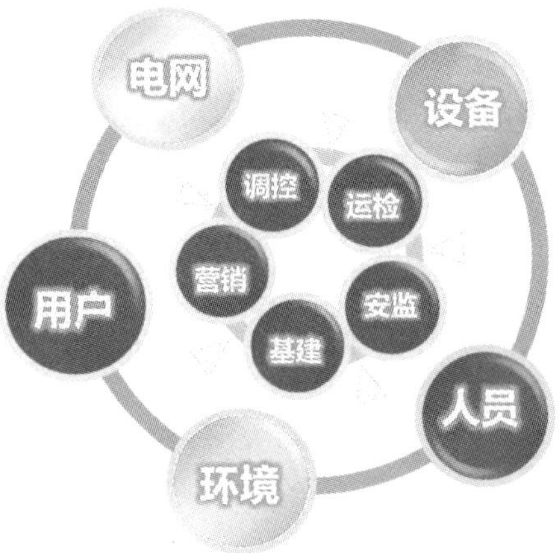

图2 "五维度"风险管控逻辑

2012年，公司将10千伏至500千伏电网停电计划集中到公司层面统一管理，通过OMS与PMS系统之间的数据交互实现基于"标准间隔"的电网设备综合检修安排，初步实现调控运行与检修专业的协同。基于五维度风险管控平台，结合历年停电工作执行情况，制定了《北京电网输变电设备改造标准工时》等管理制度，明确了典型35千伏及以上架空线路改造等30项工作的标准时限；仅2012年，累计减少110千伏及以上设备停电时间93天。通过"五维度"一体化安全风险管控平台，实现了"风险预控百分百全员参与，风险可控百分百无缝覆盖，风险在控百分百全过程监督"。

（三）创新实现"多举措"技术手段——为电网安全提供高效技术支撑

1. 创新实践高效实用的调控一体化系统信息优化工程

随着自动化设备的不断完善，信息优化成为自动化专业技术攻坚的核心目标，北京公司通过实践"四化"管理，开辟了一条高效的自动化信息优化道路。一是稳步推进"管理一体化"；统一制定信息优化技术原则，将调度自动化系统、变电站监控系统及站端自动化设备的信息采集技术原则进行系统规范、统一管理。二是逐项完成"信息规范化"；对涉及不同电压等级、不同厂家的继电保护装置、测控装置以及一次设备的信息进行统一规范化命名，为调控人员提供清晰、准确的现场实时信息。三是全方位建立"采集标准化"；将一、二次设备信息的采集范围、采集内容、上传方式进行标准化管理，明确实点信息、虚点信息、SOE信号、COS信号等各类信息的设置标准，为基建现场调试、主站维护、传动、运行监控及专业管理工作的高效开展奠定了基础。四是多维度实现"展示实用化"；按照框图、站图、间隔图等方式对电网图形进行分别展示，将自动化信息分成五级，分别进入事故告警窗、限时限次复归告警窗等监控界面，提高了调控人员的监控效率和安全水平。

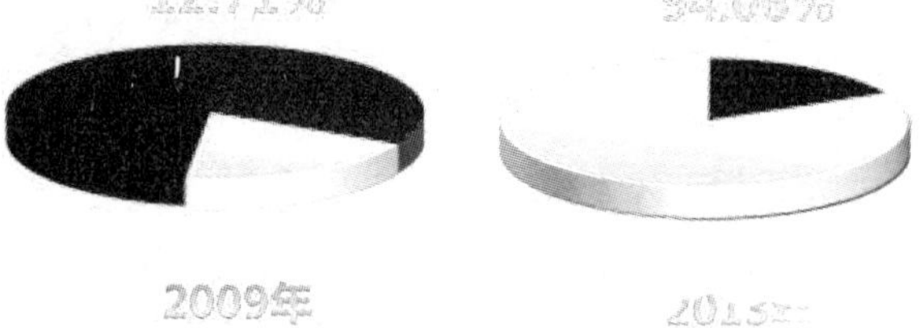

图 3 北京公司AVC覆盖率

2. 实现基于调控一体化的自动电压三级协调控制（AVC）

北京电网作为典型受端城市电网，空调负荷比例大，电缆网密集，高峰期间无功需求量大，低谷时段无功冗余难以消纳，电压调整难度较高。2012年，北京公司全面推进地区电网AVC系统建设，35千伏及以上厂站AVC系统覆盖率由原来的12.71%提升到目前的94.06%，同时实现了网、市、地三级协调闭环控制，提高了城市电网无功电压调整能力，降低了人员工作强度，保证了城市用户电能质量。图3为北京公司AVC覆盖率。

3. 打造全新的故障录波器联网系统

确保电网安全稳定运行的同时，故障情况下迅速恢复供电对于北京电网至关重要，如何缩短故障信息上传时间是快速恢复供电的重要课题之一。2012年，北京公司建成了全面覆盖北京电网220千瓦及以上变电站的故障录波器联网系统。该系统以通信信息技术、自动化技术、继电保护电网分析技术和安全技术为基础，与输电、电缆、设备状态评价等系统充分融合，实现了面向用户的标准化信息发布。系统能自动、准确地分析出电网中故障元件及故障详细信息，实现了从电网故障后分析到故障时自动生成专业分析信息，为电网故障快速处置提供了重要的技术支撑。系统建成以来，对电网发生的70余次系统故障全部正确反映，从系统建设前依靠人员现场提取资料并进行分析报送的3个工作日，缩短到目前90秒内实现自动发布。

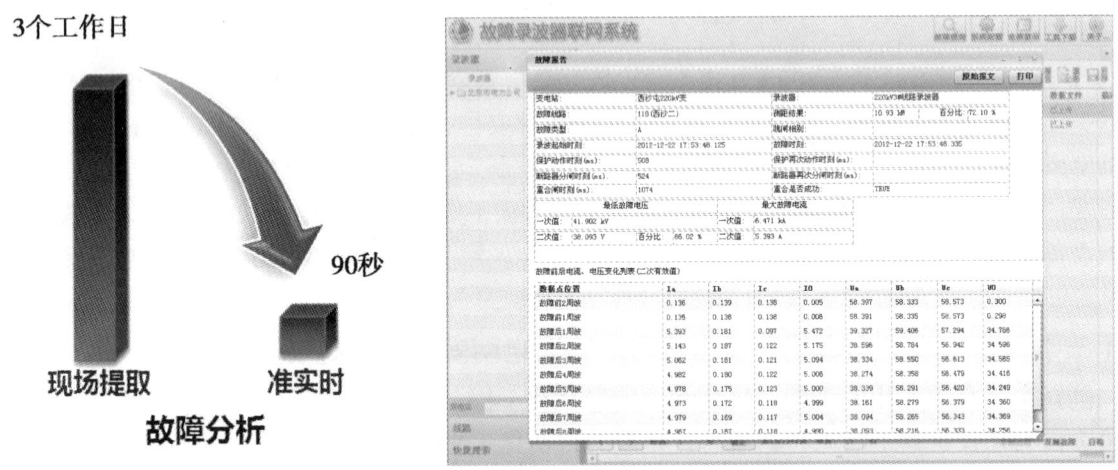

图4　故障录波器联网系统对事故信息分析的作用

4. 视频监控系统助力北京电网调控安全运行

近年来，北京公司逐步强化视频监控系统建设，不断提高电网监控的可视化水平。目前，公司110千伏及以上变电站视频接入覆盖率已达到99.73%。同步制定《北京电网视频监控系统及接口技术规范》和《北京市电力公司变电站视频监控系统运行管理规定》，规范了系统建设和运行管理。同时，围绕电网调控运行需求，不断开拓完善视频系统功能，并与电网检修计划、电网故障或异常等特定电网运行信息进行联动，确保了视频监控的针对性，提高了监控质量与效率。此外，北京公司对74条重要输电线路及外力隐患高发线路安装了170套视频设备，对4条重要电缆线路安装了572套视频设备，为调控人员开展风险管控及事故处理提供了直观的参考。

（四）实施安全内控模式——实现调控核心业务“四化”管理

电网运行安全管控能力的高低，决定于调度系统安全保证体系和安全监督体系的健全性和科学性。只有通过调度系统安全内控全过程管理，才能最终实现“安全保证体系”的标准化建设和“安全监督体系”的过程化管控，达到确保电网安全、稳定、优质和经济运行的目标。因此，核心业务必须建立流程，必须建立科学合理的核心业务流程管理机制。

图5 视频监控系统助力北京电网调控安全运行

2010年，北京公司创新性地将安全内控全过程信息化管理的理念应用于电网调度管理工作中，取得了显著成效。调度系统安全内控全过程管理就是以防止大电网稳定破坏事故、大面积停电事故和调度系统人员责任事故为根本，通过规范核心业务流程抓执行，通过流程上线审计抓过程，通过安全监督闭环考核建机制，真正实现业务流转与安全内控的紧密融合，从而实现从开放式的安全管理到“岗位工作标准化”、“内容审计过程化”、“监督措施信息化”和“监督整改闭环化”的转变，通过调度系统安全内控全过程管理，切实提升电网运行安全管控能力和专业管理水平，形成电网调度系统规范、安全、闭环、科学的安全体系和管理机制。2012年，随着电网不断发展，电网调控安全形势更加严峻，公司及时调整流程建设计划，细化梳理了包括新设备启动调度管理、日前停电计划审批管理、日前电能平衡计划管理、调度倒闸操作、继电保护定值整定、技术支持系统使用问题反馈处置和调度自动化系统、设备检修 7 个核心业务流程，创新建立重要客户外电源管理、自动化软硬件变更、调度管理工作评价3个特色业务流程，实现了内部安全管理关键因素的把控，同时，将流程建设与SOP（Standard Operation Procedure）建设标准密切结合，进一步推动业务流转标准化，与安全管控紧密融合。

在业务流程建立阶段实现“岗位工作标准化”，使业务流程的设计满足纵向到底、横向到边、上下支撑、相互制约的要求，同时明确流程各个节点的责任岗位、工作内容、工作要求及统计分析功能。

在业务流程执行审计阶段实现“内容审计过程化”，通过“时间审计”，审计实际业务流程流转过程中每一节点处理时间是否满足要求，通过“内容审计”审计实际业务流程流转过程中，重要节点内容填写是否符合工作标准要求，是否发生退回情况。

在业务流程监督评价阶段实现“实时监督流程化”，通过设计并建立安全内控工作监督流程，三级监督体系全部参与到工作流程中，充分发挥安全监督作用，并将问题反馈机制纳入监督流程，确保业务流转过程中发现的问题得以及时地审核反馈和解决改进，实现流程的全过程监督。

在业务考核管理阶段实现“整改提高闭环化”，通过对业务流程进行监督评价，将各类问题分层纳入考核管理，建立日监督、月评价、季考核、年总结的工作机制，通过审计发现问题、通过监督分析整改问题，建立安全内控全过程管理流程，最终实现业务流程整改提高的闭环管理。

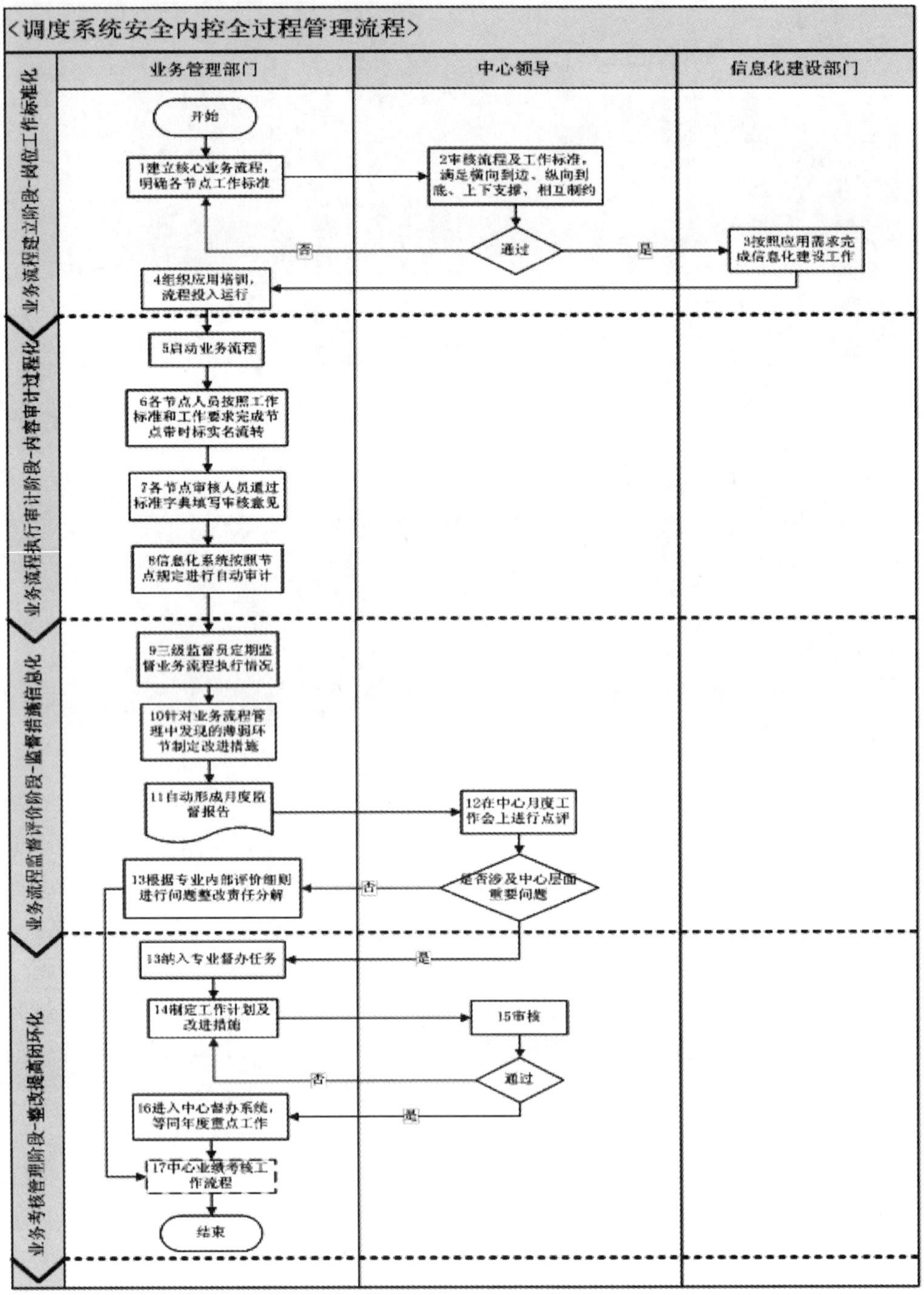

图6　安全内控流程

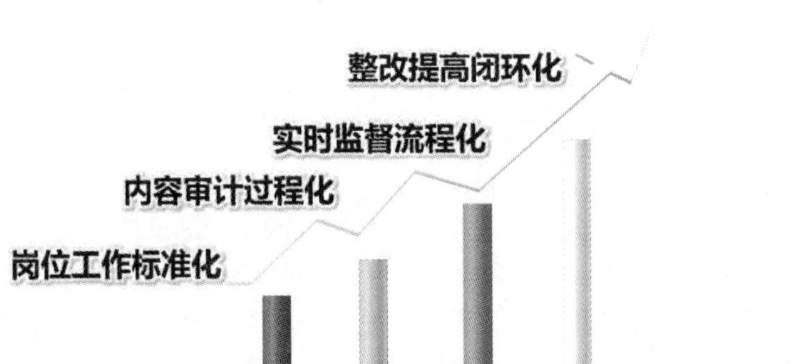

图7　安全内控建立调度系统规范、安全、闭环、科学的安全体系和管理机制

（五）规范调控人员行为——杜绝“误调度、误操作”

“消除安全风险和事故根源，最关键的因素在人。”北京公司通过技术创新、优化监控工作模式，不断提高监控与调度、检修之间的关联互动，形成了有效的运行安全防控机制。

1. 创新建设两级调控一体智能防误系统

公司基于准确的电网拓扑模型和实时数据，建立了基于全网防误分析的，两级调控机构通用的调控一体智能防误系统，形成调度下令和遥控操作安全智能监护。通过智能防误系统，对调控人员调度下令、遥控操作等各个环节开展防误分析，并形成标准的调度下令和遥控操作作业流程，杜绝了因违反工作规程造成的误调度和误操作。系统建立了高度智能化的调度操作票和监控操作票功能，提高调控一体化运行模式下，调控人员的运行工作效率。

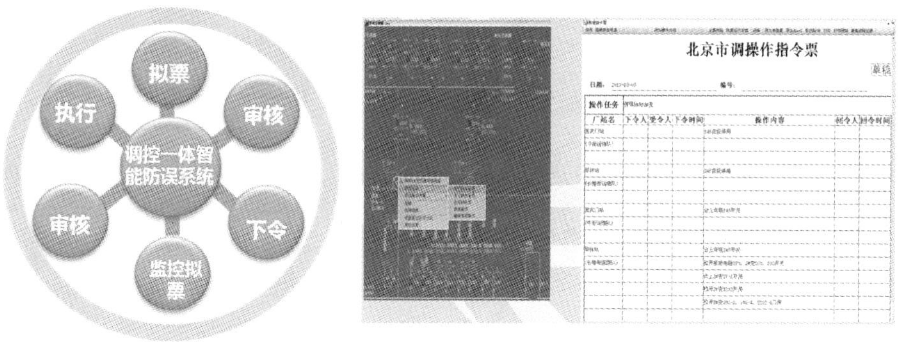

图8　智能防误系统全方位避免调控人员“双误”操作

2. 建立电网监控重点分析制度

监控人员依据次日电网方式安排，梳理监控范围内各电压等级检修工作，明确次日设备监控重点，该举措转变了以设备为核心的传统监控理念，从电网视角来重新梳理、定位监控工作，截至目前，北京公司已编制“电网监控重点分析”1500余份，提高了电网运行效率和安全水平。

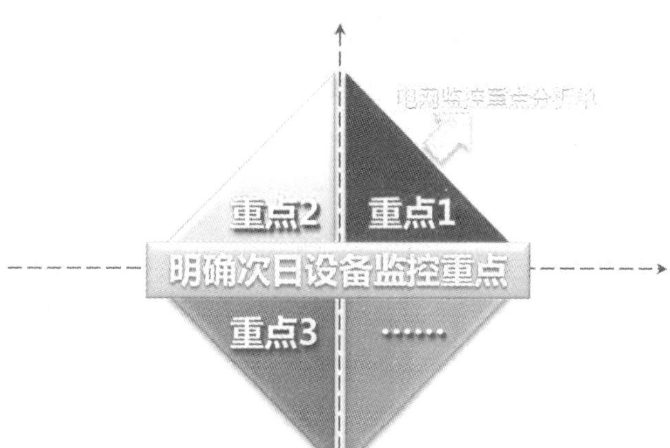

图9　电网监控重点分析制度提前预控风险

3. 规范调度、监控交界工作管理

一是实现调度监控下令操作信息化流转模式；通过调度管理系统（OMS）实现调度指令下达、执行的全过程管理，有效避免了人员失误，下令、接令、写票时间节约30%以上。二是建立调度、监控事故处理配合机制；制定了调度员和监控人员事故处理会商、快速试送及事故快速处理等相关规定，事故平均处理时间由35分钟缩减为9分钟。三是为确保不发生设备异常信号遗漏事件；将接班时信号动作情况和交班时信号动作情况进行自动智能对比，及时发现未处理的动作信号，确保监控运行工作安全有序。

4. 建立设备操作核对机制

为避免设备操作和检修过程中发生监视信号遗漏，公司在《北京市电力公司电力安全工作规程》中明确了监控人员和运维人员操作前后相互通告和信号核对的工作要求，并在《北京电网调度管理规程》中进行细化要求，形成了调控与运维人员在操作期间互为监护的“双向”防控机制，提高了操作的安全水平。

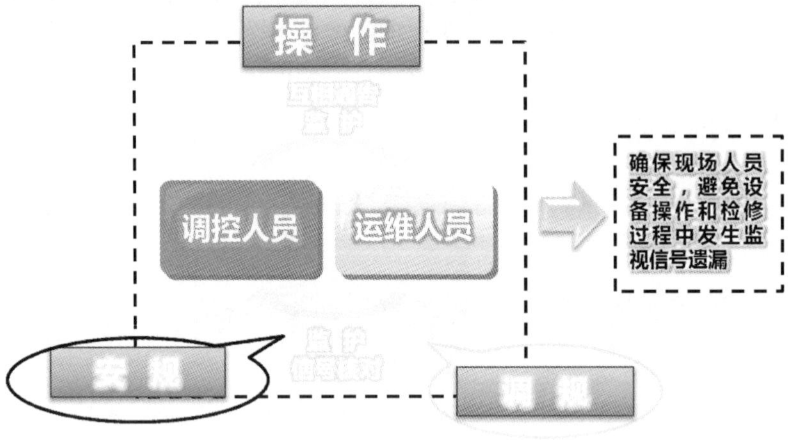

图10　设备操作核对机制

5. 在实践中确立“网厂站一体化”学习机制

为迅速提高调控人员对于设备监控相关知识的掌握程度，北京公司结合人员知识和专业背景，在实践中形成了“网厂站一体化”学习机制。一是变电站在接入调控中心监控运行前，组织调控人员到变电站现场学习设备监控知识。二是编制下发《北京市电力公司调度监控人员现场培训管理规定》，要求两级调度监控人员必须定期开展发电厂、变电站的现场知识学习。三是针对监控人员开展电网运行知识培训，帮助监控人员摆脱传统监控单个变电站的固有思维，迅速建立“网”的理念。截至目前，两级调控中心共计组织变电站现场学习300余次，有效保证了调控人员对于各类变电站及现场设备的熟练掌握。

（六）“多管齐下”和“风险评星”——实现政治供电“零闪动”

作为首都供电保障单位，公司担负着为首都各行各业、广大居民以及党中央、国务院等重要用户的可靠供电责任，政治保障任务繁重；特别是经过奥运会、60周年国庆等大型政治保障工作的锤炼，公司积累了丰富的政治供电经验，并形成了彰显首都电网发展特色的常态化安全管理体系。

1. 政治保电常态化管理措施“多管齐下”

一是保电工作标准规范；北京公司遵循“政治保电日常化”的理念，编制公司调度系统政治保电标准化措施，实施标准化和差别化管理，保证了各项工作标准的规范执行。二是专业措施制定周全；两级调度依据工作标准开展内容涵盖重要客户电源追溯、外电源一、二次设备隐患梳理、保护接口定值梳理、同沟道同走廊设备梳理等内容，根据相关分析结果制定针对性的措施，最大限度提高保电重点区域电网运行的可靠性。三是组织体系创新高效；在充分总结奥运保障成功经验的基础上，北京公司创新推行“大值班”的电网运行保障模式，各专业抽调管理人员与调控人员同步运行值守，为电网运行提供实时、高效的技术支撑。四是应急措施准备充分；北京公司根据保电用户的等级和电源方式，分层、分类编制专项预案，细化明确两级调度的应急处置接口，组织两级调度及相关用户开展专项应急演练，为应对电网突发事件做好充分准备。

2. 国内首创重要客户外电源运行“风险评星”管理

公司立足首都电网供电特点，发挥主配网联合安全分析优势，制定《北京电网重要客户外电源运行安全管理办法》，对党政军国家机关等1056个特一二级重要客户外电源实施“风险评星”管理，从电源结构、设备负载、电缆绝缘、敷设方式、运行环境、运行年限、保护配合7个方面全面评估重要客户供电可靠性，建立了横跨发策、基建、运检、安监、营销等多部门联动的管理机制，同时拓展专业管理范围，开展高铁、城市轨道交通外电源专项分析，从根源上消除了影响重要客户供电的安全隐患。

图11 “多管齐下”和“风险评星”，实现政治供电“零闪动”

三、省市级电网公司调控一体化安全管理的实践效果

（一）提升了电网运行安全管控的效率和效益

在电网安全管控模式的创新与实践过程中，公司实现了电网集中管控“五个突破”，提升了电网运行安全管控的工作效率，同时创造了广泛的社会效益，奠定了电网安全稳定运行坚实的管理基础。

一是实现管理模式的突破。公司变电运行集中监控实现了由分散型集控站模式向集约化调控中心模式的转变，通过安全风险管控平台实现了安全管控集约化、扁平化，仅2012年，通过“五维度”的安全风险管控平台，两级调控共计分析10千伏及以上计划检修工作15253项，减少110千伏及以上设备停电时间93天；发布电网一级风险598项，二级风险1156项，三级风险294项；设备一级风险53项，二级风险28项，三级风险73项；人员一级风险277项，二级风险1378项，三级风险2011项；环境一级风险176项，二级风险360项，三级风险162项；用户一级风险968项，二级风险750项，三级风险71项。

二是实现集中管控规模的突破。公司调控专业人均监控变电站由3座增加到19座；35千伏及以上变电站调控一体化接入率达到100%，110千伏及以上变电站视频监控系统覆盖率达到99.73%。

三是实现调控合一的突破。公司建立了调控合并值班、协调运作、逐步融合的机制，实现了调度监控的“紧耦合”。2007年以来，公司开展调控运行人员专项培训1451人次，全员培训2062人次；41.9%的调控人员已具备调度、监控复合型技能；监控人员用工效率整体提升35.35%，其中220千伏及以上监控人员用工效率提高60.78%，110千伏及以下监控人员用工效率提高26.53%；监控人员处理异常信息的效率提高了38%。

四是实现监控信息处理的突破。调控运行和检修监控信号分类合理、有效，符合实际，达到了“双方监视、各有侧重”的目的，减少调控中心约30%的非危及电网安全运行或监控的信息量。形成了“分级、分层、分流、分窗口”的信息优化展示规范和数据整治的常态化管理机制，调控运行的质量和效率不断提高。经过自动化信息优化和数据整治，共计完成113341个信息量接入传动，准确率100%；自动化数据准确率由2009年的86.51%逐步提升至目前的99.97%；变电站上送信息由平均3000点/站优化至2000点/站；每日异常信息处理量由2100条减少为1100条。

五是实现电网故障处理速度的突破。公司通过变电站视频系统辅助判断、远方遥控，实现了故障的快速隔离与恢复；从2007年建设初期到目前为止，北京公司220千瓦故录联网系统覆盖率由43.75%提升到

100%，电网故障平均处理时间由原来的35分钟缩短为现在的9分钟。

（二）固化安全管控创新成果形成长效机制

经过“六方位”立体式的安全管理创新，公司积累了丰富的安全管控经验，取得了“五个突破”的管理成效，并因此建立了六项长效机制，固化了安全管控的创新成果。

一是建立了从10千伏至500千伏的“调度一体化”管理机制。公司调控系统形成主配网电网方式一体化安全分析决策、停电计划统筹协调安排、“全局一张网”整定计算应用管理、自动化技术支持系统主配网信息一体化集成及安全防护技术体系全覆盖的管控模式；建立了电网、设备、人员、用户及环境五个维度的风险管控机制，有效控制电网年度风险2044项。

二是建立了“调控一体化”事故快速处理机制。公司明确了调度和监控人员事故处理会商、快速试发的工作原则，确保事故处理分工明确、职责清晰、安全快速。

三是建立了调度安全内控全过程管理机制。实现岗位工作标准化、内容审计过程化、监督措施信息化和整改提高闭环化。

四是建立了调控复合型人才培养机制。通过合署值班、业务融合、统一培训和技能考核、轮岗锻炼、交叉培养等多种方式促进调控人员的学习和成长。

五是建立了以“日核查、周分析、月考核”为基础的自动化数据整治常态机制。通过两级调度图形数据核查整治、缺陷处理过程管控、加强自动化运维人员基础培训，有效提高了自动化基础数据的可靠性和准确性，实现“一次设备不停电、二次信息全实传”。

六是建立了以“零闪动”为目标的常态化政治保电长效机制。遵循“政治保电日常化”的理念，实施标准化和个性化管理，保证了各项政治保电工作标准的规范执行。

成果创造人：郑广君　苑画舫　杨　静　胡学英　李　杰　薛建杰　赵　瑞　董　宁　王雪松　樊　萱　韩帅斌　黄正炫

职工创新工作室建设的探索与实践

国网北京市电力公司

荣获第二十八届北京市企业管理现代化创新成果一等奖

国网北京市电力公司是国家电网公司的网省级子公司，前身是1905年创建的京师华商电灯股份有限公司。百年发展、百年积淀，北京市电力公司已经成长为一家特大型现代电力企业，业务范围涉及电网规划、建设、运行管理和客户服务等，供电面积覆盖北京全境1.64万平方公里，客户达到572.6万户。同时，北京市电力公司还承担着保障党和国家首脑机关及首都各类重大政治、文化交流活动安全可靠性供电的重要使命，在保障首都能源安全、服务经济社会发展、提高市民生活水平等方面发挥着重要作用。作为保障首都能源安全和经济社会发展的支柱企业，国网北京市电力公司在国家电网公司的坚强领导和北京市委、市政府的大力支持下，秉承“努力超越、追求卓越”的企业精神，紧紧围绕“国内一流、国际水准”现代电力企业发展目标，以“大局、可靠、法治、两效（效率和效益）”为指导，积极履行社会责任，不断推动公司和电网发展，圆满完成了奥运会、建国60周年庆典等一系列政治供电任务。

一、创新工作室建设的实施背景

（一）履行企业肩负的责任，打造高可靠性首都电网的需要

创新是企业发展的动力。国网北京市电力公司作为首都能源支柱企业，承担着首都经济社会发展和人民群众生产生活安全可靠用电需要的重要责任。要履行好公司肩负的政治责任、经济责任和社会责任，需要在技术、管理、经营等方面不断创新。通过创新，可以提升企业生产技术水平、营销工作水平和经营管理水平。特别是作为服务于首都的电网企业，电网的安全与稳定以及供电可靠性的要求尤为重要。电网的安全可靠，技术和管理是保障，而智能电网的建设更需要持续创新和全员创新。以往，技术创新和管理创新工作只是由公司职能管理部门和技术、管理人员负责，创新内容也仅围绕重点科技项目和管理项目。创新活动覆盖范围小，参与人员少，没有广泛的群众基础，未形成良好的群众性创新的氛围和机制，使企业的创新活动缺乏有效的支撑。

（二）加强人才队伍建设，提升企业可持续发展能力的需要

人才队伍是企业最宝贵的资源，高素质的技术、技能和管理人才是企业快速发展和可持续发展的重要保障。国网北京市电力公司现有职工16000多人，其中近70%为生产一线职工。全面提升职工的综合素质和岗位履职能力可以通过培训、考核、技能鉴定、岗位练兵等方式进行。这些传统的人力资源管理方法在人才培养上可以起到一定的作用，但也存在不足。主要体现在：企业培训什么，职工学习什么；企业考核什么，职工重视什么。这种自上而下的方式使职工学习和培训缺乏选择性和主动性，不能完全满足职工培训和学习的要求。为此，需要为职工搭建一个创新活动平台，吸引职工主动参与到技术研发、发明创新、管理创新等活动中来，调动职工的主观能动性，为企业选拔一批爱岗敬业、技艺精湛、具有专门技能，善于解决技术难题的技术、技能人才，为企业快速健康发展提供人才支撑。

（三）解决生产、经营实际问题，提升效率和效益的需要

在生产和经营活动中，一线职工经常会遇到各类实际问题，这些问题虽然小，但往往会给工作带来很大的阻碍，从而降低工作效率和经济效益。搭建职工创新工作室这一平台，就可以让职工自发地研究、解决这些问题，让问题发现在一线，解决在一线。可以充分发挥每一名职工的聪明才智，同时可以在企业中营造出浓厚的学习氛围，激发广大职工学知识、练技能、搞革新、求创新的热情，实现企业员

工和技能人才从业素质和自主创新能力的提升，推动企业技能水平的整体提高，全面推进企业自主创新和促进节约环保等方面工作取得实效。

二、职工创新工作室建设的内涵

国网北京市电力公司职工创新工作室建设的基本内涵是：

1. 职工自主参与的群众性创新的良好平台。职工创新工作室是一种广大职工都能够参与其中的技术和管理创新平台。创新工作室有独立的工作场所、完备的设备设施、相关的管理制度、必要的研发经费、高水平的技术带头人。职工可以利用业余时间在带头人的带领下研究解决实际工作中发现的问题，促进企业各项工作圆满完成。

2. 工会发挥职能作用，形成完备的组织体系。工会紧密围绕基本职能，在职工创新工作室建设中发挥指导、组织等作用，为职工创新工作室建设提供良好的组织保障和服务工作，促进职工创新工作室水平的提升。

3. 建立健全配套机制，形成完备的管理体系。制定《职工创新工作室建设指导意见》《职工创新工作室建设考评管理办法》《职工创新工作室创新成果管理办法》等配套制度，形成创新立项、项目实施、考核评价、交流展示、推广应用等闭环管理机制。

4. 明确工作目标，推动企业和职工“双促双赢”。通过职工创新工作室建设，力争实现六个目标：一是搭建一个职工广泛参与的创新平台；二是产生一批推动公司发展的创新成果；三是培养一支善于解决难题的人才队伍；四是建立一套规范有效的创新管理机制；五是营造一种学知识、求创新的良好氛围；六是树立一个内促发展、外树形象的品牌。

三、职工创新工作室建设的主要做法

在职工创新工作室建设工作中，工会紧密围绕公司中心工作任务和职工队伍实际，以市总工作要求为指导，开创性地开展工作，以“五个突出”为原则，循序渐进，稳步推进，取得了良好实效。第一，突出实效性。将职工创新工作的任务目标定位于解决制约公司发展的技术、管理难题和人才队伍建设瓶颈。第二，突出灵活性。根据各基层单位的实际因地制宜地开展形式多样的创建活动，形成百家争鸣、百花齐放的工作格局。第三，突出典型性。在试点成功的基础上总结经验，逐步推广和深化，形成行之有效的良性工作机制。第四，突出规范性。逐步加大创建工作的管理力度，实现管理的日常化和规范化。第五，突出实用性。加强创建工作的交流和宣传，强化成果的转化和应用，在夯实内功的基础上树立了创新活动的品牌。

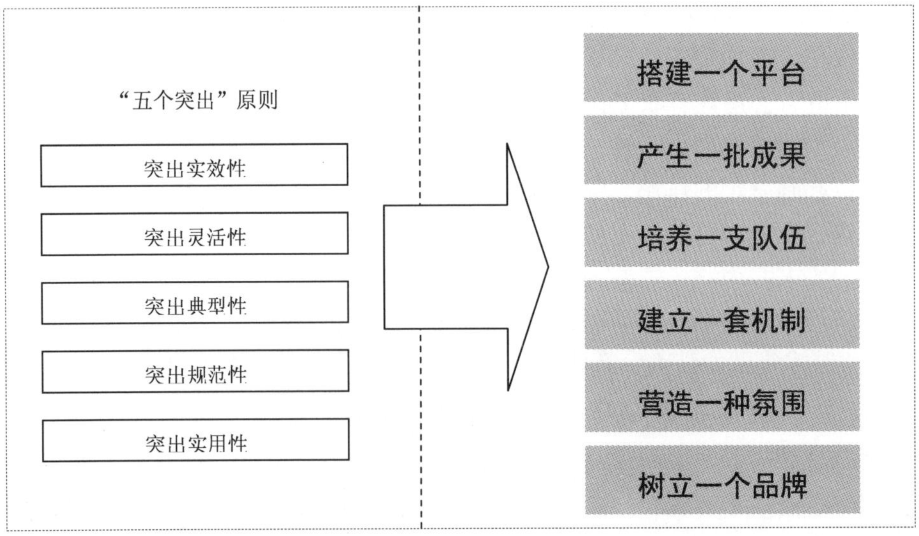

图1　职工创新工作室建设的工作原则和建设目标

（一）深入调研、认真学习，创建工作有的放矢

为了开展好职工创新工作室建设工作，公司工会首先向北京市总工会汇报了工作思路，得到了北京市总工会领导的高度认可和大力支持。市总专门为公司联系了全国劳动模范所在的奔驰公司和首钢公司劳模创新工作室。公司工会协同科信部和部分基层单位负责人先后3次赴上述单位进行深入调研，详细了解了职工创新工作室的创建发展过程，并就如何调动技术带头人积极性，如何对劳动模范进行培养、选树、宣传进行了交流学习。

在深入学习的基础上，公司结合实际，将公司职工创新工作室的主要工作任务定位于三个方面：一是普及创新理念，运用创新工作室网站、博客，培养和调动职工参与创新的热情。二是推出创新成果，技术专家和技能专家的有效结合，从而攻坚克难破解在生产实践中的技术难题。三是培养创新人才，运用"名师带徒"等形式，发挥技能人才的引领作用，带动一批创新人才的成长。明确的工作定位为职工创新工作室的建设和发展提供了重要的指导。广泛、充分的调研开拓了工作思路，明确了工作目标，找准了工作定位，为公司职工创新工作室的创建工作奠定了坚实基础。

（二）试点先行，稳步开展，创建工作循序渐进

2010年年初，公司在职代会上专门下发了《北京市电力公司关于提升职工素质工程》的文件，第一次提出了"职工创新工作室"的概念。随后，公司工会印发了《关于建立职工创新工作室的通知》，在全公司范围内开展职工创新工作室建设活动。为确保创建工作有序开展，工会明确提出了职工创新工作室构成的"五个一"元素。即有一名知名劳模、首席技师以及技术、技能领军人物以其命名并挂牌；有一个用于开展创新活动的基本活动场所和设备设施；有一套完整的管理和工作制度、规划目标；有一定的工作经费，以保障创新活动的正常开展；一年中至少完成1—2项创新成果，带动职工参与创新活动，培养技术、技能人才，产生较好的经济效益和社会效益。

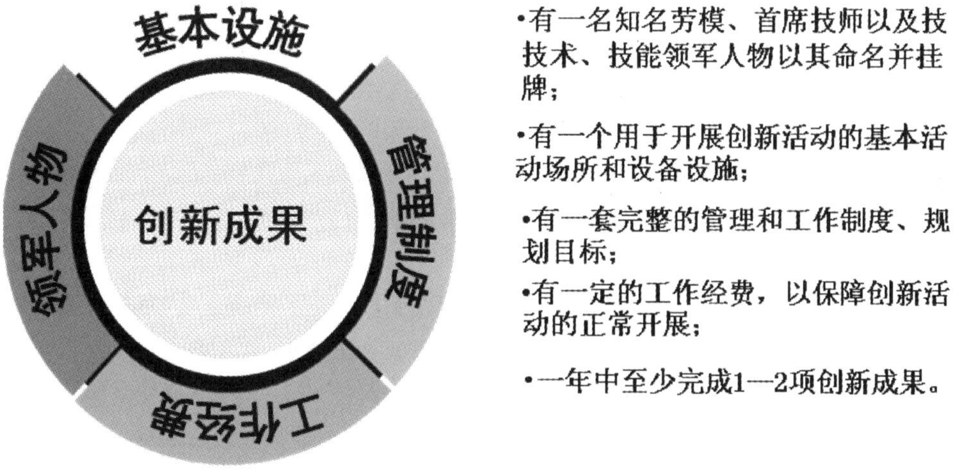

图2　北京市电力公司职工创新工作室建设的基本元素

在基本要素明确后，公司结合实际，首先确定了软硬件条件比较好的变电公司、工程公司、电科院作为创新工作室的试点单位先行开展创建工作，在创建过程中，公司工会在制度建设、功能布局、工作流程等方面给予了全程的指导和支持。各试点单位高度重视，在公司文件的框架下，把职工创新工作室的建设列入议程，以劳动模范和技术技能专家为带头人，积极投入人力、物力，给予了场地、展厅建设、资金的支持，夯实了创建基础，这是创新工作室能在短时间内取得突破的重要因素。通过公司工会和各试点单位的共同努力，创建工作取得初步成效。三个试点单位学习的基础上，结合自身工作的特点有所发挥、有所创造，形成了自己的鲜明特色。变电公司肖永立作为全国劳动模范，用网站的形式去开展培训，解决了日常工作中的技术问题；工程公司以张文新为代表的行业专家和一支有丰富现场实践经验及实际工艺创新能力的技师队伍，形成了丰富的创新工作基础，为职工发展提供了一个很好的平台。

试点单位创建工作成功并取得良好经验后，工会组织各基层单位向试点单位进行了交流与学习。在学习交流、汲取经验的基础上，工会组织各基层单位结合各自工作优势和专业特点，全面开展了职工创新工作室创建工作。2010年12月，工会结合班组标准化建设验收工作，组织专家对基层单位的职工创新工作室进行了逐一巡视和指导，帮助各单位进一步规范和完善创建工作，使职工创新工作室建设工作走上了稳步推进的轨道。

（三）强化管理，全面推进，创建工作规范有序

为了促进创新工作室规范、有序地发展，工会印发了《关于关于推进职工创新工作室创建工作的指导意见》，对职工创新工作室的工作内容、管理制度、工作流程和成果应用等方面提出了更加规范和严格的要求。在组织保障方面，公司工会、科技信通部、人力资源部负责职工创新工作室指导服务工作，并协调处理涉及职工创新工作室的有关事项，同时负责对职工创新工作室命名、考核和验收。各单位工会负责本单位职工创新工作室的日常管理工作，分别组建职工创新工作室领导机构、专家咨询小组和工作室成员并明确职责分工。在日常管理方面，分别建立创新工作室管理制度、工作标准、学习培训制度、科研活动计划、创新项目、规划目标、科技创新成果发布、考核奖励机制等电子版和纸制材料，并将组织机构、工作制度、计划、目标中一些重要内容张贴出来。同时建立学习培训、科研活动、专题会议等各项活动记录，收集活动影像、图片等。在技术创新方面，充分发挥劳模、科技人员带头作用和由技术骨干组成的创新团队作用，工作室人员要各司其职，发挥个人在团队中所起的角色作用，按照工作室制定的管理制度、活动研究计划、科研创新项目、工作目标等，围绕企业生产经营管理建设上的重点难点问题开展技术攻关、技术改进、发明创造、专题合理化建议、“五小”活动、QC活动等，在获得科技创新成果、技术发明专利的同时，带动职工参与创新活动，培养技术技能人才，产生较好的经济效益和社会影响。

（四）劳动竞赛，推树先进，创建工作百花齐放

公司于2010至2011年连续两年开展职工创新工作室劳动竞赛活动。由公司工会、科信部、人资部组成的考评组先后对24个单位申报的27个创新工作室进行了实地考察。本着好中选好，优中选优的原则，共评选出了15个公司级的职工创新工作室，其中2010年评选出10个，2011年评选出5个。在15个公司级职工创新工作室中，4个是以劳动模范的名字命名，11个以技术技能专家的名字命名，形成了百花齐放、各具特色、各有亮点的良好局面。工会分别对15个公司级创新工作室进行了挂牌，在公司范围内起到了很好的示范引领作用。

公司利用内外部宣传载体对这些职工创新工作室进行了广泛宣传报道，引起了上级领导和社会公众的广泛关注。北京市总工会主席梁伟、北京市工业（国防）工会主席顾庆等市总领导多次到北京市电力公司创新工作室进行视察和指导。特别是2011年“五一”前夕，刘淇、郭金龙等市委、市政府领导到张文新创新工作室现场视察，充分肯定了创新工作室创新成果以及在加强社会管理、提高职工素质方面所做的积极探索。

（五）落实责任，强化管理，创建工作更加规范

2012年，为实现创新工作室管理的规范化和日常化，工会在总结以往工作经验和成效的基础上，印发了《北京市电力公司职工创新工作室考核管理办法》。办法进一步拓展了职工创新工作室的工作任务，在技术创新、科研攻关等活动的基础上，将管理创新、人才培养和职工发展绿色通道建设纳入创新工作室活动，使职工创新工作室的活动内容更加多样，内含更加丰富。办法明确了各层级、各部门在职工创新工作室建设中的职责和任务，对职工创新工作室的建设、申报、管理、考评、变更等方面进行了严格规定。将创新工作室的基础条件、创新成效、技术培训和交流展示四个方面进行量化，作为评选优秀职工创新工作室的基本条件，成为了指导创新工作室建设的标尺，使对职工创新工作室建设成效的评判有据可依。根据考核管理办法规定，工会将于2012年底开展十大优秀职工创新工作室的评选工作，将评优工作作为激励各基层创新工作室的创先争优的良好平台。在“三集五大”体系建设中，公司组织机

构发生变化，部分基层单位和职能部门进行整合，部分职工创新工作室带头人岗位发生变化。工会针对这一变化，及时指导基层单位职工创新工作室进行重新注册、合并、更名和调整，确保了基层单位职工创新工作室建设工作的不断不乱。

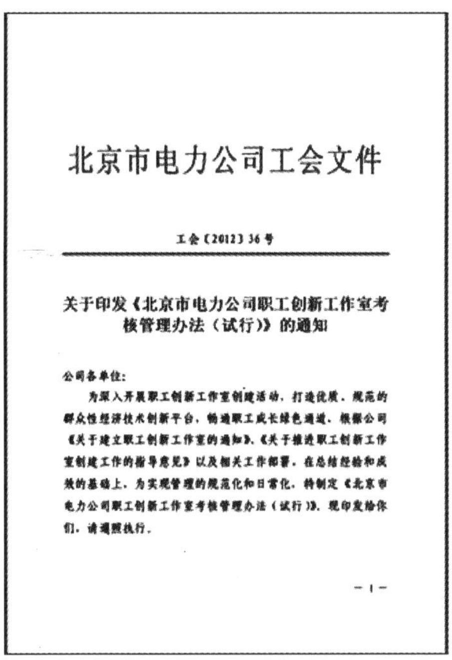

北京市电力公司工会文件

工会〔2012〕36号

关于印发《北京市电力公司职工创新工作室考核管理办法（试行）》的通知

公司各单位：

为深入开展职工创新工作室创建活动，打造优质、规范的群众性经济技术创新平台，畅通职工成长绿色通道，根据公司《关于建立职工创新工作室的通知》、《关于推进职工创新工作室创建工作的指导意见》以及相关工作部署，在总结经验和成效的基础上，为实现管理的规范化和日常化，特制定《北京市电力公司职工创新工作室考核管理办法（试行）》，现印发给你们，请遵照执行。

— 1 —

北京市电力公司先进职工创新工作室评比考核细则

图3　北京市电力公司职工创新工作室建设考核细则

在对职工创新工作室深化管理的基础上，工会加大对各公司级职工创新工作室的资金支持力度。2011年拨付资金30万元用于10个公司级创新工作室的建设，2012年拨付50万元用于15个公司级创新工作室建设。及时、有效的资金支持为各个基层职工创新工作室的日常运转提供了必要的帮助。

（六）丰富内容，扩大影响，创建工作再上台阶

工会注重职工创新工作室建设的宣传和引导工作，2010年至2012年，组织开展经验交流、推进会、

创新沙龙等活动共5次。公司工会领导多次出席活动，对职工创新工作室建设提出指导性意见。活动中，部分工作成效突出、工作思路有特色的创新工作室带头人分别介绍工作经验，共享工作心得，交流工作体会，共同学习提高。广泛深入的交流活动紧紧抓住职工普遍认同的典型事迹，引领各个创新工作室和广大职工积极投入到经济技术创新中来。

工会充分发挥创新工作室这一有效载体，探索职工培养新方式，全面实施“名师带徒”制度。把具有精湛技艺的职工创新工作室负责人，在生产工作岗位上以师徒关系的形式固定下来，将其高超技艺、优良职业道德作风传授给具有一定技术等级的工人，通过签订两到三年的“师带徒”协议，全面提高现有职工的技术技能，为培养“首席职工”、“首席技师”创造了良好条件。同时，有目的地引导并培育管理创新型、经营创新型、服务创新型、巾帼创新型等多种形式的工作室，通过不同内容的创建工作，将其纳入到企业整体创新工作中，使工作室创建范围得到进一步完善，从而使创新工作室产生较大的群体效应，不断焕发出新的生机与活力。

四、职工创新工作室建设的主要成效

（一）激发企业创新活力，助推企业健康发展

职工创新工作室建设的着眼点在于职工，工作落脚点在于创新，创新是企业效率和效益提升的基础，也是提升企业竞争力的动力。创新工作室的工作不仅解决了日常工作中的生产难题，产生了很多创新成果，取得了巨大的经济效益。2002年，28个创新工作室共获得科技成果95项，群众性创新成果111项，技术改进104项，产生实物成果171项，取得专利91项，发表论文138篇，创造经济效益近亿元，较2010年和2011年均有大幅提升。公司还将优秀创新成果推荐到全国总工会和市总工会进行评选，电缆检修中心的电力隧道侦查机器人、电力科学研究院的移动式变压器有载开关带电净油装置分别获得了二等奖、三等奖，成果在人民大会堂进行了展示。另外，推荐到北京市总工会的创新成果，其中一项应用于生产实践中的技术创新也获得了市级创新成果大奖，肖永立创新工作室的创新成果“转接端子增强支架套件及其重载连接器”作为北京市总工会选派的优秀成果参加海峡两岸创新成果展并荣获金奖。公司有4个职工创新工作室被评为北京市级职工创新工作室，3个工作室被评为首批国家电网公司劳模创新工作室示范点。

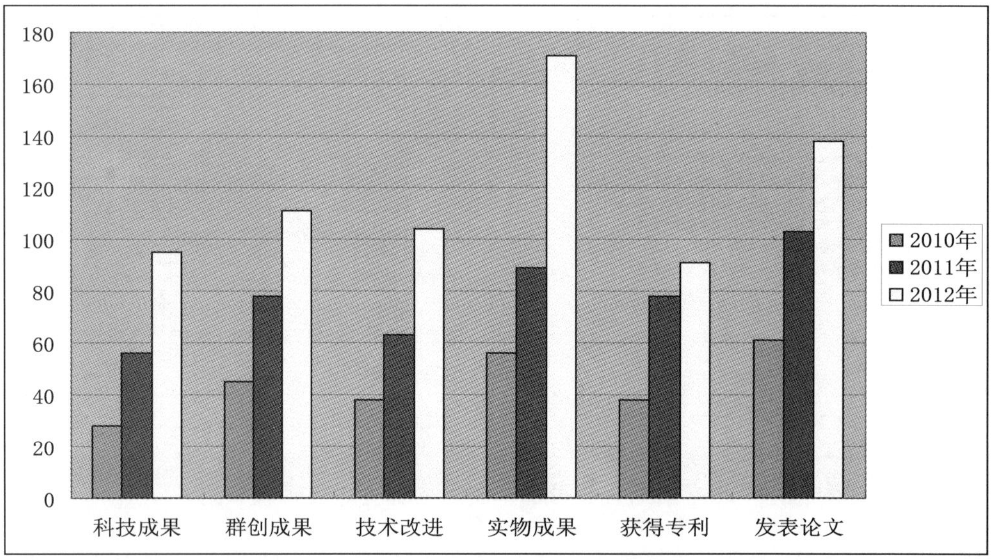

图4　北京市电力公司职工创新工作室成果数量

（二）提升职工素质能力，搭建技术创新平台

深入开展职工创新工作室工作，重点在于为职工事业发展服务，激发广大职工学知识、练技能，搞革新、求创新的热情。例如肖永立创新工作室建立以来，他们结合生产实际和工作场所点多面广的特

点，充分利用网络资源建立技术交流平台，广泛聚集人才，由全国劳模亲自担当版主，开展技术培训、答疑解惑、业务指导和科研攻关等活动，共解决实际问题近千项。全国五一劳动奖章获得者张文新创新工作室凝聚了技术技能、发明创造、经营管理等方面的高技能专家，培养并带出了一批具有一定理论水平、工作经验和创新能力的企业人才。昌平供电公司青年员工王朴，参加工作仅仅5年，既不是劳模，也不是公司级技术带头人，在创新工作方面却颇有心得。他发动青年职工把淘汰下来的废旧继电保护设备，利用业余时间组合成四面现场实验模拟柜，是公司唯一一个最完善的带电实操基地，实现了生产与实训的无缝对接，既解决了生产中遇到的难题，也为公司节约了上百万元成本，同时带动了一批青年员工学习技术的热情；技术专家马振强等技术带头人和技术专家以创新工作室为平台，每年组织培训近300课时，参与职工3000多人次，有800多名职工获得技术、技能等级提升，从而拓宽了职工成长和发展通道，维护了职工学习权和发展权，在“名师带徒”的实践中取得了宝贵经验。

（三）发挥劳模作用，探索职工成长新途径

创新工作室是在企业自主创新中发挥先进分子的作用，团结带领职工共同创新的有效形式。以往，培养选树一名劳模，其影响力只是在当年，劳模的时间效应比较明显，长效作用没有充分发挥。以劳模命名的创新工作室成立后，是对其荣誉的一种宣传，对其本人更形成一种动力，使其能在工作中不断进取，更好地发挥劳模的作用。使得越来越多的职工聚集到劳模周围，汲取营养，寻找动力，把劳模创新工作室当成学习劳模的课堂、切磋技艺的赛场、技术创新的平台和展示风采的舞台，使劳动模范真正发挥出示范和引领作用。

在积累宝贵经验和取得良好成效的基础上，工会将紧密围绕公司发展和职工成长这一中心，不断探索和建立职工创新工作室建设新机制，巩固成效，解决难题，搭建平台，将职工创新工作室建设成为推动经济社会发展的“加速器”、激发职工创先争优的“发动机”、企业降本增效的“百宝箱”、促进职工成才进步的“加油站”，全面提升职工综合素质，以广泛、深入的职工经济技术创新活动引导广大职工参与到公司改革、创新和发展中来，推动公司更快、更好地发展。

成果创造人：史宝钢　唐娅静　张海生　陈　莹　李　建　高春雷　于　磊　张　蕾

综合绩效考核积分法的实践应用

国网北京市电力公司 信息通信分公司
荣获第二十八届北京市企业管理现代化创新成果一等奖

国网北京市电力公司信息通信分公司（以下简称“公司”）是负责北京市电力公司通信网络与信息系统建设和运行维护工作的技术支撑机构，主要承担数据中心运行与维护，信息化建设项目的实施，通信网的建设、运行与维护。通信运维中心（以下简称“中心”）是公司的一个基层生产单位，负责北京市电力公司所辖通信光电缆线路及通信设备的运行维护和检修工作，还承担着基建和大修技改等通信工程项目的建设施工。班组是信通分公司的最基本、最基层的组织单元。公司各项生产、检修任务最终都要通过班组来实施完成，生产班组员工人数占企业总人数的70%以上。因此，基层班组的管理水平直接影响到公司的生产安全、生产效率和企业效益。如何有效地将绩效管理的理念和方法在班组中落实，调动基层员工主观能动性，衔接个人绩效与组织绩效，是落实“四化”工作，推动“两个转变”，建设“一强三优”现代公司的重要保证，是事关公司科学发展的全局性、基础性、根本性工作，对强化企业管理，增强凝聚力和执行力，提升企业核心竞争力具有重要意义。综合绩效考核积分法以绩效管理为平台，实现管理资源与成果的有效落地，营造“讲责任、比贡献、争优秀、促提高”氛围，为实现公司战略目标提供“有激情、可持续”的人力资源，创造“公平、活力”的人群环境，促使公司所有员工尽其职、负其责，确保管理到位，提升管理品绩。

一、综合绩效考核积分法的实践应用背景

企业关键绩效指标（KPI，Key Performance Indicator）是通过对组织内部流程的输入端、输出端的关键参数进行设置、取样、计算、分析，衡量流程绩效的一种目标式量化管理指标，是把企业的战略目标分解为可操作的工作目标的工具，是企业绩效管理的基础。KPI可以使部门主管明确部门的主要责任，并以此为基础，明确部门人员的业绩衡量指标。关键指标必须符合SMART原则：具体性（Specific）、衡量性（Measurable）、可达性（Attainable）、相关性（Relevant）、时限性（Time-based）。建立明确的、切实可行的KPI体系，是做好绩效管理的关键。关键绩效指标是用于衡量工作人员工作绩效表现的量化指标，是绩效计划的重要组成部分。近年来，北京市电力公司全面加强安全生产、经营管理、电网建设等重点工作，取得了较好的经济效益和社会效益。随着电力体制改革进程的不断深化和现代化管理要求的不断提高，现行基层班组员工绩效考核体系采用岗位作为唯一依据的单一考核体系，按照员工所从事的工作岗位不同制定岗位绩效系数，需要在管理思路上有新的调整，在管理体制上有新的创新，在管理方法上有新的改进，促进班组员工绩效管理水平持续提升。

（一）现行员工绩效考核体系的现状分析

2012年，随着国家电网公司“五大”体系建设的推进，结合全员绩效管理的工作要求，公司基层班组员工绩效管理与创一流同业对标的更高要求还有一定的差距，有待于实践中不断改进、摸索。当前绩效考核体系是以岗位作为唯一依据的单一考核体系。所有员工根据所从事的工作岗位不同，被粗略地赋予班长、组长、专责工等不同的岗位绩效系数，员工的奖金收入完全取决于既定的岗位绩效系数，其中班长、组长和专责工的岗位绩效系数分别是1.5、1.3和1.0。

（二）现行一线员工绩效考核体系存在的问题

经调查分析和讨论得出，中心现行的员工绩效考核体系的模式和应用存在如下问题：单一考核体系导致员工工作情绪怠慢，员工通过竞争上岗等形式一旦确定了工作岗位，其岗位绩效系数也已确定。由

于运行处室员工的工作岗位不会经常发生变动，因此容易使员工产生工作怠慢情绪。同岗位员工间工作效益的差别无法体现，由于岗位绩效系数一样而得不到应有的差别对待，导致身处同一工作岗位的员工之间相互比较。在此情况下，工作效益优秀的员工会慢慢产生不满情绪而使其心情彷徨甚至消极对待工作，工作效益较差的员工也会逐步产生“偷着乐”的消极思想，进一步降低其工作效益。不同岗位间员工绩效的穿越无法实现，岗位绩效系数就像是一条永远无法跨越的鸿沟，即便工作效益最优秀的专责工也无法在奖金收入上达到或超越工作效益最差的组长。导致部分员工会将心力用在如何获得绩效系数更高的一个工作岗位，而不是如何做好生产工作。

（三）综合绩效考核积分法的必要性

要解决上述基层班组员工绩效考核问题，从改革传统的业绩评估模式到建立适应形势发展的绩效管理制度入手，实施“综合绩效考核积分法”的绩效管理模式已迫在眉睫。综合绩效考核积分法将一线员工的日常工作数量和工作质量与员工绩效有机结合，通过合理设定考评项目和分值差异，引导基层班组的工作重心紧紧围绕公司总体工作目标，可以有效提升基层班组的“公转”水平，是支持公司战略发展的客观需要。推行综合绩效考核积分法考核办法对工作任务进行量化的方式，实现了安全生产和优质服务的压力传递，客观、公正地评价员工的工作业绩和岗位贡献，为班组员工供了公平竞争的环境，提高了绩效考核指标与员工业务、专业、岗位工作的紧密结合，突出考核重点，是提供基层班组员工绩效考核精确度的客观需要。实现公平、公正的绩效管理，激发员工的工作热情，需要强化绩效考核结果的应用。通过在基层班组推行综合绩效考核积分法，一是强化绩效考核结果与薪酬挂钩力度，充分体现效益优先、按劳分配的原则；二是推进考核结果全面应用到员工职位升迁、奖惩、学习培训等方面，充分发挥绩效管理的导向和激励作用的客观需要。

二、综合绩效考核积分法的实践应用内涵

基层班组“综合绩效考核积分法”绩效考核是将员工的工作态度、工作技能、工作效益、职业素养和团队精神等各方面的综合表现进行量化积分，以考核周期内所得积分作为除岗位绩效收入之外的综合积分绩效奖金分配标准的综合绩效考核体系。

基层班组“综合绩效考核积分法”绩效考核，用积分来衡量员工的自我价值，反映和考核员工的综合表现。并将员工最终积分与各种物质待遇、福利与积分挂钩向高分人群倾斜，激发员工的主观能动性、积极性，充分体现了以下几方面先进的管理理念：

1. 压力传递理念。实施绩效管理，通过指标分解将企业经营目标落实到团队和个人，形成“千斤重担人人挑，人人肩上有指标”的压力传递机制。实施班组工分制考核办法，对工作任务进行量化分解，将安全生产和优质服务工作目标落实到每一个员工，促进其不断提高业绩水平，从而实现企业生产经营目标。

2. 精细化管理理念。实施班组工分制办法，实现了由定性管理向定量管理的转变。通过科学设置绩效指标体系，确定具体、明确的量化标准，建立全方位、全过程的考评体系，做到每个员工头上都有指标，每件工作都有人落实，使管理的每一个细节做到数据化、精确化，实现考核有标准，奖惩有依据，最终使整个管理过程达到可控、在控、能控。

3. 持续改进理念。通过合理的工作安排，并以公平公正的绩效考核，客观评价员工的工作业绩，发现影响员工完成目标、提高绩效的问题。通过有效的面谈和沟通，提出解决的办法，制定改进的措施，促进员工持续改进，提高工作绩效。

4. 员工与企业共同发展理念。将绩效考核结果与员工薪酬分配、教育培训、职业发展挂钩，引导员工的行为符合公司发展要求，促进员工提升职业能力和综合素质，适应岗位的需要，促使员工实现目标。员工的目标实现了，公司的目标也就实现了。公司的目标实现了，员工对公司的期望才会实现，从而实现员工和企业共同发展。

坚持“战略引导、制度健全、指标量化、全员覆盖、严格考核”的原则，通过强化组织保障、健全

规章制度、量化考核指标、加强过程监控、优化评价方法、拓展结果应用六个方面的工作，发挥基层员工积极能动性，促进基层班组各项工作顺利开展，不断提高劳动生产效率和效益，不断降低生产成本，增强团队核心竞争力和凝聚力，营造积极向上的工作氛围，为完成“三集五大”体系建设和实现公司发展目标奠定基础。

三、综合绩效考核积分法的实践应用主要做法

推行基层班组“综合绩效考核积分法”绩效考核主要工作内容包括：管理理论灌输、工作量积分绩效考核标准的制定、绩效考核工作机制的建立，以及配套的管理保障制度与信息化平台的建设。其中，核定“综合绩效考核积分法”的绩效考核标准是整个工作的基础与核心。

（一）强化“综合绩效考核积分法”绩效考核理论灌输

任何变革总是要从观念更新入手。“综合绩效考核积分法”绩效考核对于信息通信分公司中心是一个崭新的管理理念，为使绩效管理深入人心，着力营造浓厚的绩效管理氛围，创造宽松的外部环境，强化员工管理观念转变，有序组织推进的方式开展工作。一是专题导入。分别就《管理者的职责与执行力》、《绩效管理》、《目标管理》等问题对全体员工进行了理论诠释。二是加强培训。对中层、班组、基层人员进行分级培训，把绩效管理的理念进一步导向深入。

（二）“综合绩效考核积分”标准的制定

中心按照“综合绩效考核积分法”绩效考核体系要求，经过对各项工作梳理和分析，将员工的工作态度、工作技能、工作效益、职业素养和团队精神等各方面的综合表现进行量化积分，颁布了《机务工区基础积分计算统计方法》、《机务工区技能积分计算统计方法》、《机务工区工作量积分计算统计方法》、《机务工区指标积分计算统计方法》、《机务工区民主测评积分计算统计方法》等文件，明晰了基础积分、技能积分、效益积分、考核积分、测评积分的绩效考核标准。

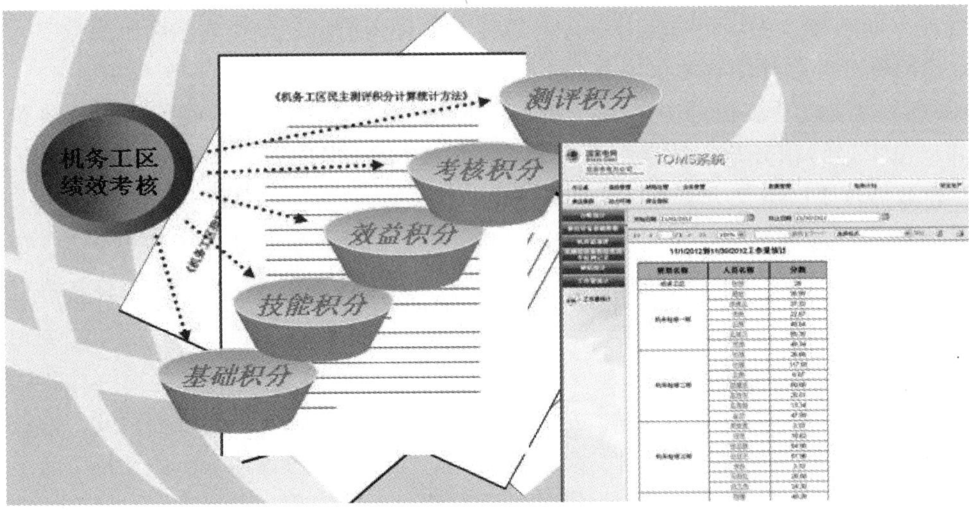

1. 基础积分

主要考量员工在考核周期内对劳动纪律和相关管理制度的遵守情况。没有发生违反劳动纪律和相关管理制度的员工将得到满额的基础积分，否则将会被扣除相应的部分积分，直至扣完基础积分。基础积分也作为维持员工间个人绩效积分差距合理性的手段。

表 1　基础积分考核项目及分值

考核分类	考核项目	标准分值	考评标准及评分规定
劳动纪律	迟到早退	10	凡发生迟到或早退行为的，每次扣减当事人 10 分。此项目在考核周期内按次数进行扣分累加，直至扣完个人基础积分为止。
	旷工	50	凡发生旷工行为的，每次扣减当事人 50 分。此项目在考核周期内按次数进行扣分累加，直至扣完个人基础积分为止。
	病事假	40	凡发生病事假行为的，每次（每天）扣减当事人 40 分。此项目在考核周期内按次数进行扣分累加，直至扣完个人基础积分为止。
	擅离职守	20	凡发生擅离职守行为的，每次扣减当事人 20 分。此项目在考核周期内按次数进行扣分累加，直至扣完个人基础积分为止。
	上班饮酒	100	凡发生上班饮酒行为的，每次扣减当事人 100 分。此项目在考核周期内按次数进行扣分累加，直至扣完个人基础积分为止。
	不听指挥	30	凡发生不听指挥行为的，每次扣减当事人 30 分。此项目在考核周期内按次数进行扣分累加，直至扣完个人基础积分为止。
	打架斗殴	100	凡发生打架斗殴行为的，每次扣减当事人 100 分。此项目在考核周期内按次数进行扣分累加，直至扣完个人基础积分为止。

2. 技能积分

主要考量员工在考核周期内的工作技能水平。员工通过参加中心组织的员工技能认证得到相应的技能测评，每一项测评合格的技能将被赋予一定的技能积分，通过单项测评的所有技能积分累积为员工的技能积分，技能积分在技能认证的周期内长期有效。

表 2　技能积分考核项目及分值

序号	技能名称	技能对应分数
1	线缆连接器的制作	5
2	光源及光功率计的使用	5
3	万用表的使用	2.5
4	2M 误码仪的使用	7.5
5	串口调试软件的使用	7.5
6	SDH 综合测试仪的使用	10
7	RJ–45 端口通道的测试	5
8	蓄电池放电终端的使用	5

续表

序号	技能名称	技能对应分数
9	TOMS 办公桌模块的使用	2.5
10	TOMS 值班管理模块的使用	2.5
11	TOMS 检修计划模块的使用	2.5
12	TOMS 缺陷管理模块的使用	2.5
13	TOMS 业务管理模块的使用	2.5
14	TOMS 全生命周期模块的使用	2.5
15	动力环境监控系统的使用	5
16	通信运行管理系统（CS）的使用	7.5
17	常见 PCM 设备的操作	15
18	应急设备光电一体机的操作	10

3. 效益积分

主要考量员工在考核周期内完成的工作数量和质量。员工在保质保量的完成专责站点的周期巡视、执行方式、处理缺陷、设备检修等工作后会得到既定的相应积分，工作未完成不得分，工作完成质量不符合要求会被扣减相应的部分积分。绩效积分也是个人绩效积分中最重要的组成部分，其所占比例也最重。

表 3　效益积分考核项目及分值

考核分类	考核项目	项目上限	考评标准及分值规定
安全生产	考核周期内获得信通公司及以上单位在信通公司及以上会议或媒介上以书面或口头表扬的事件	无	给予受表扬个人 20 分 / 次的加分奖励
	考核周期内获得信通公司及以上单位安全类相关荣誉称号的事件	无	给予受表扬个人 20 分 / 次的加分奖励
	考核周期内阻止违章指挥、违章作业行为，并避免了人身安全、通信网安全或设备安全事故的发生，查证属实并经中心认定的事件	无	给予当事人 20 分 / 次的加分奖励

续表

考核分类	考核项目	项目上限	考评标准及分值规定
运行维护	考核周期内按照要求完成并归档所辖站点通信设备周期巡视计划的事件（含认定有效的保电特巡和专项检查类计划）（在TOMS中填报巡视类型工作计划）	无	中心所辖站点划分为：A、B、C、D、E共5类。A类站点为：各供电公司；B类站点为：500KV站点；C类站点为：220KV、集控站和其他二级单位；D类站点为：110KV、35KV和广场配网；E类站点为：供电所和异地工区；按照计划完成A、B、C、D、E类站点的周期巡视，给予完成人相应的加分奖励，奖励标准为：A类20分/站次，B类16分/站次，C类14分/站次，D类12分/站次、E类10分/站次。参与巡视的人员按照职责分为：工作负责人、主要操作人、次要操作人和辅助操作人四档，上述人员按照2∶1.6∶1.4∶1的比例分配上述奖励的总分。如巡视运行资料上交不及时，资料不全面、不准确的，各成员奖励分数均减半
	考核周期内按照要求完成并归档资源调度单执行计划的事件（含认定有效的无资源调度单或无计划的方式执行情况）（在TOMS中填报方式类型工作计划）	无	按照要求完成资源调度单，给予完成人相应的加分奖励，奖励标准为：（1）4分/单；（2）单个独立编号的资源调度单所涉及必须进站开展工作的专责站点数量为N时，加分值为4×N分/单；（3）电话升降级、改号、转移、变更计费单位等无需新开通道的工作，4分/个次；（4）新开电话及网络通道，8分/个次（单个资源调度单本项得分上限为50分）；（5）新开光通道、2M、V.28、4W、64K，10分/条次；（6）撤销通道，2分/条次；参与完成资源调度单执行的人员按照职责分为：工作负责人、主要操作人、次要操作人和辅助操作人四档，上述人员按照2∶1.6∶1.4∶1的比例分配上述奖励的总分。如方式执行后上交资料不及时、不全面、不准确的，奖励分数减半。如开通的新通道在一个月内出现因现场施工质量等人员因素造成中断和异常的，在缺陷发生的当月扣除责任人相应的奖励积分
	考核周期内按照规定完成缺陷处理工作的事件（在TOMS中填报缺陷类型工作计划或临时缺陷任务单）	无	按照规定时间处理完毕缺陷，给予完成人相应的加分奖励，奖励的标准为：（1）危急缺陷：30分/次；（2）严重缺陷：20分/次；（3）一般缺陷：10分/次；注：当单个缺陷涉及多班组时，奖励分数由涉及的所有人员共同分配。参与缺陷处理的人员按照职责分为：工作负责人、主要操作人、次要操作人和辅助操作人四档，上述人员按照2∶1.6∶1.4∶1的比例分配上述奖励的总分。如缺陷处理后上交资料不及时、不全面、不准确的，奖励分数减半

续表

考核分类	考核项目	项目上限	考评标准及分值规定
运行维护	考核周期内按照规定完成检修工作的事件（在TOMS中填报检修类型工作计划）	无	按照规定时间处理完毕缺陷，给予完成人相应的加分奖励，奖励的标准为：（1）危急缺陷：30分/次；（2）严重缺陷：20分/次；（3）一般缺陷：10分/次；注：当单个缺陷涉及多班组时，奖励分数由涉及的所有人员共同分配。参与缺陷处理的人员按照职责分为：工作负责人、主要操作人、次要操作人和辅助操作人四档，上述人员按照2 ：1.6 ：1.4 ：1的比例分配上述奖励的总分。如缺陷处理后上交资料不及时、不全面、不准确的，奖励分数减半
	考核周期内按照规定完成检修工作的事件（在TOMS中填报检修类型工作计划）	无	检修工作包括对设备进行周期性（含临时性）检修测试工作或无方式条件下（有方式时，按照执行方式工作奖励标准执行）的设备迁移等类型的工作。1、按照规定完成通信设备检修测试工作的，给予完成人相应的加分奖励，奖励的标准为：（1）光传输设备（容量为2.5G及以上）、数据网设备（思科7609、思科7606及6504路由器）、高频开关电源和电力载波设备：16分/套次；（2）PCM设备和蓄电池组：12分/套次；（3）其他设备（不含光猫、协转器等未录入台账的小设备）：8分/套次；2、按照规定完成无方式条件下的设备迁移等类型工作的，涉及的工作量主要包括设备迁移后的通道测试及恢复工作，给予完成人相应的加分奖励，建立的标准为：（1）新开电话及网络通道，8分/个次（承载于同一台设备时，该项的上限为50分）；（2）新开光通道、2M、V.28、4W、64K，10分/条次；（3）电源或蓄电池改造时，切改通信设备电源或蓄电池负载线缆，12分/路次；以上检修工作由处室约请厂家主导完成的，参与人员奖励分数为相应分数的1/4（线外判别测算）。参与完成检修工作的人员按照职责分为：工作负责人、主要操作人、次要操作人和辅助操作人四档，上述人员按照2 ：1.6 ：1.4 ：1的比例分配上述奖励的总分
	考核周期内按照规定完成工程查活、设备验收工作的事件（在TOMS中填报工程类型工作计划）		中心所辖站点划分为：A、B、C、D、E共5类。A类站点为：各供电公司；B类站点为：500KV站点；C类站点为：220KV、集控站和其他二级单位；D类站点为：110KV、35KV和广场配网；E类站点为：供电所和异地工区；按照计划完成A、B、C、D、E类站点的现场验收，给予完成人相应的加分奖励，奖励标准为：A类20分/站次，B类16分/站次，C类14分/站次，D类12分/站次、E类10分/站次。按照要求完成查活工作的，不区分站点类型，一律给予完成人员10分的奖励。参与完成验收和查活的人员按照职责分为：工作负责人、主要操作人、次要操作人和辅助操作人四档，上述人员按照2 ：1.6 ：1.4 ：1的比例分配上述奖励的总分。如验收后相关竣工资料汇总不及时，资料不全面、不准确的，各成员奖励分数均减半

续表

<table>
<tr><th>考核分类</th><th>考核项目</th><th>项目上限</th><th>考评标准及分值规定</th></tr>
<tr><td></td><td>电视电话会议及应急系统的运行保障工作（暂时不在TOMS系统中体现，线外执行）</td><td>无</td><td>（1）圆满完成电视电话会议系统运行保障工作的，给予完成人相应的加分奖励（加分标准为：一级会议：40分/会次；二级会议：30分/会次；三级会议：20分/会次）。（2）圆满完成应急卫星系统、3G单兵系统、超短波系统保障相关工作的，给予完成人相应的加分奖励（加分标准为：国网公司级别：40分/次；公司公司级别：30分/次；信通分公司级别：20分/次；中心级别：10分/次）。参与会议保障或应急卫星等应急通信系统保障的人员按照职责分为：工作负责人、主要操作人、次要操作人和辅助操作人四档，上述人员按照2 ∶ 1.6 ∶ 1.4 ∶ 1的比例分配上述奖励的总分。如保障过程中发生信通分公司领导及以上领导认可的保障质量事件，扣除相应的保障相应的奖励积分。参与800M及海事（铱星）电话及定位系统保障人员按照每月150分的额度，工作负责人和工作组成员按照按照2 ∶ 1.6 ∶ 1.4 ∶ 1的比例分配上述150分/月的奖励总分</td></tr>
<tr><td rowspan="4">综合管理</td><td rowspan="2">工区及以上单位认定有效的技术培训和新闻宣传类事件</td><td>无</td><td>员工作为授课教师开展培训的，给予完成人相应的加分奖励。奖励标准为：运维中心或机务工区层面的为20分/次；被推荐到信通分公司及以上层面进行授课的为：40分/次</td></tr>
<tr><td>无</td><td>上交与实际工作相关的论文或宣传稿件被信通分公司及以上机构收录或刊登的加分。给予完成人相应的加分奖励。奖励标准为：公司及以上级别：40分/篇，信通分公司级别：20分/篇</td></tr>
<tr><td>完成领导交办的非本班组职责范围内的临时任务的事件</td><td></td><td>经中心或工区领导同意，协助物资管理员、车辆管理员等管理人员开展临时性工作的，给予协助人相应的加分奖励。奖励的标准为：10分/人次</td></tr>
<tr><td>按要求参加中心及以上级别会议或文体等活动的事件</td><td>无</td><td>参加中心及以上级别会议或文体活动的员工，给予参会人相应的加分奖励。奖励的标准为：10分/次</td></tr>
</table>

4.考核积分

主要考量员工在考核周期内有无发生需要被考核的事件。当员工发生违反既定需考核事件后，将被扣除相应的积分所得，直至扣完考核周期内个人绩效积分的全部。

表 4　考核积分考核项目及分值

分类	考核指标项目	指标分值	考评标准及评分规定
安全生产指标	发生恶性误操作事件	50	发生恶性误操作事故扣减责任人考核周期考核 50 分。每增加一项加扣 50 分，直至安全指标全部扣完
	发生生产事故上报问题事件	20	迟报、漏报、谎报、瞒报通信设备重大缺陷，发生一次扣减责任人当月考核分 20 分；每增加一项加扣 20 分，直至安全指标全部扣完
	发生中心、处室认定的作业现场严重或一般违章	20	每发生 1 次中心认定的现场严重违章，扣减责任人考核周期考核 20 分；每发生 1 次中心认定的现场一般违章或机务处认定的违章，扣减责任人考核周期考核 10 分；严重违章每超过 1 次加扣 20 分，一般违章或机务处认定违章每增加 1 次加扣 10 分，直至安全指标考核分扣完
	发生影响现场安全检查事件	10	日计划变更未及时通报，导致中心领导或安监处到现场后扑空，抑或发生中心领导或安监处进行现场突击检查，现场人员未在第一时间向处领导及安全员通报受检查情况的，上述情况每发生一次扣相关责任人考核周期度考核 10 分。每增加一项加扣 10 分，直至安全指标全部扣完
运行维护指标	通道运行率指标	20	凡发生中心或专业认定的导致当月复用保护、调度电话、自动化等通道运行率指标低于考核标准的，扣减责任人考核周期考核 20 分；每增加一项加扣 20 分，直至运行维护指标全部扣完
	计划管理指标	10	周检修计划未按照《信通分公司通信检修管理规定》的要求于每周周五 9 时前上报，每发生一次延误申报的扣减责任人 5 分。周检修计划准确率未达到 98%，每降低 1% 的扣减责任人 5 分（计划变更原因获中心批准除外）。以上情况每增加一项加扣相应分数，直至运行维护指标全部扣完
	停复役管理	10	停复役工作未按照批准的日期和时间区间执行，或因当事人自身原因导致延期或超期执行的，每发生一次扣 5 分。现场风险预控措施未按照专业发布的工作风险提示落实和执行的，每发生一次扣 5 分。每增加一项加扣 5 分，直至安全指标全部扣完
	运行维护	5	按照中心及处室要求，巡视、检修、方式执行、故障处理工作完毕后如实填写相关记录单，未按照要求填写或填写内容失实，每发生一次扣 5 分。以上情况每增加一项加扣相应分数，直至运行维护指标全部扣完
		15	由于人员误操作造成设备故障、业务非计停的，每发生一次扣 10 分。由于巡视及维护不到位，出现运行环境变化或其他原因造成设备故障的，每发生一次扣 5 分。以上情况每增加一项加扣相应分数，直至运行维护指标全部扣完

续表

分类	考核指标项目	指标分值	考评标准及评分规定
运行维护指标	缺陷管理	10	缺陷处理不彻底，造成当月内两次以上重复出现的，经认定属人为责任原因的，每次扣减责任人 10 分；以上情况每增加一项加扣相应分数，直至运行维护指标全部扣完
		20	由于人员责任造成危急、严重和一般缺陷的故障历时超期的，每发生一次扣减责任人 20 分。以上情况每增加一项加扣相应分数，直至运行维护指标全部扣完
	业务管理	10	严格按照资源调度单及业务管理规定的相关要求执行，因人员责任造成资源调度单未按照规定时间执行完毕的，每发生一次扣减责任人 10 分。以上情况每增加一项加扣相应分数，直至运行维护指标全部扣完

5.测评积分

主要考量员工在考核周期内团队精神、大局意识等其他方面的表现。由全员在绩效考核平台中按照既定条目逐项对单一员工进行打分测评，不同角色测评人的分数被赋予不同的系数统计计算，测评所得的平均分作为该员工最后的测评积分。

表 5　测评考核项目及分值

测评形式	测评项目	标准分值
班内人员互评	工作积极主动，不拖延	6
	工作认真，不逃避	6
	勇于承担任务，不回避	6
	甘于奉献，不讲条件	6
	心态健康阳光，不抱怨，不说风凉话	6
	遵守劳动纪律，不迟到早退	6
	为人诚实守信，不偷奸耍滑	6
	团结同事，不搞小团伙	6
	勇于承认错误，不强词夺理	6
	认真学习技术，不吃老本	6

续表

测评形式	测评项目	标准分值
其他人员测评	工作积极主动，不拖延	4
	工作认真，不逃避	4
	勇于承担任务，不回避	4
	甘于奉献，不讲条件	4
	心态健康阳光，不抱怨，不说风凉话	4
	遵守劳动纪律，不迟到早退	4
	为人诚实守信，不偷奸耍滑	4
	团结同事，不搞小团伙	4
	勇于承认错误，不强词夺理	4
	认真学习技术，不吃老本	4

6. “综合绩效考核积分法”应用原则

考虑运行维护工作是以班组为最小单位开展的实际情况，班组内班长、组长、专责工的岗位序列仍有存在的必要性，因此，班长、组长、专责工的岗位绩效系数仍需作为员工部分奖金收入分配的依据。在此基础上，员工的另外一部分奖金收入分配的依据为前述所得积分。

岗位系数奖金总额=部门可分配奖金总额× 30%（可调）
积分绩效奖金总额=部门可分配奖金总额× 70%（可调）

员工奖金收入=岗位系数奖金收入+ 积分绩效奖金收入

积分绩效奖金收入=（个人绩效积分/全员绩效积分总和）×积分绩效奖金总额

个人绩效积分=基础积分+技能积分+效益积分+考核积分+测评积分

（三）细化“综合绩效考核积分法”绩效考核的工作流程

为进一步对班组“综合绩效考核积分法”绩效管理工作进行规范，细化工作流程，出台了《中心机务工区员工综合积分绩效考核管理办法》等相应管理办法，从指标的名称、内容、绩效评估会的时间与形式、绩效汇报方式等方面都作了严格规定。同时，高度重视对绩效评价结果的反馈与信息收集。一方面确保绩效管理的公平性、有效性和透明性。另一方面确保指标的动态修订终能有效地指导员工工作的开展和纠偏。在此基础上，对干部的选拔使用、业绩评估也建立了相应管理办法，把绩效管理进一步引向了深入。

（四）构建“综合绩效考核积分法”绩效考核的信息化平台

为了提高绩效管理的效率，减少手工操作，增强考核结果的公平性、透明度，公司开发上线了“综合绩效考核积分法”绩效管理信息系统。通过该系统的运行可实现绩效考核中的绩效指标管理、绩效计划管理、考核过程管理以及考核打分、绩效回归和绩效统计等功能。自动实现对团队、团队负责人和一般员工的绩效得分计算、回归计算，并通过系统进行流程的审批与管理，还可以对不同单位绩效进行智能分析。

（五）完善“综合绩效考核积分法”绩效考核的配套机制

实行“综合绩效考核积分法”考核后，员工综合考核结果不仅与员工薪酬计算挂钩，也已经作为员工薪酬调整、岗位竞聘、职业生涯、教育培训等的依据。同时，通过对员工积分考核信息的分析，根据员工积分的来源，找出员工的薄弱环节，建立员工能力素质模型，完善职工教育培训制度。根据不同类型员工制订不同教育培训计划，实现企业可持续发展战略。

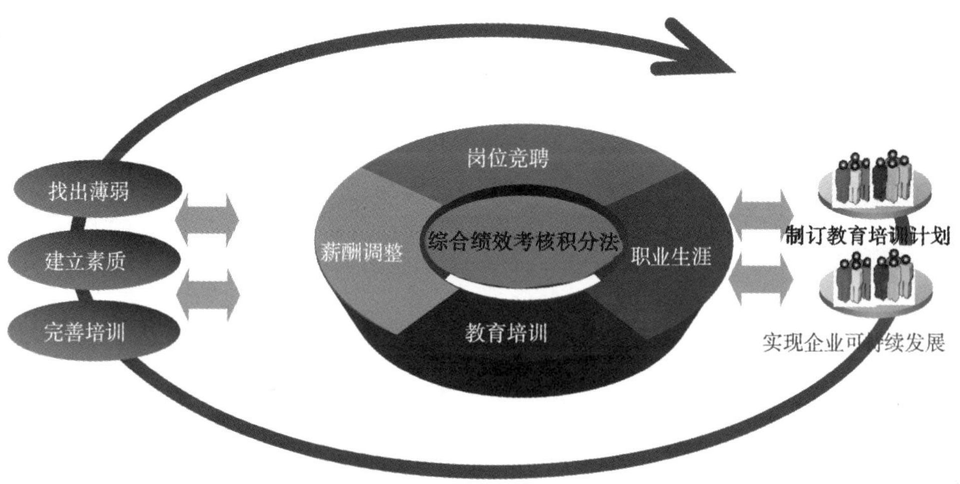

四、综合绩效考核积分法的实践应用效果

班组“综合绩效考核积分法”考核方法经信通分公司信息中心所属班组经过一段时间的实践，在生产一线班组已经得到班组长和班组员工的认同，考核者和被考核者都认为这是一种非常有效的考核方法，提升了班组总体业绩，支撑了上级战略目标的实现。本项工作具体的实施成效，如下：

（一）提升员工工作积极性、创造性，提高了工作效率

实现了员工工作量和工作质量的量化并与收入联动，在班组长岗位体系外开辟了提升员工工作能动性的通道。将员工日常工作的完成数量和质量进行量化积分，从根本上解决了单一依靠岗位绩效系数分配收入带来的种种弊端。各个岗位的员工可以挣脱岗位的束缚，通过提升自身技能水平获取专责更多站点的资格，更多更好地完成工作来实现增加收入所得或实现岗位超越的意愿。从而激发了员工的主观能动性与创造性，有效缓解了各种矛盾，适应“五大”体系建设发展要求。员工自发学习，努力提升自身专业技能以期望得到较高的技能积分，并获得专责更多站点的资格，员工对专责站点及线路的运行维护水平明显提高，工作推诿和怠慢的情况明显减少，工作效率大大增加。

（二）提升对公司战略发展的支持，提高了经济效益

将员工工作中的综合表现量化并与收入联动，建立了引导员工围绕企业重点工作正向发展进步的考量平台。由于，企业工作重点会随着企业的发展而发生变化，因此，对员工的评价依据也会不断发生变化。而积分绩效管理将随着工作重点的变化随时做出调整。从而，能够确保员工的工作紧紧围绕企业实

际需要开展，确保中心的工作随时保持“公转”，提高了公司的经济效益。

（三）创新绩效考核管理模式，提高了社会效益

国网北京市电力公司信息通信分公司信息中心基层班组通过实践应用班组“综合绩效考核积分法”绩效考核管理模式，有效激发了班组员工的主动性和提高技能的积极性，重点关注业绩优异和偏差的员工，实现班组绩效管理“简单化、表单化、程序化”，探索了“综合绩效考核积分法”绩效管理模式优化绩效考核标准、提升考核精确性的方向，形成了一支技术过硬、经验丰富、善于协作、勇于奉献的队伍，成功保障了北京市电力公司所辖通信光电缆线路及通信设备的运行维护和检修工作，未发生影响电网安全生产或公司重要活动的事件，未出现重大用户投诉事件，各项服务指标均达到国网公司要求。

成果创造人：付军美　官　丽　李　飞　赵广怀　罗建生　郝佳恺　李金友　闫　磊　蒙建新　吕文亮　朱　颖　张　军　赵　平

生产班组日运行规范

国网北京市电力公司 大兴供电公司
荣获第二十八届北京市企业管理现代化创新成果一等奖

国网北京大兴供电公司（以下简称“公司”）是国网北京市电力公司所属的区域供电公司，负责大兴区所辖1036平方公里的电力供应、销售以及输电、变电、配电设施的建设和运行维护，承担着为大兴区政治活动、经济发展以及居民生产生活安全用电提供保证的重要任务。

在首都城南发展行动计划、大兴区与北京经济技术开发区行政资源整合以及新机场落户大兴等多重利好带动下，大兴地区迎来千载难逢的发展机遇。近年来，公司在国网北京市电力公司和大兴区委区政府的正确领导下，以“大局、可靠、法治、两效”为指导，不断加大“三张电网”建设改造力度，夯实管理精益执行，深入推动公司电网发展和管理水平的有效提升。公司于2012年先后荣获“首都五一劳动奖状”、中共北京市委“创先争优先进基层党组织”等多项荣誉称号。

一、“生产班组日运行规范”的实施背景

公司提出“生产班组日运行规范”源自于工作现场安全检查产生的“迷惑”。为检查安全管理等规章制度的执行情况，公司定期组织领导班子等专业人员深入现场，数次检查结果发现：不同时间内先后检查同一班组工作人员现场作业，竟发现不同的违章现象。管理人员“迷惑”：为什么规章制度已发布，执行却未到位？班组人员“迷惑”：为什么长期养成的工作习惯如今却变成了违章行为？管理制度众多，怎么全部执行到位而不漏项？

面对种种“迷惑”，公司领导高度重视，立即组织深入一线班组调研，展开不同群体人员的分析、讨论，搜集整理班组所存在的安全管理、人员配置、员工培训等各方面的问题与矛盾，统一对班组的认识和定位，并总结出阻碍班组执行力提升的关键因素（图1所示）：

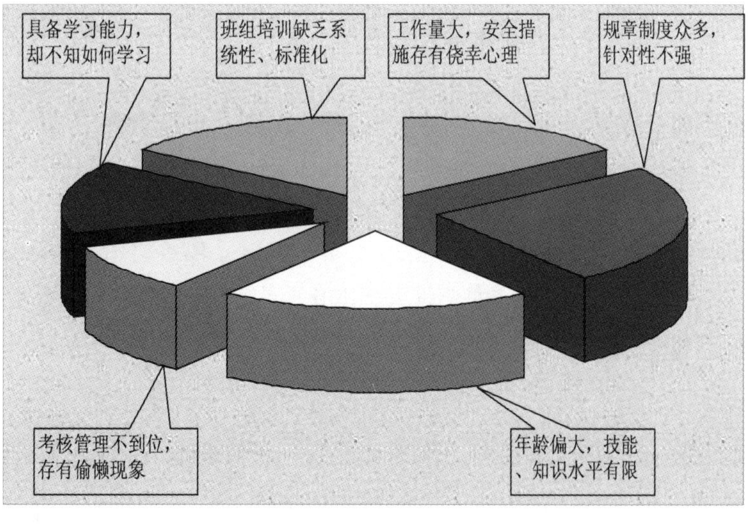

图1 阻碍班组执行力提升因素分布

其一是班组工作量较以往有大幅提高，据统计生产班组承担的工作量是往年的2—3倍，与此同时安全管理等规章制度数量较多，班组往往产生侥幸心理，重视生产任务，忽视落实安全等工作措施；其二是一线生产人员年龄偏大，技能水平、知识水平偏低，不能完全胜任当前新设备、新技术、新管理的工

作形势，而银杰人员虽具备一定学习能力，但没有师傅“传、帮、带”的引导而进步迟缓，无法胜任班组骨干力量；其三是随着管理模式的转变、设备的更新换代，班组管理、技能业务等培训工作却缺乏系统化、标准化和规范化，导致班组以往粗放式管理模式、模仿式学习方式均不能适应如今的工作要求。正是这三类关键因素作用，直接造成班组管理过程中“迷惑”的产生。为此，公司经探讨、研究，创新提出以“生产班组日运行规范”为载体加强班组基础管理，将各项规章制度、工作标准和经验做法等以工作流程形式加以体现，并强化执行。

“生产班组日运行规范”的最基本目的是将班组规范的操作步骤和工作要求以统一的格式描述出来，用来指导和规范日常基础工作。此管理模式的特点就是将相关规章制度转化为标准，特色工作、经验做法提炼为规范，建立完善班组管理制度体系，变革以往班组“依传统、靠经验、学教训”的管理方式，将班组以往“要我工作、要我安全、要我学习”的被动状态转变为如今“我要工作、我要安全、我要学习”的主动状态，切实改革班组管理方式方法，尽快促使班组适应、参与到公司的精益化管理中。

“生产班组日运行规范”的最终目的是以提升班组管理为基本点，全面激发公司精益化管理的落实与执行。通过一系列工作标准的制定与执行，充分挖掘公司内部资源潜力，实现人财物集约化管理，确保工作流程标准化，全面提升公司内部管理的整体水平。

二、“生产班组日运行规范”的内涵

为了达到安全、准确、高效、省力的作业效果，在作业系统调查分析的基础上，公司将现行作业方法以天为工作单元对每一操作程序和每一动作进行分解，以科学技术、规章制度和实践经验为依据，以安全、质量、效益为目标，对作业过程进行改善，从而形成一种优化作业程序。这项工作不可能只是单个的，必然是一个整体和体系，也是企业不可或缺的组成部分。

就班组而言，它是公司从事生产经营活动最基本的单元，最直接的参与者，其效率的高低、效果的优劣，对公司整体发展起着重要的影响。目前班组管理中过程控制、执行质量、工作量分配等难以量化、细化的问题，直接影响公司精益化管理的深入与提升。正是为了有效破解这一难题，公司延伸“作业标准化”的定义和适用范围，对班组每日生产业务工作进行梳理、分类，并以每一种工作类型为对象，形成班前会、工作准备、工作实施、班后会为阶段的生产班组日运行管理方法。同时，与工作现场的“标准作业指导书”一并使用，形成班组每日全过程的标准化管理，践行了国家电网公司提出的集团化运作、集约化发展、精益化管理和标准化建设的管理思想，也为班组管理提供了一种有效、创新的管理模式。

以班组安全生产管控向一线推进为出发点，突出标准化体系在班组管理工作中的引领和贯穿作用，统一规范、无缝衔接，建立以“生产班组日运行规范”为载体全过程、标准化的班组管理模式，探索在公司56个生产班组工作中，安全、高效落实班组安全管控措施；客观、准确评估人员工作业绩和成效；确保标准化措施真正融入到班组工作的每名员工、每个环节、每个时段，提升班组流程创新、业务培训、绩效激励等方面的管理水平，实现公司继续深化“安全管理标准化、生产管理精益化”的工作理念。

三、“生产班组日运行规范”的主要做法

（一）目标要求

基层是企业生产经营任务的直接承担者，作为基层管理者，安全管理是基层管理的重中之重。“生产班组日运行规范”作为“把关人”，加强了安全措施的现场管控，发挥了企业安全管理的核心作用，将各项安全措施、注意事项和操作标准综合起来，以流程化的形式分步骤执行（如图2所示），形成信息反馈、闭环管控，且责任分解、落实到人，从而实现安全管控由“管理层”向“生产一线”推进，不仅提高人员安全意识、规范作业安全行为，也确保各项规定、要求切实执行到位，对制度执行由短期突击变为长期坚持，对责任落实由简单随意变为全面规范，从源头降低安全风险，杜绝安全事故。

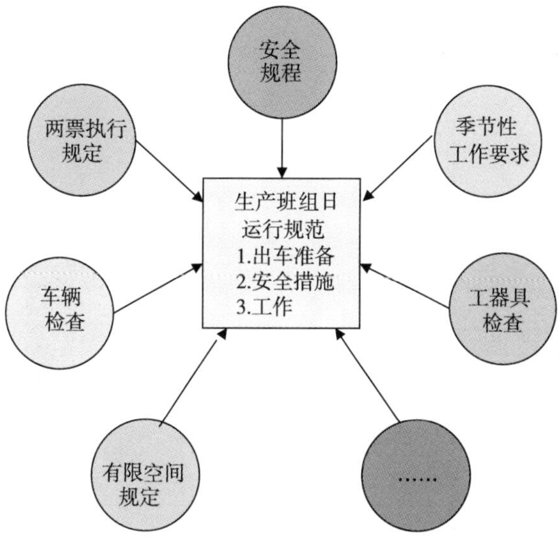

图2　内容包含框架

制度建设规范企业成员的行为，并使企业精神转化为企业成员的自觉行动，通过建章立制，大家不但要遵守统一的行为规范，还可以互相监督。“生产班组日运行规范”作为“联系员”，实现了基础管理的综合协调，将制度文化分解细化到班组的日常管理中，不仅能够规范班组生产业务，还能以点带面，点面结合，促进班组基础管理规范化、标准化（见图3）。

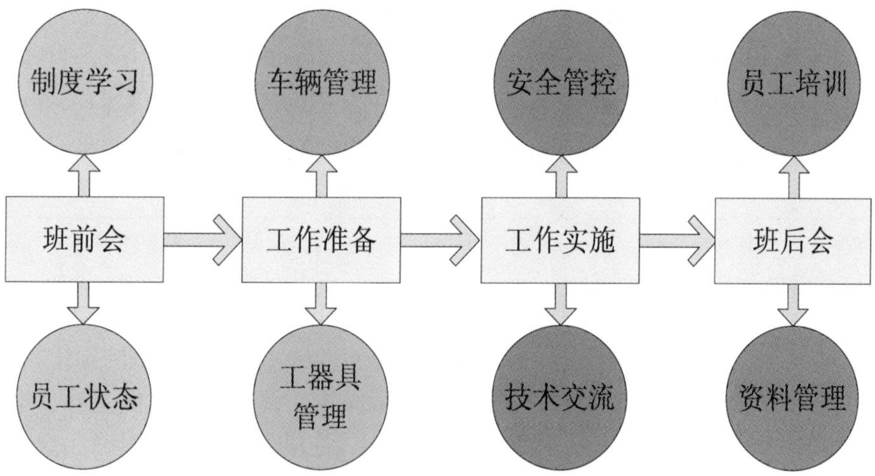

图3　关联管理方面

基础数据是分析和决策的依据，精益化管理是建立在大量实地调研和基础数据的收集、统计之上的。生产班组日运行规范作为“参谋长”，表格化的实际操作理念为上级管理提供了辅助分析，为基础资料的完善提供了有力帮助。上级管理部门除强化安全管控外，还可以量化、细化各班组工作强度、工作类型分布，甚至班组内部人员工作量情况，从而可根据这些数据开展合理配置资源、安排针对性培训等管理工作，促使了精益化管理的实施。

例如：统计、分析6—9月变电工区运行操作队一日工作标准单数量，具体数据曲线如下：

按工作类型分析：

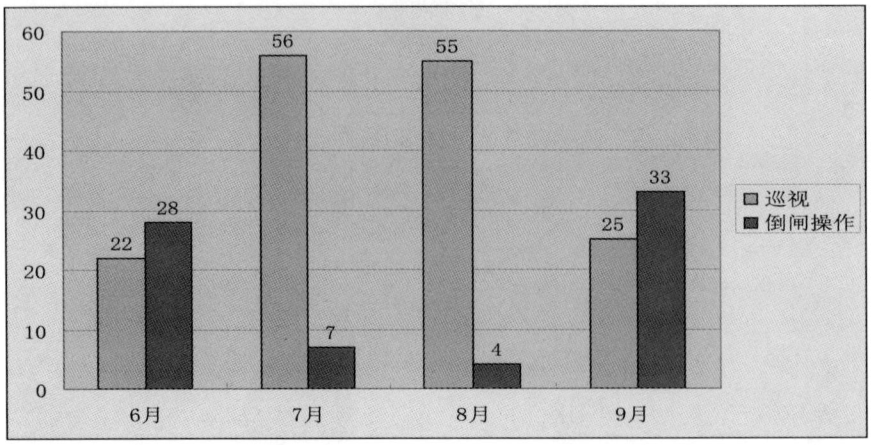

按每值工作量分析：

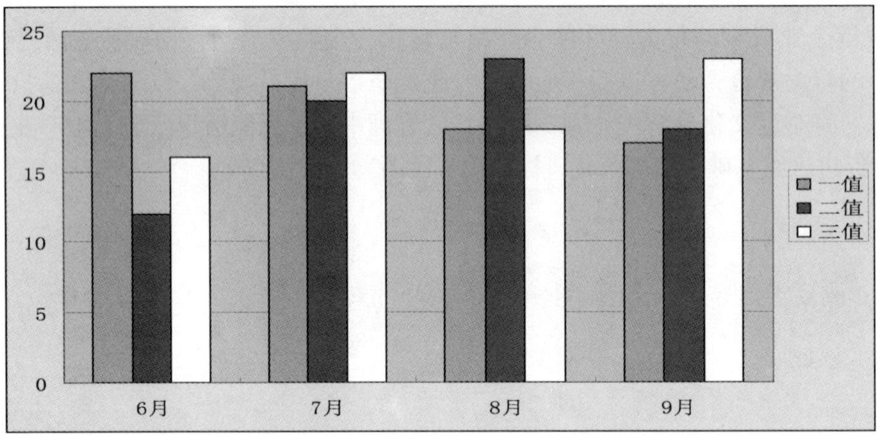

可以分析出：

1. 6、9月倒闸操作较多，说明度夏工程、秋检工作等涉及设备发电、检修工作频繁，运行人员操作量明显增大；从而管理部门安排专人现场把关，合理配置有经验人员完成重要的倒闸操作等一系列举措。

2. 7、8月巡视较多，说明度夏期间设备停电计划大幅减少，巡视工作占据主导。结合2011年雷雨天气频繁，管理部门适时安排雷雨天气下安全巡视专题培训，提升巡视质量，明确注意事项，有针对性的培训带来明显的工作效果。

3. 根据工作量、工作类型分布，可以得出每值工作强度及完成质量，从而为人员绩效考核提供参考数据。

（二）主要做法

1. 形成过程

为确保“生产班组日运行规范”可以推向各个班组，进一步强化基层安全生产工作，公司制定“两个三”战略，即开展班组书面总结、现场模拟、专家现场跟踪的三种创新工作，建立班组层面、职能层面、公司层面的三级审核制度。

（1）立足班组，基层做起

班组是企业管理中最基础的组织，是企业组织生产经营活动的基本单位，是企业一切工作的立足点。经调查发现个别班组存在思想上不重视，操作上不规范的违章现象，这对公司的健康发展会产出严重的危害。因此公司立足实际，展望未来，决定由班组根据自身存在的问题进行书面总结，确立“生产班组日运行规范”的初稿，由班组负责人进行初步审核。

（2）上报职能，层层推进

职能部门是班组的直接管理部门，担负着承上启下的重要作用，既需要向下传达公司总部的命令，又需向上反映基层班组的问题。由职能部门各领导按照班组确立的管理方法到现场指导班组工作，模拟班组初步制定的"生产班组日运行规范"，从更高的层面进行指导，给予建议。审核之后，提出建议，经讨论分析后，制定出改进意见，完善其中的不足之处，形成更加全面的管理方法。

（3）决策总部，着眼大局

公司总部是一切部门的管理核心，是所有战略的最终制定者。由职能部门审核之后的管理方法上报公司总部，公司领导以及专家会对班组进行现场跟踪，从上班开始之后严格考察班组是否自觉执行规程，是否还存在违章现象。着眼于公司大局，对职能部门、班组所制定的管理方法进行更深层次的指导、修改，最终形成可以面向全公司推广的管理方法。

2. 具体实施流程

2011年结合国网公司"两抓一建"（即抓执行、抓过程、建机制）活动，强调对生产过程的规范及管控，突出强调基层班组的检修、施工作业安全管控，经各个部门共同研讨，制定出"生产班组日运行规范"具体实施流程图。

"生产班组日运行规范"管控流程如图4所示。

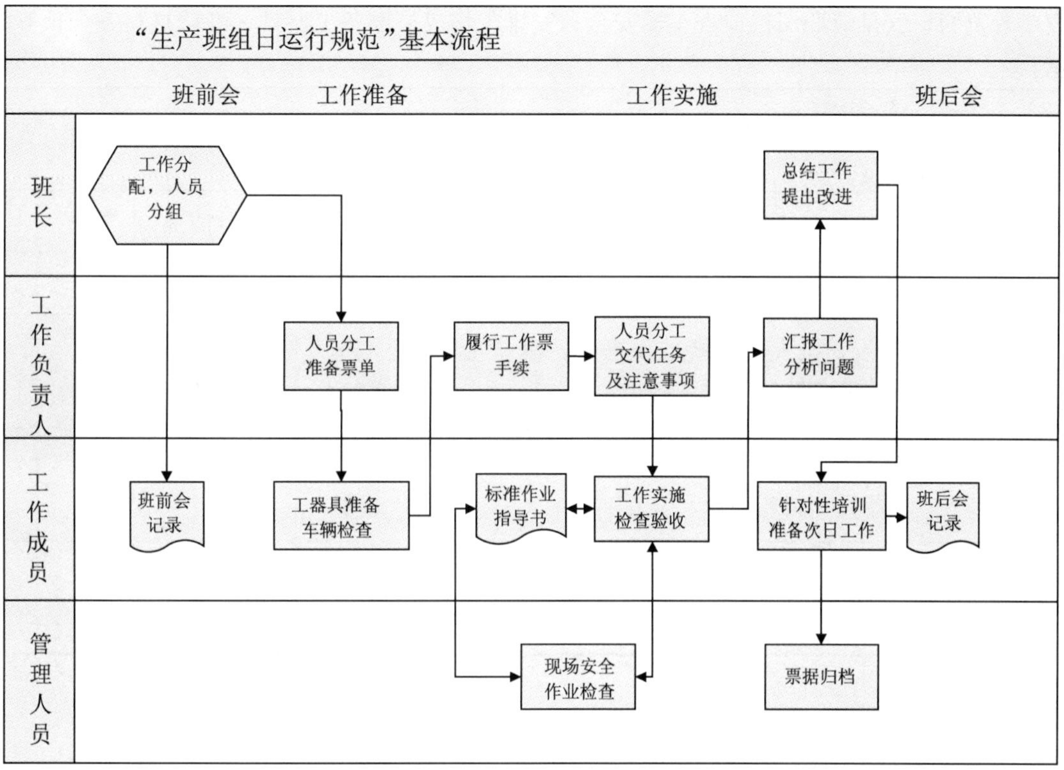

图4 "生产班组日运行规范"管控流程图

3. 关键节点说明

（1）班前会阶段

角色：班长

职责：确认人员到位及工作状态；布置当日工作任务，并完成人员分组、工作分配；提示工作重点及注意事项；必要时明确工作票、记录单等资料的填写要点；形成班前会会议记录；等等。

图示：

** 班组一日工作标准单					
步骤	工作内容	责任人	执行情况	签字	备注
1	班前会				
1.1	向班组人员宣布当天的工作内容、停电范围及挂接地线的位置和应注意的事项，并进行合理分工。	班长	已执行□		
1.2	观察人员的精神状态，必要时不得让其参加工作。	班长	已执行□		
1.3	……	班长	已执行□		

（2）工作准备阶段

角色：工作负责人

职责：根据人员分组，开展工作准备；确认工作计划、风险管控等安排到位；准备工作票、作业指导书、表单等资料；安排兼职司机检查车辆安全；安排工作成员准备工器具、确认材料齐全；等等。

图示：

** 班组一日工作标准单					
步骤	工作内容	责任人	执行情况	签字	备注
2	工作准备				
2.1	根据人员分组，安排人员开展工作准备；确认工作计划、风险管控等措施到位；……	工作负责人	已执行□		
2.2	对出行车辆进行例行检查，保证车况良好；确认工器具、材料齐全、充足；	工作成员	已执行□		
2.3	……	工作负责人	已执行□		

（3）工作实施阶段

角色：工作负责人

职责：完成工作票等审批手续；根据工作任务，完成人员分工，并再次交代注意事项；监督工作成员落实安全措施及管控工作实施过程；等等。

角色：工作成员

职责：明确工作任务等信息，并确认工作风险点；按照工作负责人指示落实各项安全措施，并填写表单数据；严格执行标准作业指导书；等等。

图示：

** 班组一日工作标准单					
步骤	工作内容	责任人	执行情况	签字	备注
3	工作实施				
3.1	工作负责人现场办理工作许可手续，办理后方可带领工作班人员进入施工现场；……	工作负责人	已执行□		
3.2	……；	工作负责人	已执行□		
3.3	施工应严格遵守施工质量标准和验收规范，并填写标准作业控制卡；……	工作成员	已执行□		

（4）班后会阶段

角色：班长

职责：根据工作负责人汇报情况，总结当日工作完成情况，分析存在的不足，完善班组安全、培训管理的执行与落实；安排人员准备次日工作；等等。

图示：

** 班组一日工作标准单					
步骤	工作内容	责任人	执行情况	签字	备注
4	班后会				
4.1	对工作任务完成情况、安全措施执行情况进行总结，查找安全隐患和存在问题，提出改进建议；……	班长	已执行□		
4.2	根据安排，专人负责准备次日工作，如工器具、票据、材料等；	工作成员	已执行□		
4.3	……	工作负责人	已执行□		

4. 主要特点

为确保“生产班组日运行规范”真正应用于实际工作，尽快完成班组管理由“经验型”向“科学化”的转变，发挥其安全、规范的工作实效，公司形成富于创新、行之有效的“四化”做法，即序化流程、固化职责、优化传统和量化评估。

（1）序化流程　细化种类

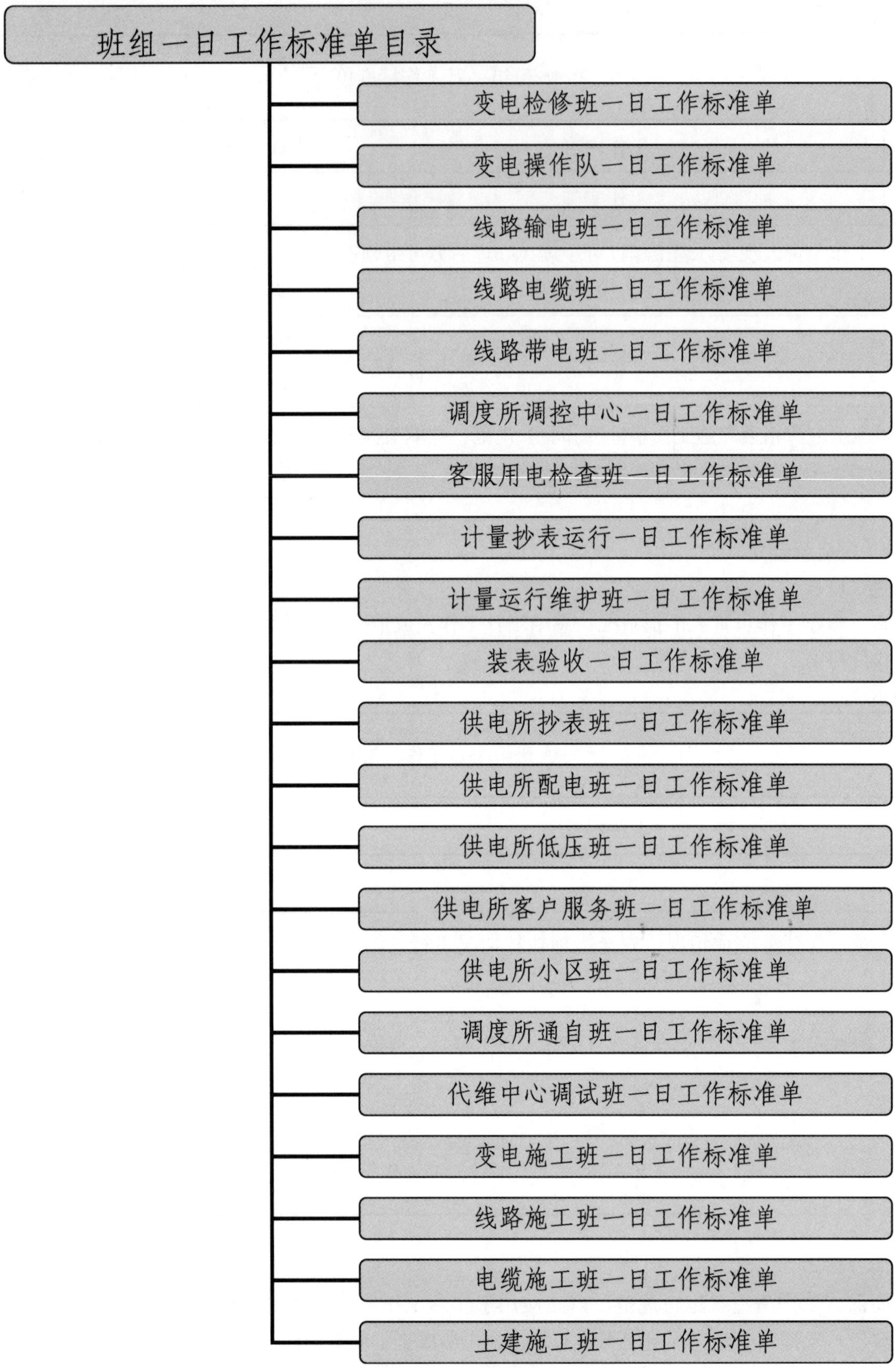

图5　班组一日工作标准单目录

根据各个班组的工作性质，公司细化了不同班组的一日工作单以达到标准固化作业流程，优化作业环节的目的。以统一的格式和标准，按照安全生产、业务分析等要求，制定每种生产业务类型的一日工作标准单（生产业务类型见图5），并与标准作业指导书相互弥补、紧密衔接。工作单将班组日常生产工作程序化，以工作顺序分为班前会、工作准备、工作实施、班后会共四个阶段、以工作内容包含工作布置、任务分配、安全措施、现场把关、总结提高等方面，形成“易懂、易会、易操作”的标准化流程，从而便于工作内容简单明了，工作分配合理到位，工作完成保质保量。

（2）固化职责　层层覆盖

作为常态化管理模式，将其列入规章制度范畴，在公司范围内全方位推广。规范涉及56个生产班组全部生产任务，各生产班组长作为执行负责者，负责按照要求严格执行相关的规定与要求：公司各级生产部门主任或供电所所长作为第一负责人，负责此项工作的安排与检查；公司安全监察处是此项工作的归口管理部门，负责监督、检查、考核工作。另外，安全监察处、智能部门管理人员定期进行现场检查、抽查其执行情况，并形成月度分析报告，执行质量反馈信息直接与本单位绩效考核挂钩，以达到具体工作从布置准备阶段到结束考评阶段的全过程管控，实现公司整体生产业务掌握和监控。

（3）优化传统　积极分享

充分吸取各班组工作中“小诀窍”、“好方法”等具有创新价值的工作特色，经合理性与可行性分析后，将其列入一日工作标准单中，形成班组管理的标准、方法，并将其宣传推广，保证其迅速在各班组内实施，使一个班组的先进经验转化为各班组的共享资源，扩大应用范围及效果。例如：配电工区车载工器具管理因统一、齐备、整洁等特点而在公司得以推广，发挥了良好的效果。

（4）量化评估　不断完善

“生产班组日运行规范”可以用来分析、统计一个时间段内工作强度、工作类型分布以及人员工作量等信息。一张一日工作标准单代表从事一项某一种生产任务的记录，标准单中每项子任务的执行者需要签名确认，从而可以根据一个时间段内工作标准单的数量、类型分布判断班组工作强度及不同类型工作的分布情况，根据人员签名数量判断班组内部人员工作量、完成情况等信息。通过梳理在检查考核过程中发现的问题与分析不断改变的实际情况后，及时提出整改意见，考虑可行性与合理性后，不断完善规定，形成管控措施贯彻落实的闭环。

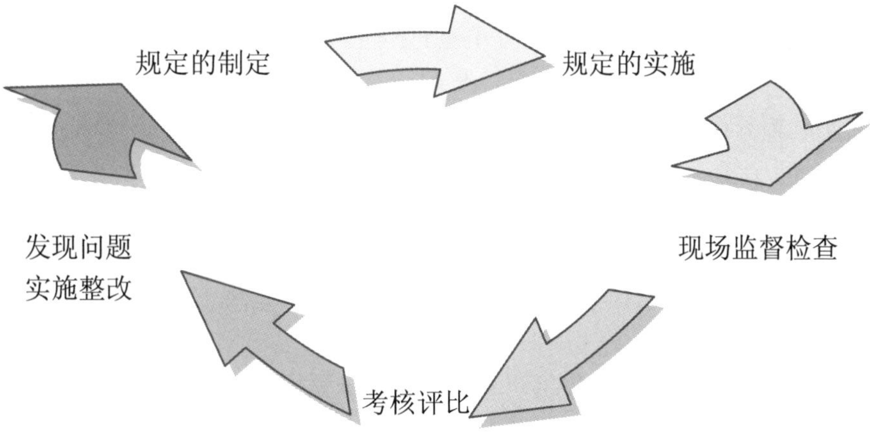

图6　管控措施闭环系统

（三）推进实施

1. 推进过程

为落实国网北京市电力公司“三个确保八项提升”的工作方针，根据公司安全管理由管理向一线推进的思路，落实安全、质量、高效的基层管理要求，公司组织相关部门、单位针对当前的基层安全生产现状予以认真分析研究后推出一项重要举措，即在2010年11月15日决定在班组试行“生产班组日运行规范”。为了加强班组一日工作的标准化、规范化、制度化，通知要求各部门、单位安全生产第一责任者应高度重视、强势推进、严格执行、务实求效。试行过程中要求各班组明确要求，严格执行规定填写《一日工作标准单》，用以规范一线班组每日工作流程，与上级下发的标准化作业卡结合使用，相互补充。试行期间，班组可以根据实际工作验证提出整改意见，经过各级部门、单位及一线班组收集整理后，由工区、职能管理和安监处共同讨论意见可行性，并经领导批准后报安监处备案，公司统一组织修订完善后再行正式推行。

经过一个多月的试行，“生产班组日运行规范”取得了显著成效，通过将班组日常的管理工作流程规范化，能够加强其工作组织安全风险防范水平，显著控制质量，提高工作效率，实现基层管理能力的提升，打牢安全生产的基础。公司在2011年2月28日正式发布《关于印发大兴供电公司生产班组“一日工作标准单”执行规定的通知》。文件指出班组一日工作规范化，是针对当前的基层安全生产现状，公司通过认真研究后采取的强制性举措。部门各级负责人必须高度重视，采取有效措施，提高本部门人员的认识，端正工作态度，认真贯彻，严格执行，取得成效。在基层开展的这项工作，可以通过管理标准化指导生产，以生产经验提升管理水平，达到安全管理和生产互相促进的目标。

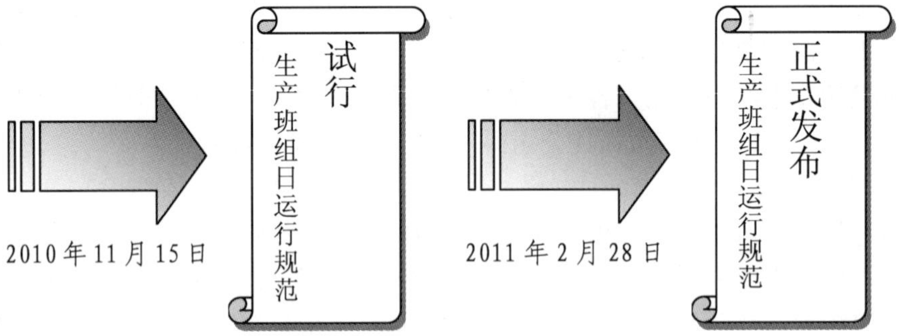

图7　推进流程

2. 推进手段

在随后的时间里，为了进一步强化基层安全生产工作，提高班组工作组织标准化程度，落实现场安全管理，保证工作质量，提高工作效率，公司开展了各项工作以深化“生产班组日运行规范”的实行。工作包含：

（1）强化培训，提升员工生产技能和安全生产意识，落实安全技术等级认证。由人资处根据各专业的生产安排，制定公司全体员工的全年生产技能培训计划，组织一线员工进行脱产的专业技能培训；开展三种“关键人物”专项培训，即工作负责人、工作票签发人、工作许可人共计646人次，根据其工作性质展开有针对性、有目的性的主体培训；开展以班组为单位的整体培训，通过模拟演练的方式熟悉各种情况的应对方法。通过以上三种培训模式，固化人员生产技能标准和安全风险防控标准，深化员工对于生产班组日运行规范必要性的认知。

（2）深化检查，强化班组全天工作组织和措施落实过程标准化。以“一日工作标准单”为索引，对班组全天生产工作的组织、工作环节进行明确，对现场的措施的落实情况进行检查。建立部门、安全监督和公司领导三级检查。各部门安全员（或责任人）每人每周一天跟踪检查一个班组的日常（生产）工作，对班组当天完整工作的组织情况，工艺、质量、工序标准执行情况、风险管控、安全措施落实情况，以及相关工作要求的执行情况进行检查。安全监督检查以安全质量监察部安全巡检组为主，建立检查标准，对现场的工作组织措施和安全措施的落实情况进行检查，对全天的工作组织情况进行抽查，建立生产一线班组现场安全工作图文档案。领导检查按照主管分工随机对生产现场的标准化执行情况进行检查。

（3）开展考评，每周由安全质量监察部汇总本周现场安全检查情况，各部门每周汇报本部门的检查情况和下周的检查工作计划。安全质量监察部每月在安全生产分析会上通报本月的检查情况，并进行点评，各季度对各班组的执行情况进行排名，年底对班组标准化工作进行总结，以达到固化班组生产组织流程和管理工作标准的目的。

除了周期性的考核，公司还定期开展竞赛以调动员工的积极性与主动性，促进各级人员主动提升安全生产的执行能力和过程控制能力，帮助职能和班组两级人员提升管理效率和效益，固化提升机制，促进安全管理水平的提升，完成安全生产。竞赛过程中分别设立公共部分和专业部分两项流动红旗，奖励给在竞赛中排名领先的单位，同时提供奖金2000元，连续两次获得红旗的单位将被推荐为年度公司优秀集体。

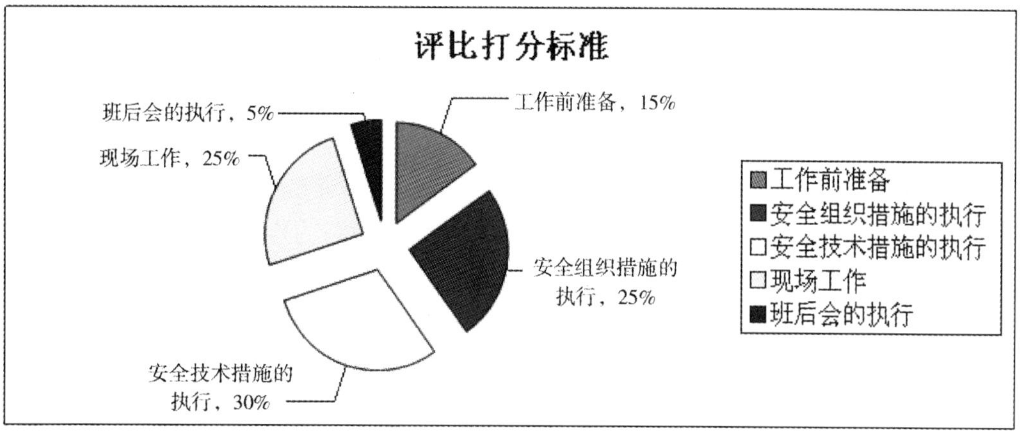

图8 “生产班组日运行法”评比标准

（4）完善支撑手段，装备辅助设备，实施“生产班组日运行规范”的过程中，除了需要班组的规范实施，职能部门的考核监管以及领导的决策把握以外，还需要公司信息系统、现场检查设备及生产工器具的专业支撑。公司建立变电站信息系统终端、完善信息系统联网、补充打印机等硬件设备，通过两年的时间，对6座变电站以上设施进行完善，使全局26座变电站具备了实时通信功能，工作班组能够通过电力系统内网实时查询专业的各项标准、制度、规定，实现了工作票、操作票、安全风险控制单的现场出票，保证了现场修改的内容体现到正式的票据中。除此之外，公司还为检查人员和部分专业部门配备了15台PDA录音录像设备，实现生产、检查、问题处理与违章纠正环节的全过程记录，做到“有理可依，有据可循”。安全工具、测量仪表也由原来的定期更换变为实时更换。通过以上手段以达到加强过程管控和目标的结果控制的目的。

（5）注重新闻策划和宣传，新闻宣传组组织开设活动专栏，编发活动简报，采取各种生动方式，宣传活动部署、要求、经验与成效。积极营造良好的工作氛围。加强工作交流，大力宣传典型做法和经验，使各单位班组全面分析和评估生产班组日运行规范工作的开展情况，总结经验，查找不足，研究深化行之有效的工作措施，建立常态工作机制。

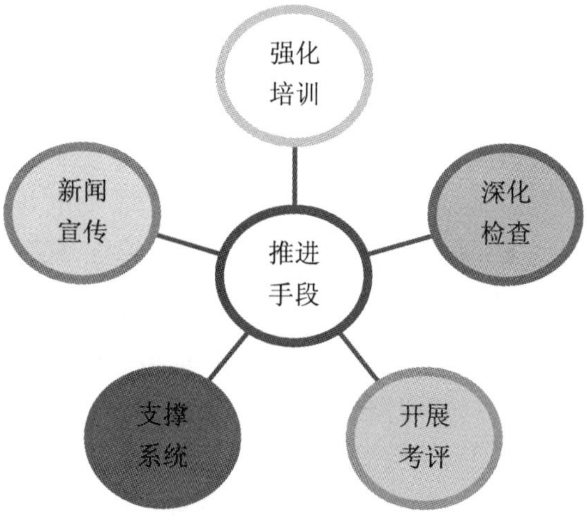

图9 推进手段

经过一系列工作的开展，“生产班组日运行规范”在公司各个生产班组得到了深入的贯彻与落实，打牢了安全生产的基础，加强了风险防范水平，优化了劳动质量，提升了工作效率，使得公司安全生产管理水平更上一层楼。

四、“生产班组日运行规范”的实施效果

随着“生产班组日运行规范”在公司全部生产班组的推广与应用，不仅有助于班组现场工作安全管控，更有助于公司内在潜力的挖掘、员工积极性的提高，为公司企业经营管理带来更多的效益和效率。而伴随着安全生产的加强，工作效率的提升，供电可靠性也得到了明显的优化，更好地为国家、社会和百姓提供优质服务，塑造了良好的社会形象。

（一）安全管控水平进一步提高

“生产班组日运行规范”提高了生产一线班组安全措施的执行力度，减少了习惯性违章行为的发生，实现了公司安全生产风险的有效管控，促使公司安全生产管理水平进一步提升。

以2011年安全管理主要指标为例，较2010年同期相比，输电线路反外力指标下降38%，电缆线路反外力指标下降47%。在2011年的基础上，2012年输电线路反外力指标继续下降26%，电缆线路反外力指标下降31%。

同时，近三年中安全巡检发现的安全违章现象也有明显的下降趋势，平均次数分别为2011年9次／月，2012年7次／月，2013年4次／月。

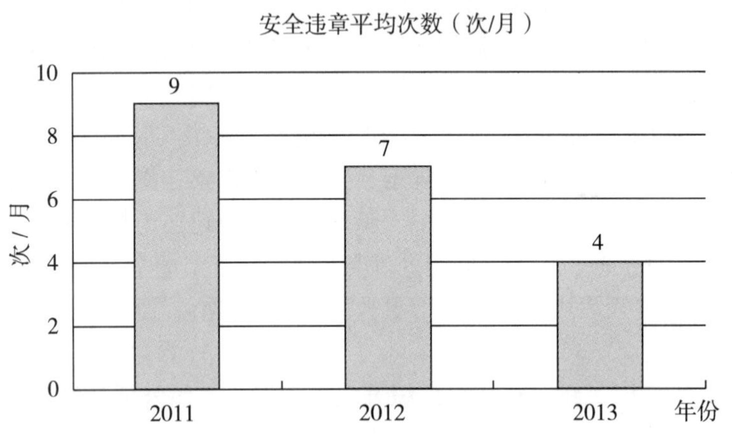

图10　安全违章平均次数

（二）员工队伍素质进一步增强

“生产班组日运行规范”提升了员工安全意识和理念，规范了员工现场作业行为，激发了广大基层员工工作、学习动力，营造了“讲学风、拼干劲，争优秀”的良好氛围。2011年至今，诸多优秀的员工得以涌现，其中2011年国家电网公司农电配电营业工技能大赛北京代表队8名队员中大兴占据3位，2011年北京市农电配电营业工技能大赛77名决赛选手中大兴占据16位，变电开关班2012年获得国网“工人先锋号”的称号，变电运维一班QC成果获得2013年中国质量协会国家优秀奖等诸多荣誉。

（三）公司基础管理进一步夯实

在“生产班组日运行规范”中，公司梳理输电、变电、配电、营销、计量等各专业与班组工作相关的25种规章制度，提炼出了班组在工作流程中的关键点，明确了各专业各环节的工作重点，对班组日常管理工作提出了明确指导，满足了班组日常生产中各方面的工作需要。不仅提升班组的基础管理，还引导公司其他部门管理方式、方法的创新，逐渐形成“用制度管人、按标准做事”的工作意识和做法，深化了公司规章制度的执行力。

目前，公司以班组“生产班组日运行规范”建设为基础，深入推进“细化管理年”活动，以专业和职能为“细化单元”，全面梳理规章制度，完善业务流程，规范记录表单，明确考核问责，旨在实现“凡事有章可循、凡事有据可依、凡事有人监督、凡事有人考核”的闭环管理，并在实际工作中取得一定实效，基础管理水平得到显著提升。

（四）企业社会形象进一步优化

供电可靠性是考核供电系统电能质量的重要指标，反映了电力工业对国民经济电能需求的满足程度，而用户平均停电时间是衡量供电可靠性的重要指标。停电时间与用电企业经济活动以及百姓生活息息相关，停电时间的长短直接影响着公司服务质量和服务群体的满意程度。而随着“生产班组日运行规范”的开展，班组工作的标准化、规范化、制度化得到显著提升，安全、质量、高效的基层管理要求得到基本满足，最明显的体现就是每年用户平均停电时间（含城网与农网）连年降低（见图11），用户满意程度连年升高，企业社会形象进一步优化。

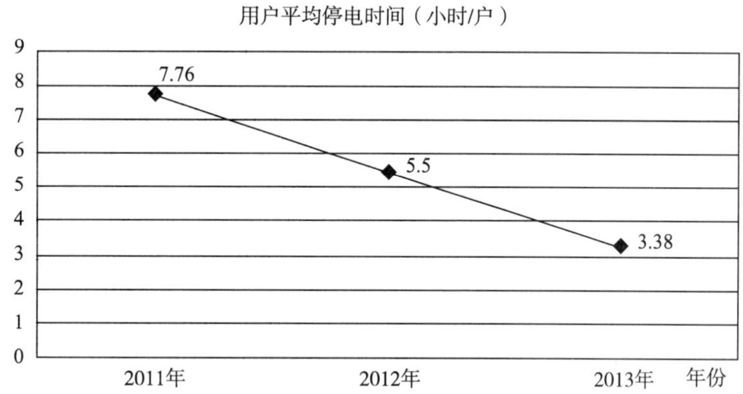

图11 用户平均停电时间

附件：线路检修（带电）班日运行规范单

附件 1　线路检修（带电）班日运行规范单					
	日期　　年　月　日				
序号	工作内容	责任人	执行情况	签字	备注
1	班前会				
1.1	由线路检修班班长或工作负责人组织召开班前会，由工作负责人根据现场勘察情况交代工作内容、带电作业方式、是否停用重合闸、现场安全措施、危险点、交通安全等注意事项等内容。	班长或工作负责人	已执行□		
1.2	由工作负责人根据当日天气情况，判断是否符合安规对带电作业要求，提出注意事项。		已执行□		
1.3	工作负责人检查工作班成员精神状态、材料、通信器材是否良好、完备，工作班人员着装是否满足要求。并对绝缘操作类工具、绝缘防护类工具按要求进行检查、处理。		已执行□		
1.4	由工作负责人交代现场勘查工作。		已执行□		
1.5	工作负责人指派专人做好班前会记录。		已执行□		
2	绝缘斗臂车及绝缘工器具出库前准备工作		已执行□		
2.1	绝缘防护类工具（绝缘手套、绝缘毯、导线遮蔽罩等）出库前应由库房管理专责人进行检查，如有受潮、损伤、脏污情况，应及时处理并经试验\检测合格后方可使用。绝缘手套必须做充气检验，如有漏气、砂眼等应立即停止使用，做报废处理；并填写出库记录。	库房管理专责人	已执行□		
2.2	库房管理专责人应在出库前对绝缘操作类工具（包括绝缘操作杆、绝缘钳、绝缘卡线钩等）进行分段绝缘检测，阻值应不低于 700MΩ。		已执行□		
2.3	库房管理员车库、工具库满足 5S 管理要求，做好绝缘斗臂车及工器具出库记录。		已执行□		
2.4	出库前工作负责人应检查绝缘臂、绝缘斗应保持清洁无脏污，且车况良好。		已执行□		
2.5	冬天工具出库时，工作负责人应采取防止绝缘工器具凝露的措施。		已执行□		

续表

序号	工作内容	责任人	执行情况	签字	备注
3	带电作业工作实施				
3.1	到达工作现场后，由工作负责人对现场作业环境进行再次勘察，发现与勘察记录不符之处应及时在工作票中补充安全措施，确保施工安全，必要时可暂停工作并向线路运行管理员及相关领导汇报。	工作负责人 监护人	已执行□		
3.2	到达工作现场后，工作负责人应检查带电车绝缘斗、臂如有脏污，经擦拭后放置 15 分钟方可使用。		已执行□		
3.3	工作负责人与线路运行管理员履行工作许可手续。需停用重合闸，确认重合闸已停用。		已执行□		
3.4	由工作负责人应向全体作业人员宣读工作票，布置工作任务、明确专责监护人及人员分工、作业程序、现场安全措施、进行危险点告知，并履行确认手续。		已执行□		
3.5	工作班成员根据人员分工落实各项安全措施，工作负责人在断引流线工作前需绘制相位图，确保接线相位准确。		已执行□		
3.6	工作负责人检查各项安全措施应落实到位，下达开始工作命令，组织工作班成员根据《10kV 架空配电线路带电作业指导书》《工具质量控制卡》所列作业内容、相关标准、关键工序开展当日工作，工作负责人和监护人全程进行安全监护，必要时进行风险提示、及时纠正不安全行为，出现安全方面的疑问应立即停止工作。		已执行□		
3.7	工作负责人全面检查工作完成情况无误后，组织清理现场及工具，工作现场满足 5S 管理要求。		已执行□		
3.8	工作负责人通知线路运行管理员，工作结束；停用重合闸的履行恢复程序。		已执行□		
3.9	工作负责人办理工作票终结手续。		已执行□		
3.10	由工作负责人对指导书执行情况进行评估。		已执行□		
3.11	现场勘查工作由工作负责人依据现场勘查工作流程（见附件 1）执行。		已执行□		

续表

序号	工作内容	责任人	执行情况	签字	备注
4	绝缘斗臂车及绝缘工器具入库前准备工作				
4.1	绝缘斗臂车入库前应由工作负责人检查绝缘臂、绝缘斗清洁状况，如有脏污应及时进行清洁处理后方可入库。	库房管理专责人	已执行□		
4.2	库房管理员应按要求对绝缘操作类工具、绝缘防护类工具按要求进行检查、处理。做好绝缘斗臂车及工器具出库记录，车库、工具库满足5S管理要求。		已执行□		
4.3	库房管理专责人检查工具库内的温、湿度状况，确保带电作业工器具存放管理符合要求。对库房内的设施及控制、微机等设备进行检查，确认工作正常，发现问题及时解决。		已执行□		
4.4	冬天工具入库时，库房管理员应采取防止绝缘工器具凝露的措施。		已执行□		
5	班后会				
5.1	当日工作结束后，由班长或工作负责人组织召开班后会，由工作班成员对当日工作任务完成情况、工作中安全情况、安全措施执行情况进行讨论，开展批评与自我批评，查找工作中安全隐患。由班长或工作负责人进行评价、总结，对发现的问题及时制定整改措施。	班长或工作负责人	已执行□		
5.2	由工作负责人指派专人做好班后会记录及当日PMS系统维护工作，将工作票及相关记录存档。		已执行□		
5.3	由工作负责人指派专人将当日工作按要求纳入带电作业工作量统计。		已执行□		
5.4	办公环境应满足5S管理要求		已执行□		

续表

序号	工作内容	责任人	执行情况	签字	备注
6	次日准备工作				
6.1	由班长根据计划工作提前安排现场勘查工作。	班长	已执行□		
6.2	班长或工作负责人组织作业人员学习次日工作项目有关的《10kV架空配电线路带电作业指导书》《工具质量控制卡》，掌握整个操作程序，理解工作任务及操作中的危险点及控制措施。	工作负责工作组成员	已执行□		
6.3	由工作负责人填写次日带电作业工作票，根据现场勘察内容确定作业方式，填写安全措施、危险点分析，确保施工安全。	工作负责人	已执行□		
6.4	由工作负责人检查工作所需工器具、勘查记录、照相机等应准备齐全。		已执行□		
6.5	以上各项由专责监护人监督执行。	专责监护人	已执行□		
		检查人			

附件 2：线路检修班现场勘查工作流程		
工作负责人：		年　月　日
序号	工作内容	执行情况
1	前期准备工作	
1.1	工作负责人将施工方案与 10kV 配电线路电源图、GIS 系统核对，如有不符之处，及时上报计划员	
1.2	带电作业现场勘查原则：谁勘查谁作业	
1.3	由工作负责人准备好“现场勘查记录表”、照相机	
2	工作实施	
2.1	现场勘查内容	
2.1.1	线路运行方式（包括高低压电源情况）	
2.1.2	杆线情况	
2.1.3	设备交叉跨越情况	
2.1.4	邻近线路	
2.1.5	缺陷部位和严重程度	
2.1.6	导线规格	
2.1.7	所需器材规格	
2.1.8	周围环境、地形地貌（照片）	
2.1.9	工作负责人判断是否停用线路重合闸，需停用时需上报计划员履行申请手续	
2.1.10	道路交通情况	
2.1.11	作业危险点	
2.1.12	需停设备及用户侧负荷说明	
2.1.13	是否需申请停用重合闸	
2.1.14	是否双电源用户	
2.1.15	根据现场勘查情况，由工作负责人确定作业方法及应采取的安全技术措施，填写勘查记录	
2.2	由工作负责人及时将现场勘查结果上报计划员	

成果创造人：李殿军　王宝华　程晓春　龙国标　李　瑛　张海生　张传东　席长安　姚京生　杜　鑫　李宏伟　高　骞

应对恶劣天气应急工作探索与实践

国网北京市电力公司 延庆供电公司
荣获第二十八届北京市企业管理现代化创新成果一等奖

延庆供电公司成立于1962年，承担着为延庆县1993.75平方公里、28.6万城乡居民的供电任务。经过几代延庆电力人的艰苦创业，延庆公司已逐步发展为人员结构合理、经营管理科学、电网设备先进的现代化企业。

截至目前，延庆供电公司在册各类用工623人，其中全民职工170人，集体职工7人，华商电灯员工204人，银杰员工44人，还有其他用工性质的员工198人，大专及以上学历人员占全部的54%。

延庆公司“三集五大”体系建成后，形成了8个职能管理部室，2个业务支撑机构，7个供电所和1个集体企业的组织架构。其中运维检修部下设变电运维班、变电检修一班、二班、线路检修班、线路运维一至五班，共计9个班组；营销部下设反窃电班、大客户经理班、市场拓展班、共产党员服务队等11个班组。

延庆电网共有110千伏变电站6座（其中含1座用户站），主变12台，容量为502兆伏安（其中用户专用站容量为150兆伏安）；35千伏变电站9座，主变14台，容量92.85兆伏安；配电变压器1865台，总容量331兆伏安；地区容载比为2.86。营业区内110千伏架空线路总长度为203千米，35千伏架空线路总长度为204千米，10千伏配电线路总长度为1449千米，其中山区段线路占总长度的31.8%。低压架空线路总长度为1248千米。

一、应对恶劣天气应急工作实施背景

北京市作为首都城市，每年需承办多项重要政治活动，政治保电工作成为北京市电力公司一项常态化工作，政治供电零闪动是北京市电力公司对党和国家做出的庄重承诺，延庆公司虽然不直接涉及重大活动保电的任务，但承担着为延庆县1993.75平方公里、28.6万城乡居民的供电任务，供电保障压力也不容小视。

从公司发展的外部形势来看，第一，当前国民经济的发展和人民的生活日益离不开电力的支持，一旦停电，将使国民经济和社会生活陷入瘫痪状态；第二，电力企业受到舆论广泛关注，一旦停电，特别是在重大政治活动期间停电，将使公司处于社会舆论的风口浪尖，给公司社会形象带来极大的负面影响。从公司发展的内部形势来看，一是公司电网网架结构薄弱，设备相对老旧，山区线路较多，电网受自然灾害的影响较大；二是公司人员结构急需优化，各层次人才数量不足，给公司应急抢修工作带来很大困难。因此，公司急需研究恶劣天气期间的应急管理新思路、新方法，夯实公司发展基础，营造良好氛围。

延庆公司应急管理已形成涵盖生产运行、安全保障、优质服务、新闻宣传、后勤保障、维稳保密等专业的稳定应急体系，应急工作作为公司全局性的重点工作，应急管理职能部门安全监察质量部，每年会定期组织相关部门对公司23项专业应急预案和28项现场操作预案进行修编和完善，用于指导现场开展应急保障工作，同时通过不定期的组织电网事故应急演练检验公司各专业应急响应速度、应急处置水平和协同作战能力。本年度结合“五大体系”改革，分别于4月、8月组织对应急预案修编2次，确保了应急预案的可操作性和实用性。

提供可靠的供电质量，是公司的核心业务之一，为了确保供电质量，实现供电保障“万无一失” 的工作目标，公司在恶劣天气期间都会成立应急工作领导小组、办公室和各专业工作组，并对各组职责进行明确分工，办公室设置安全监察质量部，由安全监察质量部具体负责组织供电保障工作的具体事宜。

考虑到恶劣天气期间供电保障工作的极端重要性以及任何停电都将有可能带来极端不良影响，公司现有应急预案中的四个级别的预警已经不能满足需求，公司决定由应急职能管理部门安全监察质量部和运维检修部相互配合，按供电保障要求对公司现有应急体系进行修编，确保应急预案满足需求，同时，针对应急体系的修编明确了以下四条原则：

一是明确公司在发生三级及以上预警时，应急体系各保障组、各生产部门务必全员到岗到位进行值守，并视情况做好故障处置准备；公司应急领导小组必须按既有的应急抢修队布防，通知联系各抢修队伍做好抢险准备，一旦预警级别上升至二级，立刻指挥各应急抢修队伍赶赴现场开展故障处置。

二是明确公司人员在应急期间的统一调配制度，四级及以上应急预警一旦启动，各非生产部门的工作人员，凡有生产现场工作经验的，由公司领导根据现场抢修工作需要进行统一调配，支援现场各专业抢修队伍，确保人力资源的最大利用。

三是明确公司车辆在应急期间的统一调配制度，四级及以上应急预警一旦启动，各非生产部门车辆由公司办公室根据现场抢修工作需要进行统一调配，确保车辆资源的最大利用。

四是明确原有应急体系预警对应的事件在政治供电保障期间发生时，预警应在原有基础上提高一级。即日常四级预警对应的事件在政治供电保障期间发生时，应提高至三级，以此类推。

二、应对恶劣天气应急工作内涵

延庆公司为有效应对恶劣天气期间可能出现的电网故障，一是制订恶劣天气应对方案，明确防御重点，确保电网稳定运行。二是明确抢修思路，确定了先川区、后山区，先重要负荷，再次要负荷的抢修思路，确保抢修工作有序开展；整合有效资源，确保人力物力的有效充分利用；制定应急工作布防图，提前布控、严密盯守；积极联系当地政府，企地联合，优先恢复重要负荷送电。三是建立畅通的信息沟通渠道。四是在每次应急预警后及时总结，深刻剖析应急工作中的亮点与不足，有效指导下一次应急工作的开展。

三、应对恶劣天气应急工作主要做法

（一）制定恶劣天气应对方案，明确防御重点，确保电网稳定运行

延庆地处山区，每年3月容易出现大风天气，11月进入冬季，极有可能出现雨雪大风天气，而每年的3月和11月为召开全国两会和党代会的时间，为应对重大政治保电期间可能出现的恶劣天气，延庆公司在制定保电工作方案时，同时制订了保电期间恶劣天气应对方案，按雨雪恶劣天气严重程度和对电网的危害程度，按从低到高依次分为一般（Ⅳ级）、较大（Ⅲ级）、重大（Ⅱ级）、特别重大（Ⅰ级），分别用蓝色、黄色、橙色、红色表示，在接到气象预警信息后，结合本单位的工作情况，针对恶劣天气的特点，明确防御的重点，在日常防御工作的基础上，有针对性做好事先防御准备工作，进行特巡和应急处理，做好事故预想和防御的应急准备。

防御重点如下：

1. 重点输电线路，包括延庆110kV聂康一二线、康延线、岭杏线、35kV永千一二线、湖张一二线，需防御发生雨雪大风天气导致的故障。

2. 重要负荷变电站，包括延庆110kV延庆站、延西站、东杏园站，需防御发生因雨雪大风天气导致的户外设备故障和户内屋顶的渗漏。

3. 延庆地区，包括县城和7个供电所所管辖的区域内，需防御因雨雪大风天气造成的居民用户接户线故障。

4. 延庆东部山区，具体为千家店、四海、大庄科地区，需防御雨雪大风天气造成的大规模配网线路永久性故障。

（二）明确抢修思路、成立现场抢修指挥部、整合有效资源，确保抢修工作有序开展

1. 明确应急抢修工作思路

在应对恶劣天气方案中，公司在抢修方案上确定了先川区、后山区，先重要负荷，再次要负荷的抢修思路，确保抢修工作有序开展，同时考虑到山区一旦发生大规模停电事故，通信将中断，公司应急指挥部无法有效指挥现场抢修工作，为确保抢修工作有序开展，成立抢修现场指挥部，指导现场抢修工作。遇多支抢修队伍同时对同一线路进行抢修时，明确责任主体，设立总负责人，对抢修人员进行明确分工，查找故障时首先进行分段，明确故障范围，发现故障时立即上报并采集现场照片及信息，在具备条件后第一时间发至公司生产值班室和指挥部。

2. 成立现场指挥部，确保抢修工作有序开展

为确保抢修工作有序开展，一旦山区发生较大面积停电故障后，需在抢修现场成立抢修现场指挥部，现场指挥部由公司领导班子成员担任指挥长，一是负责指导现场抢修工作；二是积极与属地政府联系，争取政府部门的支援，在抢通道路、去树、故障信息等收集方面取得支持。由公司运检部、营销部等部门人员作为指挥部成员，负责信息收集和汇总，并在第一时间将信息上报给公司应急指挥部，以便公司指挥部了解现场抢修情况，并将信息报送给市电力公司总指挥部，同时报送给政府和相关新闻媒体，确保信息得到实时更新、实时发布。

3. 整合有效资源，确保人力物力的有效充分利用

在抢修队伍和人员安排上，确定了积极调配公司集体企业人员，必要时向市公司总指挥部申请支援队伍的思路，确保抢修人员充足；对各职能管理人员，凡有生产现场工作经验的，由公司领导根据现场抢修工作需要进行统一调配（见表1），支援现场各专业抢修队伍，确保人力资源的最大利用，在一定程度上解决电网抢修人员数量不足的问题。

表 1　公司各职能部门人员调配表

序号	可调配职能部门	可调配人数	调配专业
1	运维检修部	3	输变配电专业各 1 人
2	安全监察质量部	4	变电 2 人、配电 2 人
3	发展建设部	1	配电专业 1 人
4	调度控制中心	2	变电专业 2 人

在抢修物资上统筹安排公司主业和集体企业物资，在供电保障前期安排对短缺物资进行了紧急采购储备，并配送到各属地供电所，确保抢修物资供应充分；在车辆保障方面，由公司办公室在政治供电前期摸排非生产部门用车情况，掌握四驱越野车辆的数量和分布（见表2），在保障期间四级预警启动后，各非生产部门四驱越野车辆由公司办公室根据故障抢修工作需求进行统一调配，支援一线。

表 2　非生产部门四驱车辆调配表

序号	可调配职能部门	可调配车辆	调配专业
1	营销部	1	调配输电专业
2	安全监察质量部	1	调配变电专业
3	发展建设部	1	调配配电专业
4	调度控制中心	1	调配配电专业
5	办公室	1	调配配电专业

在后勤保障方面，遇二级及以上应急预警启动，公司食堂安排全天24小时开放，确保抢修人员饮食无忧，同时给每支抢修队伍在出发前配备充足的干粮，避免因来回用餐耽误故障抢修的时间，通过以上具体措施，确保了保电期间的应急体系高效、顺利运转。

4. 提前布控、严密盯守，确保保电期间电网安全运行

由于延庆地区山区较多，一旦发生暴雪等极端天气，道路交通受阻，只能依靠山区供电所人员力量开展故障抢修工作，而供电所由于受人员、装备限制，一旦发生大规模的电网事故，受道路条件限制，故障抢修速度将会异常缓慢。为确保发生故障后能第一时间恢复供电，延庆公司在应对方案中制定应急布防图（见图1），共安排18支抢修队伍分区域到岗值守，总计安排现场抢修人员213人，抢修车辆43辆。其中延庆城区安排抢修队伍4支，延庆东部山区千家店、四海、大庄科地区在原有供电所抢修力量基础上，各增派1支外协抢修队伍到现场进行值守，此外，安排6名管理人员分别到变电抢修队、输配电线路抢修队、营销抢修队、千家店抢修队、四海抢修队、大庄科抢修队到岗到位。

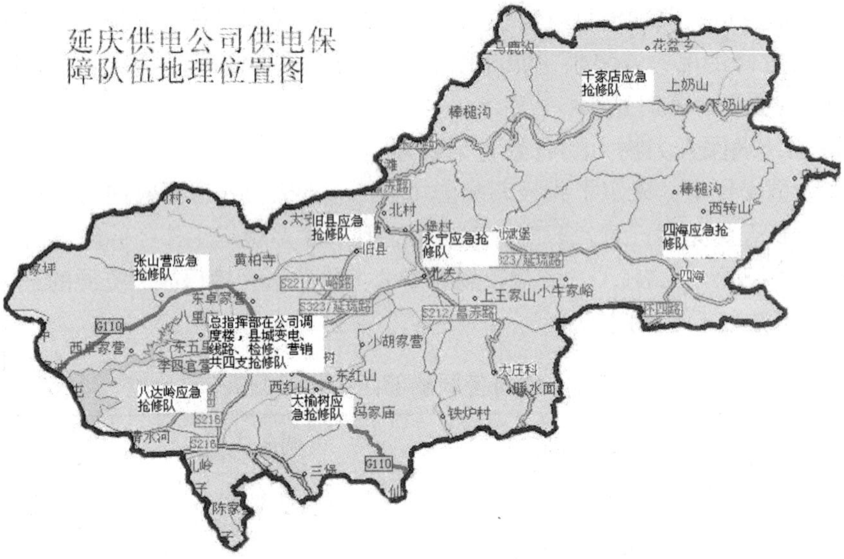

图1　应急工作布防图

5. 积极联系当地政府，企地联合，优先恢复重要负荷送电

发挥属地供电所的优势，提前与当地乡镇沟通，摸排清楚辖区内的重要负荷分布及用电容量，做好相应的应急储备。在现场应急故障处置过程中，一是公司现场指挥部指挥长积极与当地乡镇取得联系，与当地乡镇党政一把手进行会商，了解当地受灾情况和地区敏感负荷情况，根据负荷的重要程度，确定线路故障优先恢复送电顺序，尽最大可能按政府需求安排故障抢修，确保抢修工作组织最大限度地获得社会认可。二是对于现场故障抢险工作中存在的树木影响、道路阻塞等问题争取当地政府的最大支持，向政府部门汇报需去树涉及的村委和个人，争取政府出面协调解决，避免在去树过程中受阻，提高抢修速度。同时对于在抢修过程中由于道路受阻等问题，汇报公司的抢修路线图，争取政府出面协调，由公路等相关部门负责道路抢通，最大限度地提高抢修速度。三是发挥群众优势，对于运行人员无法快速到达故障现场进行事故查线的地区，争取政府出面动员当地群众，使群众成为“故障信息报送员”，积极将树压导线、断线、断杆等明显故障点报送给当地供电所，尽快摸清故障点，以便公司在安排抢修时提前准备好相应的人员和抢修物资，提高抢修效率。

（三）建立畅通的信息沟通渠道

公司明确了各类信息的收集和上报流程，制定专人负责各类信息的统计和归口上报，确保数据的一致性和连贯性，在积极向各上级部门汇报应急抢险工作进展的基础上，积极争取最大的理解和支持。

1. 建立与气象部门的长效沟通机制

考虑到电网设备的故障发生与恶劣天气之间的密切关系，公司明确由调度控制中心负责与气象局的沟通，按需获取气象信息，指导应急抢险工作。

2. 针对不同上级部门，提前准备汇报模板

充分考虑不同上级部门的不同信息需求，公司指挥部办公室编制出了三套模板，其中对市公司总指挥部的，侧重于汇报电网设备的故障情况，停电站线统计，现场抢险队伍总体安排和下一阶段的重点工作安排等信息；对县委县政府的，侧重于汇报停电影响的乡镇及居民数量，预计恢复送电时间等信息；对新闻媒体的，除了应包含故障总体情况外，还应有下一阶段的重点抢险现场具体位置等信息。确保对各部门的信息均符合要求，争取最大支持和理解。

3. 针对不同上级部门，固定对口汇报部门和人员

为确保信息汇报顺畅，使信息及时报送给上级部门和领导，公司指挥部根据日常业务情况，针对不同上级部门和领导，确定对口汇报部门和人员，对于县委主要领导，由公司党政一把手负责信息报送；对于公司总指挥部，由公司应急指挥部当值值班人员负责报送；对于县委县政府及新闻媒体，由办公室负责报送；对于县发改委和县应急办，由调度控制中心负责报送。并建立信息定期报送制度，积极主动地进行汇报，一旦抢修情况发生变化，及时进行信息更新，经公司值班领导审核后，立即报送给对应上级部门和领导，确保信息报送流畅。

4. 建立与各抢险队伍之间的随时沟通机制

在供电保障期间，由每日指挥部值班干部负责每天两次通过800M系统对各应急抢险队伍的值守情况进行点名。同时，一旦应急启动，由当日领导小组办公室人员负责每半小时通过800M对各应急抢险对的故障处置情况及当地天气情况进行收集，并形成文字汇报材料，报公司领导、市公司、县委县政府等。期间各应急抢险队伍遇到特殊情况应随时通过800M向公司指挥部汇报。

（四）及时总结，深刻剖析应急工作中的亮点与不足

为确保保电期间应急工作得到不断的改进，公司要求保电期间每启动一次应急预警后，都要对应急工作进行总结，要求各相关部门主任、供电所所长、集体企业、抢修负责人等分别从抢险救灾和应急准备工作中的亮点、工作中存在的问题、对公司的建议和措施三个方面，对本部门职责范围内的应急工作进行了总结汇报，汇报内容覆盖调度、运检、安监、营销、基建、物资、后勤、新闻信息各个领域，深入总结与探讨应急工作中取得的经验、发现的不足，为下一次应急工作提供有力的指导和借鉴。

四、应对恶劣天气应急工作实施效果

11月3日至4日，正值十八大保电期间，延庆地区遭遇52年一遇的暴雪灾害袭击，造成公司电网发生多起故障，给地区可靠供电带来较大影响，雪情发生后，延庆供电公司迅速启动了一级应急预警，并按照应对恶劣天气方案中的安排，公司领导、管理人员及运行人员全部到岗到位，积极协调相关部门，整合有效资源，确保人力物力的有效充分利用，各应急工作小组高效运转。故障发生后，各抢修队伍及人员在路面积雪结冰、交通严重受阻的恶劣条件下，在六七百余毫米厚的雪层上一步步沿着电力线路，展开徒步巡视工作，查找故障点，开展故障抢修工作，按照先川区、后山区的抢修方案，在11月4日恢复了全部川区的供电，并在千家店、四海地区成立由公司领导担任的现场抢修指挥部，指导山区10kV故障线路的抢修工作，在11月7日下午恢复了延庆地区的全部供电。在此次暴雪抢修共出动人员500余人次，车辆100余车次，在最短的时间内，以最快的速度，恢复了延庆地区全部故障线路的送电工作，其中抢修11路川区线路的抢修恢复用时平均为13小时；4路山区线路的抢修恢复用时平均为69小时，各路恢复供电时间明细如表3所示。

表3　故障线路抢修用时表

序号	故障线路	停电时间	全路恢复送电时间	故障恢复用时
1	小鲁庄	11月3日21：17	11月4日12：45	22小时43分
2	机场	11月4日0：12	11月4日12：35	12小时23分
3	古城	11月4日2：39	11月4日15：18	12小时39分
4	监狱	11月3日20：56	11月4日13：38	16小时42分
5	电线厂	11月3日21：17	11月3日22：17	1小时
6	西拨子	11月3日22：34	11月4日15：39	17小时05分
7	西关	11月4日0：03	11月4日21：41	21小时38分
8	农场	11月3日20：49	11月4日0：03	3小时14分
9	二分站	11月3日22：41	11月4日15：24	16小时43分
10	团山	11月4日0：42	11月4日10：38	9小时56分
11	二道河	11月4日9：34	11月4日17：07	7小时33分
12	小川	11月4日7：15	11月6日15：53	56小时38分
13	花盆	11月3日21：56	11月6日18：30	68小时34分
14	沙梁子	11月4日0：08	11月7日14：25	86小时17分
15	红旗甸	11月4日0：16	11月6日18：49	66小时33分

从表中可以看出，公司在11.4暴雪中抢修速度快，抢修效率高，出色完成了抢险救灾供电保障任务，充分体现了延庆公司的大局意识和奉献精神，得到了上级领导的高度认可，11月10日，北京市副市长苟仲文，在延庆县委书记李志军、县长李先忠的陪同下，来到延庆公司调度控制中心和应急指挥中心，认真听取了延庆公司关于应对“11月4日”暴雪灾害供电应急抢修工作情况，苟仲文副市长代表北京市政府向公司奋战在一线开展应急的广大干部员工表示敬意和感谢，并对延庆公司应对“11.4”暴雪灾害电网抢修工作给予充分肯定和赞赏，特别是在党的十八大召开期间，延庆供电公司出色完成了抢险救灾供电保障任务，充分体现了大局意识和奉献精神。

11月9日夜间到10日，根据预测，延庆地区将有累计降水量超过20毫米的强降雪天气，雪后伴有5–6及偏北风，阵风7级，气温也将明显下降，对公司电网的安全稳定运行又是一次严峻的考验。为有效应对持续大范围强降雪天气，确保十八大期间电网可靠运行，延庆公司组织相关运行部门及时总结11.4暴雪电网故障情况，密切监测电网运行情况，明确了变电专业、输配电专业、优质服务、后勤保障、新闻宣传各应急队伍工作职责和到岗时间，紧密部署各项应急工作。11月9日上午7时，延庆公司应急队伍185人全部到岗到位，并按照应急预案要求，分赴各岗位严密盯守。同时在北京市电力公司总指挥部统一安排下，市公司运维检修部、电力科学研究院、工程公司、华商远大电力建设公司等7家兄弟单位，纷纷派驻队伍支援延庆公司应急工作，并调集油木杆、接户线、发电机、卫星电话等应急物资与装备，提前布置到我公司的3个山区供电所，并安排了2辆800千瓦发电车提前部署到延庆公司，为延庆公司应对雨雪大风天气做好了充足的准备，确保了电网的安全稳定运行。

通过应对十八大保电期间两次恶劣天气的情况来看，延庆公司在应对恶劣天气应急工作中取得了良好的效果，公司领导靠前指挥，各部门应急响应动作迅速，组织有序，措施得力，各抢修队伍积极投入到抢险救灾工作当中，通过在抢修方案、抢修队伍及人员编排、抢修物资及装备调配、后勤保障等方面积极创新，在最快的时间恢复了供电，赢得了政府相关领导及社会各界的肯定，坚定地履行了公司承担的社会责任，树立了公司良好的社会形象。

成果创造人：谢连富　赵红星　刘清华　付　涛　路迎春　史文娟　池建峰　王　瑞　张建光　赵立新　康久权

城市轨道交通工程安全质量隐患排查治理标准化建设

北京市轨道交通建设管理有限公司

荣获第二十八届北京市企业管理现代化创新成果一等奖

北京市轨道交通建设管理有限公司（下文中简称“轨道公司”）是2003年11月经市委、市政府批准成立的国有独资公司，主要担负北京市轨道交通建设的管理任务。轨道公司的主要业务是：负责轨道交通新建线路的初步设计、施工设计、施工队伍、车辆设备的招标；组织轨道交通新建线路的土建结构、建筑装修、设备安装工程及相应市政配套工程的实施；组织轨道交通新建线路的系统调试、开通、验收直至交付试运营全过程的建设管理。

截至2012年底，轨道公司已建成通车轨道交通线路13条，包括：城铁13号线、八通线、地铁5号线、10号线一期、奥运支线、机场线、4号线、大兴线、房山线、亦庄线、昌平线一期、8号线二期、9号线、10号线二期。这些线路的通车使北京轨道交通运营线路从2条增加到17条（8号线二期与奥运支线贯通运营、10号线一期、二期贯通运营），通车总里程从55公里增加到442公里，实现了2012年轨道交通运营里程达到420公里的目标。

市委、市政府把轨道交通建设列为首都重要的民生工程，北京市2007—2016年加强版规划提出了2016年达到666公里的通车目标。按照“十二五”规划，轨道公司600余名职工将承担14条线路，总长约328公里，总投资约2000亿元的建设管理任务。

一、城市轨道交通工程安全质量隐患排查治理标准化建设背景

轨道交通工程属于系统工程，每一条线路中，不但有隧道、高架、车站建筑、出入口和换乘通道等土建设施，更有着复杂的设备系统，建设过程中，安全质量隐患无处不在，给施工造成很大风险。

（一）轨道交通建设新形势的需要

近三年来，国家及北京市非常重视工程建设安全生产工作，先后颁发了《国务院关于进一步加强企业安全生产工作的通知》（国发〔2010〕23号）、关于印发《城市轨道交通工程安全质量管理暂行办法》的通知（建质〔2010〕5号）、《关于加强重大工程安全质量保障措施的通知》（发改投资〔2009〕3183号）、《关于印发全面规范本市建筑市场进一步强化建设工程质量安全管理工作意见的通知》（京政办发〔2011〕46号）等安全生产相关文件，这些文件鼓励和支持安全生产科学技术研究和安全生产先进技术的推广应用，提高安全生产水平，及时排查治理安全隐患，有效防范各类质量安全事故发生。

（二）轨道交通建设规模大与工程风险高并存的需要

国内城市轨道交通建设规模大、增速快，目前有36个城市正在建设，规划建设里程超过6000千米。仅北京市2008年以来，就累计通车272千米。目前，在建195千米；预计2020年开通累计将达1000千米。且工程建设过程中存在着施工工法多、车站规模大、工程地质及水文地质条件复杂、工程环境条件十分复杂等一系列难题，且风险极高。尤其是北京市轨道交通工程线路大多沿干道布设，车站一般都在干道交叉口，采用暗挖法和明暗结合修建，近邻各种建筑物，地面交通拥挤，施工场地安排紧张，施工具有较大风险。暗挖车站及区间隧道大部分在主干道或建筑物下修建，且穿越河流、铁路、既有地铁及多种地下管线，尤其是与雨污水管线常年渗漏和个别渗漏的给水管线给工程施工增加了难度和风险。

因此，建立一套完整的安全质量隐患排查与质量系统非常必要。

（三）降低安全质量隐患引发的工程事故比例的需要

由于城市轨道交通工程大多为地下工程，面广、点多、线长，地质条件复杂，安全质量隐患多，

2007—2010年间，全国因物体打击、机械伤害、高支模等安全质量隐患引发的工程事故的比例呈上升趋势，造成了人员伤亡与经济损失，造成了不良的社会影响。

据不完全统计，2009—2010年，全国城市轨道交通共发生23起事故，其中物体打击事故发生率占比50%以上，城市轨道交通工程事故呈现以物体打击、施工机具伤害、高处坠落以及触电等为主要致因的特征（如图1所示）。

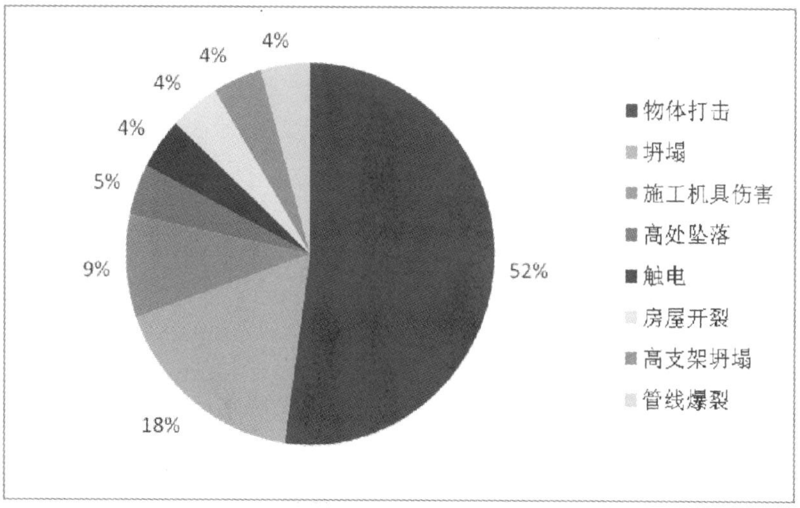

图1　2009—2010年全国城市轨道交通工程事故统计图

因此，迫切需要开展城市轨道交通安全质量隐患排查治理的研究与建设工作，从安全质量隐患源头抓起，以降低或规避因安全质量隐患管理不到位造成的人员伤亡与经济损失，减少不良社会影响。

二、城市轨道交通工程安全质量隐患排查治理标准化建设的内涵

城市轨道交通工程建设安全质量隐患是指违反城市轨道交通相关法律、法规、规章、标准、规程和安全质量管理制度的规定或因工程技术措施不足，安全质量管理不到位等其他因素，存在可能导致物体打击、坍塌、施工机具伤害等安全事故，或隧道不均匀沉降、耐久性差等质量缺陷的物的不安全状态、人的不安全行为和管理上的缺陷。

城市轨道交通工程建设安全质量隐患排查治理体系是以城市轨道交通土建工程、机电设备安装、轨行区作业、车站装修、试运行等各建设阶段为范围，以各建设阶段的安全质量隐患为对象，通过制定隐患排查、评估、治理等各环节的标准、制度以及建立信息化管理平台等技术手段，开展全过程、动态化的全面隐患排查，实施差别化、有针对性的隐患治理，以规避或减少轨道交通工程事故的发生。

城市轨道交通工程建设安全质量隐患排查治理体系建立了安全质量隐患管理组织机构及职责体系，落实了参建各方的安全质量隐患管理职责，创建了安全质量隐患等级划分标准，建立了施工安全隐患检查标准、施工质量隐患检查标准以及施工安全质量检查要点，并基于安全质量隐患排查治理业务需求建立了安全质量隐患管理信息系统，实现了参建各方的协同工作。

安全质量隐患排查治理体系主要由以下6个体系文件组成：

（1）轨道交通工程建设安全质量隐患管理规定；

（2）轨道交通工程建设安全质量隐患等级划分；

（3）轨道交通工程建设施工安全隐患检查标准；

（4）轨道交通工程建设施工质量隐患检查标准；

（5）轨道交通工程建设安全质量隐患检查要点；

（6）轨道交通工程建设安全质量隐患管理信息系统使用指导书。

三、城市轨道交通工程安全质量隐患排查治理标准化建设的主要做法

（一）建立安全质量隐患排查治理长效机制

1. 健全组织机构

在公司安全质量委员会领导下，安全质量监察总部监督，各部门、各单位按照职责分工，监理单位和施工单位全面参与，开展全员的安全质量隐患管理工作。安全质量隐患管理组织架构见图2。

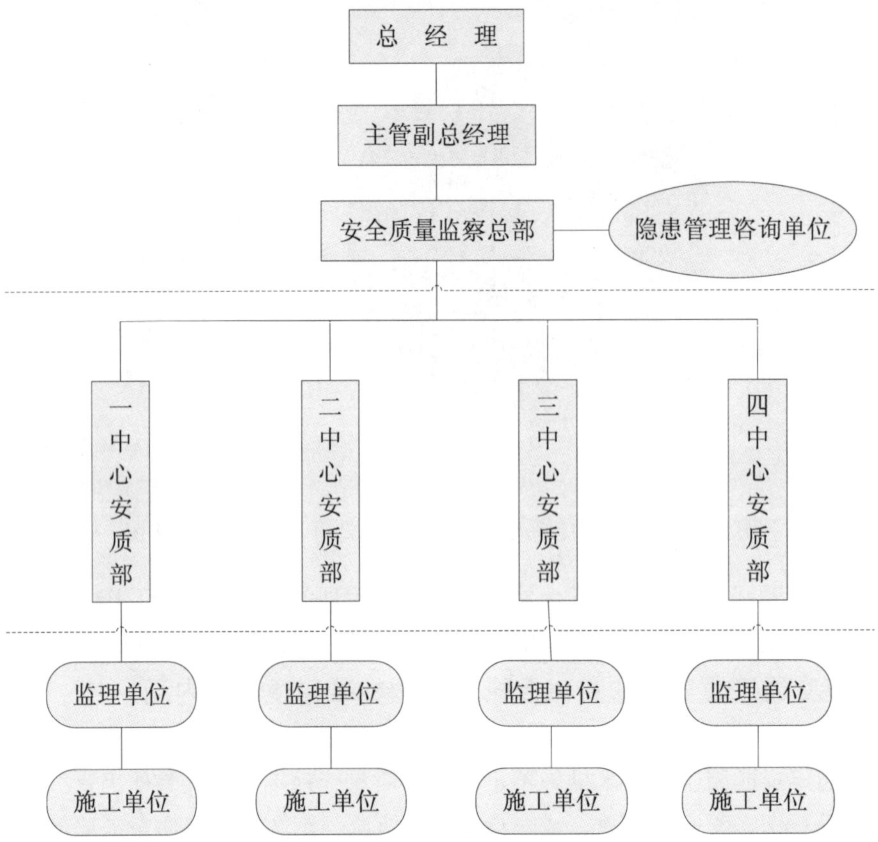

图2 隐患管理组织架构图

2. 建立轨道交通工程建设安全质量隐患上报和消除流程

针对隐患管理的长期性、复杂性、反复性等特点，从建立长效机制着眼，公司在完善管理体制，强化主体责任落实方面，进一步理顺和细化公司安全质量委员会以及主管部门、相关部门在安全质量管理方面的具体职责。把规范隐患和危险源的排查、辨识、分类、分级、评价、登记、上报、统计、检查、整改、责任、监控、考核等全部纳入严格健全的制度规范，做到以制度促排查、以制度保治理，努力实现隐患管理工作的规范化、制度化、经常化和重大危险源监管监控的科学化。

为实现隐患发现、分析、处置及消除等管理工作的顺畅开展，明确了参建各方的工作内容、程序，保证实现安全质量隐患管理工作的闭合。图3、图4、图5分别是不同参建单位安全质量隐患的上报流程和消除流程。

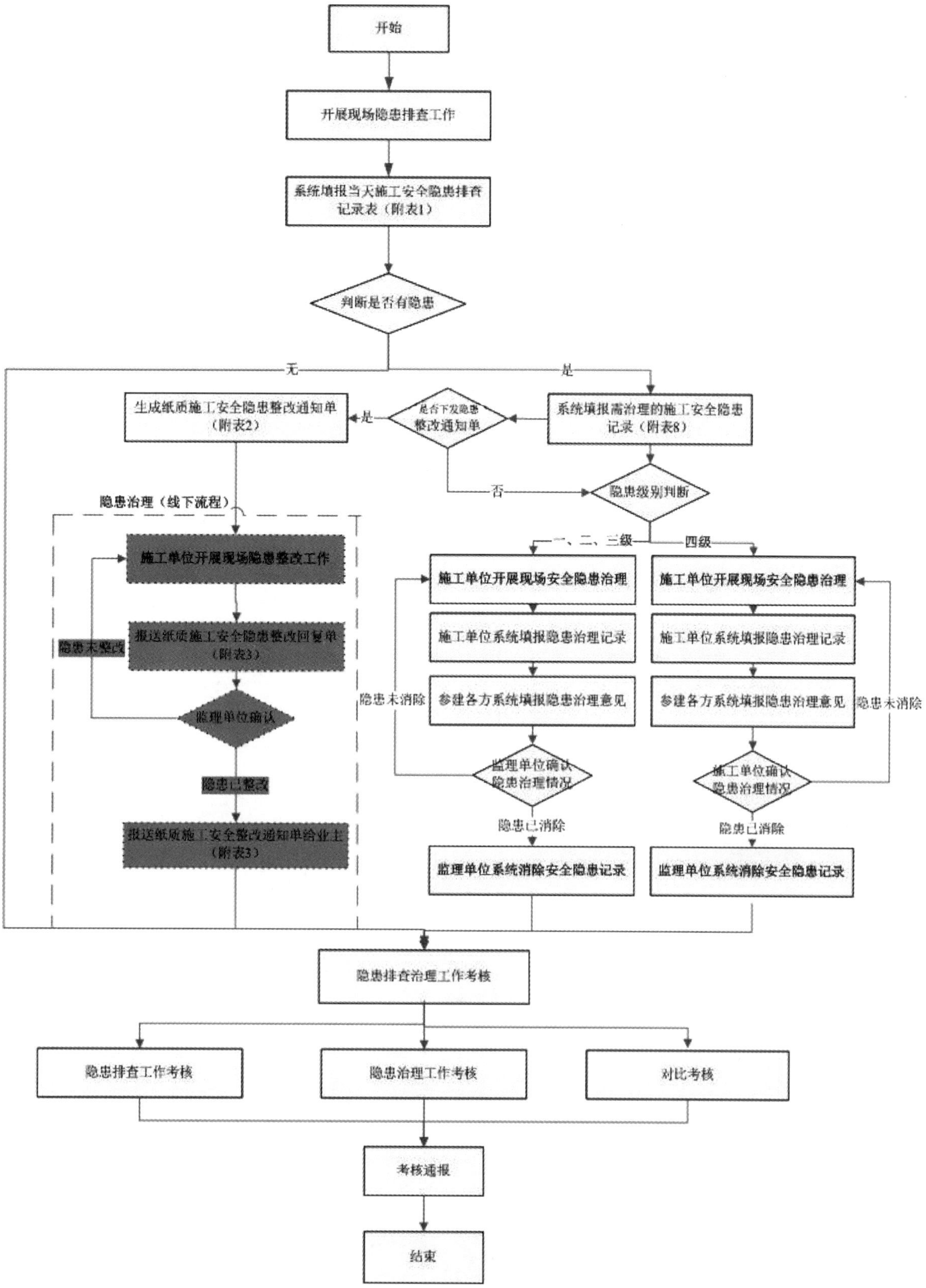

图3　建设单位安全质量隐患的管理流程

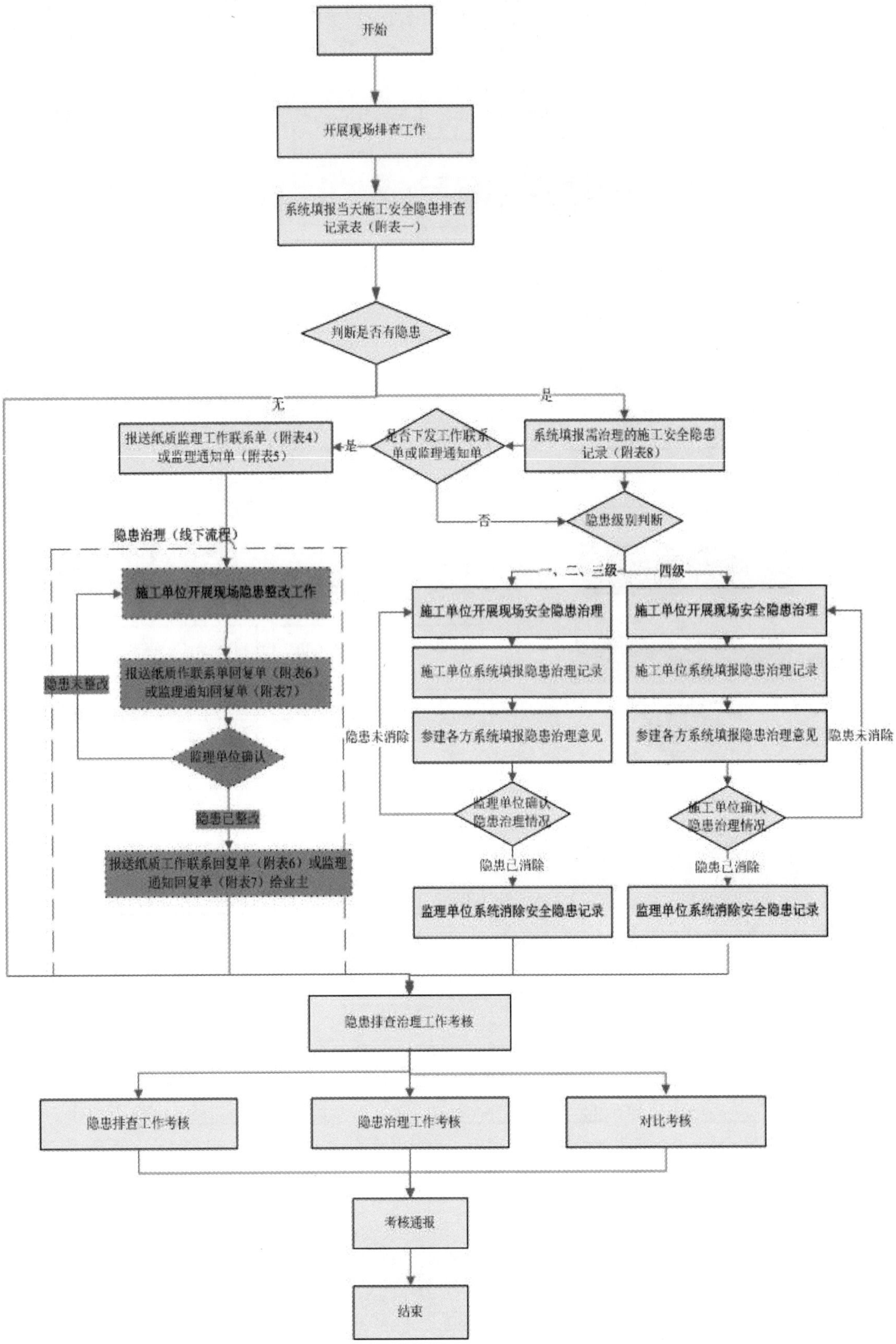

图4　监理单位安全质量隐患的管理流程

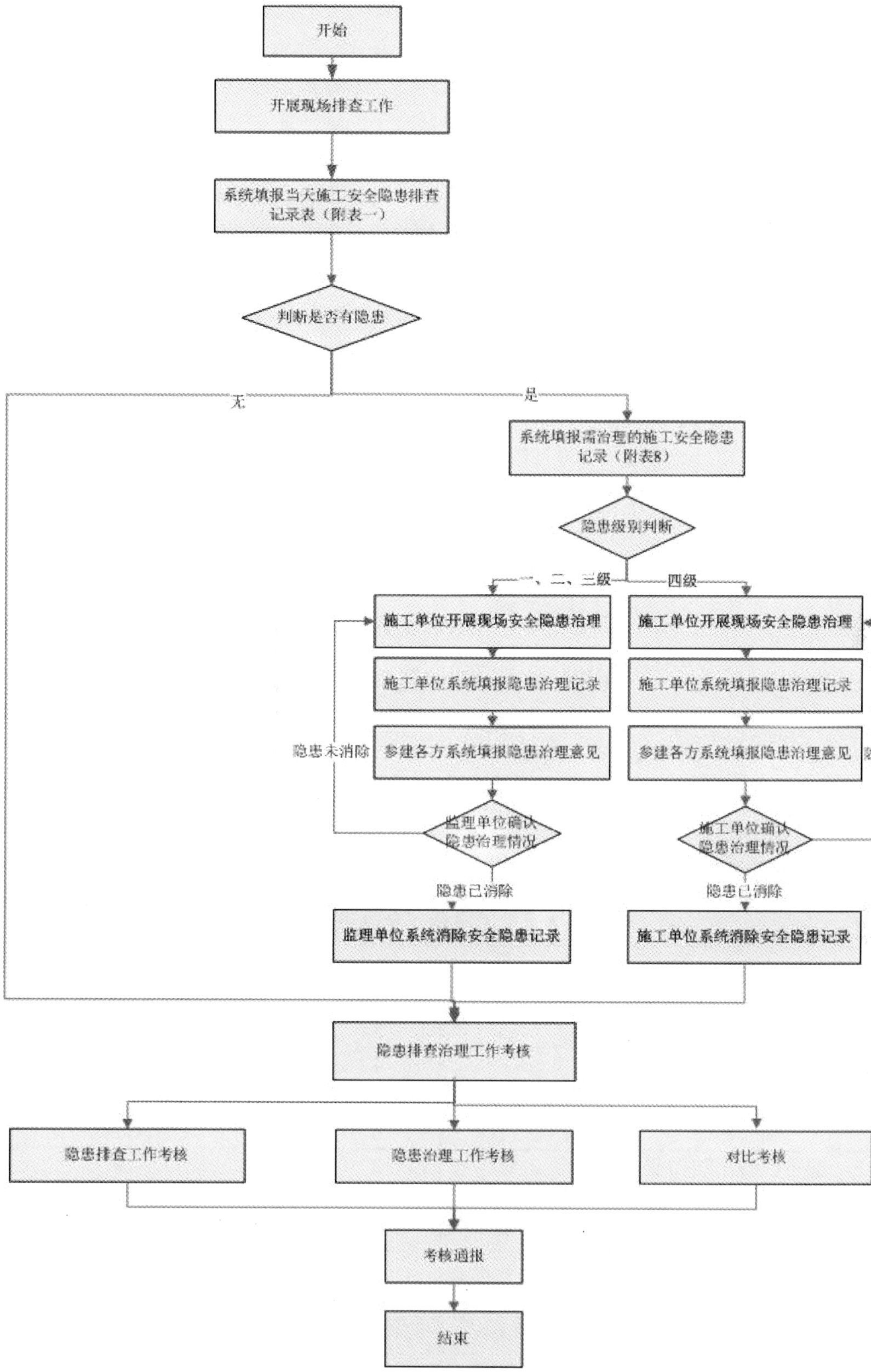

图5　施工单位安全质量隐患的管理流程

（二）制定科学严谨的安全质量隐患等级划分标准

1. 安全质量隐患等级划分

对工程安全质量隐患进行分级管理，根据隐患产生的后果严重程度及社会影响程度，将隐患分为四级。

（1）一级隐患：

可造成特别重大安全质量事故，社会影响较大。

1）可造成伤亡事故。

2）可造成基坑坍塌、洞内塌方冒顶等重大险情或事故。

3）可造成重大设备事故、重大交通事故及火灾事故。

4）造成周边建构筑物倾斜开裂及交通中断、电力中断、通信中断、漏水和漏气等重大险情或事故。

5）严重缺陷或主体结构强度严重不足，严重影响结构物的寿命、使用功能或结构安全。

（2）二级隐患：

可致重大安全质量事故，社会影响较小。

1）可造成人员伤害事故。

2）经过缺陷处理后符合规范和设计限值但对工程使用功能和结构安全有重大影响，造成永久的较大质量缺陷。

3）经过调坡调线后仍超过规范规定或设计限值。

4）可造成基坑小范围坍塌、洞内小范围塌方等险情。

5）可造成一般机械事故。

（3）三级隐患：

可造成较大安全质量事故，不会造成社会影响。

1）可造成一般工伤事故。

2）经过缺陷处理后符合规范和设计限值但对工程使用功能和结构安全有较大影响，造成永久质量缺陷。

（4）四级隐患：

一般安全质量问题，经过调整处理可以消除。

2. 安全质量隐患分类

安全质量隐患包括明挖法施工、盾构法施工、矿山法施工、施工材料、施工机具、施工用电等十六项内容，包涵四个等级（另有等外级）、16大类、795子项安全质量隐患，见表1。

表1　城市轨道交通质量安全隐患排查表

序号	安全质量排查类型	隐患等级及数目				
		一级	二级	三级	四级	合计
1	施工材料	3	8	12	14	37
2	施工机械、机具	0	4	10	16	30
3	文明施工	0	1	10	32	43
4	临时用电	1	6	11	33	51
5	起重设备吊装作业	2	8	18	16	44
6	三宝、四口	0	3	5	7	15
7	脚手架	0	7	12	24	43
8	模板	1	3	11	19	34
9	明（盖）挖法施工	4	15	15	33	67
10	人工挖孔桩、钻孔桩	1	8	16	30	55
11	矿山法施工	5	23	24	62	114
12	盾构法施工	4	21	29	55	109
13	安全管理	1	8	11	29	49
14	质量管理	3	10	22	19	54
15	消防	1	7	7	11	26
16	防汛及冬施	0	2	8	14	24
	合计	26	134	221	414	795

3. 安全质量隐患分类分级

安全质量隐患分类分级是对轨道工程建设安全质量形势的分析和研判，严格执行施工单位、监理单位自评估与公司委托专家评估相结合的制度，依据评估结果对轨道工程安全质量以及参建单位开展差别化管理。

综合评判就是对受到多个因素（指标）制约的隐患作出总的评价，建立地铁建设工程安全质量隐患综合评估模型和评估指标，将评判对象分为三个层次，三级指标，采用三级综合评估模型。

根据评判分值结果将被管理单位安全质量隐患管理情况分为四个级别，从而实行差别化管理。如，对“施工材料”安全质量隐患进行研判后形成表2内容。

表 2　“施工材料”安全质量隐患分类分级表

排查频率	编码	排查内容	隐患等级
每日	GLCL101	是否使用检验、检测结果不符合要求的原材料；	一级
	GLCL102	新进场原材料、构配件、半成品标识是否清楚、与实际是否符合，是否有产品合格证书、质量验收报告是否齐全；	三级
	GLCL103	原材料、构配件、半成品进场是否申报监理进行验收；	三级
	GLCL104	商品混凝土强度、抗渗等级、和易性、坍落度是否符合设计要求；	二级
	GLCL105	商品混凝土是否具有配比、强度、抗渗等级、坍落度试验报告单，各项指标是否符合设计要求；	一级
	GLCL106	钢筋见证取样是否符合规范要求；	三级
	GLCL107	钢筋见证取样复试结果是否符合设计要求；	二级
	GLCL108	防水卷材是否按规定取样见证复检；	三级
	GLCL109	大型模板的堆放高度是否违反规范规定；	二级
	GLCL110	钢筋网片焊接采用的钢筋直径、长度、间距、焊接质量不符合设计规定；	三级
每周	GLCL201	是否按原材料批次取样进行有见证复试；	三级
	GLCL202	原材料批次抽样比例、方法是否符合规范规定；	三级
	GLCL203	危险化学品、易燃易爆品是否建立合格的库房单独存放；	三级
	GLCL204	防水卷材技术指标是否符合规范要求；	二级
	GLCL205	沙石料是否符合要求（如粒径、含泥量、针片状含量、矿物质含量等）；	三级
	GLCL206	钢格栅是否进行预拼装验收；	三级
	GLCL207	重要结构、部位的材料使用时是否认真核对品种、规格、型号、性能；	二级
	GLCL208	材料检验检测项目是否齐全、频率是否足够、代表部位是否齐全。	三级

（三）建立轨道交通工程建设施工安全隐患检查标准

为进一步加强城市轨道交通工程安全检查工作，增强检查的针对性和有效性，北京市轨道交通建设管理有限公司组织编制了《城市轨道交通工程施工安全检查标准（试行）》。旨在指导北京地区有效开展安全检查，切实消除工程隐患，预防事故和险情，保障工程安全。

内容紧密结合城市轨道交通工程特点，注重与工程实践结合，可操作性较强，便于使用。检查项目比较全面地体现了现行相关法律法规、标准规范和规范性文件的有关要求；评分标准重点突出，体现了检查项目对工程安全的影响程度，使评定等级结果比较客观地反映工程安全状况。本标准主要技术内容包括：第一，总则；第二，术语；第三，检查评定项目；第四，检查评分方法；第五，检查评定等级；第六，附录。

（四）建立轨道交通工程安全质量隐患检查评分方法

城市轨道交通工程施工安全检查评定中，保证项目应全数检查。检查使用分项检查评分表和检查评分汇总表两种表现形式。

检查评分方法如下：

（1）分项检查评分表和检查评分汇总表的满分分值均应为100分，评分表的实得分值应为各检查项目所得分值之和；

（2）评分应采用扣减分值的方法，扣减分值总和不得超过该检查项目的应得分值；

（3）当按分项检查评分表评分时，保证项目中有一项未得分或保证项目小计得分不足40分，此分项检查评分表不应得分；

（4）检查评分汇总表中各分项项目实得分值应按下式计算：

$$A_1 = \frac{B \times C}{100}$$

式中：A_1 — 汇总表各分项项目实得分值；

B — 汇总表中该项应得满分值；

C—该项检查评分表实得分值。

（5）当评分遇有缺项时，分项检查评分表或检查评分汇总表的总得分值应按下式计算：

$$A_2 = \frac{D}{E} \times 100$$

式中：A_2—遇有缺项时总得分值；

D—实查项目在该表的实得分值之和；

E—实查项目在该表的应得满分值之和。

（6）脚手架、基坑工程与人工挖孔桩，物料提升机与施工升降机，塔式起重机、龙门吊与起重吊装项目的实得分值，应为所对应专业的分项检查评分表实得分值的算术平均值。

安全隐患检查评定等级：按汇总表的总得分和分项检查评分表的得分，对城市轨道交通工程施工安全检查评定划分为优良、合格、不合格三个等级。

1）优良：分项检查评分表无零分，汇总表得分值应在80分及以上。

2）合格：分项检查评分表无零分，汇总表得分值应在80分以下，70分及以上。

3）不合格：A.当汇总表得分值不足70分时；B.当有一分项检查评分表得零分时。

（五）建立功能完善的安全质量隐患管理信息平台

我司按照“统筹规划、统一标准、资源共享、讲求实效”的基本原则，积极探索利用信息化手段促进安全质量隐患管理，将隐患管理信息化建设作为公司安全质量体系建设的重要组成部分和核心载体。

隐患管理信息化管理平台由我司与北京安捷工程咨询有限公司研发，系统功能通过B/S方式实现，采用三层功能结构，将“综合信息、隐患排查、隐患评估、危险源管理、隐患态势分析、隐患统计、工程隐患管理报告、质量安全培训、隐患治理、事故预警”等工作转移到网络平台。

北京轨道工程建设方安全质量隐患管理信息平台主要包括四个方面：

1. 系统总体架构

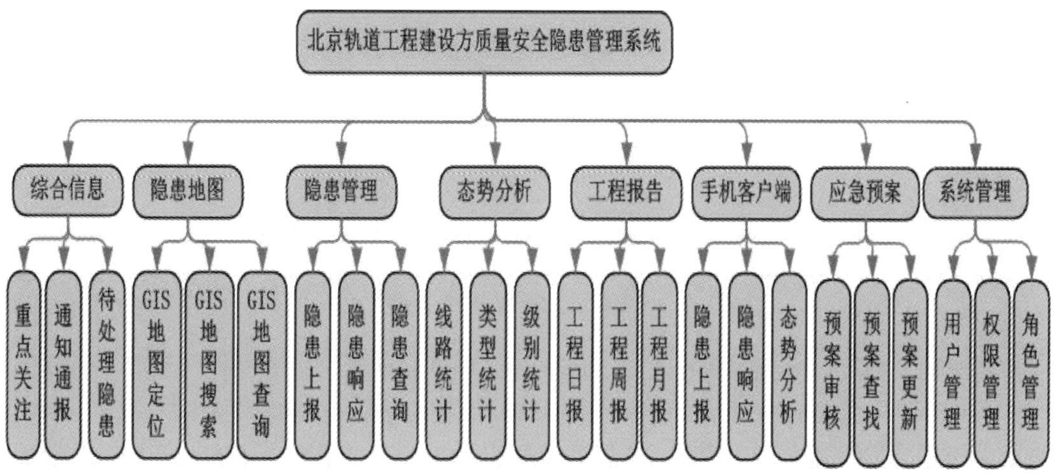

图6 系统总体架构图

2. 系统工作流程

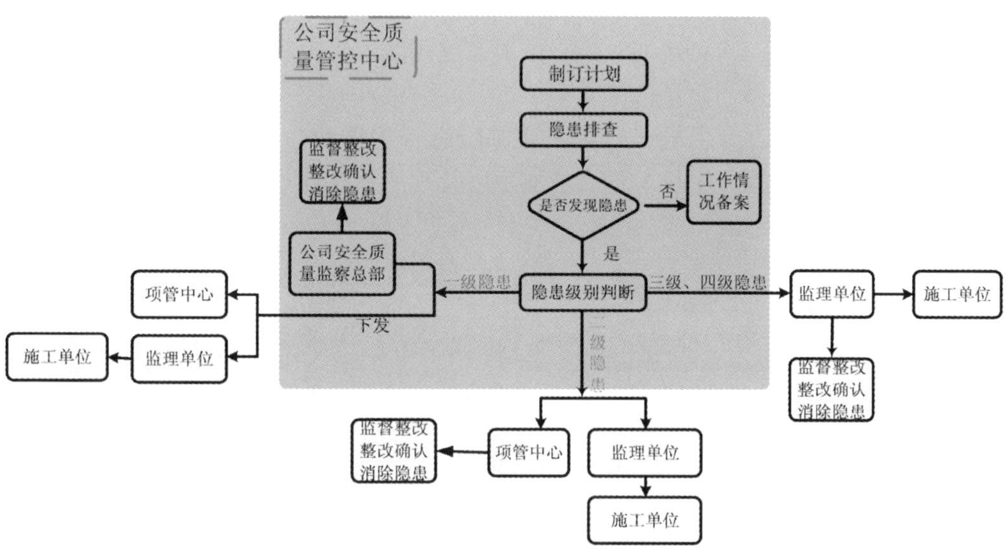

图7 系统工作流程图

3. 系统功能简介

城市轨道交通工程建设安全质量隐患管理信息系统包含九个功能模块：系统管理、综合信息、隐患编码、隐患地图、隐患上报、手机报送功能模块、隐患响应、态势分析、综合分析及应急预案。隐患管理信息平台界面，见图8。

（1）系统管理模块。系统管理模块由账户管理、角色管理、密码管理、系统数据维护、用护编码维护和单位用户6个子模块组成。

（2）综合信息功能模块。主要包括用户需要处理的隐患信息；近期需要重点关注的重点；以及近期的政府通报、媒体信息、新闻动态等。

图8　隐患管理信息平台界面

（3）隐患编码功能模块。根据隐患类型、隐患等级因素对隐患进行唯一性的编码。方便隐患上报、隐患检索等。例如编码“A101”含义如下：字母“A”代表隐患检查类型“施工材料类”，第一个数字“1”代表隐患级别为一级，后两个数字“01”代表隐患检查分项“采购材料不符合要求，使用假冒伪劣产品”。

（4）隐患地图功能模块。可实现通过GIS地图查询隐患的级别，隐患的数量等信息。一级隐患为红色，二级隐患为橙色，三级隐患为黄色，四级隐患为蓝色。

（5）隐患上报功能模块。展示隐患上报可通过网页报送和手机客户端报送。页面报送为登录系统平台，填报隐患类型、检查项目、隐患级别、检查分项、现场照片等内容，如果用户熟悉隐患编码，可直接填写编码。

（6）手机报送功能模块。为手机客户端安装“隐患管理移动办公平台”程序，即可实现隐患上报、隐患处置、隐患查询等功能。手机客户端增加隐患管理的时效性与快捷性。手机客户端隐患上报界面见图9。

图9　手机客户端隐患上报界面

（7）隐患响应功能模块。为具有此隐患响应权限的用户进入此页面进行隐患的处置。此功能可发布领导指示、处置措施、处理建议、会议记录等。

（8）隐患态势分析功能模块。可对隐患进行线路统计、类型统计、等级统计等。

（9）综合分析模块。综合分析模块包含事故统计分析、管理人员结构分析、危险源统计分析、安全质量评价四项内容，可得出具有指导意义的统计性结论，提供决策支持。

（10）应急预案模块。对各参建单位的应急预案上传、审核及管理。

（六）建立督促考核机制，注重整改落实

为使隐患管理工作达到实效，我司采取多种方式推动责任落实。

1. 加大监督检查力度

为督促各参建单位将隐患排查与治理工作落到实处，委托专业机构分重点、分专业对施工现场进行动态的安全质量隐患排查、评估，对治理情况进行跟踪、监督。公司领导、安质总部和项目公司安质部定期或不定期到现场检查。

2. 加强约谈和交流学习

建立施工、监理单位约谈制度，对隐患排查和治理工作开展不力的单位主要负责人约见谈话，约谈形成记录，并进行存档；建立交流工作机制，通过采取座谈会、现场观摩等方式，定期组织不同标段的施工与监理单位开展事故隐患排查的交流学习活动。

3. 建立激励与处罚机制

对隐患排查工作综合考评排名前两名的施工单位和监理单位，给予所在标段的项目经理和总监理工程师奖励。对在安全质量隐患管理工作中发挥关键作用，贡献突出，避免重大安全质量事故的单位，给予通报表扬和奖励。

按照《北京市轨道交通工程生产安全事故报告、调查、处理规定》，对负有责任的参建单位，根据合同，采取通报批评、扣除安全责任违约金、更换责任单位项目负责人、清退责任单位等手段进行处理。事故发生单位和责任单位未按照相关规定进行事故调查的，扣除其安全责任违约金1—3万元，事故相关责任单位未处置责任人员、落实整改措施的，扣除其安全责任违约金1—3万元。在建设单位组织的安全质量隐患检查中，发现存在一级安全质量隐患及一级隐患没有按时整改，或出现“三杜绝”事故的参建单位不得参加评奖活动。

（七）安全质量隐患排查治理创新管理实例——以6号线为例

虽然困难重重，但轨道交通建设的目标不能动摇。针对建设过程中存在的各种困难，只有群策群力，积极应对。几年来，轨道公司在每条新线的建设中，严抓隐患排查治理环节，建立整套安全质量隐患排查与治理体系，并立足这套体系，不断完善管理理念，应对每条线的现场实际，大胆实施创新管理，健全安全质量管理制度，提升现场管理水平。解决了很多实际困难，也使安全质量隐患排查治理的管理体系越来越完善，越来越健全，更加立体和多维化。

下面以北京地铁6号线一期安全质量隐患排查治理创新管理的具体实施为例，说明在工程建设过程中隐患排查治理创新管理的实际应用与发展，以及对实际现场困难的解决。

1. 6号线一期工程概况

北京地铁6号线一期是一条贯穿中心城东西方向轨道交通线，西起五路居，东至草房，全线长29.074千米。设站21座，全部为地下站，其中换乘站为11座；最大站间距为4007米，最小站间距为825米，平均站间距为1636米。

三里河北口站、车公庄西站、车公庄站、北海北站、东四站、朝阳门站、东大桥站采用暗挖法施工；花园桥站、呼家楼站采用明暗结合法施工；五路居站、平安里站、南锣鼓巷站、甜水园站、十里堡站、青年路站、褡裢坡站、黄渠站、常营站、草房站采用明挖法施工；全线除五路居站—慈寿寺站、花园桥站—白石桥南站、白石桥南站—车公庄西站、车公庄西站—车公庄站、车公庄站—平安里站、平安里站—北海

北站、北海北站—南锣鼓巷站、东四站—朝阳门站、朝阳门站—东大桥站、东大桥站—呼家楼站、呼家楼站—甜水园站、常营站—草房站五个区间采用矿山施工法外，其他的区间全部采用盾构法施工。

2. 6号线一期应用情况与效果

（1）安全质量隐患常见形式分析

通过开展对地铁六号线一期工程施工现场安全质量隐患排查与治理工作试点，隐患排查与治理工作情况如下：

①巡视线路：六号线一期工程（共44个工点）。

②巡视时间：2011年6月27日–2012年8月26日。

③发现隐患总数：1260个。

④隐患告知方式：施工单位人员陪同，当场口头提出隐患，与被检查单位交换意见并提出整改要求。

表3　施工现场安全质量隐患统计表

编码	安全质量检查类型	各级隐患数目				
		一级	二级	三级	四级	合计
1	施工材料	0	0	11	6	17
2	施工机械、机具	0	60	53	41	154
3	文明施工	0	0	6	76	82
4	临时用电	0	2	46	98	146
5	起重设备吊装作业	0	2	65	13	80
6	三宝、四口	0	17	173	72	262
7	脚手架	0	5	19	37	61
8	模板	0	0	1	0	1
9	明（盖）挖法施工	3	27	40	34	104
10	人工挖孔桩、钻孔桩	0	3	4	3	10
11	矿山法施工	0	2	48	83	133
12	盾构法施工	0	0	0	7	7
13	安全管理	0	0	7	11	18
14	质量管理	0	0	2	45	47
15	消防	0	8	8	122	138
16	防汛及冬施	0	0	0	0	0
合计		3	126	483	648	1260

依据上述表格统计分析如下：

按照隐患等级分析：隐患总数1260个，其中包含：一级隐患3个，二级隐患126个，三级隐患483个，四级隐患648个。分别占总数的0.24%、10.00%、38.33%、51.43%。

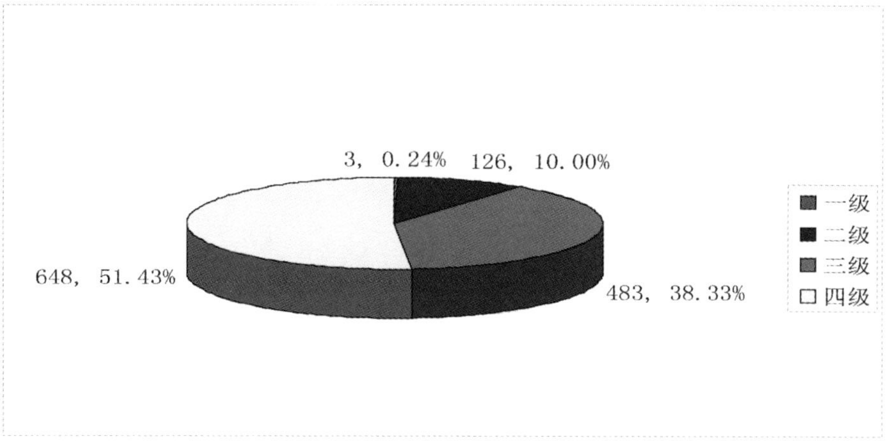

图10　按隐患等级统计图

按照类别分析：在十六大类型隐患中出现频次较多的隐患有三宝、四口262个、施工机械机具154个、临时用电146个、消防138个、矿山法施工133个。分别占总数的20.79%、12.22%、11.59%、10.95%、10.56%。

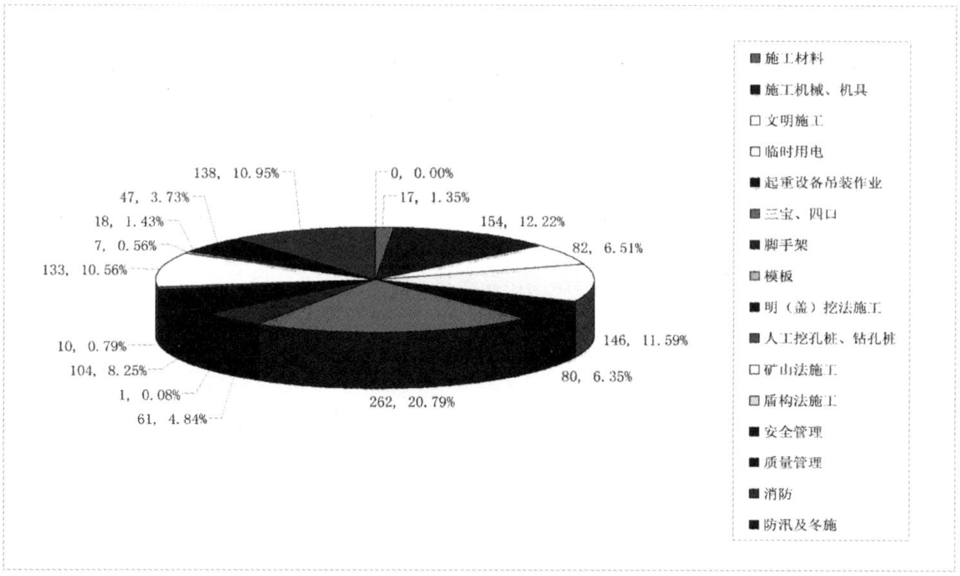

图11　按隐患类别统计图

轨道交通工程施工现场安全质量隐患大多发生在土方开挖、起重吊装、垂直运输、机械操作、临时用电等施工作业过程中，以及洞口、临边和高处作业部位，由于工种集中、交叉作业多、技术能力要求高，如果组织管理不当容易发生施工现场的“五大伤害”即高处坠落、物体打击、触电、机械伤害、坍塌。此外，施工中还易发生起重伤害、中毒、车辆伤害、火灾、爆炸等伤害事故。

（2）安全质量隐患突出、频次高的主要原因

安全质量隐患类别有所不同，隐患发生的部位和时间以及表现形式也各有区别，主要有以下几种原因：

①施工企业没有真正树立“安全第一、预防为主”的生产方针，安全生产规章制度不健全。没有很好地处理安全与生产、安全与进度、安全与效益的关系。对分包和专业队伍存在以包代管、责任区分不清、督办不力等问题，对施工作业中的安全生产存在侥幸、麻痹、松懈思想。

②施工现场安全生产规章制度未得到有效落实，安全生产责任制度不明确。施工作业未按国家标准、规范执行，强制性标准落实不到位。安全防护、安全检查、安全教育、安全措施执行不力，对事故

隐患未能及时发现、及时整改，安全管理存在漏洞和死角。

③施工现场未按要求编制施工组织设计和专项施工方案。施工方案措施不具体、不全面、不能指导施工。对分部、分项安全技术交底工作重视程度不足，未认真落实各项安全技术、管理措施。

④安全教育不到位，工人安全防护知识不足，自我保护意识差，安全操作规程不熟悉。存在违章指挥、违章作业、违反劳动纪律现象。

（3）常见安全质量隐患排查与治理对策

虽然安全质量隐患种类繁多、情况复杂、各具特点，但隐患排查与治理仍然是有规律的。坚持预防为主，牢固树立“隐患是事故之源”的预防理念，全面推进隐患排查与治理体系建设，深入研究隐患治理对策是预防微小事故、遏制重特大事故和大面积坍塌事故，减少一般事故，确保轨道交通工程建设安全快速推进的重要手段与措施。

针对发现的每一项隐患，公司都按照现行的有关安全质量方面的法律法规、标准、规范进行逐项分析，指出违反的条款，提出了具体的整改措施和管理要求，逐项消除隐患，保证了施工过程的安全。

四、城市轨道交通工程安全质量隐患排查治理标准化建设效果

城市轨道交通安全质量隐患排查治理标准化研究自2009年开始，经过四年多时间的研究、建设、应用与不断完善，先后在北京市轨道交通6号线一期、6号线二期、7号线、14号线、昌八联络线、西郊线等线路中进行了推广应用，梳理了16大项共795小项安全质量隐患，排查与治理了7260项安全质量隐患，从源头控制了安全质量隐患，减少或避免了大量安全质量工程事故，自本项目推广应用以来，因安全质量隐患造成的工程事故呈现逐年下降的趋势，仅2012年比2011年，人员伤亡率就降低了57%，取得了良好的社会与经济效益。

（1）完善了隐患管理体系和配套制度，奠定了安全质量管理工作步入科学化、规范化、精细化管理的基础，取得事故防范和安全生产工作的主动权。

（2）制定了科学、客观的安全质量隐患排查与评估标准，明确了参建各方隐患排查、分析、处置及消除工作程序，保证安全质量管理工作的实效性和闭合性。

（3）依托隐患管理平台及强大的综合动态数据库，为掌握安全质量管理轨迹，分析、预测、研判和掌控生产态势提供了科学依据。利用无线PDA掌上电脑，随时掌握隐患排查治理情况，节省了人力、物力和时间成本，大大提高了效率。

（4）提高了参建单位自查自报隐患的自觉性和主动性，提供了主体责任落到实处的有力抓手和有效措施。

（5）在国内轨道交通建设领域首次实现了对安全质量隐患排查治理工作的信息管理；该成果为全国第一家由企业自主开发的信息管理系统，为国内同行业进一步优化责任落实、提升安全质量管理水平提供了良好的借鉴作用。

北京市轨道交通建设管理有限公司在建设城市轨道交通的工程中，积极探索安全质量隐患排查治理标准化建设，解决了工程中的实际问题，降低风险，提高效率，实现了更高的轨道交通线路开通水平。同时，公司立足管理创新，发展、完善、丰富隐患排查治理体系，依托其推动“人文、科技、绿色”的轨道交通建设三大理念，为北京市的公共交通做出更大的贡献。

成果创造人：丁树奎　罗　平　韩少光　程　炜　寇鼎涛　童　松　雷安定　李　波　李建军　张　瑜

大型钢铁企业全流程生产管控体系的构建与实施

首钢京唐钢铁联合有限责任公司

荣获第二十八届北京市企业管理现代化创新成果一等奖

首钢京唐公司是按照国家发展和改革委员会关于对首钢实施搬迁、结构调整和环境治理方案的批复要求，按照循环经济的理念，结合首钢搬迁和唐山地区钢铁工业调整，在曹妃甸建设一个具有国际先进水平的钢铁联合企业。公司建设得到党中央、国务院的高度重视，明确提出：要坚持高起点、高标准、高要求，努力把首钢京唐钢铁厂建设成为产品一流、管理一流、环境一流、效益一流的现代化的大型企业，成为具有国际先进水平的精品板材生产基地和自主创新的示范工厂，成为节能减排和发展循环经济的标志性工厂。

公司钢铁厂集中采用了目前我国最大、世界上名列前茅并且为数不多的高效率大型装备。5500立方米高炉是我国目前第二大高炉，名列世界第六，平均日产量可达到12500吨以上。300吨脱磷转炉、300吨顶底复吹转炉、300吨RH真空脱气精炼装置等构成的炼钢厂，是目前世界上第一个单体生产能力达到1000万吨规模的炼钢厂。550平方米烧结机、504平方米带式焙烧机、2250毫米热轧生产线、2230毫米冷轧生产线以及75000立方米制氧机等，都是目前国内外名列前茅的大型装备。这些装备构成了高效率、高质量的生产运行系统。

公司产品定位于高档次的精品板材，主要是满足汽车、造船、桥梁、管线、锅炉、家电、建筑结构等行业需要的热轧、冷轧产品。2009年5月投产至今，热轧产品已开发出14大类110个产品，冷轧已开发出4大类50个产品。汽车板已全面覆盖连退系列铝镇静钢、IF钢品种，DC06汽车面板等一批高档产品完成车企认证，具备向整车供货能力。家电板与国内知名厂家建立了战略合作关系。车轮钢与知名车轮生产企业建立了长期合作关系。管线钢实现了钢级和厚度规格的全覆盖，在国内率先成功试制出了21.4毫米厚度规格X80管线钢，高强钢已成功生产14.0毫米高强钢SQ700 MCD，达到国内较好生产水平。

首钢京唐业务蓝图规划明确首钢京唐将实行集中一贯式管理模式，组织机构设置采用扁平化的机构设计，高度重视信息化建设及生产精细化管理。公司以优化产能、优化品种结构、挖潜增效为抓手，生产经营不断取得新突破，各项生产和主要技术经济指标均取得长足进步。2012年京唐公司炼钢完成钢坯产量853万吨，热轧卷825万吨，冷轧酸轧完成377万吨，连退完成171万吨，镀锌卷完成184万吨，全年完成销售收入达320亿元。

一、大型钢铁企业全流程生产管控体系的构建与实施背景

京唐公司是板材生产企业，100%按订单组织生产，在钢铁行业各企业都面临生存危机的严峻形势下，京唐公司新品种开发大幅推进，冷轧、热轧各产线生产的品种和产品规格大幅增加，在客户对合同按期交货要求越来越高的形势下，生产组织难度也大幅增加。如何在持续恶化的市场环境下，低成本、高效率组织生产，保质保量满足合同要求，是公司全流程生产管控中面临的重要问题。

（一）加强全流程生产管控关键环节的管理是市场需要

近几年，钢铁产品价格大幅下滑、市场状况进一步恶化，给刚投产的新钢厂带来沉重的压力。2011年，京唐公司合同兑现率平均只有89%，客户满意度低，用户座谈会上客户提出诸多问题，主要表现为：（1）公司新品种订单交货率低，影响用户使用。（2）产品超订单量生产现象严重，过程控制能力不足。（3）交货时单卷重量不符合客户要求，为客户接卸货物造成不便。（4）不能满足客户掌握订单执行进度情况的要求。（5）常发生“货等船、船等货”的现象，即钢卷堆在码头无船可配，或客户运输船

在码头，但钢卷还未生产。

（二）以人为本、精细化管理是公司及员工共同的愿望

在钢铁行业市场不断恶化的压力下，2011年公司多次提出以人为本、精细化管理、提高客户满意度等要求，并对提高合同兑现率，缩短生产周期提出明确要求。

在实际生产组织过程中，员工反馈全流程生产关键环节存在问题。主要是：（1）在现有的生产执行系统环境下，不便于生产订单全流程跟踪。（2）销售订单量尾差不易控制，信息化系统缺少订单超轧控制提醒功能。（3）生产过程中对于订单单卷重量控制功能不完善。（4）板材生产过程中，前后钢卷生产顺序必须严格遵循钢种硬度、温度、冷却工艺等过渡规则。随着品种钢增加，冷、热轧生产排程规则更加复杂，在实际排程过程中靠人工记忆容易出错，造成不良品产出。

（三）生产组织难度提高对优化全流程生产管控的要求

投产以来，随着公司新品种开发大力推进，每月冷热轧生产订单项目达到数千条，涉及钢种达百种以上，生产组织难度增加。

1. 生产工艺类型增加

代表生产工艺类型的内部小牌号翻倍。炼钢小牌号由2011年的127个增加到了2012年的256个，热轧由2011年的117个增加到了233个，冷轧小牌号由37个增加到了98个，均翻了一倍以上。

2. 生产难度较高的品种钢增加

目前，生产难度级别最高的热轧2.0以下薄规格从2011年的9.9万吨合同，增加到2012年的22.5万吨；高强管线X80由2011年的0.4万吨，增加到17.23万吨。

3. 品种钢种类增加

品种钢种类由2011年的74种提高到了2012年139种，比例提高到43.78%，意味着计划员排程过程中，钢种间的硬度、温度、表面要求等过渡规则更加复杂。

二、大型钢铁企业全流程生产管控体系的构建与实施的内涵与特征

京唐公司全流程生产管控体系的构建与实施在公司“集中一贯制扁平化”体系的要求下，构建了生产计划由专业管理部门进行一级管理的“一级生产计划”管理体系。通过运用六西格玛的思想寻找关键管控点，创新性地提出并完善了关键管控点的相关信息化系统功能、建立相关生产管理制度进行标准，达到优化生产排程、合同实时跟踪和提高全流程生产管控水平的目的。

其主要特征是：

（一）创造性建立“一级生产计划”管理体系

京唐公司建立的生产作业计划业务流程，打破传统专业管理部门和生产分厂两个层级的“二级生产计划”模式，建立了制造职能管理和作业区域作业长相结合的管理体制，搭建了专业管理部门直接下达精确到用户所需产品的钢种、规格的“一级生产计划”运作平台。相对于“二级生产计划”模式只精确到每日品种和产量的方式有了质的提升。另外，在作业岗位工序间建立服务意识，确保产销衔接和生产物流体系畅通。

（二）优化关键管控点，有效缩短生产周期

钢铁产品生产周期指从交货的产成品倒推至产品原材料准备的整个生产准备、生产过程、发货周期。京唐公司生产工序复杂，生产流程长。客户生产订单在各工序的流转时间，即产品整个生产周期的长短，反映生产厂执行订单的效率，直接影响产品交货能力。

京唐公司在全流程生产管控过程中，利用六西格玛思想，寻找到了生产管控关键环节，并对其进行优化。创造性地实现了生产计划系统异钢种、异断面连浇功能，订单特殊要求、交货期自动提醒、订单备注等功能，缩短品种生产和新品种开发周期，提高了产品交货能力。

（三）以信息化系统为支撑，提高生产管控效率

京唐公司信息化系统经过两年多实际应用，逐渐暴露出了生产管控过程中部分关键控制环节未充分利用信息化手段，影响生产管控效率的问题和现象。结合全流程关键管控点的实际情况，从实际业务需求入手，以信息化系统为支撑，通过不断完善、持续改进的方式使系统更加贴近实际生产，达到提高生产管控效率目的。生产过程信息化功能完善操作流程如图1所示。

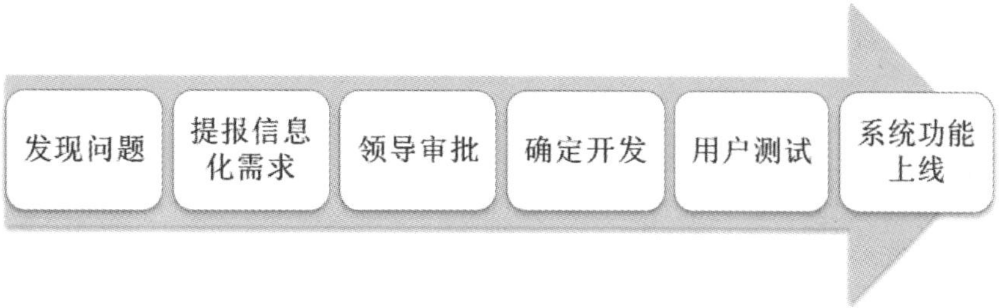

图1 生产过程信息化功能完善操作流程

（四）对完成优化的关键管控点实施标准化管理

针对全流程生产中完成优化的各关键管控点，制定相关生产管理制度和方案，并组织生产计划人员培训及现场办公。实施过程中，管理人员监督检查并收集关键管控点的应用情况的反馈，并将员工培训及实践过程中反馈的问题进行再分析和持续改善，并继续调整相关生产管理制度和方案，使员工在不断的实践和改善过程中养成习惯，形成一个SDCA标准化循环。

三、大型钢铁企业全流程生产管控体系的构建与实施的主要做法

在集中一贯制、扁平化总原则的指导下，首钢京唐公司制造部负责钢铁产品制造流程的集中管控，下设生产管控中心、生产计划统计处、研发处等专业管理处室，负责产销转换、生产计划、生产监控、生产信息集成分析、产品制造技术、一贯质量管理、新产品研发等关键业务流程，构建“一级生产计划”管理体系。

在“一级生产计划”管理体系下，生产管控过程关键环节是否顺畅直接影响合同交货能力。制造部以提高生产管控过程合同交货能力为目标，应用六西格玛思想和信息化手段改善关键管控点达到提高生产管控效率、提高合同交货能力的目的。具体流程：（1）绘制全流程价值流程图找出影响生产管控效率的关键环节。（2）从关键环节中找出关键问题点，通过筛选确定最终关键管控点。（3）结合京唐公司生产计划系统基本功能对关键管控点提出具体改善方案。（4）应用信息化手段、标准化及员工培训实践的方式，巩固落实管控点，如图2所示。

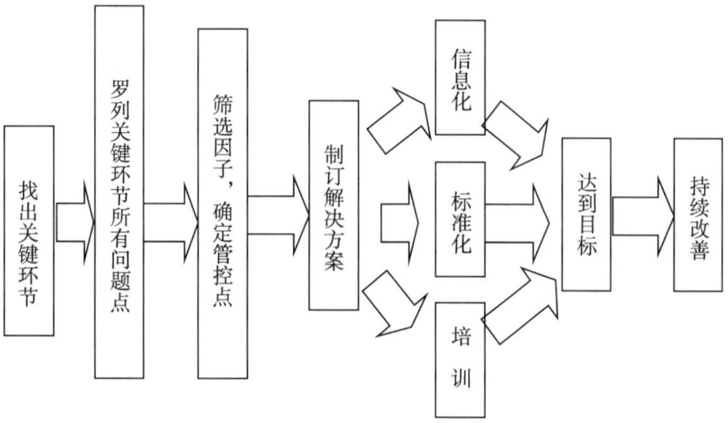

图2 隐患管理组织架构图

（一）建立全流程“一级生产计划”管理体系

1. 全流程“一级生产计划”组织结构

全流程“一级生产计划”组织由公司制造部生产计划专业主管主抓，下设生产计划统计处，处内设计划员及专业员岗位负责各生产线生产计划。炼钢、热轧、冷轧生产作业部只负责具体执行各自接收到的生产计划。

京唐公司“一级生产计划”管理组织结构如图3所示。

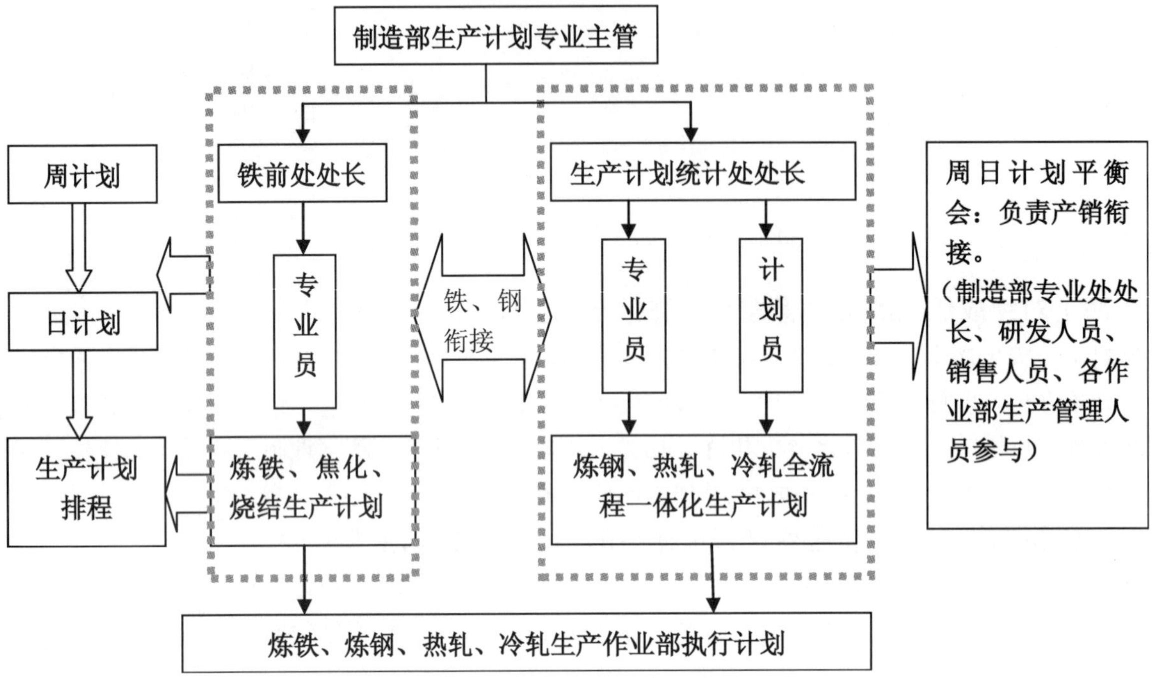

图3　建设单位安全质量隐患的管理流程

2. 全流程“一级生产计划”管理体系

在全流程“一级生产计划”组织机构的基础上，京唐公司生产计划具体业务中炼钢、热轧、冷轧所有生产订单，以及后道工序推导出的上道工序生产订单，由制造部生产计划部门统筹安排，生产计划精细化至产品件次计划，并负责各作业部具体生产组织和协调工作，作业部门只负责执行生产计划，不再在作业部设二级生产计划机构，构成京唐公司“一级生产计划”管理体系。

“一级生产计划”管理体系下生产计划的制定下达从公司全局性的角度出发，将公司所有产线产能和生产实际有机地结合起来，既达到总体产能的平衡和优化，又达到各条产线上下游之间生产步调的协调，以更快的生产效率，更短的生产周期为生产组织目标，以市场需求和公司产品盈利能力为依据，与销售管理紧密结合，全方位满足客户个性化需求，最终实现公司效益最大化。

京唐公司“一级生产计划”管理体系如图4所示。

（二）全流程关键环节管控点梳理及改善路径

1. 京唐公司产品全流程生产整体流程

京唐公司钢铁主流程工序：炼铁厂包括两座5500立方米超大型高炉，炼钢厂包括5座300吨级超大转炉，5个精炼站，4台铸机，热轧厂包括2250毫米及1580毫米两条板材生产线，后设平整、横切两条辅助生产线。冷轧厂包括1700毫米及2230毫米两条酸轧线，4条镀锌，2条连退，1条罩退生产。京唐公司生产工序复杂，产品生产周期非常长。公司100%按订单生产，冷、热轧产线对上道工序的要料需求，均是由末道工序生产订单链按照“物料形变”规则倒推至前几道直到炼钢工序的生产订单，各工序按照生产订单组织生产。从全流程中找出关键环节进行改善，缩短生产周期，对于提高全流程生产管控水平至关重要。京唐公司产品全流程生产整体流程各工序，如图5所示。

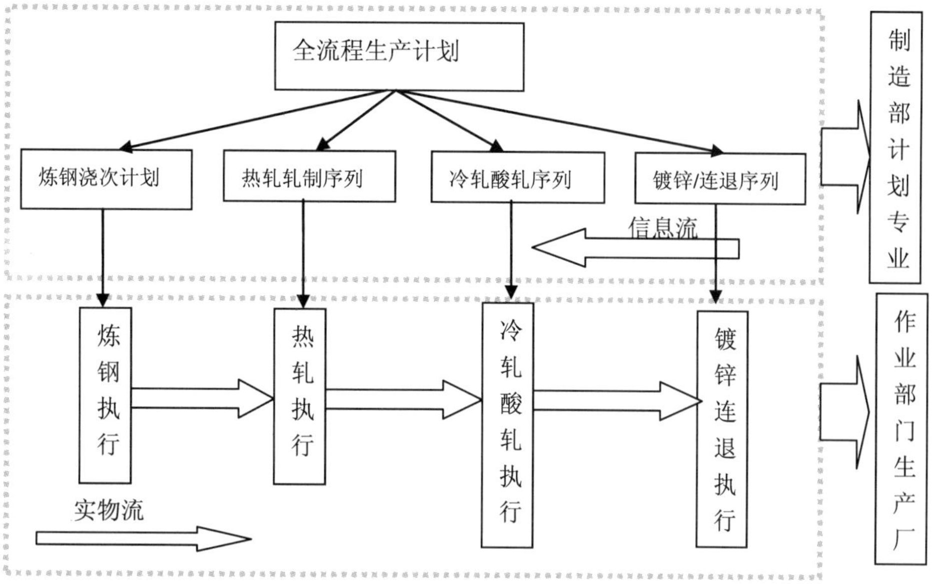

图4　京唐公司“一级生产计划”管理体系

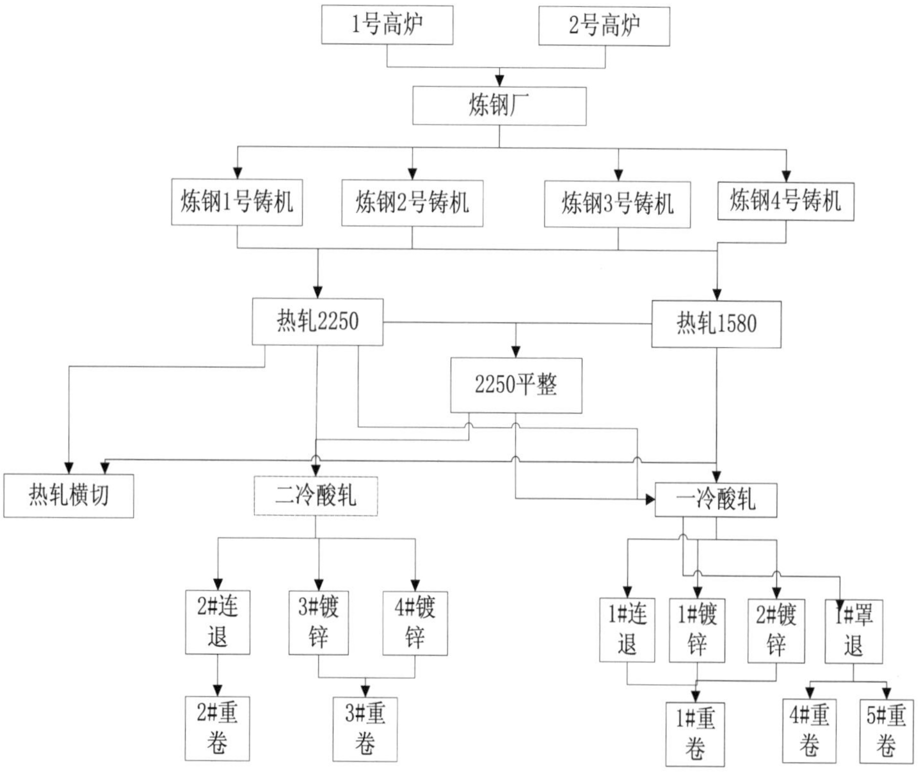

图5　京唐公司产品全流程生产整体流程

2. 关键环节管控点的梳理

（1）寻找关键环节

利用公司冷、热轧产品全流程价值流程图，找出生产管控过程中成品等待时间长，影响生产效率的瓶颈环节。

图6为冷轧某一钢种镀锌产品订单从用户订货到产品交货的价值流程图。从价值流程图中发现该钢种在板坯库等待的时间长达4.16天，热轧卷产出后等待转冷轧库的时间达到1.45天，酸轧产出至组织连退生

产中间等待2.33天，镀锌产品产出至转产成品转销售库时间长达1.94天。该产品从组织炼钢至产品具备交货条件总生产周期长达13.36天。通过对比其他交货率较好的产品生产过程中各环节等待时间，确定该产品生产周期太长的关键环节。

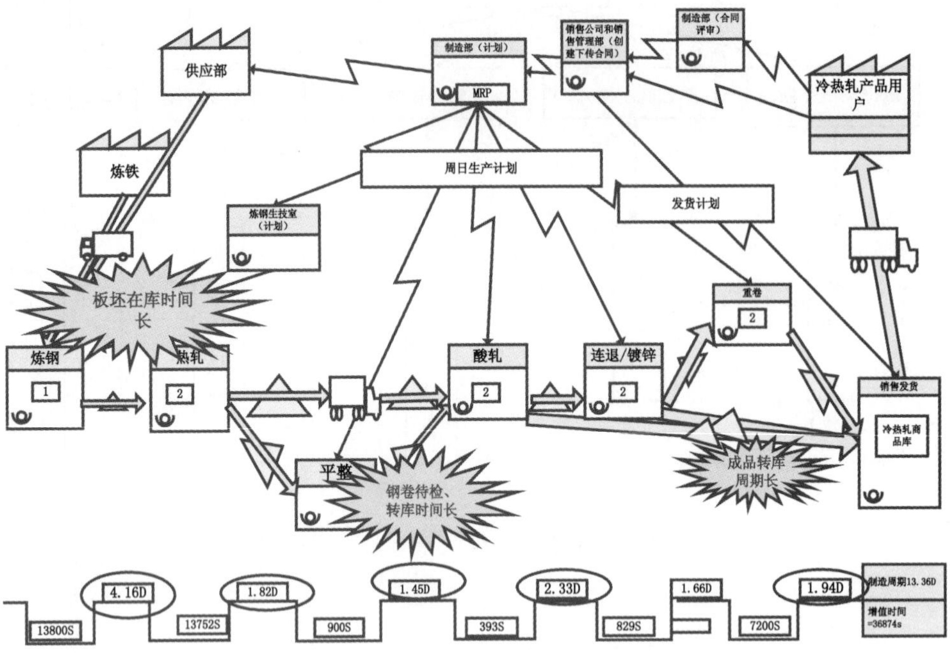

图6　2011年冷轧某一产品全流程价值图

（2）筛选关键管控点

针对关键瓶颈环节，组织相关专业专家通过“头脑风暴”的方式从关键环节中寻找到51个影响全流程管控过程的问题点。去除质量和设备故障等不可控因子后，对剩余因子从生产组织及管理角度上，利用CE矩阵按影响全流程管控过程的重要程度进行打分筛选，最终确定优化信息化系统、生产组织模式及管理制度三个方面11个创新管控点，5个管理制度管控点进行持续改善。

表 1 为最终确定的关键管控点及改善措施。

3. 关键管控点改善路径

结合四级SAP系统和生产二级系统取数，利用信息化手段，增加系统接口，编写算法，对11+5个关键管控点进行逐一改善，改善具体路径如图7所示。

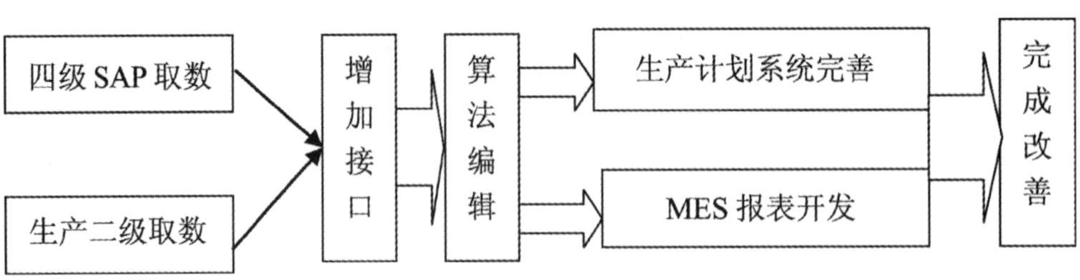

图7　关键管控点改善路径

（三）关键环节管控点的改善

1. 优化炼钢计划系统，强化炼钢生产关键环节的管控

（1）创造异断面、异钢种连浇功能，减少炼钢浇次计划，降低生产成本

通过提报异断面、异钢种连浇信息化功能需求，制订炼钢异断面、异钢种连浇业务规则和系统实现方案。系统开发后，将业务规则配置到生产计划系统，使系统实现了异断面连浇、异钢种连浇功能，如图8所示。

表 1　关键管控点及改善措施

	分类	管控点	目的	措施
11+5个改善点	信息化系统	异断面连浇	减少浇次，为下道工序及时备料	业务规则 / 炼钢 PSI
		异钢种连浇	减少浇次，为下道工序及时备料	业务规则 / 炼钢 PSI
		小订单浇次计划	便于炼钢迅速排产，避免遇小订单排产抵触心理	业务规则 / 炼钢 PSI
		热轧排产不方便	便于热轧生产排产	业务规则 + 热轧 PSI
	生产组织	订单超轧	避免订单超轧、占用其他订单及时交货时机	规则 +SAP+ 冷热轧 PSI
		钢卷单重超	避免单卷不符，客户拒收	规则 +SAP+ 冷热轧 PSI
		生产考虑船期	避免钢卷码头等船或船等货	规则 +SAP+ 冷热轧 PSI
		及时补料	避免订单尾查不能兑现	业务管理 +PSI+MES
		生产工艺过渡	避免违反排程规则，造成协议品	MES+PSI
		全流程跟踪	便于全流程跟踪	MES+ 报表系统
		专坯专用	便于专用坯排程	热轧 PSI
	管理制度	热轧排产规则	热轧排程规则标准化	业务管理
		冷轧排产规则	冷轧排程规则标准化	业务管理
		订单全流程管理	订单管理标准化	业务管理 +MES
		补料补轧机制	订单及时补料管理	MES
		生产组织协调方案	全流程生产组织管理规范化	业务管理

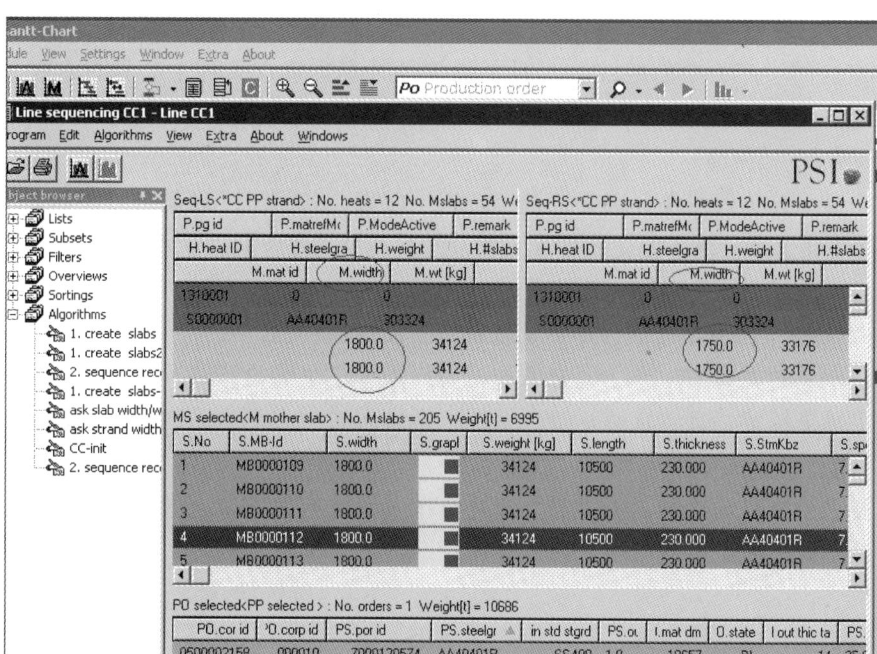

图8　炼钢计划系统实现异断面、异钢种连浇功能

据统计，在2012年度品种种类及断面增加的情况下，由于异钢种、异断面连浇浇次系统功能的实现，计划员安排异钢种、异断面连浇浇次较多，每月减少20多个短浇次计划安排，大大降低了炼钢生产成本，提高了计划编排和生产执行效率，更好地满足了下道热轧工序的生产节奏需要，缩短了炼钢热轧之间生产周期。

（2）创造Fill虚拟板坯，解决小订单不能创建浇次计划的问题

京唐公司炼钢每天必须给冷轧生产1—2万吨的冷轧板坯基料。因冷轧销售合同多为多规格小批量订单，最小的合同只有十几吨，而炼钢一个6炉的短浇次计划至少可炼出1800吨板坯，长浇次达到3400吨以上。计划员安排小订单浇次计划时，需要挑选几十条甚至上百条冷轧生产订单，组成一个炼钢浇次，操作繁琐，耽误生产计划编制。

通过炼钢计划系统在同一生产订单上创新性增加创建Fill虚拟板坯功能，解决了创建浇次计划时订单量不足的问题。利用Fill虚拟板坯创建的浇次计划，按原订单产出的板坯为无订单自由板坯，计划员可以根据订单规格和交货期要求，按“余才充当”操作方法，对产出的Fill板坯，进行自由挂单，安排下道工序生产。

Fill板坯至少为计划员创建浇次计划节省了一半时间，而且彻底杜绝了板坯钢种错误。

2. 优化冷热轧计划系统，强化冷热轧生产关键环节的管控

（1）生产排产增加工艺参数信息，确保生产过程钢卷间平稳过渡

冷热轧生产计划序列编制必须充分考虑各卷间温度、硬度的平稳过渡，以保证产品质量和确保生产稳定、杜绝发生事故。由于二级系统设计与生产计划系统无接口，热轧PDI（输入的控制工艺数据）参数从三级MES录入，计划系统无法显示，造成热轧计划员排产过程中依靠记忆考虑钢种硬度，温度等过渡。随着公司品种钢和规格拓展，靠记忆考虑过渡是不现实的，生产计划排程过程中曾经也出现过生产计划钢种、温度过渡不合理导致现场事故和产品质量不合格现象，给公司造成损失。

通过修改系统PDI数据下传方式，增加冷热轧计划系统和MES执行系统接口，计划系统调用PDI工艺参数值的方法，成功在热轧计划系统增加了热轧入炉温度、精轧出口温度、钢种硬度值等PDI工艺参数，并在冷轧计划系统退火工序增加退火温度字段等。计划员编制生产计划时可综合考虑钢卷间温度和硬度的过渡，提高了产线生产稳定性，杜绝了生产过程中因钢卷过渡不合理造成的不良品产出。

（2）强化交货期、重点合同管理，方便生产跟踪，确保合同按交货期交货，优先重点合同优先生产组织。

为便于对重点合同生产订单的跟踪，实时了解并及时安排重点品种生产和对合同欠量及时补料补轧，系统增加订单备注、订单交货期字段。计划员利用订单交货期提醒排产，通过订单备注（remark字段）维护订单的特殊备注信息。

利用排产界面显示订单备注及订单交货期字段应用以来，各倒班计划员可以一目了然地掌握重点合同的完成情况，冷热轧生产计划排程交接非常便利，尤其是对重点合同生产安排，作用突出。

订单备注及交货期字段显示功能，如图9所示：

（3）钢卷单重要求等特殊需求的订单，实现系统自动提醒功能。

随着京唐公司产品种类增加、产品用户增加，用户端天车吊卸设备和开卷机能力的限制，使有钢卷单重要求的订单也越来越多，且越来越复杂。另外，运输方式为火车运输的订单，装车要求钢卷单重必须在25—30.5吨之间。

未实现单重要求系统自动提醒功能之前，火运订单及其他有特殊要求的订单，不方便跟踪，经常出现钢卷超重或吨位不足造成钢卷发不了货或发至用户造成质量异议等问题，给公司带来经济损失、给用户使用带来不便。

通过系统自动识别订单运输方式，利用钢卷单重上下限等字段，编写计划系统自动提醒算法，实现板坯挂单时利用某种颜色进行高亮显示，达到自动提醒功能，既方便了计划安排，又确保合同按用户单重要求交货。计划系统单重要求自动提醒功能，如图10所示。

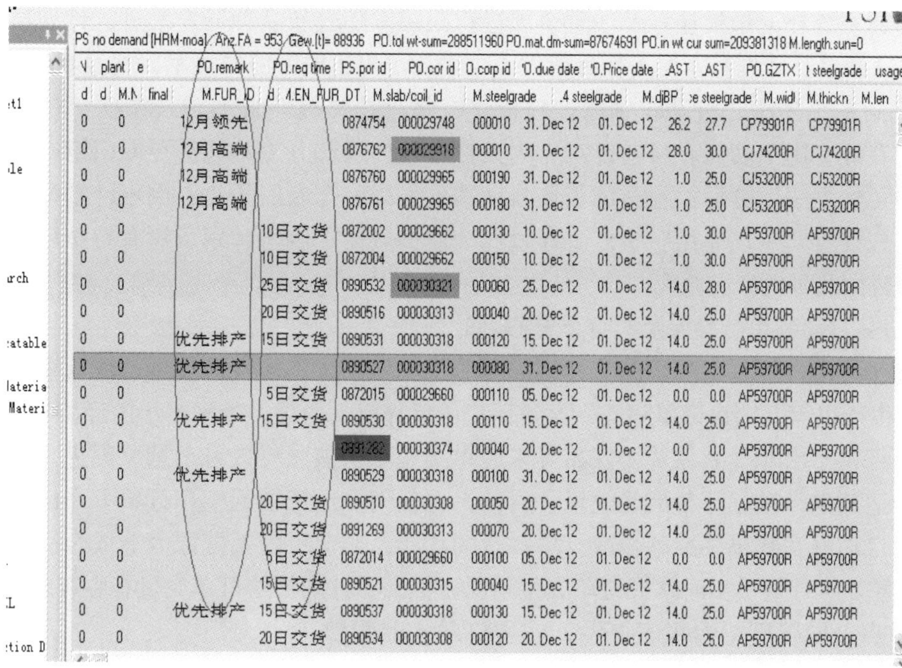

图9　订单备注、订单交货期字段及数值

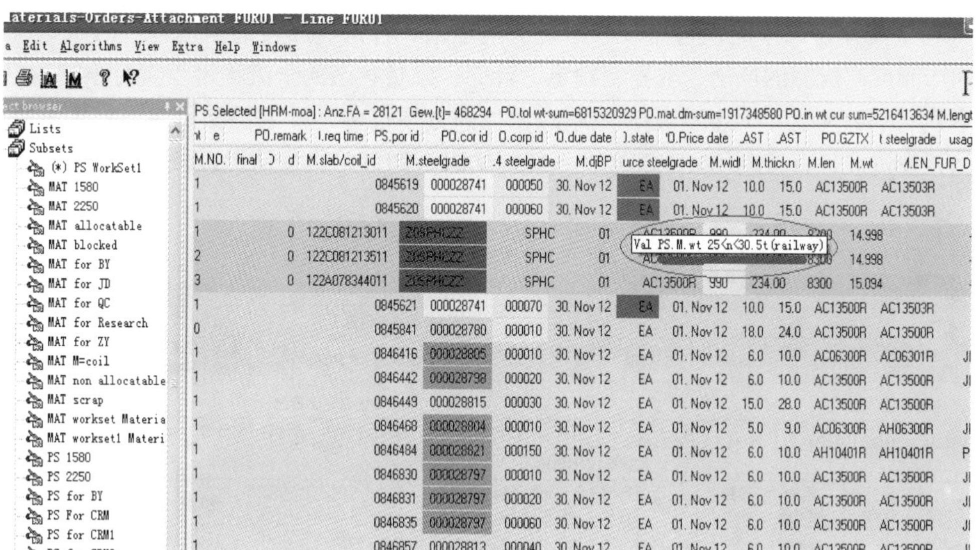

图10　订单单重要求自动提醒功能

（4）实现入炉板坯自动移入加热炉子集，便于计划编制

在板坯“先入炉再编制序列”的热轧生产计划编制模式下，每次安排热轧计划时，计划员需要对照加热炉二级画面的板坯在炉位置信息，挑板坯进行挂料后释放序列，操作繁琐，既费时间又容易出错。

通过三级MES收集热轧加热炉二级板坯入炉电文，记录入炉时间和入炉炉号，并将板坯入炉时间和加热炉号信息反馈至生产计划系统，通过增加字段显示。在计划系统MOA界面，根据加热炉号和入炉时间字段，编辑相应算法，可以实现入炉板坯自动转入单独专用加热炉子集，并自动按入炉时间排好顺序。所以，计划员编制计划时，可直接全选在炉板坯进行挂料，减少了计划员挂单、排序工作量，也减少了排产失误，提高了计划编制效率和准确性。

（5）创造“专坯专用”功能，加强“特殊用途”板坯管理

京唐公司新产品开发过程中，公司研发中心下发技术通知单，指定特殊安排的板坯及特定订单下板

坯时，需要计划员系统外记录板坯号及注意事项进行跟踪。随着新品种开发推进，计划员平均一天需要跟踪十几个技术通知单。计划员不但工作负荷大，也增加了出错或者漏排概率，耽误新品种开发进度。

通过编辑计划系统算法，自动识别已挂料板坯，将已挂料板坯自动转入单独备料子集，实现热轧计划系统板坯“专坯专用”功能。目前针对库内无订单板坯及部分冷热轧需要专门组织的合同，白班计划人员提前挂料，经算法运算后，挂料的板坯自动移到另外一个专门子集，倒班计划员打开系统时首先进入专门自己优先安排“专坯专用”板坯。通过此功能，方便了倒班计划员对有特殊用途的板坯集中安排，确保了特殊合同及时生产和兑现。

（6）不合格品自动脱单，确保及时订单补料补轧

由于冷热轧产线生产投料后产出的非计划品和协议品等系统不能自动摘单，或者摘单后订单量不能核减，经常造成生产组织上销售订单超轧，导致用户质量异议，给公司带来不小的经济损失。

通过对生产订单产出非计划品及协议品等未脱单或脱单未核减释放订单量原因进行清查分析，最终修改核减程序，达到生产过程订单准确效果。目前，在任何一道产线的生产订单上产出非计划品或者协议品，均能实现自动触发脱单并准确核减订单数量的功能，避免了因系统原因造成合同超轧现象。由于订单核减是实时触发，计划员实时掌握订单欠量情况，提高了计划员给订单欠量补料补轧的效率。

3. 全流程重点合同管理平台报表开发，实现订单实时跟踪

在完善炼钢热轧冷轧生产计划系统的基础上，为了便于产品全流程跟踪，在三级MES执行系统提报了《首钢京唐钢铁联合有限责任公司重点合同管理平台》报表。该管理平台下多张生产子报表，利用该报表功能对炼钢热轧冷轧全流程各工序订单和品种的生产完成情况实时跟踪，实现了对任意钢种或订单从炼钢热轧冷轧全流程各工序的投料量、产出量、判定量、转销售库量的全流程实时跟踪统计和对任意订单下的中间产品或产成品的产出、取样、判定、转储、发货状态的全流程过程实时跟踪的目的。

目前，利用“管理平台”，新产品开发跟踪比以前方便很多，计划员和研发人员不再需要系统外打电话询问产品开发进展，直接利用MES账号在系统内随时查询订单执行情况以及新产品开发进度，如图11所示。

酸连轧产出信息

生产订单号	原料库存	累计投料量	投料件次	产出量	产出件次	合格量	累计协议品	累计非计划	废品	合格报产量	合格报产件次	差欠量	库存合计	生产库	成品库	商品库
0000852232		139660	5	162.100	6				0	79.200	3	0.000				
0000852233		55790	2	105.490	4				0	77.920	3	0.000				
0000852234		140450	5	136.900	5				0	81.360	3	0.000				
0000852235		228790	8	223.890	8				0	223.890	8	16.110				
0000852236		58020	2	56.810	2				0	56.810	2	3.190				
0000852237		199570	7	195.960	7				0	170.060	6	0.000				
0000852238					0							90.000				
0000852239		257170	9	252.370	9				0	198.380	7	0.000				
0000852240					0							90.000				
0000852241					0							120.000				

（“库存合计”“生产库”“成品库”“商品库”列属“轧后库库存信息”）

图11　“重点合同管理平台”部分报表截图

（四）对优化后生产管控关键环节标准化管理

结合系统开发的异断面、异钢种连浇、“专坯专用”、“单卷重量自动提醒”、“超重自动脱单”，新增排程规则中的温度、硬度、退火温度等工艺过渡字段等系统新功能，制定相应管理制度和操作要点，安排员工系统新功能培训学习和现场办公，并对实际应用过程中反馈的问题进行持续改善，使

员工在不断实践和改善过程中养成习惯。

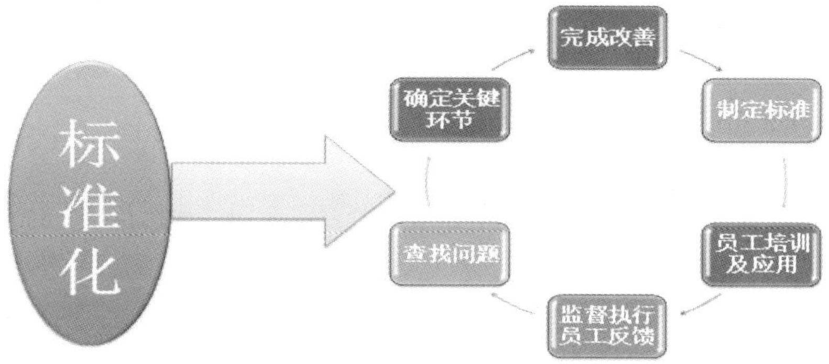

图12　对优化后的关键管控点进行标准化过程

1.制定标准

（1）针对系统订单全流程跟踪、专坯专用等新功能，制定了《京唐公司冷热轧订单管理办法》，该办法详细规定了公司冷热轧生产订单在全流程管控过程订单跟踪、专坯专用功能使用操作要点，以及订单跟踪反馈具体要求。

（2）针对生产排程过程中温度、硬度、冷轧退火温度等字段，制定了《首钢京唐公司热轧生产计划编排规则》、《首钢京唐公司冷轧生产计划编排规则》，两《规则》除对生产过程中钢种过渡提出具体要求外，对生产排程过程中其他注意事项，以及违反规则的考核办法做了详细规定。

（3）针对订单超轧自动脱单、超重卷自动脱单、订单自动核减等功能制定了《首钢京唐公司生产组织周期和订单补料规则》。该《规则》详细规定了利用系统功能控制订单超轧、钢卷单重的方法及控制要求，提出订单欠量补料补轧具体时限要求。

2.培训与实践

（1）为了让计划员充分了解全流程生产管控模式，及时掌握和更好地应用系统新功能，项目组多次对计划人员进行系统功能培训。

（2）全流程生产管控一级生产计划管理体系下，计划员平时深入现场的机会较少，系统“专坯专用”等新功能的应用需要计划员更多地了解现场生产执行情况，安排冷热轧计划员到生产现场办公，加强了计划员与现场管理人员的沟通和对现场生产的了解。

（3）收集计划员培训以及现场办公反馈的意见和建议，查找问题，持续改善。

图13　计划员系统新功能培训与现场办公

3.执行与监督

系统新功能正式上线运行和新的管理制度制定下发后，规定计划员和相关生产人员严格执行，并安排专业管理人员对系统新功能运行和制度的执行情况进行监督和定期检查，对违反制度的行为按照规定落实考核。

四、大型钢铁企业全流程生产管控体系的构建与实施的效果

（一）直接效益

项目实施以来，通过优化各关键环节关键管控点，提高了合同兑现率，减少结转合同量，创造了可观的经济效益。

2012年冷热轧合同兑现率较2011年提高达到94.03%（见表2），7月达到97%，较2011年87.9%提高了6.13个百分点，在国内同行业中属于领先水平。考虑到2011年因高炉生产不顺造成合同兑现率不高，影响2—3个百分点。2012年生产组织方面工作冷热轧合同兑现率较2011年至少提高了2%，即每月结转合同量与2011年相比较，至少降低了2个百分点。

表2　2012年公司各产线合同兑现率完成表（%）

月份	热轧	连退	镀锌	冷硬	罩退
1月	94.25	87.51	92.07	96.15	93.28
2月	89.7	92.5	94.6	98.7	94
3月	92	98.4	88.55	96.48	94.39
4月	84.9	95.9	95.9	97.5	95.6
5月	94.3	93.9	93.9	95.8	95.1
6月	92.23	94.3	95.8	93.2	93.5
7月	97.87	97.8	98.2	96	95.7
8月	94.11	98.5	96.3	96	94.1
9月	94.42	97.2	92.5	96.4	99.3
10月	94.3	98.7	97.4	93.4	98.1
11月	94.4	94.9	97.9	98.8	98.4
12月	93.1	97.5	96.8	98.2	96.7

2012年京唐公司全年冷热轧合同总量851.5万吨，生产组织合同兑现率提高了2%以上，即结转合同量较2011年至少减少17.03吨（851.5万吨×2%）。据销售保守统计，按照公司结转合同“遇涨不涨、遇降则降”的销售政策（中标合同除外），结转合同平均交货价格较合同当月交货价格至少低50元。所以，2012年全年结转合同减少17.03万吨，创造经济效益至少351万元（17.03万吨×50元）。

（二）间接效益

1.缩短产品在各工序平均生产周期，提高按期交货能力

通过对生产管控关键环节的优化，全流程生产管控效率提高，产品在炼钢到最终产线各工序平均生产周期缩短。

对比项目实施前2011年和实施后2012年数据，以经热轧平整和重卷工序全流程最长生产周期的某一镀锌产品为例，产品在各工序平均生产周期由改善前的13.36天缩短到改善后的11天，大大提高了公司按期交货能力。

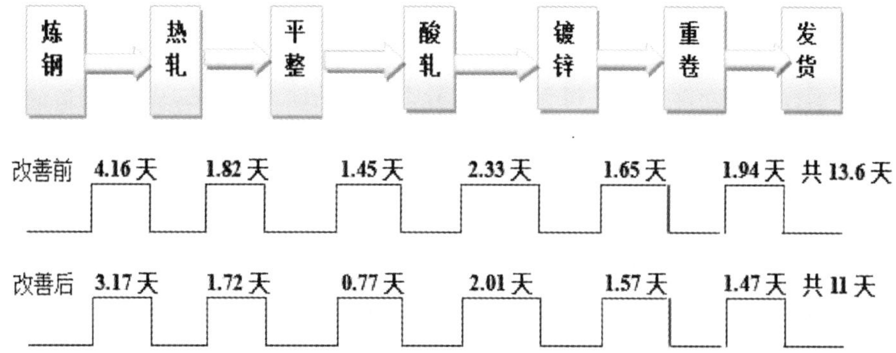

图14　项目实施前后冷轧镀锌产品最长流程各环节生产周期对比

2. 缩短冷热轧新品种开发周期，助力新品种开发

据统计，以前新品种开发过程打电话等系统外沟通协调的环节较多，不方便对新产品生产完成情况的实时跟踪。热轧可直装新产品开发至少需要4天，下线检查的新品种需要7天，冷轧酸轧新产品开发至少需要10天以上，连退产品需要13天以上，镀锌产品需要18天以上。

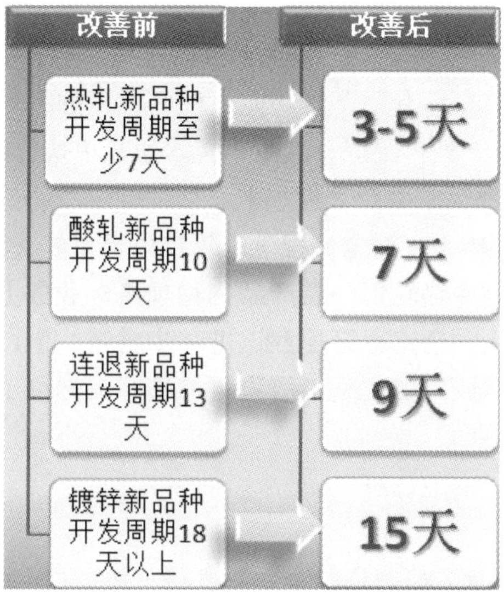

图15　改善前后新产品开发周期缩短

通过完善生产计划系统和利用重点合同跟踪平台报表，方便了全流程订单执行情况跟踪和物料跟踪，新品种试制结果能得到及时反馈。全流程生产管控过程上从炼钢冶炼算起，热轧合同可直装新品种从组织炼钢浇次到合同交货（转入销售库），生产组织周期最快只需要3天可以完成，下线检查品种钢增加板坯下线冷却36小时后检查时间，4.5天可以完成交货。

冷轧合同生产组织周期，从炼钢浇次开始到酸轧产品交货，最快5天可以完成，下线检查品种最快只需要7天，连退产品生产周期（考虑辊期）9天可以完成，镀锌产品考虑钢种规格过渡，从组织炼钢浇次至成品交货15天可以完成。

项目实施以来，新品种开发周期较以前大大缩短，提高了公司承接新品种订单的能力，保障了新品种开发进度。

3. 管理方面

（1）减少了系统外沟通，实现了新产品开发实时跟踪

通过完善MES系统，研发和生产组织人员通过“管理平台”可以随时查询订单在生产各个环节的执行情况以及新产品开发进度，减少了电话沟通，达到生产组织管理和新品种开发通过系统实时跟踪的目的。

（2）减少了炼钢短浇次计划，降低生产成本

原先每月至少组织30个以上低于6炉的短浇次计划，炼钢生产难度大，且不易满足订单要求。实现浇次计划异钢种、异断面连浇等功能后几乎每天都组织异钢种异断面连浇，6炉以下的短浇次计划每月控制在10个以下。

炼钢异钢种、异断面连浇减少了中间包和水口的更换，提高了铸机效率，对于降低炼钢连铸生产成本贡献较大。

（3）提高了订单补料补轧效率，提高交货率

通过开发和完善生产计划系统钢卷单重要求，协议品、非计划品自动脱单功能，单重不符钢卷、非计划品或协议品一旦产出，将自动从原订单脱离，并核减释放原订单需求，计划员可以实时获取补料补轧信息，及时组织补料补轧，较原先依靠销售人员反馈订单欠量再组织补料补轧效率高。

计划员依靠销售月底反馈订单缺量进行补料补轧，每月热轧至少有30条以上订单行项目尾差不能按时完成交货，结转至下月补单生产，如今仅月末产生的几条订单尾查结转至下月补单。

（4）优化了生产排程，减少排程失误

原先计划员对于订单超轧、单卷超重很难控制，经常出现订单超轧钢、卷超重现象，排程过程中温度、钢种过渡不符合排程规则，技术通知单常出现执行错误的问题。

通过订单单重要求自动提醒、订单量自动核减等功能避免了单卷超重和订单超轧的问题，通过增加PDI工艺参数字段、入炉坯自动转入专用子集，实现半自动排程功能，方便计划员考虑钢卷温度、硬度过渡问题，减少了排产失误。板坯“专坯专用”等功能，使已标识的板坯自动入专坯专用子集，计划员可以在专用子集中进行排产，不用系统外再跟踪，减少了技术通知单执行错误。

（5）精细化一级生产计划，提高了生产管理水平

公司制造部一级生产计划管理体系，对全流程生产管控由半粗放式转变为精细化管理。

制造部生产计划安排精细化至冷热轧每一卷产品钢种规格，业务上实现了炼钢、热轧、冷轧全流程整体一级生产计划。炼钢热轧冷轧、全流程管控意识进一步增强，生产计划执行更加扁平化，计划执行过程中间沟通环节减少，工序间协调更加便利，信息更加透明，方便了上道工序为下道工序进行备料作业，提高了整体一体化生产管理水平。

成果创造人：曾　立　李　越　林绍峰　刘武华　刘文广　刘木刚　李俊杰　宋海洋　朱防修

基于发展战略的首钢集团资产动态化管理

首钢总公司计财部

荣获第二十八届北京市企业管理现代化创新成果一等奖

首钢始建于1919年，是以生产钢铁业为主，兼营采矿、机械、电子、建筑、房地产、服务业、海外贸易等多种行业，跨地区、跨行业、跨所有制、跨国经营的大型企业集团。进入21世纪，面对前所未有的压力和挑战，首钢完成了国内外没有先例的大型钢铁企业的搬迁调整，新钢厂建设达到世界一流水平，实施跨地区钢铁企业联合重组，产业布局拓展到沿海和资源富集地区，开创了钢铁企业“一业多地”发展的新格局；非钢产业资产整合、北京园区建设和新产业开发逐步推进，使首钢进入了转型发展的新阶段。2012年末首钢集团资产总额达到3844亿元，全年实现销售收入2166亿元，在《财富》杂志世界500强排名中位列第295位，集团综合实力明显增强。

首钢计财部是首钢最重要的综合部门，是集团计划财务专业的管理核心，担负首钢战略结构调整和经营生产的重要保障任务。主要职责是：编制和组织实施集团预算、调整和开展绩效考评、成本核算与管理、会计核算与管理、税务核算与价格管理、集团资产与投资回报管理、融资等资金管理、外汇核算与管理、集团统一结算、建设项目管理与投资概预算审查、统计工作及企业登记等。

首钢计财部下设预算处、成本处、会计处、价税处、资金处、国有资产管理处、项目管理处、综合处、统计处、结算处和停产资产核算管理处11个处室。实行财务委派制和派驻制，管理销售、物资、设备、环保、技研院、首钢建设投资有限公司6个财务中心和机关、运输部、一线材、冷轧、维检中心、镀锌薄板6个财务派驻站。在岗职工247人，其中：高级职称职工54人，中级职称职工107人。

首钢计财部积极探索有利于提高财务管控水平的新机制，有利于提高企业经济效益的新途径，有利于提升资金管理水平的新模式，有利于推进土地开发和新产业园区建设的新措施，有利于完善国有资产和停产资产管理的新制度，有利于人才队伍建设的新举措，全力促进首钢发展战略目标的实现。

一、基于发展战略的首钢集团资产动态化管理背景

首钢基于发展战略实施资产动态化管理，既是抓住机遇、深化改革、向纵深方向发展的必然举措，也是防范风险、迎接挑战、增强自我发展能力的迫切要求。这是一项长期、系统的工程，既兼顾历史、又反映现状、还要面向未来，既追求经营效益、又考虑环境效益、更要注重社会效益。

（一）适应外部发展形势的需要

当前我国总体经济形势是好的，但经济下行压力、产业结构矛盾、产能过剩、金融领域风险等问题仍然不断显现。钢铁业是产能过剩最严重的行业之一，自2011年以来，受国际经济低迷、复苏乏力和国内经济增速放缓的影响，我国钢铁行业再次陷入低迷；2012年，粗钢产量达到7.17亿吨，同比增长了4.7%，国内钢材价格整体回到1994年的水平；2013年上半年，粗钢产量再创新高，增速达到7.4%，市场供大于求的状况没有改变，造成钢材价格持续低位，企业经营十分困难，经济效益甚微，产能无序扩张、产业集中度低、资源保障力弱、市场恶性竞争、环保压力大等问题日益显现。

为应对外部复杂、多变局势，从根本上提高竞争力，首钢需要通过资产纽带、产权关系，集合钢铁资产，发挥集团整体协同优势，形成生产运营一体化的协调体系，提高抵御市场风险能力，而原有的重实物管理轻产权纽带、重实业生产轻资本运作、重静态管理轻动态变革的资产管理方式，羁绊了首钢发展的步伐。

（二）首钢实现转型发展的需要

自2008年以来，随着首钢搬迁调整和改革发展的深入推进，首钢生产经营出现一些新特点：一是产业布局发生大调整。首钢北京钢铁主流程完全停产，管理总部留在北京，钢铁企业绝大部分在外地，并推动钢厂装备高端化，产品结构从长材生产为主向高端板材和精品长材为主转变。二是产权结构发生变化。首钢从2003年开始对非钢产业进行辅业改制，到2008年底列入北京市国资委改制计划的108家企业全部完成改制，钢铁企业通过上市融资、联合重组也实现了投资主体多元化。三是产业结构发生变化。随着北京钢铁业搬迁，首钢大力发展高端金属材料、矿产资源业、汽车零部件和高端装备制造业、建筑业及房地产、生产性服务业、文化创意产业。同时，北京市政府提出“首钢要抓住北京建设世界城市的发展机遇，高起点定位、高标准谋划，推动首钢未来发展”，要求首钢“加快新首钢高端产业综合服务区建设，推进西部综合服务中心区建设”。

跨地域的产业布局、多法人的产权结构、差异化的产品类型，以及首钢工业区和新产业开发的深入推进，要求首钢积极探索符合发展规律的管理模式和方法，推动首钢转型发展。

（三）落实集团发展战略的需要

首钢搬迁调整初期，围绕主流程停产、新钢厂建设、停产人员分流安置，做了大量细致、深入的工作，取得可喜成绩。随着首钢搬迁调整和改革发展的深入推进，下一阶段还要深入开展、乃至完成产业结构的转型、产品结构的转型、体制机制和思想文化的转型。面对复杂的外部经济环境和内部搬迁调整，2012年，首钢总公司确立了新的历史阶段首钢的发展战略，提出以开放的视野实现首钢伟大的转型，以科学发展为主题，以加快转变经济发展方式为主线，以“产品一流、管理一流、环境一流、效益一流”为目标，实施“主业做强，多业协同，打造综合服务商”发展战略，做优做强钢铁业，协同发展矿产资源业、装备和汽车零部件制造业、生产性服务业、房地产及建筑业、海外产业、文化创意产业，深入“创新创优创业”，实现首钢北京地区产业转型，打造“首钢服务”、“首钢品牌”、“首钢创造”的综合竞争力，以战略眼光、国际视野，通过创新驱动，将首钢建设成为世界有影响力的大型综合企业集团，实现跨越式发展。这一战略决策符合国家经济结构战略性调整的要求，符合首钢新时期转型发展实际。

实施资产动态化管理，加快内部资源整合，优化产业结构，促进集团规模效益和协同效应充分发挥，成为首钢深化改革、实现发展战略目标的必然选择。

二、基于发展战略的首钢集团资产动态化管理的内涵

（一）构建适应新型的资产管理体制

管理体制的功能在于分工和协调，是保证战略实施的必要手段，通过管理体制，企业的目标和战略得以转化成一定的体系和制度，融进企业的日常生产经营活动中，发挥指导和协调的作用，以保证战略的完成。战略与体制的关系基本上是受产业经济发展制约的，不同的发展阶段中，企业应有不同的战略，企业的体制也相应地做出反应。

在搬迁调整以前的生产经营时期，首钢基于提高钢铁竞争力和综合效益，对集团公司资产管理以工厂式管理为主。随着厂区停产，转型发展成为首钢现阶段的主线，并提出搬迁调整、转型发展时期的发展战略。为确保发展战略的实现，首钢需要构建适应外部市场和内部战略转型的新型资产管理体制。

（二）创新国有产权管理模式

产权是所有制的核心，是企业制度的根本。党的十六届三中全会提出建立“归属清晰、权责明确、保护严格、流转顺畅”的现代产权制度，对于推动企业改革和发展具有十分重要的意义。

随着首钢集团结构调整和改革的推进，企业的改制、重组、兼并等产权变动行为日益频繁，为理顺产权关系，把管资产、管人、管事彻底结合起来，确保新机构、新机制健康运行，首钢需要在国家产权管理的基础上，创新国有产权管理模式，以适应集团多层级、多法人、跨地域特点。

（三）提高钢铁主业行业综合竞争力

对于当前市场需求增速下降、钢铁产能过剩、企业成本上升和全行业亏损情况的发生，从根本上讲是市场经济发展、国际经济危机周期性波动产生的必然结果，是我国钢铁工业长期以来粗放经营发展方式产生的必然结果。目前仍有几百家钢铁企业进行同质化竞争，近年来反复淘汰落后产能，又反复扩大产能。

首钢正处于转型发展的过渡期，新钢厂刚投产就遇到了空前严峻的形势，新钢厂一次性投入大，企业折旧、财务费用高于行业平均水平，新产品开发、达产达效需要一个过程，同时还面临着北京地区土地开发和转型发展的繁重任务。总体上讲，首钢面临着比其他钢铁企业更大的风险，如果不能尽快提高钢铁业竞争力，资金风险、财务风险、内部稳定风险也会随之加大。

（四）推进非钢产业优化重组

首钢北京主厂区停产后，为实现战略转型，经过市场分析和深入调研，结合首钢实际情况，首钢总公司提出，以钢铁产业、高端装备制造业为主业，形成钢铁业、矿产资源业、装备和汽车零部件制造业、生产性服务业、房地产及建筑业、海外产业、文化创意产业等业务板块，实现首钢北京地区产业转型，使首钢综合实力进入国内一流钢铁企业行列。

为实现相关板块业务的快速、健康、协同发展，在实现发展战略和产业转型过程中，逐步理顺产业链条，强化资本运作能力，推进产业结构调整，重塑相关业务体系。

（五）探索境外资产动态化管理新模式

近几年来，随着首钢“走出去”步伐加快，境外投资规模迅速增长，投资国别逐步拓展，投资的质量和效益明显提升，为境内业务的发展提供了强有力的支撑，也为首钢国际化之路奠定了坚实的基础。

由于境外局势更加复杂，除了自然灾害、商业风险外，首钢境外经营还面临政治性风险，包括汇兑限制、利润收益分配、市场准入等，政治不稳定因素、突发事件的爆发使首钢境外机构面临潜在的投资损失风险，这就要求首钢在积极推进国际化经营进程的同时，探索境外资产管理新模式。

三、基于发展战略的首钢集团资产动态化管理主要做法

（一）建立“集团化、产业化”的管理模式

首钢基于公司治理基本理论和钢铁行业自身发展规律，坚持市场化、企业化的基本方向，以提升集团管控能力为核心，按照“总体设计、分步实施、平稳过渡、持续改进”的原则，取消了对工厂的管理业务，实现从重点对钢铁主业的工厂式管理为主，转向“集团化、产业化”的管理模式。

通过统筹集团内产业结构、区域构成、专业协同等因素，以资本经营与产业经营相结合的“混合型控股公司”管控模式为基础，以集团及成员企业共同的“战略利益”为纽带，以实现集团总部战略中心、资本运作中心和钢铁业运营中心的功能为原则，以形成集团资源共享、协同效应和整体合力为目的，充分发挥了集团各层级的运营与管理效能；通过资源能力定位、决策层次划分和管理功能界定，建立了科学的权责体系、严谨的运行流程、高效的组织架构和系统的制度体系，构建与集团发展战略相适应的新型管理体制。

（二）强调首钢总公司作为出资人的管理职责

1. 着力增强集团总部的战略管控

首钢总公司为履行出资人授予的权利和义务，有效整合集团资源，以战略管控、资本运营、风险控制为重点，通过统一制定发展战略规划、监管所属子公司的运营、发挥资源协同效应等方式，促进各产业间的协同发展，保障集团战略目标的实现。

建立适应首钢在北京转型发展组织架构。集团管理体制按照钢铁板块、北京园区和新产业板块、综合管理板块，调整了首钢总公司领导班子成员分工；新成立了管理创新部、法律事务部，强化了计财部、审计部的监督职能，适当调整了钢铁业管理机构；进一步加强北京园区和新产业管理，增设了新产

业开发管理部、园区开发部、园区管理部。

2. 强化国有股权代表管理

健全国有股权代表履职报告制度和考核评价制度，进一步强化国有股权代表责任，规范国有股权代表履职行为。对于国有股权代表违反国家有关规定及企业规章制度，未履行或未正确履行职责，造成国有资产损失的，依法严格追究责任。

按照科学、精简、高效、透明、制衡的原则，综合考虑各企业的业务性质、发展战略、文化理念和管理要求等因素，合理设置内部职能机构，明确各机构的职责权限，避免职能交叉、缺失或权责过于集中，形成各司其职、各负其责、相互制约、相互协调的工作机制。

3. 加强重大投资项目管理

为完善重大投资决策管理，首钢总公司先后制定和修订了投资管理制度，建立了科学的投资管控制度，将总公司本部、全资企业、控股企业，所有重大投资项目的决策权均纳入总公司管理，通过总公司在政策、法律、产业、财务等层面的专业把关，为各单位重大投资项目提供更加科学、更加客观、更加专业、更加全面的意见，有助于防范投资风险，提高投资效益。

通过合法有效的形式履行出资人职责、维护出资人权益，重点关注子公司特别是异地、境外子公司的发展战略、年度财务预决算、重大投融资、重大担保、大额资金使用、主要资产处置、重要人事任免、内部控制体系建设等重要事项。

4. 完善投资收益分配机制

对全资公司、控股公司，在遵循国家相关制度的前提下，考虑企业资本保全约束、偿债能力约束、资本积累约束、超额累积利润约束，以及企业现金流量、投资需求、筹资能力、资产的流动性、盈利的稳定性、筹资成本、股利政策惯性等因素，首钢总公司对投资企业利润分配进行完善，确保总公司投资收益的实现，又不影响企业的持续经营能力。

为体现国有房屋、土地、品牌、资质等资产价值，总结集团成员单位使用上述资产过程中的问题、经验，结合新形势下发展的需要，完善相关管理制度，对各单位无偿使用总公司资产行为进行规范，提出有偿使用标准，并合理确定各类资产的价格，充分体现资产价值，使总公司通过合理、合法的方式获取收入和现金来源。

（三）构建首钢产权动态化管理平台

1. 加强首钢产权登记管理

北京市国资委确定首钢产权登记范围为首钢总公司、首钢总公司拥有实际控制权的境内外各级企业及其投资参股企业和首钢总公司所属事业单位。在北京市国资委产权登记范围的基础上，首钢扩大产权登记范围，将北京市国资委认为不需进行产权登记的金融投资企业、重要参股企业的再投资企业等，纳入首钢产权登记范围，以便全面了解集团公司产权情况。

为克服产权登记单机版的不利限制，首钢于2012年底实行国有产权登记网络化，将全集团投资企业纳入网络化管理。

2. 实行产权动态管理

从产权管理理论的发展轨迹可以看到，产权管理已从静态发展到动态，从局部发展到资产生命周期的全过程。首钢拓宽和深化产权登记工作，按照“产权明晰化、监管动态化、运行规范化、管理制度化”的要求，构建首钢产权动态管理平台，实现静态管理向动态管理转变。集团内成员单位出现重大事项、重大资产及产权变动时，及时向总公司报送相关资料，并在产权登记管理系统中予以适时反映，动态反应企业经营状况和资产状况。

3. 充分发挥产权动态化管理平台的优势

产权动态管理平台是对国有资产产权管理的进一步创新，重点是要统筹协调集团内资产和业务管理，适时反映企业内资产和业务变动信息，确保集团公司及时掌握相关信息，快速做出反应，为首钢战略调整和重大决策提供强有力的支持。

在首钢产权动态管理平台中，总公司产权管理部门动态梳理分析产权信息流量，包括财务信息和非财务信息，并以财务简报、实地调研、专题汇报等形式，定期或不定期向总公司反映集团资产分布状况、国有资产保值增值、下属单位重大事项等情况。

（四）优化钢铁布局，壮大钢铁主业综合实力

1. 实施钢铁主业搬迁调整

2005年，经国务院批准，国家发展改革委批复了《关于首钢实施搬迁、结构调整和环境治理的方案》。以此为契机，迁钢、首秦、冷轧，首钢京唐钢铁厂相继建成投产，新钢厂总体技术装备达到世界一流水平，标志着首钢搬迁调整的新钢厂、新布局、新优势基本形成，成为我国第一个向沿海搬迁的大型钢铁企业。

为提升钢铁业竞争实力，扩大企业规模，首钢以开放的思维，立足科学发展，创建开放式企业，积极落实国家钢铁产业调整振兴规划，实施企业联合重组。出资45.76亿元，先后完成与水钢、贵钢、长钢、伊钢、通钢等企业的联合重组，重组资产总值500亿元，钢铁产能1360万吨，实施四大区域战略布局，建设五大精品基地，着力培育汽车板、电工钢、管线钢、工程机械用钢和船舶与海洋工程用钢五大系列战略产品。

借助北京地区停产，联合重组企业充分利用集团内部优势资源，加大淘汰落后产能的力度，不断在品种、质量、品牌等方面打造核心能力，提升区域竞争力，与区域经济协同发展；同时，不断完善管理体系，加快与集团企业文化融合的步伐，充分发挥整合协同效应，逐步实现首钢钢铁主业一体化管理。

2. 推进首钢股份资产置换

北京首钢股份有限公司是总公司在深圳证券交易所挂牌交易的A股上市公司。根据《北京市城市总体规划（2004—2020）》，以及国家发展改革委《关于首钢实施搬迁、结构调整和环境治理方案的批复》等文件精神，首钢股份位于北京石景山首钢厂区的钢铁主流程于2010年底全部停产。

为支持首钢股份的发展，确保上市公司具备持续经营能力，避免上市公司社会公众股东因停产遭受损失，在综合考虑现有资产的竞争力和发展前景的基础上，将首钢迁钢公司的全部相关资产置入上市公司，置入的首钢迁钢公司采用国际先进的紧凑型设计，集中了国内外钢铁工业的先进技术工艺装备，具备年产800万吨钢及其配套生产能力，拥有炼铁、炼钢、轧钢的完整生产工艺流程。依托首钢矿业公司铁矿原料基地，资源优势和成本竞争优势明显，在国内钢铁业具有较强的竞争力，对提升上市公司盈利能力和支持首钢股份可持续发展具有重要作用。

3. 建立钢铁材料加工配送中心

为提高钢铁企业市场竞争力，实现由材料供应商向服务商转变，以适应首钢产品由以长材为主向以精品板材为主的战略性结构调整，按照“做短供应链、做长产业链”的工作方针，首钢积极推进加工配送中心项目建设。目前，已投资设立了首钢隆兴、首钢浙金、首钢鹏龙、首钢中山、首钢股份汽车板落料车间、首钢佛山、首钢鄂尔多斯、首钢株洲、青岛钢业、重庆首钢10个项目。2012年，投入运营的6个加工中心销售总量129.7万吨，实现利润总额622.3万元，累计开发了涉及汽车、家电、机柜、电机、集装箱、五金制造等行业900家终端客户。

（五）实施产业整合，推动非钢产业重组升级

1. 搭建高端金属产业平台

为加速高端金属材料产业的发展，首钢总公司成立全资子公司金属材料公司，作为打造和运营管理集团高端金属材料板块的平台，负责整合集团高端金属材料产业资源，发展专业化、规模化的金属成型等高端金属材料业务，行使首钢总公司高端金属材料产业板块归口管理功能，打造具有国际化品牌的首钢高端金属材料板块。在业务管理上，将首钢MA金属公司项目、高铁轮对项目等新增项目纳入金属公司。

2. 打造高端功能材料平台

首钢在功能材料研发及生产方面起步较早，已培育北冶公司和吉泰安公司等极具实力和规模的企业。为抓住国家和北京市新的产业定位和发展机遇，做强做大高端功能材料产业，首钢推动整合北冶公司和吉泰安公司。围绕国家重大项目和北京市重点产业发展需求，生产航空航天及民品用高温合金材料、电子信息产业所需的铁镍基集成电路引线框架材料，广泛应用在高新技术领域的非晶、纳米晶新型软磁功能材料、复合金属材料、满足节能减排要求的汽车尾气净化载体材料以及特殊电热合金等，逐步形成完善的高端金属材料研发和生产体系。

3. 构建矿产资源整合平台

首钢投资资源类企业共计54家，由于投资主体较多，控制能力有限，对首钢资源需求贡献程度未达到预期。为加强矿产资源管理，构建矿产资源产业平台，首钢总公司将北京首钢矿业投资有限责任公司从矿业公司划出，按二级公司单独设置与管理，作为总公司境内矿产资源投资合作平台，以总公司名义投资合作矿产资源类项目，承担首钢境内矿产资源投资项目管理，负责项目股权、经营管控、投资回报以及与集团钢铁业经营生产衔接管理等。

4. 整合工程技术板块平台

在工程技术领域，首钢集团具有工程设计、工程建设、工程监理、勘查、自动化等一整套技术领域资源，并具备相应的资质。但分布在不同的法人之间，其股权结构分散，难以发挥整体协同效应，制约首钢工程技术领域的快速成长。因此，首钢推动整合国际工程公司、首建集团、机电公司、首自信等单位，搭建以传统工程技术业为支柱、以现代产业、新兴发展产业和海外实业为共享协同业务平台的组织架构，使之具备工程咨询、管理实施、设计制造、现场服务于一体的全流程解决方案的整体工程集成能力，成为面向大型工业和城市建设的国际化工程技术服务商。

5. 组建能源环保产业平台

首钢投资环保类企业共计28家，在冶金固废综合利用、煤焦新技术装备、污水处理与大气污染治理等方面，首钢形成了23 项可产业化推广应用的核心技术和关键装备、52 项节能环保专利技术。为发挥环保产业优势，首钢建成全国钢铁企业中首家专门从事冶金固废处理利用的产业园，成为首钢发展循环经济的“品牌”，在国内具有领先地位；同时，成立首钢环境公司，通过无偿划转、股权转让等方式，将首钢投资环保类企业纳入首钢环境公司。

（六）拓展国际业务向集优化发展

1. 大力发展国际贸易

首钢提出构建 “大国贸”体系，目标是建设遍布全球的营销网络，为首钢主体企业及联合重组企业开拓国际钢铁产品及冶金工程市场、掌控资源、设备进口提供优质服务。围绕钢材销售，在印度、加拿大、澳大利亚、奥地利、新加坡、韩国、中国香港、马来西亚等国家和地区设立分支机构，开拓了国际市场；围绕资源供给，控股秘鲁铁矿、投资加拿大盖森煤田项目、参与巴西铌铁项目，保障境内钢铁主业资源供给。

2. 搭建国际投融资平台

借助香港国际金融中心的地位，在香港注册成立首钢控股（香港）有限公司，负责控股并经营管理首钢集团在港的有关企业。

目前，香港首控除下属的首钢国际贸易（香港）有限公司，负责首钢海外矿石进口业务外，还参股多家香港上市公司，包括首长国际、首长宝佳、首长科技、首长四方等；同时，香港首控充分发挥香港金融市场优势，积极开展资本运作，于2011年顺利发行10亿元人民币债券，这次发行是第一只钢铁行业债券在香港人民币债券市场上的发行。

3. 发展汽车零部件制造业

2009年注册成立京西重工公司，通过收购了前德尔福底盘系统公司，打造京西重工为全球运输工具市场设计并生产制动和悬架系统的高端底盘供应商。

京西重工公司充分利用国内国际“两个资源”、“两个市场”，发挥技术、研发、制造、人才等综合优势，以汽车制动和悬架业务为主，通过提升技术研发能力、品牌建设能力、供应链管理能力、客户市场开拓能力、产品竞争能力，将京西重工打造成为世界级汽车零部件和系统总成企业。

经过积累和发展，京西重工已成为拥有6个工厂（波兰、英国、墨西哥、印度、上海、房山），4个技术研发中心（美国2个、法国、波兰）及14个客户服务中心，在海外有4000多名员工，拥有1400多项专利和专有技术，共覆盖13个国家和地区的企业。

四、基于发展战略的首钢集团资产动态化管理效果

（一）集团管控能力明显提升

首钢通过构建新的投资管理体制，强化首钢总公司投资中心、决策中心、信息中心和战略研究中心的地位，进一步理顺和规范了对外投资管理工作；同时加强了重点投资项目的全过程管控，实施了一贯到底的管理方式，进一步提高了投资项目资本运营的质量和效益；完成了钢铁主业以财务为中心的ERP系统实施，实现了物流、资金流、信息流合一；完成了迁钢、首秦、顺义冷轧等一业多地MES系统的实施，支撑高端板材生产的精细化管理。

（二）钢铁产业布局明显优化

首钢全面落实钢铁产业政策，先后建成了迁钢、首秦、顺义冷轧、首钢京唐等钢铁产业基地，同时抓住搬迁调整机遇，先后联合重组了水钢、贵钢、长钢、伊钢、通钢等企业，使首钢产业规模和综合实力进一步增强，形成了钢铁业“一业多地”发展的新格局，使首钢集团钢产量突破3000万吨，产品实现了整船、整桥、整车供货，形成了冷轧薄板、热轧薄板、宽厚板、长材四大产品系列，实现了首钢板材的历史性跨越，基本实现了产品结构由长材向高品质板材和精品长材转型的目的，21 世纪新首钢的框架基本形成。

（三）公司经营管理明显理顺

首钢既承担建设一流新钢厂的重任，又要压缩北京钢产量，又遭遇钢铁行业前所未有的寒冬期。面对多重压力和挑战，首钢坚持“抓结构、保质量、打品种、提效益、创品牌”的工作方针，开展“五算精、五精细”活动，实施降低成本、产品开发、市场开发三个倒推机制。把降低成本与产品开发、结构调整结合起来，把内部挖潜与外部资源开发结合起来，走低成本生产高端高效产品的路子。反复与先进企业对比找差距，虚心学习、潜心研究，把工作落实到指标体系的精细化、管理工作的精细化、开拓市场的敏锐化、执行能力的高效化上来。按照“细实准快”的要求加强动态管理和组织协调，组建了重点产品项目开发部和降成本攻关组，完善了产销研联动的经营机制。

（四）企业经营效益明显改善

在全国钢铁市场形势更加严峻的背景下， 2012年，首钢钢铁主业完成高端、领先、支撑产品810万吨，结构增效6.9亿元，实现了产销衔接，首钢四地新建钢厂和联合重组钢铁企业降成本分别达到54.1亿元和36.7亿元，超额完成了降成本计划，当年首钢被工信部、财政部联合认定为国家技术创新示范基地；通过转机换制，促进了集团产权多元化和现代企业制度建设，给非钢产业增添了活力，引领企业较快发展，2012年非钢产业盈利51.7亿元，在目前钢铁行业不景气的情况下，为集团整体效益提供了有力支撑。

成果创造人：方建一　王保民　邹立宾　王鹏南　童　兵　付建中　董瑞林　刘泳梅　何　俊　杨晋梅

首钢工业遗产品牌建设与实践

首钢总公司发展研究院

荣获第二十八届北京市企业管理现代化创新成果一等奖

首钢发展研究院是首钢集团的战略研究咨询机构，下设钢铁产业发展研究所、多元产业发展研究所、企业成长研究所、企业文化研究所、情报信息研究所和科研处、办公室，代管中国科协下属的中国国际经济技术合作促进会日常工作，主办面向全国公开发行的大型核心期刊《企业改革与管理》杂志，负责首钢史志年鉴编写工作，现有科研人员54人。

首钢总公司（以下简称“首钢”）始建于1919年，是中国最早的近代钢铁企业之一，是中国工业发展史和中国冶铁史的重要代表者。在寸土寸金的北京，首钢搬迁后主厂区留下一块8.63平方公里的土地，是我国目前规模庞大、保护完好、工业结构完整、历史久远的工业遗产，在中国乃至世界工业遗产中占有独特地位。首钢工业区工业遗产的保护、开发与利用，如何挖掘首钢工业价值和品牌价值，这不仅是首钢实现老工业基地转型发展，履行社会责任的重要举措，更是对北京老工业基地振兴乃至全国工业城市的发展转型起到了重要的引领作用。

首钢厂东门

首钢石景山工业遗产全景

水景与首钢工业遗产映照

一、首钢工业遗产品牌建设与实践的背景

北京对首钢来说可谓“爱恨交加”。它曾经代表了新中国“蓬勃发展”的经济，曾给予中国人由衷的自豪和欣喜。2001年7月13日，北京申奥成功，全国一片欢腾，而首钢在欢腾之余却陷入压力之中——首钢的环境污染问题列入了2008年奥运会的环境考察指标。出于环保考虑和对国际社会的承诺，国家和北京市在对首钢发展规划论证中，向首钢提出了压产和结构调整的意见，要求首钢于2007年底压产400万吨，2010年底在北京市区的钢铁冶炼、热轧全部停产，这代表着北京一个基础产业行将远去。

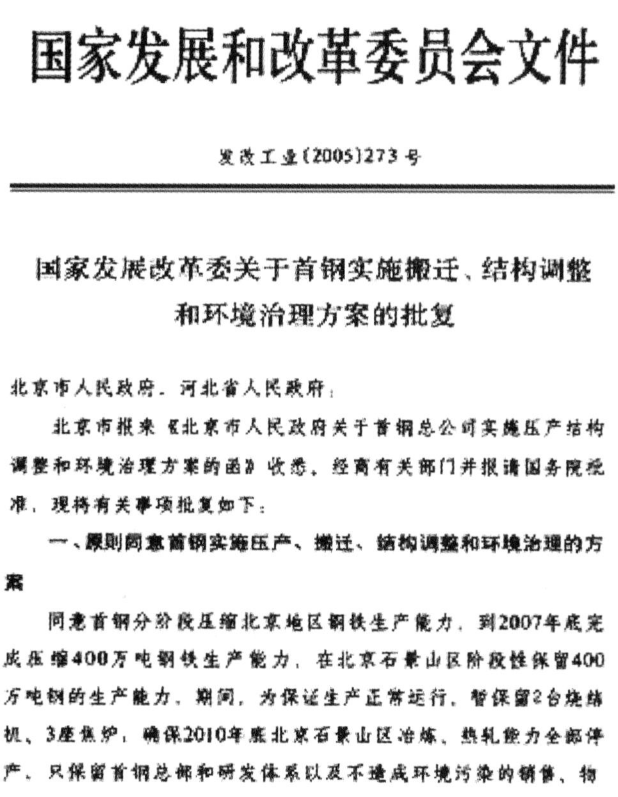

国家发展和改革委员会文件

发改工业〔2005〕273号

国家发展改革委关于首钢实施搬迁、结构调整和环境治理方案的批复

北京市人民政府、河北省人民政府：

北京市报来《北京市人民政府关于首钢总公司实施压产结构调整和环境治理方案的函》收悉。经商有关部门并报请国务院批准，现将有关事项批复如下：

一、原则同意首钢实施压产、搬迁、结构调整和环境治理的方案

同意首钢分阶段压缩北京地区钢铁生产能力，到2007年底完成压缩400万吨钢铁生产能力，在北京石景山区阶段性保留400万吨钢的生产能力。期间，为保证生产正常运行，暂保留2台烧结机、3座焦炉，确保2010年底北京石景山区冶炼、热轧能力全部停产，只保留首钢总部和研发体系以及不造成环境污染的销售、物

— 1 —

事实上，自从2005年国务院批准首钢搬迁方案以来，如何妥善保护好首钢工业遗产，一直牵动着城市决策者、企业领导、产业工人、专家学者和社会公众的心。正是基于这种因素，首钢工业遗产品牌建设，是促进工业遗产保护、开发与利用的有效途径，也是国内颇为前沿的一项课题。

2010年7月18日，习近平在首钢考察

（一）首钢工业遗产品牌建设的“三个有利于”

首钢工业遗产是经过一代又一代工人的汗水凝结而成的遗产，是不可再生的资源，既可以成为首钢独特的名片，又为首钢提供了有形和无形资产不断升值的空间。

“人们不会因为首钢搬迁失去对这座钢城的记忆，一些标志性的工业建筑和设施将作为工业文化遗产永久保留。”首钢集团董事长王青海说。

一是工业遗产品牌建设，有利于让首钢再现新的生机与活力。首钢始建于1919年，是中国最早的重工业企业之一，在中国钢铁工业发展史上占有举足轻重的地位，随着北京地区全部停产，首钢在北京的工业优势逐渐减弱，知名度也随之下降，首钢的发展方向成为北京市、石景山区政府和社会各界关注的焦点。首钢通过改造旧厂区，实现新定位、新规划、新发展，赋予首钢新的生机与活力，也将为国内大型钢铁企业转型发展、为中心城区搬迁调整大型传统工业企业提供鲜活经验。

二是工业遗产品牌建设，有利于首钢打造在世界上具有影响力的综合大型企业集团。首钢工业遗产品牌优势引来国内外众多投资者，发展工业文化旅游产业、文化创意产业、创意设计产业、动漫游戏产业、文化娱乐休闲产业、会展产业、演艺娱乐产业、影视拍摄基地、中国文化体验区、总部经济、生产性服务业等，创造出了一种工业遗产保护与经济发展双赢的旧城改造新模式，提升了首钢转型和新兴产业的知名度、美誉度，再次成为北京的一个新的亮点。

三是工业遗产品牌建设，有利于首钢工人精神的传承。工人精神是非物质文化遗产的重要组成部分，是工业时代特色“活”的显现。首钢曾经创造了中国工业史上的诸多奇迹，孕育了深厚的工业文明，从而形成了浓郁的首钢工业文化，深刻地诠释了工业时代的工人精神，具有不朽的价值和永恒的力量。首钢工业遗产品牌建设，有助于留住首钢人对首钢的情节，留住首钢人的根、首钢人的魂，有利于恢复首钢历史文化遗迹和发掘保护利用首钢工业文化遗产；有利于传承首钢文化，弘扬首钢精神，激励和教育首钢新职工；有利于对外交流展示首钢形象、塑造首钢品牌。

（二）首钢工业遗产具有的品牌价值

首钢工业遗产分为非物质遗产和物质遗产两大类。非物质遗产包括各企业厂史、设计工艺图纸等在当时属于绝密资料的历史文献及档案，这批文档将是首钢传统文化的重要补充；物质类遗产包括建筑物和机械、车间、磨坊、工厂、矿山以及相关的加工提炼场地，仓库和店铺，生产、传输和使用能源的场所、交通基础设施，除此之外，还有与工业生产相关的其他社会活动场所等。

首钢工业遗产特征：一是数量多，规模大，需要科学的价值评估；二是钢铁产业链遗存保存完善，旅游开发潜力巨大；三是工业遗产特征明显；四是工业遗产地的整体性更新胜于遗产本体保护。

首钢工业遗产是城市发展建设的见证，是一个完整的生命体，蕴涵着丰富的文化价值及深厚的工业文化底蕴。首钢关注的不是停产后工业用地的现实经济价值，而是按照《北京城市总体规划》加以合理的利用和体现，它具有多重重要价值，对延续首钢发展脉络，有着十分重要的意义和积极的作用。具体是：

1. 工业遗存价值

首钢是世界唯一在首都建设的大型钢铁企业，是中国从农业社会向工业社会、后工业社会发展的历史缩影，反映了中国工业从落后到先进，追赶国际水平的过程，也是中国从计划经济向市场经济转变的典型。首钢老厂区的规划开发，使长安街东部的CBD和西边的首钢交相生辉，反映了中国城市发展的过程，可以为世界提供一个节能减排，加快产业转型的范例，以“欧洲有鲁尔，中国有首钢”新的历史效应，使首钢永载史册。

2. 人文古迹价值

北京有3050年历史，而石景山有据可查的就有4000多年的历史。石景山作为燕都第一仙山，左邻帝都，右绕长河，成为北京市形胜之地。石景山古建群为石景山区文物保护单位，历代帝王、文人墨客在此留下众多文献、古迹，康熙帝曾登石景山望浑河，并驻跸于此。现存雍正御碑亭和当年种植的古柏。永定河传说已列入北京市非物质文化遗产。

3. 自然景观价值

自古以来，人们崇尚上风上水的地理环境。石景山地处北京西山风景线，与香山、八大处、法海寺一脉相连。永定河以石景山为轴心，通过向东、向南的历史冲积，形成了北京市冲积扇平原。石景山以京西离城区最近的制高点和紧邻北京母亲河的位置，加上西长安街延长线交通方便的优势，成为北京市难得的风水宝地。

4. 历史价值

首钢1919年建厂至今，经历了解放前30年（北洋军阀建厂时期、日本霸占时期和国民政府接收时期），解放后30年，改革开放30年，在相应时期内留给后人的工业遗产，也是极为厚重的，具有独特性、稀缺性、唯一性，在北京和全国具有较高影响力。

日伪时期历史照片

国民政府接管时期的历史照片

新中国成立初期历史照片

5. 经济价值

首钢工业遗产，可以有条件地改造、合理地利用，可以节约资金，拉动相关产业的集聚和规模效应，提升工业遗产的经济价值。

6.科技价值

首钢科学技术在中国工业文明中占有不可替代的作用，任何工业遗产都保留了它的科技价值，给后人留下相对完整的工业领域科学技术的发展轨迹，提高对科技发展史的研究水平。

7. 教育价值

首钢工业遗产对于中国钢铁发展史而言是无法替代的现场教材，让人们清晰领略到“钢铁是怎样炼成的”，让后人了解历史，了解工业文化遗产。

8. 美学价值

首钢工业遗产在工厂（场）、建筑和构筑物的规划设计、工具和机器的设计和建造工艺方面具有美学价值，有启发后代人创造性思维的启智价值，它见证了工业景观所形成的无法替代的城市特色。

9. 社会价值

首钢工业遗产记载了普通大众的生产和生活，是社会认同感和归属感的基础。

10. 政治价值

首钢工业遗产凝聚着首钢人的艰苦奋斗精神和勤劳智慧，保护好工业遗产，让其成为历史文化和爱国教育基地，可以激发首钢人的干劲，顺利实现首钢伟大转型。

1992年12月22日，国务院总理李鹏等领导为华夏银行剪彩，并题词："办好华夏银行，搞活资金流通。"

11. 独特性价值

首钢工业遗产在场地适应、布局、机械和安装、城镇等工业景观、档案及留给人们的记忆和习俗等非物质遗产方面，都具有内在的独特性。

12. 稀缺性价值

首钢某些遗产在工艺、场地类型和景观方面濒临消失，使该工业遗产独具价值而需倍加关注。

（三）首钢工业遗产品牌建设的策略

保护、开发与利用是赋予首钢工业遗产新的生存环境的一种可行途径。

1. 资源整合策略

（1）工业遗产资源整合。首钢组织相关单位挖掘工业非物质遗产资源，核查工业物质遗产资源的总量，列出资源明细，按照资源的价值、地域等特征实现资源整合，提高了遗产保护的水平。

（2）组织管理资源整合。对首钢工业遗产进行集中管理，成立北京首钢源景文化发展有限公司，负责规划、管理、监督、检查和指导整个首钢工业遗产保护与利用工作。

2. 形象定位策略

（1）对工业遗产区域整体形象的塑造。对首钢的工业遗产资源进行统一形象定位，设置统一的工业遗产标识和完善的服务体系，形成强大统一的品牌形象。

（2）突出工业遗产单体形象。工业遗产单体形象是首钢工业遗产品牌建设的基础。突出工业遗产单体形象，就是在保护原有工业遗产的基础之上，合理引入其他服务设施，不断创新工业遗产单体的功能及形象，最大限度地满足消费者不断变化的个性需求，实现消费者的最大满意度，从而提高工业遗产品牌的美誉度。

（3）明确部分工业遗产保护性形象。工业遗产是文化遗产的一部分，不应单纯地为追求经济利益而引进有可能会对工业遗产产生破坏的设施，以满足消费者的需求，即明确部分工业遗产保护性形象。

3. 市场营销策略

一是开发工业遗产旅游产品，采用博物馆模式、公共游憩空间模式和与购物旅游相结合的综合开发模式等，吸引消费人群；二是与首钢发展新兴战略产业集聚地相结合，增加知名度；三是开发具有特色的纪念品，打造首钢工业遗产品牌意识；四是举办文化节，文物博览会等

二、首钢工业遗产品牌建设与实践的内涵

首钢位于首都北京，背靠燕山山脉，旁临永定河，地理位置十分优越，厂区内有完整的工业遗产、众多的文物古迹、优美的园林景观，在世界上具有属地的独特性、稀缺性、唯一性和不可复制性。

1. 首钢工业遗产的抢救性保护。首钢工业遗产作为一种特殊的文化资源，它的价值认定、记录和研究首先在于发现，而普查是发现的基础和保证。2006年初，首钢和北京市有关规划部门组成专家小组，历时3个月，对厂区内220余座建筑、设备等工业遗迹进行摸底调研，拍摄照片数千张，最后，将这些工业遗址分为文保建筑3座，确定保留建筑101座，其中强制保留建筑36座、建议保留建筑65座。2007年12月，首钢厂史展览馆（龙烟别墅）、碉堡名列“北京首批优秀近现代建筑保护名录”。

日伪时期建造的碉堡现状

首钢厂史展览馆（龙烟别墅）现状

2010年底，首钢在北京石景山区的钢铁冶炼、热轧能力全部停产前，留下了最后一炉铁浇铸“铁色记忆”，“首钢总公司”、“炼铁厂”匾牌与最后一炉钢浇铸的方坯26吨、最后一批螺纹钢2吨、最后一卷线材2吨一起收藏。2011年1月13日，在首钢举行停产仪式当天活动中，组织了13000多名职工进行“千米长卷签名留言”。

厚重的钢铁工业遗迹

首钢炼铁厂高炉最后一炉铁浇铸的“铁色记忆”

首钢高度重视工业遗产的挖掘、保护、整理和利用，先后下发了《首钢石景山厂区工业遗产保护、利用的指导意见》、《首钢石景山厂区工业遗产保护、利用实施方案》、《关于开展首钢工业文化遗产、历史文物征集保护的通知》等方案，并成立首钢工业遗址普查小组，对厂区内主要干道、重要办公区域、厂区绿化景点、主要生产设备设施、零部件实物、模型件及反映工人生活的老照片、生活用品和历史文字资料进行了普查和征集、分类、确定、登记汇总，共计4527座（件）、光盘32张、照片27本（册），建立档案。

2006年至2011年连续六年，全国政协委员、全国人大代表在“两会”期间，有89名代表联名上报了《关于首钢具有历史意义的工业建筑可以考虑申请世界工业遗产》提案。时任中共中央政治局常委、全国政协主席贾庆林做出重要批示：“首钢作为工业遗产，加以科学保护、合理利用对于首都经济社会发展，拓展北京历史文化名城的内涵，有着重大意义，建议予以研究并支持文物部门制订科学、合理、适度的保护方案，经过论证审批后实施。”

2. 编制首钢工业遗产的保护规划。2011年1月13日，在首钢停产仪式上，时任国务院副总理张德江、时任北京市委书记刘淇等领导在讲话中高度评价首钢传统文化是“功勋首钢、北京代表、国家品牌、世界遗产”。

首钢站在北京建设世界城市的高度，及时将工业遗产的保护纳入首钢“十二五”规划。同时，编制了《首钢工业遗产保护专项规划》，明确界定保护范围和控制地带，做到“有保护范围、有标志说明、有记录档案、专门机构和专人负责管理”的工作思路。2011年4月，北京市规划委公示了在2007版《首钢工业区改造规划》基础上制订的《新首钢高端产业综合服务区规划方案》中，着重突出了对首钢工业遗产的结构性保护。

新首钢高端产业综合服务区规划图

首钢工业遗产文化创意产业园规划图

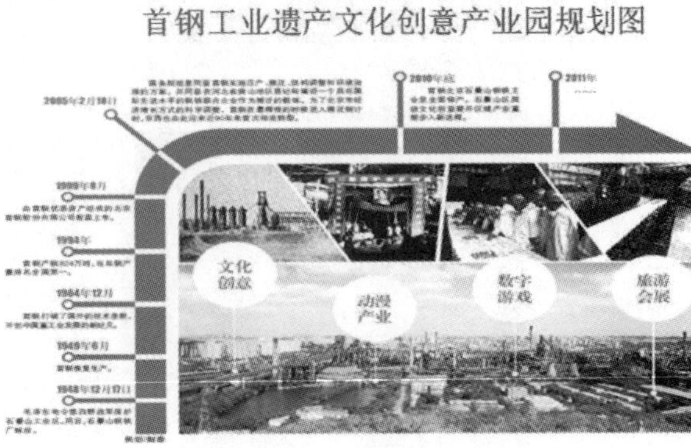

国家文物局、北京文物局也把首钢工业遗产利用与保护列入“十二五”规划，对推动首钢工业遗产品牌建设起到了积极作用。

3. 建设首钢工业遗产园，成为国家级、世界级理论和教学研究实验基地。建设首钢工业遗产园区，已与国务院发展研究中心、中国文化遗产研究院、北京社会科学院、机械经济管理研究院、清华大学建筑学院、北京大学世界遗产研究中心、北京传媒大学、中国矿业大学、中国建筑学会工业建筑遗产学术委员会、西安建筑科技大学等全国四十多家相关专业院校、科研院所、运营企业等进行工业遗产专项研究，把首钢作为国内外工业遗产保护与开发研究的实习基地。

建筑工程学院请清华大学建筑学院教授，中国建筑学会工业建筑遗产学术委员会秘书长，华清安地建筑设计公司总经理刘伯英老师作“首钢工业建筑遗产研究与保护”专题学术讲座。

清华研究生学术沙龙走进首钢探讨工业遗产保护

4. 申报北京市、国家级工业遗产名录和世界级工业文化遗产项目。首钢工业文化遗产是物质文化遗产与非物质文化遗产结合最紧密的文化遗产之一。“无论从具有保护意义的工业遗产规模，还是这些工业遗产所具有的突出的普遍价值，首钢工业遗产都可以与已列入《世界遗产名录》的著名工业遗产——德国弗尔克林根钢铁厂相媲美。”全国政协委员、时任国家文物局局长单霁翔连续多年在全国“两会”上就“首钢工业遗产保护与利用”提交提案。

首钢正与国家文物局、北京文物局沟通，积极申请成为北京市级、国家级工业文化遗产和世界级工业遗产项目。

5. 利用首钢工业遗产品牌资源，打造成为世界级工业遗产旅游目的地之一。首钢工业遗产作为完整的采矿、烧结、焦化、炼铁、炼钢、轧钢一整套炼钢流程及人文景观、自然景观，不同时代的钢铁生产遗迹、几代人艰苦的创业历程以及职工生活、事迹、首钢文化等构成的首钢发展史，具有历史学、社会学、建筑学和科技、经济、审美价值，拥有工业遗产旅游的核心吸引物，有着得天独厚的优势。抓住并放大这种优势，首钢正在向国家旅游局申请成国家5A级旅游点（区）和国家级工业遗产旅游示范区，成为世界级工业遗产旅游目的地之一。

6. 建设首钢博物馆和中国冶铁历史博物馆，让世人感受大工业时代中国人的智慧、创意与伟大创造力。

首钢博物馆利用首钢炼铁厂3号高炉进行改造，以首钢人创业史、首钢发展史、中国冶金工业发展史、中国工业发展史和中国民族复兴史为展示内容，成为爱国主义教育基地、冶金工业科普基地和首钢文化传承基地。

首钢博物馆创意设计方案

中国冶金博物馆主要展示中国由春秋时期至今几千年的辉煌冶铁历史，重塑人物及时代场景，让人亲身感受大工业时代中国人的智慧、创意与伟大创造力。

三、首钢工业遗产品牌建设与实践的主要做法

首钢坚持工业遗产保护与利用相结合的原则，在保留原有的建筑框架，保护标志性的设施，并进行合理改造和创造性利用，注入新的活力，充分发挥土地资源的价值，实现工业历史遗迹的有效保护和改造增值。现在，首钢工业遗产品牌价值已逐步形成全社会的共识，首钢有望成为世界上保护工业遗产的世界级典范。

1.加快推进首钢工业遗产园成为国家级文化产业示范园区、全国加快转变经济发展方式的示范区、北京“设计之都”的核心区、中国绿能港和欧盟清洁能源示范基地等

北京市“十二五”规划纲要提出，首钢工业遗产区重点发展文化创意产业、高技术产业、生产性服务业等产业，吸引制造业总部和研发中心落户，努力成为全国产业转型升级的示范区。

首钢利用工业遗产园建设国家级文化产业示范园区、全国加快转变经济发展方式的示范区、北京“设计之都”的核心区、中国绿能港和欧盟清洁能源示范基地等，通过创新发展模式，打造由多产业链融合的国家级产业聚集区，推动首钢实现伟大的转型，走一条文化富集、创意增量、生态保护、环境友好、资源节约的可持续发展道路。

2. 首钢二通厂中国动漫游戏城成为北京市文化创意产业示范区，提高其在北京和全国的市场占有率和知名度

首钢在工业遗产品牌建设方面，二通老厂区提前探路。2009年4月16日，文化部与北京市签署了推动首都文化建设战略合作协议，明确在首钢二通厂利用现有工业遗产，建设中国动漫游戏城，打造国家级动漫示范园区。

2009年10月起，首钢先后投资1.3亿元，通过内部改造，在保持原有旧厂房外观不变的情况下，完成建筑规模120万平方米，配套住宅20万平方米，提供给动漫游戏企业作为独具特色的“创意空间”。中国动漫游戏城主要集中动漫原创生产制作集群区、动漫衍生产品研发生产集群区、动漫旅游休闲集群区、动漫衍生产品的交易集群区和动漫人才培养集群区五大动漫产业集群区，以及流通贸易、产学研孵化、

公共商务服务、数字化办公和酒店、住宅及生活配套服务6个功能区，将其打造成一个融产供销、住游、娱乐全方位的城中城。就此，首钢开启了工业遗产保护、开发与利用的探索与实践。

3. 建设首钢工业遗产影视拍摄产业园，催生了产业链

首钢工业遗产完整的钢铁产业链条，宽敞而宏大的基地规模，丰富的拍摄场景吸引了海内外影视导演们纷纷率剧组前来首钢取景拍戏。同时，首钢为剧组提供“从场景搭建，道具制作，演员中介到餐饮住宿”的一条龙服务。

建筑的力量 影视的天地

中影集团长期入驻首钢拍戏

北京电影厂在首钢拍戏

香港寰亚综艺集团在首钢拍戏

首钢利用工业遗产优势资源，通过影视剧拍摄提升了首钢工业遗产品牌的知名度，改善了投资环境，更使得影视产业和新产业相辅相成，互为发展。目前，首钢已与中央电视台、中影集团、北京电影厂、香港寰亚综艺集团、中国星集团有限公司、美亚娱乐资讯集团等合作，建设首钢工业题材影视拍摄产业园，集“创作、拍摄、制作、发行”为一体的影视基地，以影视带动旅游，以旅游推动影视，申报成为国家老工业遗产影视基地，吸引世界知名电影公司和影视产业领军人物进驻，构建并延伸影视拍摄产业链，建成涵盖影视拍摄、影视体验、影视观看、产品展示、高端论坛、特色旅游等功能的影视产业集群，共同打造一个具有国际竞争力的中国国际影视文化产业园，成为演员的艺术舞台，游客的快乐天地，形成一个从电影开发乃至明星大道为一体的国内国际交流平台。

4. 首钢拥有钢铁工业遗产旅游的核心吸引物，提升了首钢工业遗产保护与利用的知名度和美誉度

首钢工业遗产旅游是以“钢铁是怎样炼成的”为主线，以仿真形式展现钢铁生产全过程、工厂风貌、工人生活场景、工业企业文化、工业旧址、工业场所等钢铁工业相关因素为吸引物和依托，保护并创意发展、延伸首钢近现代工业文化，全面提升传统文化旅游资源品质。首钢开辟了穿越钢城动脉之旅“先行号”小火车游览、首钢红色之旅、首钢工业遗产影视城、“当一天工人”体验活动、首钢月季园赏花会、首钢音乐演出季、首钢灯光艺术节等一系列旅游、休闲活动，形成历史与现代、怀旧与时尚，完美结合的工业遗产，为市民和国内外游人提供一个丰富多彩的度假休闲新天地。同时，首钢还把过去的老职工，特别是为国家作出突出贡献的先进工作者请过来，让他们作为导游为旅游者服务，增强对中外游客的吸引力。

2012年，首钢与北京市教委合作，成为北京市大中小学校学生当一天钢铁“小工人”——社会实践大课堂。主要内容有：一是召开大班前会；二是组建班组，指定班组长；三是召开小班前会；四是参观展板、展品和高炉等主要设备；五是组织体验人员吃职工食堂、住职工宿舍；六是拍摄集体纪念照，购置体验纪念品等，并在此基础上，增设时尚的休闲娱乐项目，满足学生的求新、求异、求乐心理，丰富旅游吸引力，扩大学生需求满足面。

首钢工业遗产旅游开发有着巨大的想象空间，为人们提供了一个全新的旅游景观。随着《中国合伙

人》、《一门三司令》、《半路兄弟》、《买房夫妻》等影视剧在全国公映，引起巨大反响，首钢工业遗产旅游因此进入众多国内外市民的视野。特别是由成龙导演拍摄的《警察故事2013》、陈可辛导演的《城市游戏》、鲍勃和张鹏导演的《城市游戏》等剧组建造的酒吧一条街、香港街、梦幻神谷、水上人间等景观，带动了旅游业的发展壮大，有的旅游人员还与偶像明星合影，有的还被剧组选中当上群众演员、有的还可以与自己喜欢的明星互动等。首钢影视拍摄催生了具有首钢地域特色的“钢漂一族”，现在有近千人常年驻在首钢附近，为自己的演员梦和事业而打拼。

5. 将首钢工业遗址打造成为北京西部演艺娱乐中心，成为北京的名片

工业遗产的保护与利用，不仅仅是使工业建筑留下来，更重要的是注入新的活力，让其周围的历史环境复苏。首钢利用工业遗产资源，打造北京西部演艺娱乐中心，重点发展影视剧创作、原创音乐、高雅文艺演出、主题公园演出以及相关的策划、导演、教育等内容。首钢主动与国家文化部、北京市文化局、北京演出行业协会等政府机构、演出机构合作，培育发展各类演出经纪机构，创作一批自然风光与人文融为一体且独具文化魅力的演艺节目，常年固定演出，具有连续性，将经济效益延伸辐射到新首钢高端产业综合服务区各个产业功能区、配套设施以及旅游衍生产品等各个方面，建设成北京西部演艺娱乐中心，成为北京的名片。

四、首钢工业遗产品牌建设与实践实施效果

首钢工业遗产品牌建设与实践是促进其保护与利用的有效方式，对探索首钢旧城改造、更新与发展，建设充满活力的新首钢、打造在世界上具有影响力的综合大型企业集团，北京建设世界城市，实现工业遗产保护、利用和经济社会发展的平衡互动与和谐共存，成为北京绝无仅有的特殊文化资源，并创造更大的社会、经济、文化效益，服务于北京的长久未来。

1. 首钢工业遗产区成为北京市、全国加快转变经济发展方式的示范区。首钢工业遗产园作为国家、北京市重点发展项目，2013年5月29日，国家发改委将首钢老工业主题园西十筒仓改造成特色商务休闲街区，纳入全国首批四个试点之一。同时，大力发展会展业、娱乐休闲业、体育产业、现代服务业和科技含量高的战略性新兴产业，打造北京新的高端产业功能区，成为北京市乃至全国产业转型升级的标杆，成为加快转变经济发展方式的示范区。2012年，文化产品和作品实现销售收入4250.80万元，净利润507万元；体育产业收入2600万元，创收效益达到508万元。2010年11月，首钢被评为新中国60年最具影响力十大企业精神之创新精神；2011年、2012年、2013年连续三年列世界500强企业325位、295位、322位。

首钢老工业主题园西十筒仓改造特色商务休闲街区

首钢男女篮参加全国CBA比赛

2012年，首钢体育产业实现收入2600万元，创收效益达到508万元。

首钢文化产品

首钢——转型发展新模式

首钢被评为新中国60年最具影响力十大企业精神之创新精神

2. 首钢工业遗产区成为北京“设计之都”的核心区。首钢作为北京打造九大设计产业园区之一，被赋予了工程设计的产业定位。首钢工业遗产区占据地理位置的优势及北京丰富的设计人才、专业高校资源，依托北京首钢国际工程技术有限公司、首钢北京京西重工有限公司等设计产业为龙头，吸引一批工业企业的产品设计中心，以及国内外知名专业设计企业和设计机构，重点发展工业设计、建筑设计、城市设计、环境设计、时尚设计，打造高端设计产业园区，充分彰显北京建设“设计之都”的城市功能和产业优势，扩大首钢工业遗产区设计产业在国内外影响力。2012年实现产值22.66亿元，净利润1.58亿元。

首钢创意设计产品参加全国、北京博览会

“后大工业时代”首钢创意设计产业，创造新价值，成为全国、北京创意设计核心引领区

3. 首钢工业遗产文化旅游业焕发生机，成为全国工业遗产旅游目的地。1998年，首钢成为我国第一

批工业旅游景点之一。2001年形成“钢铁是怎样炼成的”主题游，停产之后仍然保持旺盛的活力。首钢利用工业遗产具有的多重价值（12种价值），得到国家旅游局、国家文物局、北京旅游局的支持，并被评为全国工业旅游示范点，成为全国工业旅游目的地。

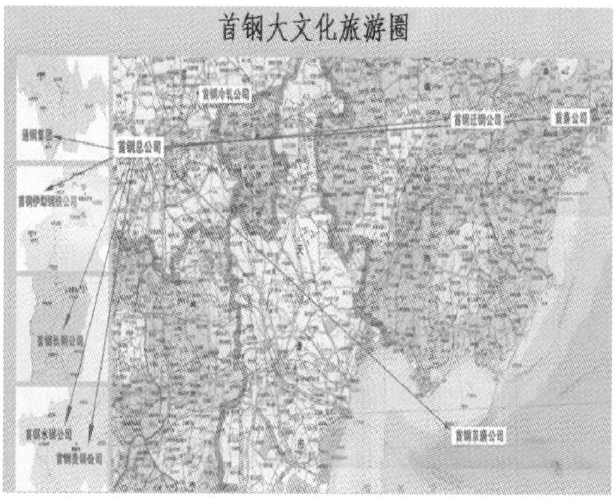

首钢：全国工业旅游示范点及景点示意图

首钢通过整合资源，成立北京首钢国际旅游有限公司，与国内外100多家旅行社合作，设置了以首钢工业遗产旅游为中心、以水为魂（滨河休闲风情带、首钢群明湖）、以山为地标（石景山的名胜古迹——“燕都第一仙山”）、连接首钢京唐公司、首钢迁钢公司、首钢秦皇岛公司及联合重组企业（八省十二市）为延伸产业链条的大文化旅游圈，推出体现首钢工业特征和文化特色的纪念品等旅游产品，展现其在全世界独一无二的价值，增强对中外游客的吸引力，实现社会效益、环境效益、经济效益的协调统一和可持续发展，成为中国工业遗产保护与利用的典型代表。2012年，接待旅游团队964批次，实现旅游总收入达6941万元。

中外游人乘坐“先行号”穿越钢城动脉之旅

当一天钢铁“工人”内容介绍

1.召开大班前会
2.组建班组，指定班组长。.
3.召开小班前会。
4.参观展板，展品和高炉主要设备：
5.组织体验人员吃职工食堂、住职工宿舍。
6.拍摄集体纪念照，购置体验纪念品。

观看《钢铁是怎样炼成的》科普专题片

追寻父辈的记忆　体验“钢铁是怎样炼成的”

成龙拍摄的电影《警察故事2013》建造的“酒吧一条街”

4. 首钢二通厂中国动漫游戏城被视为北京城市生活的记忆符号、文化发展的全新地标。首钢二通厂中国动漫游戏城作为首钢发展文化创意产业先行先试的“试验田”，走出了一条由传统工业模式到中国动漫游戏城，再到融合各种城市功能要素的城市综合体的新路子，被视为北京城市生活的记忆符号、文化发展的全新地标。

首钢二通厂中国动漫游戏城被授予
“北京动漫游戏产业聚集区”

中国著名文化学者于丹受聘为首钢
工业遗产园文化创意产业形象大使

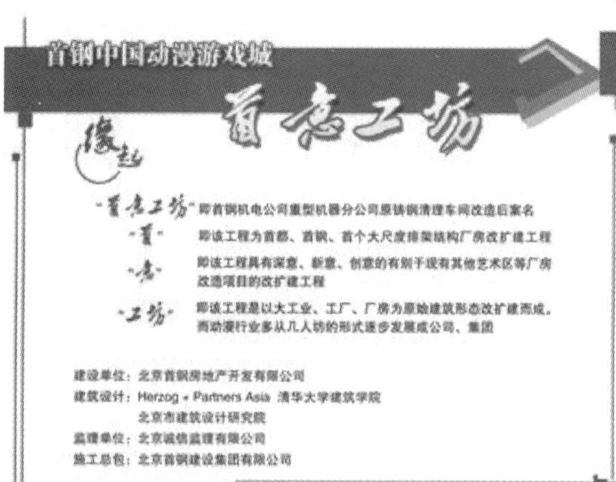

首钢二通厂先后举办了首届中国动漫嘉年华和第十二届世界漫画大会暨北京国际动漫节活动，吸引了40多个国家、100多家动漫企业和近千名画家的3000多幅作品参展，接待人数达20多万人，在社会上引起巨大反响。目前，已有600余家国内外著名动漫游戏企业前来接洽，争相入驻，具有较强的“示范效应”。

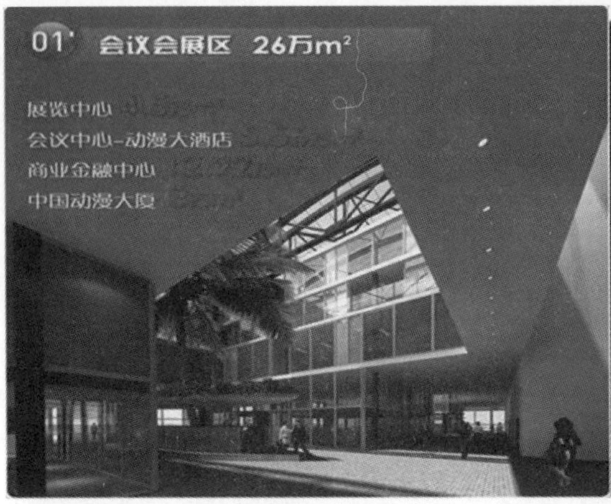

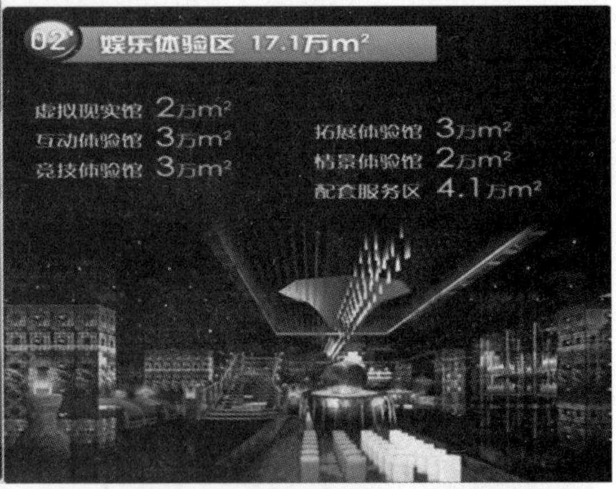

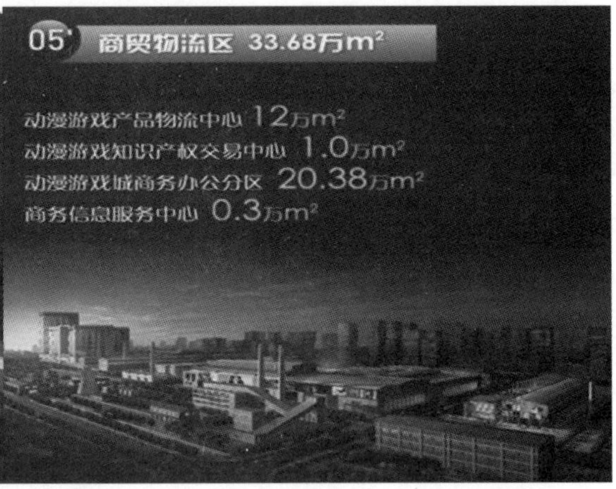

建成首钢二通厂史馆。2011年9月27日，北京首钢重型机器厂厂史馆揭牌，其是由原铸钢准备车间改造而造的，以具有代表性的工业文物、历史照片等完整地展示了企业半个多世纪的发展历程，成为首钢中国动漫游戏城的新亮点。2010年3月，首钢二通厂中国动漫游戏城被认定为北京市文化创意产业集聚区。

北京首钢重型机器厂厂史馆揭牌，成为首钢中国动漫游戏城的新亮点

2011年9月，组建了北京首钢创意产业投资有限责任公司（注册资金5000万元），负责运作、经营首钢二通厂国家级重点文化产业示范园区。

5. 首钢工业遗产影视拍摄产业园，成为全国规模最大的实景拍摄基地。首钢工业遗产影视拍摄产业园已与国内外105家影视剧组、广告商合作，拍摄电影《中国合伙人》、《钢都侠2》、《城市游戏》、《警察故事2013》、《老人愿》、《老男孩—父亲》、《阿修罗》等。拍摄电视剧《半路兄弟》、《买房夫妻》、《老爸的筒子楼》、《叶落长安》、《我们的快乐人生》、《一门三司令》、《国家命运》、《石光荣和他的儿女们》等，拍摄影视剧900多部（集），以及汽车广告、MV、时尚广告、时尚杂志、婚纱艺术摄影等，成为全国规模最大的实景拍摄基地，在社会上产生了很强的影响力。

《中国合伙人》拍摄现场

《我们的法兰西岁月》拍摄现场

《一门三司令》拍摄现场

《警察故事2013》拍摄现场

6. 铁色记忆大型实景演出成为北京的名片。首钢老厂区停产后，具有百年历史的钢铁企业成为工业文明的铁色记忆，是发展文化创意产业的宝贵资源。

首钢围绕“铁色记忆”大型实景音乐会系列演出。特别是2013年5月11日晚，作为全球首个在工业遗址举办的“铁色记忆”大型实景音乐会，中国三大男高音戴玉强、魏松、莫华伦在首钢五高炉映衬下，以雄浑壮美具有撼人心魄的魅力，唱响了首钢实景音乐会，无论歌唱家还是观众都受到了深深的感染与触动。以此为开端，“中国三高”的演唱活动将长期落地首钢，吸引更多的人“走进首钢、关注首钢、了解首钢”，已成为北京的名片。

目前，首钢系列"铁色记忆"实景音乐会、大型实景摇滚、大型实景剧、大型实景服装表演、大型山水实景灯光节等演出，合同已排到2013年底。

7. 首钢特钢工业遗产园成为中国绿能港和欧盟清洁能源示范基地。首钢特钢利用老厂房，改造完成建筑面积180万平方米，建设中国首个节能展示中心和节能技术研发基地。目前，已吸引中国大唐新能源集团、中节能集团、北重新能源公司等龙头企业在内的100多家新能源企业入驻。

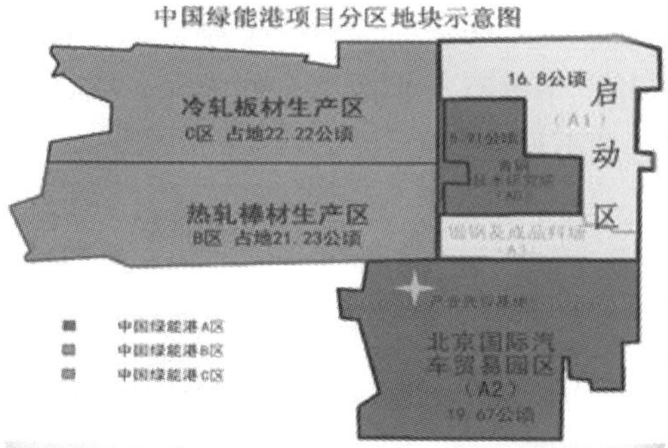

中国绿能港和欧盟清洁能源示范基地

2010年8月6日，首钢、石景山区联合与欧盟中国经济文化委员会签署《战略合作协议》，在首钢特钢工业遗产园建立“欧盟清洁能源示范基地”，主要以研发和技术交流为主，引入欧洲知名企业前来发展，将先进的技术和理念带入中国，着力帮助国内企业解决能源综合利用效率等问题。这也是该组织与中国签订的第一份战略合作协议。

此研究成果创造性地破解世界性难题的中国式道路，国家动漫产业发展基地、国家文化产业示范基地、北京市中小学科普教育基地等相继落户在首钢，对提升首都经济总体规模和综合竞争力，彰显北京建设中国特色世界城市的新地标方面将发挥重要作用。此成果应用于首钢工业品牌保护与利用，效果显著。据统计，2012年已实现直接产值24.0391亿元，净利润1.692亿元，同时产生了巨大的间接经济效益和社会效益。

对于首钢工业遗产保护的明天，人们更加充满期待。若干年后，首钢的工业遗产与利用保护其历史意义——可能并不亚于故宫、颐和园、万里长城等。让首钢独有的东西在全国闪光，在世界上闪耀，用首钢工业文化遗产品牌来充实北京这座城市的文化记忆是不可或缺的。

成果创造人：姜兴宏　吕云生　初德和　徐建华　张文哲　甘小青　郑　杨　于　杨　刁　勇

大型国有矿山企业干部问责制度的设计与实施

首钢矿业公司

荣获第二十八届北京市企业管理现代化创新成果一等奖

首钢矿业公司坐落于河北省迁安市和迁西县境内，隶属首钢总公司，是首钢主要的原料生产基地。1959年建矿，经过多年的开发建设，现已发展成以采矿、选矿、烧结、球团为主业，兼营矿山设备制造、重型汽车制造、冶金备件加工、建筑安装、电气制造修理等相关产业的现代化大型矿山企业，现有总资产150多亿元，年销售收入220亿元以上，在册职工1.26万人，拥有直属厂矿单位17个，专业管理职能部门24个。

首钢矿业公司坚持“以人为本，追求卓越，用有限的资源创造最大的价值”的企业核心价值观，紧紧抓住发展这个第一要务，不断推进改革发展进程。从“一流的矿业，开放的矿山”发展目标到“四化一加强”工作主线，从巩固做强迁安原料基地到“四跨”发展外部矿产资源业，从矿产主业到“四个支撑”产业，从五十年艰苦创业到立志打造“百年矿业”，成功探索出一条科学发展、转型发展、可持续发展的道路。首钢矿业公司在行业系统、北京市获得多项殊荣，其中，被中国行业协会授予“中国矿业十佳企业”、“全国冶金矿山十佳厂矿”、“中国最具创新力企业”等荣誉称号，被北京市授予“首都文明单位标兵”等荣誉称号。

一、大型国有矿山企业干部问责制度的设计与实施的背景

首钢矿业公司所处的迁安矿区是北京市的一块“飞地”，由于历史原因和地域原因，集生产、生活于一体，承担着企业办社会职能，矿情特殊，环境复杂，改革、发展、稳定的任务繁重、责任重大。主要体现在以下几个方面：

（一）冶金矿山属于高危行业，排土场、尾矿库、地下矿山开采等，都是安全生产的重控部位，火工品的生产、销售和使用，以及放射源、压力容器等都是安全生产的重大危险源，一旦管控不到位极易出现问题，甚至发生人身伤害事故，做到安全生产、万无一失责任重大。

（二）随着内部资源逐步趋于枯竭，矿业公司把发展外部资源产业作为占有资源的主要渠道，形成了辽宁丹东、河北承德、安徽六安三大矿产资源开发基地，外派经营团队最多达到25个，经营团队在异地与不同所有制企业求同存异、共谋发展，实现国有资产保值增值、投资回报收益最大化的责任重大。

（三）首钢矿业公司是一个没有围墙的大型国有企业，周边与迁安市、迁西县的12个乡镇、118个自然村接壤，历史遗留的地边地界、征地占道等矛盾纠纷比较多，且社会环境复杂，受经济利益驱动，部分民营企业和不法分子觊觎首钢的矿产资源，加之地方政府保护主义，长期以来积累了一些矛盾，停工停产问题时有发生，保证企业经营生产稳定运行责任重大。

（四）首钢矿业公司作为首钢总公司的原料基地，随着高炉对炉料需求的标准越来越高，实现优质、经济、稳定炉料供应责任重大。

（五）首钢迁安矿区是个“小社会”，矿业公司参加北京市的养老、医疗保险，学校和街道归属北京市石景山区管理，居民户口类别有北京户口和河北户口两种，矿区职工的工作、生活与北京有千丝万缕的关系，由于人员构成多元化，群众诉求和各类不稳定因素多，加之历史遗留问题多，维护首钢和首都稳定大局的责任重大。

面对艰巨的任务、严峻的形势，首钢矿业公司实现自身可持续发展，必须有一支素质优良、作风过硬、敢于担当的干部队伍作保证。首钢矿业公司现有厂处级以上干部70名，其中党政一把手占57%，具有

大学本科以上学历占98.6%，从领导干部配备数量、素质能力等方面具备干事创业的基础。（见图1）

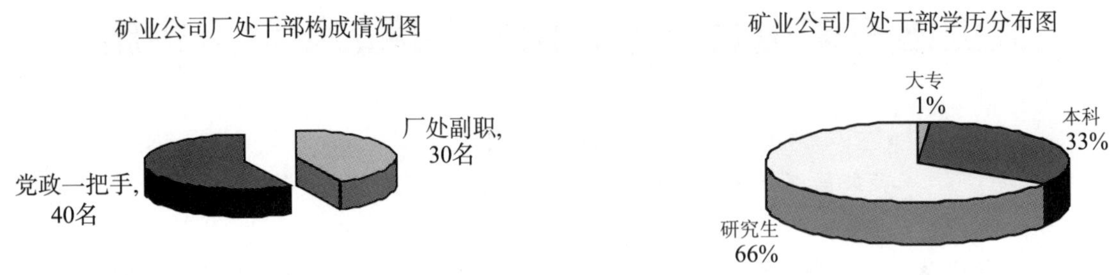

图1

但对照事业发展的要求，部分领导干部在经营管理和生产建设过程中不想作为、不能作为、不敢作为、不善作为；在工作作风和思想作风方面，存在缺乏创新发展的紧迫感和责任感，大局意识和服务意识不强等突出问题，影响着责任制的落实。2009年，中共中央办公厅印发了《关于进一步从严管理干部的意见》，要求对干部要严格要求、严格教育、严格管理、严格监督。首钢矿业公司在改革发展和维护稳定的双重压力下，必须站在首钢发展大局和维护首都稳定的高度，继续弘扬“守制、诚信、创新、执行”的企业文化，引导领导干部树立“矿山无小事”的责任意识，坚持从严管理，强化干部监督，提高干部素质，为全面完成企业改革、发展、稳定各项任务履职尽责。基于上述分析，首钢矿业公司设计实施了领导干部问责制。

二、大型国有矿山企业干部问责制度的设计与实施的内涵及特征

领导干部问责制是指领导干部在其管辖范围内，因不履行或不正确履行岗位责任制，给企业正常经营生产、专业管理带来较大影响或损失，或发生影响安全稳定事件，在社会上或本单位产生不良影响，对领导干部进行责任追究的制度。实质上就是用领导干部在履职过程中失误或失败的教训，警示和教育其他领导干部不重蹈覆辙。

实施领导干部问责制，以剖析典型管理问题为切入点，以分析领导干部的主观责任为落脚点，以促进管理进步、指标提升、任务完成、指标创优为着力点，实现健全责任体系、完善制度机制、优化发展环境的目标，推动企业健康、稳定、可持续发展。其内涵概括起来就是围绕“一个中心”，即促进领导干部责任落实，服务企业经营发展大局；做好“两个结合”，即问责与改进工作相结合，教育与惩戒相结合；提高“三种意识”，即提高管理意识、责任意识和担当意识。（见图 2 ）

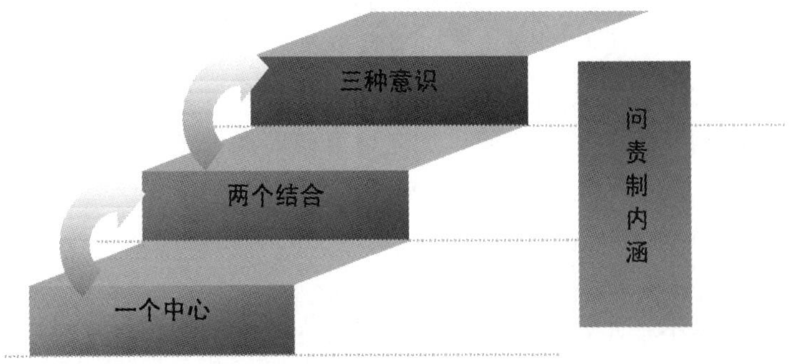

图 2

首钢矿业公司实施问责制的内涵和重点，随着企业经营管理目标的变化在不断丰富和发展，从权力问责向制度问责逐步过渡，在过渡过程中两种问责交织出现，目前基本上进入制度问责阶段。从启动问责的形式上，逐步由暴露问题实施问责，到发现问题实施问责，再到提出问题实施问责。在实施问责制

初期阶段，重点是对暴露的给企业造成损失或影响的事件、事故、问题等进行问责，着重分析责任单位主要领导在履职过程中，因主观原因造成的有意差错而进行的权力问责，解决干部有意过错和不作为的问题。随着领导干部责任意识的增强，有意差错逐渐减少，不作为的问题逐步得到杜绝，因为制度存在缺陷，领导干部非主观意愿的无意差错成为问责的焦点，通过问责健全完善制度，实现对领导干部无意差错的弥补。

领导干部问责制的特征主要体现在三个方面：

1. 追究领导干部责任是表现形式，最终目的是实现人与企业和谐发展。实施领导干部问责制是严格管理、严格带队伍的手段，"严格"能促进干部守制，"严格"能提高生产力、强化执行力。通过严格管理完成企业经营利润，提高职工收入，进而稳定职工队伍，促进企业良性发展，形成企业与职工和谐发展的局面。

2. 表面上是对领导干部的约束，实质上是管人、管事、管资产的有机统一。领导干部问责制，是对干部的约束和管控，其目的是提高责任意识和履职效能，加强高层领导干部队伍建设。同时，以堵塞管理漏洞，完善制度机制，促进企业管理水平提升为主线，通过闭环管控，循环推进，推动事业发展，实现国有资产保值增值，提升企业核心竞争能力。

3. 解决责任主体不明确的问题，健全完善责任体系。把责任贯穿问责制实施的全过程，明晰责任构成，健全责任体系，杜绝责任真空，真正实现人人有事干、事事有人管、确保各项责任落地。

三、大型国有矿山企业干部问责制度的设计与实施的主要做法

（一）领导干部问责制的创新点

首钢矿业公司领导干部问责制，在设计时借鉴了国家以及相关行业的问责制度，但更多地体现了企业的自身特点，尤其是围绕制度的科学性、公正性和有效性等方面进行了精心设计，其创新点主要体现在：

1. 问责内容和范围清晰，保证制度的公平性。首钢矿业公司所属的厂矿单位和职能部门，性质、地位、管辖范围（内容）、管理难度不尽相同，通过梳理归类具有共同属性的职责，包括保证国有资产保值增值、维权维利、维护稳定、安全生产、重点工作、重大事项、专业管理等等，纳入问责的适用内容和范围，实现了单位和职能部门因不履行职责而受到问责的机会相对均等，保证了制度的公平性。

2. 问责过程有监督，保证问责质量和公正性。首钢矿业公司充分考虑企业属性特点，在问责机构中除了组织、纪检监察部门外，还吸纳了企业管理部门，拓宽了问责调查的视角，突出了以提升企业管理水平为核心的导向。三个职能部门既有分工又有协作，既要相互配合也要相互监督，使问责过程公开、透明，保证了问责调查结果的客观性和真实性。在问责后的监督方面，从流程设计上增加跟踪回访、效果评估等环节，检验问责效果，实现管理闭环，避免了"一问了之、一罚了之"，保证了问责的有效性。

3. 问责力度大且真正落实，体现了严格管理的企业文化。首钢矿业公司领导干部问责制，经济处罚是最常用、最常见的问责方式，对被问责单位的惩罚真正落地，不搞平衡照顾。首钢矿业公司实施问责，在考核力度上比较大，问责小组提出经济处罚建议，首钢矿业公司经理班子研究决定后，责成劳动工资部门直接落实，传承严格管理的企业文化，体现了领导班子敢于严格考核，狠抓责任落实的决心。

（二）领导干部问责制的构建

1. 制度设计

2009年7月，首钢矿业公司颁发《领导干部问责制实施办法》，为实施问责提供制度依据。

（1）基本原则：问责制以客观事实为依据，坚持实事求是的精神，有错必纠的宗旨，严肃认真的态度。

（2）适用对象：按照一把抓、抓一把手的基本原则，把问责的对象直接明确为各厂矿单位党政主要领导、各处室（部门）处长（负责人）。

（3）成立问责领导小组。由矿业公司党委副书记任组长，成员单位由组织部、纪（监）委、企业管理处组成。领导小组的主要职责是，调查事件的过程，组织专家对管理问题进行诊断，对责任进行定性

界定，提出问责建议意见，对整改效果进行验收和评估。（见图3）

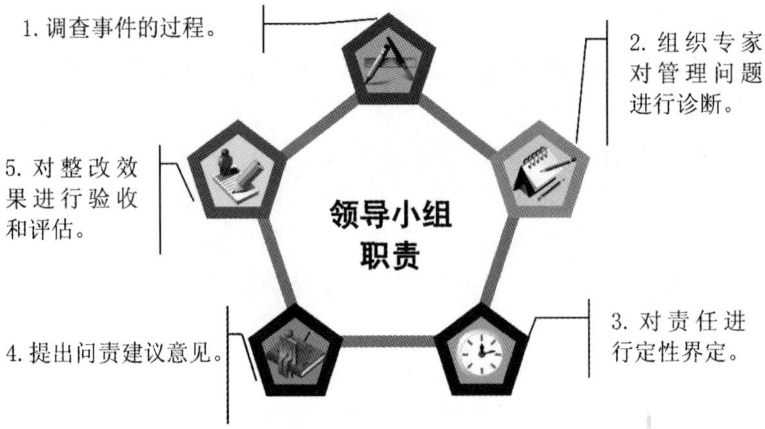

图3　矿业公司问责领导小组及职责分布图

（4）规定适用范围。根据问题发生的主客观因素，规定：工作不力，管理不善，未完成经营生产目标；主管工作、重点项目出现较大失误和严重漏洞；经营管理成果不真实，影响企业正常经营管理秩序；不能依法依规维护企业合法权益，导致国有资产流失；工作标准低、措施不得力，造成问题重复发生；不履行职责，造成较大损失或恶劣影响；本人及下属发生严重违法、违纪行为等11种问责情形。（见表1）

表 1　矿业公司领导干部问责制适用范围

序号	适用范围
1	不能认真执行党的方针政策、国家法律法规和两级公司的决议决策，影响全局工作，造成较为严重影响和后果的。
2	因工作不力，导致岗位责任制中明确规定或公司确定的重点工作、任务未能达到预期目标的；经营管理不善，所管单位或部门工作被动，且较长时间打不开局面，不能完成经营生产目标的。
3	主管的工作、重点项目管理上出现较大失误或严重漏洞；发生较大人身、设备、质量事故，对经营管理、安全生产、工程建设造成较大损失和影响的；违反决策程序、主观盲目决策，给企业经营管理造成影响和损失的。
4	不能严格执行国家有关法律、法规和企业规章制度，在外包外委、招标采购、奖励分配、选人用人等方面不按程序办事，弄虚作假，欺上瞒下，或泄露企业技术、商业秘密，给企业造成损失，在群众中造成影响的。
5	在经营生产过程中授意、指使或强令下属对财务、计量、统计、检验等基础数据进行人为修改或物资虚假出入库，致使经营管理成果不真实的；在对外经营或外事工作中签订虚假合同、协议等文书，影响企业正常经营管理秩序，或造成损失的；不严格执行逐级汇报制度，瞒报、虚报、迟报重大事件和重要情况，给公司决策造成影响的。

续表

序号	适用范围
6	不能依法依规维护企业合法权益，致使企业的土地、资源、资产等利益受到侵害，或违法侵害他人利益，致使本企业遭受损失的；发生重大物资被盗案件的；在企业改制、合并重组以及涉外经济活动过程中，违规操作，导致国有资产流失的。
7	对所管辖范围和相关领域存在的问题不能及时发现，长期得不到解决，或明知问题存在，不积极作为，给企业经营管理造成较大影响的。在上级部门对问题提出整改要求后，工作标准低、措施不得力，造成问题重复发生的。
8	在发生重大突发事件等事关生命财产安危的紧急时刻，拖延懈怠，不能履行职责，不按有关规定及时、有效进行处置，造成较大损失或恶劣影响的；管辖范围内发生较大规模不稳定事件，刻意回避矛盾，处置措施失当，导致矛盾激化或影响扩大的。
9	组织纪律性差，政令不通，跑风漏气，在领导班子中挑弄是非，闹无原则纠纷，严重影响班子团结，经上级教育仍无改进的。
10	不严格履行党风廉政建设责任制，本人有违法、违纪、违规行为的；对下属部门、人员监管不力，发生严重违法、违纪行为，造成严重后果或较大影响的。
11	问责领导小组认为应该进行问责的其他情形。

（5）确定问责方式。根据问题的情节轻重，依据国家法律法规、企业相关规章制度和党的纪律处分条例进行责任追究。包括责令作出书面检查，通报批评，落实考核，经济处罚追回奖励，责令引咎辞职，免职（解聘）或降职，给予党内纪律处分。这些方式可以单独适用，也可以合并适用。其中，作出党内纪律处分的，按照《中国共产党纪律处分条例》规定的程序办理。（见图4）

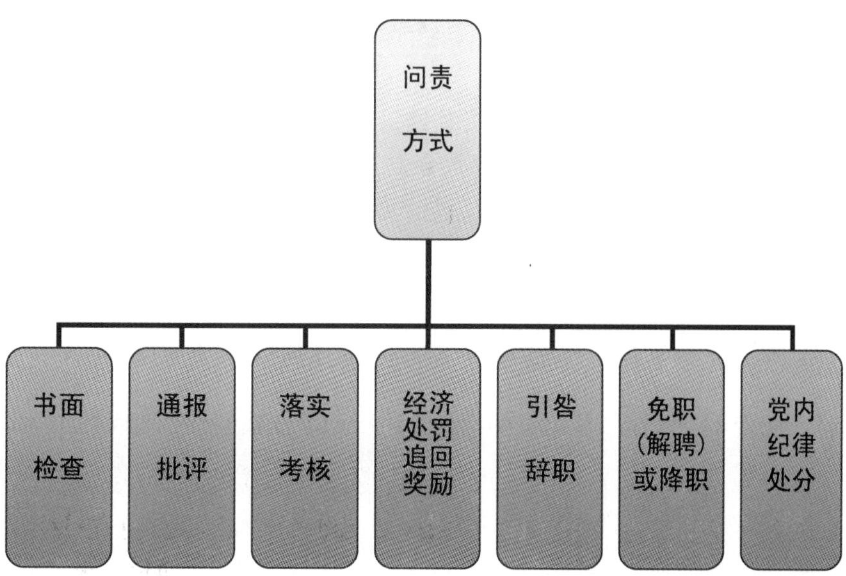

图4 矿业公司问责方式

（6）规范问责程序。即启动问责、调查核实、原因分析、界定责任、实施问责、跟踪回访、信息反馈、效果评估。

2. 运行流程

在实施领导干部问责制的实践中，不断完善问责环节，优化运行流程，形成具有自身特点的运行模式。（见图5）

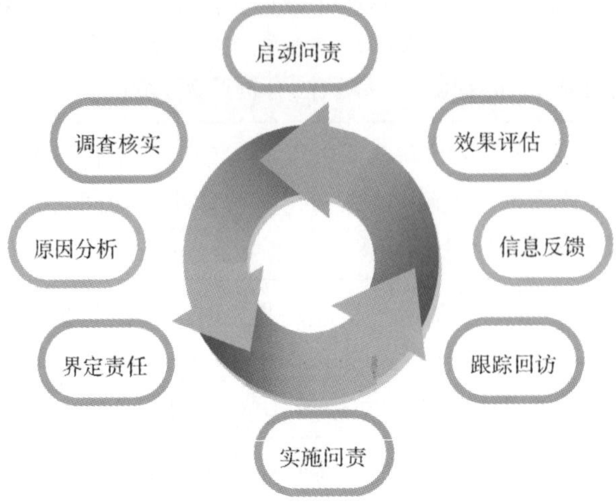

图5

（1）启动问责。针对经营管理、生产建设中暴露的问题，矿业公司召开经理办公会，做出问责决定，通知问责小组启动问责。问责小组组长组织召开会议，组织部、纪（监）委、企业管理处的部门领导参加，制定问责方案，指导问责开展。

（2）调查核实。问责小组深入现场开展调查核实，了解事件发生的整个过程，留下现场影像资料。查阅相关基础工作，包括方案、计划、标准、台账、报表、图纸、会议记录等相关资料。与责任单位（部门）的主要领导座谈，了解其对问题的认识。

（3）原因分析。问责小组召开会议，针对责任事件，是领导班子或领导干部工作失误还是工作失职，客观公正的作出分析和评判，形成调查分析材料，并征求责任单位（部门）主要领导的意见。

（4）界定责任。问责小组根据问题的性质、损失、影响等，提出责令作出书面检查、通报批评、落实考核、追回奖励、责令引咎辞职、免职或降职、给予党内纪律处分等形式之一或并用的责任追究建议意见，上报矿业公司经理办公会审议。

（5）实施问责。下发问责通知书，提出问责意见，明确整改要求，追究相关人员责任，报公司问责小组备案。完善问责发布材料，在矿业公司干部大会上发布或在公司局域网公布，实现信息共享，组织各单位领导干部学习讨论，吸取教训，举一反三，扩大问责效应。

（6）跟踪回访。问责结束一个月后，问责小组对被问责单位（部门）进行跟踪回访，与责任单位主要领导座谈交流，调研整改情况，协调解决难点问题，改进不足，提升管理。

（7）信息反馈。被问责单位将整改进展及效果，按月向问责领导小组反馈，直至问题整改彻底，经验收达标合格为止。

（8）效果评估。问责小组根据责任单位的申请，组织相关专家进行验收和效果评估，对问责整改效果进行客观评价。

3. 保证机制

在领导干部问责制运行过程中，建立了一套与之相匹配的保证机制，以提高问责的质量和效果。（见图6）

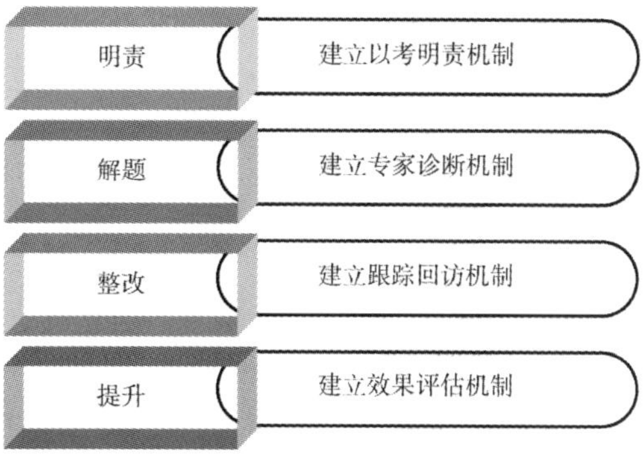

图6

（1）明责——建立以考明责机制。领导干部责任体系包括工效挂钩包保核方案、岗位责任制、党风廉政建设责任制、专业处室管理职责等一系列管理制度。完善工效挂钩包保核方案，每年第四季度末，结合年度工效挂钩包保核运行情况，完善下一年度工效挂钩包保核方案，明确新的包干任务、确保任务、工效挂钩办法；完善岗位责任制，每年年初修订岗位责任制，执行过程中进行动态完善，完善基本职责、基本流程、基本制度、基础工作，达到责任清、流程清、标准清、奖罚清的“四清”要求；完善党风廉政建设责任制，把党风廉政建设与经营生产、企业管理紧密结合，敦促领导干部履行一岗双责；完善专业处室管理职责，根据增减业务、机构变化、新增项目等，界定职责，明确分工，适应现代管理要求。每年组织一次以上述内容为核心的领导干部责任制知识考试，以考促学、以学明责，加深领导干部对责任的认识、理解和掌握，进而主动落实责任。

（2）解题——建立专家诊断机制。问责结果发布或公布之前，矿业公司领导班子召开专题会议，就问责结果进行讨论，统一思想，引起重视，达成共识。所谓“专家诊断”机制是指，对于题专业技术性比较强的问题，组织相关专业的技术专家、技术带头人进行“把脉”找准问题症结，有的放矢进行施治；涉及综合管理的，吸纳各个专业的权威人士进行“会诊”，制定标本兼治的解决措施；涉及新领域的，或发展中遇到的新问题、新情况时，外请或外聘专家、学者进行“解剖”，提出前瞻性的解决思路。

（3）整改——建立跟踪回访机制。将暴露出的管理问题，以效能监察整改通知书的形式，发至责任单位，明确整改标准和时限。监察部门每月到责任单位了解整改进展情况，责任单位按月反馈整改信息，把问题整改落实到位，做实、做细，做出成效。

（4）提升——建立效果评估机制。整改工作结束后，责任单位向矿业公司问责领导小组递交验收申请，问责小组组织相关部门人员，以及技术、管理方面的专家和带头人，对整改情况进行验收，验收内容包括：措施是否具体、责任是否明确、制度是否完善、标准是否清晰、落实是否到位、效果是否真实。组织部门结合整改效果，对责任单位领导干部的工作作风、责任落实等情况做出客观公正的考核评价，矿业公司领导将评价结果与该单位领导班子成员见面，诫勉谈话，改进不足。

（三）组织实施

为了保证领导干部问责制真正落地，首钢矿业公司以预期效果为导向，坚持从源头上科学设计，过程中改进优化，在关键环节强化组织实施。

图7

1. 源头设计——选取代表性强，有典型意义的案例进行问责。大众化的管理问题更容易产生共鸣。首钢矿业公司针对经营管理中暴露出的各类问题，既不搞上纲上线，也不让大事化小，确立了小问题简单分析，大问题重点分析，个性问题单独分析，共性问题全面分析的原则，确定有普遍性、有代表性的问题实施问责，保证问责的效应最大化。例如，2010年，首钢矿业公司发生地方民营企业侵界建房、盗挖土线资源等问题比较多，领导班子从国有企业领导干部不仅要有依法依规经营的意识，还要有依法依规维权维利的责任意识出发，以维权维利责任不落实为依据实施问责，在各级领导干部中产生较大反响，收到了较好效果。

2. 过程优化——搭建反思找差平台，不断完善领导干部问责制的运行体系。每次实施问责之后，首钢矿业公司组织问责小组成员单位及领导干部代表进行座谈，围绕“问责的点是否覆盖到位”、“受到问责的人思想认识是否到位”、“问题整改是否到位”、“问责运行流程是否完备”等进行交流研讨，针对存在的问题，持续加以改进和完善。例如，针对问责后，个别单位在整改时缺乏标准和时限的问题，在问责运行流程增加了验收达标和效果评估环节，实现了管理的闭环控制，保证了问责的时效性。

3. 结果导向——注重堵塞管理漏洞，健全完善制度体系。首钢矿业公司评估实施问责制效果的主要标准之一，就是将管理漏洞纳入制度进行管控，管理职责实现无缝衔接，责任真空得到消除，制度体系和责任体系建设有成效。例如，物资公司发生油库职工盗卖柴油事件，问题发生的根源主要是制度缺陷和责任缺失。问责后，物资公司举一反三，除围绕油料进库、保管、出库、计量、损耗管理、盘库等环节进行系统分析，对原有制度进行补充完善，同时还查找电缆、钢材等物资管理中存在的漏洞，修订完善相关制度5项，为最大限度地降低物资流失风险提供了管控依据。

四、大型国有矿山企业干部问责制度的设计与实施的效果

领导干部履职尽责意识明显增强，形成了人与企业和谐发展的局面。通过实施领导干部问责制，达到了“问责一人、教育一片”的效果，领导干部在其职负其责，想事、干事、成事、不出事的思想认识深入人心，责任意识、忧患意识普遍增强，通过落实逐级负责制、专业负责制、业主负责制，形成了一级抓一级、一级保一级的责任保证体系，首钢矿业公司启动问责的次数呈现逐年下降趋势。近几年来，首钢矿业公司内部经营生产顺稳，没有发生有影响的不稳定事件，安全生产事故逐年下降，2011年以来保持了事故为零的局面；辽宁丹东、河北承德地区的外部资源产业步入良性发展轨道，成为首钢矿业公司利润增长点，辽宁丹东外派团队负责人还被评为丹东市优秀青年企业家，形成了事业造就干部、干部成就事业的良好氛围。（图8）

2009年以来矿业公司问责情况趋势图

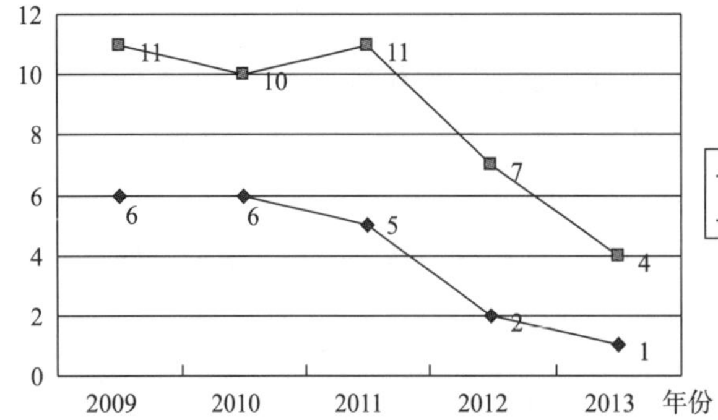

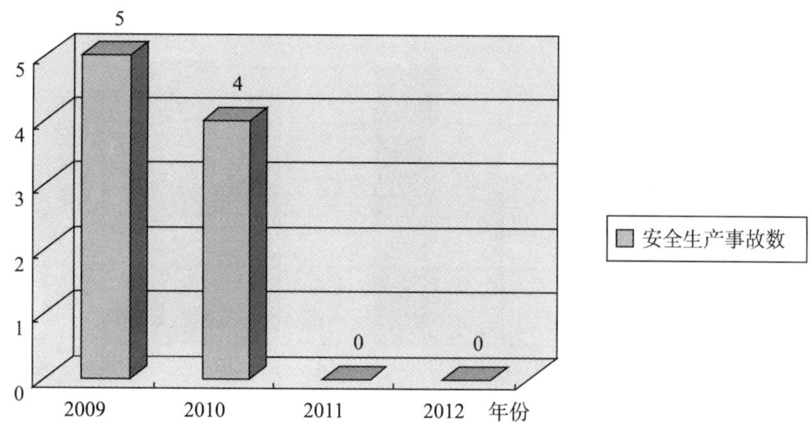

图8

领导干部的管理意识得到增强，经营管理效能显著提高。实施领导干部问责制与改进工作相结合，先后建立完善专业管理制度20余项，制定整改措施70余条。同时，各专业职能部门主动查找分析专业管理中的漏洞，加强制度建设，建立健全相关制度49项，企业整体管理水平得到提升，技术、设备、能源、信息化等多项专业管理走在行业的前列，经营生产和技术经济指标达到好水平。（图9）

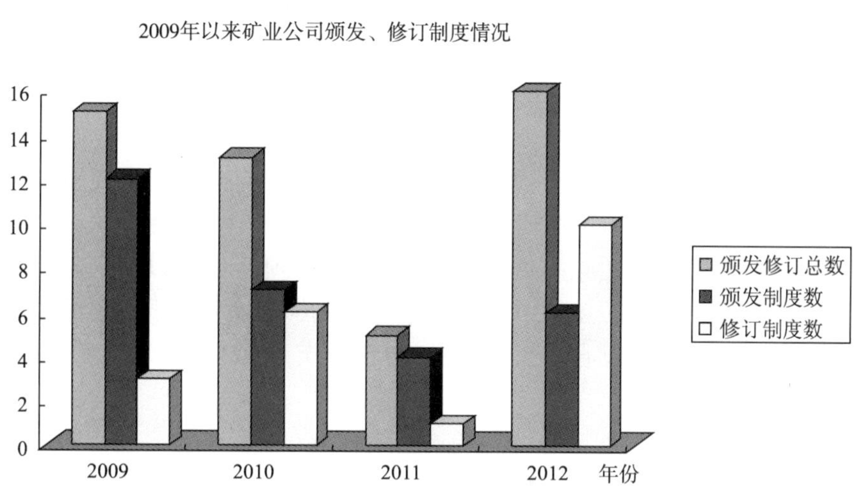

图9

2010—2012年，自产精矿粉产量、销售收入、利润连续3年超计划完成，多项技术经济指标保持同行业领先水平，较好地发挥了首钢原料基地的作用，为首钢转型发展做出了积极贡献。（图10）

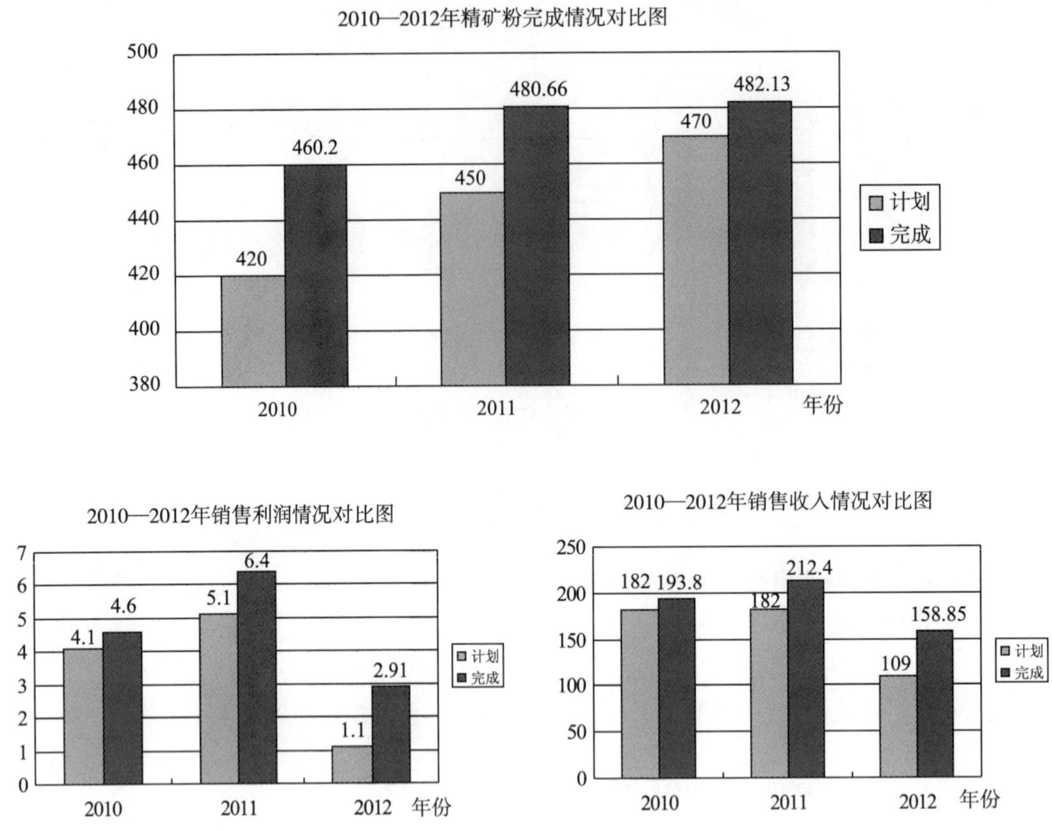

图10

干部管理制度体系得到丰富，强化了干部监督管理。领导干部问责制是责任追究机制的一种延伸和补充，健全了干部管理制度体系。针对外派干部履职行为中存在的问题，建立了对外投资企业领导干部信访受理、查办的相关制度，进一步强化了干部的监督管理。实施问责制以来，先后对产品质量、维权维利、物资管理等20项问题进行调查，对43个次单位、部门的60名次党政主要领导和负责人予以问责。问责与干部日常考察、年终评价有机结合，互相促进，互为补充，提高了干部管理水平。

成果创造人：郝树华　吴　林　董　伟　姚　峰　李　昕　袁存厚　赵艳春　张大为　韩绍春

大型钢铁企业备件全寿命周期管理体系的构建与实践

首钢京唐钢铁联合有限责任公司
荣获第二十八届北京市企业管理现代化创新成果一等奖

2005年2月国家发改委批准首钢、唐钢在唐山曹妃甸工业区建设一个具有国际先进水平的钢铁联合企业——首钢京唐钢铁联合有限责任公司，这也是首钢搬迁的载体。该项目的建设有利于落实北京市城市总体规划、促进华北和环渤海地区钢铁布局调整、提高我国钢铁工业高端产品的整体竞争力，为我国发展循环经济、建设节约型社会，具有重要的现实意义和深远的历史意义。

国家多位领导对首钢京唐钢铁公司项目的建设做出了重要批示：项目建设要按照“高起点、高标准、高要求”的建厂方针，以“产品一流、技术一流、环境一流、效益一流”为建厂目标。

首钢京唐钢铁联合有限责任公司钢铁厂2008年建成投产，拥有2座5500m^{3}高炉、5座300吨的转炉及4台大型高效板坯连铸机，两条宽度分别为2250mm和1580mm的热轧生产线，3条宽度分别为2230mm、1700mm和1420mm的冷轧生产线。年设计生产铁水898万吨，优质钢坯970万吨，热轧板和汽车，家电用冷轧板材913万吨。

首钢京唐公司将成为国内第一个集成先进大型高炉、洁净炼钢生产、优质热轧和冷轧板材技术于一身，并成为世界上从高炉出铁到最终板材产品生产全流程周期最短、节能、高效的大型钢铁联合企业之一。

一、大型钢铁企业备件全寿命周期管理体系的构建与实践的背景

备件指为恢复设备的功能和精度而需的所有零部件，备件的质量直接影响产线的稳定，备件的寿命直接影响产线的成本，设备备件的全寿命周期管理是紧紧围绕“稳定和成本”这个核心工作开展的。

（一）宏观背景

1. 近年来我国钢铁企业产能增长和释放加快，全行业已进入微利时代，企业间同质化竞争更加激烈，京唐公司同样面临严峻的市场挑战。

2. 京唐公司每年的生产运行和维护投入约5亿元设备备件费。“减低消耗、减低库存、提高寿命”促使京唐公司积极推进备件的全寿命周期管理体系的构建和实践，释放内部潜能和促进设备管理升级。

3. 设备管理已形成以信息化技术为依托的设备管理架构，为设备全寿命周期管理的构建和实践打下了基础。

（二）项目的现状

目前国内各大企业在以ERP和EAM、MRO、PLM等为基础的设备资产管理、制造、维修领域上有许多好的应用和开发，在大型冶金联合企业中也有广泛的应用。但首钢京唐结合自身的设备管理特点，以SAP-ERP为基础，对京唐公司设备备件管理领域进行了全流程再造，以备件寿命周期的过程控制为中心而开发的全寿命周期管理系统，无论在实际的应用还是取得的良好效果，都已提升了京唐公司的设备管理水平。为今后设备全系统的管理流程模式建立，奠定了基础和树立了信心。

（三）项目实施方向和需解决的问题

1. 立足于首钢京唐公司大型钢铁联合企业的设备备件管理范围的“全流程”化，实现公司从原燃料供应设备、炼铁（包含球团、烧结）、炼钢连铸、热轧、冷轧、码头和运输设备备件使用中的全流程全寿命管控。

2. 提高基层员工备件全寿命管理思想认识。以“全业务”上升为“全流程”作为管理发展思路，将备件全寿命周期管理的业务理念由高层思想真正落实到“全员”的实际工作流程中。

3. 改变以往人工管理操作与系统管理操作共同参与的“半联动”流程管理模式。实施流程再造，解决现场的需求、备件计划、采购合同、供货时间、仓储回收、修复利用、费用控制之间的矛盾交叉，形成备件管理前后业务之间的搭接和共享。

4. 备件全寿命周期管理是以信息化为依托，拓展全业务流程设备备件的数据关联和共享是创新的关键点。

5. 构建以设备的运行状态管理为中心、以点检定修为保证的全寿命管理思路，所有的管理都围绕备件在设备运行的状态信息为核心进行。

鉴于以上备件管理工作中反映的问题，首钢京唐公司越发认识到，深化设备备件管理内涵，通过以信息化为基础的设备备件的全寿命周期管理，实现其“物尽其用、降本增效”，是“创新驱动转型发展”的一条必由之路。

二、大型钢铁企业备件全寿命周期管理体系的构建与实践的内涵与特征

（一）内涵

本课题的构建，是以创建设备备件全寿命周期管理的理论思想为指导，以整合优化业务流程、创新备件业务信息化为基础，以设备运行状态的源头控制为出发点，以备件采购业务场景为平台，实现备件采购周期的可追溯性。同时以创新备件合同管理电子化为支撑，以搭建备件仓储、配送专业化管理的快速通道，以创新性的机旁备件管理促效益，以标准化检修的项目、备件联控为合力，以强化备件修复管理为助推，以监控备件使用状态为手段，以建立废旧物资回收和再利用为辅助。在此基础上构建的一个全流程、高效联动、完整闭环、信息化的大型钢铁企业备件全寿命周期管理体系。

（二）特征

1. 学习借鉴与完善创新相结合，使管理体系更具先进性与实效性

通过广泛开展同行业对标挖潜工作，在充分吸收国内外大型钢铁企业备件管理的先进思想理念与成功模式的基础上，注入首钢京唐公司自身的备件管理实际经验，并进一步大胆完善创新。使京唐公司备件全寿命周期管理的内容更加丰富、实施更合理，体现了较好的经济性、先进性和适应性。

2. 全员化和全流程化相结合，使体系更具整体性和丰富性

根据京唐公司现场备件管理的特征，充分发挥整体创新思路。在管理层级上，将设备部的设备运行管理、备件专业管理和各作业部点检定修的运行、维护管理开创性的相搭接，纳入备件全寿命周期管理体系中。在执行层级上设备备件专业的区域采购管理人员和作业部的专业备件及点检工程师相搭接。以此更完善和丰富了全流程与全员化相结合的内容。

3. 流程再造和信息化相结合，使管理体系更具高效化和现代化水平

为了构建管理体系，从设备备件的使用点检管理开始到其报废的全过程，重新梳理了84项管理制度和流程。为全寿命周期管理奠定了基础的路径。通过管理人员的组织调整，合理进行人员配置，从而使新流程管理更加合理通畅。通过集成使用现有的设备信息化系统为手段，进一步拓宽了信息化在设备备件全寿命周期管理流程中的运用的广度和深度，创新了管理手段。通过信息化的管理数据查询、汇总、提示、分析及报表的生成，体现出管理体系的高效性和现代化水平。

三、大型钢铁企业备件全寿命周期管理体系的构建与实践的主要做法

在备件全寿命周期系统实施中，首钢京唐公司以紧紧围绕全寿命管理为核心，以状态管理为依据，在实践中集成了六大管理系统（见图1）。依靠信息化平台，使之有机融合，在设备备件所处的不同状态时期都得到有效的管理和数据的交互。

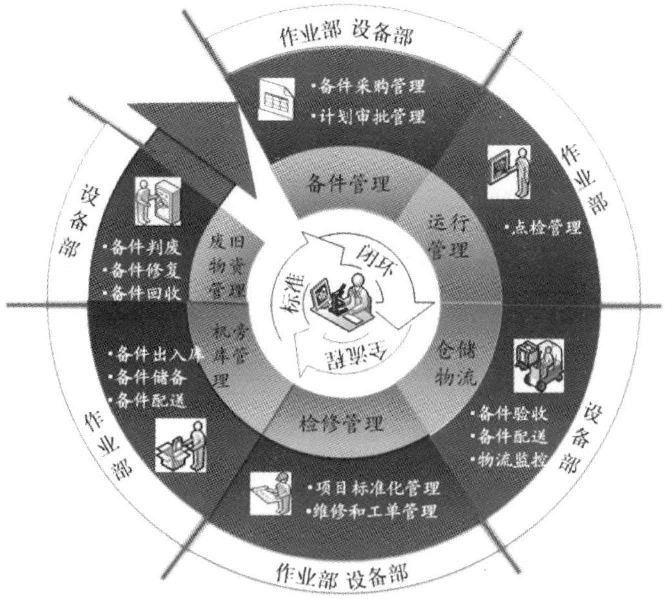

图1　备件全寿命周期管理示意

强化设备点检工作的管控，点检人员依据4大标准（点检、给油脂、维修技术和维修作业标准）对设备点检信息常态化的掌控（见图2），为备件的使用消耗和周转提供了信息的源头。

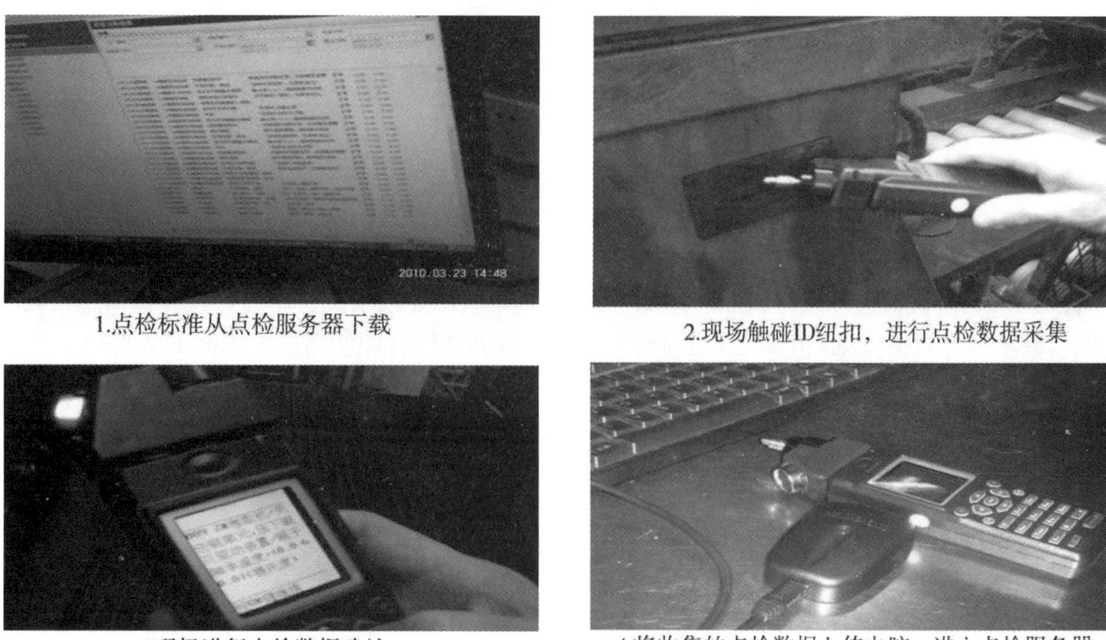

1.点检标准从点检服务器下载　2.现场触碰ID纽扣，进行点检数据采集

3.现场进行点检数据确认　4.将收集的点检数据上传电脑，进入点检服务器

图2　点检管理系统现场操作过程展示

1. 点检管理系统实现了在线点检数据信息化统计、浏览，便于记录、整合、上传、分析数据信息。

2. 建立数据交换接口，实现异常点检数据上传SAP-ERP系统功能，完成与四级系统的异常点检数据共享（见图3），为SAP-ERP系统备件的采购或领用提供了准确的点检源头信息，确保设备消耗件上存在信息依据（见图4）。

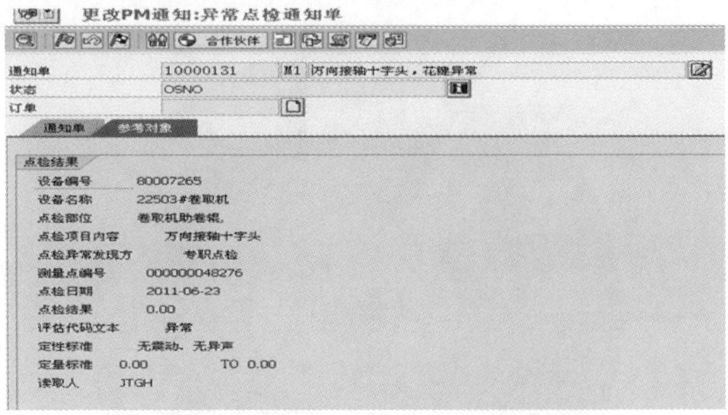

点检信息系统上传至ERP系统中的异常点检数据

图3 现场异常点检数据联动管理

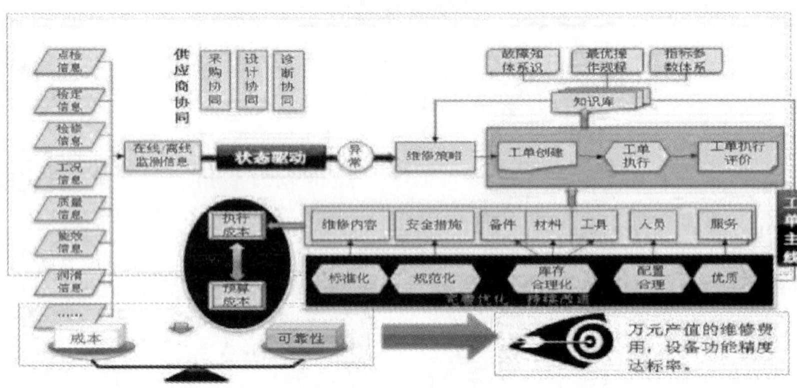

图4 点检和备件管理的联动关系

（一）创新检修实施和备件管理的联动

1. 点检定修制是设备良好运行状态的保证（见图5）。利用点检系统，掌握点检异常信息，同时监控设备故障、缺陷信息数据（见图6），为安排计划检修项目和备件合理使用提供依据（见图7）。

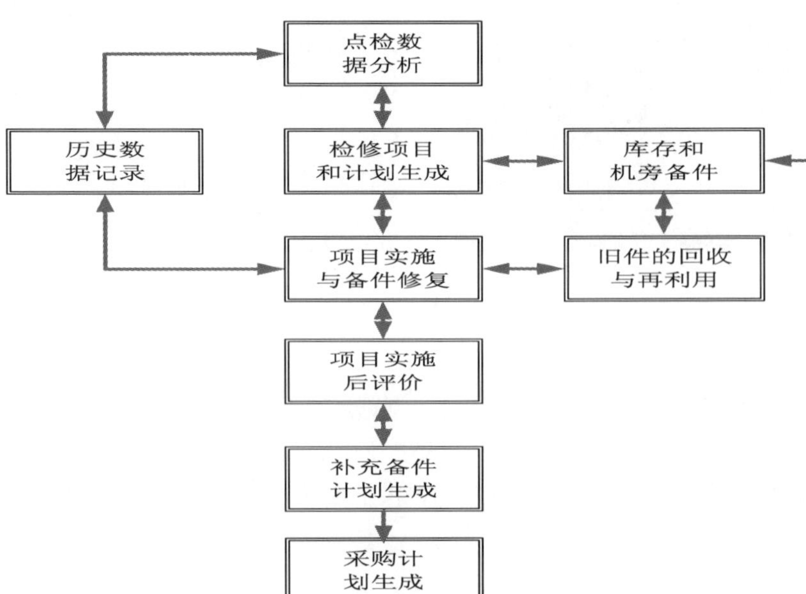

图5 检修和备件关联流程框图

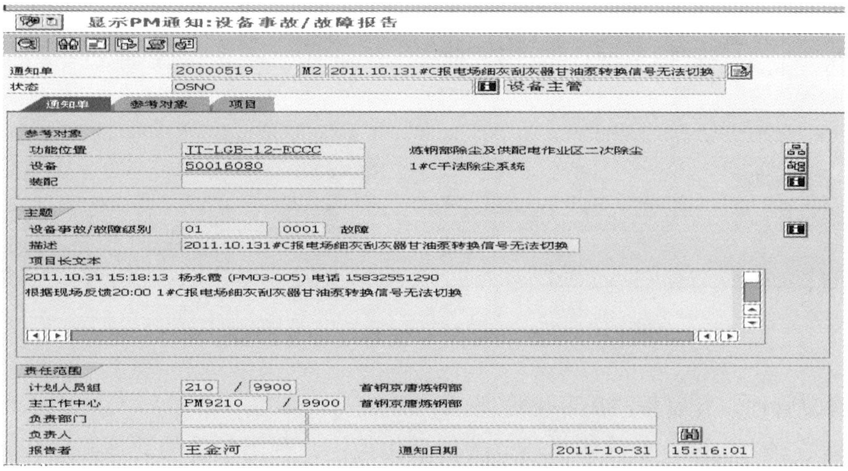

图6 设备事故/故障标准通知单

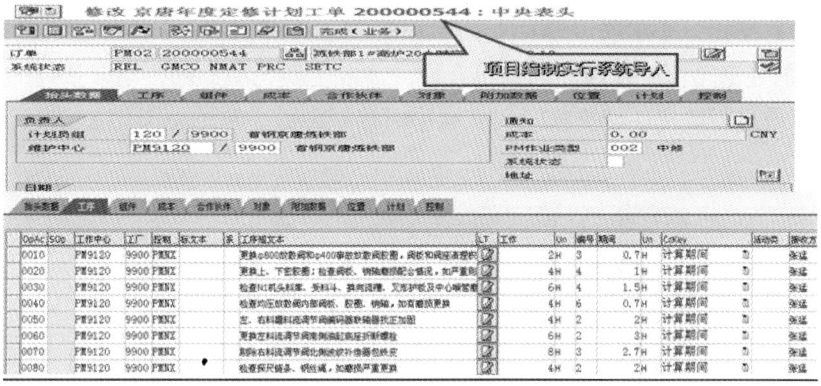

图7 检修项目标准化管理

2. 推行检修标准化，落实检修备件信息。通过检修工单管理，对日常检修及其项目实施标准化。使关联的备件消耗相当固定（见图8）。再针对点检分析的问题安排补充项目。所有的检修项目和计划的生成，都关联和查询到相应设备项目的备件型号、消耗数量、价格、上下线的时间、更换的历史数据等信息数据。使检修项目和备件消耗、库存（包括机旁备件）数据有机联动（见图9），以达到备件使用消耗的最优化。为今后进行周期性项目汇总、备件消耗分析等提供依据。

炼钢部3#连铸机 2013 年 4 月24 日24 小时系统检修计划综合汇总表

机械 39项，电气 15 项，自动化 10 项

序号	区域	项目名称	项目属性（功能改造/改造/抢修/年修）	第一天			行车配合	点检员	计划工时		动火证	高危项目	施工单位	备件准备情况						维检施工人员	备注
				6	16	24			人	时h				物料编码	物料（备件/材料）描述	数量	金额（数量*单价元）	备件来源（新购/已到中心库/机旁/0库存）	校核人		
24	事故水箱及事故水管	检查更换阀门、止回阀；事故水管处理	年修					朱腾岭	4	4			首建二								
25	液压润滑	更换大包转台2#叉臂油缸1台	年修					孙振苍	8	24			首建二	6603101091	大包升降液压缸5.259544.M	1	993723	已到中心库	孙振苍		
26	液压润滑	检测大包转台液压旋转接头各油路工作状况；紧固各部油管接头、法兰螺栓。	年修					孙振仓	2	2			首建二						孙振仓		
27	液压润滑	打开CH1主回油过滤器（在线），检查、更换滤芯。	年修					孙振仓	1	1			首建二	6603301012 6603301009	滤芯2600、R、003、BN4HC 滤芯1300、R、005、BN4HC	2 2	4006 1892	0库存 0库存	孙振仓		
28	液压润滑	检查钢包滑动水口事故关闭及大包事故旋转（停CH1液压站）；紧固钢包包盖旋转油缸和升降油缸缸头及地脚螺栓；检查、更换包盖升降、旋转液压缸高压软管。检查、更换滑动水口油缸高压软管及防护套，拆下油缸杆头，检查螺纹磨损情况。紧固倾斜油缸各部接头，检查更	年修					孙振仓	2	3			首建二						孙振仓		
34	液压润滑	更换双流扇形段破损、老化高压软管。	年修					张志利	1	4			首建二	6602204097 6602204095	胶管总成0J12-4SP-3500 胶管总成0J20-4SP-3500	20 20	1058 1409	0库存 0库存	张志利		
35	液压润滑	动态检查1-3段驱动缸缸头有无松动现象。	年修					张志利	1	2			首建二						张志利		
36	液压润滑	动态检查切割移动辊道辊油缸和高压胶管有无漏油、渗油；紧固切割摆动辊油缸缸头。	年修					董伟	2	2			首建二						董伟		
37	液压润滑	检查升降挡板、操板台、卸板台横移车油缸和油管有无漏油、渗油。	年修					董伟	2	4			首建二						董伟		
38	液压润滑	手动摘阀检查出坯区各升降挡板油缸有无内泄现象。	年修					董伟	2	2			首建二						董伟		

图8 检修备件与检修项目的匹配

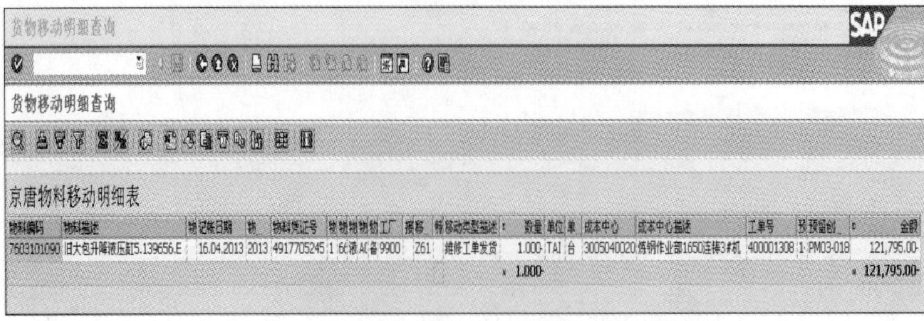

图9　工单备件发货与机旁库联动

3. 强化备件修复管理，开展备件长寿化管理。

依据点检信息数据为支撑，备件修复环节的信息化管控，利用备件的数据筛选和异常点分析。为备件采购中的管理方式和技术改进，提高备件寿命周期提供了业务支撑。

（1）例如在2012年根据炼钢部连铸机扇形段检修的备件消耗高的系统数据进行分析，对标宝钢同类机型的消耗，对修复模式进行创新和修复。和维检单位制定了按照吨钢进行制造、维修、维护、管理、信息反馈的集成化检修模式，全年扇形段备件消耗减低了5.2元/吨钢。

（2）例如高炉的气密箱由于锥段的结构不合理，造成更换无法拆卸，结合备件的异常信息反馈，在备件修复制造中对锥段进行改进，使更换时间从84小时缩短为47小时（见图10）。

图10　气密箱更换

（3）烧结机台车篦条及隔热件长寿化，炼铁部两条烧结产线共有台车324套，原使用寿命短（10个月），通过攻关，将篦条及隔热件材质全部升级为耐磨性能好的Cr26Ni1，改造修复后的使用寿命达到14个月以上，每年可降低备件费508800元。同时，由于使用寿命的提高，原来每年需更换篦条及隔热件1.2次，约需停产检修时间2.4天；现在只需更换0.86次，约需停产检修1.72天。可减少检修人工费160万元并增加烧结矿产量20000吨。

（4）原料厂堆取料机料斗改造，原备件为普碳钢材质的料斗及斗齿，寿命在一个月。经和专业公司研制使用进口耐磨钢板焊接，寿命可达18个月，每台取料机每年可节约费用794016元。

（二）整合优化流程、创新备件“采购管理”

1. 结合备件业务管理流程的要求，制定了分作业部、分专业类别的采购计划管理，设定采购计划分级审批管理权限，并开辟了用于备件附加信息说明的备注管理，明确了备件“身份”。

2. 将设备备件定额管理、备件采购管理和合同管理进行流程的优化和数据共享，按照备件采购管理流程分解为七部分（见图11）。达到分工明确，管理流程通畅。

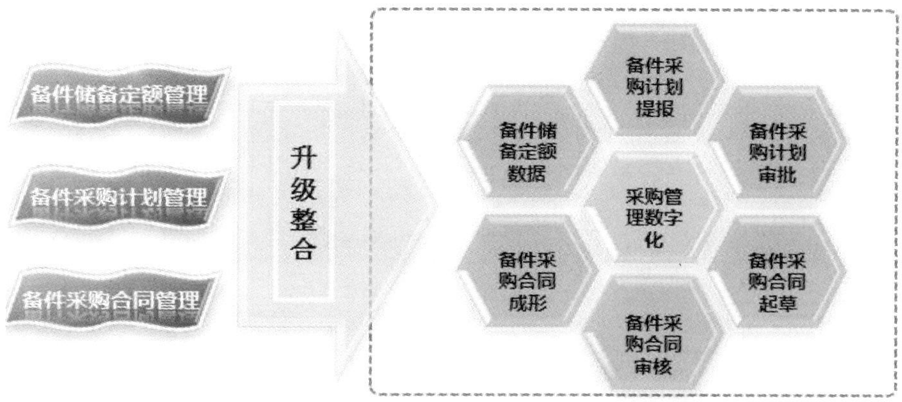

图11 管理流程七部分示意

3. 根据设备运行、技改和改善工作，不断补充系统备件主数据，使数据描述符合备件的功能。

根据装用量合理制定备件定额、提报备件采购计划、审核计划，为确定采购量和进货时间提供依据。

根据装用量，掌握和调节备件库存结构，使之适应生产需求，并保持备件储备在合理水平。

4. 根据装用量确定备件仓储条件和定额，进行仓库合理规划。目前京唐公司已经完成备件储备定额78954条，备件消耗定额4.1万条。

5. 提升备件内部管理，打通计划和采购订单管理的协同。

打通备件采购计划与备件采购订单的内容关联，执行系统备件采购计划和采购订单线上审批功能（见图12和图13）。实现了备件采购计划执行过程的跟踪。

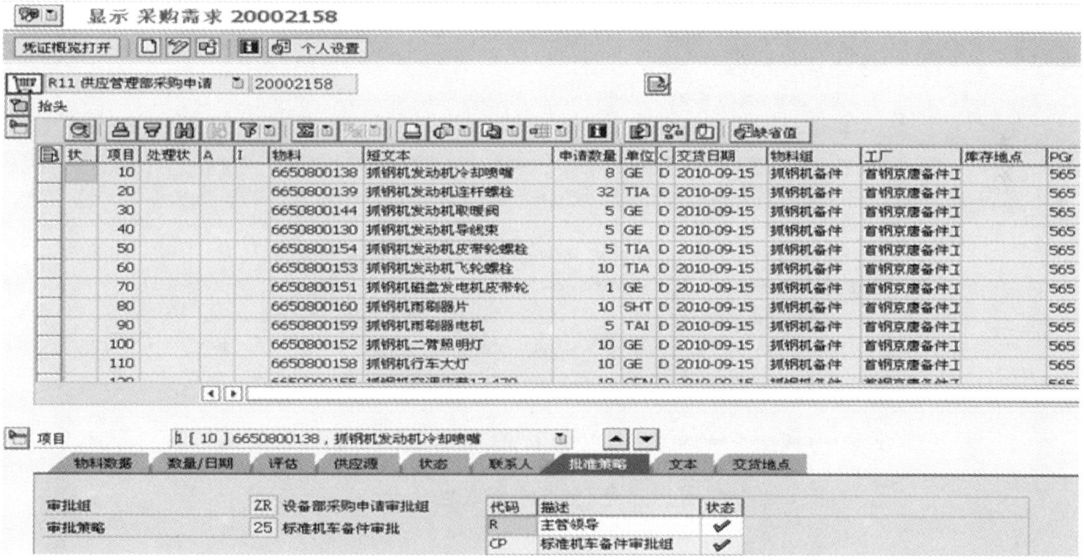

ERP 系统备件采购计划提报和审批界面演示

图12 采购计划

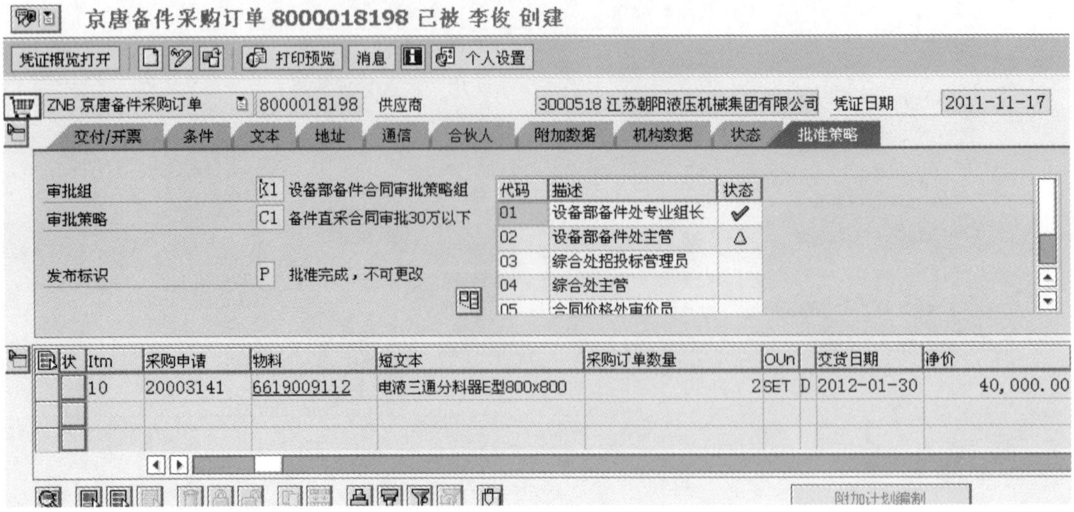

图13 采购订单审批管理

6. 创新备件合同管理，实现合同电子化

实现打印备件合同电子化功能（见图14），并与采购合同审批管理实现制约关联，形成系统打印合同的防伪设计，取消纸质合同审核工作，提升备件合同管理层次。方便合同的管理。

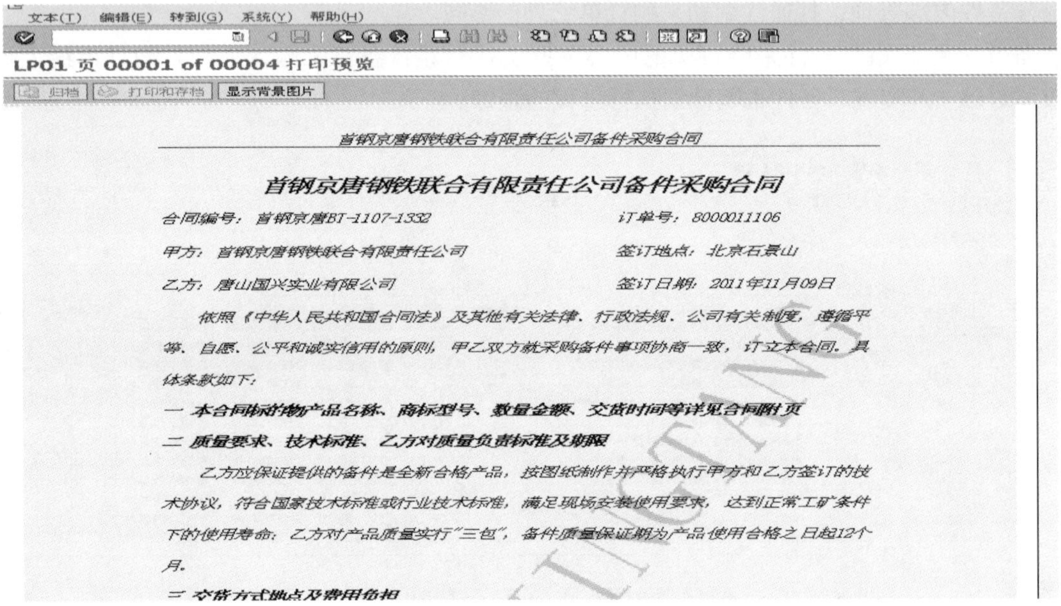

图14 备件合同生成电子化

（三）搭建备件仓储、配送的专业化和高效化

1. 为流程搭建一个操作专业化强、业务流程执行度高的仓储和配送管理平台，实现仓储备件周转高效，满足库房快速、准确地定位物资的位置（见图15）。采取条码扫描移动技术，快速实现备件出入库的需求，降低备件领用时间，建立了高效化、专业化的备件仓储管理信息化交互平台。

图15　设备仓储库容及库内物资管理操作展示

2. 首钢京唐公司仓储配送管理信息系统，提供标准化、规范化的备件仓储管理作业流程，主要包括：备件采购入库、备件库内物流、备件配送出库管理。实现仓储配送管理的标准化作业，库管人员可以在作业过程中严格遵守作业计划，规范作业流程。

（1）仓储作业计划层管理。

以验收、组盘、移库、保养、拣选等业务场景为主，可进行备件合理的仓库调用，安排作业任务，并将任务细化到工作项中最小单位，做到备件仓储管理精细化、全寿命化。形成最终计划的同时，并产生如验收单、组盘单、移库单、拣选单等电子业务单据，将业务从数据层面进行切割，可进行按业务场景划分的数据追踪（见图16）。

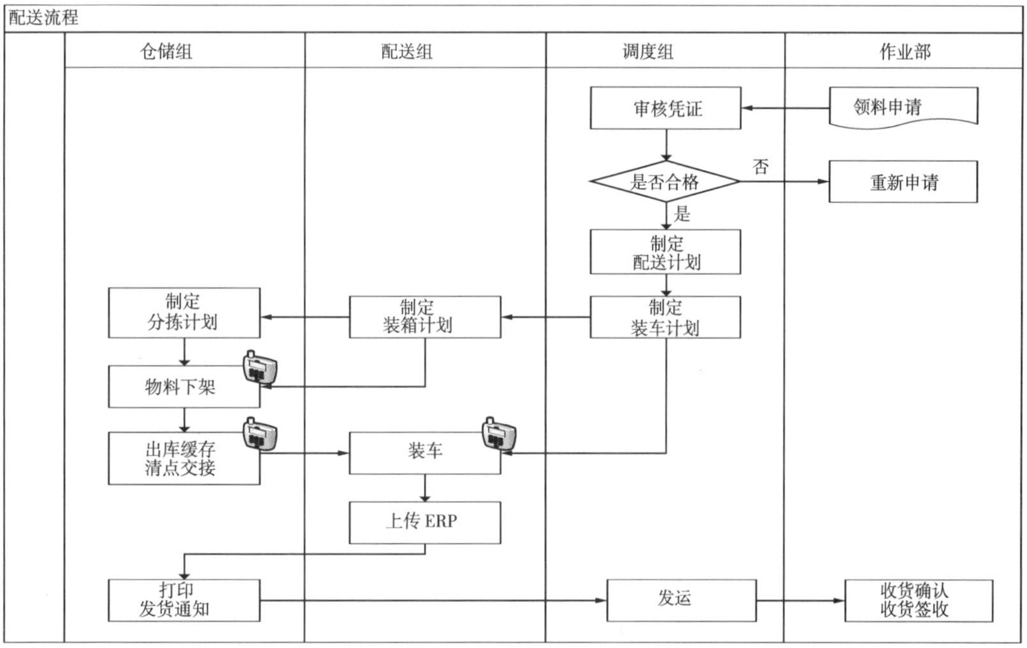

图16　备件仓储配送信息系统配送业务流程图

（2）仓储作业执行层面。

可有效指导现场人员进行实际作业，将计划执行结果反馈到相应业务单据，可分析出计划与实际作业的执行偏差，分析实际执行过程中，是否达到预期管理要求，提高作业精度（见图17）。降低如错发、漏发等人为因素而产生的额外运营成本。

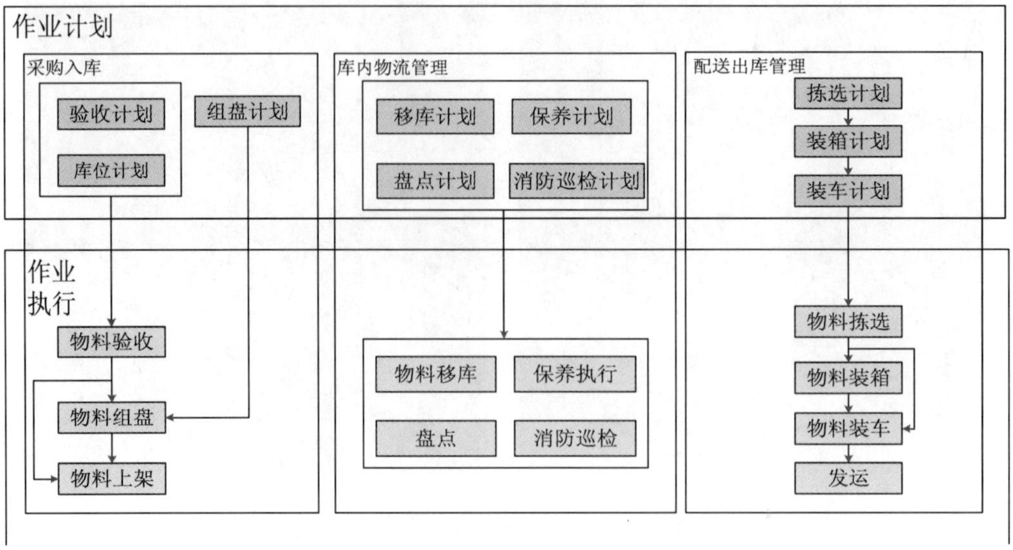

图17　备件仓储配送信息系统业务流程

以配送出库流程为例，根据需求计划制定相应配送计划，仓库再制定具体的分拣计划。取货下架后，根据装车、装箱计划交予配送组进行装箱装车，将严格执行计划的理念贯彻业务始终，通过计划指导提高作业效率，规范了岗位操作，为实现备件全寿命周期管理的目标奠定了良好的仓储条件基础。

（四）创新机旁备件管理，减低物料的消耗

1. 强化现场管理工作，提升机旁备件现场管理专业化水平。组织技术人员和仓储人员深入机旁备件存放地点，检查规范现场管理（见图18）。建立实物明细台账、物资卡片、机旁备件卫生和废旧件回收保存四大管理标准化。

图18　现场机旁备件区

2. 创新机旁备件管理实施平台。

（1）合理的日常更换件的机旁储备是工厂连续化生产的保证，它可以快速化解突发故障的备件需求。京唐公司创新地提出借助ERP管理信息系统打造机旁备件管理平台，提升检修物料准备空间，缩短因备件领用周转而耽误的检修时间，实现全面监控各作业部机旁备件存放的型号、位置、数量和实物价值。

（2）实现机旁备件实物价值管理，为现场维修成本决策提供直观参考，实现了备件自动入现场机旁的技术和机旁物资价值的可追溯性，丰富了备件全寿命周期管理的内容，同时为维修成本决策提供实时数据。通过系统平台将数据分类归集，实现备件主数据、机旁存放地主数据、设备主数据的有机结合，构建完整的、科学的备件管理体系。利用机旁数据库可有效控制和分析设备消耗的合理性，使机旁设备真正是现场日常急需的。减低现场的备件积压。

（3）以机旁备件信息化带动现场备件规范管理。通过ERP系统平台规范备件领用后在现场的管理流程，达到机旁备件业务管理的标准化、数据化和集成化（见图19），作业部对自己的消耗和“库存”心中有数，有利于减低消耗，培养成本意识。

多物料库存明细查询表

物料编码	物料描述	工厂	工厂描述	库存地	库存地描述	库存	移动平均价(9900)	库存总价值
6604704201	主动辊(头部滚筒)PICS-1030R.0.7	9980	首钢京唐机旁备件工厂	8027	炼铁部北方烧结库房	1.000	1,929.00	1,929.00
6604704213	单头调心托辊(φ210+φ108)x(105+295)x25	9980	首钢京唐机旁备件工厂	8027	炼铁部北方烧结库房	20.000	248.00	4,960.00
6604704215	双头调心托辊(φ210+φ108)x(113+1000+113)x25	9980	首钢京唐机旁备件工厂	8027	炼铁部北方烧结库房	15.000	459.00	6,885.00
6604704216	单头调心托辊(φ240+φ133)x(105+365)x25	9980	首钢京唐机旁备件工厂	8027	炼铁部北方烧结库房	12.000	320.00	3,840.00
6604704217	单头调心托辊(φ240+φ133)x(105+580)x25	9980	首钢京唐机旁备件工厂	8027	炼铁部北方烧结库房	8.000	435.00	3,480.00
6604704218	单头调心托辊(φ240+φ133)x(115+680)x25	9980	首钢京唐机旁备件工厂	8027	炼铁部北方烧结库房	42.000	499.00	20,958.00
6604704221	凸弧段托辊159x1400x55	9980	首钢京唐机旁备件工厂	8027	炼铁部北方烧结库房	1.000	433.00	433.00
6605200055	电液推杆DYTZ1500-260/50	9980	首钢京唐机旁备件工厂	8027	炼铁部北方烧结库房	1.000	6,700.00	6,700.00
6605200070	电液推杆DYTD2-2000-500/60ALS	9980	首钢京唐机旁备件工厂	8027	炼铁部北方烧结库房	1.000	17,062.00	17,062.00
6605600095	改向滚筒Φ1000x16001408208	9980	首钢京唐机旁备件工厂	8027	炼铁部北方烧结库房	1.000	18,526.00	18,526.00
6605600178	改向滚筒DTII05B5142	9980	首钢京唐机旁备件工厂	8027	炼铁部北方烧结库房	1.000	14,872.00	14,872.00
6605702090	金属缠绕垫片 DN25 PN1.6MPa	9980	首钢京唐机旁备件工厂	8027	炼铁部北方烧结库房	8.000	4.20	33.60
6605702110	金属缠绕垫片 DN80 PN1.6MPa	9980	首钢京唐机旁备件工厂	8027	炼铁部北方烧结库房	5.000	10.00	50.00
6614005670	二混蒸汽喷头HP-0.4、不锈钢	9980	首钢京唐机旁备件工厂	8027	炼铁部北方烧结库房	6.000	880.00	5,280.00
6614005914	烧结Φ4400混合机含油尼龙衬板990x1030x30	9980	首钢京唐机旁备件工厂	8027	炼铁部北方烧结库房	46.000	950.00	43,700.00
6614005915	烧结Φ5100混合机含油尼龙衬板990x1040x31	9980	首钢京唐机旁备件工厂	8027	炼铁部北方烧结库房	50.000	940.00	47,000.00

ERP 系统各机旁库机旁备件存量和存量价值

图19　机旁备件库存数据清单

（五）构建废旧备件回收再利用管理

首钢京唐公司为体现“绿色再制造循环经济”的科学管理理念，创新利用SAP-ERP系统实现备件中废旧物资回收、外销及外协加工的管理业务流程（见图20和图21），形成废旧备件管理从“回旧→利废→外销”的管控体系。对物资按照报废标准进行分类。同时进行网上竞价“招”、“拍”。

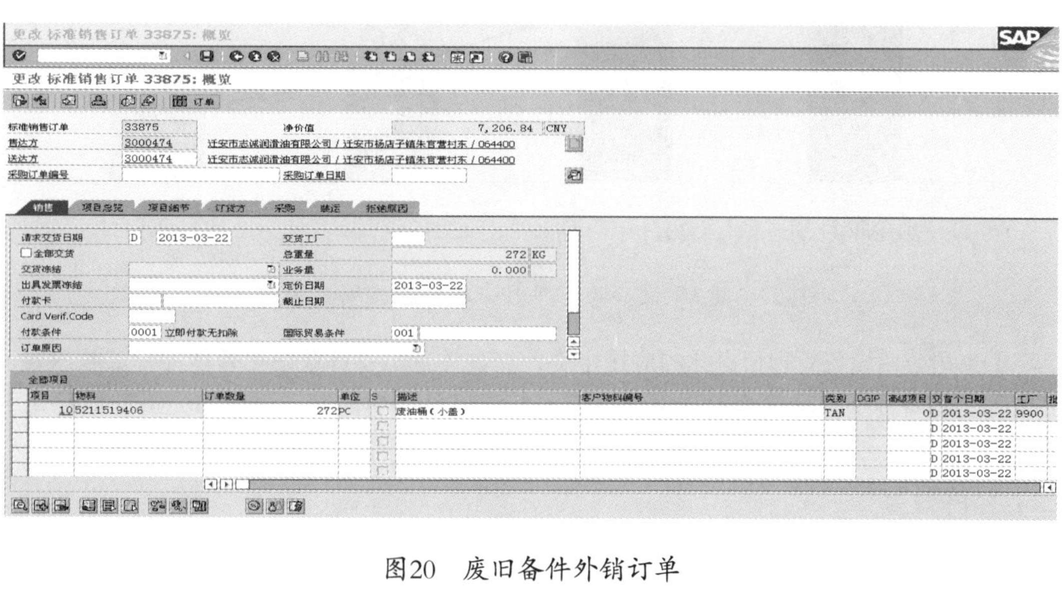

图20　废旧备件外销订单

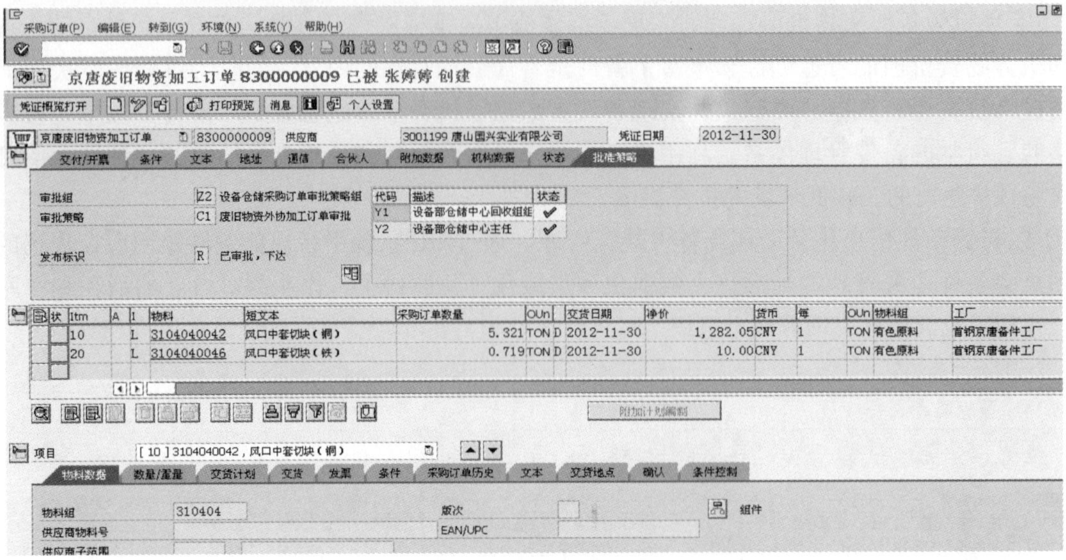

图21 废旧物资外协加工订单

四、大型钢铁企业备件全寿命周期管理体系的构建与实践

（一）管理效益

1. 确立备件全寿命管理思想，实现全流程优化、提高了备件的使用效率，减低了库存和消耗，提升备件管理水平。

2. 通过强化点检、推进备件维修、优化检修备件管控、保证检修质量、加强备件长寿化分析等手段，提升现场备件管控能力。主线设备故障停机时间持续下降，2013年1–6月，全公司设备故障停机时间月均49.41小时，比去年月均下降40%（见图22）。

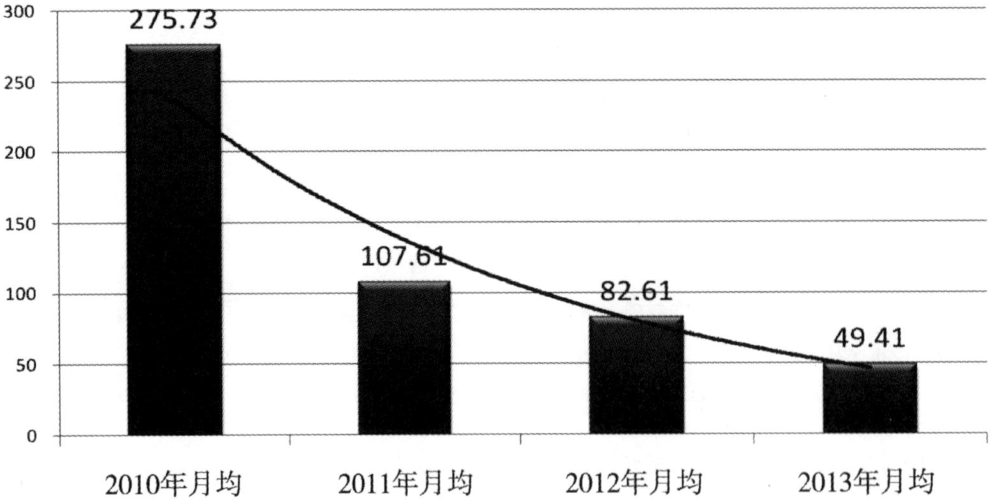

图22 近3年设备故障年月平均停机时间趋势图

3. 提高了京唐公司设备管理信息化的应用水平，充分体现出备件精细化管理的要求和内容，强化物料准备工作，实现备件全寿命管理过程中的每个环节都将是科学的管理思想与先进的信息化手段的结合，为我们进一步开发已有的设备全流程管理信息系统及其应用和推广平台建立了信心和决心。

（二）经济效益

1. 提高备件的消耗管控和提高修复率，2012年全年备件减低消耗，节约资金共计11426.5万元。

2. 分析备件使用数据，结合设备状态管理，实现备件代替和长寿化节约费用共计3015.29万元。

3. 实施标准化检修流程和备件管控联动，降低设备故障停机时间，全年共节约备件消耗2687万元。

4. 借助信息化废旧物资流程管控，提升备件闭环管理的效益：

（1）含铜比例较高的废旧物资不再外销，利用信息化模式开展废旧物资外委托加工模式，实现委托切割加工用于炼钢，代替电解铜的使用。每年按37吨计算，比采购电解铜相比，节约资金74万元。

（2）借助信息网络平台，试行废旧物资价格网上竞拍销售。2012年下半年，共组织了2次20个品种约6205.5吨（个/支）废旧物资的网上竞拍销售，相比过去的报标外销模式，单价有了较大提升空间。本次共计为公司增收98万元。

5. 利用信息化手段，深化机旁备件管控，降低库存资金。2012年至今共降低资金6363万元。

成果创造人：高志平　张　扬　董维利　刘敬辉　王瑞祥　李　嘉　黄艳伟　高晓峰

建筑企业管理标准化体系的构建与实施

北京金港机场建设有限责任公司
荣获第二十八届北京市企业管理现代化创新成果一等奖

北京金港机场建设有限责任公司（简称“金港建设”）始建于1983年，其前身为海军机场工程建设局，2001年改制更名为北京金港机场建设有限责任公司。目前拥有国家住房和城乡建设部批准的“房屋建筑工程施工总承包壹级、市政公用工程施工总承包壹级、机场场道工程专业承包壹级、钢结构工程专业承包壹级、建筑装修装饰工程专业承包壹级、土石方工程专业承包壹级和机电设备安装工程专业承包壹级”资质，同时拥有“建筑装饰工程设计专项甲级资质”和商务部批准的“中华人民共和国对外承包工程资格”。下辖北京、上海、重庆、广东、浙江、青岛、长春、辽宁8个地区分（子）公司和场道、装饰、二分、三分、四分、七分、九分7个专业分（子）公司，业务地域范围覆盖华北、华东、华南、西北、东北、东南等地区。

在多年的发展历程中，金港建设将“培养塑造优秀人才回报社会”作为企业文化的核心理念，持续开展人才培养和团队建设工作。同时积累了各类工业、民用建筑和机场、市政、钢结构、装修装饰等各类工程建设的良好业绩及丰富的管理经验，并逐渐形成了“金港建设服务社会诚信求实和谐发展”的企业综合管理方针。

在机场建设领域，金港建设参与了国内各大中型枢纽机场的建设，承建的代表工程包括首都国际机场、广州白云国际机场、上海虹桥国际机场、上海浦东国际机场、天津滨海国际机场、空客A320国家项目基地、武汉天河国际机场、贵阳龙洞堡国际机场等机场场道项目；在房屋建筑领域，近年竣工工程中80%以上获得省部级优质工程奖，代表工程包括北京望京沃尔玛商业广场、重庆嘉江地产国际社区工程、上海康桥半岛等大型公建、住宅项目；钢结构项目代表工程包括广东大唐潮州发电公司干煤棚网架结构工程、奇瑞捷豹路虎汽车总装厂房、北京奔驰吉普汽车工厂、大连旅顺造船基地、青海中信国安钾肥基地等项目；市政项目代表工程包括华晨宝马新工厂项目外场工程、上海临港开发区、青岛奥运场馆周边道路等项目；装饰装修项目代表工程包括北京钓鱼台国宾馆、中国人民解放军总医院海南分院、上海鼎太峰广场、北京首地大峡谷购物中心等项目。公司多次荣获“国家优质工程奖”、“国家装饰优质工程奖”“建设部优质样板工程”以及北京市“长城杯”、上海市“白玉兰杯”等奖项。2009年，公司参建施工的北京首都机场航空港获“建国六十年百项精品工程”、参建施工的首都机场三号航站楼荣获“北京当代十大建筑”称号。

在连续多年的高速发展后，金港建设果断调整发展战略，由“先做大，再做强”调整为“先做强，再做大”，逐步探索健康、稳健、可持续发展的模式，向现代化规范化企业迈进。

一、管理标准化体系产生的背景

1. 建筑业市场化发展的需要

建筑业是国民经济和社会发展的基础产业，是衡量一个国家和地区工业化水平的重要标志。我国建筑业占国民生产总值的比重一直保持在7%左右，但随着国际建筑业的不断发展，市场竞争越发激烈，在现行的管理体制下，建筑企业的生产经营及组织管理模式、建筑行业不正当保护、行业队伍建设、组织结构的调整以及建筑法规、标准都面临着严峻的挑战。

目前我国建筑市场集中度偏低，市场准入多而清出少，产业结构不尽合理，技术创新投入不足，产品差异化程度低，专业技术人才紧缺，建筑业企业效益低下且负担较重，市场整体呈现不良竞争态势。随着现代企业专业化分工的精细，劳动力成本的提高，原材料价格的上涨，利润透明度的提高，机械化程度不高、劳动密集型的建筑业面临着越来越严峻的生存挑战。

而近年来，随着住建部整顿规范建筑市场秩序力度和监管投入的加大，以工程质量安全为核心、以规范建筑市场秩序为主线的监管工作的水平不断提高。建筑市场法律法规不断完善，行政执法力度、动态监管和清出力度不断加大，主体责任和专项治理不断深化，市场监管方式和手段不断创新。面对买方市场的苛刻条件和行政监管的压力，建筑施工企业只有提高自身实力，走规范化、标准化、流程化管理之路，建立顺应市场发展的标准管理体系。

2. 解决企业发展瓶颈的选择

在公司初创阶段的中后期，建筑市场迅速扩展，年产值从几千万元飞速提升至十几亿元，企业资质从成立之初的三项壹级资质扩展至七项壹级资质，机场建设业务由只局限于军队市场逐步转向民航建设项目领域并逐渐深入，房屋建筑、钢结构等业务业绩显著。

随着生产经营工作的不断发展，企业的管控幅度和管理水平与以往相比都有了长足的进步与显著提升。但这个时期的监督管理制度缺乏规范化、系统化、标准化，导致公司现有人员管控幅度和管控精度都不能满足公司规模再扩大和管理水平再提升的要求。公司经营管理风险逐步加大，管理上存在亟待解决的矛盾，集中体现为企业自身竞争力与快速提升的建筑业市场竞争水平不相适应的矛盾和企业日益增长的高水平管理需求与前期的管理体系不相适应的矛盾。

二、管理标准化体系的内涵与特点

（一）管理标准化体系的内涵

金港建设所运行的管理标准化体系是以“先做强，再做大”的发展战略目标为引领，以“培养塑造优秀人才回报社会”的企业文化为核心，以“一个中心，三个出发点”为中心思想，以国家、行业、地方现行有效适用的法律法规、标准规范以及质量、环境、职业健康安全三大体系标准为准则，遵照全面质量管理体系运转的PDCA循环基本方法总结出了一套以经营管理、技术质量管理、安全环保管理、财务管理、人力资源管理、企业文化管理、综合管理为核心内容，同时兼具标准化管理的前瞻性、规范化管理的全面性、简单化管理的适用性、严格化管理的推动性等特点的管理标准化运行体系。

1. 以战略目标为引领

金港建设已经明确品牌建设期的战略目标为“以市场为导向，强化企业经营管理，做强做大主营业务、做专做精辅营业务，形成场道市政、房屋建筑、装修装饰三大板块齐头并进局面”，这也为标准化体系的构建提出了目标和努力方向，要求公司同步变革管控平台——即通过变革建立起简单高效的管控模式和风险防范机制，调整管理体系，改进管理制度，以法律法规、标准、规范规程以及相关方要求为工作标准，简化工作流程，以其高效运行作为公司品牌建设的基础。

2. 以企业文化为核心

以“培养塑造优秀人才回报社会”为核心理念的企业文化包含社会、工程、员工、制度四个要素，见图1。在外部，企业通过安全文明工程、服务优质工程、用户满意工程服务并回报社会，社会认可“金港建设”品牌并为企业提供更多的资源与机会；在内部，人员和制度是打造优质工程的关键保障；工程、员工、制度三位一体、互为条件、相互支撑：高品质的工程需要职业化团队的管理和系统化制度的规范，员工通过工程项目的历练和制度的激励、管理逐步成长为高尚职业人，制度经受工程实践的审视由职业化团队贯彻落实并修订完善，成为指导公司各项管理工作的纲领性文件。最终，企业在为业主、员工、相关方服务的过程中，形成企业利益和社会利益有机统一的良性循环。

3. 以“一个中心，三个出发点”为中心思想

公司管理标准化体系构建的中心思想为：“一个中心，三个出发点”，即以生产经营为中心，以经营安全、工程管理安全、财务安全为出发点。“一个中心，三个出发点”为管控体系文件的“魂”，即以此为主线把各管理体系文件串联起来，形成有机的统一整体。“一个中心”是企业生存和发展的基石，为企业实现科学化、规范化管理，逐步提升管理水平、创造企业品牌的基础和平台；“三个出发点”为企业生存和发展的保障，为企业开展各项经营生产活动的前提。

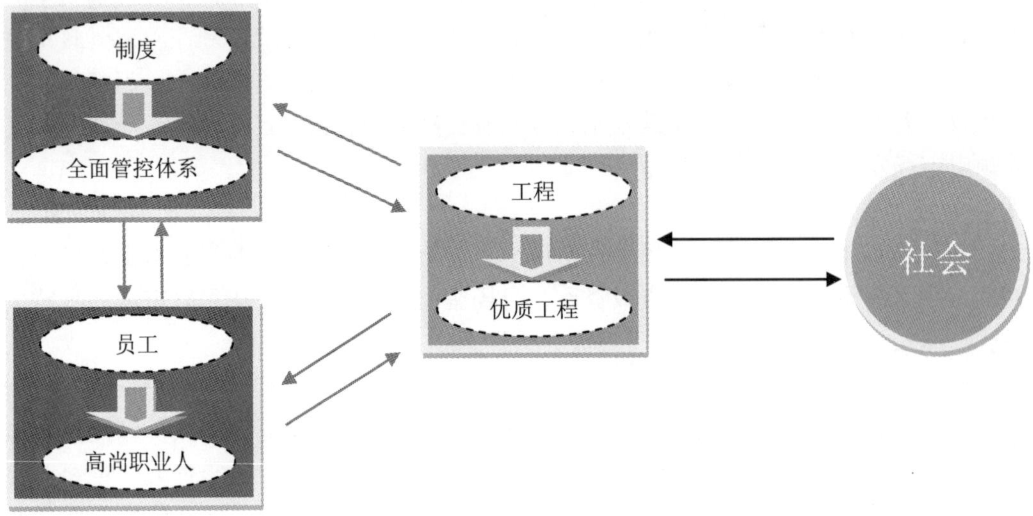

图1　企业文化释义图

4. 以GB/T标准及国家、行业规定为准则

公司管理标准化体系是以国家、行业、地方现行有效的适用的法律法规、标准规范以及GB/T19001-2008《质量管理体系要求》，GB/T50430-2007《工程建设施工企业质量管理规范》，GB/T24001-2004《环境管理体系要求及使用指南》，GB/T28001-2011《职业健康安全管理体系要求》为准则，并结合企业管理现实，实事求是的进行管理流程制定。

（二）管理标准化体系的特点

1. 具有标准化管理的前瞻性

长期以来，我国企业标准化工作主要靠政府意志的驱动，但金港建设意识到，企业是市场的主体，为实现利益最大化，在市场需求的驱动下，更需要制定有利于向业主提供满意产品和占据更大市场的管理标准。本成果就是在参照国家标准的基础上，遵循“市场驱动”的管理模式所制定的本企业的内控标准。例如，2010年11月1日，国家认证认可监督管理委员会、住房和城乡建设部决定强制执行GB/T50430-2007《工程建设施工企业质量管理规范》时，我公司的全面管控体系无须任何补充和修改，因为公司早在体系策划时就自觉融入了该管理规范的相关要求。

2. 具有规范化管理的全面性

本成果汇集了施工企业经营、工程、财务、人力资源等各监管系统的相关管理模块，同时包含规范化规划、标准化操作、严格化评审、规范化验证等由各个PDCA小循环联结而成的一整套比较完整的、遵循PDCA大循环且适于专业精干的建筑施工企业的管理标准化体系。

3. 具有简单化管理的适用性

以公司战略目标为指导，公司调整了管控模式，推行公司—分公司—项目部三级管理，以工程项目管理为核心，重心向下、延伸管理，明确各级组织的职能职责，充分发挥各级管理职能作用。公司主要承担指导、服务（为项目服务）、控制、协调职能，项目部主要承担实施、控制、服务（为客户服务）职能。整个管理体系的各管理流程都以此模式为主线，简单、清晰、明确，流转高效。

该体系构建时，公司成立了专门的组织机构，明确工作职责及时间节点，保证体系文件保质按期完成。其中，决策（审定）组由公司董事长亲自挂帅，负责确定管理体系文件的思路及原则，研究制订策划方案；管理者代表亲笔起草方案，并召开专题动员会布置工作，各系统分管领导和职能部门负责人亲自动笔编写而成。在外部咨询机构协助把握体系建设方向并最终评审把关的基础上，相关责任人对工作的深入了解加之标准化的技术性规范要求，保证了本成果的规范性及适用性。

在管理标准化体系运行过程中，执行部门将根据国家、行业政策/法规调整及具体执行情况进行年度管理评审，并据情况进行修订完善，保证管理体系的适用性。

4. 具有严格化管理的推动性

公司制定了与此管理体系相配套的绩效考核制度，加大和突出“执法”作用，突出对“高压线”、“红线”的考核，并充分利用内外审、工程检查的成果，适度加大奖惩范围和幅度，保证此管控体系颁布实施后的执行力。

（三）管理标准化体系的核心内容

根据调整和优化后的组织机构、管理板块，体系文件总体架构见图2：

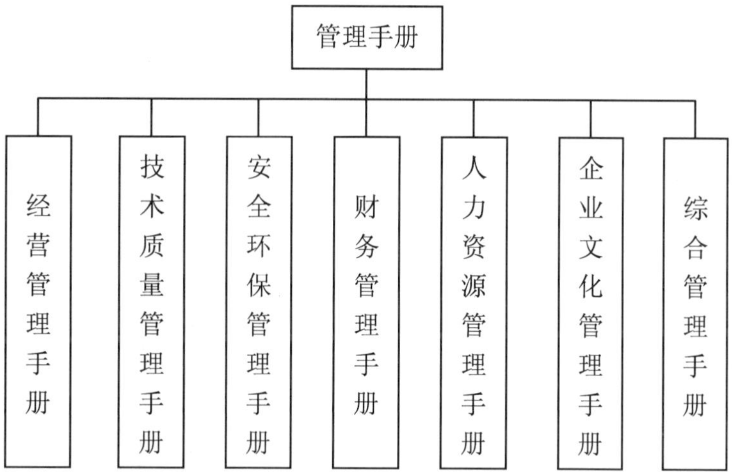

图2 管理标准化体系文件架构图

（1）管理手册是公司管理的总纲。管理手册包括公司简介、方针目标、组织机构和职责权限、体系标准导入说明、体系文件索引清单、体系标准条款与部门职责对应表、使用说明7章内容。其中，方针是“三标一体”的综合管理方针，与企业的经营管理方针相适应，体现企业管理的宗旨和方向；目标是根据方针、企业发展规划并结合公司组织架构按系统制定，明确企业管理应达到的水平，既要切合实际，又要具有一定的高度，通过努力可以实现；工作目标应明确，便于衡量和考核。

（2）经营管理手册包括承包合同管理、分包合同管理、采购/租赁合同管理、设计合同管理4章内容。涵盖了投标管理、承包合同管理、专业分包合同管理、劳务分包合同管理、合格分包方管理、采购合同管理、租赁合同管理、合格供方管理8个管理模块，共21项具体管理标准。

（3）技术质量管理手册包括技术管理、质量管理、生产管理、物资管理4章内容。涵盖了施组/方案管理、图纸管理、变更文件管理、技术交底管理、施工资料管理、施工试验管理、施工测量管理、计量管理、标准规范管理、设计管理、房屋建筑工程质量管理、市政公共工程质量管理、钢结构工程质量管理、机电安装工程质量管理、装修装饰工程质量管理、质量检查与验收、质量事故管理、工程开工管理、工程进度管理、工程竣工管理、服务管理（用户满意度管理）、验收管理、现场管理23个管理模块，共45项具体管理标准。

（4）安全环保管理手册包括综合安全管理、人员安全管理、设备设施安全管理、环境安全（绿色施工）管理4章内容。涵盖了安全生产责任制管理、定期例行工作管理、安全技术措施管理、重大危险源管理、危险物品管理、安全事故管理、应急管理（工程类）、分包工程安全管理、安全检查与评价、安全资料管理、安全生产教育培训管理、农民工夜校管理、安全技术交底管理、特种作业及特殊作业管理、劳动防护用品管理、职业危害与职业病管理、特种设备管理、施工机械管理、施工用电管理、脚手架管理、模板支架管理、安全标志管理、安全防护管理、绿色文明施工管理、环境保护管理25个管理模块，共62项具体管理标准。

（5）财务管理手册包括货币资金管理、资产核算管理、负债核算管理、所有者权益管理与核算、综合管理、财务稽核管理6章内容。涵盖了现金管理与核算、银行存款管理与核算、汇票管理与核算、有价证券管理与核算、保函/保证金管理、应收款项管理与核算、存货管理与核算、固定资产管理与核算、长期投资管理与核算、无形资产管理与核算、其他长期资产管理与核算、应付账款管理与核算、预收账款管理与核算、应付职工薪酬管理与核算、应付税款管理与核算、其他应付款项管理与核算、应付内部单位款管理与核算、实收资本管理与核算、资本公积管理与核算、盈余公积管理与核算、会计报表管理、统计管理、会计档案管理、内部稽核管理、外部审核管理、预决算管理、风险预警管理27个管理模块，共32项具体管理标准。

（6）人力资源管理手册包括人力资源规划管理、员工聘用管理、员工培训管理、员工薪酬福利管理、员工绩效考核管理、企业文化管理6章内容。涵盖员工招聘管理、员工劳动合同管理、员工离职/异动管理、员工日常管理、员工培训管理、员工证件管理、员工薪酬管理、员工福利管理8个管理模块，共13项具体管理标准。

（7）企业文化管理手册包括理念识别规范、行为识别规范、视觉识别规范（Ⅵ）3章内容。涵盖了企业管理方针、企业文化、企业精神、企业经营理念、企业标语（口号）、员工行为规范、领导行为规范、礼仪规范8项内容。

（8）综合管理手册包括企业资源管理、企业体系管理、企业规划/目标管理、科技创新与创奖评优管理、绩效考核管理、信息交流沟通管理、行政后勤管理7章内容。涵盖了企业资质管理、人员资质管理、企业信用管理、组织机构和职责管理、合规性评价管理、内外审管理、不符合管理、管理评审、企业规划/目标管理、人力资源规划管理、技术质量规划管理、安全环保规划管理、科技创新管理、企业创奖评优管理、项目创奖评优管理、科研及奖励基金管理、监督检查管理、绩效考核管理、奖罚管理、企业信息化管理、项目信息化管理、会议管理、企业公共关系管理、印章管理、文件/记录及档案管理、办公物资管理、总务及物业管理、法律事务管理、非工程类应急管理29个管理模块，共36项具体管理标准。

三、管理标准化体系运行的具体措施

（一）加强目标管理，以高效执行实现企业增长

金港建设采用目标推进式管理方式，每年年初，公司将董事会下达的年度工作任务逐层分解至经理层和各分公司，总经理分别与经理层和分公司总经理签订《年度综合管理责任书》，同时要求经理层和分公司总经理将此指标逐层分解到部门负责人直至每一个岗位，责任到人；每一个责任人根据指标要求制定相应的达成措施，经相关领导确认后作为季度考核的依据。详见图3。

与之相配套，公司每年组织两次大型的述职会，公司经理层、分公司总经理分别就当年的年度指标完成情况进行述职，公司总经理分别对述职情况进行有针对性的讲评。所有的述职讲评工作完全围绕年度指标进行，客观公正，言简意赅，没有空话套话。同时，总经理每年年末将年度任务完成情况向董事会述职，董事长予以讲评。同时，年度责任书完成情况直接与相关责任人的效益年薪、分公司奖惩挂钩。

公司经理层采用聘任制，每三年一届，公司董事会根据总经理三年来的任务完成情况确定是否续聘；其他经理层人员甄选完全采用竞聘上岗方式，考察主要依据也是对如何完成年度任务进行客观描述。而对于中层及普通员工，每季度、每年度根据签订的管理责任书结合相应的考核制度进行定量考核，与季度奖金、年终奖金和提职晋升挂钩。

以上所有措施保证了公司从总经理到普通员工目标的一致性以及完成目标的集中性。

（二）加大研发投入，以技术创新保障施工工程

在企业综合管理方针指导下，公司高度重视科技创新工作，在企业中长期发展规划中明确以名优工程和创新能力作为公司品牌建设的核心，并制定明确的定量考核指标。公司将年度科技创新指标分解至

各分支机构，并成立了以各分支机构总工为首，以项目管理为中心，立足施工现场，各专业技术人员具体负责的扁平化、高效率科技创新小组，集中优势力量推进工作开展。创建项目科研基金机制，确保科研经费的计提及使用满足需要。科研及奖励基金按工程结算价的0.3%同步计提，实行专款专用，由公司财务部设立单独收支账目并进行年度专项审计。

狠抓科技创新过程管理，大力开展各类技术攻关活动。制定激励措施及奖励办法，激发技术人员创新活力，鼓励各级工程技术管理人员进行以“小、实、活、新”项目为主的技术研究、技术改造，形成专利、专有技术、标准规范、工法，推进公司技术革新与创新。

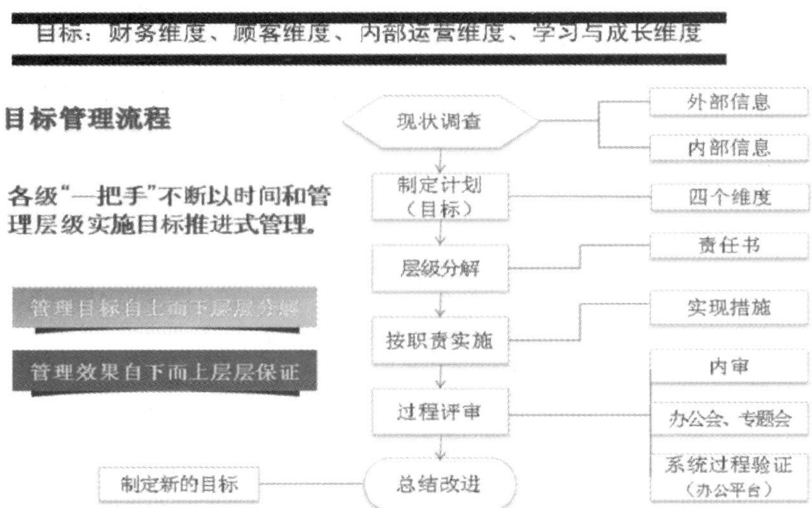

图3　目标推进式管理流程图

（三）坚持履约为重，以诚实守信提升企业形象

公司、分公司对工程项目从投标到结算进行全程监管，实时监控工程的进度、质量和安全管理情况，确保顺利履约，争创优质工程，对业主和社会负责。

1. 注重施工前期的实力评审

每一项工程，在投标时，公司经营部根据招标文件要求及分公司以技术、经济实力进行标书评审，做出科学分析判断和慎重决策，对不具备实力承接相应工程的，拒绝其投标。而对于符合承接工程实力的，分公司将结合市场行情及自身实力进行报价，对项目成本做出预测，预估盈亏情况；中标后，分公司将配备充足的技术、经济人员，编制出详细的施工组织设计、施工预算和项目成本计划，与项目部签订《项目管理承包责任书》，制定详细的项目质量、工期、安全、成本等指标及相应的奖惩措施，明确分公司与项目经理部之间的权责。

2. 注重施工过程规范化管理

金港建设高度重视技术质量、安全环保工作。在项目施工过程中，项目部、分支机构、公司根据周检、月检、季检的频度，全面推行责任到岗、责任到人的质量安全巡查制度，建立以质量安全巡查为主要手段、以“行政执法”为基本特征的工程质量安全监督模式；因地制宜，积极推行差别化监管，突出对质量安全管理较薄弱项目的监管，突出对重点工程和民生工程的监管。调整、完善工程质量安全评价指标体系，科学评价工程质量安全现状及存在问题，增强质量安全监管工作的针对性、有效性。

加大涉及结构安全和使用功能的重大质量问题/隐患排查治理力度，确保工程合格交付，杜绝工程重大质量事故。加大涉及人身安全的各种防护用品、设备、设施、关键工序的重大安全问题/隐患以及重大危险源和重要环境因素排查治理力度，杜绝死亡事故、重大机械设备事故、重大火灾事故、重大食物中毒事故。自觉履行节能减排社会责任，严格执行国家、地方各项节能减排标准，确保节能减排标准落实到位。

3. 注重经营成本的过程控制

成本管理同样遵循PDCA循环，在工程项目中标后的15个工作日内，成本管理部编制有针对性和可实施性的成本效益目标，并分解至项目部的具体科室和岗位，明确完成标准/措施和时间，成本效益目标经过评审并组织交底后进入成本效益目标的控制阶段，各责任人严格按目标策划方案进行成本控制并按关键节点对计划成本和效益目标实施情况进行对照检查。成本管理部定期对目标控制情况进行指导和检查，并动态调整。

同时，通过OA管理信息平台的成本管理模块将所有材料信息纳入系统，实现了北京地区材料的随时调用和从材料采购到资金支付的一整套成本控制流程的网上流转，并自行进行汇总和分析。

4. 注重管理过程的风险防控

通过完善风险防控体系，提高公司的风险防控能力，将此作为公司品牌建设的保障。详见图4：

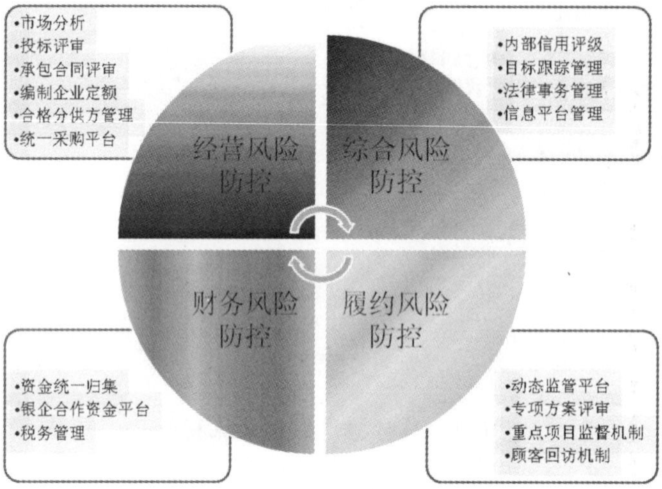

图4　风险防控措施汇总图

（四）严格内外审核，以PDCA循环促进管理进步

公司每年都由董事会牵头聘请认证机构对公司管理运行状况进行大规模的外部审核，在充分验证公司质量管理体系、环境管理体系和职业健康安全管理体系标准的符合性与运行有效性的同时，着重检查各分支机构及其所属项目部贯彻落实公司管控体系的实际状况，以“系统”为单位进行审核，即在全公司范围内按照经营、技术质量、安全环保、人力资源、财务、综合管理六大系统进行审核，并同时确定“按系统整改、按系统验证”的整改落实方式，推动全面管控体系1393项工作的有效开展和整个系统工作的PDCA循环，保证公司管理水平的全面提升。

同时，董事会根据国家行业政策及上年与当年的管理实际，调整检查依据、主旨与侧重点，并在检查前、后分别与外审单位进行充分的交流沟通，以保证检查的实效性。

2012年10月，公司聘请4位审核专家开展了为期22天的外审监督检查，审核范围覆盖公司所有资质业务，涉及公司机关六个职能部门以及场道股份公司、二分公司、三分公司、四分公司、七分公司、九分公司、上海分公司、装饰分公司、重庆分公司9个分（子）公司及其所属12个项目部。按照公司管理体系规定的1393项工作项数逐条审核，共开具153项问题，其中严重不符合3项，一般不符合6项，观察项144项。

（五）建立考核机制，结合企业文化培养高尚职业人

围绕“培养塑造优秀人才回报社会”的企业文化，金港建设将“培养高尚的能做成事的职业人”定为人才培养的最高目标，即培养具有高尚道德情操、高精尖技术和高绩效管理能力的能实实在在做成事的职业人才，并将“能者上、庸者下、平者让、劣者汰”作为公司坚定的用人原则。详见图5。

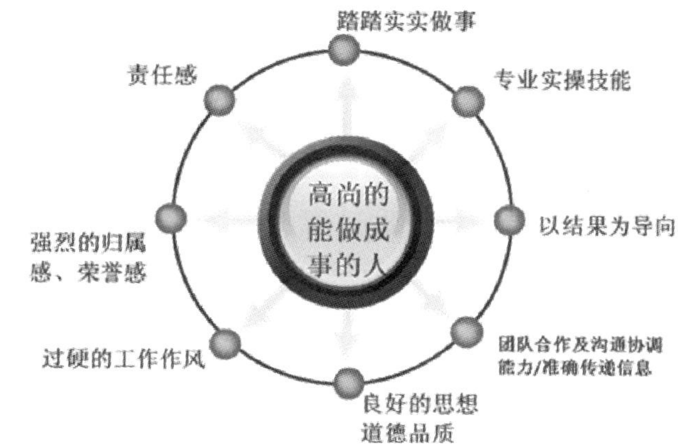

图5 “高尚的能做成事的人”释义图

依托企业文化，金港建设探索出了一套人才培养机制，在实践中检验并逐步完善。金港建设着手为员工建立职业生涯发展规划和公平、公正的职业发展通道，制定考核激励机制，引导员工不断挖掘潜力，提升自身价值，为企业发展、社会进步培养德才兼备的优秀人才。公司制定出一整套绩效考核制度，并严格执行，具体情况如下，详见图6。

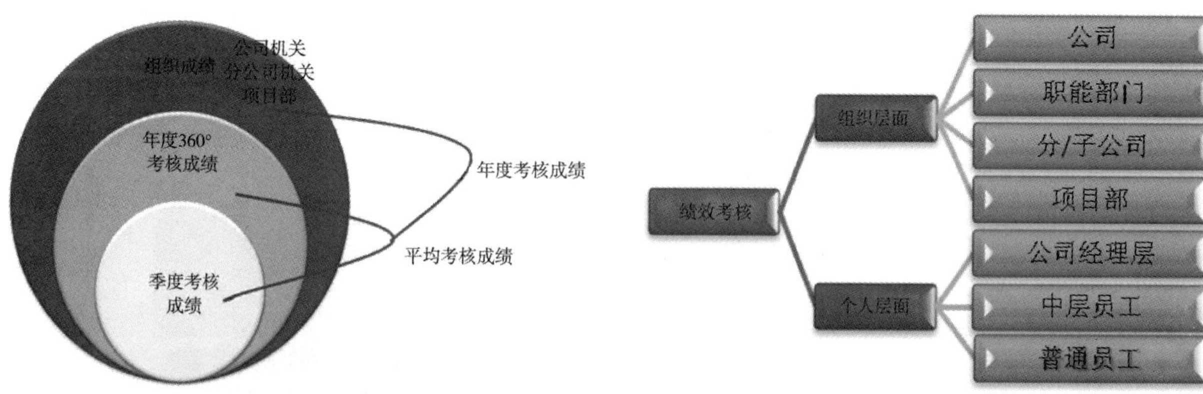

图6 考核管理体系释义图

个人与组织相结合。每位员工所受领的工作任务来源于《部门年度管理责任书》，而部门责任来源于公司年度任务，而年度任务又是三年规划、公司战略的工作分解，以此使全体员工明白，公司的发展离不开每位员工的努力，所有员工工作成果的汇集才得来公司的成长，将公司发展与员工成长绑定在一起。同时，员工考核结果又是个人成绩与部门成绩的分比重测算结果，其中，普通员工个人与部门成绩比例为7：3，中层管理者是3：7，通过考核促进员工的集体荣誉感及协作精神的发挥，共同努力，保证部门年度任务的完成，个人的成长进步。

季度与年度相结合。《员工绩效管理规定》分为季度考核和年终360°考核，季度考核使公司阶段性了解所有员工的工作绩效并进行沟通、反馈，及时调整工作方向或思路，确保个人任务与年度目标相一致；并通过全年（时间）、360°（空间）总体评价，确保对人员评价的全面性。

定量与定性相结合。考核设定定量指标与定性指标，将工作能力与工作意愿结合起来，一方面降低主观评价成分，可以更好地保证考核的客观性，另一方面可以找出工作绩效优劣的根源，有针对性提出改善建议。

考核与激励相结合。本制度将考核结果与季度绩效工资挂钩、与年终奖发放挂钩、与职位升降挂钩、与薪酬调整挂钩、与合同续签挂钩、与个人评优挂钩、与绩效改善（内外部培训、岗位调整）挂钩、与入党挂钩，通过考核结果的应用，使得员工明晰发展方向，起到激励与促进的作用。

激励与压力相结合。对于绩效结果优异的，公司予以激励，而对于绩效差的，公司在沟通反馈、提出建议的同时也采取有效手段给予压力，推动其进步。

重点与多数相结合。在季度绩效工资、年度薪酬调整、年终奖兑现中，重点奖励前20%的员工，普遍奖励前70%的员工，抓住骨干人员的标杆力量，以此发现人才并重点培养，带动多数共同进步。对于绩效结果在后10%的人员，通过排名公示、工资降低、岗位调整等方式，推动其进步。

（六）利用信息平台技术，提高企业管理效率

为保证管控体系各项管理流程的高效流转，现代信息平台技术发挥了重要作用，使管理搭上了技术手段的助飞器。金港建设配合各管理流程开发了适合公司管控模式和管理制度的、审核/审批流转高效的OA管理信息平台，促进信息共享；并在房屋建筑领域推广和运行施工项目网络实时监控，提高工程项目管理和决策的及时性、有效性，防范和降低了工程项目管理风险；在材料采购方面，OA系统纳入了所有材料采购信息，实现了北京地区材料的随时调用和从材料采购到资金支付的一整套成本控制流程的网上流转，并自行进行汇总、分析；财务管理通过NC核算和银企合作结算平台实行资金集中管理。

四、管理标准化体系运行的效果

（一）提升了管理实效，企业管理水平再上新台阶

全面管控体系构建的同时，总公司对组织机构进行了调整和优化，重新划分了职责权限，坚持以项目管理为重点，加强了总公司职能部门之间的横向协同、职能部门与分公司（项目部）之间的纵向协同、联动能力建设，延伸管理，并实行差异化管理，强化了各级组织和个人的执行力，保证了公司管理制度的高效运行，提高了职能部门的指导、服务、控制和协调能力，着重培育“高效、务实”的工作作风，把总公司机关建设成为了一个高效监督服务机关。详见图7。

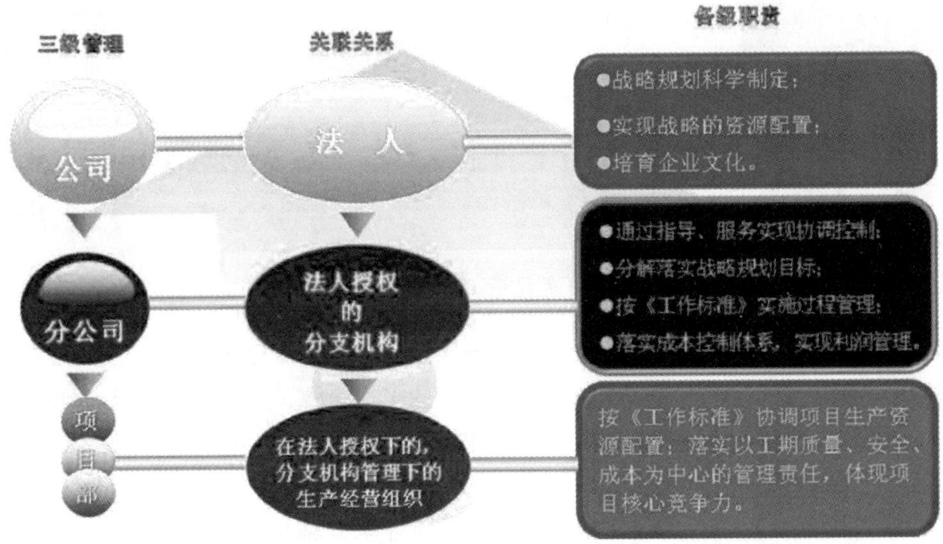

图7　公司—分公司—项目部三级管理模式图

管控体系运行三年来，公司从机关职能部门到分公司、项目部，规范化管理意识明显加强，实现了不盲目追求数量，而是在稳步可控的基础上开展工程的状态，管理水平显著提升。以外审为例，管理水平的提升从“不符合”数量的逐年大幅减少可见一斑，详见表1。

表 1　2010—2012 年外审问题分布表（单位：项）

单位年度 \ 问题类别		观察项	一般不符合	严重不符合
公司	2010	276	8	28
	2011	133	14	6
	2012	143	6	3
技术质量系统	2010	91	3	3
	2011	28	5	2
	2012	21	3	1
安全环保系统	2010	52	3	2
	2011	38	4	1
	2012	25	1	2
经营管理系统	2010	27	0	8
	2011	20	2	1
	2012	17	2	0
人力资源系统	2010	39	0	10
	2011	11	2	0
	2012	12	0	0
综合管理系统	2010	67	2	5
	2011	36	1	2
	2012	68	0	0

（二）提升了经济效益，企业综合实力进一步增强

1. 经济指标稳步增长

全面管控体系运行期与“二三规划”（2010—2012年）期重合，公司经营规模呈稳步上升态势，与“一三规划”（2007—2009年），公司产值、营业收入、新签合同额总增长额分别为47.13%、50.23%、60.18%；2012年，企业总产值近20亿元，年缴利税6000多万元，属丰台区A级重点纳税企业，曾荣获丰台区政府颁发的丰台区经济发展突出贡献奖，并连续获得全国优秀施工企业、北京市诚信企业、北京市优秀建筑企业、优秀建筑装饰企业等多项荣誉。

2. 科技创新成果丰硕

在“金港建设服务社会诚信求实和谐发展”综合管理方针指导下，公司高度重视科技创新工作，在企业中长期发展规划中明确以名优工程和创新能力作为公司品牌建设的核心，成立了以各单位总工为首，以项目管理为中心，立足施工现场，各专业技术人员具体负责的扁平化、高效率科技创新小组；创建了项目科研基金机制，确保科研经费的计提及满足使用需要，制定相应激励措施，充分激发技术人员创新活力，提升科研水平；狠抓科技创新过程管理，大力开展各类技术攻关活动，鼓励全员技术革新，切实解决现实中的技术难题。

“二三规划”期间，公司QC开发、工法研究频频突破，屡获全国、省部级表彰、认证，与“一三规划”期间相比，有了长足的进步。详见表2：

表 2 金港建设科技创新成果对比表（单位：项）

规划期科技成果级别		一三规划	二三规划
QC 活动成果	省部级	5	23
	国家级	3	13
论文	国家级	11	15
工法	省部级	0	5
	国家级	0	2
科技成果鉴定	省部级	0	2
专利	实用新型	0	8
	发明	0	2

3. 项目管理成效卓著

经过近三年规范化管理的推进，公司金港建设项目管理在质量、安全、进度、创奖评优方面都取得了较大进步。“二三规划”期间，公司共获国家级优质工程奖12项，省部级优质工程奖38项，省部级文明安全工地15项，全国优秀项目经理部5项，省部级优秀项目经理部16项。而整个“一三规划”期间，公司只获得国家级优质工程奖1项，省部级优质工程奖9项；国家级安全文明工地1项，省部级安全文明工地6项。

4. 员工素质明显提升

通过全面管控体系的推行及相关考核制度的落实，公司员工规范化管理意识明显加强，工作效率大幅度提高，员工整体素质显著提升。截止到2012年年底，全公司共有建造师158人次，注册安全工程师25人次；中级以上技术职称人员215人次，其中高级职称56人次；各类岗位证书548人次；大专以上学历人员比例为85%。与“一三规划”期间相比，技术人员整体实力、专业/类别分布显著增强，关键岗位基本实现持证上岗。自2010年至2012年年底，共有2人获得中国工程建设高级优秀职业经理人荣誉，9人获得全国优秀项目经理荣誉，16人获得省部级优秀项目经理荣誉；2人获得全国优秀建造师荣誉，8人获得北京市优秀建造师荣誉。

通过十多年的培养，企业转制之初进入公司的应届毕业生已有6人陆续成为经理层团队或项目主要负责人，成为核心管理团队人员。

（三）承担了社会责任，企业品牌形象大幅度提升

多年来，金港建设将投身公益事业作为重要事项写入企业战略规划和年度任务中，并坚持开展有实质意义的公益活动。从2003年的“市建委系统防控非典英雄集体”称号，到2008年成立“金港希望小学”，再到汶川地震、玉树地震、舟曲特大泥石流灾害、雅安地震后百余万元的善款募集，公司屡屡受到上级部门的表彰及群众的赞扬。

2011年，公司与所邻社区达成共建关系，先后向社区老年活动中心捐赠健身、医疗设备，向遭受火灾的住户捐助慰问金，响应丰台区工会号召，为困难职工、劳模捐款。公司董事长谭子恒，自当选丰台区第十五届人大代表以来，以服务群众为己任，为附近居民的居住、用电、照明、出行等条件的改善积极奔走、反复协调，受到附近社区居民的一致好评。

成果创造人：谭子恒　刘建东　李　钦　刘瑞明　宗书智　赵　峰　阎智慧　王晓君

供电公司内部专家考核机制的构建

国网冀北电力有限公司廊坊供电公司

荣获第二十八届北京市企业管理现代化创新成果一等奖

国网冀北电力有限公司廊坊供电公司（以下简称“廊房供电公司”）位于廊坊市中心区域，廊坊市地处河北省中部偏东，地处京津两大城市之间，环渤海腹地，素有“京津走廊上的明珠”之称。

廊坊供电公司着力推进电网发展方式转变，加快建设坚强智能电网，逐步建立起北部以三河电厂为依托，中南部以霸州、固安以及安定500千伏变电站为支撑，全网以220千伏为主干的现代化电网。规划到2015年，廊坊电网将拥有500千伏变电站4座，220千伏变电站24座，110千伏变电站102座，电网的快速发展，使供电能力和供电可靠性显著提高，有力地保证了廊坊经济快速发展带来的电力需求。

廊坊供电公司是冀北电力有限公司的直属直管单位，现有11个部（室）、6个支撑和实施机构、8个县（市）供电有限公司。截至2013年7月，公司系统在册职工5627人，农电工2989人。

一直以来，廊坊供电公司以服务廊坊经济社会发展为己任，突出安全管理，加快电网建设，提升服务品质，各项工作屡创佳绩。廊坊供电公司先后荣获“全国文明单位”、“全国电力行业用户满意企业”、“国家电网公司先进集体”、“国家电网公司文明单位”、“河北省文明单位”等荣誉称号，涌现出“中国好人”杜维刚、于留庄，全国“五一”劳动奖章获得者白庆永，国家电网公司劳动模范张希成、赵志远，河北省能工巧匠王玉涛等一大批不同层面的先进典型人物。

一、供电公司内部专家考核机制构建的背景

（一）人才发展的现实要求

随着社会主义市场经济的进一步发展，对国有企业而言，第一要义是发展，既包括企业的发展，也包括人才的发展。科学发展观的核心是以人为本，在人才领域贯彻以人为本的思想，就要尊重、关怀、爱护、激励人才，就要促进人才的发展。

在国有企业人才队伍中，经营管理人才是企业发展、改革、稳定的组织者和推进者，处于关键地位；专业技术人才是企业科技进步、技术创新的主力军和先行者，处于支撑地位；技能操作人才是管理思想、技术成果、企业文化的具体转化和实施者，处于基础地位。

企业的人才发展必须融入企业整体发展，但就人才本身而言，其发展主要体现在以下两个方面。一是职位上的提升，这是人才发挥作用和发展的空间与平台。二是素质、能力、水平的提升，这是指人才的内涵发展。这两个方面相互依托、相互影响和相互作用，特别是前者，既是对后者的认可和体现，也一定程度上影响和决定后者提升的速度及水准。

目前大多数国有企业存在的主要问题，是职位上的发展通道不畅。廊坊供电公司作为国有电力企业同样也存在着这样的问题，即人才发展的通道狭窄，人们的传统观念是要在企业中“成才”，通常是“华山一条路”，即在经营管理职位上的提升，而专业技术、技能专业人才发展的通道则或缺失或闭塞。经营管理人才队伍，从基层、中层到高层领导岗位设置层级清晰，晋升序列明确。专业技术、技能操作人才队伍则没有建立起适合自身特点的职位晋升序列，实际操作中多以职称评聘、技能鉴定替代，但二者都缺乏人才发展的通道功能：职称评聘从初级、中级到副高、正高级台阶太少，且往往又不能真正落实评聘分开；技能鉴定相对八级工制是一大进步，但也顶多是解决了能级评价问题，操作中仍存在以工种论轻重等现象。所以，职称评聘、技能鉴定都不能完全解决人才职位的发展通道问题。这就必然导致三支队伍都千方百计争挤经营管理一条道、千军万马争过“当官”独木桥的不正常现象。

（二）人才考评的现实要求

首先，由于供电企业的人员多、专业范围广，原先的人才考评机制只是注重专业人才自身个人能力的发展，并没有体现出对企业整体发展的帮助，形成了个人与企业发展脱节，只注重了表面的个人成绩，而忽视了过程的管控及监督，阻碍了企业的发展步伐。其次，在制定考核方案时没有结合本企业岗位的实际情况，造成考评机制内容上的不全面，照搬其他单位现成的考核方案，最后导致在考核内容、项目设定以及权重设置等方面与企业的实际情况不符合，人才考评工作不能充分发挥其效力，造成人才考核的结果不公平、不合理、不客观。再次，考核方式的不灵活，以往的人才考核，只是届满才考核一次，不利于考核的过程监督，也不利于员工的成长及企业的稳步向前。

（三）优秀人才队伍管理的现实要求

人才队伍建设及管理历来是廊坊供电公司发展的核心工作内容，为了进一步加强人才培养工作，廊坊供电公司密切结合企业自身实际，为员工成长开辟新的通道，促进人力资源转化为人才资源，人才资源转化为智力资本，实现“人才强企”的战略目标。

2011年7月，廊坊供电公司组建电力技术院，在冀北五个市级电力公司中，为公司内部专业优秀人才队伍的建设和管理设立单独的一个部门，廊坊供电公司电力技术院还是首家。

电力技术院的宗旨是为了培养选拔适应廊坊供电公司发展的经营管理、专业管理、技术管理、生产技能四支高素质人才队伍，充分发挥专家作用，提高廊坊供电公司经营管理、专业管理、技术管理和生产技能水平；推动廊坊供电公司人才队伍建设，推动公司科技进步，引领公司管理创新，开辟员工成长新途径，为廊坊供电公司健康快速的发展提供人才保证和智力支持，促进人企和谐共进，在创新型企业建设中发挥重要作用。

二、供电公司内部专家考核机制的内涵

考核：顾名思义，即考察与审核。而其中“考”含有查核、查考的意思；而“核”，表示考察、对照的意思。“考”与“核”结合起来，即表明了仔细查对、核实的意思。考核制度随着不断的深化及改进，它不仅能够对人们的生产业绩进行评估，更能够为人们今后日常的工作行为起到正面的引导作用。

廊坊供电公司电力技术院将传统的经营管理、专业技术和生产操作“三支人才队伍”细化，分为经营管理、专业管理、技术管理、生产技能“四支人才队伍”。电力技术院设院长1名、秘书长1名、人才评价主管1名和考核管理主办1名。院长由公司领导兼任；秘书长是中层正职职级，在院长的领导下开展电力技术院工作。电力技术院主要负责廊坊公司内部专家代表大会、院务会、内部专家例会等有关工作，廊坊供电公司内部专家的选拔、考核、使用和管理等工作以及内部专家管理信息系统的建立与维护和内部专家日常管理等工作。

电力技术院下设评委组和内部专家组两个机动组织，包括经营管理、专业管理、技术管理和生产技能四个系列的评委组和内部专家组。评委组由各系列业务骨干组成，是一个动态的组织，根据从评委组中随机抽取的人员组成评审委员会履行内部专家选拔与考核时的有关职责；内部专家组由每届廊坊供电公司选拔出的内部专家组成，分别负责经营管理、专业管理、技术管理和生产技能各领域的创新、攻关和课题研究等工作以及本岗位本职工作。

随着廊坊供电公司电力技术院第一届专家队伍的产生，2012年2月7日，廊坊供电公司制定下发了《国网冀北电力有限公司廊坊供电公司内部专家考核管理办法》（廊电技术院2012[2]号文件）。

廊坊供电公司电力技术院内部专家考核制度是廊坊电力技术院专家管理的重点内容，是伴随电力技术院内部专家选拔、使用等管理制度应运而生的，有效的专家考核机制是专家管理体系不可缺少的一环，专家考核也是专家选拔与任用能够做到“任人唯贤”的客观保障。

专家考核制度作为人才管理的有效手段及措施，通过应用科学的方法，对专家日常活动客观、全面、量化的考核和评估，对专家作用发挥的四个平台及本岗位工作业绩等情况进行评价。

廊坊供电公司内部专家考核由专家所在单位、专业组及电力技术院三级共同完成。考核内容注重考

核专家实际工作业绩、贡献及日常专家作用的发挥，旨在督促、激励专家立足岗位、深入钻研业务，在本岗位发挥他们的聪明才智，提高为廊坊供电公司发展建言献策的积极性和热情，促进内部专家队伍的建设及管理，促进人才队伍的建设。

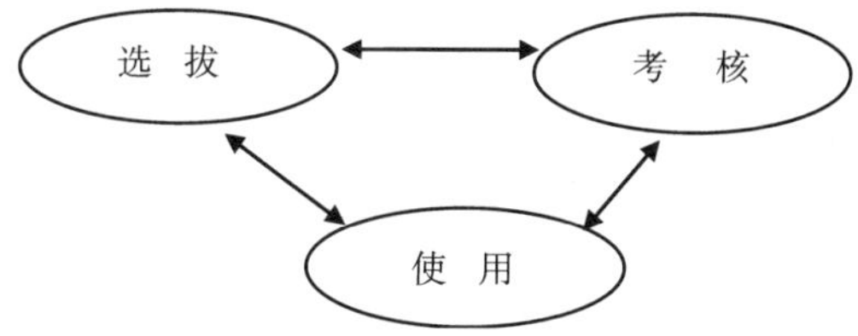

图1 内部专家管理体系

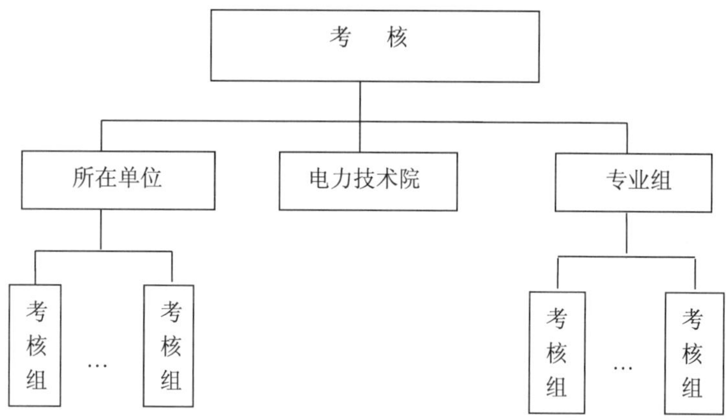

图2 电力技术院内部专家考核机构

同时，通过不断完善内部专家考核制度，逐渐使其与廊坊供电公司现有绩效考核制度挂钩，刺激薪酬制度改革，改变电力企业吃“大锅饭”的现状，并以考核机制为导向，引领廊坊公司各项业务的整体进步，促进人才与企业的全面和谐发展。

三、供电公司内部专家考核机制的主要做法

（一）考核机制的形成过程

1. 广泛调研，收集反馈信息

2011年7月廊坊供电公司电力技术院建立之初，首先利用一个月的时间，先后到调度所、变电运行部、检修部、输电部、营销部及各县公司共17个专业部门及张家口、秦皇岛人资部门对专家考核管理等工作进行广泛调研，收集到了大量的一手材料。

调研方式：

（1）一对一谈话，了解各专业部门情况。

2011年7—8月，电力技术院为全面掌握各专业部门人员的总体情况，组织各专业层级人员，采取一对一谈话的形式，对廊坊供电公司的四个专业系列16个专业组的全体人员情况做了全面翔实的统计，并听取员工对内部专家选拔及考核管理等不同意见和建议。

表 1　廊坊供电公司电力技术院各专业情况统计

序列	专业名称	涵盖专业	专业、工种、人数（包括全民职工、集体职工、农电工、自签合同工、劳务派遣用工）
1. 经营管理系列		负责经营决策和相应管理职责的管理岗位，从事专业或综合管理的经营管理人员	
2. 专业管理系列	财务与资产管理专业	财务、审计、物资管理	
	企业战略与人力资源专业	企业发展策划、投资计划、技术经济、统计管理、人力资源管理	
	行政与党务管理专业	党群、法律事务、行政事务	
	其他管理专业	工程管理、规划设计、招投标、市场营销	
3. 技术管理系列	电力系统专业	电力系统规划与运行技术、电力系统仿真运行技术、电力电子技术、电能质量专业	
	高电压技术与高电压设备专业	高电压与绝缘技术、高压测试技术、高电压设备、输电技术、带电作业、高压电气安装专业	
	电力系统自动化与通信专业	继电保护及二次回路技术、自动化技术、电力通信技术、电气测量与仪表专业	
	信息与电力市场专业	信息化技术、计算机应用、软件及仿真技术、电力市场与交易专业	
	土木、环保与金属专业	土木结构、安装专业	
4. 生产技能系列	变电专业	变电运行、变电检修、变电带电检修、变压器检修、直流设备检修、电气试验、电测仪表、继电保护	
	输电专业	高压线路带电检修、送电线路、配电线路、电力电缆、内线安装	
	调度专业	电网调度自动化运行值班、电力调度、电网调度自动化维护、运行方式、电网调度自动化厂站端调试检修、通信	
	用电专业	电力负荷控制、用电检查、抄表核算收费、装表接电、电能表修校、农网配电营业	
	电力施工专业	送电线路架设、变电一次安装、变电二次安装、金属结构制作与安装	

（2）到访兄弟单位，就专家工作取经。

8月，廊坊电力技术院又马不停蹄地到张家口、秦皇岛，听取兄弟单位关于优秀内部人才管理工作的意见，两个单位主管相关工作的负责人一致表示廊坊供电公司在人才管理工作上走到了前面，同时也毫无保留的将本单位的相关管理制度办法进行了全面的讲解。

图3　2011年8月16日电力技术院到张家口供电公司调研专家工作情况

2. 结合现有制度及调研信息，拟定专家考核制度

2011年11月月底，廊坊电力技术院评选出第一届廊坊供电公司内部专家，其中经营管理专家12名，专业管理专家32名，技术管理专家38名，生产技能专家68名，结合廊坊供电公司现有内部专家考核制度及广泛调研的大量一手资料，以及国家电网、华北电网内部专家考核相关制度办法，电力技术院大胆创新，做了一系列的改进措施，于2012年出台了符合廊坊供电公司实际情况的《国网冀北电力有限公司廊坊供电公司内部专家考核管理办法》。

（二）考核机制实施的具体做法

1. 内部专家考核制度遵循的基本原则

考核内容指标化、考核方式阶段化、考核管理制度化、考核结果公开化。

内部专家三级考核的不同职责和内容

为了更加全面、更加客观的对廊坊供电公司内部专家总体情况的考评，考核工作由三级部门共同完成。

专家所在单位：负责对廊坊供电公司内部专家日常工作情况进行考核。考核内容有：

（1）工作作风：包括遵守职业道德、廉洁自律情况、主动性、协调性、责任意识；

（2）专业能力：对本岗位或本专业疑难问题的处理和解决情况；

（3）担任兼职教师，传授知识，对本专业或工种人才的培养；

（4）以师徒制、导师制形式，对年轻员工的传、帮、带情况；

（5）培训教材的编写和使用；

（6）有关规章制度的编写。

专业组：负责考核廊坊供电公司内部专家参与专业项目和专家组织活动的积极性、参与程度，解决问题情况，就专业工作提出专家建议等情况。考核内容有：

（1）通过网上学术交流平台提出专业观点、积累经验的介绍及发表相关专业文章情况；

（2）在网上学术交流平台答复疑难问题情况；

（3）参与内部专家例会情况；

（4）在专题研讨活动中提出对本专业、工种整体进步起到促进作用的看法或观点。

电力技术院：负责汇总廊坊供电公司内部专家参加公司及以上组织的各项活动情况，根据考核结果督促专家充分发挥作用，提出专家年度业绩奖励建议。考核内容有：

（1）技能竞赛、比武、普（调）考中取得的名次；

（2）有关活动中担任教练或评委；

（3）在一定级别刊物上发表论文；

（4）科技进步评选及推广应用；

（5）获得国家专利情况；

（6）QC成果的评选；

（7）工作业绩入选典型经验库；

（8）管理创新评选；

（9）“五小”创新创效评选。

3. 不同阶段的专家考核有不同的目的

廊坊供电公司内部专家考核工作自聘任次月起开始进行，分为季度考核和年度考核。季度考核结果分合格与不合格两个等级，年度考核结果分优秀、良好、基本称职、不称职四个等级。

（1）季度考核

廊坊供电公司内部专家季度考核目的是调动专家积极性，督促专家更好地履行岗位职责，更多地参与到专业活动中去。

电力技术院根据季度工作安排，于考核月份的25–30日开展专家季度考核工作。

季度考核分为专家所在单位考核及专业组考核，其中专家所在单位每个季度考核一次，专业组每两个季度考核一次。季度考核内容在《国网冀北电力有限公司廊坊供电公司内部专家季度考核表》中体现。

季度考核结果采用百分制，其中70–100分为合格，0–69分为不合格。

所有季度考核情况均留电力技术院备案并以此作为年度考核的依据之一。

专家所在单位考核流程如下：

①个人上报：专家对应考核项目撰写不少于500字的个人业绩简要总结，于考核月份的25日前上报所在单位。

②专家所在单位：负责汇总本单位专家业绩总结，对应专家日常履职情况，在《国网冀北电力有限公司廊坊供电公司内部专家季度考核表（一）》［简称《季度考核表（一）》］上填写考核分数及单位考核意见，单位负责人签字盖章，于考核月份的27日前上报电力技术院。

③电力技术院：汇总专家所在单位季度考核结果，并在网上进行公示。

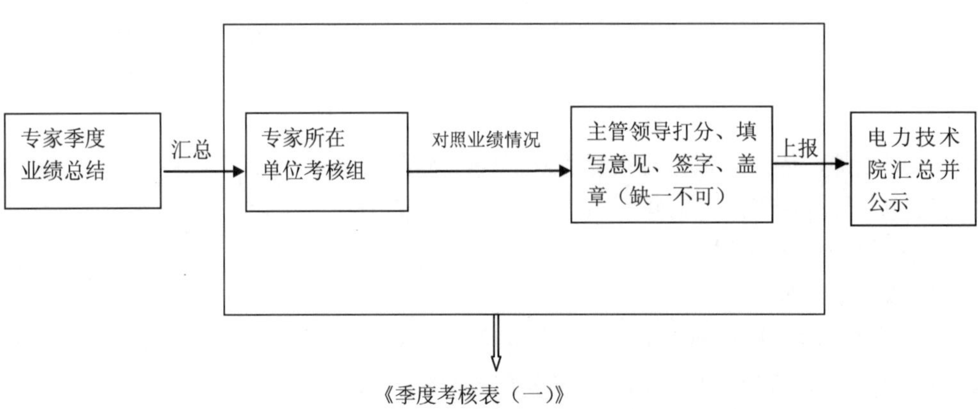

图4　廊坊供电公司内部专家所在单位季度考核流程图

专业组考核流程如下：

①专业组：专业组长负责对半年来专家参与专业项目和专家组织活动情况进行审查及考核，在《季度考核表（二）》上填写考核分数及专业组考核意见，组长签字后于考核月份的29日前上报电力技术院。

②电力技术院：汇总专业组考核结果，并在网上进行公示。

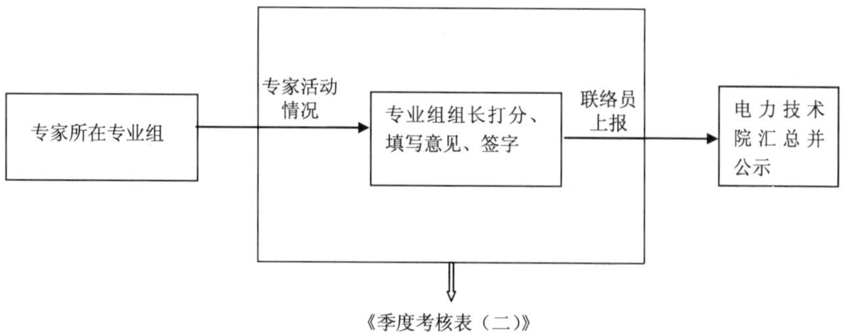

图5　廊坊供电公司内部专家所在专业组季度考核流程图

（2）专家年度考核

电力技术院根据年度工作安排，于任期满一年后的第一个月的1日–10日开展内部专家年度考核工作。

年度考核工作由专家所在单位、专业组、电力技术院共同完成。

年度考核不仅是对专家一年来作用发挥情况的总体审核和评价，更是对专家在本岗位、本专业做出更大贡献的激励。专家年度考核结果作为年度业绩奖励及今后廊坊申报公司内部专家的重要依据。

年度考核根据4个不同的专业系列以及不同的考核部门，共编写了9个与之对应的《国网冀北电力有限公司廊坊供电公司内部专家年度考核明细表》，每个表中对不同系列在各考核项目的评分各有侧重。

专家年度考核流程如下：

①个人上报：专家对应考核项目，提交年度工作业绩有效证明材料，于1日前上报所在单位。

②专家所在单位：汇总专家年度考核上报材料，在《国网冀北电力有限公司廊坊供电公司内部专家年度考核明细表（一）》［以下简称《年度考核明细表（一）》］上填写考核分数及单位考核意见，并结合考核分数对专家进行本单位总体排序，单位负责人签字盖章，于考核月份的5日前上报电力技术院。

③专业组：专业组长负责对专家一年来参与专业项目和专家组织活动等情况进行审查及考核，在《年度考核明细表（二）》上填写考核分数及专业组考核意见，组长签字后于考核月份的5日前上报电力技术院。

④电力技术院：汇总专家所在单位、专业组考核材料，结合各类专家发挥作用情况，在《年度考核明细表（三）》上填写考核分数及技术院考核意见。

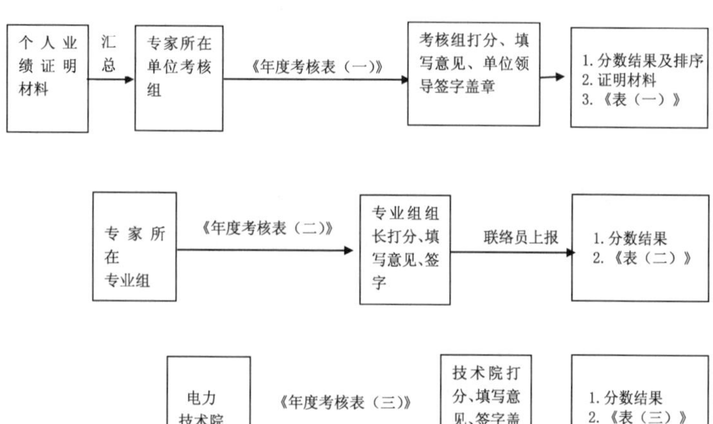

图6　廊坊供电公司内部专家年度三级考核流程图

4. 科学合理划分年度考核结果

（1）年度考核结果为优秀和良好的，须同时具备以下基本条件：

其一，专家的单位年度考核名次位于所在单位考核人数的前60%；

其二，专家的专业组年度考核分数不低于专业组年度考核总分的50%。

（2）达到上述基本条件外：

专家的技术院年度考核分数排名在其所在系列的前20%的视年度考核结果为优秀。

专家的技术院年度考核分数排名在其所在系列的前21%–50%的视年度考核结果为良好。

（3）专家一年内有以下情况之一的，视年度考核为不称职：

其一，在专家例会上发表观点少于两次；

其二，在网上学术交流平台上投稿少于两篇；

其三，未参加任何专业研讨或技术交流活动；

其四，专家所在单位季度考核结果有两次不合格；

其五，专家年度单位考核分数低于单位年度考核总分的20%；

其六，专家年度专业组考核分数低于专业组年度考核总分的20%；

其七，造成《国家电网公司安全事故调查规程》中六级事件的责任人或主要责任人。

电力技术院根据考核结果提出专家业绩奖励建议，于考核月份的10日前报总经理办公会审核，将审核结果公布并留电力技术院备案。

5. 利用考核结果，严格严肃执行奖惩

（1）专家年度考核结果为优秀的，一次性发放年度专家津贴的100%作为年度业绩奖励。

（2）专家年度考核结果为良好的，一次性发放年度专家津贴的80%作为年度业绩奖励。

（3）专家年度考核为基本称职的，次年仍可聘任，不享受专家年度业绩奖励。

（4）专家年度考核为不称职的，取消专家称号、停发相应专家津贴，同时不能参加下一届专家的申报和选拔。

（5）专家考核年度内跨系列岗位调动的，保留专家称号，停发相应专家津贴。

（6）专家有下列情况之一者，予以解聘，并不再享受专家津贴及业绩奖励：

专家所在单位季度考核结果连续两次不合格；

触犯国家法律，危害国家利益、公司利益的行为；

聘任期满；

劳动关系脱离电力技术院内部专家选拔范围；

造成《国家电网公司安全事故调查规程》中五级及以上事件的责任人或主要责任人。

6. 组织专家考核部门，不定期组织培训

2012年，廊坊电力技术院先后组织各专家所在单位、专业组相关负责人及联络员，对《国网冀北电力有限公司廊坊供电公司内部专家考核管理办法》进行详细的讲解及培训，对考核过程中需注意的事项及操作步骤进行了具体的描述。

四、供电公司内部专家考核机制的实施效果

廊坊电力技术院经过近两年来内部专家考核工作的开展，运用崭新的考核机制，促使各专业骨干人才立足本岗，奋发进取，努力钻研，带动本专业共同进步，在激发员工潜能、拓宽员工成长通道等方面都起到了重要的积极作用。

（一）提高各专业人员的积极性

廊坊供电公司内部专家考核机制，通过对四个专业系列16个专业组不同阶段、不同层次、不同角度的多方位考核，调动了各专业领域专家的积极性、主动性。作为本专业的技术骨干，责任感更加强烈和明确，面临本专业出现的技术难题，各专家充分发挥技术带头人的作用，带领本专业人员，刻苦钻研，

既提高了自身技术水平，同时也带动了整个专业技术水平的提高。

（二）促使各专业岗位成才

通过考核的激励机制，促使专家在本岗位努力创新，开拓进取，切实履行专家的职责，在经验传授、学术交流、创新应用、“五新”学习等方面，发挥了专家的作用，改变了以前“只会闷头工作，不注重提炼总结”的面貌，积极参加廊坊公司及以上组织的各项活动，在国网、冀北公司及廊坊公司均取得了不少骄人成绩，为廊坊公司做出了贡献，争得了荣誉。

1. 廊坊公司内部专业管理系列企业战略与人力资源专业的专家，主持的“应用智能视频监控技术创新工程监理现场管控模式”创新成果，荣获2012年中国电力企业联合会全国电力行业企业管理创新成果二等奖。同时荣获2012年国家电网公司企业管理创新成果二等奖。

2. 廊坊公司专业管理系列行政与党务专业的专家，带领本部门，在2012年度全国电力行业优秀电视片评比中，获得一等奖的好成绩。同年，获得国家电网2012年度优秀合理化建议的表彰。

3. “研究检验CT二次回路开路风险新方法”、“缩短负荷拉路时间”、“电表箱防盗接地极”等QC成果分别获得全国电力行业级和冀北电力有限公司级优秀QC成果奖，其中获奖人员中有90%来自公司不同专业领域的内部专家。

4. “蓄电池远程充放电系统实用新型专利”、“直流电源远程监控系统实用新型专利”等九个国家专利中，公司内部专家人数占到近三分之二。

5. 公司内部专家在公司内部网站的学术交流平台交流的学术文章有386篇，其中：经验介绍90篇，学习体会49篇，疑难问题26篇，论文202篇，其他19篇；专家答疑约1260人次。网上学术交流平台正在成为全体职工查询资料或者进行学术探讨交流的平台，对提高职工整体素质将起到重大作用。

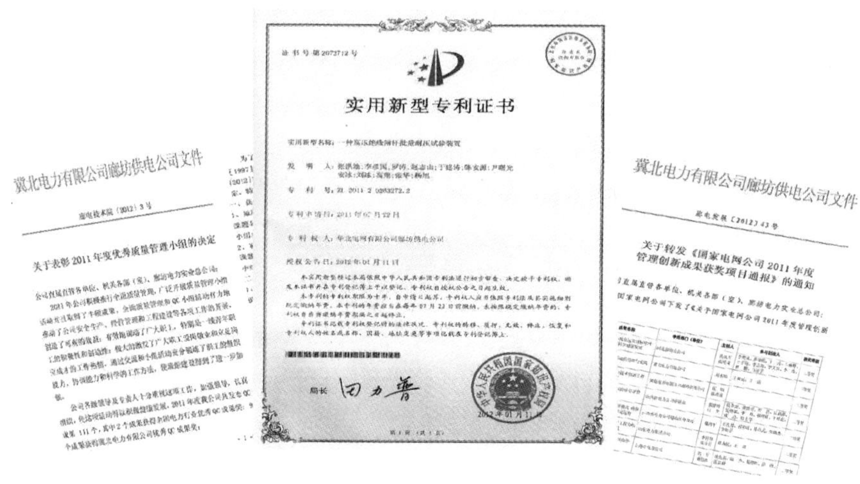

图7 专家业绩材料

6. 2012年，公司内部多名专家在国网、冀北及廊坊公司组织的各项比武及竞赛中均取得很好的成绩。

（三）以考核机制为导向，引领廊坊公司各项事业进步

专家考核涉及的不同考核项目，内容本身均蕴含在廊坊供电公司各个专业部门里面，通过考核机制，各部门便于查找不足和薄弱环节，便于发现与现实要求的差距，便于把握未来发展的方向和趋势，符合时代前进的步伐，与时俱进，保持本部门的不断进步与企业的持续发展。

附件说明

附件部分包括：

附件1：国网廊坊供电公司内部专家季度考核表

附件2：国网廊坊供电公司内部专家年度考核明细表（一）

附件3：国网廊坊供电公司内部专家年度考核明细表（二）

附件4：国网廊坊供电公司内部专家年度考核明细表（三）

成果创造人：杨秀岐　周维丽　薛文祥　郭翠玲　贾　楠　赵　新　艾　冰　杜建伟　马　雷　吴　琨　冉　娜　吴　迪

输电企业的精益化管理

国网冀北电力有限公司
荣获第二十八届北京市企业管理现代化创新成果一等奖

国网冀北电力有限公司隶属国家电网公司，于2012年2月9日正式独立运行，注册地在北京，是国家电网公司最年轻的省级电力公司，肩负着确保首都供电安全、高质量服务冀北五市经济社会发展的双重职责。公司负责运维“西电东送”、“北电南送”大通道和首都500千伏环网。营业区域包括唐山、张家口、秦皇岛、承德、廊坊5市，43个县（区、市），面积10.41万平方公里，供电人口约2277万人。公司本部设22个部室（中心），所属供电、施工、培训等基层单位19个，职工总人数25973名。

冀北电网总装机容量1813万千瓦（其中火电占65.5%，风电占30.6%，水电占3%，风光储占0.8%），运维500千伏变电站22座，容量43257万千伏安，线路8654公里。

2012年，公司完成固定资产投资92.2亿元，实现售电量1263.2亿千瓦时，营业收入682.43亿元，资产总额507.03亿元，利润0.27亿元，流动资产周转率8.4次，资产负债率62.73%，全员劳动生产率50.56万元/人·年。

2012年12月10日，冀北电网最大负荷2020万千瓦，成为国网系统第13个突破2000万千瓦的省级电网。2013年7月29日，冀北电网最大负荷突破2048万千瓦。

冀北电力提出确保首都供电安全、高质量服务冀北经济社会发展的意愿、行为、绩效及承诺，并发布社会实践报告，与社会各界实现良好的沟通、推动建立基于价值认同的信任与合作关系，共同推进可持续发展。冀北电力积极对接地方经济社会发展，对接百姓民生，创新开展“社会和谐兴冀”、“社区光明同行”活动，努力追求企业综合价值最大化和员工工作价值最大化。一年来，冀北电力荣获多项年度荣誉：国家电监会授予的“十八大保电突出贡献奖”称号；国家电监会授予的“十八大保电先进单位奖”称号；中国电力企业联合会授予的“电力标准化工作先进集体”称号；2011—2012年全国“讲理想、比贡献”活动先进集体称号；2012年度北京科协系统文明单位称号；国家电网公司“农网改造升级工作先进单位”称号；国家电网公司2012年工会工作先进单位称号；北京市优秀基层工会称号。

一、输电企业精益化管理实施的背景

精益化是企业科学管理的重要组成部分，是促进企业管理水平提升的重要途径。冀北电力输电精益化管理体系的构建来源于以下几方面：

（一）适应输电设备外部环境的要求

冀北电力运维500千伏线路86条、总长度8654公里，多为“西电东送”、“北电南送”大通道和首都500千伏环网，肩负着向首都供电的重大使命。由于输电通道跨度大，电网设备基础相对薄弱，重要通道走廊狭窄，线路部分区段微地形、微气象复杂，近年来大风、雷雨、暴雪、雾霾等恶劣天气频发，对电网安全运行产生很大影响；同时，随着国民经济的发展和电网建设速度的加快，防外力破坏工作也越来越严峻，电网的安全运行面临着巨大的挑战。

（二）适应保证首都供电的政治任务要求

由于首都北京的特殊地位，冀北电力承担着大量政治保电工作：“两会”保电1次/年、“党代会”和大型国庆保电1次/5年；奥运会、园博会等国际性活动保电时有发生；迎峰度夏、迎峰度冬、节假日保电等更是不计其数。为保障首都的国际形象，维护社会稳定，必须保证首都供电万无一失。

（三）适应公司内部“大检修”体系建设的要求

冀北电力自2012年初成立以来，一直致力于“大检修”体系建设。按照“集团化运作、集约化发展、精细化管理、标准化建设”的工作部署，全面提升冀北电网安全供电和服务能力，完成了省公司和地市单位两级检修公司组建工作；建立了按电压等级由各级检修公司承担电网设备运维检修任务的生产体系；实现了资源集约化、组织扁平化、业务专业化、管理精细化。为输电精益化管理构建奠定了客观基础，同时也提出了更高的要求。

二、输电企业精益化管理的内涵和特点

（一）输电企业精益化管理的内涵

输电精益化管理的最终目的是提高输电线路运维水平，降低线路故障停运率，实现电网供电安全，保障首都北京的安全可靠供电。其管理思路为从输电专业管理、输电线路标准化建设、输电线路运维、检修管理和防止外力破坏5条主线入手，全面覆盖输电线路运维检修工作的各项细节，制定详细的考核评价规范，以考核评价为手段定期对冀北电力所辖的7家运维单位和2家支撑单位进行检查督导，形成长效的激励机制，全方位提升输电线路运维水平。

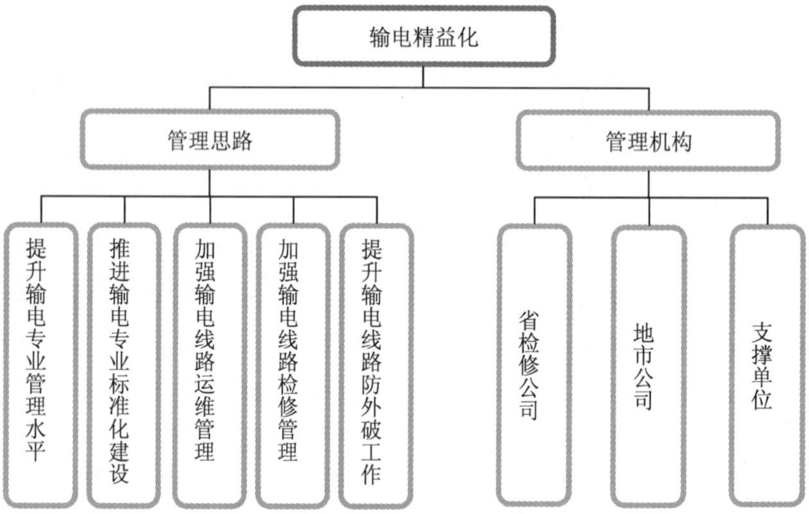

图1 冀北电力输电精益化管理体系

（二）输电企业精益化管理的特点

1. 覆盖范围全面广泛

冀北电力输电精益化管理的理念为“横到边、纵到底、全覆盖、无死角”。业务层面上包括了线路的运维检修、带电作业、规章制度、检修计划、大修技改等各方面内容；单位层面上包括了7家线路运维单位和2家支撑单位，确保对输电运维管理的每个细节均形成约束，确保相关工作有章可循，有序开展。

2. 具有较强的适应性

冀北电力输电精益化管理扎根于日常输电线路运维工作，由原华北电网公司多年输电管理经验总结提炼得来，完全依靠冀北电力自身力量，而未选择一些企业通常借助于社会专业咨询机构去完成的途径。因为企业内部管理人员对自己管理工作了解与掌握的深入，与外部咨询机构相比有着不可比拟的优势，更能符合企业特点、反映行业特性、切合客观实际。这就决定了冀北电力输电精益化管理体系构建所选择的自行策划、自行设计、自行编写，完全相信自己，依靠自己的途径不仅节省了巨额咨询费用的支出，而且也保障其具有较强的适应性，能够卓有成效地推进各项输电运维工作水平的提升。

3. 具有良好的可操作性

冀北电力根据输电线路运维特点，提炼出代表性强，易于取得和核实的指标，制定了输电精益化考

核评价办法。其中评价细则包括绩效评价、日常工作考核评价和年度考核评价三部分，详细情况如下：

（1）绩效评价设置：110千伏及以上线路跳闸率、110千伏及以上线路故障停运率、2.78次/平方公里·年地闪密度下110千伏及以上线路雷击故障停运率、110千伏及以上线路污闪跳闸次数、110千伏及以上线路外力破损故障停运率、110千伏及以上线路不明原因跳闸次数、35千伏及以上线路严重及以上缺陷消缺及时率、110千伏及以上线路一般缺陷消除率、35千伏及以上线路严重及以上发现缺陷能力、35千伏及以上线路人均维护长度、已建成标准化线路长度、输变电检修计划完成率、大修技改项目计划完成率共13项指标。每季度考核一次，反映了该时段内各运维单位线路运维的水平。

（2）日常工作考核评价设置：资料上报及时情况、协助完成相关工作情况、试点工作参与情况、先进管理经验采纳情况、信息报送情况、生产管理信息系统应用情况和加分项，共7项指标。每季度考核一次，反映了该时段内各运维单位日常工作的规范情况和支撑单位协助工作的完成质量。

（3）年度考核评价设置：专业管理体系指标、安全生产管理指标、运行维护管理指标、标准化线路建设指标、状态检修管理指标、专项技术管理指标、班组建设管理指标、应急管理指标、新（改、扩）建工程管理指标、人员培训考核管理指标、资料及档案管理指标，共11项指标。每年考核一次，反映了各运维单位和支撑单位全年的工作开展情况。

三、输电企业精益化管理的主要做法

冀北电力以推进输电专业管理、输电线路标准化建设、输电线路运维、检修管理和防止外力破坏为主线，以评价考核为手段，着力提升输电线路运行水平和输电运检效率、效益，确保电网安全稳定运行，保障首都北京的安全可靠供电。

（一）着力提升输电专业管理水平

1. 完善专业管理体系，规范专业管理模式

严格按照“大检修”建设要求，统一并完善输电专业管理体系，设置专业管理处室，配全专业管理人员。规范输电专业管理模式和流程，压缩管理链条，做强做精核心业务，规范业务外包管理。全面梳理并完善输电专业管理标准和技术标准，建立统一实用的标准体系。

2. 深化信息系统应用，提高运维管理效率

着力加强设备台账等基础资料的及时、准确录入与持续改进，加强应用考核，确保基础数据的正确性、及时性和完整性，以及各项业务流程的正常运转。全面推进智能输电网分析管控系统深化应用，全面推进精益生产管理信息系统（EAM）和三维GIS系统深化应用，实现业务管理的全信息化。

3. 规范输电运检装备配置，深入开展标准化作业

全面制定输电线路安全工器具、巡视操作、试验检修、状态检测、特殊工器具、应急处置等作业装备标准和配置计划，规范装备使用。完善现场标准化作业和工作机制，编制新设备、新工艺标准化作业文本，严格执行检修现场标准化作业书（卡），加强危险点分析和预控，确保作业安全，提高检修质量。

4. 主动介入新建工程的关键阶段

按照国家电网要求，统一制定运检单位参与线路工程前期可研和初设审查的工作流程和技术要求，主动参与，敦促落实差异化设计要求，提高线路本质安全水平。提前介入施工过程中的质量监督，同步参与“隐蔽工程”的验收，严格执行交接验收规定，落实人员责任，保证“零缺陷”投运。切实做好生产准备工作，规范生产准备管理，及时开展新设备投产首次带电检测诊断和状态评价。

5. 推进新技术、新设备应用，提升运检机械化和信息化水平

建立大检修体系下的直升机、无人机、人工巡检三者相互协同的输电线路新型运检模式。500千伏重要通道线路由直升机开展线路常规巡视和状态巡视、灾情普查和应急抢险等工作。大、中型无人机协同开展常规巡视和状态巡视，小型无人机配合人工巡视开展线路故障巡视和小范围通道巡查。推广应用新一代雷电监测系统，着力开展重要输电通道气象监测、开展高精度故障测距等新技术试点应用。

（二）着力推进输电专业标准化建设

1. 明确标准化线路建设要求

按照标准化线路的建设要求及相关规范标准，制订适合于实际情况的标准化线路建设要求，从线路本体、附属设施及通道环境等各方面明确具体指标，提出具体要求。

2. 全面开展标准化线路建设

新投线路应全面达到标准化线路要求，在运线路结合规划逐年安排标准化建设，制订标准化线路建设方案与计划，开展标准化线路建设、验收与评比工作，总结标准化建设经验，提升输电线路本体、附属设施及通道环境的标准化水平。

（三）着力加强输电线路运维管理

1. 全面开展状态巡视

总结状态巡视工作开展经验，制订状态巡视管理试行办法，开展状态巡视工作，同时继续强化巡视质量，按线路区段落实巡视责任人，明确巡视内容，承担巡视责任。在气候剧烈变化、自然灾害、外力影响、高温大负荷及保电时段，及时组织特殊巡视。加强线路故障巡视，缩短故障查找时间。

2. 深化隐患排查治理工作

规范隐患排查工作，结合线路运维工作开展常态化治理，围绕设备本体、附属设施及通道环境的运行状况、设备缺陷及处理情况，针对线路外力破坏、雷害、污闪、冰害、舞动、鸟害等故障进行细致分析，排查设备隐患，制订方案并及时治理。

3. 规范开展非核心业务外包

按照国网公司规定，明确生产业务外包原则、范围、形式、方案、流程、管理要求及责任。以输电通道管理属地化外包为切入点，实施非核心业务外包工作，同时认真研究解决业务外包过程中遇到的困难和问题，确保非核心生产业务外包规范、高效。

（四）着力加强输电线路检修管理

1. 加强设备分析评估

严格执行状态检修相关规程规范，不断提高设备信息收集、设备状态评价、设备风险评估、设备检修策略、检修计划、检修实施和绩效评估等七个环节的管理水平和工作质量，进一步完善状态检修的管理体系、技术体系、执行体系。在进行充分技术分析和设备评估的基础上，科学制定检修策略，及时消除设备缺陷和事故隐患。严格设备退役管理，实现设备全寿命周期管理。

2. 强化检修关键环节风险管控

规范检修日常管理工作，优化检修计划，统筹检修工期，协调停电计划。重点抓好重大现场作业方案审批及现场安全控制，做好执行监督，强化人身和设备安全风险防范。抓好项目实施过程中的技术标准执行和工艺质量控制。加强验收管理，确保检修施工工艺质量满足规程、设计要求。提倡采用科学方法、先进工艺和工器具，实施标准化作业，提高工作效率和检修质量，缩短检修工期，提高输电线路可用率。

3. 规范开展带电作业工作

按照分级管理、分工负责的原则，完善管理制度，规范管理流程，实行带电作业专业化管理，逐步推动带电作业的日常化，强化带电作业工作考核。重点提高基层员工带电检测诊断和分析水平，制定并落实带电检测各项标准化作业指导书（卡）。

4. 持续开展差异化专项治理

认真落实《国家电网公司十八项电网重大反事故措施》和《跨区输电线路重大反事故措施》，积极开展线路防倒塌断线、防雷害、防污闪、防覆冰舞动、防鸟害、防风偏、防外力破坏及防暑防冻专项治理及后评估工作。加强监测数据分析，制修订雷区、冰区、风区、舞动区、污区等分布图，对照分布图进行梳理，对发现的隐患逐年安排专项计划进行改造。加强技术改造项目的效益分析，提高投入产出水平。全面落实和滚动修编重要输电通道反措计划，加强督导，开展落实效果评估并持续改进，提高重要输电通道和骨干网架抵御自然灾害能力。

5. 强化大修技改项目管控

加强对项目前期、计划、实施及后评估等各环节管理工作，提高项目计划性、针对性，完善项目实施跟踪、分析、检查、考核、整改制度，强化项目执行过程管控，建立闭环管理机制。各单位应掌握输电专业重大项目的关键时间节点和完成情况，并应及时开展技改后评估工作。

（五）着力提升输电线路防外破工作规范化水平

1. 转变防护工作理念，有效防范外破事故

认真落实国网公司《提升电力设施保护工作规范化水平指导意见》的要求，以防止外力损坏和盗窃破坏输电线路为重点，转变电力设施保护工作理念，将电力设施保护工作全面纳入安全生产日常管理，关口前移、主动作为、以疏为主、疏堵结合，提高输电线路防外破工作水平。进一步加大资金投入，提高线路技防水平，加大宣传力度，营造良好的社会舆论氛围。

2. 推行属地化管理模式，构建专业化组织体系

结合“大检修”体系建设，发挥地市公司和县公司的优势，推行输电线路通道属地化管理。进一步充实专业力量，梳理管理薄弱环节，明确人员责任，有效整合巡护力量，完善输电线路巡护机制，着力构建专业人员巡护、公安武警保卫、电力行政执法和群众护线相结合的电力设施保护体系。加强对联防护线员的业务培训，完善沟通渠道，建立异常情况汇报及考核制度，及时发现事故隐患，提高护线工作质量。

3. 强化责任管理，有效提升责任意识

加强线路外破故障问责力度，由原因判断责任转变为结果认定责任，要坚持“说清楚”制度，跨区电网、220千伏及以上输电线路和部分110千伏重要输电线路发生外力破坏事件，运维单位要到冀北电力“说清楚”。

4. 严格执行许可制度，加强保护区作业管理

提前介入保护区内施工作业的管理，积极争取当地政府相关部门的支持，进一步规范电力设施保护区内施工审批和现场安全管理，由被动处理转变为主动服务，主动收集施工信息、主动加强沟通联系、主动督促作业负责人办理保护区作业许可手续、主动加强输电线路保护区内施工作业的监督管理，主动提供现场电力安全指导并协助做好预控措施。

5. 强化过程管理，着力落实现场防护措施

要以预防施工机械和施工造成电力设施损坏为重点，由事后处置转变为事前预防，强化事前预防和过程控制，加强巡护和预控措施的针对性，对大型施工场地编制反外损防护方案，将措施落实到每一辆吊车，每一个工作人员，每一个防护点，采取技术监控措施，必要时派人蹲守。

（六）输电精益化管理的职责与分工

1. 冀北运检部：全面负责输电专业精益化管理提升工作。编制下发输电专业精益化管理提升工作方案，制订下发标准化线路建设方案与精益化管理提升考核办法，督促检查地市公司（检修公司）精益化管理提升工作开展情况，组织标准化线路验收、精益化管理提升工作检查和评比。

2. 地市公司（检修公司）运维检修部：负责运维范围内线路精益化管理提升工作与线路标准化建设工作，督促运检工区精益化管理提升工作开展情况。

3. 运检工区：贯彻执行上级颁发的各项标准、规章制度和管理要求，落实反事故措施，负责现场标准化作业的组织实施，并对所辖作业班组执行情况进行检查与考核。 严格执行现场标准化作业，确保人身、电网和设备的安全。

4. 冀北电科院：配合冀北运检部开展输电线路精益化管理提升工作，审核、汇总、分析各单位指标数据和相关报告，报冀北运检部审核。完成冀北运检部委托的其他事项。

5. 冀北经研院：配合冀北运检部开展输电线路精益化管理提升工作，输电线路切改工程前期调研、设计审查，完成冀北运检部委托的其他事项。

（七）输电精益化考核的实施

1. 精益化管理考核评价周期为上年10月1日至当年9月30日。

2. 每个季度末冀北电科院下发本季度工作考核表；每个季度第一个月3日前，各单位根据上季度工作考核表完成自评，并报送冀北电科院；每个季度第一个月5日前，冀北电科院将各单位评分汇总报冀北运检部。

3. 每个季度第一个月7日前，冀北运检部完成各单位上季度日常工作考核评分。

4. 每年9月30日前，各单位总结评价周期内精益化管理提升工作，完成自评工作，将自评分表报送冀北电科院。

5. 每年10月25日前，冀北运检部完成材料复核，并公示各单位年度绩效评价得分，年度绩效评价得分纳入冀北运检部对各单位运检绩效考核。

6. 每年11月20日前，冀北运检部完成对满足以下考核条件的单位开展精益化管理提升年度评价工作：

（1）未发生人为责任的110千伏及以上输电线路倒塌、断线、同一通道多条（回）同时跳闸等事故。

（2）未发生110千伏及以上输电线路运维、检修、技改等生产现场人身重伤及以上事故。

（3）未发生跨区电网线路责任考核事故。

（4）未发生五级以上电网事件。

（5）未发现110千伏及以上输电线路跳闸瞒报、漏报的。

（6）按时完成冀北运检部布置的年度重点工作。

（7）年度绩效评价得分前5名单位。

7. 冀北运检部复核各单位年度绩效评价得分与年度工作评价得分，计算并公告各单位考核评价得分。

8. 12月20日前，依据考核评价得分高低，择优确定为输电精益化管理红旗单位。

四、输电企业精益化管理的实施效果

（一）企业效果

1. 输电精益化管理提高了输电运检的基础管理水平。2013年上半年，各运维单位的缺陷故障的报送时长平均为0.87小时/次，比2012年同期缩短约13%，且在准确性和规范性均有了明显提高；故障点查找时长平均为8.56小时/次，比2012年同期缩短约21%。

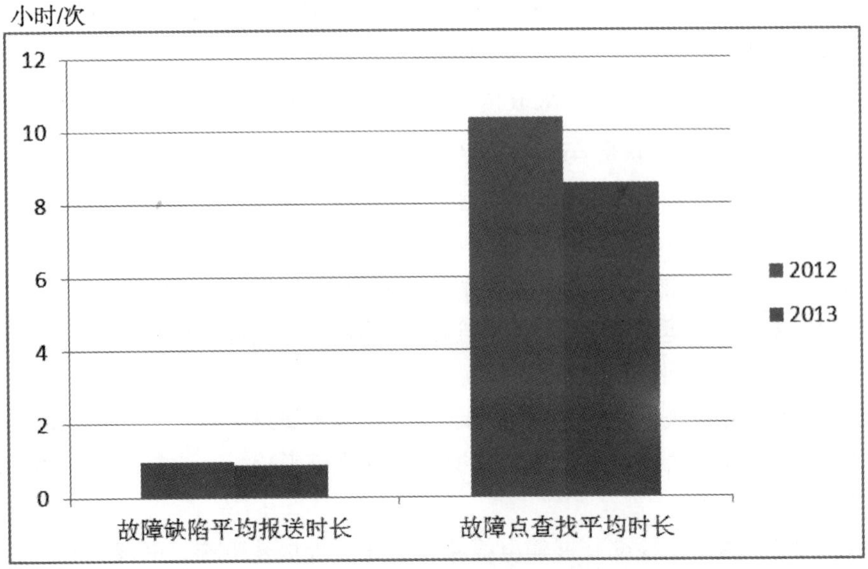

2. 标准化线路建设稳步推进。2013年上半年，冀北电力按照标准化线路建设方案，完成了31条500 千

伏标准化线路改造，占线路总数的36%。冀北检修分公司按照输电精益化管理方案，提前介入新建500千伏高天三线的建设，保证了工程质量，经专家组实地考查，高天三线满足标准化线路要求。

3. 推进了新技术、新设备应用。2013年二季度，冀北电力在张家口地区进行了无人机的入网检测试飞，编制了《冀北公司输电线路直升机、无人机、人工协同巡检模式试点方案》；此外，新一代雷电定位系统已于上半年正式投运，其精确度和灵敏度较旧系统有了明显进步，提升了运检机械化和信息化水平。

4. 有序开展紧凑型输电线路防舞动专项治理。针对500千伏紧凑型输电线路舞动、冰害等故障频发导致部分重要输电通道线路长时间停运问题，冀北电力于2013年开展500千伏源霸双回、海万双回紧凑型改造工作，提高了线路抗覆冰舞动能力，提高了电网安全水平。

（二）社会效果

提升了首都供电安全水平。自开展输电精益化管理提升以来，冀北电力故障停运率有了显著下降：2013年上半年，冀北电力运维线路故障停运次数为12次，比2012年同期下降了29%。提升了首都北京的供电安全水平。

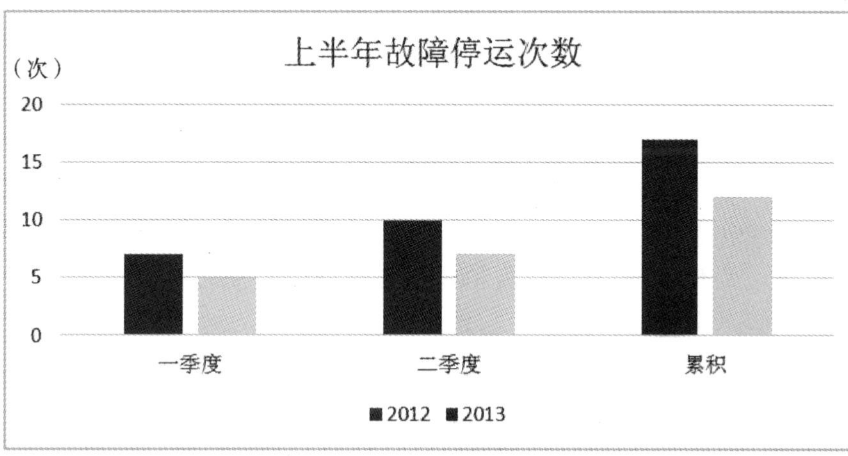

成果创造人：杜维柱 刘亚新 杨 静 赵 盟 张吉飞 龚延兴

电网调控运行标准化管理模式的构建与运行

国网冀北电力有限公司

荣获第二十八届北京市企业管理现代化创新成果一等奖

国网冀北电力有限公司（以下简称“国网冀北公司”）隶属国家电网公司，肩负着保障首都北京安全可靠供电和服务河北经济社会发展的重要使命。营业区域包括唐山、张家口、秦皇岛、承德、廊坊5市，43个县（区、市），面积10.41万平方公里，人口数约2277万人。公司本部设22个部室（中心），所属供电、施工、培训等基层单位19个，职工总人数25973人。

国网冀北电力总装机容量1813万千瓦，运维500千伏变电站23座，容量4722.5万千伏安，线路8495公里；220千伏变电站98座，变电容量3756万千伏安，线路8535.6公里。2011年，冀北电网最大负荷1906万千瓦，全年完成售电1253亿千瓦时。

冀北电网调度系统由1个省级调度机构、5个地级调度机构及43个县级调度机构组成。省级调度机构——国网冀北电力调度控制中心（以下简称“调控中心”）既是电网生产运行单位，又担负着冀北电网调控系统各专业管理职能，下设调度控制、调度计划、系统运行、设备监控、继电保护、自动化、新能源、综合技术8个职能处室。负责公司运维的500千伏变电设备的集中监控，范围横贯京、冀、晋，包括冀北地区14座500千伏变电站、北京地区6座枢纽变电站和山西地区2座开闭站。在线监测范围覆盖冀北500千伏线路56条，东北、蒙西、山西送京津冀500千伏线路28条，为保证首都北京安全可靠供电和服务河北经济社会发展提供电力保障。

一、电网调控运行标准化管理模式构建的背景

（一）解决“底子薄”与“担子重”矛盾需要

受历史沿革影响，冀北电网发展相对滞后、供电能力不高、消纳清洁能源能力不足，电网结构较为薄弱，冀北主网尚未形成一个完整意义上的省级电网，各地区电网互供、互倒能力较弱，局部电网500千伏变电容量不足等问题比较突出。冀北电网是典型的受端电网，“西电东送”、“北电南送”输电通道跨度大，线路微地形、微气象复杂，自然灾害及异常天气对电网安全稳定运行构成较大威胁。而国网冀北公司在保障能源安全和电力可靠供应、维护社会稳定中又肩负着重要的政治责任、经济责任和社会责任，当前宏观形势深刻变化，经济发展面临新的挑战，社会环境错综复杂，监管部门、社会客户对安全生产提出要求更高，这些客观情况都对电网调控运行管理提出更高要求，亟待建立一套更为有力的管控模式解决这一突出矛盾。

（二）满足电网生产管理组织结构变革的需要

2012年以来，国家电网公司进行着新一轮的体制机制改革——“三集五大”体系建设，新体系使得电网生产管理纵向层级减少，横向融合更加紧密，原有的运行模式、组织构架、管理方式、业务流程等发生一系列重大变革，对电网管理工作提出更高要求。作为“三集五大”体系的末端业务的“大运行”（电网调控运行），如何将实时电网运行状态无缝地传递给其他四大，构建紧密联动的省地县一体化管理机制，提升各项工作与新模式的适应性和契合度，减少资源使用中的损耗点，消除流程运转中的淤滞点，并实施有效的反馈评价闭环管理的需求就显得尤为突出。

（三）适应组织机构人员业务调整的需要

冀北电网调度层级由原华北网调—地调—县调调整为冀北电力调度控制中心—地调—县调，调度范围随之相应调整。调度层级和调度范围的调整，需要从规章制度、工作流程、工作标准、人员配置等方

面进行适应性调整。设备监控运行及管理作为调度新业务，是电网“大运行”体系建设的重要内容，调度与监控一体化运作，不是简单的将调度与监控业务合并，而是业务结构性调整，要求纵向管理衔接更加紧密，与运维检修、营销等部门的横向业务协调更加高效，如何更好地发挥电网调控运行管理职能，提升调度对电网安全运行的控制能力，迫切需要强化专业管理，厘清管理界面，明晰业务流程，提升管理的规范性。

二、电网调控运行标准化管理模式的内容

以“三集五大”体系为基础，以业务模式标准化的指导思想，梳理业务界面，明确工作职责、工作内容、工作质量、过程风险、协调配合方式及工作时限，引入先进的流程管理工具，将梳理出的标准化工序固化于流程之中，以信息化系统为载体，通过吸收、整合、再造、创新的方式，建立适合于电网调控运行管理系统，并辅以导向明确、定量与定性兼顾的评价指标体系，进行PDCA全过程闭环质量控制，提出“四横八纵”电网闭环管理的模式并在实践中应用，促进电网调控运行管理精细化发展。

（一）电网调控运行标准化管理模式的内涵

1.“四横”——构建大运行与其他“四大”间业务协调机制

按照横向业务部门间分工界面清晰的原则，从大运行服务大规划、大基建、大检修、大营销（以下简称“四大”）和“四大”支撑大运行工作的角度，梳理了大运行与“四大”工作界面，编制了《业务协调机制》，主要包括：工作目标、工作界面、业务协调及工作规范、反馈与评价等内容。细化工作规范，建立工作协调和反馈机制。共梳理大运行与“四大”工作界面95项。其中，大运行与大规划18项、大运行与大建设32项、大运行与大检修38项、大运行与大营销7项，对于每项工作界面均明确了界面职责、配合模式、工作完成情况评价以及工作进行中的信息反馈等内容，形成大运行与“四大”间的工作协同和闭环管控机制，将电网运行中的问题反馈相关部门。

2.“八纵”——构建八项省地县一体化专业工作规范

按照纵向省地县一体化运作的模式，遵循纵向省地县一体化运作的原则，对新旧体系下同类业务流程、机制、标准和界面划分的差异性进行分析。按照大运行体系建设的要求，对调度运行、系统方式、调度计划、新能源、设备监控、继电保护、自动化、安全内控等八大专业的工作进行重新梳理规范，编制了《省地县一体化专业工作规范》，主要包括总则、职责与分工、核心业务流程、专业工作要求、保障机制和评价考核6个方面的内容。共梳理工作界面77项。目的是构建“集中统一、责权明晰”的专业管理模式，实现“工作协同、规范高效”的业务流转，更高效的开展专业管理工作。

《省地县一体化专业工作规范》是建设国网冀北公司大运行体系，实现“调控一体化”和“调度一体化”，推进八大专业在大运行专业管理和实现工作业务上更加协调的重要举措，为扎实推进大运行各项工作向纵深开展夯实基础。在实施过程中，加强执行专业工作规范的管理，加强专业管理、理顺业务流程，发现问题及时反馈并完善。

3.搭建大运行体系建设评估改进的闭环管理平台

按照大运行体系建设要求，调控中心编制完成了《2012年度大运行工作评价细则》。细则评价范围适用于地市公司和县公司。从供电能力、运行高效、管理规范等三个维度确定评价领域，细化分解160个保障大运行工作评价指标。其中，地市公司涉及考核内容26项和考核指标102个，总分1000分；县公司涉及考核内容21项和考核指标58个，总分500分。160个考核指标中，直接通过公式计算明确评价标准，可量化的指标有88个。强化过程管控，进行定性评价的指标有72个。指标评价按照月度、季度、年度开展，指标每年根据情况进行动态调整。

《大运行工作评价细则》从物质基础、管理水平和工作规范等方面对各单位大运行体系建设成效进行综合评价，积极构建“纵向到底、横向到边”的全方位大运行工作评价指标体系，目的是引导大运行体系建设，评价大运行体系建设成果。为推进大运行规范化、精益化管理夯实基础，确保冀北电网大运行体系建设高标准、高质量完成。

（二）电网调控运行标准化管理模式的特点

1. 横向工作界面清晰

明确跨部门间、业务上下级间的工作界面，落实安全责任，指导大运行体系建设过程中做到工作界面划分精确，工作职责定位精准，工作业务衔接注重细节纵向业务流程规范。

2. 纵向业务流程管理规范

将业务协调机制和工作规范内容固化到业务流程中，将业务工作风险辨识、危险点预控、工作深度、业务质量纳入流程，实施标准化电网运行风险管控。

3. 工作业绩定量评价

积极探索以战略为导向的大运行工作评价管理方法，制定大运行工作评价细则，依托OMS系统建设大运行综合业绩考核评价体系平台，形成评价—分析—整改—提升闭环管理。

三、电网调控运行标准化管理的主要做法

（一）推行“业务归口”工作模式，安全责任有效落实

针对横向业务协调机制涉及多个部门、多个专业等特点，按照“统筹规划、和谐共赢”的原则，采取调控中心牵头，各业务部门深入配合，业务归口专业主导编制，业务参与部门定期会商的工作模式，充分调动各部门、各级单位的积极性和主观能动性，达到提升工作效率的目的。

针对省地县一体化纵向业务，结合“大运行”体系建设，打破原有省、地两级的管理模式，将地市公司的专业管理纳入省公司专业管理范畴，按照“纵向贯通、一贯到底”的原则，采取调控中心主要领导负责、归口专业牵头，相关专业人员深入讨论的工作模式，深度参与工作规范的编制工作。归口专业作为关键环节，对纵向工作界面、工作标准、流程图等内容进行反复推敲完善，采用召开工作规范审核会，相关专业会签等形式，形成推动规范编制强大合力。

（二）突出制度引领，工作标准有章可循

按照管理流程、技术规范和管理标准“三统一”标准体系工作要求，实施“顶层设计”，编制完成“大运行”体系下管理标准22项、作业指导书63项、工作标准68项，梳理涵盖全部电网调控运行领域的技术标准295项，审议发布规章制度近50项，健全技术规范和管理标准，同步开展新标准制度宣贯等防范措施，有效控制安全风险。

为保证八大专业省地县一体化专业工作规范实施效果，同时制定了《年度运行方式管理标准》、《电网运行设备模型参数管理标准》、《新设备启动管理标准》、《日前电能平衡计划管理标准》、《继电保护定值整定及定值管理标准》、《继电保护运行管理标准》、《变电站监控信息管理标准》《风电功率预测管理标准》等22项企业管理标准，制作工作标准模板，规范业务节点的工作内容、深度，增强工作规范可操作性和可持续性。

（三）横向工作界面清晰，建立过程明晰的协调机制

国网冀北公司通过深入开展多层次界面梳理，抓住重点，关注难点，共梳理大运行与“四大”工作界面95项，对于每项工作界面均明确界面职责、配合模式、工作完成情况评价以及工作中的信息反馈等内容。

1. 以服务电网为根本，找准落脚点

快速发展的电网向“三集五大”的各个部门都提出了更高的要求。科学的规划、合理的布局、优秀的设计、精益的运维是电网安全稳定运行不可或缺的技术条件和物质基础。而以上这些又环环相扣，密不可分，为建立更为灵活、高效的沟通协调机制，打破部门间的壁垒就显得至关重要。“大规划”体系处于电网全过程发展周期的龙头位置，“大运行”体系位于电网全过程发展周期的末端，首尾呼应、步调协调才能确保电网健康发展和安全运行。“大建设”体系则是将电网的规划进行逐一落实，并通过与“大运行”部门的沟通协调，保证基建工程的按时投产。“大检修”体系是“大运行”体系正常运转

的现场支撑，二者的交集主要在于现场一、二次设备相关的各项工作，包括现场设备倒闸操作、信息监视、检修管理、缺陷处理等内容。“大检修”与“大运行”沟通协调的质量，直接关系到电网运行的状态。“大营销”体系与“大运行”体系互相协调，互相促进。双方工作界面主要集中在电网供电能力不足及设备停电后电网安全需要的有序用电响应机制。

2. 以阶段管控为导向，抓住耦合点

为保证业务协调机制实施效果，准确定位沟通协调的关键环节，根据业务的自身特性，进行阶段的划分，明确不同阶段的工作界面，规定具体工作事项及应达到的具体数量、质量、完成期限等。即明确做什么，依据什么做、如何做（方法和流程），做到什么程度，形成什么记录或报告，如何传递等内容。以服务电网运行为根本出发点，将“五大”体系利益链条紧密结合，优化资源配置，提高电网运营效率。

以“大运行”体系与“大规划”体系协调机制为例，将电网运行方式分析管理划分为电网2–3年滚动分析校核阶段，年度方式阶段、夏、冬季滚动校核分析阶段三个阶段，每一阶段涉及的部门及单位都进行职责的界定，规定工作内容、工作要求、配合模式及工作实现，确保运转协调高效。

3. 以界面清晰为目标，落实关键点

“三集五大”的实施，就是要踏破条块分割，破除“小而全”的弊端，通过优化流程、理清界面、缩短链条来降低协作成本和运营成本。以简单高效、关口前移为工作原则，工作业务衔接注重细节，不留死角。共梳理大运行与“四大”工作界面95项。其中，大运行与大规划18项、大运行与大建设32项、大运行与大检修38项、大运行与大营销7项。以“大运行”体系与“大营销”体系协调机制为例，在月度停电计划阶段的有序用电需求实施方面，首先，进行界面的划分：调控中心负责制定月度停电计划及月度停电计划安全校核，发现停电计划存在安全风险，或电网供电能力不足时，优先通过停电计划的优化、电网运行方式的调整等手段解决，确无法解决时，提出有序用电需求，经公司领导批准后，由营销部负责落实。营销部在接到有序用电需求后，负责组织相关地市公司，安排有序用电需求的落实，负责有序用电执行情况的统计。

其次，进行配合模式的规定：每月14日前，调控中心组织运维检修部、基建部、营销部、安全监察质量部召开月度停电计划汇报会，向公司领导汇报月度停电计划情况。会议对月度停电计划进行审查，对于存在较大风险的停电工作，确定采取有序用电等措施的原则。每周五，调控中心组织运维检修部、基建部、营销部、安全质量监察部向公司领导汇报电网周运行方式。会议对周停电安排进行汇报，确定采取有序用电的具体措施。调控中心根据周运行方式汇报会的要求，提出有序用电需求，编制有序用电需求通知单，明确需要采取有序用电的原因、不采取的危害，采取的区域、日期、时段、负荷数量等；提前七个工作日将有序用电需求通知单送达营销部；当检修工作完成，或不需实施有序用电时，及时告知营销部可恢复用电或取消有序用电的时间、原因。营销部根据有序用电需求通知单，组织相关地市公司，编制执行预案，开展政府报批，通知相关客户，安排有序用电工作；统计有序用电执行情况，并最迟于一个工作日内将统计结果反馈调控中心。

4. 以业务流程为手段，把握切入点

国网冀北公司把构建部门间业务流程作为协调机制建设的切入点，设计科学、合理的流程能够保证后续流程运转、监督反馈工作顺利开展，保证部门之间良好的协同力和执行力。

以新设备启动工作为例。新设备启动工作是保证电网建设顺利开展，保障电网安全稳定运行的重要工作，其涉及部门多，覆盖面管，流程关联节点也多。工程前期阶段涉及国网冀北公司电力调度控制中心、地市公司电力调度控制中心职责、国网冀北公司发展策划部、地市公司发展策划部、国网冀北公司电力科学研究院、设计审查单位等多个部门与单位。将抽象的工作流程形象化，并规定每一个工作节点间的工作内容、职责及时间要求，促进流程上下环节间、部门间的联动和制约。

大运行与其他部门的业务界面划分

序号	业务流程名称	流程阶段	需求部门	需求内容	相关标准、制度、文件规定	备注说明
	年度运行方式分析管理流程	年度方式	发展部	提供本年度和下一次年度冀北电网统调及地方电厂装机容量，下一年度新机组投产计划、年度联络线计划，以及新建工程可研报告与评审意见等技术资料。	《国家电网公司电网安全稳定管理工作规定》（国家电网调 [2006]170 号）	每年 8 月 15 日前
			基建部	提供下一年度电网基（改）建工程项目投产计划及相关设备的设计参数、一次设备载流（过载）能力、新建工程设计报告及评审意见等有关技术资料。	《国家电网公司电网安全稳定管理工作规定》（国家电网调 [2006]170 号）	每年 8 月 15 日前
			运检部	提供公司运维的 220 千伏及以上一次设备载流（过载）能力，以及下一年度 220 千伏及以上涉及电网结构、一次设备参数和载流（过载）能力变化的电网技改大修工程的投产计划（初稿）及相关设备的设计参数、一次设备载流（过载）能力等有关技术资料。	《国家电网公司电网安全稳定管理工作规定》（国家电网调 [2006]170 号）	每年 8 月 20 日前（每年 8 月 31 日前确认电网技改大修工程投产计划）
			交易中心	提供年度电煤供应情况分析。	《国家电网公司电网安全稳定管理工作规定》（国家电网调 [2006]170 号）	每年 12 月
		夏、冬季滚动计算分析	发展部	提供夏季（本年 4–10 月）、冬季（10– 次年 4 月）新建工程可研报告与评审意见。	《国家电网公司总部“三集五大二中心”体系建设核心业务流程和横向需求（试行）》（国家电网党〔2012〕24 号）	3–4 月（夏季）6–7 月（冬季）
			基建部	提供夏季（本年 4–10 月）、冬季（10– 次年 4 月）基（改）建工程投产时序及相关设备的设计参数、一次设备载流（过载）能力、设计报告及评审意见等有关技术资料。	《国家电网公司总部“三集五大二中心”体系建设核心业务流程和横向需求（试行）》（国家电网党〔2012〕24 号）	3–4 月（夏季）6–7 月（冬季）
			运检部	提供夏季（本年 4–10 月）、冬季（10– 次年 4 月）技改大修工程投产时序及相关设备的设计参数、一次设备载流（过载）能力等有关技术资料。	《国家电网公司总部“三集五大二中心”体系建设核心业务流程和横向需求（试行）》（国家电网党〔2012〕24 号）	3–4 月（夏季）6–7 月（冬季）
			交易中心	提供夏季（本年 4–10 月）、冬季（10– 次年 4 月）分月电力电量平衡预测。（目前京津唐电网为统一控制区，平衡预测暂不具备开展条件；待冀北电网成为独立控制区后，按此执行。）	《国家电网公司总部“三集五大二中心”体系建设核心业务流程和横向需求（试行）》（国家电网党〔2012〕24 号）	3–4 月（夏季）6–7 月（冬季）

5. 强化技术支撑，保障服务优质

建立“大运行”相关专业与支撑机构紧密对接的常态工作机制。适应新模式发展，推动支撑单位重点研究解决电网运行发展中风机检测并网、在线数据的深度挖掘等问题。组织冀北电科院编制完成《冀北电网2013、2014年滚动校核计算分析报告》，提出电网基建及规划建议，指导冀北电网规划运行。明确信通公司在专业技术监督、入网检测、通信保障、技术改造方案制定、设备运行分析等基础业务的功能定位，配合开展电力二次系统安全防护等技术支持，为调度控制、自动化、继电保护、安全装置等电网运行业务提供可靠的通信通道，保障“大运行”体系建设高效推进。

（四）纵向业务流程化，建立省地县一体工作模式

冀北调控中心按照纵向省地县一体化运作的原则，以工作界面清晰化、工作标准模板化为理念，重新梳理编制调度运行、系统方式、调度计划等八大专业省地县一体化工作规范，依托OMS系统调度管理平台，以数据共享、业务协同为工作主线，实施顶层设计，统一部署，进一步提高专业管理效率。

1. 注重差异分析，规范明晰职责界面

深入开展多层次问题梳理，分析研究新旧体系下同类业务流程、机制、标准和界面划分的差异性，针对不同点结合国网冀北公司实际从“大运行”业务末端上溯，抓住重点，关注难点，对存在问题进行岗位梳理、专业梳理和重点梳理。从岗位角度，梳理组织机构和业务流程差异，针对保护运行人员纳入“大检修”，厘清各级调控中心与“大检修”的管理界面和汇报流程；从业务角度，分析因业务差异引发的应用需求，针对监控业务纳入调度管理，制定《冀北公司变电站调控数据规范》和《变电站监控数据管理规定》，开展调控数据、在线监测数据核查；由业务末端，倒推新模式运转流程和关键环节，有针对性开展工作，大幅度提高工作效率。

实施调控一体化后，调度运行管理部门与生产管理部门在设备管理上的职责发生相应变化，涉及安全责任的重新划分和资源重新配置。国网冀北公司所运维的22座500千伏变电站的监控业务及部分输变电设备状态在线监测业务纳入调控中心管理范畴，继电保护和自动化厂站端运维人员并入大检修体系，专业管理工作如何开展，如何划分与检修公司、电科院及信通分公司等支撑单位工作界面等问题，都需要专业的工作规范予以解答。

对于新增的监控业务，分别通过《调度控制专业工作规范》和《设备监控专业工作规范》予以规定。首先对各级监控员、调度员在运行监视、倒闸操作、异常事故处理、缺陷管理等工作中的信息交互提出明确要求；其次，界定检修公司变电站、集控站运行人员的工作职责；最后，通过《继电保护专业工作规范》和《自动化专业工作规范》，明确继电保护、自动化等二次专业人员在事故异常处理、厂站端数据的接入和维护与专业巡视方面的工作界面和配合方式。确保监控业务平稳有序过渡。

在输变电设备状态在线监测业务方面，进一步梳理输变电设备状态在线监测业务界面划分。明确运维检修部是业务的归口管理部门，负责发展规划、制定标准、运行维护管理等，电科院是技术支撑机构，负责在线监控主站的数据维护和缺陷处理，同时负责对监控员的技术培训工作；检修公司负责现场设备的运行维护和对异常数据的现场核实、处理；调控处监控员负责在线监测数据的日常监视和处置，监控处负责协调在线监测的数据管理和异常信息的处理，确保输变电设备状态在线监测业务的顺利开展。

积极应对继电保护专业管理变化，深入挖掘电科院、检修公司在大运行体系支撑方面的作用，通过明晰的工作界面、规范的工作流程，常态的沟通机制等方面，确保专业管理严谨高效。

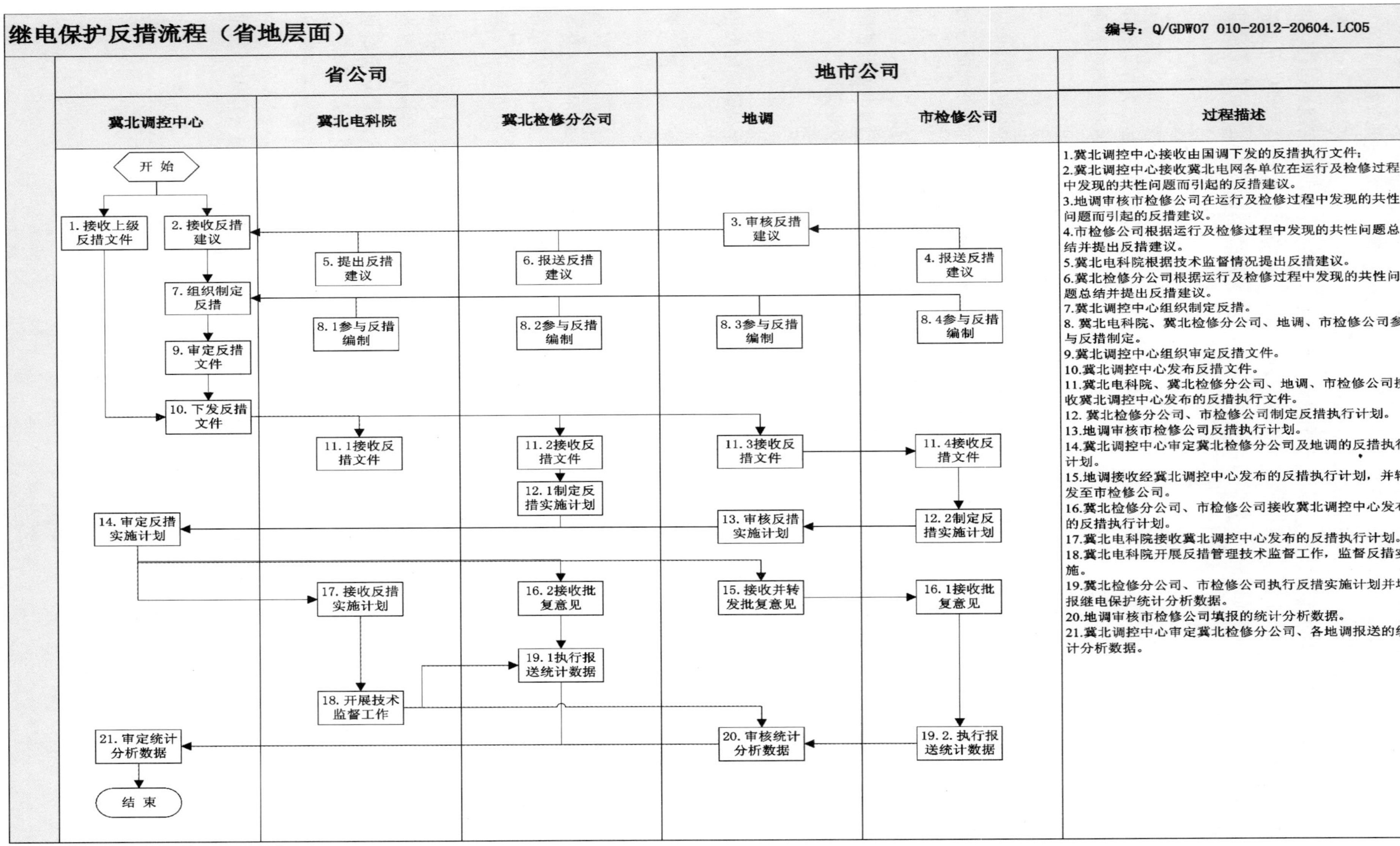

图1　继电保护反措流程（省地层面）

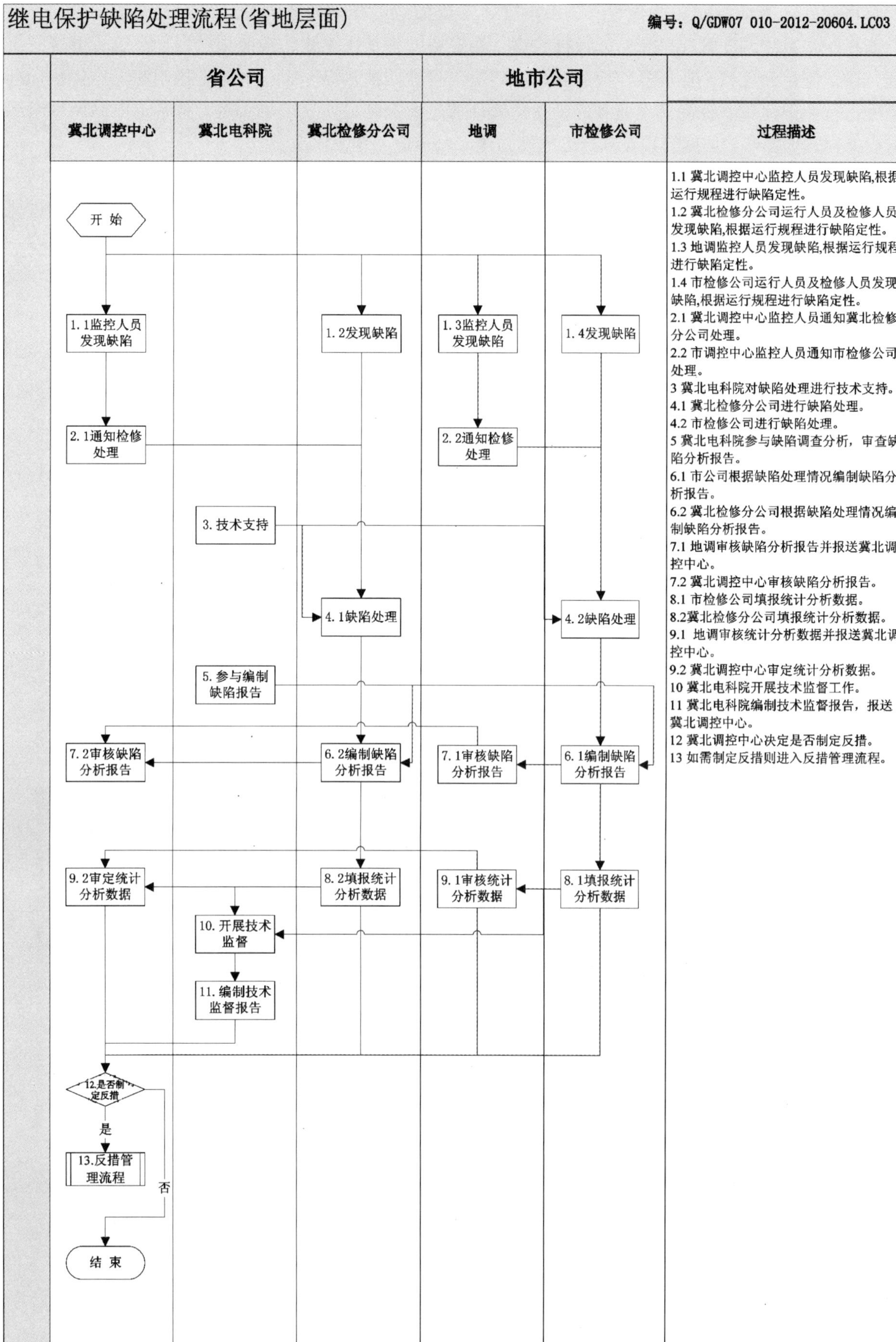

图2 继电保护缺陷处理流程（省地层面）

2. 搭建八大专业纵向一体化业务需求框架，实施顶层设计与开发

依托OMS系统调度管理平台，以数据共享、业务协同为工作主线，按照顶层设计、统一部署的工作原则，详细制定调度核心业务操作流程和标准程序，将“四横八纵”大运行管理机制和工作规范标准融入调度运行业务流程，提高调度业务的精益化管理和过程控制，使之满足大运行体系下电网调度组织架构与业务模式的变化对调度管理业务提出的集约化、扁平化、专业化需求。

统一组织大运行业务需求框架的制定和开发工作，从基础数据开始，向上追溯，理清数据流向，找准业务关联点，以图形、数据流等形式进行展示，指导业务流程开发。以调度计划专业为例，通过梳理业务、统筹流程内数据流向、流程间的关联环节及跨专业间、省地县一体化的数据需求等方面内容，改变以往从专业自身需求出发，为从全网整体业务需求出发，统一数据平台，一定程度上杜绝多次开发、重复开发现象的发生，有效解决“外部性”问题。

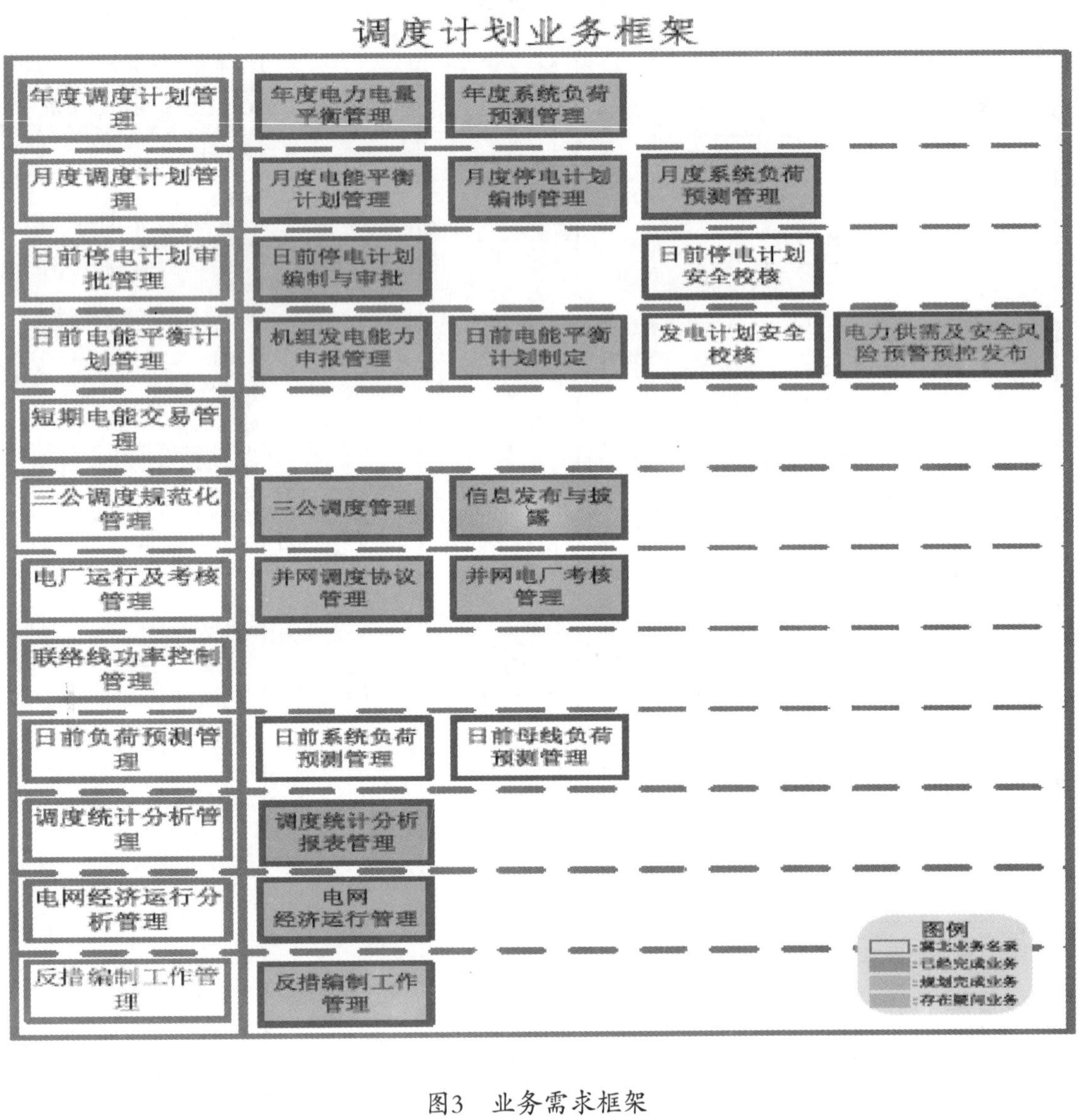

图3　业务需求框架

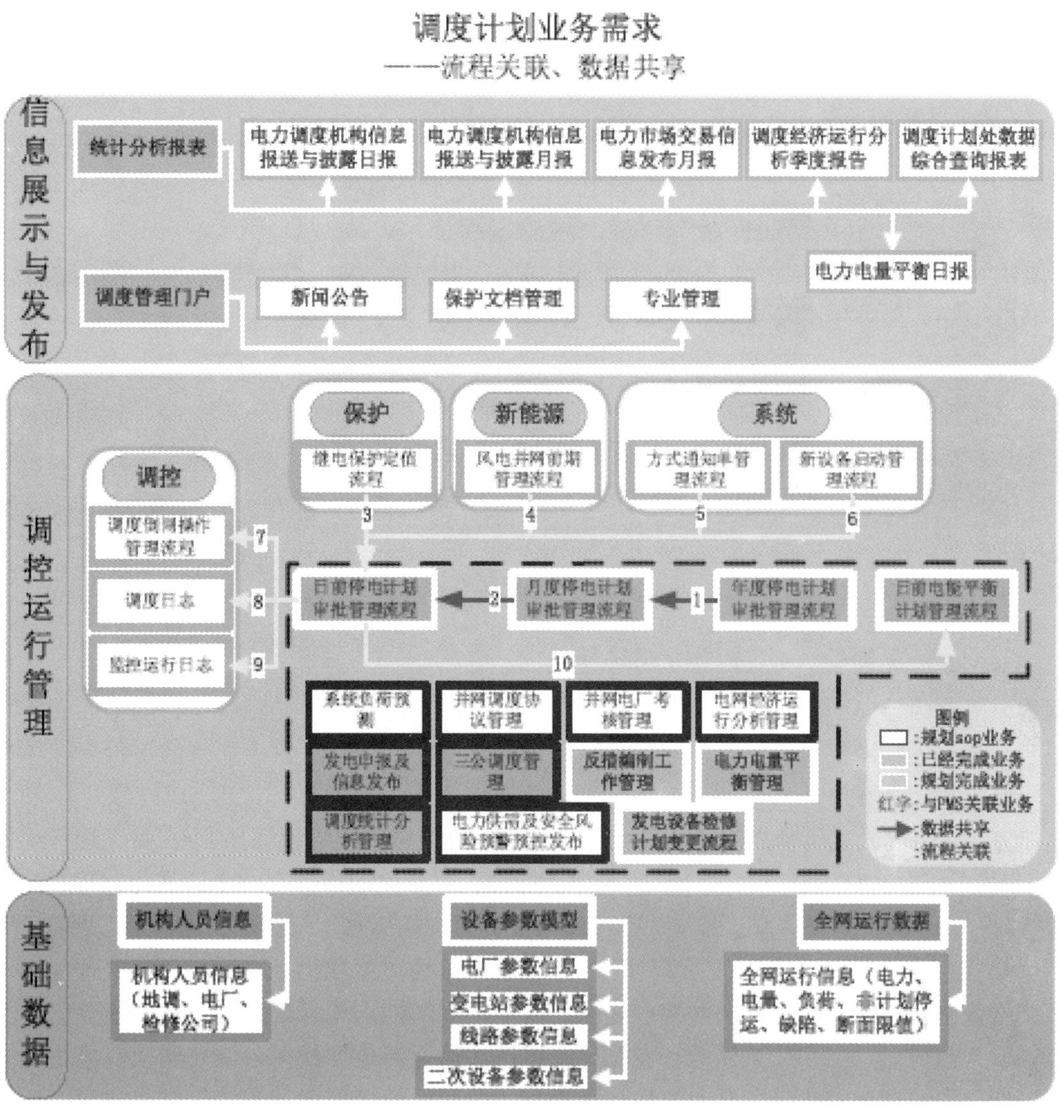

图4　流程关联数据共享

示例说明：

数据共享1：“年度停电计划审批管理流程”为“月度停电计划审批管理流程”提供年度检修计划数据。

数据共享2：“月度停电计划审批管理流程”为“日前停电计划审批管理流程”提供月度停电计划数据。

流程关联3：“继电保护定值流程”的结果作为“日前停电计划审批管理流程”的“审核”节点的附件。

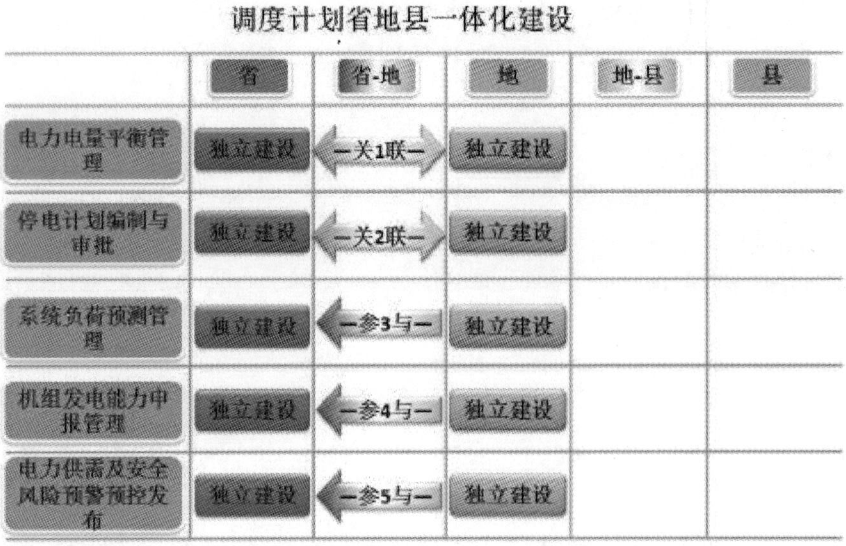

图5　省地县一体化系统建设规划

（五）指标体系定量化，实施评价闭环管理

积极探索以战略为导向的大运行工作评价管理方法，针对大运行调度+控制+运行的不同业务类型设置，针对地、县公司不同考核对象设置，构建“纵向到底、横向到边”、自上而下的评价指标体系，巩固“大运行”体系建设成果。

从供电能力、运行高效、管理规范三个维度确定关键评价领域，细化分解160个保障大运行工作评价指标，160个考核指标中，直接通过公式计算明确评价标准，可量化的指标有88个；强化过程管控，进行定性评价的指标有72个。指标评价按照月度、季度、年度开展，指标每年根据情况进行动态调整。

供电能力类指标采用N-1引起电网“事件”个数、电网单线单变比例、同塔双回N-2通过率等量化模式，按照调度范围划分对地、县域的网架成熟度、电网抗故障冲击能力等进行评价，结合明确工作目标，指导各单位“如何抓”、“怎么抓”，发挥导向作用。运行高效类指标采用“调控一体化、安全类指标、运行类指标”的量化模式，主要考核地、县承担的公司业绩指标以及监控信息采集和安全自动装置动作等安全指标执行情况。管理规范类指标主要反映大运行安全管理和重点工作任务的落实情况。设置减项指标，加强对电网安全事件考核。

冀北调控中心对唐山进行全年大运行调度工作评分

年份：2012　季度：全年　单位：唐山　考核周期：所有周期　查询

序号	类别	考核项目	考核内容	标准分	负责部门	地调评分	*省调评分
1	供电能力	N-1引起电网“事件”的个数	正常及检修方式下N-1引起电网“事件”的个数	50	系统运行	50	47.0
2	供电能力	城区配网35千伏和10千伏电网单变单线比例	（35千伏单条电源进线或单台主变和10千伏单条电源进线/35千伏线路、变压器和10千伏线路总数）×100%	15	系统运行	15	15.0
3	供电能力	同塔双回线路N-2通过率	同塔双回线N-2通过率=满足N-2的同塔双回线回数（回）/同塔双回线总回数（回）	15	系统运行	15	15.0
4	供电能力	220千伏电网短路电流超限节点比例	（变电站母线短路电流水平超限节点数量/变电站母线节点总数）×100%	15	系统运行	15	13.0
5	供电能力	220千伏电网线路阻塞比例	220千伏电网按暂稳、热稳控制线路比例	30	系统运行	30	30.0
6	供电能力	N-1通过率	220千伏主变及线路N-1通过率	35	系统运行	35	32.0
7	供电能力	输变电设备故障率	线路故障率	20	调度控制	20	15.0
8	供电能力	输变电设备故障率	母线变压器故障次数	20	调度控制	20	18.0
9	管理规范	调度控制专业管理	调度员、监控员培训管理	4	调度控制	4	4.0
10	管理规范	调度控制专业管理	调度、监控操作管理	4	调度控制	4	4.0
11	管理规范	调度控制专业管理	调度、监控操作票管理	4	调度控制	4	4.0
12	管理规范	调度控制专业管理	调度、监控交接班管理	4	调度控制	4	4.0
13	管理规范	调度控制专业管理	调度、监控日志	4	调度控制	4	4.0
14	管理规范	调度控制专业管理	事故拉路序位表	5	调度控制	5	5.0
15	管理规范	调度计划专业管理	月、周停电计划报送	7.5	调度计划	7.5	7.5
16	管理规范	调度计划专业管理	日前检修申请报送	7.5	调度计划	7.5	7.5
17	管理规范	调度计划专业管理	地方电厂发电计划报送	2.5	调度计划	2.5	2.5
18	管理规范	调度计划专业管理	地方电厂发电计划制订及执行	2.5	调度计划	2.5	2.5
19	管理规范	调度计划专业管理	负荷预测系统建设及实用化	5	调度计划	5	5.0

图6　“大运行”工作考核评价系统

2012全年地市公司大运行工作评价结果

年份：2012 季度：全年 查询

整体评价结果

单位	标准分	实得分	扣分	得分率	名次
唐山	1000	941.3	58.7	94%	4
张家口	1000	937.5	62.5	94%	5
承德	1000	963.7	36.3	96%	2
廊坊	1000	968	32	97%	1
秦皇岛	1000	959.6	40.4	96%	3

供电能力评价结果

单位	标准分	实得分	扣分	得分率	名次
唐山	200	185	15	92%	4
张家口	200	186	14	93%	2
承德	200	185	15	92%	4
廊坊	200	191	9	96%	1
秦皇岛	200	186	14	93%	2

运行高效评价结果

单位	标准分	实得分	扣分	得分率	名次
唐山	600	560.5	39.5	93%	4
张家口	600	559	41	93%	5
承德	600	583.5	16.5	97%	1
廊坊	600	581	19	97%	2
秦皇岛	600	576	24	96%	3

管理规范评价结果

单位	标准分	实得分	扣分	得分率	名次
唐山	200	195.8	4.2	98%	3
张家口	200	192.5	7.5	96%	5
承德	200	195.2	4.8	98%	4
廊坊	200	196	4	98%	2
秦皇岛	200	197.6	2.4	99%	1

图7 “大运行”工作考核评价结果

冀北对各地市公司进行2012年全年大运行调度工作评价明细

年份：2012 评价周期：全年 负责专业：调度控制 查询

[illegible]	[illegible]	[illegible]	[illegible]	[illegible]	[illegible]	[illegible]	[illegible]	[illegible]	[illegible]	[illegible]	[illegible]	[illegible]	[illegible]	[illegible]
1	供电能力	输变电设备故障率	线路故障率	调度控制	20	15	线路故障率为10.8%，除承德二线外，还有4月24日承隆二线跳闸、?6月3日周隆二线跳闸、10月3日滦宝一线跳闸，共4项跳闸	15	共有13条220千伏线路跳闸，共有线路116条，故障率11.2%，扣5分	14	线路故障率12.2%，扣6分	14	线路故障率12%	18	故障率3.7%，扣1分
2	供电能力	输变电设备故障率	母线变压器故障次数	调度控制	20	18	9月30日承德地区热河站220千伏4号母线跳闸，扣2分	18	霸庄母线掉闸扣2分	20	本年度未发生母线及变压器跳闸	20	本年度未发生母线及变压器跳闸	20	本年度未发生母线及变压器跳闸
3	运行高效	调控一体化	监控信号确认及时率	调度控制	10	10	未发生信号确认不及时事件	10	未发生信号确认不及时事件	10	未发生信号确认不及时事件	10	未发生信号确认不及时事件	10	未发生信号确认不及时事件
4	运行高效	调控一体化	设备远方遥控成功率	调度控制	10	10	设备远方遥控成功率达到100%	10	成功率100%	10	设备远方遥控成功率达到100%	10	设备远方遥控成功率达到100%	10	设备远方遥控成功率达到100%
5	运行高效	调控一体化	监控信息重复处缺率	调度控制	10	10	监控信息处缺及时	10	监控信息处缺及时	10	监控信息处缺及时	10	监控信息处缺及时	10	监控信息处缺及时
6	运行高效	调控一体化	设备跳闸信息报送及时率	调度控制	20	20	上报时间及时	20	上报时间及时	20	上报时间及时	20	上报时间及时	20	上报时间及时
7	运行高效	月度报表上报	电力生产报表月度报送及时率	调度控制	10	10	数据上报及时	10	数据上报及时	10	数据上报及时	10	数据上报及时	10	数据上报及时
8	运行高效	月度报表上报	电力生产报表月度报送准确率	调度控制	10	10	相关数据报送均准确、完整，未发生	10	相关数据报送均准确、完整，未发生	10	相关数据报送均准确、完整，未发生报	10	相关数据报送均准确、完整，未发生报	10	相关数据报送均准确、完整，未

图8 省地县一体化“大运行”工作考核评价明细

四、电网调控运行标准化管理的实施效果

自“四横八纵”大运行闭环管理模式实践以来，进一步提高电网运行风险管控能力，有效降低电网大面积停电事故风险，为冀北电网经济发展和安全稳定运行提供保障。

（一）实现电网安全生产平稳过渡

在扎实推进“三集五大”体系建设过程中，通过“四横八纵”管理模式的实施，明确了各责任部门的责任分工，确保了各项电力安全生产工作平稳过渡，圆满完成各项安全生产任务，电网各项指标保持良好。电网频率合格率、电压合格率、电网故障快速切除率均达100%；冀北主网252项设备停电检修工作、74项新设备启动工作顺利完成；成功应对106条次主网设备跳闸故障和7·21暴雨等恶劣天气灾害。2012年12月，电网负荷连续四次创新高，突破2000万千瓦大关，达到2020万千瓦，同比增长2.75%，成为国网系统第十三个突破2000万千瓦的省级电网。

（二）实现调度业务精益化管理

明确业务协同部门间、处室之间、上下级调度业务之间的工作界面和职责分工，依托冀北智能电网调度技术支持系统建设，将“四横八纵”业务协调机制和工作规范内容固化到业务流程中，将调控业务工作风险辨识、危险点预控、工作深度、业务质量纳入流程管理，实现流程化和标准化的电网运行风险管控，满足大运行体系下电网调度组织架构与业务模式的变化对调度管理业务提出的集约化、扁平化、专业化需求，为调度管理业务上下支撑和内外部协同、提高调度业务的精益化管理和过程控制奠定基础。

（三）为风电并网提供高效规范的优质服务

截至2012年年底，冀北电网风电装机容量达到639万千瓦，占冀北电网全口径装机容量的27.9%，并网风电场54座，运行风机4641台，装机容量较“十一五”初期增长67倍，年平均增长率101.5%，年平均利用小时数2255小时，比2011年平均利用小时数高95小时，全年风电累计发电量119.78亿千瓦时，同比增长42%，首次突破百亿大关，创历史新高。

（四）实现大运行体系建设评价与反馈的闭环管控

自2012年实施以来，依托OMS系统搭建大运行综合业绩评价平台，开展对5个地调和43个县调大运行体系评价，按季度、年度发布评价结果通报，发现问题25项，提出整改建议77项，形成评价—分析—整改—提升闭环管理，检验大运行运转成效，为磨合提升阶段工作提供参考和指引。

成果创造人： 梁　吉　张　岩　舒　力　王东升　王玉林　崔慧军　刘晓敏　刘　蔚　张　昊　徐　忱

国有大型企业制度体系的构建与优化

国网冀北电力有限公司
荣获第二十八届北京市企业管理现代化创新成果一等奖

国网冀北电力有限公司（以下简称“国营企业北公司”）隶属国家电网公司，于2012年2月9日正式独立运行，注册地在北京，是国家电网公司最年轻的省级电力公司，肩负着确保首都供电安全、高质量服务冀北五市经济社会发展的双重职责。负责运维“西电东送”、“北电南送”大通道和首都500千伏环网。营业区域包括唐山、张家口、秦皇岛、承德、廊坊5市，43个县（区、市），面积10.41万平方公里，供电人口约2277万人。公司本部设22个部室（中心），所属供电、施工、培训等基层单位19个，职工总人数25973人。

冀北电网总装机容量1813万千瓦（其中火电占65.5%，风电占30.6%，水电占3%，风光储占0.8%），运维500千伏变电站23座，容量4722.5万千伏安，线路8495公里；220千伏变电站98座，变电容量3756万千伏安，线路8535.6公里。

独立运作以来，公司大力弘扬“努力超越、追求卓越”的企业精神，以深化公司发展方式转变和电网发展方式转变“两个转变”为主线，以实现公司综合价值和员工工作价值最大化为目标，以品牌建设推动公司软实力和硬实力综合协调发展，积极开展“社企和谐兴冀”和“社区光明同行”活动，成功抵御了“7 · 21”暴雨、“达维”台风等重大自然灾害，圆满完成了全国两会、建党91周年、党的十八大等重大保电任务，实现了独立运作的良好开局。

一、制度体系建设的背景

（一）破解公司成立初期发展难题的需要

冀北公司在国家电网公司转变发展方式的战略机遇期诞生，是总部分部一体化改革的产物。特定的历史背景、特殊的地理位置和功能定位，决定了冀北公司区别于其他省级电力公司的特殊性。作为一家完整的省级电力公司，必须具备职能完整的体制、高效运转的机制和功能强大的技术支撑体系。而刚刚成立的公司，由于组织机构不完善，岗位配置不完整，人员配备不到位，造成管理职能缺失、运行机制不健全，特别是作为电网运行枢纽的调度管理体系还无法正常运转。只有通过管理体制创新，从体制机制上改变目前资源相对分散、业务条块分割、运营管理不畅的状况，才能有效化解各类矛盾、破解发展难题。因此，为充分保障管理体制改革，公司创造性地提出以“制度先行”作为突破口，通过制度体系建设，理顺工作职责，规范工作流程，形成高效机制，实现对公司改革成果的奠基、固化和保障作用。

（二）适应电网发展方式转变的需要

近年来，电网发展方式转变不断取得突破，技术创新实现历史性跨越，电网的功能定位、科技水平等发生深刻变化，电网进入以特高压为标志的坚强智能电网发展新阶段，对提高大电网驾驭能力，加强专业化、精益化管理提出了更高要求。一直以来，电网企业管理层级多、管理链条长的多级法人管理体制，职能交叉的业务模式，条块分割的运转机制，不仅无法适应电网发展的要求，而且导致执行力衰减、管理目标分散、效率降低、成本增加等问题。因此，只有遵循现代企业运作模式，改革与现代大电网发展和管理明显不适应的现行体制和机制，按照集约化、扁平化、专业化的要求，构建一套科学、完善、高效的制度体系，依靠制度统筹核心资源，管控核心业务，压缩管理层级，优化业务流程，创新管理模式，才能全面提升公司发展能力、管理效率和经济效益，建成具有一流创新能力、发展能力、服务能力、国际竞争力的现代企业。

二、制度体系建设的内涵和创新点

（一）制度体系建设的内涵

"欲木之长，必先固其根本；欲流之远，必先浚其源泉"，制度体系建设，是遵循一定的原则和管理理念，通过对管理规则和操作流程的梳理与确定，传播统一的规则信息，并将其固化在组织成员的思想意识和工作行为中，从而提高组织的协调性和管理的有效性，以追求更高的工作效率和管理效益。制度建设是企业和谐健康发展的体制保证，是企业提高综合素质和竞争能力的必然选择。

冀北公司的制度体系建设，是以服务公司发展为主导，适应管理体制创新需要，围绕上下一致、层级清晰的结构目标，合法规范、严肃有效的内容目标和横向协同、纵向贯通的管理目标，坚持顶层设计、协调一致、过程管控、全面覆盖、权责明确、便于考核、先立后破、稳中求进的原则，建立与职责分工、考核奖惩、业务管控密切融合的制度体系，达到制度的全面覆盖、横向协同和纵向贯通，发挥对公司改革成果的奠基、固化和保障作用，为实现"公司发展方式和电网发展方式转变"提供可持续的坚强保障。

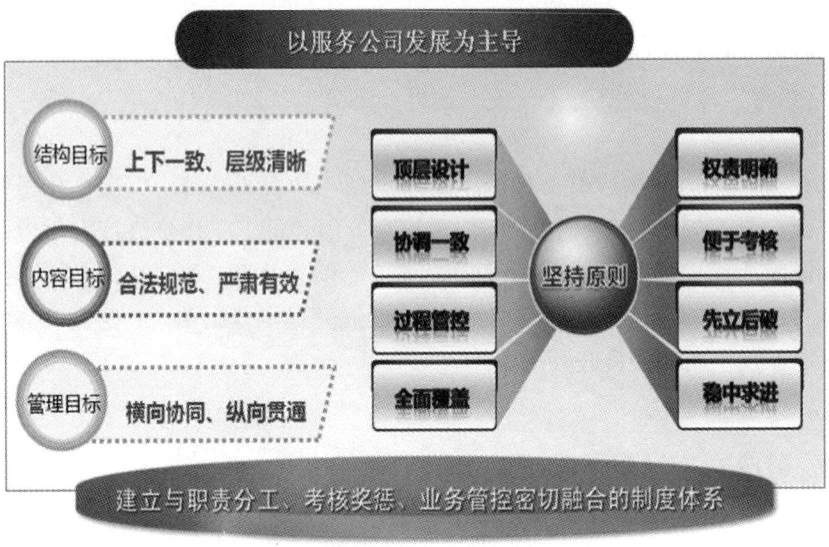

图1 制度体系建设内涵示意图

（二）制度体系建设的创新点

1. 具有较强的前瞻性

考虑到起步阶段面临的体制机制不健全、管理职能缺失，百废待兴等现实问题，冀北公司的制度体系建设，从实现企业的战略目标着眼，提出"制度先行"、"先立后破"的建设思路，在梳理岗位职责和业务流程的基础上，通过制度对职责和流程进行全面覆盖，建立一套有机衔接、协同一致的管理制度体系，充分发挥制度的先导作用和稳定器作用，防止企业经营管理的空白和无序，将企业的战略目标分解于各项职责和流程，再通过制度予以固化，形成全体员工共同的行为基础和工作准则，实现对企业发展的支撑和保障。

2. 具有高度的融合性

制度是企业经营管理的基础，涉及企业运行的各个层面和各个领域。冀北公司在制度体系建设过程中，以"横向协同"和"纵向贯通"为目标，认真研究分析新旧业务模式下管理职责、工作流程的调整变化情况，建立了一套对职责、流程、业务全面覆盖的体系，与职责分工、考核奖惩、业务管控密切融合，有效避免了职责、流程的模糊、交叉和空白，使职责与制度、流程与制度、制度与制度之间形成一个相互联系、相互依赖和相互作用的整体，从而使体系组成要素之间具有高度的融合性，为公司管理体制改革的有效推进奠定了基础。

3. 具有强劲的推进性

制度体系建设不等同于制度文本的堆砌，不是简单的就制度论制度，关键在于如何将制度有效地转化为企业广大员工的行为准则与工作目标。为此，冀北公司在制度体系建设过程中，以“一流企业必备一流制度，一流制度必须一流执行”为取向，提升经营管理人员的执行技能，加强基层一线员工的实施推动，以“火炉法则”指导管理制度的检查与考核，按照预先警告、及时处理、后果相同、普遍适用的要求，建立并落实科学的奖惩制度与考核体系，保证制度可操作、能考核，提高制度的执行力。

4. 具有充分的科学性

任何管理工具和方法的应用，不但需要获得实践证明和成果印证，同时也需要获得科学的理论支持。冀北公司制度体系的构建与优化，充分借鉴和吸收了现代企业管理理论的成果和精华。在制度体系框架搭建上，依据“书架”理论，对应业务流程和管理职责，找出制度与流程、职责、业务之间以及制度与制度之间的内在联系和层次特点，据此构建一个系统的制度框架，比照这个框架，判断目前状态下哪些制度需要建立，哪些制度需要整合或拆分。在制度的梳理和优化方面，采用“块垒”理论，在横向上，全面梳理管理职责，除不适宜制度化管理的职责外，其余职责均有相应制度作为支撑，做到全业务覆盖；在纵向上，体现企业的管理深度和层次，进行省、市、县三级制度的层层对应、逐级落实，实现各层级贯通。通过横纵两个维度的制度建设，使众多制度在不同层面共同发挥作用，凸显制度体系对企业管理的规范效应。

三、制度体系建设的主要做法

冀北公司根据自身发展实际，提出制度体系建设的基本思路：以服务公司科学发展为指导，立足于保障公司管理模式的规范转变，固化改革成果，通过制度体系建设，建立以管理制度作为公司管理规范统一表述形式的一体化体系，完成公司重大管理创新制度性升华，使依法治企的理念和公司管理意志落实成制度，使公司的日常经营活动有章可依、有章必依、执章必严、违章必究，不断巩固公司全体员工的共同价值理念和行为基础，为公司发展提供坚强的制度保障，依靠制度提升执行力，全面提升公司管理效率和经济效益。

在具体工作中，将基本思路转化为“五个一”工作方法：达成一个统一的思想认识，设计一项实用的操作方案，建立一套坚强的组织机构，培育一种良好的建设氛围，形成一套科学的管理机制。具体做法包括：

（一）按照PDCA循环管理思路分步推进各项工作

根据计划、实施、检查、优化的PDCA循环管理工作方法，将制度体系建设分为方案制定、启动实施、调整完善和总结优化四个阶段，分清层次、步骤，找准重点、难点，系统、全面推进制度体系建设。

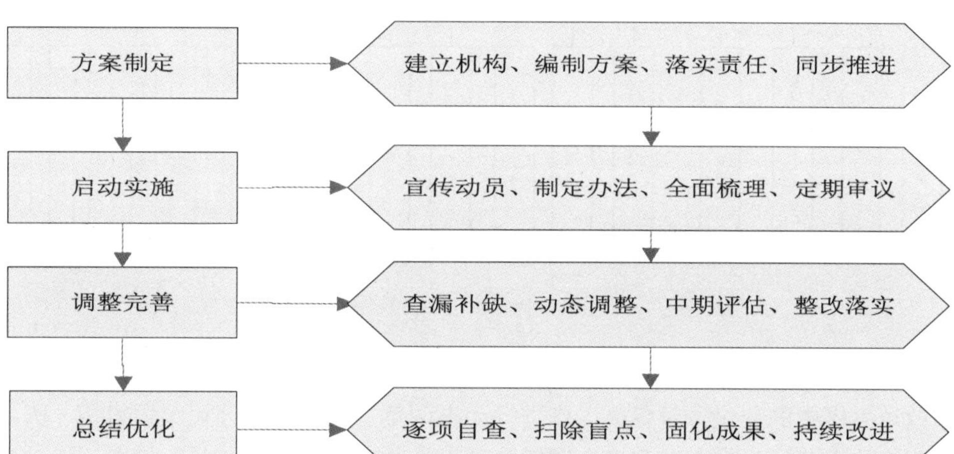

图2 制度体系构建过程图

1. 方案制定阶段

独立运作之初，按照“制度先行，先立后破”的工作原则，在广泛征求意见和调查研究的基础上，做了大量基础性工作：一是迅速建立组织机构，成立制度体系建设工作小组和规章制度管理委员会，明确各级机构的工作职责，形成协调统一的制度体系建设工作网络。二是按照全员、全方位、全过程原则编制公司制度体系建设操作方案，明确制度体系建设的总体思路、主要目标、基本原则、实施步骤和配套措施等内容，充分调动和整合资源，指导工作开展。三是强化落实工作责任，制定任务分解表，梳理出16项工作任务，明确每项工作任务的具体内容、责任部门、配合部门和完成时间节点，加强过程管控。四是按照“上下联动、同步推进”的建设路径，深入一线，逐家指导各单位编制制度体系建设操作方案，召开方案审查会，按照“成熟一家，批复一家”的原则，完成对各单位方案的批复工作。

2. 启动实施阶段

全面启动制度体系建设工作，严格按照制度体系建设操作方案，实施各项工作计划。一是广泛宣传、充分动员，使员工了解制度体系建设的重要意义，号召大家以实际行动支持和参与制度制定、执行和监督全过程，营造浓厚的制度建设氛围。二是制定印发《规章制度管理办法》，规范和指导公司制度建设和管理工作，提升制度建设专业化水平。三是以制度体系建设“六性”，即适应性、覆盖性、合法性、严肃性、规范性和对应性为切入点，开展多轮分析评价工作，全面梳理各项制度，合理做出废、改、立、续处理意见，形成制度建设计划。四是及时召开规章制度管理委员会会议，审议各项制度，协调解决各类问题，加强节点督导，高效、平稳推进制度体系建设。

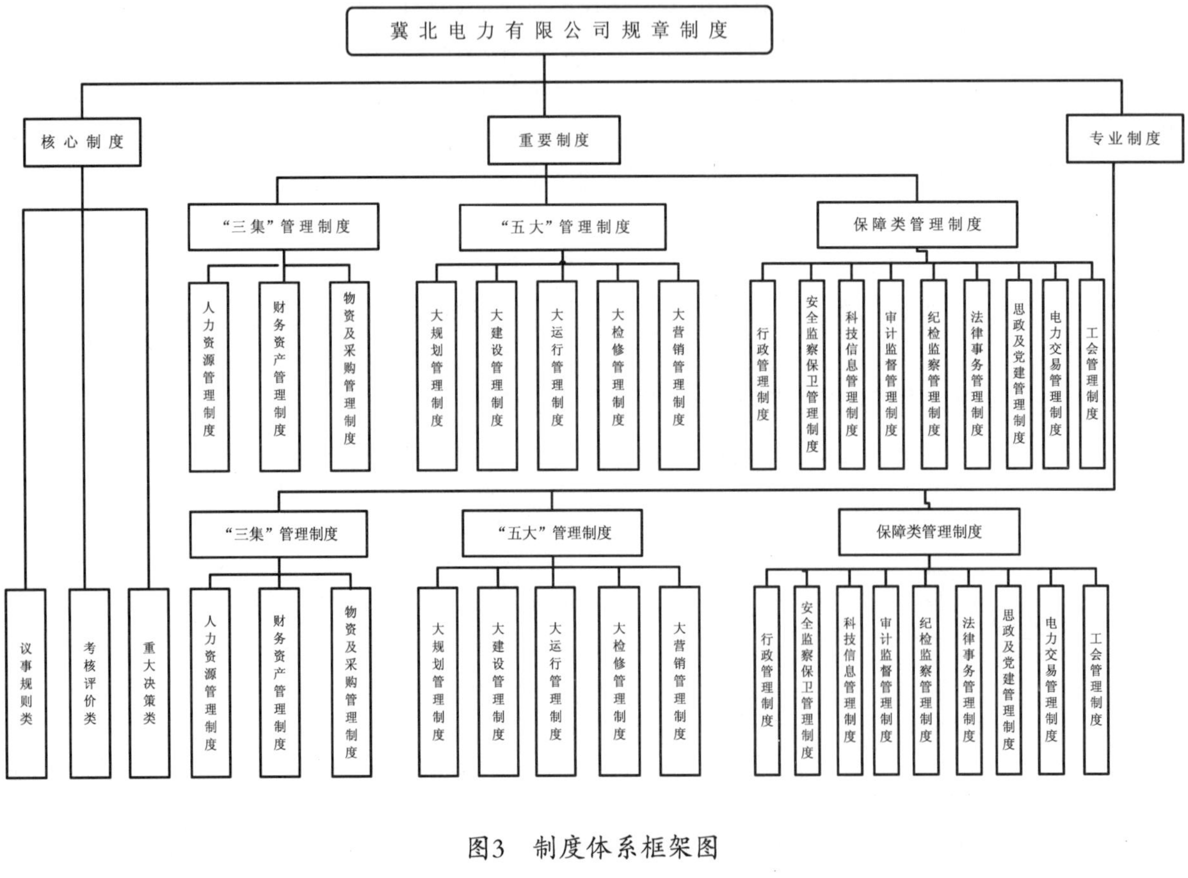

图3　制度体系框架图

3. 调整完善阶段

结合自身改革发展中的变化，对各项工作进行动态调整。一是根据公司组织机构、人员岗位变动情况，适时调整制度体系建设操作方案和规章制度管理委员会人员组成。二是在横向上进一步落实制度化管理覆盖性（周延度）要求，在纵向上严格执行制度化管理对应性（对接度）要求，补充遗漏，删减重复，提高制度的统一性和整合度。三是坚持“日推进、周平衡、月协调”，仅省公司本部就组织召开协调推进会和研讨会36次，不断调整完善制度体系。四是开展基层督导检查及中期评估，查找问题并落实整改，确保制度体系建设在基层的高质量推进。

4. 总结优化阶段

认真总结，固化成果，持续改进。一是组织开展自验收工作，制定下发制度体系建设评估标准，进行逐项自查、逐条评分，全面掌握基层各单位制度体系建设情况，建立问题闭环解决机制，及时消除问题、扫除盲点。二是组织召开制度体系建设现场会，查摆问题，树立典型，分享建设经验。三是将建设成果固化为制度汇编，强化制度执行力度，有效督促制度成果落地。四是组织开展最佳实践提炼工作，将制度体系建设的好做法、好经验进行全方位地总结、提炼，形成公司制度体系建设“最佳实践案例库”。

（二）以“三化”标准引领制度体系建设方向

虽然面临时间紧、任务重、困难多等现实情况，但冀北公司的制度体系建设始终坚持遵循现代企业管理运作模式，以集约化、扁平化、专业化“三化”为目标，改革与现代大电网发展和管理明显不适应的现行体制和机制，克服执行力衰减、管理目标分散、效率降低、成本增加等问题，有效整合人、财、物资源，做到“整体把控、细节深入”。按照“实际、实用、实效”原则，坚持顶层设计，详细制订工作计划，科学规划建设过程，超前部署各阶段任务，尽量缩短工作链条，避免重复劳动。遵循“省公司为核心，地市公司重转化，县公司强落实”的工作思路，推进“立、改、废”工程，全面严格梳理各项制度，重点加强基层单位与省公司本部制度的对接力度，删减重复、合并雷同、精简数量。经过5轮制度梳理，基层单位规章制度从最初的8371项下降到3533项，精简率高达58%，有效解决了制度冗余、管理松散等问题。通过制度体系建设，对公司核心资源和核心业务“集约化、扁平化、专业化”的管理模式进行了明确规定和严格管控，实现了管理制度从粗放型到精益型的转变，成为确保公司战略目标实现的制度根基。

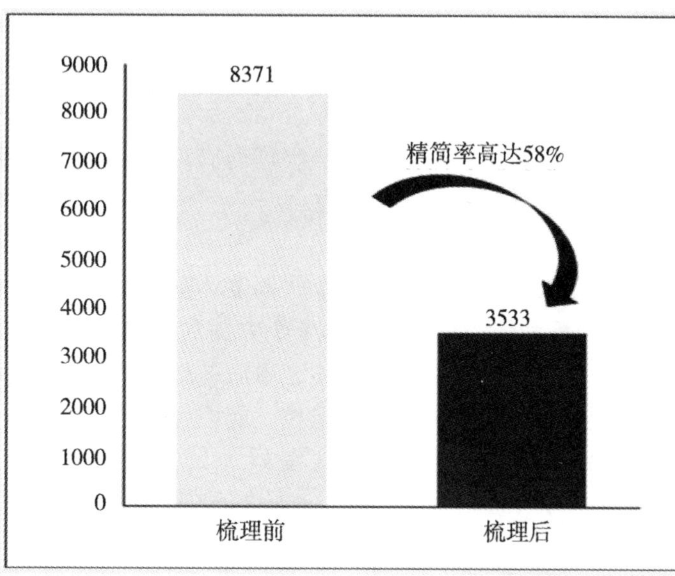

图4　基层单位规章制度梳理前后对比图

（三）以“四项保障”打造制度建设精益管控

为保证高质量完成制度体系建设任务，以组织保障、机制保障、法律保障和文化保障为基础，打造“一体化”精益管控模式。

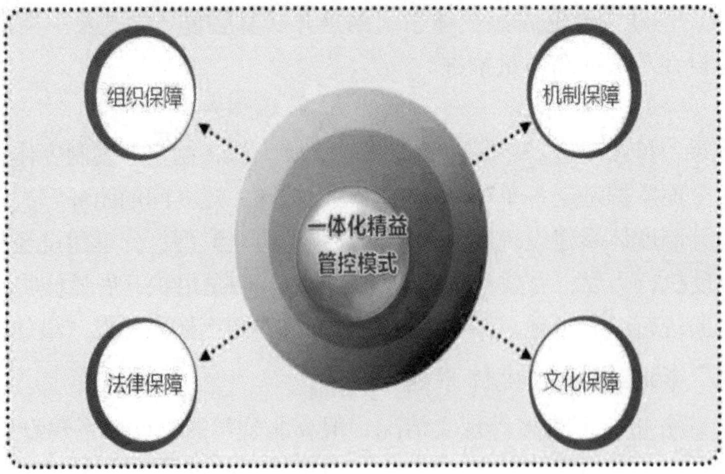

图5　制度体系建设四项保障示意图

1. 组织保障

成立由公司党政主要负责人任组长的制度体系建设领导小组，下设规章制度体系建设工作小组，负责牵头组织制度体系建设操作方案的具体落实，督促各部门、各单位按时间节点开展相关工作。成立规章制度管理委员会，作为组织实施规章制度管理的专门机构。在各部门、各单位设立37名规章制度联络员，负责规章制度日常管理工作，定期向制度体系建设工作小组汇报制度体系建设开展情况，切实做到机构健全，职责清晰。

2. 机制保障

建立五大常态机制，即制度建设规划机制，制度制（修）订、审查、发布机制，执行监督机制，清理改进机制和考核激励机制。将制度管理和执行情况纳入企业负责人年度业绩考核管理范围，对管理不到位、执行情况差的单位，给予通报批评，确保制度执行落实到位。建立周审议、周通报机制，发布工作简报32期，定期召开规章制度管理委员会会议，仅省公司本部就组织召开14次会议，集中审议各项制度，盘点计划完成情况，提出改进建议，并对会议内容整理形成专题会议纪要，做到制度建设过程资料翔实，记录清晰，真实有效反映制度建设工作开展情况。

3. 法律保障

加强法律风险排查与防范，制度体系建设之初下发《制度体系建设法律风险防范工作指导意见》，要求在制度体系建设过程中，分析和防控可能发生的十个方面的法律风险，牢固树立法律风险防范意识，建立完善内控制度，按照事前防范、事中控制为主，事后补救为辅的原则，将风险防范关口前移，从制度源头上将法律风险降到最低，做到法律风险的可控、能控和在控，实现法律风险与经营收益的优化和平衡。同时，编制《制度体系建设法律保障工作方案》，从防范制度真空，理顺企业主体、经营资质、产权划转、人员调配等方面入手，提出十项措施，为制度体系建设提供坚实的法律保障。

4. 文化保障

以“多渠道、全参与、深提炼、广覆盖”思想为指导，宣传推广制度建设的内涵和宗旨，形成包括制度建设思想价值、文化价值、管理价值在内的核心价值观。制作“一项规章制度架起一条高压线”、“用制度塑品牌、向制度要效益”等6张制度建设宣传海报和《公司保密工作管理办法》动画宣传短片，在全公司范围展开宣传攻势；及时总结归纳制度体系建设工作经验，从理论上厘清制度建设管理相关问题，形成《制度体系建设工作研究论文集》等理论研究成果；开展制度信息化建设，在公司主页、部门网站和经济法律管理业务应用系统同时开辟“规章制度管理”模块，固化制度共计2800余项；开展全员理念导入培训、专业培训及答题26000余人次，合计34289学时，实现培训覆盖率、考试合格率“两个百分百”，营造了浓厚的“尊重制度、了解制度、执行制度”的文化氛围。

图6 制度体系建设宣传海报及动画截图

（四）以“五级把关”保证制度建设质量过硬

制度体系建设在提速的同时，更重视质量的提升。秉承严格、严谨、严肃的工作态度，注重前期调研，加强横向沟通，落实起草规范，统一会签机制，强化法律审核，规范发布流程，对于制度的制定实施五级把关：一是部门负责人对制度内容的专业性把关；二是分管领导对制度的全局性把关；三是法律顾问对制度的合法性和规范性把关；四是规章制度管理委员会对制度的统一性、严肃性和规范性把关；五是对于涉及公司重大事项或员工切身利益的制度还需经过公司党政联席会（党组会）或职工代表大会审议把关。在制度体系建设过程中，公司系统共保留、新建、修订制度4168项，均做到内容准确、文本规范、程序合法，重要制度全部经党政联席会或党组会审定，涉及职工切身利益的规章制度还通过职代会或职工代表团（组）长联席会议审议。

（五）以“六性”分析促进制度体系整合优化

深入开展制度适应性、覆盖性、合法性、严肃性、规范性、对应性“六性”分析工作。

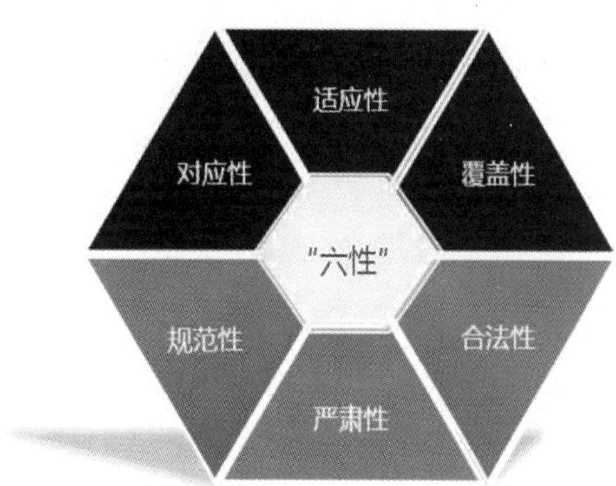

图7 制度“六性”示意图

1. 与公司管理实际的适应性分析

结合公司运行模式、管理界面的变化，导入ARIS建模方法，以业务流程为纽带，通过梳理与岗位职责相关的所有业务流程和活动，提出与这些流程和活动相关的工作要求，即建立与业务流程全面匹配的管理制度。截至2012年年底，冀北公司本部共梳理出工作流程655项，对应建立制度637项，并按照重要程度进行分类，包括核心制度8项，重要制度209项，专业制度420项。基层单位也在梳理流程的基础上，对应建立制度共计3533项，其中，存续338项，新建2280项，修订915项，废止2201项，制度修编面达到

90.4%，充分适应了公司管理体制改革的要求，对公司核心业务的支撑保障作用显著。

2. 职责制度化管理覆盖性分析

按照“职责所在，应有制度”的管理理念，要求主要职责均应有相应的规章制度作为支撑，切实做到权责明确，有章可循，不遗不漏。适宜制度化管理的职责，要求制度化管理覆盖性（即制度管理的周延度）必须达到95%及以上。其计算公式为：

制度化管理周延度=实现制度化管理的部门职责数量/（全部部门职责数量–不适宜制度化管理的部门职责数量）。

不适宜制度化管理的职责主要包括协调类、研究类、综合类、辅助类、阶段类、手段类等类别职责。协调类职责是协调处理重大问题等处理方式难以预测和固定的职责；研究类职责是研究问题、课题、事项等研究方式难以预测和固定的职责；综合类职责是指某项职责是对该部门工作的总体概括的职责；辅助类职责是指某项职责是对其他部门牵头负责的职责的补充、配合、协助的职责；阶段类职责是指预计完成时间在1—2年内或该项工作具有临时性或易变性的职责；手段类职责是该职责是对信息化、集约化、标准制定、规章制度制定等为实现主要职责所设定的管理手段的确认。

省公司本部严格对应机构设置方案梳理出部门职责共计204项，除去41项不适合制度化管理的职责，其余163项职责均有相应的规章制度覆盖，制度化管理周延度达到100%。基层单位根据机构编制方案，梳理出适宜制度化管理的职责共计1358项，均有相应的制度覆盖，制度化管理周延度达到100%。

3. 制度合法性分析

充分调动公司各级法律顾问，对制度制定进行严格把关，通过《制度审查流转单》建立制度建设法律审核台账，省公司本部和基层单位制度的法律审核把关率均达到100%。仅省公司本部法律顾问审查制度就达600余项，200余万字，提出法律审核意见2200余条。公司系统发布的各项规章制度全面符合法律、法规的实体性、程序性要求。

4. 制度严肃性分析

定期召开党组会、党政联席会、规章制度管理委员会会议，逐条逐款审查各项制度，将考核奖惩条款做细、做实。其中，对省公司本部637项制度提出严肃性修改意见260余条，制度文本中增加考核奖惩条款300余条。省公司本部制度最终含考核奖惩、责任追究条款共计1800余条；基层单位3533项制度中，含考核奖惩、责任追究条款2600余条。在制度实施过程中，将考核奖惩、责任追究内容执行到位。

5. 制度规范性分析

法律顾问和规章制度管理委员会对制度文本的规范性进行双重把关。通过规范性审查，仅省公司本部就提出修改意见3800余条。公司各项制度均做到名称适当、结构完整、体例合理、逻辑严密、内容全面、用词准确、概念规范，制度汇编打破部门壁垒，按照“保障”和“核心”、“重要”、“专业”进行横向、纵向分类，注重实效，统一完备。

6. 制度对应性分析

坚持省、市（地）、县制度“三位一体”，（地）市和县公司的制度建设工作按照省公司要求有序推进、层层落实。要求基层单位规章制度应全面对接上级单位现行有效的规章制度，统一落实和执行上级单位各项制度要求，市（地）公司和县公司规章制度的对应性（即制度化管理对接度）必须达到95%及以上。其计算公式为：

制度化管理对接度=各单位对接上级单位发布的制度数量/上级单位发布的制度数量。

为有效防止各级制度层层颁发、层层叠加，从而导致制度数目庞大的问题，公司前后开展5轮对应性分析工作，省公司颁布的637项制度中，（地）市公司直接执行132项，对照制定“细化型”制度445项，不涉及公司业务60项。与省公司制度对接度达到100%，保证了省公司制度在基层的落地和执行。县公司制度也以直接执行（地）市公司制度、制定“细化型”规章制度和不涉及公司业务三种对应结果为基础，全面对接，制度深入全面穿透。

遵循PDCA管理思路，在“三化”目标的指引下，立足四项保障，实施五级把关，坚持“六性”分析，冀北公司建立了结构上全面覆盖、上下一致、层级清晰，内容上职责明晰、合法规范、严肃有效的“一体化”制度体系，实现了制度管理的横向协同和纵向贯通。

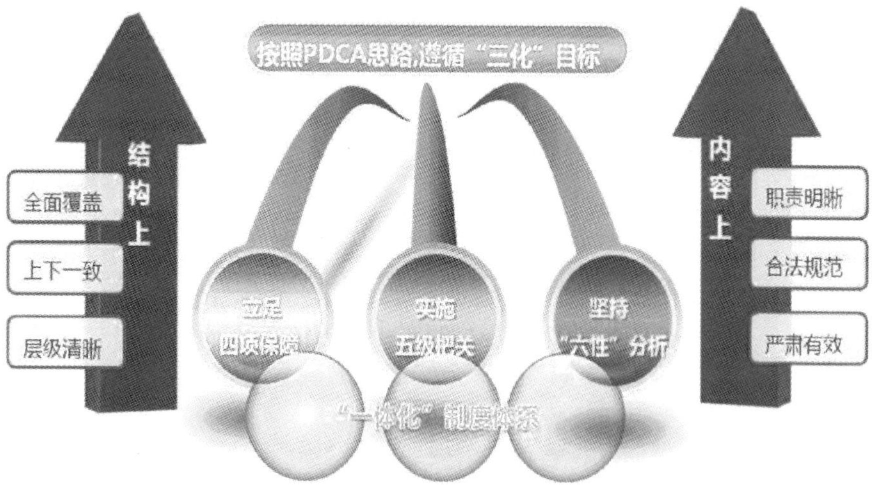

图8 一体化制度体系示意图

四、制度体系建设的实施效果

冀北公司通过制度体系的构建与优化，有效固化了管理体制改革成果，保证了公司日常经营活动事事有规矩、步步有准则、同职同规范，制度执行力大幅提升，管理成效日益显现。主要表现在以下五个方面：

（一）依法治企水平不断提升

冀北公司的制度体系建设严格遵循国家各项法律法规规定和国家电网公司依法治企的要求，将依法治企的理念和公司管理意志落实成规章制度，加强对与公司发展密切联系的法律知识的宣传和普及，公司依法治企水平得到明显提升。通过制定、执行《重要会议议事规则》、《本部工作规则》、《“三重一大”决策实施细则》等制度，建立了涵盖生产、经营、管理等各方面的规章制度体系，依法构建了规范的法人治理结构，形成民主科学的决策、执行、监督闭环管理机制。在人、财、物管理制度建设过程中，坚持依据《劳动法》、《会计法》、《招标投标法》等相关法律法规进行合法性审查，为人、财、物集约化管理形式的创新提供法律保障。在专业管理制度建设过程中，做好规划设计、工程建设、设备检修、电力营销、调度控制等相关法律和行业规范向公司内部管理制度的转化与衔接工作。

（二）体制运转更加顺畅

随着公司管理模式的全方位变革，不同专业之间的职责和工作界面发生了深刻变化，公司以“横向协同”和“纵向贯通”为目标，在制度体系建设过程中，认真研究分析新旧业务模式下管理职责、工作流程的调整变化情况，建立高效协同的制度建设组织体系和工作机制。横向上，注重打破部门壁垒，各部门间加强沟通和联系，及时解决职责交叉、重叠或模糊、空白等问题，发挥部门间协同作用；纵向上，各部门与基层对口部门保持密切联系，及时调整制度建设计划，坚持顶层设计、整体部署、分工合作、统一实施，确保制度体系的一体化。通过梳理工作界面和工作流程，横向理清了各专业间的工作界面，纵向明确了省、市、县各单位间的层级关系，解决了职责不明、界面不清等问题，各专业、各层级就职责调整和业务流程达成共识，大大提高了工作效率，为新体制、新模式的高效、顺畅运转提供了保障。

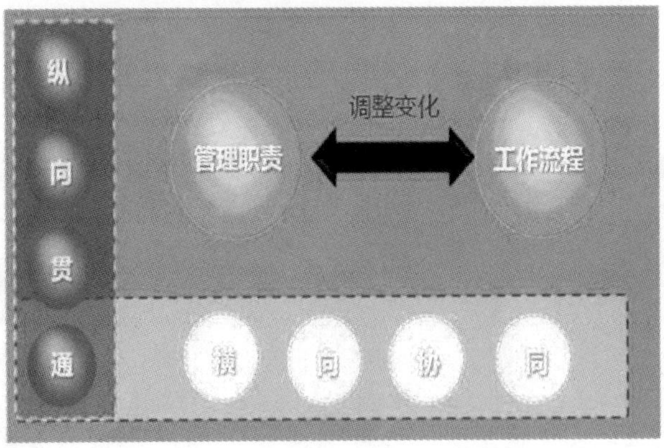

图9　体制运转示意图

（三）核心资源更加集约

通过制定和执行人力资源管理制度，管理层级更加扁平，用工管理更加集约，员工工作热情更加饱满。公司系统组织机构精简率达50.1%，用工水平提高率为14.7%，培训考试率、合格率均达到100%；通过制定和落实财务资产管理制度，资金管理更加集中，财务业务高度融合，资金集中支付比率、资金归集率均达到100%；通过贯彻执行物资管理制度，初步形成了物资“配置合理、统一高效、调配有序、供应及时”常态化工作格局，物资集中采购指数、物资供应满意率、新投运主设备完好率均达到100%。

（四）核心业务更加高效

规划类管理制度实施后，规划编制工作效率提升2倍有余，110千伏可研编制效率提高17%，前期工作效率提高20%；建设类管理制度实施后，线路和变电投产计划任务完成率同比提高21.14%和36.85%，工程结算数量同比增加28%，按时完成工程结算率100%；运行类管理制度实施后，500千伏变电站集中监控率从90.5%提高到100%，35千伏变电站集中监控率从81.45%提高到98.11%；检修类管理制度实施后，工厂化检修提高检修作业人员工效达25%，缩短现场检修停电时间达65%，检修质量得到显著提升；营销类管理制度实施后，计量检定成本节约41%，计量检定效率是集约化前的13倍。

（五）服务质量明显提高

通过制定和落实《供电服务“十项承诺”考核办法》、《业扩报装工作管理规定》等制度，实施服务闭环管理和内部监督，构建95598故障抢修协同体系，抢修资源利用率大幅提高，客户投诉一次解决率达到100%，客户满意度提高至99.97%，故障抢修回访满意率达到100%，客户服务更加优质。通过出台《爱心基金管理实施细则》、《精神文明建设考核暂行办法》、《精神文明建设创新奖授奖办法》等制度，号召动员全体干部员工积极参与精神文明建设和社会公益活动，营造崇尚先进、学习先进、争当先进的浓厚氛围。公司内部涌现出了以“最美电力人”曹丽伟、“大爱所长”张文政为代表的一大批优质服务先进典型和感人事迹，得到了社会各界的广泛认同，增值服务成效显著。

成果创造人：陈　锦　闫承山　曹　伟　王瑞萍　李惠涛　李新民　杨珊珊　门小文

以追求综合价值最大化为引领的电力企业品牌建设

国网冀北电力有限公司

荣获第二十八届北京市企业管理现代化创新成果一等奖

国网冀北电力公司（简称冀北公司）是国家电网公司党组本着更好地服务冀北地区经济发展和社会民生的原则，经过多次审慎研究后组建的省级电力公司。2012年2月9日正式独立运作，承继原华北电网有限公司所辖电网的规划、建设、运行和管理职责，资产总额500亿元，现有职工26021人。新组建的冀北公司具有保障首都安全供电和服务冀北地区经济社会发展的双重职能，一方面，承担着北京地区70%以上的电力输送任务，肩负着北京输电通道的运维管理职责；另一方面，作为冀北电网的运营管理者，担负着为唐山、张家口、秦皇岛、承德和廊坊五个地区提供电力供应与优质服务的重要使命。

作为最年轻的省级电力公司，在成立伊始就面临着如何把握自身的历史方位、走向哪里、路在何方等根本性战略问题。带着对这一问题的深刻理解和准确判断，冀北公司确定了通过品牌建设不断实现企业综合价值最大化的总体思路。

一、电力企业品牌建设的背景

冀北公司开展以综合价值最大化引领品牌建设的实践活动，源于冀北公司对央企现状、外部环境、自身实际等方面的清醒认识。

从央企现状看，亟须通过以综合价值最大化为引领的品牌建设，扭转软实力现状滞后硬实力发展的不利局面。中央企业强大的经济实力与弱小的话语权不对称，强烈的发展欲望和责任意识，未形成与之相对应的强大社会影响力和感召力。社会公众对中央企业的功能价值越来越依赖，但情感价值越来越缺失。只有通过加强品牌建设，追求综合价值最大化，才能培养社会各界对央企发展的利益认同、情感认同、价值认同，才能增进发展共识、凝聚发展合力。

从外部环境看，亟须通过以综合价值最大化为引领的品牌建设，充分履行中央企业的社会责任。企业的综合价值，是伴随着社会责任的发展而壮大起来的，责任有多大，价值就有多大。履行社会责任的目的，就是追求经济、社会和环境的综合价值最大化，实现企业单纯追求财务价值的超越和与社会可持续发展的协调统一。由此可见，履行社会责任的目的就是追求综合价值最大化。国家电网公司一直在央企社会责任运动中领跑。冀北公司作为国家电网公司的重要组成部分，只有通过品牌建设不断实现综合价值最大化，才能符合自身的特殊区位和特殊使命的要求，为履行央企社会责任作出应有的贡献。

从自身实际看，亟须通过以综合价值最大化为引领的品牌建设，夯实公司发展的社会基础。在冀北公司成立初期，社会各界对公司基本情况、职责使命、发展目标与战略等还缺乏了解。只有通过追求综合价值最大化，大力加强品牌建设，才能让公众知道冀北公司的存在价值，让各利益相关方了解公司履行特殊使命的意愿、行为和绩效。只有提升了综合价值，才能让年轻的冀北公司从根本上提升知名度、认可度和美誉度，进而夯实有利于冀北公司可持续发展的社会基础。

二、电力企业品牌建设的内涵、特色及主要内容

（一）电力企业品牌建设的内涵

品牌建设的本质，是内强素质、外塑形象，是硬实力与软实力协调发展的集中体现。追求综合价值最大化，是指追求社会价值、经济价值、环境价值三个方面的综合最大化。因此，以追求综合价值最大化为引领的品牌建设，其内涵就是：围绕企业的社会、经济、环境方面的综合价值取向，内强素质，外塑形象，实现硬实力和软实力的全面提升。这一内涵体现了综合价值与品牌建设相互作用的逻辑关系。

一方面，追求综合价值最大化是品牌建设的方向。另一方面，加强品牌建设是实现综合价值最大化的实践途径。这一逻辑关系，既明确了品牌建设的方向，也明确了品牌建设的定位、方法和内容。

（二）电力企业品牌建设的特色

围绕综合价值最大化的方向，在一年多来品牌建设的实践中，呈现出了四个特色：

1. 在工作布局上坚持整体规划。由公司本部制定品牌建设的指导意见、整体规划和实施方案，统一部署社会责任试点、主题传播等重点工作，统揽公司系统品牌建设协调开展，推动品牌建设工作整体提升。根据公司基本属性，形成了品牌策划与研究、品牌传播与维护、品牌推广与管理、品牌塑造与提升的整体工作布局。

2. 在工作要求上坚持突出特色。综合价值体现在社会、经济、环境三个方面，各单位区域特征、专业特点不同，在社会、经济、环境方面的侧重点也就各不一样。实践中，各单位在按统一要求完成“规定动作”的同时，又结合自身实际和专业特点，围绕整体规划做好“自选动作”，形成了“整体推进有标准、个体开展有特色”的生动局面。

3. 在工作方法上坚持开拓创新。打造综合价值最大化的中央企业，没有现成的经验可供借鉴。各单位在实践中，充分发挥全体干部员工的主观能动性，解放思想、大胆创新，找到了很多行之有效的品牌建设载体、途径、方法。从公司本部到基层单位，创新的氛围十分浓厚，创新的成果也十分显著。

4. 在工作效果上坚持打造精品。牢固树立精品意识，坚持高水平、高标准、高质量推进，大力培育具有冀北特色的品牌建设案例。一年多来，在国家电网系统内成果、经验、典型大量涌现。中央主流媒体高频度报道了冀北公司品牌建设的成果，冀北公司不断走上高端媒体传播的平台。

（三）电力企业品牌建设的主要内容

综合价值最大化是方向，但品牌建设的主体内容，仍然是品牌建设工作总体格局的内容，主要集中在三个方面：

1. 品牌传播与维护

冀北公司在起步阶段的一年多来，通过大力开展品牌传播，企业知名度快速提升。先后建立了品牌传播、新闻发布和媒体合作机制，形成了双向、立体、互动型传播体系。把握社会脉搏，关注社会期望，在北京、河北和国家电网公司的主流媒体中，围绕公司的特殊使命、特色服务、履责实践、价值创造、十八大保电等方面，以新闻发布会、媒体进冀北等形式开展理念传播和主题传播，逐步掀起了高密度、高强度的品牌传播热潮，形成“量”与“质”并重、“高频强势”与“常态推进”并存的态势。建立舆情处置联动机制，建设舆论引导体系，完善品牌维护的工作体系，确保了舆情总体平稳。

2. 品牌推广与管理

按照《品牌口号传播手册》的要求，突出冀北特色，突出自身亮点，统筹组织“你用电，我用心”大众传播口号的推广工作。按照《国家电网品牌标识推广应用手册》的要求，服务于冀北公司的成立和“三集五大”体系建设的需要，统一规范品牌标识。认真落实国家电网公司“品牌提升年”工作要求，在品牌建设上达到国家电网公司的基本要求。大力开展社会责任管理与实践，开展“社企和谐兴冀”活动，编制发布服务地方经济社会发展白皮书，开展“社区光明同行”活动，推进站所社区特色服务，形成品牌建设的亮点。

3. 品牌学习与培训

大力开展增强全员品牌意识系列教育活动，加强全体干部员工对通过品牌建设提升综合价值的认识，形成“人人知品牌、人人塑品牌、人人为品牌”的浓厚氛围。周密组织品牌建设工作的学习与研讨，学习国家电网公司近年来在品牌建设中的成熟理论与成功实践，借鉴兄弟单位的有效做法与典型经验，开设“品牌建设讲堂”，开展了品牌建设专职人员的统一培训和兼职人员的分层分类培训，组织了主题培训交流活动，搭建了内部学习交流平台，品牌建设队伍的素质和能力显著提升，创造综合价值的意识和水平显著提升。

三、电力企业品牌建设的主要做法

围绕综合价值最大化的内涵，冀北公司内强素质、外塑形象，以创新思维推动跨越发展，在品牌建设的方法、途径、形式、载体、机制五个方面的创新实践，形成了品牌建设“五位一体”创新推进的崭新格局。

（一）方法创新：建立社会责任联盟

在品牌建设的方法上，冀北公司所属各单位发挥主动性，创造性地开展了大量地探索与实践，其中，以承德公司为试点创建的社会责任联盟成效最为显著。

为了更大范围地履行社会责任，发挥电网企业在各行业中履行社会责任的表率作用，冀北公司选定承德供电公司为试点，全面启动了社会责任联盟。针对各公共事业单位履行社会责任的服务模式孤立、力量分散、形式雷同、短板缺位严重的弊端，承德公司联合承德市公共事业服务行业各单位，成立“社会责任联盟”，通过努力打造一个承德供电公司倡导、政府引导、自愿参加、联盟共进、资源共享、提升服务的协作联合体，努力将履行社会责任水平提到更高一个层次。

发起社会责任联盟的主要做法，包括五个环节：

1. 整合资源，建立联盟。承德公司发出倡议，联合供暖、供水、供气、移动通信、有线电视、银行、医院等承德市公共事业服务行业单位，成立国内首个公共事业单位的“社会责任联盟”。定期召开联盟研讨会，共建惠民便民体系平台。

2. 注重宣传，提高影响。承德公司举办以“我们的担当”为主题的承德市“社会责任联盟”誓师大会暨揭牌仪式，联盟八家单位参加承德电台“百姓热线”栏目，对联盟的宗旨和服务范围进行了宣讲，并与市民连线解答了各个专业相关问题，使“社会责任联盟”得到了广泛的宣传，扩大影响力。

3. 联盟互动，服务社会。建立各联盟良好的沟通机制，积极协助各成员单位做好隐患排查，努力提升社会服务应急处置能力和水平。组织各联盟单位开展“关爱暖夕阳”活动，举办“为民服务、责任担当”图片展，形成了各行各业服务社会发展的主流。

4. “五项”行动，服务民生。开展亲情帮扶“心贴心”、光明助老“孝为先”、惠民进户“献真情”、安全用电“进校园”、便捷缴费“直通车”的“五项”服务行动。创新推出远程POS机、与移动公司合作推出手机交电费、流动收费车等多种形式缴费，让百姓充分享受到保值、增值的用电服务。

5. 延伸内涵，主动担当。扎实开展帮扶工作，围绕着基层建设年活动，积极谋划项目，慰问帮扶、组织义诊，解决了多项民生问题，得到了属地群众的广泛赞誉，取得了良好的经济效益和社会效益。

社会责任联盟启动后，履行社会责任成为社会各界的风尚。电网企业的美誉度大幅提升，社会服务型企业的认可度答复扩展，员工履行社会责任的意识普遍增强，社会责任联盟的队伍不断壮大，由社会责任联盟激活的正能量急剧扩张。

（二）途径创新：开展社会责任寻访

在品牌建设的途径上，冀北公司多措并举，从多种角度探索品牌建设的高效之路。其中，依靠大学生群体实现品牌建设前置，成为提升冀北公司知名度和认可度的一条新路。

品牌建设前置，就是凭借“先入为主”的优势，在未来潜力巨大的客户群体中，超前植入电网企业的良好品牌形象，为夯实电网企业的社会基础做好前瞻性导入。主要路径是以“寻访社会责任，发现最大价值”为主题，持续组织大学生走进冀北公司，开展社会责任寻访活动。活动的具体内容主要包括“寻访、发现、传播”三个关键步骤：

1. 深入寻访社会责任。通过与中国青年报等在校园青年群体中关注度较高的知名媒体合作，借助中国高校传媒联盟等校媒平台，广泛招募校园媒体记者以志愿者身份进入国网冀北公司，深入电网生产一线参观采访，充分体验电网员工履行社会责任的闪光实践。

2. 积极发现最大价值。通过高校媒体记者的视角，积极发现以国网冀北公司为代表的当代电网企业坚持科技引领、不断推动技术升级所创造的巨大综合价值，积极发现电力工作者在平凡岗位上坚守责任、爱岗敬业所创造的巨大工作价值，由此提高电力企业在校园用户群体间的知名度、认同感。

3. 广泛传播品牌形象。以大学生群体为触发点，由点及面，在社会层面上广泛传播冀北公司责任央企的品牌形象。同时选拔公司系统优秀青年员工，通过与校园记者零距离交流，全方位展示自身岗位技能与敬业精神，在互动、互进中激发岗位建功热情，传播品牌形象。

“寻访社会责任，发现最大价值”活动已经开展了两年，既为冀北公司赢得了良好的社会赞誉，让品牌形象在社会精英群体中成长发酵，又为中国青年报借助高校传媒联盟平台开展社会实践、展示社会责任创造了经验。在冀北公司2012年7月率先推出这一活动后，中石油、中国建筑等大型央企陆续开展责任寻访活动。冀北公司为国家电网领跑社会责任运动再立新功。

（三）形式创新：发布首份服务经济社会发展白皮书

在品牌建设的形式上，冀北公司多措并举，力求以品牌建设的新形式，催化品牌建设的独特效果。针对新组建的冀北公司亟须社会各界认识、了解的客观实际，采取了以发布白皮书引领品牌建设蓬勃推进的新形式，其创新点体现在三个方面：

1. 国家电网公司系统的发轫之作。2012年7月6日，经过积极筹备和严密组织，国家电网冀北电力有限公司在京发布《服务河北省经济社会发展白皮书》。作为国家电网公司系统第一本以服务地方经济社会发展为主题的“重量级”承诺，《白皮书》从经济、社会、环境等角度，系统地诠释了冀北电力公司主动服务地方政府、社会公众的思路、规划及举措。《白皮书》是冀北公司服务经济强省战略的宣言书，是创造公司综合价值最大化的路线图，是全面履行企业社会责任的助推器。此次发布白皮书就是让人们了解冀北公司目前到底是一个什么样的企业，未来发展的明确目标是什么，公司如何将自身置于地方经济社会发展的“整体棋局”中，与河北省经济社会发展“同频共振”，让人们看到一个负责任的电网公司对社会的公开承诺，以及接受公众监督的强烈愿望和坚定决心。

2. 主动对接地方经济社会发展自觉之举。《白皮书》作为冀北公司品牌建设的集中体现，彰显了始终将追求经济、社会和环境综合价值最大化作为企业长远发展的愿景目标，打造“特色冀北”，提出了“两个对接”的服务方向。其中，与服务地方经济发展对接，即围绕地方经济社会发展对电力服务的本质需求，制订服务地方经济和社会发展的电网规划和各项配套措施，提升供电能力和服务水平；与服务民生对接，引导和动员供电员工走进社区，持续不懈地为社区办实事、为百姓做善事，积极参与地方和谐社会的构建，争做优秀企业公民。《白皮书》通篇洋溢着主动、自觉的气息，引领了中央企业主动追求综合价值最大化的新风尚。

3. 充分展现优秀企业公民的责任之心。冀北公司首先提出了“优秀企业更应该是优秀的企业公民”的理念，通过《白皮书》把这一理念根植于服务社会的实践中。在这一理念的引领下，冀北公司开始了自身定位的深刻转变。把“以建设和运营电网为核心业务”的内部业务工作视角转变为“保障更安全、更经济、更清洁、可持续的能源供应”的外部社会价值视角，把“服务国有资产保值增值、追求利润最大化”的国有资产保值增值视角转变为“服务经济社会发展、追求综合价值最大化”的综合价值创造视角。

（四）载体创新：构建新媒体环境下的传播体系

随着微时代的到来，媒体环境发生了深刻变化。冀北公司着眼于新媒体时代的发展趋势，在抓好“一报一刊一网站”（华北电力报、华北电业、冀北电力官方网站）自办传统媒体的同时，把新兴媒体作为自身传播体系的重要组成部分，下工夫超前探索。微博、微信、微电影作为最新的传播手段成为品牌建设载体中的“三驾马车”。

1. 微博建设初具规模。在冀北公司《微博体系建设实施方案》中，系统规划了微博建设体系和进度。冀北公司官方微博成功开通并稳定运行，构建了冀北公司与社会各界互动沟通的平台，为危机应急提供了重要载体。以地市公司为主体的“光明使者”个人微博，开通数量不断增多，关注度快速增长，“光明使者”的社会影响力显著提升，微博矩阵体系初具规模。

2. 微信蓄势生机勃发。基于微信传播在移动互联网时代的强劲趋势，以及较其他社交工具的精准传播优势，诸多媒体和央企纷纷建立了微信公众账号，将微信平台作为又一座与用户间沟通交流的桥梁，彰显企业形象，传播品牌价值。冀北公司密切关注这一媒体的发展走势，为推出企业级微信公众账号作了积极、充分的筹备工作。目前，已经在挖掘微信客服职能的沟通深度、加大品牌精准宣传的服务力度、增强与电力客户信息的交互密度方面提出了具体方案，完成了印有SG-95598官方微信二维码的宣传海报、易拉宝等设计方案，微信的企业应用准备就绪，待国家电网公司提出总体要求后推出。

3. 微电影推广初见成效。充分利用微电影在感性传播方面的优势，大力开展微电影的拍摄与推广工作。各单位紧扣微电影快捷性、艺术性、人文性的特点，在创意策划上下工夫，“讲好国网故事、赢得情感认同”，把“有意义”转化为了“有意思”，在输出价值上发挥了重要作用。目前，已上线推广微电影3部，还有5部微电影正在拍摄制作当中。从已上线的传播效果看，微电影产生了较好的社会反响。

（五）机制创新：首创央企与社会良性互动新机制

冀北电力有限公司作为国家电网公司最年轻的省级电力公司，为尽快提升公司的知名度和认可度，依托“社企和谐兴冀”和“社区光明同行”活动，成功探索了央企与社会良性互动的品牌建设新机制。经新华社国内动态清样刊发后，引起了高度重视。

“社企和谐兴冀”就是冀北公司各级电网企业，全面对接地方党委政府的重点工作，发挥优势，突出特色，形成企业与地方的和谐共兴。“社区光明同行”活动，就是利用全公司1025个电力服务窗口，全面服务百姓、对接民生，在服务中做好事、做善事，站在道德至高点上，彰显“国家电网”品牌内涵，打造冀北公司“可靠可信赖”的品牌形象。两项活动自开展以来，取得了三个方面的显著效果：

1. 主动对接地方发展和民生建设，增进了对电网企业的利益认同

今年河北的“基层建设年”活动选派1.5万名干部进驻5000多个村庄定点帮扶。围绕地方党委政府的这项重点工作，冀北公司党组提出，要充分发挥自身优势，千方百计解决电力上的困难，主动为农民服务、为社区服务、为驻村干部分忧，主动承担了1734个贫困村的电气化改造任务，2012年10月份全部完工。结合地域特色，借助重要节日影响力，组织共产党员服务队、站所员工围绕营销专业服务、敬老助残、扶贫帮困、服务三农等内容开展主题活动宣传。做好供电营业窗口标准化建设。提升营业人员服务行为、营业设施标准建设，强化郊区供电所管理，推进城乡营业窗口服务工作同步推进。一系列的举措，让社会各界看到了冀北公司为民服务、为民着想的意愿和行为，增进了对电网企业的利益认同感。

2. 鼓励员工争做百姓身边好人，增进了对电网企业的情感认同

在地广人稀的承德市宽城县潘家口水库区域，环库区4万亩的大小沟岔地区分散居住着400户人家，交通极为不便。村民们到唯一可以买到肉蛋等副食品的椁罗台镇，来回一趟要坐四五个小时的船。

宽城县供电公司李希友、胥荣彪、张相存等9名电力员工负责库区农村的抄表、收费和维护维修，是库区为数不多的经常跟外界联系的人。多年来，给农民捎东西已成为他们的分内工作，他们也被当地居民亲切的称为“绿舟服务队”。捎的东西从油盐酱醋等“小件”到种子化肥、家用电器等“大件”，他们都替大家一一办好。椁罗台镇的超市老板马金芹说：“只要是‘绿舟服务队’的人来买东西，我都按批发价卖给他们。10多年来一直为库区村民办好事，不容易！”宽城县供电公司借助“社区光明同行”活动的开展，深化了“绿舟服务队”活动形式，提升了活动效果。

像绿舟服务队这样的感人事迹还有很多。承德市平泉县供电公司职工李雅静长期照顾五保老人的事迹被当地电视台拍摄成“平泉好人”专题片，2013年3月，她本人被授予平泉县首届道德模范称号。廊坊市大城县位敢供电所农电工于留庄当了35年的村电工，高票当选为汉留各庄村的村支书。还有热心救助在交通事故中受伤儿童的唐山玉田供电公司职工曹丽伟、长期义务接送盲人按摩师的张家口供电公司宣化客户服务中心的梅佳等，大量朝向道德制高点的感人事迹呈井喷式发展，社会公众对电网员工的情感认同迅速增加。

3. 积极破解央企发展与公众诉求不对称问题，增进了对电网企业的价值认同

冀北公司在深入分析中央企业面临的外部环境后认识到，当前中央企业的经济实力、社会贡献都处于历史上表现最为突出的时期，但这些成绩并未获得相应的社会认可。这种较大反差的形成，有央企相对忽视社会沟通的原因，有社会对央企“垄断”“暴利”“高薪”等偏颇认识的影响，还有一个重要原因值得重视，就是央企“求大、求快、求强”的成长逻辑，与社会公众“求公平、求效率、求分享”的诉求逻辑，存在着一定的不对称。改变这种被动局面，央企必须主动作为，与社会公众建立起基于价值认同的信任关系。“社企和谐兴冀”和“社区光明同行”活动，正是基于这一认识而主动打造的实践平台，让冀北公司保障首都供电、服务冀北经济社会发展的综合价值得到了经营区域内利益相关方的广泛认可。河北省承德市市长赵风楼说，冀北电力公司主动作为，拉近了百姓和地方政府的距离，改变了人们心中传统的“电老虎”形象，在平衡央企成长逻辑与公众诉求逻辑方面发挥了重要作用，增进了公众对电网企业的价值认同。

四、电力企业品牌建设的实施效果

品牌建设方法、途径、形式、载体、机制“五位一体”的崭新格局，让“人人知品牌、人人塑品牌、人人为品牌”的指导思想落地生根，在提升冀北公司的知名度、认可度和美誉度方面，发挥了重要作用，也取得了有目共睹的成果，有力地推动冀北公司的综合价值不断实现最大化。冀北公司在价值创造中也实现了从自觉到自强的飞跃。

（一）追求综合价值最大化，驱动冀北公司提升价值自觉

通过品牌建设追求最大化的综合价值，唤起了干部员工强烈的价值自觉。

1. 对价值本质的理解更为深刻。实践中干部员工认识到，最新组建的冀北公司自身的存在意义、发展方向、前途愿景，都最终指向了社会的“需要”。主动选择以价值创造为主旨的奋斗方向，就是主动选择了以社会需要为出发点和落脚点的价值取向。这是对价值本质的深刻理解引发的价值意识的自我觉醒。

2. 对电网企业综合价值内涵的把握更为准确。从价值需要的内容看，在经济、社会和环境方面对电网企业的需求不可替代；从价值主体的构成看，北京的供电安全、河北的经济社会发展和国家电网公司党组的战略实施，对冀北公司的需求不可或缺；从价值客体的属性看，冀北公司作为电网企业，在经济发展方式、能源发展方式、电网发展方式的逐级转变中，“牛鼻子”的关键作用日益突显、不可比拟。冀北公司对电网企业综合价值的追求，就是基于对这一价值内涵的准确把握作出的理性选择，广大干部员工端正价值目的，形成了追求综合价值的自觉意识。

3. 对确定以追求综合价值最大化为导向的共识更为广泛。实践中干部员工认识到，“追求”的过程，就是满足社会需要的过程，是不断努力超越的过程。“最大化”的结果，就是满足社会需要的极限，是追求卓越的结果。确定“追求综合价值最大化”的奋斗方向，表达了干部员工力争上游的自我鞭策。这是冀北公司作为最年轻的省级电力公司争先晋位、创先争优的历史选择，将激励冀北公司实现后发赶超，追求卓越。

（二）追求综合价值最大化，激励冀北公司增强价值自信

通过品牌建设追求最大化的综合价值，增强了干部员工强烈的价值自信。

1. 凝聚了创造最大价值的强大力量。冀北公司发展阶段的历史性和“确保首都供电安全、服务河北经济社会发展”双重使命的特殊性，在国家电网系统内至关重要。对于冀北公司而言，国家电网公司、北京和河北，构成了关键利益重大、多元的价值主体，对冀北公司的价值需求丰富、巨大，这种不可替代、不可或缺、不可比拟的存在意义，凝聚起干部员工干事创业的强大力量。

2. 增强了创造最大价值的坚定信念。冀北地处华北腹地，环伺京津之间，战略位置重要，区位特色全国独有。冀北公司本部在首都北京，有比肩全国乃至世界一流企业管理的重要条件。冀北电网支撑北京“西电东送、北电南送”大通道，并覆盖冀北五市各电压等级，有建设责任央企品牌形象的物质基

础，坚定了干部员工创造最大价值的信念。到“十二五”末，初步建成“与环首都地位相符合的先进省级电网企业、与冀北经济社会发展需求相适应的先进省级电网”，成为创造综合价值最大化进程中振奋人心的阶段性目标。

3. 激发了创造最大价值的旺盛斗志。“十二五”时期，河北省提出了建设“经济强省、和谐河北”的奋斗目标，京津冀经济圈发展规划上升为国家战略，全国梯次发展的经济浪潮正在从珠三角、长三角向渤海湾涌流，燕赵大地展现出强劲、蓬勃的发展活力。鲜明的机遇特点，鼓舞着干部员工创造热情竞相迸发，创造活力充分涌流，公司上下在价值创造中焕发出日益旺盛的蓬勃生机。

（三）追求综合价值最大化，引领冀北公司走向价值自强

通过品牌建设追求最大化的综合价值，在增强了干部员工强烈的价值自觉、自信之后，最终引领着冀北公司走向价值自强。

1. 核心价值观塑造自强之魂。品牌建设让“诚信、责任、创新、奉献”的核心价值观更为突出，其引领作用充分展现。国家电网公司“三个十条”，全面实施95598光明服务工程，深入开展居民用电服务质量监管专项行动，“诚信”引导冀北公司成为合格的企业公民；圆满完成多次政治保电任务，迎峰度夏期间电网安全稳定，在“7·21”、“达维”等抢险救灾中表现突出，多次获得上级嘉奖，“责任”担当的精神充分展现；“风光储输”示范工程走在世界新能源领域创新发展的前沿，世界上第一个六氟化硫气体减排CDM项目在联合国签发，公司“十二五”科技发展规划正在向纵深推进，“创新”驱动冀北公司向发展前列迈进；“绿舟”党员服务队、“马背电工”李国军、“中国好人”杜维刚、道德楷模曹丽伟等一大批构筑道德高地的榜样大量涌现，“奉献”引导干部员工成为优秀社会公民。核心价值观正在冀北公司的价值创造中引领风尚、落地生根。

2. 建立新方式开拓自强之路。品牌建设的核心是内强素质，而要管理好、发展好冀北公司，唯有坚持加快推进“三集五大”体系建设，才能不走错路、避免弯路、闯出新路，提升企业品质。在过去短短的一年多时间里，冀北公司用后发赶超的超常规行动，通过高速度、高标准的“三集五大”体系建设，在企业发展的坐标系上，绘出了一条昂扬向上的曲线。在电网建设上，加强规划引领，按照完整省级电网的标准，研究提出了“十二五”电网规划方案。与河北省和冀北五市政府签订了“十二五”电网建设目标责任书，形成了推动电网发展的强大合力，努力从根本上扭转公司服务能力不足的不利局面。“三集五大”和坚强电网的崭新发展方式，让价值创造之路越走越宽广。

成果创造人：纪会争　闫承山　檀跃亭　周玉超　高会杰　黄一鸣　刘　石　卢海军　陈　乐　韩　冰

五个管理体系的协同与运行

华北电力科学研究院有限责任公司
荣获第二十八届北京市企业管理现代化创新成果一等奖

华北电力科学研究院有限责任公司（简称华北电科院）的前身是华北电力科学研究院，成立于1954年，是我国成立最早的大区电力试验院（所）之一。该公司注册资本金10000万元，股东持股比例分别为：国网冀北电力有限公司40%，大唐国际发电股份有限公司30%、中国神华能源股份有限公司30%。华北电科院的经营范围是为发电、供电企业提供技术服务、技术监督、技术开发、基建调试服务。设有8个职能管理部门和10个专业技术研究所。职工总数约400人。

一、五个管理体系协同与运行的背景

华北电科院为了规范技术服务、科研开发、发电机组和电网调试等业务中的安全、质量、职业健康、环境保护的管理，同时为了满足市场竞争的需要，分别建立了五个管理体系并通过了认证机构的认证或认可。1999年建立了质量管理体系，通过中国船级社认证；2003年建立了实验室认可管理体系和计量认证管理体系，通过中国国家认证认可监督委员会、中国合格评定国家认可委员会的认证、认可；2009年建立环境管理体系、职业健康安全管理体系，通过北京新世纪认证有限公司的认证（质量管理体系同时转由该公司认证）。五个管理体系在建立和认证之初，采取分别建立体系分别运行的方式。虽然华北电科院坚持不做表面文章的原则，运行绩效能够基本保证，但因为多套体系文件并存、多套体系的类似管理活动重复开展（例如内部审核、管理评审每年分别开展两次），使得体系之间相互不协调的问题比较突出，导致了管理复杂化的问题。由此，“两层皮”的现象比较严重，做表面文章的问题比较普遍，每次内部或外部审核之前临时突击的现象时有发生。为了解决这些问题，华北电科院领导层提出“两个融合”（即体系之间相互融合，体系运行与实际管理之间相互融合）的理念，决定进行五个管理体系融合的探索。2005年对实验室认可、计量认证管理体系整合为“二合一”体系；2009年，将质量、环境、职业健康安全管理体系整合为“三合一”体系；2010年起，将上述“二合一”、“三合一”体系进一步进行整合为“五合一”管理体系，最终实现了五个管理体系的协同运行，管理体系变得更为实用化、高效化、顺畅化。

二、五个管理体系协同与运行的内涵

华北电科院对于体系运行中的“两层皮”等现象出现的原因进行了深入分析：原因为多方面，既有外部原因也有内部原因，其中内部原因主要是本组织内部对于体系的理解、认识、宣贯和执行不到位，而体系运行过于复杂难于被执行层理解、掌握和执行则是最为重要的因素。此项管理创新的出发点，是通过对五个管理体系进行整合、统一、简化，达到便于组织内部的各级人员学习、掌握和执行的目的。与此同时，通过整合、调整，使管理体系的运行与组织内部的实际管理过程相一致，降低体系运行的难度，最大程度消除“两张皮”现象，使管理体系发挥其应有的作用。

三、五个管理体系协同与运行的主要做法

五个管理体系的整合经历了几个步骤：组织优化、文件整合、运行整合和持续改进。华北电科院依靠组织内部长期积累、总结和提炼的企业文化，以及管理层推行管理体系的决心，不仅做到了五个管理体系形式上的整合，也完成了真正意义上协同运行。具体做法：

（一）组织优化

1. 组织机构优化设置

五个管理体系归纳而言，就是对组织所涉及业务活动中的质量（包括公正性、保密承诺）、职业健

康安全、环境保护实施标准化、规范化管理。华北电科院为了推进五个管理体系一体化运行，将原来只负责维护质量体系的质量保证部更名为质量安监部，并增加了安全监督管理、标准化管理和环境保护归口管理职能。五个管理体系整合的策划与日常维护由质量安监部主导。质量安监部配置的人员既熟悉质量、环境、职业健康安全、实验室认可、计量认证管理体系认证、认可的标准要求，又掌握华北电科院内部的业务特点和日常管理要求。通过引进和自身培养，质量安监部人员分别取得了国家认可的质量、环境、职业健康安全、计量认证审核员资格或注册安全工程师资质。将五个管理体系的归口管理职能划归为一个主管部门，便于统筹体系运行，减少了组织因多头管理造成的低效和内耗。

为了推进体系整合，成立了由质量安监部牵头、由相关管理部门、研究所参与的工作组，在深入研究五个管理体系标准和电科业务特点的基础上，将各个管理部门在质量保证、职业健康安全保障、环境保护等方面的职责进行了重新划分和定位。对研究所和现场项目部，根据其业务特点分别重新赋予了相应职责。对于提供后勤服务的集体企业，作为相关方对其施加了必要的影响。部门职能调整后，质量、环境、职业健康安全管理体系覆盖9个管理部门（其中8个负有体系管理职责）和10个研究所，实验室认可、计量认证管理体系覆盖7个管理部门（均负有体系管理职责）和10个研究所，五个管理体系覆盖范围更加明晰，消除了管理盲区。

2. 体系管理重要岗位合理化设置

（1）管理层

最高管理者：五个管理体系的最高管理者均为总经理。

管理者代表、质量负责人：质量、环境、职业健康安全管理体系标准要求组织应任命“管理者代表”，实验室认可、计量认证管理体系标准要求组织应任命“质量负责人”。在整合前，“管理者代表”和“质量负责人”由不同的人员担任，由此造成体系之间不协调。华北电科院仔细研究了标准，标准中对“管理者代表”和“质量负责人”的职责描述大体类似。因此，整合后“管理者代表”和“质量负责人”由分管体系和资质的副总经理一人担任，便于对体系进行统一管理。

技术负责人：实验室认可、计量认证管理体系标准中要求组织应任命“技术负责人”。整合前，“技术负责人”由一名生产副总经理担任，但因为华北电科院长期以来电网侧和电源侧的生产管理分别由不同的副总经理负责，因此体系运行与实际管理不相适应，造成体系管理与实际管理脱节。经过对标准的研究，发现标准中对于“技术负责人”的数量没有规定。因此，决定将“技术负责人”分为“电网侧技术负责人”、“电源侧技术负责人”分别任命。

管理层的优化调整，有助于统一指挥和协调五个管理体系的整合工作，提高组织内部管理的有效性。

（2）内审员

内审员是组织内部建立、维护管理体系的主要力量。华北电科院的内审员需要参加集中的内部审核，平时还担任着本部门体系运行的技术骨干。在五个管理体系整合之前，华北电科院的质量、环境、职业健康安全管理体系内审员与实验室认可、计量认证管理体系内审员分别由不同的人员担任，其培训、发证工作较为烦琐，同时也影响了其在本部门发挥指导体系运行的作用。

推行五个管理体系的融合时，华北电科院任命了40余名具备多重资格的内审员，通过培训使其掌握了五个管理体系的知识，能够同时参与五个管理体系的运行、维护，并承担五个管理体系的联合内部审核以及接受外部认证、评审机构的一体化审核或评审等工作。

（3）执行层的各岗位

实验室认可、计量认证管理体系标准要求组织应设置监督员，对于组织开展的检测、校准相关活动进行监督。在五个管理体系整合之前，每个研究所的监督员由所长担任。但有的研究所的业务量较大，一个监督员难以全面履职。因此，在体系融合时，根据业务量多少，大部分研究所设置了多个监督员。监督员由整合前的11名增加至目前的32名，很好地保证了监督工作的质量。与此同时，对执行层的其他岗位如授权签字人、资料管理员、设备（计量）管理员、安全员、检测（检验、校准）人员等也进行了统一任命或设置。

（二）文件整合

体系文件的整合是实现五个管理体系协同运行的重点，其难度最大，华北电科院为此投入了大量人力和时间。项目组详细研究了质量、环境、职业健康安全、实验室认可、计量认证管理体系的国家标准各条款和要素，详细审视了华北电科院的相关管理流程与标准之间的符合性。在符合标准的前提下，对管理体系进行了全面设计整合，形成了指导性、实用性很强的一体化体系文件。

1. 第一层文件整合

管理手册的主要内容是描述有关标准要求和组织机构与职责划分。由于GB/T9001–2008/ISO9001：2008《质量管理体系要求》标准的结构形式和条款编号与GB/T24001–2004/ISO14001：2004《环境管理体系要求及使用指南》、GB/T28001－2011《职业健康安全管理体系要求》、GB/T27025–2008/ISO/IEC17025：2005《检测和校准实验室能力的通用要求》、《实验资质认定评审准则》（国认实函〔2006〕141号）五个标准之间的结构形式和条款编号相差较大，为避免在第一层文件的描述中缺失相关标准的有关要求，同时考虑到前三个体系可以进行“三合一”认证，后两个体系可以进行“二合一”认证（认可），决定将质量、环境、职业健康安全三个管理体系的第一层文件编为一部《管理手册》，将实验室认可、计量认证管理体系的第一层文件编为一部《质量手册》。

2. 第二层文件整合

对五个管理体系标准中明确指出应形成程序文件的要素进行了梳理、分析，对于标准要求相同或相似的程序文件进行合写，对于确实不能合写程序则单独编制。五个管理体系分开时，程序文件数量为81个，整合后程序文件减少至55个。每个程序文件分别指明对应哪些管理体系。对于程序文件中的管理记录进行了统一，最终固化为75张表格，其中24张表格为五个管理体系共用。在程序文件的整合过程中，华北电科院注意程序文件与标准化体系、规章制度体系保持高度一致。

华北电科院在程序文件整合过程中体会到，五个管理体系的新版国家标准（如《质量管理体系要求》2008年版）颁布后，使得质量、环境、职业健康安全、实验室认可、计量认证管理体系进行程序文件的整合变得更为容易。例如，2008版质量管理体系标准更加强调PDCA循环，而其明确规定需要编写程序文件的条款减少到了6个，使不同性质的组织的质量管理具有更加广阔的自主空间，正因为程序文件数量的减少，为与环境、职业健康安全、实验室认可、计量管理体系等类似体系的兼容提供了更大的可能性。程序文件整合是一项较为复杂的系统性工作。有些程序文件合并编写相对容易实现，如环境与职业健康安全管理体系的大部分要素如法律与其他要求、目标（指标）和管理方案、培训/意识与能力、协商与沟通、文件和资料控制、运行控制、应急准备与响应、记录和记录管理、审核等可以合写，程序文件合并编写率达到了75%；又如，质量管理体系与环境、职业健康安全两个管理体系的文件控制、记录控制、质量目标、内部沟通、人力资源、内部审核、纠正措施、预防措施等要素可以合并编写，程序文件合并编写率达到80%；有些要素则只能单独编写程序文件，如环境因素与危险源辨识，风险评价和风险控制策划，监测与绩效测量与监视，不符合、纠正与预防措施，事故、事件、不符合纠正和预防措施等。

因为《实验资质认定评审准则》是在完全采纳《检测和校准实验室能力的通用要求》的基础上增加19项特殊要求，所以实验室认可和计量认证两项管理体系标准的兼容性极高，程序文件合并编写率达到100%。但这两个管理体系与质量体系相比，除了管理要求之外还提出了技术要求，同时对公正性也有特殊要求，因此“三标”与“二合一”两个体系可以合并编写的程序文件只有文件控制、记录控制、人力资源、内部审核、纠正措施、预防措施等，程序文件合并率约18%。

华北电科院结合本组织的实际情况，在符合标准的前提下尽量简化程序文件，最大限度使五个管理体系的第二层文件相互统一。

3. 第三层文件整合

由于作业指导书不必按照标准要素进行描述，因此华北电科院采取了作业指导书按照岗位需要进行统一编写，使之同时适用五个管理体系的做法，从而大大减少了文件管理的工作量，也方便作业现场的使用。华北电科院制定了统一的作业指导书编写模板，其中包含了质量、环境、职业健康、安全、实验室认可和计量认证管理体系的所有要求。目前，各研究所按照统一要求，编制和维护了99部作业指导书。另外，华北电科院对第三层次的其他文件，如项目计划书、调试大纲、技术措施、操作规程等在格式和内容上也进行了统一，保证这些文件均同时满足五个管理体系的要求。

4. 提高体系兼容性

质量、环境、职业健康安全管理体系是各类组织通用的管理体系，而实验室认可、计量认证管理体系是对社会提供公正检测、校准、试验数据的组织通用的管理体系。由于注意到了这个特点，华北电科院在五个管理体系上预留接口，以利于其他体系的植入。例如，申请北京市技术监督局电能计量检定专项授权时，要求在实验室认可、计量认证管理体系基础上建立专门的管理体系；又如申请中国电力企业联合会热力设备化学清洗资质时，要求在质量管理体系的基础上建立专门的体系。华北电科院将这两项业务视为五个管理体系中的“特殊过程”，新增两个程序文件并适当修订作业层文件，纳入了五个管理体系运行，满足了相关标准的要求，成功获得了上述两项资质。

（三）运行整合

由于实现了文件化体系的整合，五个管理体系的运行、维护、现场管理活动体系运行活动从而具备了合并运行的基础。

1. 管理策划协调一致

华北电科院统一制定了五个管理体系的管理方针，定期更新质量、职业健康、安全、环境目标和指标。电科院管理方针为：

科学严谨、公正诚信；优质高效、追求卓越；

遵纪守法、恪守承诺；保护环境、关爱生命。

管理目标则包括了“客户满意率大于90%，同比增长0.5%”等10余项质量、安全、职业健康、环境保护的指标。为了与时俱进，不断适应市场竞争的需要，华北电科院还不断地提出更高的管理目标和指标。华北电科院体系的整合体现在五个管理体系之间策划（方针、目标、管理对象）的协调一致，管理体系与本组织实际经营目标的协调一致。

华北电科院定期（每半年一次）统一发布五个管理体系适用的法律法规和技术标准清单，及时为执行层提供新法律法规、技术标准的颁布的信息。随着组织的机构、活动、产品的变化每年年初统一更新发布危险源、重大危险源、环境因素、重要环境因素辨识清单及其控制方案。

2. 同步进行体系运行和维护

管理体系的运行和维护通常包括培训、日常运行、监视和测量、不符合纠正和预防措施、内部审核、管理评审、文件修改等内容。华北电科院通过运行整合将五个管理体系的上述各项活动同步实施，从而简化了组织内部管理的步骤，减少五个管理体系维护的人力、时间、资金等资源投入。例如，日常培训同时计划、溯源计划、监督检查计划、期间核查计划等同时发布和实施，培训、监督检查，纠正和预防措施、顾客满意度调查、内部审核、管理评审、体系文件修订等活动均合并开展或同步进行。

（四）持续改进

持续改进是五个管理体系共同的要求，也是华北电科院内部管理和自我发展追求的目标。国际标准中持续改进的含义是：通过改进和强化管理体系达到提高组织各种绩效的目的。华北电科院将五个管理体系的协同程度作为持续改进的重要关注点之一，及时解决体系之间出现的矛盾或与实际脱节的问题。

四、五个管理体系协同与运行的效果

（一）优化组织机构，提高体系管理效率

实施五个管理体系的整合，首先应对组织机构优化设置。五个管理体系由多头管理变为统一管理是关键。华北电科院对体系的管理机构和各级管理职责进行优化调整，对五个管理体系的领导层、职能管理部门、执行层的角色和职责进行了统一规划，大大提高了体系运行管理效率，降低了管理盲区

的出现。

（二）优化体系文件，提高体系运行效率

在认真深刻理解五个管理体系管理要素的基础上，对五个管理体系的三级文件进行了重新修改和完善，对于五个管理体系管理要素内容相同或相近的体系文件进行了合理的归并整合，同时兼顾各体系的管理要求。经过对体系文件的优化设计，减少了体系运行中不必要的重复工作，体系文件更易于被理解、掌握和和执行，体系运行的难度大幅度降低，为多套体系常态化协同运转奠定了基础。

（三）体系维护同步，实现常态化协同运行

多个管理体系的运行活动（如培训、日常作业、监视和测量、不符合纠正和预防措施、内部审核、管理评审、文件修改等）内容，由同一领导层领导，同一管理部门牵头，同一执行层协同开展，简化了组织内部管理流程，减少了五个管理体系的维护成本，降低了体系运行的难度，使多套体系常态化协同运转成为可能。

（四）全员对体系的认识不断提升，合法合规经营

华北电科院实现五个管理体系常态化协同运转，消除了体系运行和实际管理脱节的“两张皮”现象，质量、环境和职业健康安全有关的法律法规在华北电科院得以自觉遵守，在各项活动中未发生任何违反国家及地方法律、法规的事故和事件。员工对体系的理解不断加深，质量意识、环境保护和职业健康和安全意识稳步提高，持续改进、自我完善的认识深入人心。

（五）管理体系证书得到保持，各类资质不断扩展

华北电科院的质量、环境、职业健康安全、实验室认可和计量认证管理体系按期通过监督审核、复评审核和再认证审核，持续了保持认证、认可证书。华北电科院认证的新产品范围为，技术服务、电力工程调试和科技开发管理。实验室认可和计量认证的检测项目为55项（319个参数）、校准项目为38项（60个参数）。此外，由于华北电科院建立的五个管理体系与其他管理体系具有良好的兼容性，华北电科院有效保持的资质达到10余项，如电力行业AAA级信用等级评价资质、火电机组及送变电工程调试特级资质、承试电力设施一级许可证等。另外，对于电科院将来申报环境影响评价、设备监理、工程咨询等资质也带来便利。

（六）管理体系促进业务能力拓展

随着五个管理体系的常态化协同运行，电科院的新开展业务也得以不断拓展。对于新开业务（如风电检测业务），在开展之初即按照PDCA的要求进行了科学的策划和管理，并且同步进行实验室认可和计量认证能力的扩项申报，保证了业务拓展在最短时间内获得权威认证、认可机构的评审和认可，市场竞争力不断加强。

（七）顾客满意度不断提高，经营业绩显著提升

华北电科院五个管理体系协同有效运转，技术服务质量持续提升，顾客满意度调查结果连续数年保持95%以上的较高水平。华北电科院的社会信誉度不断提升，企业实力得到客户认可，长期签订技术服务合同的发电企业达到39个（134台机组、装机容量4491.4万千瓦）。截至目前，签订服务合同的发电机组比2012年又新增10台，服务容量新增230.8万千瓦。近三年，华北电科完成了数十项输变电工程和火力发电机组工程调试项目，调试质量优良率达到100%，其中多个项目获得中国电力优质工程奖。

成果创造人：朱晓岭　邓　春　田云峰　宋雨虹　段德文　张淑清　龚丽华　莫　逆　周小明　于　辰　周仕红　魏德增